학습과 기억 |제3판|

뇌에서 행동까지

| 제3판 |

학습과 기억 뇌에서 행동까지

Mark A. Gluck • Eduardo Mercado • Catherine E. Myers 지음

최준식 • 신맹식 • 한상훈 • 김현택 옮김

Σ 시그마프레스

학습과 기억, 뇌에서 행동까지 제3판

발행일 | 2019년 3월 5일 1쇄 발행
       2023년 2월 10일 2쇄 발행

지은이 | Mark A. Gluck, Eduardo Mercado, Catherine E. Myers
옮긴이 | 최준식, 신맹식, 한상훈, 김현택
발행인 | 강학경
발행처 | ㈜시그마프레스
디자인 | 이상화
편 집 | 이호선

등록번호 | 제10−2642호
주소 | 서울시 영등포구 양평로 22길 21 선유도코오롱디지털타워 A401~402호
전자우편 | sigma@spress.co.kr
홈페이지 | http://www.sigmapress.co.kr
전화 | (02)323−4845, (02)2062−5184~8
팩스 | (02)323−4197

ISBN | 979−11−6226−142−2

Learning and Memory, Third Edition

First published in the United States by Worth Publishers

Copyright © 2016, 2014, 2008 by Worth Publishers

Korean language edition © 2019 by Sigma Press, Inc. published by arrangement with Worth Publishers.

＊ 책값은 책 뒤표지에 있습니다.

이 도서의 국립중앙도서관 출판예정도서목록(CIP)은 서지정보유통지원시스템 홈페이지(http://seoji.nl.go.kr)와 국가자료공동목록시스템(http://www.nl.go.kr/kolisnet)에서 이용하실 수 있습니다.(CIP제어번호 : 2019006211)

역자 서문

2011년에 이 책의 제1판을 번역한 후 꽤 오랜 시간이 흘렀다. 원서에 따라 역서도 개정을 해나가는 것이 바람직하겠으나 제2판은 마음만 있었고, 마침내 제3판을 출간하게 되었다.

학습심리학은 심리학의 철학적·이론적 지주를 형성하는 학문 영역이다. 습관, 운동, 기억, 모방 등 전통적인 학습심리학의 주제들은 물론이고 동기, 발달, 적응, 질환 등 많은 심리학의 열매들이 학습심리학의 뿌리로부터 양분을 받아들였다. 이러한 이유로 학습심리학은 언제나 학부 심리학 커리큘럼에서 기초 및 필수 과목으로 심리학도들을 맞이해 왔다.

이에 더해서 지난 30여 년은 오히려 심리학 영역 바깥에서 학습심리학의 위상이 높아지는 시기였다. 뇌를 이해하기 위해서는 단편적 구조나 국부적 기능뿐 아니라 살아 움직이는 동물과 인간의 기능을 함께 고려해야 하며, 그렇게 하기 위해서는 지난 세기 학습심리학이 수립한 이론적 모델들과 실험 방법들로부터 도움을 받아야 한다는 사실을 깨달은 많은 신경과학자들로부터의 러브콜이 있어 왔다. 신경계의 핵심 기능인 가소성이 궁극적으로 표현되는 양식이 학습심리학의 기반과 맞닿아 있기 때문이다.

이 책은 이러한 내외부적 요구에 걸맞은 내용을 담았다. 전통적인 학습심리학의 세부 범주들을 유지하면서 새로이 등장한 신경과학의 발견들을 빠짐없이 실었고, 이를 통해 학습의 이론들을 재해석하고 미래의 연구 방향을 제시한다. 저자인 Mark Gluck 교수는 학습심리학의 응용 분야인 계산신경학 분야에서 양질의 논문을 많이 낸 연구자이자 여러 권의 저서를 통해 필력을 과시한 작가이다. Mercado 교수와 Myers 교수 역시 첨단의 연구와 저술을 병행하고 있는 학자들이다. 이 책이 교과서로서의 충실성은 물론이고 비심리학자가 읽기에도 지루하지 않은 재미를 담고 있음은 이러한 저자들의 경험과 수준에 기인한 것이다. 이 책이 막연한 동경으로 심리학에 발을 디딘 새내기부터 이미 심리학 혹은 뇌과학 연구를 진행 중인 여러 분야의 중견들에 이르기까지 다양한 독자들에게 유용할 것이라 믿는다.

제3판은 역자들에게도 의미가 있는 번역인데, 무엇보다 연세대학교 한상훈 교수를 역자로 모시면서 제1판 번역에서 몇 가지 이유로 마무리하지 못했던 제12장을 추가할 수 있었고 필진이라는 측면에서도 내용이라는 측면에서도 완성도를 높일 수 있음에 대해 뿌듯하게 생각한다.

제1판에서도 그러했지만 이번 번역에도 역자들은 물론 많은 분들이 도움을 주셨다. 우선 고려대학교 행동인지신경과학 전공 학생들인 장은희, 이지혜, 정지훈, 김진솔, 이재용, 김혜민, 최재희는 실질적으로 주도적인 번역에 참여했다. 쉽게 읽힌다는 생각이 들면 젊은 사람들의 말 감각이 보태진 탓이라고 생각해주시면 맞을 것이다. 사정상 역자로 이름을 올리지 못해서 안타깝고 그래서 더욱 고마운 마음을 거듭 전한다. 또한 참을성 있게 기다리고 지원해주신 시그마프레스에도 감사드린다.

끝으로 이 책을 번역한 역자 중 세 사람(김현택, 신맹식, 최준식)은 생물심리학의 태두이신 김기석 선생님의 제자로서 실험실 형제들이다. 선생님께서는 30년 전 우리나라 최초로 생물심리학 실험실을 세우시고, 지금의 기준으로 보아도 앞선 연구로 심리학이 당당한 과학의 한 분야로 경쟁할 수 있게 끌어내셨으며, 날선 가르침으로 제자들이 심리학과 신경과학의 주도적 역할을 해나갈 수 있게 키워주셨다. 선생님께 2019년 새해 세배를 올리는 마음으로 이 책을 바친다. 올해 아흔넷이신 선생님의 끝없는 공부와 탐구의 열정이 이 책을 읽는 증손뻘의 학생들에게도 미치기를 기원한다.

2019년 2월
역자 일동

저자 서문

2008년과 2014년에 성공적으로 출간된 첫 두 판에 이어 제3판이 출간되었다. 이 개정판에서 우리 저자들은 학습과 기억 분야뿐 아니라 인접한 신경과학 분야에 대한 전반적이고 쉽게 이해 가능하면서도 재미있는 입문서를 쓰고자 한 접근법을 이어나가고 있다. 이 교과서의 독특한 모듈식 목차는 수업 과정을 적어도 네 가지의 다른 방법으로 가르칠 수 있게 한다 : (1) 학습 후 기억, (2) 기억 후 학습, (3) 기억, (4) 학습. 아래에 자세히 설명된 대로 이 책의 장들은 네 가지 모듈로 분류된다 : 개론 모듈, 학습 모듈, 기억 모듈, 통합적 주제 모듈. 이 조직도의 편리함에 더하여, 모든 핵심 장들의 주제는 행동적 측면, 뇌 메커니즘, 임상적 관점의 세 절로 나누어진다. 이 획기적인 구성은 제2판의 사용자들로부터 찬사를 받았다. 이 책은 교사들이 다양한 방법으로 가르치기 적합한 유연한 커리큘럼을 제공한다.

제3판에서의 주목할 만한 변화들

- 실생활 사례들, 구체적 응용 및 임상 관련 관점의 사용을 늘렸다.
- 학생들이 스스로 진도를 확인하고 이해력을 평가할 수 있게 도와주는 각 장 마지막의 통합적 교수법 확장. 교수법을 각 장에 통합함으로써 학생들에게 즉각적인 연습과 피드백을 제공하고, 정보를 정리하고 우선순위를 정하도록 도와주며, 전반적으로 책을 더 효과적으로 활용할 수 있게 도움을 준다. 각 장 마지막 부분에 포함되어 있는 새로운 퀴즈는 그 장을 읽은 후 핵심 정보를 기억하도록 테스트한다.
- 책의 여러 부분에서 반복적으로 나타나는 주제와 개념 사이의 연관성을 강조하여 여러 장에 걸친 주제들을 더욱 포괄적으로 통합했다.

유연한 모듈식 구조와 알찬 교수법에 더해 제3판은 신경과학적 측면, 동물의 학습과 인간의 기억의 통합적 이해, 흥미로운 문제, 다양한 컬러 그림, 기본적 연구가 일상생활과 임상 진료에 미치는 영향을 강조함으로써 이 분야의 교과서들 중에서 주목할 만하다.

유연한 모듈식 목차

교수들은 이 책의 내용을 네 가지 방법으로 가르칠 수 있다.

1. **학습 중심.** 동물 조건화와 행동주의 접근에 초점을 맞춘다. 교사들은 신경과학적 관점을 포함하거나 안 할 수 있다.
2. **기억 중심.** 주로 인간의 기억과 인지에 초점을 맞춘다. 교사들은 다양한 각도의 인지 신경과학적 관점들을 포함시킨다.

3. **학습 후 기억.** 동물들에게서 가장 광범위하게 연구되는 둔감화, 민감화, 연합학습과 같은 기본적인 학습 현상으로 시작해서 더욱 복잡한 인간의 기억 양상으로 나아간다. 신경과학 범위는 신경 세포 및 회로의 가장 기본적인 구성 요소로 시작하여 인간 기억 연구에 필요한 더 큰 해부학적 관점까지 이른다.

4. **기억 후 학습.** 학생들이 가장 관심을 가지는 인간의 기억과 관련된 주제들, 그중에서도 기억 실패나 특이 현상과 같은 흥미로운 내용으로 시작한다. 과목이 진행되면서, 교사들은 어떻게 사람의 기억이 기본적 과정에서부터 만들어지는지에 대한 내용을 소개한다. 그리고 이는 동물 모델에서 더 정밀하게 연구될 수 있다. 신경과학 영역에서는 가장 쉽게 이해할 수 있는 해부학 영역 및 기능적 관련성의 큰 견해부터 시작해서 보다 상세한 정보와 동물들에게 침습적으로 측정할 수 있는 신경과학적 연구들, 특히 조건화 및 다른 형태의 연합학습 연구를 소개한다.

이러한 내용에 대한 접근의 다양성을 가르치기 위해 정말로 네 가지 유형의 다른 교과서가 필요한가? 과거의 답은 유감스럽게도 '그렇다'였다. 모든 교과서는 이 접근법들 중 하나를 따랐고 교사들은 자신의 강의 계획과 가장 적합한 성향, 구성 및 범위를 가진 책을 찾아야만 했다. 하지만 제3판이 나옴으로써 전체적인 구조에 있어서 그리고 각 장의 진도에서 있어서 네 가지 접근 방식을 모두 수용하는 모듈들로 이루어진 단일 교과서로 이러한 내용을 가르칠 수 있게 되었다.

어떻게 하나의 교과서에 모든 교육 방식을 포함할 수 있을까?

이러한 업적을 이루기 위해, 우리는 이 책을 네 가지 멀티챕터 모듈로 나누었다.

- **개론 모듈**은 모든 코스의 자연스러운 출발점이다. 교사들은 두 개론 장들 중 하나 혹은 둘 다 지정할 수 있다. 하나는 심리학과 행동에 대한 개념적 · 역사적 개요이고, 다른 하나는 학습과 기억의 신경과학 개론이다.

- 이 책의 핵심은 2개의 '평행' 모듈들로 이루어져 있다. **학습 모듈**과 **기억 모듈**이 그것이다. 이들은 개별적으로 (학습 중심이나 기억 중심으로 가르치기를 원하는 선생님들을 위해) 또는 '학습 후 기억' 요강이나 '기억 후 학습' 요강을 고려하여 어느 순서로든 다룰 수 있다. 각 모듈은 필요한 요소들이 다 포함된 독립적인 장들의 모음으로, 어느 한쪽도 학생이 다른 모듈을 읽었다고 가정하지 않는다. 학습 모듈에는 기본적인 노출 중심 학습 메커니즘, 고전적 조건화, 도구적 조건화, 마지막으로 일반화, 판별 및 유사성을 다루는 4개의 장이 있다. 기억 모듈에는 일화적 기억 및 의미적 기억, 숙련기억, 그리고 작업기억 및 인지적 조절을 다루는 3개의 장이 있다.

- 이 책의 마지막 모듈인 **통합적 주제 모듈**은 정서학습 및 기억, 사회학습 및 기억, 그리고 태교에서 노년에 이르기까지 학습과 기억에서의 수명 변화를 다룬 3개의 선택적인 독립된 장들로 이루어져 있다.

이 책의 유연하고 수정 가능하며 모듈형 구조를 고려할 때, 이 내용을 가르치는 다양한 접근법의 이질성과 다양성을 존중하고 반영함으로써 우리는 학습 및 기억 분야의 모든 교사들을 위한 첫 번째 교과서를 썼다고 믿는다.

이 책은 '학습 및 행동의 원리' 과목에 사용될 수 있나?

사용될 수 있다. 비록 점점 더 많은 대학들이 동물의 학습과 인간의 기억을 통합하는 과정을 제공하며 양적으로 끊임없이 증가하는 신경과학을 포함하고 있지만, 주로 동물의 학습과 조건화에 중점을 두고 인간 연합학습 관련 연구는 적당한 내용만 다루는 교사들이 아직까지 존재한다(모두 행동적 관점으로부터 제시된다).

이러한 과목은 제1장 '학습과 기억의 심리학'을 시작으로 4개의 학습 모듈(제3~6장) 장을 다룬 후 공포 학습의 주요 주제들을 살펴보는 제10장 '학습과 기억에 대한 정서의 영향'으로 끝내기를 추천한다. 이 6개의 장들은 명쾌하고 쉽게 이해 가능하면서도 재미있는 학습 및 행동의 원리를 소개한다. 우리 저자들은 당연히 이 6개의 장이 12개 이상의 장들로 이루어진 단일 접근 방식 교과서보다 더 상세한 설명을 제공할 수 없다는 걸 알고 있다. 이러한 이유로 학습 모듈 부분들을 위한 교사용 보충자료에 광범위한 추가자료를 포함했다. 이 자료들은 4개의 각 학습 모듈 장들에 1주가 아닌 2주 분량의 추가적 유연성 및 내용을 제공한다. 교과서와 보충자료의 조합은 동물의 학습 및 조건화 중심의 학습 및 행동 원리에 10주 이상을 보내고 싶은 교사에게 도움이 될 것이다.

전문적인 학습 및 행동 교과서는 대부분의 학생들에게 무미건조하고 호소력이 부족하다. 학습 및 행동 접근법을 선호하는 교사들은 이 책을 통해 학생들에게 독특하고 흥미를 유발하는 문제, 도움이 되는 통합적 배려들, 광범위한 컬러 그림들, 그리고 기본적인 연구가 어떻게 일상생활과 임상진료에 직접적인 영향을 미치는가에 대한 주안점을 제공할 수 있을 것이다.

신경과학적 측면의 강조

신경과학은 행동연구가 수행되는 지평을 바꾸어놓았다. 이러한 변화에 맞추기 위해 이 책에서는 각 장마다 신경과학 연구를 함께 제시하고 새로운 신경과학적 발견들이 어떻게 심리학자들이 학습과 기억의 행동적 측면을 생리학적 메커니즘으로 설명하는 데 기여할 수 있을 것인가를 강조하였다. 제2장 '학습과 기억의 신경과학'에서는 신경과학에 익숙하지 않은 학생들을 위한 뇌 구조와 기능의 기초를 제공하고 있다. 그 후, 이 책 핵심 장(제3~12장)들의 '뇌 메커니즘' 부분은 각 장의 주제와 관련된 신경과학적 관점들을 제시한다. 이 부분은 교사가 의도에 따라서 지정하거나 안 할 수 있다(행동적 관점만 제시하고 싶은 교수들은 생략할 수 있다).

모든 종에 걸친 학습 및 기억 연구의 통합적 제시

지난 10년간 일어난 신경과학 분야의 발전은 학습과 기억 분야에 엄청난 변화를 가져왔다. 행동의 신경생물학적 기반에 관한 이해가 깊어짐에 따라 생물학적 접근법과 심리학적 접근법 사이에 존재하는 엄격한 개념적 간극이 사라지기 시작했다. 게다가 몇십 년간 동물과 인간의 학습이 독립적 패러다임에 의해 연구되고 묘사된 후, 모든 종에 공통으로 적용되는 기본적인 생물학적 메커니즘의 발견을 통해 행동을 통합적으로 연구하는 길이 열린 것이다. 비록 이 책은 학습을 강조하는 장들과 기억을 강조하는 장들을 구분하는 모듈식 접근 방식을 취하고 있지만, 이렇게 두 주류를 함께 다루는 접근 방식이 학습과 기억 분야에 관한 가장 강력하고 현대적 표상이라 믿는다.

임상적 관점의 강조

학습 및 기억 분야의 새로운 연구들을 개관하고 설명하는 것 외에도, 제3판은 이러한 발견들이 어떻게 신경적·정신적 질환들의 새로운 진단 및 치료법 개발에 반영되고 있는지를 추적한다. 지난 10년간 신경과학의 최근 발견들은 임상 분야에 혁신을 가져왔다. 이는 신경과 전문의, 정신과 전문의, 임상심리학자, 간호사, 재활 전문의 등 여러 분야의 전문가들이 학습과 기억에 관련된 정신질환을 어떻게 진단하고 치료하는지에 큰 영향을 미친다. 알츠하이머병, 자폐증, 정신분열증, 파킨슨병, 난독증, ADHD, 뇌졸중 등은 행동신경과학 및 인지신경과학의 발전으로 인해 새로운 치료법들이 도입된 증상들의 몇 가지 예이다. 학습 및 기억 영역의 광범위한 영향을 반영하기 위해, 주요 장(제3~12장)들은 각각 행동적 측면과 뇌 메커니즘의 지식이 학습 및 기억의 혼란을 초래하는 정신질환을 이해하는 데 어떻게 적용되는지 보여주는 '임상적 관점' 절을 포함한다. 이 절은 학습 및 기억 연구가 실생활에 어떻게 공헌할 수 있을지를 강조하고자 하는 이 책의 목표 중 하나를 대표하고 신경심리학적 연구가 기억 메커니즘에 관한 우리의 이해력에 어떻게 영향을 미치는지 보여준다.

학생 눈높이에 맞춘 내용

1. **선수과목이 불필요.** 저자들은 이 과목을 듣는 학생들이 다양한 배경을 가지고 있고 따라서 기초적인 심리학적 혹은 신경과학적 개념들에 익숙하지 않을 수 있다고 가정한다. 따라서 이 책의 처음 두 장은 학습 및 기억 심리학 분야와 신경과학적 기초에 대한 전반적인 개관이다. 나머지 장들에서 등장하는 개념들에 대해서는 자세한 설명과 실생활에서의 사례, 강의를 돕기 위한 삽화들을 곁들였다.
2. **흥미 유발.** 우리의 목표는 학생들의 호기심에 불을 붙여 그들의 관심을 모으고, 학습 및 기억 분야에서 일어나는 많은 흥미로운 사건들에 대한 흥분을 전달할 수 있는 저자와 독자 간의 풍부한 대화를 살아있는 목소리로 분명하게 그리고 많을 예를 들어 만들어 내는 것이었다.
3. **컬러 그림들.** 이 책을 위해 새로 그린 해부학적 삽화, 최첨단의 뇌 영상들 및 색으로 구

분된 흐름도 등을 컬러로 제공함으로써 학생들의 이해를 돕고자 하였다. 사진들도 삽입되어 실생활과의 연관성을 상기시켰다. 가끔 만화도 이용해 코믹한 설명을 추가하였다 (때로는 만화가 설명 이상의 통찰을 제공할 때도 있지 않은가).

4. **실생활 응용.** 이 책은 일상생활에 대한 학습 및 기억 개념들의 관련성과 응용에 강한 초점을 두는 것으로 유명하다. '임상적 관점' 절은 물론이고 책 전반에 걸쳐 학습과 기억에 관련된 실생활의 구체적인 예를 가능한 한 많이 듦으로써 학생들이 공부하는 내용에 대한 현실감을 파악하고 자신의 삶과 관련지을 수 있도록 권장하였다.

5. **일관된 구조.** 책 전체에 걸쳐 신경과학과 이에 관련된 임상적 이슈들의 통합은 각 장의 세 부분으로 나뉜 '행동적 측면', '뇌 메커니즘', '임상적 관점' 절들을 통해 학생들이 더 쉽게 이해할 수 있게 한다. 위에서 설명한 바와 같이 이는, 만약 교사의 강의계획서에 부합한다면, 읽기 과제에서 뇌 메커니즘 또는 임상적 관점의 논의를 선택적으로 생략 가능하게 한다. 또한 각 장은 선택된 중요 문제들을 요약하고 통합한 '종합' 논의로 끝을 맺는다.

학습을 도와주는 배려들

1. **지식 테스트.** 학생들이 좀 더 어려운 주제를 통해 관련 지식 및 이해 수준을 글을 읽은 후 바로 테스트해보도록 한다. 답이 될 수 있는 대안들을 책 뒷부분에 제공한다.

2. **일상에서의 학습과 기억.** 연구의 실용적 시사점을 보여주고 특히 학생들에게 관련성이 높고 흥미 있어 보이는 주제들을 중심으로 접근한다.

3. **중간 요약.** 각 장의 절마다 제공되며 학생들에게 방금 막 읽은 주요 개념들을 복습할 기회를 준다.

4. **퀴즈.** 스스로 각 장 마지막에 있는 빈칸 채우기 문제를 풀며 핵심 주제 및 개념들을 기억할 수 있다. 정답은 책 뒷부분에 제공한다.

5. **개념 확인.** 핵심 내용을 이해하고 종합해야만 대답할 수 있는 결정적인 질문들을 제공한다. 이러한 구성을 통해 학생들이 자신이 배운 지식을 실생활에 응용할 수 있는지 스스로 질문하게끔 한다. 답이 될 수 있는 대안들을 책 뒷부분에 제공한다.

요약차례

차례

학습 모듈

제 3 장

습관화, 민감화, 친숙화

반복되는 사건에 대한 학습

제 4 장

고전적 조건화

중요한 사건을 예측하게 해주는 학습

제 5 장

조작적 조건화

행동의 결과에 대한 학습

제 6 장

일반화, 변별학습 및 개념 형성

기억 모듈

제 7 장

일화적 기억과 의미적 기억

사실의 기억과 사건의 기억

제 8 장

숙련기억

행위에 의한 학습

제9장

작업기억과 인지적 조절

통합적 주제 모듈

제10장

학습과 기억에 대한 정서의 영향

제 11 장

사회학습과 기억

관찰, 상호작용 및 재현

제 12 장

발달과 노화

생애주기별 학습과 기억

학습과 기억의 심리학

마흔 여섯의 클라이브 웨어링은 모든 것을 다 가진 듯 보였다. 유명한 교향악단의 지휘자인데다 잘생기고 매력적이고 위트가 있으며 열정적으로 사랑하는 아내 데보러가 옆에 있었다. 그런데 어느 날 기억에 문제가 생겼다. 단순포진 바이러스에 감염된 것이다. 보통 입가에 물집이 잡히는 정도로 그치지만 아주 드문 경우 바이러스가 뇌에 침범한다. 클라이브가 바로 그 운 나쁜 케이스에 해당됐다. 제한된 두개골 용적 안에서 뇌 조직이 부어 올랐고 뇌에 돌이킬 수 없는 상처를 남겼다. 이런 경우에 대부분의 환자들은 사망한다. 클라이브 웨어링은 살아남았으나 바이러스는 뇌의 신경연결들을 파괴했다.

병원에서 깨어났을 때 그는 과거의 기억을 거의 다 잃어버렸다. 아내를 알아볼 수는 있었지만 결혼했다는 사실은 잊어버렸다. 아이들이 있다는 것은 알았으나 아이들의 이름이나 모습은 기억하지 못했다. 말을 하고 말귀도 알아들었지만 그의 지식에는 큰 구멍이 나 있었다. 검사를 받을 때 허수아비를 보고는 "어떤 문화권에서는 숭배 대상이다."라고 말했다. 유명한 음악가의 이름을 말해보라는 주문에는 모차르트, 베토벤, 바흐, 하이든을 말했다. 주목할 점은 그가 말한 이름에는 16세기 작곡가 라쉬스가 없다는 것이다. 사실 그는 이 작곡가에 대한 세계적 전문가였는데 말이다(Wilson & Wearing, 1995).

클라이브는 과거만이 아니라 현재도 잃어버렸다. 단지 몇 초 동안만 무슨 일이 일어났는지 알 수 있었기 때문에 단기기억조차도 형성되지 못하고 사라져 버렸다. 병원에 입원해 있을 때에는 어디에 있는지도 몰랐고 왜 낯선 사람들에게 둘러싸여 있는지도 몰랐다. 아내가 눈에 보일 때마다, 잠깐 동안 화장실에만 다녀와도, 마치 몇 년간 못 본 사람을 만난 것처럼 기뻐했다.

몇 분 후에 다시 그녀를 보면 한 번 더 기쁜 재회를 했다. 클라이브 웨어링은 지금 '이 순간'을 살고 있으며 언제나 지금 막 깨어나는 무한 궤도를 돌고 있었다.

Jiri Rezac / Polaris

클라이브 웨어링과 그의 아
내인 데보라

그의 수많은 일기는 무슨 일이 일어났었는지를
간절히 알고 싶어하는 내용으로 가득하다. 예를 들
면 이렇다. "오전 7시 9분 : 잠에서 깨다. 오전 7시
34분 : 이제 정말 깨다. 오전 7시 44분 : 정말로 완
전히 깨다…. 오전 10시 8분 : 진짜로 깨다. 몇 년
만에 처음으로 깨다. 오전 10시 13분 : 이제 확실하
게 깨다…." 오전 10시 28분 : 이제야말로 몇 년 만
에 처음으로 깨다…." 매번 새로운 내용을 덧붙였
으며 이전 문장들을 지워버리면서 어떤 사람이 자
신의 일기를 엉터리로 쓰고 있다고 화를 냈다.

다른 것은 몰랐지만 자기가 아내를 사랑했다는 것은 알았다. 정서적 기억, 즉 사랑은 거
의 모든 기억이 사라지고 난 후에도 살아 남아 있었다. 뿐만 아니라 여전히 피아노를 칠 수
있었고 오케스트라를 아주 능숙하게 지휘할 수 있어서 음악 비전문가가 보면 그의 마음에
무슨 문제가 있는지 모를 정도였다. 그러한 숙련기억과 함께 커피를 탄다든지, 카드놀이를
하는 등의 일상적 기술들은 남아 있었다. 그리고 새로운 사실을 배울 수는 없었지만 반복
연습함으로써 새로운 습관적 행동을 배울 수는 있었다. 요양시설로 옮긴 후에는 식당에서
방으로 가는 길을 배울 수 있었고, 매일 하는 연못가 산책을 가자고 옷을 입으라고 하면 오
리들에게 모이 줄 시간이 되었냐고 물어보기도 했다(Wilson & Wearing, 1995). 그의 기억
은 완전히 지워진 칠판이 아니라 불완전하게 지워진 칠판 같았다.

클라이브 웨어링의 사례는 비극적인 것이지만 두 가지 중요한 점을 보여주고 있다. 첫
째, 학습과 기억이 우리 삶에 엄청나게 중요하다는 사실이다. 우리는 언제나 우리가 누구
이며, 무엇을 알고 있고, 새로운 정보나 아이디어를 배우고 기억하는 것을 당연하게 여긴
다. 그러나 이런 것들이 망가지게 되면 삶이라는 것이 서로 관계없는 순간들의 연속이 되
어버리며, 과거와 미래로부터 단절되어서 마치 잠에서 금방 깼을 때 우리가 경험하듯이 멍
해져서 어디에 있는지조차 잘 모르는 상태가 되어버린다.

두 번째는 학습이 단일한 과정이라고 말하는 것이 잘못된 것이라는 점이다. 사실상, 여
러 종류의 기억이 있으며 클라이브 웨어링의 증상에서 보듯이, 어떤 종류의 기억은 망가져
도 다른 기억은 멀쩡할 수 있다는 것이다. 보통 때는 이렇게 다른 종류의 기억 기능들이 아
주 매끈하게 이어져 있으므로 기억의 어디까지가 사실에 대한 것인지, 습관에 대한 것인
지, 기술에 대한 것인지, 감정에 대한 것인지 잘 모른다. 하지만 이런 매끈한 이음매는 여러
모로 환상이다. 이런 환상의 한계에 부딪혀서야 건강한 사람과 기억에 문제가 있는 사람에
게서 기억이 어떻게 작동하는지 이해할 수 있게 된다. 클라이브 웨어링과 같은 건망증 환
자에 대해서는 제7장 '일화적 기억과 의미적 기억 : 사실의 기억과 사건의 기억'에서 더 자
세히 살펴볼 것이다.

이 책은 **학습**(learning)을 다루는데, 학습은 과정이며 세상과 상호작용한 결과로서 행동

에서의 변화가 생기는 것이다. 또한 이 책은 **기억**(memory)을 다루고 있는데, 기억은 학습을 통해서 얻은 과거 경험의 기록이다. 학습과 기억에 대한 연구는 인간 역사의 아주 초기에 시작되어 오늘날에도 계속되고 있는데, 위대한 학자들이 여전히 어떻게 학습하고 기억하는지 이해하기 위해서 고군분투하고 있다. 여러분이 이 장을 읽어보면 알겠지만, 옛날 초기 철학자들과 심리학자들을 매혹시켰던 질문들이 오늘날에도 여전히 매혹적이라는 것을 알게 되기를 바란다.

◀◀ 일상에서의 학습과 기억 ▶▶

더 나은 기억력을 위한 열 가지 팁

1. **주의를 기울여라.** 종종 우리가 무언가를 '잊어버렸을' 때, 실은 우리가 그에 대한 기억을 상실한 것이 아니라 처음 배울 때 제대로 배우지 않은 것이다. 배우려고 하는 것에 주의를 기울이면, 나중에 기억할 가능성이 더 크다.

2. **연관성을 만들어라.** 이미 알고 있는 정보와 배우고자 하는 것을 연결하라. 예를 들어, 라틴어로 '은'을 의미하는 argentum이라는 단어를 줄였다는 것을 안다면, 화학 기호 Ag를 기억하는 것이 쉬울 것이다. 또한 아르헨티나(Argentina)라는 이름은 초기 유럽의 탐험가들이 이 지역을 은이 풍부한 지역이라고 잘못 생각한 것에서 왔다는 것을 아는 것도 도움이 될 것이다.

3. **그림은 천 단어의 가치가 있다.** 이름과 날짜 등은 어떤 이미지에 연관지으면 더 기억에 남을 것이다. 이미지를 만들려는 노력은 기억을 강화시킨다. 예를 들어, 미술사 수업에서, 전문적으로 그림을 그렸던 마네(Manet)와, 건초 더미와 수련 그림으로 유명한 동시대 사람 모네(Monet)를 기억해야 한다고 생각해보자. 마네(Manet)의 'A' 글자 모양을 만드는 곡예사 같은 사람들을 그려보고, 모네(Monet)의 'O' 글자 모양을 만드는 데이지 꽃 화환과 그 안에 정렬된 수련을 그려보자.

4. **훈련이 완벽을 만든다.** 유치원생이 알파벳 ABC를 연습하고 3학년 학생들이 곱셈 표를 반복적으로 암송하는 이유가 있다. 어떤 사실에 대한 기억들은 반복에 의해 강화된다. 동일한 원리는 기술에 대한 기억을 유지하게 한다. 자전거 타기나 저글링이 그렇다. 이는 훈련에 의해 향상된다.

5. **여러 감각을 사용하라.** 조용히 그저 읽는 것보다는, 크게 소리내서 읽어라. 정보는 시각적 부분뿐만 아니라 청각적으로도 부호화된다. 쓰는 것을 시도할 수도 있다. 쓰는 행위는 감각 체계를 활성화하고 적어 내려가는 내용에 대해 생각하게끔 한다.

6. **과부하를 감소시켜라.** 포스트잇 노트, 달력, 또는 전자 수첩과 같은 기억 보조 도구를 사용하여 약속, 마감일 및 기타 의무를 기억하는 것에서 당신을 해방시켜라. 특히 시험 기간 동안!

7. **시간을 여행하라.** 사실에 대한 정보를 기억하는 것은 그 정보를 획득한 정확한 시간과 장소를 기억하느냐에 달려 있지는 않다. 그럼에도 불구하고, 어떤 사실을 기억할 수 없다면 처음 들었던 곳이 어디였는지 떠올려보도록 노력하라. 만약 나폴레옹에 대해 수업하던 고등학교 역사 선생님이 기억 난다면, 아마도 나폴레옹 전쟁의 원인에 대해 설명했던 것도 기억이 나게 될 것이다.

8. **수면을 취하라.** 미국인의 3분의 2는 충분한 수면을 취하지 않는다. 결과적으로, 낮에 집중할 수 없으므로 새로운 기억을 부호화하고 오래된 기억을 인출하는 것이 더 어려워진다(첫 번째 팁 참조). 수면은 뇌가 기억을 조직하고 저장하는 데에도 중요하다.

9. **운율을 맞춰보라.** 임의의 정보를 긴 문자열로 기억해야만 하는가? 정보를 포함한 시(또는 더 좋은 방법인 노래로)를 만들어라. 글자 'C' 다음 혹은 'A' 발음이 나는 경우를 제외하고는 언제나 글자 'I' 다음에는 'E'가 온다는 오랜 규칙을 기억하는가(영어 철자를 쉽게 기억하기 위한 연상 규칙을 설명하고 있다. 'receive'와 같은 단어는 C 다음이므로 e-i의 순서로, 'weird'와 같은 단어는 'A' 발음이 나기 때문에 e-i의 순서를 지니지만, 그 외에는 'believe'처럼 i-e의 순서를 지닌다-역자 주)? 이 규칙은 리듬과 운율을 사용하여 영어 철자 규칙을 더 쉽게 기억할 수 있게 해준다.

10. **느긋해져라.** 때때로 무언가를 열심히 기억하려 하는 것은 여러분의 집중을 다른 무언가에 돌리는 것보다 덜 효과적이다. 종종, 잊어버린 정보는 나중에 여러분의 의식에 나타날 것이다. 만약 시험에 있는 질문에 쩔쩔매고 있다면, 일단 넘겨두고 나중에 다시 돌아오라. 아마도 그때는 떠올리지 못했던 정보를 상기하는 것이 그렇게 어렵지는 않을 것이다.

여러분의 삶과 얼마나 관련이 있는지 바로 느껴보고 싶다면, 앞부분의 '일상에서의 학습과 기억' 부분을 보라. 다섯 가지의 주제가 수 세기 동안 다른 겉모습을 지니고 등장했다.

1. 감각 또는 생각이 어떻게 마음과 연결되는가?
2. 경험의 요소들로부터 어떻게 기억이 만들어지는가?
3. 생물학적 유산(nature)으로 결정되는 행동과 능력은 어느 정도까지이며, 삶의 경험 (nurture)으로 결정되는 부분은 어느 정도까지인가?
4. 인간의 학습과 기억은 다른 동물의 학습과 기억과 비교해 어떤 면에서 비슷하고 어떤 면에서 다른가?
5. 마음에 대한 심리학적인 연구가 학습과 기억에 대한 보편적 법칙을 밝혀내는 엄격한 과학적 연구가 될 수 있는가? 이 법칙은 수학적 수식으로 설명되거나 기초적인 법칙으로 고려될 수 있을까?

1.1 철학 및 자연사(史)에서부터 심리학까지

오늘날의 학습과 기억 연구자들은 스스로 과학자라고 생각한다. 그들은 과학의 다른 분야 연구자들과 마찬가지로 새로운 이론을 만들고 잘 설계된 실험을 통해서 그 이론을 검증한다. 그러나 항상 그랬던 것은 아니었다. 사실상 역사적으로는 학습과 기억 연구는 **철학**의 분야였는데, 철학이란 우주와 인간 행동의 원리에 대한 추상적 연구 분야이다. 철학자들은 과학적 실험이 아니라 논리적 사고와 논증으로 통찰을 얻는다. 이렇게 얻은 통찰들은 현대 과학을 통해서 얻은 통찰들만큼 중요해서 수세기가 지난 지금도 토의의 대상으로 부족함이 없다.

아리스토텔레스의 경험주의와 연합주의

그리스의 철학자 아리스토텔레스(Aristotle, 기원전 384~322년)는 초기에 기억에 관한 문헌을 남긴 철학자들 중 한 사람이다. 그 당시의 많은 부유한 젊은이들과 마찬가지로 그는 서구사회의 지적 중심지였던 아테네에서 교육을 받았다. 그곳에서 최고의 철학자인 플라톤(Plato, 기원전 427~347년) 밑에서 교육을 받았다. 여러 해 후에 아리스토텔레스 역시 많은 학생들의 스승이 되었는데, 그중에는 나중에 세계의 많은 부분을 정복하게 될 미래의 알렉산더 대왕도 있었다.

　자연계에 대한 예리한 관찰자로서, 사실이나 숫자와 같은 **데이터**(data)를 사랑했고 데이터로부터 결론을 이끌어내었다. 그는 자연계로부터 동식물들을 수집했고 그것들의 구조와 행동에 대해서 자세한 기록을 남겼다. 그런 데이터들로부터 그는 **이론**(theory)을 만들어 내었는데, 이론이란 일군의 데이터를 설명하기 위해서 만들어진 진술을 말한다. 세계를 이해하기 위한 데이터 중심적 접근법은 그의 스승인 플라톤 그리고 플라톤의 스승인 소크라테스(Socrates)의 접근법과 현저히 달랐는데, 그의 두 스승은 자연적 관찰보다는 기본적으로 직관과 논리에 의존하였다.

아리스토텔레스의 주된 관심사 중 한 가지가 기억이었다. **연합주의**(associationism)라고 불리는 그의 견해는 기억이라는 것이 사건, 감각, 관념들 사이의 연결 형성(연합)에 의해서 이루어지는 것이라는 원리를 말한다. 그 원리에 의하면 그렇게 짝으로 연합된 것들 중에서 하나가 회상되거나 경험되면 그 짝의 다른 것에 대한 기억이나 예측이 떠오른다는 것이다. 누군가 단어 목록을 읽어주며, 지금 당신에게 머릿속에 떠오르는 첫 단어를 말하도록 한다고 상상해보자. 만약 그가 '뜨거운'이라고 말하면 당신은 곧 '차가운'이라고 말할 것이고, 만약 그가 '의자'라고 말하면 '식탁'이라고 대답할 것이다. 이렇듯이 뜨거움과 차가움, 식탁과 의자는 대부분의 사람들의 마음에서 연결 또는 연합되어 있다. 문제는 이런 연합이 어떻게 일어나느냐 하는 것이다.

아리스토텔레스는 그런 연결들이 연합의 세 가지 법칙에 따라 일어난다고 한다. 첫 번째 법칙은 **근접성**(contiguity), 즉 시공간적으로 가까이 있음이다. 다시 말하면 어떤 사건들이 동시에 경험되거나(시간적 근접성), 동일한 장소에서 경험되면(공간적 근접성) 연합된다는 것이다. 식탁과 의자에 대한 관념이 연결되는 이유는 우리가 자주 의자와 식탁이 시공간적으로 같이 있는 것을 보았기 때문이다. 두 번째 법칙은 **빈도**(frequency)이다. 사건들이 같이 일어나는 것을 많이 볼수록 그 사건들을 더욱 강하게 연합 짓는다. 그러므로 의자와 식탁이 같이 있는 것을 자주 볼수록 의자-식탁의 연결은 강하게 되는 것이다. 학습에서 나타나는 근접성과 빈도 사이의 관계에 대한 최근의 행동적 · 신경생물학적 연구들은 제4장 '고전적 조건화 : 중요한 사건을 예측하게 해주는 학습'에서 소개될 것이다.

세 번째 법칙은 **유사성**(similarity)이다. 두 물체가 유사해 보이면, 한 물체에 대한 생각이나 감각이 다른 물체에 대한 생각을 일으킨다. 식탁과 의자는 그것들이 나무로 만들어졌고, 둘 다 식당에서 볼 수 있으며, 음식을 먹는 데 사용한다는 기능을 가지고 있다. 이런 유사성이 그 두 대상 사이의 연합을 강하게 만든다. 제6장 '일반화, 변별학습 및 개념형성'에 가면 왜 유사성이 학습 연구에서 아직까지 핵심 주제인지 알게 될 것이다. 아리스토텔레스는 연합의 이런 세 가지 기본 법칙인 근접성, 빈도, 유사성에 의해서 사람들이 감각과 관념을 조직화한다고 결론 지었다.

| **아리스토텔레스**(오른쪽)와 그의 스승인 **플라톤**

Scala/Art Resource, NY

아리스토텔레스의 생각은 이후 2,000년간 더욱 정교하게 다듬어졌지만, 그의 업적은 심리학과 신경과학에서 현대 학습이론의 기초가 되었다. 아리스토텔레스의 생각은 바로 지식이란 경험에서 나온다는 것이다. 이런 생각으로 말미암아 그는 **경험론**(empiricism) 지지자인데, 경험론이란 우리가 가진 모든 관념은 경험의 결과라는 것이다(그리스어 *empiricus*는 경험을 의미한다). 아리스토텔레스의 견해에 따르면, 신생아의 마음이란 아직 아무것도 쓰여지지 않은 빈 서판(a blank slate)이다.

이런 점에 있어서 아리스토텔레스는 그의 스승인 플라톤과는 아주 다른데, 플라톤은 우리가 가지고 있는 지식의 많은 부분은 생득적으로 타고난다는 **생득론**(nativism)을 철두철미하게 믿었다. 사실상 플라톤의 가장 유명한 책인 공화국(*The Republic*)에서는 이상적 사회를 그리고 있는데, 그 책에서는 사람들은 태어날 때부터 기술, 능력 그리고 재능적인 면에서 다르기 때문에 이 생애에서 역할이 다를 수밖에 없다고 한다. 그러므로 어떤 사람은 다스리고, 어떤 사람은 복종할 수밖에 없다는 것이다. 경험론과 생득론의 갈등은 수십 세기를 거쳐서 내려왔는데, 오늘날에 와서는 이것을 '본성과 양육(nature versus nurture)'의 논쟁이라고 부른다. 연구자들은 학습과 기억능력에 유전자와 관련된 천성이 중요한지, 교육과 환경에 관련된 양육이 중요한지에 대해서 계속 논쟁 중이다. 표 1.1은 수천 년 동안 이런 논쟁을 해온 유명한 철학자 및 과학자들과 그들이 논쟁에서 옹호한 측을 보여주고 있다. 표에 있는 인물들과 사상들은 책 전체에 걸쳐 다시 만나게 될 것이다.

서구의 철학과 과학은 고대 그리스의 문헌과 생각에 뿌리를 두고 있다. 고대 그리스의 철학과 과학은 로마제국에서도 번창하였지만 기원후 5세기에 제국은 멸망하였고 유럽세계는 암흑기로 접어들었으며 여러 차례 호전적 종족들에게 침략당했는데 그들은 철학이나 고매한 사고에는 아예 관심이 없었다(물론, 중국, 인도, 페르시아와 아라비아 반도에는 문명이 번창하였고, 과학, 수학, 의학과 천문학이 크게 융성하였지만 그것은 다른 이야기이다). 15세기 중반에 가서야 유럽의 과학은 다시 번창했다. 이것이 르네상스인데, 이 시대에 레오나르도 다빈치의 예술, 셰익스피어의 연극, 코페르니쿠스와 갈릴레오의 천문학이 나왔다. 이러한 문화적·과학적 재부흥이 마음과 기억의 철학에 관한 새로운 생각들을 나타나게 하는 무대가 되었다.

데카르트와 이원론

데카르트(René Descartes, 1596~1650)는 프랑스 지방 귀족의 아들로 태어났다. 그는 유산을 많이 받았기 때문에 생각하고, 글을 쓰면서 생활할 수 있는 여유를 가졌으며, 그런 활동을 침대에서 주로 했다(그는 정오 이전에 일어나는 것을 아주 싫어했다고 한다). 로마 가톨릭 교도이면서 예수회 수도사로 훈련받았지만, 데카르트는 신을 포함한 만물의 존재에 대해 의구심을 가졌다. 아무것도 확실하게 알 수 없다는 사실에 절망한 나머지, 그는 자신이 존재한다는 유일한 증거는 그가 생각할 수 있다는 사실뿐이라고 결론지었다. 즉 "*Cogito ergo sum*"이라고 말했는데, 이 말의 뜻은 "나는 생각한다. 고로 나는 존재한다."이

표 1.1 생득론과 경험론 : 학습과 기억에서의 본성과 양육의 역할

생득론 : 지식은 타고난다	경험론 : 지식은 경험으로 습득된다
플라톤(Plato, 기원전 427~347) 우리의 지식의 대부분은 선천적이다.	**아리스토텔레스**(Aristotle, 기원전 384~322) 기억은 연합의 형성에 달려 있는데, 연합에는 세 가지 법칙이 있다 ― 근접성, 빈도, 유사성.
데카르트(René Descartes, 1596~1650) 정신과 신체는 다른 법칙에 의해 지배되는 별개의 실체이다. 신체는 자극에 대한 고유하고 고정된 반응을 가진 기계로서 작동한다.	**로크**(John Locke, 1632~1704) 신생아의 마음은 경험에 의해 쓰여지는 빈 서판(*tabula rasa*)이다. 교육과 경험(학습)은 보통의 사람들이 자신을 초월할 수 있도록 한다.
라이프니츠(Gottfried Leibniz, 1646~1716) 인간 지식의 4분의 3은 배우는 것이지만, 4분의 1은 타고나는 것이다.	**제임스**(William James, 1842~1910) 습관은 선천적 반사(reflex)에서 학습을 거쳐 만들어진다. 기억은 연합의 연결성을 통해 만들어진다.
다윈(Charles Darwin, 1809~1882) 자연선택 : 상속 가능하고, 개체마다 다르며, 생존과 번식 가능성을 높이는 특징을 지니고 있을 때 좋은 진화한다.	**파블로프**(Ivan Pavlov, 1849~1936) 고전적(파블로프) 조건화에서, 동물은 경험으로부터 배우고 미래의 사건을 예측할 수 있다.
	손다이크(Edward Thorndike, 1874~1949) 효과의 법칙(도구적 조건화) : 동물의 행동의 증감은, 동물의 반응으로 야기되는 결과에 달려 있다.

다(Descartes, 1637).

그의 생각하는 능력, 즉 *cogito*는 어디에서 오는가? 데카르트는 철저하게 **이원론**(dualism)을 믿었는데, 그것에 따르면 마음과 신체는 별개의 존재이고, 각각은 그 특성이 다르며 다른 법칙의 지배를 받는다는 것이다(Descartes, 1662). 데카르트의 추론에 따르면 신체는 자동기계처럼 작동하는데, 마치 르네상스 시대 당시에 인기가 있었던 연못의 자동인형처럼 작동한다는 것이다. 파리 근교에 있던 왕궁의 정원을 거닐던 사람이 무심코 숨겨져 있는 어떤 스위치를 밟으면 파이프에 물이 들어가게 되고 그 수압으로 돌로 만든 괴물들이 고개를 끄덕이고, 바다의 신이 삼지창을 흔들고, 달의 여신이 몸을 움츠린다. 그래서 데카르트는 신체도 수압, 스위치와 유사한 시스템으로 움직인다고 생각했다. 그런 절차는 **자극**(stimulus), 즉 외부로부터의 감각사건이 신체로 입력되면서 시작된다는 것이다. 예를 들면, 새에 대한 이미지가 시각자극으로서 눈에 들어온다는 것이다. 그 왕궁의 스위치처럼, 이 자극은 유체(데카르트는 그것을 '정기(spirits)'라고 불렀다)를 눈에서부터 뇌로 연결된 빈 파이프를 통해서 흐르게

| 데카르트

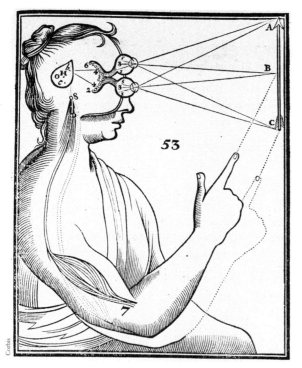

그림 1.1

데카르트의 반사 외부 자극에 대한 반응으로서 자동적 반작용의 매커니즘이 데카르트의 '인간의 신체(De Homine, 1662)'에 기술되어 있다. 이 그림은 외부에서 들어온 정보가 눈을 통해 뇌로 들어가고, 다시 팔의 근육을 통해서 신체적 반응으로 나타나 팔을 움직여 외부 세계의 물체를 가리키는 경로를 보여주고 있다.

하고, 다시 외현적인 **운동 반응**(respone)으로 나타나게 한다는 것이다. 그림 1.1에 있는 데카르트의 스케치는 그것을 보여주고 있다(Descartes, 1662). 감각 자극으로부터 운동 반응까지의 그러한 통로를 **반사궁**(reflex arc)이라고 부른다.

　데카르트가 생각한 반사에 대한 많은 세부사항은 틀렸다. 모든 반사가 그가 믿었던 대로 고정되어 있거나 선천적이지는 않으며, 그가 묘사한 대로 수압에 의해서 신체를 흐르는 유체도 없다. 그럼에도 불구하고 데카르트는 최초로 신체가 기계에 내재하는 법칙과 동일한 법칙으로 이해될 수 있다는 것을 보여주었다. 행동이 나타나는 과정을 기계론적인 시각으로 보는 이 관점은, 수 세기 후 뇌와 행동을 설명하는 수학적인 컴퓨터 모델로 다시 나타나게 된다. 이 책의 일부 장에서는 이에 대해 이야기할 것이다.

　철저한 경험론자인 아리스토텔레스와는 대조적으로 데카르트는 플라톤과 같은 완벽한 생득론자였다. 데카르트는 학습이론에는 관심이 없었다. 그는 어떤 정보는 경험에서 끌어낼 수 있지만 우리가 아는 것들의 대부분은 생득적이라고 믿었다. 우리의 일생 동안 어느 정도로, 어떻게 우리가 자신을 바꾸고 발전시켜나가는지를 이해하기 위한 본성-양육 논쟁은 오늘날에도 이어지고 있다. 이 주제는 제12장 '발달과 노화 : 생애주기별 학습과 기억'에서 다뤄질 것이다.

존 로크와 경험론

영국과 유럽 국가들은 1600년대 후반에 종교개혁을 겪으면서 종교와 정치운동을 벌이게 되는데 그 와중에서 로마 가톨릭의 정치적 영향력은 약화되고 개인의 권리와 책임이 새롭게 강조되었다. 그러면서 과학이 번성하게 되었다. 유명한 과학자들이 나왔는데, 사람들은 마치 오늘날 영화를 보러 가거나 록 음악을 들으러 가듯이 철학과 자연과학에 관한 강연을 들으러 갔다. 특히 유명한 과학자인 뉴턴(Isaac Newton)은 태양빛이 프리즘을 통과함으로써 여러 색깔의 빛으로 분해되고 다른 프리즘을 통해 다시 합쳐져서 백광이 되는 것을 보여주었다.

　뉴턴의 연구에서 영감을 얻어서 존 로크(John Locke, 1632~1704)는 뉴턴이 빛을 분해, 합성했던 것처럼 마음을 분해해보고 다시 합성해서 전체 의식을 만들어 보기로 마음 먹었다. 데카르트처럼 로크는 물질과학에서 방법론을 빌려왔는데, 그 방법을 통해서 마음 그리고 학습과 기억의 과정을 잘 이해하기를 원했다. 이렇게 더 잘 확립된 과학 분야에서 방법론을 차용해서 사용하는 추세는 오늘날까지 계속되고 있다.

기본적 연합에 의해서 어떻게 더 복잡한 관념이나 개념을 얻게 되고 또 기억이나 지식을 가지게 되는가? 전술한 대로 로크는 물질과학에서 영감을 받았는데, 이번에는 옥스퍼드 의과대학의 강사였던 보일(Robert Boyle)이 30년 전에 증명한 바처럼 화합물이란 기본적 부분들 (오늘날의 분자와 원자)의 결합에서 생성된다는 이론으로부터 영향을 받았다. 로크는 복합관념도 기본적 관념들의 결합에서 생성되며, 기본적 관념은 감각기관들을 통해서 수동적으로 얻어지는 것이라 생각했다(Locke, 1960). 예를 들면, 단순관념인 '붉다'와 '달다'는 시각과 미각을 통해서 얻어지며, 복합관념인 '앵두'는 이런 단순관념들의 결합에 의해서 생긴다는 것이다.

아마도 로크가 결국 말하고 싶었던 것은 모든 지식이란 오직 경험에서 기인한다는 것이었을 것이다. 아리스토텔레스가 사용한 비유인 아무것도 쓰여지지 않은 서판이라는 개념을 차용해서 로크는 신생아의 마음이란 장차 무엇인가 쓰여지게 될 빈 서판(라틴어로 *tabula rasa*)이라고 했다.

| 존 로크

로크의 견해는 천성과 경험의 힘으로 우리는 일생 동안 학습에 의해서 능력을 만든다는 것인데, 이런 생각은 18세기 개혁가들을 고무시켜서 왕이 고귀한 혈통만을 물려 받아서 다스리는 귀족정치에 도전하게 만들었다. 로크의 생각은 사람의 가치가 혈통에 의해서 결정되지 않는다는 것이다. 그의 믿음은 모든 사람은 평등하게 태어났으므로 지식을 습득하고 성공하고 리더십을 발휘하는 능력에서 동일하다는 것이었다. 노력과 학습에 의해서 평민들도 사회계급의 한계와 장해를 극복할 수 있다는 것이었다. 그래서 로크는 출생 성분에 관계없이 모든 아동들은 좋은 교육을 받을 수 있어야 한다고 주장했다(Locke, 1693). 이 생각은 토머스 제퍼슨(Thomas Jefferson)에게 깊은 영향을 주어서 그가 1776년에 독립선언문의 초안을 작성할 때 '모든 사람은 동등하게 태어났으며', '생명, 자유 그리고 행복 추구'에 있어서 천부의 권리를 가진다고 선언하였는데, 사실 이 문구는 로크의 문헌을 거의 그대로 옮긴 것이다.

로크의 문헌들이 유럽의 철학과 과학계에 큰 영향을 미친 것은 사실이지만, 반대 의견이 없었던 것은 아니다. 로크의 동시대 사람인 독일 수학자 라이프니츠(Gottfried Wilhelm Leibniz, 1646~1716)는 로크의 생각처럼 지식의 4분의 3은 획득된 것이라고 했지만, 나머지 4분의 1은 가지고 태어나는 것으로서, 습관, 성향, 성공과 실패의 가능성 등을 꼽았다 (Leibniz, 1704). 여러 면에서 라이프니츠의 온건한 견해를 현대 연구자들이 받아들이고 있는데, 인간의 능력은 전적으로 본성에 의한 것(생득론)도 아니고, 전적으로 양육에 의한 것

| 윌리엄 제임스

(경험론)도 아닌, 그 두 가지의 결합에 의한 것이다. 본성(유전자에 기록)은 생득적 능력과 성향의 기초를 이루며, 이것들은 일생을 통한 경험과 학습(양육)에 의해서 변화될 수 있다.

윌리엄 제임스와 연합주의

뉴욕의 부유한 집안 태생으로서, 윌리엄 제임스(William James, 1842~1910)는 일찍 전 세계를 여행하면서 최고급 호텔에 묵으며 당대 유명한 작가, 철학자들과 교류하였다. 1869년에 의학박사 학위를 받은 후에 하버드대학교에서 생리학과 해부학을 가르쳤는데, 그곳에서 그는 마음과 행동에 대한 학문인, **심리학**(psychology)의 개론 강의를 개설했다. 그 과목은 하버드를 포함해서 미국의 대학에서 최초로 개설된 심리학 과목이다. 제임스의 심리학은 다분히 그 자신의 내성과 관찰에서 나온 것이다. 그가 최초로 들은 심리학 강의는 그 자신이 한 것이라고 농담을 하기도 했다.

제임스의 심리학개론은 하버드에서 가장 인기 있는 과목 중 하나가 되었고, 그의 인기 절정의 강의자료를 2년 안에 책으로 만들어주겠다고 출판사와 계약도 맺었다. 그런데 그 책은 12년이 지나서 나왔다. 제임스의 두 권으로 이루어진 책 심리학의 원리(*Principles of Psychology*)(1890)는 출판 즉시 과학적으로 상업적으로 그리고 대중적으로 큰 성공을 거두었다. 여러 언어로 번역이 되어서 수십 년 동안 전 세계에서 표준적 심리학 교과서로 군림했다.

그는 습관을 학습하는 방법에 특히 관심을 가졌다. 그는 익살꾼의 실화를 즐겨 이야기했는데, 그 익살꾼이 방금 군대에서 제대한 사람이 식료품을 가득 지고 거리를 걷고 있는 것을 보고서 '차렷'이라고 소리치자 그 사람이 즉시 자동적으로 부동자세를 취하고 가지고 가던 양고기와 감자가 시궁창으로 굴러 떨어져 버렸다는 것이다. 그 제대군인에게는 그 명령이 반사적으로 뿌리 깊이 배어 있어서, 제대 후에도 그것을 벗어날 수가 없었다. 제임스가 생각하기로는 대부분의 능력과 습관은 그러한 경험에 의해서 생성되는데, 특히 어린 시절에 그렇게 된다는 것이다. 그는 심리학의 주된 목적은 새로운 기술과 기억을 형성하고 유지하는 법칙을 이해하는 것이어야 한다고 했으며, 거기에는 왜 그리고 어떻게 오래된 학습이 새로운 학습 형성을 촉진하기도 하고 억제하기도 하는지 이해하는 것도 포함되어야 한다고 했다(James, 1890). 실제로, 오래된 기억과 새 학습 사이의 관계는 지난 한 세기 동안 실험심리학의 지속적인 주제였다. 앞으로 나올 많은 내용, 특히 제7장 '일화적 기억과 의미적 기억 : 사실의 기억과 사건의 기억' 및 제8장 '숙련기억 : 행위에 의한 학습'에서 이 주제가 다루어질 것이다.

아리스토텔레스와 마찬가지로, 제임스는 연합론을 믿었으며, 그의 이론은 아리스토텔레스와 로크의 생각을 정교화한 것이다. 제임스에 따르면, 저녁 파티와 같은 행사를 기억

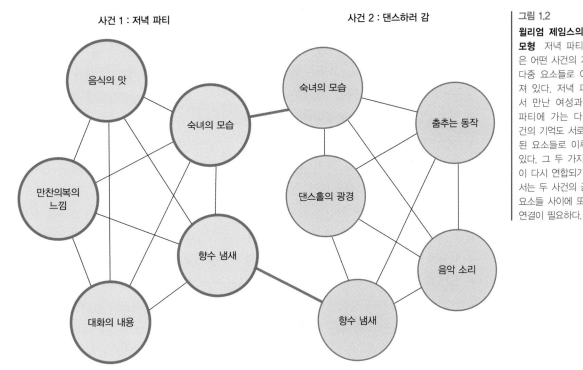

사건 1 : 저녁 파티

음식의 맛

숙녀의 모습

만찬의복의 느낌

향수 냄새

대화의 내용

사건 2 : 댄스하러 감

숙녀의 모습

춤추는 동작

댄스홀의 광경

음악 소리

향수 냄새

그림 1.2
윌리엄 제임스의 기억 모형 저녁 파티와 같은 어떤 사건의 기억은 다중 요소들로 이루어져 있다. 저녁 파티에서 만난 여성과 댄스 파티에 가는 다른 사건의 기억도 서로 연결된 요소들로 이루어져 있다. 그 두 가지 사건이 다시 연합되기 위해서는 두 사건의 공통된 요소들 사이에 또 다중 연결이 필요하다.

하는 데는 그 저녁 파티를 이루는 여러 요소들 사이의 다중 연결이 필요하다는 것이다. 이런 요소들에는 음식에 대한 맛, 만찬용 의복의 느낌, 옆에 앉아 있는 숙녀의 향수 냄새에 대한 기억이 포함된다는 것이다(그림 1.2). 그런 요소들에 의해서 그 만찬의 기억이 떠오르면, 그것들과 공유되었던 다른 기억도 따라서 떠오르는데, 말하자면 그다음 날 그 숙녀와 댄스 데이트를 한 것 등이다. 이 두 번째 사건도 마찬가지로 그 자체의 요소들로 이루어져 있는데, 댄스홀의 광경, 춤추는 동작, 파트너의 향수 냄새 등이다. 저녁 파티와 댄스의 연합은 공유요소에 의해서 연결되는데, 여기서는 그 숙녀의 모습, 그녀의 향수 냄새가 그것들이다.

기억에 대한 이 모형은 단순화한 것이지만 제임스가 심리학에 선도적으로 기여한 많은 것들 중 하나이다. 제임스는 자신의 모델을 문자 그대로 받아들여서 나중에는 뇌 위에 실제로 그런 연결을 지도로 그릴 수 있을 것이라고 믿었다(James, 1890). 이런 생각을 했던 제임스는 그 시대에는 아주 선각자였는데, 학습된 행동을 뇌와 연결시켜서 생각한다는 것 자체가 그 후에도 수십 년간 별 주목을 받지 못했다. 오늘날 기억에 대한 대부분의 현대적 이론들은 학습이란 경험의 요소들 사이의 연합형성 과정이라는 제임스의 생각에서 나온 것이다. 이에 대한 내용은 제4장 '고전적 조건화 : 중요한 사건을 예측하게 해주는 학습', 제7장 '일화 기억과 의미기억 : 사실과 사건에 대한 기억' 등 여러 장에서 만나게 될 것이다.

찰스 다윈과 자연선택론

동물의 왕국에서 인간은 얼마나 독특한 존재인가? 플라톤과 초기 그리스 철학자들은 극단적 견해를 가지고 있었다. 그들은 인간은 불멸하는 영혼을 가지고 있다는 점에서 다른 생명체들보다 독특한 존재라고 생각했다. 반면에, 아리스토텔레스는 인간이란 다른 동물들과 연속선상에 있다고 주장했는데, 단지 이성을 사용할 수 있다는 점에서 다른 동물들과 구분된다고 했다. 르네상스 시대의 철학자들은 플라톤과 같은 입장을 취했는데 인간은 신의 모습으로 창조되었다는 교회 교리의 뒷받침이 있었다. 예를 들면, 데카르트는 신체와 마음이 구분되듯이 인간과 동물은 근본적으로 다르다고 했다.

하지만 1800년도 초에 인간은 동물과 근본적으로 다르다는 견해가 심각한 도전을 받게 된다. 유럽의 박물학자들은 전 세계를 돌아다니며 식물과 동물의 다양한 변종들을 수집하고 연구하기 시작했다. 장구한 세월 동안의 물의 이동에 의한 암석 형성 및 이들 암석에 묻혀 있는 화석들을 발견한 지리학적 연구에 의해서 이 세계가 수억 만 년이나 되었다는 것이 밝혀졌다. 박물학자와 지리학자가 발견한 사실들은 이 세상이 안정되어 있고 불변한다는 그 당시의 믿음과는 상반되는 것이었다. 그들이 발견한 사실들과 그 결과로 내어놓은 이론들은 우리가 누구이며, 어디서 왔고, 정말 다른 동물들과 얼마나 다른가 하는 점들에 대한 오래된 믿음을 흔들어 놓기에 충분했다. 인간과 동물의 관계에 대한 이러한 새로운 견해는 학습과 기억에 대한 장래의 심리학 연구에 심대한 영향을 주었다.

찰스 다윈

에라스무스 다윈(Erasmus Darwin, 1731~1802)은 영국 왕 조지 3세의 주치의였다. 또한 에라스무스 다윈은 진화의 초창기 지지자였다. 그에 따르면, **진화**(evolution)는 오랜 세월에 걸쳐서 종이 변화하는 것이며 새로운 특성이 세대를 거쳐서 전달되는 것이다. 장구한 시간이 지나면 한 종은 그 선조와는 전혀 다른 종으로 진화할 수 있다는 것이다(E. Darwin, 1794). 그러나 많은 시간이 흐른 뒤로는, 그의 손자인 찰스 다윈이 진화가 어떻게 일어나는지에 관한 이론을 발전시키면서 '진화'라는 용어는 찰스 다윈과 연관된 말이 되었다.

찰스 다윈(Charles Darwin, 1809~1882)은 에라스무스 다윈의 손자이다. 찰스 다윈의 아버지는 부유한 의사였는데, 그의 어머니도 부유한 도자기 업자 집안 출신이다. 그의 아버지처럼 의사가 되기 위해서 의학공부를 하였지만 마취도 없이 환자를 수술하는 장면을 보고 염증을 느꼈던 탓에 곧 그만두고 말았다. 다행히 그의 집안이 부유했기 때문에 그는 생계를 위해서 일하지 않아도 되었다. 대신에 다윈이 가장 즐겼던 일은 오후 시간에 영국의 시골길을 거닐며 동물들을 채집하고 분류하는 것이었다.

스물 두 살 되던 해인 1831년에 아무런 경력도 없이 단지 박물학에 대해서 비전문가적 관심만 가지고 남아메리카 연안 측량 항해를 떠나는 비글호에 승선하게 된다. 남아메리카에서 다윈은 이전에 볼 수 없었던 수많은 종들을 에콰도르 해변에서 멀리 떨어진 갈라파고스 군도에서 보게 되었다. 특히 다윈의 관심을 끈 것은 피리새(finches) 종류였는데, 열네 종류나 되는 것들을 따로 떨어진 섬에서 각각

HIP/Art Resource, NY

보았다(그림 1.3). 어떤 섬에는 견과류와 씨앗이 많았는데, 그 섬에 사는 피리새 종류는 견과류 껍질을 깨부수기 위해서 튼튼하고 두꺼운 부리를 가지고 있었다. 다른 섬에는 견과류는 적었지만 먹이가 되는 곤충이 많았는데, 그 섬에 사는 피리새는 나무껍질 틈에서 곤충이 집어내어 먹기 좋게 길고 가는 부리를 가지고 있었다. 그 군도의 각 섬에는 그 섬의 환경에 적합한 부리를 가진 피리새들이 살고 있었다. 다윈은 "이 군도에 원래는 한 가지 종이 있었는데 그 목적에 맞게 변화되었다고밖에 생각할 수 없다."고 기록했다(C. Darwin, 1845). 그의 조부와 마찬가지로 찰스 다윈은 지구상에 있는 생명체는 진화하고 있으며 불변하는 것이 아니라고 확신했다.

다윈이 남긴 가장 중요한 유산은 **자연선택**(natural selection) 이론인데, 이 이론은 진화가 일어나는 메커니즘을 말해주고 있다(C. Darwin, 1859). 그는 종들은 세 가지 조건을 만족하는 특성을 가지고 있으며 진화한다고 말했다(표 1.2). 첫째, 그 특성은 유전 가능해야 한다. 이 말은 부모에게서 자식에게로 그 특성이 전달되어야 한다는 것이다(그런데 다윈의 시대에는 그 특성을 전달하는 운반체인 유전자가 아직 발견되지 않았다). 둘째, 그 특성은 **변화해야** 한다. 이 말은 그 종의 각 개체에게 있어서 그 특성은 어떤 범위 내에서 형태적 변이가 있어야 한다는 것이다. 셋째, 그 특성은 그 개체의 생존에 더욱 적합해야 한다는 것이다. 이 말은 그 특성이 생식에 더 유리해야 한다는 것인데, 개체가 생존해서 짝짓기를 하고 후손을 남겨서 그 특성이 자손에게 전달되는 정도가 증가해야 한다는 것이다. 긴 세

그림 1.3
갈라파고스 군도의 피리새 왼쪽 상단에 있는 강하고 큰 부리를 가진 새를 보라. 견과류를 부수기에 적합한 부리이다. 오른쪽 하단에 있는 새는 길고 가는 부리를 가지고 있는데 나무껍질 틈에서 곤충을 잡기에 적합하다.

표 1.2 자연선택을 통해 특성이 진화하기 위한 다윈의 세 가지 기준

기준	피리새
1. 유전 가능한 특성	부리의 모양
2. 자연적 변화	얇거나 두꺼움
3. 생존과의 연관성	적절한 모양은 곤충을 정확하게 잡거나(얇은 부리), 견과류를 깨기 적합하다(두꺼운 부리).

다윈은 인신 공격의 대상이 되었다. 무엇이 1871년 3월 22일 *Hornet*에 실린 이 캐리커처에 영감을 주었을까?

월을 두고 보면, 자연선택(또는 생존적합)이란 그 특성이 그 종 전체에 퍼져나가는 것을 말한다. 다윈은 이것이야말로 어떤 종이 진화하는 기본적 기전이라고 했다.

다윈은 그의 아이디어를 20년 동안 갈고 닦았다. 마침내 1859년 그 내용을 *On the Origin of Species by Means of Natural Selection, or the Preservation of Favoured Races in the Struggle for Life*라는 제목으로 출판했는데, 이것이 잘 알려진 종의 기원(*The Origin of Species*)이다. 그 책은 베스트셀러가 되었고, 여러 언어로 번역되었으며, 큰 논란을 일으켰고 수많은 리뷰와 논문들 그리고 풍자를 자아냈다. 왜 그렇게 큰 소동이 일어났겠는가? 그의 자연선택설은 인간과 동물 사이에는 확연한 차이가 있다고 믿었던 많은 사람들의 속을 뒤집어 놓았기 때문이다. 신학자들은 격분했는데 왜냐하면 인간과 원숭이가 공통조상에게서 유래했다는 생각은 인간이 신에 의해서 신의 모습대로 창조되었다는 성경의 말씀에 도전하는 것이었기 때문이다. 종의 기원은 가장 논란을 많이 일으킨 책이다.

다윈의 연구가 학습과 기억의 심리학에 미친 영향은 무엇인가? 다윈은 신체적 특성과 마찬가지로 행동적 특성도 동일한 과정을 거쳐서 진화했다고 주장했다(C. Darwin, 1872). 오늘날 행동이 자연선택에 의해서 진화하는 방식을 연구하는 분야를 **진화심리학**(evolutionary psychology)이라고 한다. 진화심리학의 기본적 전제는 학습이 생존에 엄청난 가치를 지니며 생명체들이 변화무쌍한 세계에 적응하게 해준다는 것이다. 학습과 기억능력이 뛰어난 생명체는 생존에 더 적합하다. 즉, 생존할 가능성이 더 높고, 번식할 가능성이 더 높아서 그 행동적 특성을 후손에게 넘겨줄 수 있다. 학습의 구체적 내용을 전달해주는 것이 아님을 주목해야 한다. 학습된 지식은 획득된 특성이므로 그것이 유전되는 것이 아니다. 유전되는 것은 학습하고 기억하는 능력 그 자체이다. 진화론과 유전학의 혁명에 대해서는 제12장 '발달과 노화 : 생애주기에 걸친 학습과 기억'에서 더 깊게 논의될 것이다.

중간 요약

- 초기 철학자들은 오늘날 학습과 기억연구에서 여전히 중요하게 다루어지고 있는 주제들을 가지고 씨름하였다.
- 아리스토텔레스는 연합론자인데, 그는 경험이라는 것은 감각이나 관념들 사이의 연합

으로 이해될 수 있다고 믿었다. 그는 연합학습의 세 가지 중요 원리를 말했는데, 그것은 시공간적 근접성, 빈도 그리고 유사성이다. 후기 연합론자인 윌리엄 제임스는 연합론적 원리에 근거해서 초기의 영향력 있는 모형을 제안했다.

■ 아리스토텔레스나 제임스와 마찬가지로 로크도 경험론자였다. 그는 인간은 빈 서판으로서 평등하게 태어났으며, 경험에 의해서 만들어진다고 했다. 다른 학문적 전통으로는 생득론자인 데카르트가 있는데, 그는 인간이 천성적으로 만들어진다고 했다. 그는 신체가 기계론적(수력학적) 원리에 의해서 움직이는 기계로서 이해될 수 있다고 했다. 그는 이원론자로서, 마음은 신체와는 별개의 실체라고 믿었다.

■ 오늘날의 연구자들은 극단적 생득론자도 아니고 극단적 경험론자도 아니며, 본성(유전자)과 양육(경험)이 공히 인간의 학습과 기억에 기여한다는 것을 알고 있다.

■ 찰스 다윈의 자연선택론은 진화의 원리를 제시했다: 가장 적합한 개체가 살아남는다는 것이다. 이 이론에 따르면, 변화가 자연적으로 생겨나고, 특성이 유전 가능하며, 생존에 이점이 있을 때 진화가 발생한다. 이는 더 높은 생존 가능성과 번식 및 특성이 후손에게 전달됨을 의미한다.

1.2 실험심리학의 탄생

지금까지 이야기한 과학자들과 철학자들은 자연세계를 관찰하고 그들이 본 것을 설명하기 위해서 일반적 법칙을 추론했다. 1800년도 후반에 주목할 만한 변화가 일어났다. 단순히 상관관계를 관찰만 하는 것이 아니라 과학자들은 **실험**(experiment)을 하게 되었는데, 지금 연구 중인 변수에 적극적인 조작을 가함으로써 가설의 타당성을 검사하게 되었다. 심리학에서 이런 새로운 접근을 **실험심리학**(experimental psychology)이라고 불렀는데, 단순히 자연적으로 일어나는 현상을 관찰하는 것이 아니라 심리학 이론들을 실험을 통해서 검증하는 것이다.

에빙하우스와 인간 기억 실험

헤르만 에빙하우스(Hermann Ebbinghaus, 1850~1909)는 윌리엄 제임스와 동시대 사람으로서 최초로 엄격하게 인간 기억 실험을 한 사람이다. 박사학위를 취득한 후에, 그는 여행을 하기도 하고, 가끔 세미나에도 참석하고 선생이나 개인교사로 잠깐씩 일하기도 하는 등 여기저기 돌아다니며 살았다. 어느 날 서점에서 책을 읽다가 독일의 물리학자 페히너(Gustav Fechner, 1801~1887)가 쓴 책을 보게 되었는데, 그 책은 인간의 지각에 대해서 과학적 연구를 한 것이었다. 페히너는 빛의 밝기라든지 물체의 무게 같

| 헤르만 에빙하우스

은 물리량이 변할 때 인간이 그것을 지각하는 정도를 높은 예측성을 가지고 설명할 수 있다고 했다. 그 책은 간단한 수학적 방정식으로 물리적 현상과 심리적 현상 사이의 관계를 기술할 수 있다는 것을 보여주었다. 에빙하우스는 이러한 아이디어에 매료되어서 기억의 심리학도 엄격한 자연과학이 될 수 있고, 정확한 수학적 법칙으로 정의될 수 있다고 믿었다.

이 장에서 소개한 다른 과학자들과는 달리, 에빙하우스는 부유한 사람이 아니었다. 그의 실험에 참여할 사람에게 줄 수고비도 없었기 때문에 자기 자신이 스스로 피험자가 될 수밖에 없었다. 이런 한계에도 불구하고 그의 연구는 이후 인간 기억연구의 초석이 되었다. 사실, 에빙하우스는 현대 기억연구의 아버지로 불린다.

그는 기억이 획득되고 사라지는 방식을 수학적 공식으로 나타내고자 하였다. 초기 연구부터, 만일 자신이 실제 단어를 외우는 실험을 한다면 그렇게 해서 얻은 결과는 그가 익숙히 알고 있던 단어와 그렇지 못한 단어들의 차이에 의해서 심하게 영향을 받으리라는 것을 알고 있었다. 이런 문제를 피하기 위해서 그는 BAP, KEP, DAK 같은 그에게는 생소한 세 글자로 된 무의미 철자를 사용하였다. 에빙하우스가 간단한 무의미 철자를 사용한 것은 인간의 기억원리를 연구하는 방법에 결정적인 기여를 했다. 그가 수행한 한 실험에서, 그는 20개의 무의미 철자를 소리 내어서 읽고 얼마 동안 시간을 보낸 뒤에 가능한 한 많은 철자를 기억해 내려고 했다. 그리고는 그가 잊어버린 철자를 집어내어서 그것을 다시 외웠다. 이 절차는 기억 실험의 중요한 4단계를 말해주고 있는데, 그것은 학습, 지연, 검사, 재학습이었으며, 이 과정은 이후 인간 기억실험의 기본적 방법론이 되었다. 이와 관련된 더 많은 예들은 제7장 '일화적 기억과 의미적 기억 : 사실의 기억과 사건의 기억'에서 더 자세히 살펴볼 것이다.

에빙하우스는 특별히 **망각**(forgetting)에 흥미를 가지고 있었는데, 기억이 시간이 지나감에 따라 어떻게 퇴화하는지에 대한 것이다. 그는 이전에 외운 무의미 철자 목록을 다시 외우는 데 얼마나 오래 걸리는지 검사해서 망각을 측정했다. 만일 처음 외우는 데 10분이 걸렸지만 나중에 그 목록을 다시 외우는 데 6분만 걸렸다면 4분 또는 40%의 '시간 절약'이라고 기록했다. 스스로 다양한 시간 간격에 걸쳐 그런 검사를 해서 **파지곡선**(retention curve)을 그릴 수 있었으며, 그림 1.4는 초기 학습과 후기 학습 사이에 다양한 시간 지연을 두고 후기의 재학습 때의 시간 절약 퍼센트를 보여주고 있다(Ebbinghaus, 1885/1913).

그림 1.4에서 보듯이, 만일 초기 학습과 재학습 사이의 시간 지연이 매우 짧다면 매우 높은 절약(거의 100%)을 보여준다. 하지만 지연이 100시간 가까이(약 4일) 길어질수록 절약은 25%밖에 되지 않는다. 이 파지곡선은 또한 대부분의 망각이 초기에 일어남을 보여주고 있다. 만일 어떤 기억이 학습 후에 처음 몇 시간만 살아남으면, 그 이후에는 망각이 거의 일어나지 않는다. 에빙하우스는 학습 150시간 후에 절약이 25%이지만, 750시간 후에도 20%로밖에 떨어지지 않는

그림 1.4
에빙하우스의 파지곡선
이 실험 데이터는 무의미 철자 목록을 처음 학습할 때와 재학습할 때 사이의 시간 지연에 따른 재학습 시간 절약 퍼센트를 보여주고 있다. 에빙하우스의 이 실험은 파지가 처음 며칠(지연 시간이 약 100시간이 될 때까지) 사이에 급격하게 떨어지다가 지연 정도가 길어질수록 점차 천천히 줄어드는 것을 보여준다.

Data from Ebbinghaus, 1885/1913.

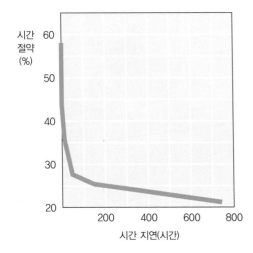

다는 것을 보여주고 있다. 그는 다른 연구에서 짧은 단어 목록이 긴 것보다 기억하기 쉽다는 것을 보여주었다. 그는 또한 초기에 많이 외울수록 나중에 회상이 더 잘된다는 것도 보여주었다.

에빙하우스는 실험을 설계하고 실시하였는데, **독립변수**(independent variable)라고 불리는 하나의 잘 정의된 요인(예 : 초기 학습과 재학습 사이의 지연 시간)과 독립변수에 의한 효과를 관찰할 수 있는 **종속변수**(dependent variable; 그의 실험에서는 주로 기억파지)가 측정되었다.

에빙하우스 실험의 주된 한계점은 오직 한 사람의 피험자, 즉 그 자신에 의해서 행해졌다는 것이다. 그런 자가 실험은 문제가 많고 현대의 과학적 연구 기준에서 볼 때 적합하지 않다. 첫째, 에빙하우스의 기억이 대부분의 다른 사람들과 다르다면 어떻게 할 것인가? 만일 그렇다면 그 자료는 에빙하우스의 기억에 대해서는 많은 것을 알려주겠지만, 다른 사람에게 적용하기에는 무리가 있을 것이다. 그런 연유에서 현대의 기억실험은 다수의 피험자를 대상으로 한다.

둘째, 그는 피험자이면서도 실험자였기 때문에 어떤 변수가 조작되고 있는지 알고 있었다. 예를 들어서 그가 긴 철자 목록이 더 외우기 어렵다고 믿었다면 그러한 믿음이 긴 목록을 외우는 데 시간을 조금 더 걸리도록 약간의 영향을 미쳤을 수 있다. 이런 문제를 **피험자 편향**(subject bias)이라고 한다. 그런 문제를 방지하기 위해서 현대 기억연구는 **맹목설계**(blind design)를 하는데, 이 용어의 의미는 피험자가 그 실험이 어떤 가설을 검사하려는 것인지 또는 어떠한 변수가 조작되는지 모른다는 것이다. 이 문제에 같이 따라 다니는 것이 **실험자 편향**(experimenter bias)인데, 실험자도 부지불식간에 실험의 결과에 영향을 줄 수 있다는 것이다(예 : 실험자가 은연중에 피험자에게 바람직한 반응을 하도록 부추길 수 있다). 실험자 편향은 **이중맹목설계**(double-blind design)로 방지할 수 있는데, 이 용어의 의미는 실험자도 피험자도 모두 그 실험이 어떤 가설을 검사하려고 하는지 모르게 한다는 것이다. 흔히 보는 이중맹목 실험은 현대의 신약물질 검사에서 볼 수 있는데, 이때 환자는 그 신약물질을 투여받거나 또는 **플라시보**(placebo, 약효는 없고 겉모양만 똑같은 위약)를 투여받는다. 그런 이중맹목설계에서는 환자도 의사도 어느 환자가 어떤 약을 받는지 모르게 한다. 실험 참가자들과는 전혀 접촉하지 않는 사람만이 그 데이터를 분석한다.

그러한 모든 한계점에도 불구하고, 에빙하우스가 취한 방법은 학습과 기억연구가 과학적 실험을 통해서 이루어지는 출발이 되었다. 현재 인간 기억에 관해서 연구하는 과학자치고 에빙하우스의 초기 연구 방법론 신세를 지지 않는 사람은 없다.

파블로프와 동물학습

에빙하우스가 획기적인 인간 기억연구를 하고 있을 때, 러시아의 생리학자인 이반 파블로프(Ivan Pavlov, 1849~1936)는 동물학습 연구방법을 개발하고 있었는데 그것은 오늘날까지도 광범위하게 사용되고 있다. 젊은 시절 그는 부친과 조부처럼 러시아정교회의 사제 훈련

이반 파블로프

을 받았다. 종교서적을 읽는 와중에 그 당시에 출판된 다윈의 종의 기원도 읽었다. 다윈의 학문적 업적에 크게 감명을 받은 나머지 그는 사제가 되는 것을 포기하고 상트페테르부르크대학교의 자연과학부에 입학했다. 그 이후 파블로프의 전 생애 동안의 연구와 생각은 다윈의 영향을 크게 받았다.

오늘날 그는 학습심리학에 선구적 기여를 한 사람으로 기억되지만, 사실 파블로프는 개를 가지고 한 타액과 소화생리학 연구의 공로로서 1904년 노벨 생리의학상을 수상한 사람이다(그림 1.5a). 제4장 '고전적 조건화 : 중요한 사건을 예측하게 해주는 학습'에서 상세히 기술한 대로, 파블로프는 동물이 학습하는 방법에 영향을 줄 수 있는 요인을 체계적으로 연구하였다. 파블로프는 개의 입 속에다 침을 모을 수 있게 관을 삽입하는 수술을 하였으며, 개들이 다양한 신호에 반응해서 흘리는 침을 측정할 수 있었다. 한 실험에서는 그는 개를 훈련시켜 초인종 소리가 언제나 먹이에 앞서서 들린다는 것을 예측하게 했다. 그렇게 초인종 소리와 먹이를 짝지어서 주자, 개가 초인종 소리를 듣고 점점 더 침을 많이 흘리게 되었다. 동물이 한 가지 자극(초인종 소리)으로부터 뒤따라 오는 중요한 사건(먹이)을 예언할 수 있게 해주는 이런 형태의 학습은 오늘날 **고전적 조건화**(classical conditioning) 또는 파블로프 조건화(Pavlovian conditioning)로 알려져 있다. 고전적 조건화의 현대 연구는 그 결과를 그림 1.5b에서 보는 것과 같은 **학습곡선**(learning curve)의 형태로 보고하며, 훈련 시행 수(독립변수, 가로축에 표시)에 대한 동물의 반응(종속변수, 세로축에 표시)을 나타낸다.

동물이 어떻게 새로운 행동을 배우는가 하는 것에 대해 파블로프는 그 당시 러시아에서 새로운 기술이었던 전화에 비유를 하고 있다. 그는 집에서 실험실로 연결되는 **직통** 전화선

그림 1.5
파블로프와 학습실험 (a) 파블로프(흰 수염을 하고 있는)와 조수들이 타액 반응 연구에 사용한 개들 중 한 마리와 함께 실험실에 있다. (b) 현대의 고전적 조건화 실험에서 얻은 학습곡선이다. 이 곡선은 훈련 시행 수(독립변수)에 따른 동물의 조건 반응(종속변수)을 나타내고 있다.

(a)

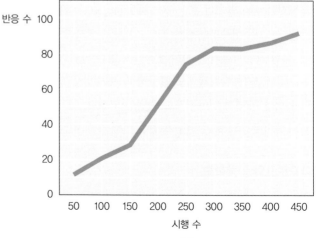

(b)

을 가지고 있었는데, 그것은 마치 개의 머릿속에 먹이와 타액 분비 사이에 직통 연결이 있는 것과 유사하다고 설명했다. 반면에 그는 실험실로 교환원을 통해서도 전화할 수 있었는데, 이런 것은 초인종 소리와 타액 분비처럼 새롭게 생겨나는 변경 가능한 연결이라고 했다(Pavlov, 1927).

또 다른 연구에서 그와 조수들은 동물이 초인종 소리에 대해서 이미 배운 반응을 약화시킬 수 있다는 것을 보여주었다. 이런 훈련 절차는 다음과 같은데, 우선 동물에게 초인종 소리와 먹이를 짝지어주어서 소리에 대해서 확실히 침을 흘리게 한 다음, 초인종 소리 다음에 아무것도 주지 않는 것이다. 그는 이런 절차를 **소거**(extinction)라고 불렀고, 초인종 소리에 대해서 타액 분비가 점점 줄어서 종국에는 종소리는 더 이상 먹이를 예언하지 않게 되는 것이다.

파블로프는 또한 동물이 어떤 자극에 대해서 배운 것을 그것과 유사한 자극에 전이할 수 있다는 것도 보여주었다. 예를 들면, 만일 동물이 분당 90번 똑딱이는 메트로놈 소리에 반응하는 것을 배웠다면 그 동물은 분당 80번이나 100번 똑딱이는 소리에 대해서도 반응할 수 있다. 하지만 그 소리가 점점 본래 소리로부터 달라질수록 반응도 점점 약해졌다. 이렇게 다른 자극들에 대해서 원래 학습한 자극과의 유사성 정도에 따라 반응의 크기가 변화하는 현상은 **일반화**(generalization)의 한 예인데, 일반화는 과거에 배운 것을 새로운 상황이나 문제에 전이하는 능력을 나타낸다. 제6장 '일반화, 변별학습 및 개념 형성'에서 여러 형태의 학습과 기억에서 이런 일반화가 일어나는 것을 보게 될 것이다.

파블로프는 1917년에 일어난 러시아 혁명을 거치면서 공산주의 치하에 대해 깊은 증오(특히 공산주의 정부가 그의 노벨상 상금을 압수하면서부터)를 가지게 되었다. 그럼에도 불구하고 그가 1936년에 사망했을 때, 그는 공산주의 정부의 영웅으로 추앙되어서 성대한 장례식을 치르게 되었다.

손다이크의 효과의 법칙

비슷한 시기에 미국에서는 윌리엄 제임스의 학생인 에드워드 손다이크(Edward Thorndike, 1874~1949)가 동물이 어떻게 자극과 반응 사이의 관계나 연결을 배우는지를 연구하고 있었다. 손다이크의 잘 알려진 연구 중에는 잠금 장치가 되어 있는 문제상자(puzzle box)에서 고양이가 어떻게 그것을 열고 탈출하는 방법을 배우는가에 대한 것도 있었다. 이런 종류의 훈련은 생명체가 원하는 결과를 얻거나 원치 않는 결과를 피하는 방법을 배우는 것인데, 생명체의 행동이 어떤 결과를 만들어 내는 도구가 되므로 **도구적 조건화**(instrumental conditioning)라고 부른다. 이것은 예를 들어, 파블로프의 개가 침을 흘리는 학습된 반응을 하는 것과는 아주 다른데, 파블로프 조건화에서는 개가 학습된 반응을 하든, 하지 않든 먹이를 받는다. 도구적 조건화는 최근에 **조작적 조건화**(operant conditioning)라는 용어로 더 자주 언급되며 제5장 '조작적 조건화 : 행동의 결과에 대한 학습'에서 자세히 다룬다.

그는 어떤 특정 행동반응이 나타날 확률이 증가하거나 감소하는 것은 그 반응에 뒤따

Humanities and Social Sciences Library/New York Public Library/Science Source

| 에드워드 손다이크

라 나오는 결과에 달렸다는 것을 발견해서 **효과의 법칙**(law of effect)이라고 불렀다(Thorndike, 1911). 만일 특정 반응이 먹이를 먹을 수 있는 것과 같은 좋은 결과를 낳는다면 그 동물이 장래에 동일한 반응을 할 확률은 높아진다. 반면에, 그런 반응이 전기충격을 받는 것과 같은 좋지 않은 결과를 가져온다면 장래에 그런 반응을 할 확률은 감소한다. 이런 현상에 매혹되어서 손다이크는 동물이 바람직한 결과는 최대화시키고 좋지 않은 결과는 최소화시키는 새로운 행동을 배우도록 하는 요인들이 무엇인가에 대해서 방법론적으로 연구하기 시작했다.

동시대의 여러 심리학자들과 마찬가지로, 손다이크도 다윈의 자연선택 이론의 영향을 깊이 받았다. 그의 효과의 법칙의 기본적 아이디어는 다윈의 적자생존 법칙과 상당히 유사하다. 다윈의 진화론에서는 특성의 변이가 중요한 요소인데, 즉 생존 가능성이 높은 특성을 가진 동물이 그 특성을 후대에 전달한다는 것이다. 손다이크의 효과의 법칙은 같은 원리를 가지고 한 동물의 생애 내에서 어떤 행동적 특성이 진보해 나가는 방식을 설명하고 있다. 효과의 법칙에 따르면, 어떤 동물이든 나름대로 행동의 범위가 있는데, 그중에서 어떤 행동은 그 동물에게 긍정적 결과를 낳게 하여 계속 유지되고, 다른 행동은 그렇지 못해서 사라진다는 것이다. 이런 기본적 원리에서 출발해서 그는 학습심리학이란 경험을 통해서 자극과 반응 사이의 연결이 언제, 어떻게, 어느 정도로 증가하거나 감소하는지를 연구하는 것이 되어야 한다고 주장했다(Thorndike, 1932, 1949).

손다이크는 1917년에 심리학자로서는 최초로 미국 과학학술회원(U.S. National Academy of Sciences)이 되었으며, 1920년대 초에는 미국에서 가장 영향력 있는 과학자 중의 한 사람이 되었다. 그는 1949년에 생을 마감했는데, 학습과 기억 분야를 개척한 1세대 실험심리학자 중 마지막 주자로 인정받고 있다. 그의 연구는 학습연구의 차세대 주류 운동의 초석을 놓았는데, 그것은 20세기 중반의 행동주의이다.

중간 요약

■ 1800년도 후반에 실험심리학이 출현함으로써 학습과 기억의 심리학도 여타 분야의 심리학과 마찬가지로 특정 가설을 검증하기 위해서 실험을 설계하고 수행하기 시작하였다. 이런 운동의 중심에 서 있던 인물들은 다윈의 진화론과 자연선택이론에 크게 영향을 받았다.

■ 에빙하우스는 인간 기억에 대해서 최초로 엄정하게 실험연구를 한 사람이다. 그는 무의미 철자 목록을 사용하는 기법을 도입해서 정보가 어떻게 획득되고 망각되는지에 대한 데이터를 얻었다.

- 파블로프는 동물훈련에 대한 기본적 방법을 발견했고 초인종 소리와 같은 원래 중성적 자극을 먹이와 같은 원래 중요한 자극과 연합시키는 방법을 발견했다.

- 손다이크는 어떤 동물이 한 행동의 결과에 따라 이후에 그 행동이 나타날 확률이 증가하기도 하고 감소하기도 한다는 것을 보여주었다. 그는 이런 원리를 효과의 법칙이라 불렀다. 이것은 다윈의 적자생존에서 아이디어를 얻은 것인데, 좋은 결과를 가져오는 반응은 살아남고 그렇지 못한 것은 사라진다는 것이다.

지식 테스트

학습과 기억 연구의 역사에서 주요 인물 맞히기

아래는 이 장의 앞부분에서 다루었던 주요 연구자 및 연구 아이디어에 대한 복습이다. 빈칸에 연구자의 이름을 쓰라. (정답은 책의 뒷부분에 있다.)

1. 희랍인으로 연합에 대해서 생각한 사람은 _____ 이다. 그리고 _____ 는 이원론자인데, 마음과 신체는 별개라고 말하였다.

2. _____은 모든 경험주의자들이 말한 것과 같이 신생아의 마음은 빈 서판이라고 하였다. 생득론자들은 지식은 가지고 태어나는 것이라고 믿었으며, 그를 괴이한 사람이라고 여겼다.

3. _____의 마음에 대한 모형은 관념들을 연결시킨 것인데, 고대 희랍인들의 이론을 한 단계 발전시킨 것이다.

4. _____는 무의미 철자를 가지고 연구했다. _____의 연구에서, 개들은 침을 흘리는 것을 학습했다. _____는 먹이 보상으로 효과의 법칙을 연구했다.

1.3 행동주의의 시대

학습연구에 대한 미국적 접근이 1920년대에 나타났는데, 이름하여 **행동주의**(behaviorism)이다. 파블로프와 손다이크의 연구에 힘입어서, 행동주의는 심리학이란 관찰 가능한 행동(레버 누르기, 타액 분비 등 측정 가능한 신체적 활동)을 연구하는 것에 집중해야 하며, 관찰 불가능하고, 잘 정의되지 않은 정신적 사건(의식, 의도, 생각 등)을 연구는 멀리해야 한다는 것이다. **행동주의자**(behaviorist)들이라고 부르는 이런 주창자들은 개인적 내성이라든지 특정 사례의 관찰을 통한 마음의 내적 작용을 선호하는 철학자들이나 심리학자들과 거리를 두었다. 행동주의자들은 심리학이 생물학이나 화학과 어깨를 나란히 하는 엄정한 자연과학이 되기를 바랐다.

왓슨과 행동주의

성마르고, 야심만만하며, 자수성가한 존 왓슨(John Watson, 1878~1958)은 행동주의의 설립자로 간주된다. 그는 사우스캐롤라이나의 그린빌에서 아이가 13살일 때 가정을 버린 변변치 못한 부친 밑에서 태어났다. 학교 다닐 때는 가난했지만, 왓슨은 학부를 졸업하였을 뿐만 아니라 대학원에 진학해서 쥐가 어떻게 학습하는지를 연구했다. 그는 쥐가 미로를 달리게 하고 출구를 빠져나오면 먹이를 보상으로 주었다.

| 존 왓슨

훈련받지 않은 쥐는 처음에는 미로를 빠져 나오기 위해 헤매어 다니는 데 거의 반 시간이 걸렸다. 하지만 30번 정도 훈련을 받으면 10초 이내에 미로를 빠져 나온다. 쥐가 그렇게 할 수 있는 이유가 무엇인지 알기 위해서 왓슨은 체계적으로 조사해 나갔다. 우선, 그는 쥐가 정상 상황에서 미로를 달리도록 했다. 그후에 그는 쥐의 눈을 멀게 만들어 보기도 하고, 귀를 먹게 만들기도 하고, 쥐들이 길을 찾는 데 중요하다고 알려진 수염을 제거해 보기도 했다. 그런데 모든 시도를 다 해봐도 쥐들은 길을 잘 찾았다. 쥐들이 냄새에 의해서 미로를 빠져나갈 수 있다고 생각하고서는 왓슨은 미로를 끓는 물로 삶아서 냄새를 제거하기도 했다. 하지만 쥐들은 여전히 미로를 잘 빠져 나갔다. 오직 미로를 돌려 놓거나, 미로의 통로들을 길게 또는 짧게 변경시켰을 때만 쥐들은 길을 잘 못 찾았다. 이 연구를 통해서 그는 쥐들이 미로를 달리면서 자동적 운동습관 세트를 배우게 된다고 생각했으며, 그 운동습관은 외부의 어떤 감각 자극과 상관없다고 생각했다(Watson, 1907). 이러한 학습된 운동습관(또는 기술)에 관한 내용은 제8장 '숙련기억 : 행위에 의한 학습'에서 더 논의한다.

왓슨은 심리학이란 모름지기 "순전히 객관적 실험을 하는 자연과학의 한 분야가 되어야 하며, 심리학의 이론적 목표는 행동을 예측하고 통제하는 것이 되어야 한다."라고 했다(Watson, 1913). 그는 확고한 경험주의자로서 로크(Locke)가 말한 대로 우리의 행동과 능력을 결정하는 데는 유전과 환경이 강력히 영향을 미친다는 것을 받아들였다. 아리스토텔레스의 빈 서판의 원리를 열렬히 옹호하면서 왓슨은 다음과 같이 말했다. "나에게 열 두 명의 건강한 유아들을 주시오. 그리고 나의 원리대로 그들을 기를 수 있는 환경을 주면 그 아이들 중에서 누구라도 그 아이의 재능, 성향, 능력, 인종에 상관없이 의사, 변호사, 예술가, 상인 그리고 거지나 도둑으로 만들어 줄 수 있소"(Watson, 1924, p. 82). 제1차 세계대전 이후에, 많은 사람들은 사회 발전을 위해서 출신 성분에 관계없이 동등한 기회와 자유를 누릴 수 있는 새로운 시대를 열망했다. 그의 이러한 대담한 주장은 과학자들과 대중에게 크게 부각되었다. 그래서 1920년대 초기, 특히 미국의 학습심리학에서는 행동주의가 주된 추세가 되었다.

학문적 연구자로서의 그의 경력은 연구조교인 레이너와 염문을 일으키면서 갑자기 끝나버렸다. 과학자로서의 그의 명성, 그가 기혼자라는 점 그리고 그녀 집안의 유명세 등 때문에 그 염문은 대중매체의 집중적 조명을 받게 되었다. 마침내 그 스캔들은 너무 커져서 존스홉킨스대학교는 그에게 불륜을 그만두든지 대학을 그만두든지 양자택일하라고 했다. 그는 레이너를 택했고 대학에서 사임했다. 왓슨은 광고업계에서 활동을 재개했는데 거기서도 그의 학문적 연구처럼 엄격한 과학적 원리를 적용해서 마케팅 연구를 했다. 이러한 논

란에도 불구하고, 그가 1958년 생을 마치기 직전에 미국심리학회
는 그에게 심리학 발전에 기여한 공로로 금메달을 수여했다.

클라크 헐과 학습의 수학적 모델

클라크 헐(Clark Hull, 1884~1952)은 오하이오주의 한 농장에서 태
어났는데, 학습에 영향을 미치는 요인들 사이의 관계를 수학적 공
식으로 표현하는 데 전념했다. 그는 초년기에 병마에 시달렸다. 장
티푸스에 걸렸었는데 그 때문에 뇌 손상을 입어서 일생 동안 기억
에 문제가 있었다. 또한 소아마비에 걸려서 한쪽 다리가 마비되어
목발을 짚고 걸었다.

| 클라크 헐

헐의 시대에 행동주의의 새로운 학설에 의하면 모든 행동은 자
극과 반응 사이의 관계성을 설정함으로써 이해할 수 있었다. 파블
로프의 개가 초인종 소리를 듣고 침을 흘렸고(초인종 → 타액 분
비), 왓슨의 쥐는 미로에 들어가서 일련의 운동습관 반응을 하였다
(미로에 들어감 → 좌회전, 우회전 등). 그런 학습을 자극-반응 학습
(stimulus-response learning), 줄여서는 S-R 학습이라고 불렀다. 물론 행동주의자도 실제
세상은 복잡하고 그런 반응을 하는 데는 다른 요인도 작용한다는 것을 잘 알고 있다. 예를
들어서 파블로프의 개는 종소리를 듣고 침을 흘릴 수 있지만, 오직 그 개가 배가 고플 때만
그렇다. 하지만 행동주의자들은 그 모든 요인들을 알기만 한다면 언제, 어떤 자극에 의해
동물이 반응을 내놓을지 예언하는 것이 가능하다고 생각했다.

헐은 동물학습의 포괄적 수학 모델을 만들어서 어떤 상황에서라도 동물이 무엇을 배울
지 예언할 수 있도록 하겠다는 목표를 설정했다. 이것은 마치 그 당시 아인슈타인이 $E=mc^2$이라는 단순한 공식으로써 에너지(E)와 질량(m)과 광속(c)의 복잡한 관계를 설명하는
것처럼, 그 역시도 학습경험을 설명해줄 수 있는 모든 중요 요인들의 관계를 나타낼 수 있
는 강력한 공식을 발견하고 싶었다. 그가 공식에 집어넣은 변수들은 학습 시행 횟수, 보상
을 준 빈도, 시행 간 간격, 자극의 강도, 보상을 받기 위한 동물의 동기, 유인가(보상의 매
력) 등이다(Hull, 1943). 그는 동물학습과 인간학습에 관한 집중적 연구 프로그램을 실시해
서 실험을 하고 수학적 모형을 정교화시켜 나갔다. 어떤 모형의 가치는 실험연구를 계속해
나갈 수 있도록 해주느냐 아니냐 하는 발견적 가치를 가지고 판단했다. 이런 면에서는 헐
의 모형은 큰 성공을 거두었다. 1940년대까지 중요 학술지들에 출판된 학습에 관한 과학적
논문의 70%가 그의 연구를 인용했다(Spence, 1952).

그의 공식들이 그 당시에는 꽤 영향력이 있었지만, 그 공식의 세세한 항목들이 지금으로
서는 그렇게 맞는다고 할 수 없다. 어떤 면으로 봤을 때 헐의 공식은 폐기되었는데, 현대 심
리학자들의 견해로는 학습이 일어나게 하는 모든 요인들을 하나의 공식으로 줄여서 나타
낸다는 것이 무리이기 때문이다. 그럼에도 불구하고 그의 제자들과 추종자들[신-헐주의자

(neo-Hullian)라고 불리는]은 좀 더 겸허한 목표를 설정해서 연구를 계속하고 있다. 즉, 학습의 기본적 요소들을 담고 있는 공식을 만들려고 한다(독자들은 제4장 '고전적 조건화 : 중요한 사건을 예측하게 해주는 학습'에서 여전히 생명력을 지니고 있는 레스콜라-와그너의 법칙을 볼 것인데, 이 법칙은 파블로프의 고전적 조건화를 일으키는 소수의 요인들을 설명하고 있다). 신-헐주의자들은 학습이 정말로 신뢰롭고, 예측 가능한 형태로 일어남을 보여주고 있으며 이런 기본적 패턴이 동물뿐 아니라 인간의 학습도 지배하고 있음을 지적한다.

스키너의 급진적 행동주의

스키너(Burrhus Frederic Skinner, 1904~1990)는 펜실베이니아 시골에서 태어나서 20세기의 가장 유명한(그리고 아마도 가장 악명 높은) 행동주의자가 되었다. 그의 처음 희망은 작가가 되는 것이었지만, 그 대신에 심리학과 대학원으로 진학했다. 그는 자신을 철저한 행동주의자로 규정하고서는 심리학자들은 관찰 가능한 행동연구에만 전념해야 하며, 동물이 학습하는 동안에 그 마음에 무슨 일이 일어나고 있는가 하는 사색 따위는 하지 말아야 한다고 했다.

그는 손다이크가 개발해 놓은 동물이 새로운 반응을 학습하는 기법을 더 확장시키고 정교화하였다. 그는 다른 연구자들도 널리 사용하게 된 자동학습기계를 개발했는데, 연구자들은 그것을 '스키너 상자(Skinner box)'라고 이름 붙였다(독자들은 제5장 '조작적 조건화 : 행동의 결과에 대한 학습'에서 스키너 상자를 비롯해서 그가 개발한 여러 가지를 보게 될 것이다). 또한 동물이 어떻게 반응과 결과 사이의 관계를 배우는가를 이해하는 데 큰 공헌을 했다. 그중에서 가장 중요한 발견은 우연히 일어났다.

© Bettmann/CORBIS

| B. F. 스키너

1940년대 초반의 어느 금요일 오후에 스키너는 실험실에서 쥐가 먹이 알갱이를 얻기 위해서 어떤 반응을 하게 만드는 기계를 설치하고 있었다. 그때 그는 주말 동안에 그 실험을 할 수 있을 만큼 충분한 먹이 알갱이가 없다는 것을 알았다. 실험을 그만두거나 먹이 알갱이를 가지러 밖으로 나가는 대신에 그는 먹이 알갱이를 아끼기 위해서 쥐가 올바른 반응을 연속해서 두세 번 했을 때만 먹이를 주었다. 이것으로 말미암아 스키너는 위대한 발견을 하게 되었는데, 이렇게 간헐적으로 보상을 주었을 경우에 쥐들은 매번 보상을 주는 경우와 유사하게 또는 어떤 때는 더 빠르게 반응을 학습했다. 그래서 스키너와 그의 학생들은 생명체의 반응에 대한 결과(여기서는 먹이 알갱이를 얻는 것)의 신뢰성이 학습에 미치는 영향을 새로이 철저하게 연구하기 시작했다.

오늘날, 스키너는 왓슨이나 손다이크보다 훨씬 더 많이 알려져 있는데, 그 이유는 그의 영향이 실험실 밖으로 널리 퍼져나갔기 때문이다. 처음에 작가가 되고 싶어 했던 연유로, 그는 여러 권의 책을 썼는데, 그중에는 월든 투(*Walden Two*, 1948)가 있다. 이 책은 엄격히 통제된 유토피아적 사회에 대해서 쓴 책인데, 스키너가 실험실에서 쥐와 비둘기를 가지고 실험해서 얻은 훈련 처방을 통해 사회적으로 바람직한 행동이 유지되는 사회에 관한 이야기이다(사회적으로 요구되는 행동을 학습하기 위한 방법들은 제11장 '사회적 학습과 기억 : 관찰, 상호작용 그리고 재현'에서 자세히 다룬다).

또 다른 베스트셀러 자유와 존엄을 넘어서(*Beyond Freedom and Dignity*, 1971)에서 그는 **급진적 행동주의**(radical behaviorism)를 주창했는데, 의식이나 자유의지라는 것은 아예 환상이라고 했다. 그는 인간이란 다른 동물과 마찬가지로 환경자극에 대해서 학습된 반응을 하는 존재라고 했다. 20세기 중반까지, 스키너는 세계에서 가장 유명한 심리학자였다. 그는 1990년의 사망일 저녁까지도 급진적 행동주의를 선양했는데, 장차 있을 학술회의에서 "심리학은 마음의 과학이 될 수 있는가?"라는 제목의 좌담을 준비 중이었다(물론, 그의 대답은 "아니올시다!"였다). 하지만 그 즈음에는 심리학의 주류는 엄격한 행동주의를 지나서 스키너와 그의 동료들이 그렇게도 불신했던 정신적인 것들로 옮겨갔다.

톨만의 신행동주의(Neo-Behaviorism)

에드워드 톨만(Edward Tolman, 1886~1959)은 MIT에서 대학 생활을 하며 원래는 화학계통으로 진로를 계획하였다. 그러나 학부 고학년 때 윌리엄 제임스의 심리학의 원리(*Principles of Psychology*)를 읽고는 크게 감명을 받아서 화학자가 되는 대신에 심리학과 대학원에 진학했다.

그는 이전에 손다이크나 왓슨이 했듯이 학습을 연구하기 위해서 쥐 미로를 만들었다. 그런데 학습이라는 것이 자극과 반응 사이의 연결 형성이라는 기계적 접근을 한 왓슨과는 달리 톨만은 쥐가 그 이상의 무엇인가를 배운다고 생각했다. 그는 쥐가 출구를 발견하고 먹이를 찾을 목적과 의도를 가지고 있다고 믿었다. 그는 쥐가 그 미로에 대해 내적으로 전체 조망을 가지는데, 그러한 외적 세계에 대한 내적인 심리적 표상을 **인지도**(cognitive map)라고 불렀다(Tolman, 1948). "행동을 보면 목적을 알 수 있다(Behavior reeks of purpose)."라는 말은 그가 항상 되뇌이던 공리이다(Tolman, 1932).

일련의 실험을 통해서 톨만은 인지도야말로 쥐가 생소한 상황에서 배운 것을 어떻게 응용하는지를 이해하는 데 중요한 것이라고 했다. 그는 그림 1.6에서 보듯이 쥐가 곧잘 다니던 길이 막히면 다른 길로 둘러서 갈 수 있다는 것을 보여주었다

| 에드워드 톨만

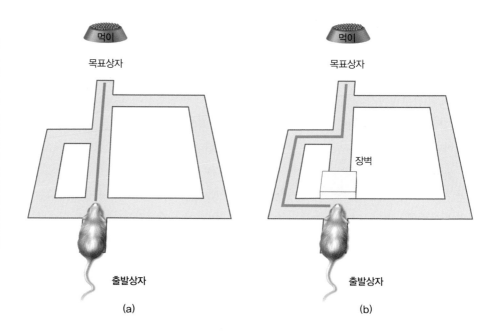

그림 1.6

쥐에게 일어나는 잠재학습 톨만은 쥐가 외부 세계에 대한 내적 표상인 인지도를 가진다고 믿었다. (a) 한 실험에서 쥐를 출발상자에 넣고 먹이가 있는 목표상자로 곧장 달려가도록 학습시켰다. 보라색 선은 쥐가 이동한 길을 나타낸다. (b) 쥐가 선호하였던 길이 막히자 빨리 갈 수 있는 다른 길(주황색 선)을 쉽게 찾아내었다. 이는 쥐가 그 미로에 대한 전체적 조망을 가지고 있다는 것을 보여준다.

(Tolman, 1948). 그는 쥐가 또한 항상 출발하던 장소가 아니라 다른 장소에서 출발해도 목표 지점을 찾아갈 수 있다는 것도 보여주었다. 이런 현상은 단순한 자극–반응 연결로는 설명할 수 없는 현상이다.

톨만은 심지어 쥐가 어떤 뚜렷한 보상(먹이) 없어도 인지도를 학습할 수 있다는 것을 보여주었다. 그는 쥐가 그림 1.6에 있는 것과 같은 미로를 먹이 보상 없이 그냥 며칠 동안 자유롭게 돌아다니도록 해주었다. 이후에 그 미로의 목표 지점에 먹이를 놓아두자 그 쥐는 그렇게 자유롭게 돌아다녀 본 경험이 없는 쥐보다 훨씬 빨리 먹이를 발견하였다. 또 처음부터 목표 지점에서 먹이를 찾는 훈련을 받은 쥐만큼 빨리 먹이를 발견하였다. 관련 연구는 제3장 '습관화, 민감화, 친숙화 : 반복되는 사건에 대한 학습'에서 더 자세히 다룬다(특히 그림 3.6 참조). 톨만은 이런 현상이야말로 그 쥐가 처음 며칠 동안에 인지도를 학습해서 그 이후에 사용했다는 증거라고 주장했다. 그는 이런 학습을 **잠재학습**(latent learning)이라고 했는데, 이는 먹이나 전기쇼크 같은 구체적 결과를 얻기 위한 훈련을 하지 않고서도 하는 학습이라는 의미이다(Tolman, 1932). 그는 그러한 잠재학습은 일상생활에서 흔히 일어나는 학습이라고 했다. 그런 잠재학습이라는 것은 모든 학습은 자극–반응 연합에 의해서 일어난다는 엄격한 행동주의자의 가정에 심각한 도전이 되었다. 제3장에서는 장소나 사건에 노출되어 나타나는 잠재학습에 관해 논의한다. 잠재학습에 의한 효과는 제3장과 제6장 '일반화, 변별학습 및 개념 형성'에서 다룬다.

클라크 헐과 여러 이론가들이 관찰 불가능한 정신적 사건은 배제된 행동에 대한 근본적인 법칙을 찾는 동안, 톨만은 다른 접근방식을 취하였다. 환경에 대한 내적 표상 그리고 직접적 관찰이 아니라 추론할 수밖에 없는 목적과 의도의 중요성을 강조했기 때문에 그는 행동주의의 높은 실험적 통제와 엄격한 방법론은 좋아했지만 편협한 제한이 있는 행동주의 교리와는 결별하였다. 이런 이유로 그를 **신행동주의자**라고 부른다. 그의 이론적 연구와 실험적 연구는 비록 동시대의 행동주의자들에게는 받아들여지지 않았지만 동물과 사람의 학습에 대한 인지적 연구의 기초가 되었다.

중간 요약

- 행동주의자들은 심리학이란 오직 관찰 가능한 사건에 대한 연구를 해야지 생명체의 내부에서 무슨 일이 일어나고 있는지 사색하는 학문이 되어서는 안 된다고 주장했다. 행동주의자라고 해서 내적인 정신과정을 부정하는 것은 아니고, 단지 그런 것은 행동의 과학적 연구로서 불필요하고 부적절하다는 것이다.
- 행동주의의 아버지로 불리는 왓슨은 심리학은 자연과학의 순수 실험 분야가 되어야 한다고 주장하면서, 심리학의 목적은 사람과 동물의 행동을 예측하고 통제하는 것이 되어야 한다고 했다.
- 클라크 헐은 동물학습과 인간학습에 대한 광범위한 수학적 이론을 만들고 그것을 실험을 통해서 엄격하게 검증해 나갔다.
- 스키너는 행동을 통제하는 요인들에 대해서 자세한 연구를 하면서 동시에 널리 읽히고 논쟁을 불러일으키는 책을 써서 일반 대중에게 그것을 알렸다.
- 톨만은 신행동주의자로서 행동주의적 엄격한 방법론과 환경에 관한 인지도, 목적 등과 같은 내적 정신사건을 결합시켰다.

1.4 인지적 접근

행동주의자가 하는 학습연구는 매력적이다. 그 연구는 엄격하고 정확하며 수학적으로 표현될 수도 있다. 모호하고 검증할 수 없는 추정을 피함으로써 심리학은 화학이나 물리학과 어깨를 나란히 하는 20세기의 엄정한 과학 분야가 될 수 있었다. 그러나 1950년대 중반이 되어서는 행동주의에 의해서 인간 행동을 모두 다 설명할 수 없다는 것이 점점 명확해졌다(또한 동물의 모든 행동을 이해하는 것 역시 행동주의만으로는 부족했다). 독자들이 알다시피 행동주의는 톨만의 인지도를 설명하는 데 실패했다. 행동주의는 또한 인간의 고등 인지기능인 언어, 지각, 추론 그리고 기억을 설명하는 데 있어서도 실패했다.

급진적 행동주의자인 스키너는 언어와 언어 습득도 복잡한 일련의 자극-반응 연쇄이므로 행동주의적 원리로 설명 가능하다고 주장했다(Skinner, 1957). 이런 주장에 반대하기 위해서 언어학자인 노암 촘스키(Noam Chomsky)는 스키너의 책에 대한 비평으로서 과학계에서 가장 영향력 있는 책을 썼다. 그 책은 아이들이 언어의 복잡한 양상인 문법과 구문을 배우는 방식이 행동주의 원리만으로는 설명될 수 없다는 것을 보여주고 있다(Chomsky, 1959). 1960년도 초반까지 인간 인지에 관심을 가지고 있던 많은 심리학자들은 동물 위주의 행동주의적 연구와 모든 학습은 자극-반응 연합으로 귀결될 수 있다는 행동주의적 사

| 윌리엄 에스테스

고로부터 멀어지기 시작했다. 바야흐로 **인지심리학**(cognitive psychology)이 시작된 것인데, 사고, 언어, 추론과 같은 인간 능력에 초점을 맞춘 새로운 심리학 분야로서 엄격한 행동주의적 접근법으로는 설명하기 힘든 능력들에 대한 것이다.

에스테스와 수학적 심리학

윌리엄 에스테스(William K. Estes)는 학습과 기억에서 행동주의를 거쳐서 **인지과학**(cognitive science, 사고, 추론, 기타 여러 가지 고차원적 정신활동에 대한 학제 간 연구)에 이르기까지 선도적 공헌을 하였다. 1919년 생으로 1940년대 초반에 스키너에게 지도를 받으며 대학원에서 공부를 했다.

제4장 '고전적 조건화 : 중요한 사건을 예측하게 해주는 학습'에서 보겠지만, 에스테스와 스키너는 쥐가 보이는 공포반응에 대한 고전적 파블로프 조건화 연구를 위해 새로운 방법을 개발하였다. 몇 해 지나지 않아서 이 패러다임은 동물 조건화 실험에서 가장 많이 쓰이는 기법이 되었으며, 오늘날에도 여전히 사용되고 있다. 제10장 '학습과 기억에 대한 정서의 영향'에서 독자들은 공포와 같은 정서학습이 학습과 기억연구에서 큰 부분을 차지하고 있음을 알게 될 것이다.

박사학위를 받자마자 그는 군대에 갔다. 필리핀에 있는 전쟁포로 수용소의 지휘관으로 근무했는데 시간이 남아돌았기 때문에 부인이 보내주는 수학책들을 탐독했다. 전쟁이 끝나자 미국으로 돌아와서 심리학 연구를 했다. 스키너의 엄청난 실망에도 불구하고, 그는 스승의 엄격한 행동주의를 곧 떠났다. 에스테스는 정신적 사건들을 설명하기 위해서 수학을 사용하기 시작했는데, 행동적 자료에서부터 추론을 통해 얻어질 수밖에 없는 그런 정신적인 과정들은 행동주의에서는 허용될 수 없는 것이었다. 나중에 스키너는 자서전을 썼는데, 거기서 그는 한때 유망한 행동주의자였던 에스테스에 대해서 한탄하면서 그가 관찰할 수 없는 정신적 사건에 대한 수학적 모형에 몰두하게 된 이유는 전쟁 중에 태평양의 뜨거운 태양을 너무 많이 쪼여서 머리가 이상해졌기 때문이라고 했다(Skinner, 1979).

그는 헐의 수학적 모형화 접근에서 출발해서 다양한 학습된 행동을 해석하는 새로운 방법을 개발했다(Estes, 1950). 헐을 포함해서 그 당시의 학습이론가들은 학습이란 자극과 반응 사이의 연합의 발달로 보아야 한다고 생각했다. 예를 들면, 비둘기가 노란 불빛을 보면 먹이를 얻기 위해 항상 쪼도록 훈련받았다고 하자. 헐의 견해로는 이런 훈련이 그 자극과 반응 사이의 직접적 연결을 형성시켰다고 간주하였다. 그래서 노란 불빛이 다시 비춰지면 먹이를 얻기 위한 쪼기가 유발된다는 것이다(그림 1.7a).

하지만 에스테스는 노란 불빛같이 언뜻 보기에는 단일 자극으로 보이는 것도 '노랑'의 수많은 요소들의 집합이며, 어떤 특정 시행에서는 그중에서 무선적으로 몇몇 요소들이 눈에

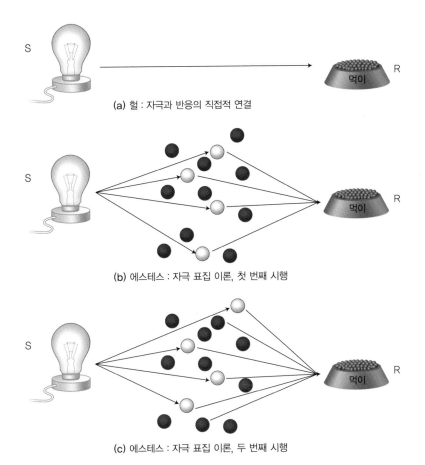

(a) 헐 : 자극과 반응의 직접적 연결

(b) 에스테스 : 자극 표집 이론, 첫 번째 시행

(c) 에스테스 : 자극 표집 이론, 두 번째 시행

그림 1.7

자극 반응 모형 어떻게 한 자극(S)이 한 반응(R)과 연합되는가? (a) 헐은 그 자극(노란 불빛)과 반응(비둘기가 먹이를 얻기 위해 쪼기)이 직접적으로 연결된다고 가정했다. (b) 에스테스는 중간 단계가 있다고 했는데, 그 자극은 '노랑'을 부호화하는 요소 중 무선 표집된 요소를 활성화하며, 그 활성화된 요소들이 반응과 연합된다고 주장했다. (c) 시행마다 각각 다른 요소 세트가 자극에 의해서 활성화되고 반응과 연합된다. 이렇게 많은 시행에 걸쳐 표집되고 연합되면 결국에는 자극에 의해 활성화될 수 있는 대부분의 요소들이 반응과 연합이 된다. 이 시점에서 무선 표집된 요소들이 불빛에 의해 활성화되었을 때 그들 대부분은 이미 반응과 연결되어 있을 것이다.

띈다고(에스테스의 표현을 빌리자면, 표집된다는) 주장했다(그림 1.7b). 그래서 현재 시행에서 표집된 요소들이 먹이와 연합된다고 한다. 다른 시행에서는 또 다른 요소들이 표집되며(그림 1.7c), 그 경우에는 그것들이 먹이와 연합된다고 한다. 그렇게 많은 무선 표집을 하는 동안, 대부분의 요소들이 올바른 반응과 연결될 것이다. 이렇게 될 때, 그 노란 불빛을 비추기만 하면 그중에 어떤 요소들이 무선 표집될 것이고, 그 대부분은 이미 반응과 연결되어 있는 것이라는 것이다.

에스테스는 그의 생각을 **자극 표집 이론**(stimulus sampling theory)이라고 명명했다. 주된 요점은 무선적 변이(표집, sampling)가 학습에 중요하다는 것인데, 이것은 다윈의 진화론에서 자연선택에 의한 종의 적응이 중요한 것과 유사한 아이디어이다(Estes, 1950). 그의 이론은 동물과 사람의 학습에서 보게 되는 무선적 현상을 설명하는 데 헐의 이론보다 훨씬 유리하다. 그래서 왜 훈련을 많이 받은 개체도 완벽한 반응을 항상 똑같이 보이지 못하는지 설명하는 데 도움이 된다. 즉, 가끔은 반응과 아직 연결되지 않은 요소들이 무선 표집되는 수도 있다는 것이다. 여러분들은 제6장 '일반화, 변별학습 및 개념 형성'에서 그의 자극 표집 이론이 동물이 한 자극(노란 불빛)에 대해서 배운 것을 다른 유사한 자극(주황색 불빛)으로 일반화하는 현상을 설명한다는 것을 보게 된다. 파블로프는 1920년대에 이미 그런 현상이 있음을 보여주었다.

에스테스의 연구 덕분에 심리학에 수학적 방법이 다시 유행하게 되었는데, 그것은 헐의 초기 연구정신을 부활시켰다. 에스테스와 동료들은 심리학의 새로운 분야를 창설했는데, 바로 **수학적 심리학**(mathematical psychology)이며, 학습과 기억의 법칙을 표현하기 위해서 수학적 공식을 사용했던 것이다. 초기의 동물 조건화 연구, 수학적 심리학의 정립 그리고 그 후의 인지심리학에 대한 기여를 통해서 그는 학습과 기억의 이해를 위해 수학적 모형을 도입하고 발전시켰다. 그는 2011년 세상을 떠났으며 오랜 기간 파킨슨 병(새로운 습관을 학습하는 데 필요한 뇌세포를 파괴하며 운동 능력을 크게 손상시키는 신경질환, 제5장과 제8장 참조)과 싸웠다.

고든 바우어의 통찰학습

고든 바우어(Gordon Bower)는 1932년에 대공황에서 살아남기 위해서 악전고투 중이던 오하이오주의 조그마한 마을에서 태어났다. 대학 야구팀에서 활약한 후에 그는 프로 야구를 선택하느냐 아니면 심리학과 대학원에 가느냐 두 가지 진로 앞에 섰다. 프로 야구선수가 되고 싶었지만 심리학을 해서 더 성공했다고 그는 회상했다. 예일대학원 시절 그는 에스테스와 여러 수학적 심리학자들이 수학공식을 가지고 행동을 설명하는 것을 보고는 수학적 심리학에 완전히 도취되었다.

그 당시 지배적이었던 학습이론은 인간이든 동물이든 점차적 변화에 의해서 학습이 진행된다고 생각했는데, 헐에 따르면 그것은 연합강도의 변화이고 에스테스에 의하면 올바른 반응을 할 통계적 확률의 변화이다. 그 두 이론은 모두 학습의 수행에 있어서의 점진적 변화를 예언하고 있다. 반면에, 바우어는 인간학습이 단숨에 일어난다는 모델(one-step model)을 제안하였다. 예를 들어서, 어려운 수수께끼나 단어 맞추기를 하고 있다면 우리는 소위 통찰이 일어나는 순간, '아하(aha)' 경험을 하게 된다. 즉, 처음에는 그 답을 모르다가 갑자기 알게 된다는 것이다. 고전적 조건화의 학습곡선이 점진적인 증가를 보이는 것과 달리, 인간은 모르던 것을 단일 시행을 거치면서 완전히 알게 된다.

행동주의자들은 대체로 통찰학습에 대해서 논하기를 꺼려했지만, 바우어는 그것이 단순한 수학적 모형으로 설

고든 바우어(앉아 있는 사람)와 지도 교수인 **닐 밀러**가 1950년대 예일 대학교에서 쥐의 학습에 관한 실험을 하고 있다.

명될 수 있다고 생각했다(Bower, 1961; Bower & Trabasso, 1968). 어떤 사람이 버튼 4개짜리 열쇠를 여는 방법을 알아낸다고 가정해보자. 처음에는 그 사람은 열쇠 번호를 모르기에 매번 시도할 때마다 다른 번호를 눌러 볼 것이다. 확률적으로 따져보자면, 여러 번 시도한 후에는 그 열쇠를 우연히 열 수 있을 것이다. 그 후에는 '아하' 경험을 한 후에 정답을 알게 되는 것이고, 매번 올바른 번호를 누를 수 있을 것이다. 그림 1.5b에서 보여주는 점진적 학습곡선과 달리, 이 사람의 학습곡선은 그림 1.8a에 나오는 것과 같을 것이다. 오랜 기간 동안 올바른 반응 0%이었다가 갑자기 100%로 뛰어 오르는 것이다.

하지만 문제는 대부분의 심리학자들이 피험자 집단의 **평균** 학습곡선을 보고한다는 것이다. 즉, 한 실험에서 많은 피험자를 사용하여 자료를 얻고, 그것을 합한다는 것이다. 바우어의 중요한 통찰은 만일 모든 피험자들이 그 과제를 어느 순간의 통찰에 의해서 풀었다면 그 통찰이 일어나는 시행은 피험자마다 모두 다를 것이라는 것이다. 한 피험자는 다섯 번째 시행에서 학습을 할 수도 있고, 다른 피험자는 운 좋게도 첫 번째나 두 번째 시행에서 올바른 반응을 할 수도 있으며, 또 다른 피험자들은 열다섯 번째 시행이 되어야 겨우 문제를 푼다는 것이다. 만일 많은 수의 피험자가 실험에 참가하였다면, 첫 번째 시행에서 정답을 맞힌 피험자는 거의 없을 것이고, 두 번째나 세 번째 시행에서는 몇 사람이 맞힐 것이며, 그 이후에 더 많은

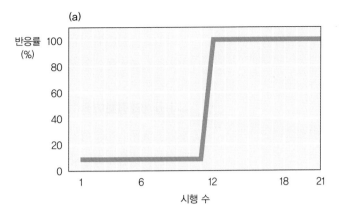

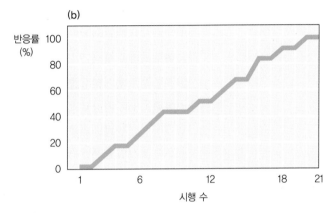

그림 1.8

바우어의 통찰학습 참가자들이 정답을 전혀 모르는 어떤 과제를 하게 된다면, 그들은 짐작으로 시작해서 우연히 올바른 반응을 하게 될 것이고, 그러면 그때부터는 계속 정답을 맞힐 것이다. (a) 어떤 피험자는 열한 번째 시행까지는 잘못된 짐작으로 틀린 반응을 하다가 열두 번째에 올바른 반응을 할 수 있다. 이후에는 계속해서 정답 반응을 보인다(열세 번째 시행 이후부터는 100% 정답 반응). 올바른 반응을 시작하는 시행의 시점은 참가자마다 다르겠지만, 모든 참가자는 아마도 틀린 반응을 한동안 하다가 정답 반응 이후 올바른 반응을 완벽하게 계속하는 동일한 반응 패턴을 보일 것이다. (b) 그림 (a)와 같은 반응을 보인 개인들을 모아 평균하면 매끈한 학습곡선이 그려질 것이다. 그러나 한 개인의 학습곡선은 이와 같은 점진적 증가를 보이지 않는다.

피험자가 정답을 맞혀서 실험이 끝날 즈음에는 거의 모든 피험자가 올바른 반응을 할 것이다. 만일 우리가 그 열쇠 실험에서 각 시행마다 모든 피험자들의 올바른 반응 퍼센트를 그래프로 그린다면 그 그래프는 처음 시행에서 정답률 0%에서 시작해서 점진적으로 정답률이 증가해서 마지막 시행에서 100%가 되는 표준적 학습곡선을 얻을 것이다(그림 1.8b). 비록 어떤 **개별** 피험자도 그런 점진적 학습을 보이지 않는데도 말이다! 이런 현상으로부터 바우어는 학습을 이해하기 위해서는 집단평균을 연구하는 것이 아니라 개인의 수행을 연구해야 함을 보여주었다. 단일 시행을 통한 학습과 관련된 다른 연구들은 제8장 '숙련기억 : 행위에 의한 학습'에서 더 논의한다.

바우어가 기억연구 분야에 기여한 것은 그의 연구뿐만 아니라 젊은 심리학자들을 잘 교육시키고 인도했다는 점도 있다. 그가 가르친 사람들은 그때 부상하고 있던 인지심리학 분야에서 주도적 역할을 계속 이어갔다.

조지 밀러와 정보이론

엄격한 행동주의의 미몽에서 깨어난 사람이 에스테스와 바우어만은 아니었다. 다른 심리학자들도 단순히 자극과 반응 사이의 점진적인 연합을 가정하는 것이 문제에 대한 해결책은 아니라는 것을 알게 되었다. 그들 중 한 사람이 조지 밀러(George Miller, 1920~2012)인데, 그 역시 웨스트버지니아에서 태어나서 대공황기를 거친 사람이다.

제2차 세계대전 기간 동안 하버드대학교의 많은 교수들은 군대를 위해서 연구했다. 하버드대학교의 대학원생 때에 밀러는 독일의 무선통신을 방해하기 위해서 방해전파를 만드는 연구과제를 했다. 이렇게 전쟁 중에 통신연구를 한 덕분에 그는 맥락이 통신에 미치는 영향과 같은 언어지각 연구를 시작했다. 예를 들면, 어떤 사람이 물속에서 버둥거리며 "사람 살려."라고 외치고 있다면, 그 소리가 불명확하더라도 그 메시지를 쉽게 이해할 수 있다. 맥락이 주어졌으므로 그 사람이 무슨 말을 하려고 하는지 분명해지는 것이다. 반면에, 똑같은 그 사람을 거리에서 만나는 경우에 무슨 말을 하려고 하는지에 대한 사전 지식이 전혀 없이 그가 전하고자 하는 메시지를 이해하기 위해서는 그의 말은 훨씬 더 명확하고 또렷해야 한다. 인사를 하는지, 길을 묻는지, 나의 구두 끈이 풀어졌다고 이야기하는지 또는 구걸을 하는지 이해하기 위해서 말이다.

이런 것에 흥미를 느껴서, 그는 수학자이자 전기공학자인 클로드 섀넌(Claude Shannon)이 쓴 정보이론(information theory)에 관한 논문 한 편을 읽어 보았는데, 그 논문은 통신의 수학적 이론에 관한 것으로서 한 메시지에 그 메시지 자체뿐만 아니라 수신자의 사전 지식도 고려해서 얼마나 많은 정보가 들어 있는지 정확하게 측정하는 것이었다(Shannon, 1948). 예를 들면, 당신의 친구가 심리학 수업을 듣는 학생인 크리스가 남학생이라는 것을 이야기한다면, 얼마나 많은 정보가 그 메시지에 들어 있는가? 그것은 당신이 이미 무엇을 알고 있느냐에 달려 있다. 만일 그 수업을 듣는 학생들이 모두 남학생이라는 것을 알고 있다면 그 메시지는 새로운 정보를 담고 있지 않을 것이다. 하지만 그 수업을 남녀 학생 모두가 수강한다는 것을 알고 있다면, 정보이론에 따르면 그의 메시지는 1비트(bit)의 정보를 담고 있는 것이다. 여기서 비트는 이진수이고 1 또는 0은 각각 다른 상태를 나타내고 있다(0=여학생, 1=남학생). 만일 크리스가 남학생이냐 여학생이냐고 물으면 당신의 친구는 1 아니면 0으로 대답할 것인데, 이 경우 필요한 모든 정보는 단일 비트로 충족이 된다.

Jon Roemer

| 조지 밀러

밀러의 목표는 정보이론을 심리학에 적용하는 것이었다. 구체적으로는, 정보이론이 사람들이 각종 자극의 크기를 어떻게 판단하는지 이해하는 데 도움을 줄 것인가를 모색하는 것이었다. 그 자극이 얼마나 밝은가, 그 소리가 얼마나 큰가 또는 얼마나 높은가 등이다. 밀러는 사람들이 어떤 범위 내의 자극 크기를 판단하는 능력이 7개 단계로 제한되어 있다는 것을 발견했다(많은 설문지들이 1~7까지의 값 중에서 하나를 선택하도록 하는 이유가 여기에 있다).

그와 동시에 그는 외견상 보기에는 별 관계가 없어 보이기는 하지만 숫자에 대한 사람들의 단기기억 용량을 측정하는 연구도 했다. 그는 일련의 숫자를 큰 소리로 읽어주고 기억나는 대로 말해보라고 했다. 대부분의 사람들이 5~9개의 숫자를 기억할 수 있었지만, 10개 이상을 기억하는 사람은 거의 없었다. 숫자기억 용량(digit span)은 평균 7개에서 상하로 2개 정도였다.

밀러는 이런 7개 정도의 용량을 두 가지 연구에서 발견하고는 '매직 넘버 세븐, 플러스마이너스 2(The Magical Number Seven, Plus or Minus Two)'라는 재미있는 제목을 붙인 논문을 발표하였다(Miller, 1956). 그 논문은 인지심리학에서 가장 유명하고 자주 인용되는 논문 중 하나가 되었으며 나중에 단어, 그림, 심지어 복합적 표상을 저장할 때에도 '매직넘버 세븐'이라는 유사한 한계가 인간기억에 존재한다는 후속연구들을 촉발시켰다. 그의 연구는 인간기억 용량에는 한계가 있으며, 정보이론이 그런 한계를 측정할 수 있는 방법을 제공한다는 사실과 이런 한계들이 인간능력의 다양한 면에 적용될 수 있다는 것을 보여주었다. 인간의 작업기억 용량과 한계는 제9장 '작업기억과 인지적 조절'에서 자세히 다룬다.

지식 테스트

물질과학과 자연과학을 차용하여 마음을 설명하기

학습과 기억에 관한 연구의 역사에서, 여러 과학자들(전부는 아닐지라도)은 자연과학의 방법론이나 개념들을 편견 없이 받아들여(때론 흉내만 내어) 중요한 이론적 발전을 이루었다. 아래의 표는 위와 같은 과학자들(또는 철학자들)의 목록이며 그들이 차용한 아이디어의 출처가 나와 있다. 그들이 학습과 기억의 심리학의 어떤 내용을 설명하기 위해 자연과학에서 개념을 빌려왔는지 쓰라. (정답은 책의 뒷 부분에 있다.)

누가 …	차용 출처	무엇을 설명하려고?
1. 데카르트	수력공학	
2. 로크	물리학(뉴턴), 화학(보일)	
3. 에빙하우스	지각의 법칙(페히너와 웨버)	
4. 파블로프	전화 교환기	
5. 손다이크	자연선택에 의한 진화(다윈)	
6. 헐	상대성이론(아인슈타인)	
7. 밀러	정보이론(섀넌)	

| 데이비드 럼멜하트

럼멜하트와 연결주의 모델

데이비드 럼멜하트(David Rumelhart, 1942~2011)는 사우스다코타의 시골에서 태어났는데, 가족 중에서 처음으로 대학을 졸업한 사람이다. 에스테스의 지도하에 대학원 공부를 할 때, 그는 심리학과 수학의 단단한 기초를 닦았고 수학적 도구들을 인지와 지각 분야의 여러 문제를 해결하는 데 사용하기 시작하였는데, 당시 유행하던 인지적 모형을 더 발전시키고 싶었다. 럼멜하트와 동료 매클렐런드(James McClelland)는 1970년 말에 인지라는 것이 상징조작 시스템처럼 작동하지 않으므로, 단순처리 단위(simple processing unit)인 마디(node) 사이를 연결하는 균질적이고 명명되지 않은 연결망으로 이해하는 것이 좋다는 데 의견을 같이 했다. 손다이크도 동일한 생각을 했으므로 그들은 손다이크의 용어를 빌려와서 그 연결망을 **연결주의자 모형**(connectionist models)이라고 불렀다(Rumelhart & McClelland, 1986).

연결주의자 모형에서는 외부세계의 관념과 개념들은 특정 상징들로 표상되지 않고, 많은 마디들의 활성패턴으로 표상된다. 연결주의자 모형에서 골든 리트리버는 여러 개의 마디로 표상될 수 있다(그림 1.9a의 노란 점들). 코커 스패니얼은 다른 여러 개의 마디로 표상될 수 있다(그림 1.9b의 파란 점들). 그런 표상을 **분산된 표상**(distributed representation)이라고 하는데, 한 정보가 여러 마디에 분산되어 있기 때문이며, 이는 에스테스가 그의 자극표집 이론에서 이야기한 것과 유사하다. 연결주의자 모형에서 스패니얼과 리트리버의 유사성은 그 두 표상이 공통적 마디인 '개'라고 하는 마디(그림 1.9c의 노랑과 파랑의 줄무늬 마디)를 활성화시킴으로써 표출된다. 분산된 표상과 공유된 마디에 관한 내용은 제6장 '일반화, 변별학습 및 개념 형성'에서 더 자세히 다룬다.

(a) 골든 리트리버

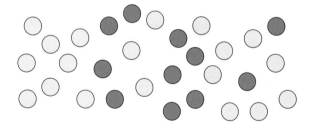

(b) 코커 스패니얼

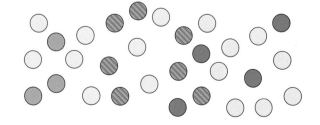

(c) 개

그림 1.9
분산된 표상 (a) '골든 리트리버'의 표상은 노란색으로 표시된 마디 집단을 활성화시킨다. (b) '코커 스패니얼'은 파란색으로 표시된 다른 마디 집단을 활성화시킨다. (c) 이 둘은 '개'라는 면에서 유사성을 지니므로 두 표상이 겹치게 되는데, 여기서는 그것이 노랑-파랑 줄무늬 마디들로 나타나 있다.

연결주의자 모형은 부분적으로는 뇌가 어떻게 연결되어 있는가 하는 데에서 아이디어를 얻었다(제2장 '학습과 기억의 신경과학' 참조). 연결주의자 모형의 유망성은 심리학이란 뇌와 행동을 연결하는 것이 되어야 한다는 윌리엄 제임스의 희망을 충족시켜주고 있다. 이런 점에서 볼 때, 연결주의자 모형은 신경과학과 심리학을 통합시키는 좋은 기초가 된다고 생각하는데, 이것이 이 책의 주제이기도 하다.

럼멜하트는 심리학자들이 신경연결망의 계산적 능력을 이해할 수 있도록 여러 해 동안 매진하였지만, 자신의 뇌 연결망은 망가지기 시작했다. 1998년, 그의 나이 56세에 그는 알츠하이머병과 유사한 뇌 퇴행성 질환으로 진단받았다. 2011년 세상을 떠날 때까지 그는 더 이상 말을 하거나 동료들을 알아볼 수 없게 되었다. 클라이브 웨어링처럼 그는 자신의 정체성을 구성하는 귀중한 기억들을 잃어버렸다.

자… 그렇다면 다음에 일어날 일은? 지난 수십 년간 학습과 기억 분야에서는 혁명적 변화가 있었다. 다음 장에서 보게 되겠지만, 우리가 뇌 기능을 측정하고 조작할 수 있음에 따라서 학습과 기억을 보는 시각이 근본적으로 달라졌다. 최근의 이러한 발전의 결과로서 동물 및 인간의 학습과 기억에서 통합적 연구가 이루어지고 심리학과 신경과학이 융합되었다. 하지만 이런 최근의 변화에도 불구하고, 독자들은 학습과 기억 분야의 최근 연구들을 지난 수십 년간 꾸준히 발전되어 온 도전, 논점들, 질문들의 토대 위에서만 이해할 수 있을 것이다.

중간 요약

- 에스테스는 헐의 수학적 모델을 발전시켜 학습된 반응의 다양성을 설명하기 위한 새로운 수학적 모델을 개발하였다.
- 바우어는 단일 시행의 통찰학습 모델을 개발하였으며, 학습하는 동안 개인이 어떻게 집단과 다른 수행 능력을 보이는지 설명하였다.
- 밀러는 학습과 기억의 용량과 기전을 연구하기 위해서 정보이론을 응용했다.
- 럼멜하트는 연결주의자 모델이 어떻게 인간의 인지와 기억의 복잡성을 뇌의 처리 과정과 연결할 수 있는지 보여주었다.

종합

이 장의 첫 부분에 학습과 기억의 심리학사를 요약하면서 독자들은 다섯 가지 서로 연관된 주제 또는 기본적인 질문들이 있다는 것을 알았을 것이다.

1. 마음속에 있는 감각이나 관념을 연결시키는 방식은 무엇인가? 아리스토텔레스는 2000년 훨씬 이전에 근접성, 빈도 그리고 유사성이란 연합의 기초원리를 알았다. 파블로프는 연합에 의한 학습을 측정하고 연구하는 방법을 보여주었다. 손다이크는 보상과 처벌에 의

해서 어떻게 연합이 형성되는지 보여주었다. 헐과 스키너는 손다이크의 연구를 더 발전 시켰는데, 헐은 학습에 영향을 주는 요인들을 설명하는 데 수학적 모형을 사용하였고, 스키너는 보상과 처벌의 실험적 분석을 확장하였으며, 그의 연구를 사회에 적용하였다. 오늘날 대부분의 심리학자들은 비록 연합이 어떻게 형성되고 사용되는지에 대해서 여전히 논쟁 중에 있지만, 기억이란 관념이나 개념이 서로 연결되어서 연합을 이루는 것이라는 생각에는 이견이 없다.

2. 경험적 요소로부터 어떻게 기억이 만들어지는가? 초기 철학자와 심리학자들은 어떻게 우리의 경험적 요소가 의식 전체(로크) 또는 기억과 지식을 담당하는 연합의 네트워크(제임스)로 통합되는지 설명하고자 했다. 에스테스의 분산 표상 기억 모델은 럼멜하트와 다른 연구자들에 의해 연결주의자 모형으로 발전했는데, 이 모델은 제임스의 초기 기억 모델뿐만 아니라 두뇌 회로에 영감을 받았다.

3. 우리들의 행동이나 능력은 어느 정도가 생물학적 유전(천성)에 의한 것이며 어느 정도가 경험(양육)에 의한 것인가? 아리스토텔레스와 로크는 우리가 태어날 때는 빈 서판이었으며 오직 경험에 의해서 행동과 능력이 규정된다고 굳게 믿었다. 이러한 입장을 경험론이라고 하며, 왓슨과 스키너의 행동주의로 계승되었다. 정 반대편에 있는 데카르트는 천성을 주장했으며(생득론), 재능과 능력은 유전되는 것이라고 믿었다. 오늘날 대부분의 연구자들은 중도를 택하고 있다. 즉, 학습과 기억에 유전이 크게 영향을 미치지만(천성) 일생을 통한 경험(양육)이 유전적 영향을 변경시킨다는 것도 받아들인다.

4. 인간의 학습과 기억은 동물과 어떤 면에서 유사하며, 어떤 면에서 다른가? 초기 철학자들 대부분은 인간은 동물과 전혀 다르며 선천적으로 인간이 더 높은 위치에 있다고 생각했지만, 진화를 주장하는 에라스무스 다윈이나 찰스 다윈 같은 사람들은 인간과 동물이 대단히 비슷하다는 것을 보여주었다. 행동주의자들은 또한 동물과 인간의 학습이 유사하다는 점을 강조했다. 반면에, 초기 인지심리학자들은 언어와 추상적 사고에 관한 컴퓨터 모형 연구에 집중하면서, 그런 인지행동은 동물연구를 해서 쉽게 이해할 수 없다는 것을 보여주었다. 동물학습에서 연합이론과 인간인지의 고등능력 둘 다를 조화롭게 설명할 수 있는 최근의 이론으로 럼멜하트와 매클렐런드 그리고 후속 연구자들의 연결주의자 모형이 있다. 오늘날, 많은 연구자들은 인지란 연속선상에 있는 것으로서 쥐나 비둘기 등은 제한된 추상적 사고밖에 할 수 없지만 돌고래나 침팬지 등은 인간에 근접하는 정도의 의사전달, 추론 그리고 상징을 사용할 수 있다고 생각한다.

5. 마음에 대한 심리학적 연구는 학습과 기억의 일반적 원리가 있어서 수학적 공식으로 기본적 법칙이 표현될 수 있을 정도의 엄격한 과학적 연구가 가능한가? 학습과 기억연구의 역사를 통틀어서, 철학자들과 심리학자들은 물리학, 화학 그리고 다른 과학 분야에서 연구방법들과 비유들을 빌려왔다. 에빙하우스는 심리학이 진실로 정교한 실험과학이 될 수 있다는 것을 보여준 최초의 연구자들이었다. 헐은 학습을 설명하기 위해서 수학적 공식을 고안하였고, 그 전통은 에스테스를 비롯해서 수학적 접근과 인지적 접근을 하는 사람들에 의

해서 계승되었다. 현재, 대부분의 심리학자들은 다른 분야의 과학자들과 동일한 수준의 실험 방법론적 원칙을 따르고 있다. 심리학자들의 연구가 제대로 인정받기 위해서는 실험설계와 분석에서 엄밀함을 잃지 말아야 한다.

중요 용어

경험론(empiricism)
고전적 조건화(classical conditioning)
근접성(contiguity)
급진적 행동주의(radical behaviorism)
기억(memory)
데이터(data)
도구적 조건화(instrumental conditioning)
독립변수(independent variable)
망각(forgetting)
맹목설계(blind design)
반사궁(reflex arc)
반응(response)
분산된 표상(distributed representation)
생득론(nativism)

소거(extinction)
수학적 심리학(mathematical psychology)
실험(experiment)
실험심리학(experimental psychology)
실험자 편향(experimenter bias)
심리학(psychology)
연결주의자 모형(connectionist models)
연합주의(associationism)
이론(theory)
이원론(dualism)
이중맹목설계(double-blind design)
인지과학(cognitive science)
인지도(cognitive map)
인지심리학(cognitive psychology)

일반화(generalization)
자극(stimulus)
자연선택(natural selection)
잠재학습(latent learning)
조작적 조건화(operant conditioning)
종속변수(dependent variable)
진화(evolution)
진화심리학(evolutionary psychology)
파지곡선(retention curve)
플라시보(placebo)
피험자 편향(subject bias)
학습(learning)
학습곡선(learning curve)
행동주의(behaviorism)
효과의 법칙(law of effect)

퀴즈

1. 철학자들은 우주를 지배하는 추상적인 원리에 대한 통찰을 얻기 위해 _____와 _____을(를) 사용한 반면 오늘날의 연구는 _____에 의존한다는 특징이 있다.

2. 아리스토텔레스의 _____이론에 따르면, 우리는 땅콩버터와 젤리 사이의 강한 연합을 형성하게 되는데 이 두 음식은 자주 함께 나타나기 때문이다.

3. 플라톤은 우리의 대부분 지식은 선천적이라고 보았던 _____의 지지자였다. 플라톤의 제자였던 아리스토텔레스는 지식은 경험으로 습득된다고 주장하는 _____을(를) 지지하였다.

4. _____은 정신과 신체가 분리되어 존재한다고

믿는 주의(principle)이다. _____는 이를 옹호하였으며 감각 자극과 운동 반응은 _____(이)라고 불리는 경로를 따른다.

5. 다윈에 의하면 상속 가능하고, 개체마다 다르며, _____ 특징은 _____을 통해 진화할 수 있다.

6. 1800년 후반부터 _____이 시작되었는데, 심리학에 관심을 가진 과학자들은 변수 조절을 통한 체계적인 실험을 수행하여 가설을 검증하였다.

7. 윌리엄 제임스와 동시대 사람인 _____는 기억의 심리학이 정확한 수학적 법칙을 통해 엄격한 자연과학과 같이 정의될 수 있다고 주장하였다.

8. _____은(는) 기억이 어떻게 시간에 따라 퇴화하는지를 뜻한다. 에빙하우스는 학습 이후 시간에 따라 얼만큼의 정보가 파지되는지를 _____(으)로 나타냈다.

9. 손다이크는 생명체가 중요한 결과를 얻거나 피하는 방법을 배우는 것을 _____라고 불렀다. 최근에는 주로 _____라 부른다.

10. 파블로프의 고전적 조건화에서, 동물이나 사람은 _____와 _____의 연합을 학습하여 _____(을)를 만든다.

11. 1920년대에 시작된 학습에 관한 미국의 접근 방식은 _____(으)로, 심리학은 관찰 가능한 행동에 국한하여 연구해야 한다고 주장하였다.

12. _____의 연구들은 오늘날 더 이상 유효한 것으로 여겨지지 않지만, 그의 제자와 추종자들은 학습을 설명하기 위해 수학적 공식을 발전시키는 일을 계속하고 있다.

13. _____의 _____법칙에 따르면, 원하는 결과를 초래하는 행동은 _____하며, 장래에 같은 행동을 또 하게 된다.

14. 신행동주의자인 톨만은 쥐가 미로에 대해 내적으로 전체 조망을 가지며 그러한 외적 세계에 대한 내적인 심리적 표상을 _____(이)라고 불렀다

15. 중요한 결과를 얻거나 피하기 위한 동기가 없더라도 학습은 일어날 수 있는데 이를 _____(이)라 한다.

16. 언어, 추론, 사고와 같은 인간의 능력에 관심이 높아지면서 _____심리학이 등장하였다. 이러한 능력은 엄격한 _____ 접근법으로는 설명하기 힘든 능력들에 대한 것이다.

17. _____가 주장한 _____에 따르면 자극을 경험할 때 우리가 주의를 기울인 요소에 대해 나타나는 시행 간 변산을 설명할 수 있다.

18. (지역번호를 제외한) 전화번호의 숫자 개수는 _____의 연구와 관련이 있다.

19. 집단의 평균이 아닌 개인의 수행능력을 살펴보는 것은 중요한데, 이는 _____의 _____에 관한 연구에서 잘 나타난다.

20. 인지의 _____ 모형에 따르면 외부 세계에 대한 아이디나 관념은 개별적인 상징으로 표상되는 것이 아니라 여러 마디들의 활동 패턴으로 표상된다고 보았다. 이 모델에서 _____ 표상은 여러 다른 마디의 활성으로 이루어진다.

정답은 책의 뒷부분에 있다.

개념 확인

1. 다음의 인물을 경험론 또는 생득론 지지자로 분류하라 : 아리스토텔레스, 플라톤, 데카르트, 로크, 제임스. 서로가 서로에게 어떤 영향을 주었는지 기술하라.

2. 몇몇 연구는 특정 기억 능력에 유전적 요인이 영향을 미친다는 것을 보여주었다. 부모의 기억력이 좋으면 자녀들도 기억력이 좋을 확률이 높다. 경험론자들은 이러한 연구 결과를 어떻게 설명할 것인가?

3. 톨만의 잠재학습은 어떻게 행동주의에 도전하였는가? 그의 연구를 행동주의적 관점에 위배되지 않게 해석할 수 있는가?

4. 3비트로 구성된 정보의 예를 들어보고 어떻게 그 예를 도출하였는지 설명하라.

정답은 책의 뒷부분에 있다.

학습과 기억의 신경과학

올 란도 세렐은 동네 야구를 하던 중에 공에 머리를 세게 맞아서 쓰러졌다. 그 당시 올란도의 나이는 불과 10살이었고, 그 나이의 아이들이 그렇듯 털고 일어나서 다시 게임에 참여했다. 흔히 일어나는 작은 사고처럼 보였지만 나중에 그렇지 않다는 것이 밝혀졌다. 이상한 변화가 일어났다. 그 사고 이후로 올란도는 날짜만 대면 아무런 어려움 없이 그 날짜에 해당하는 요일을 맞출 수 있는 능력이 생겼음을 알게 되었다. 올란도의 사례는 학습된 서번트 증후군(acquired savant syndrome)이라 불리는 아주 희귀한 증상이다(Treffert, 2009). 제1장에서는 사고 이후 기억할 수 있는 능력을 상실한 클라이브 웨어링의 예를 설명했었다. 클라이브와는 반대로 학습된 서번트 증후군의 환자들은 뇌 손상의 결과로 천재적인 기억능력을 얻게 된다. 이 놀라운 현상이 시사하는 바는 적어도 어떤 이들의 뇌는 (아마도 모든 사람들의 뇌도), 일반적으로 보여지는 기억의 저장과 회상능력을 훨씬 뛰어넘는 능력을 가지고 있다는 것이다. 인간이 이렇듯 숨겨진 학습과 기억 능력을 가지고 있다면 다른 동물들도 알려지지 않은 능력을 가지고 있을까? 어떤 사람이 특정 정보를 더 잘 저장하고 회상하거나 혹은 원치 않는 기억을 지워버리는 것도 가능하지 않을까?

이러한 질문들에 대한 과학자들의 노력, 즉 우리가 어떻게 기억하고 망각하는지를 결정하는 생물학적 요인들에 대한 대답이 학습과 기억의 신경과학을 구성한다. 과학자들이 신경계의 작동을 이해하기에는 아직 멀었지만 뇌의 구조와 기능 그리고 그것들이 학습과 기억에 어떻게 기여하는지에 관한 놀라운 사실들이 속속 밝혀지고 있다. 새로운 영상기술과 센서의 개발은 건강한 인간이 기억을 형성하고 인출하는 동안에 뇌를 연구할 수 있게 해주고 있고 동물 연구에서도 학습이 일어나는 동안 뇌의 변화를 측정하고 조작할 수 있는 기법들이 개발되어 사용되고 있다. 학습과 기억의 신경 기전에 대한 통찰은 또한 우리가 지금 이 순간 책을 보면서 공부하는 내용들을 어떻게 하면 더 잘 배

일상에서의 학습과 기억 :
빠른 망각을 위한 다섯 가지 조언들

신경계의 구조적 특징
뇌는 어떻게 생겼을까
뇌에서 학습과 관련된 변화를 관찰하기

학습과 기억 시스템의 기능적 특성
뇌가 하는 일
학습과 관련된 뇌 기능 변화
뉴런의 신경활동 측정

신경활동 조작하기
뇌의 기능을 조작하기
신경연결의 변화

일상에서의 학습과 기억 :
기억을 증진시키는 특효약을 만드는 것이 가능할까?

◀◀ **일상에서의 학습과 기억** ▶▶

빠른 망각을 위한 다섯 가지 조언들

제1장에서 더 나은 기억을 위한 열 가지 조언을 소개한 바 있다. 때로는 기억을 보존하기보다는 지워버리고 싶을 경우가 있는데 그런 사람들을 위해 망각을 도와주는 방법을 소개한다(시간 낭비라고 생각되면 읽지 말기를).

1. **잠을 아껴라.** 충분히 수면을 취하지 못한 사람들은 낮 동안 집중하기가 어렵고 집중하지 못하면 새로운 기억을 형성하거나 이전 기억을 인출하기가 어려워진다. 졸린 뇌는 작동하지 않는다.
2. **스트레스를 받아라.** 스트레스는 일반적으로 회상을 방해한다. 그러니 정보를 인출하는 일을 어렵게 만들고 싶으면 기억나지 않는 일에 집중해서 스스로를 열받게 만들도록 하라.
3. **욕심을 부려라.** 동시에 마음속에 여러 가지 일들을 생각하면 할수록 그중에 몇 가지는 잊어버릴 가능성이 높아진다. 펜이나 태블릿, 컴퓨터, 스마트폰 등에다 메모를 적어놓지 말고 전부 머릿속에 넣어두려고 하라. 그러면 훨씬 더 잘 잊어버리게 될 것이다.
4. **감각을 활용하지 말라.** 감각 입력을 적게 사용하면 할수록 사실, 사건, 기술의 습득이 적게 일어날 것이고 나중에 인출하기 어려워질 것이다. 헤드폰, 선글라스, 오븐용 벙어리 장갑을 끼고 기억해보라. 뇌의 활동을 최소화하면 된다.
5. **무감각해지라.** 흥미를 느끼지 못하는 분야의 내용처럼 쉽게 잊혀지는 것은 없을 것이다. 지겹다… 재미없다… 관심없어… 라고 끝없이 자신에게 되뇌이라. 기억을 도와주는 정서적 감흥을 없애면 쉽게 잊혀질 것이다.

우고 기억할 수 있는지 심지어는 어떻게 적절히 잊어버릴 수 있는지를 이해할 수 있게 해 줄 것이다(몇 가지 유용한 지식은 바로 이 장에 있는 '일상에서의 학습과 기억'에도 기술되어 있다).

2.1 신경계의 구조적 특징

대부분의 신경과학자들은 뇌가 학습과 기억이 일어나는 장소라고 믿는다. 이러한 의견이 언제나 주류였던 것은 아니다. 고대 이집트인들이 미이라를 만들 때 우선은 중요한 기관들은 따로 떼어내서 특별한 병에 밀봉해서 보관하곤 하였다. 가장 중요하게 취급되었던 기관은 심장이었는데 아마도 한 인간의 정수를 간직한 곳이라는 믿음이 있었던 듯하다. 이와는 반대로 뇌는 그냥 버려진 것으로 보아 별로 중요하다고 생각하지 않았던 모양이다(흥미롭게도 이집트의 의사들이야말로 뇌 손상과 행동 간의 관계를 최초로 보고한 이들이다). 그로부터 오랜 세월이 흐른 후에 등장한, 경험적인 철학의 신봉자였던 그리스 철학자 아리스토텔레스는 뇌가 뜨거워진 피를 식히는 역할을 한다고 믿었다. 아직도 인간의 정수가 과연 무엇이냐에 관해서는 논란이 있기는 하지만 뇌를 비롯한 신경계의 기능을 연구하는 분야인 **신경과학**(neuroscience) 연구자들은 뇌가 학습과 기억에 핵심이 되는 역할을 한다고 믿는다.

뇌가 행동을 통제한다는 사실로 미루어 볼 때 여러분은 아마도 학습과 기억을 연구하는 학자들이 뇌를 중심으로 연구해 왔을 것으로 생각할지도 모르겠다. 하지만 제1장에서 보았듯이 학습과 기억에 관한 과거의 연구들은 주로 행동에 초점을 맞추어 왔다. 이것은 학습과 기억의 연구자들이 뇌의 기능에 관해 무지했기 때문은 아니다. 이반 파블로프의 모든 행동 실험들은 그가 뇌의 기능에 관해 세운 가설들을 검증하기 위해 이루어졌다. 행동주의의 창시자인 존 왓슨이 처음에 관심을 가졌던 주제는 신경계의 발달이 학습능력의 발달과 어떻게 연관되는지에 관한 것이었다. 모든 사람이 학습연구의 대부로 생각하는 스키너도 처음에는 생리학자로서 출발했다. 그렇다면 왜 여태까지 연구자들이 실제로 연구한 분야가 뇌 기능이 아니라 행동에 중점을 두었을까?

간단히 답하자면 뇌가 가진 복잡성 때문이다. 뇌는 자연계에 존재하는 가장 복잡한 시스템 중 하나이며 불과 50년 전만 해도 미로에서 쥐가 길을 찾는 것과 같이 간단한 학습에 관련된 신경회로를 연구 대상으로 삼는 것조차도 감당할 수 없이 복잡하게 여겨졌었다. 하지만 새로운 테크놀로지가 개발되면서 복잡한 뇌 기능을 연구하는 일이 조금씩 가능해지기 시작했다. 50년 전만 해도 접근 불가능한 것처럼 여겨졌던 뇌 기능들이 지구촌 여기저기의 실험실과 병원에서 일상의 연구주제로 다루어지고 있다.

뇌는 어떻게 생겼을까

뇌는 보다 큰 범위의 신경계를 구성하는 중요한 구성 요소 중 하나이다. **신경계**(nervous system)는 몸 전체에 걸쳐서 중요한 생물학적 기능들에 영향을 주는 신호의 전달과 처리에 관여하는 기능을 가진 기관들의 집합이다. 신경계는 이러한 기능에 특화된 세포들인 **뉴런**(neuron)으로 구성되어 있는데, 뉴런들은 감각기관(시각, 미각, 후각, 촉각, 청각)과 신체 내부의 신호(배고픔, 졸림과 같은)를 전달받아서 이들을 처리하고 신체의 반응을 조정함으로써 (근육을 움직이거나 내부 장기의 활성을 변화시켜서) 이들 신호에 적절히 대응한다.

척추동물의 신경계는 **중추신경계**(central nervous system, CNS)와 **말초신경계**(peripheral nervous system, PNS)의 두 부분으로 나뉜다. CNS는 뇌와 척수(spinal cord)의 두 부분으로 다시 나뉘고, 그 이름이 시사하듯이 학습과 기억에 관련된 활동의 대부분이 일어나는 곳이다(그림 2.1). PNS는 눈에 있는 시각수용기나 피부에

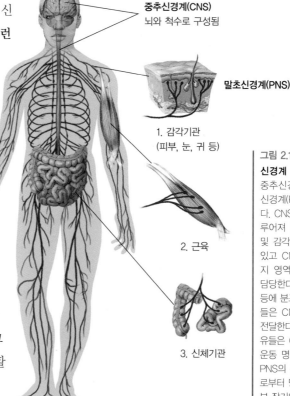

중추신경계(CNS)
뇌와 척수로 구성됨

말초신경계(PNS)

1. 감각기관
(피부, 눈, 귀 등)

2. 근육

3. 신체기관

그림 2.1

신경계 모든 척추동물은 중추신경계(CNS)와 말초신경계(PNS)를 가지고 있다. CNS는 뇌와 척수로 이루어져 있다. PNS는 운동 및 감각뉴런으로 이루어져 있고 CNS와 신체의 나머지 영역과의 정보 전달을 담당한다 : (1) 피부, 눈, 귀 등에 분포하는 감각 수용기들은 CNS로 감각 정보를 전달한다. (2) 운동 신경 섬유들은 CNS에서 근육으로 운동 명령을 전달한다. (3) PNS의 신경섬유들은 CNS로부터 명령을 전달받아 내부 장기와 분비샘의 기능을 조절한다.

있는 촉각수용기들과 같은 감각수용기들로부터 CNS로 정보를 전달하는 신경섬유 및 뇌와 척수로부터의 운동명령을 근육이나 내장기관으로 전달하는 신경섬유들로 이루어져 있다. 대부분의 신경섬유들은 척수와 연결되어 있지만 몇몇─예를 들어 망막에 존재하는 광수용기나 안구를 움직이는 근육들을 통제하는 신경섬유들─은 척수를 경유하지 않고 뇌와 직접 연결된다.

모든 척추동물들의 신경계가 CNS와 PNS로 이루어져 있지만 종간에 커다란 차이들을 보인다. 우선 여러분들이 가장 친숙한 동물의 신경계를 살펴보는 것으로 시작하자. 바로 인간의 신경계이다.

인간의 뇌

대부분의 척추동물의 뇌에서 가장 큰 구조물은 위와 옆을 다 덮고 있는 **대뇌피질**(cerebral cortex)이다(그림 2.2a). 영어 *cortex*의 기원은 라틴어 '껍질'이다. 대뇌피질의 주름을 전부 편다면 신문지 한 면 정도의 면적을 차지하지만 두께는 단 2mm에 불과하다. 수없이 많은 주름들은 한정된 부피를 지닌 두개골 안에 들어가기 위해 생겨난 것이며 종이 한 장이 손 안에 들어가도록 구겨진 모양을 떠올리면 될 것이다. 대부분의 다른 척추동물처럼 뇌는 2개의 반구(hemisphere)로 이루어져 있으며 두 반구는 왼손과 오른손처럼 서로 거울상으로 닮아 있다. 각 반구의 대뇌피질은 네 부분으로 크게 나뉘는데, 각각은 머리 앞쪽에 위치한 **전두엽**(frontal lobe), 꼭대기에 위치한 **두정엽**(parietal lobe), 옆쪽에 **측두엽**(temporal lobe), 뒤쪽의 **후두엽**(occipital lobe)이다(그림 2.2b). 엽(lobe)이라는 용어는 이들 영역이 해부학적으로 분명하게 나뉜다는 사실을 의미한다. 약간은 이상하게 들릴지 모르는 각 엽의 이름은 그 위를 덮고 있는 두개골에서 비롯되었다. 암기하는 요령은 "전두엽은 앞쪽이니까 전두, 측두엽은 옆쪽이니까 측두, 후두엽은 뒤쪽이니까 후두"라고 생각하면 된다. 각 엽은 하위 영역들로 나뉘고 그 하위영역들은 다양한 지각 및 인지적 처리를 담당한다. 예를 들어 전두엽은 움직임을 계획하고 실행시키며, 후두엽은 세상을 보고 인식하는 데 중요하고 두정엽은 여러분이 실크의 부드러움과 사포의 거친 느낌을 구분할 때 중요하며, 측두엽은 청각

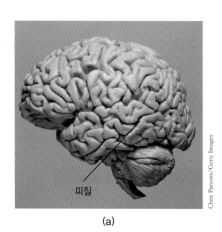

그림 2.2
인간 뇌의 표면 (a) 인간 뇌 사진, (b) 뇌의 각 반구마다 대뇌피질은 4개의 주요 영역으로 나뉘어 있다. 전두엽, 두정엽, 후두엽, 측두엽이 그것이다. 피질 아래에는 소뇌와 뇌간이 있다. 뇌간은 위의 뇌와 아래의 척수를 연결한다.

피질

Chris Parsons/Getty Images

(a)

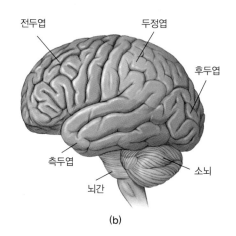

전두엽

두정엽

후두엽

측두엽

뇌간

소뇌

(b)

과 여러분이 한 일들을 기억하는 데 중요한 역할을 한다. 피질의 세부 영역들이 담당하는 기능에 대해서는 이 책 전체에 걸쳐서 논의될 것이며 그럴 때 각 피질 엽들의 명칭과 위치를 외워 두면 추후 어떤 행동이 뇌의 어느 영역에서 일어나는지를 머릿속에서 정리하는 데 도움이 될 것이다.

대뇌피질보다 뒤쪽 그리고 아래쪽에는 **소뇌**(cerebellum)가 있다(그림 2.2b). 소뇌는 잘 조율된 움직임에 중요하며 따라서 신체적인 움직임이 동반된 학습에 중요하다. 뇌의 바닥에는 **뇌간**(brainstem)이 있다. 뇌간에는 뇌와 척수 사이를 연결하는 많은 구조물들이 집중되어 있으며 숨쉬기나 체온조절과 같은 자율신경계의 기능을 관장한다.

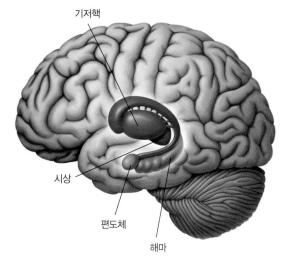

그림 2.3
학습과 기억에 관여하는 것으로 알려진 뇌 영역 인간 뇌의 중심부에 위치한 기저핵, 시상, 해마 그리고 편도체들은 각각 다른 방식으로 학습과 기억에 기여한다.

다른 뇌 구조물들은 대뇌피질 아래에 덮여서 겉에서는 보이지 않는다. 이러한 피질하 구조물들은 이 책 전반에 걸쳐 언급이 될 것이다. 지금은 학습과 기억에 특별히 중요한 몇몇 구조물들만 간단히 설명하겠다(그림 2.3).

첫째로 뇌의 중심에 위치한 **시상**(thalamus)이 있다. 냄새를 제외한 모든 감각 정보(시각, 청각, 촉각 등)가 시상을 거쳐간다. 피질로 감각 정보가 전달되기 전에 거쳐가야 할 관문이라고 생각하면 될 것이다. 시상 바로 옆으로 **기저핵**(basal ganglia)이 있다. 기저핵이 하는 일은 공을 던진다거나 코를 갖다 대는 것과 같은 숙련된 움직임을 계획하고 실행시키는 것이다. **해마**(hippocampus)는 아래로 좀 더 떨어진 측두엽 속에 자리잡고 있다. 해마는 새로운 사실들(프랑스의 수도는 파리라는 등의)을 학습하고, 자서전적인 사건들(지난 여름 휴가에 무엇을 했지 등의)을 기억한다. 해마의 끄트머리에는 **편도체**(amygdala)라고 불리는 한 덩어리의 세포군이 존재한다. 이 조그마한 뇌 영역은 기억에 정서적인 색깔을 입히게 된다. 여러분이 인생에서 가장 행복한 순간ー혹은 가장 슬픈 순간ー을 기억할 때 그 순간에 아마도 편도체가 활성화되어서 기억을 정서적으로 강화시킬 것이다. 뇌에는 2개의 반구가 대칭적으로 존재하므로 이 모든 구조물들이 쌍으로 존재한다. 즉 왼쪽 해마와 오른쪽 해마, 그리고 왼쪽 편도체와 오른쪽 편도체가 존재한다.

과학자들은 많은 뇌 영역들이 어떤 역할을 하는지 또 학습과 기억에 어떻게 기여하는지에 대해 이제 겨우 이해하기 시작했지만 한 가지 깨달은 사실은 뇌 전체를 간이나 콩팥처럼 하나의 역할을 하는 장기로 보아서는 안 된다는 것이다. 뇌는 여러 가지 종류의 '전문가'들이 모여 있는 학회와 같은 것으로 생각할 수 있으며 각각의 영역들이 각각의 독특한 방식으로 우리의 행동과 사고에 기여한다.

뇌의 비교해부학

다양한 종들 사이에 존재하는 신경계의 차이점에도 불구하고, 학습과 기억의 신경적 기초에 관해 알려진 많은 연구결과들이 인간이 아닌 동물들을 대상으로 한 연구에서 얻어졌다.

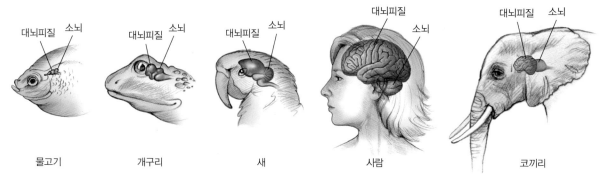

대뇌피질 소뇌　　대뇌피질 소뇌　　대뇌피질 소뇌　　대뇌피질 소뇌　　대뇌피질 소뇌

물고기　　　　　개구리　　　　　새　　　　　사람　　　　　코끼리

그림 2.4
몇몇 척추동물의 종간 비교해부학 모든 척추동물들은 2개의 반구를 가지고 있고, 대뇌피질, 소뇌, 뇌간 등의 뚜렷이 구분되는 영역으로 나뉜다. 그러나 종에 따라 이들 영역의 상대적 크기는 차이가 난다. 포유류(인간이 속한)와 조류는 대뇌피질이 소뇌보다 훨씬 크다. 어류 및 양서류(개구리가 속한)의 경우 두 구조물의 크기가 비슷하다.

쥐의 뇌, 원숭이의 뇌 그리고 심지어는 곤충의 뇌도 인간과 어떤 측면에서는 유사하다고 볼 수 있기 때문이다. 여러 동물들의 뇌가 어떻게 유사하고 어떻게 다른지를 연구하는 학문이 비교해부학(comparative neuroanatomy)이다. 비교해부학적 연구를 통해 뇌의 구조와 기능이 학습과 기억에 어떻게 연관되는지 이해할 수 있는 기초자료를 얻을 수 있다.

척추동물의 뇌는 종에 관계없이 모두 2개의 반구로 나뉘어 있고, 대뇌피질, 소뇌 및 뇌간을 공통적으로 가지고 있다. 척추동물에 속하는 대표적인 동물들의 뇌를 그림 2.4에 보여주고 있다. 일반적으로, 커다란 동물들은 큰 뇌를 가지고 있다. 뇌의 크기는 지능의 증가와도 밀접한 관계를 가진다. 인간의 뇌는 개구리 뇌보다 훨씬 크며, 인간은 개구리보다 지능이 높은 듯하다. 그러나 코끼리의 뇌는 인간보다 훨씬 크지만, 코끼리가 인간보다 지능이 우수하다고 이야기하기는 어려울 것이다. 물론 코끼리도 나름대로 영리한 동물이긴 하지만 글을 읽거나 쓰고, 도시를 건설하며 대수학을 공부하지는 않는다. 따라서 날개가 큰 새들이 날개가 작은 새들보다 더 잘 날지는 않는 것처럼 뇌가 크다고 해서 다른 동물보다 영리하지는 않다. 쉽게 이야기해서 연구자들은 아직도 뇌의 크기와 지능 간의 정확한 관련성을 이해하고 있지 못하다. 인간의 지능에 관한 연구들은 전두엽과 두정엽의 일부 하위 영역들의 크기 차이가 지능검사에서의 차이를 예언한다고 제안하고 있으며(Jung & Haier, 2007), 이는 뇌의 전체 크기가 아니라 뇌의 다른 부분들이 어떻게 구조화되어 있는지가 더 중요하다는 사실을 의미한다(Mercado, 2008).

뇌 전체의 용적뿐 아니라 다른 종에 속하는 동물들은 대뇌피질의 상대적인 크기도 모두 다르다. 인간의 대뇌피질 비율은 개구리보다 훨씬 크다. 인간의 거대한 피질이 두개골 안에 구겨져서 간신히 들어가 있는 모양과는 달리 크기가 작은 개구리의 피질은 주름이 하나도 없다. 인간 피질의 상대적인 크기 증가는 피질이 언어라든지 복잡한 사고와 같은 인간을 인간답게 하는 기능들과 밀접한 관련이 있기 때문에 더욱 흥미롭다. 실제로, 상대적으로 큰 피질을 갖는 다른 동물들—침팬지, 돌고래 그리고 코끼리도 포함해서—은 추상적 사고 및 문제 해결을 포함한 '고등한' 인지 기능을 수행할 수 있는 것처럼 보인다.

척추동물만이 CNS와 PNS를 가지고 있다. 문어나 벌과 같은 일부 무척추동물들도 뇌라고 볼 수 있는 기관을 가지고 있지만 이들의 뇌는 척추동물과 매우 다르게 구성되어 있다. 문어의 '뇌'에 해당하는 기관들은 몸 전체, 특히 고무처럼 유연한 다리에 분포한다. 이러한 원시적인 뇌에도 불구하고 문어는 매우 영리한 동물이다. 미로를 빠져나가거나 음식물이 들어 있는 병뚜껑을 여는 방법을 배울 수 있고 심지어는 다른 문어의 행동을 관찰함으로써 배울 수 있다는 증거도 있다. 관찰학습에 관한 실험에서 어떤 문어들이 '조교' 역할을 하게 되는데 이들 조교 문어들은 미리 하얀 공과 빨간 공 둘 중에 하얀 공을 선택해서 집도록 훈련된다. 새로운 '학생' 문어들이 이웃한 수족관에서 조교 문어들의 행동을 바라보게 한 후 학생 문어들에게 두 가지의 공을 보여주면 즉시 하얀 공을 집는다(Fiorito, Agnisola, d'Addio, Valanzano, & Calamandrei, 1998). 이러한 관찰학습은 오직 '고등한' 동물들, 즉 인간, 돌고래, 침팬지 등에만 가능하다고 알려져 왔었다. 그러나 이제는 중앙집중형의 뇌를 가지지 못한 문어와 같은 동물에서도 관찰학습이 가능하다는 사실이 받아들여지고 있다.

문어는 무척추동물로 포유류 및 다른 척추동물과는 매우 다른 뇌를 가지고 있다. 그럼에도 문어 역시 정교한 학습 능력을 보유하고 있다.

다른 무척추동물들, 즉 벌레, 해파리 등은 그나마 뇌라고 부를 수 있는 구조물이 하나도 없다. 이 동물들의 뉴런은 인간의 뉴런과 놀라울 만큼 유사하다. 다만 뉴런의 수가 매우 적고 뇌에 해당하는 중심 구조물이 없다. 예를 들어 선충류(그중 일부는 돼지에 기생하는데 가끔 덜 익힌 돼지고기를 먹게 되면 인간에게도 감염이 되어 선모충병을 일으킨다)는 302개의 뉴런을 가지고 있다. 문어가 가진 수백만 개와 인간이 가진 천억 개의 뉴런과 비교해보라! 선충류의 뉴런들은 척추동물의 PNS와 비슷한 방식으로 '신경망'을 이루고 있지만 CNS에 해당하는 집중화된 처리 영역은 갖지 못했다. 그럼에도 이 원시적인 유기체는 놀랄 만한 학습 능력을 보인다. 음식과 관련된 맛이나 냄새를 따라가는 행동을 학습할 수 있고 반대로 음식이 없음을 신호하는 맛이나 냄새를 피하기도 한다(Rankin, 2004). 뇌가 없다는 점을 감안하면 대단한 재주가 아닌가?

신경계 구조가 단순하기 때문에 무척추동물을 대상으로 한 연구는 복잡한 신경계를 가진 동물과는 다른 장점이 있다. 예를 들어 선충의 신경계에 존재하는 뉴런의 수가 적기 때문에 신경계 전체의 모든 연결을 지도화하는 것이 가능하다. 인간의 뇌 심지어는 쥐의 뇌를 가지고도 그런 작업을 하는 것은 현재로서는 어림도 없는 이야기다. 인간의 뇌 및 학습에 관련된 많은 중요한 통찰들이 무척추동물의 학습과 기억 과정을 연구하는 가운데서 이루어졌다.

뉴런

뉴런은 신경계를 이루는 벽돌과 같은 요소이다. 감각뉴런들(각각 눈, 귀, 혀에서 시각, 청각, 미각 정보를 받아들인다)이 있는가 하면 운동뉴런들은 척수에서 근육으로 신호를 전달한다. 척추동물에서 많은 뉴런들은 뇌에 집중되어 있다. 뉴런들은 기능을 변화시키거나 입력신호에 반응하는 방식을 바꿀 수도 있다. 이러한 변화가 뇌에서 학습이 일어나는 기본 원리라고 생각되며 그에 관한 자세한 내용은 이 장의 3절에서 다룰 예정이다.

전형적인 뉴런은 세 부분으로 이루어져 있다 : (1) **수상돌기**(dendrite)는 다른 뉴런으로부터 입력을 받는 영역이다. (2) **세포체**(cell body 혹은 soma)는 수상돌기를 통해 들어온 신호를 종합한다. (3) **축색**(axon)은 다른 뉴런으로 정보를 전달한다(그림 2.5). 대부분의 경우 정보의 흐름은 수상돌기에서 축색 쪽으로만 진행된다.

'전형적인 뉴런'을 놓고 이야기하는 것이 큰 무리는 아니지만, 일반적으로 뉴런은 온갖 형태와 크기를 가진다. 예를 들어, 방추세포(pyramidal cell)는 피라미드 형태의 세포체를 갖는 반면, 성상세포(stellate cell)는 별 모양의 세포체를 가진다. 어떤 뉴런들은 하나의 축색을 가지지만 어떤 뉴런들은 2개 혹은 여러 개의 축색을 가지기도 한다. 한편 2개의 뉴런들 사이를 연결하는 역할을 하는 중간뉴런(interneuron)은 축색이 아예 없거나 있어도 매우 짧다. 척수에서 발가락 끝까지 신호를 전달하는 뉴런은 적어도 1미터 이상의 길이를 가진다. 이렇듯 다양한 형태와 크기는 아마도 그 뉴런만이 가진 특수한 기능을 반영할 것이다. 하지만 많은 경우, 신경과학자들도 어떤 뉴런이 지닌 특정 형태와 크기에서 오는 이점이 무엇

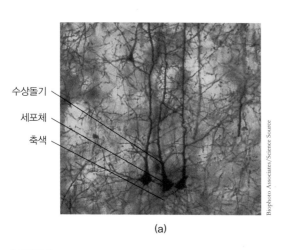

수상돌기
세포체
축색

Biophoto Associates/Science Source

(a)

그림 2.5
뉴런, 뇌의 기본 단위 (a) 여기에 보이는 뇌 조직 사진은 뉴런을 염색한 후 강력한 현미경으로 촬영한 것이다. 뉴런이 몇 개 보인다. 세포체는 피라미드 형태이고 서로 연결된 가지들이 복잡한 신경망을 이루고 있다. (b) 대부분의 뉴런은 세 파트로 이루어져 있다. 수상돌기는 정보를 수집하고, 세포체는 이 정보를 종합하며 하나 혹은 그 이상의 축색은 다른 뉴런으로 정보를 전달한다. 정보는 한쪽 방향으로만 흐른다. 즉 수상돌기에서 축색으로 전달된다.

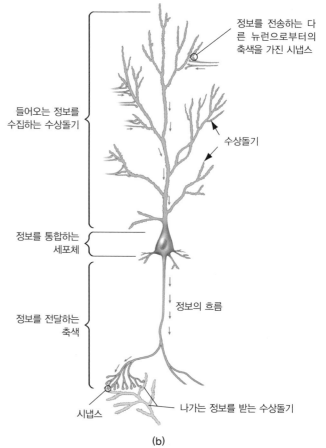

정보를 전송하는 다른 뉴런으로부터의 축색을 가진 시냅스

들어오는 정보를 수집하는 수상돌기

수상돌기

정보를 통합하는 세포체

정보를 전달하는 축색

정보의 흐름

시냅스

나가는 정보를 받는 수상돌기

(b)

인지 구체적으로 이해하고 있지는 못하다.

뉴런들이 뇌에 존재하는 유일한 세포들은 아니다. 뉴런을 기능적으로 혹은 구조적으로 지원하는 더 많은 숫자의 **교세포**(glia)들이 존재한다. 교세포 중 성상세포(astrocyte)는 뇌의 혈관의 외벽을 둘러쌈으로써 산소와 영양이 혈액으로부터 뉴런으로 공급되도록 중간다리 역할을 한다. 회돌기 교세포(oligodendrocytes)는 부근의 뉴런을 수초(myelin)로 감싸는 역할을 한다. 수초는 지방질의 구조물로서 축색을 따라 전달되는 신경 신호의 속도를 빠르게 해 준다. 교세포는 뇌를 비롯한 중추신경계의 정상적인 기능을 위해서 뉴런만큼이나 중요하다. 예를 들어 다발성 경화증(multiple sclerosis)은 축색을 둘러싼 수초 층이 변성되면서 생긴다. 이로 인해 뉴런이 정보전달을 정상적으로 수행하지 못하게 되고, 따라서 근육이 삐걱거리고 근육 간의 조율이 망가지며 뿐만 아니라 시각과 말하기가 손상된다. 그렇지만 대부분의 신경과학자들은 학습과 기억을 담당하는 신경기반이 뉴런에 있다고 본다. 따라서 뉴런이 어떻게 정보를 전달하고 학습이 뉴런을 어떻게 변화시키는지가 그들의 주된 연구 주제이다.

뇌에서 학습과 관련된 변화를 관찰하기

1800년대 후반 프란츠 조셉 갈(Franz Joseph Gall, 1758~1828)이라는 독일의 해부학자이자 생리학자는 대뇌피질의 여러 영역들이 서로 다른 종류의 능력들과 관련이 되어 있다는 아이디어를 발전시키기 시작했다. 건강한 사람들 간에도 능력에 따른 차이가 다양하게 존재하는데 이는 뇌의 구조적 차이를 반영한다는 것이 그의 논리였다. 즉 언어를 구사하는 능력이 뛰어난 이들은 언어를 담당하는 뇌 영역이 다른 사람들보다 발달했기 때문이고 폭력적이거나 공격적인 성격을 지닌 이들은 뇌의 '공격성' 영역이 과다하게 커졌기 때문이라고 하는 식이었다. 이러한 뇌의 구조적 차이는 뇌를 둘러싼 두개골의 울퉁불퉁 튀어나온 모양에 반영되므로 두개골을 만져서 어느 뇌 부위가 과다하게 발달했는지 찾아낼 수 있고 따라서 그 사람이 가진 능력이나 성격 특성을 추론할 수 있다는 것이 갈의 가정이었다. 갈과 그의 추종자들은 이러한 생각을 하나의 학문으로 발전시켜서 **골상학**(phrenology)이라는 분야를 탄생시켰다. 골상학자들은 많은 사람들의 두개골 모양과 크기를 측정하여 이를 각 개인이 지닌 성격이나 능력과 비교하였다(Gall & Spurzheim, 1810).

그 결과 두개골에 그려진 일종의 지도로서 각 뇌 영역이 담당한다고 믿어지는 기능들을 보여주는 그림이 탄생했다. 그림에는 즉 언어능력, 공격성, 사교성, 의사결정능력 등을 담당하는 뇌 부위들이 두개골의 각

골상학적 지도는 인지 기능, 성격, 기억 능력 등을 뇌의 여러 영역의 크기 차이와 연관짓는다. 골상학은 두개골의 특정 부위가 튀어 나왔다는 것은 어느 한 뇌 영역이 크다는 것을 의미하고 나아가 그 영역이 담당하는 기능이 발달했다고 주장한다. 골상학의 근본적인 오류는 무엇인가?

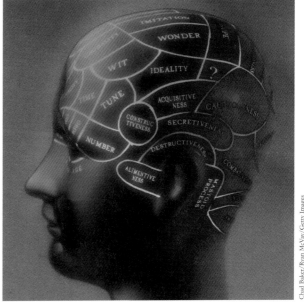

각 다른 구획에 표시되어 있다.

골상학은 일반인들의 상상력을 사로잡았다. 곧이어 이를 이용해 돈을 버는 돌팔이 골상학자들이 출현하기 시작했다. 마치 오늘날의 기업들이 적성검사를 하는 것처럼 빅토리아 시대의 회사들은 골상학자들을 고용해서 신입사원을 살펴보게 했다. 또한 지배계층은 두개골의 요철이 사회적인 문제아들이나 범죄자들이 보이는 열등한 형질에 대한 증거라고 생각했으며 따라서 수용소에 가두어놓아야 한다는 주장을 뒷받침한다고 믿었다.

물론 골상학은 한마디로 헛소리다. 골상학의 가장 기초가 되는 가정, 두개골의 형태가 그 아래에 위치한 뇌의 기능을 대변한다고 보는 가정부터가 틀렸다. 두개골이 튀어나온 것은 뇌가 부풀어서 그런 것이 아니다. 갈의 연구가 문제가 될 수밖에 없는 이유 중 하나는 그 시대에 살아 있는 인간의 뇌를 관찰할 수 있는 방법이 없었다는 데 있다. 그저 두개골의 요철을 파악하는 것 이상은 할 수 있는 일이 없었다. 브로카의 경우에도 인간의 뇌를 관찰할 수 있는 기회는 오직 환자의 사후에 한정되어 있었다. 건강하게 살아 있는 인간의 뇌를 볼 수 있기 위해서 인류는 200년을 더 기다려야 했다.

구조적 뇌 영상기법

오늘날 살아 있는 사람의 뇌를 아무런 부작용 없이 관찰할 수 있는 기술들은 몇 가지가 있다. 뇌의 해부학적 구조물들을 그려낼 수 있게 해주는 이러한 일련의 기술들을 일컬어 **구조적 뇌 영상기법**(structural neuroimaging) 혹은 간단히 뇌 영상화 혹은 뇌 주사법(brain scanning)이라고 부른다. 이러한 기술들에 의해 뇌의 여러 영역들의 모양과 크기를 추정할 수 있고 부상이나 질병으로 인해 **손상**(lesion)된 뇌 영역들도 파악할 수 있다.

현재 뇌 영상은 주로 **자기공명영상기법**(magnetic resonance imaging, MRI)을 이용해 얻어진다. MRI는 자기장의 변화를 이용해 내부 장기의 형태를 영상화하는 기술이다. MRI 기계는 엄청나게 강력한 자석을 사용한다. 이를 위해 사용되는 자석은 통상 원통 모양으로 생겼고 환자는 받침대에 누운 채로 원통 중심으로 미끄러져 들어간다. 그렇게 되면 강력한 자기장에 의해 환자의 뇌 조직(혹은 영상화하고자 하는 신체 부위)에 존재하는 일부 원자들의 자기적 성질이 일정하게 배열된다. 다음에는 라디오파가 가해져서 순간적으로 원자

그림 2.6

MRI 영상들 (a) 머리 가운데를 잘라낸 '절편' 영상은 대뇌피질과 소뇌를 보여준다. 뇌간과 척수의 상부 그리고 비강 및 구강도 뚜렷이 보인다. (b) 안구 수준에서 잘라낸 수평 절편은 대뇌피질은 거의 보이지 않고(절편을 상당히 아래쪽에서 잘랐기 때문에), 아래쪽의 소뇌를 잘 보여주고 있다.

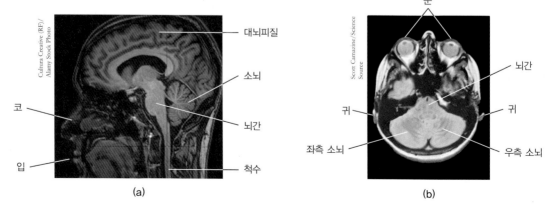

(a)   (b)

들의 배열을 교란시키면 그로 인해 미세한 전류가 발생한다. 라디오파가 중단되면 원자의 배열은 다시 안정된 상태로 돌아간다. 뇌의 영역들마다 원자의 밀도가 다르고 그로 인해 안정된 상태로 돌아가는 시간도 차이가 난다. 컴퓨터는 뇌로부터 모든 전류신호를 수집하고, 그러한 신호들을 이용하여 CT의 경우와 마찬가지로 뇌의 절편들처럼 보이는 영상들을 만들어낸다. 예를 들어 그림 2.6a는 뇌의 정중앙을 수직으로 위에서 아래로 잘라내면 볼 수 있을 영상을 통해 (물론 진짜로 자르지는 않는다) 대뇌피질, 소뇌, 뇌간은 물론 환자의 얼굴 구조까지도 보여준다. 한편 그림 2.6b에서 보이듯이 눈높이에서 절단한 영상은 또 다른 각도에서 뇌구조물을 보여준다.

최근에 개발된 **확산 텐서 영상**(diffusion tensor imaging, DTI)이라고 불리는 새로운 형태의 MRI 기법은 뇌 조직에서 물분자의 확산을 측정해서 백질을 이루는 축색 다발이 어디에 연결되어 있는지를 찾아낸다. DTI는 전통적인 MRI보다 축색들을 영상화하는 데 장점이 있으며 따라서 외과의사들이 뇌 전반에 걸친 부상을 확인하거나 축색의 이상을 초래하는 다발성 경화증(multiple sclerosis) 같은 질환의 진단에 사용한다. 연구자들은 DTI를 이용해서 뇌의 다른 영역들 간의 경로와 상호작용을 연구한다.

구조적 뇌 영상은 살아 있는 사람의 뇌에서 물리적 특징을 직접적으로 관찰하는 데 유용할 뿐 아니라 그러한 특성이 시간에 따라 어떻게 변해가는지를 추적하는 데 사용할 수도 있다. 이러한 변화들은 노화, 부상, 질환은 물론 학습과 경험에 의해 일어나는 변화들을 포함한다. 제7장 숙련기억에서는 저글링을 배우면서 대뇌피질의 양적인 변화를 뇌 영상 기법으로 본 연구를 소개할 것이다. 인간 뇌의 구조적 영상은 학습에 따른 뇌의 기능 변화를 해석하는 데 있어 결정적인 자료를 제공하며, 이에 대해 아래에서 더 자세히 다룰 것이다.

뇌의 모양을 보여주는 구조적 뇌 영상과 다음 2.2절에서 소개되는 기능적 뇌 영상(functional neuroimaging)을 흔히 혼동하는데, 기능적 뇌 영상은 뇌가 어떤 활동을 하고 있는지를 실시간으로 보여준다. 두 가지의 뇌 영상 기법 모두 학습과 관련된 변화를 보여준다는 면에서는 공통점을 가지고 있으며, 이 책 전반에 거쳐 두 가지 기법을 사용한 결과들을 소개하게 될 것이다. 여러분이 뇌의 이미지 위에 색깔 있는 반점들이 겹쳐진 그림들을 보면 과연 그 그림이 구조적인 변화를 보여주는 것인지 아니면 뇌활성의 변화를 보여주는 것인지를 먼저 파악해야 할 것이다.

학습의 효과

동물을 대상으로 한 실험 연구들은 학습과 관련하여 더욱더 상세한 구조적 변화를 측정할 수 있게 해준다. 최근에 구조적 변화를 겪은 뉴런들을 염색할 수 있는 화학물질들이 개발되었고, 이에 따라 특정한 학습 경

뉴런을 영상화하는 기법들은 학습 과정에서 일어나는 구조적 변화를 시각화해준다. 이 그림에서 녹색으로 표시된 부분이 뉴런 안에서 수상돌기, 세포체 혹은 축색 중 어느 부위라고 생각되는가?

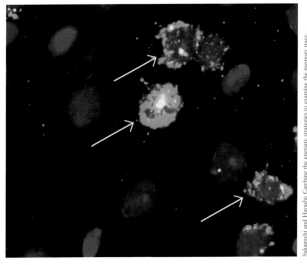

Sakaguchi and Hayashi. Catching the engram: strategies to examine the memory trace. Molecular Brain 2012 5:32.

험과 관련되는 뉴런들을 지도화할 수 있게 되었다. 이러한 이미징 기법은 뉴런 염색을 위해 뇌 조직을 특정 화학물 용액에 담구는 것이 필요하고 따라서 학습 직후에 동물의 뇌를 적출해야 한다. 한편, 다른 종류의 기법들은 살아 있는 동물의 뇌에서 뉴런들을 영상화하거나 심지어는 수상돌기까지도 관찰이 가능하게 해준다. 사용되는 동물은 주로 설치류, 작은 조류 혹은 작은 무척추동물들이다.

쥐를 이용한 뇌 구조 연구에서는 어린 쥐들을 학습이 가능한 환경에 노출시키기만 해도 뉴런에 변화가 일어난다는 것을 보였다. 즉 **풍요로운 환경**(enriched environment)의 쥐들은 다양한 감각 자극과 환경을 탐색하고 배울 수 있는 기회를 제공받았다. 이 쥐들은 장난감으로 가득 찬 보통보다 큰 사육장에서 다른 쥐들과 어울릴 기회를 제공받았다. 다른 집단의 쥐들은 보통 크기의 사육장에서 물을 마실 수 있는 꼭지와 음식 접시만 있는 환경에서 혼자 자랐다. 결과는? 풍요로운 환경에서 자란 쥐들은 보통의 실험실 환경에서 자란 쥐들보다 미로학습을 더 잘하는 것으로 나타났다(Rosenzweig, 1984; Renner & Rosenzweig, 1987).

이런 증가된 학습 능력은 뉴런의 구조적 변화와 연관되어 있다. 풍요로운 환경에서 자란 쥐들은 그런 경험이 박탈된 쥐들에 비해 피질의 뉴런들에서 더 긴 수상돌기가 더 많이 발견된다(그림 2.7). 이 쥐들의 수상돌기는 다른 뉴런들과 더 많은 연결을 가지고 있었다(Globus, Rosenzweig, Bennet, & Diamon, 1973; Greenough, West, & DeVoogd, 1978). 이러한 변화는 빠르게 일어난다. 이르면 60일 만에도 풍요로운 환경에서 자란 쥐들은 7~10%의 뇌 무게 증가를 보이고 시각피질에서 20%의 연결 증가를 보인다. 풍요로운 환경에서 자란 원숭이나 고양이에서도 비슷한 변화를 보인다. 심지어 시각 및 후각 자극들이 풍부한, 커다란 공동 사육장에서 자란 초파리들도 작은 플라스틱 병에서 자란 초파리들보다 더 발달된 뇌를 가지게 된다(Technau, 1984).

고급스러운 보육시설(장난감도 많고, 교육 프로그램이나 교사와의 상호작용도 많은)에서 자란 미취학 아동들은 보통 초등학교 진학해서 그렇지 못한 환경에서 자란 어린이들보다 성적이 좋은 경우가 많다(Peisner-Feinberg, Burchinal, & Clifford, 2001). 아직까지는 뇌 영상 기법이 가지는 해상력의 한계 때문에(개별 뉴런의 변화를 볼 수는 없음) 인간의 뇌도 쥐들의 경우처럼 부피가 증가한다는 결정적인 증거는 제공하지 못하고 있지만 런던의 택시 운전사들을 통한 연구가 설득력을 얻고 있다.

런던은 수백 개의 작고 꼬불거리는 도로를 가진 매우 복잡한 도시이다. 공식적인 자격증을 얻기 위해 런던의 택시 운전사들은 3년 정도 공부해야 하고 굉장히 어려운 시험을 통과해야 한다. 시험은 예를 들면 무작위로 뽑은 런던 시내의 주소들을 연결하는 최단 경로를 찾아야 하는 문제들로 이루어져 있다. 즉 자격증을 획득한 택시 운전사들은 상당한 양의 공간 지식을 습득한 집단이라는 의미가 된다.

엘레노어 맥과이어(Eleanor Maguire)와 그녀의 동료들은 MRI를 이용해서 런던 택시 운전사들의 뇌 용적과 그런 정도로 시내 지리를 공부할 필요가 없는 비슷한 나이의 일반적인

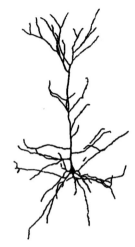

(a) 일반적인 실험실

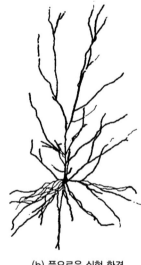

(b) 풍요로운 실험 환경

그림 2.7
박탈된 환경 대 풍요로운 환경 (a) 일반적인 실험실에서 사육된 쥐의 피질 뉴런, (b) 풍요로운 환경에서 사육된 쥐의 뉴런. 풍요로운 환경에서 자란 쥐들은 박탈된 환경에서 자란 쥐들보다 수상돌기의 수가 많고 길이가 더 길다.

런던 시민들을 비교했다(Maguire et al., 2000). 두 집단의 뇌에 있어서 가장 큰 차이는 해마였다(택시 운전사들은 일반인에 비해 약간 큰 해마 용적을 가지고 있었다). 뿐만 아니라 택시 운전사들 중에서도 해마가 크거나 작은 사람들이 있었다. 10년 이상 운전한 사람들은 3~4년 이내로 운전한 사람들에 비해 해마가 더 컸다. 이러한 결과에 대한 한 해석은 택시 운전사들이 경험한 강도 높은 공간 학습이 해마 뉴런들의 수상돌기의 가지를 증가시켰고 그로 인해 그림 2.7에서 보이듯이 뉴런들의 크기가 증가했다는 것이다.

중간 요약

- 뇌와 척수는 척추동물의 중추신경계(CNS)를 이룬다. 뇌는 말초신경계(PNS)와의 연결을 통하여 행동을 통제하는데 말초신경계는 감각 수용기로부터 신호를 받아 전달하는 감각뉴런들과 신체의 근육들로 신호를 보내는 운동 뉴런들로 이루어져 있다.
- 척추동물의 뇌는 학습과 기억에 관여하는 몇 가지 영역으로 이루어져 있다. 대표적으로 대뇌피질, 소뇌 , 해마, 기저핵, 편도체 등의 영역들이 있다.
- 신경계의 기본 단위는 뉴런이고 뉴런은 기능을 변화시키고 정보처리 방식을 바꿀 수 있는 능력을 가지고 있다.
- 최신의 뇌 영상 기법들(MRI나 DTI를 포함한)은 안전한 방법으로 살아 있는 인간 뇌의 물리적 구조들을 관찰할 수 있게 해준다.
- 동물의 신경세포를 영상화하는 기법들은 학습이 일어나는 동안의 신경세포 변화를 자세히 관찰할 수 있게 해준다.
- 풍요로운 환경을 제공한 연구들은 학습과 관련된 경험이 뇌 구조물에 강력한 영향을 미치고 이는 개인의 학습과 기억 능력에도 영향을 준다는 사실을 보여주었다.

2.2 학습과 기억 시스템의 기능적 특성

현대의 뇌과학은 뇌의 여러 영역들이 정보를 수집하고 처리하며 저장하는 특정 기능들을 위해 전문화되어 있다고 가정한다. 그렇지만 골상학이 가정했듯이 기능과 뇌 부위가 일대일 대응의 관계는 아니다. 한 뇌 영역이 여러 개의 기능을 담당하기도 하고 반대로 한 가지 기능이 많은 뇌 영역에 의해 수행되기도 한다.

다양한 뇌 영역들이 특정한 기능을 수행하게 만드는 것은 무엇인가? 어느 영역이 어떤 기능을 수행하는지 결정하는 주된 요인은 그 영역으로 투사하는 **입력** 및 발생하는 **출력**의 종류이다.

뇌가 하는 일

제1장에서 우리는 학습이란 경험의 결과로 행동이 변화하는 것으로 정의하였다. 따라서 파블로프의 개가 음식을 신호하는 종소리를 듣고 침을 흘리기 시작했을 때 이러한 행동의 변

화, 즉 침 흘리기는 종소리와 음식물 간의 관계를 학습했음을 보여주는 표시이다. 하지만 음식물에 대한 침 흘리기는 파블로프가 훈련을 시키기 전에도 이미 가지고 있었던 반응이다. 침 흘리기는 학습이 아니다. 개(뿐만 아니라 다른 포유동물들)가 태어날 때 가지고 태어난 반사행동이다. 이를 통해 소화계가 들어올 음식에 대한 준비를 한다.

반사(reflex)는 비자발적이고 자동적인 반응으로 유기체에 고정(hardwired)된 반응이다. 즉 다시 말해서 주어진 종의 모든 정상적인 동물들에게 존재하며 따로 학습할 필요가 없는 반응들이다. 파블로프의 개뿐 아니라 인간도 음식을 신호하는 장면이나 냄새에 대해 침을 흘린다. 인간의 아기가 날 때부터 보이는 반사행동의 목록에는 침 흘리기 외에도 여러 가지가 들어 있다. 신생아가 젖꼭지만 접촉하면 빠는 행동(sucking reflex, 빨기 반사), 물 속으로 얼굴을 담그면 숨을 참는 행동(diving reflex, 다이빙 반사), 손에 뭔가 쥐어지면 자신의 몸무게를 지탱할 수 있을 정도로 꽉 잡고 매달리는 행동(palmar grasp reflex, 수장 반사) 등이 그 예이다. 성인에게도 반사는 남아 있다. 예를 들어 의사가 고무망치로 슬개건을 살짝 칠 때 나타나는 무릎 반사(knee jerk reflex), 눈에 바람을 훅하고 불 때 나타나는 눈 깜빡임 반사(eyeblink reflex) 등이 그 예이다.

반사는 어떻게 일어날까? 제1장에서 데카르트의 설명을 기억하는가? 뇌에서 정기(spirit)를 근육들로 흘려보냄으로써 유압식 기계가 작동하는 것처럼 반사가 이루어진다고 했던? 오랜 세월 동안 과학자들은 이 가설을 받아들여서 뇌에서 근육으로 명령을 전달하는 어떤 유체의 흐름이 있다고 믿었다. 이 가설이 틀렸다는 것을 깨닫게 된 것은 20세기에 들어서였다. 첫째, 그 어떤 유체라는 것은 존재하지 않고 둘째, 뇌는 근육을 절대적으로 통제하지도 않는다.

왜 아기는 물을 삼키지 않을까?

Elli Thor Magnusson/Getty Images

유체의 흐름 대신에 근육과 척수를 연결하는 것은 두 종류의 신경섬유(축색)이다. 하나는 PNS에서 척수로 감각 정보를 전달하고 다른 하나는 척수로부터 근육으로 운동신호를 전달한다(Bell, 1811; Magendie, 1822). 바늘로 찌르거나 고통스러운 자극을 개의 발끝에 가하면, 다리가 움찔하고 반사적으로 움직이는 것을 볼 수 있다(마찬가지로 누군가 여러분 발끝을 찌르면 다리를 오므리는 반사를 보이듯이). 감각신경을 절단하면 고통이 느껴지지 않지만 여전히 다리를 움직일 수는 있다. 반대로 운동섬유가 절단되면 개는 계속해서 고통을 느끼지만 반사적인 다리 움직임은 사라진다. 척수에서 감각섬유와 운동섬유는 분리되어 있다. 두 섬유는 2개의 특수화된 신경회로를 형성하는데, 하나는 감각 경로이고 다른 하나는 반응 경로이다. 이 발견은 신경계의 전문화에 관한 벨-마장디 법칙으로 불리며, 학습의 신경적 기전을 설명하려 한 최초의 연구이다. 구체적으로, 이 연구는 신경계가 어떻게 자극에 반응하고 그 자극으로 인해 촉발된 반응을 어떻게 통제하는지를 이해할 수 있는 계기를 마련했다.

이러한 연구들을 이어받아 영국의 생리학자 찰스 셰링턴(Charles Sherrington, 1857~1952)은 수술을 통해 척수가 절단된 개들을 이용하여 많은 연구를 수행하였다. 척수가 뇌간(brainstem) 아래 수준에서 잘리면 뇌와의 연결이 끊어진다. 그럼에도 불구하고 척수가 절단된 개들은 발을 꼬집으면 움찔하고 잡아 빼는 반사를 비롯해 많은 반사반응을 그대로 나타내었다. 뇌가 연결되어 있지 않은 상태이므로 이들 반사반응은 척수에서 독립적으로 수행되는 것일 수밖에 없다. 물론 지금의 우리는 고통스러운 자극이 척수로 들어가서 운동섬유를 자극하여 반사반응을 일으키고 이러한 반응은 뇌로부터의 명령을 기다릴 필요가 없다는 사실을 잘 알고 있다. 아주 뜨겁거나 차가운 물건에 손을 대어 본 사람이라면 잘 알고 있을 것이다. 깜짝 놀라서 손을 빼고 나서야 비로소 무슨 일이 일어났는지 알게 된다는 것을. 의사가 고무망치로 무릎을 때려서 무릎반사를 일으키는 모습을 눈앞에서 본 적이 있다면 척수가 뇌로부터 독립적으로 반사반응을 수행하는 과정을 경험한 것이다.

셰링턴은 이러한 '척수반사'들이 모여서 복잡한 운동연쇄를 형성한다고 보았으며 이것이 모든 행동의 기본이라고 믿었다(Sherrington, 1906). 셰링턴이 기술한 반사는 데카르트가 설명한 반사의 원리와는 다르다. 즉 뇌로부터 근육에 정기나 액체를 불어넣는 과정을 전제로 하지 않는다. 셰링턴은 척수반사에 관한 연구로 1932년에 노벨상을 받았으며 신경과학의 시조 중 한 명으로 인정받고 있다. 또한 셰링턴의 아이디어들은 개의 학습에 관한 파블로프의 초기 연구(Pavlov, 1927)를 비롯해서 현대에 이르기까지 학습과 기억의 연구에 많은 영향을 미쳤다.

척수가 반사를 통제하고 복잡한 행동들이 단순히 이러한 반사들의 조합이라면, 과연 뇌의 역할은 무엇인가? 감각신경섬유들은 척수로 들어가서 거기서 운동신경섬유들에 연결되어 척수반사를 일으킬 뿐만 아니라 뇌로도 올라간다. 뇌는 이러한 입력들을 처리해서 출력신호를 내보내며 이들은 척수를 통해 근육으로 전달된다. 척수와 뇌 사이를 연결하는 감각 및 운동경로는 나란히 배열되어 있으며 이러한 모양은 마장디가 발견한 척수와 신체 부위를 연결하는 감각 및 운동신경들의 배열 패턴과 일치한다.

입력 자극들 : 뇌로 들어오는 감각 경로들

자, 이제 뇌로 들어오는 감각 경로에 대해 살펴보자. 이 장 전반부에서 언급했듯이 뇌로 들어오는 대부분의 감각 정보는 시상을 거친다. 이어서 시상은 이 정보들을 특정 감각 자극을 처리하도록 전문화되어 있는 피질 영역들로 각각 분배한다. 예를 들면 측두엽에 위치한 일차청각피질(A1), 두정엽에 위치한 일차체감각피질(S1), 후두엽에 위치한 일차시각피질(V1) 등이다(그림 2.8). 이러한 영역들을 뭉뚱그려 **일차감각피질**이라고 하며, 여기에서 각 감각 정보에 대한 첫 단계의 처

그림 2.8

입력 및 출력을 처리하는 대뇌피질 영역들 대뇌피질의 특정 영역들은 빛(일차시각피질, V1), 소리(일차청각피질, A1), 물리적 움직임에 의해 생겨난 감각(일차체감각피질, S1) 등을 처리하도록 전문화되어 있다. 다른 영역들은 조화된 움직임을 만들어 내도록 전문화되어 있다(일차운동피질, M1).

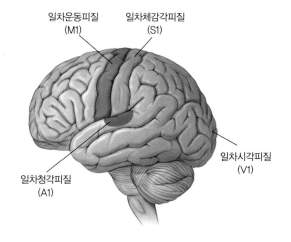

일차운동피질
(M1)

일차체감각피질
(S1)

일차청각피질
(A1)

일차시각피질
(V1)

리가 일어난다. 각 일차감각피질들은 계속해서 더 진전된 처리를 위해 주변에 위치한 피질 영역들로 출력을 내보낸다. 예를 들어 일차시각피질은 눈으로부터 들어온 입력을 처리해서 자극의 기본적인 특성(예 : 선분이나 명암 같은)을 주어진 시각장면에서 추출해내는 과정을 시작한다. 처리가 더 진행되면 움직임이나 형태와 같은 속성이 추출되고 마침내는 독립적인 물체의 특성이나 의미가 처리되게 된다.

어떤 특정 뇌 영역이 손상되면 특정한 지각 경험이 지워지는 경우도 발생한다. 예를 들어 눈을 다친 사람도 시각을 상실하지만 V1이 손상된 사람도 멀쩡한 눈을 가지고 있음에도 보지 못한다. 이러한 현상을 피질성 맹(cortical blindness)이라고 한다. 이와 유사하게 A1이 손상된 사람은 피질성 난청(cortical deafness)이 된다.

출력 반응들 : 운동 통제

뇌의 여러 영역들이 감각 입력을 처리하도록 전문화된 것처럼, 운동 통제에 필요한 출력을 위해 전문화된 뇌 영역들이 있다. 구체적으로, 일차운동피질(M1)의 활성화가 조화로운 운동을 생산한다. M1은 두정엽에 위치한 S1의 바로 앞쪽, 전두엽에 위치하며(그림 2.8) 뇌간으로 출력을 보내고 뇌간에서는 다시 척수로 운동신경들을 보내서 근육들을 움직인다.

M1의 입력은 대부분 전두엽에서 온다. 전두엽은 현재의 상황, 과거 경험 및 미래의 목표(간단한 예를 들자면, "내가 저 뜨거운 커피 잔을 잡아야 하는가? 지금 날아오는 공을 한 손으로 잡을 것인가 두 손으로 잡을 것인가?"와 같은)를 고려하여 고차원적인 운동계획 수립에 필요한 정보를 제공한다. 또 다른 중요한 입력은 기저핵과 소뇌로부터 온다. 이들 영역은 고차원적인 계획을 구체적인 움직임으로 전환하는 데 필요한 정보를 제공한다. 이러한 모든 입력들에 근거하여, M1은 출력을 뇌간으로 내보낸다. 소뇌, 기저핵, 전두엽 및 뇌간을 포함하는 다른 운동 영역들 역시 스스로 운동과 관련된 출력을 생산할 수 있고 이러한 출력들은 모두 최종적으로 척수로 수렴되어서 근육으로 전달된다. 뜨거운 커피가 담긴 컵을 한 방울도 흘리지 않고 운반하거나 달걀을 깨뜨리지 않고 살살 쥐거나 파트너의 발을 밟지 않고 왈츠를 추는 것과 같은 고도로 복잡한 운동을 만들어 내기 위해서는 이 모든 영역들과 그 영역이 관장하는 근육들 간 상호작용을 절묘하게 조정하는 것이 요구된다.

그런 복잡한 운동의 예를 하나 들어보자. 커피 잔을 보고 들어올리는 경우이다(그림 2.9). 우선 눈으로부터 시각정보가 V1을 포함한 시각피질로 전달되면 거기서 컵이라는 물체를 인식하고 그 물체가 공간상에서 어디에 위치하는지를 파악한다. 이제 전두엽이 손을 어떻게 뻗을 것인지 계획을 세운다. 뜨거운 컵에 손을 데지 않으려면 손잡이를 잡아야 한다. 뿐만 아니라 뜨거운 커피를 쏟지 않으려면 컵을 항상 수평으로 유지하여야 한다. 전두엽과 M1 사이에 위치한 운동 전 영역에서는 이러한 목적을 달성하기 위해 구체적으로 어떤 움직임을 순서대로 연결해야 하는지 계획한다. 이러한 계획은 M1에서 뇌간으로 뇌간에서 척수로 척수에서 다시 팔과 손가락의 근육으로 전달되어 실행된다. 뿐만 아니라, 컵을 향해 손을 뻗을 때에 기저핵과 소뇌는 끊임없이 운동을 모니터하면서, 공간상에서 손의 궤

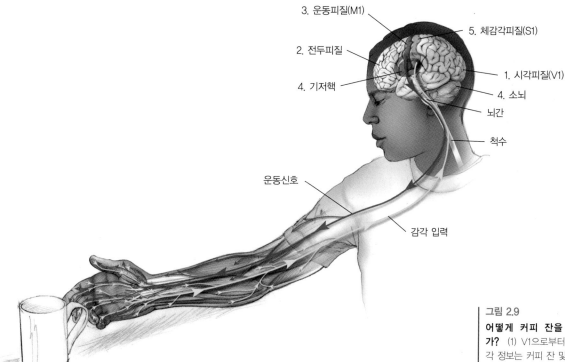

3. 운동피질(M1)

5. 체감각피질(S1)

2. 전두피질

1. 시각피질(V1)

4. 기저핵

4. 소뇌

뇌간

척수

운동신호

감각 입력

그림 2.9
어떻게 커피 잔을 집는가? (1) V1으로부터의 시각 정보는 커피 잔 및 손잡이의 위치를 파악하도록 돕는다. (2) 전두피질은 움직임을 계획하도록 돕는다. (3) 운동피질(M1)로부터의 출력은 뇌간을 통해서 척수를 거쳐 팔의 근육으로 전달된다. (4) 기저핵과 소뇌는 손이 계획된 궤도를 따라 가고 있는지 감시하고 표적에 정확하게 도달할 수 있도록 조금씩 교정을 가한다. (5) 감각 신호는 팔과 척수를 거쳐서 일차체감각피질(S1)로 다시 전달됨으로써 커피 잔이 정확하게 집어졌음을 확인시켜준다.

적이 정확하게 컵 손잡이에 이르도록 조금씩 보정하는 역할을 한다. 이 뇌 영역들에 의해 컵에 딱 맞는 정도의 힘이 가해지게 된다. 컵을 중력으로부터 들어올리기에 충분하면서도 너무 힘을 써서 번쩍 들어 올리는 순간 쏟지 않을 정도로 약한 힘을 가해야 한다. 컵을 들어올리는 순간에 손으로부터의 촉각, 온도, 손가락의 압력과 같은 감각 정보들은 다시 거꾸로 거슬러 올라간다. 손으로부터 팔을 거쳐서 척수로, 척수에서 다시 일차체감각피질(S1)로 전달된 정보는 여러분이 방금 컵을 성공적으로 들어올렸음을 뇌에 보고하게 된다. 만약 컵이 처음 생각했던 것보다 뜨겁다면, 반사적으로 손을 철회하게 될 것이다. 이러한 반응이 바로 찰스 셰링턴이 연구한 척수 반사의 한 종류이다. 손에서 척수로 다시 손으로 이어지는 신경 경로를 **반사궁**(reflex arc)이라고 부른다.

고작 컵을 들어올리는 동작을 수행하기 위해 이 많은 과정들이 필요하다면 커피를 한 모금 마시기 위해서는 또 얼마나 많은 단계를 거쳐야 할 것인가? 인간을 비롯한 많은 척추동물들이 영아기에는 매우 서투른 동작을 보인다. 이 시기의 동물들은 대부분의 시간을 운동 프로그램을 학습하는 데 소비하며 그 결과로 걷고, 날고, 정확하게 물건을 잡거나 목구멍과 혀의 근육을 움직여서 정확한 소리를 내는 동작들을 완성하게 된다. 조화로운 운동을 학습하는 데 이렇게 긴 시간이 소요된다는 사실은 이러한 동작들이 실제로 얼마나 복잡하며 이를 담당하는 여러 뇌 영역들과 외부 세계와의 상호작용이 얼마나 복잡한가를 보여준다.

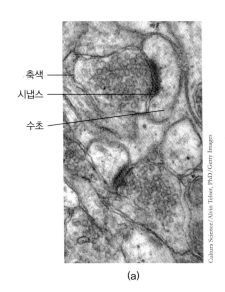

축색

시냅스

수초

Cultura Science / Alvin Telser, PhD/Getty Images

(a)

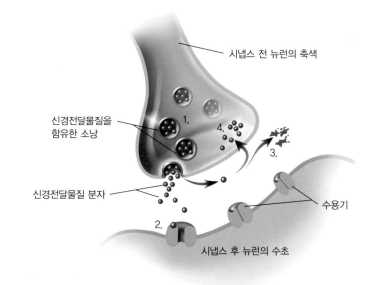

시냅스 전 뉴런의 축색

신경전달물질을
함유한 소낭

1.

4.

3.

신경전달물질 분자

수용기

2.

시냅스 후 뉴런의 수초

(b)

그림 2.10

시냅스를 통한 정보의 흐름 (a) 전자현미경을 통해 찍은 사진. 시냅스 전 뉴런의 축색 말단과 시냅스 후 뉴런의 수초 사이에 아주 작은 틈새, 즉 시냅스를 보여주고 있다. 신경전달물질 분자로 가득 찬 소낭들이 시냅스로 방출되기 위해 준비하고 있는 모습이 보인다. (b) 시냅스를 통한 정보의 교환은 (1) 시냅스 전 뉴런(보내는 쪽)이 활성화되면서 소낭들이 터져서 신경전달물질 분자들을 시냅스로 방출하고 (2) 방출된 분자들 중 일부가 시냅스를 건너서 시냅스 후 뉴런(받는 쪽)의 표면에 분포된 수용기들에 가서 결합함으로써 이루어진다. 시냅스 후 뉴런의 여러 수용기들이 활성화되면 그 합산 효과에 의해 뉴런이 활성화되고 이는 다른 뉴런으로 전달된다. 나머지 신경전달물질 분자들은 (3) 분해되거나(비활성화라 불리는 과정이다) (4) 시냅스 전 뉴런으로 다시 돌아가게(재흡수라고 불리는 과정이다) 된다.

시냅스 : 뉴런들이 접촉하는 지점

지금까지 마치 물이 파이프를 통해서 한 곳에서 다른 곳으로 흐르는 것처럼(데카르트의 설명과 비슷하게) 뇌로 들고 나는 신호의 전달을 설명하였다. 신경계 전체에 걸쳐 뉴런들이 방대한 네트워크를 통해 서로 교신하는 일들이 실제 뇌에서 일어나게 된다. 이는 트위터나 페이스북과 같은 거대한 사회교류 네트워크에서 일어나는 일과 비슷하다. 바로 상호 교신에 의한 뉴런들의 연결이 학습과 기억을 가능하게 한다.

일반적으로, 뉴런들끼리는 물리적으로 결합되어 있지 않다. 뉴런과 뉴런 사이의 교신은 약 20나노미터(1나노미터는 10억 분의 1미터)의 간격을 지나서 일어난다. 이 간격을 **시냅스**(synapse)라고 부르며 이 사이를 통해 화학물질이 전달된다(그림 2.10a). 대부분의 시냅스는 **시냅스 전**(presynaptic) 영역, 즉 신호를 보내는 뉴런의 축색과 **시냅스 후**(postsynaptic) 영역, 즉 신호를 받는 뉴런의 수상돌기 사이에 형성되지만 때로는 축색과 세포체, 축색과 축색, 그리고 심지어는 수상돌기와 수상돌기 사이에도 시냅스가 형성될 수 있다.

뉴런에는 시냅스를 통과해서 시냅스 후 뉴런의 활성에 영향을 주는 화학물질인 **신경전달물질**(neurotransmitter)이 들어 있다. 신경전달물질은 편리하게도 시냅스 전 뉴런의 축색 말단에 아주 작은 봉지 형태의 구조물인 소낭(vesicle)들 안에 저장되어 대기하고 있다. 신경신호가 전달되기 위해서는 하나 혹은 그 이상의 소낭들이 신경전달물질을 시냅스로 방출해야 한다(그림 2.10b). 다양한 종류의 신경전달물질이 알려져 있다. 그중 중요한 신경전달 물질만 나열해보면 글루타메이트(glutamate), 가바(gamma aminobutyric acid, GABA), 아세틸콜린(acetylcholine), 도파민(dopamine), 노에피네프린(norepinephrine), 에피네프린(epinephrine), 세로토닌(serotonin) 등이 있다. 신경전달물질이 시냅스로 방출되면 다음 단계는 시냅스 후 뉴런과 작용하는 단계이다. 시냅스 후 뉴런의 표면에는 **수용기**(receptor)들이 박혀 있어서 이들이 특정한 신경전달물질과 결합하여 반응을 만들어낸다.

특정 신경전달물질의 효과는 시냅스 후 뉴런에 있는 수용기들이 어떤 일을 하느냐에 따라 결정된다. 어떤 수용기들은 전하를 지닌 분자들의 통로를 열어서 이 분자들이 세포의 안으로 들어가거나 나가는 흐름을 통제함으로써 뉴런의 작은 영역에서 전하량의 변화를 일으킨다. 이런 국소적인 전하량 변화가 뉴런 내의 여러 수상돌기들에서 동시에 일어날 수 있다. 뉴런의 세포체는 이렇게 여러 장소에서 일어나는 뒤섞인 전하량의 변화를 통합한다. 만약 그 합이 역치를 넘으면 뉴런은 '발화'하는데 이는 **활동전위**(action potential)를 축색을 따라서 쏘아보내는 것을 의미한다. 뉴런이 발화할 때는 전기신호를 축색 말단까지 전달하게 되고 축색 말단에서는 신경전달물질이 방출된다.

글루타메이트와 같은 어떤 신경전달물질들은 **흥분성**(excitatory), 즉 시냅스 후 뉴런이 발화할 확률을 증가시키는 수용기들을 활성화시킨다. 반면에 가바와 같은 신경전달물질들은 **억제성**(inhibitory), 즉 다른 뉴런이 발화할 확률을 감소시키는 수용기들을 활성화시킨다. 보통은 하나의 뉴런이 한 종류의 신경전달물질을 만들고 방출하지만 뉴런이 받아들이는 신호는 여러 가지 종류의 시냅스 전 뉴런이 방출하는 다양한 종류의 신경전달물질들로부터 온다.

뉴런이 한번 발화한 후 일정 시간 동안에는 새로운 입력이 들어오더라도 더 이상 발화하는 것이 불가능한 **불응기**(refractory period)가 있다. 불응기가 지나면 뉴런은 다시 발화할 준비가 된다. 뉴런이 주변의 뉴런으로부터 아주 많은 입력신호를 받으면 뉴런은 불응기가 지나자마자 연이어서 연속적으로 발화하는 패턴을 보일 수가 있다. 흥분성 입력이 약하거나 횟수가 많지 않을 때 혹은 흥분성 입력뿐 아니라 억제성 입력도 같이 들어올 때 뉴런이 다시 발화하기 위해서는 어느 정도 시간이 경과해야 할 것이다.

신경전달물질이 시냅스로 방출된 후에는 제거되어야만 그다음 번에 새로운 신호를 받아들일 수가 있다. 이 경우 때로는 신경전달물질이 분해되어 구성 분자로 돌아가는 과정을 포함하며 **비활성화**(inactivation)로 불린다. 때로는 신경전달물질이 시냅스 전 뉴런으로 다시 흡수되어 재활용된다. 이 과정은 **재흡수**(reuptake)로 불린다. 신경전달물질이 완전히 제거된 시냅스와 수용기는 새로운 신호전달의 준비를 완료한다.

뇌간의 몇몇 영역들은 뇌 전체에 걸쳐 광범위하게

정보는 신경전달물질에 의해 시냅스를 통해 뉴런에서 뉴런으로 전달됨으로써 뇌에서 기억을 저장한다. 기억의 인출은 뒤통수를 한 대 때리는 순간에 개시된다.

축색을 보내는 뉴런들을 포함하고 있다. 이들이 방출하는 신경전달물질은 **신경조절물질** (neuromodulator)이라 불리는데, 하나의 시냅스가 아닌 뇌 전체의 활성을 조절한다. 신경 조절물질 자체는 신경신호를 만들어내지 않지만 다른 뉴런의 신경신호를 변화시키거나 조절하는 역할을 한다. 예를 들어 아세틸콜린이 신경조절물질로 기능할 때는 시냅스 후 뉴런이 발화하는 데 얼마나 많은 수용기들이 활성화되어야 하는지를 일시적으로 조절하는 역할을 한다. 시냅스 전달을 우리가 메시지를 전달하는 것에 비유하자면 아세틸콜린은 메시지가 속삭이는 목소리인지 고래고래 소리를 지르는 것처럼 들리는지를 결정한다. 많은 종류의 학습과 기억 관련된 질환들은 신경조절물질이 전반적으로 줄어들어서 생긴다. 예를 들어 알츠하이머 치매는 주로 아세틸콜린의 감소와 관련되어 있고(Francis, Palmer, Snape, & Wilcock, 1999), 파킨슨병은 도파민 감소와 관련되어 있다(Evans & Lees, 2004).

지식 테스트

시냅스 전달

뉴런에서 신호전달이 이루어지기 위해서는 시냅스에서 몇 가지 사건이 일어나야 한다. 다음 중 그러한 사건이 아닌 것은? (정답은 책의 뒷부분에 있다.)

1. 신경전달물질이 방출된 축색으로 다시 흡수된다.
2. 신경전달물질이 시냅스에서 분해된다.
3. 신경전달물질이 시냅스 후 뉴런의 수상돌기와 결합한다.
4. 신경전달물질은 소낭으로부터 방출되어 시냅스로 들어간다.

학습과 관련된 뇌 기능 변화

학습은 행동의 변화를 가져올 수 있는 어떤 처리과정이고, 뇌는 신경활동의 변화를 통해 행동을 통제한다면 학습이 뇌에서 새로운 활동 패턴과 연관되어 있으리라는 추측은 너무도 자명하다. 하지만 실제로 몇 년 동안 어떤 기술을 연습한 후에 혹은 충격적인 사건을 경험한 후에 뇌가 뭔가 달라졌을 것이라는 막연한 추측과 실제로 어떻게 달라졌고 왜 그렇게 되었는지를 이해하는 것 사이에는 커다란 간극이 있다. 경험으로 인해 뉴런에서 일어나는 물리적 변화나 뇌의 특정 영역의 용적 변화를 보여주기 위해 구조적 뇌 영상 기법이 사용되기도 했지만 이러한 변화가 어떻게 행동적 수행에 영향을 미치는지를 이해하는 것은 쉬운 문제가 아니다. 경험이 어떻게 뇌 기능을 변화시키는지를 알기 위해서 신경과학자들은 중추신경계의 특정 영역에서 일어나는 신경활동의 변화를 그런 경험이 일어나기 전과, 일어나는 중간 그리고 일어난 후에 걸쳐서 모니터한다.

기능적 뇌 영상과 뇌전도

위에서 언급한 것처럼 MRI와 같은 구조적 뇌 영상 방법은 살아있는 인간의 뇌에서 구조를 살펴볼 수 있게 해준다. 반면에 **기능적 뇌 영상**(functional neuroimaging)은 뇌의 **활동**(activity), 혹은 기능을 볼 수 있게 해준다. 뇌의 어느 영역이 활성화되면, 산소를 많이 필요로 하게 된다. 그로부터 4~6초 이내에 산소를 잔뜩 실은 혈류가 그 영역으로 이동한다. 반대로 어느 영역의 활동이 줄어들면 산소가 덜 필요하게 되고 혈류도 감소한다. 이러한 국지적 혈류량을 측정함으로써 연구자들은 어느 뇌 영역의 활동이 높고 낮은지를 알 수 있다.

기능적 뇌 영상 기법은 통상 뇌의 어느 영역에 더 많은 혈류가 분포하는지를 분석하기보다는 뇌의 특정 영역에서 피험자가 어떤 과제를 수행하거나 생각을 할 때 혈류량이 달라지는 정도를 측정한다. 그러한 측정을 위해서는 먼저 피험자가 아무것도 하지 않고 그냥 편안하게 있을 때의 혈류량을 측정하는 것이 필요한데, 이를 **기저선 영상**(baseline image)이라고 한다. 어떤 뇌 영역들은 피험자가 아무 일도 하고 있지 않은 상태에서도 활동을 계속한다. 다음으로 피험자가 특정 과제, 예를 들면 어떤 그림을 본다든지 글을 읽을 때 뇌를 스캔한다(스캐너 천장에 화면이 비춰지기 때문에 피험자가 누워서 이러한 자극들을 볼 수가 있다). 이러한 과제를 수행하는 동안 기저선에서는 활성화되지 않았던 영역이 활성화될 수 있다. 어떤 영역들은 오히려 활성이 줄어들기도 한다. 연구자들은 이 두 가지 뇌 영상을 이용하여 픽셀 하나하나에 대해서 과제 수행 시의 측정치에서 기저선 측정치를 뺀 값을 얻는다. 그 결과로 얻어진 **차이 영상**(difference image)은 뇌 영상의 각 픽셀에서 특정 과제를 수행하는 조건에서 기저선에 비해 활성이 증가했는지 감소했는지를 보여준다(그림 2.11a).

이 차이 영상은 보통 색깔 코드에 의해 표시되는데, 하얀색, 빨간색, 혹은 노란색 영역은 기저선에 비해 활성이 높아지는 부위를 나타낸다. 색깔이 없는 영역은 별 유의미한 변화가

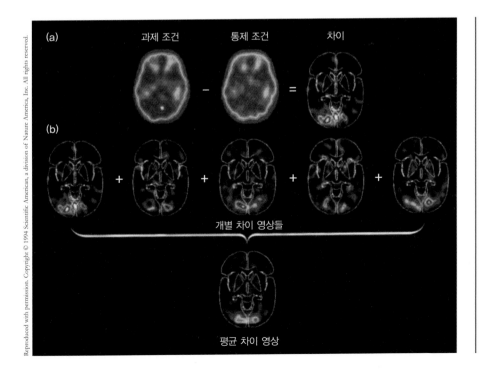

그림 2.11

기능적 영상법(PET)을 이용하여 차이 영상을 만들어내는 절차 (a) PET 스캐너는 어떤 과제(이 경우는 스캐너 안으로 투사된 그림들을 보는 과제)를 수행하는 동안 혈류량 변화를 측정한다. 피험자가 아무것도 안 하고 있을 때 얻어진 기저선 영상을 측정해서 과제 수행 동안 측정된 변화량과 비교하게 된다. 즉 기저선 조건에 비해 과제 수행 시 혈류량이 유의미하게 증가 혹은 감소한 영역을 색깔 코드를 이용해 나타낸다. (b) 하얀 선은 표준 뇌 영상을 이용해서 각 개인의 혈류량 변화를 보여주는 차이 영상들을 나타낸다. 이러한 개별 차이 영상들을 전부 합해서 평균 차이 영상을 계산해낸다.

발생하지 않은 부위이다. 예를 들어, 그림 2.11a의 차이 영상은 피험자가 그림을 보는 과제 수행 시에 유의미하게 활동이 증가하는 영역들을 보여준다. 이 차이 영상에 따르면 대뇌피질 중 시각을 담당하는 후두엽이 시각정보 처리에 중요함을 확인시켜준다. 학습과 기억의 연구에서 사용되는 기능적 뇌 영상 방법은 다른 종류의 기억과제를 수행할 때 각각의 과제와 연관된 뇌 영역의 활성화 정도를 보여주거나(예 : 누군가의 얼굴을 알아보거나 엊그제 파티에서 무슨 일어 일어났는지 회상하는 것과 같은), 혹은 성공적인 기억인출과 망각의 차이, 특정한 질환과 관련된 기억 과정의 차이(예 : 정상인과 조현병 환자가 각각 기억과제를 수행할 때의 차이) 등을 보는 데 활용될 수 있다.

이렇게 특정 과제와 관련해서 뇌의 특정 영역의 활동 변화를 측정하는 실험을 할 때, 일반적으로 연구자들은 한 명의 피험자로부터 얻은 데이터에 의존하지는 않는다. 대신에 같은 집단에 속하는 여러 피험자로부터 얻은 데이터를 합해서 평균적인 차이 영상을 얻는데(그림 2.11b), 즉 기능적 뇌 영상 연구의 결과는 여러 피험자에 걸쳐서 분명하게 차이가 나는 영역을 강조하게 되므로 어느 한 피험자가 보이는 활성화 양상을 전부 세세하게 찾아내려고 하지는 않는다.

기능적 뇌 영상 기법의 양대 산맥은 **양전자 단층 촬영법**(positron emission tomography, PET)과 **기능적 자기공명영상**(functional magnetic resonance imaging, fMRI)이다. PET는 양전자라고 불리는 미립자에서 방출되는 소량의 방사선을 감지해서, 혈류 속의 글루코스(glucose) 사용과 관련된 뇌의 활동을 측정한다. fMRI는 위에서 뇌의 구조를 영상화하는 데 사용한다고 설명한 MRI와 같은 기술을 이용한다. 피험자의 뇌에서 기저 영상을 먼저 촬영하고 그러고 나서 피험자가 어떤 과제를 수행하는 동안 한 번 더 촬영한다. 산소가 포화된 혈액은 그렇지 못한 혈액과는 약간 다른 종류의 신호를 내보내게 되는데, 이러한 신호의 높고 낮음에 착안하여 어떤 과제를 수행하는 동안 뇌의 활성화 정도를 측정하게 된다.

PET와 fMRI 둘 다 뇌의 활동을 기록하기 위한 강력한 도구이지만 뇌의 활동을 간접적으로 측정할 뿐이다. 전자는 글루코스 사용 정도를, 후자는 혈중 산소포화도를 사용해서 추정하는 것일 뿐 뉴런의 활동을 직접 측정하지는 못한다. 또한 뇌 영상 연구의 대부분이 다른 조건하에서 나타나는 활성화 정도의 차이를 주로 보고자 하기 때문에(차이 영상을 통해서), 특정 뇌 영역과 특정 기능 간의 관련성에 중점을 두는 경향이 있다(골상학의 논리처럼). 즉 정신적 · 물리적 기능에 기여하는 뇌 전체의 활성을 간과할 수 있다. 마지막으로 현재의 기능적 뇌 영상 기법은 속도가 느리다. fMRI의 경우 몇 초에 한 번, PET는 몇 분에 한 번 영상을 촬영하는 정도인데 알다시피 뇌의 신경활동은 그보다 훨씬 빠르다. 실시간으로 뇌의 활동을 측정하고자 한다면 뇌전도와 같은 다른 기법이 요구된다.

뇌전도(electroencephalography, EEG)는 뇌의 전기적 변화를 측정하기 위한 기법으로 심전도에서 사용하는 것과 같은 종류의 전극을 사용한다(희랍어로 *enkephalos*는 '뇌'를 의미하므로 'electro-encephalo-graphy'는 뇌의 전기 변화를 그리거나 그래프화한다는 의미이다). 전극이 하는 일은 전기 신호를 감지하는 것이다. 전극이 가슴에 부착되면 심장의 수축

www.cmotiv.com

사람들이 어떤 과제를 수행할 때의 신경활동 변화를 측정하기 위해 연구자들은 두피에 전극을 부착한다. 전통적인 장비는 신호전달을 위해 전극에 전선이 연결되어 있지만(왼쪽의 아기 머리에 부착된 무수히 많은 전극들처럼), 최근의 무선 통신 기술은 신경 신호를 어떤 상황에서도 기록할 수 있게 해준다. 오른쪽에 보이는 모델이 착용하고 있는 무선 뇌파 기록장치를 통해 지금 저 모델의 생각이나 상태 변화를 추측할 수 있을까?

에 따른 전기 신호를 특정하고 두피에 부착되면 많은 뉴런들이 발생하는 전기 신호의 총합이 측정된다. 특히 두피 바로 아래, 즉 피질 뉴런들의 활동들이 주로 검출된다. 그 결과로 나타나는 그래프가 **뇌전도**이다.

혈액이 항상 뇌에 흐르고 있듯이 뇌에는 뉴런들의 활동에서 비롯되는 전기적인 활동이 항상 존재한다. 하지만 전기적 활동의 특정한 패턴은 뇌가 어떤 작업을 하느냐에 달려 있다. 예를 들어 소리를 들었을 때 귀 속의 청각 수용기들이 활성화되고, 이어서 신호가 일차 청각피질(A1 영역)로 전달되어 전기적인 활동을 일으킨다. 그러나 EEG를 통해 이러한 전기적 변화만을 선택적으로 잡아내기는 어려운데, 그 이유는 시각정보를 처리하는 뉴런이라든지 손가락을 움직이는 뉴런들 심지어는 오늘 점심에 뭘 먹을까 하고 고민하는 데 필요한 뉴런들이 동시에 전부 활동할 것이기 때문이다.

소리를 듣는 데 관여하는 전기적 변화와 같이 어느 한 특정 자극의 처리를 담당하는 뇌 활동을 잡아내기 위해 연구자들은 종종 같은 자극을 반복적으로 제시하면서 EEG를 기록하고 이를 평균하는 방법을 쓴다. 이렇게 하면 여기저기서 산발적으로 일어나는 EEG들은 평균에 의해 없어지고 자극이 제시될 때마다 반복적으로 활성화되는 뉴런들에서 일어나는 전기활동들만이 살아남을 것이다. 이렇게 같은 자극 혹은 사건(event)에 대해서만 반복해서 나타나는 EEG 패턴의 합을 **사건-관련 전위**(event-related potential, ERP)라고 한다. 기능적 뇌 영상이 어떤 과제를 수행할 때 일어나는 뇌의 활동 변화를 보여주듯이 ERP 역시도 학습의 여러 단계에서 뇌의 상태가 어떻게 변하는지를 보여줄 수 있다. 예를 들면 피험자가 두 종류의 미묘하게 다른 소리를 구분하는 학습을 수행하는 동안 뇌가 소리에 대해 보이는 반응이 어떻게 달라지는가를 측정할 수 있다(제3장과 제6장에서 논의할 예정임).

fMRI나 PET에 비해 EEG는 학습과 기억과 관련된 뇌의 활동을 볼 수 있는 간단하고 저렴한 방법이다. 뿐만 아니라 EEG는 빠른 속도로 일어나는 뇌의 변화를 훨씬 정확하게 검출할 수 있다. 반면에 EEG는 공간적 해상도가 떨어진다. fMRI나 PET는 활성화된 영역을 수 밀리리터 수준까지 찾아낼 수 있는 반면에 EEG는 뇌의 넓은 영역에서의 활동을 보여준다. 어떤 연구자들은 기능적 뇌 영상과 EEG를 결합한 방식을 이용해서 기억의 저장과 인출과정에서 정확하게 언제 그리고 어디서 관련된 신경활동의 변화가 일어나는지를 찾아낸다.

뉴런의 신경활동 측정

뇌에서 기억과 관련된 뉴런의 활동을 얼마나 뉴런들이 자주 발화하는지와 관련되어 있다. 뇌 영상 및 EEG 기법은 뇌의 넓은 영역이 어떻게 학습과 기억에 기여하는지를 보여주지만 어떤 개별 뉴런이 발화하는지 또 얼마나 많이 혹은 자주 발화하는지는 알려주지 않는다. 이러한 정보를 얻기 위해서 신경과학자들은 신경세포로부터 직접 활동을 기록한다. 뉴런의 활동과 기능을 연구하는 분야가 **신경생리학**(neurophysiology)이다.

개별 뉴런의 발화패턴을 측정하기 위해 가장 널리 사용되는 방법이 **단위 세포 기록법**(single-cell recording)이다. 동물의 신체에는 뉴런 말고도 전기적인 활동을 보이는 세포들이 있기는 하지만, 이 경우 세포는 뉴런을 일컫는다. 이를 위해 먼저 동물의 뇌 안으로 미세전극을 삽입한다. 미세전극은 뇌 속으로 깊숙이 삽입할 때 뉴런들에 손상을 주지 않기 위하여 매우 가늘고 끝이 뾰족하다. 삽입된 전극의 끝은 뉴런에 바짝 붙이거나 때로는 뉴런 안으로 찔러 넣기도 한다. 때로 연구자들은 하나나 혹은 그 이상의 전극을 뇌의 원하는 부위에 심기 위해 동물을 마취시키기도 한다. 동물이 깨어나면 이리 저리 움직이기 시작하고 (어느 정도 적응 기간이 지나면 동물들은 머리에 부착된 전극에도 불구하고 정상적으로 활동하는 것처럼 보인다) 연구자는 움직이는 동물의 뉴런활동을 기록할 수 있게 된다. 이런 절차를 통해 연구자는 동물의 행동과 기록 중인 뉴런활동 간의 상관관계를 볼 수 있다. 뉴런 활동들을 좀 더 자세히 관찰하고 싶다면 뇌의 일부를 얇게 잘라내어('절편'의 형태로), 뇌척수액을 모방한 특수한 용액에 넣어서 생존하게 하면서 기록할 수 있다.

단위세포 기록법을 이용한 실험들은 뉴런의 활동이 행동과 어떻게 연관되는지에 관한 가장 극적인 증거를 제공해 왔다. 예를 들어 조르고포울루스와 동료들은 원숭이가 조이스

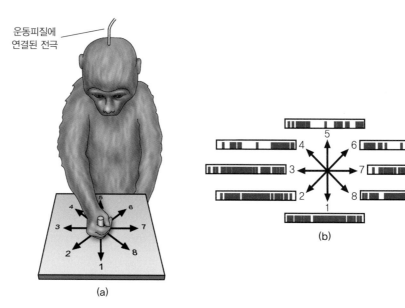

그림 2.12
원숭이 운동피질에서 단일 뉴런의 신경활동 기록 (a) 연구자들은 원숭이의 운동피질에 전극을 심어 고정시키고 조이스틱을 여러 방향으로 움직이는 훈련을 시킨다. (b) 기록된 뉴런이 발화하는 패턴의 예(그림에서 수직선 하나가 뉴런이 발화하는 스파이크를 나타낸다). 이 뉴런은 원숭이가 자신의 팔을 몸에서 멀어지는 방향(1번 위치)으로 움직일 때 가장 많이 발화하고 반대 방향일 때(5번 위치) 가장 적게 발화한다. 즉 이 뉴런은 몸에서 멀어지는 방향에 예민하게 맞춰져 있다.

(b) Information from Georgopoulos et al., 1993.

운동피질에 연결된 전극

(a)

(b)

틱을 여러 방향으로 움직일 때 대뇌의 운동 영역에 있는 뉴런들이 발화하는 패턴을 기록하였다(그림 2.12a; Georgopoulos, Taira & Lukashin, 1993). 어떤 뉴런들은 원숭이가 특정 방향으로 레버를 밀 때 가장 빠르게 발화하였다. 예를 들어 그림 2.12b는 그런 뉴런 중 하나가 원숭이가 레버를 사방으로 밀거나 당기거나 할 때 어떻게 반응하는지 보여준다. 그림에서 짧은 수직선 하나가 스파이크(spike)라고도 불리는 활동전위 하나를 나타낸다. 원숭이가 그림 2.12a에 보여진 방향 중 6번 방향으로 레버를 움직일 때 뉴런은 잠깐 아주 강하게 발화하다가 잠잠해진다. 만약 살짝 방향을 바꿔서 7번 방향으로 움직이면 뉴런은 훨씬 더 지속적으로, 레버를 움직이는 기간 내내 발화한다. 방향을 더 틀어서 1번 방향으로 움직인다면 뉴런은 최고 속도로 발화한다. 이와는 반대 방향, 즉 5번 방향으로 레버를 움직이면 뉴런은 조용해진다. 따라서 이 뉴런의 행동은 특정 방향, 즉 몸통에서 멀어지는 방향으로의 팔 움직임과 관련되어 있고 신경과학자들은 이 뉴런이 전문화되어 있다 혹은 '동조(tuned)'되어 있다고 표현한다. 조르고포울루스와 동료들은 운동피질의 많은 뉴런들이 다양한 방향으로의 움직임에 발화하도록 동조되어 있음을 발견했다. 기능적 뇌 영상 연구에서 밝혀진 운동피질의 역할을 함께 고려한다면 이러한 뉴런들이 원숭이 팔을 움직이게 만드는 명령을 직접적으로 만들어낸다고 보는 것도 무리한 추측은 아닐 것이다. 이런 종류의 실험을 위해서 일반적으로 원숭이들은 조이스틱을 여러 방향으로 움직이도록 훈련되기 때문에, 신경활동 기록은 또한 원숭이가 그런 과제를 학습할 때 뉴런의 발화 패턴이 어떻게 변화되는지를 보여줄 수도 있을 것이다. 실제로 이러한 연구는 원숭이와 사람을 대상으로 생각만으로 로봇 팔을 제어할 수 있는 새로운 테크놀로지의 개발에 큰 기여를 하였다(제8장에서 논의).

중간 요약

- 반사는 고정된 연결(학습을 필요로 하지 않는)에 의한 반응이다. 셰링턴을 비롯한 초기의 연구자들은 단순한 반사의 조합에 의해 복잡한 학습이 형성될 수 있다고 믿었다.
- 뇌에서 감각 정보는 (외부자극에 의해 개시되어서) 처음에는 특정 감각 자극을 처리하기 위해 전문화된 피질 영역에서 처리되고, 조화로운 움직임을 담당하는 운동피질과 같은 영역으로 신호를 보내 심화된 처리를 하게 된다.
- 신경신호의 전달은 시냅스라고 불리는 미세한 간극을 거쳐서 이루어진다. 시냅스 전 (보내는 쪽) 뉴런이 신경전달물질을 시냅스로 방출하면 이 화학물질이 시냅스를 건너서 맞은 편에 있는 시냅스 후 (받는 쪽) 뉴런의 수용기들을 활성화시킨다.
- fMRI나 PET와 같은 기능적 뇌 영상법들은 피험자가 어떤 과제를 수행할 때 글루코스 양의 증감이나 대사나 혈중산소포화도를 측정함으로써 연구자들이 간접적으로 뇌의 활동을 추적할 수 있게 해준다.
- 뇌전도는 뇌파의 측정을 통해서 많은 수의 뉴런들이 시간에 따른 활동의 변화를 추적하거나 그러한 변화가 학습하는 동안 어떻게 일어나는지를 찾아낸다.
- 단위 세포 기록법은 하나의 뉴런이 활성화(혹은 발화하는)되는 양상을 관찰하고 학습하

는 동안 혹은 기억을 인출하는 동안 뉴런의 활동이 어떻게 변화하는지를 기록할 수 있게 해준다.

2.3 신경활동 조작하기

화성의 과학자가 지구로 와서 자동차라는 물건을 본다고 해보자. 이 과학자는 화성에서는 존재하지 않는 에너지를 이용해서 움직이는, 이 처음 보는 신기한 이동 수단을 이리저리 관찰하려 할 것이다. 과연 화성 과학자는 어떻게 이 물건이 작동하는지를 알아낼 수 있을까? 자동차의 본네트를 열고 엔진을 비롯한 부품들을 들여다보는 것이 한 방법일 수 있다. 그러나 자동차의 '구조'를 아무리 연구해도 한계가 있다. 자동차의 기능을 알고자 한다면 차를 한번 몰고 나가서 어떻게 정상적인 자동차가 움직이는지를 경험해 보아야 할 것이다. 그러나 차가 움직이는 것만 보아서는 어떻게 해서 그렇게 되는지를 알 방법이 없다.

한 가지 방법은 자동차의 부품들이 각각 어떤 역할을 하는지를 찾아보는 것이다. 예를 들어 어떤 부품을 한 번에 하나씩 떼어내면서 어떤 문제가 생기는지를 보는 방식이다. 바퀴축을 제거하면 엔진이 작동해도 그 힘을 바퀴로 전달하지 못해서 바퀴가 돌아가지 않고 그렇게 되면 차가 움직이지 않는다는 것을 배우게 될 것이다. 라디에이터를 제거하면 차가 잠깐 움직이다가 과열되서 멈추게 된다는 것을 배우게 될 것이다. 각각의 부품들이 하는 일을 발견해 나가게 되면 화성 과학자는 결국 차가 어떻게 작동하는지에 대해 거의 이해하는 수준에 이르게 될 것이다.

뇌의 기능을 조작하기

뇌의 기능을 이해하려는 신경과학자들이 풀어야 할 퍼즐도 비슷한 경우다. 즉 설계도나 설명서가 없는 기계의 작동원리를 유추해내야 하는 것과 같다. 이 퍼즐을 풀기 위해 신경과학자들이 선택했던 연구방법은 화성인 과학자들의 접근법과 비슷했다. 뇌라는 퍼즐의 한두 조각을 제거한 다음 나머지 시스템이 어떻게 행동하는지(어떤 문제를 보이는지) 관찰하는 것이다. 물론 인간의 뇌를 자동차 분해하듯이 할 수는 없을 것이므로 우리에게 주어진 기회는 자연이 제공하는 케이스들, 즉 사고, 부상, 질병 등에 의해 뇌가 손상되는 경우들로부터 배우게 된다. 신경과학자들은 또한 뇌에 화학물질을 주입함으로써 뉴런들의 발화 패턴을 변화시키거나 조절하는 기법을 고안했다. 이렇게 뇌의 기능을 변화시켜서 학습과 기억의 신경적 기저를 이해하려는 연구들을 다음 절에 소개하고자 한다.

뇌 손상의 효과

심리학의 한 분야인 **신경심리학**(neuropsychology)은 주로 뇌 손상을 입은 환자들의 행동을 살펴봄으로써 뇌의 기능과 행동 사이의 관계를 다룬다. 이들 환자들은 다양한 종류의 실험에 참여해서 학습과 기억에 관련된 능력들은 물론 언어, 주의, 지능 등과 같은 여러 인지 기능을 시험받는다. 환자들이 소중한 시간과 노력을 들여서 참여한 이러한 실험의 결과들은 물론 환자 자신의 재활을 위한 자료로 사용되지만 또한 연구를 위한 자료로도 이용된다. 유사한 뇌 영역이 손상된 환자들에게서 감소된 기능 및 아직도 유지되는 기능들의 패턴을 파악함으로써 그 뇌 영역의 기능에 대한 좀 더 정확한 그림을 그려볼 수 있다. 화성인들이 라디에이터가 없는 차에서 어떤 문제가 발생하는지 관찰함으로써 라디에이터의 기능을 파악하는 것처럼.

신경심리학자들이 인간의 뇌와 행동 간의 관계를 연구하는 것과 동시에, 동물 연구자들은 인간 환자의 '모델'로서 동물에게서 특정한 뇌 영역을 제거하거나 불활성화시키는 연구를 진행하고 있다. 인간 뇌의 손상은 종종 사고, 부상, 질병 등의 원인으로 생겨나며 따라서 모든 환자의 손상 정도 및 그에 따른 행동장애

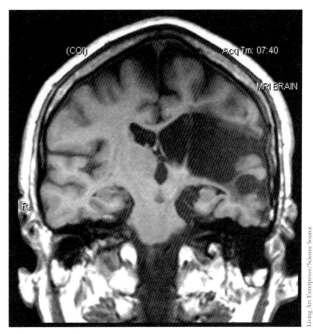

뇌 손상에 의해 뇌 조직 일부가 소실되기도 한다. 여기보이는 MRI 영상에서 검은 색으로 나타난 영역이 손상된 뇌 조직이다. 이 영역은 측두엽일까 후두엽일까?

의 정도가 다 다를 수밖에 없다. 반대로 동물연구에서는 특정 뇌 영역의 제거나 억제가 정확하게 이루어질 수 있으며 따라서 동물 간 비교가 용이하다. 특정 뇌 영역이 정상적인 상태에서 어떤 기능을 하며 망가졌을 때 어떤 문제가 생길 것인지에 관한 정확한 예측은 인간 환자로부터 얻은 데이터와 동물실험에서 얻은 데이터가 일치할 때 가능할 것이다.

실험적 뇌 손상을 이용한 가장 유명한 실험 중 하나는 미국의 심리학자 칼 래슐리(Karl Lashley, 1890~1958)에 의해 이루어졌다. 래슐리는 **엔그램**(engram)이라고 이름 붙인, 기억의 실체를 제공할 수 있는, 뇌에서의 물리적 변화를 찾으려 했다. 래슐리는 쥐들을 훈련시켜 미로에서 길을 찾게 만들었다. 그런 후에 피질의 일부를 체계적으로(예 : 한 번에 10%씩) 손상시켜 나갔다. 만약 어느 부위를 손상시킨 후에 동물의 기억이 완전히 지워져 버렸다면 바로 그 부위가 미로에 대한 기억을 저장하고 있는 엔그램일 수밖에 없지 않느냐는 것이 그의 생각이었다(Lashley, 1929).

안타깝지만, 결과는 그렇게 간단하지가 않았다. 손상 부위가 어디가 되었던 간에 10% 정도의 작은 손상은 동물의 수행에 별 영향을 미치지 못했다. 손상이 크면 클수록 수행에 미치는 영향도 점점 더 커졌지만 어느 한 특정 영역이 다른 영역보다 더 중요하다는 증거는 발견하지 못했다. 엔그램은 어디에도 없었다. 마침내, 래슐리는 실망에 가득찬 고백을 하기에 이르렀다. "그저 단순하게 학습에 의한 변화만 일어난다는 것은 불가능한 것 같다"(Lashley, 1929).

마침내 래슐리는 다른 종류의 설명을 하기에 이르렀다. 그는 **기억의 동등잠재성 이론** (theory of equipotentiality)을 주장하게 되었다. 즉 기억이 어느 한 장소에 저장되는 것이 아니라 뇌 전체에 걸쳐서 골고루 분포되어 있다고 믿게 되었다. 비록 래슐리가 동등잠재성

이론의 주창자로 인정받기는 하지만, 사실 이와 같은 이론이 처음 제안된 것은 1800년대에 골상학에 대한 대항이론으로서였다(Flourens, 1824). 동등잠재성 이론에서 기억은 여러 군데의 피질 영역에 걸쳐 분산되어 저장되며, 그중 한두 영역이 손상된다 하여도 기억이 통째로 사라지는 일은 없다. 추가적인 훈련과 시간이 주어진다면 남아 있는 피질 영역들이 잃어버린 기억의 일부를 보충해줄 수 있다.

래슐리의 연구 및 그의 동등잠재성 이론은 뇌과학의 발전에 중요한 초석이 되었다. 더 이상 뇌연구자들이 골상학자들이 제안한 것과 같이 구조-기능을 짝지워 독립된 구역들로 나누는 방식의 사고를 할 수 없게 만들었기 때문이다. 그러나 래슐리나 골상학자들 어느 한쪽도 전적으로 옳지는 않다. 뇌의 각기 다른 부위들이 각기 다른 기능을 위해 전문화되어 있다는 골상학자들의 생각은, 너무 극단적이지만 않다면 대체로 뇌 전체의 기능을 잘 대변하는 관점이었다. 엔그램이 피질의 아주 작은 영역에 국지화되어 있지 않다는 래슐리의 결론도 마찬가지로 옳은 것이라고 볼 수 있지만, 엄밀히 보자면 래슐리가 주장한 것처럼 피질이 전혀 차별화되지 않은 것은 아니다. 뇌의 구성에 관한 진실은 그 두 가지 주장의 중간 정도에 위치할 것이다. 뿐만 아니라, 다음 장들에서 보게 되듯이, 래슐리의 실험이 실패한 이유는 부분적으로는 그의 가정, 즉 미로 학습 동안 생성된 기억이 오직 피질에만 저장된다는 가정 때문이기도 하다. 만약 래슐리가 대신에 피질하(subcortical) 영역을 손상시켰다면 다른 뇌 영역들(예 : 해마)이 공간 학습과 기억에 좀 더 강력하게 관여한다는 사실을 발견했을 것이다(공간학습과 해마의 역할에 대해서는 제3장과 제7장에서 논의할 것이다).

손상실험들이 유용한 정보를 제공하기는 하지만 제한점을 지니고 있다. 어떤 연구자가 래슐리가 한 것처럼 쥐의 피질 일부를 손상시킨 뒤에 미로 훈련을 시켰는데도 충분히 학습이 가능한 것을 관찰했다고 하자. 그렇다면 그 피질 부위가 미로학습에 필요 없다는 결론을 내릴 수 있는가? 꼭 그렇지는 않다. 쥐가 다른 뇌 영역을 사용하는 방식으로 학습을 했을 수 있다. 이는 마치 집에 정전이 되어 아무것도 보이지 않는 상황에서 더듬거리며 이 방에서 저 방으로 길을 찾아 나가는 것에 비유할 수 있다. 시각 정보 대신에 다른 정보를 사용할 수도 있는 것이다. 따라서 손상 연구로부터 얻은 데이터는 다른 기법으로부터 얻은 증거들, 예를 들어 해당 영역이 정상적인 뇌에서도 주어진 행동에 관여한다는 증거나 같은 영역이 자극되면 유사한 과제들의 수행에도 영향을 미친다는 증거들과 보완적으로 사용될 때 더욱 강력한 증거가 될 수 있다.

지식 테스트

동등잠재성 이론과 골상학

프란츠 조셉 갈이 주장한 뇌 기능에 관한 이론(골상학)과 칼 래슐리의 동등잠재성 이론의 가장 중요한 차이는 무엇인가? 각각을 뒷받침하는 증거는 무엇인가? (정답은 책의 뒷부분에 있다.)

뉴런의 전자기적 조절

기록 전극을 이용해서 뉴런의 다양한 활동패턴을 관찰하는 방법 외에 또 널리 사용되는 기법은 전극을 이용해서 아주 작은 양의 전류를 흘려서 신경활동을 야기시키는 자극법이다. 설명한 대로 뉴런이 발화할 때 전하가 축색을 따라 흘러가게 되고 이로 인해 신경전달물질이 시냅스로 방출된다. 이와 유사하게 자극 전극을 통해서도 전하를 공급할 수 있고 공급된 전하는 뉴런의 발화를 일으키며 연구자는 이를 관찰하고 기록할 수 있다.

뉴런을 전기적으로 자극하는 방법은 1800년대 초부터 사용되어 운동피질의 신경활동이 실제로 움직임을 발생시킨다는 사실을 증명했다. 예를 들어 파블로프는 마취된 쥐의 운동피질을 자극함으로써 다양한 패턴의 움직임을 만들어낼 수 있음을 증명하였다(Pavlov, 1927). 유사한 방법으로 영장류의 운동피질과 신체의 움직임을 연결하는 지도를 만들어낼 수가 있다. 예를 들어 우반구의 꼭대기 부분에 위치한 M1(primary motor cortex)의 어떤 뉴런들을 전기적으로 자극하면 원숭이의 입술이 씰룩거리게 만들 수 있다. 조금 더 아래쪽을 자극하면 팔 근육이 움직일 것이다. 더 내려가서 자극하면 다리의 움직임이 유발된다. 이렇게 꼼꼼하게 M1의 모든 부위를 자극해봄으로써 우리 몸의 어느 부위를 M1의 어느 영역이 담당하는지를 보여주는 일종의 지도를 완성할 수가 있는데, 이 지도를 호문쿨루스(homunculus, '작은 사람'이라는 뜻)라고 한다. 인간 M1 영역의 호문쿨루스(그림 2.13a)는 (종양을 제거한다든지 하는) 뇌수술을 받는 환자들로부터 도움을 받아 작성이 되었다. 이를 위해 신경외과 의사는 두개골에 구멍을 뚫고 수술하고자 하는 뇌부위를 드러낸 후 조직을 제거하기 전에 조심스럽게 몇몇 부위를 자극해본다. 목적은 과연 수술하고자 하는 부위를 제거했을 때 증상이 악화될 가능성을 타진하기 위한 것이다. 예를 들어 종양을 제거하기 위해 한쪽 다리의 움직임을 담당하는 M1 영역을 도려내야 할 수도 있다. 하지만 그 외의 다른 영역, 이를테면 혓바닥과 음식을 삼키거나 말하는 데 관련된 기능이 손상될 가능성을 동반한다면 특별히 조심을 해야 할 것이다.

그림 2.13a의 호문쿨루스를 한번 보자. 어떤 신체부위(예 : 입술과 손)는 넓은 영역을 차지하는 데 반해 다른 부위(팔이나 다리)는 좁은 영역에 오그라들어 있다. 다시 말해 신체부위들의 물리적 크기는 운동피질의 지도에 반영되어 있지 않다. 실제로 호문쿨루스를 하나의 인형 모양으로 만든다면 그림 2.13b의 기괴한 형상이 된다. 이 왜곡된 형상에는 이유가 있다. 호문쿨루스에 과장되게 표현되어 있는 신체 부위는, 피질 지도의 많은 영역을 차지한다는 의미이고 이러한 부위들은 사람에게서 고도로 정밀한 운동통제가 가능한 부위이다. 손가락은 키보드로 글자를 쳐넣고, 바느질을 하며 때로는 피아노를 연주하기도 한다. 입술과 혀는 복잡한 발음을 표현하는 데 필요한 움직임을 만들어낸다. 얼굴 근육들은 정서 표현에 필요한 미묘한 움직임을 생산한다. 팔이나 다리와 같은 신체의 다른 영역들은 물리적으로는 클지 모르지만 상대적으로 정밀한 운동통제는 덜 필요로 하는 부위들이다. 따라서 상대적으로 적은 운동피질이 배당되어 있다.

뇌의 전기 자극은 움직임을 일으킬 뿐 아니라, (감각피질에 적용된다면) 시각적 · 청각

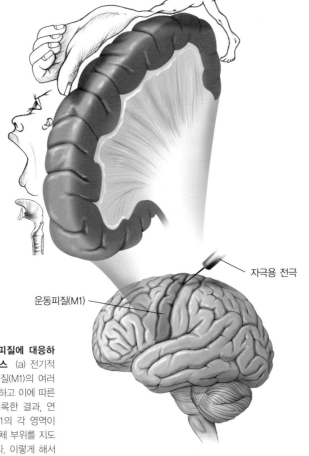

운동피질(M1)

자극용 전극

(a)

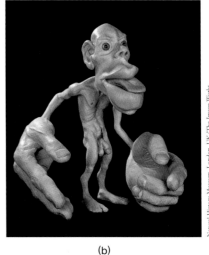

(b)

Natural History Museum, London, UK/The Image Works

그림 2.13

인간 운동 피질에 대응하는 호문쿨루스 (a) 전기적으로 운동피질(M1)의 여러 지점을 자극하고 이에 따른 움직임을 기록한 결과, 연구자들은 M1의 각 영역이 담당하는 신체 부위를 지도화할 수 있다. 이렇게 해서 만들어진 호문쿨루스를 사람(여기서는 남자)의 형상으로 구성하면 (b)에서 보이는 것처럼 각 신체 부위의 상대적 크기는 그 부위를 담당하는 피질의 양에 따라 결정된다. 결과적으로 과장된 입술과 손(인간에서 정교한 운동 통제에 민감한 신체 부위)을 가진 기괴한 형상이 만들어진다.

적·체감각적 경험을 만들어 낼 수도 있다. 만약 전기 자극이 측두엽에 가해진다면, 데자뷔, 즉 현재 경험하고 있는 사건이 이전에 일어났던 것처럼 느껴지는 착각을 하게 될 것이다. 전극을 하나는 청각신호를 전달하는 뇌의 영역에 삽입하여 자극하고, 다른 하나는 반사적인 운동 반응을 담당하는 영역에 삽입하여 자극하면 마치 조건 자극과 무조건 자극을 짝지어 제시한 것처럼(제1장에 설명했듯이) 파블로프 조건화를 일으킬 수 있다. 이러한 '가상현실'과 같은 훈련 과정은 제4장에서 좀 더 자세히 다룬다.

환자와 동물 모델을 활용한 뇌자극 연구들을 통해 어떻게 뉴런의 신경활동이 행동으로 나타나는지를 더욱 깊이 이해하게 되었다. 비교적 최근에 등장한 **경두개 자기자극**(transcranial magnetic stimulation, TMS) 및 **경두개 직류자극**(transcranial direct-current stimulation, tDCS) 기법들은 실제로 뇌수술을 통하지 않고도 그러한 연구를 가능하게 한다. TMS는 강력한 자기자극을 발생시켜 대뇌피질의 활성화를 변화시키고(그림 2.14), tDCS는 두피 표면에 부착된 전극을 통해 낮은 수준의 전류를 흘려보낸다. 두 가지 방법 모두 한두 개의 뉴런이 아닌, 피질의 광범위한 영역을 활성화시킨다. 자극의 강도에 따라 경두개 자극은 해당 뇌 영역의 기능을 항진시키거나 억제한다. 최근의 연구는 TMS와 tDCS 모두 기억 문제를 지닌 환자에게 효과가 있음을 보여주었다(Floel, 2014; Reis et al., 2008). 뇌의 어느 영역이 어떤 행동을 초래하는지를 완벽하게 파악하고자 한다면, 경두개 자극연구가 동물을 대상으로 한 뉴런 자극 연구 및 인간을 대상으로 한 기능적 뇌 영상 연구와 합쳐져야만 한다.

뇌의 화학적 조절

전기 및 자기장을 이용한 자극법 외에도 신경활동을 변화시키기 위한 제3의 방법이 있는데 약물 주입이다. **약물**(drugs)이란 신체의 생화학적 기능을 변화시키는 화학물질을 의미한다. 신경계에 작용하는 약물들은 대부분 시냅스 전달을 변화시킨다. 예를 들어 약물이 그림 2.10b에 나온 여러 과정 중 어느 한 과정에 영향을 줌으로써 효과를 나타낼 수 있다. 각각의 경우에 약물이 행동에 미치는 영향은 관련된 신경전달물질이 무엇이고 그 신경전달물질이 시냅스를 통해 전달되는 과정을 향상시키는가 방해하는가에 따라 달려 있다. 그림 2.10b의 과정 1에서 4에 이르는 과정들에 미치는 약물의 효과를 다음과 같이 요약할 수 있다.

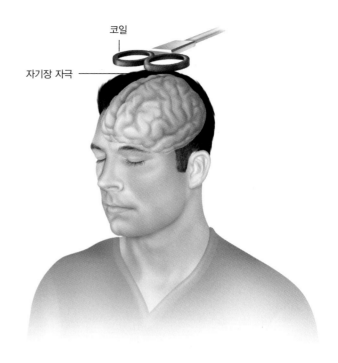

코일
자기장 자극

그림 2.14
TMS를 이용한 피질 활성화 조절 TMS를 이용하여 연구자들은 (1) 피질의 활동을 일시적으로 교란하거나 (2) 반대로 일시적으로 자극에 대해 더 민감하게 처리하도록 상승시킬 수 있다.

1. 약물이 시냅스 전 뉴런이 신경전달물질을 생산하고 방출하는 능력을 증가 혹은 감소시킨다. 예를 들어, 암페타민은 신경전달물질인 도파민을 생산하는 뉴런의 기능을 변화시켜서, 평소보다 더 많은 도파민을 생산하게 만든다. 이는 시냅스 후 뉴런이 더 강한 정보를 더 자주 받게 됨을 의미한다. 도파민이 뇌에서 보상체계에 관여하므로 이러한 효과는 쾌락에 대한 기대 혹은 흥분과 같은 느낌으로 나타날 수 있다(이에 관해서는 조작적 조건화에 관한 제5장에서 더 구체적으로 다룰 것이다).

2. 약물이 시냅스 후 뉴런의 수용기들이 화학적 신호를 받아들이는 능력을 증가 혹은 감소시킨다. 예를 들어 헤로인과 모르핀은 자연적으로 신체 내에 존재하는 신경전달물질들—아편계 펩타이드라고 불리는—과 화학적으로 유사하다. 헤로인이나 모르핀을 복용하면 이들 약물분자들이 뇌 안에서 아편계 펩타이드 수용기들과 결합한다. 화학적인 유사성으로 인해 시냅스 후 수용기들은 실제로 아편계 펩타이드들이 결합한 것으로 '착각'하여 활성화된다. 아편계 펩타이드들은 쾌락과 관련된 신호를 처리하는 것으로 보이며, 이는 왜 아편계 펩타이드를 흉내내는 약물들이 강력한 쾌감을 유발하는지 설명해준다(역시 제5장에서 좀 더 자세히 다룰 것이다).

뇌에 작용하는 약물들이 변
화시키는 것은?

3과 4. 약물이 시냅스에서 신경전달물질을 제거하는 메커니즘과 관련되어 있다. 항우울 약물들 중 일부가 이에 해당하는데(선택적 세로토닌 재흡수 억제제: selective serotonin reuptake inhibitors, SSRI) 시냅스로 방출된 세로토닌이 제거되는 속도를 둔화시킨다. 따라서 SSRI의 영향으로 시냅스 전 뉴런이 세로토닌을 방출할 때마다 시냅스에 더 오래 머물게 되고 시냅스 후 뉴런의 반응을 증가시키게 된다.

위에 요약된 내용은 약물들이 효과를 나타내는 과정을 단순하게 정리해본 것에 지나지 않는다. 실제로는 하나의 약물이 한 가지 이상의 효과를 나타낼 수 있으며, 하나 이상의 신경전달물질에 영향을 미칠 수 있다. 알코올이나 니코틴과 같이 널리 사용되는 약물들에 대해서는 많은 연구가 진행되어 있으며, 따라서 행동에 어떤 영향을 미치는지 자세히 알려져 있다. 그럼에도 이들 약물들이 뉴런과 신경전달물질의 전달에 미치는 영향은 너무도 복잡하고 다양해서 사실 이들 약물이 뇌에 어떻게 작용하는지에 관한 정확한 메커니즘은 아직 완전히 파악되지는 않고 있다.

순수하게 학습과 기억에만 영향을 주는 약물은 거의 개발된 적이 없다(이런 약물을 개발하기 위한 노력을 '일상에서의 학습과 기억'에 기술하고 있다). 오히려 어떤 약물의 부작용으로 기억을 증진시키거나 방해하는 경우들이 종종 있다. 예를 들어, 분만 시의 고통을 줄이기 위해 사용되는 마취제의 한 종류가 산모에게서 아이를 출산한 기억을 지워버리기도 한다.

신경연결의 변화

학습의 결과로 뉴런에서 무수히 많은 물리적 변화가 일어난다. 가장 쉽게 관찰되는 변화는 세포의 형태나 크기이지만, 주변의 지지조직들, 즉 교세포(glia)나 혈액공급이 변화되기도 한다. 이 모든 물리적 변화들은 뉴런이 정보를 교환하는 방식에 영향을 미치고 따라서 뇌신경계 전체의 기능에 영향을 준다. 기억 분야의 신경과학자들은 주로 **시냅스 가소성**(synaptic plasticity), 즉 경험에 의해 시냅스가 변화할 가능성에 관해 연구해왔다. 학습에 의해 뉴런들 간의 연결이 변화된다는 아이디어는 유명한 스페인의 생리학자이자 해부학자인 산티아고 라몬 이 카할(Santiago Ramón y Cajal, 1852~1934)에 의해 처음 제안되었다. 구체적으로 카할은 학습은 개별 뉴런들 간의 연결을 강화시키거나 약화시킨다는 이론을 제시했다(Ramón y Cajal, 1990[1894]). 윌리엄 제임스(제1장에서 소개한 미국 심리학자)도 이와 유사한 개념을 제안했는데 뇌에서의 물리적 연결의 변화가 어떤 기억들끼리가 연결되는지

◀◀ 일상에서의 학습과 기억 ▶▶

기억을 증진시키는 특효약을 만드는 것이 가능할까?

중요한 시험을 위해 공부를 할 때면 누구나 우리 뇌가 복사기처럼 뚜렷한 기억을 가지게 할 수 있는 약이 있으면 좋겠다는 생각을 한두 번 해보았을 것이다. 읽고 또 읽으면서 여러 번 반복해서 암기하는 대신에 약 한 알만 삼키면 단 한 번만 읽은 내용도 뇌에 영원히(혹은 적어도 시험 보는 날까지만) 기록이 된다면 얼마나 좋을까? 공상과학영화에나 나올 법한 이야기라고 생각될 것이다.

사실은 크고 작은 몇몇 제약회사들이 건강한 사람들에게 기억력을 증진시켜주는 약물을 개발하려는 시도를 했었다. 몇몇 후보 약물들이 현재 실험실 쥐를 대상으로 테스트되고 있고 그중 소수는 이미 인간 피험자에게 투여된 바가 있다. 이런 약물들 중 어느 것이 얼마나 효과가 있고 안전한지는 더 두고 보아야 알 수 있을 것이다. 실험실에서 효능이 있다고 해서 실생활에서 같은 효과를 나타내리라는 보장은 없다. 또 효과가 있다고 해도 부작용이 있다면 사용이 허가되지 않을 것이다. 기억능력이 손상된 사람들에게는 효과가 있지만 정상인에게는 별 효과가 없는 약물도 있을 수 있다.

정말로 건강한 사람들의 기억능력을 향상시키는 약물이 개발되어 판매된다 하더라도 여전히 윤리적인 문제는 남아 있을 것이다. 예를 들어 약물을 복용함으로써 '더 똑똑하게' 될 수 있다면 어느 부모가 자식들이 학교에서 공부를 더 잘하도록 그 약을 구입하게 않겠는가? 마찬가지로 성인들 역시 회사에서 경쟁하는 데 더 유리한 위치를 차지할 수 있다면 서슴없이 기억약을 입 안에 털어넣지 않겠는가? 게다가 약물을 1회 복용하려면 6천 원에서 2만 원에 이르는 비용이 든다면 부자들은 더 똑똑해지고 가난한 사람들은 점점 더 경쟁력이 없어지게 되지 않는가?

새로운 개념의 기억 증진 약물이 개발되는 동안에, 연구자들은 이미 다른 질환의 치료를 위해 승인된 기존의 약물들 중 기억 증진 효과를 나타내는 것이 있는지 찾아보고 있는 상황이다. 예를 들어 알츠하이머병의 치료를 위해 개발된 약물들 중 몇몇은, 예를 들어 도네페질(donepezil, 상품명 아리셉트)과 같은 약물은 아세틸콜린의 수준이 떨어져 있는 알츠하이머 환자들에게서 아세틸콜린의 수준을 회복시킨다. 이러한 약물들은 알츠하이머 환자들의 기억능력을 일시적으로나마 향상시킨다. 이러한 효능은 과연 이 약물이 건강한 사람(혹은 약간의 기억력 손상이 있는 사람)들에게 쓰일 경우 마찬가지로 증진 효과를 나타낼 것으로 기대하게 만든다(Whitehead et al., 2004). 하지만 이들 중 어떤 약물도 아직까지 건강한 사람들의 기억을 증진시켰다는 보고는 없다(Belinger et al., 2004). 그 이유 중 하나는 건강한 뇌가 이미 충분한 양의 아세틸콜린을 생산하고 있기 때문이다. 이러한 뇌에 추가적으로 더 많은 아세틸콜린을 생산하게 만든다고 해서 별 혜택을 볼 것 같지는 않다(아니 오히려 기억을 방해할 수 있다).

를 결정한다고 주장했다.

그렇다면 도대체 뉴런의 연결이 어떻게 강화되고 약화되는가? 이러한 과정에 대한 통찰 중 가장 영향력이 큰 이론은 캐나다의 신경과학자인 도널드 헵(Donald Hebb)의 이론이다. 헵은 칼 래슐리의 제자였고 셰링턴과 파블로프의 연구로부터 영향을 받았다. 아마도 신경과학에서 가장 많이 인용되는 구절인텐데, 헵은 "A라는 세포의 축색이 B라는 세포를 흥분시키기에 충분할 만큼 가깝고, 실제로 B를 반복적이고 지속적으로 흥분시키는 데 참여한다면, 어떤 종류의 가지가 자라나오거나 대사활동이 변화해서 A가 B의 발화를 일으키는 효율이 증가하게 된다."(Hebb, 1949)라고 썼다. 즉 다시 말해, 시냅스를 사이에 둔 두 뉴런, A와 B라는 2개의 뉴런들이 동시에 발화한다면, 두 뉴런 사이의 시냅스는 강화되어서 두 뉴런들을 연결시킨다는 것이다. 이로 인해 이후로 뉴런 A가 활동하게 되면 뉴런 B도 같이 활동하게 된다. 헵의 법칙을 간단한 버전으로 바꾸면 "함께 발화하는 뉴런들은 함께 연결된다(neurons that fire together, wire together)."이다.

헵의 학습

같은 기억에 관여하는 뉴런들 간의 연결 강화를 포함하는 학습을 **헵의 학습**(hebbian learning)이라고 부른다. 그림 2.15는 헵의 학습을 간단한 모델로 나타내고 있다. 그림에는 8개의 가설적인 피질 뉴런들이 있고 각각은 이웃의 뉴런들과 약한 연결을 맺고 있다(그림 2.15a). 이제 어떤 감각뉴런이 여기 있는 8개의 뉴런들 중 그 자극에 반응하는 일부 뉴런들을 활성화시켰다고 가정하자(그림 2.15a의 보라색 동그라미들). 이 뉴런들이 활성화되면서 주위의 다른 뉴런들에게로 출력을 내보낸다. 그 결과, 헵의 법칙에 의하면 — 함께 발화하는 뉴런들은 함께 발화한다 — 함께 활성화된 뉴런들 간의 연결은 강화되어야 한다. 이렇게 일부 뉴런들이 동시에 활성화되는 일이 반복되면, 누적 효과를 가지게 되고 강한 연결이 생성되게 된다(그림 2.15b에 굵은 선으로 표시). 따라서 어떤 자극에 대해 반복적으로 노출되면 피질 뉴런들 중 일부가 선택적으로 연결이 강화되고 이 뉴런들이 점점 더 특정 자극에 대한 안정적인 표상으로써 기능하게 된다. 즉 피질 뉴런들 간의 연결을 변화시킴으로써 반복적으로 제시되는 한 자극이 다른 자극들과 구분되어 인식될 수 있는 패턴을 만들어낼 수 있다.

헵의 학습은 또한 어떻게 반복되는 경험에 의해 자극을 구분해서 인식하는 능력이 증가하는지(제3장에서 설명함)를 설명할 수도 있다. 특정 자극에 대한 학습에 의해 피질 뉴런들 간의 연결이 강화되었다고 가정하자. 때로는 그림 2.15c의 예처럼 익숙하긴 하지만 불완전한 자극이 제시될 수도 있다. 즉 원래 자극에 의해 활성화되는 뉴런들 중 일부만이 활성화되는 경우이다(그림 2.15c의 보라색 동그라미들). 그러나 이미 뉴런들 간의 연결이 공고화된 상태이므로 일부만 활성화가 되어도 익숙한 자극에 해당하는 패턴 전체가 활성화되어 그림 2.15b의 패턴을 재구성한다. 이와 유사하게 잘 아는 친구가 어느 날 머리를 염색하고 나타나는 것처럼, 자극이 왜곡된 형태로 제시되는 경우 있을 수 있다. 이때에도 이전에 동시에 활성화되었던 경험에 의해 뉴런들 간의 연결 패턴이 강화된 형태로 존재하고 이는 왜곡된 이미지를 지각하는 데 도움을 준다.

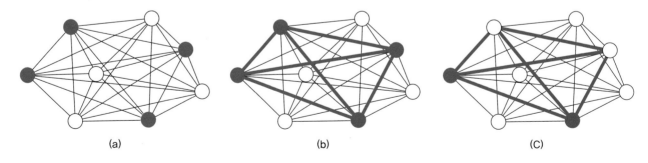

(a)   (b)   (C)

그림 2.15

헵의 학습을 보여주는 간단한 모델 동그라미는 피질 뉴런을 상징하고 그 사이를 이어주는 선들은 연결을 나타낸다. (a) 자극입력이 일부의 뉴런들을 활성화시킨다(보라색 동그라미들). (b) 동시에 활성화된 뉴런들 간의 연결이 강화된다(굵은 선으로 표현). (c) 뉴런들 간의 연결이 강화된 후에는 이전에 학습된 자극이 불완전한 형태로 입력되어 일부의 뉴런들만 활성화가 되더라도(보라색 동그라미), 활성화가 강화된 연결을 가지고 있는 모든 뉴런들에 전달되면서 결국에는 (b)에서 보이는 패턴대로 모든 뉴런이 활성화되는 결과를 가져온다.

헵에 의하면 학습과 관련되어 시냅스 연결이 변화되는 과정은 뉴런들의 상호 활성화 수준에 의해서만 결정되는 자동적인 과정이다. 점점 더 많은 연구자들이 헵의 이론을 지지하고 있다. 그러나 경험에 의해 뉴런의 활동이 변화하는 정도를 연구할 수 있는 기법을 개발하게 된 것은 헵의 이론이 나오고도 수십 년 후의 일이었다.

장기강화작용과 장기약화작용

1960년대 후반에 테리 로모(Terje Lømo)라는 박사과정 학생이 노르웨이의 오슬로대학교 교수인 페르 앤더슨(Per Anderson)의 연구실에서 실험을 수행하고 있었다. 로모의 연구는 시냅스를 사이에 두고 이웃한 두 뉴런 간의 연결에 관한 것이었다. 로모는 시냅스 전 뉴런 (A)에 자극용 전극을 꽂고 시냅스 후 뉴런 (B)에는 기록용 전극을 꽂아서 반응을 보고 있었다(그림 2.16a). 로모가 뉴런 A를 자극하면 뉴런 B에서 반응이 관찰되었다. 보통은 자극강도가 일정하면 반응도 일정하게 측정되었다. 뉴런 A를 약하게 한 번 자극하면 B에서 약한 반응이 관찰되고, A에 강한 고주파 자극을 가하면(예 : 초당 100회 정도) 확고한 반응이 관찰되었다. 로모를 놀라게 한 것은 고주파 자극이 B에서 오래 지속되는 변화를 일으켰다는 사실이었다. 일단 고주파 자극이 가해지면 그 이후로 B에 약한 자극을 한 번 가할 때 이전보다 훨씬 확고한 반응을 일으키는 것이었다(그림 2.16b). 이러한 변화는 몇 시간 동안 지속되었다(Bliss & Gardner-Medwin, 1973; Bliss & Lømo, 1973; Lømo, 1966).

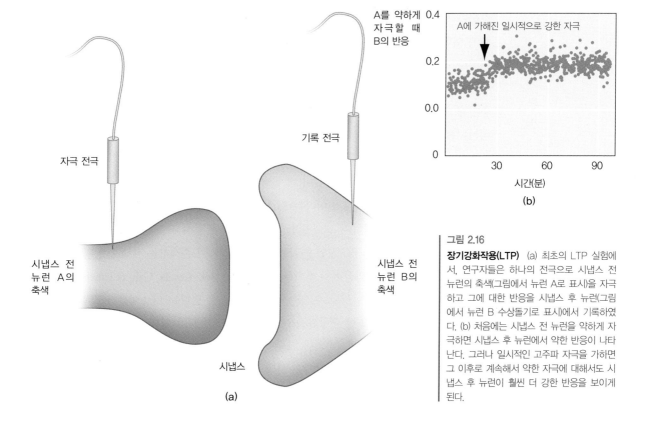

그림 2.16
장기강화작용(LTP) (a) 최초의 LTP 실험에서, 연구자들은 하나의 전극으로 시냅스 전 뉴런의 축색(그림에서 뉴런 A로 표시)을 자극하고 그에 대한 반응을 시냅스 후 뉴런(그림에서 뉴런 B 수상돌기로 표시)에서 기록하였다. (b) 처음에는 시냅스 전 뉴런을 약하게 자극하면 시냅스 후 뉴런에서 약한 반응이 나타난다. 그러나 일시적인 고주파 자극을 가하면 그 이후로 계속해서 약한 자극에 대해서도 시냅스 후 뉴런이 훨씬 더 강한 반응을 보이게 된다.

비유하자면, 여러분에게 남동생이 하나 있는데 자꾸 흥보는 이야기를 해서 기분을 상하게 한다고 하자. 대부분의 경우 여러분은 그냥 무시해 버리고 반응을 하지 않을 것이다. 그런데 어느 날 정도를 넘어서는 욕을 하기 시작했고 이번에는 거기에 맞서서 더 심한 욕을 퍼부어 주었다. 몇 분 후에, 흥분이 가라앉기도 전에 동생이 또 예전처럼 작은 흥보는 발언을 한마디 툭하고 던진다. 보통은 그냥 무시해 버리고 반응을 하지 않을 테지만 이번에는 돌아서서 마구 화를 낼 것이다. 처음에 한번 화를 낸 경험이 약한 자극에 대한 여러분의 반응을 **상승시켜서** 이전 같으면 반응하지 않았을 약한 자극에도 큰 반응을 일으키게 만든 것이다.

마찬가지로 강한 자극은 뉴런을 강력하게 만들어서 뒤이어 주어지는 모든 자극에 대한 반응들에 더 잘 반응하게 한다. 이러한 효과, 뉴런 간의 활동에 의해 시냅스 전달의 효율이 증가되는 현상을 **장기강화작용**(long-term potentiation, LTP)이라고 한다. 로모와 그의 동료들에 의해 뉴런들의 반응성이 변화되는 것은 경험의 함수이며, 이러한 변화가 몇 시간 혹은 며칠까지도 지속된다는 사실이 처음으로 실증되었다(Bliss & Gardner-Medwin, 1973; Bliss & Lømo, 1973). 그 이후로 LTP는 신경과학에서 가장 많이 연구된 현상 중의 하나가 되었다.

LTP에 대한 많은 연구들에도 불구하고 어떤 과정에 의해 일어나며 실제로 자연상황에서 일어나는 학습과 어떻게 연관되는지는 아직 완전히 알지 못하고 있다. 아마도 시냅스 후 뉴런이 입력에 대한 반응성을 강화하는 방향으로 변화되는 것 같다. 이는 강력한 자극을 경험한 후에 시냅스 전 뉴런이 신경전달물질을 방출할 경우 시냅스 후 뉴런이 신경전달물질에 대한 감수성이 증가해서 그림 2.16b에 보이는 것처럼 더 큰 반응을 만들어낸다는 의미이다.

LTP는 시냅스 전 뉴런에도 변화를 일으키는 것 같다. 그러나 이러한 사실은 아직은 논쟁 중인데 시냅스 후 뉴런의 신호가 시냅스를 거슬러서 거꾸로 시냅스 전 뉴런으로 전달되는 메커니즘이 확실치 않기 때문이다. 아마도 시냅스 후 뉴런에서 방출되는 **역행성 전달물질**(retrograde messenger)이라고 불리는 어떤 종류의 화학물질이 이런 역할을 맡아서 나중에 시냅스 전 뉴런에서 신경전달 물질이 더 많이 방출되게 하는 것으로 생각된다. 이러한 변화는 몇 분 혹은 몇 시간 내로 일어나는데, 신경과학자들은 이 외에도 몇 시간 이상 소요되는 LTP 메커니즘이 존재하며 그로 인한 변화는 평생에 걸쳐 지속될 수도 있다고 본다. 따라서 시냅스 후 뉴런에서 구조적인 변화를 동반하며, 이미 존재하는 시냅스가 강화되고 심지어는 새로운 시냅스가 만들어질 것으로 본다(Chen, Rex, Casale, Gall, & Lynch, 2007).

LTP가 학습과 기억을 설명할 수 있는 메커니즘일 수 있다는 가능성은 신경과학자들을 흥분시키는 뉴스이지만 또한 연구자들은 그 한계점도 잘 알고 있다. LTP는 신경연결을 강화시켜줄 수 있는 방법을 제시하지만 그것만으로는 설명이 되지 않는다. 뉴런의 신경활동 패턴을 오디오 신호에 비유하면, LTP는 특정 입력 패턴이 있을 때마다 음량조절 볼륨을 올리는 것에 해당한다. 하지만 오케스트라에서 연주자들이 악기소리를 더 크게 하라는 지시만 할 수 있는 지휘자를 상상해보라. 소리가 점점 커져서 관현악 한 곡을 다 연주할 즈음에는 모두가 귀가 먹어 버릴 것이다! 볼륨을 높이기만 해서는 안 되고 낮추는 방법도 알아야 할 것이다. LTP의 시냅스 강화작용이 효과적이기 위해서는 시냅스의 연결 강도를 낮추는 메커니즘이 있어야 할 것이다.

다행히도, 로모와 연구자들이 LTP를 발견하고 얼마 지나지 않아 반대 과정에 해당하는 현상이 발견되었다(Dunwiddie & Lynch, 1978). **장기약화작용**(long-term depression, LTD)은 최근에 시냅스 주변에 일어난 사건에 의해 **시냅스 전달**의 **효율**이 둔화되는 현상을 일컫는다. LTD가 일어나는 조건 중의 하나는 시냅스 후 뉴런은 잠잠한데 시냅스 전 뉴런만 반복적으로 활성화되는 경우이다. 함께 발화하는 뉴런은 함께 연결되지만 함께 발화하지 못하는 뉴런들은 연결에서 떨어져 나간다. 즉 시냅스 전 뉴런이 이웃한 뉴런에 반응을 일으키는 힘은 더 약화된다. 이 과정에서 실제로 시냅스에서 일어나는 변화는 LTP에 동반하여 일어나는 변화들과 유사하게 세 가지 수준에서 일어나는 것으로 보여진다. 시냅스 후 뉴런의 반응성이 감소되고, 시냅스 전 뉴런의 신경전달물질 방출이 감소되며, 시냅스와 시냅스를 구성하는 뉴런들에 장기적인 구조적 변화가 일어난다. LTP와 마찬가지로, LTD에 관해서도 완벽하게 이해하지는 못하고 있다. 아직도 이러한 시냅스 가소성이 실제로 학습과 기억에 어떻게 관련되어 있는지를 이해하기까지는 먼 길을 가야 한다.

지식 테스트

시냅스 가소성

시냅스 가소성은 신경과학에서 가장 많이 연구된 주제면서도 많은 부분이 아직도 밝혀지지 않은 분야이기도 하다. 다음 중 시냅스 가소성에 대해 바르게 기술한 것을 찾아라. (정답은 책의 뒷부분에 있다.)

1. 시냅스 변화는 전기 자극에 의해 일어난다.
2. 신경회로의 발화 패턴이 변화될 때마다, 신경회로 어디에서인가 시냅스 변화가 일어났다는 사실을 의미한다.
3. 시내스 가소성은 뉴런들 사이의 연결을 강화시

킬 수도 약화시킬 수도 있다.
4. 시냅스 가소성은 fMRI 기법을 이용해서도 측정이 가능하다.
5. LTP는 오직 최근에 학습을 경험한 동물에서만 관찰된다.

중간 요약

- 사고에 의한 뇌 손상은 인간의 뇌에서 여러 영역들이 어떻게 기능하는지에 관한 많은 정보를 제공했다. 이와 유사하게 동물을 대상으로 한 실험적 뇌 손상은 각기 다른 뇌영역들이 학습과 기억에 어떻게 다르게 기여하는지에 관한 통찰을 제공했다.

- 연구자들은 뇌에 전극을 삽입하여 뉴런들을 자극하고 그 결과로 야기된 감각이나 행동의 변화를 관찰하는 방법도 사용한다. 손상에 의해 기억능력이 감퇴하듯이 뇌의 자극은 기억을 증진시킬 수 있다.

- 약물을 신체의 생화학적 변화를 초래하는 화학물질이다. 뇌에 영향을 미치는 약물들은

일반적으로 시냅스 전달에 관여함으로써 신경활동을 변화시킨다.

■ 시냅스가 경험에 의해 변화될 수 있는 능력을 시냅스 가소성이라 한다. 뉴런들 간의 연결을 강화시키거나 약화시킴으로써 발화 시점에 영향을 줄 수 있다. 이러한 변화가 학습과 기억의 기초를 형성한다고 믿어진다.

■ 장기강화작용(LTP)은 강한 전기 자극에 의해서 시냅스 간의 신호전달이 더 효율적이 되는 현상을 일컫는다.

■ LTP의 반대 과정은 장기약화작용(LTD)이라 불리며 뉴런들이 함께 발화하지 않음으로써 시냅스 전달이 덜 효율적이 되는 경우를 일컫는다.

┃종합

이 장에선 많은 주제를 다뤘다. 뇌의 기본적인 지도에서 시작해서 각각 다른 영역들이 다른 종류의 정보를 처리하고 다른 종류의 행동을 만들어내는 데 필요한 핵심 원리들을 설명했고 마지막으로 뉴런들이 어떻게 메시지를 전달하고 경험의 결과로 어떻게 변화하는지를 설명했다.

이런 모든 설명에도 불구하고 학습과 기억에 관해 아직도 해결되지 않은 질문들이 많이 남아 있는 것 같다는 느낌이 들었다면 그 짐작이 옳다. 그렇지만 또한 지금은 뇌과학자들이 이전과는 비교도 되지 않는 새로운 기법들을 사용할 수 있게 된 시대이다. 기능적 뇌 영상화나 EEG 방법은 뇌 활동을 시각적으로 표시하고, 전자현미경은 시냅스나 신경전달물질을 포함한 소낭들을 관찰할 수 있게 하고, 수십 개의 뉴런들로부터 단위 세포 활동을 기록할 수 있는 시스템도 가용하게 되었다. 요즘은 광범위하게 사용되고 있는 이러한 도구들은 몇십 년 전에는 존재하지도 않았다.

이 장 이후부터 이 책은 학습과 기억의 메커니즘들을 심도 있게 다루게 될 것이다. 학습과 기억에 관여하는 해마의 역할에 대해서는 인간과 동물에서 널리 연구된 바 있다. 따라서 해마는 다른 어느 뇌 영역보다도 자주 등장하게 될 것이다. 제3장에서는 해마와 공간 기억의 관련성을, 제4장은 해마와 눈 깜빡임 조건화를, 제7장에서는 해마 손상이 사실과 사건의 기억에 미치는 드라마틱한 영향에 대해 기술할 것이다. 해마는 또한 학습의 일반화(제6장), 정서 학습(제10장), 정보의 사회적 전달(제11장)에도 관여한다. 신기하게도 해마는 포유동물 뇌에서 다 성장한 후에도 새로운 뉴런이 태어날 수 있는 몇몇 영역 중의 하나이다. 아마도 새로운 뉴런의 생성이 평생에 걸쳐 새로운 정보를 학습할 수 있는 능력에 기여할지도 모른다(제12장).

피질의 몇몇 영역들 또한 학습과 기억 능력의 기저를 형성한다고 알려져 왔다. 따라서 피질 처리에 관한 연구들도 책 전반에 걸쳐 등장할 것이다. 제3장, 제6장, 제8장에서는 학습과 관련된 감각 및 운동 피질영역의 변화가, 제7장에서는 기억의 형성과 인출에 관여하는 전두엽과 연합피질의 역할이 논의될 것이다. 전두엽이 사고와 기억을 다양한 형태로 처

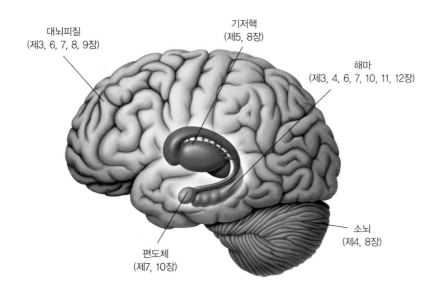

대뇌피질
(제3, 6, 7, 8, 9장)

기저핵
(제5, 8장)

해마
(제3, 4, 6, 7, 10, 11, 12장)

소뇌
(제4, 8장)

편도체
(제7, 10장)

그림 2.17
각 뇌 영역들이 논의될 장
해마, 피질, 소뇌, 편도체 모두 차별되는 방식으로 학습과 기억에 기여한다. 자세한 내용은 이 책의 나머지 장들에서 자세히 설명될 것이다.

리하고 기억의 활용을 능동적으로 조작하는 능력과 어떻게 관련되는지에 관해 제9장에서 집중적으로 다룰 것이다.

　다른 세 가지 뇌 영역들, 즉 소뇌, 기저핵, 편도체 역시 추후에 강조되어 설명될 것이다. 소뇌는 고전적 조건화와 관련된 기억의 저장과 처리의 장소로서(제4장) 또 숙련기억(제8장)과 관련된 영역으로서 많은 연구가 집중되어 왔다. 기저핵도 숙련기억 특히, 강화를 포함하는 학습(제5장)에서 중요하고 감각에 의해 유도되는 행동들(제8장)에도 중요하다. 마지막으로 편도체는 정서 학습에 핵심적인 구조물이며 기억이 얼마나 빠르게 형성되고(제10장) 얼마나 오래 지속되는지(제7장)을 결정한다. 그림 2.17은 뇌의 어느 위치에 이들 영역들이 자리하고 있는지를 보여준다.

　앞으로 다루게 되는 내용들을 여러분 자신의 학습과 기억으로 잘 소화하길 바란다.

중요 용어

골상학(phrenology)

교세포(glia)

구조적 뇌 영상(structural neuroimaging)

기능적 뇌 영상(functional neuroimaging)

기능적 자기공명영상(functional magnetic resonance imaging, fMRI)

기억의 동등잠재성 이론(theory of equipotentiality)

뇌간(brainstem)

뇌전도(electroencephalography, EEG)

뉴런(neuron)

단위 세포 기록법(single-cell recording)

대뇌피질(cerebral cortex)

두정엽(parietal lobe)

말초신경계(peripheral nervous system, PNS)

반사(reflex)

사건-관련 전위(event-related potential, ERP)

세포체(cell body)

소뇌(cerebellum)

손상(lesion)

수상돌기(dendrite)

수용기(receptor)

시냅스(synapse)

시냅스 가소성(synaptic plasticity)

시냅스 전(presynaptic)

시냅스 후(postsynaptic)

신경계(nervous system)

신경과학(neuroscience)

신경생리학(neurophysiology)

신경심리학(neuropsychology)

신경전달물질(neurotransmitter)

신경조절물질(neuromodulator)

약물(drug)

양전자 단층 촬영법(positron emission tomography, PET)

엔그램(engram)

자기공명영상(magnetic resonance imaging, MRI)

장기강화작용(long-term potentiation, LTP)

장기약화작용(long-term depression, LTD)

전두엽(frontal lobe)

중추신경계(central nervous system, CNS)

차이 영상(difference image)

축색(axon)

측두엽(temporal lobe)

풍요로운 환경(enriched environment)

헵의 학습(Hebbian learning)

확산 텐서 영상(diffusion tensor imaging, DTI)

후두엽(occipital lobe)

퀴즈

1. 뇌와 척수는 _____(을)를 이룬다.

2. 손가락과 발가락의 감각 수용기는 _____의 일부이다.

3. 측두엽, 두정엽, 후두엽, 전두엽은 모두 _____의 하위 영역들이다.

4. _____(은)는 대뇌 아래에 숨어 있는 작은 뇌처럼 보인다.

5. _____(은)는 시냅스 전 뉴런에서 방출된 신경전달물질을 흡수한다.

6. 뉴런 외에 뇌에서 발견되는 세포들에는 _____(이)가 있다.

7. 인간 뇌의 구조를 영상화하기 위해 사용되는 기법 중 가장 많이 사용되는 _____(이)가 있다.

8. 갓난아기들이 물속에 들어가도 물을 마시지 않게 되는 것은 _____의 예이다.

9. _____에 있는 뉴런들은 운동 반응의 조절과 생성에 관여한다.

10. 가장 기본적인 뉴런 간의 연결은 _____와(과) _____ 사이에 있다.

11. 기억을 저장한다고 믿어지는 가설적인 신경계의 변화를 _____(이)라 부른다.

12. _____을(를) 통해서 어떤 과제를 수행할 때 활성화 정도가 증가 혹은 감소하는 영역을 찾을 수 있다.

13. 전극이 어떤 사람의 머리에 부착되어 있다면 아마도 _____을(를) 측정하고 있는 것으로 추측할 수 있다.

14. 수술을 하지 않고도 대뇌피질의 뉴런들을 자극할 수 있는 방법은 _____.

15. 체내에 흡수되어 신경전달물질이 시냅스의 수용기를 활성화시키는 기간을 변화시킬 수 있는 화학물질을 _____(이)라 부른다.

16. 연결된 뉴런들이 동시에 활성화될 때 _____이(가) 발생한다.

정답은 책의 뒷부분에 있다.

개념 확인

1. 파블로프의 개들은 벨소리에 대해 침 흘리기를 학습하였을 뿐 아니라 파블로프가 실험실 안으로 걸어 들어오기만 해도 침을 흘렸다. 시냅스 가소성과 헵의 학습에서 배운 개념을 이용하여 이 현상을 설명하라. 개의 대뇌피질 중 어느 영역이 여기에 관여할 것 같은가?

2. 같은 과제를 수행하는 동안 측정된 뇌 영상이 종종 개인에 따라 매우 다르게 나타나기도 한다. 이것은 개인마다 뇌의 작동이 다르다는 것을 의미하는가? 그렇다면, 혹은 그렇지 않다면 그 이유를 설명하라.

3. LTP를 방해하는 약물은 어떤 과제에서는 학습을 방해하고 어떤 과제에서는 오히려 촉진시킨다. 이와 유사하게 어떤 연구자들은 다양한 과제들에서 LTP와 유사한 효과를 발견하였는가 하면 어떤 연구자들은 LTP가 없이도 학습이 일어남을 보고하였다. 이러한 결과들이 LTP와 학습의 관련성에 대해 말해주는 바는?

4. 일산화탄소 중독은 뇌의 여러 부위에 손상을 입힘으로써 여러 가지 기능적 결함을 초래한다. 예를 들어 언어능력의 심각한 손상이나 물체를 알아보지 못하는 증상 등이다. 신경심리학자가 어떤 방법으로 손상된 영역을 파악할 수 있을 것인가?

5. 래슐리가 쥐의 뇌 손상 실험을 통해 제안하는 바는 대뇌피질의 일부만 남아 있어도 뇌 기능이 보존될 수 있다는 것이다. 또한 무척추동물들은 포유동물 뇌의 100분의 1에 불과한 신경세포들만을 가지고도 수백만 년 동안 성공적으로 살아왔다. 이러한 사실들이 대뇌피질이 학습과 기억에 기여하는 정도에 대해 말해주는 바는?

정답은 책의 뒷부분에 있다.

습관화, 민감화, 친숙화

반복되는 사건에 대한 학습

제프리의 할머니는 질려버렸다. 새벽 두 시에 다시 한 번 그녀의 손자는 지하실에서 쾅쾅거리고 있었다. 그녀는 여러 번 그에게 그렇게 소동부리는 것을 그만두라고 말했다. 이웃의 개들이 밤새 짖어 대는 일에 익숙해지기까지는 2~3년이 걸렸다. 이제는 이웃의 개들이 짖어 대도 좀처럼 잠이 깨는 일은 없게 되었다. 그러나 제프리의 소란은 완전히 다른 성질의 것이었다. 그가 톱질하고, 쾅 부딪히고, 소리 지르기 시작할 때마다, 매번 점점 더 시끄러워지는 것 같았다. 결국, 할머니는 억지로 제프리를 집 밖으로 쫓아내고 말았다. 만일 그가 만드는 소음의 정체를 알았더라면 그녀는 더 괴로웠을 것이다.

처음에 제프리 다머는 할머니의 집에서 쫓겨난 일에 괴로워했지만 이내 아파트 생활에 익숙해져 버렸다. 그는 자신의 잠정적인 희생자인 젊은 동성애자들이 자주 드나드는 술집 주위를 배회했다. 다머는 어떤 술집 손님들이 그의 미끼를 가장 잘 물고, 그의 집으로 따라올 것인가를 경험을 통해서 알고 있었다. 그들의 어떤 특징이 그들이 그에게 잘 걸려들 것인가를 알려주는지는 알 수 없었지만, 그는 이제 확실히 '아마 걸려들 것 같은' 남자와 '아마도 그렇지 않을 것 같은' 남자들을 구별할 수 있게 되었다.

그 무렵, 이웃으로부터 실종된 젊은 남자들에 대한 보고가 뉴스 미디어를 통해 알려지기 시작했다. 그러나 실종과 살인은 밀워키에서는 이미 너무 흔하게 발생하는 사건들이 되어 버려서, 대부분의 사람들은 이런 일들이 단지 같은 일의 반복일 뿐이라고 여겼다. 영어를 구사할 줄 모르는, 열네 살 된 라오티안이라는 다머의 희생자 중 한 명이 벌거숭이 몸으로 거리로 도망가고 있을 때 경찰은 그를 잡아 다머의 아파트로 돌려보냈다. 다머는 라오티안이 그의 연인이며 그들은 다만 사

행동적 측면

반복되는 자극에 대한 재인 및 반응

일상에서의 학습과 기억 :
해변여행으로 되찾은 부부의 낭만

노출 기반 학습의 대상과 장소

일상에서의 학습과 기억 :
무의식적인 인종 편견

뇌 메커니즘

무척추동물 모델 시스템
지각학습과 대뇌피질의 신경 가소성
공간학습과 친숙성에 관여하는 측두엽

임상적 관점

뇌졸중 후의 재활 : 엉망이 된 습관화
불안과 우울증에서의 스트레스에 대한 민감화
사람-기계의 인터페이스 : 지각학습을 통한 감각
　　양상의 회복

AP Photo/Handout

제프리 다머가 잡히기 전까지 17명의 사람을 죽이는 과정에 습관화가 어떤 방식으로 기여했을까?

랑 싸움을 하고 있었다는 거짓말로 경찰을 설득했다. 다머의 아파트에서는 고약한 악취가 났는데, 그런 냄새는 그 지역에서는 예사로운 것이어서 경찰은 대수롭게 생각하지 않고 그 아파트를 나왔다. 물론 이후 그 소년은 더 이상 살아있지 못했다. 또 다른 희생자가 도망쳐서 순찰차를 세우는 사건이 터지자 경찰은 다머의 아파트로 다시 들어가게 되었다. 이번에 경찰은 그의 침실에서 절단된 몸을 찍은 사진을 보게 되었다. 경찰이 더 자세히 조사해 보니 한 사람의 머리가 냉장고에서 발견되었다. 처음에는 한 명의 살인자를 잡았다는 뉴스에 시청자들은 심드렁해 했지만, 다머가 그의 희생자들을 죽였을 뿐만 아니라 시체를 먹기까지도 했다는 뉴스는 시청자들의 주의를 끌기에 충분했다. 이 제프리 다머 사건은 삽시간에 그날의 최대 뉴스거리가 되어 버렸다.

어떤 사람이 반복되는 사건을 경험하면 뇌는 이 경험들에 대한 기억을 축적하게 된다. 반복되는 사건이 지속될 경우 사람들은 그런 사건에 둔감해지고 때로는 무시하게 된다. 다머의 할머니는 이웃의 개 짖는 소리에 익숙해졌고, 경찰은 이미 냄새 나는 많은 아파트에 익숙해져서 결국 다머의 아파트에서 맡은 썩은 냄새의 근원을 조사하지 않게 되었으며, 시청자들은 실종사건에 대한 뉴스에 익숙해져서 그 원인을 생각하는 데 별로 관심이 없게 되었다. 이들 사건의 어떤 것도, 새롭고 더 주의를 끌 만한 상황이 드러나기 전까지, 별 다른 반응을 일으키지 못했다.

이와 같이, 반복적인 경험에 대하여 반응을 소실해가는 현상을 습관화(habituation)라고 하는데, 이는 가장 일반적인 형태의 학습이다. 거의 모든 유기체는(심지어는 원생동물과 같은 뇌가 없는 유기체도) 습관화를 보인다. 습관화는 한 사건에 대한 반복적인 경험으로부터 비롯되는 여러 가지 학습의 한 예일 뿐이다. 습관화에서는 사건을 무시하는 것을 배우지만, 다른 경우들에 있어서는 오히려 반복이 그 사건에 대한 주의를 증가시키기도 한다. 제프리의 할머니는 지하실로부터 반복적으로 들려오는 소리에 민감해져서(sensitized) 결국에는 손자를 집에서 내쫓게 되었다. 반복적인 노출은 또한 지각학습(perceptual learning)으로도 이어지는데, 이는 제프리가 적절한 희생자를 구별하게 된 것과 관련된다. 이 장에서, 우리는 반복적인 사건들에 관한 유기체의 반응 양상과, 이들에 대한 기억이 어떻게 습득되는가에 살펴볼 것이다.

3.1 행동적 측면

제1장에서 우리는 경험에 의해 행동의 변화가 도출되는 과정이 학습이라는 것을 배웠다. 하지만 이런 행동의 변화가 항상 즉각적으로 명확히 일어나지는 않는다. 예를 들어, 제1장의 논의에서 기술된 에드워드 톨만의 잠재학습(latent learning)은 초기의 시행들에서 행동의

변화가 없음에도 불구하고 발생한다. 이 장을 읽고 있는 여러분은 적극적으로 그 내용을 이해하고 기억하려 할 것이다. 동시에, 여러분은 자신의 독서 경험에 대한 기억을 자동적으로 형성하고 있을 것이다. 마지막 문장이 친숙하게 보이는가? 이 책의 모든 문장의 모든 단어를 기억하려고 하지는 않았더라도 여러분이 방금 읽은 문장을 재인하기가 훨씬 쉬워졌을 것이다. 하지만, 외부 관찰자가 보았을 때 여러분은 단순히 단어들을 응시하고 있는 사람에 불과할 것이다. 여러분이 보고 있는 단어들을 이해하고 있다는 것에 대한 직접적인 증거는 없다. 여러분이 그 문장들을 반복하고 있다는 사실을 뒷받침해줄 수 있는 증거는 더더욱 없다. 여러분의 학습(learning)과 재인(recognition)은 외부에 잘 드러나지 않는다.

이 장을 읽고 있는 여러분은 반복이 일어나고 있다는 것을 쉽게 알아챌 수 있을 것이다. 그리고 이런 과정에 대해 궁금할 것이다. 이것은 습관화(habituation)가 이뤄지게 하는 바로 그 반복과 관련되는 것이다. 또한 여러분은 지속적인 반복이 어떻게 쉽게 습관화를 무너뜨리게 되는지도 알게 될 것이다. 그렇다면, 민감화(sensitization)의 의미도 이해하기 시작한 것이다. 이 장을 읽고 있는 여러분은 반복사건에 대한 잠재학습과 연합되어 있는 몇몇의 현상들을 직접적으로 막 경험했다.

3.1절에서 여러분은 습관화, 즉, 반복사건들에 대하여 반사적으로 반응할 때 발생하는 학습과정에 관하여 배울 것이다. 또한 여러분이 잡지에서 어떤 유명 연예인을 알아차린 경우와 같이 주변 세상을 적극적으로 탐색할 때 발생하는 과정들과, 반대로, 여러분이 반복적으로 유사한 자극들을 접할 때 발생하는 과정들에 관하여 배울 것이다.

반복되는 자극에 대한 재인 및 반응

자메이카에서 태어나 자란 사람이 눈을 전혀 본 적이 없다고 가정하자. 만일 그가 뉴욕의 버펄로로 이사한다면 아마 그는 눈 내리는 것을 처음 보고 흥분하고 황홀한 감정을 느낄지도 모른다. 반면에, 버펄로에서 자라 온 사람들은 눈 오는 것에 대해 다르게 반응할 것이다. 그들에게 눈은 일상에서 보이는 평범한 대상일 뿐이다.

우리에게 발생하는 모든 일은 처음에는 신기하게 느껴진다. 가장 평범한 사건조차도 반복적인 노출이 있어야만 친숙해진다. 이 자메이카 사람이 눈에 반응하는 것처럼 우리도 처음에 눈을 접하고 크게 흥분했을 수는 있지만 우리는 반복적인 노출을 통해 특별한 사건에 반응하지 않게 된다. 공식적으로, 이런 종류의 학습, 즉 **습관화**(habituation)는 (특정의 행동을 유발하는) 자극에 반복 노출된 후에 그 행동의 강도나 발생 빈도가 감소함을 뜻한다. 때때로, 습관화는 가장 단순하고 기본적인 학습의 종류로 여겨진다. 그럼에도 불구하고, 과거 100년에 걸쳐 수행한 실험연구들은 아직 정확히 습관화가 어떻게 작용하는가를 명확히 밝히지 못하고 있다(Rankin et al., 2009; Thompson, 2009). 다음 절들에서, 습관화와 관련된 연구자들의 몇 가지의 발견들과 그 토대가 되는 기제에 관하여 서술할 것이다.

습관화의 과정

습관화는 심지어 새로운 집으로 이사하는 경우에도 발생한다. 아마도 이사한 후 하루 또는 이틀 밤은 창 밖에서 들려오는 경찰 사이렌 소리, 귀뚜라미 울음소리 등의 낯선 소음 때문에 잠에 들기 어려웠을 것이다. 하지만 며칠 지난 후에는 이들 소음에 익숙해져 아침까지 잠을 잘 잤을 것이다.

실험실 상황에서, 연구자들은 간단히 통제할 수 있는 자극과 간단히 측정할 수 있는 반응 조건을 설정하여 보다 단순한 경우의 습관화를 조사한다. 이런 반응 중 하나가 **청각적 놀람 반사**(acoustic startle reflex)인데, 이는 예상치 못한 큰 소리에 대한 방어적 반응이다. 실험상자 안에 있는 쥐에게 갑자기 큰 소리를 들려주면 이 동물은 놀라서 펄쩍 뛰게 된다. 이는 마치 누군가가 여러분의 등 뒤로 살며시 다가와 귀에 대고 갑자기 소리를 지르면 여러분도 놀라 펄쩍 뛰게 되는 경우와 유사하다. 동일한 소음이 약 1분 간격으로 여러 번 반복해서 제시되면, 쥐의 놀람 반응은 감소하게 된다(그림 3.1a). 만일 이런 과정이 충분히 오랫동안 진행된다면 쥐는 놀람 반응을 완전히 멈춰버릴지도 모른다. 이 시점에서 쥐는 큰 소리에 대해 습관화가 된 것이다.

습관화를 연구하기 위해 자주 쓰이는 또 하나의 방법은 **정향반응**(orienting response)을 이용하는 것인데, 정향 반응이란 신기한 자극에 대한 유기체의 선천적인 반응을 말한다. 예를 들어, 서양 장기판 무늬 모양(또는 다른 친숙하지 않은 시각 자극)을 유아에게 제시할 경우, 이 아이의 정향반응은 다른 곳을 보기 전에 고개를 돌려 이 자극을 몇 초 동안 바라보는 것이다. 이 무늬 자극을 약 10초 정도 사라지게 한 후에 다시 제시하면 이 아이는 다시 위와 같은 정향반응을 보이겠지만 대상을 응시하는 시간은 전보다 짧아질 것이다(그림 3.1b). 대상을 응시하는 시간(fixation time)은 동일한 자극을 반복 제시함에 따라 감소하게 되는데, 이런 경

그림 3.1

습관화 (a) 쥐에게 큰 소리의 청각 자극을 반복적으로 제시하면 경악 반응이 감소한다. (b) 유아가 어떤 시각 자극을 바라보고 있는 시간은 동일한 자극을 반복적으로 제시하면 감소한다.

(a) Data from Davis, 1980. (b) Data from Malcuit et al., 1996.

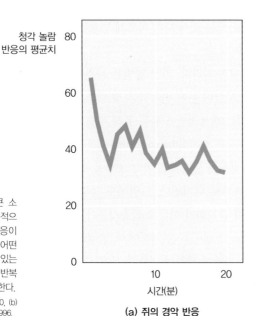

(a) 쥐의 경악 반응

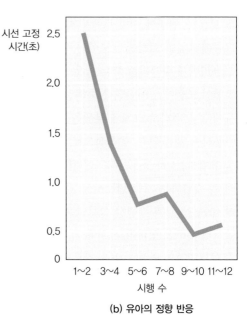

(b) 유아의 정향 반응

향은 쥐가 놀람 자극에 습관화되는 방식과 유사하다(Malcuit, Bastien & Polmerleau, 1996).

통상적으로, 습관화는 유기체에게 유익하다. 친숙한 자극에 습관화됨으로써, 유기체는 모든 친숙한 자극에 공들여 반응할 필요가 없으므로 시간과 에너지의 낭비를 막을 수 있게 된다. 하지만 습관화는 위험을 가져다주기도 한다. 총소리에 습관화되어 있는 사슴은 나중에 그의 머리가 사냥꾼의 오두막에 사냥 기념물로 걸려 있을 수 있다. 작은 판에 이겨 흥겨움에 습관화되어 있는 포커 선수는 더 큰 판돈을 걸고 포커를 하다가 가산을 탕진할지도 모른다. 습관화에 따른 위험에 대해 잘 알려진 예는 '늑대와 소년'의 이야기에서 찾을 수 있다. 이 민담에서 소년은 이웃 사람들을 불러 가공의 늑대로부터 자신을 구해달라는 짓궂은 장난을 한다. 결국 마을 사람들은 그 소년이 부를 때 응답할 이유가 없음을 학습한다. 나중에는, 실제의 늑대가 공격해 오지만, 이 마을 사람들은 그 소년의 외침에 이미 습관화되어 아무도 그를 구하러 오지 않게 된다.

이 예화에서, 여러분은 마을 사람들이 단지 이 소년을 믿을 수 없다는 것을 배웠다고 생각할 수 있을지 모른다. 하지만 명확한 이유 없이 화재 경보음 또는 자동차 경보음이 반복적으로 켜지는 것을 들어왔던 상황을 생각해보라. 그 경보음이 켜질 때마다 여러분은 더 의심할 것이지만, 동시에 여러분의 정향반응 또는 놀람반응은 감소하게 될 것이다. 반복적인 경험과 함께 여러분의 반응이 감소할 때는 습관화가 발생하고 있을 가능성이 높다. 물론, 밤에 경보음이 켜지는 경우에도 여러분은 잠에 빠질 가능성도 있다. 연구자들이 피로나, 반복에 따른 반응 감소의 다른 원인들로부터 습관화를 구별해낼 수 있는 한 가지 방법은, 다음에서 기술되겠지만, 경험한 사건들이 반복되는 일을 방해하는 것이다.

"습관화가 시작될 지어다."

| 오래된 관계에서 습관화는 피할 수 없는 것일까?

자극 특정성과 탈습관화

습관화의 중요한 특징 중의 하나는, 동일한 감각 양식에서, 한 사건에 대한 습관화가 모든 다른 자극에 대해서도 습관화를 유발하는 것은 아니라는 것이다. 말하자면, 습관화는 자극 특정적이다(Thompson & Spencer, 1966). 한 시각자극(예 : 도넛 모양)에 대한 아기의 정향반응이 여러 번의 반복에 따라 감소한 후에, 이 아기는 새로운 시각 자극(예 : 십자 모양)에 대하여 강한 정향반응을 나타낼 것이다. 이런 반응의 갱신은 첫 번째의 시각 자극에 대해 습관화가 발생했음을 입증해준다. 만일 아기가 단순히 자고 있었다면 어떤 시각 자극이 나타난다 해도 그것은 아기에게 별로 중요하지 말

앉아야 했기 때문이다. 흥미롭게도, 새로운 이미지에 대한 아기의 시선 고정 시간은 그 해당 이미지가 반복 경험되는 다른 이미지와 얼마나 유사한가에 달려 있다. 이미지가 서로 유사할수록 시선 고정 시간은 더 적게 증가할 것이다. 이는 이른 바, 자극 일반화(stimulus generalization)라고 일컬어지는 데 모든 형태의 학습에서 관찰되는 현상이다. 일반화에 대해서는 제6장에서 아주 자세히 다룰 것이다.

여러 번의 반복 제시로 인해 초기 자극에 대한 습관화가 유발된 후에, 새로운 자극을 제시하면 친숙한 자극에 대한 반응이 실제적으로 회복되는 현상이 발생할 수 있다. 예로, 아기에게 도넛 모양을 스무 번을 제시하면 그는 관심을 거의 갖지 않을 것이다. 하지만 도넛 모양을 열아홉 번 반복 제시한 후에 살아 있는 새끼 고양이를 잠시 제시해주면, 이 아기는 스무 번째에 제시되는 도넛 모양에 대하여, 마치 새로운 이미지인 양 반응할 가능성이 있다. 새끼 고양이의 제시가 없었던 앞의 경우보다 시선고정 시간이 훨씬 길어지기 때문이다. 이처럼 새로운 자극이 제시된 후에 나타나는 반응갱신 현상을 **탈습관화**(dishabituation)라고 한다. (새끼 고양이와 같은) 어떤 경각 자극이 일련의 단조로운 반복에 끼어들면 흔히 탈습관화가 발생한다(물론, 별로 중요하지 않은 변화를 동반할 수도 있다). 친숙한 자극에 단순히 움직임을 부과해도 탈습관화가 발생할 수 있는데, 아기에게는 이미 무관심의 대상이 되어버린 장난감들을 아기 앞에서 물결 모양으로 움직일 때 이런 현상이 입증되었다. 탈습관화는 반복 자극에 대한 반응의 부재가 진짜로 습관화 때문에 발생한 것이지 피로와 같은 다른 요인에 의해 발생한 것이 아니라는 것 또한 밝혀주는 유용한 수단이 된다.

습관화를 보이는 모든 유기체는 탈습관화도 보인다. 실험실에서, 한 마리의 수컷 쥐는 짧은 시간 내에 한 마리의 생소한 쥐와 여러 번 교미를 하지만 결국에는 교미를 멈춰버리게 된다. 하지만 이제는 친숙해진 암컷 쥐 대신에 새로운 암컷 쥐를 들여보내면 이 수컷 쥐는 좀 더 많이 교미를 시도하곤 한다. 이런 교미 반응에 대한 탈습관화 현상은 첫 번째 파트너에 대하여 습관화가 발생했음을 말해주지만, 쥐가 단순히 에너지나 교미에의 관심이 소진했음을 보여주지는 않는다(Dewsbury, 1981; Fischer, 1962). 이런 성적 반응에 대한 탈습관화를 흔히 쿨리지 효과(Coolidge effect)라고 한다. 이는 쿨리지 대통령의 일화를 반영한 것이다. 이야기에 따르면, 쿨리지 대통령 부부가 한 가금 농장을 둘러보게 되었는데, 그 부부는 한 마리의 수탉이 하루에도 수십 번씩 교미를 할 수 있다는 말을 듣게 되었다. 영부인이 "하하하, 이 사실을 쿨리지 씨에게 전해주세요!"라고 말했다. 그 대통령은 여행 안내원에게 그 수탉이 항상 동일한 암탉과만 교미를 하느냐고 물었다. 그렇지 않다고 들은 후에 그 대통령은, "이 사실을 쿨리지 부인에게 전해주세요."라고 말했다(인간의 성적 반응에 대한 습관화와 탈습관화에 관한 정보는 이 장의 '일상에서의 학습과 기억' 참조).

습관화의 빈도와 기간에 미치는 요인들

어떤 반응이 얼마나 빨리 습관화되고 이 반응의 감소가 얼마나 오랫동안 지속되는가는 몇 가지의 요인들, 즉 놀람을 유발하는 자극의 강도, 이 자극이 경험되는 횟수와 반복 노출들 간의 시간의 길이에 의해 영향을 받는다. 여러분의 셔츠에 붙어 있는 꼬리표가 주는 느낌에 익숙해지기는 비교적 쉽다. 대부분의 사람들은 학습에 의해 상대적으로 빨리 이 자극을 무시할 수 있다. 사실, 이 순간에 아마 여러분은 그 꼬리표가 거기에 붙어 있다는 것을 알아차리려고 애를 쓸지도 모른다. 한편, 여러분은 뒷목에서 기어 다니는 거미에 대한 느낌에 익숙해지는 데에는 더 많은 시간이 걸릴 것이다. 아니 어쩌면 여러 번 반복적으로 경험했음에도 불구하고 전혀 익숙해지지 않을지도 모른다. 습관화가 일어날 때마다, 반응이 더 크게 감소하는 현상은 후반보다는 초반에서의 반복이 주로 기여하는 것으로 관찰된다(그림 3.1). 환언하면, 가장 큰 반응 변화는 유기체가 해당 자극에 처음으로 익숙해질 때에 관찰된다. 이런 양상은 여러 종류의 학습에서 보인다. 이에 대한 더 자세한 내용은 제4장과 제8장에서 논의될 것이다.

자극의 제시들 사이사이가 짧은 간격들로 분리가 되어 있는 상황에서 자극들을 여러 번 반복해서 받은 동물들은 상대적으로 적은 노출 횟수임에도 습관화를 보이곤 한다(같은 횟수의 반복을 받지만 자극의 제시들이 시간에 따라 흩어져 있는 경우와 비교하여 그렇다)(Rankin & Broster, 1992; Thompson & Spencer, 1966). 해당 자극을 더 빨리 반복할수록 습관화가 더 빨리 발생한다. 시간적으로 서로 더 가깝게 자극들을 반복하는 방식을 **집중적**(massed) 노출이라고 하고, 시간에 따라 흩트려 자극들을 반복하는 방식을 **분산적**(spaced) 노출이라고 한다. 여러분이 가능한 한 빨리 어떤 반복되는 자극에 대한 반응을 습관화시키는 것을 목표로 삼는다면, 그 자극을 가능한 한 비경각적이게 하고, 그 자극을 반복할 때 반복 간격을 가깝게 하며, (여러분이 등에 꼬리표가 달려 있는 셔츠를 입을 때와 같이) 자주 그 과정을 반복하라.

습관화의 효과는 몇 분 또는 몇 시간 지속될 수 있으며, 또한 어떤 상황에서는 하루 또는 그 이상 지속되기도 한다. 하지만 그 효과가 영원히 지속되지는 않으며, 특별히 그 자극이 얼마간 부재하게 되면 소멸될 가능성도 있다. 수 초 또는 수 분 후에 사라지는 습관화를 단기습관화(short-term habituation)라 부르고 그보다 오래 지속되는 것은 장기습관화(long-term habituation)라고 한다(Rankin et al., 2009). 쥐가 큰 소리에 익숙해지면 이후 약 한 시간 정도 그 소리를 들려주지 않으면, 그 소리가 다시 들릴 때 그 쥐는 다시 놀라게 되는데, 이 과정을 **자발적 회복**(spontaneous recovery)이라고 한다(이 장의 '일상에서의 학습과 기억' 참조). 자발적 회복에서, 일정 기간 동안 자극을 제시하지 않은 후에 습관화에 의해서 약화되었던 자극-유발적 반응의 강도가 증가하거나 다시 나타난다. 개인의 반응이 얼마나 빨리 습관화되는가를 결정하는 요인들은 또한 습관화 효과가 얼마나 오래 지속될 것인가에 영향을 미친다. 자극에 대하여 집중적 노출을 경험하는 동물들은 해당 자극을 무시하는 학습을 분산적 노출을 받는 동물들보다 더 빨리 습득할 수 있다. 그리고 집중 노출을 경험하는 이들 동물은 또한 더 쉽게 자발적 회복을 보인다. 분산적 노출이 되는 경우는, 습관화되기까지의 반응이 더 오래 걸리지만 일단 습관화가 발생하면 지속기간은 더 길다(Gatchel, 1975; Pedreira et al., 1998).

이런 발견은 직관적으로 이해가 된다. 간헐적으로 발생하는 자극에 익숙해진 동물들은 긴 (시간) 간격 후에, 친숙해진 그 자극의 재발생을 발견해야 하기 때문이다. 이 장을 읽고 있는 여러분은 반복이 발생하고 있다는 것을 쉽게 탐지할 수 있을 것이다. 그 반복이 상당히 긴 시간 간격들 후에 발생할 때조차도 그럴 것이다. 만일 여러분의 반복적인 경험들이 시간에 걸쳐서 분산되어 있다면 여러분은 먼 미래까지 계속해서 반복적인 사건들을 재인하려는 가능성이 더 커질 것이다. 따라서 여러분이 습관화가 가능한 한 오래 지속되기를 바란다면, 최선의 방법은 더 긴 시간을 걸친 후에 관련 있는 자극에 여러분 자신을 반복적으로 노출시키는 것이다.

자발적 회복을 바탕으로, 습관화가 일시적인 효과라고 제안할 수 있을 것 같지만 습관화의 효과는 시간이 흐름에 따라 축적된다. 이리하여, 만일 어떤 아기에게 하나의 단일 회기 동안에 도넛 모양을 스무 번을 보여주면 그 이미지에 대한 이 아이의 정향반응은 습관화되기 쉬워질 것이다. 하루나 이틀 후에 그 도넛 모양을 이 아기에게 다시 보여주면 자발적인 회복이 발생해 있을 것이다. 그래서 이 아기의 응시 시간은 그 이미지가 마치 완전히

◀◀ 일상에서의 학습과 기억 ▶▶

해변여행으로 되찾은 부부의 낭만

기다란 모래해변이 있는 이국적인 지방으로의 여행을 홍보하는 광고물에는 다시 한 번 사랑에 빠진 행복한 부부들이 자주 등장한다. 이 광고물에서, 이 부부들은 평범한 생활로부터 벗어나서 그들의 삶을 재충전시키고 집으로 돌아가는 낭만을 재발견한다. 단순히 새로운 장소로 가는 것만으로도 두 사람은 과연 그들의 옛날의 열정에 다시 불을 지필 수 있을까? 대답은 아마도 '그렇다'이다. 그 이유는 '탈습관화(dishabituation)' 때문이다.

사람보다는 쥐에서 성적 반응에 대한 탈습관화를 연구하는 것이 더 쉽다. 대부분의 인간 대상의 연구들은 성적으로 노골적인 사진들을 보고 있는 남자 대학생 자원자들의 성적 각성에 초점을 맞추어왔다. 이런 연구들에 따르면, 동일한 각성적인 사진들이 반복적으로 제시될 때, 다른 동물에서와 똑같이 인간의 경우에도 성적 습관화가 관찰된다(Koukounas & Over, 2001; Plaud, Gaither, Henderson & Devity, 1997).

여성을 대상으로 하는, 성적 각성에 대한 습관화는 상대적으로 적게 연구되어 왔다. 한 가지 문제점은 여성들은 보통 성적으로 노골적인 사진을 볼 때 남성들만큼 각성되지 않는다는 것이다. 분명히, 각성을 확실히 유발할 수 없다면 각성 반응의 감소를 측정하는 것은 연구자들에게는 어려운 일이다. 그러나 이 문제를 가까스로 해결한 연구들에 따르면, 여학생들은 남학생들만큼 강하게 성적 각성에 습관화되지는 않는 것 같다(Laan & Everaerd, 1995; Youn, 2006).

성적 습관화에 대한 하나의 흥미로운 측면은 (습관화가) 의식적인 인식 없이도 일어날 수 있다는 것이다. 성적 습관화 실험에 참가 중인 남학생들은 흔히 단일 회기 내에 습관화를 보이기 때문에, 회기가 진행될수록 성적으로 노골적인 동일한 사진들에 대해 점점 덜 반응하게 된다(Plaud et al., 1997). 이 상황에서 참가자들은 흔히 단일 회기 내에 그들의 각성이 감소하고 있음을 자신들이 인식하고 있지만, 그들은 여러 회기들에 걸쳐서도 자신들의 각성이 감소하고 있음을 인식하지 못하는 것 같았다. 이와 같은 지속적이고 지각되지 않는 (성적) 각성의 감소는 안정적인 관계를 위협할 뿐만 아니라 성병을 퍼뜨릴 수도 있는 난혼과 간통의 한 요인이 될 수도 있다(Plaud et al., 1997).

장기간 결혼생활을 해온 사람의 성적 습관화의 재앙을 어떻게 다룰 수가 있는가? 한 가지 방법은 금욕을 오래하게 해서 (성적) 관심이 자발적으로 회복되게 하는 것이다. 사실, (사업 여행 등으로) 오랫동안 떨어져 있던 부부들은 흔히 다시 만나게 될 때는 서로가 상대에 대해서 훨씬 더 매력적임을 발견하게 된다. 또 다른 방안은 탈습관화를 유발하기 위하여, 예로, 낭만적인 간주곡들을 연주하거나 다른 기법을 시도하는 등의 새로운 자극들을 도입하는 것이다. 따라서 여러분의 오랜 관계가 따분하게 느껴지기 시작하면 타이티 섬으로의 여행이 의사가 처방한 바로 그것이 될 수도 있겠다.

새로운 것인 양 그만큼 오랫동안 지속될 것이다. 하지만 여덟 번의 시도만으로도 이 아기는 습관화가 될 수 있다. 이런 반복 경험의 효과는 이전의 반복들에 의해 상승된 것이다. 이는 초기의 반복 경험들의 효과가 단순히 희미해진 것이 아니라는 것을 보여준다. 더 나아가 습관화의 토대가 되는 기제는, 심지어는 행동적 변화가 더 이상 변하지 않을 때일지라도 계속적으로 반복적인 노출들과 함께 변한다. 예를 들어, 큰 소리에 많이 노출된 쥐는 심지어는 그 소리를 듣고 있다는 조짐까지도 보이지 않을 수 있다. 이 쥐의 반응은 그 반응이 더 이상 없는 지점에까지 감소한 것이다. 그럼에도 불구하고, 이 지점 이후에 이 소리가 여러 번 계속해서 반복되면, 자발적 회복이 발생하기 전에 요구되는 시간은 증가할 것이다. 이 경우에 반복 노출들과 연합된 학습은 잠재적인데 그 이유는 반복 횟수의 증가와 관련되어 있는 쥐의 행동에서 변화가 관찰되지 않기 때문이다. 자극에 대한 행동적 반응이 멈춘 후에 관찰되는, 반복 노출들의 부가적 효과는 후속의 검사들이 지연된 자발적 회복(delayed spontaneous recovery)을 보일 때에만 명백해진다(Tompson & Spencer, 1966).

민감화의 과정

파파라치를 공격하고 있는 유명 연예인에 대한 뉴스가 매년 몇 차례씩 보고되고 있다. 숀펜이라는 배우는 한 사진작가의 발목을 거머쥐고 9층 발코니에서 그를 위협한 후에 살인미수로 기소되었다. 래퍼인 카니예 웨스트는 로스앤젤레스 국제공항에서 한 기자를 폭행하고 그의 카메라를 파손한 혐의로 체포되었다. 유명 연예인들은 매일 많은 사람들에게 사진이 찍힌다는 점에서, 여러분은 그들이 결국은 모든 주목에 익숙해져서 사진작가들에게 주의를 기울이지 않게 될 것이라고 기대할지도 모른다. 무슨 이유로 몇몇 유명 연예인들은 파파라치들과 직면할 때 그렇게 공격적이 되는가? 이것은 단지 그들의 고약한 성격 탓일까?

한 가지 가능한 설명은 유명 연예인들이 과거에 불특정적으로 만난 파파라치들과의 상호작용에서 부정적인 경험을 했을 수 있다는 것이다. **민감화**(sensitization)는 하나의 경각 자극을 경험할 때 나중에 제시되는 하나의 자극에 대하여 더 강한 반응들이 나타나는 현상이다. 어떤 경우에는 단일의 매우 강력한 자극이 민감화를 산출해낼 수 있지만 다른 경우에는 반복적인 노출이 민감화를 유발할 수 있다. 몇 가지 방식에서, 민감화는 습관화와는 거의 정반대인 것처럼 보인다. 습관화에서는 반복적인 경험들이 쥐의 음향적 경악 반응을 약화시킬 수 있는 반면에 민감화에서는 반복적인 경험들이 이를 높일 수 있다. 위에서 기술한 것처럼, 큰 소리를 여러 번 반복하여 노출하면 쥐의 경악 반응은 흔히 습관화된다(그림 3.2의 녹색 선). 그러나 전기충격을 제공받은 후에(그림 3.2의 적색 선) 큰 소리를 다시 제시받은 쥐는, 전기충격을 받지 않은 쥐와 비교하여, 경악 반응이 훨씬

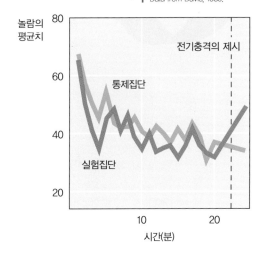

그림 3.2
쥐의 청각적 놀람반사의 민감화 놀람을 유발하는 소음이 반복적으로 20분간 제시될 때 쥐의 놀람반사는 습관화된다(녹색 선). 그런 후에 발바닥에 전기충격이 가해지면(21분, 적색 선) 후속의 소음(22분)에 대한 놀람반사의 크기는 이 충격을 받은 쥐에서 그렇지 않은 쥐에서보다 더 높다.
Data from Davis, 1989.

더 높다(Davis, 1989). 환언하면, 강한 전기충격이 쥐를 민감화시켜서 후속의 큰 소리자극에 대한 경악 반응을 증가시킨 것이다. 하지만 이런 민감화는 보통 오래 지속되지 않는다. 전기충격 후에 10~15분 정도 유지되다가 그 이후 이 경악 반응은 통상 수준으로 떨어지게 된다. 여러분은 아마 이 실험에서의 전기충격의 효과가 탈습관화(dishabituation)와 아주 유사하다고 생각할지 모른다. 사실, 몇몇 연구자들은 탈습관화가 민감화시키는 자극을 도입한 결과라고 주장해왔다(Thompson & Spencer, 1966).

습관화처럼, 민감화도 광범위한 종에서 관찰되는데 이에는 황소개구리, 해삼 및 인간이 포함된다(Bee, 2001; Einstein, Einstein & Bonheim 1991; Marcus, Nolen, Rankin & Carew, 1988). 또한 습관화처럼, 민감화도 어떤 상황에서는 빨리 소멸될 수 있지만 다른 경우에는 더 오래 지속되는 학습을 산출할 수 있다(Borszcz, Cranney & Leaton, 1989; Davis, 1972, 1980; Poon & Young, 2006). 하지만 민감화는 통상적으로 습관화보다 적은 노출만으로도 산출될 수 있다. 또한 습관화는 자극 특정적인 반면에 민감화는 그렇지 않다. 예로, 한 동물의 경악 반응은 여러 번 반복된 큰 소리에 습관화될 수 있다. 그러나 다른 큰 소리를 제시하면 해당의 경악 반응은 최대의 크기로 다시 나타날 수 있다. 습관화는 새로운 소리로 전이되지 않는다. 대조적으로, 민감화시키는 자극(예 : 전기충격)에 노출시키면 나중에 오는 어떤 자극(예 : 청각 음, 큰 소리, 나비 또는 다른 어떤 것)에도 경악 반응의 크기는 증가할 수 있다. 유사하게, 자신의 집을 가만히 들여다보고 있는 어떤 사진작가와 마주친 한 유명 연예인은 그 특별한 사진작가뿐만 아니라, 그 이전에 다른 훨씬 더 성가시게 하는 사진작가들에게 민감화된 것일 수도 있다.

연구자들이 인간을 대상으로 민감화에 관하여 실험연구를 하는 방법 중에 **피부 전도 반응**(skin conductance response, SCR)을 이용하는 방법이 있다. SCR은 피부에서의 전기 전도성의 빠른 변화를 반영하며, 이는 신경계에 의해서 야기되고 불안, 공포 또는 놀람과 연합되어 있다. 실험실에서, 연구자들은 뇌파기록기(electroencephalograms, EEG; 제2장의 자세한 설명 참조)의 전극과 유사한 전극으로 SCR을 기록한다. 예기치 못했던 큰 소음(예 : 폭발 소리 또는 고함 소리)에 노출되면 사람은 현저한 놀람 반응을 나타내며 날카로운 SCR의 발생이 수반된다. 중립적인 음악 소리는 작은 SCR뿐만 아니라 가벼운 정도의 정향반응을 유발할 수

그림 3.3
피부 전도 반응의 연속적 기록 (a) 손목에 채운 센서가 하루 종일의 신경계 활동을 측정하고 기록하는 것을 가능하게 한다. (b) 피부전도 반응(수직 편향되어 있는 것을 볼 수 있다)은 반복된 경험이 어떻게 생리학적인 반응을 증감시키는지를 보여준다.

(b) Data from Poh, Swenson, & Picard, 2010.

(a)

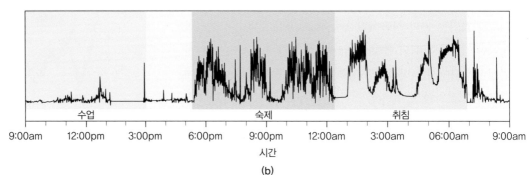

| 수업 | 숙제 | 취침 |

9:00am 12:00pm 3:00pm 6:00pm 9:00pm 12:00am 3:00am 06:00am 9:00am

시간
(b)

있다. 만일 큰 소음이 이 중립적인 소리를 제시하기 전에 주어진다면 이 소리에 대한 참가자의 SCR은 큰 소음이 없는 경우와 비교하여 더 강하게 나타난다(Lang, Davis & Ohman, 2000). 요즘은 SCR을 기록하기 위한 휴대용 감지기가 시판되고 있다(그림 3.3a). 여러분은 일상에서 민감화로 이끄는 사건들을 추적하고 탐지하기 위하여 이런 감지기를 사용할 수 있다. 이런 정보에 접근하게 되면 여러분은 어떤 심리장애들을 회피하거나 완화시키기가 더 쉬워질 것이다(더 자세한 논의를 위해서는 '임상적 관점' 부분을 참조).

큰 소음은 청각음에 대한 사람의 반응을 민감화시킬 수 있는데, 이는 마치 전기충격이 쥐의 경악반응을 민감화시키는 경우와 같다. 놀랍게도, 자극들의 순서가 뒤바뀌면 반응의 효과 또한 뒤바뀐다. 구체적으로, 경악 소음만을 들려줄 때 발생하는 반응과 비교하여, 상대적으로 조용한 청각 음이 훨씬 더 크고 경악스러운 소음 바로 전에 제시되면 이 큰 소음에 대한 경악반응은 감소할 수 있다. 이런 효과를 파동 전 억제(prepulse inhibition)라고 한다. 파동 전 억제는 습관화와 유사한데, 어떤 자극들은 과거의 경험에 기초하여 무시되어 반응 감소로 이어지기 때문이다. 하지만 그것은 또한 민감화와도 유사한데, (1) 시초의 약한 자극이 광범위한 후속의 자극들(다른 양식의 자극들도 포함함)에 대한 반응에 영향을 미칠 수 있다는 점에서, 그리고 (2) 이 약한 자극의 한 번의 제시에 의해서 그 효과가 산출될 수 있다는 점에서 그렇다(Braff, Geyer & Swerdlow, 2001). 이런 속성들 때문에 몇몇 연구자들은 파동전 억제를 둔감화(desensitization)의 사례로 기술하곤 했다. 과거의 경험들이 광범위한 자극들에 대한 반응들을 감소시키기 때문이다(Poon & Young, 2006; Poon, 2012). 여러분은 아마도 폭력이나 (더러운 기저귀를 갈아주는 일과 같은) 불쾌한 사건들에 둔감화된 사람들의 생각에 친숙해져 있을지도 모른다. 이런 자연적 맥락에서 둔감화와 습관화를 구별하는 것은 쉽지 않다. 둘 다 특정 유형의 자극들에 대해 반응 감소를 포함하기 때문이다. 습관화 및 둔감화와 관련이 있는 신경 과정을 탐구하는 실험실 연구들은 밀접하게 관련되어 있는 이들 두 현상을 규명하기 위한 새로운 방법들을 제공한다(더 자세한 논의는 '뇌 메커니즘' 절에서 다룰 것이다).

흥미롭게도, 반복된 사건들의 본질과 시간에 따른 이들의 분포가 이들이 습관화, 둔감화 또는 민감화 중에 어느 것으로 유도할 것인가를 결정하는 유일한 요인은 아니다. 통상적으로는 습관화를 산출하는 일련의 사건들이 병이 난 동물에서는 민감화로 이어질 수 있다(Domjan, 1977). 바꾸어 말하면, 관찰자의 상태는 반복된 사건들에 관하여 이 관찰자가 학습하는 데 큰 역할을 할 수 있다. 따라서 잠을 못 자거나 숙취에 시달리거나 병이 나 있는 상태에서 반복적으로 파파라치들과 마주쳐야 하는 유명 연예인은 사생활 침해로 괴롭힘을 받는 일에 더 쉽게 민감해져서 결과적으로는 반격을 가할 가능성이 더 증가할 수 있을지도 모른다.

이중과정이론

반복적인 사건들이 잠정적으로 습관화 내지는 민감화로 이끈다면, 우리는 유기체가 반복 노출들로부터 무엇을 배울 것인가를 어떻게 예측할 수 있는가? 생소한 자극들은 흔히 각성을 유발하지만, 어떤 사건이 반복에 의해서 지루함을 유발하기보다는 각성을 증가시킬 것인가의 여부를 결정하는 것은 무엇인가? 하나의 대중적인 이론이 **이중과정이론**(dual process theory)인데, 이에 따르면 반복되는 사건들은 항상 민감화와 습관화 둘 다의 토대가 되는 과정으로 이끈다(Groves & Thompson, 1970; Thompson, 2009). 그 작동 원리는 이렇다. 자극(S)이 제시될 때, (1) 궁극적으로는 운동 반응(R)을 활성화시키며 (2) 또한 자극 탐지를 신호해주는 상태 시스템(state system)을 활성화시키는 연쇄적 신경반응들이 유발된다는 것을 생각해보라(그림 3.4a). 해당 자극에 대하여 반복 노출(열 번 반복했다고 하자)을 한 후에 관찰되는 습관화는, 가벼운 정도로 각성된 상태 시스템과 결합하여, S와 R 간의 연결이 약화된 것으로 모델화할 수 있겠다(그림 3.4b). 이런 상대적으로 약한 연결에서는 운동뉴런 내의 활성화 가능성이 감소하게 되어, 이는 S에 대한 반응을 보다 약하게 만들거나 그 발생 가능성을 낮춘다. 만일 이 자극이 별로 각성을 유발하지 않으면, 이 약한 연결은 보통의 정

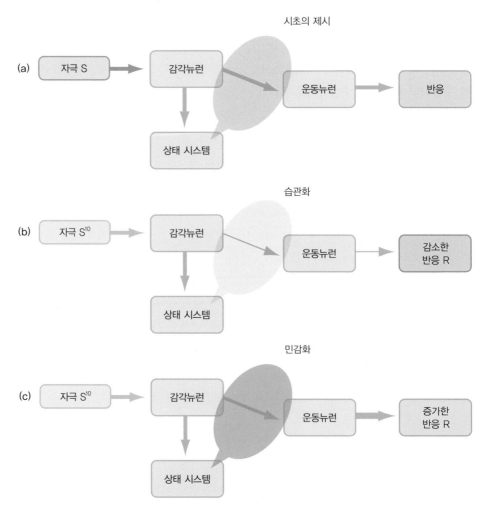

그림 3.4
습관화의 이중과정이론
이중과정이론은 습관화와 민감화가 평행적이지만 별개의 회로들에서 발생하고 최종 반응은 두 과정들의 결합치라고 제안한다. (a) 처음에, 자극 S가 감각뉴런을 활성화시키는데, 이는 운동 반응인 R을 유발하고, 자극을 탐지하여 신호를 보내는 분리된 상태 시스템을 작동시킨다. (b) 습관화에서, 자극 S를 반복적으로 제시하면 뉴런들의 연결이 약해져서(가는 화살표) 운동 반응 R의 강도 또는 경향성이 감소할 수 있다. (c) 민감화에서, 각성 자극에 노출될 때는 후속적인 S의 제시로 유발되는 R이 발생할 가능성이 커진다.

(a) Information from Groves and Thompson, 1970.

도로 반응하는 것을 결정하게 된다. 민감화는 상태 시스템이 감각-유발적 반응에 미치는 효과가 증가하는 것으로 모델화할 수 있다(그림 3.4c). 이런 상황에서는 무해한 자극들조차도 강한 반응을 산출할 수도 있게 된다.

이중과정이론에서, 민감화 과정과 습관화 과정 모두가 모든 자극의 제시에 반응하여 발생한다. 그리고 반응의 강도를 결정하는 것은 바로 이들 두 독립적인 과정들의 결합의 총화이다(Groves & Thompson, 1970). 실제적인 결과, 즉 해당 제시에서 S에 대한 반응의 강도는 S가 얼마나 자주 반복되는가와, 높은 각성을 유발하는 사건들의 강도 및 최근성과 같은 요인들에 달려 있다. 그것은 또한 다른 자극들이 상태 시스템을 활성화시켰는가의 여부에도 달려 있다. 각성을 거의 유발하지 않는 자극들에 대해서는, 습관화 과정과 연합되어 있는 연결 강도의 감소는 유기체의 반응들이 시간에 따라 어떻게 변화하는가를 결정짓는 주요 요인이 될 것이며, 이는 연구자들이 습관화라고 지칭하는 행동적 현상을 유발하게 된다. 자극들의 각성 수준이 높으면 민감화의 전체적 효과는 반응에서 더 명백해진다. 이 때 민감화로 알려진 행동적 현상이 발생하게 된다. 이중과정이론에서, 반복의 가장 큰 효과는 항상 초기의 노출들에서 발생한다는 점에서 민감화 과정과 습관화 과정 둘 다 시간에 따라 변화한다.

대립과정이론

극단적인 상황(예 : 롤러코스터 타기)에 대한 정서적 반응을 탐구하는 연구에서, 정서적 반응에는 여러 단계가 있음을 제안한다. 두려움을 나타내는 초기 단계에 이어 환희라는 반향이 따라온다. 반복적인 경험을 한 후에는 이 시초의 공포 반응들은 점점 약화된다. 반면에 이 반향반응들은 더 강해진다(즉, 이전에는 무서웠던 것이 재미있는 대상으로 바뀔 수 있다). 이른 바, **대립과정이론**(opponent process theory)이라고 불리는 하나의 모델은 유기체가 정서적 안정성을 유지하는 방식으로서 이런 효과를 설명한다.

하나의 경험 사건이 두 가지의 독립적인 과정들(이 경우에는, 두 가지의 정서적 과정들인데, 하나는 즐거운 것이고 다른 하나는 덜 즐거운 것이다)로 안내한다는 가정을 대립과정 이론도 전제하고 있다는 점에서 이 이론은 이중과정이론과 비슷하다. 한 개인이 어떤 사건에 반응하여 경험하는 전반적인 정서는 이들 두 독립적인 과정들이 통합된 결과이다. 반복된 경험들은 시초 반응 대 반향 반응에 대하여 다른 효과들을 가지는데, 이는 시간의 흐름에 따라 이 시초 반응이 반향 반응보다 더 빨리 습관화되기 때문이다. 이중과정이론과 반대과정 이론 모두는 반복된 경험으로부터 야기되는 학습이 언뜻 볼 때만큼 간단하지가 않음을 시사한다. 점점 더 친숙해지는 사건에 대하여 반응이 단순히 감소하거나 증가한다는 것은 동시에 발생하는 다중 학습과정이 존재함을 말해준다. 더하여, 반복된 경험들은 친숙한 사건들에 대하여 개인이 어떻게 반사적으로 반응할 것인가뿐만 아니라 그 사람이 이들 사건을 어떻게 지각하고 해석할 것인가를 변화시킬 수 있다. 이에 대한 기술은 다음 절에서 다루어질 것이다.

지식 테스트

습관화의 극대화

연인관계 같은 경우, 습관화를 최소화하려고 노력하는 것은 합리적이다. 반대로, 입었을 때 따가운 셔츠가 있다면, 습관화를 극대화시키고 민감화를 피하려고 해야 할 것이다. 자 그렇다면 어떻게 하면 될까? 따가운 셔츠에 대한 습관화를 극대화시키기 위해 필요한 전략을 적어도 세 가지 제시해보아라. (정답은 책의 뒷부분에 있다.)

노출 기반 학습의 대상과 장소

습관화와 민감화는 일반적으로 육체적 또는 정신적인 노력이나 자주성을 별로 요구하지 않는다. 예를 들어, 소파에 앉아 TV만 보며 많은 시간을 보내는 사람은 주의를 기울이지 않고 단순히 어떤 성가신 광고들을 꾹 참고 끝까지 반복해서 봄으로써 그들을 질색하게 되는 것을 빠르게 학습할 수 있을 것이다. 유사하게, 쥐와 아이는 실험실에서 단순히 거기에 있는 것만으로도 청각 음에 대하여 습관화될 수 있다. 하지만 많은 상황에서, 개인들은 그들이 반복적으로 경험했던 여러 종류의 자극들에 대하여 더 많은 통제력을 발휘한다. 동물들은 단순히 가만히 주변에 앉아서 어떤 일이 일어나기를 기다리지 않는다. 대신에, 그들은 돌아다니고, 찾고 자기 주변의 세상을 탐색하는 데 많은 시간을 할애한다. 이런 활동들은 그들이 반복적으로 노출되었던 자극들의 종류와 노출 횟수를 결정하는 데 결정적인 역할을 한다. 이것은 차례로, 이들 개인이 무엇에 관하여 배우는지와 그들이 기억한 것 그리고 해당 기억이 얼마나 오랫동안 지속될 것인가에 영향을 미친다.

유기체들이 자신의 주변을 면밀히 살필 때 발생하는 학습 및 기억 과정들에 관하여 알려진 많은 것은 대상 재인(object recognition)과 장소 찾기(spatial navigation)에 대한 연구로부터 얻어진 것이다. 대상 또는 장소에 노출시켰을 때 흔히 처음에는 명확한 행동 변화가 관찰되지 않는다. 잠재학습의 규칙이 적용되는 셈이다. 하지만 적절하게 설계된 검사들에서 반복 노출의 단기 및 장기 효과를 드러낼 수가 있다.

새로운 대상 재인

앞에서 일찍이 우리는 친숙한 자극을 반복해서 제시한 후에 새로운 자극을 제시하면 아기들이 이 새로운 자극에 대하여 강한 정향반응을 보임을 살펴보았다(습관화가 자극-특정적이기 때문이다). 유사한 현상을 탐색행동에서 관찰할 수 있다. **새로운 대상 재인**(novel object recognition) 과제에서, 처음에는 사람, 원숭이 또는 설치 동물이 검사가 진행될 실험실 등을 자유롭게 탐색하게 해서 실험과 관련된 맥락에 적응하게 한다. 그런 다음에, 2개의 동일한 대상이나 그림이 해당 실험실 세팅에서 간단히 제시된다(그림 3.5a). 시간 간격이 일정하지 않게 지연한 후에, 이들 자극 중의 하나가 다시 제시되지만 이번에는 새로운 대상이나 그림과 짝지어서 제시된다(그림 3.5b). 이 실험에서 피험동물들은 전반적으로 친숙

(a)　　　　　　　　　　　　　　　　　(b)

Ellen Ann Walker, Ph.D.

그림 3.5
새로운 대상 재인 (a) 동물은 처음에 몇 가지 물체들에 노출되고 그 물체들에 친숙해지도록 탐색하게 한다. (b) 그 후 다시 한 번 물체를 탐색하게 되는데, 이때 물체 중 한 가지는 전과 다른 새로운 물체로 바뀌어져 있다. 전형적으로 동물은 새로운 물체에 더 관심을 보이는데, 이는 친숙한 물체를 인식하고 있다는 증거이다.

한 대상과 비교하여 이 새로운 대상을 살펴보는 데 약 두 배의 시간을 소비하는 경향이 있다. 이런 차이로부터, 연구자들은 이 피험동물들이 이전에 경험한 대상을 자신이 전에 조사했던 것으로 재인한다고 추론할 수 있다. 즉, 이 반복된 자극은 친숙한 것으로 지각되는 것이다.

하지만 모든 동물들이 그렇게 열렬하게 새로운 대상을 조사하지는 않는다. 어떤 동물들은 이 대상을 능동적으로 회피하는데, 이는 기신증(neophobia)으로 알려진 현상이다. 예로, 조련사들은 돌고래가 어떤 도구를 사용하기를 원하면, 새로운 도구를 돌고래 근처로 가져갈 때(많은 돌고래는 새로운 것을 두려워해 피한다) 흔히 여러 회기에 걸쳐 이 동물에게 보상을 해준다. 이 경우에, 이 돌고래의 공포 반응은 어떤 대상이 친숙하지 않다는 것을 입증해준다.

심리학자들은 피험자들이 과거에 면밀히 조사해왔던 대상이나 장소에 대하여 개인들이 어떤 종류의 정보(예 : 대상의 위치, 관찰 가능한 속성, 관찰될 때의 상황 등)를 기억하는지를 결정하기 위하여 '새로운 대상 재인' 과제의 변형들을 사용해왔다. 이 과제는 또한 관찰이나 탐색을 통해 형성된 기억의 복원력을 조사하는 데도 유용하다. 친숙성에 대한 지각은 기억의 근본적인 요소이다. 윌리엄 제임스(William James, 1890)는 기억을 '우리가 부가적인 의식을 가지고 이전에 생각했거나 경험했던 사건 또는 사실에 대해 표상하는 지식'이라고 기술했다. **친숙성**(familiarity)은 사건들이 반복될 때 발생하는 유사성에 대한 지각으로 정의할 수 있다. 제임스의 말을 빌면 '같음의 감각(sense of sameness)'이다.

쥐나 원숭이에게서 같음의 느낌을 무엇이라고 알기는 어렵지만 새로운 대상 재인과 같은 과제로부터 우리는 쥐와 원숭이가, 마치 다른 청각 음의 주파수나 빛의 파장을 변별할 수 있는 것처럼, 다른 수준들의 친숙성을 변별할 수 있다고 결론 내릴 수 있다(이에 대해서는 제6장에서 더 자세히 다뤄질 것이다). 과거 10년 동안에, 기억 관련 연구자들은 개인들이 어떻게 친숙성을 판단하고, 이런 능력이 다른 기억 능력들과 어떻게 연관이 되며, 또한 어떤 뇌 기제가 친숙성의 판단에 기여하는가를 집중적으로 조사해왔다(Eichenbaum, Yonelinas, & Ranganath, 2007). 결과적으로, 이전엔 과학자들이 습관화와 피로를 구분하기 위하여 주로 사용했던 기법인 '새로운 대상 재인'은 현대의 기억 연구의 토대로 자리매김하고 있다.

점화

사전에 하나의 자극에 노출시키면, 그 자극이 관찰되는 다음번에는 친숙성 감각이 유발될수 있다. 비록 친숙성 감각이 발생하지 않는다고 할지라도 자극에의 사전 노출은 해당 개인의 반복 자극(또는 연관된 자극들)에 대한 반응에 영향을 미칠 수 있다. 이런 효과를 **점화**(priming)이라고 한다. 예를 들어, 인간을 대상으로 하는 점화에 대한 연구는 흔히 **단어 어간 완성 과제**(word-stem completion task)를 사용한다. 이 과제에서 피험자에게 단어 어간들(예 : MOT__, SUP__ 등)의 목록을 주고 마음에 떠오르는 첫 단어로 빈칸을 채우도록 요구한다. 보편적으로, 사람들은 상용하는 단어들(즉, MOTEL 또는 MOTOR, SUPPOSE 또는 SUPPER)을 사용하여 빈칸을 채운다. 하지만 'MOTH', 'SUPREME' 등과 같은 단어들로 구성된 목록에 사전에 노출되면 피험자들은 더 자주 이 목록에 들어 있는 단어들을 사용하여 빈칸을 채워갔다(Graf, Squire & Mandler, 1984). 심지어는, 그들이 이전에 그 단어들을 그 목록에서 보았다는 것을 의식적으로 기억하지 못할지라도 그랬다. 이전에 경험했던 단어로 해당 단어 어간을 완성할 때, 그들은 자신들이 최근에 보았던 것이라고 재인하지 못한다. 그런데도 그러한 사전의 경험은 명백히 그들의 단어 선택에 영향을 미친다. 이런 효과는, 이 장의 '일상에서의 학습과 기억' 부분에서 기술한 것과 같이, 성적 습관화에 대한 연구 결과들과 일치한다. 이렇듯, 반복된 노출은 비록 자신은 이것이 발생하고 있다는 사실을 모르고 있을지라도 사람의 행동과 지각에 영향을 끼칠 수 있다.

인간 이외의 동물들도 점화 현상을 보인다. 예를 들어, 청색 어치(새의 한 종류)는 나방을 잡아먹는 것을 좋아한다. 그런데 나방은 자신이 정착해 있는 배경에 맞게 자신의 보호색 형태를 발전시켜왔다. 따라서 청색 어치는 맛있는 식사를 나무껍질의 조각들로부터 구별해내기 위해 형태의 미묘한 차이를 아주 잘 탐지해야 한다. 청색 어치가 스크린의 사진을 보고(그림 3.6a) '여기 나방 있음'을 알리기 위해서는 스크린을 쪼고, '나방 없음'을 알리기 위해서는 키를 쪼도록 훈련시킴으로써 연구자들은 이 새의 탐지 능력을 연구하였다(그림 3.6b). 어치들은 매우 잘 해냈다. 하지만 그들은 이전에 같은 종의 다른 나방들을 탐지

그림 3.6

청색 어치의 점화 (a) 회색 바탕 위의 가상적인 나방이 얼룩진 배경 위의 동일한 나방보다 더 잘 탐지될 수 있다. 숫자가 높을수록 더 애매한 배경을 나타낸다. (b) 청색 어치는 가상적인 나방을 탐지할 때는 스크린을 쪼도록, 그리고 나방을 탐지하지 못할 때는 초록색 원판을 쪼도록 학습한다. (c) 청색 어치는 최근에 탐지한 나방과 유사한 나방을 더 잘 탐지할 수 있는데, 이는 사전 노출이 재인을 촉진시킴을 시사한다. 환언하면, 점화가 일어났다.
Data and images from Bond and Kamil, 1999.

대비
(고)

대비
(저)

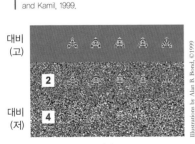

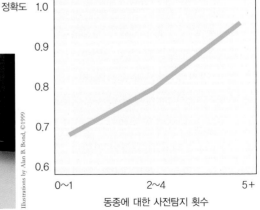

(a)   (b)   (c)

했던 경험이 있을 때는 차후에 그 종의 나방을 탐지할 때 반응이 더 빠르고 정확했다(그림 3.6c)(Bond & Kamil, 1999). 환언하면, 최근에 한 종류의 나방을 관찰한 경험이 차후에 유사한 나방들을 인식하게 하는 어치의 능력을 점화했다.

위에서 살펴본 것과 같이, 하나의 자극을 이전에 경험했음에 대한 친숙화 또는 재인이 전혀 이루어지지 못한 상태에서도 점화는 발생할 수 있다.

더하여, 점화 효과는 과거에 마주쳤던 것에 대한 재인보다 훨씬 더 오래 지속될 수 있다(Tulving, Schacter & Stark, 1982). 이들 발견을 토대로 몇몇 연구자들은 점화와 재인이 독립적인 과정들을 포함한다고 제안했다(Tulving & Schacter, 1990). 반면에, 보다 최근에 수행된 행동연구는 단일의 기억 과정이 점화 및 재인 둘 다와 관련된 반복 효과를 설명하는 것이 가능함을 시사한다(Berry, Shanks, Speekenbrink & Henson, 2011).

다른 현상들을 설명하기 위해서 요구되는 다른 과정들의 숫자에 대한 질문이 학습과 기억에 대한 실험적 연구와 이론적 연구에서 대두되어 왔다. 하나의 대상이나 단어를 여러분이 반복적으로 경험한 단순한 경우에서조차도 현재 알려지지 않은, 학습 및 기억 과정들이 관여되어 있을지도 모른다. 이들의, 이른 바, 단순한 시나리오는, 하나의 자극을 반복적으로 경험하게 되면 해당 자극을 지각하는 방식이 변화될 수 있다(지각학습이라고 알려진 현상임)는 것인데 이는 현상에 대한 설명을 훨씬 더 복잡하게 만들 수 있다.

지각학습

지각학습(perceptual learning)은 한 세트의 자극들을 반복해서 경험할 경우에 이들 자극이 구별하기에 더 쉬워지도록 하는 학습의 일종이다. 2개의 예를 보도록 하자. 상업적으로 가금을 기르는 농부는 병아리가 부화한 후 가급적 빨리 암평아리로부터 수평아리를 선별해 내고자 한다. 수평아리를 먹이는 데에 들어갈 비용을 절약하기 위해서다(수컷은 알도 못 낳고 고기의 질도 암컷보다 못하기 때문이다). 부화 후 약 5~6주경에 털 모양을 토대로 병아리의 성별이 드러난다. 고도로 훈련된 사람, 즉 병아리 성감별사는 태어난 지 하루 된 병아리의 뒤 끝을 훑어보기만 해도 암수 병아리를 구별할 수가 있다. 훈련받지 않은 사람에게는 암수가 동일하게 보일지라도, 숙달된 병아리 성감별사는 1/2초당 한 마리 꼴로 아주 정확하게 이런 구별을 할 수가 있다(Biederman & Shiffrar, 1987). 어떤 성감별사들은 이런 구별을 하기 위해 사용하는 미묘한 단서를 심지어는 말로 표현하기가 어렵다고 한다. 그들은 아주 많은 암수 병아리의 표본을 보아왔기 때문에 그들은 '어느 것이 어느 것인가를 단지 알고 있을 뿐'이다. 의학적 진찰 전문의도 이와 유사한 재능을 가지고 있다. 경험이 많지 않는 의대생에게는 모든 발진이 같아 보일지 모르나, 경험이 많은 피부과 의사는 발진을 훑어보고 환자가 접촉성 피부염, 기계충 또는 다른 어떤 상태를 가진 것인지를 아주 정확하게 즉각적으로 구별할 수 있다.

병아리의 성별 또는 피부발진을 구별하는 전문가는 아닐지라도 여러분은 아마도 다른 분야에서 품평가가 되어 있을지 모른다. 아마도 여러분은 코카콜라와 펩시를, 또는 맥도날

Getty Images

방대한 경험을 통하여, 보석 감정사는 보석의 미묘한 시각차도 변별하게 된다. 어떤 방식에서 단순노출 학습이 이런 일에 도움이 되는가? 그리고 어떤 방식에서 이런 학습은 이 일에 충분하지 못한가?

드의 프렌치프라이와 다른 패스트푸드점들의 프라이를 쉽게 구별할 수 있을 것이다. 아마도 여러분에게는, 펜더의 전자기타 소리가 깁슨의 그 소리와 매우 다르게 들릴 것이다. 여러분의 전공이 무엇이든, 여러분은 해당 자극에의 반복 노출에 의해 미묘한 차이를 감지하는 능력을 발달시켰을 것이다. 이것이 바로 지각학습의 핵심이다.

병아리 감별사는 우연에 의해서가 아니라 광범위하고 사려 깊은 노력을 통하여 그 전문성을 얻는다. 이것은 지각적 기술학습(perceptual skill learning)의 범주에 속하는데, 이에 대해서는 제8장에서 보다 광범위하게 논의될 것이다. 하지만 지각학습은 의식적인 노력이 전혀 없이 자극에의 단순노출에 의해서도 발생할 수 있다. 이런 상황은 습관화, 민감화 그리고 점화의 과정 동안에 발생하는 것과 비슷하다. 예를 들어, 엘리너 깁슨(Eleanor Gibson)과 그의 동료들은 한 집단의 쥐를 자신들의 우리에 걸려 있는 큰 삼각형과 원형 모양에 약 한달 동안 노출시켰다(Gibson & Walk, 1956). 그런 다음 이 연구자들은 이 집단의 쥐와 통제집단의 쥐를 이 두 모양의 한쪽에만 접근하게 훈련시켰다. 이들 모양에 사전에 노출되지 않은 쥐들보다 이들에 친숙한 쥐들이 모양 변별을 더 빨리 학습하였다. 초기 노출 단계 동안에 실험집단의 쥐에게 이들 모양에 대해 가르치기 위하여 행해지는 것은 아무것도 없었으며, 이들 모양은 쥐의 하루 활동과는 아무 연관도 없었다. 그럼에도 불구하고, 이들 모양을 보는 것이 나중에 이들에 대한 학습을 촉진시켰다. 이와 같은 실험에서의 학습은 외현적인 훈련이 없어도 발생하기 때문에 이 학습은 때때로 **단순노출 학습**(mere exposure learning)이라고 불린다. 이런 학습 과정은 잠재학습의 한 유형인데, 그 이유는 쥐가 모양들에 대해 훈련을 받기 시작하기 전에는 그들이 자신들의 우리에 있는 모양들에 대해 무언가를 배웠다는 행동적 증거가 없기 때문이다. 이 초기의 학습은 해당의 쥐가 두 가지의 다른 모양에 다른 방식으로 반응하도록 훈련을 받을 때에만 명확해졌다.

사람들도 단순노출 학습을 보인다. 한 연구에서 실험 참가자들은 복잡한 선 그림들(그림 3.7의 낙서들)을 구별하도록 훈련받았다. 처음에, 각 참가자는 하나의 표적 낙서를 포함하는 카드 하나를 간단히 볼 것을 요청받았다. 그런 다음, 해당 참가자에게 일련의 개별 카드들(각 카드는 하나의 낙서를 포함한다)을 보여주고, 어떤 카드들은 첫 번째의 카드에서 본 것과 같은 낙서를 포함하고 있다고 들려줬다. 각 카드가 제시될 때, 해당 참가자는 실험자에게 그것이 표적 낙서와 일치하는지의 여부를 말해줄 것을 요청받았다. 실험자는 어떤 피드백도 주지 않았다(즉, 참가자들의 친숙성 판단이 옳은지 또는 그른지를 알려주지 않았다). 그러나 이 과정의 말미에서, (표적 카드를 면밀하게 조사하는 것으로부터 시작하여) 동

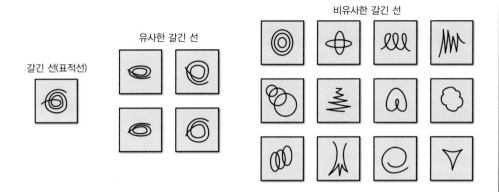

그림 3.7
인간의 단순노출 학습 하나의 특정한 낙서(즉, 표적이 됨)를 반복적으로 보게 한 후에 이 낙서를 포함하는 카드 하나를 한 벌의 다른 낙서 카드들(이들 각각은 표적 낙서와 유사한 정도가 다르다)과 섞고 이 표적 카드를 찾아내게 한다. 이 표적 낙서를 확인해내는 참가자의 능력은 수행에 대한 피드백이 없어도 점차적으로 향상한다.
Images from J. J. Gibson and Gibson, "Perceptual Learning and Differentiation or Enrichment?" Vol. 62, No. 1, 32~41, 1955, APA. Adapted with permission.

일한 단계들이 전부 다시 반복되었다. 이렇게 3회가 반복되었다. 참가자들은, 표적 낙서일 리가 거의 없는 다른 새로운 낙서들(유사하지 않는 낙서들)을 비친숙한 것으로서 정확히 보고할 수 있는 것만큼 해당의 표적 낙서의 반복을 확인하는 데 꽤 정확했다. 하지만 훈련의 초기에 참가자들은 표적 낙서와 유사한 많은 낙서들을 부정확하게 재인하기도 했다. 그러나 낙서들에 점점 더 많이 노출시키자 참가자들은 아주 유사하지만 새로운 자극들과 이 표적 낙서를 구별하기 시작했다(J.J. Gibson & Gibson, 1955). 이것은 낙서들에 단순히 노출시킴으로써 형성된 지각학습의 예이다.

개개인을 구별할 줄 아는 여러분의 능력도 유사하게 발전해왔을지 모른다. 일반적으로 여러분은 여러분과 상호작용이 별로 없는 인종집단 내의 개인들 간을 구별하는 것보다는 자신의 삶을 통하여 자주 마주친 인종집단에 속하는 개인들 구별하는 데 더 뛰어날 것이다 (이 화제에 대하여 더 심도 있는 논의를 보려면 다음의 '일상에서의 학습과 기억 : 무의식적 인 인종 편견' 부분을 참조).

지각학습은 반복적으로 경험되는 자극들이 학습 후에 더 효과적으로 처리된다는 점에서 점화와 유사하다. 더하여, 이미 살펴본 것과 같이, 지각학습은 학습자가 지각적 차이들에 대한 자신의 민감도가 증가하고 있다는 사실을 인지하지 못하고 있을 때라도 발생할 수 있다. 지각학습이 점화와 다른 하나의 방식은 지각학습이 유사한 자극들을 구별하기 위한 능력의 증가와 연합되어 있다는 점이다(제6장에서 심도 있는 논의가 전개될 것이다). 점화는 유사한 자극들에 대한 최근의 경험에 의해 야기된 자극의 탐지 및 재인의 변화와 더 자주 연합되어 있다.

습관화, 민감화 그리고 지각학습은 언뜻 보기에는 매우 다른 종류의 학습인 것처럼 보일 것이다. 하지만 현재의 이론들은 이들 겉보기에는 달라 보이는 현상들이 유사한 (또는 동일한) 학습 기제들에 의존한다고 제안한다. 예를 들어, 이 장의 앞부분에서 소개한 습관화에 대한 이중과정이론은 지각학습이 습관화와 민감화의 결합으로부터 생겨난다고 설명한다 (Hall, 2009). 벽에 삼각형들과 원형들이 걸려 있는 우리에 쥐가 살고 있었던, 단순노출 학습에 대한 실험을 다시 한 번 고려해보자(E. Gibson & Walk, 1956). 삼각형들과 원형들은 몇몇의 속성을 공유했다. 즉, 두 형태들 모두 동일한 재료로 구성되었으며, 둘 모두 벽에 걸

◀◀ 일상에서의 학습과 기억 ▶▶

무의식적인 인종 편견

사람들은 보통 자신이 속한 인종의 사람들의 얼굴보다, 다른 인종의 사람들의 얼굴을 더 유사하게 평가하는 경향이 있는데(Malpass & Kravitz, 1969), 이를 '타인종 효과'라 한다. 현재 심리학 이론들은 이 타인종 효과는 다른 인종의 얼굴에 대한 경험이 적은 사람들에게서 나타난다고 말한다. 이 이론에 부합하게, 코카시안 가족들에게 입양된 비코카시안계 아이들은 그들의 인종 그룹보다 코카시안계의 사람들 얼굴을 더 잘 구별했다(Meissner & Brigham, 2001).

대부분의 사람들이 자신은 낯선 사람의 외모나 말투를 고려하지 않고 평등하게 대하고 있다고 생각할지 모르지만, 연구 결과는 그렇지 않다. 피험자들은 자신이 이상적인 가치관을 가지고 있다고 진술했음에도 불구하고, 그들은 얼굴을 구별하는 것 외의 상황에서도 종종 인종에 대한 편견을 보였다. 예를 들어, 피험자들은 타인종에 대한 질문을 받았을 때 무의식적으로 타인종을 부정적인 이미지로 연상했다(Greenwald, McGhee, & Schwartz, 1998). 이런 편견은 피험자들의 자기 보고와는 일치하지 않았다. 자신이 무의식적인 인종 편견을 얼마나 가지고 있는지 궁금하다면 https://implicit.harvard.edu/implicit/에서 온라인 테스트를 해볼 수 있다. 최근 연구는 타인종 효과가 실제로 무의식적인 인종 편견에 기여한다고 밝혔다(Lebrecht, Pierce, Tarr, & Tanaka, 2009). 이 연구는 특정 인종의 사람들을 구별하는 능력이 부족한 사람일수록, 무의식적으로 인종에 대한 고정관념을 가질 확률이 더 높다고 설명한다.

만약 얼굴을 구별하는 능력이 다양한 유형의 얼굴을 자주 접한 결과라면, 타인종 효과는 본질적으로 시지각학습의 부작용일 수 있다. 이런 경우, 다양한 인종들의 얼굴을 구별하는 훈련을 통해 타인종 효과를 줄일 수 있을 거라 기대해 볼만 하다. 또한 만약 타인종 효과가 무의식적인 인종 편견에도 기여한다면 이런 훈련은 이런 편견을 줄일 수도 있을 것이다. 이런 예측은 최근 실험을 통해 확인되었다. 코카시안계의 참가자들은 아프리카계 미국인들의 얼굴을 구별하는 훈련을 집중적으로 받은 후, 타인종 효과와 무의식적인 인종 편견이 감소했다(Lebrecht et al., 2009). 이런 종류의 학습은 사회적인 상호작용 없이도 인종의 고정관념에 대한 과일반화를 줄일 수 있다(더 많은 내용을 알고 싶다면 제6장에 나와 있는 인종자극의 차별화된 처리의 기원을 참조).

려 있었다는 점 등이 그렇다. 이들은 또한 몇몇의 다른 속성도 가지고 있었다. 예로, 삼각형은 직선의 변들을 갖추고 있는 반면에 원형은 둥근 변을 가지고 있었다. 이중과정이론에 따르면, 쥐가 벽의 삼각형을 볼 때는 이 동물의 정향반응과 생소함에 대한 반응이 자신이 경험했던 모든 속성들에 습관화되었다. 유사하게, 이 동물의 반응은 또한 벽의 원형과 관련된 모든 시각적 측면들에 습관화되었다. 이들 형태의 공유된 속성들은 쥐가 두 형태 중 어느 하나를 볼 때마다 경험되었지만, 구별되는 속성들은 쥐가 한 형태 또는 다른 형태를 볼 때만 경험되었다는 것을 주의하라. 이 공유된 속성들이 두 번씩 반복적으로 경험되었기에, 그 공유된 속성들을 보는 것에 대한 반응에 끼치는 효과는 더 컸을 것이다. 즉, 공유된 속성들에 대한 반응들의 습관화 정도가 비공유된 속성들에 비하여 두 배가 된다. 최종적인 결과로, (직선 가장자리 대 둥근 가장자리와 같은) 독특한 속성들이 공유된 속성들보다 더 쉽게 정향반응을 유발할 가능성이 있다. 달리 표현하자면, 이들 형태가 제공된 우리에서 지낸 쥐에서는 두 형태를 구분하는 속성들은 공유된 속성들보다 더 주목할 만한 것이 되었다. 따라서 형태를 제공받은 쥐는 이전에 전혀 그렇지 않은 쥐에 비하여 형태 구별 학습을 더 빨리 할 것으로 기대되었을 것이다. 경험을 한 쥐는 해당 형태들의 공유된 속성들에 주의를 덜 기울였을 것이기 때문이다.

지식 테스트

지각학습 대 습관화

습관화와 지각학습 모두 자극에 반복적으로 노출되었을 때 나타난다. 이 두 가지 현상이 유사해 보일지도 모르지만, 두 형식의 학습 결과 나타나는 반응의 종류는 완전히 다르다. 아래에 제시된 사진들을 보고, 묘사된 장면이 어떤 종류의 학습에 해당하는지를 밝혀라. (정답은 책의 뒷부분에 있다.)

Sheer Photo, Inc/Getty Images

Sheer Photo, Inc/Getty Images

Ian Shaw/Stone/Getty Images

공간학습

동물들이 탐색(exploration)을 할 때는 대상의 모양, 냄새, 소리 등을 능가하는 그 이상의 것을 학습한다. 그들은 한 장소에서 다른 장소로 도달하는 방법 그리고 특별한 장소를 방문할 때 기대되는 것 또한 학습한다. **공간학습**(spatial learning)(즉, 자신 주변의 정보를 획득하는 것)은 다양한 방법으로 성취될 수 있다. 탐색적 공간학습에 대한 최초의 실험적 연구에서 에드워드 톨만과 혼직(Tolman & Honzik, 1930)은 복잡한 미로에 쥐들을 놓고서 미로

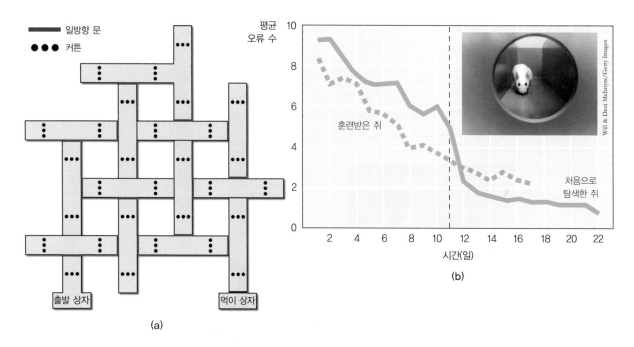

(a)

(b)

그림 3.8

쥐의 탐색학습 (a) 톨만은 먹이 상자가 있는 복잡한 미로에 쥐들을 놓았다. (b) 어떤 쥐들(훈련받은 쥐들)은 이 상자 안으로 들어갈 때마다 먹이보상을 받았다. 다른 쥐들(즉, 선행노출 쥐들)은 먹이보상이 주어지지 않은 상태에서 단순히 미로에 넣어진 후 탐색이 허용되었다. 11일 째에 이들 쥐는 먹이 상자에 들어갈 때 먹이를 받기 시작했다.

(a) Information from Elliot, 1928: (b) Data from Tolman and Honzik, 1930.

(그림 3.8a)의 특정 지점(이곳은 먹이 상자가 있는 장소로서 이곳에 도달한 쥐들은 먹이로 보상받는다)으로 가도록 훈련시켰다. 이렇게 훈련된 쥐들은 시행 일수가 진행될수록 실수(잘못해서 다른 지점으로 들어가는 일)를 더 적게 저지르면서 먹이 상자로 달려가는 것을 배웠다(그림 3.8b). 두 번째 집단의 쥐들은 첫 10일 동안 단순히 이 미로 안에 놓여서 자유롭게 탐색을 하도록 하였다. 만일 그들이 먹이 상자로 우연히 들어올 경우에는 먹이가 제공되지 않고 간단히 미로에서 꺼내졌다. 열하루 째부터 이들 쥐는 먹이 상자에 들어갈 때마다 먹이를 제공받게 되었다. 그림 3.8b에서 보는 바와 같이, 탐색처치를 먼저 받은 이들 집단도 먹이를 얻기 위해서 먹이 상자로 가는 것을 학습했다. 더군다나 이들은 학습을 아주 잘 해서 그들의 수행은 첫날부터 내내 먹이를 제공받은 첫 집단의 쥐의 수행능력을 빨리 능가했다. 톨만과 혼직은 두 집단의 쥐가 먹이 상자의 위치에 대하여 학습했다고 결론을 내렸다. 한 집단은 명백한 훈련에 의해 먹이 상자로 도달하는 방법을 학습했고, 다른 집단은 단순한 탐색에 의해 미로에 대한 공간적 윤곽을 학습했던 것이다(물론, 이 실험은 잠재학습에 대한 하나의 예이다. 먹이 상자 안에 먹이가 놓이기 전까지는 탐색자인 쥐들이 거기에 빨리 도착하는 방법을 알고 있었다는 증거가 거의 없기 때문이다).

쥐들은 무엇을 학습하고 있었는가? 아마도 그들은 어떤 지점들로 도착하기 위해서 도는 순서를 학습(예 : 출발 상자로부터 오른쪽으로 돌면 그다음은 왼쪽으로 도는 등)하고 있었을 것이다. 그런 학습은 정말로 발생한다. 하지만 이것이 쥐들이 배운 모든 것을 설명해주기에는 충분하지 않은데, 그 이유는 쥐가 새로운 출발 위치에 놓여도 여전히 그 목표점으로 가는 길을 찾을 수 있기 때문이다. 쥐들은 또한 미로에서 자신의 위치를 결정하기 위하여 시각 단서들을 사용하는 것처럼 보인다. 예를 들어, 실험실 미로에 있는 쥐는 미로의 가장자리 너머로 보이는 창문의 풍경 또는 벽의 장식과 같은 시각 단서를 이용하는 것 같다. 이들 단서가 보이는 한, 미로의 출발점이 어느 곳에서 주어지든 길을 찾을 수 있는 것 같다. 만일 이들 단서가 주위로 옮겨지면 쥐는 잠시 동안 어리둥절하게 되는 것 같다(이것에 대한 실험은 이 장의 후반에서 기술한다). 사실, 쥐는 탐색을 하는 동안에 많은 것들을 학습할 수 있다. 그 결과로, 공간적 과제들은 조작적 조건화(제5장), 사건의 기억(제7장), 숙련기억(제8장) 및 작업기억(제9장)을 포함하여 많은 다른 종류의 학습과 기억을 연구하는 데 주요한 역할을 해왔다. 탐색은 이들 과제에서 중요하다. 미로 탐색을 거부하는 쥐는 공간적 조직화에 대해서 배우는 바가 거의 없을 것이기 때문이다. 많은 다른 종류의 야생동물들도 탐색을 통하여 학습했던 시각 단서들을 바탕으로 길찾기를 한다. 하나의 고전적 연구에서, 니코 틴버겐(Niko Tinbergen)은 말벌이 자신의 보금자리의 위치를 찾아내는 능력을 연구했다. 어떤 종류의 말벌과 꿀벌은 먹이를 찾아 자신의 벌통 또는 굴을 떠나기 전에 정향비행(orientation flight)을 한다. 정향비행 동안에 그들의 집 주위를 선회한다. 틴버겐과 윌리엄 크루이트(William Kruyt)는 말벌이 자신의 굴 안에 있을 때 이 굴 주위를 빙 둘러 솔방울

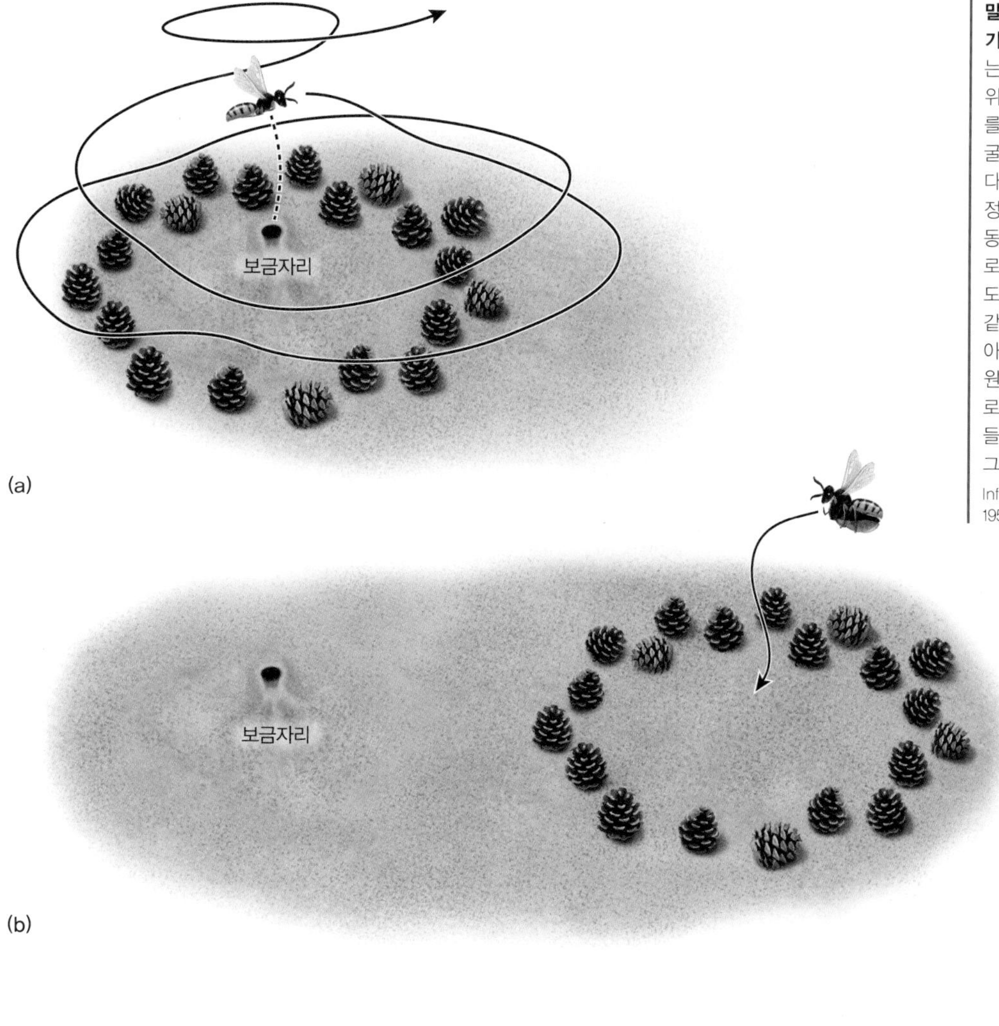

그림 3.9
말벌의 이정표 사용하기 (a) 틴버겐과 크루이트는 굴(지하의 보금자리)의 위치에 대한 시각적 정보를 제공하기 위해서 말벌의 굴 둘레에 솔방울들을 놓았다. 집을 떠날 때 말벌들은 정향비행을 하게 되는데, 이 동안에 그들은 나중에 집으로 돌아오는 길을 찾는 데 도움이 될 만한 (솔방울과 같은) 국소적인 이정표를 알아두는 것 같다. (b) 솔방울 원을 보금자리 주변의 평지로 옮기면, 귀가하는 말벌들은 솔방울 원의 내부에서 그 굴을 찾아다녔다.

Information from Tinbergen, 1951.

(a)

(b)

원을 만들어 놓았다(Tinbergen & Kruyt, 1972). 이들 실험자는 말벌이 여러 번 정향비행을 하는 동안에 이 솔방울 원을 손대지 않고 — 말벌들이 충분히 이 이정표에 익숙해질 때까지 — 그대로 놓아두었다(그림 3.9a). 그런 후, 말벌이 채집 여행을 떠난 사이에 이들 실험자는 굴로부터 이 솔방울 원을 (다른 장소로) 이동시켰다(그림 3.9b). 말벌이 돌아왔을 때, 이 말벌은 그 솔방울 원 내부에서 자신의 굴을 반복해서 찾아 다녔다.

틴버겐과 크루이트는 말벌이 채집을 위해 집을 떠날 때는 이정표에 대한 시각 정보(나중에 자신의 굴의 위치를 찾아내는 데 도움이 됨)를 수집하기 위해 정향비행을 한다고 결론지었다. 말벌이 없는 동안에 이들 이정표의 위치가 바뀌면 말벌은 이정표에 근거해서 자신의 굴을 찾는 습성이 있다. 이것은 말벌이 자신의 굴과 주변의 이정표 사이의 공간적 관계에 대하여 학습했음을 말해준다. 톨만의 쥐와 동일하게, 말벌도 탐색을 통해 자기가 처한 환경의 공간적 속성에 대하여 학습한다.

그림 3.9에서 살펴본 바와 같이, 말벌은 떠나기 전에 둥지 위를 몇 번 비행한다. 여러 번 여행을 한 후에, 말벌은 자신의 둥지 주변의 시각 단서들을 반복적으로 경험하곤 한다. 이런 반복적인 사건들은 습관화, 민감화, 지각학습 또는 다른 형태의 학습으로 이어질 수 있다. 이런 종류의 자연적 실험에서, 말벌이 자신의 경험으로부터 정확히 무엇을 학습하는가는 알 길이 없다. 습관화와 민감화에 관한 신경학적 토대를 탐색한 후에, 이어지는 절에서, 탐색하는 동안에 자극에의 노출의 반복으로부터 개인이 무엇을 학습하는가를 연구자들이 더 잘 다루도록 도와주는 더 잘 통제된 연구들에 관하여 기술할 것이다.

중간 요약

■ 습관화는 한 자극에의 반복된 노출이 그 자극에 의해 유발되는 반응의 강도와 횟수를 감소시키는 과정이다.

■ 민감화에서는 경각 자극에 노출되면 뒤따르는 자극에의 반응이 증가한다.

■ 이중과정이론은 한 자극에의 반복된 노출에 의해 야기되는 행동적 변화가 습관화와 민감화가 결합하여 나타내는 효과를 반영한다고 제안한다.

■ 새로운 대상 재인 과제에서, 유기체는 전형적으로 이전에 노출되었던 자극에 대해서보다는 새로운 자극에 대하여 더 많이 반응한다. 이는 친숙성에 대한 증거 또한 제시해준다.

■ 점화는 한 자극에의 노출이, 심지어는 그런 노출을 의식적으로 기억하지 못한다고 해도, 그 자극에 대한 유기체의 나중의 반응에 영향을 미친다는 것을 나타낸다.

■ 지각학습은 한 세트의 자극에 대한 반복적인 경험이 이들 자극을 구별하는 유기체의 능력을 향상시킬 때 발생한다.

■ 공간학습은 흔히 잠재학습을 포함하는데, 탐색을 통해 해당 환경(우연히 만나는 대상을 포함함)의 속성들을 학습하게 된다.

3.2 뇌 메커니즘

앞의 논의에서, 자극에 반복적으로 노출될 때 학습이 발생하는 몇 가지 방법에 관하여 살펴보았다. 몇몇의 경우에, 행동에서의 점진적인 변화가 학습이 발생했음을 나타낸다. 하지만 다른 경우에는, 학습이 정확한 검사가 주어질 때까지 잠재되기도 한다. 습관화의 단순한 경우에서조차도, 학습은 가끔씩은 연합된 행동 변화 없이도 작동할 수 있는 동시다발적인 과정들을 포함하는 것 같다. 결과적으로, 행동적인 증거만을 토대로 유기체가 반복되는 사건들로부터 어떻게 그리고 무엇을 학습하는가를 이해하기는 매우 어렵다.

연구자들은 이런 딜레마를 초창기부터 인식하고 있었다. 습관화에 대한 신경생리학적인 연구는 긴 역사를 가지고 있다(Thompson, 2009). 1900년대에 찰스 셰링턴(Charles Sherrington)의 척수반사 연구(제2장에서 논의했음)로부터 시작되어 보다 최근에는 신경영상 및 전기 생리학적 연구들이 지각학습과 대상재인의 기반이 되는 과정들을 새롭게 조명하기 시작했다. 개인이 반복된 사건에 관하여 학습할 때 뇌의 기능과 구조가 어떻게 변화하는가를 관찰하는 능력은 이들 현상에 대한 많은 새로운 단서들을 제공해왔다. 다음의 논의들에서 이에 대한 입증이 있을 것이다.

어느 개 또는 고양이 주인이라도 알고 있듯이, 개와 고양이는 자연적인 앙숙이다. 개와 고양이를 피험동물로 사용하는 습관화에 대한 초기의 몇몇의 뇌 연구는 이들 동물이 근본적으로 대조적이라는 견해를 입증하는 것처럼 보였다. 예로, 이반 파블로프(Ivan Pavlov)는 대뇌피질이 제거되면 개는 청각 자극에 대하여 더 이상 습관화되지 않는다는 것을 발견했다. 대신에, 이 개는 해당 소리에 대해 계속해서 정향반응을 보였다. 심지어는 이 자극에 여러 번 노출시켜도 그랬다(Pavlov, 1927). 이와 같은 발견으로, 연구자들은 대뇌피질이 습관화에 결정적이며, 또한 대뇌피질이 친숙한 것으로 지각되는 자극에 대한 반사적인 정향반응을 적극적으로 억제한다고 제안하게 되었다(Sokolov, 1963). 그러나 고양이로부터 얻어진 자료는 완전히 정반대인 것 같았다. 뇌가 척수로부터 분리된 고양이 — 이른 바 척수 고양이는 여전히 촉각적 자극에 대하여 습관화를 보였다(Thompson & Spencer, 1966). 이는 척수 자체가 습관화에 필요한 모든 신경 기계를 포함하고 있음을 밝혀주는 것 같았다. 대뇌피질은 — 그리고 뇌의 나머지 부분도 — 필요하지 않았다. 고양이의 자료는 습관화를 나타내는, 바퀴벌레, 원생동물 그리고 수많은 다른 무척추동물들을 포함하여 많은 다른 유기체들이 대뇌피질을 갖고 있지 않다는 발견과 일치했다.

이들 개의 자료와 고양이의 자료는 어떻게 융화될 수 있을까? 한 가지는 이들 초기의 연구에서 이들 동물이 다른 종류의 자극들에 관하여 학습을 하고 있었다는 것이다. 대뇌피질에서의 처리가 습관화에 관여하는지의 여부는 반복되고 있는 자극의 종류, 그 자극이 정상적으로 처리되고 있는 장소 그리고 그 자극에 대한 기억이 형성되는 장소에 달려 있는 것 같다. 이런 복잡함을 피할 수 있는 한 가지 방법은 개와 고양이와 같은 포유류가 아닌, 바다달팽이(sea slug)와 같은 보다 작은 뇌를 가진 동물들을 사용하여 습관화를 연구하는 것이다.

외투

흡수관

꼬리

머리

Borut Furlan/Getty Images

그림 3.10
바다달팽이인 캘리포니아 군소 이 (껍데기가 없는 연체동물인) 해양 무척추동물은 비교적 단순한 신경계를 가지고 있어서 학습의 신경적 토대를 연구하는 데에 유용하다. 흡수관이 가볍게 터치되면 흡수관과 아가미가 (몸을 보호하기 위해서) 움츠려 든다(아가미 철수 반사). 이 사진에서 아가미는 외투 아래로 숨겨져 있다.

Information from Squire and Kandel, 2000.

무척추동물 모델 시스템

습관화의 신경적 토대에 대한 많은 연구는 한 집단의 바다 달팽이의 일종인 군소(Aplysia, 그림 3.10)라고 불리는 해양 무척추 동물을 대상으로 수행되어 왔다. 많은 해양 동물처럼, 군소는 복부로부터 뻗어 나온 아가미를 사용해 숨을 쉬며, 흡수관이라고 불리는 구조물은 호흡을 돕기 위하여 산소가 포함되어 있는 물을 아가미에 분사하는 하나의 튜브와 같이 작용한다. 아가미는 매우 연약해서 쉽게 손상되기 쉽다. 그래서 위험에 닥치면 바다 달팽이는 자신의 바깥 덮개인 외투 아래로 안전하게 아가미를 철수시킨다. 이를 아가미 철수 반사/반응이라고 부른다.

군소를 연구하는 이유는 이 동물이 상대적으로 단순한 신경계(고양이 또는 사람의 경우는 수백억 개임에 반하여 이 동물은 단지 2만 개 정도의 뉴런을 가지고 있다)를 가지고 있기 때문이다. 게다가 이 동물의 몇몇 뉴런은 아주 크다. 소수이지만 어떤 뉴런은 육안으로 볼 수 있을 정도로 충분히 크다. 무엇보다도 좋은 것은, 군소 내의 뉴런들이 이 종의 모든 동물에서 탄탄한 신경연결을 가지고 있다는 것이다. 이는 연구자들이 자주 한 마리의 바다 달팽이에서 하나의 특별한 뉴런(예 : 운동뉴런 L7G)을 확인했다면 같은 종의 다른 동물에서도 같은 장소에서 동일한 뉴런을 발견할 수 있음을 의미한다. 이런 종류의 신경계는 신경과학자가 뇌가 새로운 기억을 어떻게 부호화하는지를 이해하기 위한 시도를 보다 더 쉽게 해준다.

신경과학자들은 군소의 아가미 철수 반사에 관여하는 각각의 뉴런을 상세히 기록했다. 흡수관은 아가미를 신경 지배하고 있는 6개의 운동뉴런에 직접 연결되어 있는 24개의 감각뉴런을 포함하고 있다. 그림 3.11a는 이 신경계(3개의 감각뉴런 S, T 및 U와 1개의 운동뉴런 M으로 구성되어 있음)에 대한 간단한 도식을 보여준다. 흡수관을 건드리면 감각뉴런 S가 격발하면서 이 뉴런은 신경전달물질 글루타메이트(glutamate)를 시냅스로 방출한다(그림 3.11b). 글루타메이트 분자들은 시냅스를 가로질러 운동뉴런 M에 있는 수용기를 활성화시킨다. 충분히 많은 수용기가 활성화되면 뉴런 M은 활동전위(action potential)를 발생시켜 근육이 몇 초 동안 아가미를 철수하게 한다.

군소가 아주 간단하기는 하지만 이 동물은 여전히 경험에 반응하여 자신의 행동을 적응시킬 수 있다. 쥐 또는 사람과 똑같이, 군소도 습관화, 민감화 그리고 여러 다른 형태의 학습을 나타낸다. 하지만 군소에서 이들 학습과정이 일어나는 동안에 과학자들은 신경계가 활성화되는 것을 실제로 지켜볼 수 있다. 노벨상 수상자인 에릭 캔들(Eric Kandel)은 군소의 반사적 반응을 사용하여 반복된 경험들이 이들 반응을 산출하는 신경회로들을, 특별히 동물들이 촉각 자극들에 대하여 습관화되거나 민감화되는 상황에서, 어떻게 변화시키는지를 탐색하는 일에 선구자였다.

군소에서의 습관화

처음에는 가볍게 군소의 흡수관에 접촉해도 아가미 철수 반사가 활성화되지만 반복해서 접촉하면 이 아가미 철수 반사가 점진적으로 약해진다(습관화된다). 습관화의 정도는 자극의 강도와 반복 횟수에 비례한다. 매 분마다 가볍게 접촉하는 것이 충분히 전달된다면 이 철수 반사는 10~12번 정도 접촉 후에 습관화되며 이는 10~15분 정도 지속될 수 있다(Pinsker Kupfermann, Castellucci & Kandel, 1970).

군소의 간단한 신경계에서, 우리는 무엇이 이런 습관화를 야기하는가를 정확하게 볼 수 있다. 그림 3.11a의 도식으로 되돌아가 보라. 흡수관에 접촉하면 감각뉴런 S가 흥분되며, 이 뉴런은 신경전달물질 글루타메이트를 방출하게 되고, 차례로 이 물질은 운동뉴런 M을 흥분시켜 아가미 철수 반사를 유발한다(그림 3.11b). 하지만, 반복적인 자극으로 뉴런 S는

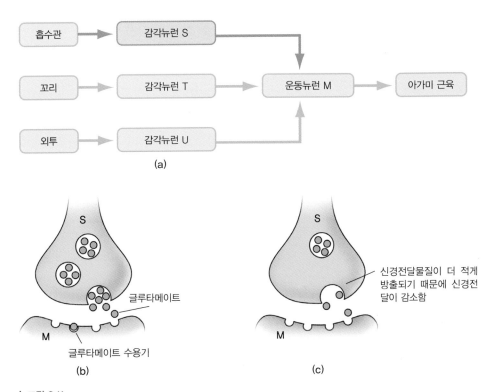

그림 3.11
군소의 아가미 철수 반사에서의 신경회로 (a) 감각뉴런 S, T, U는 흡수관, 꼬리, 외투의 터치에 반응한다. 세 유형 모두의 감각뉴런은 아가미 근육을 수축시킬 수 있는 출력을 생산하는 M과 같은 운동뉴런들에 수렴한다. (b) 감각뉴런 S가 격발하면 신경전달물질 글루타메이트가 S와 M 사이의 시냅스로 분비된다. 이 글루타메이트 분자(노란색으로 보임)는 뉴런 M에 있는 글루타메이트 수용기에 결합할 수 있다. 글루타메이트에 의해 충분한 수의 글루타메이트 수용기가 활성화되면 뉴런 M이 격발할 것이며, 이는 근육이 아가미를 오그라들게 할 것이다. (c) 뉴런 S가 반복적으로 활성화되면 글루타메이트의 분비량이 점차적으로 감소할 것이며 이는 M의 반응을 감소시킬 것이다. 이와 같은 시냅스 억제는 군소의 아가미 철회반응에 대한 습관화를 설명하는 데 토대가 되는 기전이다.

글루타메이트를 더 적게 방출하게 되는데(그림 3.11c) 이는 뉴런 M이 격발할 가능성을 감소시킨다(Castellucci & Kandel, 1974). 글루타메이트 방출의 감소는 심지어는 단일 접촉 자극 후에도 명백하며 최대 10분 동안 지속된다. 이런 글루타메이트 방출의 감소는 방출 지점에서의 글루타메이트를 담고 있는 소낭 수의 감소와 관련이 있다. 따라서 군소에서, 습관화는 한 형태의 **시냅스 억제**(synaptic depression; 즉, 시냅스 전달의 감소)로 설명할 수 있다. 이것은 정확히 습관화에 대한 이중과정이론에 의해 제안되었던(그림 3.4b 참조) 일종의 연결의 약화이며, 또한 제2장에서 기술된 신경연결의 장기 억제에 기여하리라고 생각한다.

군소에서의 습관화의 중요한 하나의 특징은 신경연결이 **동형시냅스적**(homosynaptic)이라는 것인데, 이는 습관화 사건 동안에 활성화되는 시냅스들만이 관여함을 시사한다. 뉴런 S의 변화는 그림 3.11a의 T 또는 U와 같은 다른 감각뉴런들에는 영향을 미치지 않는다. 달리 표현하면, 비록 흡수관에 대한 접촉이 무시되어도 꼬리 또는 상부의 외투를 가볍게 터치하면 방어적인 아가미 철수가 여전히 유발된다. 이 운동 뉴런 M의 반응성조차도 변하지 않는다. 이 경우에 단기에서의 습관화는 뉴런 S가 방출하는 양에만 영향을 미친다.

군소에서의 장기 습관화는 노출이 여러 날에 걸쳐 진행될 때 흔히 10분보다 훨씬 더 오래 지속될 수 있다(Cohen et al., 1997). 어떻게 해서 군소가 과거의 노출에 대한 정보를 그렇게 오랫동안 저장하고 있는가? 바다 달팽이가 여러 날에 걸쳐 동일한 자극에 반복적으로 노출될 때 영향을 받는 감각뉴런과 운동뉴런 사이의 신경연결의 실제 수는 감소한다. 구체적으로, 동일한 자극에 반복적으로 노출된 동물의 감각뉴런에서의 시냅스 전 종말단추의 수는 감소한다. 따라서 군소의 시냅스 전달은 신경전달물질 방출의 감소에 의해서뿐만 아니라 시냅스들의 제거에 의해서도 억제될 수 있다. 습관화에 관한 이중과정이론이 제안하는 바와 같이, 이는 반복된 경험이 연결의 약화뿐만 아니라 연결의 제거로 이어질 수 있음을 제안한다.

군소에서의 습관화 기제가 더 큰 뇌를 갖는 동물들의 습관화에 대하여 무엇인가를 말해 줄 수 있는가? 포유류 뇌에 있는 수십억 개의 뉴런을 통하여 전체적인 뉴런회로를 추적하는 것은 지금으로서는 불가능하다. 하지만 신경과학자들은 군소에서 상세하게 증명되었던 습관화 기제가 다른 종에서도 발생한다고 믿을 만한 합당한 이유를 가지고 있다. 사실, 가재와 고양이를 포함하는 다른 종에서의 감각뉴런을 반복적으로 자극해도 신경물질의 방출이 감소한다. 이는 최소한 습관화의 생물학적인 기제의 몇 개는 여러 종에 걸쳐 일관됨을 제안한다.

군소에서의 민감화

습관화와 비교하여, 민감화에서는 무엇이 자극에 대한 반응을 증가시키는가? 이 경우에도 군소가 이 종류의 학습에 관여하는 신경과정을 연구하는 데에 방안을 제공한다. 흡수관을 가볍게 접촉하는 대신에, 연구자가 더 불쾌한 자극, 즉 가벼운 전기충격을 꼬리에 적용해서 크고 지속적인 아가미 철수 반응을 야기한다고 가정하자. 이 꼬리에 가해지는 충격은

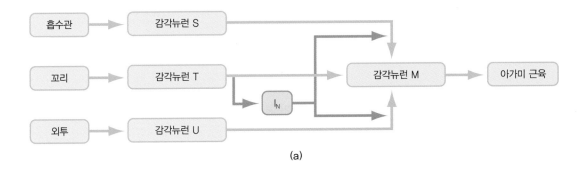

(a)

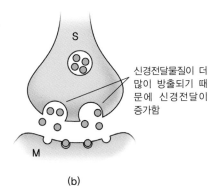

신경전달물질이 더 많이 방출되기 때문에 신경전달이 증가함

(b)

그림 3.12
군소에서의 민감화 (a) 꼬리에 충격을 가하면 감각뉴런 T가 활성화되고 이는 운동뉴런 M을 활성화시켜서 운동 반응을 유발한다. T는 (세로토닌과 같은) 신경조절자를 뉴런 S와 U의 축색에 전달하는 게재뉴런 I$_N$을 또한 활성화시킨다. (b) 뉴런 S의 후속적인 활성화는 (S에 의해서 통상적으로 유발되는 것보다는) 신경전달물질(즉, 글루타메이트)을 더 많이 분비하게 해서 뉴런 M의 활동성이 더 커지게 한다.

후속하는 반응을 민감화시켜서 흡수관을 약하게 터치해도 이제는 강한 아가미 철수를 유발하게 된다.

이런 현상이 어떻게 발생하는가를 이해하기 위해서 그림 3.11a로부터 단순화된 회로 도식을 취하고 그림 3.12a에서와 같이 조금 더 자세한 신경회로를 더해보자. 꼬리 충격이 감각뉴런 T를 활성화시키고 이는 운동뉴런 M을 활성화시켜서 아가미 철수 반응을 야기한다. 그러나 전기충격의 각성적 특성 때문에 뉴런 T는 조절 역할을 하는 게재뉴런 I$_N$도 활성화시킨다. 게재뉴런은 명칭 그대로 직접적으로 감각 입력을 받지 않으며 운동 출력을 생산하지도 않는다. 하지만 대신에 2개의 다른 뉴런 사이에 메시지를 전한다. 하나의 조절적인 게재뉴런(modulatory interneuron)은 전달되고 있는 메시지의 강도를 변경시키는 뉴런이다. 제2장으로부터 신경조절자(neuromodulator)가 단지 단일 시냅스보다는 뇌의 전역에서 영향을 미칠 수 있는 신경전달물질임을 상기하라. 군소에서, 게재뉴런 I$_N$는 뉴런 T를 S와 U 둘 다에 연결시키고 세로토닌(serotonin)과 같은 신경조절자를 분비시켜 이들과 의사소통한다. 세로토닌은 뉴런 S가 격발할 때마다 이 뉴런으로부터 글루타메이트를 방출하기 위해 가용한 글루타메이트의 소낭의 수를 증가시킨다. 사실상, 이 게재뉴런은 S에게 격발할 것인지의 여부를 말해주기보다는 S에게 "네가 격발할 때는 강하게 해라."라고 말해준다.

군소가 지금 흡수관에 가벼운 접촉을 경험하고 있다고 가정하자. 꼬리 충격 전에, 이 가벼운 접촉은 뉴런 S가 소수의 소낭으로부터 신경전달물질을 방출하도록 해서(그림 3.11b) 약한 아가미 철수가 유도되게 했을 것이다. 그러나 이제는 이 가벼운 접촉이 뉴런 S가 더 많은 수의 소낭으로부터 신경전달물질을 방출하도록 한다(그림 3.12b). 그 결과로, M이 격발해서 보다 강한 아가미 철수 반응으로 이끌 가능성이 더 높아진다(Brunelli, Castellucci & Kandel, 1976; Castellucci & Kandel, 1976). 사실, T에서의 사전 꼬리 충격은 이 바다 달팽이를 경계 상태에 있게 하여 이 동물이 후속의 가벼운 터치에 민감하게 만든다.

민감화의 핵심은 이것이 **이형시냅스적**(heterosynaptic)이라는 것인데, 민감하게 하는 사건에 의해서 활성화되지 않는 시냅스를 포함하여 여러 개의 시냅스에 걸친 변화가 있음을 의미한다. 이런 특성 때문에, 꼬리 충격은 미래에 있을 어떤 자극에 대한 반응도 증가시킨다. 예를 들어, 실험자가 흡수관(뉴런 S) 대신에 감각뉴런 U를 활성화시키는 외투를 터치하면, 동일한 과잉반응이 발생하곤 한다. 습관화에서와 같이, 민감화의 정도는 초기 자극의 강도에 달려 있다. 즉, 단일의 가벼운 충격을 가하면 수 분간 지속되는 민감화를 유발할 수 있고 한꺼번에 4 내지 5개의 충격을 가하면 2일 이상 지속되는 민감화를 유발할 수 있다(Marcus et al., 1988; Squire & Kandel, 2000). 군소에서, 습관화에 대한 이중과정이론과 일치하게, 민감화도 완전히 분리된 상태 시스템을 가지지는 않는다는 점을 주의하라. 대신에, 반사적인 반응을 발생시키는 신경회로의 일부인 게재뉴런은 시냅스 전달을 증가시킨다. 마찬가지로, 다시 한 번, 습관화의 이중과정이론과 일치하게, 2개의 독립적인 과정들은 습관화 및 민감화 효과들과 관련되어 있다. 결과적으로는, 이런 관점은 군소에서 보이는 이들 효과를 잘 설명해준다. 이중과정이론은 원래 포유동물의 습관화를 설명하기 위하여 개발되었다. 따라서 이 이론이 해양 무척추동물에서의 습관화와 민감화의 많은 측면들을 포착할 수 있다는 사실은 많은 다른 종이 유사한 방식으로 반복된 사건에 대하여 학습함을 시사한다.

과거의 행동적 연구는 흔히 습관화를 민감화의 반대 개념으로 다루어 왔다. 이들 유형의 각각에서 자극으로 유발된 반응들이 반대되는 효과를 보였기 때문이다. 하지만 무척추 동물을 사용한 연구들 덕분에 민감화와 습관화를 상호작용하는 학습 기제들로서 더 잘 이해할 수 있게 되었다. 군소에서의 탈습관화에 관한 연구들은 탈습관화를 산출하는 신경회로들이 민감화를 산출하는 것들과 중첩됨을 보여준다 — 하지만 이들이 동일한 것은 아니다(Bristol, Sutton & Carew, 2004). 더하여, 연구에 의하면 행동적으로는 습관화와 꽤 유사한 둔감화는 신경 수준에서는 이형시냅스적으로 보인다는 점에서 민감화와 더 유사하다고 제안된다(Poon & Young, 2006). 둔감화는 단순히 민감화의 역이 아니다 — 그것은 세로토닌 방출의 감소와 관련되지 않는다. 대신에, 둔감화는 독립적인 한 세트의 억제성 뉴런들에 의해 시냅스 전달을 능동적으로 억제하는 것 같다. 캔들과 같이, 아마도 여러분은 반복적인 자극을 만난 군소의 반사적 운동의 증가 내지는 감소와 같이 얼핏 보기에는 단순해 보이는 어떤 것이 (이해하기에) 비교적 단순한 학습과정일 수 있다고 기대했을지도 모른다. 하지만 군소에 대한 연구들은 '단순한' 학습과정들조차도 꽤 복잡할 수 있음을 보여준다.

군소 학습의 시냅스 메커니즘

군소에서 습관화와 민감화는 시냅스 전달에 서로 다른 효과를 가진다. 아래 제시된 상황에서, 습관화가 일어날 것인지, 민감화가 일어날 것인지 추론하고, 자극–반응 경로에 어떤 일이 일어날 것인지 제시하라. (정답은 책의 뒷부분에 있다.)

1. 꼬리의 자극에 반응하는 뉴런과 아가미 철수 반응에 반응하는 뉴런 사이를 연결하는 시냅스는 예전에는 2개였으나 현재는 하나만 남아 있다.
2. 운동뉴런 주변에 분비된 글루타메이트의 측정 결과, 글루타메이트가 증가했다는 것이 나타났다.
3. 신경계의 해부학적 분석을 통해 평소 보였던 것보다 많은 수의 시냅스들이 아가미 철수 반응 회로에 연합되어 있다는 것을 밝혔다.
4. 운동뉴런 활동을 레코딩한 결과, 이 뉴런들이 덜 발화한다는 것이 나타났다.

지각학습과 대뇌피질의 신경 가소성

군소가 자신의 몸의 일부에 대한 접촉을 학습할 때, 이 동물의 감각뉴런들은 그 접촉을 매번 같은 방식으로 탐지한다. 반복적인 접촉은 감각뉴런과 운동뉴런 간의 연결 강도를 변화시키지만 감각 수용기들이 접촉에 어떻게 반응할 것인가는 변화시키지 않는다—각 접촉으로 감각뉴런에 의해 산출되는 신경격발의 양은 습관화 내내 안정되어 있다. 군소가 자신의 흡수관에 대한 접촉을 무시하는 것을 학습할 때 습관화가 발생한다. 지각학습은, 대조적으로, 유사한 입력들 간을 변별할 수 있는 능력의 증가와 관련이 있다. 지각학습에서, 개인은 이전에는 알아차리지 못했던 자극 차이들을 인식하는 학습을 한다. 그리고 감각뉴런들은 시간에 걸쳐 사건들에 대하여 어떻게 반응할 것인가를 변화시킬 것이다.

아주 단순한 신경회로들만 가지는 군소와는 달리, 다른 종류의 접촉들을 구별할 줄 아는 여러분의 능력은 여러분의 체감각피질 내에 있는 뉴런들에 강하게 의존하고 있다. 여러분의 피부에 있는 감각 수용기들은 척수를 지나 시상을 걸쳐 체감각피질로 신호들을 보낸다(제2장에서 소개했음. 그림 2.8참조). 여러분은 제2장에서 운동피질이 자신이 통제하는 다른 신체의 영역들에 대한 지도를 어떻게 포함하고 있는지를 기억하는가? 이것은 **호문쿨루스**(homunculus)라고 불렸다. 체감각피질은 접촉 메시지를 받아들이는 신체의 부분들을 지도화한, 이와 유사한 호문쿨루스를 가진다(그림 3.13). 따라서 여러분이 검지로 어떤 것을 접촉할 때마다, 여러분의 체감각피질 내의 특정한 세트의 뉴런들이 활성화되어, 여러분은 그 손가락이 무언가를 접촉하고 있다는 것뿐만 아니라 접촉하고 있는 표면이 무엇과 같은지도 지각한다.

제2장에서 기술한 것과 같이, 대뇌피질의 가장 중요한 일들 중의 하나는 자극들에 대한 정보를 처리하는 것이다. 그리고 이것은 지각된 자극들이 갖는 속성들을 변별하는 것을 포함한다. **감각피질들**은 이런 변별을 하는 데 특별히 중요한데, 체감각피질은 그 한 예이다. 감각피질들은 시각 자극, 청각 자극, 체감각 자극 등을 처리하는 대뇌피질의 영역이다. 이들 각 뇌 영역 내에서 개개 뉴런들은 다른 자극 속성들에 반응한다. 예로, 여러분의 청각피

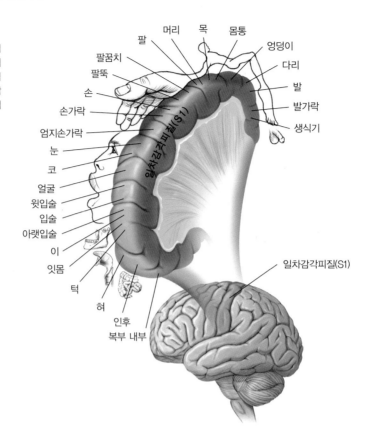

그림 3.13
인간의 체감각피질 내의 호문쿨루스 체감각피질의 영역들은 대부분 특정 신체 부위의 접촉에 강하게 반응한다. 이 영역들은 체감각피질의 인접한 영역들을 함께 활성화하는 가까운 신체 부위들로 이루어져 있다.

질에 있는 어떤 뉴런들은 여러분이 고음을 들을 때 강하게 격발할 것이며, 다른 뉴런들은 낮은 음을 들을 때 강하게 격발할 것이다.

하나의 특별한 피질뉴런이 격발하도록 야기하는 자극들의 범위를 그 뉴런의 **수용야** (receptive field)라고 한다. 그림 3.14는 기니피그의 청각피질 내의 하나의 뉴런에 대한 수용야를 보여주고 있는데 이것은 단일세포 기록법을 사용하여 측정되었다. 이 뉴런은 기니피그가 0.7과 3kHz 사이의 청각 음을 들을 때 격발하였는데, 이 음의 범위가 이 뉴런의 수용야인 것이다. 이 뉴런은 기니피그가 0.9kHz 근처의 음을 들을 때 최고로 격발했다. 신경과학자들은 이 피질 뉴런이 0.9kHZ에 조율되어 있다고 말하는데, 이것은 이 음고가 가장 많은 격발을 유발함을 의미한다. 체감각피질에서 한 뉴런의 수용야는, 자극될 때 그 뉴런이 격발되도록 하는 피부 또는 다른 조직의 패치(patch)로 정의된다. 전반적으로, 자극의 특별한 유형, 원천 또는 강도(또는 자극의 어떤 다른 속성)에 조율된 뉴런들이 많을수록, 유기체는 그 자극과 관련이 있는 세밀한 변별을 더 잘할 수 있게 될 것이다. 따라서 예로, 그림 3.13에서 보이는 신체지도에서 엄지손가락의 접촉에 민감한 지역은 목의 접촉에 민감한 지역보다 더 크다. 엄지손가락의 피부가 목의 피부보다 더 세밀한 변별을 탐지할 수 있다는 결과로부터, 피질에서 더 큰 지역은 더 많은 뉴런들을 의미한다.

그림 3.13에서 보이는 체감각피질의 공간적 조직화(신체지도)는 비슷한 수용야를 갖는 뉴런들이 감각피질에서 함께 모여 있음을 시사한다. 유사한 방식으로, 시각 및 청각피질

들도 유사하게 조율된 뉴런들의 무리를 포함하고 있다. 이들 무리가 예언 가능한 방식으로 조직화될 때, 이 피질 조직화의 형태는 **지형도**(topographic map)로서 기술된다. 이것은 물리적으로 가까이 함께 있는 피질뉴런들이 유사한 자극 속성들에 조율되어 있다는 것을 의미한다. 지형도에서, 이웃하는 피질 뉴런들은 겹치는 수용야를 가지고 있다. 예로, 여러분이 기니피그의 청각피질의 표면을 가로질러 기록들을 수집한다면 인접하는 뉴런들이 점진적으로 증가하거나 감소하는 소리의 주파수에 반응함을 발견할 것이다 — 0.9kHz에 조율된 뉴런들은 0.8, 0.9 또는 1.0kHz에 조율된 뉴런들에 의해 둘러싸일 것이다. 여러분이 피아노 앞에 앉아 건반을 왼쪽으로부터 오른쪽으로 거슬러 올라가면서 한 번에 한 개씩 건반들을 연주한다면, 청각피질의 활동성은 건반을 가로지르는 여러분 손의 움직임에 상응하는 형태로 점진적으로 변화해갈 것이다.

대부분의 신경과학의 역사에서, 감각피질에 있는 뉴런들은 피아노 현들이 건반의 누름에 어떻게 반응하는가와 유사한 방식으로 감각에 반응한다고 생각했다. 한 특정 세트의 감각 수용기들이 하나의 자극을 탐지할 때마다 특별한 세트의 피질 뉴런들이 활성화된다고 생각했다. 제1장으로부터 여러분은 감각이 이런 유형의 반사적인 연쇄반응을 야기한다고 데카르트가 제안한 것을 알고 있을 것이다. 사실 신경과학자들은 감각피질에 있는 수용야들이 발달 초기, 다양한 손상 후, 반복된 경험의 결과로서 변화한다는 것을 발견하고서 놀랐다. 환언하면, 바로 지금의, 여러분의 감각피질에서의 지형도들은 10년 전의 여러분의 뇌에 있었던 것들과 (비록 그들이 꽤 유사할 수는 있다고 할지라도) 동일하지는 않다. 경험의 결과로서 피질의 수용야와 피질의 공간 조직화가 변화하는 능력을 **피질 가소성**(cortical plasticity)이라고 지칭한다.

여러분이 지각한 것이 감각피질 내의 뉴런들이 조율되는 방식에 달려 있다면, 그리고 여러분의 감각피질의 조율이 시간의 경과에 따라 변화한다면 이것은 여러분의 지각에 관하여 무엇을 제안하는가? 그것은 여러분의 지각 또한 시간의 경과에 따라 변화할 수 있음을 제안한다 — 이 점은 지각학습에 대한 연구들이 보여준 바로 그것이다. 반복된 경험이 감각

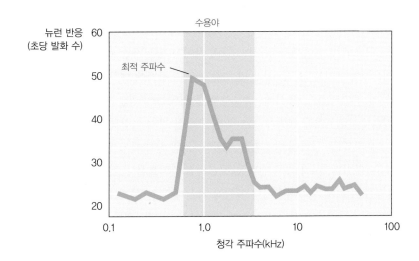

그림 3.14
기니피그의 청각피질 뉴런의 수용야 수용야는 다른 자극들(이 경우, 0.1~100kHz의 범위를 갖는 주파수의 소리자극임)에 반응해서 산출되는 뉴런 활동량을 측정함으로써 확인된다. 이 뉴런은 0.9kHz에서 최대로 반응하지만 좁은 범위의 유사한 주파수에도 반응한다. 그리고 이 범위가 뉴런의 수용야로 여겨진다.
Data from Weinberger, 2004.

피질을 변경시킴으로써 지각을 변화시킬 수 있다는 가장 명확한 증거는 연구들을 배움으로써 온 것이 아니라 지각 발달에 대한 연구로부터 얻어진 것이다.

발달 중의 피질 가소성

통상적으로, 어린 유기체들은 발달을 함에 따라 시각자극들 간의 차이를 지각할 수 있는 능력이 증가한다. 새끼 고양이의 시각피질 내의 뉴런들을 대상으로 하는 신경생리학적 연구들은 뉴런들 간의 조율이 시간이 흐름에 따라 더 선택적이 되어가며 또한 그 시각피질 내에서의 지형학적 지도가 더 많이 조직화되어 감을 보여준다. 그런데 발달 동안에 새끼고양이의 한쪽 눈을 꿰매어 보지 못하게 하거나 유아의 한쪽 시각이 백내장으로 인해 며칠 동안 가려지면, 비록 그 눈이 나중에 회복된다고 할지라도 그 눈의 시력은 영구적으로 저하될 수 있다. 유사하게, 실험적으로 어린 동물들의 한쪽 눈의 시각을 박탈하면, 두 눈의 기능이 정상적으로 기능하는 동물들과 비교하여 그들의 대뇌피질 뉴런들은 그쪽 눈에 대한 조율을 덜 하게 된다. 환언하면, 반복적인 시각적 경험은 발달 동안에 시각피질의 조직화의 형태를 갖추게 해주며, 이는 차례로 유기체가 시각적 세상을 지각하도록 결정한다(Morishita & Hensch, 2008).

지각적 경험이 감각피질이 자극에 대해 반응하는 방식을 변화시킨다면, 장님으로 태어나거나 출생 직후에 시력을 잃는 경우에서와 같이 두 눈으로부터 오는 자극이 차단되면 어떤 일이 발생할까? 신경영상 연구들에 따르면, 볼 수 있는 사람들에서 시각자극에 정상적으로 반응하는 시각피질의 영역들이 볼 수 없는 사람들에서는 소리나 촉각자극에 반응함을 관찰할 수 있다. 예를 들어, 맹인들이 점자를 읽고 있거나 다른 촉각과제들을 수행하고 있을 때 시각피질의 활동성이 증가하지만 볼 수 있는 개인들이 이들 과제를 수행하고 있을 때는 그 활동성이 감소함이 관찰된다(Lewis, Saenz & Fine, 2010; Sadato et al., 1998).

발달 중에 있는 주머니쥐를 대상으로, 초기 시각상실에 의해 산출되는 대뇌피질 가소성에 대한 실험연구가 수행되었다(Kahn & Krubitzer, 2002; Karlen, Kahn & Krubitzer, 2006). 연구자들은 실험동물들의 절반을 출생 시에 눈이 멀게 했다. 이후 이 동물들이 성인기에 도달했을 때, 볼 수 있는 주머니쥐들과 똑같이 이들도 시각, 청각 및 체감각 입력에 노출되었다. 대뇌피질의 구조와 수용야에서 양 집단 간의 차이가 있는가를 측정하기 위함이었다. 볼 수 있는 주머니쥐들에서는, 시각, 청각 및 체감각 입력 각각에 대해 서로 배타적으로 조율된 피질영역들이 구별되었다. 동시에, 피질의 다른 영역들에 있는 수용야는 다중양식적(multimodal)이었는데, 이는 이들 영역에 있는 뉴런들이 한 가지 이상의 감각양식(예 : 시각과 청각 자극)으로부터 오는 입력에 반응함을 뜻한다. 눈먼 상태에서 성장한 주머니쥐들에서는 다른 양상이 나타났다. 시각 자극에 반응하는 피질 영역들은 줄어들었으며, 이들 영역 안에서 어떤 뉴런들은 이제 청각자극이나 체감각 자극에 또는 둘 다에 반응했다. 더하여, 대뇌피질의 청각과 체감각 영역들은 통상적인 크기보다 더 넓어졌다. 무엇보다도 가장 두드러진 특징으로, 눈먼 주머니쥐들은 볼 수 있는 주머니쥐들에서는 존재하지 않는 독특한 해부학적 · 생리학적 특성을 갖는 새로운 피질영역을 발달시켰다.

명확하게, 발달적 경험이 감각피질 내에 있는 뉴런들이 자극에 반응하는 방식에 크게 영향을 미칠 수 있는데, 이는 감각 사건에 대한 지각과 지각된 사건에 대한 반응의 발달 둘 다에 영향을 미친다. 눈먼 주머니쥐들의 경우에, 시각의 부재는 피질 뉴런들의 자극과 관련되는 감각 경험을 급진적으로 변화시켰으며, 이에 맞추어 뇌가 변화했다. 태어날 당시에 눈이 먼 동물뿐만 아니라 모든 동물에서 경험이 감각피질의 지도를 변경시킨다. 여러분 자신의 대뇌피질 지도도 유아기 때 격렬하게 변화하였다. 그리고 이 지도는 여러분이 지각하지 못할지라도 전생애에 걸쳐 계속 변화할 것이다. '임상적 관점'이라는 절에서, 새로운 과학기술의 사용과 관련하여 우리는 발달 동안의 지각학습이 어떻게 개인들이 감각적 결함(예 : 시각 상실, 청각 상실 등)을 극복하는 데 도움이 되는가를 기술할 것이다.

© Marion Wear/istockphoto

노출 후의 성인기에서의 대뇌피질의 변화

발달 동안에, 다른 감각수용기들로부터 입력정보가 도달하면 특별한 종류의 입력정보에 대한 반응에 관여하는 뉴런들의 비율뿐만 아니라 피질 뉴런들의 조율 방식도 결정된다. 시각 상실을 가지고 태어난 사람은 촉각자극에 대한 반응에 관여하는 뉴런의 수가 더 많을 가능성이 있으며, 청각 상실을 지니고 태어난 사람은 시각자극에 민감한 피질영역들이 더 큰 경향이 있다. 물론, 특별한 종류의 입력정보가 뇌에 도달하지 못하게 하는 이들 경우는 극단적이다. 예로, 어떤 사람이 랩 음악만, 클래식 음악만 또는 컨트리 음악만을 선택해서 듣는 경우에서와 같이 보다 미묘한 경우들에서는 어떤 일이 발생할까? 그 사람이 가장 많이 듣는 노래들의 종류가 청각피질에서의 지형도에 반영될 것인가? 청각피질의 뉴런들이 재조율되기 위해서는 얼마나 많이 노출을 해야 하는가?

신경영상 연구들의 제안에 의하면, 성인의 감각피질 내에 있는 뉴런들을 재조율하는 것은 비교적 쉬운데, 그렇기까지는 하루도 안 걸린다. 예로, 작은 핀들을 손가락 끝에 반복적으로 갖다 대면 핀들이 닿는 지점들 간의 미묘한 차를 구별하는 능력이 향상됨이 관찰되었다. 처음에는, 터치 간격이 최소한 1.1mm는 되어야 사람들은 검지 끝에 제공되는 2개의 동시적인 터치들을 구별할 수 있었다(그림 3.15a). 오른쪽 검지 끝에서, 가까이 있는 2개의 점들(0.25~3mm 떨어져 있음)에 2시간 동안 반복적이고 동시적으로 노출시키면 터치들을 구별하는 참가자들의 능력은 향상하였다(Dinse, Ragert, et al., 2003; Hodzic, Veit, et al., 2004; Pilz, Veit, Braun & Godde, 2004).

앞에서 기술한 갈겨 쓴 선들을 사용하여 수행한 실험처럼(그림 3.7), 이 연구에서 보여준 것은 사람들이 단순한 반복노출을 통하여 세밀하게 구별하는 학습을 할 수 있다는 점이다. 이 일이 발생할 때 뇌에서는 무엇이 진행되는가? 반복노출을 시작하기 전에는 fMRI 영상은 오른쪽 검지를 터치할 때 체감각피질 내에서 국소적인 활성화가 유발됨을 보여주었다

주머니쥐를 대상으로 한 연구에 따르면, 대뇌피질의 구조와 기능의 발달이 반복적인 경험에 의존함이 밝혀졌다. 시청각 둘 다를 잃고 태어난 주머니쥐의 감각피질들은 정상적으로 태어난 쥐의 경우와는 어떻게 다를 것이라고 생각하는가?

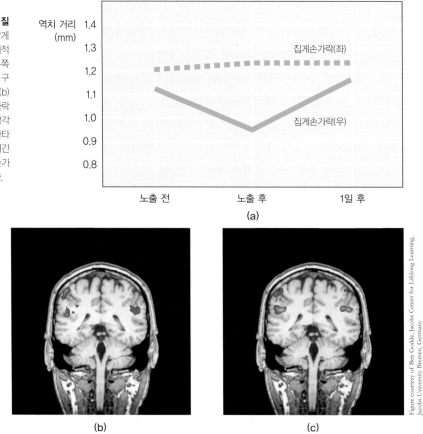

그림 3.15

노출 후에 나타나는 인간의 대뇌피질의 재조직화 (a) 손가락 위에 가깝게 위치하는 지점들을 2시간 동안 동시적으로 자극한 후에 참가자들은 오른쪽 집게손가락(IF)으로 두 터치 지점을 구별할 수 있는 능력이 향상되었다. (b) fMRI 결과, 노출 전 오른쪽 집게손가락에 촉각 자극을 제시하는 동안 체감각피질에서 대뇌피질의 활동패턴이 나타났다. (c) 오른쪽 집게손가락을 2시간 동안 자극한 후에 좌반구(오른쪽 손가락이 표상되는)의 활동성이 증가했다.

Figure courtesy of Ben Godde, Jacobs Center for Lifelong Learning, Jacobs University Bremen, Germany

(그림 3.15b). 이 손가락이 2시간 동안 반복적으로 자극된 후에는 체감각피질 내의 영역이 후속의 자극에 의해서 더 크게 활성화되었다(그림 3.15c; Hodzic et al, 2004). 이와 같이, 손가락 끝을 반복적으로 터치하면 지각학습과 피질 재조직화 둘 다가 유발되었다. 오른쪽 검지 끝을 자극하는 동안에 선택적으로 활성화되는 체감각피질 영역의 크기가 증가하는 것은 그 손가락 끝의 터치들에 조율되는 피질 뉴런들의 수가 증가하는 것과 관련이 있는 것 같았다.

이와 동일한 현상을 뇌자기도(magnetoencephalography, MEG)를 사용하여 체감각피질에서 뉴런의 활동성을 기록하는 방법으로도 조사했다. MEG는 EEG와 유사한데 그 이유는 양자 모두 뉴런집단들의 활동성을 반영하기 때문이다(반면에, 뇌에서 혈중 산소공급 정도만을 측정하는 fMRI 기법과는 다르다). MEG와 EEG 간의 주요 차이점은 MEG가 전기장(electrical fields)에서의 변화보다는 자기장(magnetic fields)에서의 작은 변화를 측정한다는 것이다. MEG 기록에 따르면, 촉각자극에 반응하여 체감각피질의 활동성이 더 많이 변화할수록 구별 능력이 더 많이 향상할 것이라고 예측되었다(Godde, Ehrhardt & Braun, 2003). 종합하면, 이들 신경영상적, 신경생리학적, 행동학적 결과들은 지각학습과 피질변화가 동시에 발생한다는 것과, 중요하지 않은 자극들에 반복적으로 노출된 후에 양자가 발생할 수 있다는 것을 시사한다.

지금의 많은 신경과학자들은 포유류에서의 모든 형태의 지각학습이 피질 가소성과 밀접
하게 연관되어 있음을 믿고 있다(Dinse, & Merzenich, 2002; Kujala & Naatanen, 2010). 사
실, 이 책의 후속의 장들에서 논의될 거의 모든 유형의 학습이 피질 수용야의 재조율을 유
발하는 것으로 알려져 오고 있다(Hoffman & Logothetis, 2009; Weinberger, 2007). 학습과
기억에서의 피질 가소성의 역할에 관해서는 일반화, 변별 및 개념 형성을 다루는 제6장에
서 심도 있게 논의할 것이다.

공간학습과 친숙성에 관여하는 측두엽

포유류가 반복적으로 감각적 사건들을 경험함에 따라, 감각피질에 있는 뉴런들은 점차적
으로 이들 사건들의 특수한 특성에 맞게 조율된다. 개인들이 자기 주변의 세상을 능동적으
로 탐색할 때 관찰되는 수 종의 잠재학습도 비슷한 과정으로 설명할 수 있는가? 이 질문에
답하기 위한 한 가지 방법으로서, 연구자들은 공간과제들을 수행하고 있는 설치류의 뇌활
동성을 측정하고 조작한다. 처음에는, 미로들에 관한 기억들이 피질의 어느 곳에 저장되는
가에 주안을 두었다. 쥐에서의 미로 학습과 관련하여 그 기억 흔적(engram)을 피질 내에서
국지화하려 했던 칼 래슐리(Karl Lashley)의 시도는 실패했지만(제2장에서 기술했음), 이것
은 초기의 노력들 중의 하나를 대표한다. 미로를 통하여 길 찾기를 하는 쥐를 대상으로 한
차후의 신경생리학적 연구들은 공간학습이 실제로는 피질 내의 기억 흔적보다는 해마의
활동성에 훨씬 더 많이 의존한다는 사실을 발견했다.

해마는 학습과 기억 분야에서 가장 광범위하게 연구되는 뇌 영역들 중의 하나이다. 인
간과 다른 영장류들에서, 해마는 각 측두엽 바로 아래에 놓여 있는 비교적 작은 구조물이
다(그림 2.3과 그림 3.16a). 하지만 설치류의 경우에는 해마가 훨씬 더 큰 비율의 뇌를 차지
한다(그림 3.16b). 조류와 파충류를 포함하여 다른 많은 척추동물들도 해마를 가지고 있다.
조류의 해마가 설치류의 경우보다는 비율적으로 더 작아 보이지만(그림 3.16c) 조류의 그런
해마 크기는 공간 기억에 중요한 것으로 알려져 있다. 구체적으로, 숨겨진 먹이를 계속 파
악하고 있지 않아도 되는 종들에 비하여, 겨울에 사용할 목적으로 많은 다른 장소들에 먹
이를 저장하는 조류의 종들은 더 큰 해마를 지니고 있다(Sherry & Hoshooley, 2010). 종 간
을 일반화할 때, 해마의 크기를 고려하면 쥐는 공간학습에 꽤 능숙할 것으로 기대된다. 이

그림 3.16
몇몇 종류의 동물 해마 원
숭이, 쥐, 새의 해마 횡단
절편

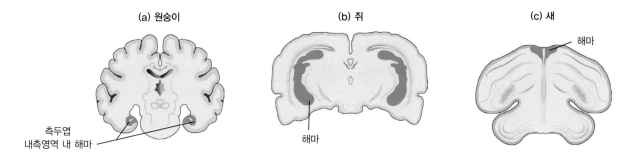

(a) 원숭이   (b) 쥐   (c) 새

측두엽
내측영역 내 해마

해마

해마

런 예측은 쥐들이 심리학 연구에 대한 초기의 역사 동안에 이루어진 수많은 미로학습 연구들에 의해 실증되었다.

장소 확인하기

공간학습에 대한 해마의 역할을 이해하기 위한 첫걸음으로서, 영국 신경과학자인 존 오키프(John O'Keefe)는 다양한 조건에서 신경활동을 기록하기 위하여 쥐의 해마 영역들에 전극들을 심었다(O'Keefe & Dostrovsky, 1971). 쥐가 한 환경에 놓인 후에 자유롭게 탐색을 할 때 연구자들은 놀라운 발견을 했다. 어떤 해마 뉴런들은 쥐가 특정의 장소로 들어갈 때에만 발화를 하지만 다른 해마 뉴런들은 그 쥐가 다른 장소에 있을 때만 발화하는 것처럼 보였다. 오키프는 이처럼 공간적으로 조율된 발화 양상을 가진 뉴런들을 지칭하기 위해서 **장소 세포**(place cells)라는 새로운 단어를 만들어냈다. 이들 각 뉴런은 최대로 반응하는 선호적 지점을 가지는데, 이 지점을 그 뉴런에 대한 **장소야**(place field)라고 한다(이는 감각피질 뉴런들이 갖는 수용야에 비견된다). 이들 세포의 반응은 매우 신뢰할 수 있어서 눈을 가린 연구자는 단지 해당의 장소세포가 격발하기 시작하는 소리를 듣기만 해도 쥐가 언제 그 미로의 특정 영역에 들어갔는가를 말할 수 있었다. 오키프는 장소세포가 공간학습과 길 찾기에 대한 토대를 형성할 것이라고 제안했다. 2014년에 오키프는 이런 획기적인 연구 분야에 대한 공헌 이유로 노벨상을 받았다.

장소세포가 어떻게 공간적 길 찾기 과제를 도울 수 있는가? 한 개인이 특정의 장소에 있을 때만 어떤 뉴런이 발화한다면 그 뉴런은 (마치 거리의 구석에 있는 길 안내 표지 또는 고속도로를 따라 있는 마일 표시자와 똑같이) 그 장소에 대한 확인자의 역할을 하는 것 같다. 해당 뉴런이 발화할 때 뇌는 몸이 특정의 장소에 있다는 것을 알고 있다. 단지 어느 장소세포가 격발하고 있는가를 알아차림으로써 여러분은 어디에 있는가를 헤아릴 수 있다. 물론, 만일 여러분이 이전에 방문했던 모든 장소를 부호화할 수 있을 정도로 충분한 수의 장소세포들을 가지고 일생을 시작하려면, 믿기 어려울 정도로 많은 장소세포들이 요구될 것이다. 여러분이 아직 방문도 하지 않은 장소들을 부호화하기 위하여 세포들이 지속적으로 예약되는 그런 방법은 지극히 낭비적일 것이다. 대신에, 여러분이 필요할 때 장소세포를 만들어내는 것은 보다 현명한 방법일 것이다. 환언하면, 장소야는 동물이 환경을 탐색할 때의 학습 동안에 형성되는 것 같고 이에 대한 증거들이 존재한다.

장소세포가 어떻게 작용하는가에 대한 설명은 정확히 무엇이 장소를 정의하는가를 논의함으로써 시작해야 한다. 달리 말하자면, 장소세포가 반응할 것인지의 여부를 정확히 무엇이 결정하는가? 장소세포가 반응하도록 하는 것의 일부는 공간에서 자신의 위치를 감지하는 동물의 내적 감각인 것 같다. 심지어는 쥐가 불이 꺼진 미로를 달리고 있을 때도 쥐의 장소세포는 흔히 질서 정연한 형태로 지속적으로 반응한다. 하지만 장소세포의 반응은 또한 시각적 입력에 강하게 의존한다. 예를 들어, 쥐가 그림 3.17a에서와 같은 미로를 탐색하도록 허용한다고 가정하자. 이 미로는 3개의 동일한 팔(그림에서 1, 2, 3으로 표시되어

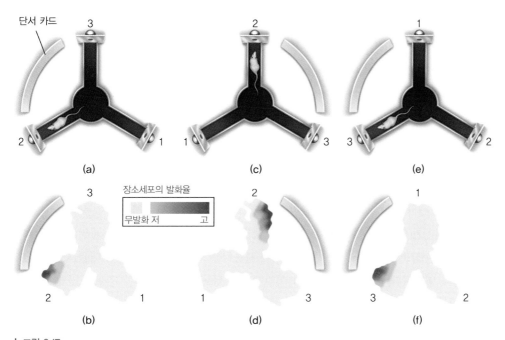

그림 3.17

시각적 이정표가 쥐의 장소야에 미치는 영향 위의 그림들은 쥐에게 제공된, 세 갈래의 방사형 미로와 하나의 단서(즉, 자주색으로 위치가 표시된 하나의 카드)를 갖는 환경을 나타낸다. 아래의 영상들은 하나의 대표적인 장소세포가 이 환경에서 어떻게 격발하는가를 보여준다. 어두운 영역은 격렬한 격발을 그리고 상대적으로 옅은 영역은 상대적으로 덜한 격발을 유발하는 지역들이다. (a, b) 미로가 처음의 위치에 있을 때, 쥐가 갈래 2에 있을 때 이 장소세포는 최대로 격발한다. (c, d) 미로와 단서카드를 시계 방향으로 120도 회전하면, 수용야는 시각적 단서에 의해서 결정된다: 최대 격발은 여전히 갈래 2에서 발생한다. (e, f) 미로는 또 다른 120도로 회전되지만 카드가 원래의 위치로 되돌려지면, 이제는 갈래 3이기는 하지만 그 장소세포는 쥐가 남서쪽의 구석에 있을 때 다시 격발한다. 달리 표현하면, 장소세포의 격발은 쥐가 시각적 이정표를 토대로 자신의 위치를 추정하는 것과 관련되는 것 같다.

Data from Lenck-Santini et al., 2001.

있음)을 가지고 있는데 이들 팔은 하나의 뚜렷한 시각 단서(즉, 팔 2와 3 사이의 미로 바깥에 놓인 카드)에 의해 구별된다. 첫 번째 탐색 후에, 쥐의 해마에 있는 다양한 장소세포는 이 미로의 부분들에 상응하는 장소야를 가질 것이다. 예를 들어, 하나의 해마 세포는 그림 3.17b(상대적으로 더 어두운 영역들은 최대 발화를, 보다 밝은 영역들은 더 적은 발화를 가리킨다)에서 보이는 장소야를 가진다. 달리 표현하면, 쥐가 미로의 남서쪽 구석에 있을 때(그림 3.17a처럼 향하고 있을 때) 즉 카드에 가장 가까운 팔 2의 외부 가장자리에 있을 때, 이 장소세포는 선호적으로 반응한다(Lenck-Santini, Save & Poucet, 2001).

이제는 실험자가 이 쥐를 미로에서 꺼내고 미로와 카드를 시계 방향으로 120도를 회전시킨다고 가정하자. 쥐를 이 미로에 다시 놓는다면 무슨 일이 일어날 거라고 생각하는가(그림 3.17c)? 쥐가 미로의 남서쪽 구석에 있을 때 장소세포는 발화를 계속할 것인가? 아니면, 쥐가 팔 2에 있을 때에(즉, 비록 쥐가 지금은 미로의 북서쪽에 있어도) 이 세포는 발화할 것인가? 그 대답은 그림 3.17d에서 볼 수 있다. 장소세포의 선호 장소가 미로를 따라 회전한다. 3개의 팔 모두는 보고, 냄새 맡고 느끼기에 아주 유사해 보이기 때문에 쥐는 아마도 외부의 시각 단서를 이정표로 사용하고 있는 것 같다. 미로가 시계 방향으로 또 다른 120도만큼 회전하지만 카드는 원래의 장소, 즉 서쪽(그림 3.17e)으로 되돌아가면 장소세포는 미로의 남서쪽 구석에서(즉, 비록 이번에는 쥐가 팔 3에 있더라도) 다시 발화하였다(그림 3.17f). 이들 발견은 해마의 장소세포가 발화할 것인가의 여부를 결정하는 데에는 카드와 같은 시각적 이정표가 중요함을 말해준다. 이정표에 더하여, 쥐의 어떤 장소세포들은 쥐가 움직일 때의 속도와 방향과 같은 다른 변인들에도 민감한 것 같다. 이러하므로, 장소세포들이 다중양식의 수용야들을 가지는 감각피질 뉴런들처럼 반응함을 알 수 있다.

어떤 장소세포들은 수개월 동안 안정적인 장소야들을 가진다. 이에, 만일 쥐가 오랫동안 휴식을 가진 후 그림 3.17의 미로로 되돌아가면, 쥐가 이전과 동일한 장소에 있을 때 같은 장소세포가 여전히 발화하는 것 같다. 연구는 또한 장소야들이 안정적이지 못할 때는 공간적 길 찾기가 와해됨을 보여준다. 장소야의 안정성과 특별한 시각 풍경과 관련된 장소야의 선택성은, 장소세포들이 쥐들이 길 찾기에 사용하는 인지 지도에 대한 토대를 제공한다는 생각과 일치한다. 그렇지만, 정확히 어떻게 장소세포들은 특별한 한 장소에 맞게 조율될 수 있는가?

장소야의 생성에 영향을 미치는 하나의 요인은 경험이다. 쥐가 어떤 환경을 반복적으로 경험하면 쥐의 장소세포들은 그 환경 안에 있는 위치들에 대하여 조율되는 정도가 더 커진다(Lever et al., 2002). 그림 3.17(b, d, f)의 어두운 장소야의 크기가 점점 작아져서, 미로 안에서 쥐가 어디에 있는가에 대하여 더욱 정확하고 신뢰로운 보고를 하는 것을 상상해 보라. 이 장소야의 축소는 미로에서의 쥐의 공간적 길 찾기 능력과 상관되는 것 같다(예 : 시상으로부터의 입력을 차단함으로써). 쥐의 장소야가 축소되는 것을 방해하는 실험의 결과에 따르면, 쥐의 공간학습 능력이 감소했다(Cooper & Mizumori, 2001; Mizumori, Miya & Ward, 1994; Rotenberg et al., 2000).

장소세포들은 측두엽에서 공간적 특성에 맞게 조율되는 유일한 뉴런들은 아니다. 해마 주변의 피질 영역들에 있는 다른 뉴런들은 동물이 특정 방향으로 향할 때나[머리방향 세포(head direction cells)], 동물이 하나의 환경 내에서 동일한 거리들을 통과해갈 때[[격자 세포(grid cells)] 선택성을 보인다. 이들 뉴런은 장소세포들과 유사한 방식으로 위치들에 관하여 학습하는 개인의 능력에 기여하는 것 같지만, 머리방향 세포나 격자 세포의 발화 속성이 특정 환경에 대한 반복적인 경험에 의해 영향을 받는다는 증거는 거의 없다(Gupta, Beer, Keller & Hasselmo, 2014). 이런 증거 부족이 의미하는 것은 격자 세포와 머리방향 세포가 장소세포들보다 학습경험의 영향을 덜 받는다거나, 실험적으로는 아직 탐지되지 않았던 다른 방식들로 영향을 받을 수 있다는 점이다.

위에서 제시한 발견들은 탐색 동안에 발생하는 공간학습이 해마 뉴런들의 안정성과 선택성에서의 변화와 상관이 있음을 제안한다(Rosenzweig et al., 2003). 이런 현상은 톨만의 쥐가 특정의 위치들과 먹이 보상을 연합시키지 않고도 복잡한 미로의 배치를 알게 되는 잠재학습에 관하여 설명할 수 있을 것이다. 아마도, 보상을 받지 않는 쥐들이 미로를 탐색함에 따라 그들의 장소야들은 보상을 받는 쥐들만큼이나 아니면 더 많이 줄어들었기 때문에,

연구자들이 먹이로 훈련을 시작할 때 해당 쥐들이 그 미로 내의 다양한 위치들을 정확하게 표상했을 가능성이 있다.

친숙한 대상들의 재인

미로 내에서 길 찾기용으로 시각 이정표들을 사용하기 위해서, 쥐들은 이들 이정표를 재인할 수 있어야 한다. 이는 쥐가 환경을 탐색할 때에 그 환경을 통하여 길 찾는 방법을 학습할 뿐만 아니라 자신이 여행하고 있는 길과 그 주변에 있는 대상들의 속성들도 학습한다는 것을 말해준다. 시각 지각학습에 대한 초기 증거의 일부가 삼각형들과 원형들이 쥐의 우리에 걸려 있었던 연구들로부터 얻어졌음을 상기하라. 측두엽 내의 뉴런들이 미로 내에 있는 시각 이정표들에 민감하다면, 이들은 또한 새로운 대상들을 재인해서 그들을 친숙한 이정표들과 구별하려는 쥐의 능력에도 일조할 수 있을까?

몇 가지의 연구들은 형태재인 과제를 수행하고 있는 원숭이뿐만 아니라, (앞에서 기술한) 새로운 대상재인 과제를 수행하고 있는 쥐에서 이런 가능성을 조사했다. 초기의 실험들에서, 연구자들은 쥐가 대상들의 고정된 배치를 반복적으로 탐색한 후에 해마를 손상시켰다. 해마 손상을 입은 쥐는 대상재인 기억이 손상되어서 이미 여러 번 경험했던 대상들을 마치 이전에 보지 않았던 것처럼 탐색했다. 하지만 차후의 연구들은 그런 손상이 단지 어떤 상황들―구체적으로, 대상의 위치와, 그 대상을 경험한 배경에 대한 기억들이 통합되는 상황들―에서만 대상재인을 와해시킴을 발견했다(Langston & Wood, 2010). 해마 주변의 피질 영역들에 대한 연구들은 시각 입력이 새로운 것인가 아니면 친숙한 것인가를 판별할 때에 다르게 격발하는 뉴런들을 발견했다(Xiang & Brown, 1998). 이들 뉴런은 친숙한 자극이 제시될 때 반응을 더 적게 했다.

관련된 발견들이 인간에서도 보고되었다. 해마와 주변의 피질 영역들이 손상된 환자들을 대상으로 수행한 신경심리학적 연구들은 친숙한 대상들에 대한 재인이 손상되었음을 발견했다(Squire, Wixted & Clark, 2007). 신경영상 연구들에서도, 해마와 피질 영역들의 구체적인 역할에 대해서는 논쟁이 있기는 하지만 친숙성과 새로움을 탐지하는 데 측두엽 영역들이 관여한다. 흥미롭게도, 측두엽 내의 피질 영역들을 전기 자극할 때 인간 환자들에서 기시감(deja vu)을 유발할 수 있는데, 이는 이들 영역이 친숙감 탐지에 관여함을 시사한다(Bartolomei et al., 2012).

종합적으로, 과거의 발견들은 해마와 그 주변 영역들에 있는 뉴런들이 단순히 공간 지도를 구성하거나 친숙한 대상들을 확인하는 것 이상의 방식으로 탐색학습에 기여한다고 제안한다. 이들 뇌 영역은 수많은 방법들―이들 중에 몇몇을 여러분은 이 책에서 심도있게 공부할 때 발견하게 될 것이다―로 기억을 부호화하고 인출하는 데 기여하는 것 같다. 부가적으로, 최근의 연구는 감각피질을 포함한 다른 뇌 영역들도 새로운 대상 재인과 친숙성과 관련된 기제들에서 중심 역할을 담당할 수 있음을 제안한다. 예로, 생쥐를 연구하는 학자들은 일차 시각피질(V1) 내에서의 뉴런들의 반응 변화를, 시각 영상들의 반복 제시 후에 보이는 장기 습관화뿐만 아니라 새로운 이미지들의 탐지와 결부시켰다(Cooke, Komorowski et al., 2015). V1에서의 피질 가소성을 방해하는 약물을 국소적으로 투여하면 이미지들에의 반복적인 노출과 연합된, 그리고 새로운 자극들에 의해서도 유발된 행동적 변화들이 차단되었다. 이는 이들 행동적 변화가 V1에서의 피질 가소성에 의존했음을 보여준다.

새로운 발견들의 제안에 따르면, 습관화, 지각학습 그리고 새로운 대상 재인의 토대가 되는 과정들은 연구자들이 이전에 생각했던 것보다 더 밀접하게 결부되어 있는 것 같다. 다음 절에서 보겠지만, 이들과 같은 발견들은 다양한 형태의 학습의 기반이 되는 과정들에 대하여 새로운 통찰을 제공해줄 뿐만 아니라 뇌장애에 의해 와해가 발생할 때 그 과정들을 보완할 수 있게 하는 새로운 접근들로 안내할 수가 있다.

중간 요약

- 군소에서의 습관화는 감각뉴런을 운동뉴런에 연결하는 회로에서의 시냅스 억제의 결과물이다. 장기 습관화는 이들 뉴런 간의 연결에서의 물리적 변화를 포함한다.
- 군소에서의 민감화는 시냅스 전달의 이형시냅스적 증가를 반영하는데, 이런 증가는 게재뉴런의 활성화에 의해서 유발된다.
- 지각학습 동안에, 변별 능력이 향상됨에 따라 피질 뉴런들은 감각 입력들에 대한 그들의 반응을 정교하게 한다.
- 해마의 장소세포들은 동물이 특정의 위치에 있을 때 최대로 활성화되는 뉴런들이다. 이들 뉴런과, 주변의 피질 영역들에 있는 공간적으로 민감한 다른 뉴런들은 동물이 친숙한 환경들을 확인하고 그 환경들을 통하여 길 찾기를 하는 데 도움을 제공하는 것 같다.
- 해마와 그 주변의 피질 영역들에 있는 뉴런들은 또한 새로운 대상들을 재인하는 데 기여하며 친숙감을 유발한다.

3.3 임상적 관점

비록 의식적으로는 인식하지 못할지라도 습관화, 민감화, 지각학습은 여러분의 모든 경험에 영향을 미친다. 말을 이해할 수 있는 능력으로부터 학교 또는 직장으로 가는 길을 찾는 능력까지, 지각하는 모든 것이 유사한 자극들을 반복 경험함으로써 얻어진 기억들의 영향을 받는다. 감각 정보를 처리하는 신경회로들이 손상되거나 아주 혐오적인 사건들을 경험할 때는, 그 결과로 자극들이 지각되고, 처리되고 학습되는 방식에 변화가 발생하여 개인의 정신건강과 삶의 질이 영향을 받을 수가 있다.

뇌졸중 후의 재활 : 엉망이 된 습관화

미국에서 뇌 손상의 주요 원인은 뇌졸중이다. **뇌졸중**(stroke)은 뇌의 어떤 영역에 혈액 공급이 중단되거나 동맥이 파열될 때 발생한다. 피가 부족하면 영향을 받는 영역의 뉴런들이 죽게 되어서 뇌 손상이 야기되는 것이다. 뇌졸중 직후에 환자는 흔히 지각적 기능을 많이 상실하게 된다. 예를 들어, 환자는 한쪽 팔의 모든 감각을 잃게 될 수 있다. 나중에는, 그 팔에 대한 운동 통제는 전혀 문제가 없을지라도 이 환자는 감각이 없는 팔을 무시하고 자신이 여전히 느낄 수 있는 팔을 더 많이 사용하기 시작할지도 모른다. 시간이 흐르면서, 그는 감각이 없는 그 팔을 완전히 사용하지 않으려 할지도 모르는데, 이런 현상을 **학습된 불용** (learned non-use)이라 한다. 실질적으로, 그 환자는 고장난 팔에서의 무감각에 익숙해져서 그 팔을 더 이상 사용하지 않게 된다. 요컨대, 이 환자의 고장난 팔에 대한 반복적인 경험은 사용 감소로 이어진다.

원숭이는 한쪽 다리에서 감각 기능을 상실할 때 비슷한 형태의 학습된 불용을 보인다. 예를 들어, 원숭이가 왼팔을 느낄 수 없도록 이 팔로부터 오는 체감각 정보를 차단하면 원숭이는 이 팔의 사용을 그만두고 대신에 제대로 기능하는 오른팔을 전적으로 사용할 것이다. 그러나 만일 오른팔이 구속되면, 과거 수년간 사용하지 않았을지라도 원숭이는 다시 감각이 없는 왼팔을 사용하는 것 같다. 원숭이가 왼팔을 다시 사용하는 것에 익숙해진 후에 오른팔을 구속으로부터 풀어주면 원숭이는 두 팔 모두를 다시 사용하게 된다. 이렇게 해서 원숭이는 감각 없는 팔에 대한 학습된 불용을 극복할 수 있게 된다(Knapp, Taub & Berman, 1963). 이런 기능적 회복에 대한 한 가지 해석은 오른팔을 묶게 되면 왼팔의 무감각에 대한 원숭이의 반응을 탈습관화시키는 새로운 상황이 만들어진다는 것이다.

원숭이에서 사용되었던 비슷한 기법이 인간 뇌졸중 환자의 치료에 가끔씩 사용된다. 예를 들어, 왼팔을 사용할 수 없게 된 환자를 대상으로, 식사하고 옷을 입고 다른 일상생활을 하는 데 왼팔을 억지로 사용하게 하기 위해서, 동의를 얻어 정상적으로 기능하는 환자 자신의 오른팔을 삼각건으로 움직이지 못하게 할 수 있다. 그림 3.18에서 보듯이, 이른 바 **억제유도 운동치료**(constraint-induced movement therapy)라는 이런 억제 치료를 받은 환자들은 흔히, 가능한 한 자주 병든 팔을 사용하라고 듣기만 한 환자들과 비교해서, 자신들의 병

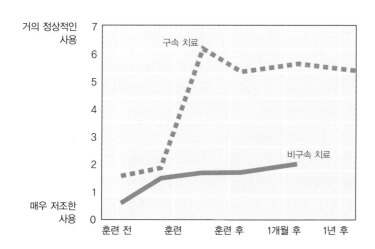

그림 3.18
학습된 불용 극복하기 사지 하나(예 : 팔)를 못 쓰게 하는 대뇌피질 손상을 입은 환자는 흔히 정상적인 사지를 선호해서 사용하기(즉, 타격을 받은 사지에 대한 학습된 불용)를 시작한다. 그래프는 처음에는(즉, 훈련 전에는) 한쪽 팔을 거의 사용하지 않았던 두 집단의 환자들로부터 얻은 결과를 보여준다. 한 집단의 환자들은 구속 치료를 통하여, 타격을 받은 팔을 일상 활동에서 강제적으로 사용했다. 구속 치료를 받지 않은 통제집단의 환자들과 비교하여, 이들 환자는 손상된 팔의 기능이 극적으로 향상되었다.

Data from Taub et al., 2002.

든 팔에서 훨씬 더 많은 기능을 회복한다(Taub, Uswatte & Elbert, 2002; Wolf et al., 2010).

억제유도 운동치료 이면 아이디어는 뇌졸중 관련의 손상을 보상하는 피질이 변화할 수 있도록 억지로 환자가 병든 팔을 가능한 한 자주 사용하게 하는 것이다. 이런 재활 책략은 앞서 기술한 바와 같이, 발달 중에 있는 주머니쥐의 피질에서의 정보처리를 재조직화하기 위해서 사용된 방법과 어떤 방식에서는 유사하다. 상기하면, 갓 태어난 주머니쥐들은 시각이 상실되었는데, 대신에 그 결과로 (만일 정상적으로 태어났다면) 시각적 처리를 담당했을 피질 영역들이 다른 감각양식들을 처리하기 위해서 재분배되었다. 뇌졸중 환자들에서, 억제유도 운동치료는 손상을 입지 않은 피질 영역들이, 손상된 영역들이 이전에 수행했던 일의 일부를 맡도록 돕는 것 같다. 최근의 신경영상 연구들은 이 치료가 감각 및 운동 피질로의 혈류량이 증가하는 것과 관련이 있음을 보여준다(Wittenberg & Schaechter, 2009). 억제유도 운동치료 후에는 구조적인 변화가 이들 영역에서 보인다(다른 재활 기법들을 적용할 경우에는 그렇지 않다)(Gauthier et al., 2008). 이 치료의 유익한 효과들은 반복적인 노력을 통하여 환자들이 처음에는 상당히 무뎠던 감각들 간 구별능력을 습득하는 지각학습을 포함한다고 생각한다. 상기하자면, 약한 입력들은 습관화를 촉진한다. 그리고 학습된 불용의 경우에, 습관화 과정들은 환자들이 신체적 한계들을 극복할 때 직면하는 어려움들을 증가시킨다. 역으로, 지각학습 과정들은 환자들이 약한 자극들에 대한 반응의 감소를 상쇄시키도록 도와주는 것 같다 이러한 과정은 자극을 처리하는 피질영역들을 재조직화함으로써 작용한다.

불안과 우울증에서의 스트레스에 대한 민감화

공포영화들에서 일정한 간격으로 반복하면서, 감독들은 관람객들의 각성을 증가시키는 기법들을 사용하여 무서운 자극과 (뛰어오르는 고양이와 같은) 그렇게 많이 무섭지 않은 자극에 의해 유발되는 놀람 반응의 발생 가능성과 그 크기를 증가시킨다. 실험실과 영화관에서, 민감화로 이어지는 자극들이 너무 많이 각성을 유발하지는 않도록 의도적으로 통제되기 때문에 민감화는 비교적 해롭지 않다. 하지만 어떤 상황들에서는, 각성은 극심할 수 있으며 훨씬 더 심각한 결과들을 가져올 수 있다. 가장 심각한 경우에는, 외상후 스트레스장애(post traumatic stress disorder, PTSD; 제10장에서 논의할 것이다)에서 발생하는 것처럼, 단일의 매우 정서적인 사건이 광범위한 자극들에 대한 정서 반응을 평생 동안에 높게 유지할 수 있게 한다. 최근의 연구들은 높은 각성을 유발하는 사건들이 외상적이지 않는 경우들에서조차도 이들 사건이 잠재적으로 어떤 정신질환들에 대한 환자의 민감성을 증가시킨다는 것을 밝혀냈다(Harkness, Hayden & Lopez-Duran, 2015).

각성적 사건들이 문제적인 행동 상태로 안내할 수 있다는 초기의 증거는, 비교적 낮은 용량의 암페타민(흥분제)에 반복적으로 노출된 설치류가 약물 노출이 끝나고도 수개월 동안 지속되는 기이한, 틀에 박힌 행동들을 점차 증가시킴을 보여주는 연구들로부터 왔다(Robinson & Becker, 1986). 낮은 용량에 반복적으로 노출되면 동물들은 명백히 그 약물의 효과에 민감해지는데, 그 이유는 이런 행동들이 더 높은 용량의 약물을 투여받은, 민감함이 없는 설치류에서 보이는 것과 같은 것이기 때문이다.

이들 연구에서 보이는 암페타민 관련성 민감화는 연구자들의 관심의 대상이 되었는데, 왜냐하면 암페타민을 처치받고 있는 (제6장에서 논의될) 조현병 환자들이 가끔씩 비슷한 행동적 문제들을 보였기 때문이다. 설치류에서와 같이, 인간에서의 암페타민에 대한 민감성은 이 약물이 더 이상 투여되지 않은지 수년이 지나도 행동에 부정적인 영향을 끼친다. 반복적인 약물유발성 각성이 조현병이 없는 것으로 짐작이 되는 쥐에서 오랫동안 지속되는 민감화로 이어진다는 사실은 연구자들에게 반복적인 자연적 각성이 정신질환이 없는 인간에서 유사한 영향을 가질 가능성이 있다고 생각하게 하였다. 이런 가능성과 일치하는 증거가 1900년대 초반에 처음으로 기술되었다(Post, 1992).

로버트 포스트(Robert Post, 1992)는 시초의 스트레스 사건이 우울증과 같은 장애를 촉발시킨 후에, 갈수록 더, 심각하지 않는 스트레스 사건들은 이후에 계속 부가적으로 우울증을 한바탕씩 야기할 수 있다고 주장하였다. 그의 주장에 따르면, 이런 경향이 몇몇 개인들이 스트레스 그리고 이와 연합된 생리학적 상태에 민감해지기 때문에 발생한다는 것이다. 이는 암페타민을 투여받은 쥐가 이 약물의 흥분성 효과에 민감해지는 방식과 많이 유사하다. 최근의 연구들은 우울증을 앓고 있는 개인들이 건강한 개인들보다, 심각하지 않는 스트레스원에 더 강하게 반응함을 보여준다(Wichers et al., 2009). 부가적으로, 우울증은 증상들과 부적 사건들에 관하여 반복적으로 더 많이 생각하게 하는데(Ruscio et al., 2015), 이는 잠재적으로 개인들이 낮은 수준의 스트레스원들에 더 민감하게 만든다.

이들 발견은 스트레스에 대한 민감성이 정신을 장악할 기회를 최소화하기 위하여 사람들이 기능한 한 많이 스트레스 사건들을 피해야 함을 시사하는 것 같다. 하지만 동물 연구는 스트레스 사건들에 대한 저비율의 노출이 실제로는 미래의 스트레스원들에 대하여 더 큰 민감성으로 이어지는 것 같다고 제안한다(Liu, 2015). 더하여, 이 연구는 지속적으로 중간 정도의 스트레스를 경험하면, 높은 수준의 스트레스 사건에 직면할 때 개인의 회복력이 증가한다고 제안한다. 만일 유사한 효과가 사람들에서 발생한다면, 이것이 제안하는 바는 이렇다. 즉, 어떤 경우에서, 자신들의 아이들이 고통받는 것을 예방하기 위해 갖은 애를 쓰는 과잉보호하려 드는 부모들 때문에, 그 아이들은 스트레스가 매우 높은 사건을 만날 때마다 악영향을 더 많이 받게 될 위험성이 있다는 것이다. 반면에, 자신의 아이들을 스트레스가 높은 사건들에 반복적으로 노출시키는 부모들은 그 아이들이 나중에 정신질환을 갖게 될 위험성을 점진적으로 증가시키고 있을지도 모른다(Laurent et al., 2015).

스트레스에 대한 민감화는 우울증 발생을 도울 수 있을 뿐만 아니라 불안장애의 한 요인이 될 수도 있다(Mclaughlin, Conron et al., 2010; Rosen & Schulkin, 1998). 예를 들어, 발달 동안에 높은 수준의 스트레스에 반복적으로 노출되면, 나중에 우울증 발생의 가능성이 증가할 수 있으며, 또한 아이들이 강박장애(obsessive compulsive disorder)와 같은 불안장애를 발달시킬 위험성에 놓인다. 마치 우울증을 겪고 있는 개인들이 자신들의 우울한 상태에 기여하는 것으로 지각하는 요인들을 달고 사는 경향이 있는 것과 똑같이, 강박장애를 가지고 있는 개인들은 어떤 행위들을 여러 번 반복하게 하는 어떤 사고들에 반복적으로 집중하는 경향이 있다. 다시 한 번, 이런 반복은 민감화를 가중시켜서 해당 문제를 더 심각하게 만든다.

병리학적 불안은 잠재적으로 두려운 자극에 대한 과장된 반응이라고 볼 수 있는데, 이는 공포 유발 상황과 연합되어 있는 스트레스에 대한 민감화에 의해 비교적 낮은 수준의 자극에 대한 개인의 정서적 반응이 증폭할 때 발생한다(공포 반응에서의 학습의 역할은 제10장에서 자세히 논의된다). 민감화에 이르는 기제를 이해하는 것은 그런 장애들을 예방하고 발병 시에 효과적으로 치료할 목적으로 새로운 기법들을 개발하기 위한 핵심이다.

사람 – 기계의 인터페이스 : 지각학습을 통한 감각양상의 회복

만일 훈련이 사람들이 뇌 손상 후에 운동 기능을 회복하도록 돕는 피질 변화로 이어진다면, 그것은 또한 사람들이 자신이 가지고 있지 않은 지각 능력을 발달하게 할 수 있는가? 예를 들어, 지각학습이 귀가 먼 사람을 듣게 하거나 눈이 먼 사람을 볼 수 있도록 학습하게 할 수 있는가? 이것은 정말로 가능한 일이며, 사실은 **감각 인공 보철물**(sensory prosthesis) 덕분에 이미 달성이 되었다. 감각 인공 보철물은 감각 정보를 정상적으로 처리하는 신경회로들과 접속이 가능한 전기 기계적 장치이다.

현재까지, 가장 광범위하게 개발되고 성공적인 감각 인공보철 기술은 **달팽이관 이식**(cochlear implant)이다(그림 3.19). 이 장치는, 주로 듣기 진행을 돕기 위하여, 심각하게 귀가 먼 사람에서, 듣기 감각을 생성하는 청신경을 전기적으로 자극한다. 달팽이관(소리를 신경 발화의 형태로 전환하는 귀의 일부분)에 심어진 다중 전극은 청각 자극에 의해 정상적으로 생성되는 신경활동을 조야하게 자극하는 방식으로 청신경의 반응을 수정한다. 이 기

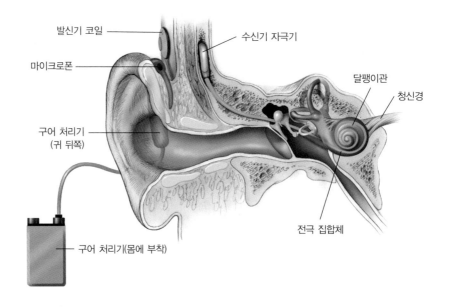

그림 3.19
달팽이관 이식 장치 달팽이관 이식 장치는 청각계의 뉴런들을 자극해서 뇌에서 가상적인 언어음을 만들어 내기 위해서 전류를 사용한다.
Information from Clarke, 2002.

발신기 코일

수신기 자극기

마이크로폰

달팽이관

청신경

구어 처리기
(귀 뒤쪽)

전극 집합체

구어 처리기(몸에 부착)

술은 최근에 청각을 상실한 어린 아이들이나 성인에게 가장 효과적이다. 전형적인 보청기는 외부의 소리를 증폭시킨다. 그러나 달팽이관 이식장치는 뇌 내부에서 소리의 효과를 재생산한다. 즉, 환경에서 전기적으로 감지되고 처리된 소리에 대한 정보로부터 가상적 소리를 만들어낸다.

달팽이관 이식장치에 의해 생성된 가상적 소리는 정상적인 말소리와 상당히 다르다. 그래서 이런 장치를 사용하는 사람들은, 지각학습의 예와 같이, 들은 것을 이해하기 전에 새로운 소리들을 변별하는 학습을 해야 한다. 달팽이관 이식장치를 갖고 있는 개인들의 말소리 지각은 사용 초기의 몇 달은 빠르게 향상되지만 해가 거듭될수록 더 서서히 향상된다(Clarke, 2002; Tajudeen, Waltzman et al., 2010). 달팽이관 이식장치는 귀가 먼 사람이 말소리를 이해하도록 해주기는 하지만 이 장치가 청력을 완전히 회복시켜주는 것은 아니다. 예를 들어, 음악은 달팽이관 이식장치에 의해 현저하게 왜곡되는데, 그 이유는 이 장치가 음악을 선율적이게 하는 음고들의 많은 부분을 걸러내 버리기 때문이다.

달팽이관 이식장치를 설치한 후의 말소리 처리 능력의 변화는 뇌피질의 가소성에 의해 매개되는 것 같다. 하지만 이것은 아직 사람을 대상으로 수행하는 실험으로 증명되어야 하겠다. 이 이식장치에 의해 발생되는 신경활동은 많은 피질영역들에서의 변화로 이어질 수 있다. 왜냐하면 이 장치는 뇌가 새로운 소리뿐만 아니라 (구어적 대화에 참여하는 기회와 같은) 듣는 능력을 요구하는 어떤 범위의 다른 경험들에도 접근할 수 있도록 해주기 때문이다. 연구자들은 귀가 먼 고양이들에서 달팽이관 이식장치가 청각피질에서의 대규모적인 재조직화를 유도함을 발견하였다(Klinke et al., 1999). 이식 후에, 이들 고양이의 청각피질은 이 장치가 없는 귀 먼 고양이들(또는 정상적으로 들을 수 있는 고양이들)의 청각피질과는 다르게 조직화된다. 이는 이들 고양이가 듣는 가상적 소리가 이런 관찰된 피질 변화를 추동한다고 제안한다.

가장 최근의 감각 인공 보철물들은 잃어버린 능력을 대체하기 위하여 고안되어 있다. 그러나 원리적으로는 현존하는 능력을 높이거나 새로운 감각능력을 만들어내기 위하여 이런 장치들을 사용할 수도 있을 것이다. 사실, 연구자들은 쥐에서 이것을 이미 달성했는데, 그

듀크대학교의 연구자들은 맹인이 시야를 확보할 수 있게 하는 망막 이식 기술을 발전시켜왔다. 만약 이런 감각 인공 보철물을 태어날 때부터 장님인 주머니쥐에게 사용한다면, 감각피질이 재조직화되어 장님이 아니게 될 수 있을까?

들은 체감각피질에 직접 이식된 적외선 감지기에 의해 생성된 신호를 보냄으로써 쥐가 야간 시력을 갖게 하였다(Thompson, Carra & Nicolelis, 2013). 인간의 피질 뉴런들이, 인간이 정상적으로는 지각할 수 없는 적외선 빛이나 초음파 소리와 같은 자극들을 탐지하는 감지기로부터 들어오는 입력들을 얼마나 잘 처리할 수 있는가는 아무도 모른다. 하지만 청력을 상실한 사람들이 달팽이관 이식장치로부터 오는 새로운 입력 처리를 아주 쉽게 학습한다는 점에서, 인간의 뇌가 지각학습을 통하여 광범위한, 기계가 제공하는 입력을 수용할 수 있는 것 같다.

중간 요약

■ 습관화로 야기된 것으로 추정되는, 사지에 대한 학습된 불용은 개인에게 억지로 불편한 사지를 사용하도록 하는 억제유도 운동치료로 극복할 수 있다.

■ 스트레스 사건들에 반복적으로 노출되면 개인은 스트레스에 민감해져서 나중에 우울증이나 불안장애를 발생시킬 가능성을 높일 수 있다.

■ 감각 인공 보철물은 청각 상실 또는 시각 상실 환자들에게 새로운 감각처리 능력을 제공한다. 이들 장치를 사용하게 되면 감각 사건들을 재인하는 사용자의 능력을 향상시켜 주는 지각학습이 유발된다.

┃ 종합

자극에의 반복적인 노출에 의해서 추동되는 습관화, 지각학습 및 기타의 학습과정들은 흔히 가장 단순한 형태의 학습으로 기술된다. 이것은 부분적으로는 (아메바와 같은) 가장 원시적인 동물들조차도 습관화를 보이기 때문이다. 이들의 어떤 형태의 학습도 학습자로부터 명백한 노력을 요구하지 않는다. 하지만 반복된 사건들에 대한 학습에 관여하는 과정들은 매우 복잡하며, 많은 다른 방식으로 상호작용하는 다양한 뇌 영역들의 결합된 활동성을 요구한다. 하나의 좋은 예는 공간적 길 찾기를 위한 이정표들에 대한 학습이다. 공간학습은 반응들에서의 관찰 가능한 변화들과는 독립적으로 일어난다. 이것이 의미하는 바는 한 관찰자가 또 다른 개인이 어떤 특별한 세트의 이정표들에 관하여 무엇을 학습하고 있는가를 확인하기가 어렵다는 것이다. 만일 여러분이 누군가가 동승한 차에서 차창 밖을 응시하는 것을 본다면, 여러분은 그가 나중에 그 위치로 되돌아가는 길을 찾는 데 도움이 될 수 있는 어떤 이정표들에 대한 정보를 저장하고 있는지의 여부를 구별하기가 어려울 것이다. 그렇기는 하나, 시각적 형태들과 특수한 운동들에 대한 지각을 포함하는 사건들의 복잡한 결합들은 해마와 그 주변의 피질 영역들에 있는 뉴런들의 반응 방식(이는 차례로 형성된 기억의 특성과 질을 통제한다; 이 화제는 제7장과 제11장에서 다룬다)을 결정한다.

반복되는 경험은 (습관화의 경우처럼) 학습 능력을 느리게 하거나 (점화 또는 지각학습의 경우처럼) 촉진한다. 이런 경험은 또한 (민감화의 경우처럼) 외관상으로 관련이 없어 보이는 다른 자극들에 대한 반응에 영향을 미칠 수 있다. 예를 들어, 이 장의 서두에서 야만적인 살인자인 제프리 다머에 대하여 읽는 것과 관련하여, 여러분은 아마도 심리학 교과서를 읽는 경험이 새롭게 와 닿았을 것이다. 만일 여러분이 비교적 예측 가능한, 대학 교과서 내의 자료를 경험하는 것에 익숙해져 있다면(바꿔 말하여, 교과서 읽기에 싫증이 나 있다면), 이 충격적인 예는 교과서에 대한 여러분의 학습되어 있는 반응을 탈습관화시켜서 후속의 자료를 부호화하고 기억하는 여러분의 능력을 향상시켰을지도 모른다 ─ 이 자료가 정신병적 살인자와 거의 상관이 없음에도 불구하고 그럴 것이다. 어째서 자극들에 대한 반복된 노출이 그런 광범위한 학습 현상을 유발할 수 있는가? 부분적인 답은, 적어도 사람과 다른 포유류에 있어서, 가장 복잡한 뇌 구조물들 중의 하나인 대뇌피질의 기여 때문이다. 반복된 사건들에 대한 피질 뉴런들의 반응 방식에서의 경험 의존적인 변화는 지각학습, 대상 재인, 공간학습 및 습관화에 기여하는 것으로 보이는 몇 가지의 강력한 기제들과 관련되어 있다.

반복된 사건들에 대한 기억으로부터 기인하는 행동의 변화는, 특별히 뇌가 당연한 방식으로 정보를 처리하고 있지 않을 때, 우리의 일상생활에 중요한 의미를 가진다. 뇌가 반복된 경험들로부터 학습하는 기제들을 이해함으로써 임상의들은 피질 손상의 영향을 해석하고 감각 결함을 완화시키기 위한 조치를 취할 수 있을 것이다. 이 장에서 기술한 방식들과 같은 뇌의 적응 능력은 현재로서는 치료방법이 없는 많은 정신장애들을 극복하기 위한 핵심인 것 같다. 그러므로 반복과 관련된 학습과정들은 가끔씩 (제프리 다머 주변의 상황들과 학습된 불용과 같은) 부정적인 결과들로 이어지기는 하지만, 이들 과정은 또한 환자들을 재활시키고 사람들의 지각 능력을 늘리는 방법을 제시하기도 한다.

차후의 장에서 읽어 보겠지만, 여러분은 노출로부터 습득하는 학습에 기여하는 상황들과 기제들도 다른 학습 현상들에서 어떤 역할을 한다는 것을 발견할 것이다. 예를 들어, (제4장에서 논의할) 고전적 조건화에서, 연속적인 두 사건들에 반복적으로 노출시키면 이 두 사건들의 첫 번째에 대한 유기체의 민감성이 점차적으로 증가한다. 그리고 군소에서의 습관화와 민감화에 기여하는 많은 신경회로들이 관여한다. 또 다른 예를 들어, 제5장에서 논의할 보상이나 처벌과 함께 사건들을 반복적으로 짝지어 제시할 때 발생하는 학습은 학습을 수행하고 있는 개인의 능동적인 탐색에 달려 있다. (제6장에서 논의되겠지만) 그런 학습을 새로운 상황들에 어떻게 일반화시킬 것인가는 개인이 더 친숙한 자극들과 새로운 사건들을 얼마나 잘 변별할 수 있는가에 달려 있다. 다른 학습과정들 간의 관계들을 이해하는 것이 학습 및 기억과 관련된 연구의 주요 목표들 중의 하나이다.

중요 용어

감각 인공 보철물(sensory prothesis)

공간학습(spatial learning)

뇌졸중(stroke)

단순노출 학습(mere exposure learning)

단어 어간 완성 과제(word-stem completion task)

달팽이관 이식(cochlear implant)

동형시냅스적(homosynaptic)

민감화(sensitization)

새로운 대상 재인(novel object recognition)

수용야(receptive field)

습관화(habituation)

시냅스 억제(synaptic depression)

억제유도 운동치료(constraint-induced movement therapy)

이중과정이론(dual process theory)

이형시냅스적(heterosynaptic)

자발적 회복(spontaneous recovery)

장소 세포(place cell)

점화(priming)

정향반응(orienting response)

지각학습(perceptual learning)

청각적 놀람 반사(acoustic startle reflex)

친숙성(familiarity)

탈습관화(dishabituation)

피부 전도 반응(skin conductance response, SCR)

피질 가소성(cortical plasticity)

퀴즈

1. 예전에 한 번 비 오는 도로에 미끄러져 경로를 이탈한 경험 때문에 빗속에서 운전하는 것이 긴장된다면, 당신은 빗속에서 운전하는 것에 _____된 것이다.

2. 치과 치료에 대한 경험이 많아서 치과의사가 이를 때우는 것이 아무렇지도 않다면, 치과용 드릴에 _____된 것이다.

3. 침실 근처에 있는 화재경보기의 삐-삐 거리는 배터리 부족 경보음에 습관화된 후, 시끄러운 까마귀 소리에 시달렸다면, 삐-삐 거리는 소리에 대한 반응이 _____될 수도 있다.

4. 연구자들은 아기의 _____ 반응을 통해 아기가 제시된 물체를 새로운 것으로 인식했다고 생각했다.

5. _____ 자극의 반복은 빠르게 습관화를 이끈다.

6. 장기간의 습관화는 _____ 노출 후보다 _____ 노출 후에 일어난다.

7. 연구자들이 간혹 습관화와 민감화의 효과를 보기 위해 사용하는 생리학적 반응은 _____ (이)다.

8. 민감화와 습관화가 독립적으로 처리된다는 이론은 _____의 주요 특징이다.

9. 학습을 했지만 학습이 일어났다는 관찰 가능한 증거가 없을 경우, 이것을 _____(이)라고 한다.

10. _____ 과제를 통해 쥐가 어떤 대상에 대해 친숙하게 여기는지를 판단할 수 있다.

11. 군소의 아가미 철수반응, 즉 민감화는 _____에 의한 _____분비의 증가와 관련되어 있다.

12. 피질 뉴런 수용야의 학습과 관련된 변화는 _____의 증거를 제공해준다.

13. 주머니쥐를 태어날 때부터 눈이 멀게 하는 것은 _____ 피질의 뉴런의 숫자 및 수용야를 증가시킨다.

14. 해마의 뉴런 중 특정 장소에 강하게 반응하는 뉴런을 _____(이)라고 한다.

15. 발달 중 스트레스 사건에 반복적으로 노출되는 경험은 _____(으)로 이어질 수 있다.

16. _____ 장치는 몇몇 감각기능을 상실한 환자들의 감각 처리를 촉진시켜 시간이 지날수록 잘 기능할 수 있도록 하는데, 이는 _____ 덕분이다.

정답은 책의 뒷부분에 있다.

개념 확인

1. 역도 선수는 반복적으로 바벨을 들어올린다. 몇 번을 반복하고 나서는, 멈추기 전까지 들어올리는 속도가 느려지는데, 이것을 습관화라고 할 수 있을까? 아니라면 어째서인가?

2. 민감화의 대표적인 예시 중 하나는 밤에 어두운 골목을 걸어가는 것이다. 이 상황은 긴장감을 조성하고, 각성 수준을 높여 만약 뒤에서 큰소리가 나면 펄쩍 뛰게 될 것이다. 사람들이 의도적으로 민감화된 다른 상황(영화 속 상황 말고)을 떠올릴 수 있는가?

3. 이 장을 읽고 난 후에, 적어도 이 장에 포함된 내용에는 좀 더 친숙해져 있을 것이다. 만약 이 장을 한 번 더 읽는다면, 더 많은 것을 배울 수 있을 것이다. 이것이 반복된 사건으로부터의 학습 중 하나일까?

4. 제2장에서 런던 택시 기사들과 택시 운전사가 아닌 통제집단의 MRI 결과를 제시했었다. 이 연구에서 연구자들은 택시 운전사들의 해마 크기가 택시 운전 경력과 상호 관련이 있다는 것을 발견해냈다. 그 이유는 무엇일까?

정답은 책의 뒷부분에 있다.

고전적 조건화

중요한 사건을 예측하게 해주는 학습

다음 네 사람의 공통점은 무엇인가? 아이스크림 트럭의 딸랑거리는 소리가 멀리서 들려올 때 아이스크림에 대한 즐거운 기대감 때문에 환호성을 지르는 네 살배기 모이라. 지평선 위의 비구름을 보고서 오늘 아침에 창문을 열어 놓았다는 것을 떠올리고 자신의 집에 있는 카펫 걱정을 하기 시작하는 댄, 지금은 담배를 끊었지만 건물 앞에서 담배를 피고 있는 친구들을 보면 강력한 흡연 욕구를 느끼는 나탈리, 남자친구와 헤어진 지 몇 년이 지났지만 아직도 그의 목소리가 들려오는 샤론. 즉각적으로는 명확하지는 않겠지만 조금만 조사해보면 이들 네 사람의 반응은 이반 파블로프(Ivan Pavlov)와 연결되어 있다. 더 정확히 말하면 이반 파블로프의 고전적 조건화 원리와 관련이 있다. 위의 네 사람은 모두 고전적 (또는 파블로프식) 조건화에 의해서 행동이 변화한 것이다.

대부분의 사람들은, 아마도 심리학 강좌를 듣지 않은 사람들도 어렴풋이 이반 파블로프(1849~1936) 이야기는 들어봤을 것이다. 그가 어떻게 개에게 임박한 먹이 제공을 예언하는 종소리나 청각 신호에 대해서 침을 흘리도록 훈련시켰는지 또는 '조건화시켰는지'를 알 것이다. 파블로프의 개와 관련된 내용은 영화, TV 쇼 그리고 많은 만화를 포함하는 대중문화들에서 발견할 수 있다. 제1장에서 파블로프와 그의 훈련 방법을 소개하였다. 이번 장에서는 그의 연구가 왜 그렇게 중요하고 영향력이 있는지와 오늘날의 실험 및 임상 연구들에서도 왜 지속적으로 연관성이 있는지에 관하여 설명할 것이다.

과학에 있어서의 다른 많은 진전들처럼, 고전적 조건화에 대한 파블로프의 발견도 우연적인 요소를 포함하였다. 그는 원래 소화에 관하여 연구하고 있었는데, 그는 개들이 흔히 고기 사료를 받기 전부터 타

행동적 측면

고전적 조건화의 기본 개념들
기본 원리 가다듬기
오차 교정과 US 처리에 대한 수정
자극 주의와 CS 처리의 조절
조건화에 대한 그 외의 결정요인들

뇌 메커니즘

포유류의 운동반사 조건화
무척추동물과 학습의 세포적 기초

임상적 관점

중독성 약물에 대한 내성에서의 고전적 조건화
고전적 조건화를 통한 투약 줄이기

일상에서의 학습과 기억 :
약물 상용습관 소거하기

방문자가 초인종을 울리는 것이 왜 파블로프의 실험을 방해하는 것일까?

액을 분비하기 시작하는 것에 주목했다. 이 동물들은 평소에 자신들의 먹이를 담는 그릇을 볼 때나 그들에게 먹이를 주는 실험실 도우미의 발자국 소리를 들을 때 타액을 분비했다(Pavlov, 1927). 처음에, 파블로프는 이러한 너무 이른 타액 분비를 소화계가 음식에 어떻게 반응하는가를 이해하려는 그의 노력을 방해하는 골칫거리라고 여겼다. 그러나 곧 파블로프는 그가 개의 뇌에서 연합들이 어떻게 형성되는가를 연구하는 방법을 우연히 발견했다는 것을 깨달았다.

파블로프와 그의 동료들은 동물이 학습하는 방식에 영향을 미치는 요인들에 관하여 체계적으로 연구하기 시작했다. 개를 구속 장치에 두고 수술로 입 안에 삽입된 튜브를 통하여 타액을 수집함으로써(그림 4.1), 파블로프는 다양한 단서들에 반응하여 분비된 타액의 양을 측정할 수 있었다. 그는 초기의 한 연구에서 먼저 초인종 소리가 항상 먹이의 제공을 예측하도록 개를 훈련시켰다. 초인종과 먹이 간의 짝지음을 여러 번 시행함에 따라 그 개는 그 초인종 소리에 대하여 더욱 강한 타액 분비 반응을 발달시켰다. 동물이 하나의 자극(예 : 초인종 소리)이 곧 다가올 중요한 사건(예 : 먹이의 제공)을 예측한다는 것을 배우는 이런 형태의 학습은 오늘날 **고전적 조건화**(classical conditioning) 내지는 **파블로프식 조건화**(Pavlovian conditioning)로 알려져 있다.

하지만 개와 타액을 넘어 훨씬 더 많은 고전적 조건화들이 존재한다. 이 장에서는, 왜 고전적인 '파블로프식' 조건화에 대한 이해가 학습과 기억에 관한 행동적 · 생물학적 이해를

그림 4.1
학습을 연구하기 위한 파블로프의 장치 음식의 도달을 예언하는 초인종과 같은 자극에 대한 반응인 타액 분비를 측정하기 위해 입속에 의료용 튜브를 삽입한 개를 고정시켜 놓았다.

구축하는 데 필수적인지를 보여줄 것이다. 더 나아가, 고전적 조건화는 시초의 감각 입력으로부터 그 결과로서 산출될 운동 반응을 추동하는 명령에 이르기까지의 모든 단계에 대한 뇌 기반들이 세밀하게 연구된 몇 안 되는 학습들 중의 하나이다. 이들 이유 때문에, 고전적 조건화는 파블로프가 거의 100년 전에 우연한 발견을 했을 때 자신이 기대할 수 있었던 것을 훨씬 더 능가하는 의미를 가지고, 오늘날 심리학자, 신경과학자 그리고 임상적 신경심리학자에 의하여 열심히 연구되고 있다.

4.1 행동적 측면

고전적 파블로프 조건화(classical Pavlovian conditioning)는 개인이 주변 환경을 학습하는 한 방법이다. 어린이 모이라는 멀리서 들리는 딸랑거리는 소리가 곧 도착할 아이스크림 트럭에 대한 예견임을 학습하였다. 아이스크림을 매우 좋아하는 그녀는 엄마에게 돈을 달라고 하여 트럭이 도착할 때는 이미 갓길에서 살 준비를 하고 기다리고 있을 것이다. 이것은 긍정적 사건을 최대로 활용하기 위하여 예측하는 것을 학습한 예이다. 부정적인 사건을 예측할 수 있는 것 역시 유용하다. 만약 댄이 한낮에 갑작스러운 폭우를 만난다면, 비가 들이쳐서 카펫이 흠뻑 젖는 것을 막기 위해 일터로부터 집으로 달려가 창문을 닫아야 할 것이다. 만일 그가 폭우를 더 일찍 예측했더라면 일터로 가기 전에 그 창문을 닫을 수 있었을 것이다.

이 절에서는 먼저 고전적 조건화의 기본 개념과 용어를 소개한 다음에 이 유형의 학습에 관한 후속 연구를 살펴볼 것이다. 1970년대 초반에 개발된 간단하고 훌륭한 조건화 모델을 이용하여 광범위한 학습 현상을 설명하고, 가장 단순한 동물에서 보이는 조건화 행동들이 어떻게 인간학습에서 관찰되는 보다 복잡한 인지행동들을 설명할 수 있는지를 논의할 것이다. 그리고 어떻게 주의가 학습된 것에 영향을 미칠 수 있으며, 어떻게 타이밍이 중요하고, 또한 우리가 어느 정도까지 생물학적으로 어떤 것들을 보다 쉽게 학습할 준비가 되어 있는가를 포함하는, 고전적 조건화의 몇 가지의 다른 측면들에 대하여 논의할 것이다.

고전적 조건화의 기본 개념들

개는 먹이를 보거나 냄새를 맡으면 자연스럽게 타액을 분비한다. 이런 반응을 만들어 내는 것에는 학습이 요구되지 않는다. 이런 이유로, 심리학자들은 먹이를 **무조건 자극**(unconditioned stimulus, **US**)이라고 부른다. 이는 선천적으로, 즉 조건화 없이, 어떤 반응을 야기하는 자극이다. 먹이와 같은 무조건 자극은 타액 분비와 같은 자연적인 반응을 유발하는데, 이 반응을 심리학자들은 **무조건 반응**(unconditioned response, **UR**)이라고 한다. 이들의 관계는 학습에 의존하지 않는다. 유사하게, 모이라의 아이스크림에 대한 갈망과 댄의 젖은 카펫에 대한 낭패감은 일상에서의 좋은 것과 나쁜 것에 대한 자연적인, 다시 말해 무조건적인 반응들이다. 그러한 반응들은 둘 다 사전 훈련이 없이 무조건적으로 발생한다. 반면에 개가 이전에는 들어보지 못했던 종소리와 같은 중립 자극(neutral stimulus, NS)은

그림 4.2

파블로프의 실험에 대한 도식적 설명 (a) 훈련 이전에 종소리와 같은 중립적 자극은 개로부터 아무런 반응을 야기하지 않는다. 반면에 음식과 같은 무조건 자극(US)은 자동적으로 타액 분비와 같은 무조건 반응(UR)을 야기한다. (b) 훈련 동안 기존에 중립적 자극이었던 종소리는 타액 분비(UR)를 야기하는 음식(US)과 반복적으로 짝지어지면 조건 자극(CS)이 된다. (C) 훈련 이후에 이제 조건 자극(CS)이 된 종소리는 학습된 반응인 타액 분비라는 조건 반응(CR)을 야기한다.

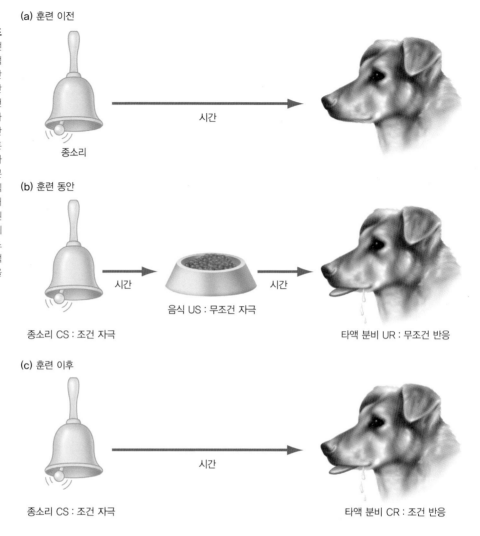

(a) 훈련 이전

종소리　시간

(b) 훈련 동안

시간　음식 US : 무조건 자극　시간

종소리 CS : 조건 자극　타액 분비 UR : 무조건 반응

(c) 훈련 이후

시간

종소리 CS : 조건 자극　타액 분비 CR : 조건 반응

개에게서 그러한 타액 분비 반응을 유발하지 못한다(그림 4.2a).

개의 타액 분비가 조건화되게 하는 파블로프의 방법

파블로프는 자신의 개를 그림 4.1과 같은 장치 안에 놓은 후에 반복적으로 종소리를 먹이와 짝지어 제시하였다. 종이 울릴 때마다 연구보조자는 즉각적으로 개에게 먹이를 공급하였다. 이런 절차는 이전에는 중립 자극이었던 종소리가, 그림 4.2b에 도식한 것처럼, **조건 자극**(conditioned stimulus, **CS**)이 되게 하였다. 종소리 CS와 먹이 US를 반복적으로 제시한 후에, 이 둘은 개의 마음에서 연결이 되었다. 이런 훈련, 즉 파블로프가 지칭한 '조건화'는 개가 새로운 어떤 것(종소리가 먹이를 예견하는 것)을 학습하는 결과를 가져왔다. 개가 종소리만 들려주었을 때 얼마나 많은 타액을 분비하는가를 측정함으로써, 우리는 개가 이런 예견을 학습한 정도, 즉 개가 종소리를 들을 때 얼마나 강하게 먹이를 기대하는가를 평가할 수가 있다. 이는 그림 4.2c에서 볼 수 있는데, 심지어는 먹이 없이 종소리 CS 단독으로도

표 4.1 파블로프식 조건화의 용어들, 예시들과 함께				
	무조건 자극, US	무조건 반응, UR	조건 자극, CS	조건 반응, CR
파블로프의 개	음식	타액 분비	종소리	타액 분비
모이라	아이스크림 트럭	아이스크림에 대한 욕구	트럭 벨소리	엄마에게 돈을 받아서 트럭이 도착하기 전에 코너로 뛰어가기
댄	비	카펫이 젖는 대신 창문을 닫는 것	검은 구름	비가 시작되기 전에 창문 닫기

예견된 반응, 즉 **조건 반응**(conditioned response, **CR**)을 유발할 수 있었다.

　모이라의 경우에, 트럭의 딸랑거리는 소리가 조건 자극(CS)인데, 이는 아이스크림 트럭의 도착과 반복적으로 짝지어진 후에 모이라가 엄마에게 돈을 달라고 해서 길모퉁이로 달려가는 것으로 구성된 예견된 조건 반응(CR)을 유발한다. 이 반응이 완전히 학습된 후에는, 무조건 자극(US)인 아이스크림 트럭이 그녀의 집에 도착할 때 모이라는 손에 돈을 들고 그 길모퉁이에서 기다리고 있을 것이다. 댄의 경우에는, 하늘의 검은 구름이 불길한 조건 자극(CS)인데, 이것은 과거의 경험을 통하여 차후의 큰 비와 연합되었다. 이들 경험이 그에게 비(US)가 도착하기 전에 그의 집에 있는 모든 창문을 닫는 것과 같은 준비적 조건 반응

지식 테스트

파블로프의 실험

표 4.1은 파블로프의 실험을 실험자 파블로프의 관점에서 서술한 것이다. 그러나 개의 관점에서 보면 실험 시나리오는 매우 다르게 보인다. 여기 있는 만화를 이용하여, 개의 관점에서 파블로프의 CS와 CR을 찾아보라. (정답은 책의 뒷부분에 있다.)

(preparatory conditioned response, CR)을 가르쳐주었다. 세 가지 예(파블로프의 개, 모이라와 댄) 모두에서, CS와 후속의 US 간의 학습된 연합은 CS를 따르는 CR을 발생시킨다. 표 4.1은 이들 용어와 세 가지 예들과의 관련성을 정리하고 있다. 이 장뿐만 아니라 이 책의 나머지 부분에서도, 우리는 계속하여 네 가지 용어, US, UR, CS, CR을 모두 사용할 것이다. 따라서 더 진행하기 전에 여러분이 이들 네 가지 용어들에 익숙해지기를 바란다.

욕구 조건화

US가 (파블로프 개에게 제공되는 먹이 또는 모이라를 위한 아이스크림과 같은) 정적인 사건일 때, 이 조건화를 **욕구 조건화**(appetitive conditioning)라고 한다. 일반적으로, 욕구 조건화는 갈망이나 욕구를 만족시켜주는 어떤 것을 예측하도록 학습하는 것으로 이루어진다. 음식과 성은 욕구와 관련된 US들 중에서 가장 강력하다. 이 장의 서두에서 기술한 네 사람들 중의 한 사람인 샤론을 상기해보라. 그녀는 과거에 그와 성관계를 가졌을 때 연합되었던 전 남자친구의 목소리에 조건화되어 있다. 마이클 돔얀과 동료들은 성적으로 수용적인 암컷과 쉽게 교미를 하는 사육된 수컷 일본 메추라기를 사용하여 유사한 형태의 조건화를 연구하였다(그림 4.3). 빛(CS)과 같은 임의의 자극이 성적으로 수용적인 암컷(US)에게 접근하는 것과 반복적으로 짝지어지면 수컷 메추라기는 빛 근처로 다가가거나 근처에 머무르는 행동(CR)을 나타낸다(Domjan et al., 1986).

혐오 조건화

구름이 비에 의한 자기 집의 손상을 예견하는 댄의 학습은 **혐오 조건화**(aversive conditioning)의 한 예이다. 이것은 예상된 혐오적 사건의 결과를 회피하거나 최소화하는 것을 학습하는 것과 관련된다. 조건화에 관한 실험적 연구를 위해서 사용되는 많은 절차들은 혐오 조건화의 예들이다.

제1장에서 여러분은 학습 과학과 관련하여 행동주의자의 아버지인 스키너(B. F. Skinner)와 수리심리학과 학습이론의 설립자인 에스테스(W. K. Estes)에 대하여 읽었다. 1940년대 초반에 에스테스는 스키너의 대학원 학생이었다. 그 당시에, 미국은 아직 제2차 세계대전에 들어가지 않았었다. 독일 사람들은 영국을 폭격하기 위하여 새로운 기술인 로켓을 사용하고 있었다. 런던 사람들이 로켓 엔진이 접근하면서 내는 쌩쌩 소리를 들을 때 그들을 하고 있던 식사, 걷기, 대화 등 그것이 무슨 일이든지 멈추고 폭발을 기다렸다. 그들은 로켓이 다른 장소에 떨어지고 자신들이 안전하다고 깨달은 후에는 방해받았던 활동을 재개했다.

이 이야기를 계기로, 에스테스와 스키너는 쥐를 대상으로, 어떤 측면에서는 런던 사람들이 경험하고 있었을 것으로 생각되는 것과 유사한 새로운 조건화 절차를 개발하였다. 이른바 '조건화된 정서 반응(Conditioned Emotional Response, CER)'이라는 이 절차는 학습된 공포를 연구하기 위해 사용되는 하나의 기법이다(Estes & Skinner, 1941). 에스테스와 스키

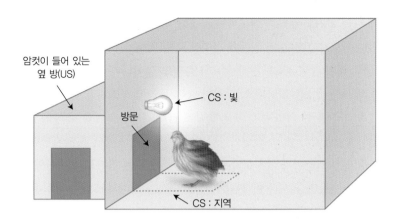

그림 4.3
수컷 일본 메추라기의 교미 조건화 마이클 돔얀과 그의 동료들은 수컷 일본 메추라기가 암컷과 교미(US)를 하기 위해 불빛(CS)에 접근하여 머물러 있도록 조건화했다.

너는 쥐가 지렛대를 누를 때마다 먹이 알갱이를 제공해주는 케이지 안에 배고픈 쥐를 놓았다. 이 케이지는 또한 쥐의 발에 가벼운 전기충격을 전달할 목적으로 바닥에 금속격자 배선이 되어 있었다. 평상시에 배고픈 쥐는 먹이를 얻기 위해 열심히 지렛대를 눌렀다. 하지만 쥐가 청각신호음(CS)이 곧 다가올 전기충격(US)을 예견한다는 것을 학습하도록 훈련하면, 쥐는 이 신호음을 들을 때 동결 반응(CR)을 보이며 지렛대 누르기를 멈추고 전기충격을 기다리고 있곤 했다. 이런 동결 행동을 측정함으로써, 에스테스는 매 시행에서 학습된 반응의 변화를 정량화하였다. 몇 년 지나지 않아, 동물의 조건화를 연구하는 데 있어서 이 조건화된 정서 반응 절차는 가장 널리 사용되는 기법들 중의 하나가 되었으며 현재에도 여전히 사용되고 있다(제10장에서 여러분은 공포 조건화와, 공포와 같은 정서가 어떻게 학습과 기억에 영향을 미치는가에 대하여 더 많은 것을 읽을 것이다).

1928년 '파리'라는 브로드웨이 쇼에서 콜 포터는 "새들도 하고, 벌들도 하고, 잘난 벼룩조차도 그것을 한다."라는 말을 썼다. 물론, 포터는 사랑에 빠지는 일을 언급하고 있었지만, 고전적 조건화에 의한 학습에 대해서도 똑같이 표현할 수 있다. 벼룩이나 파리와 같은 곤충들조차도 고전적 조건화 방법을 사용하여 훈련시킬 수 있다. 실제로, 초파리(*Drosophila*)의 고전적 조건화 연구는 학습에 관한 생물학적 기반을 이해하는 데 지대한 공헌을 하였다(이 장에서 한 가지 예를 살펴볼 것이다).

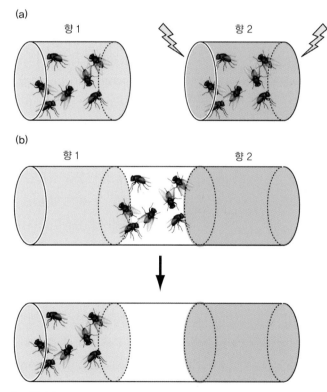

그림 4.4
파리의 냄새 조건화 (a) 파리를 차례로 두 가지 조건의 통에 넣는다. 처음에는 향 1 냄새가 나는 통 속에 두는데 거기서는 쇼크를 받지 않고, 이어 다른 향 2 냄새가 나는 통에서 쇼크를 받게 한다. (b) 이후에 한쪽 끝에서는 향 1 냄새가 나고 다른 쪽 끝에서는 향 2 냄새가 나는 통의 가운데 파리를 넣자, 파리들은 쇼크와 연합되지 않은 향 1쪽으로 날아갔다. 이는 그들이 이전 훈련을 통하여 향 2-쇼크 연합을 학습하였음을 나타낸다.

그림 4.4에 파리 조건화에 대한 연구에서 사용된 행동적 절차(Dudai, Jan, Byers, Quinn, & Benzer 1976)가 도시되어 있다. 처음에 파리를 특정 냄새가 나는 통속에 넣어둔다. 그 냄새를 향 1이라 칭하자(그림 4.4a). 거기서는 아무 일도 일어나지 않는다. 다음으로는, 파리에게 또 다른 냄새인 향 2를 제시하고 그 향이 나는 동안에 약하지만 혐오적인 충격(US)을 가하였다. 그 후 파리를 통 속의 중간 부분에 넣고 한쪽 끝에는 향 1을 다른 쪽 끝에는 향 2를 제시하였다(그림 4.4b). 통 속을 날아다니면서 파리는 향 2(충격과 짝지어졌던) 냄새가 나는 쪽을 피하고 향 1(충격과 짝지어지지 않은) 냄새가 나는 쪽으로 모여들었다. 댄이 비를 피하려고 하는 행동과 유사하게, 쥐와 파리가 충격을 피하려고 하는 행동은 심각한 부정적 사건의 예측 요인들에 대한 혐오 조건화의 사례들이다.

조건 반응에 대한 이해

지금까지, 우리는 고전적 조건화 실험을 위해 사용되는 네 가지 서로 다른 절차들을 소개하였다. 이들 중에서 두 가지 — 개와 먹이를 활용한 파블로프의 독창적인 연구와 메추라기와 성욕에 관한 돔얀의 연구 — 는 욕구 조건화 절차이다. 다른 두 가지 — 쥐가 충격을 예측하게 하는 청각 신호음을 들을 때 동결되는 조건 정서 반응과(Estes & Skinner, 1941), 파리에게 충격을 가하는 실험처치(그림 4.4) — 는 혐오 조건화 절차이다.

이들 네 경우의 각각에서, 왜 동물들은 조건반응을 보이는 것일까? 네 가지 모든 경우에서, 조건반응은 US를 기대하고 동물을 준비시키는 예측 반응으로 볼 수 있다. 모이라가 아이스크림 트럭이 도착할 것을 예측하고 준비한다거나, 댄이 폭풍우를 예측하여 준비하는 것과 같은 식이다. 충격과 연합된 냄새를 멀리함으로써 파리는 충격을 피할 가능성을 높일 수 있다. 음식을 예측하여 침을 흘림으로써 개는 음식을 소화할 준비를 하게 된다. 충격을 예측하여 동결 반응을 일으킴으로써 쥐는 위험에 대처할 준비를 더 잘할 수 있게 되며, 또한 진행 중인 운동적 행동(예 : 섭식)이 충격에 의해 방해받는 것을 회피할 수 있게 된다. 빛이 있는 쪽으로 움직임으로써, 메추라기는 암컷과 더 빨리 교미를 할 수 있게 된다.

포유류의 운동반사 조건화 : 눈 깜빡임 조건화

널리 연구되고 있는 또 다른 종류의 혐오 조건화는 **눈 깜빡임 조건화**(eyeblink conditioning) — 댄이 창문을 닫는 것과 아주 유사한 예기적 방어반응을 유발하는 종류 — 인데, 이것은 사람 대상으로 가장 철저하게 연구되고 있는 운동반사 조건화의 한 종류이다(Gormezano, Kehoe, & Marshall, 1983). 여러분은 제1장에서 언급된 수리심리학의 아버지의 한 사람인 예일의 클라크 헐(Clark Hull)을 기억하고 있을 것이다. 그는 자신의 대학원생들에게 뺨 때리기에 대한 예측으로 눈을 깜빡이도록 하는 훈련을 했다(그림 4.5). 이 사진에 있는 피험자는 어니스트 잭 힐가드(Ernest Jack Hilgard)인데, 그는 나중에 최면 심리학에 대한 연구의 개척자이자 기억에 관한 선두적인 교과서의 저자가 되었다.

헐은 뺨 때리기(US) 직전에 들려줄 신호음(CS)을 준비하였다. US 전에 CS를 여러 번 반복 제시를 받은 후에, 가엾은 잭은 신호음을 들을 때마다, 뺨 때리기가 따라오든 그렇지 않든, 눈을 깜빡이기(CR) 시작했다. 윤리적·실제적 이유로, 인간 대상의 눈 깜빡임 조건화에서 연구자들은 뺨 때리기를 US로 더 이상 사용하지 않는다. 대신에, 흔히 눈에 공기 분사를 한다. 공기 분사는 고통스럽지 않지만 실제로 반사적인, 즉 무조건적인 눈 깜빡임(UR)을 야기한다(이것이 믿기지 않으면 친구에게 여러분의 눈을 가볍게 불어보라고 해보라). 인간의 눈 깜빡임 조건화에서 눈 깜빡임(UR)은 몇 가지의 서로 다른 방법으로 측정할 수 있는데, 그중 하나가 근육의 전기적 활동성을 감지하는 근전도(electromyography, EMG 탐지기)(그림 4.6a; 눈의 위와 아래에 부착함)를 사용하는 것이다. CS는 보통, 음량 조절이 가능하고 외부 소음이 차단될 수 있도록 하기 위하여, 헤드폰을 통하여 전달되는 신호음이다. 신호음(CS)과 공기 분사(US)를 반복하여 제시하면 피험자들은 CR(이 경우에, 공기 분사가 발생할 때 눈이 부분적으로 보호를 받기 위하여 US가 오기 전에 발생하는 예기적인 눈 깜빡임)을 발달시킨다.

눈 깜빡임 조건화에서 가장 중요한 것은 그것이 많은 서로 다른 종들에서 나타난다는 것이다. 이는 한 종에서 발견된 결과들을 다른 종에게도 적용할 수 있다고 합리적으로 기대할 수 있다는 것을 의미한다. 눈 깜빡임 조건화가 생쥐, 쥐 그리고 원숭이에서 관찰되어 왔지만 눈 깜빡임 조건화에 대한 연구를 위해서 가장 보편적으로 사용되는 동물은 토끼이다. 이는 토끼가 선천적으로 장시간 동안 비교적 조용히 잘 앉아 있으며, 눈에 위해가 가해지

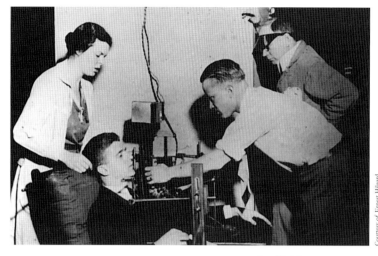

Courtesy of Ernest Hilgard

그림 4.5
1920년의 얼굴 때림 눈 깜빡임 조건화 얼굴 가리개를 하고 서 있는 클라크 헐과 앉아 있는 그의 젊은 대학원생 에르네스트 힐가드가 예일대학교에서 초기의 고전적 눈 깜빡임 연구를 하고 있다. 헐은 힐가드가 얼굴 때림에 대한 기대로 눈을 깜빡이도록 훈련시켰다.

(a)

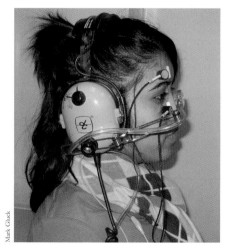

Mark Gluck

(b)

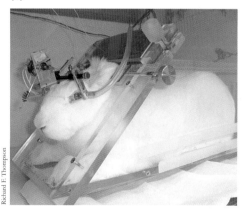

Richard F. Thompson

그림 4.6
사람들과 토끼를 대상으로 하는 눈 깜빡임 조건화 (a) 사람의 눈 깜빡임 조건화에서, 소리 CS는 헤드폰을 통해 전달된다. US는 고무튜브로부터 분사되는 공기이다. 눈 깜빡임 CR은 눈 위아래에 부착된 EMG 전극들을 통해 기록된다. (b) 토끼의 눈 깜빡임 조건화에서, 비슷한 고무튜브가 아크릴 유리 케이스에 고정되어 있는 토끼에게 공기 분사 US를 전달한다. 포토빔이 CR과 UR을 측정한다.

지 않는 한 눈을 거의 깜빡이지 않기 때문이다. 그림 4.6b는 구속용 아크릴 유리 상자에 있
는 토끼를 보여준다. 이 상자 내에서 흔히 눈 깜빡임 조건화가 수행된다. 눈 깜빡임(CR과
UR)이 포토 빔에 의해 측정되는 동안에, 토끼의 왼쪽 눈 옆에 있는 튜브가 공기 분사(US)
를 제공한다. 인간에서와 똑같이, 토끼에서도 공기 분사가 US이고 반사적인 눈 깜빡임이
UR이다(그림 4.7). 훈련 전에, 신호음은 중립자극이기 때문에 토끼에게 눈 깜빡임을 유발
하지 않는다(그림 4.7a). 하지만 공기 분사(US)에 앞서서 신호음이 반복적으로 제시되면 동
물은 이 신호음이 공기 분사(US)를 기대하게 하고 준비하라는 경고 신호임을 학습한다(그
림 4.7b). 결국, 동물은 단독으로 제시되는 이 신호음에 대한 반응으로 눈을 깜빡이게 된다
(그림 4.7c). 이 시점에서, 소리는 CS가 되며 예기적인 눈 깜빡임은 CR이다.

　　모르는 관찰자에게는, 학습된 조건 반응(눈 깜빡임, CR)이 자동적인 무조건 반응(눈 깜

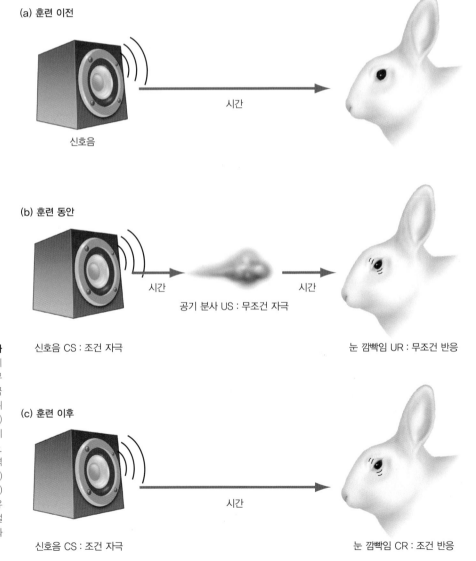

(a) 훈련 이전

신호음

시간

(b) 훈련 동안

시간

공기 분사 US : 무조건 자극

시간

신호음 CS : 조건 자극

눈 깜빡임 UR : 무조건 반응

(c) 훈련 이후

신호음 CS : 조건 자극

시간

눈 깜빡임 CR : 조건 반응

그림 4.7

**토끼에서 눈 깜빡임 조건화
의 학습과정** (a) 훈련 이
전에 신호음은 토끼와 아무
런 관련도 없는 중립 자극
이다. (b) 신호음(CS)에 뒤
이어 오는 공기 분사(US)
가 훈련되지 않은 토끼에게
눈 깜빡임(UR)을 야기한다.
(C) 눈 깜빡임 조건화를 겪
은 토끼에서 신호음(CS)
에 뒤이어 눈 깜빡임(CR)
을 야기한다. 이 도표를 유
사한 파블로프식 조건화 절
차를 보여주는 그림 4.2와
비교하라.

표 4.2	널리 쓰이는 고전적 조건화 절차			
욕구적 조건화				
	무조건 자극, US	무조건 반응, UR	조건 자극, CS	조건 반응, CR
파블로프의 개	음식	타액 분비	종소리	타액 분비
메추라기 성교	성교 가능한 암컷	접근, 올라타기, 성교	불빛	접근
혐오적 조건화				
파리 충격 주기	충격	탈출 시도	냄새	탈출 시도
조건화된 정서 반응	충격	동결 반응	신호음	동결 반응
눈 깜빡임 조건화	공기 분사	눈 깜빡임	신호음	눈 깜빡임

빠임, UR)과 동일하다. 그러나 학습된 CR은, US와 UR에 앞서서 CS(비를 예견하는 일기예보와 유사한)에 의한 경고 기간 동안에 발생하는데, 이는 적응적으로 공기 분사로부터 눈을 보호하게 한다. 파블로프의 최초의 타액 분비 연구에서도 마찬가지이다. 학습된 CR(타액 분비)은 개의 음식에 대한 선천적인 무조건 반응과 동일한 것으로, 음식이 제공되기 '전에' 음식을 예고하는 벨소리가 날 때 발생했다.

여러분은 고전적 조건화에서 실험을 위해 사용되는 다섯 가지의 다른 형식들을 소개받았다. 이에는 두 가지 욕구 조건화 절차들과 세 가지 혐오 조건화 절차들이 속한다. 이들 모두가 표 4.2에 요약되어 있다. 여러분이 정말로 이 자료를 이해하는가를 확인하고 US, UR, CS, CR을 구별할 수 있는가를 알아보기 위해서 '지식 테스트' 글상자에 제시된 일상의 예들에서 각각을 확인해보라.

지식 테스트

일상에서의 고전적 조건화

여러분은 US, UR, CS, CR을 구분해서 말할 수 있는가? 각각을 구분할 수 있는지를 아래 묘사된 일상의 상황에서 스스로 시험해보라. 각각에서, 그것들이 욕구적 조건인지 혐오적 조건화인지를 표시해라. (정답은 책의 뒷부분에 있다.)

1. 새로운 스포츠카의 광고들이 엔진 뚜껑 위에 올라 탄 섹시한 여성 모델을 보여준다.
2. 마크는 피자를 좋아한다. 그가 소년이었을 때, 그의 부모님은 자주 피자를 배달시켰었다. 피자가 자주 미지근한 채로 도착했기 때문에, 그의 부모님은 피자를 상자째로 오븐에 넣어 데우곤 했었다. 이것은 피자 상자에서 타는 냄새가 나게 만들었다. 한참이 지난 지금, 마크는 상자 타는 냄새를 맡으면 피자가 먹고 싶어진다.

새로운 연합에 대한 학습

정확히, 학습이 눈 깜빡임 조건화와 다른 고전적 조건화 절차들에서 어떻게 진행되는가?

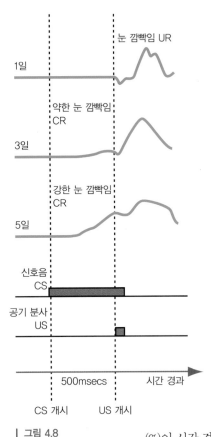

그림 4.8
눈 깜빡임 조건화 반응의 습득 첫째, 셋째 그리고 다섯째 훈련의 시작 부분에서 측정된 표준화된 신호음-공기 분사 시행 과정을 사용한 조건화된 반응의 발달. 첫째 날에 공기 분사에 대해 UR만 관찰되었으나, 셋째 날에 눈 깜빡임 예측 반응이 시작된다. 다섯째 날까지 이러한 예측 CR은 강하고, 공기 분사 US 이전에 확실하게 발생한다.

그림 4.8은 토끼의 눈 깜빡임 조건화 연구에서 눈 깜빡임(CR)이 훈련 일수가 늘어남에 따라 더 강하게 됨을 보여준다. 매일 이 동물은 80번의 훈련 시행들을 받았는데, 각 시행에서 신호음에 곧 이어 눈에 공기 분사가 되었다. 그림 4.8의 그래프들(녹색 선들)은 토끼의 눈꺼풀이 서로 다른 날짜의 실험들 동안 시작 부분에서 낮아지는 정도를 보여준다. 곡선이 클수록 눈꺼풀이 닫히는 정도는 더 심하다. 첫날에는, 공기 분사(US)가 시작된 후에야 눈을 깜빡임(UR)이 나타남을 주목하라. 그러나 훈련이 경과하면서 눈 깜빡임(CR)이 출현하기 시작한다. 날짜 3에서는, US가 도달하기 이전에 눈꺼풀의 움직임이 있다. 이러한 CS에 대한 예견적 눈 깜빡임이 CR의 시작이다. 훈련을 더 진행하여 5일째가 되면 강한 예견적 눈 깜빡임(CR)이 발생하고, 눈꺼풀이 공기 분사(US)가 일어나기 전에 시간을 잘 맞추어 안전하게 닫힌다.

토끼와 사람 모두에서, 눈 깜빡임 조건화는 많은 시행에 걸쳐 발생하는 점진적인 과정이다. 그림 4.9는 신호음-공기 분사 조건화 연구에서 인간 피험자와 토끼의 조건 눈 깜빡임 반응의 시행별 변화(%)를 나타낸다. 이 그림의 그래프들은 동일하지는 않지만(사람들이 더 빨리 학습한다), 서로 꽤 유사하다. 가장 중요한 주목할 점은 대부분의 시행들이 적절한 시간에 예견적인 눈 깜빡임(CR)을 유발할 때까지, 사람과 토끼 모두에서 백분율(%)이 시간 경과와 함께 상승한다는 것이다.

기본 원리 가다듬기

고전적 조건화에 대한 연구들은 동물과 사람의 학습에 영향을 미치는 미묘한 요인들에 대한 광범위한 통찰력으로 이어져왔다. 이 절에서 우리는 이와 관련된 네 가지 화제들인 US가 야기하는 결과의 변형, 어떤 단서가 CS나 US가 되게 하는 데에서의 제약들, 오래된 연합들이 소거되는 방법, 그리고 2개의 단서가 학습 동안에 제시될 때 발생하는 것을 살펴볼 것이다.

조건화된 보상 반응

임박하는 비의 징후를 알아차리고 자신의 카펫을 보호하기 위하여 미리 창문을 닫는 학습을 했던 댄을 상기해보라. 댄은 또한 수영장의 물을 빼 놓을 수 있다. 며칠 동안 큰 비가 내릴 것이라고 기대하면, 그는 아마도 수영장의 물이 넘쳐서 잔디밭과 집을 망쳐놓을지도 모르기 때문에 걱정을 할 것이다. 기상 예보를 듣고서, 그는 비가 오기 전에 미리 수영장의 물을 빼서 몇 인치 정도로 수위를 낮추어 놓는 편이 현명하다고 생각할지도 모른다. 실제로 비가 내릴 때는 수위가 이전만큼 복귀될 수도 있겠지만 수영장이 넘칠 가능성은 줄일 수 있다. 이런 방법으로, 댄의 준비적 반응(선제적으로 수영장의 수위를 낮추는 것)은 기대되는

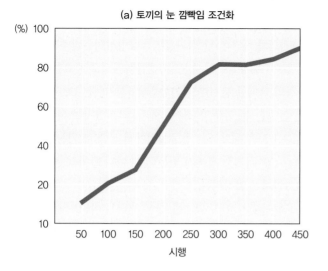

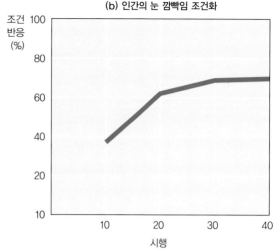

그림 4.9
**토끼와 사람의 눈 깜빡임
조건화의 학습곡선** (a) 학
습곡선은 토끼에서의 훈련
시행에 따른 CR의 비율을
보여준다. (b) 토끼에서와
유사한 인간 눈 깜빡임 조
건화의 학습곡선. 비록 이
러한 곡선들이 질적으로
유사하다고 해도, 이들은
서로 다른 훈련 방식을 사
용했다. 토끼들은 일반적으
로 1시간 동안의 시행 세션
을 며칠에 걸쳐 받은 반면
에 사람들은 하루 동안만
받았다.

(a) Data from Allen, Chelius,
& Gluck, 2002; (b) Data
from Allen, Padilla, Myers,
& Gluck, 2002.

수위의 상승을 보상하는데, 이것은 수영장 물이 너무 많이 차오르지 않도록 보장한다.

이와 비슷하게, 조건화된 보상 반응(conditioned compensatory response)을 60년 전 파블로프의 동료들이 실증한 바가 있다(Subkov & Zilov, 1937). 그들은 스트레스나 불안에 반응하여 부신에서 분비되는 화학물질인 아드레날린(에피네프린이라고도 함)을 개에게 몇 차례 주사하였다. 통상적으로 아드레날린은 심박율을 증가시킨다. 그런데 아드레날린을 매번 주사할 때마다 개의 심박율은 점점 더 적게 증가하였다. 이와 같은 약물에 대한 반응의 감소는 **내성**(tolerance)이라고 알려져 있다. 무엇이 내성을 야기하는가?

이 질문에 답하기 위하여 연구자들은 개를 보통 때에 약물을 주입하던 주사대에 올려놓고 아드레날린 대신 중립적인 불활성 물질을 주사하였다. 연구자들은 이런 처치가 개의 심박율을 '감소시킴'을 관찰하였다. 분명히, 아드레날린 주사를 예견하는 다양한 단서들(주사대, 주사)은 심박율의 상승을 야기하는 아드레날린을 예기하여 개의 심박율을 낮추는 조건화된 보상반응을 작동시켰다. 이런 자율적 보상반응은 **항상성**[(homeostasis, 뇌를 포함하는) 몸이 평형 또는 균형 상태를 이루고자 하는 경향]을 유지하려는 기제를 가지는 신체 시스템에서 주로 발생한다.

폭풍우 동안에 수영장이 넘치는 것을 예방하려고 조치를 취하는 집주인의 경우와 매우 유사하게, 이들 연구에서의 개는 아드레날린의 효능을 보상하기 위하여 곧 다가올 아드레날린 주사에 관한 선발적인 정보를 무의식적으로 사용하였다. 약물에 의한 심박율의 증가를 예측하는, 학습된 예기적인 심박율 감소는 첫 번째의 (예견되지 않은) 아드레날린 주입 때보다 심박율의 전체 상승치를 더 낮추는 결과를 가져왔다. 개가 주사대나 주사기와 같은 단서를 본 후에 아드레날린을 기대하도록 조건화되었기 때문에, 이 동물의 신체는 일정한 심박율을 유지할 수 있도록 심박율을 낮춤으로써 심박율의 상승을 보상했다. 약물중독의 한 측면에서 작동하는, 이와 동일한 보상 기제들이 4.3절에서 논의될 것이다.

어떤 단서가 CS나 US가 될 수 있는가?

조건화 실험에서 US는 그것이 본질적으로 (음식이나 성과 같이) 긍정적이든지 아니면 (전기충격이나 눈에 뿜는 공기 분사와 같이) 부정적이기 때문에, 생물학적으로 중요한 사건이라 정의된다. 대조적으로, CS는 환경의 어떠한 단서라도 가능한데, 심지어는 US 자극조차도 CS로 기능한다. 눈에 뿜는 공기 분사는 눈 깜빡임 조건화에서는 US였지만 다른 실험, 예컨대 공기 분사가 음식 제공(새로운 US)을 예고하는 동물실험에서는 CS로 기능할 수 있다. 따라서 자극 단서들은 본질적으로 CS나 US로 정해져 있는 것이 아니고 특정 실험 상황에서 단서의 역할에 따라 CS 또는 US인지가 결정된다.

이 장 서두에 나왔던 나탈리를 기억하는가? 이미 담배를 끊은 그녀는 아직도 성교 후에 강한 흡연 욕구를 느낀다. 나탈리의 경우에서, 성교는 흡연(US)과 연합된 CS이다(표 4.3). 어떤 사람이 성교 후에 담배를 피는 습관을 지녔다면 강한 흡연 욕구는 CR이다(앞으로 이 장에서 중독과 조건화에 대해서 더 읽을 것이다). 대조하여, 전 남자친구의 목소리에 의해 각성되는 샤론의 경우에서는 그의 목소리는 이제 CS가 되고 그녀가 성적으로 각성되는 것은 CR이다. 따라서 나탈리에서는 성교가 흡연을 예고하는 CS였지만, 샤론에서는 성교는 전 남자친구의 목소리를 들은 후에 따라오는 US인 것이다. 어떠한 단서가 CS 혹은 US가 될지 여부는 모두 개개인의 고유 경험에 달려 있다.

오래된 연합의 소거

만일 모이라가 새로운 장소로 이사를 했는데 거기서는 딸랑거리는 트럭이 자신이 좋아하는 아이스크림은 팔지 않고 자신이 싫어하는 브로콜리를 팔았다면 무슨 일이 발생할 것이라고 생각하는가? 만일 그녀가 딸랑거리는 소리를 들을 때마다 (아이스크림이 아닌) 브로콜리를 얻는다면, 여러분은 딸랑거리는 소리에 대한 그녀의 흥분된 반응이 결국 사라질 것이라고 기대할 것이다. 이 경우에, 이전에 습득한 연합은 US(아이스크림)가 없이 CS(딸랑거리는 소리)만을 반복 제시함에 따라 약해질 것이다. 이 과정은 **소거**(extinction)라고 알려져 있는데, 이에 대해서는 파블로프의 초기 연구들(1927)에서 처음으로 기술되었다(제1장 참조).

일단 습득이 된 후에, 이전의 CS(신호음)가 공기 분사(US) 없이 반복적으로 제시되면 눈 깜빡임 조건화 또한 소거를 겪을 수 있다. 결국은, 이전에 신호음에 대하여 눈을 깜빡이도록 조건화되었던 토끼(또는 사람)는 세상이 변화했으며 그 신호음은 더 이상 US를 예견할

표 4.3 CS와 US로서의 성교

	무조건 자극, US	무조건 반응, UR	조건 자극, CS	조건 반응, CR
나탈리	담배 피는 것	담배에 대한 갈망의 감소	성교	담배에 대한 갈망
샤론	성교	성적 만족	전 남자친구의 목소리	성적 각성

수 없음을 학습하기 시작한다. 그림 4.10은 70번 시행의 눈 깜빡임 조건화 습득 훈련 후에, 만일 토끼가 20번 시행의 신호음 단독 제시의 소거훈련을 받으면 무슨 일이 발생하는가를 보여준다 (Moore & Gormezano, 1961).

그림 4.10의 소거를 단순히 습득의 풀림이라고 생각하기 쉽다. 그러나 최근의 학자들은 소거가 단순한 학습 폐기라기보다는 학습 폐기와, 해당 CS에 대한 새로운 반대적 반응 간의 결합이라는 생각을 지지해왔다. 구체적으로, 소거 동안에 해당 CS는 시초에 습득한 '반응하라(Do respond)' 연합과 경쟁하는 제2의 '반응하지 마라(Don't respond)' 연합을 습득한다. 이것이 제안하는 바는 비록 동물(또는 사람)이 소거 훈련의 말미에서 해당 CS에 더 이상 반응하지 않음에도 불구하고(그림 4.10), 학습된 반응은 사라진 것이 아니라 단순히 표현되지 않을 뿐이라는 것이다.

소거에 대한 이런 견해를 가장 강하게 지지해주는 몇몇 증거는 해당 소거에 뒤따라서 (다른 방 또는 검사용 상자와 같은) 맥락이 변하면 원래의 학습된 반응이 다시 나타날 수 있음을 보여주는 연구들로부터 왔다. 마크 바우튼(Mark Bouton)의 실험으로부터 나온 하나의 예에서, 하나의 맥락(맥락 X)에서 CS가 전기충격과 짝지어진 다음에 다른 맥락(맥락 Y)에서 소거된다. 그런 후에 해당 CS가 다시 맥락 X에서 제시되자 해당 반응이 재개한다 (Bouton & King, 1983). 위에서 살펴본 것과 같이, 가장 간단하게 설명하자면 2개의 연합, 즉 CS-US와 CS-no US의 연합이 있는 것 같다. 맥락이 어느 반응이 인출될 것인가를 결정한다(Bouton, 1991). 시초의 훈련 동안에, CS-US 연합은 맥락 X에서 생성된다(그림 4.11a). 그다음에, 맥락 Y에서는 CS-no US 연합이 형성된다. 이 시점에서, 맥락 Y에서 CS에 대한 반응은 없지만 맥락 X에서 학습한 CS-UC의 연합은 사라지지 않았다(그림 4.11b). 동물이 맥락 X로 되돌아갈 때는 원래의 CS-US의 연합은 인출되고 반응은 '자발적으로' 다시 나타난다(그림 4.11c).

소거가 풀릴 수 있는 또 하나의 방법은 동물이 CS 제시와 함께 재검사를 받기 전에 시간이 오래 경과했는가와 관련이 있다. 그런 시간 지체 후의 CS의 재개는 (여러분이 제3장에서의 습관화에 관한 논의 때 이미 접했던) 자발적 회복의 또 하나의 예인데 파블로프(1927)가 최초로 보고한 바 있다. (거의 모든 유형의 고전적 조건화에서 관찰되는) 이들 발견은 소거 훈련 후에 휴면하게 되는 연합이 완전히 상실되는 것은 아니라고 제안한다.

소거가 예전에 학습한 것을 완전히 잃어버리는 것은

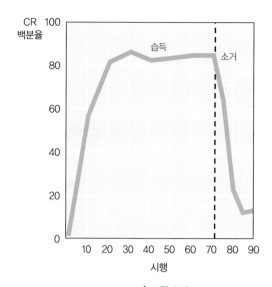

CR 백분율

그림 4.10
눈 깜빡임 조건화의 습득과 소거 70번의 습득 시행과 20번의 소거 시행 동안 토끼들이 보인 조건화된 눈 깜빡임의 비율
Data from Moore & Gormezano, 1961.

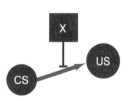

(a) 맥락 X에서의 CS-US 학습

그림 4.11
맥락을 포함하는 소거와 갱신 (a) 맥락 X에서의 CS-US 학습, (b) 맥락 Y에서의 소거, (c) 맥락 X에서의 갱신
Information from Bouton, 1991.

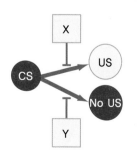

(b) 맥락 Y에서의 소거

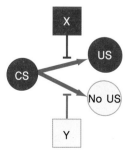

(c) 맥락 X에서의 갱신

아니라는 주장을 뒷받침할 수 있는 더 많은 증거는 빠른 재습득—이전에 소거되었던 CS가 새로운 CS보다 훨씬 빠르게 학습되는 현상—에 관한 연구들로부터 왔다. 빠른 재습득이 시사하는 것은, 비록 행동적 CR이 소거 시행들 후에 더 이상은 뚜렷하지 않다고 해도, CS와 US 간의 학습된 연합이 소거 동안에 보존된다는 점이다.

복합 조건화와 차폐

로비가 젊은 엄마였을 때, 그녀의 두 아이들인 로버타와 마크는 그녀의 관심을 사려고 자주 그녀에게 경쟁적으로 동시에 말하곤(또는 더 자주 그녀에게 소리 지르곤) 했다. 여러분도 상상하겠지만, 로비가 두 아이들에게 온전히 주의를 기울이는 일은 어려웠다. 조건화 실험에서 2개의 단서들(예 : 신호음과 불빛)이 함께 나타날 때 앞의 예에서와 같은 경쟁이 발생할 수 있다. 이와 관련된 패러다임이 **복합 조건화**(compound conditioning)이다. 동물이나 사람이 '신호음(tone) + 불빛 → US' 복합 조건화 패러다임으로 훈련을 받을 때, 복합 자극에 대한 학습은 보통 단순한 단일단서 자극에 대한 학습과 아주 유사하게 진행된다. 하지만 자극들 중 하나(예 : 신호음)가 나중에 단독으로 검사될 때는 다른 무언가가 발생했음이 명확해진다. 많은 연구들은, '신호음 → US' 절차에서, 이 신호음이 단독으로보다는 복합적인 형태로 훈련될 때 US와의 연합이 더 적은 경향이 있음을 보여왔다. 이것은, 두 어린아이 로버타와 마크의 경우와 같이, 두 단서들이 서로 대항해서 경쟁하고 있어서 어느 절차도 단독으로 훈련될 때보다는 학습이 더 잘 일어나지는 않음을 시사한다.

하지만 로버타가 부드럽고 조용한 목소리를 가지는 반면에 마크는 크게 소리 지르는 경향이 있다고 가상해보라. 엄마가 아무리 두 아이들에게 같은 정도로 귀를 기울이려고 했어도 마크의 목소리를 더 쉽게 들을 수 있을 것이다. 재차, 이것은 복합 조건화 연구와 비슷하다. 두 자극들 중 하나인 불빛은 매우 흐릿해서 보기에 힘이 들지만 청각 신호음은 크고 뚜렷하다면, 신호음이 학습 동안에 불빛을 차폐한다고 말한다. 고전적 조건화에서, **차폐**(overshadowing)는 복합 자극들 중에서 더 두드러지는 단서가 훨씬 더 많은 몫의 주의와 학습을 습득할 때 발생한다. 예를 들어, '큰 신호음 + 흐릿한 불빛 → US' 복합 조건화 패러다임에서 흐릿한 불빛보다는 큰 소리로부터 발생하는 학습의 정도가 더 크다. 대조하여, 청각 신호음은 매우 약하나 불빛이 매우 밝으면 반대의 양상이 관찰된다. 즉, 밝은 불빛이 약한 신호음을 차폐하게 되며 학습에

| 여기 그려진 조건화 패러다임을 파악해보라.

더 많은 기여를 하게 된다. 그렇기는 하지만, 이러한 상대적으로 현저한 두 단서들도 개별적으로 검사를 받을 때, 원래 자신들이 가졌었던 것(복합 조건화되지 않고 개별 조건화되었을 때)보다 관심을 더 적게 받는다.

　동시에 발생하는 단서들 간의 상호작용을 분리하여 분석하는 것은 조건화 실험 동안에 동물이 무엇을 그리고 어떻게 학습하는지에 대한 통찰을 제공한다. 여러분이 이 절의 앞에서 읽었던 내용으로부터, 조건화 연구들에서 동물과 사람은 어느 단서들이 함께 하느냐(또는 그렇지 않으냐)에 단지 수동적으로 반응하고 있는 것처럼 보일지 모른다. 하지만 후속의 논의에서 보겠지만, 조건화는 우리가 이전에 이해했던 것보다 훨씬 더 미묘한 형태의 학습을 포함한다. 그리고 그 미묘함은 2개 또는 그 이상의 단서들이 학습 동안에 존재할 때 가장 명확하게 나타난다.

오차 교정과 US 처리에 대한 수정

제1장에서 시간과 공간에서의 가까움을 의미하는 근접성(contiguity)이, CS와 US 간의 연합과 같은, 새로운 연합을 학습하는 데 필수적이라는 아리스토텔레스의 주장을 소개한 바 있다. 20세기 초반 동안에 심리학자들은 근접성이 필요 충분하다고 믿었다. 잠재적인 CS와 US가 시공간적으로 분리가 거의 없이 발생하는 한, 동물과 인간이 이들 둘 사이에 연합을 형성할 것이라고 생각했다(Hull, 1943). 그러나 동물과 인간이 동시에 일어나는 모든 지각된 자극들 간의 연합을 학습한다는 것이 말이 되는가? 그것이 가능한 일인가?

단서의 정보적 가치

여러분이 고군분투하고 있는 주식 중개인이라고 상상해보자. 주식시장이 다음날 상승할 것인지 하락할 것인지 정확히 예측하는 일에 여러분의 생계가 달려 있다고 가상해보라. 어느 날 아침 촉망받는 주식 분석가인 도리스가 여러분을 찾아와 자신을 고용하면 매일 그 다음날 시장의 향방을 알려줄 것이라고 제안했다. 여러분은 그러자고 했고 일하기 시작한 첫 주에 그녀는 매일 100% 정확하게 시장의 오르고 내림을 예측하여서 여러분을 깜짝 놀라게 만든다. 그다음 주에는 다른 주식분석가인 허만이 찾아와 자신의 시장전망 서비스를 받으라고 제안한다. 여러분은 그를 고용하겠는가? 아마도 아닐 것이다. 이미 도리스가 있기 때문에 그의 서비스는 잉여의 것이다. 즉 허만은 여러분이 이미 도리스로부터 얻고 있는 것에 대하여 아무런 부가적 가치가 없는 제안을 한 것이다. 도리스가 앞서서 주식시장을 성공적으로 전망한 것이, 표 4.4에 요약되어 있는 것과 같이, 같은 일을 하는 허만의 유사하지만 잉여의 능력에 대한 가치평가를 저지한 것이라고 할 수 있다.

　유사한 상황이 의료적 진단에서도 발생할 수 있다. 매번 심한 복통 때문에 1월 달에 몇 차례나 응급실로 온 환자인 자네이를 치료하는 한 젊은 의사를 생각해보라. 그녀는 자네이가 질병의 발발 하루 전에 무엇을 먹었는가를 조사한다. 자네이가 복통이 있을 때마다 바로 그날 아침에 같은 종류의 초콜릿을 먹었음이 밝혀진다. 이 의사는 이것이 그 초콜릿에

표 4.4 학습을 방해하는 정보의 중복성

집단	단계 1	단계 2	단계 3(테스트)
주식 예측	도리스 → 주식 시장	도리스 & 허먼 → 주식 시장	허먼을 고용하라고? "아니 그 친구는 필요하지 않아."
임상적 진단	자네이가 초콜릿을 먹었다. → 복통	자네이가 초콜릿과 감초를 먹었다 → 복통	감초가 복통을 유발할 수 있는가? "그렇지 않다. 자네이는 감초는 즐기고 초콜릿을 피해야 한다."
바우어 & 트라바소(Bower & Trabasso, 1965). 그림 4.13 참조	원 → A 삼각형 → B	원 + 위쪽 점 → A 삼각형 + 아래쪽 점 → B	직사각형 + 위쪽 점 → ? 직사각형 + 아래쪽 점 → ? "참가자들은 어떤 것이 A이고 어떤 것이 B인지 모른다."

대한 나쁜 반응인 복통의 원인일 것이라고 의심한다. 그다음 달에, 자네이는 복통으로 또다시 응급실로 온다. 다시 한 번, 그 의사는 그녀에게 그날 먹은 모든 음식 목록을 작성하도록 요청한다. 이번에는, 복통 바로 직전에 초콜릿과 빨간 감초를 먹었음을 알아낸다. 비록 그 감초가 복통을 야기했을 가능성이 있음에도 불구하고, 그 의사는 이미 초콜릿이 그 복통을 유발하고 있으며 이 이론이 새로운 발발을 설명하는 데 충분하다고 믿고 있기 때문에, 이것이 가능하지 않다고 일축해버린다. 표 4.4에 도식화한 것처럼, 자네이가 초콜릿을 먹고 복통을 앓았다는 이력을 바탕으로 그 의사는 자네이에게 초콜릿은 피하고 감초를 즐기라고 권유한다.

이 두 가지 예에서, 새로운 정보 또는 증거를, 그것의 정보적 가치, 즉 우리가 이미 알거나 믿고 있는 것과 비교하여 그것이 얼마나 많은 새로운 예측적인 가치를 우리에게 제공하는가와 관련하여 고찰할 수 있다. 주식 조사원의 경우에서, 도리스가 이미 그에게 말한 것 이상으로 허만은 시장을 전망하는 데 있어서 어떤 추가적인 도움도 제공하지 못한다. 응급실 의사의 경우에, 그 의사는 이미 그 문제가 초콜릿에 의해 야기되었다고 설명할 수 있기 때문에, 감초의 존재는 자네이의 복통의 원인을 이해하는 데 아무런 새로운 설명적 가치도 제공하지 못한다. 학습에 관한 연구에 의하면, 사람과 동물들은 어느 연합들을 배울 건가 아니면 배우지 않을 건가를 결정하는 데 있어서 단서들의 정보적 가치에 같은 정도로 민감하다.

카민의 블로킹 효과

도리스와 허먼의 이야기를 앞에서 소개한 오누이 마크와 로버타의 이야기에 비유해보라. 두 경우에서 계속되는 경쟁이 있었다. 마크는 더 크게 소리를 지름으로써 엄마의 주의를 사는 데 로버타를 이겼으며 두 아이들 중에서 더 두드러진 아이가 되었다. 대조하여, 도리스는 주식선별 일에서 허먼을 이겼는데, 그 이유는 그녀가 더 시끄러워가 아니라—심지어는 그 일을 허먼보다 더 잘해서가 아니라—그곳에 더 일찍 도착했기 때문이다. 이들 이야기로부터 우리는 경쟁에서 이기는 데 두 가지 방법이 있다는 것을 알고 있다. 더 두드러지든지(즉, 더 시끄럽거나) 아니면 더 일찍 도달하든지이다. 이들 두 상황은 조건화 패러다임에서 관찰되는 두 가지 유형의 단서 경쟁을 모방한다. 현출성을 바탕으로 하는 경쟁은, 앞에서 살펴본 바와 같이, 복합 조건화에서 차폐가 일어날 때 발생한 것과 유사하다. 그러나도리스와 허먼의 이야기가(그리고 초콜릿과 감초의 예가) 시사하는 것처럼 단서들 중 하나가 가지는 연합적 또는 예측적 가치가 다른 것보다 더 일찍 학습될 때, 차폐의 한 형태는 두 단서들 사이에서 발생할 수 있다. 시간적 우선권에 의해 야기되는 이런 종류의 차폐는 동시에 발생하는 다른 단서에 비하여 먼저 제시된 단서의 상대적인 정보적 가치에 대한 민감성을 반영한다.

1960년대 후반에 동물 대상의 고전적 조건화와 관련된 몇몇 연구들은 비슷한 주장을 하였다. 잠정적인 CS가 US와 연합되기 위해서는, CS는 동물이 미래를 예측하는 데 도움이 되는 가치 있는 새로운 정보를 반드시 제공해야 한다. 더구나, 주어진 단서가 어떤 US를 예측한다 하더라도, 만일 그것의 유용성이 해당 US를 예측하는 데에서 긴 이력을 갖는 동시 발생의 단서에 의해 선점되면(차단되면) 그것은 해당 US와 연합되지 않을 수 있다. 도리스의 예측적 가치는 허먼의 고용을 차단했고, 복통을 야기하는 초콜릿에 대한 자네의 사전의 이력은 감초가 그 원인이었다는 것을 의사가 믿는 것을 차단한 것과 같이, 사전에 훈련된 CS는 또 다른 하나의 잉여적 CS에 관한 학습을 차단할 수 있다(Kamin, 1969).

레온 카민(Leon Kamin)의 고전적 연구에서, 쥐에게 처음에는 불빛이 전기충격을 예기하도록 훈련시키고, 나중에 빛과 신호음으로 구성된 복합 자극 역시도 그 전기충격을 예기하도록 훈련시켰다(Kamin 1969). 이런 훈련에서, 쥐들은 신호음에 대해서는 거의 아무것도 학습하지 않았는데, 그 신호음은 쥐가 전기충격을 예견하는 능력을 향상시키지 못하기 때문이다. 이러한 현상은 지금은 공식적으로 **블로킹**(blocking)이라고 알려져 있다. 이는 한 단서가 유용하면서도 중복된 정보가 없는 미래 예측자일 때만 고전적 조건화가 발생한다는 것을 입증해준다(표 4.5).

카민의 1969년 블로킹 연구는 후속의 학습이론들에 큰 영향을 미쳤으므로 구체적으로 살펴볼 필요가 있다. 이 연구에서 통제집단의 쥐들은 불빛과 소리로 구성된 복합 단서와, 뒤따르는 전기충격으로 훈련을 받았다(표 4.5의 통제집단의 단계 2 참조). 불빛과 신호음은 쥐들이 전기충격(US)과의 연합을 학습하는 복합 CS를 구성한다. 후에 이들은 신호음이나 불빛이 단독으로 제시되었을 때에는, 이들 둘이 함께 제시되었을 때만큼의 반응 강도는 아닐지라도, 중간 강도의 CR을 보여준다.

카민의 두 번째 집단(즉, 실험 집단 혹은 사전훈련 집단)의 행동을 살펴보자(표 4.5). 이들 쥐는 처음에 불빛 단독으로 전기충격을 예견하는 사전훈련을 받았다(단계 1). 이들은 이 훈련에서 불빛(CS)과 전기충격(US) 간의 연합을 학습했다. 이후에 통제집단과 마찬가지로

표 4.5 카민의 블로킹 패러다임

집단	단계 1	단계 2	단계 3(검사)
통제집단	쥐가 훈련받지 않는 채로 상자에 있음	소리 CS가 빛 CS와 결합됨→ 충격 US	소리 CS 혹은 빛 CS : 중간 정도의 CR
'사전에 훈련을 받은' 실험집단	빛 CS → 충격 US	소리 CS가 빛 CS와 결합됨 → 충격 US	소리 CS : 매우 적거나 CR이 없음(학습이 '차단'됨)

불빛과 신호음의 복합단서와 전기충격을 짝지어 훈련을 받았다(단계 2). 하지만 통제집단과 달리, 사전훈련 집단의 쥐들은 단계 2의 복합훈련이 시작될 때 이미 불빛(CS)에 강하게 반응하고 있었다. 이들에게는 부가적인 소리의 존재가 US를 예견하는 데 있어서 새로운 정보를 전혀 제공해주지 않았다.

단계 3은 검사 단계였다. 사전훈련 쥐들은 불빛이 단독으로 제시된 검사에서 불빛에 대해 단계 1에서처럼 지속적으로 강한 CR을 보였다. 그러나 단계 3에서 신호음이 단독으로 제시되자 그들은 거의 아무런 반응도 보이지 않았다. 이는 단계 2의 복합훈련에서 신호음이 반복적으로 US에 앞서서 제시되었음에도 불구하고, 신호음과 US 사이의 관련성에 대해서는 거의 아무것도 학습하지 않았음을 나타낸다(Kamin 1969). 대조하여, 단계 1의 사전훈련을 받지 않은 통제집단 쥐들은 단계 3에서 불빛과 신호음 모두에 중간 정도의 강도이긴 하지만 유의미한 CR을 보였다. 따라서 사전훈련 쥐들에서 나타나는 블로킹 현상을 다음과 같이 요약할 수 있다. 단계 1의 '불빛 → 전기충격' 연합에 대한 사전훈련이 단계 2의 복합(불빛＋신호음) 훈련 동안의 '신호음 → 전기충격' 연합에 대한 학습을 차단한다. 이것은 응급실의 의사에게서 발생한 경우와 아주 유사하다. 초콜릿 캔디가 복통으로 이어졌다고 이전에 추론했기 때문에, 나중에 자네이의 의사는 다음번의 복통에 선행하는 초콜릿과 감초둘 다를 만났을 때는 감초가 복통을 유발하는 속성을 가질 수 있다는 사실을 간과했다. 이 의사의 경우에, '초콜릿 → 복통' 연합에 대한 학습은 중복적인 '감초 → 복통' 연합의 학습을 차단했다(표 4.4 참조).

레스콜라-와그너의 조건화 모델

블로킹 효과는 단순한 고전적 조건화 이론들에 대하여 도전을 제기했다. 단서들은 단지 그들의 US와의 개인적 관계들만을 토대로 (연합) 강도를 습득하지는 않는다는 점이 시사되었다 — 오히려, 단서들은 연합강도를 위해 서로 경쟁하는 것 같다. 따라서, 표 4.5의 (블로킹 실험의) 2단계에서, 신호음은 불빛과 경쟁하고, 사전훈련 집단의 경우에 청각 신호음은 패배한다 — 불빛이 이미 US를 정확하게 예측하기 때문에 신호음은 예견적 정보를 더해주지 못한다(마찬가지로, 주식을 예측하는 데 있어서 허만은 도리스를 능가하는 부가적인 가치를 제공해주지 못하며, 또한 우리가 이미 자네이가 초콜릿을 먹었다는 것을 알고 있다면 그녀의 복통을 추정할 때 그녀가 감초를 먹었다는 사실이 부가적인 가치를 제공하지 못한다(표 4.4 참조).

블로킹 패러다임은 아리스토텔레스의 기대와는 반대로 단서와 CS 간의 근접성이 CR을 유발하는 데 충분하지는 않음을 입증하였다. 하나의 자극이 US와 연합하기 위해서는, 그 단서는 신뢰롭고 유용하며 군더더기가 없는 정보를 제공해야 한다(Kamin, 1969; Rescorla, 1968; Wagner, 1969). 명백히, '단순한' 파블로프 조건화는 이전에 심리학자들이 생각했던 것만큼 단순하지가 않다! 사실, 쥐(그리고 사람을 포함하는 다른 동물들)는 매우 수준 높은 통계학자인 셈이다. 하지만 우리는 어느 것이 가장 유용하고 정보적인 기억할 단서들인지를 어떻게 배우는가?

1970년대 초에 예일대학교의 두 심리학자인 로버트 레스콜라(Robert Rescorla)와 앨런 와그너(Allan Wagner)는 카민의 블로킹 효과와 다른 관련되는 조건화 현상들을 이해하려는 시도를 독자적으로 하고 있었다. 두 연구자는 같은 대학에서 일하고 있음에도 불구하고 서로가 같은 문제를 해결하는 데 동일한 접근을 취하고 있음을 알지 못하였는데, 우연히 한 학회로 가는 기차에 동승하여 자신들 연구에 관한 이야기를 나누게 되면서 놀랍게도 자신들이 같은 생각을 하고 있음을 깨닫고 힘을 합치기로 하였다(Rescorla & Wagner, 1972).

레스콜라와 와그너는 어떻게 동물들이 자극들의 정보적인 가치를 알게 되는가를 이해하려는 노력을 하였다. 마침내 그들은 자신들의 접근을 공식화할 수 있는 아주 정교하리만큼 간단한 방법을 개발하였다. 레스콜라–와그너 모델의 주요 아이디어는 한 시행에서의 CS–US 연합의 변화가 US에 대한 동물의 기대(또는 예측)와 US의 실제 발생 간의 불일치(즉, 오차)에 의해 추동된다는 것이다. 이런 오차는 때때로 **예측 오차**(prediction error)라고 언급되는데, 우리가 이 오차를 이용해 어떻게 학습을 하는가는 다음 절에서 기술할 것이다.

오차교정 학습

"나는 실패하지 않았다. 나는 효과가 없는 만 가지의 방법을 발견했을 뿐이다."라고 에디슨은 말했다. 에디슨처럼, 우리는 실패들로부터 배울 수 있고 정말로 배운다. 우리가 앞에서 살펴본, 주식 분석가로서 미래가 별로 없는 허먼의 경우를 고려해보자. 그의 진짜 열정은 테니스에 있어서 그는 프로선수가 되기를 희망한다. 그는 특별히 서브에 집중해서 매일 수 시간씩 연습을 한다. 그의 목표는 가능한 한 서비스 지역의 뒤쪽 먼 곳에 볼을 쳐 넣는 것이다. 그러나 아직은 선을 넘어 그렇게 멀리 가지는 못하여 폴트가 난다. 그날의 첫 서브에서 그는 서브 지역의 중간 지점에 볼을 놓는다(여기서는 상대가 볼을 쉽게 받아낼 수 있다). 다음번에는 볼을 더 잘 서브하기 위해서 그는 자세를 조금 가다듬어 볼을 더 높이 던진 후에 더 강하게 스윙한다. 이번에는 그 볼이 그 지역의 끝부분에 더 가까이 간다. 세 번째의 서브에서, 그는 볼을 약간 더 높이 던지고선 약간만 더 세게 친다. 하지만 이번에는 너무 멀리 가버려서 폴트가 난다. 이런 오차에 반응하여, 허먼은 그의 서브를 다시 한 번 조정한다. 그

Bill Losh/Getty Images

허먼이 서브를 너무 세게 해서 공이 금 바깥으로 나갈 때마다, 그의 스윙을 조절하여 다음번에 공이 멀리 가지 않도록 하는 것은 어떤 종류의 학습을 나타내는가?

는 방금 전보다 약간 덜 높게 볼을 던진 후에 조금 더 부드럽게 볼을 친다. 이것이 완전한 서브의 결과를 가져다준다. 몇 번의 시도 후에, 자신이 이전에 얼마나 잘했는가를 바탕으로 매번 자신의 서브를 수정함으로써 허먼은 적절한 높이와 힘으로 볼을 쳐서 그것이 서브 지역의 외곽 끝에 들어가도록(너무 가깝지도 또는 너무 멀지도 않게) 하는 학습을 했다.

허먼은 이른바 **오차교정 학습**(error-correction learning) ― 각 시행에서의 오차들은 다음 시행에서의 오차를 줄이려는 수행에서의 작은 변화를 가져 온다 ― 이라는 방법을 사용하는 시행착오 과정을 통하여 학습을 했다. 허먼이 경험한 세 유형의 오차들을 대표하는 세 상황들에 관하여 기술함으로써 오차교정 학습을 요약할 수 있다 : (1) 볼을 너무 가까이에 쳐 넣을 때는 허먼은 다음에서는 볼을 조금 더 세게 쳐서 조금 더 멀리에 착지하도록 서브를 바꾼다. (2) 완벽한 서브를 수행할 때는 허먼은 다음번에도 똑같은 것을 시도한다. (3) 볼을 너무 멀리 쳤을 때는 허먼은 다음번에는 볼이 약간 더 가까이 착지하도록 조금 더 가볍게 서브를 하는 것으로 바꾼다.

레스콜라와 와그너의 제안에 의하면, 예측오차를 해석할 때 고려해야 할 세 가지의 주요 상황들이 있다(이것은 표 4.6에 요약되어 있다). 이들은 허먼이 그의 테니스 서브를 향상시킬 목적으로 과거의 오차들로부터 배웠던 세 가지 방식과 아주 유사하다. 하나는 후속으로 따라오는 US에 앞서 CS가 제시되지 않거나 완전히 새로운 CS가 제시되는 상황인데, 이 경우에 US는 예상치 못했던 것이 된다. 이것을 정적 예측오차(positive prediction error)라고 하는데 그 이유는 기대했던 것보다 더 많은 US가 있기 때문이다. 레스콜라-와그너 이론은 'CS → US' 연합이 US가 놀라게 하는 정도에 비례하여 증가할 것이라는 기대를 한다. 즉,

표 4.6 레스콜라-와그너 모델과 테니스에서의 오차에 대한 수정과 반응

조건형성 오차	R-W 모델 반응	테니스 오차	허먼의 반응
정적 오차 : CS가 아무것도 예측하지 못하거나 거의 예측하지 못하는 반면에 US가 예상치 못하게 발생하거나 예상보다 너무 큰 경우	연합이 증가함	공이 짧게 떨어짐	서브에 힘을 더 줌
오차 없음 : CS가 US를 예측하고, 예측한 US가 발생함	새로운 학습이 발생하지 않음	공이 완벽한 지점에 떨어짐	다음번에 같은 행동을 반복
부적 오차 : CS가 US를 예측하나, US가 발생하지 않음	연합이 감소함	공이 멀리 떨어짐	서브에 힘을 줄임

그 오차가 크면 클수록 학습의 정도는 더 크다. 이것은 이치에 맞다. 왜냐하면 만일 여러분이 US를 예측하는 것을 실패했다면, 여러분은 미래에 (동일한 CS가 주어진다면) 그것에 대한 예측 가능성을 높이기를(정적인 방향으로 움직이기를) 원한다. 그것은 허먼이 했던 것과 비슷하다. 즉, 서브가 너무 짧을 때는 다음에는 볼을 더 멀리 보내기 위하여 그는 서브의 강도를 정적으로 증가시킨다.

하지만 잘 훈련된 CS에 뒤따라서 기대했던 US가 주어진다면, 예측에 있어서 오차란 없다(즉, US는 CS의 사전 제시에 의해 완전히 예측된 것이다). 이에, 새로운 학습은 기대되지 않는다. 이것은 허먼이 완벽한 서브를 할 때 발생하는 것과 유사하다. 이때는, 그는 지난번에 수행했던 것을 변경하지 않는다. 마지막으로, CS가 US를 예기했으나 실제로는 US가 발생하지 않는다면, 이 예측오차는 부적인 것으로 생각된다. 레스콜라와 와그너는 이에 뒤따라서 'CS → US'의 연합이 감소한다고 기대했다. 이것은 허먼이 볼을 너무 멀리 쳐서 다음에는 서브의 강도를 줄여야 할 때 발생하는 것과 유사하다.

연합 가중치와 복합 조건화

레스콜라-와그너 모델은 각각의 CS들이 단서와 US 간의 연합적 세기의 값을 나타내는 연합 가중치(associative weight)를 가지고 있다고 가정한다. 위에서와 묘사된 블로킹 실험과 표 4.5에서, 소리와 빛에 각각 연관된 2개의 단서 가중치가 존재한다. 이러한 가중치들을 CS가 US를 얼마나 강하게 예측하는지를 나타내는 숫자라고 생각해보라. 훈련이 시작되기 전에 이러한 가중치들의 값은 0인데, 이는 잠재적 CS가 처음 제시되었을 때 US가 뒤따를 것이라는 기대가 없음을 의미한다. 이러한 연합 가중치는 동물들이 어떠한 자극이 US를 예측하는지를 학습해감에 따라 변하는데, US를 예측할 경우에 연합 가중치는 증가한다.

레스콜라-와그너 모델의 중요한 특징은 하나의 단서와 연관된 가중치가 함께 발생하는 다른 단서와 관련된 가중치에 간접적으로 영향을 줄 수 있다는 것이다. 즉, 소리와 불빛이 시행에서 둘 다 제시되면, 그들은 연합 강도를 위해 경합할 것이다(도리스와 허먼의 주식 분석업에 대한 경합과 유사하게). 레스콜라-와그너 모델의 이러한 경합적 특징은 특히 다양한 자극 요소들(소리와 빛이 함께 짝지어지는 것과 같은)과 같이 복잡한 자극들이 포함되는 많은 중요한 조건화 현상들을 설명할 수 있게 해준다. 게다가 이러한 레스콜라-와그너 모델의 단서-경합 특징은 카민의 블로킹 효과를 다음에 제시되는 것과 같이 설명할 수 있게 해준다.

레스콜라-와그너 모델을 이용한 블로킹 현상에 대한 설명

그림 4.12의 눈 깜빡임 조건화에 대한 단순한 네트워크 모델을 고찰해보자. 이 모델이 표상하는 실제 세상의 모든 측면에 대해서, 이 모델은 하나의 마디, 즉 세상의 어떤 측면이 존재하거나 존재할 것이라는 것을 네트워크가 믿을 때 활성화되는(작동하는) 작은 요소를 포함하고 있다. 여러분은 이들 마디를 추상적인 뉴런들, 즉 활성화가 뇌를 통해 흘러가는 방법

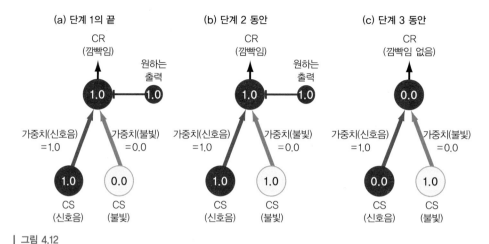

그림 4.12
레스콜라-와그너 모델에서의 블로킹 (a) 단계 1은 소리 CS와 공기 분사 US 간의 반복적인 연합을 포함한다. 이러한 단계의 마지막에서, 소리 입력 마디에 가중치가 증가하고 이는 출력 마디를 활성화시킬 수 있게 된다. (b) 단계 2는 US 와 연합된 소리와 빛 CS들의 제시를 포함한다. 소리가 이미 완벽하게 US를 예측하는 한, 출력 마디는 최대로 활성화되고, 출력오차가 없으며, 학습이 발생하지 않는다. 이런 이유로 빛 입력 마디의 가중치는 0으로 유지된다. (c) 마지막으로 단계 3에서, 네트워크는 빛의 단독 제시로 테스트된다. 빛 마디의 가중치가 0으로부터 변화되지 않았기 때문에 출력 마디의 활성화가 되지 않고, 행동적 반응이 발생하지 않는다. 위의 레스콜라-와그너 모델은 블로킹을 보여준다.

과 유사한 방식으로 정보를 처리하는 뉴런들의 집합체와 같이 어떤 것이 되는 것으로 생각할 수 있다. 그림 4.12의 네트워크 모델에서, 각 CS(신호음과 불빛)에 대한 입력 마디, 눈 깜빡임(CR)에 대한 '실제 출력' 마디, 그리고 US(공기 분사)가 실제로 발생했으며 CR(눈 깜빡임)이 적절했는지(즉, '바라던 출력'이었는지)를 보여주는 '가르침 마디'가 있다.

그림 4.12a는 청각신호음이 공기 분사(US)를 예측하는 단계 1의 훈련 후에 보이는 사건들의 상태를 표상한다. 여기서, 신호음은 연합 가중치 1.0을 습득했으며 불빛의 가중치는 0.0이다. 이제, 단계 2의 시작에서 불빛과 신호음이 함께 제시가 된다(그림 4.12b). 실제 출력 마디는 모든 활동적인 단서들의 연합 가중치의 합과 동일한 활성화를 받는다. 이 경우에, 신호음의 가중치는 1.0이고 불빛에 대한 가중치는 0.0이며, 총합은 1.0이다. 이것은 그림 4.12b의 출력 마디의 활성화에 해당한다. 공기 분사(US)도 이 시행에서 실행되기 때문에 그 반응은 맞다. 따라서 오차는 0.0이다. 가중치의 변화는 오차에 의해 결정되고 그 오차가 0.0이기 때문에 이 시행에서는(실제로는, 단계 2의 어떤 시행에서도) 학습이 발생하지 않는다. 단계 2의 말경에서, 네트워크의 가중치들은 여전히 단계 2의 처음과 같다. 여기서, 신호음은 강하게 가중되어 있지만 불빛은 그렇지 않다. 단계 3은 불빛만을 제시하는 검사 단계이다(그림 4.12c). 여기서, 불빛 입력 마디에 대한 연합 가중치는 없다. 이에, 출력 마디의 활성화가 없으며 그 결과로 불빛 단독에 대한 반응이 없다. 그러므로, 레스콜라-와그너 모델에 대한 이런 간단한 그래프적 네트워크 모델 표상은, 사전 훈련받은 동물들과 똑같이 (표 4.5), 카민의 블로킹 효과를 보여준다.

실험적으로 사전 훈련된 동물들과 비교하여, 통제집단의 토끼들은 단계 1에서 훈련을 전혀 받지 않는다(표 4.5). 이에, 기대된 US는 0.0에서 시작하고 단계 1의 처음부터 끝까지 0.0

으로 남아 있다. 신호음-불빛 복합단서는 US와 짝지어지는 단계 2에서, US가 전혀 기대하지 않은 상태에서 나타난 첫 시행에서 큰 오차(1.0)가 있다. 단계 2의 훈련시행들의 과정에 걸쳐, 청각 신호음과 불빛 모두에 대한 연합 가중치들은 양자가 동일하게(그러나 가벼운 정도로) US와 연합이 될 때까지 함께 상승한다. 그들의 총합은 US를 예측하기에 충분하여 단계 2의 말에서는 기대된 US가 1.0이 된다. 그리고 단계 2의 과정을 걸쳐 오차는 줄어들어 그 값이 1.0으로부터 0.0으로 변한다. 후속의 검사단계(단계 3)에서, 신호음과 불빛에 대한 연합 가중치들이 US를 예측하기 위해 요구되는 강도의 절반에 불과하기 때문에(이들은 언제나 짝으로서 함께—단계 2에서 결합되고 합해진 연합들을 가짐—제시되었기 때문에), 신호음 또는 불빛이 개별적으로 제시될 때 이들 각자에 대하여 중간 강도의 반응이 발생한다.

레스콜라-와그너 모델의 영향력

발표된 지 40년이 더 지났지만 레스콜라-와그너 모델은 일반적으로 가장 영향력 있는 공식적인 학습모델로 정평이 나 있다. 그 세련된 단순함과 이전에는 당혹하게 했던 경험적 결과들을 광범위하게 설명해주는 덕분에 널리 받아들여지고 있다. 이 성공적 모델의 한 가지 특징은 시초에는 관련이 없어 보이거나 심지어는 모순되어 보였던 일련의 관찰 결과들 간에 근본적인 연결성을 드러내주는 것이다.

레스콜라-와그너 모델은 또한 놀랍게도 동물이 새로운 실험절차들에서 어떻게 행동할지를 예측할 수 있게 해주었는데, 실험자들은 이러한 예측 실험에 몰두하게 되었다. 이것은 성공적 모델의 또 다른 특징으로서, 과학자들에게 예전에는 이 모델 없이는 불가능할 수 있었던 예측을 가능하게 해준 것이다. 이상적으로, 모델화와 경험연구는 모델이, 검증될 때, 새로운 경험적 데이터를 제공하는 예측들을 만드는 순환 고리를 형성해야 한다. 그 자료가 예측과 잘 맞아떨어지면 모델이 지지될 것이고 그렇지 않다면 모델이 수정되어야 한다. 수정된 모델은 이제 새로운 예측을 이끌어내고 순환이 계속된다.

레스콜라-와그너 모델은 그 단순성 때문에 모든 종류의 학습을 설명할 수는 없다. 그리고 그렇게 기대되어서도 안 된다. 그러나 많은 연구자들이 원래 모델에 몇몇 사항을 첨가하여 더 광범위한 현상을 설명하였다. 너무 많은 것들이 부가되면, 그 모델은 어느 정도의 명확성과 호소력을 상실할 수 있는 위험에 빠질 수 있다. 그럼에도 불구하고, 레스콜라-와그너 모델이 출발점이 되어 많은 다른 유망한 모델이 만들어졌다. 아래에서 논의할 인간학습에 대한 모델도 그중 하나이다.

인간의 범주학습에서의 오차교정

블로킹과 같은 개념과 레스콜라-와그너 모델과 같은 조건화 모델은 고전적 조건화에만 적용이 되는가, 아니면 이들은 인간의 고차적 형태의 인지와 행동, 특히 예측 또는 범주화와 관련된 그런 형태에도 통찰을 제공할 수 있는가?

인간에서 관찰되는 블로킹 효과에 대한 초기 연구 증거는 고든 바우어(Gordon Bower)와 톰 트라바소(Tom Trabasso)의 연구로부터 왔다. 그들은 오차교정 유형 방법(error-correction-type methods)을 사용하여 대학생들이 미리 정의된 어떤 규칙에 따라 대상들을 범주화하도록 훈련시켰다(Bower & Trabasso, 1964). 학생들에게 다섯 가지 차원, 즉 색깔, 형태, 내부 선의 수, 점의 위치 그리고 틈의 위치(색깔이 없는 보기가 그림 4.13에 보임)에서 달라지는 기하학적인 형태들을 제시했다. 이 실험의 단계 1에서는 학생들에게 주어진 각 그림이 범주 A에 속하는지 범주 B에 속하는지 추측하게 하고 매번 추측이 맞는지 틀린지를 바로 알려주었다. 예를 들어, 어떤 참가자들은 모든 원형들은 범주 A에, 반면에 모든 삼각형들은 범주 B에 속하도록(그리고 다른 모든 형태들은 불규칙한 것이다) 훈련을 받았다. 그림 4.13a에 2개의 표본자극들이 예시되어 있고 표 4.4에는 관련 내용이 도시되어 있다. 여러 모양의 도형들로 충분히 훈련하면 참가자들은 원형 → A/삼각형 → B 규칙을 추론해냈다.

일단 이 과제가 훈습이 되면, 참가자들에게 약간 다른 세트의 그림을 보여주었다. 이제, 범주 A인 원형 그림에는 모두 위에 점이 찍혀 있고 범주 B인 삼각형 그림에는 모두 아래에 점이 찍혀 있었다(그림 4.13b). 단계 2에서 잉여 단서(점의 위치)를 추가한 것은 자기 환자의 복통을 야기한 것을 알아내기 위하여 노력하는 그 의사가 두 번째 달에서 감초 자극을 발견한 것과 유사하다. 바우어와 트라바소 연구의 참가자들은 형태를 토대로 하는 이전의 분류규칙을 사용하여 수행을 지속적으로 잘하였다. 문제는 그들이 점의 위치 자체가 범주 구성원을 예측하는 것도 학습하는가의 여부였다.

이것을 검증하기 위해서, 실험자들은 새로운 그림들을 사용하였다(그림 4.13c). 점이 없는 그림을 제시받을 때는 모든 참가자들이 계속해서 원을 범주 A에 그리고 삼각형을 범주 B에 분류하였다. 하지만 새로운 형태의 그림(사각형)이 주어질 때는 참가자들의 어느 누구도 점의 위치에 근거해서는 분류를 바르게 하지 못했다. 따라서 이 사람들은 (감초가 그 환

(a) 단계 1 훈련   **(b) 단계 2 훈련**   **(c) 검사**

그림 4.13

제시된 장면의 정보적 가치에 대한 사람의 민감도   (a) 바우어와 트라바소의 실험 단계 1에서의 자극들의 예시. 원 모양들은 A집단에 속하고 삼각형 모양들은 B집단에 속한다. (b) 단계 2에서의 자극의 예시들. 참가자들은 원이나 삼각형들만 보게 되고, 원 → A/삼각형 → B 규칙은 여전히 적용된다. 그러나 이제는 A집단에 속한 것들의 위쪽에 점이 찍히고, B집단에 속한 것들의 아래쪽에 점이 찍힌다. (c) 마지막 검사에서 참가자들은 위쪽 점 → A/아래쪽 점 → B 규칙을 익혔는지를 확인받기 위해 새로운 자극들을 제시받는다.

Research from Bower & Trabasso, 1964.

자의 복통을 유발할 수 있다는 가능성을 일축했던) 그 의사와 매우 유사하게 수행을 하였다. 그들이 단계 2에서 추가된 군더더기의 단서에 거의 또는 전혀 반응을 보이지 않았다는 점에서 그렇다. 사실상, 형태가 범주 구성원을 예측했던 사전학습은 점의 위치도 범주 구성원을 예측했던 후속의 학습을 차단했던 것 같다. 보다 최근의 연구들은 이전에 학습된 단서들과 관련하여 잉여의 정보를 무시하는 이런 경향이 많은 유형의 인간 학습에 만연함을 확인하였다(Kruschke, Kappenman, & Hetrick, 2005).

동물과 인간 학습 분야들이 원래는 밀접하게 뒤얽혀 있었지만, 그들은 1960년대 후반과 1970년대 초반에 서로 간에 크게 분리되었다. 그 당시에 동물학습은 주로 초보적인 연합학습과 관련되어 있었지만, 인간학습에 대한 연구는 떠오르는 인공지능 분야로부터 빌려온 접근인 정보처리와 규칙 기반적인 표상 조작으로 특징짓는 기억 능력에 더 많이 집중했다. 아이러니하게도, 이런 분립은 바로 동물학습 이론이 1970년대 초에 레스콜라-와그너 모델에 의해 다시 활기를 띠고 있을 때 발생했다.

1980년대 후반에, 인간학습과 관련하여 네트워크 모델(연합주의자 모델이라고도 불림)에 대한 컴퓨터 시뮬레이션의 강한 확장세로 말미암아, 인간의 인지를 초보적인 연합학습 과정에 연결하려는 관심이 되살아났다. 이 연구의 일부는 제1장에서 논의되었는데, 우리는 럼멜하트(David Rumelhart)가 그 분야에 공헌했음을 살펴보았다. 인지심리학에서의 이들 연합주의자 네트워크 모델의 영향력이 증가함에 따라, 고전적 조건화와 같은 상대적으로 단순한 연합적 과정들에 대해 연구하는 사람들은 레스콜라-와그너 모델을 재탐색하려고 동기화되었다. 연합주의자 네트워크 모델들은 일반화된 (그리고 보다 강력한) 변산을 사용하는 연합 가중치들을 레스콜라-와그너 모델에서 조정하였는데, 이것은 (발화 재인, 운동 통제 및 범주 학습을 포함하는) 복잡한 인간능력들이, 조건화 실험들에서 연구한 것들과 유사한 초보적인 연합들의 배열 형태들로부터 얼마나 많이 출현했는지를 보여주기 위함이었다.

조건화와 인지의 그런 연결의 한 예는 사람들이 어떻게 범주 형성을 학습하는가를 모델화하기 위하여 글럭과 바우어가 개발한 하나의 단순한 신경 네트워크 모델이다(Gluck & Bower, 1988). 이 연구에서 대학생들에게, 불쾌한 소리가 나는 (그러나 지어낸) 두 가지의 질병들(midosis 또는 burlosis) 중의 하나에 시달리고 있는 환자들을 진단하는 방법을 학습하도록 요청하였다.

대학생들은 가상 환자들—각각은 코의 출혈, 위장 경련, 눈의 부종, 잇몸 변색 증상들 중의 하나 이상에 시달리고 있다—의 의료기록을 살펴보았다. 이 연구 동안에, 각 학생들은

그림 4.14
글럭과 바우어의 확률론적 범주화 과제의 훈련시행 예시 특정한 학습 시행에서, 연구대상은 코피나 위경련과 같은 증상들을 보고 진단을 내린 후, 그 진단이 맞았는지 틀렸는지에 대한 피드백을 받는다.

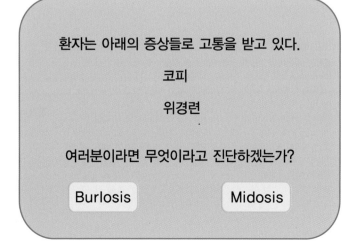

환자는 아래의 증상들로 고통을 받고 있다.

코피

위경련

여러분이라면 무엇이라고 진단하겠는가?

Burlosis   Midosis

수백 건의 의료기록을 살펴보면서 각 환자를 진단하고 바로 진단이 맞았는지 확인을 받는다(그림 4.14). 학생들은 처음에는 추측을 할 수 밖에 없었지만 연습이 진행되면서 그들은 점차 가상 환자들을 꽤 정확하게 진단할 수 있게 되었다. 서로 다른 증상이 두 질병을 다르게 진단해준다는 사실이 학생들의 향상에 도움이 되었다. 코의 출혈은 burlosis 환자에게는 매우 공통된 증상이었지만 midosis 환자에게는 드문 것이었다. 반면, 잇몸 변색은 midosis 환자에게는 공통된 증상이었지만 burlosis 환자에게는 드문 것이었다.

이런 종류의 학습은 그림 4.15에서와 같이 네트워크를 이용해 모델화할 수 있다. 네 가지증상은 네트워크의 기저부에 위치한 4개의 입력 마디(nodes)로 표상되고 두 가지 질병은 네트워크의 상단에 있는 2개의 출력 마디에 해당한다. 학습이 진행됨에 따라, 증상과 질병 사이의 화살표로 표시된 연결의 가중치는 레스콜라–와그너 모델의 학습법칙에 따라 갱신된다. 마치 증상은 CS이고 질병은 번갈아 나타나는 US인 셈이다.

이 모델에서 학습과 수행은 다음과 같이 이루어진다. 피험자가 옳은 연합들을 학습함에 따라, 마디들과 질병들 간의 연결들은 각 질병에 대한 각 단서의 참된 진단의 질을 수집하는 가중치들을 습득한다. 예를 들어, '코의 출혈'과 '위장 경련' 증상을 지닌 한 환자의 차트를 연구피험자에게 제시(그림 4.14)하는 상황이, 해당하는 입력 마디들을 '켬'으로써, 그림 4.15에 모델화되어 있다. 이들 두 입력 마디를 활성화하면 (화살표들로 표시된) 4개의 가중된 연결들(2개는 burlosis로, 그리고 다른 2개는 midosis로)을 따라 올라가는 시뮬레이션된 신경활동이 야기된다(그림 4.15). 이 시행에서, burlosis는 올바른 표시인데, 이에 대해 아주 진한 '실제 burlosis' 마디가 가리킨다. 이 모델은 환자가 상대적으로 높은 활동성을 지닌 질병, 이른바 burlosis를 가지고 있다고 진단할 가능성이 훨씬 더 높다. 사실은, 옳은 진단이다.

레스콜라–와그너 모델과 유사하게, 이들 출력 마디 활성화는 한 질병 대 다른 질병에 대한 네트워크의 기대치에 해당한다. 한 학생이 한 진단에서 추측하고 바른 대답을 듣게 된 후에, 그 상황에서의 학습은 미래의 오차를 줄이기 위해 그 네트워크의 가중치들을 수정함으로써 모델화된다. 실제로, 이는 레스콜라–와그너 모델의 오차–교정 학습 규칙과 일치한다. 그림 4.15에 보이는 네트워크 모델은 레스콜라–와그너 조건화 모델의 학습원리 이상으

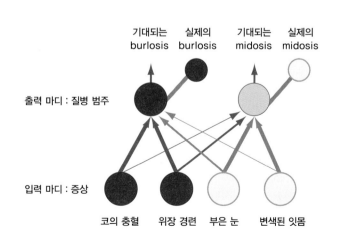

그림 4.15
글럭과 바우어의 범주학습의 네트워크 모델 코피와 위경련으로부터 burlosis로 향하는 화살표와 부은 눈과 변색된 잇몸으로부터 midosis로 향하는 화살표는 두꺼운데, 이는 진단적으로 높은 관계를 가지고 있다는 것을 나타낸다(가중치가 높은 신호들). 다른 신호들은 중간 정도의 진단성을 나타낸다. 이 그림은 환자가 코피와 위경련이라는 두 가지 증상들을 나타낸다는 것을 보여주는데, 그러한 2개의 입력 마디들이 활성화된다(진한 빨강). 다른 2개의 입력 마디들은 나타나지 않은 증상들을 나타내며, 2개의 입력마디들은 활성화되지 않는다(회색). '기대되는' 범주 마디의 상대적 활성화 정도(진한 빨강과 연한 빨강으로 나타나는)는 입력 마디들의 활성화와 증상(코피와 위경련)의 나타남을 보여주는 화살표 입력(이러한 신호들의 현재 연관된 가중치)의 가중치에 기초한다.

Information from Gluck & Bower, 1988.

기대되는 burlosis 실제의 burlosis 기대되는 midosis 실제의 midosis

출력 마디 : 질병 범주

입력 마디 : 증상

코의 충혈 위장 경련 부은 눈 변색된 잇몸

로 포함할 것은 없다. 그러나 인간의 인지에 대한 '동물 조건화' 모델은 참가자들이 다른 환자들의 차트들을 분류하는 방법에서의 변산을 설명한다. 그 모델은 14개의 가능한 증상 차트들의 각각을 midosis 대 burlosis가 되도록 하려는 참가자들의 백분율을 정확하게 예측했다. 그리고 그 모델은 또한 그 참가자들이 그 증상들의 하나만을 알고 있을 때 나중에 두 질병의 가능성에 대한 판단을 얼마나 잘 내릴 수 있는가를 예측했다.

단서 · 결과의 수반성과 인과성의 판단

범주학습에 대한 고전적 조건화와 인지적 연구가 수렴하는 또 다른 영역은 범주 구성원에 대하여 부분적으로만 타당한 예측자인 단서들에 관한 연구이다. 예를 들어, 여러분이 최근에 고용한 주식 분석가인 도리스가 우수하지만 완벽한 주식 예측자가 아니었다면 무슨 일이 발생했을 것인가를 생각해보라. 그녀의 예측이 매 5일마다 3일은 정확하다고 가정해보라. 이 비율은 그리 나쁘지 않다. 그러나 여러분은 월스트리트저널을 읽음으로써 얻은 정보를 바탕으로 이미 5일 중 3일을 주식시장에 대한 정확한 예측을 할 수 있는지도 모른다. 그런 경우에, 여러분은 도리스가 여러분에게 어떤 유용한 추가적인 정보도 제공해주지 못한다고 결정할 수 있을 것이다. 만약 현명하게 투자하는 여러분의 능력이 도리스의 도움과는 무관하게 같은 것이라면, 여러분은 아마도 그녀를 여러분의 사업에 대한 큰 자산으로 보지는 않을 것이다.

레스콜라는 레스콜라-와그너 모델을 부가적으로 지지해주는 동물 대상의 조건화 실험에서 유사한 현상을 보여주었다(Rescorla, 1968). 그의 실험이 입증했던 것은 신호음 자극에 대한 조건화가 신호음-US의 짝지어지는 빈도뿐만 아니라 신호음이 없을 때의 US의 빈도에도 달려 있다는 것이다. 만약에 US가 신호음이 있을 때만큼 US가 없을 때에도 같은 빈도로 발생한다면, 조건화는 신호음으로부터 거의 또는 전혀 발생하지 않을 것이다. 이들 결과가 시사하는 것은 동물이 잠정적인 CS와 US의 수반성(contingency), 즉 양자 간의 상관 정도에 민감하다는 점이다. 레스콜라-와그너 모델은 실험이 이루어진 장소 자체를, 실험적으로 조작된 신호음과 결합하여(복합하여) 제시된 하나의 단서로 봄으로써 이런 영향을 설명했다. 실험실을 맥락(context) ― (실험자에 의해 조작되고 있다기보다는) US가 있을 때와 없을 때의 모든 시행에서 상대적으로 일정한 배경자극 ― 이라고 생각할 수 있다. 이런 자극은 소리, 냄새, 그리고 조건화 실험실의 느낌을 포함하고 있다. 주식 조사원의 예에서, 맥락은 일간지인 월스트리트저널에서의 주식 분석과 같은, 조사원에게 유용한 모든 일반적인 가용정보를 포함한다. 잠정적인 CS는 가끔씩 도리스에 의해 제공되는 추가적인 팁이다.

레스콜라-와그너 모델에서, 동물은 실제로 복합단서[맥락과 결합하는 신호음(CS)으로 구성된 단서]가 존재하는 시행들에서 신호음이 단독으로 발생하는 시행들을 경험한다. 레스콜라-와그너 모델은 맥락이 사실상 US를 예측함을 보장하기 위해 신호음과 경쟁할 것이라고 기대한다. 만일 US가 맥락-신호음 시행들에서만큼 맥락-단독 시행들에서도 자주 발생한다면, 이 맥락이 더 신뢰로운 단서가 된다. 결과적으로, 이 맥락이 신용을 얻게 되며 이리하여 대부분의 연합 가중치를 얻게 된다. 따라서 US가 CS에 수반되는 정도는 CS와 동시에 발생하는 배경맥락 간의 경쟁에 달려 있다.

단서−결과 수반성에 대한 민감성이 인간의 인과적 추론에 관한 연구에서도 비슷하게 관찰되었다. 이들은 사람들이 자신들의 환경 내에서 원인과 영향을 어떻게 추론하는가에 대한 연구이다. 전형적인 실험들에서, 사람들에게 어느 위험요인들(흡연, 운동 부족, 체중 증가)이 심장질환과 같은 어떤 관찰 가능한 결과를 더 많이 또는 더 적게 담당하고 있는가를 판단하도록 요청했다. 이들 연구가 보여주었던 것은 위험요인이 없는 경우에서의 결과의 빈도(예 : 흡연이 없는 경우에서의 폐암의 빈도)를 증가시키면 결과에 관한 사람들의 인과적 영향의 추정이 감소한다는 것이다. 이것은, 위에서 기술한 바와 같이, 맥락 단독에서 US가 존재하면 잠정적인 CS에 대한 조건화가 감소했던 방식과 아주 유사하다. 이런 발견은 무엇을 시사하는가? 한편으로, (폐암과 같은) 어떤 질병의 빈도에서 (급격한) 증폭은 있지만 (흡연과 같은) 어떤 위험요인에서는 유사한 증가가 없다면, 사람들은 흡연을 그들이 이전에 생각했던 것보다도 덜 해로운 것으로 생각하게 되는 경향이 있다. 사실, 어떤 식으로든 폐암에 걸리게 된다면 왜 흡연을 그만두겠는가?

자극 주의와 CS 처리의 조절

인간의 인지 자료를 예측하는 데 있어서 글럭과 바우어 모델이 많은 성공을 거두었음에도 불구하고, 이 모델의 몇 가지 제한점이 인간의 범주 학습에 대한 심도 있는 연구에서 명백해졌다. 특히, 범주학습의 모델로서, 그것은 학습 동안에 (코의 출혈 또는 위장 경련과 같은) 또 하나의 증상에 능동적으로 주의 집중하거나, 이런 주의를 옮기거나 이에 재집중하는 사람들의 능력을 설명하지 못한다. 이들과 유사한 제한점이 (글럭과 바우어 모델의 토대가 되는) 레스콜라−와그너 모델에서도 보인다. 구체적으로, 이 모델은 특별히 동물 또는 사람이 결과가 없는 자극에 반복적으로 노출될 때 자극에 대한 주의가 학습 동안에 어떻게 조절되는가를 설명하지 못한다.

레스콜라−와그너 모델(글럭과 바우어 모델에서도 마찬가지로)이 어디에서 그리고 어떻게 주의적 변화를 제대로 설명하지 못하는가를 더 잘 이해하기 위하여, 이 장의 서두에서 예로 든, 멀리서 아이스크림 트럭의 딸랑거리는 소리를 듣고 길모퉁이로 달려오는 것을 학습한 모이라를 다시 떠올려보자. 모이라가 계속해서 매일 멀리서 들려오는 그 딸랑거리는 소리는 들었지만 아이스크림 트럭을 한 번도 보지 못했다면, 여러분은 무슨 일이 발생했을 것이라고 생각하는가? 만약 수 주 후에 딸랑거리는 소리가 들린 후에 그 트럭이 다시 나타나기 시작했다면, 모이라가 멀리서 들리는 딸랑거리는 소리와 곧 있을 아이스크림 트럭의 도착을 연합하는 학습을 그렇게 빨리 했을 것이라고 생각하는가? (아이스크림 트럭의 출현이 없는 딸랑거리는 소리와 같은) 관계가 없는 단서에 사전 노출되면, 나중에 그 단서가 어떤 새로운 예측 또는 연합적 상관을 습득할 때 학습이 지체된다.

(중요한 사건과 연합이 없는) 단독적인 단서에 노출됨으로써 단서의 무관성을 배우는 이

런 학습은 **잠재적 억제**[latent inhibition, 어떤 결과도 없는(즉, US가 없는), 사전 노출의 대상이었던 자극(CS)에 대하여 학습이 감소하는 것으로 알려져 있는 측정에 의해 정량화할 수 있다. 이런 명칭은 그 노출이 잠재적으로(즉, 암묵적으로) 단서에 대한 나중의 학습을 억제하는 것

표 4.7 잠재적 억제 패러다임

집단	단계 1	단계 2
통제집단	동물이 상자에 앉아 있음	소리 CS → → 충격 US
'사전에 훈련을 받은' 실험집단	소리 CS가 제시됨(US는 제시되지 않음)	

처럼 보인다는 사실을 언급한다. 이런 현상은 동물의 조건화 문헌에서 루보와 모어에 의해 처음으로 기술되었다(Lubow & Moore, 1959). 루보와 무어의 연구는 양과 염소를 이용하여 수행되었다. 하지만 이 장의 나머지의 내용과 일치하게 하기 위해 (그리고 이미 논의된 다른 연구들과의 비교를 돕기 위하여), 우리는 신뢰롭게 동일한 결과들을 산출하는 토끼의 눈 깜빡임 조건화를 이용하여 잠재적 억제 패러다임에 대해 기술할 것이다.

잠재적 억제 연구는 두 집단의 피험자를 사용한다. 표 4.7에 요약된 바와 같이, 첫 번째 집단인 통제집단은 사전 훈련을 받지 않고 두 번째 집단은 사전노출 훈련을 받는다. 통제집단의 동물은 실험상자에 단순히 앉아 있다가 결정적인 단계 2에서 신호음(CS)과 눈에의 공기 분사(US) 간의 연합 훈련을 받는다. 반면에, 사전노출 집단의 동물들은 단계 1에서 US 없이 신호음 자극에만 반복적으로 노출된다. 그 후, 단계 2에서 통제동물이 단계 2에서 받은 것과 동일한 (신호음-공기 분사) 훈련을 받는다. 따라서 두 집단 간의 유일한 차이점은 한 집단만 단계 1에서 신호음에 사전 노출된다는 점이다.

그림 4.16에 도시된 것과 같이, 사전노출 집단의 토끼들은 단계 2에서 통제동물에 비하여 신호음과 공기 분사 간의 연합을 훨씬 느리게 학습한다(Shohamy, Allen, & Gluck, 2000). CS 노출 이후에 학습이 느려지는 동일한 현상이 다양한 종에서 발견되었다. 예를 들어, 인간의 눈 깜빡임 조건화에서도 이런 현상이 보인다(Lubow, 1973).

단서의 사전 노출 이후에 학습이 약화되는 현상인 잠재적 억제는 레스콜라-와그너 모델에 있어서는 골칫거리다. 신호음에 단독 노출되는 단계 1에서는 새로운 일이 없는 것이고 따라서 예측오차가 없다. 이에 따라 레스콜라-와그너 모델은 단계 1에서 아무런 학습이 일어나지 않는다고 기대한다. 한 결과로서, 레스콜라-와그너 모델은 사전노출집단이 통제집단과 단계 2의 시작에서 아무 차이가 없는 것 같다고 틀리게 예측한다. 이 예측은 그림 4.16의 자료뿐만 아니라 루보의 연구와도 명백히 불일치한다.

그림 4.16
토끼의 눈 깜빡임 조건화에서의 잠재적 억제 이 그래프는 토끼를 이용한 신호음-공기 분사 훈련의 단계 2에서 50번으로 이루어진 각각의 시행블록에서 CR을 나타내는 비율을 보여준다. 통제집단(점선)에 있는 토끼들은 빠르게 학습한다. 반면에, 이전에 단계 1에서 신호음만 제시되는 850번의 시행을 경험한 사전노출 집단(실선)의 토끼들은 훨씬 느리게 학습했다.

Data from Shohamy et al., 2000.

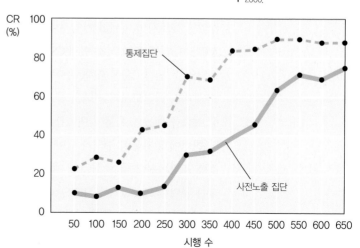

잠재적 억제와, 중립단서에 단순히 노출시키는 동안의 학습을 포함하는 유사한 패러다임은 레스콜라-와그너 모델에서 주장한 오차로 유발되는 학습 이상으로 조건화 동안에 무언가가 더 진행함을 시사한다. 제3장은 습관화와 민감화와 같은 이들 비연합적 기제의 일부를 소개했다. 레스콜라-와그너 모델의 범위를 넘어서는 잠재적 억제와 다른 현상을 설명하기 위해서 제안된 몇 가지의 대안적인 조건화 이론을 다음에서 기술하겠다.

자극 선택에 대한 주의적 접근

레스콜라-와그너 모델은 흔히 학습에 대한 **US조절 이론**(US modulation theory)이라고 불린다. US가 처리되는 방식이 어떤 자극이 그 US와 연합하게 될지를 결정하기 때문이다. 따라서 레스콜라-와그너 모델에서, US가 학습을 촉진하는 능력이 선행하는 잠정적인 CS가 주어졌을 때 그 US가 얼마나 기대하지 않았던 것인가에 의해 조절된다. 앞에서 기술한 학습의 오차교정 원리(error-correction principle, 레스콜라-와그너 모델의 배경을 이루는 핵심 아이디어)는 오차가 선행하는 CS에 대한 학습을 촉진하는 US의 능력을 조절한다는 것이다.

이에 대한 대안적 학습 이론들은 대신에 CS에 초점을 맞추는데, 이는 잠정적인 CS가 연합에 포함될 수 있도록 하는 편의성을 조절하는(증진시키거나 억제하는) 다양한 기제가 있음을 제안한다. 이러한 이유로, 이들을 **CS조절 이론**(CS modulation theory)이라고 한다. 이 이론은 다른 CS들에 대한 주의가 조절되는 방식이 그들 중의 어느 것이 US와 연합하게 되는지를 결정한다고 제안한다. 니콜라스 맥킨토시(Nicholas Mackintosh)가 1970년대 초반에 제창한 한 가지 이론은 인간과 동물이 들어오는 정보를 처리하는 데 제한적인 능력을 가진다는 관찰에 기초한 것이다(Mackintosh, 1975). 이런 제한된 능력은 한 가지 자극에 주의를 기울이게 되면 다른 자극들에 주의하는 우리의 능력을 감소시킴(결과적으로, 조절함)을 의미한다.

앞에서, 여러분은 먼저 도리스를 주식시장에 대한 신뢰로운 예측자라고 신용하게 되면, 다음에 온 허먼도 동일할 정도로 성공적인 예측을 할 수 있다는 신용을 그에게는 거의 주지 않았던 블로킹의 비유를 기억해보라(표 4.4). 레스콜라-와그너 모델은 이런 결과가 주식시장(US)이 이미 도리스(첫 번째 CS)에 의해서 잘 예측되고 있었던 주식시장 때문에, 허먼(잠정적인 두 번째 CS)에 대해서는 부가적인 가치(학습)가 부여되지 않는다고 주장한다. 블로킹에 대한 맥킨토시의 견해는 사뭇 다르다. 그는 도리스가 오랫동안 여러분을 위해 주식시장 예측을 해왔기 때문에 여러분은 모든 주의를 도리스에게 쏟게 되며 그 결과로서, 더 이상 허먼에게 기울일 주의가 남아 있지 않게 된다고 본다. 맥킨토시 이론의 주요 핵심은 이전에 조건화된 자극은 사건의 예측자로서 과거에 성공했기 때문에 자신의 현출성을 얻었다는 것이다(Mackintosh, 1975). 그리고 동시에 발생하는 다른 단서에 대해서는 제한된 주의 자원을 기울이지 않게 된다는 것이다. 본질적으로, 레스콜라-와그너의 모델은 허먼을 면접을 위해 안에 들어오게 하였지만 시장 예측에 있어서는 그가 가치가 있다고 판단한 것은 아니고, 맥킨토시 모델의 경우에는 허먼을 문에 들여놓지도 않은 것이다.

맥킨토시 이외에, 가장 주목할 존 피어스(John Pearce)와 제프리 홀(Geoffrey Hall)을 포함하여 몇몇의 다른 학습 이론가들은 CS의 현출성이 훈련 동안에 어떻게 조절되는가와 관련된 대안 가설들을 제안했다(Pearce & Hall, 1980). 공통적으로, 이들 모든 모델은 CS의 가중치의 변화가 US의 조절이 아니라 CS의 조절에 기인한다고 기본적으로 제안하고 있다. 다음으로, 우리는 맥킨토시의 CS조절 이론이 레스콜라–와그너의 US조절 이론보다 학습 현상들의 일부 측면들을 더 잘하는 하나의 상황을 살펴보겠다.

잠재적 억제에 대한 주의적 설명

레스콜라–와그너 모델이 잠재적 억제와 같은 단서 사전노출 현상을 설명하지 못하였음을 기억하라. 학습에 대한 US조절 이론으로서, 이것은 US가 있을 때나 이전에 훈련된 단서들이 그 US를 예측할 때 발생하는 학습만을 설명하기 때문이다. 이에, 레스콜라–와그너 모델은 중립적인(사전에 훈련받지 않은) 단서가 존재할 때는 아무런 학습이 일어나지 않는다고 잘못된 주장을 한다. 반대로, 맥킨토시 이론은 신호음이 US가 없이 제시될 때는 아무것도 예측하지 못한다는 이력을 가지게 되므로 이 신호음이 잠정적인 CS로서의 현출성이 감소한다고 예측한다. 맥킨토시에 따르면, 동물은 이런 신호음 단독 시행들을 마치 그들이 "늑대야."라고 외쳤던 소년인 것처럼 다룬다. 종국적으로는, (소년과 같은) 신호음은 좋거나 나쁜 어떤 일이 일어나리라고 신뢰롭게 예측하지 못하기 때문에 무시된다.

이들 CS조절 모델이 특히 레스콜라–와그너 모델로 설명되지 않는 행동적 현상들을 설명하는 데 있어서 많은 성공을 거두었지만, 학습과 기억 분야에 미친 영향력은 덜하였다. 그 부분적인 이유는 레스콜라–와그너 모델에 비하여 너무 복잡하고 또한 넓은 행동의 범위를 설명하지 못하기 때문이다. 더구나 이 장의 앞에서 논의한 바와 같이, 레스콜라–와그너 모델은 특별히 영향력이 있었는데, 그 이유는 이 모델이 인지심리학자들이 사용하는 인간 기억에 대한 연결주의 네트워크 모델에 적용되는 학습 알고리즘과 기본적으로 같은 원리를 바탕으로 작용하기 때문이다. 제1장에서 기술한 데이비드 럼멜하트와 동료의 모델(Rumelhart & McClelland, 1986)과 위에 언급한 글럭과 바우어(1988)의 범주학습 모델이 그러하다.

조건화에 대한 CS조절 접근과 US조절 접근 중에서 어느 견해가 옳은가? 여러 해 동안에, 양자는 대서양을 사이에 두고 직접적인 갈등을 겪는 것처럼 보였다. US조절 견해는 레스콜라와 와그너가 일했던 미국에서 우세하였고 CS조절 견해는 맥킨토시, 피어스, 헐이 일했던 영국에서 우세하였다. 그러나 조건화에 대한 행동적, 생물학적 연구가 진행된 현재에는 두 가지 견해 모두 옳다고 여겨진다. 즉, CS조절 기제와 US조절 기제 양자가 모두 학습에 관여하는 것 같다. 4.2절에서 보게 되겠지만, 이러한 논쟁을 해결하는 데 부분적으로 도움이 되는 것은 이들 두 종류의 학습처리를 담당하는 서로 다른 신경 실체를 규명하는 신경과학이 밝힌 새로운 자료이다. 이는 신경과학으로부터 나온 새로운 형태의 자료가 심리학의 오랜 질문들을 해결하는 데 정보를 제공하고 도움을 주는 또 하나의 예이다.

지식 테스트

레스콜라–와그너 모델과 맥킨토시 모델을 대조하기

1. 빈칸을 채워라. 레스콜라–와그너 모델이 조건형성을 _____의 효과성이 학습을 조율한다고 주장했던 반면에, 맥킨토시 모델은 조건형성을 _____에 대한 주의의 조율과정으로 설명했다.
2. 아래의 예시들로부터 코니의 행동에 대한 설명으로 어떤 사례가 레스콜라–와그너 모델에 더 적합하고, 어떤 사례가 맥킨토시 모델에 더 적합

한가?
a. 코니는 오트밀 건포도 과자를 매우 좋아해서, 그것에 그녀의 온 주의를 집중한다. 그녀는 심지어 초코칩 과자를 맛보지도 않는다.
b. 코니는 오트밀 건포도 과자를 먹는 것이 행복해서, 다른 과자를 시도해볼 필요를 느끼지 않는다.

(정답은 책의 뒷부분에 있다.)

조건화에 대한 그 외의 결정요인들

레스콜라와 와그너의 US조절 모델과 맥킨토시의 CS조절 모델은 모두 연합학습에 대한 우리의 이해를 높이는 데 영향력을 미쳐왔다(Rescorla & Wagner, 1972; Mackintosh, 1975). 이들 모델은 학습의 행동적 과정을 본질적 요인들로 줄였고 그로 인해 우리는 내재하는 근본적인 원리를 볼 수 있다. 이 때문에 강력한 모델이 되기는 하지만, 이런 단순화의 결과로서 이들 모델은 조건화의 많은 미묘한 일면들인 조건화에서의 타이밍의 역할 그리고 연합하고 있는 여러 자극 단서들에 대한 선천적인 편향의 중요성을 어쩔 수 없이 무시한다.

타이밍

레스콜라–와그너 모델과 맥킨토시 모델은 모두 고전적 조건화를 그것이 항상 한 시행씩 차례로 발생하는 일련의 별개의 시행들로 구성된 것처럼 다룬다. 더구나, 이들 **시행-수준 모델**(trial-level models)은 각 시행을 하나의 사건으로 취급한 결과로서 학습 동안에 한 가지 변화가 일어난다. 현실적으로는, 조건화는 훨씬 복잡하며, 한 시행은 시행마다 다른 방식으로 변화할 수 있는 많은 사건들로 구성되어 있다. 예를 들어, 이들 모델은 주어진 시행 내에서 동물이 반응하는 타이밍을 기술하지 않는다. CR은 CS가 시작된 바로 직후에 일어나는가 아니면 US가 발생하기 직전까지 미루었다가 발생하는가? 이런 정보는 단지 한 훈련 시행의 전체 효과를 전반적인 연합강도로만 기술하는 시행-수준 모델에서는 사라진다. 따라서 어떤 모델이 단순하고 강력할수록 그것은 동물행동의 모든 세부적인 면을 설명할 수는 없다.

　많은 조건화 연구의 한 가지 중요한 측면은 CS와 US 간의 시간적 관련성이다. 그림 **4.17a**는 **지연 조건화**(delay conditioning)로 알려진 방법을 사용한 눈 깜빡임 조건화를 도시한 것이다. 여기에서 신호음(CS)은 해당 시행 동안에 줄곧 지속되다가 US가 일어나고 나서

야 끝난다(실제로, 이것은 이 장에서 이제까지 설명된 토끼의 눈 깜빡임 조건화에서 동물이 훈련받은 방식이다). '지연'이라는 용어는 CS의 개시 시점으로부터 US의 개시까지의 지연을 말한다(이들 양자가 동시에 발생하는 것과는 대조적이다). 조건화의 또 하나의 유형 역시 지연을 포함하지만, 여기에서의 CS는 US가 시작되기 전에 먼저 멈춘다. 이런 훈련 절차를 **흔적 조건화**(trace conditioning)라고 칭한다(그림 4.17b). 이 절차는 US가 시작되기 조금 전에 종료하는 상대적으로 짧은 CS를 사용한다. 따라서 이에서 동물은 후속적으로 도달하는 US와 연합할 CS의 기억 '흔적'을 유지해야 한다. 많은 시행-수준학습 모델은 이들 유형의 조건화를 동일한 것처럼 취급하지만, 학습된 행동들과, 이들과 연합된 신경실체가 지연조건화 절차와 흔적조건화 절차에 따라 꽤 다를 수 있음이 많은 연구들에서 밝혀졌다.

그림 4.17a와 같은 간단한 지연 훈련절차 내에서도 CS의 개시 시점과 US의 개시 시점 사이의 시간적 간격인 **자극 간 간격**(interstimulus interval, ISI)에서의 변산성이 중요한 영향을 끼칠 수 있다. 그림 4.17c에서와 같이, 토끼의 눈 깜빡임 조건화에서 가장 빠른 학습을 위한 적절한 ISI는 대략 1/4초(250msec)이다. 간격이 더 짧거나 길면 학습이 보다 어려워져서 부가적인 훈련 시행을 필요로 한다. 눈 깜빡임 조건화에서 가장 두드러진 점은 CR의 타이밍이 ISI에 정확하게 대응한다는 것이다(그림 4.8). 눈꺼풀이 최대로 닫히는 시점은 US의 개시가 기대되는 바로 그 순간이다.

연구자들은 US조절 학습이론과 CS조절 학습이론을, 학습의 미묘한 시간적 측면을 수용하는 통일된 학습이론으로 통합하기 시작하였다. 한 가지 주목할 만한 초기의 예는 앨런 와그너(Allan Wagner)의 SOP(Sometimes Opponent Process)라고 불리는 모델로, 다른 절차를 통해 다른 시간대에 일어나는 이들 사건에 대하여 오차-수정 학습(US조절)과 CS 단서 현출성의 변화(CS조절)를 모두 허용하였다(Wagner, 1981). 다른 연구자들 역시 고전적 조건화에 대한 완전한 이해를 위해서는 시행 동안에 그리고 시행 간에 일어나는 미묘한 타

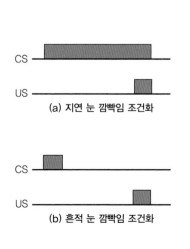

(a) 지연 눈 깜빡임 조건화

(b) 흔적 눈 깜빡임 조건화

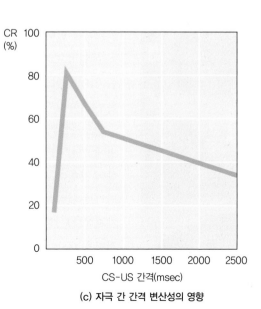

(c) 자극 간 간격 변산성의 영향

그림 4.17
지연 눈 깜빡임 조건화와 흔적 눈 깜빡임 조건화 (a) 지연 조건화에서 CS는 훈련 시행 동안 US가 끝날 때까지 지속된다. (b) 흔적 조건화에서 짧은 CS가 제시되고 일정한 간격 뒤에 흔적 US가 발생한다. (c) 지연 조건화 실험에서 CS의 시작과 US 사이의 간격의 함수로 나타나는 조건화된 눈 깜빡임의 비율

Data from McAllister, 1953.

이밍의 상관관계를 보다 주의 깊게 살펴봐야 한다고 주장하였다(Gallistel & Gibbon, 2000). 학습에서의 타이밍의 역할을 더 잘 이해하기 위한 요구는 현재의 학습연구의 선두에 있는 도전들 중의 하나이다.

연합적 편향과 생태적 제약

앞에서 기술한 공식적인 학습모델들은 어떤 임의의 단서(신호음이나 불빛과 같은)도 전기 충격이든 먹이든 어떤 결과와도 연합이 가능하다는 것을 시사한다. 하지만 이것은 사실인가? 저녁식사로 식용달팽이를 먹은 뒤 곧 모르는 병으로 앓아누운 맨디를 생각해보라. 식용달팽이를 먹은 그날 저녁에 그녀는 남자친구와 함께 영화를 보러 가서 로맨틱한 코미디를 보았다. 그날 밤 늦게, 그녀는 열과 심한 두드러기 때문에 잠에서 깨어났다. 달팽이를 먹은 일과 코미디를 본 일 둘 다는 질병에 선행하는 사건들이었다. 그러나 맨디는 그날 저녁 이후로는 식용달팽이를 먹지 못하게 되었지만 로맨틱 코미디를 보러 가는 것을 그만두지는 않았다. 이는 모든 단서가 모든 결과와 동등하게 연합되는 것은 아님을 시사한다. 오히려, 아마도 (음식과 같은) 어떤 단서가 (질병과 같은) 어떤 결과와 연합되기가 더 쉬울 수 있다는 연합적 편향이 있는 것 같다.

이는 존 가르시아(John Garcia)와 쾰링(R. A. Koelling)이 피험자에게 특정 맛을 회피하도록 학습시킨 **조건화된 미각혐오**(conditioned taste aversion) 연구에서 극명하게 입증되었다(Garcia & Koelling, 1966). 가르시아와 쾰링은 쥐에게 친숙하지 않는 맛과 신호음으로 구성된 복합자극(식용달팽이를 먹는 동안에 로맨틱 코미디를 지켜보는 예와 유사함)으로 훈련시켰다. 그런 후에 한 집단의 쥐에게 질병을 유발하는 독물을 주사하였다. 두 번째 집단의 쥐에게는 전기충격을 가하였다(표 4.8). 각 집단의 쥐들은 질병이나 전기충격의 원인으로 미각과 청각신호음 자극 중 어느 단서를 탓하겠는가? 어느 단서가 어느 결과와 가장 쉽게 연합이 되는지를 알아보기 위해서 이어서 실험자들은 각 단서를 하나씩 독립적으로 검사해보았다. 즉 어떤 검사시행들에서는 신호음 없이 동일한 새로운 맛의 음식을 쥐에게 주었던 반면에, 다른 시행들에서는 음식 없이 신호음만 제시하였다.

연구자들의 발견에 의하면, 독물 집단의 쥐들은 신호음을 질병에 연합시키기보다는 미각 자극을 질병과 연합시키려는 경향이 강했다(맨디가 자신의 질병의 원인을 로맨틱 코미디에 돌리기보다는 식용달팽이에 돌릴 가능성이 더 높은 경우와 마찬가지이다). 대조적으로, 전기충격 집단의 쥐들은 미각 자극을 접했을 때보다는 신호음 자극이 존재할 때 훨씬 더 두려움을 나타내었다. 가르시아와 동료들은 미각이 질병을 예측하는 것을 학습하는 데 훨씬 효과적인 자극인 반면에, 청각 단서는 전기

만일 맨디가 내일 아침 아프다면 그녀는 달팽이 요리를 먹은 것과 영화를 본 것 중 어떤 것에서 원인을 찾을까? 그것은 무엇을 의미하는가?

Mark Gluck

충격을 예측하는 데 더 효과적이라고 결론을 내렸다. 쥐들은 사람과 마찬가지로 무엇이 무엇을 예측하는지에 대하여 미리 어떤 편향을 가지고 있는 것이 분명하다. 이는 로맨틱 코미디를 던져버리도록 훈련시키지 못한다는 것은 아니지만 식용달팽이의 맛을 회피하도록 학습시키기보다 훨씬 더 어렵다는(훨씬 더 오랜 훈련을 필요로 한다는) 것이다.

표 4.8 가르시아-쾰링의 미각혐오 연구		
집단	단계 1	단계 2
식중독 집단	신호음 + 맛 → 식중독	신호음 → ?
충격 집단	신호음 + 맛 → 충격	맛 → ?

메추라기에게 불빛과 교미를 연합하도록 훈련한 연구를 기억하는가? 메추라기들은 수많은 훈련 시행 후에 이러한 연합을 학습하기는 하였다. 그러나 돔얀(Domjan)과 동료들은, 메추라기에게 불빛과 같은 임의의 단서 대신에 멀리서 풍기는 암컷의 냄새나, 암컷의 몸체는 덤불에 숨기고 머리만 보여준다거나 하는 식의 야생에서 암컷과 자연적으로 연합된 어떤 것을 CS로 사용할 때 훨씬 더 빠르고 견고하게 조건화될 수 있음을 발견하였다(Cusato & Domjan, 1998).

왜 맨디와 가르시아의 쥐는 모두 다른 단서들보다는 음식을 질병과 더 잘 연합하는가? 그 답은 음식을 섭취하는 것과 아픈 것 간의 가능한 인과관계가 동물의 자연 환경 속에서 실제로 많이 존재하기 때문일 것이다. 대조적으로, 좋거나 나쁘거나 간에 영화를 보는 것 혹은 청각신호음을 듣는 것과 아픈 것 간에 자연스러운 인과관계는 존재하지 않는다. 아마도 가능한 인과관계에 대한 민감성은 동물들의 연합학습을 인도하고 편향되게 하는 것 같다. 미래 사건에 대한 최상의 예측자는 이들 사건의 원인이거나 최소한 이들을 감지할 수 있게 해주는 지표들이다(Dickinson, 1980). 따라서 인간과 다른 동물들이 살고 진화하는 생태적 지위에 있어서 인과관계에 상응하는 연합을 학습하는 경향성을 지닌 것은 생태학적으로 타당하다.

중간 요약

- 고전적 조건화는 환경에서 자극들의 예측적 특성에 관한, 즉 무슨 단서들이 바람직한 또는 비바람직한 사건들을 예측하는지에 대한 학습을 포함한다. 무조건 자극(US)에 선행하여 중립 자극(예 : 종소리)이 반복적으로 그리고 신뢰롭게 제시되면, 이 중립 자극은 조건 자극(CS)이 되어서 조건 반응(CR)이라는 기대 반응을 유발하게 된다. CR은 기대적 반응으로서 동물이 기대되는 US를 준비하도록 한다.

- 가능한 CS를 US와 짝짓는 것은 조건화가 발생하기 위한 충분조건은 아니다. 오히려, 하나의 CS가

비록 모든 동물들이 고전적 조건화를 보일지라도, 아래 만화는 모든 동물들이 동일한 CS와 US에 동일하게 조건화되지는 않는다는 것을 알려준다. 만일 파블로프가 개 대신에 고양이를 사용했다면, 그는 종소리와 고기 대신 어떤 CS와 US를 활용했을까?

"친구야, 계속 꿈꾸고 있어!"

파블로프의 고양이

Bradford Veley/www.CartoonStock.com

US와 연합하기 위해서는 그것은 동물에게 미래를 예측하도록 돕는 가치 있는 새로운 정보를 제공해야 한다. 비록 주어진 단서가 US를 예측한다 할지라도 그것은 자신의 유용성이 US를 예측하는 긴 이력을 가진 동시 발생의 단서에 의해 선취되면(즉, 차단되면) US와 연합이 되지 않을 수 있다.

■ 레스콜라-와그너(1972)는 학습이 US가 기대되지 않는 정도에 비례하여 발생하는 것 같다고 주장한다. 레스콜라-와그너 모델에서 핵심적인 가정은 다중의 CS 단서들이 존재할 때 US의 기대(또는 예측)가 해당 시행에서 존재하는 모든 단서들의 연합 가중치들의 총합으로서 산출된다는 것이다.

■ (맥킨토시 모델과 같은) 학습의 CS조절 이론들은 주의 능력의 한계 때문에 한 자극에 주의하면 우리가 다른 자극들에 주의하는 능력이 감소한다고 여긴다. 반면에, 레스콜라-와그너 모델은, 가용한 모든 정보를 토대로 연합에 관한 학습을 US가 얼마나 정확히 예측되는가에 달려 있는 것으로 기술하기 때문에, 학습에 대한 US조절 이론이다. 조건화에 대한 현재의 행동적, 생물학적 연구들의 제안에 따르면, CS조절 기제와 US조절 기제 둘 다 학습에 관여하는 것 같다.

■ 시청각 자극이 전기충격을 예견하는 학습에서 더 효과적인 반면에, 맛은 질병을 예견하는 학습에서 시청각 자극보다 더 효과적이다. 이런 차이에 대한 한 가지 해석은 동물의 자연적인 생태학적 환경의 일부인, 음식 먹기와 발병 간의 가능한 인과관계라는 것이다.

4.2 뇌 메커니즘

파블로프는 생리학자였다. 그가 1900년대 초에 개를 이용하여 연합학습을 발견하였을 때 그는 당연히 이를 담당하는 뇌의 메커니즘을 궁금해 하였다. 심지어는 그는 피질의 손상이 어떻게 조건화에 영향을 미치는가를 검사하는 몇 가지 실험도 수행하였다. 그러나 지난 세기의 초에는 뇌 안의 작동을 관찰하기 위한 기술이 그리 발달하지 않았다. 최근에 와서야 과학자들은 조건화의 신경회로에 대한 꽤 정교한 연구가 가능한 지식과 기술을 접할 수 있게 되었다. 우리는 여기서 두 가지 신경시스템을 살펴볼 것인데, 하나는 포유류 그리고 다른 하나는 무척추동물에 관한 것으로 조건화의 신경적 토대에 대한 어떤 연구가 새로운 기억 형성을 조정하는 회로, 세포, 분자, 유전자 연구에 통찰을 제공하였는지를 보게 될 것이다.

포유류의 운동반사 조건화

그림 2.4에서 본 것과 같이, **소뇌**(cerebellum)는 바로 뒤쪽에 있으며 뇌의 나머지 부분의 약간 아래에 놓여 있다. 그리고 그것은 뇌 자체의 축소형처럼 보인다. 소뇌라는 이름은 라틴어로 '작은 뇌'라는 뜻이다.

1980년대 초에, 리처드 톰슨(Richard Thompson)과 동료들은 깜짝 놀랄 만한 발견 하나를 하였다. 토끼 소뇌를 조금 손상하자 조건화된 눈 깜빡임 반응을 영구적으로 새로 습득하지 못하였고 또한 이전에 학습한 반응을 유지하지 못하였다(Thompson, 1986). 톰슨과 동료들은 운동 반사 조건화에서 소뇌의 역할을 25년 이상 연구하였다. 그들의 연구는 어떻게 어떤 이론을 위한 지지가 전기생리학적 기록, 뇌 자극, 실험적 손상, 뇌구조물의 일시적 손상, 그리고 유전 변형된 동물 등의 사용과 같은 다양한 과학적 방법들을 통해 얻은 수렴하는 증거에 의해 강화될 수 있는가에 대한 유익한 예를 제공한다(Thompson & Steinmetz, 2009).

그림 4.18에서 보듯이, 소뇌에는 두 가지 주요 영역이 있다. 겉 표면을 따라서 소뇌피질이 위치하는데 거기에는 **퍼킨지 세포(Purkinje cell)**라 불리는 방울모양이고 빽빽하게 가지를 뻗고 있는 커다란 뉴런이 있다. 소뇌피질 아래에는 소뇌 심부핵(cerebellar deep nuclei)이라는 세포들의 집합체가 있는데, 그중의 하나가 **중간핵**(interpositus nucleus)이다. 소뇌로 가는 2개의 주요 감각 입력로가 있는데, 이들은 CS 입력로와 US 입력로이다. CS 입력로는 그림 4.18에서 보라색으로 그려져 있다(여기에는 소뇌의 모든 종류의 세포를 도시한 것은 아니다. 단지 운동반사 조건화의 소뇌회로를 이해하는 데 결정적인 세포와 경로만을 나타내

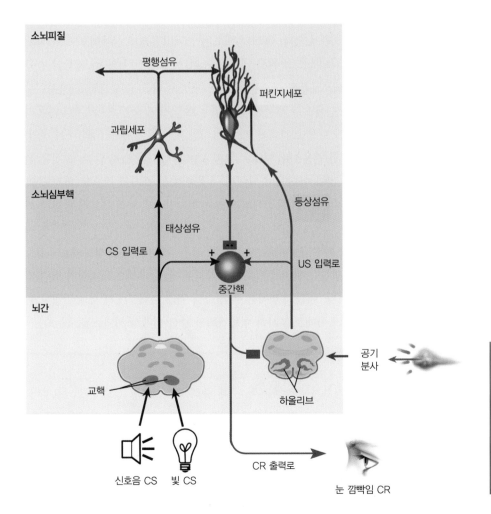

그림 4.18
포유류의 운동반사 조건화를 위한 소뇌의 신경회로 조건화를 담당하는 소뇌 신경회로의 도식화. CS 입력로는 보라색, CR 출력로는 빨간색 그리고 US 입력로는 초록색이다. 흥분성 시냅스는 화살표로, 그리고 억제성 시냅스는 검은색 사각형으로 끝난다.

었다). 뇌의 다른 곳으로부터 들어오는 CS 입력로는 먼저 교핵(pontine nuclei)이라 불리는 뇌간의 한 영역으로 투사한다. 교핵은 각각의 감각 자극을 담당하는 여러 하위영역으로 구성되어 있다. 따라서 신호음 CS는 교핵의 한 영역으로 투사하고 불빛 CS는 다른 영역으로 투사한다. 이런 CS정보는 태상섬유(mossy fiber)라고 불리는 축색섬유를 따라서 소뇌 심부핵으로 올라가는데, 이 섬유는 두 방향으로 가지를 뻗는다. 한 가지는 심부핵 영역의 중간핵으로 들어가고, 다른 가지는 과립세포(granule cell)와 그 외의 알려지지 않은 세포를 통하여 소뇌피질로 투사하여 평행섬유(parallel fiber)를 타고 퍼킨지 세포의 수상돌기(dendrites)와 만나게 된다.

두 번째 감각-입력로는 US 경로인데, 그림에서 초록색으로 그려져 있다. 눈에 가해진 공기 분사 US는 **하올리브**(inferior olive), 뇌간 아래쪽에 위치한 구형 구조물)의 뉴런을 활성화시키고, 다음으로 중간핵을 활성화시킨다. 또한 하올리브는 등상섬유(climbing fiber)를 통하여 소뇌피질로도 투사한다(그림 4.18). 각각의 등상섬유는 개개 퍼킨지 세포로 뻗어 올라가 세포를 감싸고 있다. 등상섬유는 퍼킨지 세포에 매우 강력한 흥분성 활동을 일으키는데, 그림 4.18에서 이 시냅스 연결을 큰 화살촉으로 나타내었다.

이 두 가지 입력로가 수렴하여 더해져서 CR의 단일 출력로가 된다. 이는 퍼킨지 세포에서 시작되며 빨간색으로 그려져 있다. 퍼킨지 세포는 소뇌피질에서 심부핵으로 아래로 뻗어가서 중간핵과 억제성 시냅스(그림에서 네모로 표시됨)를 형성한다. 눈 깜빡임 반응을 만들어내기 위하여, 중간핵으로부터 나오는 출력은 (몇몇의 다른 중재 세포를 거쳐) 눈 깜빡임 CR을 발생시키는 눈 근육으로 투사한다. 그림 4.18을 보면 중간핵으로부터 하올리브로 투사하는 억제성 경로가 또한 표시되어 있다. 하지만 이 경로에 대한 논의는 이 장의 후반으로 미룰 것이다. 무조건 반응(UR) 경로는 그림 4.18에 나타나 있지 않다. 그것은 선천적인 반응이어서, 학습된 것이 아니고 소뇌에서 기원하지도, 소뇌를 필요로 하지도 않기 때문이다. 대신에 그것은 여러분이 제2장에서 읽었던 척수반사의 원리와 유사한 반사 회로이다.

이 회로(그림 4.18)에서 가장 주목해야 할 중요한 점은 소뇌에는 CS 정보와 US 정보가 수렴하고, 따라서 CS-US 연합과 관련된 정보가 저장되는 장소는 (1) 소뇌피질의 퍼킨지 세포와 (2) 중간핵, 두 군데이다. 이들 수렴하는 두 장소는 원래 출력로에서 서로 밀접하게 연결되어 있다. 퍼킨지 세포가 아래로 투사하여 중간핵과 강한 억제성 시냅스를 맺는다.

소뇌의 전기생리적 기록

소뇌의 중간핵(CS와 US 정보가 수렴하는 두 군데 중의 하나로 CR 정보가 소뇌로부터 출력되는 최종 지점)에 직접 전극을 삽입하여 눈 깜빡임 조건반응 동안에 전기적 활동을 기록해보면, 신호음 CS-US 훈련을 하루 시킨 후에 토끼로부터 얻은 그림 4.19a의 데이터(McCormick & Thompson, 1984)와 같이, 그 활동 양상이 눈 깜빡임 그 자체의 양상과 매우 닮아 있다. 두 양상 간의 주요한 차이점은 신경활동이 실제의 행동보다 수 밀리 초 앞서서

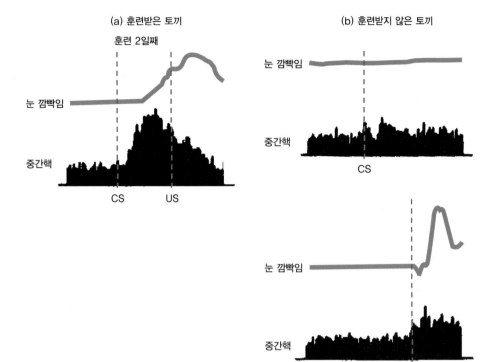

(a) 훈련받은 토끼

훈련 2일째

눈 깜빡임

중간핵

CS   US

(b) 훈련받지 않은 토끼

눈 깜빡임

중간핵

CS

눈 깜빡임

중간핵

US

그림 4.19
고전적 조건화 동안 토끼 소뇌에서의 전기생리적 기록
(a) 훈련받은 토끼의 CS에 대한 반응 (b) 훈련받지 않은 토끼의 CS 단독(위)과 US 단독(아래)에 대한 반응. 파란 선은 눈 깜빡임 행동(시간에 따라 눈꺼풀을 닫는 정도)을 표시한 것이고 아래의 도표는 중간핵의 신경발화 빈도를 나타낸 것이다.
Data from McCormick and Thompson, 1984.

일어난다는 것이다. 위의 파란 선은 눈 깜빡임 행동(시간에 따라 눈꺼풀을 닫은 정도)을 표시한 것이고, 아래의 도표는 여러 토끼, 여러 시행에서 평균하여 얻은 중간핵 신경발화의 빈도를 나타낸 것이다.

연구자들은 또한 훈련받지 않은 토끼에서 CS 단독 또는 US 단독 시행 동안에도 기록을 하였다. 두 경우 모두에서, CR이 없었고 또한 중간핵에서 별다른 신경활동이 기록되지 않았다(그림 4.19b). US 단독 시행에서 (강한 눈 깜빡임 UR을 보임에도 불구하고) 중간핵의 본질적인 활동이 없음은 소뇌가 조건화된 눈 깜빡임 CR에만 반응을 하며 무조건적 눈 깜빡임 UR에는 그렇지 않음을 확인시켜준다.

퍼킨지 세포는 아무런 일이 발생하지 않을 때조차도 항상 자발적으로 발화를 계속한다. 그러나 그림 4.20에서와 같이, 잘 훈련된 동물의 많은 퍼킨지 세포들은 신호음 CS에 대한 반응으로 발화율이 감소하였다. 왜 CS에 대한 반응으로 퍼킨지 세포가 꺼졌을까? 그림 4.18에 나온 소뇌 회로도를 상기해보라. 퍼킨지 세포는 조건화된 운동 반응을 야기하는 주요 출력로인 중간핵을 억제하고 있다. 퍼킨지 세포가 조용해지면 중간핵에 대한 억제가 멈추고 중간핵이 발화하도록 풀어주게 된다(그림 4.19a).

그림 4.20
잘 훈련된 토끼의 퍼킨지 세포의 활동 원래 높은 발화율을 보이는 퍼킨지 세포가 CS에 대한 반응으로 조용해졌다가 US가 발생한 후에 정상으로 돌아왔다.
Data from R. F. Thompson.

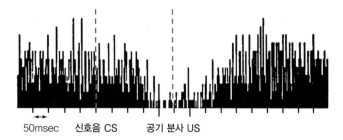

50msec   신호음 CS   공기 분사 US

행동 훈련의 대체로서의 뇌 자극

만일 우리가 이 페이지의 단어들을 읽은 결과로서 정확히 우리 뇌에 있는 어느 신경로가 변화할 것인가를 알고 있다면 어떻게 될까? 만일 그렇다면, 여러분 뇌에 전극을 심고, 그 경로에 같은 양상으로 시간대를 맞추어 전기 자극을 가하여 책을 읽는 것과 같은 효과를 모방할 수 있을 것이다. 그것이 가능하다면 여러분은 더 이상 힘들게 책을 읽거나 기말고사를 위해 공부할 필요도 없을 것이다. 대신에, 몇몇 신경로를 자극하여 어느 정도 시냅스 변화만 야기하면 책을 열어보지도 않고 강의도 듣지 않은 채 기말 고사를 칠 수 있고 A+를 받게 될 수 있을 것이다! 과학적 환상일까? 불행히도 그러하다. 왜냐하면 우리는 아직까지 이런 복잡한 학습이 어디서 어떤 방식으로 뇌에 저장되는지 정확히 알지 못하기 때문이다. 그러나 눈 깜빡임 조건화와 같이 보다 간단한 형태의 학습에 대해서는 이러한 이야기가 더 이상 환상이 아니다. 이미 이루어지고 있다.

한 연구자는 그림 4.18에 나온 CS 경로와 US 경로에 전기적 뇌 자극을 가하여 행동훈련을 통한 조건반응과 전혀 다르지 않은 조건화된 눈 깜빡임 반응을 만들어내었다.

교핵 내의 다른 부위들이 그림 4.18에 도시된 것처럼 청각적 신호음과 시각적 신호와 같은 다른 종류의 감각 입력에 반응한다는 것을 상기하라. 심지어는, 특별한 신호음에 반응하는 교핵 내의 특수한 영역도 발견할 수 있다. 그 결과로서, 단순히 교핵에 대한 전기 자극(CS)과 하올리브에 대한 전기 자극(US)을 짝지음으로써 토끼를 조건화시킬 수 있다. 이 접근에는 외부로부터 제시되는 어떤 자극(예 : 공기 분사 또는 신호음)도 없다. 이런 유형의 뇌자극 훈련 후에, 전기 자극되었던 교핵 부위에 상응하는 실제 신호음을 처음 듣는 바로 그 순간, 마치 신호음과 공기 분사로 내내 훈련을 받았던 것처럼, 토끼는 정확하게 시간이 조절되는 신뢰로운 눈 깜빡임 반응을 보인다(Steinmetz et al., 1989).

이들 연구에서, 하올리브에 대한 직접적인 전기 자극이 토끼가 눈을 깜빡이도록 하는데, 이는 이런 전기 자극이 공기 분사 US를 대체할 수 있음을 시사한다(그림 4.21). 공기 분사 US(점선)를 이용한 훈련과 하올리브 자극(실선)을 이용한 훈련 4일에 걸쳐 비슷한 정도로 조건화가 이뤄진다(Steinmetz, Lavond, & Thompson, 1989).

따라서 하올리브와 교핵을 전기적으로 자극받은 토끼는 '눈 깜빡임 시험'을 마치 신호음-공기 분사 훈련을 수일에 걸쳐 받았던 것처럼 잘 통과한다. 앞에서의 과학적 환상이 암시한 것과 같이, 적절한 경로에 대한 전기 자극은 신호음과 공기 분사로 통상적인 훈련을 받은 토끼에서 관찰되는 조건화와 구별되지 않는 것처럼 보이는 학습을 만들어낸다.

그림 4.21
하올리브 자극으로 US 대체 하올리브 자극(실선)을 US로 사용한 4일간의 훈련에서, 공기 분사(실선) US를 사용한 훈련에서와 비슷한 정도로 눈 깜빡임 조건화가 되었다.
Data from Steinmetz et al., 1989.

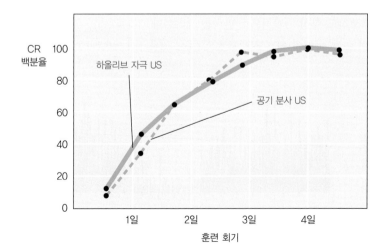

소뇌 손상에 따른 조건화의 약화

고전적 조건화의 신경기제를 연구하는 또 하나의 실험적 접근은 뇌 손상을 도입하는 것이다. 즉 선택적으로 뇌의 작은 영역을 제거하고서 그 결과를 관찰하는 것이다. 중간핵이 CR에 대한 정보를 소뇌 밖으로 투사함을 상기하라(그림 4.18). 따라서 중간핵이 없으면 CR이 불가능하리라고 기대할 것이다. 이것이 바로 톰슨과 동료들이 찾아낸 바로 그것이다. 실제로, 중간핵의 단지 1mm² 정도의 조직을 없애자 이전에 학습한 조건반응이 완전히 사라졌고 이후로도 눈 깜빡임 학습을 하지 못했다.

학습한 반응을 완전히 없애는 중간핵 손상과는 달리, (퍼킨지 세포를 포함한) 소뇌피질에 대한 손상은 조건화를 방해하기는 하지만 완전히 제거하지는 않는다. 소뇌피질이 손상된 동물들은 진폭이 작고 시간 조절이 엉망인 조건반응을 보인다(Perret et al., 1993). 최근에, 연구자들은 퍼킨지 세포에 선택적인 변성을 야기하는 유전적 변이를 지닌 돌연변이 생쥐를 개발하였다. 이 돌연변이 생쥐는 매우 느리게 눈 깜빡임 조건화를 학습하는데, 마치 소뇌피질이 물리적으로 제거된 동물과 흡사하다(Chen et al., 1996). 종합하면, 이들 손상연구와 돌연변이 연구는 중간핵이 조건반응의 생성과 실행에 관여하고 반면에 소뇌피질은 반응 타이밍에 관여한다는 강력한 증거를 제공해주고 있다.

소뇌가 운동반사 조건화에 결정적인 역할을 담당함을 볼 때, 소뇌가 손상된 환자들이 눈 깜빡임 조건화를 습득하는 데 심각한 결손을 보이는 것은 놀라운 일이 아니다. 이런 환자들은 CR을 늦게 배우고 전반적으로 덜 깜빡이고 비정상적인 타이밍으로 반응한다(Daum et al., 1993). 흥미롭게도, 소뇌 심부핵을 남겨두고 시술을 받은 환자들은 조금이나마 조건화를 습득할 수 있지만, 더 광범위하게 소뇌가 손상된 환자들은 전혀 조건화가 되지 않는다. 중요하게 주목할 점은 소뇌 손상이 모든 종류의 연합학습을 약화시키지는 않는다는 것이다. 예를 들어, 소뇌 환자들은 얼굴에 대응하는 이름 맞추기와 같은 언어적 연합에 대한 학습을 정상 범위로 수행한다. 이런 보다 추상적인 과제는 뇌의 다른 영역이 담당함을 시사한다(Daum et al., 1993). 또한 눈 깜빡임 조건화에 대한 소뇌의 관여는 명백하게 편재화되어 있다. 왼쪽 소뇌가 손상되면 왼쪽 눈에 대한 조건화만 약화되고 오른쪽 소뇌가 손상되면 오른쪽 눈에 대한 조건화만 약화된다. 이는 토끼와 인간 모두에서 그러하다(Thompson & Krupa, 1994; Woodruff-Pak & Lemieux, 2001).

유전학은 인간의 눈 깜빡임 조건화에 부가적인 통찰을 제공해준다. 아이렌 다움(Irene Daum)과 동료들은 피질 퍼킨지 세포나 심부핵의 비정상과 변성을 야기하는 염색체의 불규칙성을 지닌 몇 집단의 환자들을 연구하였다(Daum et al., 1993). 그들은 심부핵에 유전자 비정상을 지닌 환자들이 눈 깜빡임 CR을 습득하는 데 심각한 지장을 받고 있음을 발견하였으며, 퍼킨지 세포가 비정상적인 환자들은 보다 복잡한 결과를 보였다. 이런 유전적 연구들은 소뇌 심부핵이 CR 학습에 필수적이며, 반면에 소뇌피질의 퍼킨지 세포는 이 학습에 필수적이지는 않지만 어떤 조절적 영향을 미친다는 부가적인 증거를 제공해준다.

억제성 피드백을 통한 오차교정

제2장에 기술한 바와 같이, 장기 상승작용(LTP)은 2개의 인접한 뉴런이 동시에 활동하면 연결 시냅스가 강해진다는 것이다. LTP는 2개의 인접 뉴런이 동시에 발화할 때마다 일어나는 시냅스 변화의 기제이다. 따라서 연합적 변화가 (한 시행에 존재하는 모든 CS들처럼) 여러 개의 입력에 의존하는 레스콜라-와그너 모델의 오차교정 법칙보다 훨씬 더 간단하다. 복잡하기 때문에, 학습에 대한 레스콜라-와그너 모델은 학습하고 있고 있는 뇌의 세포 수준에서 무엇이 일어나는지에 대해서는 아마도 기술하지 않는 것 같지만, 이 모델이 예견하는 오차-교정 기제가 실제로 뇌 회로에 존재하는 것 같아 보인다.

그림 4.18의 소뇌의 네트워크를 다시 한번 보라. 거기에는 아직 우리가 논의하지 않았던 회로가 부가되어 있다. 이 억제성 피드백 회로는 중간핵으로부터 하올리브로 투사한다. 잘 훈련된 동물에서, 중간핵을 활성화시키면 CR이 만들어지며, 이것은 차례로 소뇌피질에 있는 퍼킨지 세포에 US 정보를 보내는 하올리브를 억제하게 된다(Sears & Steinmetz, 1991). 이는 하올리브의 활동이 실제의 US에서 기대되는 US를 억제로 인하여 뺀 값을 반영하게 됨을 의미한다. 기대된 US는 CR을 이끌어내는 중간핵의 활동으로 측정된다. '실제의 US - 기대된 US', 많이 들어보지 않았는가? 그런 것 같다. 이는 레스콜라-와그너 모델에서 한 시행에서의 예측오차를 계산하고 CS 연합에 있어서 얼마만큼 가중치가 생길지를 결정하기 위해 사용된 것과 동일한 차이(실제의 US-기대된 US)이다.

뇌가 조건화 동안에 예측오차를 부호화하는 장소가 하올리브인가? 그렇다면, 우리는 레스콜라-와그너 모델에 기초하여 하올리브의 발화의 변화를 예측할 수 있어야 한다(Gluck et al., 1990; 2001). CS-US 습득 동안에, 예측오차가 각각의 연속적인 학습시행에서 감소한다. 그렇다면 우리는 US에 반응하는 하올리브의 활동이 CS에 의해 US가 더 많이 예측될수록 감소할 것이라 기대해야 한다. 궁극적으로, CR이 잘 학습되면(즉, 레스콜라-와그너 모델의 오차가 0에 가까워지면) 하올리브에서는 활동이 거의 나타나지 않아야 한다. 일어난 일이 이 예측과 정확히 일치한다. 즉, 하올리브의 활동은 훈련 초기에 높게 시작되었다가 조건 반응을 습득함에 따라 점차로 약해졌다(Sears & Steinmetz, 1991).

소뇌 회로가 레스콜라-와그너 모델에서의 연합 가중치의 변화를 어떻게 계산하는지에 대한 이러한 해석은 카민의 차폐효과(오차-교정 학습의 가장 명쾌한 실험적 증거)가 중간핵으로부터 하올리브로의 억제성 회로에 의존함을 말해준다. 이런 예측은 톰슨과 동료들의 연구로 증명되었다. 연구자들은 처음에 토끼를 신호음 CS에 대하여 안정적으로 눈 깜빡임 반응을 훈련시키고 그다음에 중간핵에서 하올리브로의 억제성 연결을 일시적으로 마비시키는 약물을 중간핵에 주입하였다. 그들은 이 회로의 기능이 마비되면 하올리브의 활동이 더 이상 기대된 US가 아니라 실제 US의 존재를 반영하리라 기대하였다.

그런 후에 토끼에게 신호음-불빛의 혼합 CS가 US와 짝지어지는 제2회기의 차폐훈련을 시켰다. 하올리브 활동은 조건반응이 생성되든지 안 되든지 간에 US가 존재할 때마다 높게 측정되었다. 그 결과로서, 토끼는 제3회기에서 불빛 CS에 대하여 강한 반응을 보였다. 달리 말하면, 실제의 CS-기대된 US 계산에 필수적인 억제성 회로 하나를 마비시키자 '차폐효과를 차폐하게' 된 것이다(Kim, Krupa, & Thompson, 1998). 이를 비롯하여 다른 연관된 결과들은 소뇌-하올리브 회로가 레스콜라와 와그너의 오차교정 법칙을 실행하는 역할을 한다고 제안한다.

지식 테스트

운동반사 조건화에 있어서 소뇌

1. 소뇌피질에 있는 퍼킨지 세포의 역할이 무엇인가? 그러한 증거에 대해 논의해보라.
2. 소뇌의 주요한 두 영역과 주요한 감각 입력 경로는 무엇인가? 이러한 2개의 경로가 소뇌의 어디에 수렴하는가?

3. 고전적 조건화 동안 토끼의 소뇌를 전기 생리학적으로 기록하는 것이 어떻게 소뇌가 조건 반응에는 관련이 있는 반면에 무조건 반응에는 그렇지 않다는 것을 입증할까?

(정답은 책의 뒷부분에 있다.)

CS 조절에 있어서 해마의 기능

레스콜라-와그너 모델에 기술된 오차교정은 고전적 조건화에서 작동하는 유일한 기제이다. 앞에서 언급한 대로, 또 하나의 CS 조절 기제가 맥킨토시 이론과 피어스와 헐의 이론에 의해 제안되었다. 여기에서 우리는 CS 단서들의 처리를 조절하는 데 필요한 이들 기제를 관장하는 것으로 보이는 몇몇의 뇌 시스템에 관하여 간략히 논의하겠다.

제2장에서 배운 것처럼, 해마는 콩깍지(string bean) 모양의 구조물로서, 인간의 경우에 양쪽 귀 부분의 바로 안쪽에 위치한다. 그림 4.22는 여러 종에서의 해마의 모습을 보여주고 있다.

해마는 새로운 조건반응을 학습하는 데에는 필요하지 않다. 예를 들어, 해마가 손상된 동물이나 광범위하게 해마 손상을 입은 기억상실증 환자들은 기본적인 눈 깜빡임 조건반응을 꽤 정상적으로 학습할 수 있다. 그럼에도 불구하고, 동물의 전기생리적 기록 연구를 보면 조건화 동안에 특히 훈련 초반에 해마는 매우 활동적이다. 해마는 조건화에서 무슨 역할을 담당하는 걸까? 학습에 있어 해마의 역할에 대한 통찰을 얻는 한 가지 방법은 잠재

그림 4.22
사람을 포함한 서로 다른 종의 동물들의 해마 측두엽의 내측(안쪽) 부위는 해마와 편도체를 비롯한 몇몇 피질영역을 포함하고 있다.

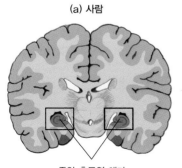
(a) 사람
중앙 측두엽 해마

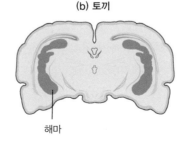
(b) 토끼
해마

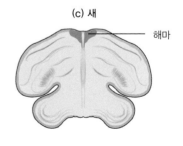
(c) 새
해마

적 억제(표 4.7)와 같이 보다 복잡한 조건화 패러다임을 살펴보는 것이다. 4.1절에서 배웠듯이, 잠재적 억제는 유기체가 훈련 이전에 US와 연합되지 않은 어떤 단서에 노출될 때 관찰된다. 나중에, 조건화 동안에 이 유기체는 그 단서가 US를 예측하는 것을 학습하는 데에서 느려진다.

앞에서 배운 바와 같이, 레스콜라-와그너 모델은 잠재적 억제 현상을 설명할 수 없다. 레스콜라-와그너 모델의 오차교정 절차가 잠재적 억제를 설명할 수 없지만 소뇌가 오차-교정 법칙을 수행한다면, 소뇌 이외에 고전적 조건화에 관여하는 다른 뇌 영역이 잠재적 억제를 담당할 것이다. 해마가 그런 영역일 가능성이 있는가? 만일 그렇다면, 오차-교정 학습 이외에 다른 행동현상을 담고 있는 동물학습 이론들을 살펴보면, 해마가 고전적 조건화 동안에 어떤 기능을 하는지에 대한 통찰을 얻을 수 있을 것이다.

이 장의 앞부분에서 논의한 맥킨토시의, 그리고 피어스와 헐의 CS 조절 이론에 의하면, 잠재적 억제와 이와 관련된 현상을 담당하는 시스템을 찾기 위해서는 감각단서의 현출성을 결정하는 데 관여하는 시스템을 찾아야 한다. 만일 해마가 고전적 조건화에서 CS 조절 효과를 위해 요구된다면, 해마가 없는 동물은 잠재적 억제와 같은 CS 조절 효과를 보이지 않아야 한다. 실제로, 이는 실험자들이 발견한 바와 그대로 일치한다. 해마를 (그리고 인근의 피질 입력 영역들을) 제거하자 토끼 눈 깜빡임 반사의 고전적 조건화에서 잠재적 억제 효과가 사라졌다(Solomon & Moore, 1975; Shohamy et al., 2000).

레스콜라-와그너 모델이 설명하지 못하는 다른 많은 행동적 현상들 역시 해마와 주변 영역들이 손상되자 사라졌다. 이는 레스콜라-와그너 모델이 건강한, 아무런 손상이 없는 동물의 조건화에 대한 모델이라기보다는 해마가 손상된 동물에서의 운동반사 조건화에 대한 소뇌의 기여 모델로서 기술하는 편이 더 나을 것 같다는 말이다. 다시 말해서, 이 모델은 소뇌와 같은, 오차교정 학습을 담당하는 뇌 영역에는 잘 적용되지만, 해마의 부가적인 기여를 설명하지는 못한다.

그렇다면, 해마는 눈 깜빡임 반응과 같은 운동반사에 관한 고전적 조건화에서 어떤 기능을 담당하고 있는가? 만약 해마가 잠재적 억제와 다른 유형들의 CS 조절에 필요하다면, 우리는 장기기억의 흔적을 형성하기 위해서 소뇌가 감각단서들을 사용하기 전에 해마가 이들 단서가 처리되는 방식을 결정하는 역할을 한다고 추론할 수 있을 것이다.

새로운 사실들과 사건들을 기억하는 동안에 감각적 관계들을 처리하는 일과 관련된 해마의 역할은 제6장에서 깊이 있게 다룰 것이다. 나중에, 제9장에서 우리는 다양한 유형의 학습과 기억에서 해마가 감각적 처리를 어떻게 조절하는가에 관하여 몇몇의 구체적인 이론을 다룰 것이다.

무척추동물과 학습의 세포적 기초

제3장에서 바다달팽이 군소를 이용하여 두 가지 형태의 비연합 학습인 습관화와 민감화의 신경적 실체에 관해 실시한 에릭 캔들(Eric Kandel)과 동료들의 연구가 소개되었다. 간단히

표 4.9 군소에서의 다양한 학습들

학습의 유형	연합을 포함하는지	자극 특수적인지	메커니즘	효과의 적용범위
습관화	아니요	예	글루타메이트의 감소	세포 과정
민감화	아니요	아니요	세로토닌에 의한 글루타메이트 증가	세포 과정
고전적 조건화	예	예	1. 감각뉴런으로부터 시냅스 전-활동 의존적 글루타메이트 방출 강화	세포 과정
			2. 시냅스 후 운동 뉴런 수용기의 변화	구조적 변화
			3. 세포 내 분자단위 사건들의 급증과 그로 인한 뉴런의 핵에 있는 유전자들의 활성화. 이는 감각-운동 시냅스의 수를 증가시킨다.	구조적 변화

상기해보자면, 습관화는 군소의 흡수관을 반복적으로 가볍게 건드릴 때 일어난다(그림 3.9 참조). 처음에는 이 자극은 아가미 철회 반사를 일으키지만, 계속 이어지는 흡수관 자극으로 일어나는 반응은 점차로 크기가 작아진다. 이 학습 반응의 회로에는 (흡수관 터치로 활성화되는) 감각뉴런이 포함되는데, 이들이 아가미 철회를 조절하는 운동뉴런과 흥분성 시냅스를 맺고 있다(그림 3.10). 습관화의 신경기제는 각각의 연속적인 흡수관의 자극을 맡는 감각뉴런의 축색에서 가용한 신경전달물질(이 경우는, 글루타메이트)의 소낭 수의 점진적인 감소라고 생각된다. 대조적으로, 민감화는 전기충격과 같은 불쾌한 자극을 군소의 꼬리에 제시한 후에 모든 또는 대부분의 자극들에 대한 반응이 증가하는 현상이다. 이런 꼬리에 가해진 충격은 아가미 철회를 담당하는 운동뉴런으로 투사하는 모든 감각뉴런의 축색 종말로 세로토닌을 분비하는 조절 뉴런을 활성화시킨다. 세로토닌은 이 감각뉴런이 자극될 때 분비된 글루타메이트의 소낭 수를 증가시킨다. 이는 흡수관 또는 외투의 터치를 포함하는 모든 미래의 자극에 의해 유발되는 아가미 철회의 일반화된(즉, 자극 특정적이 아닌) 증가를 가져온다. 표 4.9에서 위의 두 줄은 이들 두 형태의 비연합 학습 간의 주요 차이점을 요약하고 있다.

만일 두 종류의 자극(흡수관 터치를 하는 것과 꼬리에 충격을 가하는 것)이 반복적으로 연합된다면 무슨 일이 발생할까? 톰 커루(Tom Carew)는 캔들 및 다른 동료들과의 공동 연구에서, 그림 4.23a에 예시된 것처럼, 군소의 흡수관 철회반사가 고전적 조건화될 수 있음을 보여주었다. 흡수관 터치(잠정적인 CS)가 꼬리에 충격을 가하는 것(US)과 반복적으로 연합할 때, 증가된 흡수관 철회반응(CR)은 후속의 흡수관 터치에 대한 반응으로 이어진다(Carew, Hawkins & Kandel, 1983). 연합 훈련에 뒤따르는 흡수관 터치(CS)에 대한 증가된 흡수관 철회반응은 꼬리 충격을 단독으로 제시할 때 발생하는 일반화된 민감화보다 상당히 더 크다. 더욱이, 이와 같이 고전적 조건화된 흡수관 철회반응(CR)은 또한 흡수관 특정적이어서 외투의 터치와 같은 다른 자극들에는 일반화되지 않는다.

이들 두 자극이 짝지어질 때 군소의 신경계의 내부에서는 무엇이 일어나는가? 캔들과 동료들은 연합 훈련이 운동뉴런에 대한 흡수관의 시냅스에서 방출된 글루타메이트의 소낭 수를 증가시킴(이는 제3장에서 기술한 민감화에 대한 과장된 형태의 기제와 유사함)을 증명해 보였다(Hawkins et al., 1983). 이는 고전적 조건화에 대한 세포 기제가 민감화에서 사용되는 것과 동일한 것이지만 보다 정교한 형태임을 시사한다.

감각뉴런의 시냅스에서 연합 특정적인 글루타메이트 방출의 증가는, 이런 현상이 US의 제시에 선행하는 감각뉴런의 활성화에 의존하기 때문에, **활동 의존적 증가**(activity-dependent enhancement)라고 불린다. 이 장의 앞부분에서, 우리는 토끼의 눈 깜빡임 반응의 고전적 조건화가 신호음 CS와 공기 분사 US의 순서와 타이밍에 어떻게 민감하게 되는가에 대해 논의했다. 군소의 흡수관 철회의 조건화에도 같은 개념이 적용됨이 사실이다. 즉, 흡수관 터치 CS가 꼬리충격 US보다 1/2초 이전에 제시될 때에만 조건화가 발생한다. 만일이 US가 훨씬 늦게(CS 제시 후 2초 이상 지나서) 발생하거나 이 CS보다 이전에 제시될 때는 비특정적인 민감화 이외에는 아무것도 발생하지 않는다. 따라서 감각 자극 후에, 글루타메이트의 방출 증가를 가져오는 뉴런을 점화시키는 뉴런 내에서 발생하는 어떤 과정도 약 1/2초의 시간 경과를 가진다.

요약하면, 캔들과 동료들은 군소의 감각뉴런의 활성화가 적어도 세 가지 결과를 산출함

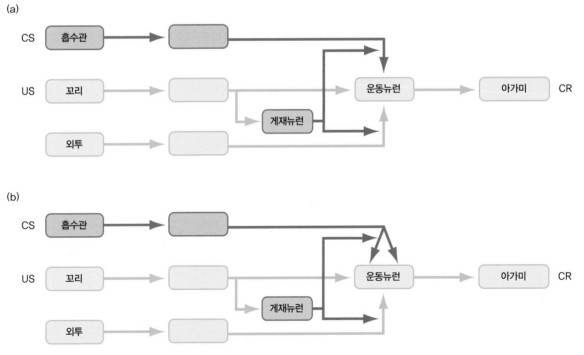

(a)

(b)

그림 4.23

군소의 고전적 조건화 (a) 습관화 및 민감화에서와 같이, 흡수관(CS), 꼬리(US) 및 외투를 담당하는 세 감각 신경로가 아가미 철회를 담당하는 운동뉴런(CR)에 수렴될 때 군소에서 고전적 조건화가 발생한다. 꼬리 신경로는 게재뉴런(I$_N$)을 경유하는 이차로를 포함하는데, 이것은 꼬리가 충격을 받을 때 다른 감각 시냅스들로 세로토닌을 분비한다. (b) 오래 지속되는 형태의 고전적 조건화는 (흡수관의) 감각뉴런과 운동뉴런 사이에 새로운 시냅스들의 형성을 요구한다. 이 새로운 시냅스들은 게재뉴런에 의해 분비되는 세로토닌에 의해 추진되는 분자적 연쇄 반응을 통하여 만들어진다.

을 보여주었다. 첫째, 이런 활성화에 의해 글루타메이트가 시냅스로 방출됨으로써 운동뉴 런이 격발하게 된다. 둘째, 이런 활성화에 의해 해당 감각뉴런을 후속적으로 자극하는 데 에 이용될 글루타메이트 소낭의 수가 단기적으로 감소하여 결과적으로 습관화가 유발된 다. 셋째, 이런 활성화에 의해, 약 1/2초 동안 지속되는 일련의 세포 내적 사건들을 통하여 해당 시냅스가 점화되어, 후속적인 세로토닌의 제시가 미래의 글루타메이트 방출의 증가 를 유발한다. 결과적으로, 감각 자극(CS)과 꼬리 충격(US)의 연합에 뒤따르는, 고전적으로 조건화된 아가미 철회반응이 증가하게 된다.

학습 동안의 시냅스 전 대 시냅스 후의 변화

제3장에서 논의되었던 민감화의 기제처럼 감각뉴런에서의 변화를 포함하기 때문에, 운동 뉴런으로 감각뉴런이 글루타메이트의 방출을 증가시키는 이런 활동-의존적인 증가는 시 냅스 전 형태의 학습이다. 하지만 이야기는 실제로 이보다 훨씬 더 복잡하다. 나중의 연구 들에 따르면, 운동뉴런에 위치하는 신경전달물질 수용기들의 변화를 포함하는 시냅스 후 조건화기제도 있음이 밝혀졌다(Bao, Kandel, & Hawkins, 1998). 따라서 군소의 고전적 조 건화를 담당하는 기제는 CS와 CR을 연결하는 시냅스 전과 후의 신경회로의 변화를 포함한 다(표 4.9).

학습에 대한 세포 내의 분자적 회로들을 연구하기 위해 군소를 모델 시스템으로서 사 용할 때 보이는 장점 하나는 (전체의 기억흔적 회로들과 같은) 핵심적인 뉴런들을 확인하 고 그 동물로부터 이들 뉴런을 제거하여 배양 접시에서 이들의 기능이 지속적으로 유지되 도록 할 수 있다는 것이다. 학습을 담당하는 핵심 뉴런들을 분리시켜 해당 동물의 몸 밖에 서 이들 뉴런을 연구함으로써, 캔들과 동료들은 "군소의 신경회로에서 어떤 장기적 변화 가 오랫동안 지속되는 유형의 고전적 조건화를 설명할 수 있는가?"의 질문을 탐색할 수 있 었다. 이 질문에 대한 답을 찾기 위해서 과학자들은 바로 우리의 기원, 즉 유전자로 되돌아 가서 하나의 중요한 새로운 분야인 기억의 분자유전학을 개척했다(이와 관련하여 캔들은 2001년에 생리학/의학 분야의 노벨상을 수상했다). 제12장에서 더 자세히 살펴보겠지만, 유전자는 모든 세포의 핵에서 발견되는 DNA(deoxyribonucleic acid) 분자들의 가닥인데, 이들 분자는 단백질 분자들을 생산하기 위해 요구되는 정보를 암호화한다. 대부분의 사람 들은 자궁 잉태 기간 동안에 우리의 몸과 뇌가 어떻게 발달하는가를 결정하는 역할을 유전 자가 한다고 알고 있다. 하지만 유전자는 출생 후에도 작용을 그만두지 않는다. 오히려 유 전자는 생애 내내 매우 중요한 역할을 하는데, 장기간 지속되는 형태의 기억을 유발하는 변화를 포함하여 지속적으로 뇌가 더 성장하고 발달할 수 있게 유도한다.

장기적 구조 변화와 새로운 시냅스의 생성

최근의 진보된 분자생물학 기법을 사용하여, 캔들과 동료들은 꼬리충격 US에 뒤따라서 군 소의 게재뉴런에서 방출되는 세로토닌이 감각뉴런에서의 글루타메이트 방출을 단기적으로 증가시키는 일 이상의 것을 한다는 것을 보여주었다. 세로토닌은 또한 뉴런에서의 장기적인 구조적 변화를 유발하는 일련의 단계적인 세포 내 분자적 사건들을 추진한다. CS와 US를 여러 번 연합하면 감각뉴런의 시냅스에 있는 단백질 분자들은 이 감각뉴런의 축색을 쭉 거슬러 세포체까지 이동한다. 거기에서 이들은 이 뉴런의 핵 내에 있는 유전자를 활성화시킨다. 이 유전자는 차례로, 새로운 시냅스의 성장을 추진시킨다(그림 4.23b).

캔들 및 다른 연구자들은 최근에 시냅스 생성 과정에 결정적인 조절 역할을 하는, 뉴런 내부에서 발견되는 두 종류의 단백질을 확인했다. 첫 번째 단백질인 CREB-1은 새로운 시냅스의 성장을 유발하는 뉴런의 핵 내에 있는 유전자를 활성화시킨다. 두 번째 단백질인 CREB-2는 CREB-1의 활동을 억제하는, 즉 길항적인 작용을 한다. 학습 동안의 새로운 시냅스의 생성은 CREB-1은 활성화시키고 CREB-2는 억제시키는 세포 내부에서 일련의 단계적 과정을 요구한다.

만약 CREB-1 단백질의 기능이 방해를 받으면 무슨 일이 일어날 것이라고 생각하는가? 캔들과 동료들은 새로운 시냅스 생성에 관여하는 유전자를 활성화시키는 CREB-1과 경쟁하는 뉴런에 분자들을 주입함으로써 CREB-1을 비활성화하면 해당 신경회로들이 장기간 지속되는 형태의 연합학습을 나타내지 않음을 증명했다(Dash, Hochner & Kandel, 1990). 가장 중요한 점은 CREB-1을 비활성화시키면 글루타메이트 방출의 증가에만 의존하는 단기간 지속되는 형태의 학습은 영향을 받지 않았다는 것이다. 이 연구는 CREB-1을 요구하지 않는 단기간 지속되는 학습과 CREB-1을 요구하는 장기간 지속되는 학습을 분리시키는 일에 결정적인 증거를 제공했다.

한 관련된 연구에서, 캔들과 동료들은 길항적 단백질인 CREB-2의 영향을 제거하면 반대효과가 산출됨을 보여주었다. 즉, CREB-2를 비활성화시키면 장기간 지속되는 학습이, 심지어는 세로토닌에 단 한 번 노출시킨 후에도, 감각뉴런에서 빠르게 발생했다(Bartsch et al., 1995). 장기간 지속되는 형태의 기억을 조절하는 CREB 분자의 역할은 군소에만 국한되지 않는다. 초파리들에서 CREB-1을 증가시키면 이들 파리는 평상시보다 훨씬 더 빨리 학습을 한 반면에, CREB-2를 증가시키면 (이 장의 초반부에서 기술된 냄새 조건화 과제에서 산출된 것과 같은) 장기기억의 형성이 차단된다(Yin et al., 1994). CREB 분자는 포유류의 학습에서도 결정적인 역할을 한다. 유전자 변형된 생쥐를 대상으로 하는 연구는 해마에서의 CREB-1의 활동이 LTP를 토대로 뉴런과 뉴런의 연합을 장기적으로(단, 단기적인 것은 효과 없음) 증가시키는 데 결정적임을 보여주었다(Bourtchuladze et al., 1994).

군소에서의 고전적 조건화의 연구는 시냅스의 성장 또는 제거를 포함하는 신경회로들의 해부학적 변화가 장기간 지속되는 형태의 기억 특징임을 밝혔다. 대조적으로, 불안정한 형태인 단기기억은 현존하는 해부학적 신경로 내의 세포 내적 변화—신경전달물질 소낭의 위치, 크기 또는 수의 변화—를 포함하며 시냅스 전달의 효율성을 변경시키는 것에 국한된다. 따라서 제3장에서도 논의한 것과 같이, 단기학습으로부터 장기학습으로의 이행은 한 뉴런 내의 신경전달 과정에 기초하는 변화로부터 뉴런회로 내의 구조적 변화로의 전환이 특징인 것 같다(표 4.9).

중간 요약

- CS와 US의 정보가 수렴하고 또한 CS-US 연합에 대한 기억이 저장되는 곳으로 믿어지는 소뇌에는 두 장소인 (1) 소뇌피질 내의 퍼킨지 세포들과 (2) 중간핵이 있다. 중간핵은 소뇌의 유일한 출력로이므로 눈 깜빡임 CR과 같은 조건반응을 위한 신경로가 된다.

- 하올리브는 US가 기대되지 않는 정도를 계산하여 소뇌에서 레스콜라–와그너의 오차–교정 학습의 원리를 실행하는 데 필요한 정보를 제공한다고 믿어진다.

- 해마는 조건화에서 CS 조절의 일부 효과의 토대가 되는 구조물이다. 이것은 해마가 없는 동물이 잠재적 억제와 같은 CS조절 효과를 나타내지 않음을 보여주는 자료와 일치한다.

- 캔들과 동료들은 군소의 감각뉴런을 (자극단서를 제공하는 것과 같이) 외부적으로 자극하면, 후속의 세로토닌의 제시가 글루타메이트의 분비를 증가시키기 위하여, 약 1/2초간 지속되는 일련의 세포 내적 과정을 통하여 해당 시냅스가 점화된다. 그 결과로서, 고전적 조건화와 관련된 아가미 철회반응이 증가한다.

- 군소를 대상으로 CS와 US를 여러 번 짝지으면, 감각뉴런의 시냅스에 있는 단백질 분자들은 해당 감각뉴런을 거슬러 세포체까지 올라간다. 거기에서 이들은 새로운 시냅스의 성장을 촉발시키는 뉴런의 핵 내에 있는 유전자들을 활성화시킨다.

4.3 임상적 관점

이 장의 마지막 절에서, 우리는 고전적 조건화에 대한 두 가지의 임상적 적용에 주안을 둘 것이다. 그 첫 번째에는 약물중독과 약물남용이 고전적 조건화와 밀접하게 연결되는 방식에 대한 인식이 포함된다. 그 두 번째에서는 만성질환을 치료하기 위해 요구되는 약물의 양을 줄이기 위하여 고전적 조건화를 활용한다.

중독성 약물에 대한 내성에서의 고전적 조건화

약물중독에 있어서 학습과 기억의 역할은 이 책의 여러 관점으로부터 고려되는 아주 흥미로운 화제이다. 제5장에서는 남용되는 대부분의 약물에 의해 손상되는, 보상의 신경 기제를 탐색할 것이다. 제8장에서는 전두엽(frontal lobe)이 뇌의 집행적 통제자 역할(이는 부적절한 행동을 억제하는 데 중요함)을 하는데, 이런 역할이 약물중독과 어떻게 타협되는지를 논의할 것이다. 약물 내성에 대한 다음의 논의에서, 우리는 고전적 조건화의 행동적 · 생물학적 기제가 약물중독과 약물남용의 또 하나의 측면에 어떻게 영향을 미치는가를 살펴본다.

이 장의 초반에서, 우리는 어떻게 자율적 보상반응이 **항상성**(homeostasis) — 평형 또는 균형 상태를 향하여 움직이는 (뇌를 포함하는) 신체의 경향성 — 기제를 가지는 신체 시스템에서 발생하는가를 논의했다. 알코올, 코카인 또는 엑스터시와 같은 중독성 약물에 대한 중독자의 내성은 같은 방식으로 발달한다. (곧 다가오는 도취감에 대한 기대 때문에) 중독자의 몸이 약물 효과에 적응함에 따라, 중독자가 그 약물을 처음 경험했던 때와 동일한 정도의 도취감을 산출하기 위하여 더욱 더 많은 양이 요구된다. 이것이 발생하는 한 가지 방식은 조건화를 통해서이다. 즉, 약물 사용에 수반되는 환경 단서들이 그 사용자가 그 약물을 투여받는 것을 기대하도록 고전적으로 조건화시킬 수 있다. 환언하면, 환경 단서들(사람, 장소 등)은 약물(US)과 연합된 CS와 같은 역할을 한다. 중독자가 이들 단서에 반응하여 느끼는 강렬한 갈망이 CR이다. 그리고 이 갈망은 약물의 도래를 예견하여 약물이 높여 놓은 뇌의 화학물질의 수준을 낮추려는 신체의 조건화된 보상반응으로부터 생긴다(약물 중독에서의 조건화의 역할에 대한 더 자세한 논의는 제5장에서 다룬다).

이런 조건화된 내성의 잠재적인 결과로서 헤로인을 과다 투여한 희생자들이 발생할 수 있는데, 이 희생자들이 초심자인 경우는 드물다(Siegel, 2001). 오히려, 그들은 헤로인을 오랫동안 사용해온 중독자인 경우가 많다. 그들은 이 약물에 대하여 내성이 높게 발달했지만 통상적이지 않는 상황에서 통상적인 양을 투여하는 잘못을 저지르는 경향이 있다. 예를 들어, 조건화된 약물내성을 야기하는 상황적 단서들은 약물이 통상적으로 투여되는 방을 포함한다. 여러분은 아마도 호텔 욕실 — 이곳은 그들이 평상시에 익숙하게 약물을 투여했던 그런 환경과는 아주 많이 다를 가능성이 높은 곳이다 — 에서 헤로인 과다 투여로 죽어간 록스타 등에 대한 보도를 기억할지도 모른다. 발생했던 일은 이런 범상치 않는 환경에서는 그

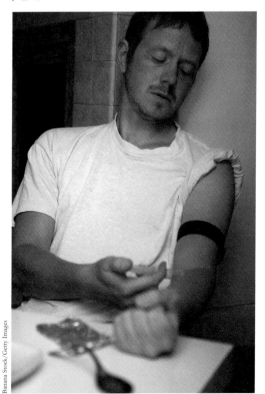
왜 약물중독자들이 집보다 호텔에서 과다복용으로 인해 사망할 가능성이 높을까?

Banana Stock/Getty Images

들의 몸이 대량의 약물 유입에 준비가 되어 있지 않았기 때문에 그들의 통상적인 투여량이었던 약물이 여기서는 그들에게 과다 투여로 작용한 것이다.

약물투여 방법을 바꾸면 약물 기대와 연합할 수 있는 또 다른 형태의 환경단서가 발생한다. 한 장기적인 헤로인에 중독자가 접근 가능한 정맥을 찾다가 처음으로 자신의 성기에다 헤로인을 주사했는데 과다투여로 사망했다고 보고되고 있다(Winek, Wahaba & Rozin, 1999). 습관적인 단서들에 대한 보상적 반응을 제외하면, 그의 통상적인 투여량이 만들어내는 순수한 영향은 그가 익숙해져 있어서 결과적으로는 죽음에 이르게 한 것보다 훨씬 더 컸다(Siegel, 2001; Siegel & Ellsworth, 1986).

어떤 음료의 별난 맛이 뇌에 대한 알코올의 효과에 영향을 미치는 생소한 상황단서 역할을 할 수 있다. 이는 대학생들이 맥주와 같은 친숙한 음료에 있는 알코올을 마실 때보다는 별난 음료(이 경우에는 청색의 박하향이 나는 음료수임)에 있는 동일한 양의 알코올을 소비할 때 더 큰 인지적·운동적 손상을 보임을 증명하는 연구에서 확인되었다(Remington et al., 1977). 아

마도 이것은 사람들이 왜 달고 거품이 많은 홀리데이 펀치에 있는 알코올을 마실 때 휴일 파티에서 더 거칠어지는가에 대한 다른 하나의 이유일 수 있다.

다양한 동물 종에서 조건화된 내성이 증명되어 왔다. 예를 들어, 셰퍼드 시겔(Shepard Siegel)과 동료들은 헤로인을 쥐에게 투여하고 단서의 효과를 조사했다(Siegel et al., 1982). 시겔은 세 집단의 쥐에게 그들의 몸무게에 비하여 상당히 많은 양의 헤로인을 주었다. 첫 번째 집단의 쥐는 이전에 낮은 양의 헤로인을 투여받았으며, 나중에는 같은 우리와 방에서 더 많은 양을 투여받고 검사를 받았다(그림 4.24에서 '같은 우리에서 검사' 집단에 해당). 두 번째 집단의 쥐 또한 이전에는 낮은 양의 헤로인을 주입받았으나 나중에는 다른 우리와 방에서 더 많은 양을 투여받고 검사되었다('다른 우리에서 검사' 집단). 마지막으로, '첫 번째 검사' 집단의 쥐는 검사 기간에 처음으로 헤로인을 투여받았다.

그림 4.24에서 보는 바와 같이, 시겔과 동료들은 '첫 번째 검사' 쥐에 있어서 많은 양의 헤로인이 거의 언제나(그 시기의 96%) 치명적인 과다투여를 유발함을 발견했다. 대조적으로, '다른 우리에서 검사' 집단은 약간의 내성을 나타냈는데 이들 쥐의 단지 64%만이 치명적인 과다투여에 시달렸다. 그러나 '같은 우리에서 검사' 쥐들은(이들은 이전에 낮은 양의 헤로인을 투여받았던 곳과 같은 환경에서 검사를 받았다) 단지 32%의 사망률을 가졌다. 따라서 이들 쥐는 같은 배경에서 낮은 양의 헤로인 투여 동안에 학습한 조건화된 내성에 의해 과다투여로부터 보호되었다.

약물 내성이 한 형태의 고전적 조건화라면 여러분은 같은 규칙과 원리가 눈 깜빡임 또는 다른 형태들의 학습에 적용되리라고 기대할지도 모른다. 이런 기대는 옳은 것 같다. 앞에서 논의한(표 4.7) 잠재적 억제 패러다임을 상기하라. 즉, CS에 사전 노출시키면 후속의 CS-US 연합학습이 지연된다. 이런 잠재억제 효과를 약물 내성에 적용하면, 약물 공급을 예견하는 단서에의 동물의 사전노출은 해당 약물에 대한 학습된 내성의 발달을 늦춘다. 약물 사용의 맥락에서 잠재적 억제를 검사하기 위해, 연구자들은 약물 사용의 맥락단서(주사를 맞을 때의 소리와 느낌)에 쥐들을 사전 노출시키기 위해서 비활성의 위약(placebo)을 이 동물들에게 주었다. 이런 사전노출은 정말로 잠재적 억제에 의해 단서−약물 연합(여기서, 단서는 CS, 약물은 US이다)의 발달을 더디게 함을 입증한다. 사실, 이것은 시겔과 동료들이 쥐의 모르핀 내성에 대한 연구에서 발견한 것과 정확히 같다(Siegel, 1983).

이런 결과들은 파블로프적 분석을 학습된 약물내성에 적용할 수 있음을 강력히 입증한다. 이들 결과는 약물 내성과, 생소한 투약 환경에서의 약물내성의 상실이 고전적 파블로프 조건화의 기본적 과정에 의해 매개됨을 시사한다.

4.1절을 상기해보면, 소거 패러다임은 조건단서들이 이전의 US와 짝지어짐이 없이 단독으로 반복 제시될 때, 이

그림 4.24

약물 내성에 대한 연구 사전에 헤로인을 투여받지 않은, 처음으로 검사받은 집단의 쥐들은 치사적인 과잉복용량 수준(백분율)이 가장 높았다. 사전에 상대적으로 적은 양을 투여받은 쥐들 중에서, 다른 우리에서 검사받은 쥐들이 중간 수준의 과잉복용량을 보인 반면에 이전과 동일한 우리에서 검사받은 쥐들은 가장 낮은 수준의 과잉복용량을 보였다.

Data from Siegel et al., 1982.

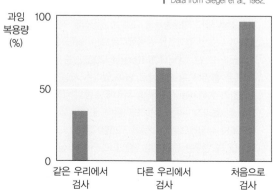

단서들과 조건반응 간의 연합을 제거하는(또는 최소한, 감소하는) 것 같다. 약물에 대한 갈망을 조건반응으로 본다면 동일한 소거의 원리가 적용될 수 있으며 실제로 그렇다. 신중하게 통제된 실험실 연구들에서, 알코올에 중독된 쥐는 이전에 알코올 투여와 짝지어진 실험적으로 조작된 단서들에 비강화적으로 반복 노출될 때 그 중독에 대하여 소거현상을 보였다(Krank & Wall, 1990). 하지만 실제 생활에서는, 약물 사용과 연합된 모든 단서들을 확인하고 소거시키기는 매우 어렵다.

결과적으로, 약물중독에서의 고전적 조건화에 대한 과학자들의 이해를 깊게 해줌으로써 이들과 다른 연구들은 약물중독 환자들이 자신의 중독을 극복하도록 도울 수 있는 새로운 도구를 제공하는 것 같다. 예를 들어, 아마도 조건반응의 소거에 대한 심도 있는 연구는 그들이 자신들의 약물 습관을 떨쳐버리려 할 때 중독자들이 그렇게 자주 중독이 재발하는가에 관한 이유를 밝혀줄 것이다. 여러분은 '일상에서의 학습과 기억 : 약물 상용습관 소거하기'에서 이 기제에 대하여 더 읽을 수 있다.

고전적 조건화를 통한 투약 줄이기

고전적 조건화는 특히, 중성자극을 강력한 투약과 짝짓는 것은 몸이 더 이상의 약물 투약(불행하게도, 부작용을 가질 수 있음)이 없어도 질병에 대처할 수 있도록 훈련하는 방법을 제공한다. 한 예에서, 자가면역 질환인 낭창(lupus)에 걸린 11살 소녀는 이 접근으로부터 혜택을 얻을 수 있었다(Olness & Adler, 1992; Giang et al., 1996). 낭창에 대한 표준적인 치

◀◀ 일상에서의 학습과 기억 ▶▶

약물 상용습관 소거하기

잘 통제된 실험실이라고 할지라도 조건반응을 소거하고 그것을 소거된 채로 유지하는 것은 굉장히 어려운 것으로 드러났다. 쥐들을 이용하여 조건반응의 소거를 연구하는 마크 버튼(Mark Bouton)과 그의 동료들은, 맥락을 바꾸거나 일정한 기간 동안을 기다리는 것과 같은 처치들이 자주 소거되었던 반응들의 재습득으로 끝난다는 것을 입증했다(Bouton, 2000). 이러한 맥락에서, 약물중독에 대해 소거방식을 적용한 치료가 기껏해야 뒤섞인 결과들을 산출했다는 것이 놀랍지는 않을 것이다(Carroll, 1999; Siegel & Ramos, 2002). 중독이 첫 번째 음주 혹은 흡연에 취약한 채로 남아 있다는 사실은, 약물 연합을 소거하기 위해서는 상황 노출 치료에 소량의 약물을 포함시키는 것이 더 효과적이라는 것을 의미한다. 분명히 그러한 절차는 법적으로나 실질적으로 어려움에 직면할 것이다. 그럼에도 불구하고 버튼의 연구는 습관이나 연합을 소거하고 싶어 하는 사람들에게 도움을 줄 수 있는 세 가지 원칙을 제시한다.

1. 소거의 효과가 맥락에 매우 민감하기 때문에, 상황 노출 치료는 환자의 일상을 포함하는 최대한으로 다양한 맥락에서 진행되어야 한다. 이는 약물 갈망에 대한 소거가 특정한 상황(약물 치료 센터와 같은)에 의존하게 되는 것을 예방할 것이다.

2. 소거훈련은 한 번에 진행되기보다 시간 간격을 두고 진행되어야 한다. 이는 시간이 강력한 맥락으로 작용하기 때문이다. 약물 치료 센터에서 진행되는 2주에 걸친 과정은 장기간의 변화를 가져오기에는 충분하지 않을 수 있다. 다양한 시간과 맥락에 걸친 복합적인 치료회기가 더 효과적이다.

3. 가능하다면 상황노출치료는 처음 약물 상용습관이 획득되었던 맥락과 같은 맥락에서 진행되는 것이 좋다. 즉, 상황노출 치료를 약물 치료 센터와 같은 익숙하지 않은 맥락보다는 집에서 받는 것이 더 좋다.

료는 환자의 면역계의 억제를 요구하는데, 이는 자기 자신의 백혈구의 표적이 되는 조직과 기관을 보호하기 위함이다. 그 소녀가 경구 투여해야 했던 화학치료용 약물은 많은 심각하고, 장애를 초래할 정도의 부작용을 유발했다.

그녀의 약물 복용 욕구를 줄이기 위하여 의사들은 고전적 조건화 방법을 사용했는데, 여기서 그녀는 처음에는 대구 간유 맛이 나고 장미 냄새가 나는 액체에 있는 약을 받았다. 그런 초기의 치료 후에, 그 의사들은 계속하여 그녀에게 동일한 장미 냄새가 나는 대구 간유를 매달 주었지만 그 기간의 절반 동안에서만 그 화학치료용 약물을 포함했다. 그녀가 복용한 약물의 전체 양을 절반으로 줄임으로써, 그들은 그녀가 겪던 약물 부작용을 유의미하게 줄였다. 동시에, 그녀의 몸은 대구 간유와 장미 냄새로 구성된 복합단서에 반응하여 그 자신의 면역계를 억제하는 학습을 하는 것 같았다. 그리고 이 치료를 받은 지 몇 년 후에도 그녀의 질병은 여전히 완화되어 있었다.

중간 요약

- 조건화된 약물내성을 유발하는 상황단서로는 바늘의 느낌과 투여방법을 포함하는, 약물 사용과 연합하는 어떤 감각 단서라도 가능하다.
- 쥐는 동일한 환경에서 비교적 낮은 용량을 투여하는 동안에 학습한 조건화된 내성에 의해 헤로인 과다복용으로부터 보호된다.
- 중독은 부분적으로는 파블로프의 소거를 통하여 감소시킬 수 있다. 알코올에 중독된 쥐는 이전에 알코올 투여와 짝지어졌던 실험적으로 조작된 단서들에 비강화적으로 반복 노출을 통하여 이런 중독을 유의미하게 소거시켰다.
- 고전적 조건화의 방법은 면역억제 약물을 이전에는 중성적이었던 냄새 및 맛과 함께 짝지음으로써 사람들에게 자가 면역 반응을 억제하도록 훈련하기 위하여 사용될 수 있다.

▌종합

고전적 조건화는 단지 뇌 시스템을 연구하기 위한 또 하나의 행동적 과정 또는 도구라는 것보다 훨씬 더 많은 의미를 가진다. 그것은 모든 기억 시스템의 어머니이다. 고전적 파블로프 조건화에 대한 증거는 일상의 어디에나 있다. 아이스크림 트럭의 음악 소리를 듣고 갓길로 달려가는 모이라처럼 그리고 질병을 경험한 후에 달팽이를 더 이상 먹지 않게 된 맨디처럼 우리 모두는 다음에 무엇이 따라올 것인가를 예견하는 환경 단서들에 의해 조건화되어 왔다.

근래에, 고전적 조건화 실험들은 학습의 생리학적 토대에 대한 연구의 선두로 이동해왔는데, 그 이유는 어떤 자극이 단서로서 제시될 것인가에 대하여 이들이 제공하는 정교한 통제 때문이며, 또한 그 결과로서 발달된, 고도로 세련된 행동적 분석과 모델 때문이다. 이들의 분석과 모델을 바탕으로, 생물학적 연구는 다른 형태들의 고전적 조건화가 다른 뇌 시스템들에 의해 어떻게 매개되는가를 보여왔는데, 이는 학습의 신경생물학에 관하여 기본적인 통찰력을 갖게 해주며 우리가 다양한 임상적 뇌장애를 이해하는 데 도움이 되는 도구를 제공한다.

따라서 다른 세련된 수학적 이론들과 함께 레스콜라-와그너의 오차교정 모델의 영향과 인도로, 소뇌, 편도체(제10장의 공포 조건화의 맥락에서 논의될 것임)와, 보상예견에서의 도파민의 역할(제5장 참조)을 포함하여 광범위한 뇌 시스템에서의 조건화의 신경적 토대를 밝히고 있다. 조건화와, 범주 학습과 같은 복잡한 형태의 인지 사이의 연결들은 단순한 동물의 신경회로에서 연구된 학습 기제가 인간 인지의 행동적·신경적 토대에 대한 통찰력을 어떻게 제공하는가를 알 수 있게 해준다. 동물 대상의 연구들 또한 진화가 각각의 새로운 기능을 담당하는 새로운 전문화된 시스템을 만들어내는 기술자처럼 일하지 않는다는 일반적인 생물학적 원리를 설명한다. 오히려 진화는 현존하는 부품들을 사용해서, 약간 개조된 형태로, 새로운 기능들을 수행하는 땜장이의 일을 더 많이 한다. 고전적 조건화를 담당하는 행동적·생물학적 과정들은, 사람을 포함한 모든 종에서 보다 복잡한 형태의 학습의 원리를 이해하는 데 바탕이 되는 기본적인 빌딩 블록들, 즉 생물학적인 알파벳에 해당한다.

중요 용어

고전적 조건화(classical conditioning)

내성(tolerance)

눈 깜빡임 조건화(eyeblink conditioning)

무조건 반응(unconditioned response, UR)

무조건 자극(unconditioned stimulus, US)

복합 조건화(compound conditioning)

블로킹(blocking)

소거(extinction)

시행-수준 모델(trial-level model)

연합 가중치(associative weight)

예측 오차(prediction error)

오차교정 학습(error-correction learning)

욕구 조건화(appetitive conditioning)

자극 간 간격(interstimulus interval, ISI)

잠재적 억제(latent inhibition)

조건 반응(conditioned response, CR)

조건 자극(conditioned stimulus, CS)

조건화된 미각혐오(conditioned taste aversion)

중간핵(interpositus nucleus)

지연 조건화(delay conditioning)

차폐(overshadowing)

파블로프식 조건화(Pavlovian conditioning)

퍼킨지 세포(purkinje cells)

하올리브(inferior olive)

항상성(homeostasis)

혐오 조건화(aversive conditioning)

활동 의존적 증가(activity-dependent enhancement)

흔적 조건화(trace conditioning)

CS조절 이론(CS modulation theory)

US조절 이론(US modulation theory)

퀴즈

1. US와 UR의 관계는 학습을 포함한다/포함하지 않는다.

2. US에 선행하는 CR은 대체로 _____ 반응이다.

3. 눈 깜빡임 조건화에서 눈 깜빡임은 _____인 동시에 _____(이)다. 다만 그 두 반응은 _____에서 차이가 난다.

4. 대부분의 조건화 패러다임에서, 소거는 조건반응의 초기 습득보다 빠르다/느리다.

5. 신체의 _____ 조건화 반응은 대체로 _____(이)라 불리는 생물학적 메커니즘의 결과이다.

6. 소거가 단순히 학습이 역전되는 것을 넘어선 현상이라는 사실에 대한 증거는 학습과 검사 사이에 _____(을)를 변화시켜 보는 연구들에서 제시되었다.

7. 2개의 단서가 US 혹은 다른 결과를 예측하기 위해 경합할 때, 가장 강하게 학습되는 단서는 블로킹 연구에서 보여주듯이, _____한 단서이다.

8. 레스콜라-와그너 모델은 단서들끼리 경합하는 원리에 기반하고 있는데, 즉 두 단서의 연합 가중치가 _____(으)로써 US에 대한 예측을 만들어낸다.

9. 수반성 학습을 레스콜라-와그너 모델로 설명하기 위해서는 _____(을)를 조건화가 가능한 CS로 간주해야 한다.

10. 잠재적 억제에서는 사전 노출 동안 _____이(가) 발생하지 않기 때문에 레스콜라-와그너 모델로는 설명할 수 없다.

11. 소뇌피질의 _____세포 아래에는 _____을(를) 포함하는 소뇌심부핵이 있다.

12. CS 정보는 _____(이)라 불리는 축색돌기 경로를 따라 소뇌심부핵까지 이동한다.

13. 눈으로의 공기분사 US는 뇌간의 아랫부분에 있는 구조인 _____에 있는 뉴런들을 활성화시킨다.

14. 퍼킨지 세포들은 조건화된 운동 반응을 야기시키는 주요한 출력 경로의 핵들을 억제/흥분 시킨다.

15. 소뇌에 손상을 입은 동물들은 CR을 보이나, _____을(를) 맞추지 못한다.

16. 잠재적 억제 및 여타 CS 처리 과정의 조절과 관련된 학습은 _____이(가) 손상을 당하면 망가진다.

17. 습관화의 신경적 메커니즘은 감각뉴런의 축색에서 신경전달물질인 _____의 소포가 줄어드는 것으로 설명될 수 있다.

18. 감각뉴런에서 운동뉴런으로의 방출되는 글루타메이트의 양이 활동-의존적인 증가를 보인다면 이는 시냅스 전 _____의 한 예이다.

19. 뉴런 내에서 발견된 2개의 단백질들이 시냅스 형성 과정에 중요한 조절역할을 한다는 것이 발견되었다. 첫 번째 단백질 CREB-1은 뉴런의 핵에 있는 유전자를 활성화시켜, 새로운 시냅스의 성장을 _____한다. 두 번째 단백질 CREB-2는 CREB-1의 활동을 _____한다.

20. 쥐들이 점점 증가되는 양의 헤로인 주입에도 불구하고 과다복용으로 죽지 않는 이유는 _____에 의해 보호되기 때문이다.

21. _____모델은 그 단순하다는 장점으로 많은 유용한 학습이론들의 시발점이 될 수 있었다.

22. 기대되는 부정적인 사건들의 결과를 피하거나 최소화하기 위해 일어나는 학습은 _____이다.

23. 레스콜라는 소리자극에 조건화되는 것이 소리-US 짝지음의 빈도뿐만 아니라, _____의 빈도에도 의존한다는 것을 증명했다. 그 실험은 동물들이 CS와 US의 상관성 정도인 _____에 민감하다는 것을 암시한다.

정답은 책의 뒷부분에 있다.

개념 확인

1. 주식 분석가들인 도리스와 허먼의 경우로 되돌아가서, 만일 도리스는 매일 일터에 오지만 허먼은 가끔씩만 온다면 무슨 일이 일어날 것인가를 생각해보라. 도리스가 혼자 일하는 날에, 그녀는 주식 시장을 예측하는 일을 아주 잘한다. 그러나 허먼이 나타나는 날에는 둘 다 일을 엉망으로 한다. 허먼에 대하여 어떤 판단을 내릴 수 있는가? 아마도 여러분은 그가 아무런 쓸모가 없다고 결론을 내릴지 모른다. 사실 게으름뱅이보다 더 나쁘게도 그는 도리스의 수행을 방해하는 것처럼 보인다. 심지어 여러분은 허먼이 도리스의 예측치를 저해하기까지 한다고 말할지 모른다. 소리에는 언제나 US가 뒤따르지만 소리-빛 복합 자극의 일부로서 소리가 제시될 때는 US가 뒤따르지 않는 상황이 이와 유사하다. 즉 복합 자극 시행에서는 어떤 US도 발생하지 않는다. 레스콜라-와그너 모델은 이 훈련 동안에 연합들이 어떻게 변화하리라고 예측하는가?

2. 약물중독으로부터 벗어나기 위한 치료는 상황 노출 치료를 이용하는 회기에의 출석을 포함한다. 중독자는 치료 센터에서 일주일에 몇 번 혹은 그 이상 약물과 관련된 자극들(일반적으로 약물을 복용하는 환경 사진, 약물 관련 용품 등등)에 노출된다. 이러한 처치가 왜 실패하곤 하는가?

정답은 책의 뒷부분에 있다.

조작적 조건화

행동의 결과에 대한 학습

대부분의 아이들은 유아기 때 배변훈련을 받는다. 몇몇의 행운아들은 거의 직관적으로 용변에 대한 개념을 파악하지만 다른 아이들은 학교에 입학한 후까지도 종종 바지를 적시곤 한다. 그러나 대부분의 아이들은 며칠 혹은 몇 주에 걸쳐 학습한다.

유아인 애니의 경우를 생각해보자. 그녀가 음료를 마시고 방광이 차 있을 것 같으면 그녀의 부모는 그녀를 유아용 변기에 앉히고 용변을 보도록 기다린다. 애니가 그 변기에서 소변을 볼 때 그녀의 부모는 ("애니, 참 착한 아이로구나!"라고) 칭찬을 하거나 작은 장난감을 준다. 바지를 적시는 사고가 발생할 때면 그녀의 부모는 그녀를 책망한다 ("애니, 엄마는 너에게 매우 실망했어!"). 점차 애니는 그 변기에서 소변을 보면 부모의 칭찬이 따르고 그렇게 하지 못하면 부모의 불인정이 따라온다는 것을 학습하게 된다. 궁극적으로, 이런 행동은 자동적으로 일어나게 되고 애니는 특별한 외적 보상이 없어도 지속적으로 유아용 변기에 용변을 볼 수 있게 된다.

이런 종류의 학습은 **조작적 조건화**(operant conditioning)의 한 예이다. 조작적 조건화는 유기체가 어떤 결과들을 얻거나 피하기 위해서 반응을 만들어내는 것을 학습하는 과정이다. 이 학습이 '조작적'이라고 불리는 이유는 유기체가 환경에 '조작을 가하여' 결과를 발생시키기 때문이다. 조작적 조건화는 때때로 도구적 조건화(instrumental conditioning)라고도 불리는데, 유기체의 행동이 결과를 산출하는 데 있어서 '도구적'이기 때문이다.

조작적 조건화가 단순한 과정이라고 오해를 사는 경우도 있지만, 이 학습은 굉장히 복잡한 행동을 훈련하기 위해 사용될 수 있다. 1950년대의 한 유명 동물 쇼 프로그램인 '꼼꼼한 돼지 프리실라(Priscilla the

---

행동적 측면

조작적 조건화의 '발견'
학습된 연합의 구성요소
일상에서의 학습과 기억 :
폭탄 탐지견
일상에서의 학습과 기억 :
처벌의 문제
종합하기 : $S^D \rightarrow R \rightarrow O$ 연합 만들기
선택 행동

뇌 메커니즘

배측 선조체와 자극-반응($S^D \rightarrow R$) 학습
안와전두피질과 결과 예측의 학습
뇌에서 강화를 신호화하는 기제
뇌에서 처벌 신호하기

임상적 관점

약물중독
행동중독
일상에서의 학습과 기억 :
사랑에 대한 중독?
중독에 대한 치료

195

Fastidious Pig)'는 라디오를 켜고, 식탁에서 아침을 먹고, 더러운 옷을 집어 들어 바구니에 넣고, 진공청소기를 이용하고, 자기가 좋아하는 상표의 돼지 사료를 선택하는 것 등의 일상적인 일을 학습했던 한 마리의 돼지를 주연으로 삼았다(Breland & Breland, 1951). 이 장을 마칠 때쯤이면, 아마도 여러분은 여러분의 돼지가 동일한 행동을 하게끔 훈련시킬 방법에 대한 아이디어를 얻게 될 것이다.

5.1 행동적 측면

우리는 오랫동안 양떼를 몰거나, 말을 조련시키거나, 유아들에게 배변훈련을 시키는 것 같은 일들에 조작적 조건화의 원리를 사용해왔다. 그러나 19세기 후반, 이반 파블로프가 고전적 조건화의 발견에 이르게 된 연구를 수행하던 시기가 되어서야 비로소 에드워드 손다이크(Edward Thorndike)가 동물들이 어떻게 새로운 행동을 배우는지에 관하여 체계적인 연구를 시작하게 되었다.

조작적 조건화의 '발견'

여러분은 제1장의 에드워드 손다이크의 연구에서, 고양이가 (그림 5.1a와 같은) 퍼즐 상자를 탈출하는 것을 어떻게 학습하는가에 대한 내용을 읽었다. 과일상자로 만든 이 퍼즐 상자에는 문이 달려 있는데, 지렛대를 누르고 줄을 당기고 페달을 밟는 순서를 정확히 거쳐야만 비로소 열 수 있었다(Thorndike, 1898, 1911, 1932). 손다이크가 고양이를 이 퍼즐 상자에 처음 넣었을 때, 약이 잔뜩 오른 고양이는 쉿 소리를 내고 벽을 할퀴며 빠져나가려고 갖은 애를 썼다. 결국 몇몇의 무선적인 순서의 반응들을 통하여 이 고양이는 우연히 문을 열게 되었다. 손다이크는 고양이가 상자를 탈출하기까지 걸린 시간을 기록한 뒤에 이 고양이를 상자에 다시 넣고 시행을 반복하였다. 고양이들은 꽤 영리하다. 고양이는 이 상자에

그림 5.1
동물의 학습에 대한 손다이크의 연구 (a) 손다이크의 퍼즐 상자의 하나, (b) 한 고양이의 데이터. 이 고양이는 몇 번의 경험 후 퍼즐 박스를 효과적으로 탈출하는 방법을 배웠다.
Data source: Thorndike, 1911.

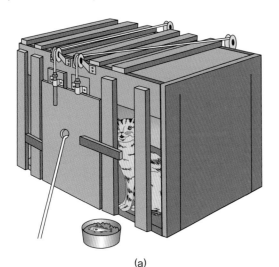

(a)

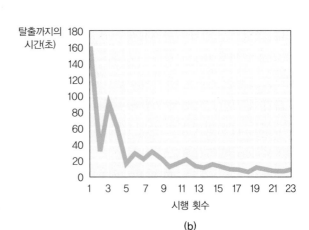

(b)

서 몇 번의 경험을 한 후 효과적으로 탈출하는 것을 배웠다. 그림 5.1b는 한 마리의 고양이로부터 얻어진 자료를 제시하고 있다. 고양이는 상자에서 10여 번의 시도를 한 후에는 거의 즉각적으로 상자를 빠져나갈 수 있었다.

손다이크가 내린 결론에 따르면, 한 동물의 반응이 퍼즐 상자를 탈출한다거나 먹이를 얻는 경우와 같이 만족스러운 결과로 이어지면 그 반응이 다시 발생할 확률이 증가했다. 손다이크는 이런 생각을 효과의 법칙(law of effect)으로 공식화하였다. 여러분은 제1장에서 이에 대하여 읽어보았다. 구체적으로, 특별한 자극, 즉 **변별자극**(discriminative stimulus, S^D)이 있을 때 특별한 반응(R)은 특별한 결과(O)로 이어질 수 있다. 유기체가 R이 O로 이어질 것이라는 조건들을 변별할 수 있도록 돕는다는 의미에서 S^D는 '변별자극'이라고 불린다. 효과의 법칙에 따르면, 시초에 공식화된 것처럼, O가 바람직하거나 유쾌하다면 R의 빈도가 증가하는데, 이는 '$S^D \rightarrow R$' 연합을 강화하며 S^D가 미래에도 동일한 R을 유발할 가능성을 더 높여준다. 해당 행동의 확률을 증가시키는 한 행동에 대한 결과를 제공하는 이런 과정을 **강화**(reinforcement)라고 한다.

그러나 제1장에서 읽은 바와 같이, 톨만(Tolman)은 '$S^D \rightarrow R$' 틀이 너무 제한적이라고 주장했다. 톨만은 동물이 (어떤 의미에서) 반응(R)이 특정한 예측된 결과(O)로 이어진다는 것을 이해하기 때문에 반응을 만들어낸다고 믿었다. 보다 최근의 연구들은 톨만의 많은 아이디어들을 지지했으며 '$S^D \rightarrow R$' 연합이 저장되는 곳과 기대되는 결과(O)가 처리되는 곳을 뇌에서 확인했다(더 자세한 내용은 '뇌 메커니즘' 절을 참조). 우선, 우리는 조작적 조건화를 삼원 연합(three-way association)으로 공식화할 것이다.

$$\text{변별자극 } S^D \rightarrow \text{반응 } R \rightarrow \text{결과 } O$$

퍼즐 상자의 경우에서, S^D는 상자이고, R은 문을 여는 데 요구되는 운동의 순서이며 O는 도피이다. R에 바람직한 결과 O가 뒤따를 때 '$S^D \rightarrow R$' 연합이 강해진다.

고전적 조건화 대 조작적 조건화

손다이크가 조작적 조건화에 대한 자신의 초기 설명을 공표한 지 몇 년 후에, 스키너(B.F. Skinner)는 고전적 조건화에 대한 파블로프의 연구와 더불어 그에 관하여 읽었다. 그리고선, 그는 이들 두 종류의 학습이 근본적으로 다르다고 결론지었다(Skinner, 1938). 고전적 조건화에서, 유기체는 자신이 조건화된 반응을 수행하는지와 무관하게 결과물(US)을 받는다. 반면에, 조작적 조건화에서는, 결과 O는 유기체가 해당 반응 R을 수행하는지에 달려 있다.

예를 들어, 눈 깜빡임 반응에 대한 고전적 조건화에서 토끼는 신뢰롭게 공기 분사가 뒤따르는 신호음(CS)을 듣고서 그 신호음에 대한 눈 깜빡임 반응(CR)을 만들어내는 학습을 한다. 하지만 공기 분사는 그 CR이 일어나든 그렇지 않든 신호음 후에 항상 제시된다. 따라서, 이 패러다임은 고전적 조건화이다. 반면에, 퍼즐상자(S^D)에 놓인 고양이는 탈출해서 먹이(O)를 얻기 위해 일련의 반응(R)을 만드는 것을 학습해야 한다. 만약 이 반응 R이 만들어지지 않는다면 결과 O는 일어나지 않는다. 따라서 이 패러다임은 조작적 조건화이다. 어떤 패러다임이 조작적인가 아니면 고전적인가를 결정해야 한다면 결과에 초점을 맞추라. 반응과 상관없이 결과가 발생한다면 이 패러다임은 고전적이고, 결과가 반응에 달려 있으면 이 패러다임은 조작적이다.

차이점은 접어두고, 조작적 조건화와 고전적 조건화는 부적으로 가속화되는 학습곡선을 포함하여 많은 특성들을 공유하고 있다. 이와 관련하여, 그림 5.1b는 퍼즐상자로부터 도피하는 시간이 처음의 몇 시행에서는 급격하게 감소하다가 이후로는 수평을 유지함을 보여준다. 유사한 학습 곡선이 고전적 조건화에서도 발생한다(그림 4.7). 더하여, 조작적 조건화와 고전적 조건화 둘 다 소거(학습된 반응이 결과와 더 이상 배쌍되지 않게 되면 그 반응은 소멸하는 경향을 나타냄)를 보인다. 소거 또는 잠재적 억제와 같은 특별한 학습 현상을 조사하기 원하는 연구자들은, 고전적 또는 조작적 조건화 중 어느 쪽이 더 편리한가 그리고 검증하고자 하는 특수한 가설이 무엇이냐에 따라, 일반적으로 이 둘 조건화 중 하나를 자유롭게 사용한다.

지식 테스트

고전적인가? 아니면 조작적인가?

고전적 조건화에서는 학습된 반응(CR)이 만들어지든 말든 결과(US)가 자극(CS) 뒤에 제시된다. 조작적 조건화에서는 특정한 반응(R)이 있어야 변별자극(S^D) 뒤에 결과(O)가 나온다. 아래의 시나리오들을 해석해서 이 둘의 차이를 제대로 이해하고 있는지 확인하라. (정답은 책의 뒷부분에 있다.)

1. 짐은 퇴직한 후 뒤뜰에 앉아 새들을 구경하며 휘파람을 불면서 시간을 보낸다. 어느 날 짐은 빵 조각들을 뿌려 놓았더니 새들이 와서 먹었다. 다음 날 그는 똑같이 앉아서 휘파람을 불면서 빵 조각을 뿌렸더니 다시 새들이 돌아왔다. 며칠 후 짐이 밖에 앉아 휘파람만 불면 새들이 찾아오기 시작했다.

2. 쉐보네의 개인 스누피는 천둥을 무서워한다. 스누피는 번개가 항상 천둥 전에 친다는 것을 배우고 번개가 칠 때마다 침대 밑으로 달려가 숨는다.

3. 마이클은 집 근처에 일을 구해서 이제 직장까지 걸어서 간다. 출근 첫날, 하늘에 구름이 잔뜩 끼어 있었다. 마이클이 일하러 가는 길에 비가 오기 시작했고 도착했을 땐 쫄딱 젖어 있었다. 다음 날도 하늘에는 구름이 가득했다. 마이클은 혹시 몰라서 우산을 가져갔다. 비가 다시 오기 시작했을 때 그는 젖지 않았다. 그 이후 마이클은 하늘이 흐린 것 같으면 항상 우산을 들고 출근했다.

4. 카를로스의 아파트에서는 화장실 물을 내릴 때마다 샤워기의 물이 데일 만큼 뜨거워져서 카를로스는 펄쩍 뛸 수밖에 없다. 샤워 중에 화장실 물 내리는 소리가 들리면 카를로스는 자동적으로 움찔하면서 곧 펄펄 끓는 물이 나오겠다고 생각하게 된다.

자유조작 학습

제1장은 '혁신적인 행동주의자'인 스키너를 소개했다. 동물의 정신 상태에 대한 성찰 없이도 동물반응을 측정하고 평가할 수 있다는 가능성 때문에 스키너는 손다이크의 연구에 매

료되었다. 하지만 스키너는 손다이크의 기법을 세련되게 할 수 있다고 생각했다. 손다이크의 절차는 **비연속 시행**(discrete trial), 즉 실험자가 각 시행의 처음과 끝을 한정하는 시행들을 포함했다. 예를 들어, 퍼즐상자의 한 시행에서 실험자는 고양이를 상자에 넣은 뒤 문을 닫고 고양이가 탈출하기까지의 시간을 측정한 후, 다음 시행을 위해 이런 절차를 처음부터 반복했다. 이와 비슷하게, 미로 달리기 검사에서 실험자는 미로의 출발점에 쥐를 놓고 쥐가 목표 지점에 도달하기까지 걸리는 시간을 기록한 후, 다음 시행을 위해서 쥐를 꺼내 출발점으로 되돌려 놓았다. 각 시행은 분리되어 있고(즉, 비연속적이고), 실험자는 언제 또는 얼마나 자주 새로운 시행을 시작할 것인가를 결정했다.

스키너는 동물이 그 미로에서 한 시행을 끝마치고 먹이를 획득한 후에 다음 시행을 시작하기 위하여 저절로 미로의 시작 지점으로 되돌아올 수 있도록 복귀 진입로를 가진 미로를 개발했다. 스키너는 실험자가 각 시행이 끝나는 시점에서 다음 시행을 위하여 쥐를 출발 지점으로 돌려놓을 때 발생할 수 있는 개입을 더 이상 허용하지 않기 위하여 자료 수집을 자동화하였다. 그러나 실험자가 아닌 동물이 다음 시행의 출발 즈음에 빨리 또는 느리게 달림으로써 자기 자신의 반응률을 통제하는 부작용이 있었다. 이런 유형의 설정을 흔히 **자유조작 패러다임**(free-operant paradigm)이라고 한다. 이것은 동물이 원한다면 언제든 그 장치를 자유롭게 조작할 수 있음을 의미한다. 그리고 이것은 시행들이 실험자에 의하여 통제되었던 **비연속 시행 패러다임**(discrete trials paradigm)과는 구별된다.

행동을 보다 직접적으로 측정하기 위하여, 스키너는 또한 지금은 **스키너 상자**(Skinner box)라고 부르는 하나의 케이지를 고안했다. 이 장치의 한쪽 벽에는 먹이가 자동으로 제공되는 먹이통이 있었다(그림 5.2a). 이 상자는 또한 먹이 공급을 통제하는 지렛대, 또는 압력에 민감한 원판과 같은 기계장치를 포함하였다. 동물이 지렛대를 누르거나 원판을 쪼면 먹이가 먹이통으로 떨어졌다. 동물이 자신의 우리를 탐색하다 우연히 지렛대 또는 원판을 누르게 되면 먹이를 받게 되었다. 시간이 경과함에 따라, 동물은 반응 R(지렛대 또는 원판을 누르는 것)과 결과 O(먹이를 받는 것) 간의 관계를 학습했기 때문에 지렛대 또는 원판 누르기의 비율을 극적으로 증가시켰다. 반응 R이 강화될지의 여부를 신호하는 변별자극 S^D(예 : 상자 벽에 있는 불빛)를 첨가함으로써 자유조작 실험은 더 정교하게 될 수가 있다. 예를 들어, 불이 켜져 있을 때 지렛대를 누르면 먹이가 공급(결과 O)되지만 불이 꺼져 있을 때 지렛대를 누르면 먹이가 공급되지 않는다. 시간이 흐름에 따라, 동물은 불빛(S^D)이 있을 때 지렛대 누르기(R)가 먹이(O)를 가져다주며, R의 빈도가 S^D가 있을 때 증가할 것이다.

그림 5.2b는 불빛(S^D)이 존재할 때 지렛대 누르기가 먹이 공급에 의해 강화되는 자유조작 실험으로부터 얻은 것으로 추정되는 자료(실험의 처음 13분에 해당)의 한 예를 보여준다. 이 기간 동안에, 동물이 'S^D → R → O' 연합을 학습함에 따라, 분당 지렛대 누르는 횟수가 시간에 따라 빠르게 증가한다. 마지막으로, 그림 5.2b에 도시된, 이 실험의 14~26분은 강화가 더 이상 산출되지 않으면 반응이 소거됨을 보여준다. 즉, 동물이 'S^D → R → no O'라는 새로운 연합을 학습하기 때문에, S^D가 있을 때의 R의 빈도는 감소한다.

그림 5.2

조작적 조건화 (a) 레버를 누르는 반응이 먹이 통으로 먹이를 주는 보상으로 강화되는 스키너 상자, (b) 스키너 박스 안의 쥐에 대한 가상적인 데이터로 26분 동안의 실험에서 평균 반응 수 데이터. 첫 13분(습득 구간) 동안 레버 누르기는 먹이 제공으로 강화되어 분당 반응 수는 증가한다. 마지막 13분(소거 구간) 동안은 레버 누르기가 더 이상 강화되지 않아 분당 반응 수가 감소한다. (c) 누적 기록기는 다른 형태로 (b)의 데이터를 보여줄 수 있다. (d) 누적량 기록을 보면 실험 시간의 첫 절반 동안 기울기가 증가하는데 이는 반응 수가 증가하는 것(습득)을 보여주고 평평해지는 나머지 절반은 반응 수가 점차 감소하는 것(소거)을 반영한다.

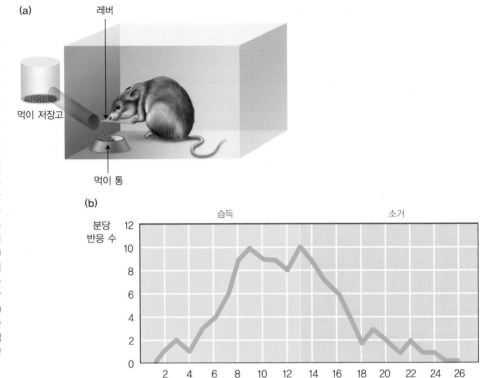

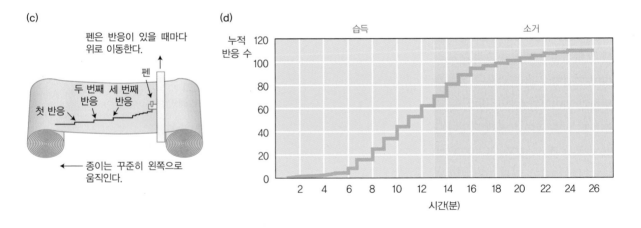

스키너는 다음으로 반응을 자동적으로 기록할 수 있는 도구를 발명했다. 현대의 컴퓨터가 도래하기 훨씬 전에 그림 5.2c에서 보이는 것과 같은 기계장치가 펜 아래에서 꾸준히 돌아가는 긴 종이에 자료를 기록했다. (아주 최근까지 이런 장치는 지진계 및 거짓말 탐지기에서 사용되었다). 스키너는 이런 장치를 스키너 상자에 설치해서 동물이 반응할 때마다 펜이 가볍게 위로 움직일 수 있도록 했다. 동물이 반응을 하지 않으면 펜은 움직이지 않고 따라서 종이가 풀려감에 따라 긴 직선이 그려졌다. 하지만 동물이 반응을 나타낼 때마다 펜이 상승하였고, 반응이 빠르면 빠를수록 그려지는 선은 더욱 가파르게 상승했다(그림 5.2d). 그림 5.2c에 보이는 장치는 **누적 기록기**(cumulative recorder)라고 불리는데, 그 이유는 어떤 특정 시점에서의 직선의 높이가 그 시간까지 누적된 반응 수를 나타내기 때문이다.

현대적 누적 기록기의 예로 자동차의 주행계를 들 수 있다. 주행계는 운전한 마일 수를 나타내며, 빠르게 운전할수록 숫자 바뀌는 소리는 더 빨리 발생한다. 그날 밤에 주차하고 다음날 아침에 자동차 시동을 걸 때, 주행계의 기록에는 새로운 마일 수가 이전의 기록 위에 더해진다(즉 누적 기록된다).

비록 펜과 종이로 기록하는 누적 기록계는 더 이상 상용되지 않지만, 조작적 조건화로부터 얻은 자료는 여전히 가끔씩 반응률(그림 5.2b) 대신 누적반응(그림 5.2d)으로 보고되고 있다. y축의 표시가 여러분이 어떤 종류의 데이터를 보고 있는가를 말해줄 것이다. 기록되고 있는 실제 행동은 어떤 유형의 그래프가 사용되든 동일하다.

학습된 연합의 구성요소

우리는 조작적 조건화를 S^D, R 및 O 간의 삼원 연합(three-way association)으로 정의했다. 하지만 이들 요소는 각각 독립적으로 학습된 내용에 영향을 미칠 수 있다. 각 요소를 분리해서 고려해보겠는데, 먼저 변별자극(S^D)을 살펴보겠다.

변별자극

수영대회에서 각 경주에 앞서 선수들은 수영장 가장자리에 정렬한다. 그들은 출발을 알리는 휘파람 소리에 맞춰 가능한 한 빨리 입수해 타인들보다 유리한 출발을 하려고 한다. 하지만 너무 일찍(휘파람 전에) 입수한 수영 선수는 벌점을 받거나 심지어는 실격될 수도 있다. 입수 결과는 입수가 휘파람 전 또는 후에 발생했는가에 따라 달라진다.

변별자극(discriminative stimulus)은 특별한 반응이 특별한 결과로 이어질 것인가의 여부를 신호하는 자극이다. 환언하면, 변별자극은 학습자가 반응을 하면 특별한 결과가 따라올 것이라는 조건들을 변별하도록, 즉 구별하도록 돕는다. 수영선수들에게는, 시작을 알리는 휘파람 소리는 입수반응이 유리한 결과로 이어지리라는 것을 신호하는 변별자극이다.

S^D(시작을 알리는 휘파람 소리) → R(입수) → O(시합에서의 유리한 출발)

스키너 상자에서 불빛이 변별자극으로 사용될 수 있다. 불이 켜져 있을 때의 지렛대 누르기 반응은 먹이 공급이라는 결과를 가져오지만, 꺼져 있을 때의 반응은 그렇지가 않다.

S^D(불 켜짐) → R(지렛대 누르기) → O(먹이 받음)
S^D(불 꺼짐) → R(지렛대 누르기) → O(먹이 없음)

S^D → R → O의 표기가 시사하듯, 변별자극은 이 연쇄의 첫 부분으로서 반응을 유발하고 결과로 이끈다. 때때로, S^D → R 연합은 아주 강해서 변별자극 S^D는 학습된 반응을 자동적

으로 유발하는 것 같다. 다른 어떤 선택이 가용할지라도 상관없이 그렇다. 하나의 주목할 만한 예에서, 친숙한 미로에서 잘 훈련된 쥐는 목표상자로 가는 길목에 있는 먹이 더미를 그냥 통과해 우측으로 돌았다(Stoltz & Lott, 1964). 명백히, 미로환경이라는 변별자극 S^D가 미로 달리기 반응 R과 매우 강하게 연합되어 있어서 예기치 못하게 중도에서 마주친 먹이도 $S^D \rightarrow R$ 연합을 방해하지 못했다. 이런 행동은 때때로 습관성 실수(habit slip)라고 불린다. 사람들은 항상 습관성 실수를 하는데, 특히 졸리거나 주의가 분산될 때 그렇다. 아마도 여러분은 친구 집에 가려고 차를 운전해 나섰지만, 잠깐 부주의하여 차가 평소에 더 자주 다녔던 길을 따라 학교로 향하고 있는 것을 발견한 경험이 있었을 것이다. 또는 여러분이 어느 이른 아침 날이 밝아 깨어나서 학교에 가려고 옷을 차려 입기 시작했는데 주말이라는 것을 깨닫고 다시 침대에 머물러 있었던 경험이 있었을지도 모른다. 그렇다면, 여러분은 강한 $S^D \rightarrow R$ 연합의 영향을 경험했던 것이다.

반응

조작적 조건화에서, 유기체는 특별한 결과 O를 산출하는 특수한 반응을 만드는 것을 학습한다. 반응은 특별한 형태의 운동 실행에 의해서가 아니라, 운동 실행이 산출하는 결과에 의해 정의된다. 예를 들어, 스키너 상자에 있는 쥐는 지렛대를 누르면 먹이에 접근할 수 있다.

$$S^D(\text{상자에 있는 지렛대}) \rightarrow R(\text{지렛대 누르기}) \rightarrow O(\text{먹이 획득})$$

지렛대가 눌리면 먹이가 도달한다. 지렛대 누르기 반응은 지렛대가 충분히 눌려서 먹이 공급 장치가 작동하는 한 쥐가 왼발, 오른발 또는 코로 누르든 상관없이 먹이에 의해 강화된다. 제1장에서 여러분은 칼 래슐리(Karl Lashley)와, 쥐의 미로 달리기에 대한 그의 실험에 관하여 읽어보았다. 한 실험에서, 래슐리는 쥐가 미로에 있는 얕은 물을 통과해 일련의 회전을 옳게 함으로써 목표점에 도달하도록 훈련을 시켰다. 나중에는, 이 동물이 억지로 수영을 하도록 물의 수위를 높였다. 비록 수영은 쥐가 이전에 이 환경에서는 수행해본 경험이 없었던 새로운 운동 반응을 포함했지만, 이 동물은 이 미로에서 계속해서 길을 찾아내서 목표지점에 도달했다(Lashley, 1924). 비슷하게, 애니의 부모는 큰 아이 베키가 그녀의 방을 청소할 때 용돈을 줌으로써 그녀가 청결한 생활을 하도록 강화할 수 있을 것이다. 옷이 바닥에서 치워지고 장난감이 치워지는 것이 중요하지 베키가 이 일을 완수하기 위해 사용한 운동 순서가 정확히 무엇인지는 중요하지 않다.

그런데 이런 복잡한 경우에, 베키와 동물들은 그들의 반응이 특별한 결과로 이어질 것이라는 것을 처음에 어떻게 학습하는가? '꼼꼼한 돼지 프리실라'를 생각해보자. 만약 손다이크의 고양이가 우연히 퍼즐 상자의 문을 여는 반응을 발견하기까지 몇 시간이 걸렸다면, 어떤 이는 프리실라가 우연히 진공청소기를 작동시키는 일과 자신의 조련사가 이 행동을 강화해줄 것이라는 것을 알아채기까지 시간이 얼마나 걸렸을까 상상할 수 있을 것이다.

짐작했겠지만, 복잡한 행동이 유발되기를 원하는 연구자들과 동물 조련사들은 우연에 거의 의존하지 않는다. 대신에, 그들은 바라는 반응에 대한 연속적인 접근들이 강화되는 방식의 **조형**(shaping)이라는 과정을 사용한다. 예를 들어, 쥐가 처음에 스키너 상자에 놓이면 자연스러운 행동들(몸 단장하기, 탐색하기 또는 조용히 그냥 앉아 있기 등)을 할 것이다. 실험자는 쥐가 우연히 먹이 접시 근처를 서성일 때 먹이 알갱이 하나를 떨어뜨린다. 쥐는 먹이를 먹게 되고 접시와 먹이 간의 연합을 학습하기 시작한다. 몇 번 그와 같은 시행을 한 후에 쥐는 먹이 접시 부근에서 시간을 보내기 시작한다. 그런 후에, 먹이 접시 부근에 있는 것만으로는 충분하지 않다는 것을 쥐에게 알게 하려고 실험자는 규칙을 바꾼다. 이제 쥐는 먹이가 떨어지기 전에 지렛대 근처에 있기도 해야 한다. 곧 쥐는 지렛대 근처에서 어슬렁거림을 학습한다. 일단 쥐가 이것을 배우면 규칙은 다시 한 번 바뀐다. 즉, 동물이 실제로 지렛대를 터치해야만 먹이가 떨어진다. 다음으로는 동물이 일어서서 지렛대를 터치해야 하고, 그다음으로는 동물이 지렛대를 눌러야 먹이가 공급된다. 점진적으로, 일련의 연속적인 접근에 의해 바라는 반응은 학습된다. 이제 쥐는 먹이를 얻기 위해서 지렛대를 누른다.

여러분에게 위와 같은 과정이 어렵고 시간 소모적인 것처럼 생각된다면 그것은 옳은 생각이다. 조형은 실험자의 편에서 상당히 많은 기술을 요구한다. 그는 얼마나 빨리 진행해야 하고, 얼마나 강하게 새로운 단계를 만들어야 하며, 심지어는 동물이 어리둥절하면 몇 단계를 거슬러 올라갈지의 여부를 결정해야 한다. 몇몇 연구자들은 조형 기법을 최적화하는 데 도움이 되는 표준적인 방법과 기준을 제안했다(Galbicka, 1994). 여전히, 조형이 어렵다는 이유로, 사람들은 흔히 전문적인 동물 훈련자에게 돈을 지불하면서 강아지들이 대소변을 가리도록 훈련시킨다.

애니의 부모는 유아용 변기를 처음 도입할 때 같은 조형 절차를 활용한다. 애니가 소변 볼 때가 가까워졌다고 생각되면 그녀를 유아용 변기에 앉힌다. 그들은 그녀가 그 변기에 앉아서 정말 소변을 보면 칭찬으로 이 행동을 강화한다. 점진적으로, 일련의 단계적인 접근을 통하여 애니는 그 변기에 접근해서 스스로 그 반응을 수행하는 것을 배운다.

인간에 있어서 조형의 유용성은 배변훈련에만 국한되지 않는다. 물리치료사는 환자가 팔다리 사용을 회복할 수 있도록 도우려고 조형을 사용한다. 예를 들어, 처음에는 환자가 손을 폈다가 오므리기를 하도록 요구하다가, 다음에는 점진적으로, 숟가락을 잡아서 사용하는 데 필요한 섬세한 운동통제의 단계로 올려서 작업한다. 조형은 자폐아동들에게 말하기를 가르치는 데에도 사용되어 왔다. 처음에는 어떤 발성도 강화해주고, 다음에는 단어처럼 들리는 발성만 강화해주며, 궁극적으로는 실제 단어를 생성하면 강화해준다(Lovaas, 1987). 조형은 맹인을 위한 안내견과 공항이나 국경에서 폭발물 또는 밀수품을 탐지하는 탐지견을 포함하는 서비스

트위기는 플로리다 워터파크에 있는 다람쥐로, RC 보트 뒤에 매달려서 수상스키를 탈 수 있다. 어떻게 트위기는 이런 묘기를 부릴 수 있게 되었을까?

Jon-Michael Sullivan/ZUMA Press/Newscom

동물을 훈련시키기 위해서도 사용된다(탐지견이 어떻게 훈련받는가에 대해 더 알고 싶으면, 이 장의 '일상에서의 학습과 기억' 참조).

하나의 관련되는 기법이 **연쇄**(chaining)인데, 이에서 유기체는 비연속 반응들의 복잡한 순서를 수행하도록 단계적으로 훈련받는다. 스키너는 한번은 쥐가 구슬을 방출하는 끈을 당긴 후 앞발로 그 구슬을 주워 튜브까지 가져와 그 안에 떨어뜨리도록 훈련시켰다(Skinner, 1938). 스키너는 그처럼 복잡한 순서의 반응을 단 한 번에는 훈련시킬 수 없었다. 연쇄는 유기체가 한 번에 1개씩의 연결을 더하는 학습을 포함한다. 즉, 처음에는 쥐가 줄을 당기도록, 다음에는 줄을 당기고 구슬을 집도록 하는 방식으로 훈련시킨다. 때때로, 역순

◄◄ 일상에서의 학습과 기억 ►►

폭탄 탐지견

최근 몇 년 안에 비행기를 타고 여행을 가본 적이 있다면 여행 가방은 특별히 훈련된 탐지견들에 의해 검사당했을 것이다. 이 개들은 공항이나 국경에서 밀수되는 마약, 폭탄 등 불법 물질을 찾아내는 데 도움을 준다. 탐지견은 사람이 하는 것보다 훨씬 빠르게 여행 가방들을 수색할 수 있다. 또한 탐지견은 빠른 것뿐만 아니라 불법 물질이 밀폐용기에 있거나 냄새를 가리기 위해 초콜릿 등에 숨겨져 있어도 미약한 냄새를 맡아서 찾아내는 민감도를 가지고 있다.

그러면 어떻게 탐지견들은 이런 일을 할 수 있을까? 바로 조작적 조건화의 기본적인 원리를 이용하는 방법이다. 학습은 보통 정적 보상을 통해서 시작된다. 보통 개들이 좋아하는 방식으로 훈련사가 장난감을 던지고 개가 물어오면 놀아주는 형태로 보상을 준다. 그리고 장난감에 개가 감지를 해낼 폭발물이나 마약의 냄새를 묻힌다. 개가 냄새가 묻은 장난감을 가져올 때마다 훈련사가 놀아주면 냄새와 가져오는 행위, 그리고 보상에 대한 연합이 강화된다. 훈련이 계속 되면 개는 형태가 다르지만 같은 냄새가 나는 장난감을 가져오도록 학습되어서 해당 냄새가 나는 어느 물체도 가져오면 보상을 받는다는 것을 깨닫는다. 훨씬 이후에는 "가서 찾아!"처럼 구두로 명령을 추가해서 수색을 시작하라고 개에게 알려줄 수 있다. 이 시점부터 구두 명령은 변별자극으로 사용된다.

S^D("가서 찾아!") → R(목표 냄새가 나는 물체를 찾는 행동) → O(놀아주기)

훈련이 계속되면 새로운 반응을 조성할 수 있고 이를 통해 냄새가 나는 물체를 가져오는 것이 아니라 냄새가 나는 물체 옆에 바로 앉도록 하게 할 수 있다. 이런 방법은 개가 주변 사람들을 경계시키지 않고 보안요원에게 신호를 줄 수 있어서 보안요원이 손쉽게 적절한 대처를 할 수 있도록 해준다.

개의 후각은 다른 분야에서도 유용하다는 것이 증명되었다. 군은 전장에서 개를 사용해서 폭발물이나 지뢰를 찾아내도록 한다. 방역 회사들은 개를 고용해 빈대를 찾아내도록 한다. 의학 실험실에서는 개의 후각을 사용해 소변 냄새에서 나는 전립선 암 관련 분자나(Cornu, Cancel-Tassin, Ondet, Girardet & Cussenot, 2011) 날숨에서 나는 폐암 관련 분자(Boedeker, Friedel & Walles, 2012)를 찾아내려고 실험 중이다. 탐지견들은 또한 2001년 9·11일 테러 이후에는 쌍둥이 빌딩 잔해 속에 갇힌 생존자들을 찾는 작업을 도와주었다.

그러나 여기에는 논란이 일고 있다. 일부는 개의 정확성에 대해서 문제를 제기한다. 한 연구에서 개 관리자가 빨간 종이가 위치한 영역 근처에 목표 냄새가 많다고 믿게 했을 때 개는 아무 냄새가 없음에도 불구하고 해당 영역에서 더 냄새를 더 많이 맡는 현상을 보였다. 연구자들은 동물이 관리자의 미묘한 (아마도 무의식적인) 단서에 많이 반응한다고 주장하였다(Lit, Schweitzer & Oberbauer, 2011). 또한 '시카고 트리뷴'의 보고서에 따르면 빨간 불에 정지한 차들을 탐지견을 사용해 임의 수색했을 때 옳은 감지보다 거짓 경보 반응을 더 많이 보였다고 한다(Hinkel & Mahr, 2011). 이러한 거짓 경보는 탐지견이 폭발물의 냄새를 맡아 공항이 몇 시간 동안 폐쇄되지만 나중에 무해한 물체로 밝혀지는 사건처럼 심각한 경제적 손실을 일으킬 수 있다.

다른 비판들은 개들을 지뢰밭이나 건물 붕괴 현장같이 인간에게 매우 위험한 장소로 개를 보내는 것이 비윤리적이라고 말하며 로봇 후각센서(이미 미국 몇 공항에서는 사용되고 있다) 등이 경제적으로 훨씬 더 효과적일 것이라고 한다.

으로 단계들을 훈련시키는 것이 더 효과적인데, 이 과정을 **역행적 연쇄**(backward chaining)라고 한다. 즉, 처음에는 쥐가 튜브 안에 구슬을 떨어뜨리도록 훈련시키고 그다음으로는 구슬을 튜브로 가져오도록 하는 등의 훈련을 시킨다. 각 단계에서, 쥐가 점차적으로 더 긴 반응 순서를 수행해야만 먹이를 얻을 수 있게 했다.

연쇄는 사람을 훈련시키는 데에도 유용한 기법이다. 품목들의 제조를 배우는 노동자들은 흔히 한 번에 한 단계씩 해당 과정을 배운다(Walls, Jane & Ellis, 1981). 조종사 훈련생은 모의 비행 장치를 통해 점진적으로 더 긴 순서를 연습함으로써 착륙 순서를 통달할 수 있다(Wightman & Sistrunk, 1987).

강화자

지금까지 우리는 결과에 대하여 상당히 느슨하게 논의해 왔다. 하지만 이제 공식적인 정의에 착수해보자. **강화자**(reinforcer)는 행동의 결과로 주어지며, 이는 해당 행동이 미래에도 일어날 가능성을 증가시켜준다. 예를 들어, 먹이는 배고픈 동물에게는 강화자이며, 동물은 먹이에 접근하게 해주는 행동을 반복하는 경향이 있다. 음식, 물, 수면과, 편리한 온도를 유지하려는 욕구, 그리고 성은 모두 **일차 강화자**(primary reinforcer)의 예인데, 이들은 유기체에게 생물학적인 가치가 있어서 유기체로 하여금 이들 대상으로 접근하게 하는 행동을 반복하게 하는 경향이 있다. 클라크 헐(Clark Hull)은 **욕구감소 이론**(drive reduction theory)을 제안하였다. 이 이론에 따르면, 유기체는 선천적으로 일차 강화자를 얻고자 하는 욕구를 가지고 있으며, 학습은 이런 욕구를 감소시키기 위한 선천적인, 생물학적인 요구를 반영하고 있다(Hull, 1943, 1952). 일차 강화자를 얻기 위한 이런 동기는 헐의 방정식에서 핵심적인 변인이다(제1장에서 읽은 것처럼, 그는 이 방정식으로 모든 학습을 설명하려 했다).

이런 접근의 한 가지 문제점은 일차 강화자가 항상 강화를 유발하는 것은 아니라는 점이다. 갈증난 동물은 일차 강화자인 물에 접근하려고 노력할 것이다. 그러나 실컷 마시고 나면 더해지는 물은 강화적이지 않다. 더하여, 모든 일차 강화자가 동일하게 만들어지는 않았다. 배고픈 동물은 먹이를 얻기 위해 일을 할 것이다. 하지만 자신이 좋아하는 먹이에 대해서는 훨씬 더 열심히 일할 것이다. 예를 들어, 해바라기 씨가 효과적으로 배고픔을 충분히 달래주지만 쥐는 해바라기 씨보다는 (특별히 맛있는) 빵과 우유를 얻으려고 더 빨리 미로를 달리는 경향이 있다(Simmons, 1924).

일차 강화자에 더하여, 학습은 **이차 강화자**(secondary reinforcer)에 의해서도 유도될 수 있다. 이것은 처음에는 생물학적인 가치를 가지지 않지만 일차 강화자와 짝지어진 강화자이다(Shahan, 2010). 이차 강화자에 대한 가장 좋은 예가 돈이다. 돈 그 자체는 생물학적으로 강화시키는 속성을 가지지 않으나 음식, 은신처 심지어는 성(가난한 사람보다는 백만장자가 잠재적인 배우자를 훨씬 많이 매혹시킬 수 있는 하나의 이유이다)을 포함한 어떤 일차 강화자와도 교환될 수 있다. 사람들은 배가 고픈 상태에서만 음식을 얻기 위해 일하지만, 이차 강화자를 위해서는 무한정으로 일하는 경향이 있다. 도널드 트럼프와 빌 게이츠가 증명하듯이, 당신은 너무 많은 돈을 가져도 결코 지나치지 않을 것이다. 학생에게는, 학점이 이차 강화자 기능을 한다. 'A' 학점은 여러분이 배고플 때 먹여주지 않을 것이며, 추울 때에는 여러분을 따뜻하게 하지 못할 것이다. 그러나 좋은 학점은 궁극적으로 학위와 교환될 수 있다. 학위는 차례로 좋은 직업과, 좋은 직업은 돈과, 돈은 일차 강화자와 교환될 수 있다.

이차 강화자는 교도소에서, 정신과 병원에서, 그리고 다른 기관들에서 자주 사용된다. 이곳의 직원들은 피수용자들이 바람직한 행동을 하도록, 그리고 침대를 정리하거나 약을 복용하는 것과 같은 자질구레한 일을 수행하도록 동기부여 한다. 각각의 바람직한 행동은 토큰으로 강화되는데, 여러 개의 토큰은 차후에 특별한 혜택(예 : 전화나 그룹 활동에 참여할 수 있는 것)과 교환될 수 있다. 그와 같은 제도를 **토큰 경제**(token economy)라 하는데, 그 이유는 토큰이, 바깥세상에서 돈이 하는 방식과 똑같은 방식으로 기능하기 때문이다 (Hackenberg, 2009). 토큰 경제는 또한 지적 장애나 자폐증을 가진 아이들의 행동을 수정하기 위하여 성공적으로 사용되어 왔다(Matson & Boisjoly, 2009). 심지어는 말을 쓰지 않는 아이들조차도 어떤 반응들이 토큰—나중에, 캔디 또는 장난감과 교환할 수 있음—의 습득을 가져다줄지를 학습할 수 있는 것 같다.

동물 또한 이차 강화자를 위해서 일하는 경향이 있다. 예를 들어, 조련사들은 이차 강화를 사용하여 돌고래가 재주를 부리도록 훈련할 수 있다. 조련사는 처음에는 돌고래가 휘파람과 먹이의 연합을 학습할 때까지, 먹이 강화와 휘파람 소리를 짝짓는다. 이 시점에서, 휘파람은 이차 강화자가 되었고 그 행동을 유지하기 위하여 사용될 수 있다(Pryor, Haag & O'Reilly, 1969). 말 조련사는 자주 비슷한 기법을 사용하는데, 딸깍 소리가 홀로 행동을 강화할 수 있을 때까지 딸깍 소리와 귀리 사료를 짝짓는다(Skinner, 1951). 두 경우에서, 때때로 이차 강화자에 이어 먹이가 따라오는 한, 그 행동은 유지된다.

이차 강화자는 동물 훈련에 특히 유용한데, 그 이유는 동물 훈련자가 재주가 끝날 때까지 기다리지 않고 즉각적으로 딸깍 소리 강화자를 제공할 수 있기 때문이다. 반응에 이어 강화가 더 빨리 따라올수록 그 강화는 더 효과적이다. 이차 강화자의 또 다른 장점과 관련하여, 비록 동물이 배고프지 않을 때는 먹이를 얻으려고 일하지는 않겠지만, 돈을 추구하는 인간과 같이 동물은 이차 강화자를 얻기 위하여 무기한으로 계속해서 일할 수도 있을 것이다.

이차 강화자에 대한 표준적인 설명은 일차 강화자와 배쌍됨으로써 이차 강화자(예 : 딸깍 소리)는 그 자신이 강화자가 되었으며 유기체는 이것을 얻기 위해 일하게 된다는 것이다. 어떤 증거는 이런 견해를 지지하지만, 다른 연구는 동물이 속아서 이차 강화자를 얻기 위해 자신이 일할 가치가 있다고 생각하지는 않는다고 제안한다. 오히려 이차 강화자는 정보적인 피드백, 즉 행동이 일차 강화자를 얻기 위한 올바른 트랙에 들어서 있는 것을 알리는 단서— "계속 이 반응을 수행하라. 그러면 너는 결국 먹이를 얻을 것이다."—를 제공한다(Shahan, 2010). 이것은 감옥 수감자의 경우와 유사하다. 수감자가 잡일

아프리카 주머니 쥐는 지뢰를 탐지하도록 훈련을 받아, 모잠비크 해안에서 내전 후 남겨진 지뢰들을 찾는 데 도움을 줄 수 있다. 작은 하네스의 도움을 받아 지뢰를 건드리지 않고 날쌔게 움직이면서 폭발물의 냄새를 맡으면 특징적인 자세를 취하게 된다. 이 동물들에게는 조그만 바나나 조각이 효과적인 보상물이 된다. 이 사실을 알고, 매번 쥐가 지뢰를 찾을 때마다 지뢰밭을 건너가서 바나나를 주기 싫다면 이런 쥐를 어떻게 훈련하면 좋을까?

Reuters/Howard Burditt/Landov

을 완료하는 이유는 토큰 자체를 얻기 위하여 특별히 동기부여 된다기보다는 토큰의 획득이 그가 진짜 좋아하는 것을 얻기 위한 방편이라는 것을 알고 있기 때문이다.

일차 강화자와 이차 강화자로 이야기가 끝나는 것은 아니다. 여러분이 다음에서 읽겠지만, 나중의 실험들은 강화자의 정의가 일차 강화자와 연결되지 않는 것처럼 보이는 활동과 경험에까지 확장될 수 있음을 보여주었다. 예로서, 베키의 부모가 그녀에게 "너는 네 숙제를 마친 후에 TV를 볼 수 있어."라고 말할 때, TV를 볼 기회는 숙제 완료하기라는 행동을 위한 강화자가 된다.

비록 많은 대상이 강화자로서 기능할 수 있지만 그 강화자의 정체성은 정말로 중요하다. 유기체는 자극 S에 대한 반응 R이 무선적이 아닌 특정한 결과 O를 산출한다는 것을 학습한다. 그 결과가 바뀌면 반응이 변화할 수 있다. 예로, 배고픈 사슴은 평상시에는 싫어하는 쓴맛이 나는 타닌 맛이 강하게 가미된 먹이 알갱이를 먹는다. 그러나 처음에는 약하게 가미된 한 사발의 알갱이를 먹다가 나중에 강하게 가미된 다른 사발의 먹이로 전환된 사슴은 줄곧 강하게 가미된 알갱이를 먹어온 사슴보다 두 번째 사발에서 먹이를 더 적게 먹는다(Bergvall et al., 2007). 유사하게, 먹이 알갱이나 단맛 나는 설탕물을 얻기 위하여 지렛대 누르기 반응을 하도록 훈련받을 때, 쥐는 후자를 더 선호하는 경향이 있다. 단맛의 물은 각 훈련 회기의 첫 절반 동안에 강화자로서, 그리고 먹이 알갱이는 각 회기의 후 절반 동안에 강화자로서 사용된다면, 쥐는 전형적으로 해당 회기의 첫 절반 동안에 더 많은 반응을 한다(Weatherly, Plumm, Smith & Roberts, 2002). 이들 현상은 **부적 대비**(negative contrast)의 예이다. 덜 선호되는 강화자만 내내 제공받아왔던 유기체보다도, 기대되거나 선호되는 강화자 대신에 덜 선호되는 강화자를 받은 유기체는 그 덜 선호되는 강화자에 대하여 훨씬 약하게 반응하는 경향이 있다(Flaherty, 1982).

부적 대비는 인간에서도 관찰할 수 있다. 한 고전적 연구에서, 유아들은 맹물 또는 달콤한 물 중 하나를 제공하는 젖꼭지를 빨았지만, 맹물(연한 초록 선)보다는 달콤한 물(그림 5.3의 진한 초록 선)이 더 높은 비율의 반응을 유발했다. 따라서 달콤한 물이 선호적인 강화자였다. 유아들이 1회기에서 달콤한 물로 시작한 후 2회기에서 그것이 맹물로 바뀌면, 빨기 반응은 곤두박질쳤다(빨간 선). 즉, 이들 유아는 내내 맹물만 제공받은 유아들에 비해 2회기에서 맹물을 더 적게 빨아 먹었다(Kobre & Lipsitt, 1972). 유사한 부적 대비 효과가 핼러윈 날에 이웃으로부터 캔디를 기대했는데 대신에 몇 개의 1센트짜리 동전을 받는 아이들에서도 관찰될 수 있다. 이런 효과는 또한 백만 불 그랑프리 획득을 희망했지만 새 차 또는 무료 휴가여행과 같은 경품으로 대신 받은 뒤 맥이 빠진 게임-쇼 경쟁자들에서도 관찰된다.

처벌자

강화자가 유일한 종류의 결과인 것은 아니다. **처벌자**(punisher), 즉

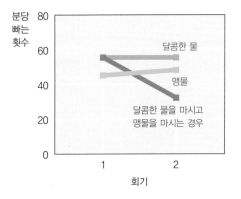

그림 5.3
부적 대비 효과 일반적으로 더 선호하는 보상을 예상했을 때 더 낮은 수준의, 하지만 받아질 수 있는 보상이 주어진다면 반응을 덜 하게 된다. 어린 영아는 설탕을 넣어 달콤한 물을 더 많이 빨고(진한 초록) 맹물은 더 낮은 수준으로 빤다(연한 초록). 하지만 처음 달콤한 물을 1회기에서 마시고 2회기에서 맹물을 마시는 경우(빨강) 2회기에서 맹물만 준 조건보다 덜 빤다.

Data source: Kobre and Lipsitt, 1972.

부적 결과 또한 있다. 동물에게 일반적인 처벌자는 고통, 큰 소리, 포식자 또는 포식자의 냄새에의 노출 등을 포함한다. 인간에게 일반적인 처벌자는 벌금, 사회적 불인정 그리고 감옥살이 등을 포함한다. 공식적으로, **처벌**(punishment)은 그 행동의 가능성을 감소시키는 어떤 행동에 대하여 결과를 제공하는 과정이다. 지렛대를 누를 때 전기충격을 받게 되면 쥐는 지렛대 누르기 중단을 학습하게 될 것이다. 베키가 여동생 애니를 놀려댈 때마다 부모로부터 꾸중을 듣게 되면 그녀는 그런 행동의 중단을 학습하게 될 것이다.

제1장에서 읽은 것처럼, 손다이크(1911)는 원래 처벌자가 단순히 강화자의 정반대라고 가정했다. 즉, 강화자는 그 행동이 미래에 다시 발생할 가능성을 증가시키는 반면에 처벌자는 그 가능성을 감소시킨다. 나중에, 손다이크(1932)와 스키너(1938, 1953)는 행동을 통제하는 데 있어서 처벌이 강화만큼 효과적이지는 않다고 결론 내렸다. 결국, 손다이크는 처벌에 대한 아이디어를 그의 효과의 법칙으로부터 없앴다. 그리고선, 그는 강화는 미래에 어떤 반응이 반복될 가능성을 정말로 증가시키지만 처벌의 효과는 불안정하며 신뢰할 수 없는 것이어서 때때로 처벌 대상의 행동이 모순되게도 증가하는 결과를 초래한다고 결론 지었다(Thorndike, 1943; Postman, 1962).

하지만 현대의 많은 연구자들은 처벌이 행동을 수정하는 데 정말로 매우 효과적일 수 있다고 주장한다(복습을 위해서는 Staddon, 1995를 참조). 문제는 처벌이 얼마나 효과적일지를 결정하는 데에는 몇 가지의 요인이 있다는 것이다. 우리는 네 가지의 중요한 요인들을 여기에 기술한다.

1. **처벌은 더 가변적인 행동으로 이어진다.** 효과의 법칙에 따르면, 어떤 특별한 반응 R에 대한 강화는 동일한 반응이 미래에도 일어날 가능성을 증가시킨다. 대조적으로, R에 대한 처벌은 미래에 R이 발생할 가능성을 감소시킨다. 그러나 이것은 R 대신에 무슨 반응이 발생할 것인가는 우리에게 말해주지 않는다. 사실, 처벌은 유기체가 다른 가능한 반응들을 탐색할 때 행동에서 변산성을 산출하는 경향이 있다. 그 주요 목표가 (아이를 뜨거운 난로 근처에 가지 못하도록 훈련하는 것과 같이) 단순히 비바람직한 반응을 제거하는 것이라면 그 자체로 족하다. 그러나 그것은 바람직한 행동을 훈련하기 위해서는 특별히 좋은 방법은 아니다. 만일 조건화의 목표가 미리 정해진 방식으로 행동을 조형하는 것이라면, 단순히 대신하는 비바람직한 행동을 처벌하는 것보다는 바람직한 반응을 강화하는 것이 일반적으로 훨씬 더 빠른 학습을 만들어낸다.

2. **처벌에 필요한 변별자극은 속임수를 부추길 수 있다.** 조작적 반응이 강화될지의 여부를 변별자극은 어떻게 유기체에게 신호할 수 있는지를 기억하라. 변별자극은 또한 반응이 처벌될 수 있는가의 여부도 신호할 수 있다. 과속하는 운전자에게, 경찰차가 보이는 것은 처벌을 위한 변별자극이다. 이 자극이 있는 데서 과속을 하면 아마도 처벌을 받을 것이기 때문이다. 경찰차가 없을 때 과속을 하는 것은 아마도 처벌을 받지 않을 것이다. 이 경우에, 처벌은 운전자가 과속하지 않도록 훈련시키는 것은 아니다. 그것은 다만 그가

경찰차가 있을 때 과속을 억제하도록 가르칠 뿐이다. 경찰차가 보이지 않게 될 때는 과속이 재개될지도 모른다. 이와 유사하게, 침팬지 집단에서 수컷 우두머리는 다른 수컷들과 짝짓기한 암컷 침팬지들을 처벌할 수 있으나, 그가 돌아서면 이 암컷 침팬지들은 서열이 낮은 수컷들과 함께 자주 숲으로 슬금슬금 내뺀다. 한 번에 4개 이하의 먹이 알갱이를 먹도록 훈련받은 쥐는 사람이 지켜보지 않으면 보이는 모든 먹이를 즐겁게 먹어 치운다(Davis, 1989).

3. **동시에 발생하는 강화는 처벌을 방해할 수 있다.** 처벌의 효과는 강화가 처벌과 함께 발생하면 상쇄될 수 있다. 쥐가 처음에는 먹이를 얻기 위해 지렛대 누르기를, 그리고 이후에는 지렛대 누르기가 전기충격에 의해 처벌되는 것을 학습한다고 가정하자. 쥐가 다른 방법으로는 먹이를 얻지 못한다면, 전기충격에 의한 처벌이 있음에도 불구하고 쥐는 먹이를 얻기 위하여 지속적으로 지렛대를 누르는 경향이 있다. 마찬가지로, 수업시간에 잡담을 해서 꾸중을 들은 아이는 이 행동이 동시에 친구들의 동의에 의해 강화된다면 이 행동은 훨씬 덜 억제되는 경향이 있다. 비록 과속 운전자는 비싼 과태료를 무릅써야 하지만 이런 처벌의 효과는 빨리 달리는 즐거움이 주는 강화에 의해 상쇄될 수 있다.

4. **처음의 강도가 중요하다.** 시초부터(즉, 처음 노출부터) 강한 처벌자가 사용되면 처벌은 가장 효과적이다. 한 연구에서, 미로를 통과해 목표상자로 달려갈 때 쥐는 전기충격을 받았다(Brown, 1969). 처음에, 가장 낮은 강도(1 또는 2볼트)로 제시된 전기충격은 행동에 영향을 거의 미치지 못했다. 그다음 여러 날에 걸쳐 점진적으로 충격의 강도가 40볼트까지 상승되었다. 비록 40볼트의 충격을 처음 받은 쥐는 미로 달리기를 즉각적으로 중단했음에도 불구하고, 이미 낮은 강도의 충격을 받은 경험이 있는 쥐의 행동은 본질적으로 영향을 받지 않았다. 명백히, 초기의 약한 충격은 쥐가 나중의 더 강한 충격들에 민감하지 못하게 만들었다. 약한 강도에서 출발해서 강도를 올려감으로써 강한 전기충격의 효과는 완전히 와해되었다.

불행하게도, 첫 규칙 위반자에 대한 강한 처벌 원칙은 상식적으로 적절하지도 않고, 옳게 생각되지도 않는다. 대신에, 사람에게는 처음에 약한 정도의 처벌로 시작해서, 반복되는 규칙 위반에 대해 더 강한 처벌 수준으로 올려가는 경향이 있다. 수업시간에 버릇없이 구는 아이는 처음에는 경고를 받고 다음에는 꾸중, 그다음에는 방과 후에 남겨지고 이후는 제적될 수 있을 것이다. 때가 되어 주어지는 제적은 사전에 받았던 가벼운 처벌들 때문에 미래의 나쁜 품행을 막는 데 별로 효과적이지 않을 수 있다. 마찬가지로, 이미 더 적은 양의 벌금을 지불하는 데 익숙해져 있는 과속 운전자를 500불짜리 과태료로 단념시키는 것은 별로 효과가 있을 것 같지 않다. 각 사례에서, 사전의 약한 처벌은 엄한 처벌의 효과를 와해시키는 것 같다(처벌의 문제점에 대한 논의를 더 하기 원하면 '일상에서의 학습과 기억' 참조).

처벌의 문제점 때문에 많은 사람들은 채찍보다는 당근의 사용을 선호한다. 비바람직

사회적으로 하지 말아야 할 행동에 대해 어떤 사회적 단서가 처벌자로 작용할 수 있을까?

한 행동이 보일 때마다 처벌을 제공하기보다는 선호되는 대안(alternate) 행동 — **대안 행동의 차별적 강화**(differential reinforcement of alternative behaviors, DRA)라고 알려져 있는 과정 — 을 보상해주는 것이 가능하다. 예를 들어, 자폐증 또는 발달장애를 가진 어떤 아동들은 반복적으로 자신의 머리를 벽에 찧거나 자기 자신의 손을 물어뜯는 것과 같은 자기 손상적인 행동을 끈질기게 보인다. 이런 원하지 않는 행동이 보일 때마다 아동을 처벌하기보다, 부모나 치료자는 어떤 과제 완료에 대한 또는 영양식을 먹는 것에 대한 지시 사항에 응종하는 것과 같은 바람직한 행동이 일어날 때 이를 보상해줄 수 있다(Petscher, Rey & Bailey, 2009). DRA는 보상받는 행동이 원하지 않는 행동과 양립할 수 없을 때 특별히 잘 작동할 수 있다. 예로, (자폐) 아동이 숙제를 완료하려고 또는 식사를 하려고 의자에 앉아 있는 한, 그 아동은 물리적으로 벽에 자신의 머리를 찧을 수 없다.

2011년에, 영화관 체인인 시네마크는 고객들이 영화 목록들을 체크하고서 티켓을 살 수 있도록 하기 위하여 휴대전화 애플리케이션을 도입했다. 그것은 또한 현대의 영화 관람과

◄◄ 일상에서의 학습과 기억 ►►

처벌의 문제

미국에서 94%의 영아 부모는 아이가 원치 않은 행동을 할 때 엉덩이를 때리는 등의 육체적 처벌을 한다고 답했다(Kazdin & Benjet, 2003). 처벌이 원하지 않는 반응의 빈도를 줄이는 데 효과적이라는 사실에 대해서는 질문의 여지가 없다. 때리는 것은 아주 어린 아이도 이해할 수 있는 형태의 처벌이고, 효과적으로 행동을 교정할 수 있다.

하지만 체벌은 논란이 많다. 많은 사람들은 아이를 때리는 것은 절대 정당화되어서는 안 된다고 주장한다. 어떤 연구에서는 맞은 아이들은 공격성이나 스트레스처럼 정서적인 문제를 일으킬 수 있다고 주장하는 반면(Gershoff, 2002), 가끔씩 하는 약한 수준의 때리기는 지속되는 피해는 입히지 않는다고 주장한다(Baumrind, 2002; Larzelere, 2000).

때리기를 싫어하는 부모들은 다른 대안이 있다. 처벌은 효과적이기 위해 물리적인 고통이 동반될 필요는 없다. 말로 야단치는 것은 물리적인 피해 없이 할 수 있는 한 가지 처벌의 형태이다. 다른 예로는 집에서 못 나가게 하거나 모든 행동을 멈추게 하는 것(타임 아웃), 용돈을 안 주는 것 등이 있다.

하지만 처벌을 효과적으로 적용하기 어렵다는 문제가 아직 남아 있다. 한 가지 가상의 예를 들어보자. 숀의 부모는 매우 바쁘다. 숀은 자기 형에게 대들어서 그들의 관심을 끌 수 있다. 숀이 행동을 잘하면 두 형제는 부모의 많은 관심을 받지만, 숀이 도자기를 깨거나 형이랑 싸우거나 학교에서 문제를 일으키면 모든 부모의 관심은 숀에게 쏠린다. 숀의 부모는 숀을 혼낸다고 생각하겠지만 그들은 사실 숀의 나쁜 행동에 대해 관심으로 보상을 해주고 있는 것이다.

그럼 어떻게 해야 할까? 먼저, 숀의 부모는 좋지 않은 행동을 처벌하되, 호들갑을 떨지 않으면서 최대한 적은 관심을 받도록 해야 한다. 또한 착하게 지낸 날에 대해 칭찬을 해주는 방식으로 반대 행동에 대해 보상을 주는 방식으로 나쁜 행동을 줄일 수 있다. 이는 숀의 부모는 막내에게 추가로 시간과 노력을 들여서 관심을 주고, 나쁜 행동을 할 때마다 처벌을 하는 것이 아니라 언제 그가 좋은 행동을 하는 것인지 알도록 해주어야 한다. 대신 이를 통해 처벌의 문제를 많이 피하고 말 잘 듣는 아이와 행복한 가정을 얻을 수 있을 것이다.

관련하여 치명적인 사람들—상영 중에 문자를 보내는 관람객(휴대전화 스크린에서 나오는 빛이 인근에 앉아 있는 사람들의 주의를 흩어지게 할 수 있다)—에 대응하기 위해 새로운 책략을 시도했다. 상영 시작 때 폰을 집어넣으라는 경고와, 불복종 시에 퇴장시키겠다는 위협과, 심지어는 사회적 불인정 모두가 실패했기 때문에, 시네마크는 대안 행동을 강화하는 쪽으로 책략을 바꾸었다. 즉, 휴대전화 사용자들은 영화 시작 시에 폰 앱을 활성화시키고서, 만일 그들이 영화의 나머지 부분을 보는 동안에 폰을 다시 사용하지 않으면 그들은 쿠폰—무료 팝콘이나 음료수와 같은 보상과 교환할 수 있는 이차 강화자—을 받는다. 이런 DRA의 시도가, 더 전형적인 처벌 기반의 접근법에 비하여, 상영 동안에 문자 보내기를 실제적으로 감소시켰는지는 아직 평결이 나 있지 않다.

종합하기 : $S^D \rightarrow R \rightarrow O$ 연합 만들기

앞에서 변별자극, 반응 및 결과에 대해 조금 자세히 학습했기 때문에, 이들을 정리할 수 있는 방법에 대하여 생각해볼 때다. 실험자는 몇 가지의 요인들을 변경시킬 수 있다. S^D, R, O 간의 시간간격, 반응 후에 결과가 가감될 것인가의 문제, 심지어는 반응에 뒤따르는 결과에 대한 규칙성, 즉 계획이 그것이다. 실험에서 결과가 언제 제공될 것인가를 결정하는 규칙을 **강화계획**(reinforcement schedules)이라고 한다.

타이밍은 학습에 영향을 미친다

지금까지 제시되었던 조작적 조건화에 관한 대부분의 예에서, 결과(강화자 또는 처벌자)는 반응에 즉각적으로 뒤따랐다. 예를 들어, 쥐가 지렛대를 누르자마자 먹이가 스키너 상자 안으로 떨어진다. 돌고래가 재주를 부리자마자 조련사는 휘파람 강화를 제공한다. 베키가 그녀의 동생을 괴롭히자마자 부모가 그녀를 꾸짖는다.

보통은, 즉각적인 결과가 가장 좋은 학습을 산출한다. 이런 원리, 즉 R → O의 간격이 짧으면 조작적 조건화가 더 **빠르다**는 것은 고전적 조건화에서의 시간적 근접성(temporal contiguity)의 원리와 유사하다(이에 대하여 여러분은 제4장에서 읽었다). 고전적 조건화에서, CS와 US가 시간적으로 근접하게 관련될 때 학습이 가장 빠르다. 유사한 효과가 조작적 조건화에서도 발생한다. 반응과 강화 사이에 지연이 없다면, 가장 최근의 행동이 그 결과를 야기했던 반응이라고 여겨져서 그 반응의 빈도가 증가할 가능성이 크다. 그러나 만일 지연이 길면, 다른 행동들이 그 간격 동안에 슬그머니 끼어들어서 그 결과와 연합될 가능성이 더 커진다. 이런 아이디어는 다음의 증거에 의해 지지된다. 그림 5.4에서 보듯이, 쥐는 반응과 먹이공급 간의 지연이 0초일 때 지렛대 누르기 과제를 빨리 학습한다. 하지만 지연이 4초일 때는 이런 연합을 배우는 것이 더 느려지

그림 5.4

반응과 결과 사이의 시간이 학습하는 데 걸리는 시간에 미치는 영향 쥐는 레버를 누르는 행위가 바로, 혹은 약간의 시간 지연 후에 먹이가 나오는 것을 통해 강화되었다. 레버를 누르고 바로 먹이가 나왔을 때 4초 뒤에 먹이가 나왔을 때보다 더 빨리 학습을 하였고, 10초 뒤에 먹이가 나오는 경우 거의 학습을 하지 못하였다(누적 반응 수가 거의 평평한 것을 보면 알 수 있다).

Information from Schlinger & Blakely, 1994.

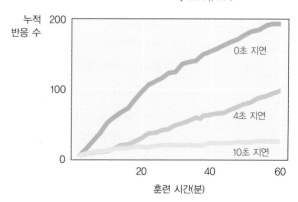

며, 지연이 10초일 때는 학습이 거의 발생하지 않는 것 같다(Schlinger & Blakely, 1994).

반응과 결과 간의 시간적 근접성은 처벌의 효과에도 영향을 준다. 불행하게도, 인간 사회는 흔히 지연된 처벌을 사용한다. 범죄자들은 범죄를 저지른 후 몇 달 또는 몇 년이 지나서야 재판을 받으러 온다. 아침에 비행을 저지르고 방과 후에 남겨지는 중학생은 반응과 결과 사이에 수 시간의 지연을 경험한다. 이들 지연은 처벌자의 효과를 떨어뜨리고 학습을 약화시킨다.

반응과 결과 사이의 시간적 지연은 **자기통제**(self-control) — 장차 더 큰 보상을 위하여 작고 즉각적인 보상을 먼저 택하려는 유기체의 의지 — 에서 중요한 요인이다. 예로, 비둘기가 즉각적인 작은 먹이강화를 위해서는 하나의 원판을, 또는 6초 후에 도달하는 큰 먹이강화를 위해서는 두 번째 원판을 쪼아야 한다고 가정해보자. 이런 상황에서, 비둘기는 거의 항상 즉각적인 작은 강화를 선택한다. 비록 이 방법에 의해서는 전반적으로 더 적은 양의 먹이를 얻게 될지라도 그렇다(Green et al., 1981).

이런 (대립되는) 양자 간의 균형이 인간에서도 발생한다. 시험이 내일로 다가오고 있다면 학생을 공부하도록 설득시키는 것은 쉽다. 하지만 그 시험이 5주 동안 없다면 (그런 설득이) 상대적으로 어렵다. 반응(공부하기)과 강화(좋은 학점) 간의 지연은 강화가 반응을 유발하는 데 효과가 덜하게 만든다. 유사하게, 체중 감소를 위한 다이어트를 유지하기 어렵게 만드는 한 가지 이유는 매 식사 때마다 이 다이어트 하는 사람은 디저트의 즉각적인 보상과 미래의 체중 감소라는 지연된 보상 사이에서 선택을 해야 한다는 것이다.

지연된 강화를 기다리는 능력은 개인에 따라 그리고 연령대에 따라 다르다. "여러분은 오늘 500불을 받기를 원합니까, 아니면 1년 후에 1,000불 받기를 원합니까?"라는 질문을 받을 때, 60대의 성인들은 더 크고 지연된 보상을 택할 가능성이 있다. 대학생들은 이 지연된 보상을 다소 덜 택하는 것 같다. 그리고 12살 난 거의 모든 아이들은 이 지연된 보상을 결코 택하지 않고 즉각적인 만족을 선호한다(Green et al., 1994).

보상을 기다릴 수 있는 개인적 능력을 향상시키는 한 가지 방법은 개인이 나중에 바꾸기 어려운 선택을 하게 하는 **사전개입**(precommitment)을 사용하는 것이다. 예를 들어, 어떤 학생이 매주 스터디 그룹에 참여한다면, 그는 그 그룹에 참석해 매주 조금씩 공부하도록 하는 동료들의 압력을 받게 된다. 그래서 결국 이 학생은 해당 학기에 일찍이 공부할 가능성이 더 많이 증가할 수 있다. 다이어트 하는 사람은 먼저 부엌에서 과자와 아이스크림을 치운다면(결과적으로 음식에 대한 강한 욕망이 생겨도 몰래 군것질하기가 어렵게 된다) 다이어트 시에 몰래 먹는 일을 보다 덜 하게 될지도 모른다. 이들 사전개입이 즉각적인 보상을 얻지 못하게 하는 것은 아니지만(즉, 학생은 스터디 모임을 빼먹을 수 있고 다이어트 하는 사람은 운전해 수퍼마켓으로 가서 아이스크림을 살 수 있다), 즉각적인 보상을 얻기가 보다 어렵게 만든다. 그래서 개인은 나중에 주어지는 보다 큰 보상을 기다리겠다는 초기의 결심을 고수할 가능성이 더 높아진다.

결과들은 더하거나 뺄 수 있다

유아 애니는 유아용 변기(S^D)가 있을 때 소변(R)을 보면 부모로부터 칭찬(O)이라는 강화를 받을 것이지만, (S^D)가 없을 때는 동일한 반응 R이 부모의 꾸중(O)이라는 처벌을 초래할 것이다. 이들 두 예에서, 결과는 애니의 환경에 '더해지는' 것이다.

$$S^D(\text{변기 있음}) \rightarrow R(\text{소변 보기}) \rightarrow O(\text{칭찬})$$
$$S^D(\text{변기 없음}) \rightarrow R(\text{소변 보기}) \rightarrow O(\text{꾸중})$$

이런 이유 때문에, 이들 패러다임은 기술적으로 **정적 강화**(positive reinforcement)와 **정적 처벌**(positive punishment)이라고 불린다. 여기에서 '정적(positive)'이라는 단어는 '좋은(good)'을 뜻하는 것이 아니라, 양수(positive number)와 같이 수학적 의미에서 '더해지는(added)'을 뜻한다. 정적 강화에서, 반응은 강화자가 환경에 '더해지도록' 하고, 정적 처벌에서는 비바람직한 반응은 처벌자가 환경에 '더해지게' 하는 것이다.

하지만 결과가 제거, 즉 환경으로부터 '빼지는(subtracted)' 학습 상황들도 있다. 예를 들어, **부적 강화**(negative reinforcement)에서, 어떤 것이 환경으로부터 빼지는데, 이는 행동을 부추긴다(강화한다). 따라서 여러분이 두통을 가지고 있다면 두통을 가시게 하려고 아스피린을 복용할 수 있을 것이다. 이 경우에 자극은 두통이고 반응은 아스피린을 복용하는 것이며 결과는 두통이 가시는 것이다. 도식화하면 다음과 같다.

$$S^D(\text{두통}) \rightarrow R(\text{아스피린 복용}) \rightarrow O(\text{두통의 사라짐})$$

결과적으로 다음번에 두통이 있을 때 아스피린을 다시 복용할 가능성이 더 높아진다. 따라서 이런 시나리오는 강화의 한 예가 된다. 하지만 결과는 더해지는 어떤 것이 아니라 빼지는 어떤 것(즉, 두통이 가시는 것)이다. 유사하게, 전기충격이 제공되는 쇠격자(grid)가 있는 방(chamber)에 쥐를 놓을 수 있다. 이 쥐는 목재 플랫폼에 기어오름으로써 전기충격을 도피할 수 있다. 이 경우에 전기충격은 쥐의 환경으로부터 빼졌다[즉, 부적(negative)이 되었다]. 이를 도식화하면 다음과 같다.

$$S^D(\text{전기충격}) \rightarrow R(\text{기어오르기}) \rightarrow O(\text{전기충격을 더 이상 받지 않음})$$

결과적으로 쥐가 미래에 플랫폼에 기어오를 가능성이 증가한다는 것이다. 다시 말하면, 기어오르기 반응이 강화된다. 결과가 빼기 의미(즉, 전기충격이 제거됨)를 내포하기 때문에 이는 부적 강화(negative reinforcement)의 예가 되는 것이다.

나쁜 것을 제거함으로써 행동이 강화되는 것과 같이, 좋은 것을 제거함으로써 행동은 처벌될 수 있다. 이런 유형의 패러다임을 **부적 처벌**(negative punishment)이라고 부른다. 그 이유는 어떤 것이 환경으로부터 빼지고(즉, 부적이 되고) 이것이 행동을 처벌하기 때문이다. 부적 강화에서와 같이, '부적(negative)'라는 단어는 '나쁜(bad)'을 뜻하는 것이 아니라 수학적 의미에서 '빼짐(subtraction)'을 의미한다. 예를 들면, 휴식 중에 베키가 다른 아이들에게 공격적인 행동을 보인다면 선생님은 다른 아이들이 놀고 있을 때 베키 혼자만 앉아 있게 할 수 있다. 이 경우에, 반응은 베키의 공격 행동이며 결과는 노는 시간을 잃는 것이다. 이를 도식화하면 다음과 같다.

$$S^D(휴식) \rightarrow R(공격\ 행동) \rightarrow O(노는\ 시간을\ 잃음)$$

그 결과 베키가 미래에 공격 행동을 보일 가능성이 감소한다. 이런 유형의 부적 처벌은 때로 '타임아웃(time-out)'이라고 불린다. 달리 표현하면, 베키는 정상적으로 강화되는 활동(즉, 놀기)으로부터 멀어지는 시간에 의해 처벌되는 것이다. 타임아웃은 제한되는 행동이 강화적인 것일 때만 통한다. 아이가 싫어하는 활동으로부터의 타임아웃은 실제로는 타임아웃을 얻게 했던 나쁜 행동을 감소시키기보다는 증가시키는 역할을 할 수 있다.

부적 처벌은 인간 사회에서 광범위하게 적용된다. 십 대들이 너무 늦게 귀가한다는 이유로 외출이 금지되거나, 과속으로 인해 운전자들이 면허 정지를 당하는 경우나, 신용카드 빚을 제때에 갚지 않은 사람은 신용등급이 낮아져 미래의 신용이 감소시키는 것 등의 예를 들 수 있다. 각 경우에서, 바람직하지 않은 행동은 미래에 다시 일어날 가능성이 감소하리라는 기대하에서 혜택이 철회됨으로써 그 행동은 처벌받는다.

표 5.1은 네 유형의 훈련을 요약하고 있다. '강화'와 '처벌'이라는 용어는 훈련의 결과로 행동이 증가할 것인가(강화를 의미) 아니면 감소할 것인가(처벌을 의미)를 기술함을 명심하라. '정적'과 '부적'이라는 용어는 결과가 더해지는지(정적임) 아니면 제거되는지(부적임)를 기술한다.

실험실에서 수행되는 실험들은 표 5.1에서 보이는 것과 같이 흔히 깔끔하게 잘 맞아 떨어진다. 하지만 실제 생활은 더 복잡하다. 가끔씩, 개인이 강화 또는 처벌 아니면 둘 다에 기초해서 학습하는지를 결정하기가 어렵다. 예를 들어, 학생들이 시험공부를 할 때 그들은 좋은 학점을 따기 위해서 공부하는가(정적 강화) 아니면 낙제를 회피하기 위해서 공부하는

표 5.1 조작적 조건화 패러다임

	반응 증가(강화)	반응 감소(처벌)
결과가 더해짐 (정적)	정적 강화 예 : 깨끗한 방 → 매주 용돈 받음	정적 처벌 예 : 여동생 놀리기 → 부모님한테 야단
결과가 사라짐 (부적)	부적 강화(탈출/도피 훈련) 예 : 아스피린 복용 → 두통이 사라짐	부적 처벌(생략 훈련) 예 : 다른 아이와 싸움 → 놀이에서 제외됨

가(부적 강화)? 이는 어느 한쪽이던가 아니면 둘 다이다. 유사하게, 비행을 저지른 아이는 꾸중(정적 처벌)과 타임아웃(부적 처벌) 둘 다를 받을 수 있는데, 두 가지 고려사항 모두 그 아이가 나쁜 행동을 최소화시키도록 동기부여할 것 같다.

지식 테스트

강화 vs 처벌

정적은 좋은, 부적은 나쁜 의미로 자주 사용하기에 부적 강화와 정적 처벌을 헷갈리기 쉽다. 이런 함정에 걸리지 말라! 결과가 더해지는지(정적) 아니면 사라지는지(부적), 그리고 행동이 증가되는지(강화) 감소되는지(처벌)에 대해 스스로 질문하고 답해보면 어떤 패러다임을 사용하는 것인지 쉽게 결정할 수 있다. 아래의 상황들을 보면서 각각의 예가 네 가지 패러다임 중 어떤 것에 해당하는지 판단하라. 각각의 상황에서 아래의 질문에 답하라. (a) 누가 학습하는가? (b) 무슨 반응(변하는 행동)이 일어나는가? (c) 결과가 어떤 것인가? (d) 반응이 결과를 일으킬지 결정하는 변별자극은 무엇인가? (e) 결과가 더해지는가 사라지는가? (f) 학습에 의해서 반응이 늘어나는가 줄어드는가? (정답은 책의 뒷부분에 있다.)

1. 식료품점에서 두 살 루시는 사탕을 보았고 먹고 싶다. 엄마는 안 된다고 했고, 루시는 울기 시작했다. 상황은 점점 심각해졌고, 루시는 크게 성질을 내며 떼를 쓰기 시작했다. 결국 엄마는 루시에게 사탕을 사줬다. 나중에 같이 쇼핑을 가서 루시는 사탕을 보고 다시 또 떼를 쓰기 시작한다. 이번에 루시는 좀 더 빨리 사탕을 얻을 수 있었다.

2. 조건화의 재미있는 측면 중 하나는 가끔은 두 사람 이상이 동시에 학습을 한다는 것이다. 상황 1은 루시의 관점을 보여주었다. 하지만 같은 이야기를 엄마의 관점에서 보자. 수잔은 아이를 데리고 쇼핑을 하러 갔다. 아이가 사탕을 봤고, 원한다며 떼를 쓰기 시작한다. 바쁘고 피로한 나머지 수잔은 바로 사탕을 사주었고 떼쓰기는 멈췄다. 다음 쇼핑에서 아이가 다시 떼를 쓰려고 하자 바로 사탕을 사줘서 소리 지르지 못하게 했다.

3. 쉐보네는 마당 주변에 전기 울타리를 설치해서 강아지 스누피의 목걸이가 경계로 너무 가까이 가면 고음의 소음이 들리도록 하였다. 처음에는 스누피가 목걸이를 착용하고 아무 생각 없이 경계 근처로 갔는데 소음이 크게 나면서 귀찮게 했다. 곧 스누피는 소음을 울리지 않고 마당에 머무는 방법을 학습했다.

4. 미구엘의 축구팀은 음주 금지 규칙이 있는데, 이는 축구 시즌 동안 절대 술을 마시지 않기로 선서를 하는 것이다. 어느 날 밤, 미구엘은 친구들과 함께 술집에 가서 맥주 몇 잔을 마셨다. 코치가 이를 알아내고 몇 주간 미구엘이 경기를 뛰지 못하도록 하였다. 다시 미구엘이 팀에 들어왔을 때 남은 시즌 동안 음주를 안 하도록 매우 주의했다.

5. 레이첼은 열 살짜리 아이로 체육 시간이 싫었다. 어느 날 레이첼은 급식을 먹은 뒤 복통에 걸렸다. 레이첼은 학교 양호선생님께 이 사실을 말해서 오후 시간에 체육 수업을 안 들어도 되도록 조치를 취했다. 이제 레이첼은 학교에서 점심을 먹고 자주 아프기 시작했다.

강화는 모든 반응을 따를 필요는 없다

반응이 결과적으로 강화 또는 처벌이 더해지게 하는가 아니면 철회되게 하는가, 그리고 결과가 즉각 아니면 지연 후에 이어지는가를 통제하는 일에 더하여, 실험자는 이들 결과가 제공되는 빈도도 통제할 수 있다. 지금까지 이 장에서 나온 거의 모든 예에서, 결과는 신뢰롭게 반응을 뒤따른다. 예로서, 쥐는 지렛대를 누를 때마다 먹이를 받는다. 애니는 유아용 변기를 사용할 때마다 칭찬을 받는다. 이들 예는 **연속적 강화계획**(continuous reinforcement schedules)을 포함하는데, 이는 각 반응 R에 언제나 결과 O가 따라옴을 의미한다.

하지만 어떤 상황들에서는, 반응은 기대한 결과를 얻기 전에 여러 번 반복되어야만 한 여기에는 어떤 종류의 학습이 진행되고 있는가?

다. 예를 들면, 베키는 일주일 용돈을 받기 위해서 7일 연속으로 그녀의 방을 청소해야 한다(하나의 강화를 위해 일곱 번의 반응이 있어야 한다). 야구선수는 삼진 되기 전에 세 번의 헛스윙이 허락된다(하나의 벌을 위해 세 번의 반응이 있어야 한다). 실험실에서, 실험자는 정확히 언제 결과들이 제공될 것인가를 정의하는 계획을 고안할 수 있다. 결과가 100% 미만으로 반응을 뒤따르는 형태를 **부분적 강화계획**(partial reinforcement schedules) 또는 간헐적 강화계획(intermittent reinforcement schedules)라고 한다. 강화 계획이라는 용어는 간편함을 위하여 사용되지만, 이들 계획은 강화(예 : 베키의 주급 용돈) 또는 처벌(예 : 삼진 아웃)에 적용될 수 있다. 부분적 강화계획에는 네 가지의 기본 유형이 있다.

1. **고정비율 계획(FR)** 고정비율 계획(fixed-ration schedule, FR)에서, 하나의 강화자가 제공되기 전에 몇 개의 고정된 반응 수가 만들어져야 한다. 예를 들면, 쥐가 하나의 먹이 알갱이를 얻기 위해 지렛대를 다섯 번 눌러야 한다면, 강화자에 대한 반응의 비율은 5:1이다. 이는 흔히 FR 5 계획이라고 불린다. 이와 같은 표기법을 사용하여, 연속적 강화는 FR 1 계획으로 표현될 수 있다. 즉, 각 반응은 하나의 강화로 이어진다. 비율은 점진적으로 증가될 수 있다. 예로, FR 1로부터 시작해 FR 5를 거쳐 FR 50 등으로 이어질 수 있다. 사실 동물은 FR 계획에서 각 강화를 위해 수백 번의 반응을 하도록 훈련될 수 있다.

   FR 계획에 있는 쥐는 강화를 얻기까지 꾸준한 반응 양상을 보이지만 강화 후의 몇 초 동안에는 반응을 하지 않는다. 이를 **강화 후 휴지**(postreinforcement pause)라고 한다. FR 계획 아래에서의 이런 반응 양상은 누적 반응 그래프(그림 5.2c에서 소개한 유형)를 이용하여 쉽게 관찰할 수 있다. 그림 5.5a는 FR 5 계획에서 반응하도록 훈련된 쥐의 가상적인 행동을 나타낸다(각 강화까지는 꾸준한 반응이 나타나다가 반응 정지가 짧게 뒤따른다).

   강화 후 정지 동안 동물은 한바탕의 반응을 하기 전에 한숨 돌리기 위해 멈추는 것 같다. 그리고 사실, 강화 후 정지의 길이는 다음 강화를 얻기 위하여 요구되는 반응의 수와 관계가 있다. 따라서 동물이 FR 5보다는 FR 50에 있을 때에 강화 후 정지가 더 길다. 사실상, 쥐는 간단한 허드렛일(예 : 쓰레기 비우기)은 엄마가 요구하자마자 바로 하지만 시간이 걸리는 허드렛일(예 : 잔디 깎기)은 몇 시간 늦장을 부리다가 시작하는 십대 청소년과 같이 행동한다.

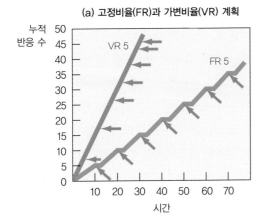

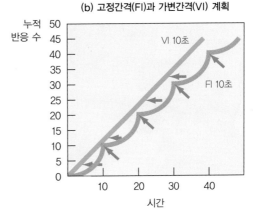

그림 5.5
강화 계획 이 그림에서는 가상의 쥐의 누적 반응 수를 보여준다. 빨간색 화살표는 먹이 제공(보상)을 뜻한다. (a) FR5 계획(매 다섯 번째 반응마다 보상을 줌)에서는 각각의 보상 전에 일정하게 반응을 보이며 보상 후에는 짧게 반응을 안 하는(평평한 구간) 구간을 가진다. VR5 계획(평균적으로 매 다섯 번째 반응마다 보상을 줌)에서는 바로 다음 반응이 보상을 줄지 모른다는 생각 때문에 잠시 쉬는 구간 없이 일정하게 반응을 보인다. (b) FI 10초 계획(첫 반응 후 10초 뒤 반응에 대해서 보상을 줌)에서는 조개 표면 모양의 곡선을 보인다. 각각의 보상 후 반응을 하지 않는 구간 뒤에 반응 수는 다음 강화물이 올 때까지 점진적으로 증가한다. VI 10초 계획(첫 반응 후 평균 10초 뒤 반응에 대해서 보상을 줌)에서는 보상 후 반응을 하지 않는 구간 없이 일정한 반응을 보이며 보상을 받을 수 있는지 계속 확인한다.

인간 생활에서 고정비율의 예는 매 100개의 부품을 생산할 때마다 1개의 고정 보수를 받는 공장 노동자의 경우이다. 일정한 양의 사과를 따는 것에 대해 보수를 받는 계절농장의 노동자의 경우도 이 예에 속한다. 사실, 이들 노동자의 행동은 고정비율 계획(꾸준한 반응 폭발 후에 강화 후 휴지가 나타남)에 있는 쥐들의 행동과 유사한 경향이 있다. 즉, 노동자들은 1회분의 일을 끝내고 몇 분간의 휴식시간을 가진 후에 다시 일을 시작한다. 이와 유사한 현상이 독자들에도 발생한다. 그들은 한 챕터 또는 정해진 쪽수를 읽은 후에 책을 한쪽에 치워놓을지도 모른다. 저자들은 흥미진진하게 각 챕터를 마무리 지음으로써 독자들이 다음에 무엇이 일어날 것인가를 알아보려고 지속적으로 다음 쪽들을 읽게 할 수 있는데, 이는 저자들이 독자들로부터 '강화 후 휴지'를 제거하기 위한 노력인 것이다.

2. **고정간격 계획(FI)** 강화가 일정한 반응 수 후에 주어지는 고정비율 계획과는 대조적으로, **고정간격 계획**(fixed-interval schedule, FI)은 일정한 시간 후의 첫 번째 반응을 강화한다. 예를 들어, FI 10초 계획에서, 쥐가 지난 강화로부터 10초의 간격 후에 만들어내는 첫 번째 반응이 강화된다. 중요하게도, 강화는 일정한 시간 후에 자동적으로 얻어지는 것이 아니다. 유기체는 실제적으로 그 강화를 받기 위하여 반응을 해야 한다. 일단 해당 간격이 경과했으면 강화는 반응이 일어나 습득될 때까지 남아 있다. 그 시점에서, 시계는 다음의 강화를 이용할 수 있을 때까지 다음의 고정 간격에서 딸깍거리기 시작한다.

이들 상황에서, 쥐의 입장에서 가장 효율적인 책략은 각 강화 후에 정확히 10초를 기다리는 것이다. 그런 후에 다음 강화를 얻기 위해 한 번씩 반응하는 것이다. (10초가 지나기 전에 만들어내는) 이른 반응들은 노력 낭비가 되는 것이다. 하지만 그림 5.5b는 고

일부 식당에서는 "10번 구매하시면 11번째는 무료!" 처럼 고객 쿠폰을 통해 고객들의 브랜드에 대한 충성심을 증가시켜 행동을 변화시킨다. 이것은 어떤 종류의 강화 계획인가?

정간격 계획에 있는 동물이 실제로 어떻게 행동하는가를 보여준다. 각 강화 후에 반응이 거의 또는 전혀 없는 기간이 있다. 그러나 반응률은 해당 간격의 끝이 가까워짐에 따라 점진적으로 증가한다. 추정컨대, (사람을 포함하여) 동물들이 시간 간격을 완전하게 판단하는 것은 불가능할 것이다. 따라서 가능한 한 정확하게 시간이 얼마나 흘렀는지를 추정하려 할 터인데, 이제는 먹이가 나올 시간이 되었다고 소망하면서 레버를 조금 일찍 누르는 경우가 생긴다. 그 결과는 특징적인 가리비 모양(물결 모양)의 누적반응 곡선을 산출한다(그림 5.5b).

고정간격 계획의 예로 오후 3~4시간대에 방과 후 남음 선고를 받은 어떤 고등학생의 경우를 들 수 있겠다. 그가 도착한 후 첫 15~20분 동안에는 그는 시계를 거의 체크하지 않을 것이다. 그러나 그가 30~40분이 지났을 것이라고 추정한 뒤에는 (시간을) 체크할 가치가 있을 것이다. 시간이 그가 생각한 것보다 더 빨리 날아갔을 경우도 있을 것이다. 경과한 시간이 한 시간에 점점 더 가까워질수록 그는 필요 이상으로 한 순간이라도 더 오래 머물지 않기를 바라면서 시계를 점점 더 자주 체크할 것이다. 이 예에서, 반응은 시간을 체크하는 것이며, 강화는 방과 후 남음으로부터 도피하는 것이다. 그리고 방과후 남음 종료 직후에 발생하는 반응만이 강화된다 ─ 나머지는 낭비된 반응들이다. 이것은 FR 계획이 아니라 FI 계획임을 주의하라. 학생이 시계를 체크하는 비율은 강화가 더 빨리 나타나게 하지 못하기 때문이다. 오히려, 시간 간격이 경과한 후의 첫 반응 뒤에 강화가 도착한다. 여기서, 일단 오후 4시가 되면, 그는 시계를 체크하고 이제 가도 된다는 것을 깨달을 때까지는 강화를 얻지 못한다.

3. **가변비율 계획(VR)** 가변비율 계획(variable-ratio schedule, VR)은 어떤 평균의 반응 수 후에 강화를 제공한다. 예로, FR 5 계획이 매 다섯 번째 반응 후에 강화를 산출하는 반면에, VR 5 계획은 '평균적으로' 매 5개의 반응 후에 강화를 산출한다. 따라서 반응하는 유기체는 정확히 언제 강화가 주어질 것인가를 알지 못한다. 결과적으로, 유기체는 강화가 제공된 직후에도 매우 안정적인 반응률을 나타내는데, 그 이유는 바로 다음의 반응이 또 하나의 강화를 가져올 수도 있기 때문이다(그림 5.5a). 따라서 VR 계획은 FR 계획하에서 관찰되는 강화 후 휴지를 없앤다(또는 많이 감소시킨다).

   실생활에서의 가변비율 계획의 예로는 슬롯머신을 들 수 있다. 여러분은 아주 넉넉하게 베푸는 슬롯머신이 평균적으로 매 열 번째 게임에서 돈을 따게 해준다는 것을 알고 있다 할지라도, 정확히 어느 게임에서 돈을 따게 될 것이라는 것은 알고 있지 못한다. 심지어는 방금 한 게임에서 이기고 바로 다음의 게임에서도 이길 수가 있다. 따라서 지속적으로 게임을 하게 하는 강한 유인책이 존재한다.

4. **가변간격 계획(VI)** 고정간격 계획이 특정의 간격 후의 첫 번째 반응을 강화하는 반면

에, **가변간격 계획**(variable-interval schedule, VI)은 특정의 시간 길이를 평균한 간격 후의 첫 반응을 강화한다. 그래서 예로, VI 10초 계획은 **평균** 10초 간격 후의 첫 반응을 강화한다. 그러나 실제의 간격은 어느 특정의 시행에서 이보다 더 길거나 짧을 수 있다.

가변간격 계획에서는 가변비율 계획에서처럼 반응자는 정확히 언제 다음의 강화가 올 것인지를 알지 못한다. 이전의 강화로부터 수 초 후의 반응이 강화될 수도 있다. 쥐가 강화의 가용 여부를 간헐적으로 체크하기 때문에, VI 계획 아래에 있는 동물의 반응률은 FI 계획 아래 있는 경우보다 보통 더 꾸준하다(그림 5.5b).

VI 계획의 영향에 대한 실생활 예는 자신의 여자 친구가 한 학기 동안 해외유학 중인 대학생 탐의 경우이다. 그녀는 매일 온라인 메일을 통하여 계속 그와 연락하겠다고 약속했다. 그러나 그녀는 가끔씩은 아침에, 다른 때에는 저녁에, 그리고 어떤 때는 하루에 두 번 이상 메일을 보낸다. 탐은 그녀를 사랑해서 가능한 한 빨리 그녀로부터 도착한 메일들을 읽기를 원한다. 그러나 그는 새로운 메시지가 도착하는 만약의 경우를 대비해서 컴퓨터 앞에 앉아 하루 전체를 허비하기를 원하지는 않는다. 합리적인 타협은 탐이 매 몇 시간마다 온라인 체크를 하는 것이다. 이것은 중간의 시간들은 다른 행동들을 하는 데 할애하면서 읽지 않은 메일들이 놓여 있는 시간을 최소화할 것이다. 이것은 VR이 아니라 VI 계획임을 주의하라. 왜냐하면 탐이 온라인 체크를 하는 비율은 그 우편들이 더 빨리 나타나게 만들지는 못하기 때문이다. 일단 새로운 우편이 나타나면 탐이 로그인 할 때까지 기다리면서 거기에 놓여 있다. 그가 그 메모를 읽게 될 때 그의 다음 반응은 보상된다.

VR 계획이 FR 계획보다 더 높은 반응 비율을 산출하는 경향이 있는 것과 같이, VI 계획은 FI 계획보다 더 높은 반응 비율을 산출하는 경향이 있다. 예를 들어, 만일 탐의 여자 친구가 매일 고정된 시각인 오후 2시에 메일을 보낸다면 탐은 매일 한 번씩 그 시각에 온라인을 체크하는 경향을 띠게 될 것이다. 만일 그녀가 가변적인 시간에 메일을 보낸다면, 새로운 메일이 기다리고 있는 경우에 한하여, 그는 훨씬 더 자주 체크를 할 가능성이 있다.

지식 테스트

강화 계획

조작적 조건화는 사람 행동에서 자주 나타난다. 아래의 각각의 예시가 FR, FI, VR, VI 계획 중 어느 것에 속하는지 답해보라. (정답은 책의 뒷부분에 있다.)

1. 초등학교 선생님은 학생들의 일일 수학 학습지를 끝내면 황금색 별 스티커를 준다. 매주 금요일마다 5개의 스티커는 새로운 장난감으로 교환받을 수 있다.

2. 능력 있는 텔레마케터는 평균 20번의 통화 중에 서 두 건의 판매를 성공시킨다. 그러므로 더 많은 전화를 할수록 더 많은 수익을 얻을 수 있다.

3. 한 커플은 토요일 밤에 그들이 가장 좋아하는 식당에 갔는데 30분 대기가 있다는 말을 들었다. 바 자리에서 기다리다가 주기적으로 안내 데스

크에 가서 자리가 났는지 확인한다.

4. 마리나는 지역 병원에서 주기적으로 헌혈을 한다. 병원은 헌혈이 다른 사람들을 돕는 좋은 일이라는 것을 느끼게 하기 위해서 헌혈을 할 때마다 돈을 조금씩 준다. 하지만 병원 방침에 따라 헌혈을 한 지 최소 2주가 지나야 다음 헌혈을 할 수 있다.

5. 서퍼는 자신이 한 시간에 한두 번 큰 파도가 치는 가장 좋아하는 바다에 가능한 모든 오후 시간을 쏟아서 파도를 기다린다. 큰 파도를 한 번 타면 바로 물 밖을 빠져 나와 다음에 오는 큰 파도를 기다린다.

6. 점심으로 향신료가 강한 음식을 좋아하는 한 남

자는 항상 페퍼민트 껌을 들고 다니면서 직장으로 돌아가기 전에 입냄새를 제거한다.

7. 토요일 아침에 미국 대통령이 비디오 연설을 한다. 그와 동료들은 연설의 핵심 아이디어를 매주 초에 잡아두지만 연설에 포함되어야 하는 세계적인 이슈가 발생할 것을 대비해서 최종 수정은 연설 바로 전에 이루어진다.

8. 한 여성은 지역 교회에서 빙고하는 것을 즐긴다. 게임은 100장의 카드 중 이기는 카드가 한 장 있는 방식인데, 어떤 카드가 이길지는 아무도 모른다. 이 여성은 당첨될 확률을 높이기 위해서 한 번에 열 장씩 카드를 산다.

선택 행동

연속적 강화계획과 부분적 강화계획에 더하여, **동시적 강화계획**(concurrent reinforcement schedules)이 있다. 여기에서 동물은 몇 개의 가능한 반응들 중에서 어느 것이라도 만들 수 있는데, 각 반응은 각기 다른 결과로 이어진다. 이 계획은 연구자들에게 유기체들이 자신의 시간과 노력을 분배하기 위하여 어떻게 다양한 선택들 중에서 선택을 하는가에 대해 살펴보도록 한다. 예를 들어, 한 마리의 비둘기가 2개의 원판, 즉 원판 A와 원판 B가 있는 실험방에 놓여 있다고 가정해보라. 이는 유기체가 다른 선택들을 대상으로 자신의 시간과 노력을 어떻게 분할, 선택하는가를 보여준다. 예를 들어, 2개의 원판(즉, 원판 A와 원판 B)이 있는 작은 방에 비둘기 한 마리가 있다고 가정하자. 원판 A를 쪼는 행동은 VI 1분 계획으로, 그리고 원판 B를 쪼는 행동은 VI 2분 계획으로 강화된다. 바꿔 말하면, 이 비둘기는 원판 A를 쪼면 1분 간격으로, 그리고 원판 B를 쪼면 2분 간격으로 먹이 알갱이를 얻을 수 있다. 이 비둘기는 무엇을 할 것인가?

하나의 2분 간격 내에서, 이 비둘기는 원판 A를 쪼게 되면 2개의 먹이 알갱이를 얻을 수 있지만 원판 B를 쪼을 경우에는 단지 1개의 알갱이만을 얻을 수 있을 것이다. 따라서 여러분은 이 비둘기가 원판 B를 무시하고 A에만 집중할 것이라고 생각할지도 모른다. 한편, 실험이 수 분보다 훨씬 길게 진행된다면, 원판 B를 누르기만 하면 즉시 제공되는 하나의 먹이 알갱이(이것은 이 비둘기가 원판 B를 완전히 무시할 경우에는 결코 제공되지 않는다)가 기다리고 있을 것이다. 따라서 최선의 행동은 다음과 같다. 즉, 원판 A에 최대의 노력을 기울이면서 가끔씩 원판 B도 체크하게(누르게) 되면 이 비둘기가 두 원판으로부터 얻을 수 있는 먹이 알갱이의 양은 최대가 될 것이다. 사실, 동물들은 대체로 이렇게 하는 경향이 있다. 이런 행동은 인간의 경우에 방송채널 찾기 행동과 유사하다. 즉 여러 개의 가능한 TV 프로그램에 직면하였을 때 한 가지 해결방법은 가장 선호하는 프로그램을 보면서, 광고방송 동안에 재미있는 어떤 것이 진행될 경우를 생각해서 다른 채널들로 전환을 해보는 것이다.

가변간격 계획과 일치 법칙

VI 1분 계획에 있는 원판 A와 VI 2분 계획에 있는 원판 B 사이의 선택을 하는 비둘기를 더 자세히 들여다보자. 우리는 비둘기의 시간 할당에 대하여 더 정확하게 알 수 있는가? 비둘기의 책략을 발견하는 한 가지 방법은, 단순하게, 비둘기로 하여금 자신의 선호에 따라 몇 분 동안 원판을 쪼게 한 후에 원판 A 또는 B에 소비한 시간을 계산하는 것이다. 사실, 이 과제에서 비둘기는 원판 A를 쪼는 데는 67%를, 그리고 B를 쪼는 데는 33%의 시간을 할애하는 경향이 있다. 즉 B에 비해 A에 할애하는 시간이 대략 두 배 정도 된다(Herrnstein, 1961). 2:1이라는 비율은 두 원판의 상대적 강화 비율과 동일하다. A가 B에 비해 두 배 자주 강화되기 때문이다. 한편, 만약 A와 B가 균등하게 자주 강화된다면(즉, 둘 다가 V 1분 계획하에 있다면), 비둘기는 두 원판 간에 자신의 시간을 대략 같은 정도로 균등하게 배분할 것이다). 유기체의 반응 양상이 각 가능한 반응에 대한 상대적 강화 비율에 가깝게 모방하고 있다는 이런 아이디어는 **선택 행동의 일치법칙**(matching law of choice behavior)으로 알려져 있다.

물론, 실험실 내의 실험에서조차도 쥐 또는 비둘기는 두 지렛대 중 하나를 누르는 것 이상의 선택들을 가지고 있다. 즉 이들 동물은 먹이 먹기, 휴식, 털 다듬기, 탐색 또는 선잠 자기 등에도 시간의 일부를 할애한다. 그럼에도 불구하고, 이 일치법칙은 동물이 자신의 시간과 노력을 한 세트의 가능한 조작적 반응들에 어떻게 할당할 것인가를 꽤 잘 기술할 수 있게 해준다.

행동경제학과 극대 만족점

두 원판에 직면하는 비둘기에 관한 문제는 선택 상황에 대한 가장 단순한 예이다. 실험실 밖에서는 선택들이 훨씬 더 복잡하다. 어떤 대학생은 할당된 공부 시간 동안에 여러 과목을 공부해야 하는데, 이때 각 과목이 가장 좋은 성과를 낼 수 있게 시간을 적절히 배분해야 한다. 또한 자신의 전체 시간을 공부하기, 수면, 식사, 사회활동 등으로 분할해야 한다. 하루 동안 정해진 열량만 허락된 다이어트 중인 사람은 저칼로리의 식사를 몇 번 할지 아니면 아이스크림 한 통을 실컷 먹은 후에 하루의 나머지 시간을 물과 상추로만 버틸 것인지를 결정해야 한다.

행동경제학(behavioral economics)은 유기체가 자신의 시간과 노력을 가능한 선택들에 대하여 어떻게 할애할 것인가를 연구한다. 예를 들면, 개월당 3,000불을 버는 노동자는 이 수입을 주거비, 식료비, 의류비, 영화 관람비, 저축 등에 분할할 수 있다. 만일 매우 비싼 아파트에 산다면 그녀는 괜찮은 음식과 새로운 의류에 쓸 돈은 더 적어질 것이다. 반면에 덜 비싼 아파트에 산다면 다른 것들을 위해 사용할 수 있는 돈은 더 많아질 것이다. 그녀는 어떻게 선택하는가?

경제학 이론은 각 소비자가 자신의 '주관적 가치', 즉 상대적인 만족을 극대화하는 방식으로 자원을 할당할 것이라고 예측한다(미시경제학에서는 '주관적 가치'라는 단어 대신 '효용(utility)'이라는 단어를 사용한다). 그 가치는 사람마다 다르기 때문에 주관적이다. 어떤 개인은 많은 주관적 가치를 비싼 아파트에서 찾을지 모르는 반면에, 또 한 사람은 옷과 음식을 살 여분의 돈을 가지는 것에 더 많은 주관적 가치를 둘지도 모른다. 개인에게 극대의 주관적 가치를 제공해주는 자원들에 대한 특별한 할당을 **극대 만족점**(bliss point)이라고 부른다(Allison, 1983; Timberlake, 1980). 우리는 해당 개인이 무엇을 하기를 선택하는가를 단순하게 기록함으로써 개인의 극대 만족점을 결정한다. 예를 들면, 대학생인 제이미가 파트타임 일로 주당 약 100불을 벌어 집으로 가져온다고 가정하자. 제이미가 다른 데 소비하는 것은 없다는 가정하에, 그는 이 돈을 자신의 취미인 새로운 음악 수집에 소비(예 : 온라인 스토어로부터 개당 10불씩 지불하고 앨범을 다운로드하는 것)하거나 외식(예 : 지역에 있는 식당에서 20불짜리 식사를 함)하는 데 소비할 수 있다. 주마다, 그는 10개의 앨범에 100불 전체를 소비하거나, 다섯 번의 식사를 하는 데 100불 전체를 소비하거나, 아니면 다른 어떤 것들을 결합하여 100불을 소비할 수 있다.

그림 5.6a는 제이미의 가능한 선택들을 나타낸다. 이들 선택에서 제이미는 실제로 무엇을 할 것인가? 대부분의 주에서, 그는 두 번 외식하고 6개의 앨범을 다운로드한다. (그림 5.6a에서 보이는) 이 지점이 제이미의 극대 만족점 — 이 개인에게 최대의 주관적 가치를 가져다주는 지출 분포 — 이다. 그는 충분한 수의 새로운 음악을 얻게 되고 또한 자주 외식을 하게 된다. 물론 곡선과 극대 만족점 둘 다 경제 여건이 변함에 따라 변경될 수 있다. 만일 식당이 음식 가격(저녁식사당 50불)을 올리면 제이미는 주당 한 번의 외식과 5개의 앨범으로 변경할 수 있는데, 이는 그림 5.6b와 같이 새로운 극대 만족점을 산출시킨다.

인간만이 경합하는 선택들을 대상으로 자신의 시간과 에너지를 할당하는 방식을 선택해야 하는 유일한 동물인 것은 아니다. 대학생인 제이미는 그의 금전적 비용과 관련된 여러 선택들을 반영하는 극대 만족점을 가진다. 동물 — 돈을 사용하지 않는다 — 도 각 선택의 '비용'을 반영하는 방식으로 자신의 행동을 할당한다. 개복치와 같은 포식자는 구피와 같은 작은 사냥감 동물을 추적하는 데 에너지를 투자할 것인지 또는 더 큰 것이 올 때까지

그림 5.6

행동경제학 (a) 매주 100달러의 수입이 있는 학생은 새로운 음악 앨범(앨범당 10달러)을 다운받거나 외식(식사당 20달러)에 이를 골고루 사용할 것이다. 아래 그래프에서 보라색 선에 있는 점은 이 학생의 수입 안에서 할 수 있는 모든 선택을 의미한다. 극대 만족점은 이 사람이 자신의 돈으로 주관적으로 가장 큰 보상을 얻을 수 있는 지점을 의미한다. (b) 조건이 바뀌면 극대 만족점은 바뀔 수 있다. 예를 들어 외식 비용이 50달러로 증가하는 경우처럼 말이다.

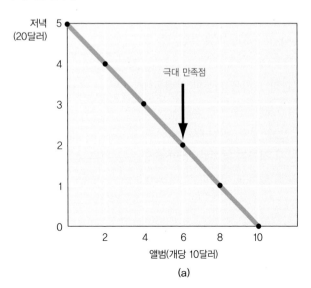

(a)

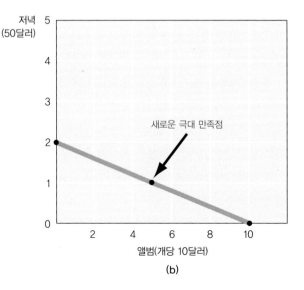

(b)

기다려야 할지를 결정해야 한다. 어느 쪽이 같은 에너지 투자에 비해 더 큰 식사를 가져다줄 수 있는가? 어떻게 선택하는가? 한 요인은 먹이감의 밀도이다. 만일 먹이감이 드물다면 포식자는 크던 작던 보이는 어떤 먹이감도 추적해야 할 것이다. 먹이감이 풍부할 경우에는 구피(작은 물고기 – 역자 주)는 간과하고 더 큰 희생자를 기다릴 수 있을 것이다. 그리고 이것이 바로 개복치가 하는 것이다. 크고 작은 물고기가 풍부한 실험실의 물탱크에서는, 개복치는 일반적으로 단지 큰 먹이감을 쫓아 괴롭히기만 한다. 그러나 탱크 안에 물고기가 조금밖에 없을 때는 개복치는 큰 먹이감과 작은 먹이감을 가리지 않고 쫓아간다(Warner & Hall, 1974). 개복치의 극대 만족점 — 여러 종류의 먹이감들 중에서 자원을 할당하는 것 — 은 환경 조건이 변할 때 변한다. 마치 제이미의 극대 만족점이 경제 조건이 변할 때 변하는 것처럼 그렇다.

유사하게, 스키너 상자에 새로 들여온 쥐는 얼마간의 시간을 털 다듬기, 탐색하기, 조용히 앉아 있기에, 그리고 매우 적은 양의 시간을 지렛대 누르기에 할애하는 경향이 있다. 하지만 지렛대를 누르면 먹이가 공급된다는 것을 학습한 후에 자신의 시간을 지렛대 누르기에 더 많이 쓰지만 다른 활동들에는 상대적으로 덜 할애하기 시작하는 경향이 있다. 그 이유는 지렛대를 누르는 것에 관한 주관적 가치가 증가했기 때문이다. 행동경제학의 관점에서, 조작적 조건화는 유기체가 특수한 새로운 행동을 수행하도록 훈련시키기보다는 유기체가 이미 가지고 있던 행동들에 배당하는 시간과 에너지를 변경시키는 것을 의미한다고 본다(Baum, 2002, 2004).

프리맥의 원리 : 강화자로서의 반응

선택 행동의 연구에 있어서 마지막 한 가지 난제는 유기체가 비록 강화자를 가져다주는 반응에 많은 시간을 할애하지만 명확한 강화를 산출하지 않는 행동에도 많은 시간과 노력을 할애한다는 것이다. 예를 들면, 애완용 생쥐는 자주 열성적으로 운동용 바퀴를 달리고, 개는 수 분 동안 계속해서 즐겁게 자신의 꼬리를 쫓아간다. 그리고 사람들은 소설 읽기, TV 보기, 음악 감상 그리고 취미 활동에 수 시간을 할애한다. 이들 경우의 어느 것도 행동이 음식과 같은 일차 강화자 또는 돈과 같은 명확한 이차 강화자조차도 가져다주지 않는다. 그렇지만 여전히 유기체는 먹기 및 수면과 같은 다른 일들을 희생하면서 상당한 양의 시간과 자원을 이들 행동에 헌신한다. 유기체는 왜 이들과 같은 일을 하는가?

이 물음은 B. F. 스키너의 학생인 데이비드 프리맥(David Premack)에 의해 탐구되었다(Premack, 1959, 1961, 1962). 프리맥은 한 집단의 쥐가 마시는 물과 회전바퀴에 자유롭게 접근할 수 있도록 했다(Premack, 1959). 각각의 쥐는 약간의 시간은 마시기에 그리고 약간의 시간은 바퀴 달리기에 할애했지만, 평균적으로 쥐들은 마시기보다는 바퀴 달리기에 더 많은 시간을 소비했다(그림 5.7a). 그런 다음에 프리맥은 쥐가 바퀴에 접근하는 것을 제한하였다. 즉, 이들 쥐는 일정한 양의 물을 마신 후에만 바퀴 달리기가 허용되었다. 이들 쥐는 곧 R → O 연합을 학습하였고 회전바퀴에 접근하기(O) 위해서 물을 마시기(R) 시작했

그림 5.7
프리맥의 원리 (a) 기준 수준에서 쥐는 물을 마시는 것보다 쳇바퀴에서 더 많은 시간을 보낸다. 그러므로 달리기는 더 선호되는 행동이고 마시기는 덜 선호되는 행동이다. (b) 달리는 것이 제한되고 물을 마셔야 달릴 수 있게 되면 물을 마시는 양이 증가한다. 그러므로 더 선호하는 행동(달리기)을 위한 기회는 덜 선호하는 행동(마시기)을 강화했다.

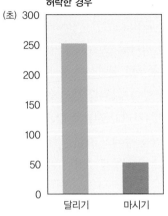

(a) 기준 수준의 행동 : 쳇바퀴와 물에 자유롭게 접근을 허락한 경우

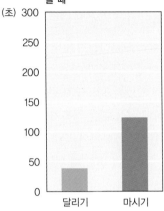

(b) 쳇바퀴에 접근하는 행동이 마시는 행동에 영향을 받을 때

다. 놀랄 것 없이, 이들 쥐가 이제는 바퀴에 접근하기 위해서 일을 해야 했으므로 바퀴 달리기의 전체 양은 감소했다. 그러나 마시기의 전체 양은 증가했는데, 그 이유는 이들 쥐가 이제는 바퀴에 접근하기 위해 더 자주 이 행동(마시기)을 수행했기 때문이다(그림 5.7b). 사실 달리기 활동은 강화자 역할을 했기 때문에 평상시에는 자주 일어나지 않는 행동인 마시기 행동의 발생 확률을 증가시켰다.

프리맥은 인간 아동들에서도 유사한 양상이 나타남을 보여주었다(Premack, 1959). 그는 핀볼 기계와 한 바구니의 캔디가 있는 방에 아이들을 놓아두고서, 각 아이가 얼마나 많은 시간을 핀볼 게임과 캔디 먹기에 할애하는가를 기록하였다. 몇몇의 아이들은 핀볼 게임에 더 많은 시간을 할애하였다. 프리맥은 이후 핀볼 기계에 접근하는 것을 제한했는데, 이 아이들이 약간의 캔디(R)를 먹은 후에만 핀볼 게임(O)을 할 수 있도록 허락하였다. 그러자 캔디 먹는 행동이 증가했는데, 이는 선호적 활동(핀볼 게임)에 대한 접근이 덜 선호되는 활동(캔디 먹기)을 강화할 수 있음을 시사한다. 역으로, 처음부터 캔디 먹는 것을 선호했던 아이들은 핀볼 게임을 해야만 캔디에 접근하게 함으로써 핀볼 게임을 더 많이 하도록 훈련받을 수 있었다.

따라서 쥐들과 아이들 모두에서 발생 빈도가 높은 행동을 수행할 기회는 발생 빈도가 더 낮은 행동을 강화할 수 있다. 이 아이디어는 **프리맥 원리**(Premack principle)로 알려지게 되었다. 프리맥 원리의 예는 사람들의 생활에서 충분히 찾을 수 있다. 예로, 내버려두면 대부분의 아이들은 숙제를 하는 것보다는 TV를 시청하는 데 더 많은 시간을 소비한다. 따라서 TV를 시청하는 것은 선호되는 활동이므로 덜 선호되는 활동인 숙제하는 일을 강화하는 데 사용될 수 있다. 부모는 TV 시청 시간을 제한하는데, 이 시간을 숙제 여하에 따르게 한다. 결과적으로, TV가 제한되지 않았던 경우와 비교해서, 아이들은 숙제하는 데 더 많은 시간을 할애하게 된다.

프리맥 원리의 확장인 **반응박탈 가설**(response deprivation hypothesis)은 결정적인 변인이 어느 반응이 통상적으로 더 많이 발생하는가에 대한 것이 아니라 단지 어느 반응이 제한되어 왔는가에 대한 것이라고 제안한다. 거의 어떤 반응이든지 수행할 수 있는 능력을 제한함으로써 해당 반응을 수행할 기회로 하여금 강화를 산출하도록 할 수 있다(Allison, 1993; Timberlake & Allison, 1974). 예를 들어, 아마도 여러분에게는 보통 때는 몹시 싫어하는 방 청소하기 또는 세탁하기와 같은 허드렛일이 있을지도 모른다. 하지만 만약 이런 활동에의 접근을 제한하면 이 접근은 강화를 유발할 수 있게 된다. 만일 여러분이 몇 시간 동안을 줄곧 공부를 해왔다면, 방 청소를 하거나 세탁을 하면서 "휴식을 취한다."는 생각이 매우 매력적으로 보이기 시작할 수 있다. 그렇다면, 여러분은 프리맥의 원리가 작동하는 것을 경험한 것이다.

중간 요약

- 조작적 조건화에서, 유기체는 결과를 얻거나 피하기 위해서 반응을 만들어내는 학습을 한다. 즉, 이는 변별자극(S^D) → 반응(R) → 결과(O)로 나타낼 수 있다.

- 조작적 조건화에서, 유기체가 반응을 할 때만 결과(강화 또는 처벌)가 발생한다. 대조적으로, 고전적 조건화에서는, 유기체가 조건반응(CR)을 하든 안 하든 무조건 자극(US)이 발생한다.

- 변별자극은 특별한 반응이 특별한 결과를 야기할지의 여부를 유기체에게 신호한다.

- 유기체가 얻기 위해 일하는 결과는 강화자라고 불린다. 그리고 유기체가 피하기 위해 일하는 결과는 처벌자라고 불린다. 처벌이 비바람직한 반응을 제거하는 데 효과적일 수 있다. 반면에 그것은 더 다양한 행동으로 인도하며, 속임수를 부추기는 변별자극에 의해, 동시적 강화에 의해 또는 처음 처벌자의 약화에 의해 약화될 수 있다. 원하지 않는 행동을 제거하기 위한 또 다른 접근은 대안 행동의 차별적 강화(DRA)이다.

- 복잡한 반응은 조형과 연쇄를 통하여 훈련될 수 있다. 전자의 과정에서는 바람직한 행동에의 점진적 접근들이 강화되고, 후자의 과정에서는 유기체들이 연속적인 반응들을 수행하도록 단계적으로 훈련받는다.

- 네 가지 기본 유형의 조작적 패러다임은 정적강화, 부적강화, 정적처벌, 부적처벌이다. '정적'과 '부적'이라는 단어는 결과가 더해지는지 또는 빼지는지를 나타낸다. '강화'와 '처벌'은 학습의 결과로서 반응이 증가하는지 또는 감소하는지를 나타낸다.

- 강화 계획은 결과 O가 모든 각각의 반응들을 따르는지의 여부를 정의하며, 몇 개의 (고정된 또는 가변의) 반응 후에 가용하거나 얼마간의 (고정된 또는 가변의) 시간 간격 후에 가용한다.

- 다중 반응들이 VI 계획하에서 강화될 때, 일치 법칙은 유기체가 각 반응에 대한 강화의 상대 비율을 기초로 이들 반응 중에서 시간을 할당할 것이라고 예측한다.

- 행동경제학은 유기체가 자신의 시간과 자원을, 다양한 결과들을 가져다주는, 여러 행동에 할당하는 방식에 대해 연구한다. 극대 만족점은 개인에게 최대의 주관적 가치를 제공하는 특별한 자원할당과 관련된다.

■ 프리맥의 원리는 매우 빈번하게 발생하는 행동을 수행할 수 있는 기회가 덜 자주 발생하는 행동의 수행을 강화함을 나타낸다. 반응박탈 가설은 어떤 행동이든 수행할 기회가 제한되면 그 행동이 강화를 산출할 수 있음을 뜻한다.

5.2 뇌 메커니즘

앞 절에서 우리는 조작적 조건화를 변별자극 S^D, 반응 R과 결과 O 간의 연합을 학습하는 것으로 정의했다. 그런 연합을 연구할 때, 신경과학자들은 자극을 반응과 연결시키는(즉, S^D → R 학습과 관련되는) 뇌 부분들이 그 반응에 대한 기대된 결과(O)에 관하여 학습하는 뇌 부분들과는 다르다는 것을 발견하고 있다. 많은 뇌 영역들이 이들 과정을 담당하고 있지만 두 가지의 핵심 영역은 배측 선조체(dorsal striatum)와 안와전두피질(orbitofrontal cortex)이다. 전자는 특별히 S^D → R 학습에 중요한 것 같으며, 후자는 기대된 결과에 관한 학습에 중요한 것 같다. 서로 다른 뇌 영역들은 이들 결과가 강화자인지 아니면 처벌자인지를 평가하는 데 도움이 될 것이다.

배측 선조체와 자극 – 반응(S^D → R) 학습

자발적인 운동 반응은 운동피질에 있는 뉴런이 근육에 있는 운동뉴런에 메시지를 보낼 때 발생한다. 운동피질은 감각 정보를 처리하는 피질 영역[예 : 시각피질(V1)과 체감각피질(S1)(그림 2.7)]과 전두피질로부터 자신의 주요 입력을 받는다. 따라서 여러분이 책을 보고 있을 때 이 시각 자극은 여러분의 시각피질에 의해 등록된다. 만일 여러분이 그 책을 들어올린다고 결정하면 이 '결정'은 여러분의 전두피질에서 만들어지며, 시각피질과 전두피질 양자로부터 오는 신호는 운동피질까지 전달된다. 이 운동피질은 이들 신호를 통합하여 적절한 지시사항을 만든다. 그 결과로서 여러분은 그 책을 들어 올리게 된다.

감각피질로부터 운동피질로의 정보는 또한 간접적인 루트, 즉 **기저핵**(basal ganglia, 그림 5.8의 보라색 부분)을 경유하여 전달될 수 있다. 기저핵은 대뇌피질 바로 아래에 자리잡고 있는 일군의 신경절(ganglia, 뉴런들의 집합체)이다. 기저핵의 한 부분이 **배측 선조체**(dorsal striatum, 그림 5.8)인데, 이것은 미상핵 I(caudate nucleus)과 피각(putamen)으로 더 세분화될 수 있다. 배측 선조체는 감각피질 영역으로부터 고도로 정보 처리된 자극을 받아들여 운동피질로 내보내며, 이 운동피질은 행동적 반응을 산출한다.

배측 선조체는 특히 변별자극(discriminative stimulus)이 관련된 조작적 조건화에 결정적인 역할을 한다. 배측 선조체가 손상된 쥐들은 조작적 반응을 학습할 수 있다(예 : 스키너

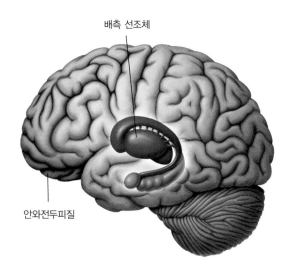

그림 5.8
조작적 조건화에 관련된 뇌 영역들의 일부 조작적 조건화 중에 배측 선조체는 감각피질과 운동피질의 연합을 형성하는 데 도움을 주어서 적절한 운동 반응(S^D → R)이 일어나도록 할 것이다. 안와전두피질을 포함하는 전두엽 피질의 일부는 특정한 반응이 특정한 결과를 일으킨다는 학습과 관련된 역할을 하는 것 같다.

배측 선조체

안와전두피질

상자에 놓일 때, 먹이 O를 얻기 위한 지렛대 누르기 R). 하지만 변별자극이 더해질 경우에는(예 : 불빛이 있을 때만 지렛대 누르기를 해야 하는 경우에) 기저핵이 손상된 쥐의 학습은 두드러지게 손상된다(Featherstone & McDonald, 2004). 인간의 경우에도, 파킨슨병이나 헌팅턴 무도병으로 기저핵이 손상된 환자들은 변별자극을 정확한 반응에 연합시키는 능력에 결함을 보인다(Ashby & Waldron, 2000; Robbins, 1996). 요컨대, 배측 선조체는 강화와 처벌에 대한 피드백에 기반하는 $S^D \rightarrow R$ 연합 학습에 필요하다(McDonald & White, 1994; O'Doherty et al., 2004).

배측 선조체에 의존하는 $S^D \rightarrow R$ 연합은 비교적 자동적이거나 습관적이다(Balleine et al., 2008). 이 장의 초반에서, 미로 내의 목표 상자로 가는 도중에 먹이 더미를 통과해서 오른쪽으로 달려가는 잘 훈련된 쥐를 기억하는가? 그 행동은 (먹이를 먹기 위해 멈추어서는 것과 같은) 다른 행동이 보상으로 이어졌을 때조차도 그 미로 달리기를 자동이 되게 하기 때문에, 아마도 선조체에서의 $S^D \rightarrow R$ 학습을 반영하는 것 같다. 이 경우에, 달리기는 반응이 바람직한 결과를 산출했던 학습 이력을 바탕으로 한다. 그러나 훈련을 오랫동안 한 후에는, 그 반응은 결과가 더 이상 그 행동에 수반되지 않아도 수행된다.

안와전두피질과 결과 예측의 학습

물론, $S^D \rightarrow R$ 학습은 조작적 조건화에 관한 그림 중에서 절반에 불과하다. 유기체는 (S^D가 있을 때) 특별한 반응 R이 특별한 결과 O를 가져다줄 것이라는 예측하는 학습을 한다. 예로, 여러분은 '행동적 측면' 절에서 부적 대비효과에 대하여 읽었다. 원숭이는 자신의 반응이 기대한 것보다 덜 좋아하는 것을 가져다주면 짜증으로 비명을 지를 것이다. 그리고 핼러윈 놀이를 하는 사람은 기대했던 캔디 대신에 몇 센트의 동전을 받는다면 속았다는 느낌이 들 것이다. 이들 결과는 유기체가 맹목적으로 반응을 만들어내는 것이 아니라 특별한 결과를 기대해서 반응을 만들어냄을 보여준다.

몇 개의 뇌 영역이 행동의 결과를 예측하는 학습에 관련되어 있는 것 같다. 이들에는 **안와전두피질**(orbitofrontal cortex) — 영장류에서 뇌 전반부의 아래쪽에 위치한다 — 을 포함하는 전전두엽(prefrontal cortex) 부분들이 속한다(그림 5.8). 이 영역은 예측된 결과를 표상함으로써 목표 지향적인 행동에 기여하는 것 같다(Schoenbaum et al., 2009; Tanaka et al., 2008). 안와전두피질은 (시각, 촉각, 청각 등의) 전범위의 감각 양식과 (배고픔과 갈증을 포함하여) 장의 감각을 운반하는 입력을 받아들인다. 이런 과정은 이 뇌 영역이 많은 유형의 정보를 통합하게 한다. 안와전두피질로부터 나오는 출력은 선조체로 가는데, 거기에서 그것은 어느 운동 반응들이 집행될 것인가를 결정하도록 도울 수 있다.

안와전두피질이 반응의 결과를 예측하는 기능을 한다는 증거는 신경 기록으로부터 왔다. 예를 들어, 갈증 난 쥐는 두 가지의 냄새를 변별자극으로 사용하는 변별 과제에서 훈련받을 수 있으며, 반응 R은 근처의 물컵 안으로 코를 꾹 찌르는 것이며, 두 가지의 가능한 결과는 맛있는 설탕 용액 아니면 쓴 퀴닌 용액이다.

냄새 1 → R → (지연) → 설탕(보상)

냄새 2 → R → (지연) → 퀴닌(처벌자)

여기에, 짧은 지연(통상적으로는 1초 이내)이 반응과 결과 사이에 도입된다. 그 기간 동안에 동물이 결과를 '기대하고' 있다. 이 지연 동안에, 보상이 기대되는지 아니면 처벌자가 기대되는지에 따라서 안와전두피질 내의 어떤 뉴런들은 다르게 발화한다(Schoenbaum et al., 1998). 그림 5.9a는 그런 과제를 학습하고 있는 쥐의 안와전두피질에 있는 한 뉴런의 발화 패턴의 일례를 보여주고 있다. 이 특별한 뉴런은 쥐가 냄새 2에 대하여 (잘못된) 반응을 방금 만들고서 퀴닌을 기대하고 있을 때 강하게 발화한다. 그러나 쥐가 냄새 1에 대하여 반응을 방금 만들고서 설탕 용액을 기대하고 있을 때는 덜 강하게 발화한다. 따라서 이 뉴런은 보상보다는 처벌자에 대한 기대를 부호화하는 것 같다. 냄새 1이 이제는 퀴닌을 그리고 냄새 2가 이제는 설탕 용액을 예측하도록 수반성이 뒤바뀌면, 그 뉴런은 흔히 새로운 수반성을 반영하기 위하여 자신의 반응을 변경한다(Stalnaker et al., 2007).

안와전두피질의 뉴런은 강화 아니면 처벌을 기대할 것인가를 학습할 뿐만 아니라 이 뉴런은 심지어는 기대된 결과의 실제 정체성을 부호화하는 것 같다. 따라서 원숭이는 곧 다가올 보상이 포도 주스일지 아니면 오렌지 주스일지를 예측하는 한 세트의 그림으로 훈련받을 수 있다. 그림 5.9b는 포도 주스를 예측했던 자극이 제시될 때마다 활성화되지만 오렌지 주스를 예측하는 사진이 제시될 때는 그렇지 않는 단일 뉴런의 반응을 보여준다(Tremblay & Schultz, 1999). 이 동일한 뉴런은 또한 포도 주스가 실제로 제시되는 동안에 발화했지만 오렌지 주스의 경우에는 그렇지 않았다.

예측된 구체적인 결과들을 부호화하는 자신의 능력 때문에, 안와전두피질 뉴런은 우리가 기대된 결과들을 토대로 잠재적인 행위들 간에 선택을 하도록 돕는 중요한 역할을 한

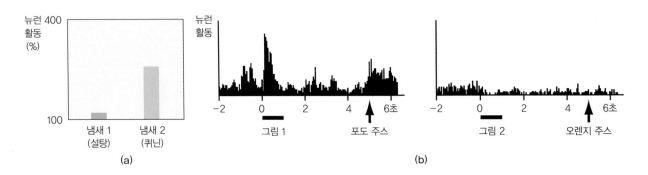

그림 5.9

안와전두피질 뉴런은 기대되는 결과를 부호화한다. (a) 냄새 1에 대해 반응을 하면 설탕이, 냄새 2에 대해 반응을 하면 퀴닌이 제시된다는 것을 배운 쥐의 안와전두피질 뉴런 중 하나의 반응. 반응과 결과 사이의 뉴런 반응을 그래프화하였다. 이 뉴런은 냄새 1에 쥐가 반응했을 때는 기준보다 아주 조금 반응이 증가하는 반면, (실수로) 냄새 2에 쥐가 반응했을 때 강한 반응의 증가를 보인다. (b) 그림 1에 대한 반응으로는 포도 주스가 나오고 그림 2에 대한 반응으로는 오렌지 주스가 나오는 훈련을 받은 원숭이의 안와전두피질 뉴런. 그림은 1초간 보여주고 그 후 4초 뒤에 보상이 나온다. 이 뉴런은 포도 주스를 예측하는 그림 1이 나오거나 포도 주스가 나오면 강하게 반응을 하지만 오렌지 주스를 예측하는 그림 2나 오렌지 주스가 나오면 반응을 하지 않는다. 그러므로 이 뉴런은 보상 자체(주스)뿐만 아니라 특정한 결과(포도 주스)까지 부호화한다고 볼 수 있다.

(a) Data from Schoenbaum et al., 1998, Figure 3a. (b) Information from Tremblay & Schultz, 1999, Figure 3b.

다. 원숭이가 다른 결과(예 : 물 대 쿨에이드)를 산출하는 두 반응 간에서 선택하도록 훈련받을 때, 대다수의 원숭이는 다른 것보다는 한 가지 음료를 선호한다. 물 또는 쿨에이드를 얻기 위하여 핥기 선택을 할 때, 한 마리의 특별한 원숭이는 자신이 얻고자 하는 각각의 양에 근거해서 자신의 반응을 변경하곤 한다. 만일 반응 R1이 1cc의 물을 가져다주고 반응 R2는 1cc의 쿨에이드를 가져다준다면, 이 원숭이는 설탕 맛 나는 쿨에이드를 얻기 위한 핥기를 선택할 가능성이 있다. 그러나 만일 R1이 6cc의 물을 가져다준다면 이 원숭이는 대신에 이것을 선택할 가능성이 있다. 사실은, 이 원숭이가 반응 R1을 만들어낼 가능성은 음료에 대한 자신의 개인적 선호와 자신이 얻고자 하는 각각의 상대적인 양 간의 (대립적) 균형에 달려 있는데, 이것은 원판 A와 원판 B 간에 쪼기를 할당하는 비둘기와 매우 유사한 선택행동을 야기한다. 원숭이의 안와전두피질의 뉴런은 각 선택의 지각된 가치에 비례하는 강도로 반응한다(Padoa-Schioppa & Assad, 2006).

음악 구입과 레스토랑 정찬과 같은 선택들 간에 자신의 주급을 배분하여 소비하는 대학생 제이미를 기억하는가? 아마도, 제이미의 안와전두피질의 뉴런은 그가 자신의 행위에 대하여 잠재적인 결과를 평가하고 선택을 하고 있을 때 돕고 있었다. 정찬이 쌀 때는 이들 뉴런의 어떤 것은 강하게 반응했던 것 같은데, 이것은 정찬이 선호된 선택이었음을 시사한다. 그러나 외식비가 상승할 때는 동일한 뉴런은 더 약하게 반응했을 것이며, 이것은 제이미가 반대의 대안을 선호해 자신의 돈을 소비하도록 했을 것이다.

뇌에서 강화를 신호화하는 기제

이전의 절은 안와전두피질의 뉴런이 결과의 정체성(예 : 포도 주스 대 오렌지 주스)뿐만 아니라 그 결과가 강화적인가의 여부(예 : 설탕 용액 대 퀴닌 맛이 나는 물인지)도 부호화함을 제안했다. 이 구별은 아주 중요하다. 결과가 강화적이면 $S^D \rightarrow R$ 연합은 강하게 되어 미래에 S^D가 R을 유발할 가능성을 증가시킨다. 만일 결과가 처벌자이면 그 연합은 약화되어 R의 가능성을 감소시킨다. 뇌는 어떤 결과가 강화자인지 아니면 처벌자인지를 어떻게 결정하는가?

뇌에서의 '원하기'와 '좋아하기'

1954년에 제임스 올즈(James Olds)는 쥐의 뇌를 전기로 자극하는 실험을 진행했다. 우리가 지금은 외측 시상하부라고 믿는 영역에 그는 전극을 삽입했다. 올즈는 쥐가 실험용 체임버(소형 칸막이 방)의 한쪽 구석으로 갈 때까지 기다렸다가 한 번의 짧은 전류를 흘렸다. 이 쥐는 몇 분 동안 체임버 주위를 어슬렁거리다가 같은 구석으로 되돌아 왔고 거기에서 그는 이 쥐에게 두 번째 전기 자극을 주었다. 이 쥐는 빠르게 기회를 포착하게 되었고 체임버의 그 구석 주위에서 배회하기 시작했는데, 더 많은 전기 자극을 원하는 것(wanting) 같았다(Olds, 1955). 따라서 뇌의 이 영역에 대한 전기 자극은 강화자와 매우 유사하게 기능하는 것 같았다. 이런 전기 자극이 어떤 반응들(이 경우에는, 그 바른 위치를 서성이는 것)의 가

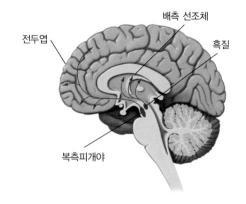

그림 5.10

복측피개야(VTA)와 흑질(SNc) 중뇌의 일부인 VTA와 기저핵의 일부인 SNc는 배측 선조체와 전두엽을 포함하는 많은 뇌 영역으로 도파민을 보내는 뉴런들을 포함하는 작은 영역이다.

능성을 증가시켰기 때문이다.

올즈는 이 현상에 매료되었다. 그는 쥐가 지렛대를 눌러 전기 자극을 받을 수 있도록 스키너 상자를 조립하였다. 쥐는 곧 맹렬한 비율로 지렛대를 누르게 되었는데, 시간당 최대 700회에 달했다(Olds, 1958). 제지를 하지 않을 경우에, 쥐는 몸이 지쳐 떨어질 때까지 48시간 동안 계속해서 지렛대를 눌렀다! 전기 자극과 먹이 사이에 선택을 하게 하면 쥐는 완전히 굶으면서까지 전기 자극을 선호했다(Routtenberg & Lindy, 1965).

후속의 연구들은 쥐들이 **복측피개야**(ventral tegmental area, VTA)—쥐, 사람 및 다른 포유동물의 뇌간에 있는 작은 영역—를 포함하는 몇 개의 뇌 영역(그림 5.10)에 전기 자극을 받으려고 했음을 확인했다. 올즈의 최초의 연구에서 전극은 아마도 VTA로 신경을 투사하고 있는 시상하부 뉴런을 자극하고 있었던 것 같다. 결과적으로, 이는 VTA를 간접적으로 활성화시키고 있었을 것이다. VTA 자극은 아주 강력한 강화자이므로 어떤 연구자들은 쥐가 전기 자극을 '좋아했다(liked)'고 추론했으며, 전기 자극이 효과적이었던 VTA와 다른 뇌 영역들이 '쾌락중추(pleasure centers)'라고 공식적으로 알려지게 되었다.

하지만 '쾌락중추'에 대한 아이디어는 지나치게 단순화되어 있다. 한 가지는, 뇌 전기 자극을 받으려고 지렛대를 누르고 있는 쥐는 이것을 즐기는 것처럼 행동하는 경향이 없었다는 것이다. 쥐는 안절부절 못하는 경향이 있었고 지렛대를 단순히 누르기보다는 이것을 물어뜯거나 심지어는 벽을 긁고, 먹기, 싸우기 또는 보금자리 재료를 갈가리 찢기와 같은 행동을 보이기도 했다. 이것은 먹이를 즐기는 동물보다는 흥분되어 있는 동물의 행동에 더 가깝다. 물론, 스키너는 단지 동물의 행동을 지켜봄으로써는 그 동물이 무엇을 느끼는지를 추론할 수는 없다고 특별히 언급하곤 했다. 그럼에도 불구하고, 몇몇 연구자들은 뇌의 전기 자극이 쾌락보다는 흥분이나 강화에 대한 기대—좋은 식사나 큰 선물을 기대할 때 우리가 경험하는 기대와 흡사함—를 야기한다고 제안해 왔다(Flynn, 1972).

현재의 많은 연구자들은 우리가 **쾌락적 가치**(hedonic value)—한 강화자의 주관적인 '선' 또는 얼마나 많이 우리가 그것을 '좋아하는지'를 의미함—를 신호화하기 위한 분리된 뇌 시스템을 가지고 있다고 믿는다. 이 가치는 **동기적 가치**(motivational value)—얼마나 많이 우리가 강화자를 '원하는지'(wanting)'와 얼마나 열심히 우리가 그것을 얻으려고 기꺼이 일하는지를 의미함—를 신호화하는 뇌 시스템과는 구분된다. 우리가 얼마나 많이 초콜릿 케이크를 '좋아하는지(liking)'와 상관없이, 방금 세 조각을 먹었다면 우리들의 대부분은 더 많이 얻기 위해서 그렇게 많이 동기화되지는 않는 경향이 있다. 유사하게, 올즈의 쥐들은 의심할 것 없이 여전히 먹이와 휴식을 '좋아했다'. 그러나 이들 쥐는 심지어는 굶주리거나 지쳤을 때조차도 뇌 전기 자극을 얻기 위하여 더 많이 동기화되었다. 이들 예에서, '좋아하는' 강화자를 제시해준다고 해서 반응이 충분히 유발되지는 않는다는 것을 알 수 있다. '원하기(wanting)'와 '좋아하기(liking)'의 신호들 둘 다가 존재할 때에만, 그 강화자의 도달에 의해 반응이 유발되고 $S^D \rightarrow R$ 연합이 강해진다.

도파민 : 뇌가 어떻게 '원하기'를 신호하는가?

신경전달물질인 도파민은 전두피질로 투사하는 복측피개야(ventral tegmental area, VTA) 그리고 선조체로 투사하는 **흑질**(치밀부)(substantia nigra pars compacta, SNc)을 포함하는 몇 개의 뇌 영역에 있는 뉴런에 의해 생산된다(그림 5.10). 앞서 읽은 것과 같이, 배측 선조체는 $S^D \rightarrow R$ 연합에 중요한 장소이고 안와전두피질(그리고 다른 전두영역들)은 예측된 결과에 대한 학습에 중요하다. 따라서 VTA/SNc에 있는 도파민성 뉴런은 뇌가 동기적인 가치를 어떻게 신호하는가를 들여다보는 데 좋은 장소이다.

쥐의 경우에, 이 동물이 먹이, 성, 남용 약물 또는 이차 강화자를 만날 때 VTA/SNc로부터 도파민이 분비된다. 사람의 경우에, PET와 fMRI 연구에 따르면 주스, 코카인, 돈, 유머, 그리고 심지어는 비디오 게임을 제시할 때 선조체와 같은 도파민 표적 장소가 높게 활성화되었다(Berridge & Robinson, 1998; Knutson et al., 2001; Mobbs et al., 2003). 바다 달팽이인 군소와 같은 무척추동물에서도, 조작적 조건화 동안에 정적 강화와 연계하여 도파민이 분비된다(Brembs, 2003; Nargeot et al., 1999).

대부분의 연구자들은 도파민이 단순하게 쾌락적 가치, 즉 '좋아함(liking)'만을 신호하지는 않는다고 믿고 있다. 예를 들어, 파킨슨병은 선조체로 투사하는 도파민 생성 뉴런을 파괴한다. 그러나 해당 환자들이 단맛과 짠맛에 대한 지각된 유쾌도를 평가하도록 요청받았을 때 그들의 평가는 건강한 사람들의 평가와 동일하다. 명백히, 이들 환자에서 도파민이 감소했다고 해서 즐거움을 주는 자극을 '좋아하는' 능력이 상실되지 않는 것으로 보인다(Traverse et al, 1993).

유사한 결과들이 인간 이외의 동물들로부터 얻어진다. 연구자들은 다양한 맛에 대한 동물의 반응을 지켜봄으로써 좋아함의 정도를 추론할 수 있다. 달콤한 물질을 쥐의 입에 넣을 때 이 동물은 입을 율동적으로 움직이고 혀를 내미는 등의 눈에 보이는 일련의 반응을 보인다. 이것을 때때로 쾌락반응, 즉 '냠냠' 반응(yum reaction)이라고 일컫는다. 쓴 맛은 입을 딱 벌리기, 고개 흔들기 및 발로 얼굴 닦기와 같은 다른 일군의 혐오반응, 즉 '웩' 반응(ugh reaction)을 유발한다. 도파민성 뉴런을 파괴하는 약물을 투여받은 쥐는 통제집단의 쥐만큼 또는 더 강하게 쾌락 반응과 혐오 반응을 보인다(Berridge & Robinson, 1998). 이것은 도파민계가 손상된 쥐가 통제집단의 쥐만큼 지속적으로 먹이를 '좋아함'과 '싫어함'을 시사한다. 변한 것처럼 보이는 것은 그것을 위해 기꺼이 일하려는 의향이다.

도파민 기능의 **유인 현저성 가설**(incentive salience hypothesis)은 조작적 조건화에서의 도파민의 역할이 동물이 얼마나 많이 특별한 결과를 '원하는가(want)' — 그것을 얻으려고 일하는 것이 어떻게 동기화되는가 — 를 신호해준다고 기술하고 있다. 이 가설에 따르면, 먹이 및 다른 강화자들에 대한 유인 현저성(즉, 주의를 끌고 일하도록 동기를 부여하는 능력)이 도파민이 고갈된 동물에서 감소되어 있다(Berridge. 1996; Berridge & Robinson, 1998).

경쟁하는 양자택일 조건에서 하나를 선택하게 하면, 보통의 동물은 다소 추가적인 일을 해야 하는 상황에서도 선호하는 강화자를 선택하는 경향이 있다. 대조적으로, 도파민이 고갈된 동물은 자신 앞에 놓여진 선호하는 먹이를 여전히 기꺼이 먹으려 하지만 그것을 얻으려고 애써 일하지는 않는다(Salamone et al., 2002).

이에 대한 좋은 본보기는 쥐가 먹이를 위해 일하는 선택을 할 수 있게 하는 실험에서 볼 수 있다. 예로서, 대부분의 건강한 쥐들은 쥐 사료보다는 설탕 알갱이를 선호해서, 심지어 그들은 사료를 자유롭게 먹을 수 있음에도 불구하고, 지렛대를 누름으로써 설탕 알갱이를 얻으려는 경향이 있다(그림 5.11, 초록). 도파민 길항제를 투여받은 쥐들도 둘 다 자유롭게 얻을 수 있다면 쥐 사료보다는 설탕을 더 선호한다. 그러나 설탕 알갱이를 얻기 위해서 일을 해야 하는 경우에는, 쥐들 대부분은 설탕 알갱이를 얻으려고 애써서 지렛대를 누르려 하기보다는 오히려 자유로이 얻을 수 있는 사료를 받아들인다(그림 5.11, 빨강)(Salamone et al., 2002). 정상적인 도파민 수준을 가지는 동물은 자신이 좋아하는 먹이를 얻기 위해 일하는 것을 선호하지만, 도파민 수준이 감소된 동물은 이렇게 일하지 않는 것(비록 그 결과가 저급한 먹이를 가져다준다 해도)을 더 선호한다.

훨씬 더 극단적인 경우에서, 유전공학적으로 도파민 생산이 완전히 불가능하도록 처리된 생쥐들은 먹이를 찾지 않는 경향이 있어서, 먹이 알갱이들이 직접 자기 앞에 놓여 있음에도 불구하고 일반적으로 생후 20~30일경에 굶어죽는다(Palmiter, 2008). 하지만 먹이를 입에 넣어주면 이들 동물은 씹어서 삼키며 심지어는 냠냠 반응을 보이곤 한다. 이런 관찰이 시사하는 것은 이들 동물이 여전히 먹이를 '좋아하고' 소비할 수는 있으나 단지 그것을 얻으려는 동기가 부족하다는 것이다. 이들 생쥐는, 도파민 뉴런이 생성되어 도파민을 분비

그림 5.11

도파민과 유인 현저성 가설 만약 쥐에게 사료는 자유롭게 먹을 수 있지만 설탕 알갱이(쥐들이 더 선호함)는 레버 누르기를 통해서 '벌어서' 받을 수 있도록 하면, 정상적인 대조 집단의 쥐(초록)들은 대부분의 시간을 레버를 누르면서 설탕 알갱이를 받아낼 것이고 상대적으로 사료는 적게 먹을 것이다. 하지만 도파민 길항제를 투여받은 쥐(빨강)들은 설탕 알갱이를 받기 위해 덜 노력을 하고 자유롭게 먹을 수 있는 사료를 더 선호한다.

Information from Salamone et al., 2002.

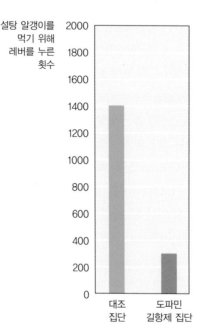

(a)

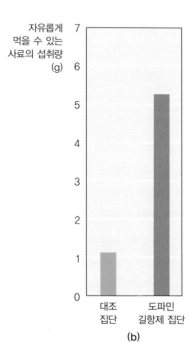

(b)

되게 하는 (유전자) 재조합형 바이러스(recombinant virus)로 선조체 내의 세포들을 감염시킴으로써 구조될 수 있다. 나중에, 이 생쥐들은 차후 조치가 없어도 체중을 유지할 정도로 충분히 통상적인 사료를 먹는다.

도파민은 사람에서도 유인 현저성에 영향을 미치는 것 같다. 예를 들어, 암페타민 (amphetamine)이라는 약물은 사람에게 유쾌한 감정을 유발시킬 수 있으며, 이런 유쾌한 감정은 도파민 차단제인 피모자이드(pimozide)를 투여받아도 변화하지 않는다(Brauer & de Wit, 1997). 하지만 피모자이드는 암페타민 도취감에 대한 갈망을 정말로 억제시킨다. 다시 말하면, 도파민계를 방해하면 암페타민을 '원하는(wanting)' 정도는 감소하지만 이를 '좋아하는(liking)' 정도는 감소하지 않는다.

정반대로, 뇌의 도파민 수준이 증가하면 갈망이 증가할 수 있다. 예를 들어, 한 연구에서, 페르골라이드(pergolide)라는 뇌의 도파민 수준을 증가시키는 약물을 투여받은 코카인 중독자들은 코카인에 대한 갈망은 증가했지만, 코카인으로 인한 도취감의 증가는 없다고 보고했다(Haney, Foltin & Fischman, 1998). 따라서 도파민계를 자극하면 코카인에 대한 '원하기(wanting)'는 증가하지만 이에 대한 '좋아하기(liking)'는 증가하지 않는다.

도파민계는 또한 이전에 강화와 연합되었던 자극에 노출됨으로써(이는 그 자극에 대한 '유혹의 힘'을 증가시킨다) 자연스럽게 자극될 수도 있다(Berridge, 2012). 예를 들어, 초콜릿을 보면 이를 좋아하는 사람에게는 특별히 배가 고프지 않음에도 불구하고 (초콜릿에 대한) 강한 욕구를 자극할 수 있다. 그리고 진지하게 금연하려고 노력하고 있는 흡연자는 남들이 흡연하고 있는 것을 보거나 그 냄새를 맡을 수 있는 방에 들어갈 때 압도적인 갈망을 경험할 수 있다. 이런 이유 때문에, 끊기를 원하는 많은 흡연자들과 약물 중독자들은 중독성 물질을 사용하고 있는 사람들을 마주칠 가능성이 있는 환경으로부터 떨어져 있으려고 애쓴다. 이 장의 초반에서 논의한 사전개입의 개념을 기억하는가? 사전개입 전략은 반응의 집행을 어렵게 만들 뿐만 아니라 S^D에 대한 노출을 감소시킴으로써 강한 $S^D \rightarrow R$ 연합을 상쇄하는 데 도움이 될 수 있다. 그 결과적으로, 도파민의 분비가 감소하고 차례로 갈망도 감소하게 될 것이다.

도파민이 '원하기'를 신호한다는 증거에 더하여, 도파민이 조작적 조건화 동안에 $S^D \rightarrow R$ 연합에 대한 학습을 강하게 하는 데 도움이 된다는 증거 또한 상당히 있다(Wickens, 2009). 도파민이 새로운 학습을 위하여 요구되지는 않는다 할지라도, 연구들에 의하면 (약물을 투여하거나 보상을 제시함으로써) 뇌에서 도파민 수준이 증가하면 새로운 $S^D \rightarrow R$ 학습이 정말로 증가하는 경향이 있다(Wise, 2004). 도파민은 아마도 시냅스 전 뉴런이 표적 뉴런을 활성화시키는 능력을 증가시킴으로써 시냅스 가소성을 일반적으로 촉진시킨다. 그리고 (제2장에서 읽은 것처럼) 함께 발화하는 뉴런들은 함께 연결되기 때문에, 이것은 차례로 이들 뉴런들 간의 시냅스 연결을 강하게 하는 경향이 있다(Jay, 2003). 그러나 뉴런에 미치는 도파민의 영향은 너무 다양하고 복잡하다. 그래서 이 신경전달물질과 학습에서의 역할에 대해서는 앞으로 밝혀야 할 것이 많다.

내인성 아편물질 : 뇌는 어떻게 '좋아하기'를 신호하는가?

도파민이 '원하기'를 신호한다면, 뇌에서 무엇이 '좋아하기'를 신호하는가? 아마도 가장 잘 연구가 된 후보는 아편계(opioid system)일 것이다. 뇌의 아편 수용기는 연구자들이 헤로인과 모르핀이 어떻게 작용하는가를 이해하기 위해 시도하다가 우연히 발견했다. 헤로인과 모르핀은 아편제(opiates) 일종의 약물로서 특별한 종류의 신경 수용기인 아편 수용기(opiate receptors)와 결합한다. 뇌가 식물에서 생산되는 헤로인과 모르핀에 반응하도록 특별한 수용기를 발달시켰다고 가정하기보다는, 연구자들은 이들 아편 수용기를 활성화시키는 자연 발생적인 뇌의 화학물질 역시 있을 것이라고 짐작했다. 그들은 **내인성 아편물질**(endogenous opioids)로 구분된 일련의 뇌의 화학물질을 발견했다. 이것은 자연 발생적인 신경전달물질을 닮은 물질(펩타이드)로서 많은 측면에서 아편제와 동일한 효과를 가지고 있다. ['내인성(endogenous)'이라는 단어는 '내부에서 기인하는'을 의미하고, '*opioid*'는 '아편제를 닮은(opiate-like)'의 뜻이다.] 내인성 아편물질은 중추신경계에 분포되어 있는데, 신체 내로 방출될 때에 광범위한 효과를 나타낸다. 이에는 통각 지각을 감소시키고 행복감을 유발시키는 효과가 포함된다.

우리는 아직도 이에 대하여 많은 것을 알지 못하지만, 많은 연구자들은 이들 물질이 쾌락적 가치, 즉 '좋아하기(liking)'를 매개할 것이라고 믿고 있다. 그렇다면, 헤로인과 모르핀이 아주 강하게 유쾌감을 유발하는 이유는 이들이 우연히 내인성 아편물질과 동일한 뇌의 수용기를 활성화시켰기 때문이라는 것이다.

예를 들어, 모르핀은 단 음식은 더 달게, 쓴 음식은 덜 쓰게 만든다(Rideout & Parker, 1996). 이것은 또한 고통이 덜 고통스럽게 느껴지도록 할 수 있다. 즉, 모르핀은 지속적이고 극심한 장기적 통증을 가지는 환자들에게(모르핀 중독의 위험보다도 고통 감소가 더 우선시되는 환자들에게) 의학적으로 사용된다. 이들 환자는 대개 그들이 여전히 통증을 느끼고 있지만 이 통증이 이전처럼 많이 그들을 괴롭히지는 않는다고 보고한다.

내인성 아편물질은 음식, 물, 성과 같은 일차 강화자에 반응하여 분비된다. 그들은 또한 이차 강화자와 유쾌한 행동에 의해서도 분비된다(Le Merrer et al., 2009). 분비된 내인성 아편물질에서의 차이와 활성화된 특수한 아편 수용기에서의 차이가 유기체로 하여금 다른 것들에 비해 한 강화자를 선호하게 만드는 것 같다(Le Merrer et al., 2009). 그리하여 그림 5.3에서 보이는 것과 같은 영향에 기여하는 것 같다: 유아들은 맹물이 갈증을 없애는 데에 동일한 효과를 가지고 있음에도 불구하고 단물을 얻기 위하여 더 세게 빨았다. 유아들과 똑같이, 쥐들은 통상적으로 맹물보다는 단물을 선호한다. 하지만 아편 길항제인 날록손(naloxone)을 받은 쥐들은 통제 쥐들에 비하여 단물을 선택하는 빈도가 훨씬 낮다(Hayward et al., 2006).

'원하기'와 '좋아하기'가 어떻게 상호작용하는가?

'원하기'는 도파민에 의해 그리고 '좋아하기'는 내인성 아편물질에 의해 신호화되며, 또한 둘 다가 욕구 행동에 기여한다면, 이들 두 뇌 시스템은 어떻게 상호작용하는가? 이에 대한 대답은 아직 명확하지 않다. 한 가지 가능성은 어떤 내인성 아편물질은 도파민 방출을 조절할 수 있다는 것이다. 예를 들어, VTA에 있는 어떤 뉴런은 자신의 수상돌기에 아편 수용기를 가지고 있는데, 이 수용기가 활성화되면 도파민을 방출하는 이 뉴런의 통상적인 경향성이 영향을 받을 수 있다. 이와 같은 방식으로, 내인성 아편물질은 '좋아하기'를 신호하고 이는 차례로 '원하기'에 대한 정보를 신호하는 VTA의 능력에 영향을 미칠 것이다. 그러나 다른 연구들은 현저성(salience)('원하기')과 가치성(valence)('좋아하기')을 별도로 담당하는 다른 하위집단의 도파민 뉴런이 존재하는 것 같다고 제안해왔다(Matsumoto & Hikosaka, 2009). 헤로인과 같은 어떤 약물은 두 경로 모두를 조작하는 것 같기 때문에 그 그림은 복잡하다. 즉, 이 약물은 '좋아하기' 시스템을 활성화시켜서 유쾌한 도취감을 산출하고, 또한 '원하기' 시스템을 활성화시켜서 이 약물과 그 도취감을 더 많이 갈망하게 한다.

뇌에서 처벌 신호하기

이미 기술한 것처럼, 안와전두피질의 뉴런은 예견된 특정의 강화자와 처벌자를 포함한 기대된 결과를 부호화한다. 그리고 도파민계와 아편계는 강화자에 대하여 '좋아하기'(쾌락적 가치)와 '원하기'(동기적 가치)의 부호화를 돕는 것 같다. 그러면 무엇이 처벌자의 혐오적 가치를 부호화하는가? 지금까지, 뇌에서 단일의 '통각 충추'는 존재하지 않는 것 같다. 오히려, 신체적·정서적인 통각 둘 다가 뇌에서의 다중 경로와 시스템을 활성화할 수 있다.

신체적 통각은 흔히 피부나 근육조직에서 시작한다. 여기에 있는 **통각 수용기(nociceptors)**라고 하는 특수한 수용기가 강한 압력, 열, 또는 손상을 유발할 수 있는 다른 자극에 반응한다. 이 수용기로부터의 메시지는 뇌간과 시상을 지나 일차 체감각피질(S1)과 같은, 피질의 체감각 영역에 도달한다(제2장과 그림 2.7 참조). 뇌 영상 연구들은 통각이 강하면 강할수록 S1의 활성이 더 커짐을 보여왔다. 예로, 여러분이 샤워를 할 때, 물이 점점 뜨거워짐에 따라 S1이 점점 더 활성화될 것이다. 그러나 S1이 신체적 위치와 통각의 강도를 부호화할지라도 그것이 얼마나 나쁘게 '느껴지는지', 즉 통각의 정서적 요소는 부호화하지 못한다. 만일 여러분이 눈이 있는 밖에서 하루 종일 얼어 있었다면, 똑같이 아주 뜨거운 샤워용 물 아래 서 있어도 이제는 고통스럽기보다는 실제로는 기분 좋게 느껴질 수 있다. 유사하게, 와사비가 가미된 스낵을 삼키고 있는 사람은 숨을 헐떡이고 눈물을 흘릴 수 있다. 그런 다음엔 다시 또 한 줌의 스낵을 위해 손을 뻗친다. 명확히, 강력한 자극들 모두가 혐오적인 것만은 아니다. 그리고 혐오적인 자극들 모두가 신체적 통각을 야기하는 것만은 아니다. 역겨운 냄새, 큰 불협화음, 그리고 사회적 거절 모두는 신체적 통각을 발생시키지는 않지만 매우 혐오적일 수 있다.

그렇다면, 뇌가 어떻게 해서 어떤 특별한 자극이 혐오적인지 또는 아닌지를 결정하는가? **도피질(insular cortex)** 또는 **도(insula)**를 포함하여 몇몇의 뇌 영역들이 관여하고 있다. 도피질은 두정엽과 전두엽으로부터 측두엽을 분리시키는 깊은 주름 내에 위치하며(그림

5.12), 우리 자신의 몸과 정서 상태를 의식적으로 인식하는 데 중요하다. 도피질의 한 하위 영역인 **배후측 도피질**(dorsal posterior insula)은 배고픔, 화, 혐오와 같은 다른 부적 정서상 태는 물론 신체적 통각을 지각하는 역할을 한다(Naqvi & Bechara, 2009; Chang, 2013). 예로, 배후측 도피질은 참가자들이 고통스러운 열이나 한랭을 경험할 때(복습을 위해서는 Craig, 2003 참조), 온라인 비디오 게임에서 다른 참가자들로부터 배제되는 것과 같은 사회적 거절을 경험할 때(Eisenberger et al., 2003), 또는 원하지 않았던 관계 단절 후에 이전 파트너의 사진을 볼 때(Kross et al., 2011)에도 활성화된다. 그 활성화의 정도는 대략 처벌자의 크기에 비례하는 것 같다. 이에 예를 들면, 실수할 때 50센트 또는 5센트의 손실을 당하는 벌이 주어졌던 연구에서, 더 큰 손실을 입었을 때 이 도피질의 활성은 더 높았다(Hester et al., 2010).

따라서 아편계가 유쾌함 즉 '좋아함'을 신호하는 것과 똑같이, 도피질은 뇌가 불쾌함, 즉 '싫어함(disliking)'의 정도를 결정하는 한 방편인 것 같다. 사실 도피질이 파괴되면 불쾌한 결과를 피하는 학습이 손상된다. 한 연구의 발견에 따르면, 도피질이 손상된 환자는 보상(점수 얻음)을 얻는 학습에서는 건강한 사람만큼 잘했다. 그러나 피질은 다치지 않은 뇌 손상 환자와 비교하여, 이 (도피질이 파괴된) 환자는 처벌(점수 잃음)을 피하는 학습이 손상되었다(Palminteri et al., 2012).

일단 우리가 어떤 자극이 주관적으로 고통스럽다는 것을 확립했다면, 다음 단계로는 그것에 대하여 무엇인가를 할 것인지의 여부를 결정해야 한다. 전전두피질의 내측 표면에 위치하고 있는 **배전측 대상피질**(dorsal anterior cingulate cortex, dACC; 그림 5.12)은 통각의

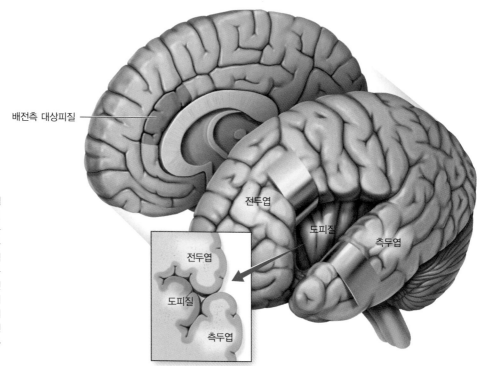

그림 5.12

도피질과 배전측 대상피질 (dACC) 측두엽을 전두엽, 두정엽과 분리시켜주는 틈 사이에 묻혀 있는 도피질은 몸 상태를 의식적으로 인식하고 자극의 부적 가치를 처리하는 역할을 한다. 전전두엽피질 표면의 내측(안)에 위치한 dACC는 처벌자의 동기적 가치를 처리해서 신중하게 행동을 결정하도록 도와준다.

배전측 대상피질 —

전두엽

도피질

측두엽

전두엽

도피질

측두엽

동기적 가치(행동의 변화를 추동할 수 있는 정도)와 관련되어 있다(Craig, 2003). 현재의 몇 가지 이론들은 dACC가 (통각을 포함하여) 기대되지 않았던 사건들을 감지해서 적절한 반응을 제안한다고 주장한다(Bush et al., 2002). 예로, 한 연구에서 참가자들은 돈을 딸 수도 있고 잃을 수도 있는 하나의 게임을 했다. 그 게임 동안에 dACC의 뉴런은 명백한 처벌을 초래하는 실수와 어떤 보상도 얻을 수 없는 실수 둘 다에 대하여 반응을 했다. 하지만 전자의 경우에서 활성이 더 높았다(Simões-Franklin et al., 2010). 짐작컨대, 실수의 결과가 더 나쁠수록 행동을 변화시키려는 동기가 더 높다.

다른 한편, dACC는 또한 참가자들이 예상 외로 감소된 보상을 받을 때 활동성이 증가한다(Bush et al., 2002; Williams et al., 2004). 그래서 그 활동 수준은 참가자들이 실제로 그들의 반응을 변경할 것인가의 여부를 예견한다(Williams et al., 2004). 원숭이와 아이들이 기대하도록 훈련받았던 것보다 더 적은 보상을 위해서는 일하기를 거절하는 부적 대비 현상을 기억하는가? 사실, 기대했던 것보다 더 적은 보상은 처벌자로서 기능을 하며 반응의 감소로 이어진다. dACC가 이 부적 대비를 인식하는 것이 가능하여, 실망스러운 보상을 얻으려고 일하는 데 감소된 동기를 신호한다. 따라서 뇌가 강화자의 쾌락적 가치와 동기적 가치를 신호하는, 즉 아편계를 통해서는 '좋아하기'를, 그리고 도파민계를 통해서는 '원하기'를 신호하는 다중 시스템을 가지는 것과 똑같이, 뇌는 또한, 도(insula)와 dACC와 같은 뇌 영역을 통하여 처벌자의 혐오적 가치와 동기적 가치를 신호하는 다중 시스템도 가지는 것 같다. 하지만 우리가 뇌에서 처벌자를 어떻게 처리하고 또한 이에 어떻게 반응할지에 대해서는 여전히 많은 연구가 필요하다.

중간 요약

- 배측 선조체는 자극-반응(S^D) 연합을 저장하는 데 중요한 뇌 기반이다. 선조체-매개의 $S^D \rightarrow R$ 연합은 비교적으로 자동적이며 습관적인 것 같다.
- 안와전두피질은 반응-결과 연합($R \rightarrow O$)을 저장하는 데, 그리고 유기체가 행위의 기대된 결과를 기초로 특별한 반응을 선택하도록 돕는 데 중요한 뇌 기반인 것 같다.
- 강화자와 처벌자는 도파민을 배측 선조체, 전두피질, 다른 곳으로 투사하는 VTA와 SNc에 있는 뉴런을 활성화시키는 것 같다. 손상이나 약물로 이들 경로를 방해하면 조작적 조건화가 손상된다.
- 유인 현저성 가설은 도파민이 '좋아하기'보다는 '원하기'를 조절해서 유기체가 얼마나 열심히 강화를 얻기 위해 기꺼이 일할 것인가를 결정한다고 제안한다. 도파민은 또한 가소성에도 영향을 미치는데, 이것이 배측 선조체와 다른 곳에서 $S^D \rightarrow R$ 연합을 생성하거나 강하게 하는 데 도움이 되는 것 같다.
- 중독성이 높은 많은 약물들에 의해 모방되는 내인성 아편물질은 강화자의 쾌락적 가치('좋아하기')를 신호해주는 것 같다.
- 배후측 도피질은 우리가 고통스러운 생리학적·심리적 자극에 대한 주관적인 '싫어하

기'를 결정하도록 돕는 뇌 영역이다. 배전측 대상피질은 행동적 반응의 변화를 안내하는 데 사용되는, 처벌자의 동기적 가치를 결정하는 데 도움이 되는 것 같다.

5.3 임상적 관점

뇌의 강화계를 통하여, 동물은 자신의 생존에 필요한 것들(음식, 물, 수면 등)을 찾고 얻을 수 있도록, 그리고 생존을 위협하는 것들(고통, 질병, 포식자 등)을 피할 수 있도록 구조화되어 있다. 불행하게도, 강력한 강화계는 적응적이지 않게 될 수 있다. 예로서, 기름진 음식을 먹을 때 느끼는 즐거움은 이런 경험을 반복하도록 충분히 동기화한다. 인간의 뇌는 수천 년 전에 발달되었다. 이때의 조상들은 식량을 찾아 다녀야 했고 그들은 언제 다음번의 식사를 할 수 있을지를 확신할 수 없었다. 식량이 부족할 때 몸에 저장된 지방은 나중에 에너지로 쓰일 수 있었다. 이런 조건하에서는 기름진 음식을 찾는 것이 생존에 필요한 하나의 전략이었다. 21세기의 미국에서 식량은 비교적 얻기 쉬운 것이지만 생물학적 욕구는 남아 있어서, 여전히 기름진 음식의 맛을 찾는 많은 사람들은 위험할 정도로 과체중이 되어 있다.

약물 중독은 강화계가 제대로 기능하지 못하게 하는(사실은 오히려 과도하게 기능하게 하는) 또 다른 방식을 표상한다. 여러분은 제4장에서 고전적 조건화가 어떻게 약물 중독에 기여할 수 있는가를 읽었다. 특별한 종류의 강화를 얻기 위해 학습된 반응인 조작적 조건화는 또 하나의 큰 퍼즐 조각이다. 조작적 조건화 이론으로부터 얻은 통찰은 약물 중독의 이런 요소를 이해하고, 또 보다 효과적인 치료법을 개발하는 데 도움이 될 수 있을 것이다.

약물중독

우리 모두는 모닝 커피에, 오후의 초콜릿 조각에, 또는 좋아하는 TV 쇼에 중독되어 있는 사람들을 알고 있다. 그런 사람들은 이들 중독성 물질에 대해서 강한 갈망을 경험하고, 이들 중독 물질이 제거되면 금단 증상(withdrawal symptoms)도 경험할 수도 있다. 모닝 커피에 중독된 어떤 사람이 커피를 마시지 않고 하루를 시작할 경우에는 (안절부절, 졸림, 두통, 주의 집중의 어려움 등의) 금단 징후를 보일 수 있다. 하지만 대부분의 경우에는 이런 매일의 중독은 우리의 생활이나 건강을 방해할 정도로 아주 심각하지는 않다.

의학적으로, **병리학적 중독**(pathological addiction)은 해로운 결과를 알고 있음에도 불구하고 유지되는 강한 습관(또는 강박행동)으로 정의된다(Berke, 2003; Leshner, 1999; McLellan, Lewis, O'Brien & Kleber, 2000). 병리학적 중독과 단순한 습관 간에 그 정도의 차이는 크다. 커피를 마시는 사람은 모닝 카페인을 섭취하지 않으면 졸리고 안절부절 못하고 이 습관을 떨쳐버리기가 어려울 수는 있지만, 그것이 의학적으로 해로운 결과를 야기할 정도로 또는 일상생활을 방해할 정도로 과도하게 커피를 마시지 않는다면 이런 증상은 보통 병리학적 중독으로 간주되지는 않는다.

대조적으로, 다음 사람은 코카인에 병리학적으로 중독된 것으로 진단되는데, 그는 코카인을 끊을 수 없어 하고, 코카인에 도취된 다음 코카인을 하기 전에 금단 현상을 보이고, 어서 또 코카인을 투여받을 것에만 사로잡혀 있고, 다른 어떤 것도 코카인만큼 중요하지 않기 때문에 가족과 직업 등의 일상의 다른 측면들을 간과하기 시작하는 정도이다. 알코올도 같은 방식으로 삶을 병리학적 중독으로 몰아갈 수 있다. 상습적인 음주가 직장을 잃게 하고 가족을 희생시키게 함에도 불구하고 알코올 중독자는 음주를 끊지 못할 수 있다. 뇌 전기 자극을 위해서 지렛대 누르기를 중단할 수 없기 때문에 스스로를 굶주리게 만든 쥐도 병리학적으로 이 전기 자극에 중독된 것으로 간주될 수 있다.

외식하는 것과 음악 앨범을 사는 것 사이에서 자신의 자원을 어떻게 분할해야 할 것인가를 선택해야 하는 대학생 제이미를 기억하는가(그림 5.6)? 우리는 중독자들 역시도 가능한 행동들에 자원(시간, 돈, 노력)을 할당하는 것과 같은 선택의 기로에 선 것으로 볼 수 있다. 그들은 점점 더 다른 모든 선택을 희생하면서 중독성 물질만을 선택하게 되는 것이다.

병리학적 중독을 가진 많은 개인들은 자신의 중독을 끊기를 원하고, 이를 극복하려고 아주 부단히 노력한다. 불행하게도, 이들에 저항해서 작용하는 몇 가지의 과정이 있다. 중독은 도취감을 추구하게 할 뿐만 아니라 금단이라는 혐오적 효과를 피하게 하는 것도 포함하는 것 같다. 어떤 의미에서, 도취감은 정적 강화를 제공하고, 금단증상을 피하게 하는 것은 부적강화를 제공한다. 따라서 두 과정은 약물투여 반응을 강화한다.

중독성이 강한 많은 약물들은 아편제인데, 이는 이들 약물이 아편 수용기를 표적으로 삼는다는 것을 뜻한다. 헤로인과 모르핀은 아편 약물의 두 예들이다. 암페타민과 코카인을 포함하여 다른 일반적인 중독성 약물들은 뇌의 도파민 수준을 증가시킴으로써 작용한다. 제2장으로부터, 시냅스 전 뉴런이 신경전달물질 분자를 시냅스로 방출하고 이 신경전달물질 분자가 시냅스 후 뉴런의 수용기를 활성화시킬 때 뉴런들이 정보를 전달함을 기억하라(그림 5.13a). 암페타민은 도파민성 뉴런이 더 많은 양의 도파민을 방출하게 한다. 코카인은

그림 5.13

도파민 뉴런에 암페타민과 코카인이 주는 효과 (a) 도파민을 만드는 시냅스 전 뉴런이 시냅스로 도파민을 내보낸다(1). 이 분자는 시냅스 후 뉴런에 붙어 있는 도파민 수용기를 활성화시킨다(2). 사용되지 않은 분자들은 분해되어(3) 다시 시냅스 전 뉴런으로 들어가며 이를 재흡수(4)라고 한다. (b) 암페타민은 도파민 뉴런이 더 많은 도파민을 만들도록 한다(1). 코카인은 사용되지 않은 도파민의 재흡수를 방해한다(4). 두 약물 모두 시냅스 내의 도파민 양을 증가시켜 도파민이 시냅스 후 뉴런을 더 활성화시킬 수 있게 만든다(2).

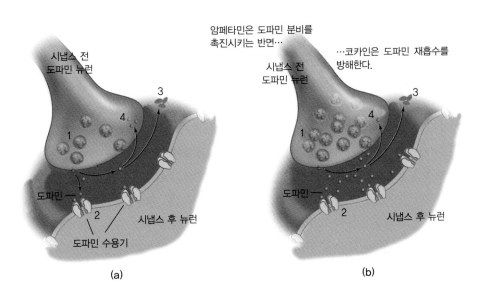

(a)　　　　　　　　(b)

도파민의 재흡수를 차단하여 도파민이 분해되어 흡수되기 전에 시냅스에 더 오랫동안 머무르게 함으로써 작용한다. 두 경우에서, 이 약물의 궁극적인 효과는 시냅스 후 뉴런을 활성화시키기 위해 사용 가능한 도파민의 양을 증가시키는 것이다(그림 5.13b). 암페타민과 코카인 둘 다는 강화자로서 사용될 수 있다. 따라서 예를 들어, 쥐와 생쥐는 암페타민이나 코카인을 투여받기 위하여 격렬하게 지렛대 누르기는 것을 학습하곤 한다(McBride et al., 1999).

코카인과 암페타민에 대하여 흥미로운 한 가지는 약물 사용의 초기 단계에서는 '좋아하기'가 결정적인 것처럼 보이지만 일단 장기간 중독된 사람들은 흔히 이들 약물로부터는 더 이상 감지할 수 있을 정도의 도취감이 생겨나지 않음에도 그것과 상관없이 이들 약물을 갈망한다는 것이다. 마치 그들의 '원하기' 시스템이 '좋아하기' 시스템과 분리되어 제멋대로 운용되는 것 같다. 사실, 코카인 또는 암페타민을 투여받아왔던 개인들은 행복하다거나 유쾌하다고 느끼지 않고, 각성되거나 흥분된다고 느낀다. 이들 사실은 도파민이 '원하기'와는 관련되어 있으나 '좋아하기'와는 별로 관련되지 않는 강화의 유인 현저성 가설과 잘 맞는다.

많은 연구들은 약물 남용자들이 갈망을 경험할 때 도가 활성화됨을 보여왔다. 이것은 코카인, 알코올, 아편제, 그리고 니코틴에 대하여 그랬다. 다른 한편, 몇 개의 흥미로운 연구들은 도를 파괴시키는 뇌졸중으로 시달리는 흡연자는 그들의 담배에 대한 중독이 실제적으로 제거될 수 있도록 했음을 보여주었다(Naqvi et al., 2007; Suner-Soler et al., 2012; Gaznick et al., 2014). 유사하게, 암페타민에 중독된 후에 일시적으로 도를 불활성화시키는 약물을 투여받은 쥐에서 약물추구 행동이 방해된다(Contreras et al., 2007). 이들 연구 그리고 다른 유사한 연구들은 도에 의한 부적 감정(갈망과 금단)의 표상이 그 중독을 유지하도록 돕는다고 제안한다.

요약하면, 약물 중독은 정적 강화(유쾌한 도취감), 부적 강화(금단현상 피하기), 그리고 도파민성 '원하기' 시스템의 역기능(갈망)을 포함하는 여러 요인(Robinson & Berridge, 2000)에 의해 야기된다고 생각된다. 제4장에서 읽은 바와 같이, 장기간 약물을 사용하면 시냅스에서 생리학적 변화가 유발될 수 있다. 그 결과로서, 동일한 효과를 얻기 위해서 더 큰 용량의 약물이 요구된다. 물론, 이들 각 요인의 상대적인 역할은 유전, 성격 및 경험 등에 따라 개인차가 있다. 어떤 사람들은 단 한 번의 사용 후에 약물에 강하게 중독되며, 어떤 사람들은 시간이 지남에 따라 중독되며 그리고 극소수의 사람들은 병리학적 중독을 발달시키지 않고 장기간에 걸쳐 약물을 사용할 수 있다. 지금으로서는, 특정한 약물 사용을 시작하는 각 개인에게 무엇이 발생할 것인가를, 또는 해당 개인이 이 습관을 떨쳐내는 일이 얼마나 어려울 것인가를 예언하는 방법은 없다.

행동중독

어떤 사람들은 약물과 똑같은 정도로(중독과 똑같이) 강화해주는 스카이다이빙 또는 도박에서 이기기와 같은 행동에 의해 도취될 수 있다. **행동중독**(behavioral addiction)은 약물보다는 오히려 강화 또는 도취감을 산출하는 행동에 중독됨을 뜻한다. 이 중독은 또한 해당 행동이 차단될 때 갈망 및 금단 증상도 산출한다.

아마도 가장 널리 수용되는 행동중독에 대한 예는 강박행동적인 도박일 것이다. 많은 사람들은 가끔씩 도박을 하는데, 주간 로또 복권을 사거나, 가끔씩 온라인 포커 게임을 하거나 (도박을 하기 위해) 라스베이거스나 애틀랜틱시티에서 휴가를 사용한다. 이 사람들은 자신들의 돈을 지불하고, 재미있게 즐긴 후 유유히 걸어 나온다. 하지만 다른 사람들은 푹 빠져든

일부에게 도박은 간간히 시간을 보내는 무해한 행동이 될 수 있다. 친구의 도박 습관이 병적인 중독으로 갔는지 어떻게 확인할 수 있을까?

다. 그들은 더욱 더 자주 도박을 하기 시작하며 점진적으로 더 많은 돈을 탕진하게 되고, 결국엔 도박 기회만큼 중요한 것은 아무것도 없게 된다. 최대로 약 총인구의 1.6%가 그들의 일생에서 강박행동적인 도박에 시달리는 것으로 추정된다. 이런 문제는 아프리카계 미국인들과 대학생들과 같은 특별한 집단에서 더 광범위하게 퍼져 있는 것 같다(Potenza, Kosten, & Rounsaville, 2001).

스키너는 도박이 그처럼 유혹적인 이유는, 여러분이 이 장의 초반에서 읽은 것처럼, 그것이 흔히 VR 계획으로 강화되기 때문이라고 제안했다. 즉, 여러분은 다음의 큰 수익이 언제 올 것인가를 결코 확신할 수 없기 때문에, 딱 한 번만 더, 그다음에도 딱 한 번만 더 게임을 하도록 자신에게 쉽게 얘기하게 된다(Skinner, 1953). 크게 이기는 한 판은 이 도박행동을 강력하게 강화시켜준다.

도박이 뇌의 강화계에 영향을 미쳐서 중독성이 되게 할 수 있는 유일한 행동인 것은 아니다. 다른 행동중독의 예는 강박행동적 섭식, 성 중독, 도벽 및 강박행동적 쇼핑 등이다. 이들의 각 경우에서, 중독된 사람은 그 행동으로부터 도취감을 경험하며 또 다른 도취감에 대한 갈망이 따라온다. 그리고 그 행동이 차단되면 금단 증상도 뒤따른다. 어떤 연구자들은 심지어는 로맨틱한 열병을 한 유형의 행동중독으로 분류한다. 연인들은 자주 자신의 활동과 소임을 희생해가면서 많은 양의 시간과 주의를 자신의 사랑하는 사람에게 쏟기 때문이다. 또한 그들은 헤어지거나 거절당할 때는 금단에 시달리기 때문이다(로맨틱한 사랑의 중독적 속성에 대한 자세한 논의를 위해, '일상에서의 학습과 기억 : 사랑에 대한 중독?' 참조).

이들 행동중독은 약물중독에 의해 영향을 받는 뇌 영역과 동일한 영역의 기능장애를 반영한다는 증거들이 점점 많이 나오고 있다. fMRI를 이용한 현대의 연구는 도박이 코카인 중독자들이 코카인을 투여받을 때 보이는 것과 아주 동일한 양상으로 뇌를 활성화시킴을 실증했다(Breiter, Aharon, Kahneman, Dale & Shizgal, 2001). 유사하게, 과도한 운동을 하도록 선택적으로 사육된 생쥐는 과식하도록 선택적으로 사육된 생쥐처럼 배측 선조체에서 도파민의 농도가 상대적으로 높다(Mathes et al., 2010).

약물중독과 행동중독 간의 유사성을 지지하는 다른 증거는 배측 선조체(그리고 다른 곳)

◀◀ 일상에서의 학습과 기억 ▶▶

사랑에 대한 중독?

원하는 것에 대해서 계속 생각하면 심장이 계속 두근거리고, 손에 땀이 나고, 흥분과 갈망의 감정. 접근하지 못하면 짜증나고 잠을 못 자며 다른 모든 걸 제쳐두고 얻지 못한 것에 대해 갈망이 커지는 현상.

위의 설명만 읽으면 이 사람은 코카인 중독에 걸렸을 가능성이 높다. 아니면 열정적으로 사랑에 빠진 것일 수도. 사랑하는 사람의 사진을 보여주면 사람들은 배측 선조체, 복측 피개야/흑질(VTA/SNc), 그리고 안와전두피질의 뇌 활성이 증가되었다(Aron et al., 2005; Xu et al., 2011). 이 영역들은 코카인이나 암페타민에 중독되면 활성화되는 영역들과 동일하며 이는 성적 흥분으로 인해 활성화되는 영역과는 다르다. 이러한 사실은 로맨틱한 사랑은 단지 섹스를 위한 동기일 뿐이라고 보기 어렵다(Fisher, Aron & Brown, 2005). 사랑하는 사람의 사진을 보는 것은 심지어 통증을 처리하는 영역을 무효화시키는 보상 중추를 활성화시켜 고통을 완화시켜주는 것 같다(Younger, Aron, Parke, Chatterjee, & Makey, 2010).

만약 로맨틱한 사랑이 코카인과 동일한 보상 회로를 활성화 시킨다면 사랑도 중독적이지 않을까? 심각한 사랑의 열병에 도취된 사람들은 마약 중독자들이 보이는 행동과 유사한 행동을 보이는데, 여기에는 다른 행동을 하지 않고 사랑하는 사람을 추구하는 행위, 집착적이고 방해가 되는 생각을 하는 행동, 열정에 의한 범죄처럼 충동적이고 좋지 않은 선택을 하게 된다(Frascella, Potenza, Brown, & Childress, 2010). 하지만 사랑이 코카인 중독 관련 뇌 회로와 행동패턴을 공유한다고 해도 '중독적인 물질'이라고 결론지을 필요는 없다. 보상을 찾거나 금단 증상을 일으키는 모든 것들을 '중독적인 물질'로 규정하지 않는다(목이 마를 때 물을 열심히 찾아다니고, 오랫동안 물을 못 마시면 짜증이 난다고 해서 물을 중독적이라고 하는가?). 많은 전문가들은 헤어진 후 느끼는 우울증과 슬픔은 중독의 증거가 아니라 정상적인 삶의 일부라고 믿고 있다.

그럼에도 불구하고, 사랑하는 대상에 대해 과한 헌신을 보이는 일부 사람들은 거절당했을 때 병리학적인 우울증과 (드문 경우에) 자살 혹은 살인을 저지르는 경우가 있다. 이는 마치 코카인을 접했을 때 한 번 해보고 마는 사람들이 있는 반면 심하게 중독되는 사람들이 있듯이 일부 사람들은 고통스러운 상실감에서 살아남지만 일부는 잃어버린 상태에 갇혀버리는 것처럼 보인다. 이런 사람들을 병리학적인 중독으로 규정해야 하는지 아직 논의가 계속 되고 있다(Reynaud, Karila, Blecha, & Benyamina, 2010).

앞선 연구들은 약물 중독과 관련된 뇌 기질들에 대해 설명을 해주고 금단 증상과 관련된 갈망을 줄여주는 (약물을 포함하는) 처방에 대해 알려주었다. 거절 이후의 갈망을 줄여주는 데 이러한 방법이 사용될 수 있을까? 만약 사랑에 실패해서 가슴이 찢어질 때 이런 치료법이 존재한다면 사용해볼 것인가?

로 투사하는 도파민 생성 뉴런이 점차적으로 죽어감으로써 발생하는 파킨슨병으로부터 얻어진다. 파킨슨병은 뇌의 도파민을 모방(도파민 수용기를 활성화시킴)하는 도파민 효능제를 포함하여 많은 약물로 치료할 수 있다. 그리고 많은 환자들이 이 치료로부터 혜택을 받는다. 그러나 신기하게도 고용량의 도파민 효능제를 처치받은 적은 비율의 환자들은 갑자기 심각한 도박 문제를 발달시킨다(Santangelo et al., 2013). 명백히, 이들 개인에서, 도파민 효능제는 암페타민과 코카인에 대하여 그림 5.13에서 보이는 것과 아주 동일한 방식으로 뇌의 '원하기(wanting)' 시스템을 와해시킨다. 이리하여, 그 문제 행동을 강화하게 된다. 흔히, 도박 문제는 단순히 환자에게 다른 유형의 약물치료를 적용함으로써 치료될 수 있다.

종합하면, 이들 결과는, 뇌에는 보편적인 강화계가 있고, 이 강화계가 일차 강화자(음식), 이차 강화자(돈), 행동(도박) 및 약물(코카인)을 포함하는 다른 범주들의 강화자에 대하여 유사한 방식으로 활성화됨을 시사한다(Breiter et al., 2001). 그렇다면, 약물중독의 기초가 되는 생화학적 원리와 행동적 원리들을 보다 더 잘 이해하게 되면, 이들은 행동중독에 시달리고 있는 개인들을 치료하는 데 도움이 될 수 있겠다.

중독에 대한 치료

아주 최근까지 중독은 일반적으로 성격상의 결함이라고 간주되었다. 따라서 개인이 최선으로 해야 할 것은 코카인, 도박 테이블 또는 담배 등 해당 중독 물질로부터 떨어져 있을 수 있는 강한 의지력을 보여주는 것이었다. 이들 중독 모두가 빈번하게 발생하는 금단으로 인한 극심한 신체적 고통은 말할 것도 없이 강렬한 갈망을 야기한다는 점에서, 많은 중독자들이 외부의 도움 없이 자신의 습관을 떨칠 수 없다는 것은 아마도 놀라운 일이 아닐 것이다.

현재 미국에서 중독에 대한 대부분의 치료는 흔히 알코올중독 방지회(Alcoholics Anonymous)와, 그 밑에 분리된 조직들, 즉 도박중독 방지회, 니코틴중독 방지회, 과식 방지회 등과 같은 지지집단에서 제공하는 자립 치료 회기와 인지치료(cognitive therapy)를 포함한다. 의학적 치료 역시도 도움이 될 수 있다. 예를 들면, 날트렉손은 아편 수용기를 차단하는 약물인데, 이 약물은 이 수용기와 결합하여 쾌락적 반응을 야기하는 헤로인의 능력을 감소시켜주는 것으로 생각된다. 몇몇의 연구에서, 마약중독 치료를 받아온 헤로인 중독자들은 날트렉손을 포함한 처치를 계속 받을 경우에 더 오랫동안 헤로인으로부터 떨어져 있을 수가 있었다(Kirchmayer et al., 2002; Rawson & Tennant, 1984). 그리고 강박 행동적인 도박꾼들은 날트렉손 치료를 받은 후에 도박 충동이 감소한다고 보고했다(Grant, Kim & Hartman, 2008). 그러나 문제점 또한 있다. 날트렉손은 매일 복용해야 하고 헤로인에 대한 환자의 갈망('원하기')이 줄어들지 않는다는 것이다. 결과적으로, 헤로인이나 다른 아편 약물에 중독된 사람들의 치료에 관한 최근의 리뷰는 구강 투여를 통한 날트렉손 치료가 재발을 방지하는 데에서 위약보다 통계적으로 더 우수하지 않다고 결론내렸다(Minozzi et al., 2011).

조작적 조건화의 행동적 원리는 몇몇 다른 치료법들이 중독을 극복하는 데 도움이 될 수 있다고 제안한다. 중독은 $S^D \rightarrow R \rightarrow O$의 강한 연합이라고 생각할 수 있는데, 어떤 세트의 환경적 자극(S^D)은 중독행동(R)을 야기하며, 이는 도취감 또는 감소된 갈망이라는 강화결과(O)를 가져다준다. 중독을 이런 방식으로 바라볼 때, 우리는 이 조건화된 연합의 세기를 깨뜨리거나 감소시킬 수 있을 것이다. 아마도 가장 명백한 접근은 단순한 소거(extinction)일 것 같다. 즉 반응 R이 결과 O의 산출을 중단하면 R의 발생빈도는 감소할 것이다. 이것은 중독에 대한 날트렉손의 효과를 해석하는 하나의 방식이다. 일단 뇌의 강화계가 차단되면, 후속의 헤로인(또는 도박)은 강한 결과를 산출하지 못하므로 반응(약물복용 또는 도박)은 감소하게 될 것이다.

조건화에 기초하는, 중독 및 습관에 대항하는 다른 하나의 방법은 거리 두기(distancing), 즉 원하지 않는 반응을 유발하는 자극을 피하는 것이다. 예를 들어, 금연을 위해 고군분투하는 흡연가나 애연가 친구들과 어울릴 때마다 흡연 욕구가 생기는 흡연자는 이들 상황을 회피하도록 노력해야 한다. S^D가 결코 존재하지 않으면 R이 결코 유발되지 않을 것이다.

세 번째 방법은 대안적 행동의 **차별적 강화**(differential reinforcement of alternative behaviors, DRA)이다(여러분이 앞에서 이미 읽었다). 흡연자가 일주일 내내 담배 없이 지낸다면, 자신의 절제 행동에 대하여 자기 스스로에게 좋아하는 음식이나 활동이라는 보상을 주어 강화할 수 있다. 친구들도 흡연자의 비흡연 행동을 칭찬함으로써 강화를 제공할 수 있다. 알코올 중독 방지회도 알코올 중독자가 술을 마시지 않고 지내는 각 주에 대하여 집단적으로 사회적 강화를 준다. 헤로인 중독자를 위한 몇몇의 프로그램들은 실제적인 현금 상품권으로 절제를 강화시켜주는데, 이는 약물 사용을 하지 않는 대안 행동을 위해 또 다른 형태의 강화를 제공하는 것이다(Preston, Umbricht & Epstein, 2000).

조건화에 기초한 마지막 기법은 **지연강화**(delayed reinforcement)이다. 흡연자가 흡연 욕구가 강하게 일 때마다 흡연을 하기 전에 일정한 지연(예 : 한 시간)을 부과할 수 있다. 반응과 결과 간의 지연이 증가할수록 학습이 약화된다는 것을 기억하라(그림 5.4). 갈망과 담배 사이의 지연을 길게 하면 유사하게 연합이 약해질 수 있으며 하루에 피운 담배의 총개수도 감소할 것이다.

이들과 다른 행동적 접근들을 결합해서 사용할 수 있는데 이럴 경우에 성공률을 높일 수 있다. 하지만 모든 이들 행동적 치료법에도 흡연 중독자들은 (그리고 알코올 중독자, 약물 중독자 및 도박꾼은) 여전히 그들의 습관을 떨쳐버리는 데 어려움을 많이 겪고 있다. 현재, 가장 성공적인 접근법은 조건화 원리에 기초하는 행동치료법에, 그리고 가장 극단적인 경우에 사용하는 약물치료법에 (상담 및 지지집단을 포함하는) 인지치료법을 자주 결합한다 (Grant et al., 2010).

중간 요약

- 중독 약물은 뇌의 강화계를 장악하는 것 같으며, 생리적 · 심리적 중독을 야기할 수 있다.
- 암페타민 및 코카인과 같은 약물이 '원하기', 즉 갈망을 신호하는 도파민계에 영향을 미치는 반면에, 헤로인이나 모르핀과 같은 아편제는 뇌의 '좋아하기' 시스템을 형성하는 내인성 아편물질을 모방한다.
- 더하여, 중독은 금단과 같은 혐오적 증상을 파하고자 하는 욕구에 의해 추동된다. 이런 혐오적 증상은 도피질에 의해 신호되는 것 같다.
- 행동중독은 약물중독과 동일한 뇌 과정들을 반영하는 것 같다.
- 중독자들의 치료법에는 인지치료, 약물치료, 그리고 조작적 조건화로부터 배운 원리들을 포함하는 행동치료가 있다.

▌종합

꼼꼼한 돼지 프리실라를 기억하는가? 조련사들은 이 동물이 라디오를 켜고, 식탁에서 아침 식사를 하고, 더러운 옷을 치우고, 진공청소기를 돌리도록 훈련시켰다. 그들은 조작적 조건화의 기본적 원리를 이용하여 그렇게 훈련시켰다. 즉, 그들은 일상의 한 요소를 조형하는 것으로부터 시작해서, 이 동물이 바람직한 행동에 접근할 때마다 한 조각의 먹이로 반응을 강화하고, 차후엔 이 일상의 여러 요소들을 함께 연쇄화시켰다. 기본적으로 동일한 원리가 배변훈련 중인 유아 애니에게도 적용되었다. 그녀의 부모는 언어적 칭찬으로 이 행동을 강화해주고 꾸중으로 바람직하지 않은 반응을 처벌함으로써 바람직한 반응(유아용 양변기에서 소변 보는 것)을 조형했다.

조작적 조건화는 유아 및 애완동물뿐만 아니라 성인에게도 적용될 수 있는 강력한 형태의 학습이다. 여러분은 하나의 습관을 깨거나 좋은 공부습관을 강화하기를 원하면 이를 여러분 자신에게도 사용할 수 있다. 이들 적용은 적어도 고대 그리스 시대 이후로 은연중에 이용되어 왔다. 아리스토파네스의 희곡 '리시스트라타(Lisistrata)'에서, 아테네의 부인들은 남편들이 스파르타와의 천박한 전쟁을 취소할 때까지는 그들의 성관계 요구를 들어주지 않기로 뜻을 모은다. 명백히 이는 부적 처벌의 한 예이다.

"아~ 잘 지내지. 불이 들어오면 난 레버를 눌러. 그러면 수표를 바로 써주더라고. 넌 잘 지내니?"

어떤 면에서 회사원이 조작적 조건화와 유사한가? 어떤 면에서 다른가?

많은 뇌 영역들이 조작적 조건화에 참여한다. $S^D \to R$ 연합은 감각피질과 운동피질 간의 연결에 그리고 배측 선조체에 저장되는 것 같다. R을 뒤따르는 결과 O에 대한 예측은 안와 전두피질을 포함하는 전두 영역들에 의존한다. 뇌는 또한 $S^D \to R$ 연합을 강하게 하도록 돕는, 그리고 다른 예측 결과를 낳는 경쟁하는 반응들 간에서 유기체가 선택하는 것을 허용하는 다목적의 강화계(VTA/SNc 도파민계를 포함)를 가지는 것 같다. 한편, 도피질은 자극의 처벌 가치를 평가하도록 도우며 어떤 행위들이 처벌을 피하게 하거나 경감케 하는지를 우리가 학습할 수 있도록 이 정보를 선조체에 보낸다.

화학물질 또는 행동이 뇌의 강화계를 방해할 때, 약물중독과 행동중독을 포함하는 많은 종류의 중독이 발생한다. 중독에 대한 행동치료법은 사람들의 생활을 개선하기 위한 조작적 조건화 절차의 명확한 응용이다. 조작적 조건화는 또한 행동경제학, 즉 개인들이 그들의 시간과 에너지를 다른 가능한 반응들에 어떻게 할당할 것인가에 대한 연구의 기초를 형성한다.

요점은 조작적 조건화가 단지 서커스 동물만을 위한 것이 아니라는 것이다. 의식하지는 못해도 우리들은 일상생활에서 많은 조작적 조건화의 기법들을 사용한다. 그 기본이 되는 원리들을 이해함으로써 이들을 훨씬 더 효과적으로 사용할 수 있을 것이다.

중요 용어

가변간격 계획(variable-interval schedule, VI)

가변비율 계획(variable-ratio schedule, VR)

강화계획(reinforcement schedules)

강화자(reinforcer)

강화 후 휴지(postreinforcement pause)

고정간격 계획(fixed-interval schedule, FI)

고정비율 계획(fixed-ration schedule, FR)

극대 만족점(bliss point)

기저핵(basal ganglia)

내인성 아편물질(endogenous opioids)

누적 기록기(cumulative recorder)

대안 행동의 차별적 강화(differential reinforcement of alternative behaviors, DRA)

도(insula)

도피질(insular cortex)

동기적 가치(motivational value)

동시적 강화계획(concurrent reinforcement schedules)

반응박탈 가설(response deprivation hypothesis)

배전측 대상피질(dorsal anterior cingulate cortex, dACC

배측 선조체(dorsal striatum)

변별자극(discriminative stimulus, S^D)

병리학적 중독(pathological addiction)

복측피개야(ventral tegmental area, VTA)

부분적 강화계획(partial reinforcement

schedules)

부적 강화(negative reinforcement)

부적 대비(negative contrast)

부적 처벌(negative punishment)

비연속 시행 패러다임(discrete trials paradigm)

선택 행동의 일치법칙(matching law of choice behavior)

스키너 상자(Skinner box)

안와전두피질(orbitofrontal cortex)

연속적 강화계획(continuous reinforcement schedules)

연쇄(chaining)

욕구감소 이론(drive reduction theory)

유인 현저성 가설(incentive salience hypothesis)

이차 강화자(secondary reinforcer)

일차 강화자(primary reinforcer)

자기통제(self-control)

자유조작 패러다임(free-operant paradigm)

정적 강화(positive reinforcement)

정적 처벌(positive punishment)

조작적 조건화(operant conditioning)

조형(shaping)

처벌(punishment)

처벌자(punisher)

쾌락적 가치(hedonic value)

토큰 경제(token economy)

프리맥 원리(Premack principle)

행동경제학(behavioral economics)

행동중독(behavioral addiction)

흑질(치밀부)(substantia nigra pars compacta, SNc)

퀴즈

1. 조작적 조건화에서 _____은(는) 특정한 반응이 특정한 결과를 일으킬 것인지 아닌지 알려준다.

2. _____은(는) 자주 하는 행동을 할 수 있는 기회가 덜 자주 하는 행동을 강화할 수 있다는 것을 말해준다. 더 나아가 _____ 가설에 따르면 특정 행동을 못하게 하면 이 행동을 할 수 있는 기회는 강화물로 사용될 수 있다고 한다.

3. _____는 뇌의 일부로 처벌자에 대한 주관적인 가치를 정한다. 한 예로 혀 위의 매운 고추가 즐거운지 고통스러운지를 정해준다. _____은(는) 뇌의 구조물로 처벌자의 동기적 가치를 결정한다.

4. _____은(는) 유해한 결과를 초래함에도 불구하고 유지되는 강한 습관으로, 이 습관이 행동의 일종이면 이를 _____(이)라고 한다.

5. 뇌 영역인 _____은(는) 자극-반응 학습에 중요한 _____(으)로 도파민을 보내주는 뉴런들을 가

지고 있다. 이 두 영역은 _____의 일부로, 이는 전뇌 아래쪽에 붙어 있다. 다른 영역으로 _____은(는) 전두엽과 다른 뇌 영역으로 도파민을 보내주는 뉴런들을 가지고 있다.

6. _____이론에 따르면 학습은 일차 강화자에 대한 내재된 욕구를 줄이려는 유기체의 생물학적 갈망에 의해 일어난다.

7. 조작적 조건화에서, _____은(는) 특정 행동이 미래에 다시 일어나는 확률을 증가시키는 과정이며, _____은(는) 해당 행동이 미래에 다시 일어나는 확률을 감소시키는 행동이다.

8. _____은(는) 생명체가 가능한 여러 옵션에서 시간과 자원을 어떻게 분배하는지에 대해 연구한다.

9. 조작적 조건화의 기술인 _____은(는) 특정한 일련의 반응을 보이도록 천천히 동물을 훈련시키는 것을 말한다. 다른 기술인 _____에서는 원하는 행

동에 유사해지는 행위가 강화된다.

10. _____은(는) 음식이나 잠처럼 내재된 생물학적 가치 때문에 강화자로 사용되는 자극을 말한다. 만약 이 자극이 생물학적인 가치가 전혀 없는 다른 자극과 연합이 된다면 이 연합된 자극은 _____이(가) 된다.

11. _____ 계획에서, 매 반응은 결과로 이어진다. _____ 계획에서는 일부의 반응만 결과로 이어진다.

12. 전전두피질에 위치한 _____은(는) 특정 반응에 어떤 결과가 나올지 예측하는 법을 배우는 데 중요한 역할을 한다.

13. 만약 동물이 가장 좋아하는 강화자를 기대했으나 덜 선호하는 강화자가 제시된다면 _____ 현상은 덜 선호하는 강화자만 계속 제시되었을 때보다 덜 반응할 것이다.

14. _____은(는) 뇌에서 자연적으로 생기는 신경전달물질로 뇌에서 강화자의 '좋아하는' 값을 전달하는데 도움을 주는 것으로 보인다.

15. _____ 계획에서는 서로 다른 결과를 내는 여러 개의 가능한 옵션을 선택할 수 있다. _____은(는) 동물이 얼마나 자주 특정 반응이 강화되었는지에 비례해서 해당 반응을 보일 것이라고 예측한다.

16. _____ 과정에서 동물은 특정한 결과를 얻거나 피하기 위해서 반응하는 법을 배운다.

17. 시간이 지날수록 반응이 줄어들게 하는 훈련 패러다임에는 강화자를 제거하는 _____와(과) 처벌자를 제시하는 _____이(가) 있다.

18. 고정비율 강화 계획에서 동물은 강화를 받기 전까지 급격한 반응을 보이고, 다음 급격한 반응이 시작되기 전까지 _____을(를) 보인다.

19. _____은(는) 자극에 대한 주관적인 '좋음'을 의미한다. 해당 자극을 얻기 위해서 하려고 하는 일의 양은 자극의 _____에 달려 있다.

20. 시간이 지날수록 반응을 증가하게 하는 훈련 패러다임에는 처벌자를 제거해주는 _____와(과) 강화자를 제시해주는 _____이(가) 있다.

정답은 책의 뒷부분에 있다.

개념 확인

1. 새로운 유치원 선생님은 학생들이 놀이시간 뒤에 장난감을 치우도록 훈련시키고 싶다. 이 행동을 훈련시키기 위해서 사용할 수 있는 세 가지 조건화 기술을 제시하라.

2. 고용주는 고용인들이 마약을 사용하지 못하도록 마약 검사를 하고 싶어 한다. 조건화의 원리에 따르면 어떤 식으로 검사 일정을 짜야 할까?

3. 경찰이 파티에 들어가서 사람들이 처음 보는 약을 먹는 것을 찾아냈다고 생각해보자. 투약자들은 TV에 열정적으로 앉아서 상한 빵을 먹으며 오래된 시트콤을 보고 히스테릭하게 웃고 있다. 약물 샘플을 연구실에 맡기지 않고 이 약이 어떤 작용을 하는지 추리할 수 있는가?

4. 뉴욕의 세계무역센터에서 발생한 9/11 테러가 일어난 이후 탐지견들은 잔해에서 생존자들을 찾는 데 사용되었다. 날이 지나면서 더 이상 생존자가 발견되지 않자 관리자들은 개들이 '우울증' 증상을 보이거나 '아침에 일하러 나가기 싫어하는 증상'을 보인다고 보고하였다. 이를 극복하기 위해서 오랫동안 생존자를 찾지 못하면 관리자는 미리 사람을 잔해 밑에 숨겨 두고 개가 찾게 해서 기분 좋게 하루를 마무리할 수 있도록 했다. 다른 인지적인 혹은 감정적인 개념에 대해 생각하지 말고 조작적 조건화의 원리로 어떻게 이러한 현상을 설명할 수 있을까?

정답은 책의 뒷부분에 있다.

일반화, 변별학습 및 개념 형성

두 살 난 사브리나가 유아용 의자에 앉아 자신의 음식 접시에서 브로콜리 한 조각을 집어 들어 입으로 가져간다. 그런 다음에, 역겨움에 코를 찡그리면서 브로콜리를 바닥에 뱉어내고선 접시에 있는 다른 것을 시도한다. 그녀는 곧 또 하나의 채소와 마주친다. 형태나 크기에서 브로콜리를 닮았으나 색깔이 녹색이 아니라 흰색이다. 만일 그 흰색의 콜리플라워가 녹색의 브로콜리와 비슷한 맛이 난다면 사브리나는 확실히 그것을 피하려고 할 것이다. 하지만 그녀가 배가 고프고 (녹색의 브로콜리와는 대조적으로) 흰색의 콜리플라워가 맛있게 느껴진다면 즐겁게 먹을 것이다. 사브리나가 직면한 문제는 철학자들과 심리학자들이 오랫동안 학습에서 가장 중요한 문제라고 여겼던 현상이다. 즉, 일반화가 어떤 경우에 일어나고 어떻게 일어나는가의 문제이다. **일반화**(generalization)는 과거의 학습이 새로운 상황들과 문제들로 전이되는 경우를 일컫는다.

녹색 브로콜리를 맛본 후에, 사브리나가 모든 채소는 맛이 형편없다고 추정해 버린다면 그녀는 많은 멋진 음식들을 즐길 수 있는 좋은 기회를 놓치는 셈이 된다. 반면에, 만일 정확히 녹색 브로콜리처럼 보이는 채소만을 싫어한다면, 똑같지는 않아 보여도 비슷한 맛을 가진 다른 채소를 먹을 때마다 괴로워할 것이다. 사브리나는 일반화의 핵심 문제에 직면해 있다. 그녀는 특수성, 즉 하나의 규칙이 얼마나 좁게 적용되어야 하는가를 결정하는 것(예 : 오직 녹색의 브로콜리 닮은 채소만 불쾌한 맛이 날 거라고 생각하기)과 일반성, 즉 하나의 규칙이 얼마나 널리 적용되어야 하는가를 결정하는 것(예 : 모든 채소가 불쾌한 맛이 날 것이라고 가정하기) 사이의 적절한 균형을 찾아내어야 한다.

그녀의 미각이 성숙해지고 다른 음식을 더 많이 경험함에 따라, 사브리나는 채소들 간의 유사성 및 차이점을 인식하게 된다. 즉, 그녀는 그들 중 일부는 같은 종류로 취급하는 한편 (일반화), 맛있는 채소와 맛없어 보이는 채소 간의 차이를 구분하려고 할 것이다. **변별학습**

행동적 측면

일반화 : 유사한 자극들이 유사한 결과들을 예언할 때

일상에서의 학습과 기억 :
아마존닷컴은 어떻게 여러분이 사고 싶은 물건들을 알아 내는가?

변별학습과 자극통제 : 유사한 자극들이 다른 결과들을 예측할 때

일상에서의 학습과 기억 :
자극 통제로 숙면하기

유사성을 넘어서 : 비유사적인 자극들이 같은 결과를 예측할 때

개념 형성, 범주학습 그리고 원형

뇌 메커니즘

뇌피질 표상과 일반화
일반화와 해마 영역

임상적 관점

조현병에서의 일반화 결함
다른 사람들에 대한 일반화에서의 고정관념, 차별, 그리고 인종차별

(discrimination learning)은 동물이나 사람이 다른 자극들에 대하여 다르게 반응하는 것을 학습하는 과정이다. 일반화는 이 책에서 제시하는 모든 형태의 학습과 기억에서 보인다. 제4장에서 기술한 토끼의 눈 깜빡임 조건화와 같은 고전적인 파블로프 조건화에서, 1,000Hz 신호음에 눈을 깜빡이도록 훈련받은 토끼는 이 학습을 900Hz 신호음 그리고 유사한 주파수를 갖는 다른 신호음들에도 어느 정도는 일반화한다. 제5장에서 기술한 조작적 조건화에서, 먹이를 얻기 위하여 노란 빛을 쪼도록 훈련받던 비둘기는 어느 정도까지는 오렌지 빛에도 일반화된 반응을 보인다.

이 장에서는 일반화와 변별에 관련된 행동적·생물학적 원리들을 살펴보고, 또한 이들 원리를 바탕으로 과거의 학습을 미래의 새로운 상황에 어떻게 적용하는지를 알아볼 것이다. 또한 세상에 존재하는 사물들의 공통된 특징에 기초해서 새로운 범주로 분류하는 학습 과정인 **개념 형성**(concept formation)의 기본 원리도 제시된다. 예로, 채소들은 하나의 개념이며 대상들의 한 범주이다. 복잡한 세상에서 기능하기 위해서는 범주들을 형성하고, 사건들이나 대상들 간의 유사성들을 인식하며, 일반화를 형성하고, 다른 범주들의 구성원들 간을 변별하는 능력이 필수적이다.

삶은 똑같은 사건들(여러분이 이전에 경험했던 똑같이 동일한 대상들이나 상황들)을 결코 정확하게 반복하지 않는다. 적응하기 위하여 (살아남아 번성하기 위하여) 우리는 과거에 학습했던 것을, 유사하지만 동일하지는 않은 새로운 상황에 적용할 필요가 있다.

6.1 행동적 측면

자신이 싫어하는 녹색의 브로콜리와 형태가 비슷하기 때문에, 흰 콜리플라워를 먹을 것인가 아니면 먹지 않을 것인가에 관한 사브리나의 딜레마에서 두 가지 시나리오가 가능하다. 두 가지 채소가 동일한 결과를 가져다주거나(따라서 콜리플라워도 나쁜 맛이 난다) 아니면 흰색의 콜리플라워는 맛이 있다는 전혀 반대의 결과를 가져오거나이다. 표 6.1에 도식화한 것처럼, 일반화의 문제는 몇 가지 유형으로 나누어진다. 다음의 몇 쪽에 걸친 논의는 이 표

표 6.1 두 자극 간의 일반화와 변별을 위한 대안들

	같은 결과	다른 결과
유사한 자극	유사한 자극 → 같은 결과 브로콜리와 콜리플라워 → 불쾌함	유사한 자극 → 다른 결과 브로콜리 → 불쾌함 콜리플라워 → 맛있음
다른 자극	다른 자극 → 같은 결과 브로콜리와 붉은 고추 → 불쾌함	다른 자극 → 다른 결과 브로콜리 → 불쾌함 붉은 고추 → 맛있음

에 조직화된 일반화 유형에 대한 것이다. 차례로, 다음 네 가지의 각 상황을 살펴보자.

우리는 일반화에 대한 이들 양상의 각각을 살펴봄에 따라, 우리는 이들을 이해하려는 심리학자들의 노력들이, 다음 두 가지의 측면에서 성공적인 모델들로 이어졌음을 보게 될 것이다. 첫째로, 그러한 모델들은 행동의 일반적인 원리들을 공식화하여, 광범위한 학습 및 기억 실험들에서 기대되는 행동들을 정량적으로 예측하는 데 기여했다. 둘째, 그러한 모델들(원래는 연합 네트워크에 대한 추상적 이론으로 출발했음)은 이들 과정을 완수하기 위해 뇌에서 처리되어야 하는 기본적인 메커니즘들을 미리 발견하고 예측하였다(6.2절에서 기술한다). 실제로, 수십 년 후에야 신경과학적 연구가 그러한 메커니즘이 실재로 존재한다는 증거를 찾을 수 있게 되었다.

우리의 첫 번째 논의는, 어린 아이가 브로콜리와 콜리플라워 둘 다 싫어하는 맛이 난다고 결정할 때와 같이, 유사한 자극들이 유사한 결과들을 예측할 때 발생하는 학습과 관련된다(표 6.1의 왼쪽 위). 이들 상황에 대하여 심리학자들의 핵심 질문은 (1) 사람들이 브로콜리와 콜리플라워와 같은 두 실체가 유사하다는 것을 어떻게 정신적으로 표상하는가, 그리고 (2) 우리가 두 가지가 유사하다는 것을 알 때 그들의 닮은 정도가 동일한 결과로 이어질 것에 대한 우리의 기대는 무엇인가이다.

일반화 : 유사한 자극들이 유사한 결과들을 예언할 때

구조상으로 사브리나와 채소의 문제에 비유할 수 있는 한 가지 상황을 사용하여, 해리 거트만(Harry Guttman)과 노먼 캘리쉬(Norman Kalish)는 노란색의 빛을 쪼면 먹이를 얻을 수 있도록 비둘기를 훈련시켰다(Guttman & Kalish, 1956). 그런 다음에 이들 비둘기가 무엇을 학습했는가를 검사하였다. 연속적인 각 검사 시행에서, 이들 비둘기에게 녹색, 노란색, 오렌지색, 또는 이들의 경계색, 즉 노란색-녹색 경계색 내지는 노란색-오렌지색 경계색 등의 새로운 색깔의 빛을 보여주었다. 비둘기가 각 색깔을 얼마나 자주 쪼는지를 측정함으로써 훈련 자극인 노란색과의 유사성이 어떻게 쪼는 횟수에 영향을 미치는가를 측정할 수 있었다. 색에 대한 감각은 물리적으로 다른 파장의 빛으로부터 발생하기 때문에 (예 : 노란색 빛은 580nm의 파장을 가진다) 연구자들은 파장을 기준으로 색을 정량화할 수 있다. 이 경우 색깔들의 범위는 녹색(520nm)으로부터 오렌지색(620nm)까지의 파장을 가지는 물리적 연속선상에 있다.

그림 6.1은 비둘기들이 어떻게 반응했는가를 보여준다. 당연히, 비둘기들은 자신들이 훈련을 받았던 자극, 즉 580nm 파장의 노란색을 가장 많이 쪼았다. 하지만 이들 비둘기는 다른 색깔의 빛에도 반응했다. (파장으로 측정했을 때) 노란색과 가장 유사한 빛에서 다음으로 높은 수준의 반응을 산출했다. 색깔들이 원래의 훈련자극(노란색)으로부터 점점 달라질 때는 반응이 급속하게 감소했다.

그림 6.1에서 보이는 곡선은 **일반화 기울기**(generalization gradient)인데, 이는 자극들의 물리적 속성의 변화(수평축)가 반응의 변화(수직축)에 어떻게 상응하는지를 나타낸다. 이

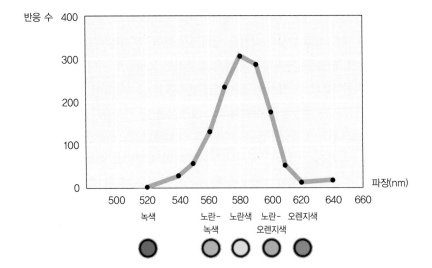

그림 6.1
**비둘기에서의 자극의 일반
화 기울기** 비둘기는 노란
색 빛(580nm의 파장)에서
원판을 쪼도록 훈련받았다.
다른 색들의 빛에서 검사를
받을 때 색깔들(파장들)이
훈련 때의 색으로부터 더
멀어질수록 비둘기의 반응
률은 감소했다.
Data from Guttman & Kalish,
1956, pp. 79–88.

곡선을 '기울기'라고 부르는 이유는 검사자극과 원래의 훈련자극 간의 유사 정도에 따라 동물의 반응이 점진적으로 변함을 이 곡선이 나타내기 때문이다. (특별한 색의 빛과 같은) 단일 자극을 반복적으로 강화했던 훈련 후에, 이 훈련자극 주변의 일반화 기울기는 동물이 훈련을 받았던 원래 자극에 해당하는 정점에서 최대의 반응을 보인다. 이 반응은 검사 자극들이 훈련 자극과 점점 덜 유사해질수록 급격하게 떨어진다.

사람을 포함하여 동물에서, 일반화 기울기를 통해 빛의 파장과 같은 어떤 물리적 속성이 변화될 때 주어진 자극들에 대해서 얼마나 유사한 결과를 기대하고 있는지를 추론할 수 있다. 두 자극이 아주 유사하게 (또는 동일하게) 지각된다면 이들 사이에는 일반화의 정도가 높게 나타나는 경향이 있다는 점에서, 일반화 기울기는 유사성 지각을 측정하기 위해서 자주 이용된다.

일반화 기울기는 높이, 각도, 크기 또는 소리의 주파수가 변화되는 자극들을 대상으로 연구되어 왔다. 그림 6.1의 일반화 기울기는 많은 다양한 자극에 대한, 그리고 광범위한 일반화 실험들에서 보이는 전형적인 행동을 표상한다. 이들 일반화 기울기의 기본적인 특징은 이들이 정점을 중심으로 각 측면에서 급격하게 하락한다는 것이다. 영향력 있는 미국 인지심리학자인 로저 셰퍼드(Roger Shepard)는 일반화 기울기의 이런 특징을 가장 일관성 있는 심리학의 기본법칙이라고 기술했다(Shepard, 1987).

유사한 결과들을 찾기 위한 일반화

노란색 불빛에서 쪼기를 하도록 훈련받아 왔던 비둘기가 왜 오렌지색의 불빛에도 반응하는가? 비둘기는 실수를 저지르고 있는가? 즉, 비둘기는 오렌지색 불빛과 노란색 불빛을 구별 못하고 혼동하는가? 아마도 그렇지는 않은 것 같다. 비둘기는 노란색과 오렌지색을 변별하는 훈련을 쉽게 받을 수 있다. 일반화된 반응에 대한 한 가지 설명은 비둘기가(그리고 인간을 포함하는 모든 동물이) 미래 사건의 확률에 대해 요령 있게 추정하고 있다는 것이다.

여러분이 금을 캐고 있는데 풍부한 양의 광석이 들어 있는 개울을 발견했다고 상상해보라. 이 개울로부터 모든 금을 채취한 후에, 어디로 가면 더 많은 금을 발견할 것인가를 생각할 것이다. 만일 여러분이 낙관적이라면, 여러분이 우연히 발견한 것이 굉장한 주광맥이고 그 골짜기의 모든 개울들이 금으로 가득 차 있다고 상상해보라. 비관적으로는, 이 특별한 개울에만 금이 있다고 깨닫는 것이다. 진실은 이 두 극단 사이 어디쯤 있을 텐데, 즉 나머지 금들은 소수의 다른 개울들에만 분포할 것이다.

한 광맥에서 최초로 금을 발견할 경우에 금이 나오는 곳의 크기나 형태, 또는 그 경계의 위치를 알지 못한다. 여러분이 알고 있는 것은 금을 산출했던 이 특별한 하나의 개울이 경계를 알 수 없는 한 지역 내에 놓여 있다는 것이다. 로저 셰퍼드에 따르면, 금 캐는 광부, 사브리나, 그리고 거트먼과 캘리쉬의 빛-쪼기 비둘기에 대한 일반화의 근본적인 도전은 훈련 자극과 동일한 결과를 가지는 한 세트의 모든 자극들을 확인하는 일이다. 셰퍼드는 이 세트를 **필연 영역**(consequential region)이라 칭했다(Shephard, 1987). 셰퍼드의 견해에서, 그림 6.1의 일반화 기울기는 새로운 자극들이 훈련 자극과 동일한 결과를 가질 가능성을 비둘기가 가장 잘 추정하고 있음을 반영한다. 셰퍼드의 주장에 따르면, 비둘기는 노란-오렌지색 빛(600nm)을 원래의 노란색 빛(580nm)과 **혼동**하지 않는다. 오히려, 비둘기는 원래 자극에 대한 반응률의 약 50%의 비율로 노란-오렌지색 빛에 반응함으로써 은연중에 다음과 같은 가능성을 기대하고 있는 것이다. 즉, 항상 먹이를 가져다주는 노란색 빛 쪼기를 학습했던 것에 기초해서, 비둘기는 노란-오렌지색 빛을 쪼는 것이 먹이 제공이라는 동일한 결과를 산출할 확률이 중간 정도는 되리라고 기대한다는 것이다. 셰퍼드는 일반화 기울기의 형태가 갖는 시사점을 다음과 같이 주장했다. 즉, 두 자극 간의 차이가 더 뚜렷해짐에 따라, 이들 자극이 동일한 결과를 가질 가능성은 급격하게 떨어질 것이라고 사람을 포함해서 동물이 일관되게 기대한다는 것이다. 이는 우리가, 과거의 경험에 기초해서, 한 자극의 결과가 다른 유사한 자극들과도 연결되어 있을 가능성이 얼마나 될 것인가를 예언하는 방편으로서 일반화 기울기를 바라볼 수 있게 해준다.

유사성을 학습 모델에 통합시키는 도전

제4장은 레스콜라-와그너 모델과 같은 고전적 조건화의 형식적 모델을 기술했다. 이 모델은 자극들(빛과 신호음)을 결과들(공기 분사 또는 전기충격)에 연결시키는 단순한 연합적 네트워크이다. 이 모델을 이끌어낸 연구에서, 자극들은 매우 뚜렷하게 구별되어 그들 간의 지각적 유사성은 거의 없다. 두 자극이 사용될 때 자극들은 대개 빛이나 신호음과 같은 2개의 다른 양식으로부터 왔다. 조건화 실험에서 두 자극이 유사한 주파수를 갖는 2개의 신호음 또는 유사한 파장을 갖는 2개의 빛 자극일 경우는 어떻게 될까? 제4장에서 배운 레스콜라-와그너 연합학습 모델을 거트만과 캘리쉬의 비둘기 실험에 적용할 때 이 모델이 얼마나 허물어지기 쉬운가가 입증이 되며, 또한 다른 자극들의 물리적 유사성을 표상하는 방법에 대한 부가적인 가정을 포함하지 않고서는 잘못된 예측이 발생한다.

제4장으로부터, 복합단서 훈련에서 학습이 다수의 단서를 포함할 때 레스콜라-와그너 모델은 다양한 단서들로부터 가능한 결과들로의 연결을 갖는 단순한 단층 네트워크로 가시화될 수 있음을 기억하라(그림 4.12)(Gluck & Bower, 1988a). 각각의 시행 제시는 각 자극단서(예 : 신호음)에 상응하는 입력 마디를 활성화시키며, 이는 이후 (연합 가중치들에 의해 조절된) 연결들을 통하여 하나의 출력 마디(예 : 공기 분사의 예측)로 전달되는 것을 활성화시켰다. 하나의 주어진 입력 마디로부터의 활성화가 하나의 출력 마디에 도달할 때 그것은 그 시행에서 다른 모든 활발한 자극단서들의 활성화에 더해진다. 하나의 결과(출력 마디들에서의 활성화)에 대한 네트워크의 예측과 그 시행에서의 피드백으로서 제시되는 실제 결과 간의 미래 불일치(즉, '오차')의 가능성을 줄이기 위하여 연결들에서의 연합 가중치들이 각 시행의 끝에서 수정될 때 학습이 야기되었다. 따라서 제4장에서 기술한 바와 같이, 레스콜라-와그너 모델은 동물이나 사람이 실제로 발생한 것(공기 분사)과 그 결과에 대한 동물 또는 사람의 기대 간의 차이를 최소화하는 과정을 반영한다. 눈 깜빡임과 같은 예기적 조건반응을 발생시키는 것은 바로 그 공기 분사 결과에 대한 기대이다.

우리가 초반에서 이 모델을 고전적 조건화에 적용할 때, 여러분은 하나의 소리와 하나의 빛이 어떻게 2개의 구별되는 자극으로 확인되는가를 보았다. 여기서, 각각의 자극은 상응하는 입력 마디로부터 조건 반응을 생산하는 출력 마디까지 정보 전달된 하나의 연합 가중치를 가진다. 동일한 아이디어를 거트먼과 캘리쉬의 조작적 조건화 패러다임에 적용하기 위해서, 우리는 5개의 입력 마디 — 제시 가능한 5개의 구별되는 색깔의 각각에 대하여 하나씩 — 가 필요하다.

그림 6.2a는 각 가능한 불빛 색깔에 대한 단일 입력 마디를 가지는 단순 네트워크를 사

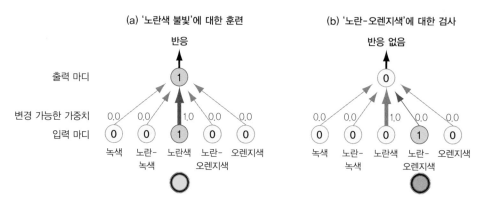

그림 6.2
'별개의 구성요소' 표상을 사용하는 자극의 일반화 모델 자극의 일반화를 모델화하려는 첫 시도에서는 각 불빛 색깔에 대하여 1개의 입력 마디가 포함될 수 있었다(별개의 구성요소의 표상). 활성화되어 있는 마디들과 가중치들이 빨간색으로 나타나 있다. (a) 네트워크가 노란 불빛에 반응하도록 훈련되는데 이 불빛은 특별한 '노란색' 입력 마디를 활성화시킨다. 훈련의 끝부분에서 출력 마디로 가는 '노란색' 입력 마디로부터의 가중치는 강하다(짙은 빨간 선). (b) 새로운 노란-오렌지색 불빛이 네트워크에 제시될 때 이 색깔의 불빛은 다른 입력 마디를 활성화시킨다. 이 입력 마디는 이전에 한 번도 자신의 가중치를 강화시키지 않았기 때문에 출력 마디를 활성화시킬 수 없다. 따라서 별개의 구성요소 네트워크는 노란-오렌지색 불빛에 대하여(훈련 불빛, 즉 노란 불빛과 유사해도) 어떠한 반응도 유발하지 못한다. 이 모델은 그림 6.1에 표시된 비둘기의 일반화 기울기를 설명하지 않는다.

용하여 어떻게 자극 일반화를 모델화할 수 있는가를 보여준다. 이것은 자극들이 하나의 이론이나 모델로 약호화되는 형태인 **자극표상**(stimulus representation)의 한 예이다. 그림 6.2a는 한 특별한 유형의 자극 표상을 보여주는데, 이것은 **별개-구성요소 표상**(discrete-component representation)이라고 불린다. 이는 이 모델에서 가능한 각각의 자극이 자신의 고유한 마디에 의해 표상됨을 의미한다. 이 네트워크는 또한 반응에 대한 하나의 단순한 출력 마디를 포함하고 있는데, 레스콜라-와그너 규칙과 같은 학습 알고리즘에 의하면, 입력 마디에서 출력 마디로의 가중치는 학습에 의해 변화 가능하다. 그림 6.2a에서 각각의 입력 마디는 하나의 다른 불빛 색깔(예 : 녹색, 노란색 또는 오렌지색)을 나타낸다. 입력의 형태에 따라 출력 마디에서 활동이 유발될 것이다. 출력 마디에서의 강한 활동은 이 모델이 반응을 발생시키도록 할 것이다.

훈련 전에는 모든 입력 마디들로부터 출력 마디로의 가중치는 0.0으로 맞추어져 있는데, 이는 이전에 어느 불빛도 반응과 연합을 형성하지 않았음을 뜻한다. 각 훈련 시행은 다음과 같이 모델화된다. 노란 불빛 입력마디를 활성화시키면 이는 그 마디로부터의 활성화가 노랑-반응 연합 가중치에 의해 조절되도록 한다. 그다음에는 실제의 출력 활성화와 이상적 출력 활성화(불빛 단서로써 각각의 모든 시행에서 반응을 해야 하기 때문에, 이 경우에는 1임) 간의 차를 기반으로 하여 이 가중치를 업데이트시킨다. 만일 이 모델이 여러 번 반복해서 노란 불빛이 제시된 후에 보상이 따라오는 훈련시행들을 받으면, 노랑 마디를 반응마디에 연결하는 연합의 가중치는 그 값이 약 1.0이 될 때까지 증가할 것이다. 그림 6.2a는 이 노랑 마디로부터의 가중치를 더 크게 표상하기 위해서 다른 것들보다도 더 굵게 표시하고 있다.

그림 6.2b는 이 모델이 이제는 새로운 노란-오렌지색의 빛을 제시함으로써 무엇이 발생하는가를 보여준다. (이전의 훈련 때문에) 노랑 마디로부터 출력 마디로의 가중치가 여전히 강한 1.0이지만, (이 새로운 검사 시행 동안에 순수한 노란색 불빛은 제시되지 않기 때문에) 노란색으로부터의 출력은 활성화되지 않는다. 대신에 노란-오렌지색 입력 마디만이 활성화되고, 이 입력 마디로부터의 가중치가 여전히 0.0이기 때문에 출력은 활성화되지 않는다. 따라서 자극이 비록 이전 훈련에 사용된 노란색 불빛과 매우 유사할지라도 이 모델은 노란-오렌지색 불빛에 대해서는 아무런 반응도 산출하지 않을 것이다. 사실, 이 모델에서는 원래의 노란색 훈련 자극 이외의 다른 자극에는 반응을 만들어내지 않을 것이므로 일반화는 발생하지 않을 것이다. 결과적으로, 일반화 기울기는 그림 6.3에서 보이는 것과 같이 될 것이다. 즉, 이 모델은 노란색의 검사 자극에 대해서는 강한 반응(80%)을, 그러나 다른 모든 색깔에 대해서는 아무런(0%) 반응도 산출하지 않는다. 이것은 보다 완만한 경사를 갖는, 거트만과 캘리쉬의 비둘기들로부터 얻어진 일반화 기울기(그림 6.1)와는 완전히 다른 형태이다. 명확하게, 그림 6.2의 모델은 틀렸다. 이것은 거트만과 캘리쉬가 실제로 발견한 일반화 기울기와는 다른 형태의 기울기를 예측한다.

이 분석은 각각의 다른 자극 속성에 대한 하나의 별개의 마디를 사용하는 단순한 모델이 범위가 좁게 한정되어 있음을 제안한다. 그 같은 별개 모델은 유기체가 신호음 및 빛과 같은 (서로) 유사성이 매우 낮은 자극들에 대해 어떻게 학습하는가를 기술하고, 이해하고, 예언하는 데 유용하다. 그러나 이 모델은 서로 다른 색깔의 불빛들과 같은 어떤 고유한 유사성을 갖는 자극들에는 잘 작용하지 않는다. 우리는 이와 같은 문제에 봉착할 때 이 구형의 모델을 버리고 단순하게 레스콜라–와그너 규칙이 틀리다고 가정할 수 있는가? 꼭 그렇지만은 않다. 대신에, 이 학습 모델이 다른 측면에서는 광범위하게 성공했기 때문에, 연구자들은 일반화 기울기를 설명하기 위해서 이것을 확장하려는 노력을 기울여 왔다. 이런 방식으로, 간단한 모델은 과거의 진전 위에서 점증적으로 형성되는 학습과 기억에 대해서 더 완전하게 이해하기 위해서 필요한 전 단계라고 할 수 있다.

그림 6.2에서 보인 학습 모델은 자극들을 표상하기 위해 가장 간단한 도식을 사용한다. 이 별개–구성요소 표상에서, 출력 마디에는 하나의 단순한 입력 마디가 연결이 되는데 그 입력 마디는 별개의 자극을 표상하고, 출력 마디와의 가중치는 변화될 수 있다. 별개–구성요소 표상은 단서들 간의 유사성이 하나에서 다른 하나로의 반응 전이를 무시할 수 있을 정도로 충분히 작은 상황에 적용될 수 있다. 이것은 제4장과 제5장에서 이미 논의된 실험의 경우에 해당한다. 이들 실험의 많은 경우에서 단일의 신호음 또는 불빛이 사용되었다. 그러나 별개–구성요소 표상은 자극들의 물리적 유사성의 정도가 높은 경우에는 그림 6.3에서와 같이 모델이 비실제적인 일반화 기울기를 산출하기 때문에 실패한다.

진도를 더 나가기 전에, 모델에서, 정신활동에서, 실제 뇌의 신체적 활동 등에서, 다른 종류의 표상들이 과제에 따라 달라지는 다른 정도의 유용성들을 어떻게 가질 수 있는지를 살펴보자. 우리가 일상생활에서 사용하는 몇몇의 다른 종류의 표상을 비교해보자. 예를 들어, 이 페이지에 있는 단어들의 철자들은 소리들을 표상하고, 이들 단어는 각각의 사고와 개념을 표상한다. 러트거스대학교의 학생인 레이첼을 표상하기 위해서, 정부는 9개의 숫자로 된 그녀의 사회보장번호(예 : 015-88-6999)를 사용할 수 있고, 대학교는 그녀의 학생 ID 번호를 사용한다. 전화 회사는 그녀의 휴대폰 전화번호를 사용한다. 이들 표상들의 각각은 특별한 요구에 맞추기 위해서 선택되었다. 하지만 한 맥락에서 표상으로 적절하게 사용되는 것이 다른 맥락들에서는 적절하지 않을 수 있다. 이 장에서의 논의에 특별히 중요한 사실은 다른 맥락에서의 다른 표상들은 다른 형태들의 유사성을 산출한다는 것이다. 예를 들어, (비록 그들의 사회보장번호가 매우 다를지라도) 그들의 이름이 큰 소리로 불릴 때는 레이첼이라는 이름은 레이나와 가장 유사하다. 하지만 정부에게는, 엘리자베스의 사회보장번호(예 : 016-88-6999)가 레이첼의 것과는 숫자 하나만 다르기 때문

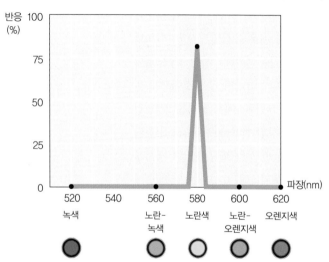

그림 6.3
'별개의 구성요소' 네트워크(그림 6.2)에 의해 산출되는 일반화 기울기 '별개의 구성요소' 네트워크는 노란–오렌지 빛에 대하여 (이전의 훈련 불빛과 유사해도) 어떤 반응도 하지 못한다. 그것은 훈련된 '노란색' 자극에만 반응한다. 달리 말하면, 이 단순한 네트워크는 그림 6.1에서 보이는 것과 같은 매끄러운 일반화 기울기를 설명하지 못한다.

◄◄ 일상에서의 학습과 기억 ►►

아마존닷컴은 어떻게 여러분이 사고 싶은 물건들을 알아 내는가?

처음 만난 사람이 여러분과 여러 가지 관심사와 취향을 공유한다는 걸 알고 반가웠던 적이 있는가? 두 사람 다 잘 알려지지 않은 어떤 음악을 좋아하고, 같은 프랑스 영화를 즐겨 보며 같은 종류의 책을 읽는다. 마치 도플갱어(쌍둥이 유령 같은 상상의 존재)를 만난 듯하다. 그 사람이 여러분이 읽었던 책 열 권을 모두 읽었다는 사실을 알게 되면 그다음에 그 사람이 새로운 책을 권해줄 때 읽고 싶은 생각이 진지하게 들 것이다.

이와 같은 효과를 내기 위해 아마존닷컴이나 기타 다른 온라인 업체들은 일반화를 이용해서 다음 번에 여러분이 어떤 책을 사고 싶을 것인지를 예측하고 있다. 즉 온라인 고객들 중에 여러분과 비슷한 취향을 가진 도플갱어들을 가능한 한 많이 찾아 내려고 한다. 이와 같은 방법을 '협동적 필터링(collaborative filtering)'이라고 하며 많은 사람들의 과거 행동으로부터 추출된 정보에 기반한 자동화된 필터링 (혹은 예측 산출) 절차이다. 협동적 필터링은 여러분이 어떤 종류의 독자에 해당하는지를 파악해서 정교한 가상의 독자 유형을 창조해낸다.

아마존닷컴이 고객들 중에 비슷한 성향을 가진 개인들을 충분히 많이 확보하고 나면, 이들의 과거 구매 기록을 살펴보고 비슷한 성향을 가진 다른 사람들이 이미 구입한 책들을 찾아서 구매를 권하게 된다. 따라서 프로파일을 작성하고 당신과 비슷한 사람들을 함께 세밀한 범주에 집어넣는 방식으로 아마존닷컴은 여러분의 과거 행동에 기반하여 일반화를 통해 미래의 행동을 예측하고 있는 것이다. 이렇게 아마존닷컴이나 온라인 업체들은 도서 판매량을 늘리는 것뿐 아니라 여러분이 도플갱어를 만나지 않았으면 절대로 발견하지 못했을 숨은 보석들을 찾게 도와주는 셈이다.

에, 엘리자베스가 레이첼에 가장 유사할지도 모른다.

맥락이 표상들 간의 유사성에 미치는 효과를 더 깊게 이해함과 함께, 우리는 다음으로 심리학 이론가들이 학습 모델에서 다양한 자극 표상 도식의 제한성을 어떻게 해결하려고 노력해왔는지, 그리고 그들의 해결책이 유사성, 표상 및 일반화 간의 상호작용을 이해하려는 현대적 접근을 어떻게 변화시켰는지를 살펴본다. 그러는 동안, '일상에서의 학습과 기억' 부분은 아마존닷컴과 같은 회사들이 일반화를 위한 유사성의 사용을 어떻게 학습해왔는지를 기술한다.

공유된 요소들과 분산된 표상들

제1장과 제5장에서, 뒤따르는 결과에 의존해서 반응 확률이 증가하거나 감소한다고 진술하는 **효과의 법칙**을 개발한 에드워드 손다이크의 연구를 상기하라. 손다이크는 1920년대에 자극 속성들의 별개-구성요소 표상의 제한점을 잘 알고 있었다. 그는 자극 일반화가 유사한 자극들에 의해 공유되는 요소들로부터 생긴다고 제안했다(Thorndike, 1923). 예를 들어, 손다이크의 견해에서 노란색과 노란-오렌지색은 완전히 분리된 두 자극들인 것만은 아니다. 오히려 그는 이들 각각은 많은 구별된 요소들로 구성되어 있다(이들 중 어떤 요소들은 공유되고 어떤 요소들은 공유되지 않는다)고 주장했다. 여러분이 제1장에서 읽은 것과 같이, 유사한 아이디어가 에스테스(W.K. Estes)의 자극 표집 이론에서 그리고 럼멜하트(David Rumelhart) 그룹의 연결주의 모델에서 표현된 바 있다. 이 모든 접근들은 기본적으로 **분산된 표상**(distributed representations)의 개념을 받아들이고 있는데, 즉 자극을 표상하는 마디들이 중복된 연합체를 이룬다고 본다. 유사성은 (노란색 불빛과 오렌지색 불빛, 또는 개 종류

인 골든 리트리버와 코커 스패니얼과 같은) 두 유사한 자극들이 양 세트에 속하는 요소들을 활성화한다는 사실로부터 자연스럽게 출현한다. 따라서 하나의 자극에 관해 학습된 내용은 그 자극을 표현하는 데 사용된 공통된 마디들을 활성화시키는 다른 자극들로도 전이되거나 일반화되는 경향이 있다.

그림 6.4a는 그런 분산된 표상들이 그림 6.2의 모델보다는 약간 더 복잡한 네트워크 모델에서 어떻게 사용될 수 있는가를 보여준다. 이 네트워크는 세 층의 마디와 두 층의 가중치를 가지고 있다. 그림 6.4a의 네트워크 모델에서, 각 자극은 **입력 마디**를 활성화시키는데, 이 입력 마디는 **내부 표상** 층의 몇몇 마디들에 고정된(수정이 불가능한) 가중치를 가지는 층에 연결되어 있다. 학습 동안에 변하지 않는 이들 고정된 가중치는 수정 가능한 가중치(회색)와 구별하기 위해서 옅은 청색으로 그려져 있다. 나중에 더 작은 가중치를 갖도록 훈련될 수 있는 더 복잡한 모델들을 고려할 것이지만 지금은 이 단순한 경우를 살펴본다. 내부 표상 마디들은, 다음으로, 학습 동안에 변화하는 수정 가능한 연결(회색)을 경유해서 최종의 **출력 마디**로 연결되어 있다. 따라서 노란색 불빛을 제공하면 이에 상응하는 입력 층의 노란색 마디가 활성화된다. 이는 차례로 내부 표상 층의 세 마디들(마디 3, 4, 5)을 활성화시킨다. 하지만 이들 내부 표상 마디들의 2개(3과 4)는 또한 노란-녹색 불빛에 의해서도, 그리고 마디 4, 5는 또한 노란-오렌지색의 불빛에 의해서도 활성화될 수 있다. 이런 방식으로, 노란-녹색, 노란색, 그리고 노란-오렌지색 모두는 내부 표상 마디들의 중첩되어 있는 세트를 활성화시킨다.

그림 6.4a의 마디들은 '지형도 표상(topographic representation)'으로 배치되어 있다. 지형도 표상이란 이 모델에서 물리적으로 유사한 자극들(노란색 불빛과 노란-오렌지색 불빛과 같은)에 반응하는 마디들이 서로 옆에 위치함을 뜻한다. 하지만 이런 물리적 배치 그 자체는 중요한 것이 아니다. 지형도 표상에서 중요한 것은 두 자극의 표상들 간의 중첩의 정도가 그들의 물리적 유사성을 반영한다는 것이다. 따라서 그림 6.4a에서 노란색과 오렌지색에 대한 표상들 간의 중첩보다, 노란색과 노란-오렌지색에 대한 표상들 간의 중첩이 더 많다. 아주 많이 다른 색깔들(예 : 녹색과 오렌지색)의 표상들 간에는 중첩이 전혀 없다.

이제 이 네트워크 모델이 노란색 불빛에 반응하도록 훈련된다고 가정하면, 이 불빛은 그림 6.4b에 보이는 것처럼 3개의 내부 표상 마디들을 활성화시킬 것이다. 이 네트워크는 입력 층의 노란색 불빛의 표상을 중간층의 다른 표상으로 전환함을 주목하라. 만일 여러분이 입력 마디들을 일련의 1과 0[1은 마디가 켜져 있음을(그림 6.4b에서 빨간색) 그리고 0은 마디가 꺼져 있음을(그림 6.4b에서 회색의 윤곽) 의미한다]의 숫자들로 보면 이 네트워크는 입력 마디들에서의 표상 '00100'을, 중간 마디들에서 '0011100'으로 전환한다. 두 층에 있는 이들 일련의 숫자들 모두 노란 불빛을 표상하되, 이 모델의 각각 다른 위치에서 다른 방식으로 표상하고 있는 것이다(이전의 예에서, 레이첼을 그녀의 사회보장번호와 그녀의 전화번호 둘 다에 의해, 즉 다른 맥락에서 다른 목적을 위해서 표상할 수 있었던 것을 기억하라).

입력 마디들에서의 노란색의 표상(00100)은 '별개-구성요소 표상'임을 주목해야 하는

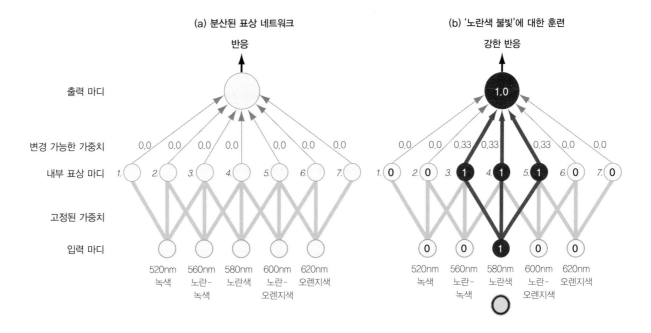

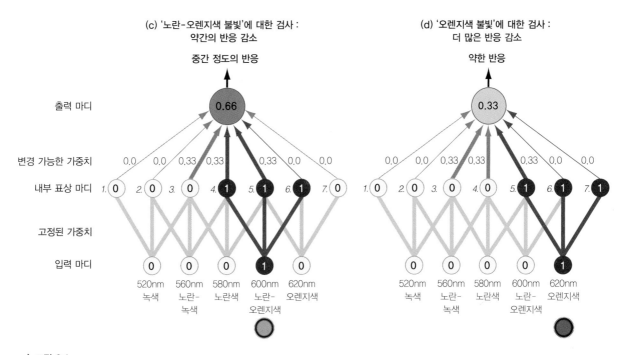

그림 6.4

'분산된 표상'을 사용하는 네트워크 모델 (a) 어떤 색깔의 불빛을 제시하면 네트워크의 입력 층에서 하나의 고유한 마디가 활성화된다. 각 입력 층 마디는 고정된(즉, 변경 불가능한) 가중치들(옅은 청색)을 통하여 내부 표상 층 내의 여러 마디들과 연결되어 있다. 다음으로 7개의 내부 표상 층 마디들(번호 1부터 7)은 변경 가능한 가중치들(회색)을 통하여 하나의 단일 출력 마디로 연결되어 있다. (b) 먼저 네트워크는 노란 불빛에 반응하도록 훈련된다. 자극의 제시는 입력 마디를 활성화시키고 이것은 (출력 마디와 연결되어 있는) 내부 표상 층의 3개의 마디들(3, 4, 5)을 활성화시킨다. 만일 노란 불빛이 반복적으로 보상과 함께 나타나면 출력 마디로 가는 활성화된 내부 표상 층의 마디들로부터의 가중치들은 강하게 된다. (c) 다음으로 네트워크는 내부 마디 4, 5, 6을 활성화시키는 하나의 유사한 자극(노란-오렌지색 불빛)으로 검사된다. 노란-오렌지색과 노란색이 2개의 중첩되는 내부 표상의 마디들(4와 5)을 공유하기 때문에 얼마간의 활성이 출력 마디에서 산출된다. (d) 단 하나의 공통된 내부 마디만 공유하기 때문에 훨씬 더 많이 다른 색(오렌지색)은 내부 표상 마디들에서 중첩의 정도가 더 낮다. 따라서 오렌지색은 약한 반응 활성만 유발한다.

데, 그 이유는 각 불빛이 1, 그리고 활성화된 단 하나만의 마디를 가지기 때문이다(다른 어떤 색깔들도 이 마디를 활성화시키지 못한다). 대조적으로, 노란색의 표상이 3개의 마디(3, 4, 5)로 분산되어 있으므로, 중간 마디들에서의 표상(0011100)은 '분산된 표상'에 해당한다. 그러므로, 이 네트워크는 입력 마디들에서의 별개 표상을 중간 마디들에서 분산된 표상으로 전환한다. 다음에서 살펴보겠지만, 이 분산된 표상은 모델이 단순성과 일반화를 설명할 수 있도록 한다.

활성 가중치들이 얼마나 많이 증가할 것인가를 결정하는 한 가지 방법은 레스콜라-와그너 학습 규칙을 이용하는 것이다. 여러분이 제4장에서 읽은 것과 같이, 이 규칙은 가중치들이 각 시행에서의 오차(오차는 발생한 결과와 실제의 반응활성화 간의 불일치로서 정의된다)에 비례해서 변화할 수 있다고 기술하고 있다. 노란색을 보상과 짝지워 훈련을 많이 시행한 후에, 이들 3개의 활성화된 마디들로부터의 가중치들은 각각 0.33이 될 것이다. 그림 6.4b에서 이들은 내부 표상 마디들 3, 4, 5를 출력 마디로 연결하는 굵은 선들로 예시되어 있다. 이제 노란색 불빛을 제시하면 마디 3, 4, 5가 활성화되며, 이는 차례로 출력 마디에서 총 1.0의 활동성(이들 세 가중치들의 총합)을 산출한다(활성화되지 않았거나 보상과 연합되지 않았던 내부 표상 마디들로부터의 가중치들은 자신들의 원래 수치 0에 머물러 있음을 주의하라).

그림 6.4b의 노란색 불빛에 반응하는 훈련받은 분산된 네트워크를 똑같은 자극-결과 쌍으로 훈련받은 그림 6.2의 별개-구성요소 네트워크와 비교하라. 그림 6.4b의 분산된 네트워크에서는 학습이 세 개의 내부표상 마디들(각 마디의 훈련된 가중치는 0.33)로부터 그 가중치가 분산되어 있다. 대조적으로, 그림 6.2의 별개-구성요소 네트워크는 1개의 입력 마디로부터 단일 가중치 1.0 안으로 이와 동일한 노란색에 대한 반응 규칙을 배치한다. 이들 두 네트워크 모델은 원래의 노란색 불빛이 제시될 때 반응 1.0을 부여한다.

그림 6.4의 분산된 네트워크와 그림 6.2의 별개-구성요소 네트워크 간의 차이는 훈련 자극과 비슷한(동일한 것들이 아닌) 자극을 제시할 때에만 명확해진다. 분산된 네트워크는 일반화가 가능하다. 이 일반화 행동은 그림 6.4c와 같이 노란-오렌지색 불빛으로 검사함으로써 평가될 수 있다. 여기서, 노란-오렌지색은 훈련된 노란색 불빛에 의해 활성화되는 표상과 상당히 중첩되어 있는 내부 표상을 활성화시킨다. 구체적으로, 마디 4와 5 둘 모두 노란-오렌지 불빛에 의해 활성화되며, 이들 내부 표상의 마디들 각각은 출력 마디를 부분적으로 활성화시키는 데 기여한다. 그 결과로서, 출력 마디가 상당히 강하게 활성화된다. 이 출력 값은 0.66인데, 이는 노란색과 노란-오렌지색의 표상들 간에 2/3 정도의 중첩이 있음을 의미한다. 만일 동일한 네트워크가 오렌지색 빛으로 검사된다면, 노란색 불빛의 표상과 중첩되는 부분이 더 적어지게 되어 결과적으로 더 약한 반응(0.33)이 산출될 것이다(그림 6.4d).

그림 6.5는 이 모델이 일련의 새로운 불빛들에 대한 반응을 산출하기 위해서 사용될 때는, 훈련 자극으로부터 거리가 증가하는 자극들에 대하여 매끄럽게 감소하는 일반화의 기울기가 산출됨을 보여준다. 이 일반화 기울기는 그림 6.1에서 보이는 비둘기의 일반화 기울

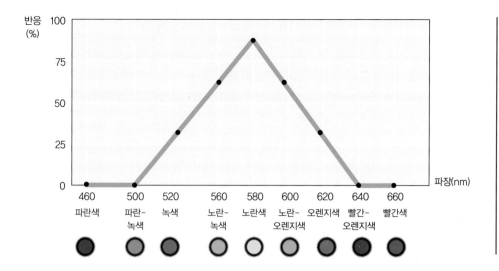

그림 6.5
'분산된 표상' 모델(그림 6.4)에 의해 산출되는 자극 일반화 기울기 그림 6.4 의 훈련된 네트워크는 이와 같은 자극 일반화 기울기를 만들어낸다. 이 기울기에서 훈련 자극(노란색)에 대하여 정점 반응이 나타난다. 이 훈련 자극으로부터 점증적으로 달라지는 자극들에 대하여 반응이 감소한다. 이와 같은 매끄러운 기울기는 동물들에서 보이는 기울기(예 : 그림 6.1의 비둘기로부터 얻어진 것)와 형태가 유사하다.

기와 유사하다. 동물과 사람의 자연스러운 일반화 경향성을 포착하는 이런 능력은 단지 별개-구성요소 표상만을 가진 네트워크를 사용하여 산출된 그림 6.3의 일반화 기울기(사실은, 일반화 기울기가 없음)와 현저하게 대조된다. 따라서 비록 두 모델은 동일한 시초의 과제(노란색 빛에 반응하는 것)를 학습할 수 있지만, 이들은 일반화 수행에서는 상당히 다르다.

그림 6.5와 6.1의 일반화 기울기는 동일하지가 않다. 비둘기가 반응하는 것보다 네트워크 모델이 오렌지색 불빛에 훨씬 더 강하게 반응한다. 모델에 의해서 산출된 일반화 기울기의 정확한 폭과 형태는 그 모델에서 마디들의 중첩의 수와 양을 변경시킴으로써 조작될 수 있다. 그럼에도 불구하고, 전반적인 형태는 중요한 점을 시사한다. 분산된 표상 모델은 학습의 근본적인 속성, 즉 인간과 다른 유기체들은 다른 것들이 동일하다면 유사한 사건들은 유사하게 다루고, 유사한 자극들은 유사한 결과들을 가질 것이라고 기대하는 경향을 잘 포착한다. 6.2절에서 읽겠지만, 심리학적 모델들 내에서 공유된 요소들과 분산된 표상들에 관한 초기의 이들 이론적 개념은 나중에 신경과학자들이 하게 될 발견들—유사한 자극들에 대하여 우리 뇌에 중첩된 신경 네트워크가 실제로 존재한다는 것을 증명하는 것—을 선견지명으로 예상하였다.

지식 테스트

개별 혹은 분산된 표상?

다음의 실험 예들 중 자극의 개별-요소 표상으로 이해되고 모델화될 수 있는 것은 무엇인가? 요소들의 중복을 포함하는 분산된 표상을 요하는 것은? (정답은 책의 뒷부분에 있다.)

1. 낮은 음의 소리가 전기 충격을 신호하고 높은 음의 소리도 전기 충격을 신호하지만 불빛은 음식을 신호한다. 중간 높이의 소리는 어떤 의미를 신호하는가?

2. 파란색 병동의 환자들은 평균 2일만에 회복을 마치고 퇴원하는 데 반해 빨간색 병동의 환자들은 평균 4일이 소요된다. 녹색 병동의 환자들은 며칠이 걸릴 것으로 예상하는가? 그 이유는?

변별학습과 자극통제 : 유사한 자극들이 다른 결과들을 예측할 때

이 장을 시작할 때 소개했던 까다로운 두 살 난 사브리나를 기억하는가? 그녀는 거트먼과 캘리쉬의 비둘기들의 경우와 유사한 문제에 직면해 있다. 만일 녹색의 브로콜리의 맛이 그녀에겐 끔찍했다면 그녀는 콜리플라워와 같은 유사한 모양의 채소도 그녀에게는 동일하게 매력이 없을 가능성이 높다. 이 예측에 기초하여, 그녀가 실제로 배고프지 않고 그 식사 때 다른 선택이 거의 없다면, 그녀는 콜리플라워를 먹을 때 느끼는 또 다른 기분 나쁜 맛을 경험할 가치가 없다고 결정할지도 모른다. 만일 사브리나가 배가 고파서 콜리플라워를 대할 기회가 생기고 그녀가 자신이 그 맛을 좋아하게 된다면, 그녀는 지금 새로운 정보를 가지게 된다. 즉, 브로콜리는 끔찍한 맛이지만 콜리플라워는 맛있게 된다. 이 경험으로부터, 먹을 때 그들이 다른 결과들로 이어지기 때문에, 그들이 유사한 형태들(그러나 색깔은 다르다)을 가진다고 해도, 사브리나는 브로콜리와 콜리플라워 사이를 변별하는 것이 중요하다는 것을 학습한다.

그녀가 먹는 것이거나 먹지 않는 것에 대한 선택이 지금은 브로콜리와 콜리플라워의 영향하에 있다는 측면에서, 심리학자들은 그녀의 행동이 **자극통제**(stimulus control) 아래로 왔다고 말하곤 한다. 자극통제는 일상의 모든 측면에서 관찰된다. 만일 여러분이 운전할 때 노란 불빛을 볼 때는 교차로를 통과하나 빨간 불빛을 볼 때는 브레이크를 밟아 멈춘다면, 여러분 자신의 운전 행동은 이들 시각 자극에 의해 통제되고 있다고, 아니면 최소한 영향을 받고 있다고 생각할 수 있다.

제3장에서 지각학습에 관한 논의에서 소개한 것처럼, 경험과 변별학습을 통하여 사람들은 많은 세세한 것들을 능숙하게 구별할 수 있다. 사브리나가 역겨운 맛 나는 브로콜리(피하는 것)와 맛있는 콜리플라워(먹는 것)를 변별할 때 발생했던 것에 대한 사고 한 가지는 사브리나의 섭식행동이 외부자극의 통제 아래로 왔다는 것이다. 어떤 사람들은 펩시와 코카콜라 맛을 변별하거나 맥도날드의 감자튀김과 버거킹의 감자튀김을 변별할 수 있다. 유사하게, 보석 세공업자는 미묘하게 색깔이나 질이 다른 다이아몬드들을 구별하는 학습을, 그리고 일란성 쌍생아들의 부모는 그들의 두 아이를 구별하는 것을 학습할지 모른다. 개 전문가는, 고양이 전문가에게는 동일하게 보일 수도 있는, 많은 다양한 품종의 테리어 개들을 확인할 수 있다. 처음에는 매우 유사해 보이거나 심지어는 구별할 수 없는 두 물체나 물질은 각각이 다른 꼬리표, 명칭 또는 결과와 반복적으로 짝지어질 때 궁극적으로는 구별 가능하게 된다.

무엇이 두 자극들이 유사하게(일반화) 또는 다르게(변별) 다뤄지도록 결정하는가? 이것은 심리학에서 하나의 근본적인 문제인데, 뒤이은 논의에서 우리는 심리학자들이 동물과 사람에서의 일반화를 주의 깊게 연구하기 시작한 때로부터 지금까지 그것에 대하여 배워왔던 것의 일부를 살펴볼 것이다. 자극통제와 변별학습이 여러분이 잠을 더 잘 자게 도와주기 위하여 어떻게 적용될 수 있는가를 보기 원하면, '일상에서의 학습과 기억 : 자극통제로 숙면하기' 부분을 보라.

◂◂ 일상에서의 학습과 기억 ▸▸

자극 통제로 숙면하기

밤에 잠이 안 와 힘들었던 적이 있는가? 아침에 일어나도 피곤하고 낮에 계속 졸려서 심리학 중간고사 대비 수업에서 졸기도 하고? 그럴 때 여러분에게 필요한 것은 침실의 자극 단서들에 대한 통제를 점검해보는 일일지 모른다. 사람들이 밤에 잠을 못 이루는 이유는 침대나 침실이 깨어 있을 때의 활동과 연결된 자극 단서들로 가득차 있기 때문일 수 있다. 침실에서 TV를 시청하는가? 그렇다면 TV의 모습 (꺼져 있더라도)이 TV를 보고자 하는 욕구를 통제하고 있을지 모른다. 침대에 몇 시간씩 누워서 잠들려고 애쓰면서 사실은 심리학 중간고사에 대해 혹은 답장을 기다리는 이메일에 대해 걱정하고 있는가? 그렇다면 여러분의 침대와 침실은 걱정의 개시와 연합되어서 걱정하는 행동을 통제하고 있는 셈이다.

수면 전문가들은 건강한 수면 위생을 강조한다. 수면 위생의 핵심은 침실을 오직 잠과 관련된 자극들로만 채우는 것이다(물론 침실에서 가끔은 부부생활도 해야 하니 약간의 유연성은 고려해야만 할 것이다). 이 장에서 본 것처럼 변별 학습은 한 시행만에 일어날 수 없고 (공포 학습은 예외일 수 있지만), 따라서 좋은 수면 습관의 형성은 며칠 혹은 몇 주가 걸릴 수 있다. 어찌 되었든 첫 번째 단계는 깨어 있는 행동을 일으키는 (즉 통제하는) 모든 자극들, 즉 노트북, 컴퓨터, 스마트폰, TV 등을 다른 방으로 옮기는 일이 급선무다.

변별 훈련과 학습된 특수성

이제 우리는 변별학습과, 그것이 학습과 일반화 기제와 관련하여 우리에게 무엇을 알려주는지를 좀 더 자세히 살펴보겠다. 캐나다 심리학자인 허버트 젱킨스(Herbert Jenkins)에 의해 수행된 이 분야에서의 중요한 연구 중 하나는 두 집단의 비둘기의 행동을 토대로 했다. 한 집단은 원판을 쪼면 1,000Hz의 신호음이 먹이가 공급됨을 알려주는 표준적인 훈련을 받았다(Jenkins & Harrison, 1962). 이 새들이 원판을 쫀 후에만 먹이를 받았기 때문에, 먹이 강화는 이 새들의 행동에 의존하였다. 제5장으로부터 이런 조작적 조건화가 다음과 같이 기술될 수 있음을 상기하라.

S(1,000Hz의 신호음) → R(원판 쪼기) → O(먹이)

두 번째 집단의 비둘기들은 변별 훈련을 받았는데, 여기서 2개의 다른, 그러나 유사한 자극들 중의 하나가 각 시행에서 제시되었다. 표준적인 훈련에서와 같이, 1,000Hz의 신호음은 다음의 원판 쪼기가 먹이 강화를 유발할 것임을 알려줬다. 하지만 아주 유사한 또 다른 신호음(950Hz)은 원판 쪼기가 먹이 강화를 유발하지 못할 것임을 알려줬다.

S(1,000Hz의 신호음) → R(원판 쪼기) → O(먹이)
S(950Hz의 신호음) → R(원판 쪼기) → O(먹이 없음)

이 실험에서 이들 자극들이 단일 차원(즉, 신호음 주파수) 내에서 다르기 때문에, 이 패러다임은 차원 내 변별(intradimensional discrimination)이라고 불린다. 대조적으로, 앞의 장

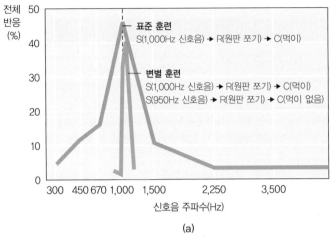

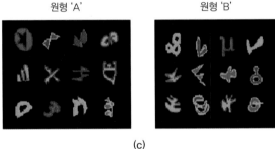

그림 6.6

변별 훈련 후의 일반화 기울기 (a) 한 집단의 비둘기는 원판 쪼기가 강화되리라는 것을 1,000Hz의 소리가 신호하는 것을 학습했다. 이들은 새로운 소리를 검사받을 때 표준적인 일반화 기울기를 보여주었다. 두 번째 집단의 비둘기는 1,000Hz의 소리는 원판 쪼기가 보상받을 것임을 신호하지만 (매우 유사한 소리인) 950Hz의 소리는 아무런 보상을 신호하지 않는다는 것을 학습했다(변별 훈련). 이들은 훨씬 더 가파른 일반화 기울기를 보여주었다. (b) 윌스와 맥래런(Wills & McLaren, 1997)의 분류 연구에서 사용된 원형 범주 A 및 범주 B의 예시들이다. 그래프는 변별 훈련을 했을 때와 A만 훈련했을 때에 따른 일반화 기울기를 나타낸다.

(a) Data from Jenkins and Harrison, 1962. (b) Research from Wills & McLaren, 1997.

들에서 제시한 많은 패러다임은 차원 외 변별(extradimensional discrimination)로 알려져 있는데, 이에서는 동물이 (신호음들과 불빛들과 같은) 다중 차원들에 걸쳐서 달라지는 자극 간을 변별하도록 학습하였다.

이 훈련을 마친 후에, 두 집단의 비둘기들은 매우 낮은 주파수(300Hz)로부터 매우 높은 주파수(3,500Hz)의 범위를 갖는 새로운 신호음들로 검사 시행들을 받았다. 실험자들은 이 새들이 각 검사 신호음에 반응하여 얼마나 자주 쪼기를 하는지를 측정했다. 그림 6.6a에서와 같이, 단일 신호음으로 훈련을 받은 집단은 거트만과 캘리쉬가 불빛 자극들을 대상으로 발견한 것(그림 6.1 참조)과 유사한 종 모양의 일반화 기울기를 보였다.

대조적으로, 변별 훈련을 받은 비둘기들은 다른 형태의 일반화를 보였다. 그들의 일반화 기울기는 훨씬 더 가파르고 1,000Hz 신호음의 약간 오른쪽에 중심을 두고 있으며, 훨씬 더 빠르게 떨어지고 있다. 이 비둘기들은 근처의 950Hz의 신호음과 다른 주파수에는 전혀 반응을 하지 않았다. 그림 6.6a의 두 일반화 기울기의 형태상 차이는, 변별 훈련으로 인하여, 일반화 기울기가 강화 자극에 대하여 더 구체적인(즉, 좁게 집중되는) 반응을 반영하도록 바뀔 수 있음을 보여준다. 사실, 그림 6.6a에서의 변별 훈련 후의 일반화 기울기는 자극 표상들에서 중첩이 없을 때 구성요소 표상 모델이 예측하는 것을 예시해 보이는 그림 6.3의 기울기와 매우 유사해 보인다. 이것은 그림 6.3이 틀리지 않았음을 시사한다. 즉, 그 자극들이 중첩하는 표상들을 가지지 않을 때 변별 훈련 후에 무엇이 발생하는가를 예시하고 있다.

변별 훈련과 비교하여, 단일 자극으로 훈련할 때 드러나는 일반화 기울기들 간의 유사한 차이는 사람들에게 몇 세트의 추상적인 기하학적 요소들로 구성된 시각자극을 보여주는, 인간의 범주학습에 대한 연구에서도 찾아볼 수 있다(Wills & McLaren, 1997). 각 피험자는 두 세트(한 세트는 12개의 구성원들을 가짐)의 추상적인 기하학적 요소들을 제시받았다. 이들 세트의 하나는 범주 A의 원형적인 본보기로서 제시되었다. 그리고 하나의 구별된 세트(12개의 구성원 가짐)는 범주 B의 원형으로서 제시되었다(그림 6.6b). 그런 후에, 원형 A의 본보기와 원형 B의 본보기로부터의 요소들의 다른 혼합들로 구성된 잠재적인 다른 본보기들이 제시되었다. 한 본보기가 12개의 요소들 중에서 범주 A의 원형으로부터 나온 최소한 8개를 소유하면 그것은 범주 A의 구성원이라고 여겨진다.

이 연구에서 참가자들은 두 유형의 훈련 중의 하나에 할당되었다. 변별 훈련을 받은 참가자들에게는 범주 A의 많은 본보기들과 범주 B의 많은 본보기들을 보여주었다(각 본보기는 바른 범주 할당에 일치하게 식별된다). 다른 참가자들은 변별 훈련을 받지 않은 대신에 범주 A로부터의 본보기들만 제시받았다. 한 형태 또는 다른 형태의 훈련을 받은 후에, 참가자들은 명칭이 없는 본보기들이 범주 A의 구성원들이었는지의 여부를 판단하도록 요구받는 후속의 일반화 검사를 받았다. 그림 6.6b의 일반화 기울기로부터 보겠지만, 범주 A 자극만으로 훈련을 받은 사람들은 A 대 B 변별 훈련을 받은 사람들보다 더 넓은 일반화 기울기를 보였다. 이런 형태의 데이터는 허버트 젱킨스의 비둘기 연구에서 보이는 형태(표준적인 습득 훈련 후의 넓은 일반화 기울기와 변별 훈련 후의 더 좁고 더 집중적인 일반화 기울기)를 반영한다(그림 6.6a).

일반화의 정점 이동

일반화에서 또 다른 아주 중요한 현상을 이해하기 위해서, 리사를 만나보고 그녀가 직면하는 난제를 살펴보자. 그녀는 결혼할 때가 되었다고 결심하고서 인터넷 데이트 사이트에서 잠재적인 남편감을 찾기 위해 온라인에 접속한다. 그녀가 만나는 첫 번째 네 총각들 중에 그녀가 좋아하는 두 사람인 이안과 짐의 키는 모두 5피트 10인치이다. 다른 두 사람인 바아트와 모리치오는 키가 5피트 11인치이지만 그녀는 이들 둘은 좋아하지 않는다. 그녀가 5피트 9인치의 키를 가진 마커스의 프로파일을 우연히 대할 때 여러분은 무엇이 일어날 것이라고 생각하는가? 여러분은 그녀가 이전에 수용할 수 있는 사람들인 이안이나 짐(둘 다 5피트 10인치)만큼 마커스를 좋아할 것이라고 기대하는가, 아니면 그녀가 다른 어떤 사람들보다도 마커스를 훨씬 더 좋아할 것인가?

한 연구(Hanson, 1959)는 비록 결혼 상황이 아니라 비둘기와 불빛 색깔을 사용하기는 하지만 바로 이 문제를 바라보았다. 비둘기들은 신뢰롭고 일관성 있게 반응할 때까지 550nm의 불빛에서 (먹이 보상을 받도록 하는) 쪼기 훈련(조작적 조건화의 한 형태)을 받았다. 이들 비둘기의 일부(통제집단, S+ 집단이라고도 칭함)는 단지 이 훈련만을 받았다. 반면에, 또 하나의 집단(실험 집단, 즉 S−)은 강화를 받지 않는 매우 유사한 불빛(555nm)으로 부가

그림 6.7

물리적 연속성에 따른 변별 훈련 후의 정점 이동 비둘기들은 550nm의 불빛이 있으면 쪼는 행동을 보이도록 강화되었고 그 후에 두 그룹으로 나뉘어졌다. 한 집단은 오로지 이 훈련만 받았다(통제 또는 S+집단). 반면에 다른 집단은 550nm의 불빛에서는 정적 강화를 받고 유사한 555nm의 불빛에서는 부적 강화를 받는 변별 훈련을 하였다(S−집단).

Data from Hanson, 1959, *Journal of Experimental Psychology*, 58, pp. 321–333.

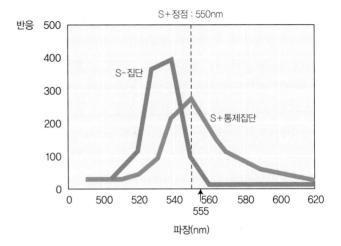

적인 변별 시행들을 받았다. 양 집단의 비둘기는 나중에 전 범위(480~620nm)의 다양한 색깔의 불빛을 사용하는 조사시행들(probe trials)로 검사되었다. 그 결과들은 그림 6.7에 나타나 있다.

보는 것과 같이, 실험집단 동물들의 정점 반응은 비강화 자극으로부터 벗어나 있는데, 이는 정점 이동이라고 불리는 효과이다. 그것은 자극들이 색깔, 명도, 어조, 음고, 경사, 수의 변화와 같은 어떤 물리적인 연속성을 따라 변화하는, 다른 많은 변별 패러다임에서 관찰되어 왔다. 학습에서의 정점 이동에 대한 실험 연구는 쪼고 있는 비둘기에만 한정되지는 않는다. 정점 이동 효과는 벌, 말, 쥐, 금붕어, 기니피그, 닭, 비둘기 그리고 사람에게서도 관찰되어 왔다(Lynn, Cnaani & Papaj, 2005; Dougherty & Lewis, 1991; Purtle, 1973). 인간 대상의 연구에서 복잡한 범주들(McLaren & Mackintosh, 2002; Wills & Mackintosh, 1998), 복잡한 시공간적 차원에 따라 바뀌는 얼굴 사진들(Spetch, Cheng & Clifford, 2004) 그리고 시간에 따라 변하는 복잡한 음향적 소리들(Wisniewski, Church & Mercado, 2009)을 변별할 때 정점 이동 효과에 대한 증거를 발견했다.

왜 정점 이동이 동물과 인간의 변별학습에서 그렇게 편재하여 발생하는가? 케네스 스펜스(Kenneth Spence, 1937)는 초기에 생리학적으로 영감을 받은 파블로프 이론들(1927)을 발판으로 흥분성 단서−결과 연합과 억제성의 단서−결과 연합 간의 총합으로부터 정점 이동이 발생한다는 해석을 제안했다.

그림 6.8에 도식화한 것처럼, 스펜스는 정적(흥분성) 일반화 기울기는 S+ 주위에서, 억제성 일반화 기울기는 S− 주위에서 발생한다고 제안하였다. 그림 6.4에서 가설화한 것처럼, 이 각각의 기울기는 두 자극들의 각각이 그것의 위나 아래에 있는 자극들과 공유되는 범위의 요소들을 활성화시키면서 나타난다. 만일 어느 검사자극에 대해서 그 순 연합 강도(net associative strength)가 S+ 주위에서 형성된 흥분성 기울기와 S− 주위에서 형성된 억제성 기울기 간의 차이이고, 이들 두 기울기가 상당히 중첩된다면, 최대의 순 정적 강도는 S+의 왼쪽에 존재하게 될 것이다. 왜냐하면, 이 영역이 S+(550)에는 가까우면서 S−(555)

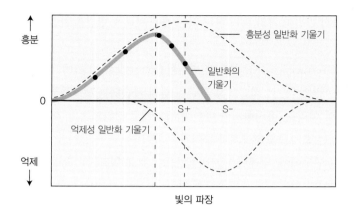

그림 6.8

스펜스의 정점 이동 이론 정점 이동은 S+와 S− 주변에 확립된 흥분성과 억제성 자극 일반화 기울기의 결합이라고 스펜스는 주장하였다. 순 연합은 자극 영역에 따라 각 지점의 흥분 수준에서 억제 수준을 뺀 값에 의해 계산된 기울기들의 합이라고 추정된다. 정점 이동은 오른쪽 수직선 S+에 대한 이전의 최대 반응으로부터 새로운 최대 반응점으로의 이동이다.

로부터는 더 멀기 때문이다. 정점 이동은 S+에 대한 이전의 최대 반응(적색 수직선)으로부터 새로운 최대 반응점(청색 수직선)으로의 이동이다(그림 6.8). 이것은 리사가 5피트 9인치의 마커스를 가장 좋아한다는 주장과 유사하다. 왜냐하면, 그는 그녀가 좋아했던 5피트 10인치 신장을 가진 사람들(이안과 짐)과 매우 유사하지만 그녀가 좋아하지 않았던 5피트 11인치 신장의 바이트와 모리치오와는 너무 유사하지 않기 때문이다.

파블로프(1927)와 스펜스(1937), 그리고 또한 셰퍼드(Shepard, 1987)는 흥분성과 억제성 기울기 간의 상호작용이 근본적으로 고정화되어 있다는 견해를 가졌다. 이는 제1장에서 논의한, 학습 현상에 대하여 생물학적으로 방향지어진 '선천성(nature)'을 바탕으로 하는 설명을 추구하는 역사적 전통과 일치한다. 하지만 다른 연구자들은 본성에 의해서 추동된 생물학적인 일반화 결정인자처럼 보였던 일부가, 대안적으로 학습, 즉 '후천(nurture)'을 바탕으로 하는 설명으로부터 나올 수 있다고 제안했다. 특별히, 래슐리–웨이드 이론(1946)은, 파블로프의 초기 제안을 바탕으로, 정점 이동과 다른 패러다임들에서 보이는 일반화 기울기들이 이들 단서에 대한 동물의 이전 경험에 달려 있다고 주장했다. 하지만 그런 이론을 검증하는 일은 도전적이다. 그 이유는 흔히 동물들이 그런 단서들에 대한 사전 노출을 박탈당하는 인위적인 환경에서 사육되기 때문이다. 그럼에도 불구하고, 몇몇의 증거에 따르면, 단서들에 대한 사전 경험, 즉 친숙성이 후속의 변별 훈련에서 (단서들이) 야기시켰던 일반화 기울기들의 가파름에 영향을 미칠 수 있다고 제안한다(단순한 노출 대 외현적 훈련으로부터의 학습에 대해서는 제3장의 논의 참조).

오차 없는 변별학습과 '쉬운'으로부터 '어려운'으로의 전환

제4장에서 다룬 레스콜라–와그너 모델에서의 학습이 예측오차(즉, 동물이 US를 기대하거나 그렇지 않을 때 만들어내는 예측에서의 실수)에 의해서 추동되는 오차교정 학습의 원리를 상기하라. 나중에, 그 장에서 오차들이 모든 유형의 학습에서 핵심일 필요는 없는 것으로 밝혀졌다. 사실, 우리가 곧 보겠지만, 오차 회피 이외의 모든 것을 하게 하는 훈련 방식을 개발하는 것이 가능하다. 그렇게 함으로써, (사람을 포함하여) 동물들은 실수를 저지름

으로써 발생하는 좌절과 정서적 번민이 거의 또는 전혀 없는 매우 어려운 변별을 학습할 수 있게 된다.

허버트 터레이스(Herbert Terrace)는 자칭 **무오차 변별학습**(errorless discrimination learning)이라는 훈련 절차를 개발했다. 이 학습에서 훈련은 쉽게 학습되는 변별과제로 시작된다. 이어서 학습하기에 더 어려운, 유사하지만 다른 변별과제로 전환되는데, 이는 그 더 어려운 과제 동안에 발생하는 오차들을 없애거나 줄이기 위함이다.

무오차 변별학습에 관한 한 연구에서, 터레이스는 비둘기들이 적색 원판(S+)과 녹색 원판(S−) 간을 변별하도록 훈련하여 적색 원판만을 쪼도록 하였다(Terrace, 1963a). 통상적으로는, 이전의 두 장에서 본 고전적 및 조작적 조건화들에서처럼 이 훈련에서 시행을 많이 해야 하며 실수가 많이 발생하곤 했다. 터레이스는 비둘기들이 잘못된 선택을 하지 못하도록 그들에게, 학습을 위한 한 세트의 '보조 바퀴'와 같이, 힌트를 제공함으로써, 이 변별을 빨리 그리고 거의 실수가 없이 학습하도록 하였다. 훈련 초기에 그는 적색 원판들을 아주 밝게 뚜렷하게 하고서(자연적으로 이것은 비둘기들의 주의를 끈다) 3분 동안 이 원판들을 쪼도록 두었다. 대조하여, 녹색 원판들은 어둡고 희미하게 제시되었으며 단지 몇 초 동안만 쫄 수 있도록 하였다. 비둘기들은 일반적으로 어두운 물체는 쪼지 않기 때문에, 특히 쪼기에 그런 시간 제한이 있으면 그들은 그른 녹색 S− 원판들을 쪼지 않았다. 점차적으로 여러 시행에 걸쳐, 터레이스는 녹색 S− 원판들의 밝기와 기간을 적색 S+ 원판들만큼 밝아지고 그만큼 오래 지속될 때까지 증가시켰다. 터레이스의 비둘기들은 추가적인 힌트나, 교정 기간이나 원판의 밝기에 대한 안내 없이도 이제 두 색깔을 변별할 수 있게 되었다.

터레이스의 무오차 변별학습 절차는 교육현장에서 많이 응용이 되어왔으며 학습장애를 가진 사람들을 훈련시키는 데에서 대단이 성공적임을 보여 왔다. 터레이스의 연구절차와 유사한 방법으로, 다운증후군을 가진 아이들에게 타원형들과 직사각형들과 같은 기본 형태들을 찾도록 가르쳤다(Duffy & Wishart, 1987). 처음에는 주어진 명칭에 상응하는 옳은 형태만을 포함하는(그래서 실수가 전혀 없는) 암기용 카드들(flash cards)이 사용되었다. 그런 다음에, 아이들에게 두 가지 선택을 포함하는(하나는 큰 외곽 내의 바른 형태이고 다른 하나는 매우 작은 외곽에 그른 형태를 포함하는) 카드들을 보여주었다. 터레이스의 연구에서 희미한 불빛과 유사하게, 아이가 그릇된 선택을 아주 적게 하도록 함으로써 그것을 무시하도록 안내하여 결과적으로 아이는 자연스럽게 더 큰 선택을 취하게 된다. 시간이 흐름에 따라, (터레이스가 비둘기들에게 불빛에 대한 밝기와 기간이 점진적으로 더 유사해지다가 결국 같게 만든 것처럼) 2개

두 발 자전거에서 떨어지면 다칠 수 있다. 그러면 이 아이의 부모는 어떤 변형된 학습 절차를 사용했을까?

의 선택 대상들의 크기들은 점진적으로 더 유사하다가 서로가 같아지게 만들어졌다. 결국, 다운증후군을 가진 그 아이는 형태들을 정확하게 찾는 것을 학습했다. (이런 학습 절차를 통하여) 막 시작하는 시점에서 이 마지막 검사가 주어졌었다면 이미 야기되었을 수도 있는 실수들과 좌절을 회피할 수 있게 된 것이다.

무오차 변별학습은 중요한 결점이 있다. 이것은 훈련 중에 있는 변별에 대한 학습을 빠르고 강하게 (그리고 고통 없이) 산출할 수 있는 반면에, 이 스타일로 훈련되지 않은 새로운 상황들과 자극들에 일반화되기보다는 오히려 원래의 훈련절차에 고착되어 있기 때문에, 나중의 많은 연구들은 이 학습이 매우 경직되어 있고 비유연적임을 보여주었다(Jones & Eayrs, 1992; Clare et al., 2002). 그럼에도 불구하고, 위에서 기술한 학습장애를 가진 아이들에서, 무오차 변별학습은 아이들이 시작 시에 많은 실수를 함으로써 시달렸을지도 모를 좌절, 심리적 외상 그리고 자기의심도 예방해주었다. 자녀가 익숙해지기 전에 자전거 타는 것을 시도하다가 넘어지거나 다치는 것을 보지 않으려는 부모처럼, 무오차 변별학습 절차는 그 개인이 준비가 되어 있고 가능할 때 쉬운 과제로부터 시작하여 점차적으로 더 어려운 과제로 이동하는 점진적 유형의 학습을 제공한다.

유사성을 넘어서 : 비유사적인 자극들이 같은 결과를 예측할 때

지금까지 이 장에서 우리는 세 종류의 사례에서의 학습과정에 대하여 논의하였다(표 6.1). (1) 유사한 자극이 유사한 결과를 가져다주는 경우, (2) 다른 자극이 다른 결과를 가져다주는 경우, (3) 유사한 자극이 다른 결과로 이어지는 경우가 바로 이들이다. 더하여, 네 번째 가능성이 있다. 다른 2개의 자극이 같은 결과를 예측할 때 무슨 일이 발생하는가? 다음에서 보겠지만, 일반화는 심지어는 두 자극 간에 물리적 유사성이 없을 때에도 발생할 수 있다.

일반화가 유사하지 않은 자극들에까지 확장될 수 있는 한 가지 방식은 잦은 짝지음, 즉 동시발생(co-occurrence)이다. 윌리엄 제임스(William James, 1890)는 모든 차가운 대상들이 젖어 있고 모든 젖은 대상들이 차가우면, 이 두 속성들은 단일 개념으로 여겨진다고 주장하였다. 하나의 존재(예 : '젖은')는 다른 것의 존재(즉, '차가운')를 시사하곤 했다. 제임스는 유기체들이 동시에 발생하는 경향이 있는 자극 속성들을 동등하게 군집화하거나 다루는 경향이 있다고 주장했다. 보다 최근에, 자신의 역사소설인 **정신병 의사**(*Alienist*)에서 저자인 케일럽 카(Caleb Carr)는 이전에 하버드대학교에서 윌리엄 제임스의 제자였던 19세기의 한 법정심리학자에 대한 이야기를 했다. 그런데, 그(제임스 제자)는 뉴욕시를 공포로 몰아넣었던 연쇄 살인범을 추적하기 위하여 제임스의 심리학 개론 강의들로부터 바로 이 예를 사용하고 있다. 그 범죄자는 어렸을 적에 그가 사랑했던 사람들로부터 얻어맞은 경험이 있었으며, 그 결과로서 그는 폭력과 사랑을 너무 얽혀 있는 것으로 바라보게 되었다. 이에, 하나가 존재할 때 그는 다른 하나를 기대하거나 드러냈다. 그리하여, 사랑했던 어떤 여자도 때려죽였으며, 마찬가지로 자신이 때린 어떤 여자도 사랑하게 되었다.

많은 일상적인 지혜는, "연기가 있는 곳에 불이 있다."와 같이, 이런 종류의 군집화의 예들에 기초를 두고 있다. 감각 사전조건화와 습득된 등가성에 관한 다음의 논의에서 볼 수 있듯이, 공통적인 성과들이나 결과들에 기초하는 같은 종류의 자극 군집화는 학습 실험실에서 실증할 수 있다.

감각 사전조건화 : 동시발생과 자극 일반화

두 자극의 동시발생이 일반화로 이어질 수 있는 한 가지 방식은 **감각 사전조건화**(sensory preconditioning)라고 알려져 있는 훈련절차를 통해서이다. 이 조건화에서, 복합자극으로서 2개의 자극을 함께 사전 제시하면 나중에 이들 자극 중의 하나에 대한 어떤 학습도 나머지 하나의 자극으로의 일반화가 되려는 경향성이 발생한다.

실험실에서, 감각 사전조건화는 표 6.2에 요약된 것처럼 보통 세 단계를 걸쳐 검사된다. 단계 1에서 복합노출집단(즉, 실험집단)에 있는 동물들은 처음에는 동시에 제시되는 하나의 신호음과 하나의 불빛과 같은 두 가지의 자극으로 구성된 복합자극에 노출된다. 단계 2에서는, 동물들은 그 자극들 중의 하나(예 : 불빛)가 단독으로 중요한 결과(예 : 눈 깜빡임을 유발하는 공기 분사)를 예견한다는 것을 학습한다. 그리고선 그들은 궁극적으로는 불빛에 대하여 눈 깜빡임 반응을 나타낸다. 단계 3에서는, 동물들은 다음으로 신호음 단독에 노출된다.

표 6.2의 감각 사전조건화에 있는 복합노출집단의 훈련을 들여다보면, 여러분은 그것이 제4장의 표 4.5의 블로킹(blocking) 절차라는 것을 회상하게 될 것이다. 여러분이 아래에서 보겠지만, 복합자극인 '신호음 + 불빛'을 맨 나중(블로킹 훈련에서와 같이)보다는 먼저 훈련시킴으로써 훈련 순서를 거꾸로 하면, 학습되거나 그렇지 않은 것에 큰 영향이 있다. 이것은 학습과 관련하여 오차교정 속성의 핵심적인 측면인 제시 순서가 중요하다는 것을 생각나게 한다.

복합노출집단의 대부분은 신호음에 대하여 최소한 몇 가지의 반응을 보인다. 대조적으로, 두 번째(통제) 집단은 단계 1에서 신호음과 불빛을 분리하여 제시받았다. 그런 다음에, 그들은 다른 집단에게 주어진 단계 2 훈련과 동일한 훈련을 받는다. 즉, 그들은 불빛 스스로가 공기 분사를 예측하도록 학습했다. 그러나 단계 3에서 신호음 단독으로 검사될 때 이들 동물은 반응을 거의 또는 전혀 보이지 않았다(Thompson, 1972).

단계 1에서의 복합노출은 신호음과 불빛 간의 연합을 확립시켜주는 것 같다. 단계 2에

표 6.2 감각 사전조건화			
집단	단계 1	단계 2	단계 3 : 시험
복합자극에 노출	신호음 + 불빛(함께)	불빛 → 공기 분사 ⇒ 눈 깜빡임	신호음 ⇒ 눈 깜빡임
개별자극에 노출(통제집단)	신호음, 불빛(분리해서)	불빛 → 공기 분사 ⇒ 눈 깜빡임	신호음 ⇒ 눈 깜빡임 없음

서, 불빛은 공기 분사와 연합이 되며 이 학습은 간접적으로 신호음으로 전이된다. 이 전이는 의미 기반의 일반화(meaning-based generalization)로 해석할 수 있는데, 그 이유는 신호음과 불빛이 비록 어떤 관련되는 물리적 유사성도 없지만 동일한 의미(즉, 둘 다 공기 분사를 예측함)를 가진다고 추정되기 때문이다. 의미 기반의 일반화는 물리적으로 유사한 두 자극 간에 자연적으로 발생하는 유사성 기반의 일반화(similarity-based generalization)와 대조된다. 감각 사전조건화는 두 자극의 동시발생이 한 자극으로부터 다른 자극으로의 의미 기반의 일반화를 산출하는 데 충분함을 보여준다.

위에서 제안한 것과 같이, 단계 1과 단계 2의 순서는 매우 중요하다. 순서를 바꾸면, 우리는 블로킹 절차를 갖게 되는 것이며(제4장의 표 4.5) 이것은 정반대 효과를 산출하게 된다. 즉, 신호음이 훈련에서 반복적으로 제시될 때조차도 이에 대한 조건화가 거의 또는 전혀 발생하지 않는다.

습득된 등가성 : 사전의 유사한 결과에 기초하는 새로운 유사한 예측

또 다른 형태의 의미-기반의 일반화는 2개의 연합되지 않은 자극들이 같은 결과를 공유할 때, 즉 같은 성과를 예언할 때 발생할 수 있다. 이 경우에, 두 자극들이 결코 동시에 발생할 수는 없을지라도, 유사성이 극히 적은 이 두 자극들 간에 일반화가 발생하는 것은 가능하다. 둘 다 햄스터를 지극히 좋아한다는 것 외에는 서로 닮은 데가 없어 보이는 맨디와 캐밀라라는 두 소녀들의 경우를 고려해보자. 나중에 여러분은 맨디가 좋아하는 물고기가 구피라는 것을 학습한다. 맨디와 캐밀라가 애완용 설치류에 대하여 유사한 취향을 갖는다는 이유로, 여러분은 캐밀라도 맨디의 애완용 물고기를 좋아할 것이라고 기대할지도 모른다.

제프리 홀(Geoffrey Hall)과 동료들은 비둘기를 대상으로 하는 그들의 연구에서 유사한 형태의 일반화를 발견했다(Bonardi et al., 1993; Hall et al., 1993). 한 연구에서, 그들은 비둘기들을 훈련시켜서 A1, A2, B1, B2, X1, Y1으로 확인되는 6개의 다른 색깔로 변화하는 하나의 빛을 쪼도록 했다. 그런 후 이 연구자들은 이들 동물들이 4개의 색깔 순서 쌍(A1–X1, A2–X1, B1–Y1 및 B2–Y1)이 먹이 보상을 가져온다는 것을 예측하도록 훈련시켰다(표 6.3의 좌측 행).

표 6.3 습득된 등가성

단계 1 : 훈련	단계 2 : 훈련	단계 3 : 검사
A1 → X1 → 먹이 A2 → X1 → 먹이	A1 → 먹이	A2 : 강한 쪼기 반응
B1 → Y1 → 먹이 B2 → Y1 → 먹이	B1 → 먹이 없음	B2 : 강한 쪼기 반응 없음

사실상, 색깔 A1과 A2는 둘 다 X1과 짝지어졌기 때문에 '등가(equivalent)'이다. 유사하게, 색깔 B1과 B2는 Y1과 짝지어졌기 때문에 등가이다. 그다음에, 이들 비둘기는 단독의 A1을 쪼면 먹이가 주어지지만 단독의 B1을 쪼면 먹이가 뒤따르지 않음을 학습했다(표 6.3의 중간 행). 단계 3에서, 이들 비둘기는 A2 및 B2에 대한 반응 검사를 받았다. 이들 새는 B2에는 아니지만 A2에 강하게 반응했는데(표 6.3의 우측 행), 이는 새가 단계 1에서 A1과 A2 간의, 그리고 B1과 B2 간의 등가성을 학습했음을 시사한다. A2가 A1과 등가임을 훈련하는 단계 1과 A1에 대한 반응이 먹이를 가져오게 되는 것을 훈련하는 단계 2 후에, 이들 새는 A2에 대한 반응 역시도 먹이를 가져오게 될 것이라고 기대했다. 홀과 동료들은 이 행동을 **습득된 등가성**(acquired equivalence)이라고 불렀는데, 등가의 두 자극을 사전 훈련시키면 이들 자극이 표면적으로는 유사하지 않을지라도 이들 사이에 일반화의 양이 증가하기 때문이다. 유사한 효과가 인간과 쥐에서도 관찰되었다(Spiker, 1956; Honey & Hall, 1991; Hall & Honey, 1989). 요약하면, 비록 물리적 유사성이 일반화의 빈번한 원인이기는 하지만 일반화는 또한 다른 방식으로도 발생할 수 있다. 동물과 사람들은 표면적으로는 유사성이 없어도 동시에 발생한 적이 있거나 같은 결과를 예측한 적이 있는 자극들 사이에 일반화가 됨을 학습할 수 있다.

부적 형태화 : 전체가 부분들 이상으로 다른 어떤 것을 의미할 때

다른 속성들의 자극들로 구성된 복합자극들의 일반화에서 발생하는 또 하나의 복잡한 문제와 관련하여, 사브리나가 다른 아이들과 함께 놀기 시작할 때 무엇이 발생하는가를 고려해보자. 그녀는 아마 운동장에서의 경험으로부터 기미 낀 얼굴의 아이들은 보통 건방지다는 것과 붉은 머리카락의 아이들도 건방지다는 것을 학습할 수도 있을 것이다. 이들 두 연합 때문에, 여러분은 아마도 그녀가 어느 날 만나는, 붉은 머리카락과 기미 얼굴을 가진 소녀를 특별히 경계할 것이라고 기대할지 모른다. 자신의 과거의 경험에 근거해서, 사브리나는 그 소녀가 건방짐에 연합시키는 둘 모두의 속성들을 가지고 있기 때문에 그녀가 정말로 진절머리가 난다고 기대한다. 다른 모든 것들이 동일하다면, 우리는 사브리나처럼 단서들의 결합이 개개의 단서들에 대하여 알려진 것을 결합하고 합하는 결과들을 가질 것이라고 가정하는 경향이 있다.

하지만 이것이 항상 맞는 경우인가? 만일 단서들의 어떤 결합이 개개의 단서들이 의미하는 것과 완전히 다른 어떤 것을 시사하면 어찌 될까? 예를 들어, 여러분은 철자 'c'가 어떻게 소리 나는지를 알고 있으며 또한 철자 'h'도 어떻게 소리 나는지를 알고 있다. 하지만 여러분이 이들 두 철자를 함께 묶어서 'ch'를 볼 때는 이들은 상당히 다른 소리를 표상할 것이다. 따라서 영어를 읽는 사람은 철자들의 어떤 결합이 그들의 구성요소 철자와는 매우 다르게 소리 날 수 있음을 학습한다. 자동차 운전과 같은 다른 예를 살펴보자. 교차로에서 기다리는 동안에, 여러분은 바로 앞에서 골동품인 시트로엥 차가 왼쪽 후미 등을 깜빡거리고 있다면 그 차가 곧 좌회전할 것임을 신호하고 있다고 알아차릴 것이다(그림 6.9a). 만일 그 차의 **오른쪽** 후미 등이 깜빡거린다면 여러분은 그 운전자가 우회전할 의향이 있음을 알고 있을 것이다(그림 6.9b).

하지만 그림 6.9c에서처럼 만일 두 후미 등이 동시에 깜빡인다면 어떻게 될까? 하나의 회전 신호의 깜빡임은 임박한 회전을 의미하지만, 양 신호의 깜빡임은 두 회전들의 결합(즉, 차가 동시에 좌회전하면서 우회전하는 것)을 나타내지 않는다. 대신에, 좌우 후미 등 모두가 깜빡이는 것은 위험을 신호한다. 즉, 차가 느리게 진행함을 아니면 고장 났음을 신호한다. 좌우 양쪽의 불빛 깜빡임의 결합이 각 속성 자체의 의미와는 꽤 다른 것을 뜻함을 학습하는 운전자가 그렇듯이, 비록 우리는 개별적으로 제시되는 구성요소의 속성들에 대해 사실인 것이 역시 그들의 결합에도 사실일 것이라고 추정할지 모르지만, 일반화의 이런 경향을 뛰어넘는 것은 명백히 가능하다.

단서 결합들이 그들의 구성요소들 이상으로 근본적으로 다른 의미들을 가지고 있는 이런 종류의 상황은 동물 및 인간 대상의 학습과제로서 광범위하게 연구되어왔다. 예를 들어, 고전적 조건화 연구에서 토끼는 신호음 또는 불빛이 단독으로 제시되면 공기 분사 US가 눈에 가해질 것임을 기대하도록 훈련받는다고 가정하자. 반면에, 신호음과 불빛이 함께 발생할 경우에는 공기 분사 US가 가해지지 않는다. 적절하게 반응하기 위해서, 동물은 개별적인 신호음 단서 또는 불빛 단서에는 반응하지만, 신호음-불빛의 복합단서에는 반응을 철회하도록 학습해야 한다. 이 과제는 아래와 같이 도시될 수 있다.

신호음 → 공기 분사 US
불빛 → 공기 분사 US
신호음 + 불빛 → US 없음

개별적 단서들에 대한 반응은 정적인 반면에 이 복합체(즉, '형태')에 대한 반응은 부적이기 때문에, 즉 반응이 없기 때문에 이 과제는 **부적 형태화**(negative patterning)라고 알려져 있다.

신호음 단서와 빛 단서 모두가 신호음-불빛의 복합체의 부분이기 때문에, 동물은 자연스럽게 구성요소의 단서들로부터 복합체 단서로 일반화하려는 경향을 가진다(역도 또한

그림 6.9
결합된 단서 해석하기 (a) 좌측 깜빡이 등은 좌회전을 의미하고, (b) 우측 깜빡이 등은 우회전을 의미한다. (c) 양측 깜빡이 등은 운전자가 비상경고등을 켜고 있음을 뜻한다.

(a)

(b)

(c)

Mark Gluck

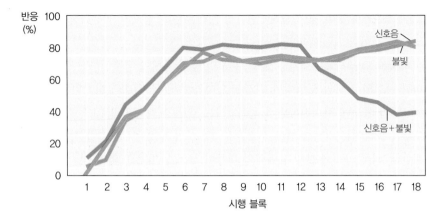

그림 6.10
토끼의 눈 깜빡임 조건화에서의 부적 형태화 · 부적 형태화는 두 단서들(신호음과 불빛)이 개별적으로 제시될 때는 이 단서들에 대하여 반응하는 학습을, 이 두 단서들이 함께 제시될 때는 반응을 억제하는 학습을 포함한다.
Data from Kehoe, 1988.

같다). 하지만 구성요소의 속성들로부터 복합체로의 일반화하려는 이러한 자연스러운 경향이 여기서는 소용이 없는데, 구성요소들과 복합체가 아주 다른 결과들과 연합되어 있기 때문이다. 부적 형태화는 학습하기가 어려운데, 이것이 유사한 자극들에 대하여 일반화시키려는 자연스러운 경향을 억제하는 것을 요구하기 때문이다.

훈련에 의해서 쥐, 토끼, 원숭이와 인간은 부적 형태화 과제를 터득할 수 있다. 그림 6.10은 토끼의 눈 깜빡임 조건화에서의 부적 형태화의 예를 보여주고 있다(Kehoe, 1988). 단지 몇 개의 훈련 블록 후에, 동물은 단독의 신호음 또는 단독의 빛에 강한 반응을 보이는 학습을 한다. 더하여, 이 훈련의 초기 단계 동안에, 토끼는 구성요소들로부터 복합체로 과잉일반화를 하는 실수를 한다. 즉, 이 동물은 신호음-빛의 복합자극에 대해 옳지 않은 강한 반응을 보인다. 조금만 더 연장해서 훈련하자, 이 토끼는 신호음-빛 복합체에 대한 반응을 억제하기 시작한다.

그림 6.2(별개 구성요소 표상과 관련됨) 또는 그림 6.4(자극 유사성을 나타내기 위한 '분산된 표상'과 관련됨)에 도시된 것과 같은 연합적 네트워크 학습 모델은 토끼와 다른 동물들이 부적 형태화를 어떻게 학습하는지를 설명할 수 있는가? 그림 6.11은 '별개-구성요소 표상'을 사용하는 단층 네트워크 모델들이 왜 부적 형태화 문제를 학습할 수 없는지에 대한 예시를 보여주고 있다. 단독의 신호음에 대한 바른 반응을 산출하기 위하여, 신호음을 부호화하는 입력 단위로부터의 가중치는 1.0까지 강하게 되어야 한다(그림 6.11a). 단독의 빛에 대한 바른 반응을 산출하기 위하여, 빛을 부호화하는 입력 단위로부터의 가중치도 1.0까지 강하게 되어야 한다(그림 6.11b). 그러나 이것은 신호음과 빛이 함께 제시된다면 활성화가 두 수정 가능한 가중치를 따라 흘러서 이 복합체에 대한 강한 반응을(사실은, 각 구성요소 단독에 대한 반응보다 더 강한 반응을) 산출할 것이라는 것을 의미한다(그림 6.11c).

물론, 모든 가중치는 그림 6.11c의 복합체에 대한 반응 수준을 감소시키기 위해서 떨어뜨릴 수 있으나, 이것은 또한 개별 구성요소들에 대한 반응을 부적절하게 감소시킬 것이다. 사실, 그림 6.11의 네트워크에서 이 네트워크로 하여금 세 가지의 모든 다른 유형의 훈련 시행들에 바르게 반응토록 하는 연합된 가중치를 할당할 방법은 없다.

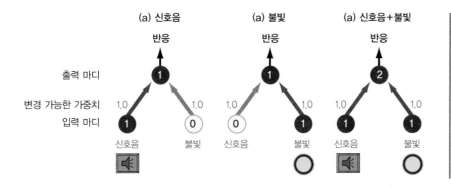

그림 6.11
'별개의 구성요소' 표상을 갖는 단층 네트워크는 부적 형태화 학습을 설명하지 못함 (a) 신호음 단서가 강한 반응을 바르게 생성하기 위해서 바로 그 입력으로부터 출력으로의 연결이 강하게 적재되어야 한다. (b) 불빛 단서가 강한 반응을 바르게 생성하기 위해서 바로 그 입력으로부터 출력으로의 연결 또한 강하게 적재되어야 한다. (c) 결과적으로 신호음과 불빛 단서 모두가 있을 때 네트워크는 바르지 못하게 강한 반응을 유발할 것이다.

이 딜레마를 해결할 수 있는 한 가지 방법은 그림 6.2와 같이 '두 층 네트워크'를 사용하는 것이다. 이 네트워크는 두 층의 가중치들을(또는 세 층의 마디들을) 가지고 있다. 결정적인 추가들은 내부 표상층에 있는 3개의 마디들이다. 신호음이 존재할 때마다 이들 마디 중의 하나('신호음 단독'이라고 지정됨)는 활성화된다. 그리고 빛이 존재할 때마다 다른 하나의 마디('빛 단독'이라고 지정됨)가 활성화된다. 부적 형태화와 이와 유사한 다른 과제들을 해결하기 위해서, 이 모델의 마디들의 내부층은 **형태 마디**(configural node)라는 새로운 유형의 마디도 포함한다. 이 마디('신호음 + 빛'이라고 표시됨)는 두 단서들의 고유한 형태(혹은 결합)에 대한 탐지기의 역할을 한다. 이것은 모든 입력들이 활동적일 때에만, 즉 신호음과 빛 둘 다가 존재할 때에만 격발한다.

형태 마디들은 기술자들이 말하는 'AND' 게이트에 상응한다. 모든 입력들이 활성화될 때만 이들 마디가 반응하기 때문이다. 예를 들어, 하나의 형태 마디는 신호음 그리고 불빛이 존재할 때는 격발하지만 이들 두 단서 중의 하나만 제시될 때는 그렇지 않다. 이들 형태('AND') 마디가, 중첩하는 표상들을 통하여 유사성을 포착하는 그림 6.4의 마디들과는 아주 다르다는 사실에 주목하라. 그림 6.4에서의 공유된 마디들이 오렌지색과 노란색이 유사하다는 사실을 포착할 수 있는 이유는 이들 공유된 마디가 오렌지색 또는 노란색이 존재할 때 활성화된다는 것이다. 그와 같이, 그림 6.4에 있는 마디들은 기술자들이 말하는 'OR' 게이트에 상응한다. 하나의 입력 또는 다른 입력이 존재하면 이들 마디가 격발하기 때문이다. 기술자들이 하드웨어의 광범위한 복잡한 회로들을 구축하기 위하여 'AND'와 'OR' 게이트 둘 다를 필요로 한다고 오랫동안 인정해왔던 것과 같이, 진화는 두 유형의 논리적 조작을 부호화할 수 있는 신경계를 유사하게 구축해왔던 것처럼 보인다.

격발하기 위해서는 자신의 모든 입력들이 켜져 있기를 요구하는 형태적 'AND' 마디들이 'OR' 기능(입력들의 어느 하나라도 존재할 때 격발함)을 표상하는 그림 6.4의 공유 마디들과 구별하기 위하여 그림 6.12에서 이중 원으로 보인다. 그림 6.12는 그런 네트워크가 부적 형태화 문제를 해결하기 위하여 훈련을 받은 후에 어떻게 보일 수 있는가를 보여준다. 그림 6.12a는 신호음이 (홀로) 존재할 때 내부 표상 층의 신호음-단독 마디가 활동적이 되고 차례로 출력 마디를 활성화시킴을 보여준다. 유사하게, 그림 6.12b에서는 빛 자체가 빛

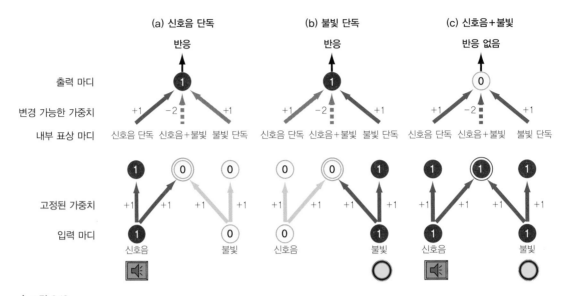

그림 6.12

네트워크 모델로 부적 형태화를 해결하기 내부 표상 층의 1개의 마디('신호음 단독'의 조건)는 신호음이 있을 때 언제나 활성화되고 다른 마디('불빛 단독'의 조건)는 불빛이 있을 때에 언제나 활성화된다. 세 번째 마디('신호음+불빛' 조건)는 신호음과 불빛 모두가 있을 때 활성화되지만 어느 한쪽만 있을 때는 활성화되지 않는다. 이 형태 마디는 이중 원에 의해서 표상된다(하나는 다른 하나의 내부에 있다). (a) 신호음만 있을 때, '신호음 단독'의 마디가 활성화되어 흥분성 신호음(+1)을 출력 마디에 보낸다. 그러면 네트워크는 반응을 생성한다. (b) 불빛만이 있을 때, '불빛 단독'의 마디가 활성화되어 흥분성 신호(+1)을 출력 마디에 보내면 네트워크는 반응을 생성한다. (c) 신호음과 불빛 모두가 있을 때는 '신호음+불빛'의 형태 마디가 또한 활성화된다. 이 마디는 강한 억제성 신호들(-2)을 출력 마디에 보내서 '신호음 단독'의 마디와 '불빛 단독'의 마디로부터 오는 흥분성 신호들을 상쇄시킨다. 결과적으로 출력 마디의 총활동성은 0이 되어 네트워크는 반응을 산출하지 않는다.

-단독 마디를 활성화시킨 다음에 출력 마디를 활성화시킨다. 하지만 신호음과 빛 둘 모두가 존재할 때는(그림 6.12c), 내부 표상 층의 3개의 모든 마디들이 활성화된다. 신호음-단독과 빛-단독의 각 내부 마디가 출력 마디로 가중치 +1을 가지므로 이들이 함께 활성화되면 출력 활성화 값 2(즉, 이들의 합)가 야기되는 경향이 있을 것이다. 하지만 신호음-빛 복합체 마디의 출력 마디로의 연결에 부적 가중치인 -2가 주어져 있다. 따라서 이 형태 마디가 활성화될 때, 이것은 신호음-단독 마디와 빛-단독 마디의 효과를 상쇄시킨다. 결과적으로, 그림 6.12c에서 보이는 것처럼, 활성화의 순 출력 값은 (+1)+(+1)+(-2), 즉 0이 된다. 이리하여, 이 네트워크는 각각의 단독 단서에는 옳게 반응하나 복합체에는 반응하지 않음으로써 부적 형태화 문제를 해결하게 된다. 이것은 유일한 형태 자극들의 존재에 반응하고 이를 대표하는 능력을 가지는 것이 어떻게 그리고 왜 중요한가를 보여준다.

부적 형태화는 자극들의 형태들을 포함하고 있으며, 단층 네트워크 혹은 내부 마디들이 'OR' 마디들만 가지는 네트워크로는 설명할 수 없는 보다 큰 급의 학습현상에 대한 한 가지의 예에 불과하다. 형태학습 과제들에 통달하기 위해서, 개개의 자극 구성요소들에 대하여 아는 것 이상으로, 동물은 자극 단서들의 고유한 형태들(즉, 결합들)에 민감해야 한다.

지식 테스트

여러 종류의 일반화 관련 패러다임들 구분하기

여러분이 지금까지 배운 여러 가지 일반화와 관련 패러다임들 사이의 차이점을 잘 알고 있는지 확인하기 위해 다음의 실생활 예들이 네 가지 패러다임 중 어디에 해당하는지 답해보라. (정답은 책의 뒷부분에 있다.)

a. 변별학습
b. 감각 사전 조건화
c. 습득된 등가성
d. 부적 형태화

1. 엘리자베스는 첫 번째 데이트에서 꽃이나 사탕을 선물하는 남자를 좋아한다. 그러나 만약에 두 가지를 다 가지고 나타나는 남자라면 별로일 것 같다. 너무 들이댄다는 느낌이다.

2. 샘슨은 어릴 적에 목소리가 굵은 남자가 수염을 기르는 경우가 많음을 학습했다. 나중에 크면서 수염이 많은 남자가 힘도 세다는 것을 확신하게 되었다. 그리고 굵은 목소리의 남자 역시도 힘이 셀 것으로 생각되었다.

3. 음악 선생님은 브람스와 슈베르트의 음악을 번갈아 가면서 한 소절씩 들려줌으로써 학생들이 두 작곡가의 스타일을 구분할 수 있도록 가르치려 했다.

4. 마크와 카오리는 좋아하는 음식이나 연예인이 일치한다. 이러한 관찰로부터 마크는 카오리가 자신이 좋아하는 음악도 좋아할 것이라고 추측한다.

개념 형성, 범주학습 그리고 원형

개념과 범주라는 화제를 탐구하기 전에, 이 양자를 명확히 구별하는 것이 중요하다. **개념**(concepts)은 심리적, 즉 정신적 실체이다. 개념은 세상에 대한 우리의 경험을 토대로 우리가 구축하는 관념이다. 대조적으로, **범주**(categories)는 세상, 즉 어떤 공유되는 특성들을 가지는 사람들 또는 사물들의 종류들 내지는 부문들에 관한 것이다(Smith, 1989). 우리가 이 둘을 언급하기 위하여 동일한 단어를 흔히 사용하기 때문에 때때로 개념과 범주 간에 혼동이 발생한다. '개'의 범주는 포유류의 하위부문이며, 개라고 기술할 수 있는 실세상의 모든 실체들을 언급한다. 하지만 '개'의 개념은 개의 범주에 대하여 우리가 표상하고 이해하며 생각하는 정신적인 표상이다.

개념 형성은 사람들이 세상에 대하여 조직화하고 기술하며 일반화하는 기본적인 인지과정이다. 그것은 세상에 있는 범주들에 관하여 우리가 학습하는 수단이다. 차례로, 범주는 우리가 대상들이나 사건들에 대하여 추론하는 것을 도우며, 미래를 예측할 때 우리를 안내한다. 사람들이 어떻게 범주들에 대하여 학습하는가에 관한 연구는, 특별히 당해의 특징과 범주 간의 불명확하고 개연적인 관계만이 있는 경우에, 인간의 인지를 이해하기 위하여 동물의 학습 원리들을 적용하기 위한 넉넉한 영역이 되어왔다.

개념을 형성하는 일은 일반화와 변별 둘 모두를 요구한다. 우리는 한 종류 내에서 일반화를 하기도 하고, 다른 종류들의 구성원들 간에 변별을 하기도 한다. 개의 개념을 이해하기 위하여, 우리는 다양한 개들을 알아야 하고 개의 개념을 이번에 전혀 보지 못했던 새로운 개들에게로 일반화할 수 있어야 하며, 개와 다른 유사한 실체들(예 : 늑대와 코요테) 간을 변별할 수 있어야 한다.

심리학자들은 어떻게 그리고 왜 개념 형성과 변별학습을 구분하는가? 이들 양자 간의 비둘기가 인상파와 추상파 화가들을 변별할 수 있다면 여러분도 그렇게 할 수 있는가?

구별이 감지하기 힘들어서 많은 학습 패러다임은 (둘 중) 어느 하나로 정확하게 기술될 수 있다. 하지만 일반적으로, 변별학습은 상대적으로 적은 수의 자극들(가끔씩은 2개만)이 있으며, 그 자극들이 실험실에서 만들어진 관념화된 그리고 흔히 부자연스러운 단순한 이미지나 소리이고, 정적인 사례와 부적인 사례 간의 구분이 보통 잘 정의되어 있는 패러다임을 나타낸다. 대조하여, 개념 형성은 자연주의적이고 매우 가변적이며 복잡할 수 있는 많은(흔히 셀 수 없이 많은) 자극들을 흔히 포함한다. 그래서 한 개념의 정적인 그리고 부적인 사례들 간의 구분은 정의가 잘 되어 있지 못하거나 그런 구분이 어려운 것 같다. 변별학습이 대개 동물학습의 범위 내에 있었던 반면에, 개념 형성은 원래 배타적으로 인간의 학습 영역에 속하는 것으로 여겨졌지만, 다음의 자료에서 보겠지만 이런 구분은 더 이상 유지되지 않는다.

이 절의 나머지 부분에서, 우리는 개념이 변별 훈련으로부터 어떻게 나타날 수 있는가와, 앞에서 진행한 형태적 단서들에 대한 우리의 논의를 복잡한 범주들에 관한 사람들의 학습 방법 모델에 어떻게 관련지을 수 있는가와, 자연적 범주들에 대하여 이해하고 추론할 때 원형들의 개념을 어떻게 소개할 것인가, 그리고 마지막으로 개념들에 대한 잘못된 추론으로 인하여 생길 수 있는 몇몇의 일반화 오류들을 어떻게 주의할 것인가를 논의할 것이다.

변별학습을 통한 개념의 출현

동물들은 변별학습에 특출한 능력을 가지고 있다. 비둘기들은 바흐의 바로크 고전음악과 스트라빈스키의 현대의 20세기 신고전음악을 변별하도록 훈련받을 수 있다(Porter & Neuringer, 1984). 이들 비둘기는 이런 변별을 잘 학습할 수 있을 뿐만 아니라, 이 학습을, 문체적 장르가 관련되어 있는 다른 작곡가들의 새로운 음악에 일반화할 수 있다. 예로, 또 다른 바로크 작곡가인 텔레만의 음악에 맞추어, 이들 새는 바흐 음악에 대한 반응 원판을 쪼았다. 대조적으로, 엘리엇 카터의 20세기 중반의 신고전음악에 맞추어, 그들은 스트라빈스키 원판을 쪼았다. 이들 연구로부터, 비둘기들이 바로크 음악 스타일과 신고전 음악 스타일의 추상적인 개념들을 형성하고 변별할 수 있는 것 같다.

비둘기들은 또한 피카소의 추상화와 모네의 인상주의 그림을 변별하는 학습을 한 후에 이 학습을 이들 화가와 다른 화가들의, 이전에 한 번도 본 적이 없는, 다른 그림들에 일반화할 수 있다(Watanable et al., 1995). 피카소와 모네의 그림만 훈련을 받은 후에, 비둘기들은 르누아르와 세잔과 같은 다른 인상파 화가들의 그림을 모네의 그림처럼 여기는 반면에, 마티스와 브라크와 같은 다른 추상파 화가들의 그림을 피카소의 그림처럼 다루었다. 음악 연구에서의 비둘기들이 바로크와 신고전 스타일들의 개념들을 추론할 수 있어 보이는 것과 많이 유사하게, 이들 비둘기는 인상파와 추상파의 그림 스타일들의 변별을 추론했던 것처럼 보인다. 흥미롭게도, 그림 연구에서의 이들 새는 새로운 피카소의 추상화들이 거꾸로 보였음에도 불구하고 그들을 성공적으로 인식할 수 있었다. 하지만 이들 비둘기는 더 사실적이고 상징적인 모네의 그림이 거꾸로 제시될 때는 그만큼 잘하지는 못했다.

범주화에서의 형태학습

이 장의 초반에서, 부적 형태화에 관한 논의에서 우리는 형태 단서들에 대한 민감성(2개 이상의 기본 단서들의 독특한 조합)의 중요함을 살펴보았다. 형태학습은 동물과 사람들이 자극들을 다른 범주들로 분류하는 과정인 **범주학습**(category learning)에 특별히 중요하다. 제4장에서 개관한 마크 글루크(Mark Gluck)와 고든 바워(Gordon Bower)의 연구에서, 그들은 레스콜라-와그너 모델에 기초하는 간단한 네트워크를 활용하여 사람들이 다중차원의 자극들을 범주화하기 위해 어떻게 학습하는가를 포착했다(Gluck & Bower, 1988a). 여러분이 기억하겠지만, 이들 연구는 동물들이, 고전적 조건화에서 CS → US 연합을 습득하는 방법과 똑같이, 레스콜라-와그너의 고전적 조건화 모델에서 기술되는 동일한 오차교정의 학습규칙을 사용하여 속성-범주 연합을 습득함을 보여주었다.

글루크와 바워의 한 연구에서 사람들은 가상의 환자를 진단하는 학습 능력을 검사받았다. 각 시행에서, 참가자들은 한 가지 이상의 증상을 가지고 있는 환자에 대해서 기술한 정보를 받았다. 그런 후, 그들은 주어진 증상들의 양상에 기초해서 그 환자가 특별한 질병을 갖고 있는가의 여부를 결정하도록 요구되었다. 이 과제에 대한 글루크와 바워의 원래의 모델(그림 4.15)은 각 입력 증상에 대한 별개-구성요소 표상을 가지며 이들 입력을 하나의 출력 마디에 연결하는 단층의 수정 가능한 연합적 가중치들을 가진다는 점에서 그림 6.2의 연합적 네트워크와 매우 유사하게 보였다. 하지만 그림 6.2의 네트워크와 똑같이, 이 범주학습 모델은 단서들 간에 중요한 형태적 관계가 없는 과제들에 관한 학습을 포착할 수 있을 뿐이었다. 그들의 모델이 부적 형태화와 같은 복잡한 다중단서 과제들을 해결할 수 있다는 것을 보증하기 위해서 글루크와 바워는 형태 마디들을 그들의 범주학습 모델에 추가하였다(Gluck & Bower, 1988b; Gluck, Bower & Hee, 1989).

그런 모델이 어떻게 작동하는가에 대한 예로서, 그림 6.13a는 세 가지 증상, 즉 발열, 아픔 및 쓰라림에 기초하여 가상적인 환자를 진단하는 학습을 가능케 하는 네트워크를 보여준다. 각 증상은 자기 고유의 입력 마디를 가지는데, 이는 증상이 있을 때마다 활성화된다. 이 네트워크는 각 개별 증상에 대한 각자의 내부 표상 마디를 가질 뿐만 아니라 2개 이상의 증상들의 조합을 표상하는 마디들을 가진다. 하나의 이중 원은 하나의 형태 마디를 가리킨다. 이것은 그 마디로 안내하는 연결들의 모든 가중치들이 활동적이기만 하면 활성화된다는 것을 의미한다. 출력 마디는 질병을 예언하기 위해서 사용된다. 즉, 출력 마디가 활동성이 높을 때 해당 질병이 있다고 진단되지만 그렇지 않을 경우엔 해당 질병이 없는 것으로 진단된다. 예를 들어, 환자가 발열과 쓰라림을 보고하면, 발열과 쓰라림의 형태에 상응하는 마디들이 조합되기 때문에 이들 개별 증상들에 상응하는 내부층 마디들이 활성화된다

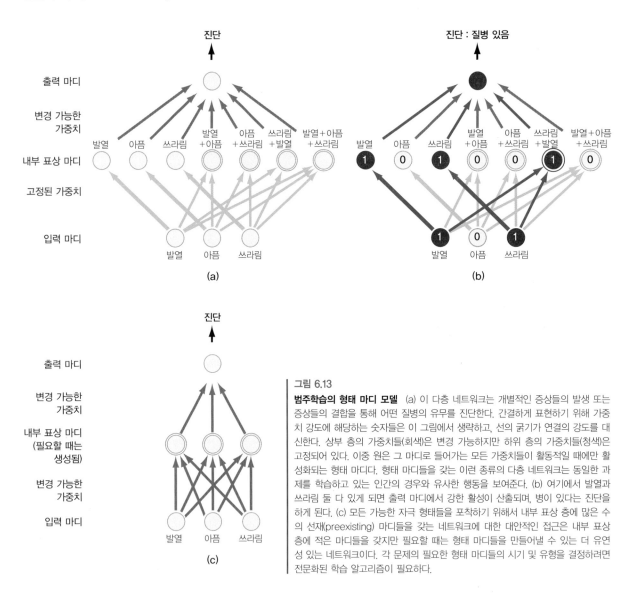

그림 6.13
범주학습의 형태 마디 모델 (a) 이 다층 네트워크는 개별적인 증상들의 발생 또는 증상들의 결합을 통해 어떤 질병의 유무를 진단한다. 간결하게 표현하기 위해 가중치 강도에 해당하는 숫자들은 이 그림에서 생략하고, 선의 굵기가 연결의 강도를 대신한다. 상부 층의 가중치들(회색)은 변경 가능하지만 하위 층의 가중치들(청색)은 고정되어 있다. 이중 원은 그 마디로 들어가는 모든 가중치들이 활동적일 때에만 활성화되는 형태 마디이다. 형태 마디들을 갖는 이런 종류의 다층 네트워크는 동일한 과제를 학습하고 있는 인간의 경우와 유사한 행동을 보여준다. (b) 여기에서 발열과 쓰라림 둘 다 있게 되면 출력 마디에서 강한 활성이 산출되며, 병이 있다는 진단을 하게 된다. (c) 모든 가능한 자극 형태들을 포착하기 위해서 내부 표상 층에 많은 수의 선재(preexisting) 마디들을 갖는 네트워크에 대한 대안적인 접근은 내부 표상 층에 적은 마디들을 갖지만 필요할 때는 형태 마디들을 만들어낼 수 있는 더 유연성 있는 네트워크이다. 각 문제의 필요한 형태 마디들의 시기 및 유형을 결정하려면 전문화된 학습 알고리즘이 필요하다.

(그림 6.13b). 이것은 출력 마디가 강하게 활성화되게 하며 결과적으로 병이 있다는 진단을 내리게 된다.

그러나 이 형태적 표상에 결정적인 결점이 있다. 그림 6.13a와 그림 6.13b의 질병진단 네트워크가 각 증상에 대한 1개의 내부층 마디와, 증상들의 각 조합에 대한 또 다른 마디를 가짐에 주의하라. 단지 세 가지의 증상들만 있을 때에는 이 모델은 여덟 마디의 가중치를 따라가기만 하면 된다. 하지만 해당 환자가 열 가지의 증상들을 보인다면, 모든 각 조합의 증상들을 부호화하기 위해서 1,000개 이상의 내부층 마디들이 요구될 것이다. 불행하게도, 실제 세계에서 우리에게 직면하는 문제들은 단독으로 또는 조합해서 발생하는 수많은 자극들을 포함한다. 가능한 자극들의 모든 조합들을 부호화할 수 있는 하나의 네트워크에서 필요한 마디의 숫자는 방대할 것이다(강력한 컴퓨터조차도 다루기에는 너무 많을 것이다).

그런데도, 이들 조합의 적은 일부만이 실제로는 상시적으로 발생하는 경향이 있다. **조합적 폭발**(combinatorial explosion)이라고 불리는 이 딜레마는 구성요소 속성들의 숫자가 증가함에 따라서 형태들을 부호화하기 위해 요구되는 자원들이 빠르게 확장함에 기인한다.

그림 6.13b의 형태마디 네트워크 모델에 대한 대안은 그림 6.13c와 같은 네트워크가 될 수 있다. 이 대안 모델은 내부표상 층에 더 적은 수의 마디들을 가지고 있다. 그러나 이 마디들은 필요할 때 형태마디들의 역할을 할당받을 수 있다. 하나의 네트워크가 새로운 형태마디들을 어떻게 나타내는가의 문제는 수년 동안 연구자들을 곤혹스럽게 해왔다. 그러다가 1980년대 중반에, 제1장에서 소개한 데이비드 럼멜하트와 동료들은 이 문제가 어떻게 해결될 수 있는가를 보여주기 위해 정교한 새로운 학습 알고리즘을 개발했다(Rumelhart & McClelland, 1986). 예로, 그림 6.13c에서, 이 네트워크는 두 층의 수정 가능한 가중치들을 가진다. 한 층은 입력 마디들로부터 내부 마디들로 가고 다른 층은 내부 마디들로부터 출력 마디로 간다. 경험에 의해 자극들의 어떤 특별한 조합(예 : 발열 + 아픔)이 문제를 푸는 데 유용하게 사용될 수 있다면, 하위층 가중치들의 값의 변화에 의해 어느 한 내부 마디가 오직 이 특별한 입력 조합들이 존재할 때만 활성화되게끔 해당 네트워크를 변화시킬 수 있다. 학습 이론에서 이런 진전은 학습, 기억 및 인지의 다른 측면들에 대한 네트워크 모델에서 많은 연구를 촉발시켰다.

지식 테스트

단서들의 형태적 표상

우리가 3개의 이진법적 차원 — 작은/큰, 검은/흰, 원형/사각형(예 : 작고 검은 원형, 작고 검은 사각형, 작고 흰 원형 등) — 으로부터 8개의 물체를 만들고 이를 구분할 수 있는 쌍으로 이루어진 형태 단서들을 처리하는 연합 네트워크 모델을 만든다고 할때, 이 모델에서 필요한 모든 형태 단서 쌍들을 나열하라. (정답은 책의 뒷부분에 있다.)

원형과 자연적 범주의 구조

범주와 개념에 대한 앞에서의 논의는 대부분이 흔히 실험실의 실험에서 고안해낸 상황과 관련이 있다. 이런 상황에서는 어떤 범주에서의 구성원의 자격이 온전하든가 아니면 전혀 없다. 즉, 어떤 실체가 한 범주에 속하든가 그렇지 않든가다. 하지만 실제 생활에서는 자연적 범주들은 아주 다를 수 있다. 울새와 펭귄은 둘 다가 동등하게 새에 관한 좋은 본보기가 될 수 있는가? 대부분의 사람들은 아니라고 대답할 것이다. 올리브는 과일인가? 글쎄, 엄밀하게 말하자면 아마 그럴 것이다. 그러나 우리가 통상적으로 과일을 의미할 때는 아니다. 일련의 발생학 논문들에서, 엘리너 로쉬(Eleanor Rosch, 1973, 1975)는 자연적 범주들이 잘못 정의된 경계들을 가지고 있다는 것을 보여주었다. 다른 것들과 비교하여, 범주들의 어떤 구성원들은 범주에 대한 더 좋은, 더 핵심적인 그리고 더 전형적인 본보기들로 간주된 채로 그렇다. 예로, 로빈은 일반적으로 새 종류의 전형적인 구성원으로서 간주되지만

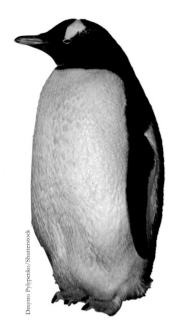

이 동물들은 새인가? 둘 다 똑같이 전형적인 새인가? 만약 아니라면, 우리가 생각하는 새의 개념에 대해 무엇을 말해주는가?

펭귄은 그렇지 않다.

여러분에게 전형적인 한 마리의 새를 상상해보라고 요청하면, 여러분이 생각하는 생물은 어떤 특별한 품종의 새와 닮지 않을 수도 있다. 그러나 그것은 아마도 전형적으로 새와 연합되어 있는 물리적인 속성(날개, 깃털, 부리, 두 다리)과, 노래하기, 날기, 나무에 앉기와 같은 기능적 특성을 가지고 있을 것이다. 이상화되어 있거나 전형적인 한 범주의 구성원을 대상으로 한 이런 종류의 추상적인 표상은 범주의 **원형**(prototype)이라고 불린다. 로쉬의 주장에 따르면, 가장 많이 상용되는 개념들은 가족 유사성(family resemblance, 한 범주의 대부분의 구성원들에 의해 공유되는 속성들의 세트)에 기초하는 원형들 근처에서 조직화된다. 따라서 로빈은 대부분의 다른 새들과 공통되는 많은 속성들을 가지고 있기 때문에 아주 전형적인 새로 판단될 것이다ㅡ반면에 펭귄은 다른 새들과 공유되는 속성이 상대적으로 적다(Rosch & Mervis, 1975).

높은 정도의 가족 유사성(그리고 많은 공유된 집단의 공통 속성들)을 가진 범주들은 **귀납적 추론**(inductive inference)ㅡ아마도 참된 것 같으며, 또한 통상적으로는 하나 이상의 사례들이나 전제들로부터 일반 규칙을 도출해내는 시도에 기초하는 논리적 추론ㅡ을 허용하기 때문에 특별히 유용하다(Goldstone et al., 2012). 만일 우리가 어떤 것이 개라는 것을 알고 있을 때, 그것은 아마도 4개의 다리를 가지고 있으며, 개 사료를 먹을 것이다. 그리고 그것은 나무에, 소화전에 그리고 때로는 사람의 다리에 자신의 영역을 표시하는 것을 좋아할 것이다. 물론, 짖지 않는 아프리카의 바센지 개 그리고 드물기는 하지만 불행하게도 하나의 다리를 잃은 어떤 개와 같이, 이들 모두의 추론에는 예외들이 있다. 매우 적은 수의 개는 나무의 이용이 불가능할 때 여러분의 다리에 소변을 볼 수도 있겠지만, 개가 자기의 다리를 들어 올릴 때 신중한 사람은 그 길에서 빠져나온다.

귀납적 추론은 (필수적이지는 않지만은) 참일 것 같은 것에 대한 것이다. 그런 귀납적 추론들에 기초하여, 우리가 어떻게 반응하기를 원하는가에 대하여 선택을 한다. 이런 관점으로부터, 개념은 우리가 세상에 있는 속성들 간의 의미 있는 관계들을 인식하는 데 유용한 도구가 된다. 개념은 우리가 우리 자신의 관심을 진전시키는 선택(예 : 우리의 신발을 개의 소변이 묻지 않게 보관하는 것)을 하는 것을 촉진시킨다. 그러나 우리가 세상에 있는 범주들에 대하여 유용한 개념들을 형성할 때조차도, 우리는 그들로부터 행한 귀납적 추론이 때로는 우리에게 길을 잃게 할 수도 있음을 발견한다.

범주에 대한 그릇된 추론에 기반하는 일반화의 오류

우리는 다음으로 일반화가 실패할 수 있는 몇 가지 방식에 대하여 살펴볼 것이다. 가장 흔한 일반화 오류는 범주들에 관하여 그릇된 역추론(inverse reasoning)을 사용하는 것이다. 예를 들어, 모든 범죄자들은 어머니들을 가지고 있다. 하지만 그 역, 즉 "어머니들을 가지고 있는 모든 사람들은 범죄자들이다."는 명확히 참이 아니다. 이들 두 추론을 혼동하는 만

큰 터무니없게, 광범위한 상황에서 사람들은 틀에 박히게 바로 이런 방식으로 확률과 통계를 잘못 해석한다는 유력한 증거가 있다(Bar-Hillel, 1984).

그릇된 역추론의 문제는 특별히 의학적 진단에서 널리 퍼져 있다. 예로, 유방암을 가지고 있는 여자는 유방조영 영상 검사에서 양성 판독이 될 가능성이 아주 높다. 그러나 그 역 가정은 오류이다. 유방조영 영상에서 양성 판독을 가진 여자가 유방암을 가질 확률이 꼭 높다고 할 수는 없기 때문이다. 이것은 이 검사가 거짓 양성의 비율을 높게 산출할 경향성을 갖기 때문이다. 따라서 양성으로 검사된 많은 여자들은 실제로는 암을 가지고 있지 않다. 불행하게도, 사람들은 흔히 실수로 어떤 범주의 한 구성원이 역관계를 가지는 특별한 속성을 가질 확률(속성들에 대한 귀납적 추론), 즉 특별한 속성이 범주 구성원의 자격을 예측할 확률(범주 구성원의 자격에 대한 귀납적 추론)을 혼동한다. 통계는 우리에게 이들 두 유형의 추론(범주들로부터 속성들을 추론하는 것과 속성들로부터 범주들을 추론하는 것)이, 일반적으로 당해 범주(예 : 유방암을 가진 여자들)가 상대적으로 세상에서 드문 경우일 때는, 예측 값에서 상당히 벗어남을 말해준다.

교육과 전문지식이라고 해도 개인이 타당한 일반화로부터 수행한 오류적 역추론에 면역이 되게 하지는 못한다. 이들 두 관계를 혼동함으로써, 의사들은 흔히 양성의 유방조영 영상을 가지는 여자들이 아마도 유방암을 가질 것이라고 추정한다. 이것은 논리적 추론에서의 오류이며, 그 결과로서 여자들은 불필요한 생체 조직검사와 수술을 받을 수도 있다(Eddy, 1982). 사실, 이런 유형의 의사결정 오류에 면역이 된 사람들은 적다. 이 장의 후반의 임상적 관점 부분에서, 우리는 사람들의 범주에 기초하는(특별히 이들 범주가 사람들의 인종과 민족성에 기초할 때) 잘못된 추론의 기원과 결과를 논의할 것이다.

이 여성의 유방촬영 사진은 유방암 환자들의 사진과 일견 비슷해 보인다. 그러나 일반적으로 유방암 발병률이 낮다(미국 여성의 12%만이 평생 동안에 유방암에 걸림)는 점을 고려해볼 때, 의사는 이 사진을 바탕으로 정확한 진단을 내릴 수가 있겠는가? 그럴 수 없다면, 왜 그럴까?

중간 요약

■ 일반화는 우리가 이전의 경험을 새로운 상황들에 적용할 수 있도록 한다. 하지만 이것은 특수성(하나의 규칙이 얼마나 좁게 적용되는가를 아는 것)과 일반성(이 규칙이 얼마나 넓게 적용되는가를 아는 것) 간에 적절한 균형이 요구한다.

■ 일반화의 문제는 실제로 네 가지 하위문제들이다. 유사한 자극들(또는 사건들)이 동일한 결과를 가질 때 어떤 일이 일어나는지, 그들이 다른 결과를 가질 때 어떤 일이 일어나는지, 유사하지 않은 자극들이 동일한 결과를 가질 때 어떤 일이 일어나는지, 그리고 결과가 유사하지 않을 때 어떤 일이 일어나는지에 대한 것이다.

■ 일반화 기울기는 한 자극의 결과가 다른 유사한 자극들을 따를 것이라는 유기체의 기대에 대한 강도를 나타낸다. 변별 훈련을 통하여, 일반화 기울기는 유기체가 매우 유사한 자극들을 구별할 수 있도록 (그리고 이들에 다르게 반응하도록) 수정될 수 있다.

■ 일반화에 대한 다른 모델들은 다른 방식들로 자극들을 표상한다. '별개–구성요소 표상'은 각 자극을(또는 각 자극 속성을) 1개의 마디로서(또는 네트워크 구성요소로서) 묘사한다. 이런 표상들은 한 자극에 대한 학습이 다른 자극으로 유의미하게 전이되지 않을 정도의 자극들 간의 유사성이 충분히 적은 상황에만 적용된다. 자극들이 같은 속성들 또는 요소들의 일부를 공유할 때 중첩되는 여러 세트의 마디들에 의해서 상징화되는 분산된 표상들은 자극의 유사성과 일반화를 모델화하는 데 필요한 틀을 제공한다.

■ 범주는 우리가 범주의 구성원들에 대하여 추론(일반화)을 할 수 있도록 해준다. 그리고 그것은 미래를 예측할 때 (가능한 한도까지) 우리를 인도하며 새로운 경험, 사건, 또는 사람들에 대한 기대를 만들어낸다.

■ 일반화의 가장 흔한 남용 중 하나는 범주들에 대한 잘못된 역추론이다. 사건이나 사람에 대한 지나친 일반화는 편견이나 차별과 같은 부정확한 결론을 도출할 수 있다.

6.2 뇌 메커니즘

왜 전체 장을 일반화와 변별학습에 할애하는가? 개론에서 살펴본 것처럼, 일반화는 학습에 대한 결실이다. 의대생은 훈련 기간 동안에 많은 규칙과 사례에 노출될 수는 있으나, 그녀가 만날 수 있는 환자의 모든 종류를 연구할 수 있는 방법은 없다. 그보다는, 새로운 환자를 마주할 때 환자의 특별한 증상과 병력이 그녀가 의과대학에서 공부했던 사례 및 원리들과 언제, 어떤 방식으로 유사하고 유사하지 않은지 결정해야 할 것이다.

이전 절에서 기술된 심리학 이론들은 우리가 살펴보았던 네 종류의 일반화를 설명하기 위하여 개발되었다. 수년 동안, 이 이론들은 추상관념(심리학자들이 행동적 현상들을 조직화하고 이해하며 예측하는 것을 돕는 도구)에 불과했다. 여러분들이 그 절에서 읽은 것처럼, 많은 이론들은 자극들과 결과들 간의 관계성이 정신활동 또는 연합적 네트워크의 형태로 어떻게 표상될 수 있는지(부호화될지)에 대한 단순한 모델로서 개발되었다. 하지만 최근에, 심리학에서 온 연합적 네트워크 이론들은 뇌가 실제적으로 어떤 정신과정을 어떻게 달성하는가에 대한 설계도로 신경과학자들에게 점차 유용하게 사용되었다. 이러한 개발들은 우리가 이 절에서 탐구할 핵심이다.

우리가 고려할 아이디어 중 하나는 예술가인 사울 스타인버그의 가장 유명한, 뉴요커 주간지 표지에 나타된다(그림 6.14). 여기에서 그는 전형적인 뉴욕시 거주자의 정신적 세계지도에 대한 자신의 견해를 만화로 그리고 있다. 뉴욕시에 대한 이 묘사에서, 9번가와 10번가가 지도의 절반을 차지할 정도로 아주 자세하게 그려져 있다. 이 나라의 나머지, 즉 뉴저지와 캘리포니아 사이의 영역은 흩어져 있는 몇 개의 바위와 언덕에 의해 특징지어진 대부분 보잘것없는 한 조각으로 표현되고 있다.

이 그림은 많은 뉴욕 시민들이 그들이 세계에서 가장 중요한 곳에 살고 있다고 믿고 있음을 풍자한다. 이것은 또한 하나의 중요한 심리학적 원리를 예시하고 있다. 인기 있는 거리 간의 차이와 같이, 뉴욕 시민들에게 의미 있는 자세한 특징들은 강조되어서 정신적 지도에서 매우 높게 차별화된다. 즉, 이 장소들은 그림 내에서 물리적으로 넓은 공간을 차지하며 상세하다. 동시에, 일리노이와 인디애나 간의 차이와 같은 전형적인 뉴욕 시민에게 상관이 없는 특징은 경시되어서 지도상에서 더 적은 공간으로 압축된다.

중요한 영역들의 표상은 세밀한 부분들과 함께 정교화되고, 많은 공간을 차지하지만 덜 중요한 영역들은 상세함이 부족하다는 생각은 여러분에게 친숙하게 들릴지 모른다. 제2장에서 여러분은 대뇌피질에 있는 운동 및 감각 지도들에 대하여, 그리고 각 신체 부위에 기여하는 이 뇌 영역이 그 해당 신체 부위의 감각 수준과 섬세한 운동통제와 어떻게 관련되는가에 관하여 읽었다(이 화제는 제8장에서 다시 다루어질 것이다. 여기에서 여러분은 바이올린 연주자들에서 보이는 것과 같이 대뇌피질 지도들이 대대적인 연습에 의해 어떻게 확장되는가에 대해 읽을 것이다). 이들 논의에서 살펴본 기본

그림 6.14
한 전형적인 뉴욕시 거주자의 정신적 미국 지도를 희화화한 만화 9, 10번가와 같은 뉴욕 시민들에게 중요한 지역들은 그 표상에서 과장되지만 중서부 전체와 같은 다른 지역들은 비율에 맞지 않게 작다.

원리는 고도로 연습된 기술을 매개하는 뇌피질 영역들은 연습과 함께 확장할 수 있지만 더 적게 사용되는 영역들은 축소하기까지도 한다는 것이다.

이것은 일반화와 무슨 관계가 있는가? 6.1절에서 보았던 모델들에서 기술된 것처럼, 표상들은 직접적으로 일반화 행동에 영향을 미친다. 그림 6.14의 만화가 정말로 정확하게 뉴욕 시민의 정신적 세계지도를 나타낸다면, 이것은 무엇을 시사하는가? 이 표상을 토대로, 여러분은 뉴욕 시민이 한 이웃을 뉴욕 근처의 장소와 집단화함으로써(비록 이들이 가까이 있음에도 불구하고) 일반화를 거의 안 할 것이라고 기대할지도 모른다. 뉴욕 시민은 비록 두 시가가 몇 백 야드밖에 떨어져 있지 않지만 센트럴 파크의 서쪽에 있는 비싼 부동산 가격과 콜럼버스 거리의 훨씬 싼 부동산 가격 간의 차이를 변별할 수 있다. 달리 표현하면, 뉴욕 시민은 한 대상으로부터 다른 대상으로 일반화를 하지 않을 것 같으며, 또한 센트럴 파크 서쪽에서 매물로 내놓은 아파트 가격이 한 블록 떨어진 콜럼버스 거리에 있는 동일한 아파트의 가격과 같을 것이라고 예상하는 실수를 저지를 것 같지는 않다.

바로 앞의 예는 뉴욕 시민들이 꽤 사정에 밝은 사람들이라는 것을 시사할지 모른다(그리고 그들은 정말로 그렇게 생각하기를 좋아한다). 하지만 중서부 지역에 대해서 그들이 아는 바를 검사할 때는 전혀 다르다. 그림 6.14와 같은 정신적 지도를 가지고 있는 뉴욕 시민에게는, 중서부에 있는 모든 주가 기능상으로 동등하다. 만일 여러분이 이 뉴욕 시민에게 캔자스주에는 옥수수 농장이 많다고 얘기하면, 그는 아마도 아이오와주와 일리노이주도 틀림없이 같을 거라고 추측할 것이다. 바꿔 말하면, 이들 주에 대해 동일한 또는 아주 유사한 정신적 표상을 갖는 어떤 뉴욕 시민은 자동적으로 중서부에 있는 한 주로부터 또 다른

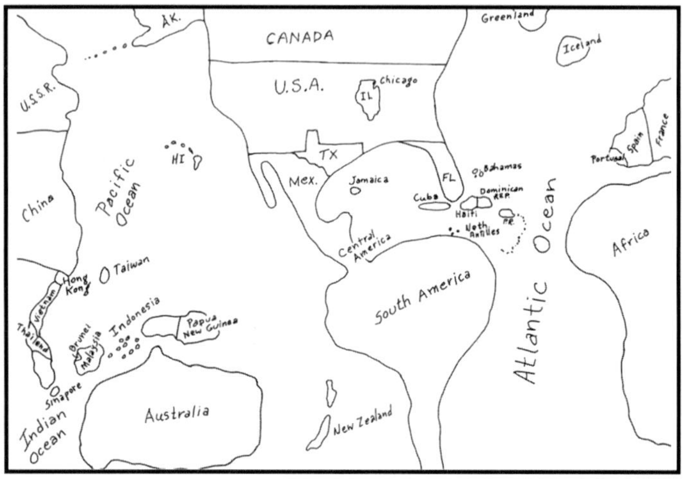

Robert Solso, *Cognitive Psychology*, 3rd Edition, Boston: Allyn & Bacon, 1991, Figure 10.11A (p. 289).

그림 6.15

표상적 왜곡 : 중서부 지역에 관한 경우 시카고 출신의 학생에게 세계지도를 스케치하도록 하면, 그는 자신의 주를 비율에 어긋나게 크게 그리고 다른 주들의 대부분을 생략했다. 그는 또한 다른 대륙들보다는 북미 대륙을 더 크게 그렸다.

주로 일반화할 것이므로 이들 주를 서로 구별하는 것이 매우 어려워진다.

어떤 영역들에 대해서는 극단적인 일반화를, 그리고 다른 영역들에 대해서는 극단적인 변별을 갖는 뉴욕 시민들은 세계에 대해서 그런 왜곡된 견해를 가지는 데 유별난가? 어느 정도로, 우리 모두는 유사하게, 독특하게 왜곡된 표상을 갖는 색다른 세계관을 만들어낸다. 즉, 우리에게 중요한 특징들은 부각되지만 관련이 덜한 특징들은 경시된다.

예를 들어, 세계지도를 스케치하도록 요구받은 학생들은 자신들의 고국(또는 고향) 지역을 불균형적으로 크게, 그리고 해당 지도의 중심에 그리는 경향이 있다. 그림 6.15는 일리노이 출신의 학생에 의해 그려진 실제 지도이다. 그는 뉴욕을 포함해서 미국의 다른 부분들보다도 일리노이를 지나치게 강조했다. 그리고 그는 대부분의 다른 주들을 생략했으며 다른 대륙들에 비해 북미 대륙을 확대시켰다. 많은 미국 학생들은 이런 경향을 가진다. 대조적으로, 유럽 학생들은 유럽 중심의 지도를 그리는 경향이 있는 반면에 호주 출신의 학생들은 자연스럽게 호주와 아시아를 지도의 중심에 두는 경향이 더 높다.

그들의 자기중심성 때문에 때로는 우스꽝스러워 보이겠지만, 이들 종류의 표상적 왜곡들은 실제로는 매우 유용하다. 이와 유사한 과정은 바이올린 연주자가 왼손을 섬세하게 통제하기 위해 자신의 대뇌피질의 더 많은 부분을 사용하게 한다. 바이올린을 켤 때, 오른손은 현을 가로질러 위, 아래로 활을 켜는 덜 복잡한 운동을 하는 것과는 대조적으로, 왼손은 이 악기의 적절한 프렛 위에 다른 조합의 현들을 유지하는, 큰 노력이 요구되는 일에 관여한다. 단지 제한된 숫자의 뉴런들만이 모든 행동을 통제하는 데 이용될 수 있기 때문에, 어느 구분이 가장 많이 요구되느냐에 따라서 그 뉴런들을 효과적으로 할당하는 것이 이치에 맞다.

이 '뇌 메커니즘'의 첫 절에서 소개한 연구들은 감각피질의 가소성을 자극 일반화와 변별학습의 행동적 특성들에 관련시킬 것이다. 이 절은 자극 일반화에서의 해마 영역의 특별한 역할을 살펴보면서 끝날 것이다.

뇌피질 표상과 일반화

제3장은 지각학습과 뇌피질 가소성에 대하여 세 가지의 주요 발견들을 논의했다. 첫째, 사람이 지각학습을 할 때, 변별 능력의 향상은 피질의 변화를 수반한다. 둘째, 특수한 자극 속성들에 반응하는 뇌피질의 개별 뉴런의 선택성은 경험을 통하여 수정될 수 있다. 셋째, 학습은 감각피질에서 서로 연결된 뉴런들의 공간 조직화를 변화시킬 수 있다. 지각학습과 뇌

피질 가소성에 대한 이들의 각 원리는 '행동적 측면'에서 기술된 일반화 및 변별 행동과 관련되어 있다. 특별히, 유사한 자극들이 유사한 결과들과 연합될 때 뇌의 지도화에는 무슨 일이 발생하는지, 그리고 이들 지도가, 유사한 자극들이 다른 결과들과 연합되도록 하기 위해 변별 훈련을 통하여 변경될 때 무슨 일이 발생하는지에 대하여 그렇다. 그림 6.4에서 모델화된, 유사한 자극들에 대한 중첩 표상과 분산 표상을 청각피질에서의 다른 주파수의 소리에 대한 피질 표상의 모델화를 위하여 아래에서 다시 논의할 것이다.

감각 자극의 뇌피질 표상

뇌피질 해부의 몇 가지의 기본 속성들을 복습함으로써 뇌피질 표상에 대한 논의를 시작해 보자. 일차 시각피질(V1)은 시각 정보를, 일차청각피질(A1)은 소리를, 일차 체감각피질(S1)은 촉각 정보를 처리하는 등의 예와 같이, 감각 정보에 대한 초기 피질의 처리가 감각 양상에 따라 다른 영역에서 이뤄짐을 기억해보자. 이들 초기의 처리 영역들로부터, 감각 정보는 해당 정보를, 먼저는 감각 양식 내에서 그다음으로는 감각 양식 간에서 다른 정보와 통합하기 위하여 상위의 감각 영역으로 전달된다. (제2, 3장에서 기술한 것과 같이) 많은 일차 감각피질 영역들은 지형학적으로 구조화되어 있다. 이는 해당 뇌피질의 각 영역이 특별한 유형의 자극에 선택적으로 반응하고 이웃하는 뇌피질 영역들은 유사한 자극들에 반응함을 의미한다. 따라서 여러 다른 뇌피질 영역들의 반응을 연구함으로써 해당 뇌피질 표면에 다양한 '지도들'을 그릴 수 있게 된다.

예를 들어, 제2, 3장에서 기술한 것처럼, S1은 인간 뇌의 각 반구를 따라 아래로 뻗쳐 있는 가늘고 긴 조각의 뇌피질이다(그림 3.15). 어떤 뉴런들은 하나의 특별한 손가락을 터치 자극할 때만 반응하고, 어떤 뉴런들은 얼굴의 어떤 부위를 터치할 때만 반응하는 예들을 들 수 있겠다. 이 절차를 많은 수의 S1 뉴런들을 대상으로 수행한다면, 각 신체 부위가, 터치될 때 가장 큰 반응을 보이는 뇌피질 영역 위에 놓인 모양으로 S1에서 신체의 '지도' 하나를 그릴 수 있다(그림 3.15).

비록 약간의 불연속이 있기는 하지만(불연속 예와 관련하여, 그림 3.15에서 손가락 감각에 반응하는 S1의 부분은 이마에 대한 감각에 반응하는 부분 근처에 놓여 있다) 어느 정도는 S1의 인접 영역들은 신체의 인접 영역들에 반응하는 뉴런들을 포함한다. 손가락 및 입술과 같은 촉각에 특별하게 민감한 신체 부분들은 보다 넓은 S1 영역을 활성화시킨다. 그 결과는 호문쿨루스에서 손과 입술은 과장되어 있고 몸통은 많이 축소되어 있는 사람 형상의 왜곡된 신경적 표상을 나타낸다(그림 3.15). 사람에 대한 이런 형상은 그림 6.14의 뉴요커의 표지와 아주 비슷한 방식으로 왜곡되어 있다. 여기에서, 손가락 끝에 대한 감각과 같이 세밀한 변별이 중요한 지역들에서는 불균형적으로 크고 자세하다.

다른 동물들의 일차 체감각피질 역시 해당 동물에게 중요한 신체 영역들을 반영하기 위해 변경된, 그 호문쿨루스가 그 종의 왜곡된 형상으로 대치된 채로, 비슷한 조직화를 보여준다. 예를 들어, 영장류는 많은 양의 촉각 정보를 그들의 손가락과 입술을 통해 받아들이

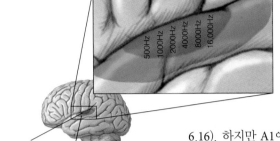

그림 6.16
일차청각피질의 지형도
일차청각피질에서 뉴런들은 주파수가 다른 청각 자극들에 반응한다. 인근 영역들은 유사한 주파수들에 반응한다.

는데, 그래서 그들의 뇌피질 지도에 그 부분이 불균형적으로 정교화되어 있다. 쥐는 수염의 움직임으로부터 많은 양의 정보를 받는데, 이는 쥐의 수염 영역이 자신의 뇌피질 지도에서 불균형적으로 표상됨을 시사한다.

인간의 일차청각피질(A1)은 측두엽의 윗부분에 놓여 있으며 이것 또한 지형학적 지도로 조직화되어 있다(그림 6.16). 하지만 A1에서 뉴런들은 촉각 자극 대신에 소리에 반응한다. 서로 이웃하는 A1의 영역들은 유사한 주파수들에 반응한다. 제3장에서 논의한 것과 같이, 이 청각피질에 있는 각 뉴런은 하나의 특별한 소리에 최대로 반응한다.

단일 뉴런이 여러 다른 주파수들의 소리에 반응하여 얼마나 자주 발화하는가를 기록한 연구들 덕분에, 우리는 이들 청각적 지도들이 무슨 형태인가를 알고 있다. 그림 3.14는 그런 전기생리학 실험으로부터 얻은 자료를 제시했다. 이 정보는 하나의 뉴런을 활성화시키는 물리적 자극들의 범위[즉, '야(field)']를 의미하고 있는 한 뉴런에 대한 수용야(receptive field)를 나타낸다. 한 뉴런의 수용야가 넓을수록 그 뉴런을 활성화시키는 물리적 자극의 범위는 더 넓다.

수용야에 대한 공유요소들 모델

뉴런들의 수용야 기능이 '행동적 측면'에서 기술한 일반화 이론들에 얼마나 잘 어울리는가? 뇌가 분산된 표상을 사용하도록 조직화되어 있다면, 유사한 주파수를 갖는 두 소리들과 같은 물리적으로 유사한 자극들은 공통 마디들(즉, 뉴런들)을 활성화시킬 것이다. 달리 말하면, 두 유사한 소리들(예 : 550Hz와 560Hz)은 중첩되어 있는 뉴런의 세트들이 발화하도록 할 것이다.

그림 6.17a는 뇌 조직화가 어떻게, '행동적 측면' 절에서 설명한 분산된-구성요소(즉, '공유된 요소들') 표상 모델을 닮았는가를 보여준다. 550Hz 소리는 일차청각피질(A1)로 올라가는, 귀에 있는, 감각 수용기들을 활성화시키고, A1에서 그림 6.17a에서 2, 3, 4로 표시되어 있는 3개의 마디들을 활성화시킬 것이다. A1 뉴런들로부터의 활성화는 다음엔 뇌에서 1개 이상의 중간 지점을 경유해서 학습된 행동적 반응을 집행할 수 있는 (아마도 운동피질에 있는) 다른 뉴런들을 활성화하기 위하여 전달될 수 있다. 560Hz 소리는 다른 하위세트의 A1 뉴런들(그림 6.17b의 3, 4, 5)을 활성화시킨다. 그림 6.17c에서와 같이, 이들 하위세트는 중첩되어 있으며 뉴런 3과 뉴런 4를 활성화시킨다. 따라서 550Hz 소리에 대한 학습은 560Hz 소리로 일반화될 가능성이 높다. 이 다이어그램은 '행동적 측면' 절에서 사용된 예시와 거의 같은데, 이것은 노란색과 오렌지색에 대한 공유요소들의 표상이 물리적으로 유사한 이들 두 자극들 간의 (비둘기의) 일반화를 어떻게 설명하는가를 보여준다(그림 6.4 참조).

이 단순화된 네트워크는 뇌피질 뉴런들이 왜 수용야를 나타내는지를 설명할 수 있을 것

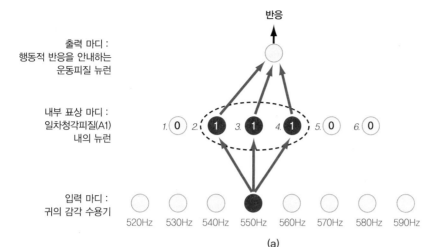

출력 마디 :
행동적 반응을 안내하는
운동피질 뉴런

내부 표상 마디 :
일차청각피질(A1)
내의 뉴런

입력 마디 :
귀의 감각 수용기

반응

(a)

그림 6.17

청각피질 내의 일반화에 관한 '공유 요소' 네트워크 모델 이 네트워크는 각각이 하나의 소리 주파수에 반응하는 일련의 입력 마디들을 가지고 있다. 각 입력 마디는 내부 표상 층의 마디들에서 '분산된-표상'을 활성화시킨다. 간결하게 표현하려고, 이들 가중치는 몇 개만 여기에 제시되어 있다. (a) 550Hz의 소리는 내부 표상 층의 마디 2, 3, 4를 활성화시킨다. (b) 아주 유사한 560Hz의 소리는 마디 3, 4, 5를 활성화시킨다. (c) 이들 두 분산된 표상 사이의 중첩된 부분은 하나의 소리에 대한 학습이 다른 것으로 일반화되는 정도를 결정한다.

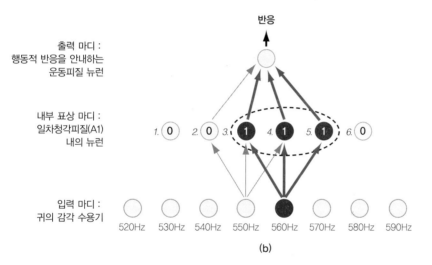

출력 마디 :
행동적 반응을 안내하는
운동피질 뉴런

내부 표상 마디 :
일차청각피질(A1)
내의 뉴런

입력 마디 :
귀의 감각 수용기

반응

(b)

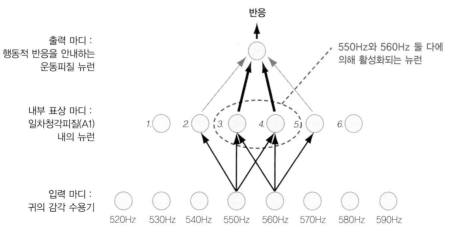

출력 마디 :
행동적 반응을 안내하는
운동피질 뉴런

내부 표상 마디 :
일차청각피질(A1)
내의 뉴런

입력 마디 :
귀의 감각 수용기

반응

550Hz와 560Hz 둘 다에
의해 활성화되는 뉴런

(c)

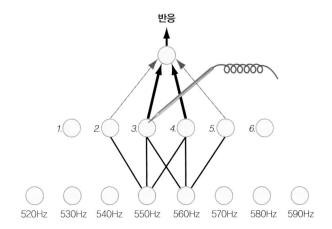

그림 6.18

모의적인 전기생리학적 연구 마디, 즉 뉴런 3의 활동성이 520Hz와 580Hz 사이의 각 소리에 대하여 기록되어 있다. 주파수의 가장 강한 반응은 550Hz로 기록되었다.

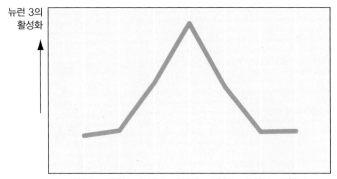

이다. 연속체의 각 음색에 대하여, 하나의 특별한 A1 뉴런(예 : 뉴런 3)이 어떻게 반응할 것인가를 질문할 수 있다. 그림 6.18의 곡선은 우리가 예상했던 결과를 보여주고 있다. 이 뉴런의 최적 주파수는 550Hz이고, 유사한 소리들 역시도, 550Hz 소리만큼 강하지는 않지만, 이 뉴런을 활성화시킨다. 이 결과가 일반화 기울기인데, 이는 뇌피질 지도화 연구 동안에 얻어진 실제의 수용야(그림 3.14)와 아주 유사하다.

일반화의 지형학적 조직화

지형학적 조직화에 대한 개념은 1920년대 초반의 파블로프 학습 이론들의 중심 부분이었으나 거의 반세기가 지날 때까지 이론적 추측으로만 남아 있었다. 1960년대에 리처드 톰슨(Richard Thompson)이 청각 일반화의 행동적 특성과 청각피질의 해부학적, 생리학적 특성 간의 직접적인 관계를 확립했다(Thompson, 1962).

보편적인 실험적 발견은 특별한 주파수의 소리에 반응하도록 훈련된 고양이들이 다른 주파수의 소리에 대하여 (그림 6.1과 유사한) 일반화 기울기를 보인다는 것이다. 하지만 톰슨은 몇 마리의 고양이가 일차청각피질(A1)이 제거되면 모든 소리에(심지어는 다섯 옥타브 이상 떨어져 있는 소리에도) 동등하게 반응함을 관찰했다. 이 실험은 A1이 청각 자극들에 대한 적절한 일반화 기울기를 생산하는 데 필요함을 실증했다(Thompson, 1965). 그 손상을 입은 고양이의 소리에 대한 변별력이 없는 행동은 편평한 일반화 기울기로 귀착되는 대규모의 과잉일반화를 나타냈다. 통제 연구로서, 톰슨은 일차 체감각피질(S1 영역)이 제거된 다른 고양이들도 검사했다. 이들 동물은 소리들에 대하여 정상적인 일반화 행동을 보였는데, 이는 청각적 과잉일반화가 A1 손상의 동물에서만 특정적으로 발생했음을 나타낸다. 시각 자극들에 대한 유사한 과잉일반화가 V1(일차 시각피질)이 손상된 원숭이에서 보고되었다(Thompson, 1965).

이들 연구는, 동물이 비록 상응하는 감각피질 영역이 결여된 상태에서도 자극에 대한 반응을 학습할 수는 있을지라도, 손상되지 않은 감각피질이 정상적인 일반화에 필수적이라는 것을 제안한다. 따라서 A1 없이 동물들은 어떤 소리의 존재에 대한 학습은 할 수 있지만, '특정적인 소리'에는 정밀하게 반응할 수가 없다. 환언하면, 일차감각피질이 없이, 동물들은 과잉일반화하고, 상응하는 감각 양식에서 자극들을 변별하는 데 어려움을 겪는다. 이들 연구가 밝히지 못한 것은 학습과 경험의 결과로서 뇌에서 수용적인 세트들의 뉴런들이 변화될 수 있는지의 여부이다. 아래에서 살펴보겠지만 이 질문은 보다 최근의 연구에서 언급되고 있다.

뇌피질 표상의 가소성

우리는 앞의 장들에서, 신체의 특정한 부위가 자주 자극을 받으면 체감각 지도의 상응하는 부위들이 (인접한 뇌피질 영역들의 수축에 의해) 성장하고 확장하는 경향이 있음을 보았다. 자극이나 사용이 없으면, 사용되지 않은 피질 영역들이 수축된 채로 다른 종류의 피질표상이 변화될 수 있다. 예를 들어, 하나의 사지가 절단되면 이 잃은 사지를 표상하는 S1 부위는 더 이상 감각 정보를 받지 못한다. 해당의 뇌 영역을 한가하게 남겨두기보다는, 호문쿨루스에서 인접 영역들은 이 비어 있는 공간으로 뻗어 들 수 있다. 그 결과로, 이들 인접 영역은 뇌피질 표상이 증가하게 되고 자극과 터치에 대한 민감성도 증가하게 된다.

학습과 뇌피질 가소성의 신경적 기초에 대한 발생학적 연구들에서, 노먼 와인버거와 동료들은 일차청각피질에서 표상의 가소성을 조사하기 위해 기니피그들을 청각 단서들에 대해 반응하도록 훈련하기 전과 후에 이들 동물의 개별 뉴런들로부터 반응을 기록했다(Weinberger, 1993). 한 연구에서, 와인버거와 동료들은 동물들이 전기충격과 짝지워진 2,500Hz 신호음을 제시받기 전과 후에 A1 내의 뉴런들의 활동성을 기록했다. 훈련을 통하여, 많은 뉴런들은 훈련 주파수인 2,500Hz 주위의 신호음들에 가장 반응적이게 하기 위하여 그들의 수용야를 변화시켰다. 이런 뉴런의 하나가 그림 6.19에서 보인다. 원래는 약 1,000Hz의 신호음에 가장 강하게 반응했던 이 뉴런은 지금은 이 훈련 주파수의 신호음에 가장 강하게 반응했다. 충분한 수의 뉴런들이 이 유형의 변화를 보이면, 전반적으로, 보다 큰 A1 영역으로 하여금 이 훈련된 주파수에 반응하게 하는 뇌피질 재지도화가 발생할 수 있다. 이들 뇌피질 변화는 빠르게 발생했는데, 신호음과 전기충격을 다섯 번만 짝지어 제시해도 발생했다.

그림 6.19
일차청각피질에서의 표상 가소성 2,500Hz의 신호음이 전기충격을 예견하도록 하는 훈련을 한 후에, A1 뉴런의 반응이 이전의 최적 주파수인 1,000Hz로부터 훈련 자극 주파수 근처의 최적 주파수로 바뀌었다.

Data from Weinberger, 1977, Figure 2.

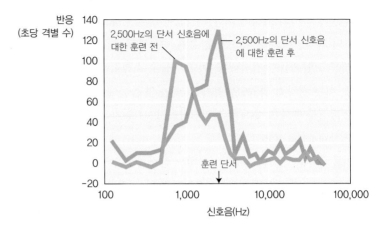

또 하나의 연구에서, 와인버거는 신호음이 반복해서 단독적으로 제시되면 반대 효과가 발생함을 보여주었다. 즉, 이 주파수에 대한 신경적 반응이 감소한다(Condon & Weinberger, 1991). 더욱이, 신호음과 전기충격 둘 다가 제시되지만 연합되지 않으면(즉, 이들이 따로따로 제시되면) 신호음에 대한 뉴런의 반응에서 유의미한 변화가 관찰되지 않는다(Bakin & Weinberger, 1990). 이 결과는 뇌피질 가소성이 신호음-전기충격 연합 때문임을 가리킨다. 이는 자극 제시 단독으로는 뇌피질 가소성을 이끌어내지 않음을 시사한다. 해당 자극은 전기충격과 같은, 뒤이어 일어나는 결과와 의미적으로 관련되어 있어야 한다.

뇌피질 변화가 하나의 감각 양식 내의 자극이 특출한 결과(예 : 먹이나 전기충격)와 의미적으로 관련되기 때문에—예측하기 때문에—발생한다면, 어떻게 그 결과에 대한 정보가 (뇌피질의) 변화를 산출하기 위하여 첫 번째 양식을 담당하는 일차감각피질까지 도달했는가? 결국, A1은 소리에 대한 정보를 처리하는 데 전문화되어 있지만, 먹이는 미각 자극이고 전기충격은 청각 자극이 아닌 체감각 자극이다. 하지만 그림 6.19의 발견은 신호음이 전기충격과 연합되면 청각피질에서 정말로 변화가 발생함을 명백하게 나타내고 있다.

와인버거는 A1이 체감각 및 미각 자극에 대한 특수한 정보를 받지 않고, 대신에 어떤 종류의 두드러지는 사건이 발생했다는 정보만을 받는다고 주장했다(Weinberger, 2004). 이 정보는 뇌피질 재지도화를 유발하고 해당 단서 자극의 표상을 확장하기에 충분하다. (A1, V1, S1 등의) 일차감각피질들은 그 일차 피질 내에서 어느 자극이 확장된 표상의 가치가 있는지 그리고 어느 것이 그렇지 않은지를 결정할 뿐이다.

어떤 자극이 뇌피질 재지도화를 받을 자격이 있는지를 뇌는 어떻게 결정하는가? 몇몇의 뇌 영역들이 이 기능에 관여함이 밝혀져 있다. 기저전뇌(basal forebrain)가 학습과 기억에 중요한 한 집단의 핵이다. 이곳이 손상되면 새로운 사실 및 사건에 대한 기억 형성이 심하게 저해되는 순행성 기억상실증(anterograde amnesia)이 유발될 수 있다(더 자세한 내용은 제7장 참조). 많은 뇌피질 지도화 연구자들은 **기저부 핵**(nucleus basalis)이라는 기저전뇌 영역에 위치하는 한 소집단의 뉴런에 초점을 맞추어왔다(그림 6.20). 기저부 핵은 피질의 모든 영역들과 편도체로 신호를 보낸다. 기저부 핵의 뉴런이 활성화될 때, 이들은 뇌에서 신경 가소성의 촉진을 포함하여 여러 기능을 하는 신경전달물질인 **아세틸콜린**(acetylcholine, ACh)을 방출한다. 요약하면, 기저부 핵은 뇌피질 가소성을 작동시키는 기능을 한다. 즉, CS가 US와 연합될 때 기저부 핵은 활성화되어 뇌피질에 아세틸콜린을 전달한다. 이는 뇌피질 재지도화가 이 CS의 표상을 넓어지게 할 수 있다(Weinberger, 2003).

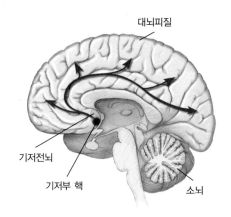

그림 6.20
피질 가소성에서의 기저부 핵의 역할 이와 같은 내측 조망은 인간의 기저부 핵이 기저 전뇌 내에 있음을 보여준다. 기저부 핵의 뉴런들은 대뇌피질 전역에 신경전달물질인 아세틸콜린을 전달한다.

하지만 기저부 핵은 언제 활성화될 것인가를 어떻게 "아는가?" 한 가지 가능성을 시사하는 것은 이 뇌 구조물이 (예 : 전기충격으로부터 오는) 불쾌감 및 통각, 혹은 반대로, (먹이로부터 오는) 즐거움과 같은 정서 정보를 부호화하는 편도체와 같은 영역들로부터의 연결을 통하여 정보를 받아들인다는 것이다(제10장에서 편도체의 기능에 관하여 더 많은 것을 논의할 것이다). 몇몇 연구들은 기저부 핵이 뇌피질 가소성을 매개하는 역할을 할 수 있다는 것을 확증했다. 가장 중요한 점은 신호음이 먹이 또는 전기충격과 같은 '실제' 결과와 연합되기보다는 기저부 핵의 자극과 연합되면 뇌피질 재지도화가 이 신호음에 대한 반응을 높이기 위해서 발생한다는 것이다(Bakin & Weinberger, 1996; Kilgard & Merzenich, 1998).

이들 발견은 뇌피질 손상 후의 재활 치료법으로 연결될 수 있기에 흥미롭다. 자신들의 뇌피질 영역들의 하나를 상실한 개인들에게서 뇌피질 재지도화를 촉진하기 위해 기저부 핵을 정밀하게 자극하는 것이 궁극적으로 가능할지도 모른다. 이것은 아직은 먼 미래의 일이지만 마이클 머제니치(Michael Merzenich)와 동료들은 사람의 어떤 유형들의 뇌장애를 개선하기 위해서 뇌피질 재지도화를 촉진하는 행동적 훈련 절차를 효과적으로 적용할 수 있음을 보여주었다.

지식 테스트

콜린성 뉴런과 학습

콜린성 뉴런(아세틸콜린을 방출하는 뉴런)의 학습과 기억에서의 역할을 보고자 한 실험에서 잭키는 쥐 뇌의 기저부 핵의 콜린성 뉴런들을 손상하였다. 이러한 손상이 쥐가 손상 이전에 습득한 변별학습의 수행에 미치는 영향은? 손상 이후에 이루어진 변별학습에 대한 영향은? (정답은 책의 뒷부분에 있다.)

일반화와 해마 영역

그림 6.12와 6.13에서 모델화한 형태적 표상들을 회상하라. 이들은 두 (또는 그 이상의) 단서들의 독특한 조합이 그 구성요소 단서들의 의미와는 완전히 다른 의미를 습득하는 학습의 본질적인 형태를 표상한다. 여러분은 이것을 두 감각 단서들 간의 관계에 대한 민감성을 요구하는 한 형태의 학습으로 간주할 수 있다. 감각 단서들 간의 관계를 포함하는 학습과 일반화의 다른 유형들은 6.1절에서 논의한 감각 사전조건화와 습득된 등가성 과정이다. 환경 내의 자극들 간의 관계에 대한 학습은, **해마 영역**(hippocampal region) 및 이와 관련된

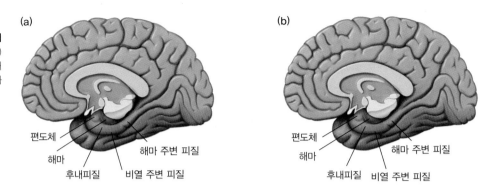

그림 6.21
쥐의 해마 영역과 사람의 상응하는 내측 측두엽 ⓐ 쥐의 해마와 그 주변의 해마 영역, (b) 사람의 해마와 그 주변의 내측 측두엽

(a)

편도체
해마
후내피질
해마 주변 피질
비열 주변 피질

(b)

편도체
해마
후내피질
해마 주변 피질
비열 주변 피질

구조물들(그림 6.21)을 포함하는 **내측 측두엽**(medial temporal lobe)에서 수행되는 특별한 역할의 일부이다.

해마 영역의 손상으로 인한 영향

일반화에서의 해마 영역의 역할을 알아보기 위하여, 표 6.2에 요약되어 있는 감각 사전조건화 절차로 돌아가 보자. 감각의 사전조건화 실험의 첫 단계에서, 복합체 노출 집단의 동물들은 두 자극들의 조합(예 : 함께 제시되는 신호음과 빛)에 노출된다. 통제집단의 동물들은 각각의 별개의 자극에 노출된다. 단계 2에서, 이들 자극의 하나(예 : 빛)가 눈 깜빡임을 유발하는 공기 분사와 함께 제시된다. 따라서 통제집단과 복합체 노출 집단의 동물들 모두 빛 자극에 대한 눈 깜빡임 반응을 학습한다. 마지막으로, 단계 3에서, 이들 두 집단의 동물에게 단계 1에서 사용된 다른 자극(이 경우, 신호음)을 단독으로 제시한다. 복합체 노출 집단의 정상 동물들은 단계 3에서 신호음에 대하여 유의미한 눈 깜빡임 반응을 보이는데, 이는 신호음과 빛 간의 사전 연합을 통하여, 동물이 빛으로부터 신호음으로 조건화된 눈 깜빡임 반응을 일반화했음을 나타낸다(그림 6.22). 대조적으로, 단계 1에서 신호음과 빛에 별개로 노출된 통제집단의 정상 동물들은 단계 3에서 신호음에 대하여 거의 또는 전혀 반응을 보이지 않는다.

하지만 해마 영역이 손상된 동물들의 결과는 다르다. 수술로 뇌궁(fornix)이 손상된 토

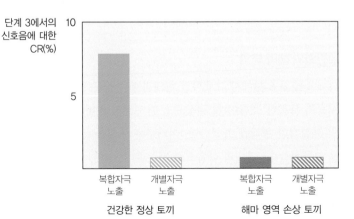

단계 3에서의 신호음에 대한 CR(%)

10

5

복합자극 노출
개별자극 노출
건강한 정상 토끼

복합자극 노출
개별자극 노출
해마 영역 손상 토끼

그림 6.22
해마 영역과 감각의 사전 조건화 토끼의 눈 깜빡임 조건화에서 해마가 손상되면 감각의 사전 조건화 효과가 없어진다. 그러므로 단계 1에서 신호음과 불빛의 복합 자극에 노출된 (해마가) 손상된 토끼들은 별개 자극에 노출된 토끼들처럼, 단계 3에서 신호음에 대해 반응을 보이지 않는다.
Data from Port & Patterson, 1984.

끼들은 감각의 사전조건화를 보이지 않는다(그림 6.22; Port & Patterson, 1984). 즉, 복합체 노출 집단의 뇌궁이 손상된 동물들은 별개적 노출 집단의 동물들과 다를 바 없이 단계 3에서 반응의 증가를 보이지 않는다. 손상되지 않고 정상적으로 기능하는 해마 영역이 과거에 동시 발생했던 자극들 사이의 일반화에 필요한 것 같다.

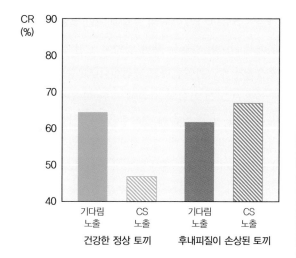

그림 6.23

토끼의 눈 깜빡임 조건화에서의 잠재적 억제 토끼의 눈 깜빡임 조건화에서 잠재적 억제가 해마 영역(특히, 후내피질)을 손상하면 와해된다. 소리에 사전 노출되지 않은 '기다림 노출' 조건의 통제 토끼들(녹색)은 소리에 사전 노출된 통제 토끼들(녹색 줄무늬)보다 후속의 소리 공기 분사 훈련 동안에서 훨씬 더 많은 눈 깜빡임 CR을 산출했다. 대조적으로 후내피질(EC)이 손상된 동물들(빨간색)은 그런 효과를 보이지 않았다. 사실, 'CS 노출' 집단에서 EC가 손상된 토끼들(빨간색 줄무늬)은 'CS 노출' 집단의 통제 토끼들(녹색 줄무늬)보다 학습을 더 잘하였다. 뇌 손상은 실제적으로 이들 토끼가 학습을 더 빨리하도록 도왔다.

Date from Shohamy, Allen, & Gluck, 2000.

유사하게, 쥐를 사용한 습득된 등가성에 대한 연구에서(표 6.3), 해마 영역이 손상된[구체적으로, 해마 바로 주변인 후내피질(entorhinal cortex)이 손상된] 쥐들의 이미 습득된 등가성이 손상됨을 발견하였다. 이들 쥐는 단계 1과 2에서 연합을 학습할 수는 있으나 단계 3에서 일반화를 보이지 않는다 (Coutureau et al., 2002). 다시 한 번, 해마 영역은 의미-기반의 일반화를 산출하는 데 결정적인 것 같다.

해마 영역이 일반화에서 핵심적인 역할을 함을 지지하는 다른 증거는 잠재적 억제에 대한 연구들로부터 왔다. 잠재적 억제란 하나의 고전적 조건화의 패러다임이다. 이 패러다임에서, 맥락에만 사전 노출된 동물들(CS 없이 환경에만 노출한 조건 즉, 통제 조건)과 비교하여 CS에 사전 노출된 동물(CS 노출 조건)에서 CS-US의 연합 학습이 더 느리다. 이것은 본질적으로 CS에 노출된 동물들이 단계 1(이 단계에서는 US가 없음)로부터 단계 2(이 단계에서는 CS가 US를 예측함)로 과잉 일반화하도록 속게 하는 하나의 일반화 과제이다.

하나의 그런 발견이 그림 6.23에 보인다. 관련된 연구에서, 토끼의 눈 깜빡임 조건화에서의 잠재적 억제가 해마 영역(특히, 후내피질) 손상에 의해 제거됨이 실증되었다(Shohamy, Allen & Gluck, 2000). 잠재적 억제에 대한 한 가지 해석은 해당 실험 절차가 사전 노출 동안에 자극 단서와 맥락 간의 관계를 다룬다는 것이다. 이 견해에 따르면, CS 노출 집단에서 CS는 단계 1 동안에 맥락으로 일반화된다. 따라서 이 CS는, 동물이 CS 단독에 대한 반응이 아니라 맥락 내의 해당 CS에 대한 반응을 학습해야 하는 단계 2에서, 맥락과 구별하기가 더 어려워진다. 이런 사고와 일치하게, 다른 연구들은 잠재적 억제가 맥락에 매우 민감해서 동물이 같은 맥락에서 노출되고(단계 1) 훈련받아야(단계 2) 한다는 것을 보여주었다 (Lubow, 1989).

요약하면, 세 가지의 다른 실험 패러다임 — 감각 사전조건화, 습득된 등가성, 잠재적 억제 — 을 사용하는, 동물의 해마 영역의 손상에 대한 연구는 모두가 공통적으로 이 뇌 영역이 자극 일반화에 결정적임을 제안한다. 특별히, 그 일반화가 다른 자극들 간의 관계를 학습하는 것을 포함할 때 그렇다.

적응적 표상에서의 해마의 역할에 대한 모델화

위에서 기술한 자료는 해마 영역이 고전적 조건화를 포함하는 가장 기본적인 형태의 연합학습조차에도 관여한다고 제안한다(제7장도 내측 측두엽에 있는 해마와 이와 관련된 구조물들이 어떻게 사실과 사건에 대한 학습에 결정적인가를 보여준다). 이것은 해마 영역이 자극–반응 연합 학습에 필요함을 의미하는 것은 아니다. 대신에, 해마 영역은 새로운 표상들을 발전시키는 데 결정적으로 관여되어 있는 것 같다. 마크 글루크와 캐서린 마이어스(Catherine Myers)는 해마 영역이 연합학습 동안에 '정보 관문(information gateway)'으로서 작동해서 경험된 사건들의 새로운 표상들을 저장한다는 하나의 모델을 제안했다(Gluck & Myers, 1993, 2001). 그들의 모델에서, 그림 6.24에 예시된 것처럼, 해마 영역은 어떤 정보가 기억 안으로 들어가도록 허락할 것인가를, 그리고 이 정보가 다른 뇌 영역들에 의해 어떻게 부호화될 것인가를 선택하는 일을 한다. 구체적으로, 글루크와 마이어스는 남아돌거나 중요하지 않는 정보는 해마 영역에 의해 '축소' 또는 압축을 겪는 반면에, 유용한 정보의 표상은 확장되어(또는 분화되어), 들어오는 정보의 핵심 측면만을 부호화하는, 새롭고 능률적이며 최적화된 표상을 만들어낸다.

전형적인 뉴욕 시민의 정신적 세계지도를 만화로 묘사한 그림 6.14를 기억하는가? 이 이미지는 글루크와 마이어스가 제안한, 해마 영역에 의존적인, 바로 그 종류의 압축(예 : 중서부 전체가 하나의 불모의 작은 조각으로 표현됨)과 분화(예 : 9가 및 10가가 지나치게 자세히 표현됨)를 포착한다. 그들의 모델에서, 이들 표상적 변화는 해마 영역에서 계산된 후에, 운동 출력을 통제하는 자극–반응 연합이 실제로 저장되는 장소인, 대뇌피질 및 소뇌와 같은 다른 뇌 영역들에 의해 사용된다.

글루크와 마이어스는 조건화에서의 해마 영역의 역할에 대한 그들의 모델을 감각 사전조건화와 잠재적 억제에 대한 연구들을 포함하는 광범위한 실험적 발견들에 적용했다. 두 경우 모두에서, 그들은 건강한, 정상적인 동물에 의해 보이는 학습이 표상적 압축과 분화 과정들이 켜질 때 그 모델이 작동하는 방식과 유사하다는 것을 보여주었다. 대조적으로, 이들 해마–의존적인 표상의 변화가 멈추게 될 때, 그 결과로서 야기되는 '손상된' 모델은, 감각 사전조건화, 습득된 등가성 과 잠재적 억제에 관한 연구에서와 같이, 해마 영역이 손상된 동물들에서 보이는 변경된 학습을 잘 기술할 수 있게 해준다(Gluck & Myers, 2001).

자극 표상의 변경에 해마 영역의 기능이 관여한다는 추가 증거는 기능성 뇌 영상 연구로부터 나온다. 이 모델은 해마영역이 피험자들이 자극–자극 규칙성에 대하여 학습하고 새로운 자극 표상을 발달시키고 있는 시기인 훈련 초기에 매우 활동적일 것이라고 예측한다. 하지만, 이 영역은 훈련 후기에는 덜 활동적이 될 것으로 예상되는데, 이때는 소뇌와 대뇌피질과 같은 다른 뇌 영역들이 행동적 반응을 수행하기

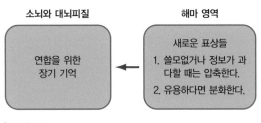

그림 6.24
글루크와 마이어스의 학습에서의 해마 영역 기능 모델 해마 영역(오른쪽)은 새로운 사건의 표상들을 (소뇌나 대뇌피질 같은, 왼쪽) 다른 뇌 영역으로 전달하기 위한(빨간색 화살표) 최적화된 표상들로 압축하거나 분화한다.

소뇌와 대뇌피질

연합을 위한 장기 기억

해마 영역

새로운 표상들
1. 쓸모없거나 정보가 과다할 때는 압축한다.
2. 유용하다면 분화한다.

위해서 이들 표상을 사용할 것이기 때문이다. 예상한 대로, (앞에서 기술한 글루크와 바워의 의학적 진단에 관한 연구와 유사한) 확률적 범주 과제를 학습하고 있는 정상적인 사람들을 대상으로 수행한 기능성 자기공명 영상화(fMRI) 연구는 해마 영역의 활동성이 훈련 초기에는 높다가 이후에는 이 과제가 학습되어감에 따라 점점 작아짐을 발견했다(Poldrack et al., 2001).

중간 요약

- 동물들은 일차청각피질 없이 청각 자극에 대한 반응을 학습할 수는 있지만, 손상되지 않는 A1은 정상적인 청각 학습과 일반화에 필수적이다. A1이 없으면, 동물들은 소리의 존재에 반응하는 학습이 가능하지만 특정의 소리에 정확하게 반응할 수는 없다.
- 뇌피질 가소성은 자극과 두드러지는 사건 간의 상관에 의해서 발생한다. 편도체(어떤 자극들이 두드러지는가를 결정한다)와 대뇌피질 사이를 기저부 핵이 매개하기 때문이다.
- 해마 영역은 감각의 사전조건화와 잠재적 억제에 대한 고전적 조건화 패러다임을 포함하여 자극 일반화에 의존하는 행동을 학습하는 데 핵심적인 역할을 한다.
- 모델화는 해마 영역의 한 가지 역할이 자극 표상의 압축 또는 분화가 적절하게 야기되도록 하는 것이라고 제안한다.

6.3 임상적 관점

마지막 절에서는 세상에 대한 부정확한 신념과 추론이 일반화의 오류로 인해 나타난 결과들을 살펴본다. 6.3절 '조현병(schizophrenia)의 일반화'의 첫 부분은 의학적·심리학적 질환이 학습과 기억의 근본적인 속성에 미치는 임상적 영향을 이전 장들에 이어 논의한다. 두 번째와 마지막 부분은 다른 장들에서 다루는 내용과는 상당히 다른 내용을 제시한다. 이 부분에선 자연스럽게 발생하는 일반화의 변이와 오류가 어떻게 다른 사람들에 대한 부적절한 신념에 기여하고 어떻게 고정관념, 편견, 및 인종차별로 이어지는가를 살펴본다. 이 주제는 우리를 사회적 혼란이라는 영역으로 끌어들이며 우리가 한 사회로서 동료에 대한 부적절한 일반화를 어떻게 형성하는지 생각하게 한다.

조현병에서의 일반화 결함

일반화에 있어서 동물 연구들이 보여준 해마 영역의 중요성을 고려하면 사람의 해마 영역 손상이나 기능장애가 학습과 일반화에 유해한 결과를 초래함을 배우는 것은 놀라운 일이 아니다. 우리는 여기서 조현병의 해마 영역 기능장애가 환자들의 학습 및 일반화 능력에 심각한 변형, 특히 새로운 상황에서 세상과의 상호작용을 손상시킴을 유발한다는 증거에 관련하여 논의한다. 해마 영역을 와해시키는 다른 질환들은 기억상실증(amnesia; 제7장에서 논의)과 알츠하이머병(Alzheimer's disease; 제12장에서 논의)이다. 조현병에서 영향을

(a)

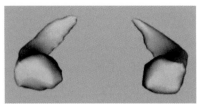

(b)

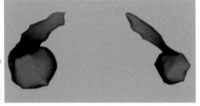

그림 6.25

조현병 환자의 해마 형태
정상인(a)과 동일 연령의 조현병 환자(b)에게서 본 삼차원적으로 렌더링한 해마(편도체 포함). 환자의 해마와 편도체가 더 적은 것을(특히 왼쪽 부분) 확인할 수 있다(방사선 전문의가 임상 검사 때 흔히 사용하는 방식처럼, 사진의 오른쪽이 뇌의 왼쪽 부분을 나타냄).

Image reconstruction and figure courtesy of Martha Shenton and Robert McCarley. As reproduced in Heckers, 2001.

받는 뇌 영역이 해마만 있는 게 아니다. 조현병은 많은 뇌 영역들이 얽혀 있는 복잡하고 이질적인 장애이다. 제9장은 전두엽의 기능장애가 조현병과 관련 있는 학습, 기억 및 주의의 다른 측면들을 손상시킬 수 있는 몇 가지 방법을 다룬다.

조현병은 환각, 망상, 정서적 무감각, 그리고 사회적 관계의 손상과 같은 증상을 가지는 심각한 정신장애이다. 뇌 기능 영상 연구들은 조현병으로 진단된 환자들의 해마 활성이 감소됨을 보여주었다(Hecker et al., 1998). 다양한 뇌구조 및 뇌 기능 영상 연구들은 해마의 이상이 조현병의 주요 특성이란 것을 발견하였다. 해마의 이상은 발병 때부터 존재하고, 낮은 정도로는, 조현병 진단을 받은 사람들의 가까운 친척에서도 보일 수 있다(Hecker et al., 2001). 특히 조현병 진단을 받은 사람들은 해마 형태에서 이상을 보이는데, 가장 주목할 만한 점은 전체 부피가 상대적으로 작다는 것이다. 그림 6.25는 정상인과 조현병 환자의 해마를 삼차원적으로 렌더링한 그림을 보여준다.

최근 연합 학습과 일반화 관련 연구들은 조현병 진단을 받은 대부분의 환자들이 단순 연합은 학습할 수 있지만 연합이 새로운 맥락으로 전이되거나(Polgár et al., 2007) 유연성 있게 다른 방식으로 수정되면(Waltz & Gold, 2007) 현저하게 학습에 장애가 온다는 것을 보여주었다. 다음으로 조현병의 인지적 손상이 해마의 기능장애와 어떻게 관련될 수 있는지를 이해하는 데 도움이 될 몇 가지 연구들을 살펴보겠다.

조현병에서의 습득된 등가성

캐서린 마이어스와 동료들은 동물 조건화에서 사용했던 습득된 등가성 절차를 개작하여 사람들에게 적용하였다(Myers et al., 2003). 쥐의 해마 영역이 습득된 등가성에 필수적이라는 자료를 고려하여 그들은 이 과제의 사람용 버전을 조현병 환자들을 대상으로 한 일반화 손상 연구에 적용하였다.

마이어스와 그의 동료들이 만든 습득된-등가 과제의 각 시행에서 참가자들은 그림 6.26에서와 같이 하나의 만화 얼굴과 두 마리의 색깔 물고기를 보고서 각각의 사람이 어느 물고기를 선호하는지를 학습하도록 했다. 예를 들어, 단계 1에서 참가자들은 갈색 머리 소녀가 녹색 물고기보다는 청색 물고기를 선호하고, 다른 소녀(금발 머리)도 녹색 물고기보다는 청색 물고기를 선호하게 학습을 요구할 수 있다(그림 6.26 왼쪽). 참가자들은 이들 두 사람이 같은 물고기와 짝지어졌다는 의미에서 동등하다는 것을 점진적으로 학습해야 한다. 단계 2에서 참가자들은 갈색 머리 소녀도 노란 물고기보다 빨간 물고기를 더 선호한다는 새로운 정보를 학습한다(그림 6.26 중앙). 마지막으로 단계 3에서 참가자들은 지금까지 학습한 모든 쌍들에 대해 시험을 본다. 이 시험에는 참가자들이 전에 전혀 보지 못했던 몇 개의 결정적인 쌍들이 섞여 있다. 예를 들어, 참가자들에게 금발 소녀를 보여주고 이 소녀가 빨

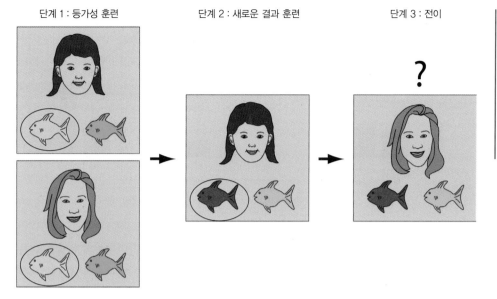

단계 1 : 등가성 훈련   단계 2 : 새로운 결과 훈련   단계 3 : 전이

그림 6.26
인간의 습득된 등가성 과제 그림은 이 과제의 세 단계를 도식적으로 설명하고 있다. 이 과제의 각 시행에서 참가자들은 그들 생각에 두 물고기 중 어느 것을 이 여자가 선호할 것인가를 선택해야 한다.
Research from Myers et al., 2003.

간 물고기와 노란 물고기 중 어느 것을 더 선호하는지 묻는다(그림 6.26 오른쪽).

건강한 성인들은 이전에 이 쌍을 연합시키는 특별한 훈련을 받지 않았음에도 불구하고 확신을 가지고 금발 소녀가 노란 물고기보다 빨간 물고기를 선호한다고 판단한다(Myers et al., 2003). 피험자들은 본질적으로 습득된 등가성을 보이고 있다. 두 사람이 (단계 1에서와 같이) 과거 선호성에 대해 동등한 패턴을 보이고 (단계 2에서) 둘 중 한 사람이 노란 물고기보다 빨간 물고기를 더 선호한다는 점을 학습하면 피험자들은 다른 한 사람도 아마 노란 물고기보다 빨간 물고기를 선호할 것이라고 판단한다.

조현병을 가진 사람들은 이 과제를 어떻게 수행하는가? 헝가리의 사볼치 케리(Szabolcs Kéri)와 동료들은 그림 6.26의 과제를 사용하여 조현병 환자들과 통제 피험자들을 비교하는 여러 연구들을 수행하였다(Kéri et al., 2005; Farkas et al., 2008). 전이 일반화 단계에서 조현병 환자들로부터 관찰된 결함은(그림 6.27) 해마 영역 의존적 기능들(hippocampal region-dependent functions)이 정말로 조현병에서 손상됐음을 시사한다. 보다 최근에, 항정신병 약물치료에 의해 조현병 진단을 받은 사람들에서 습득된 등가성 결함이 부분적으로 치료됨이 관찰되었는데, 이것은 이런 약물치료가 직접적으로 해마 영역의 기능을 향상시키든가 아니면 간접적으로 다른 뇌 영역들과 협력하려는 해마 영역의 능력을 증진시킴을 시사한다(Shohamy et al., 2010).

일반화에 대한 해마 영역의 역할을 더 명확히 하기 위하여 대프나 쇼하미(Daphna Shohamy)와 앤소니 와그너(Anthony Wagner)는 마이어스 등의 습득된 등가성 절차(그림 6.26)의 변형을 바탕으로 fMRI를 사용하여 건강한 대학생들의 뇌 활동을 연구했다. 그림 6.28에서 보는 것과 같이 그들은 단계 1의 훈련 동안에 (중뇌뿐만 아니라) 해마 활동성의 증가가 단계 3에서 일반화 시행들에서의 차후 정확성과 상관이 있음을 발견했다. 흥미롭게도 일반화 시행 동안의 해마 활성화와 시행에서의 정확도 간에는 그런 상관을 발견하지 못했

그림 6.27

조현병 환자들의 습득된 등가성 데이터 그림 6.26의 습득된 등가성 과제로 검사를 받을 때, 조현병 환자는 연합을 학습하고 파지하는 데에는 정상인과 다르지 않지만 전이 일반화 검사에서는 그 기능이 손상되어 있다.

Data from Kéri et al., 2005.

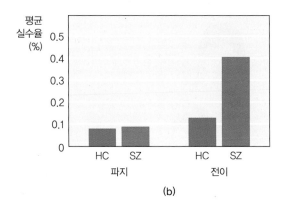

(a)

(b)

다. 중요한 해마 활동이 학습 동안에 발생했다는 발견은 글루크와 마이어스의 예상—습득된 등가성에서 해마의 역할은 더 넓고 유연한 미래의 전이 상황에서 이 학습을 차후에 사용할 수 있도록 학습 동안에 적절한 자극 표상을 정하는 것이다—을 확인시켜준다.

조현병의 전이 일반화에 대한 다른 연구들

조현병 환자들의 일반화에 관련된 해마 영역의 역할을 연구하는 방법에는 습득된 등가성만 있는 게 아니다. 조현병 환자들에 대한 다른 연구들에 의하면 환자들의 전이적 추론 (transitive inference)—학습된 정보가 나중의 추론을 안내하기 위해 사용되는 해마 영역 의존적인 추론의 한 유형—이 손상되어 있다고 말한다. 만일 여러분이 리즈는 앨리스보다 똑똑하고, 앨리스는 이사벨보다 똑똑하다고 학습하면, 전이적 추론에 의해 리즈가 이사벨보다 똑똑하다고 추론할 것이다. '…보다 똑똑하다'를 표상하기 위해 '>'를 사용한다면, 우리는 이 추론을, '만일 리즈 > 앨리스이고, 앨리스 > 이사벨이면, 리즈 > 이사벨'이라고 적을 것이다.

이런 종류의 학습과 전이적 추론에 대한 연구에서 환자들과 통제 참가자들은 일련의 'A > B, B > C, C > D, 그리고 D > E'의 형태에 맞추어 위계적으로 조직되고 학습된 변별에 관하여 훈련을 받았다(Titone et al., 2004). 그 후, 참가자들은 각각의 4개의 훈련 쌍과 2개의 새로운 '추론' 쌍에 관한 시험을 쳤다. AE와 BD는 참가자들이 이전에 보기는 했지만 짝을 이루지 않은 자극들로 구성된 새로운 쌍이다. AE는 위계적 관계를 고려하지 않아도 평가될 수 있는데, 이는 A와 E가 또 하나의 단서보다 상위 또는 하위 관계의 한 유형에서만 나타나기 때문이다. BD는 위계적 관계에 의해서만 평가될 수 있다. 왜냐하면 B와 D 모두 이전에

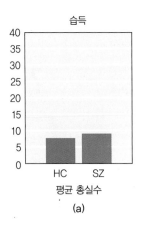

(a)

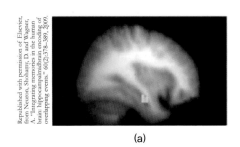

(b)

그림 6.28

정상인의 습득된 등가성 학습 개인차 (a) 전이 일반화 수행과 상관이 있는 해마 활성화의 뇌 영상, (b) 학습 동안의 뇌 활성화 신호는 전이 일반화 검사에서의 정확성과 상관이 있다(쇼하미와 와그너의 연구).

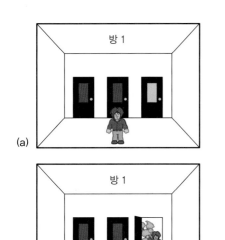
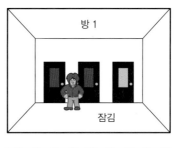
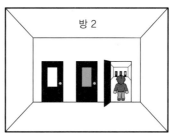

그림 6.29
조현병의 학습과 일반화를 연구하기 위한 연쇄 짓기(chaining task) 과제 (a) 실험이 시작되면 참가자는 방 1의 문들 중 하나를 선택한다. (b) 보라색 문을 선택하면 나가지 못한다. (c) 참가자가 방 1의 오른쪽 문을 선택하면 킬로이는 밖으로 나갈 수 있다. (d) 방 2에서 참가자는 노란색 문을 선택하고 킬로이는 방 1에 들어간다.

다른 단서들에 대해 상위 또는 하위 관계들로 제시되었기 때문이다.

환자들과 통제 참가자들은 훈련 쌍들을 성공적으로 학습했고 비관계적인 AE 쌍에 알맞게 반응했다. 하지만 환자들은 관계적인 BD 쌍에 반응할 때 통제 참가자들보다 정확성이 떨어졌는데, 이것은 상위 수준의 기억 과정들이 관계적 기억 조직과 연합되고 훈련에서부터 전이 과제까지의 일반화를 지지하는 역할이 조현병에서 손상된다는 가설과 일치한다.

케리와 동료들은 또한 참가자들이 만화 캐릭터인 킬로이를 조종해서 4개의 방 순서에 따라 각 방에 있는 세 가지 색깔의 문들 중 잠겨 있지 않은 문을 고르도록 학습하는 과제를 사용하여 조현병의 전이 일반화를 연구했다. 훈련단계에서 보상(각 방의 잠기지 않은 문)을 유도하는 각 자극은 완전한 순서가 학습될 때까지 피드백을 통하여 훈련된다(그림 6.29). 실험의 각 시행에서 채색된 문들의 위치는 계속 움직인다. 학습되어야 할 단서는 위치가 아니라 색깔이다. 전이 일반화 단계에서, 의사 결정 맥락이 조작되어 주어진 방의 올바른 문 색깔이 다른 방에서는 맞지만 새로운 방에서는 달라진다. 따라서 이 문은 새로운 방에서 올바른 문이 아니다. 통제 참가자들과 비교하여, 조현병 환자들은 심지어 처음 훈련단계를 성공적으로 학습했을 때조차도(Polgár et al., 2009) 이전에 학습된 규칙을 다른 대안들이 있는 방들로 전이하는 일반화에서 현저하게 손상되었다.

다른 사람들에 대한 일반화에서의 고정관념, 차별, 그리고 인종차별

다른 사람을 향한 우리의 행동이 인종, 민족성, 출신 국가, 성별, 종교 또는 연령에 기초할 때, 우리는 은연중에 **고정관념**(stereotype)—한 집단의 구성원들의 특성들에 관한 신념들—을 바탕으로 일반화를 행한다(Ashmore & Del Boca, 1981). 불행하게도 인간의 범주에 기반을 둔 많은 익숙한 고정관념들은 한 집단의 전형적인 구성원이 어떠한가를 보여주는 과장되고 다소 불친절한 이미지들이다. 멍청한 금발머리 여자, 냉담한 영국인, 시간을 엄수하는 독일인, 요염한 프랑스인 등을 예로 들 수 있다.

고정관념은 역사적으로 오랫동안 광범위한 사회악과 관련되어 있다. 고정관념은 집단 간의 적대감을 조장하며, 인종편견이나 다른 유형들의 편견을 부추기고, 권력의 착취적 위계를 지지하고, 사회적 학대를 정당화하고, 대인관계를 망가뜨리고, 고정관념의 대상이 된 사람들의 자존감을 떨어뜨리고, 해롭고 불법적인 많은 형태의 차별을 조장할 수 있다 (Jussim, 2012; Steele, 1995). 신경과학과 학습의 연구 맥락에서, 'discrimination('변별'의 의미임)'이라는 용어는 보통 둘 이상의 자극들을 분리해서 각 자극에 대하여 다른 반응을 산출하는 능력을 말한다. 하지만 일상적인 사회적 맥락에서의 'discrimination('차별'의 의미임)'은 개인이 속한 집단에 기초하여 불공정하게 차별 대우하는 것을 의미한다. 이 논의의 중요한 질문은 "언제 적절한 심리학적 변별이 개인에 대한 부적절한 사회적 차별이 되어버리는가?"이다.

이 장의 앞부분에서 읽었던 것처럼, 범주는 우리가 우리 주변의 세계를 조직화하고, 묘사하고 이해하기 위한 개념을 형성하는 기본적인 인지과정이다. 개념적 범주를 형성하는 것은 사람과 모든 동물들이 (미래 사건을 예측하는 데 도움이 되는) 세상의 통계적 형태들을 인식할 수 있게 해준다. 일반화하는 능력은 이 과정의 자연스러운 (그리고 합리적인) 연장이다. 불행하게도 일반화가 한 집단의 사람들에 관한 것일 때, '합리적인 일반화를 이루는 것은 무엇인가'와 '그 집단의 구성원들을 향한 편견적인 행동을 불러들이는 불쾌한 오해는 무엇인가'는 종이 한 장 차이에 불과하다.

이 절에서 우리는 고정관념에 대한 네 가지의 주요 질문들을 논의할 것이다. 첫째, 우리는 사람의 범주에 대한 고정관념을 어떻게 학습하는가? 둘째, 고정관념의 정확성을 어떻게 평가해야 하는가? 셋째, 다른 사람들에 관하여 귀납적 추론을 할 때 고정관념들에 대한 적절한 사용과 부적절한 사용을 어떻게 구분하는가? 넷째, 어떻게 고정관념의 사용과 연합되어 있는 가치와 위험 간의 균형을 맞출 수 있는가? 이 네 가지 질문 각각에 대해, 과학적 통찰력이 답을 찾는 데 도움이 되는지 질문할 것이다. 또한 과학적 통찰력이 왜 여러 집단에 대한 일반화가 논쟁과 갈등투성이인지 이해하는 데 도움이 되는지 물을 것이다.

1. 우리는 다른 사람들에 대한 고정관념들을 어떻게 학습하는가? 우리가 가지고 있는 일부 고정관념은 다른 집단 사람들과의 개인적인 만남을 기반으로 생겨나지만, 많은 고정관념들은 우리의 부모, 친구, 그리고 책, 영화, TV 및 인터넷과 같은 간접적인 보고를 통하여 사회적으로 전달된다. 이 모든 것들은 정확성에서 크게 차이가 난다(사회학습에 대한 더 자세한 내용은 제11장 참조). 예를 들어, 어떤 사람이 콜롬비아인에 대해 접한 유일한 정보가 TV에서 나온 마약상으로 묘사된 사람들뿐이라면, 그가 대부분은 아닐지라도 많은 콜롬비아 사람들이 위험한 범죄자라고 생각하는 게 놀라운 일이 아닐 수도 있다. 고정관념은 또한 뉴스 매체를 통해서도 전파될 수 있는데, 이는 두드러진 부정적 사건들에 주로 초점을 맞추고 과잉 단순화하는 경향이 있다. 강도를 저질러 체포되는 아프리카계 미국인 남자

는 저녁 6시 뉴스거리가 될 수도 있지만, 월스트리트에서 늦게까지 일하고 있는 10명의 아프리카계 미국인들은 그렇지 않을 것이다. 따라서 다양한 형태의 매체는 실제 사건을 묘사할 때에도 나쁜 뉴스를 제공하려는 편향을 통해 고정관념의 발달에 기여할 수 있다. 신문업계에서 말하곤 했던 것처럼, "피를 흘리는 기사가 주목받는다."

고정관념을 습득하는 과정에서, 사람들은 자신의 필요와 자기이익이라는 사적 렌즈를 통하여 그들이 주목하는 것을 걸러낸다. 우리는 소속되어 있는 집단에 관해서는 좋은 것들을 믿고 소속된 집단이 아닌 다른 집단들에 관해서는 다양한 각도의 회의를 가지고 바라보는 경향이 있다. 일단 다른 집단의 구성원들에 대한 부정적인 고정관념이 형성되면, 우리는 이 고정관념을 확증해주는 사례들에 주의를 집중할 가능성이 더 커진다. 만약 아랍인들이 테러리스트가 될 경향이 있다고 믿는다면, 폭력이나 그 밖의 공격에 연루된 아랍인에 대하여 들을 때마다 우리는 더 많은 주의를 기울이고 그 사건을 기억할 것이다. 반면 아랍인 의사나 과학자를 만날 때 혹은 아랍인 사업가와 독지가에 대해 읽을 때, 우리는 아랍인과 관련이 없는 다른 요인으로 인해 이러한 확인되지 않은 예시들이 생겼다고 변명할 수 있다. 이런 과정을 **확증 편향**(confirmation bias)라고 한다(Pettigrew, 1979).

조작적 조건화와 관련된 제5장의 논의에서 본 것처럼, 학습에 대한 한 가지 한계는 유기체들은 대체로 수행하기로 선택한 행위의 결과에 대해서만 학습한다는 것이다. 그들은 수행하지 않은 행위의 결과에 대해서는 학습하지 않는다. 예로, 비둘기가 녹색 원판을 쪼아서 세 번째 쪼기마다 먹이로 강화된다면 이 비둘기는 실제로 강화율이 더 높을 수도 있는 빨간 원판을 결코 쪼지 않을 수도 있다. 유사한 양상에서, 한 사업가는─만약에 면접을 보려고도 하지 않은 지방 주립 대학 출신의 최우등생을 고용했더라면 사업이 더 잘 됐을 거라고 전혀 깨닫지 못한 채─하버드대학교 학위를 가지고 있는 사람들만을 고용하여 수년 동안 사업을 잘 꾸려왔을 수도 있다.

2. 우리는 고정관념의 정확성을 어떻게 평가해야 하는가? 주어진 고정관념이 정확한지 여부를 논의하기 전에, 우리는 고정관념의 정확성을 어떻게 판단해야 하는가에 대한 동의가 필요하다. 법학교수 프레더릭 쇼워(Frederick Schauer, 2003)는 개들의 특정 범주에 관해 일반적으로 갖고 있는 고정관념에 근거한 하나의 예를 제시한다. 핏불이 여러 사람을 공격한 여파로 인해 많은 공동체들은 핏불을 금하자는 법률을 제정하고서 핏불이 위험한 개이기 때문에 그런 법률이 정당화된다고 주장했다. 다른 사람들은 이 법률에 반대했는데, 그들은 대부분의 핏불이 사람들에게 전혀 해를 끼치지 않았기 때문에 이 법률을 일종의 '종차별(speciesism)'이라고 주장했다(Schauer, 2003). 핏불을 위험한 개라고 보는 고정관념은 정확한가 아니면 그렇지 않는가?

의미상으로는 명확해 보이지만, 세 가지의 잠재적 해석이 논리적으로 가능하다는 점에서 핏불에 대한 이런 일반화는 실제로 애매하다. 우리는 (1) 모든 핏불은 위험하다, (2) 대부분의 핏불은 위험하다, 또는 (3) 핏불들은 다른 대부분의 품종보다 더 위험하다를 뜻하는가? 첫 번째 해석에 따르면, 단 한 마리의 위험하지 않은 핏불이 고정관념의 부정확함을 시

Yvonne Hemsey / Liaison / Getty Images

핏불테리어를 금지하는 법률은 부적절한 고정관념인가 아니면 합리적인 공공정책인가?

사할 것이다. 두 번째 해석에 따르면, 모든 핏불의 절반 또는 그 이상이 위험하기 때문에 무작위로 선택된 핏불은 위험하지 않을 확률보다 위험할 확률이 더 높다. "핏불들은 위험하다."에 대한 이 해석들은 논리적으로 그럴듯해 보이지만, 어느 것도 한 범주의 사람들 (또는 개)에 대한 고정관념을 가지고 있는 사람들이 일반적으로 믿고 있는 것과는 일치하지 않는다.

사실, 일반화에 대한 심리학적 연구와 가장 일치하는 해석은 세 번째 해석인 "핏불들은 대부분의 다른 품종들의 개보다 더 위험하다."이다. 이런 해석하에 10%의 핏불만이 위험하다 할지라도 이 비율이 다른 위험한 품종의 개 비율(예 : 전반적으로 2%의 개들만 위험한 경우)보다 더 높으면 핏불이 위험하다는 일반화는 정확하다고 할 수 있다. 만약에 어떤 개가 핏불이란 것을 알 때 이 개가 위험할 것이라는 우리의 예상이 (다섯 배로) 증가한다면, "핏불은 위험한 개다."는 유용한 고정관념이 될 수 있다.

이 논의는 핏불에 대한 우리의 개념이, 대부분의 자연적인 범주처럼, 명확하지 않고 잘못 정의된 것임을 나타낸다. 범주(핏불)와, 구성원들에 속하는 핵심 속성들 내지는 특성들 (예 : '위험하다는 것') 간의 관계는 단지 부분적이며 개연적일 뿐이다. 다시 말하지면, 이 장의 초반에서 검토한 자연적 범주에 대한 로쉬의 연구에서 보이는 것처럼, 어떤 속성은 많은 구성원들에게 공통적일 수 있지만 모든 구성원들에게 그런 것은 아니다.

로쉬는 가장 유용한 자연적 범주를, 범주의 가장 전형적인 구성원들에게 공유되는 속성들을 구현하는, 중심적 원형 주변에 조직화되어 있는 범주들이라고 기술했다. (이 장의 초반에서 기술했던) 원형과 고정관념의 개념은 의미와 정의에서 아주 가깝지만 미묘한 차이가 있다. 원형은 해당 범주 본보기들의 중심적 또는 공통된 경향성에 기초하여 보통 외부적으로 정의된다. 반면에, 고정관념은 사람들 (또는 개) 범주에 대한 정확한 원형에 가깝게 일치하거나 그렇지 않을 수도 있는 심리학적 개념이다. 로쉬는 자연적 범주들이 귀납적 추론을 하는 우리의 능력을 향상시키는 데 가치를 부여할 때 채택된다고 주장했다(Rosch et al., 1976).

범주 또는 일반화의 가치가 우리의 귀납적 추론을 돕는 능력에 기초한다는 생각은 사실 레스콜라가(제4장에서 기술한) 쥐의 수반성 학습 연구에 적용했던 것과 동일한 분석이다 (Rescorla, 1968). 레스콜라는 신호음 다음에 이어지는 전기충격의 빈도가 경험한 전기충격의 빈도보다 더 높기만 하면 쥐가 신호음-전기충격의 연합을 학습한다는 것을 보여주었다. 따라서 이 오류에 대한 비용이(낭비된 공포의 관점에서) 기대하지 않았던 전기충격을 받게 되는 것에 대한 비용보다 적기만 하면 쥐는 대부분의 시간 동안 잘못된 반응이라 할지라도 신호음에 대하여 공포를 가지고 반응할 수 있다. 개인을 향한 (또는 개를 향한) 많은 편견적 행동들 역시 유사한 비용-편익 비교로부터 유발되는 것으로 이해할 수 있을 것이다 ― 뇌에서 작동하는 자연적인 기제는 개인이나 개에 대해 알아내는 비용이 범주 구성 자격에 기초하는 귀납적 추론에 의해 선택하는 용이성에 비하여 상대적으로 너무 높다고 판단할 수 있다. 단서의 정보적 가치를 감지하는 쥐의 능력은 모든 종에서 보이는 연합학습의 기본적인 특징이다.

사람들 또한 전 세계를 조직화하고 해석하기 위한 단서의 정보적 가치에 민감하고 정보적 가치는 새로운 범주 형성을 위한 기초로서 사용된다(Gluck & Bower, 1988a; Corter & Gluck, 1992). 이런 민감성이 시사하는 바에 따르면, 사람들은(인종, 민족성, 그리고 성별의 경우와 같이) 쉽게 지각할 수 있는 속성들이 개인의 소득수준, 범죄율 또는 교육수준과 같은 관심 있는 다른 요인들을 예측할 때 범주들을 발달시킬 가능성이 더 높다.

3. 우리는 고정관념의 적절한 사용과 부적절한 사용을 어떻게 구분하는가? 고정관념은 모든 일반화들처럼(특히 구체적인 정보가 거의 또는 전혀 없는 경우) 우리에게 이전의 경험을 새로운 상황에 적용할 수 있게 한다. 하지만 고정관념을 적절히 사용하려면 특수성(주어진 고정관념이 얼마나 좁게 적용되는가를 아는 것)과 일반성(얼마나 그것이 넓게 적용되는가를 아는 것) 간의 균형을 찾아야 한다. 특수한 집단의 사람들에 대해 일반적으로 갖고 있는 많은 가정들은 통계적인 현실을 정확하게 반영하고 있다(Jussim, 2012). 그러나 다른 사람들에 대한 통계적으로 정확한 일반화가 남용될 수 있는 두 가지의 일반적인 방법이 있다.

첫 번째 유형의 오류는 한 범주의 모든 구성원들이 일반화에 고지식하게 따라야 한다는 것이다. 예로, 다양한 인종집단들이 통계적으로 서로 차이가 나는 범죄율, 질병, 교육 성취도 및 소득을 가진다는 것이 현재 미국 삶의 실태이다. 표준 통계학에 따르면, 기대를 산출할 때 이 차이를 간과하는 것은 비합리적인(보험 통계적으로 부적절한) 것이다(Pinker, 2002). 하지만 기억해야 할 중요한 사실은 범주적 일반화는 그들의 집단 소속 외에는 아무 것도 알지 못하는 개인에 대한 기대 또는 집단에만 적용된다는 것이다. 모든 집단에는 통계적 프로파일이 맞지 않는 많은 수의 사람들이 있다. 그리고 이 통계는 고정적이지 않고 시간에 따라 변화할 수 있다. 비록 어떤 고정관념이 한때 정확했다 할지라도 더 이상 그렇지 않을 수 있다.

일반화가 남용되는 두 번째의 방법은(이 장의 앞부분에서 기술한 것처럼) 잘못된 역설적 추론에 의한 것이다. 대부분의 얼룩말이 4개의 다리와 발굽을 가지고 있는 건 사실이지만, 상대적으로 당신이 미국 여행을 하면서 마주칠 네 다리의 발굽을 가진 동물 중에서 적은 수만이 얼룩말일 것이다 — 전부는 아니지만 대부분이 말일 것이다. 통계적(혹은 확률적) 추론의 수학은 범주 구성원 자격에 기초한 속성 추론(얼룩말은 4개의 다리를 가질 가능성이 있다)을 속성에 기초하는 범주적 추론(네 다리를 가진 동물은 얼룩말이다)과 동일시하는 것이 명백한 오류라는 것을 말해준다. 특히 문제의 범주가 얼룩말과 같이 드문 것(민족적·인종적 범주의 용어로, 소수자 집단)일 때 그렇다. 이런 희귀성 효과는 사람들에게 일상적으로 과소평가되고 있다(Kahneman & Tversky, 1973). 의사들이 희귀성 질환을 자주 오진하는 경향이 있는 건 증상이 훨씬 더 흔한 질환과도 연합되어 있기 때문이다. 높은 열은 말라리아 환자에 전형적일 수 있지만, 열을 경험한 이 책을 읽고 있는 대부분의 학생들은 아마도 말라리아가 아니라 감기나 독감으로 시달렸을 것이다. 그럼에도 불구하고 이 장의 앞부분에서 기술한 것처럼 사람들은 광범위한 상황에서 관례적으로 이러한 종류의 귀납적 오류를 저지르고 있다(Bar-Hillel, 1984).

따라서 근본적으로 정확한 일반화(이 세계에서 약간의 통계적 현실을 반영하는 고정관념)조차도 남용된다면 부정확한 결론의 형성할 수 있다. 큰 집단의 통계적 특징에 대한 서술자로 정확히 해석되고 (특히 그 집단이 전반적인 모집단에서 희귀할 때) 집단 구성원 자격에 대해 진단적이거나 예측적인 속성들과 혼동되지 않는 한, (사람들에 대한 고정관념이 포함된) 정확한 일반화는 유익하게 사용될 수 있다.

4. 어떻게 고정관념의 사용과 연합되어 있는 가치와 위험 간의 균형을 맞출 수 있는가? 우리는 때때로 우리에겐 최고인 선택이 사회에겐 아닐 수도 있는 상황에 직면할 수 있다. 예를 들어 한 택시 운전사를 생각해보자. 이 운전사는 도심 내 거리의 두 잠재 승객들을 본다. 바로 앞에는 한 흑인 남자가 있고 한 블록 앞엔 한 백인 여자가 있다. 운전사는 이 흑인 남자가 도심으로부터 멀리 떨어져 있는 빈민가로 가달라고 할까 봐 걱정할지도 모른다. 그곳에서 도시 중심으로 유임 승차할 승객을 발견할 가능성이 낮기 때문이다. 또는 흑인들이 대부분의 택시 강도를 저지른다고 믿을 수도 있다. 택시를 부르려고 시도하다가 좌절한 그 흑인 남자는 포춘이 선정한 500대 회사의 한 CEO일지도 모른다(또는 잘 알려진 흑인 배우인 대니 글로버일지도 모른다. 그는 승차 거부하고 지나친 다섯 명의 택시 운전사들 때문에 뉴욕시 택시위원회를 상대로 고소장을 제출했다). 하지만 그 택시 운전사는 젊은 백인 여자보다는 흑인 남자를 태우면 강도를 당하거나 도시의 외진 곳으로 갈 확률이 더 높다고 단순히 생각할지 모른다. 자신의 사리 추구 측면에서는 그 흑인 남자를 지나쳐서 다음 블록에 있는 백인 여자를 태우는 것이 그에게는 최선일 것이다.

택시 운전사의 행동이 정말로 자기 자신의 복리를 위한 최선(다른 승객을 태우기 위하여 한 승객을 지나치는 것이 비용이 적게 드는 것)이라면, 왜 우리는 이걸 한 유형의 인종 편견으로 여기고 눈살을 찌푸리는가? 사회적으로 모든 사람들이 모든 형태의 대중 교통 수단을 동등하게 이용할 수 있고 모든 사람들이 실제로 이러한 이용에 대한 권리가 있다면, 우리는 그건 공동의 최고 이익에 달려 있다고 판단했기 때문에 그렇다. 공동으로 결정한 도덕적 원칙은 개인의 이익보다 더 중요하다(Pinker, 2002).

우리의 법은 차별적인 행위들에 무거운 벌금을 부과함으로써 택시 운전사의 보상 수반성을 바꾼다(물론 그들이 입증되고 기소될 수 있을 때의 드문 경우에). 제1, 8장에서 논의되는 것과 같이, 스키너(B. F. Skinner)는 사회가 도구적 조건화 원리에 기반을 두어 조직되어야 한다고 믿었다. 도구적 조건화 원리는 긍정적·부정적 결과를 이용해 각 개인이 사회적 목표

택시 운전사가 가장 높은 요금이 나올 거라 생각되는 손님들만 골라 태우는 건 맞는 일일까? 그 이유는?

Granger Wootz/Blend Images/Corbis

를 극대화하는 행동을 할 수 있게 형성한다.

학습 실험실의 이론들과 자료들은 고정관념 및 편견에 의해 야기된 사회적 문제에 대해 쉽게 해결하지 못하고 있다. 하지만 개인을 범주 구성원으로 일반화하는 근본적인 행동 그 자체는 나쁜 게 아니라는 것을 이해하는 데 도움을 준다. 고정관념의 문제는 사람들이 일반화가 집단의 모든 사람들에게 관련되지 않을 수도 있다는 가능성을 부정하면서 개인에 대한 차별을 정당화하기 위해 집단에 대한 일반화를 사용할 때 주로 발생한다. 인지적 용어로, 다른 집단의 특성에서 통계적 빈도 차이에 주목하는 것은 편견도 아니며 비이성적인 것도 아니다. 편견적이며 비이성적인 것은 통계적 일반화가 개인에게 지나칠 정도로 엄격하게 적용되거나 남용될 때이다.

바다 군소, 쥐 및 인간을 포함하는 모든 종은 단서와 결과 사이의 수반성을 추론하도록 프로그램화되어 있다. 따라서 모든 종은 미래를 예측하는 능력을 증가시키는 세상의 체계에 대한 정보를 얻게 된다. 비록 어떤 형태의 고정관념은 개인이나 사회에게 부정적인 결과를 가져오지만, 다른 집단 사람들에 대해 미리 판단하는 모든 방식이 부적절하다고 결론 내리는 것은 일반화를 과잉 일반화하게 되는 것이다. (다른 사람들에 대한) 일반화와 범주화는 우리의 생존을 위한 기본적인 도구이다.

중간 요약

- 조현병 환자들은 일반화 능력이 결여되어 있다. 이는 손상된 내측 측두엽의 기능과 일치한다.
- 기능성 뇌 영상 연구에서 관찰되는 것과 같이, 습득된 등가성에서의 일반화 결함은 아마 학습 중 손상된 해마 기능과 연계될 것이다.
- 다른 사람을 향한 우리의 행동이 그의 인종, 민족성, 출신 국가, 성별, 종교 또는 연령에 의해 정의되는 범주의 구성원 자격을 기반으로 할 때, 우리는 암묵적으로 고정관념에 기초한 일반화를 하고 있다. 고정관념의 문제는 사람들이 일반화가 집단의 모든 사람들에게 관련되지 않을 수도 있다는 가능성을 부정하면서 개인에 대한 차별을 정당화하기 위해 집단에 대한 일반화를 사용할 때 주로 발생한다.

▌종합

우리가 지난번에 사브리나를 만났는데, 두 살 된 이 아이는 유아용 의자에서 빠져나와 부엌을 가로지른 다음 후문을 통해 살며시 빠져나갔다. 뒷마당을 돌아다닐 때 그녀는 자신을 가로막고 있는 작은 갈색 개 한 마리를 본다. 개는 사브리나에게 돌아서면서 으르렁거린다. 사브리나는 이 개를 한 번도 본 적이 없다. 이 개는 사브리나가 알고 있는 강아지 맥스와 닮았지만 새로웠다. 사브리나는 이 개에게 다가갈 것인가 아니면 도망갈 것인가?

사브리나의 시각피질은 이 동물의 갈색 털에 대한 시각 정보를 등록했으며, 그녀의 청각피질은 으르렁거리는 소리를 선택했다. 그녀의 개인 맥스가 갈색이기 때문에 그녀의 시각 피질에서 갈색을 탐지하는 영역은 아주 민감해져 있고 확대되어 있으며, 맥스가 방 안으로 들어올 때 그를 빨리 탐지하고 인식한다. 이 개의 색깔이 맥스와 유사하다는 점에 기초하여, 그녀는 맥스에 대한 긍정적인 감정들을 이 새로운 개에게 일반화하는 경향이 있다. 동시에 사브리나의 청각피질은 맥스의 독특한 짖는 소리에 잘 맞추어져 있고 이 개의 소리는 별로 맥스 같지 않고 그녀가 가끔씩 센트럴 파크에서 보는 으르렁거리는 무서운 개들과 더 비슷하다. 짖는 소리를 토대로 변별해서 이 개가 맥스와 다르고 잠재적으로 위험하다고 여길 수 있다. 요컨대, 그녀의 시각피질과 청각피질로부터 온 정보는 상반되는 경향을 말한다. 즉, 하나는 일반화를, 다른 하나는 변별을 시사한다.

하지만 그녀의 일차감각피질들이 이 새로운 개와 연합된 시각자극과 소리를 처리하고 있을 때, 사브리나의 해마 영역은 이 사건이 발생하고 있는 개괄적인 맥락에 관한 다른 정보(예 : 더운 여름날 뉴로셀에 있는 자기 집의 뒤뜰)에 이 정보를 결합하고 있다. 이 맥락정보가 동물에 대한 시각 및 청각 단서와 결합함으로써 사브리나의 해마는 하나의 중요한 양상을 탐지한다. 그녀 아버지의 친구들은 모두 롱아일랜드 사운드의 멋진 전면 풍경을 즐기기 위하여 자신의 개들을 데리고 여름에 자주 방문한다. 장소적인 맥락 정보(장소와 계절)와 그 개에 대한 시각 및 청각 정보가 제공하는 이런 형태에 기초해서, 사브리나는 이 특별한 개가 공격적이기보다는 친절할 가능성이 높다고 추론한다. 그녀가 다가가서 쓰다듬어주자 그 개는 뒹굴면서 그녀가 배를 긁어주는 것을 허락한다. 사브리나처럼 (적과 친구를 구분하는) 변별 및 일반화 능력이 여러분의 선택을 지배할 것이며, 또한 과거로부터 배운 것을 결정할 것이다.

중요 용어

감각 사전조건화(sensory preconditioning)

개념(concepts)

개념 형성(concept formation)

귀납적 추론(inductive inference)

고정관념(stereotype)

기저부 핵(nucleus basalis)

내측 측두엽(medial temporal lobe)

무오차 변별학습(errorless discrimination learning)

범주(categories)

범주학습(category learning)

변별학습(discrimination learning)

별개–구성요소 표상(discrete-component representation)

부적 형태화(negative patterning)

분산된 표상(distributed representations)

습득된 등가성(acquired equivalence)

아세틸콜린(acetylcholine, ACh)

일반화(generalization)

일반화 기울기(generalization gradient)

자극통제(stimulus control)

자극표상(stimulus representation)

조합적 폭발(combinatorial explosion)

필연 영역(consequential region)

해마 영역(hippocampal region)

형태 마디(configural node)

확증 편향(confirmation bias)

퀴즈

1. 단일 자극(예 : 불빛이나 색깔)에 대한 강화를 반복한 후에 생성되는 _____은(는) 훈련에 사용되었던 자극을 중심으로 하나의 정점, 즉 최대 반응 지점을 가진다.

2. 개별-요소 표상에 의한 학습 모델은 유기체가 소리나 불빛과 같이 _____ 자극에 대해 학습하는 방식을 기술하는 데 유리한 반면 여러 가지 색깔의 불빛과 같이 _____ 자극에 대해서는 별로 유용하지 않다.

3. 손다이크의 견해에 따르면, 노란색과 주황색은 2개의 분리된 자극이 아니다. 두 자극은 여러 개의 개별 요소들로 이루어져 있고 일부 요소들을 공유한다. 이러한 개념은 윌리엄 에스테스의 _____ 이론과 데이비드 럼멜하트의 _____ 모델에 구현되어 있다.

4. 언뜻 보기에는 구분이 불가능할 정도로 유사한 자극들도 각각이 다른 명칭 혹은 다른 결과와 반복적으로 짝지워진다면 결국에는 변별 가능하게 된다. 이런 현상은 _____의 예이다.

5. 쉬운 변별에서 어려운 변별로 전이하면서 오류가 생기는 기회를 거의 제거하는 종류의 학습을 _____(이)라 한다.

6. _____ 절차는 두 자극을 같이 제시하기만 하면 의미-기반 일반화가 이루어질 수 있음을 보여준다.

7. 부적 형태화는 형태 자극들이 포함되어야 하는 학습 현상의 한 예로서 _____(으)로는 설명이 되지 않는다.

8. _____은 세상에 대한 경험을 기반으로 구축된 심리적 혹은 정신적 실체이다. 이와 대조적으로 _____은(는) 세상에 존재하는 사람이나 물건들 중 공통된 속성을 지닌 개체들의 집합이다.

9. 많은 일차감각피질 영역들은 _____적으로 조직화되어서 한 작은 영역이 특정 자극에 반응하고 그 이웃 영역들은 유사한 자극에 반응하는 양상을 보인다.

10. 어떤 자극에 대한 피질의 재지도화가 일어날지 말지를 결정하는 영역은 _____이다.

11. 해마에 손상을 입은 동물들은 자극-자극 간의 관계에 민감한 과제들에서 결함을 보인다. 그 예로는 _____와(과) _____이(가) 있다.

12. 조현병 환자들은 _____의 형태가 비정상적인데 주로 전체 부피가 줄어들어 있다.

13. 고정관념의 일부는 다른 집단의 구성 멤버들과의 직접적인 경험을 통해 생기기도 하지만 대부분의 고정관념은 _____을(를) 통해 습득된다.

14. 로쉬는 자연적인 범주화가 이루어지는 이유로 _____ 추론 능력을 증가시키는 이점을 제공하기 때문이라고 주장했다.

15. 습득된 등가성에 있어 해마의 역할에 대한 글러크와 마이어스의 예측을 지지하는 증거로 쇼하미와 안토니 와그너는 결정적으로 중요한 해마의 활동이 _____ 동안 발생하지만 _____ 동안은 발생하지 않음을 보였다.

16. 해마 영역 중 일부인 후내피질 손상은 토끼 눈 깜빡임 조건화에서 _____에 결함을 가져왔다.

17. 기저부 핵이 활성화되면 _____이(가) 방출되고 신경 가소성을 증진시킨다.

18. 리처드 톰슨이 1960년대 행한 실험들은 일차감각피질이 손상된 동물들이 _____ 하는 경향이 있고 다양한 자극을 변별하는 데 어려움을 겪는다는 것을 보여주었다.

19. 전형적인 고양이를 상상할 때, 대부분의 사람들은 4개의 다리를 가지고 고기를 즐겨 먹는 어떤 동물을 떠올린다. 어떤 범주에 속하는 이상적인 혹은 전형적인 구성원에 대한 추상적 표상을 _____(이)라고 한다.

정답은 책의 뒷부분에 있다.

개념 확인

1976년에 로버트 레스콜라가 행한 실험은 다음과 같다. 1단계에서 그는 쥐들이 노란색 불빛(CS)과 US를 연합하도록 훈련시켰다(Rescorla, 1976). 모든 쥐들이 잘 훈련되어서 노란 불빛에 대해 CR을 잘 내놓게 된 다음에 쥐들을 두 집단으로 나누었다. 실험집단의 쥐들은 2단계 훈련에서 주황색 불빛을 CS로 해서 CR이 잘 나올 때까지 훈련을 받았다. 통제집단의 쥐들은 반면에 계속해서 노란색 불빛을 CS로 해서 훈련받았다. 마지막으로 3단계에서는 두 집단 모두 노란색 불빛을 CS로 해서 훈련을 받았다.

1. 3단계에서 어떤 일이 생기리라고 예측하는가? 통제집단에 비해 실험집단 쥐들이 노란색 불빛에 대해 더 큰 혹은 더 작은 반응을 보일 것인가?

2. 왜 그렇게 생각하는가? 같은 원리를 적용한다면 여러분이 테니스 토너먼트에 출전하기 위해 어떤 준비를 해야 할 것인가?

힌트 : 손다이크와 에스테스의 공유요소 관점에서 본다면 어떤 X라는 요소를 노란색 불빛과 주황색 불빛 양쪽에 모두 존재하는 공통 요소로 놓고 Y와 O라는 두 요소가 각각 순수하게 노란색 불빛 혹은 주황색 불빛에만 존재하는 요소라고 하자. 따라서 노란색 불빛은 복합 자극 YX, 주황색 불빛은 복합자극 OX로 표시할 수 있다. 이러한 공유요소 표상을 레스콜라-와그너 모델에 적용해서 각 집단이 3단계에서 보이는 예상 반응을 계산해 보라.

정답은 책의 뒷부분에 있다.

일화적 기억과 의미적 기억

사실의 기억과 사건의 기억

지난 50년간 H.M.이라는 이니셜로만 알려진 한 남성의 정체는 심리학계에서 가장 중요한 비밀 중 하나였다. H.M.의 케이스가 알려지기 전까지만 해도 과학자들은, 제2장에서 언급한 바와 같이 칼 래슐리(Karl Lashley)의 기억이 뇌의 여러 영역에 분산되어 저장된다는 관점을 지지했다. 그러나 H.M.이 참여했던 실험들은 새로운 사실과 사건에 대한 기억이 형성되는 것은 특정한 뇌 영역에서 일어나며, 이는 다른 인지 기능이나 다른 종류의 기억을 관장하는 영역과는 구별된다는 기록을 남기면서 과학계의 생각을 완전히 바꿔 놓았다.

H.M.의 증상은 어린 시절부터 시작되었다. 열 살 무렵부터 H.M.의 뇌 내 뉴런들은 난폭하고 통제를 잃고 발화해서 간질발작을 겪었다. 열여섯 살이 되었을 때는 간질 발작이 빈번해졌고 H.M.은 심신이 황폐해져 갔다. 경련을 일으키거나 의식을 잃는 심한 발작도 매주 일어났고, 그보다 덜한 발작은 많게는 하루에 열 번씩 일어났다. H.M.은 고교과정을 끝마치려고 노력했고 결국 스물한 살에 졸업을 할 수 있었다. 하지만 빈번하고 심각한 발작 때문에 아주 단순한 직업도 유지를 할 수 없었다. 이에 주치의는 거의 독극물에 가까운 양의 항경련제를 처방했으나 발작은 멈출 줄을 몰랐다.

1953년, H.M.과 가족들은 필사적인 마음으로 뇌 수술을 받기로 결심한다. 그 당시 의사들은 많은 간질 환자들의 발작은 왼쪽이나 오른쪽 반구, 특히 측두엽 안쪽(혹은 내측)에 위치한 **측두엽 내측 영역**(medial temporal lobes)에서 시작된다는 것을 알고 있었다. 의사들은 발작이 시작되는 반구의 측두엽 내측 영역을 수술로 제거하면 문제의 원인을 해결하고 환자들의 간질을 치료할 수 있었다. H.M.의 경우 발작이 매우 심각했고 정확히 발작이 어디서 시작되는지 알 수 없었기

행동적 측면

일화적 기억과 의미적 기억의 특성
새로운 기억의 부호화
존재하는 기억을 떠올리기

일상에서의 학습과 기억 :
토탈 리콜! 기이한 암기왕에 관한 진실

기억이 실패할 때

일상에서의 학습과 기억 :
컴퓨터 비밀번호 기억하기

기억의 응고화와 재응고화
메타기억

뇌 메커니즘

의미적 기억을 위한 뉴런들의 연결망
측두엽 내측 영역과 기억 저장
기억의 저장과 인출에서의 전두엽 피질의 역할
일화적 기억과 의미적 기억에 관련된 대뇌피질하
  구조들

임상적 관점

일시적인 전반적 기억상실증

일상에서의 학습과 기억 :
뇌진탕의 대가

기능적 기억상실증

전 세계 뇌 연구자들에게 H.M.으로 알려진 헨리 몰라이슨 사진. 이 사진은 그가 60세가 되던 1986년에 매사추세츠 공과대학의 신경심리학 검사 실험실에서 찍었다.

때문에 의사들은 양측 측두엽 내측 영역을 모두 제거하기로 결심한다(Corkin, Amaral, Gonzalez, Johnson, & Hyman, 1997).

의학적으로 수술은 성공적이었다. H.M.의 발작은 빈도와 심각성에 있어서 눈에 띄게 감소했다. 하지만 큰 가치를 치러야만 했다. H.M에게 **기억상실증**(amnesia), 혹은 기억 상실이 나타났다. 특히 사실이나 사건에 대해 새로운 기억을 형성하는 능력이 소실되었다(Scoville & Milner, 1957). 그는 아침에 무엇을 먹었는지, 왜 자기가 병원에 있는지를 기억할 수 없었다. 오전에 한 심리학자와 함께 열심히 일을 하고 점심을 먹으며 쉬어도 한 시간 뒤에는 그 심리학자를 전혀 기억하지 못했다(Haglund & Collett, 1996). 또한 H.M.이 좋아하는 삼촌이 죽었다는 소식을 들었을 때 심각하게 슬퍼했지만 바로 잊어버렸다. 매번 삼촌에 대해서 물을 때마다 대답을 들고는 매번 놀라움과 함께 슬픔에 잠겼다(Milner, 1966). H.M.은 자신의 나쁜 기억 능력에 대해서 뼈저리게 인지하고 있었는데, 그는 자신의 삶을 기억할 수 없는 꿈에서 계속 깨어나는 것 같다고 표현했다(Milner, Corkin, & Teuber, 1968).

심각한 기억능력에도 불구하고 H.M.의 성격은 거의 바뀌지 않았고 수술 후 IQ는 심지어 올라가기까지 했는데 아마 지속적인 발작이 없어서 더 집중을 할 수 있었기 때문이라고 추정한다. 중간에 나오는 광고들이 전체 이야기 흐름을 기억하는 데 방해했기에 H.M.은 더 이상 TV 프로그램의 진행을 따라가지 못했지만 십자낱말퍼즐을 풀면서 즐겁게 보낼 수 있었다. 과제에 집중을 하고 있으면 H.M.은 제대로 과제를 할 수 있었지만, 다른 것에 관심을 돌리면 과제에 대한 정보가 사라졌다. H.M.은 (인지 기능을 포함하는) 다른 종류의 기억들 외에 새로운 사실과 사건에 대한 기억을 형성하는 능력이 측두엽 내측 영역에 의존한다는 살아있는 증거였다.

2008년 12월 2일 H.M.이 사망하면서 사전 동의대로 그의 신상 정보가 대중에게 공개되었다. 뇌를 연구하는 과학자들과 학생들은 결국 헨리 구스타프 몰라이슨(Henry Gustav Molaison)이라는 그의 이름을 알 수 있었고 뇌와 기억에 대해 많은 것을 알려준 사람의 얼굴을 볼 수 있었다. H.M.은 죽어서도 과학 발전에 기여했다. 그의 뇌는 과학계에 기부되었고, 샌디에이고에 있는 캘리포니아대학교에서 그의 뇌 조직을 디지털 이미지화시켜 누구나 가상 지도를 보고 연구를 할 수 있게 하였다.

다행히 H.M.과 같은 기억상실증은 매우 드물다. 하지만 기억상실증은 두부손상이나 질병, 스트레스 등에 의해 발생하기도 한다. H.M.과 유사한 일부 환자들은 새로운 기억을 형성하는 능력을 잃는다. 다른 경우 특정한 과거의 기억을 잃거나 매우 드물기는 하지만 자신의 정체성과 삶에 대한 기억을 모두 잃는다. 이런 사례들은 우리가 알고 있는 것과 경험한 일들이 우리를 정의한다는 사실을 다시금 깨닫게 해준다.

7.1 행동적 측면

고등학교 졸업식 날을 회상해보라. 행사는 어디서 개최되었는가? 근처에는 누가 앉았었는 가? 무엇을 입고 있었는가? 지역 대표의 축사가 있었는가? 학교 밴드의 연주는 있었는가? 기분은 어땠는가, 자부심, 흥분 혹은 친구들과의 축하파티를 위해 행사가 끝나기를 기다리 는 초조함 등의 감정을 느꼈는가?

졸업식에 대한 이러한 세부적인 기억들은 **일화적 기억**(episodic memory)이라는 삶에서 특정한 사건에 대한 기억을 구성한다(Tulving, 1972, 1983, 2002). 일화적 기억은 공간적·시간적 맥락에 대한 정보들을 포함한다. 즉 언제, 어디서 그 사건이 발생하였는가에 관한 기억이다.

일화적 기억들과 관련 있지만 동떨어진 개념으로 **의미적 기억**(semantic memory)이 있 다. 이는 세상에 대한 사실과 상식에 대한 기억을 의미하며 이름이나 좋아하는 음식과 같 은 개인 정보를 포함한다. 일화적 기억과 달리 의미적 기억은 시공간에 태그되어 있지 않 다. 예를 들어 만약 미국의 첫 번째 대통령의 이름이나 엄마의 결혼 전에 사용했던 성(미국 에서는 여성이 결혼을 하면 성이 남편의 것으로 바뀔 수 있다-역자 주)에 대해 질문한다면 아마 답을 알고 있을 것이다. 그러나 언제 어디서 그 정보를 처음 알게 되었는지를 기억하 지는 못할 것이다. 일화적 기억이 제공하는 정보를 '기억한다(remember)'로 표현할 수 있 다면, 의미적 기억에 저장된 정보는 '안다(know)'로 표현할 수 있다(Tulving, 1985).

일화적 기억과 의미적 기억의 특성

일화적 기억과 의미적 기억은 두 가지의 공통점이 있다(표 7.1). 첫째, 일화적 기억과 의미 적 기억 모두 기억들이 원래 획득된 것과는 다른 형태로 융통성 있게 전달될 수 있다. 졸업 식에 대한 일화적 기억을 떠올릴 때 이전에 한 번도 말로 표현해본 적이 없음에도 불구하고

표 7.1 일화적 기억과 의미적 기억의 비교와 대조

일화적 기억 사건과 관련 : "내가 기억하는 것"	의미적 기억 사실과 관련 : "내가 아는 것"	같다(✓) 다르다(×)
처음 습득한 것과 다른 형태로 융통성 있게 전달 가능	처음 습득한 것과 다른 형태로 융통성 있게 전달 가능	✓
의식적으로 접근 가능	의식적으로 접근 가능	✓
공간적 · 시간적 맥락의 태그가 있음	공간적 · 시간적 맥락의 태그가 있을 **필요는 없음**	×
사건을 직접 경험해 봐야 함	정보가 **개인적**일 수도, **일반적**일 수도 있음	×
한 번의 사건으로 배워짐. 비슷한 사건을 여러 번 겪으 면 기억이 약해짐	한 번의 사건으로 배워짐. **여러 번 겪으면 기억이 더 강화됨.**	×

기억하는 것을 표현할 수 있을 것이다. 마찬가지로 누군가 객석이 아니라 무대 위같이 좋은 시점에서 찍은 사진을 보여준다면 한 번도 이런 식의 장면을 본 적이 없음에도 불구하고 상황을 인식할 수 있을 것이다.

의미적 기억 또한 융통성 있게 전달될 수 있다. 만약 누군가 도서관에서 식당까지 가는 방법을 물어본다면, 정보를 한 번도 이렇게 표현해보지 않았었음에도 불구하고 말이나 약도를 그려서 답해줄 수 있을 것이다. 유사하게 일련의 역사적 사실들을 외운 뒤 O/X, 다지선다형 혹은 서술형의 새로운 형식으로 시험에서 아는 것을 쓸 수 있을 것이다.

이런 표현의 유연성은 매우 당연하고 쉬워 보이지만, 어떤 종류의 기억들은 어떻게 배웠는지 다른 사람에게 설명하기 어려운 경우도 있다. 예를 들어 제8장에서 신발 끈을 매는 것과 같은 지각 운동 행동에 대해서 배울 것이다. 아마 당신은 신발 끈을 쉽게 묶을 수 있겠지만 누군가 이 방법에 대해서 짧게 설명을 해달라고 했다고 상상해보자. 아마 직접 손을 움직여서 무엇을 먼저 어떻게 했었는지 확인해보지 않으면 대답하는 데 어려움을 느낄 것이다. 기술 기억은 일반적으로 일화적 · 의미적 기억처럼 유연하게 설명하기가 쉽지 않다.

일화적 기억과 의미적 기억의 두 번째 유사한 점은 둘 모두 의식적으로 접근이 가능하다는 것이다. 누군가 특정한 사실이나 사건에 대해서 물어봤을 때 대답을 하거나 사건에 대해 기억할 수 있는지 없는지를 스스로 안다.

일화적 기억과 의미적 기억의 이러한 유사성 때문에 일부 연구자들은 서술하기가 쉽다 해서 **서술 기억**(declarative memory)이라는 용어를 이 두 종류의 기억을 포함하는 상위 개념어로 사용한다(J. Anderson, 1976; Cohen & Squire, 1980; Squire, Knowlton, & Musen, 1993). **비서술 기억**(nondeclarative memory)이라는 나머지 종류의 기억들은 항상 말로 설명하기 쉬운 것이 아니다(Quire & Knowlton, 1995). 기술 학습이 비서술 기억의 일종이며 여기에는 고전적, 조작적 조건화가 포함된다.

다른 연구자들은 **외현 기억**(explicit memory)이라는 용어를 사용한다(Graf & Schacter, 1985; Schacter, 1987). 이는 일화적 기억이나 의미적 기억들이 의식적 혹은 외현적으로(스스로가 알고 있다는 것을 자각한다) 접근이 가능하다는 사실을 반영한다. 대조적으로 **내현 기억**(implicit memory)은 습득했다는 사실조차 알지 못하는 기억이다. 예를 들어, 새로운 일화적 · 의미적 기억을 학습하지 못하는 H.M.은 거울에 비춰진 텍스트를 읽는 요령 같은 기술을 배울 수 있었다(Gabrieli, Corkin, Mickel, & Crowden, 1993). 건강한 피험자와 똑같이 H.M.의 수행은 연습을 통해 점점 향상되었다. 그러나 이렇게 습득한 새로운 기술에 대해서 물었을 때 이를 연습한 기억이나 기술 자체에 대한 지식에 대해서 기억을 의식적으로 하지 못했다. 따라서 이러한 학습은 암묵적으로 일어났다.

물론 H.M.은 특별한 사례이다. 대부분 우리는 새로운 기술을 연습하는 동안 우리가 학습하고 있는 것에 대해서 의식적으로 접근 가능한 일화적 기억과 의미적 기억도 함께 형성한다. 사실 건강한 성인들도 외현 학습과 암묵 학습을 구분하는 것은 특별히 어려운 것으로 입증되었다(Shanks, 2010). H.M.의 사례가 말해주는 것은 암묵적 기억 형성에 의식적 자각이 반드시 필요한 것은 아니라는 것이다.

일화적 기억과 의미적 기억의 차이점

이러한 유사점에도 불구하고 일화적 기억과 의미적 기억은 서로 상반되는 여러 가지 차이점이 있다(표 7.1). 첫째, 일화적 기억은 특정 장소에서 특정 시간에 발생한 특정 사건에 대한 기억이다. 따라서 언제 어디서 그 사건이 발생했는지를 기억해야 한다. 의미적 기억은 사실적 정보를 포함한다. 따라서 언제 어디서 그 정보를 학습했는지 기억할 필요 없이 단지 그 사실 자체만 기억하면 된다.

둘째, 일화적 기억은 자기 자신에게 일어났던 사건이라는 점에서 항상 자서전적이다. 반면, 의미적 기억은 개인적인 정보(어머니의 결혼 전 이름이나 당신이 가장 좋아하는 아이스크림의 맛을 기억하는 것)를 포함하기도 하지만, 일반적 사실 정보(붕소의 원자 무게나 미국 초대 대통령의 이름을 기억하는 것)일 수 있다. 곧 언제, 어떻게 정보를 알게 되었는지는 기억할 필요가 없다.

기억은 불확실할 수도 있다. 3일이 걸리는 실험에 참여를 한다고 한번 생각해보자. 첫째 날에 익숙한 단어들(DOG, CHAIR, CLOUD 등)로 구성된 리스트를 제시받고 외울 것을 요구받는다. 둘째 날에는 두 번째 리스트(CAT, TABLE, STAR 등)가 주어진다. 마지막으로 셋째 날에는 실험자가 특정한 단어(예 : CHAIR)가 첫째 날에 있었는지 둘째 날에 있었는지 물어본다. 자, 여기서 당신은 첫째 날에 실험실에서 단어를 보았던 특정 사건을 같은 단어를 보았던 다른 지난 사건들과 구별해서 기억해내야 한다. 그러므로 실험 첫째 날에 CHAIR라는 단어를 학습했던 기억에는 시간과 장소의 태그가 달린 것이다. 한편, 이번에는 실험자가 2개의 단어 리스트를 주면서 집에 보냈다. 잠에 들기 전에 당신은 두 리스트에 있는 단어들을 외워야 한다. 일주일 후 실험실에 방문하여 기억력 검사를 수행한다. 자, 이번에는 특정 단어가 어떤 리스트에 있었는지의 의미적 기억을 습득했을 것이고 이때는 당신이 정보를 습득하기 위해 사용했던 각각의 모든 학습 세션들을 기억하지 않아도 된다.

이것은 일화적 기억과 의미적 기억의 세 번째 중요한 차이점을 알려준다. 일화적 기억은 한 번의 경험으로 얻어진다. 바로 사건 그 자체에 대한 기억이다. 이론적 의미적 기억 또한 정보가 충분히 흥미가 있거나 중요한 경우 한 번의 경험으로 얻어질 수 있다. 예를 들어 고대 로마에서 매춘부들이 둥그런 아치 아래에서 손님을 기다리곤 했다는 데서 'fornicate(간음하다)'란 단어가 유래되었다는 것을 한 번도 들어본 적이 없다면 아치를 의미하는 'fornix'라는 라틴어를 암기하기 위해 여러 번 보아야만 할 것이다. 어휘와 이미 알고 있는 다른 정보를 연결시켜주는 추가 정보는 단 한 번의 경험으로도 그 단어를 기억할

그림 7.1
일화적 · 의미적 기억 일반적으로 의미적 기억은 반복을 통해 강화되지만, 일화적 기억은 비슷한 사건에 자주 노출되면서 악화될 수 있다.

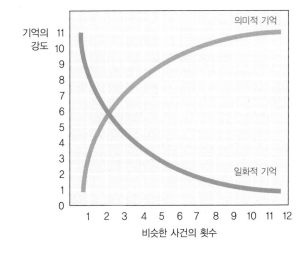

수 있게 도와준다.

그러나 보통 의미적 정보는 일반적으로 완전히 습득될 때까지 여러 번의 추가적 경험들이 필요하다. 예를 들어, 라틴 단어 목록을 암기하기 위해서는 수차례 학습하는 것이 필요하다. 일반적으로 특정 사실에 대한 반복 경험은 해당 사실에 대한 의미적 기억을 더욱 강화시킨다(Linton, 1982). 반대로 매우 유사한 사건들의 반복 경험은 특정 사건의 일화적 기억을 약화시킬 것이다(그림 7.1). 만약 차를 똑같은 넓은 주차장에 매일 주차한다면, 이전의 비슷한 주차 경험으로 인해 일화적 기억들이 혼동될 것이며, 오늘 주차한 곳을 기억하는 데 어려움을 겪을 것이다. 이것이 넓은 주차장에서 많은 사람들이 당황한 얼굴로 돌아다니는 이유이다.

일화적 기억이 먼저인가, 의미적 기억이 먼저인가?

일화적 기억과 의미적 기억의 정확한 관계는 아직 치열하게 논의 중이다. 일화적 기억과 의미적 기억은 심리학자 엔델 툴빙(Endel Tulving)에 의해서 처음으로 구분 지어졌다. 툴빙은 일화적 기억이 의미적 기억에서 유래된다고 주장하였다(Tulving, 2002). 이러한 관점에 따르면, 유기체는 어느 정도의 의미적 정보를 가지고 있어야 그 틀 위에 일화적 기억을 만들 수 있다. 예를 들어 '졸업'이 무엇인지 모르는 사람은 자신의 졸업을 포함해 졸업과 관련된 일화적 기억을 거의 가지고 있지 않을 것이다.

또 다른 가능성은, 의미적 기억이 우리가 자주 반복적으로 마주치는 정보를 표상한다는 것이다. 이렇게 자주 접하는 정보는 실제로 학습을 했던 일화들이 전부 희미해져서 의미적 '사실'만 남게 된다(Conway, 2009). 예를 들어 만약 처음으로 조지 워싱턴에 대해 배웠던 때를 기억한다면, 그때의 역사 수업 시간에 대한 일화적 기억을 가지고 있을 것이다. 하지만 조지 워싱턴에 대해 다른 많은 수업들에서 듣고, 책에서 읽고, 텔레비전에서 봤다면, 개인적인 일화들을 기억하는 것과는 별개로 미국의 첫 번째 대통령에 대한 일반적인 지식들을 떠올릴 것이다.

세 번째 가능성은 일화적 기억과 의미적 기억이 근본적으로 서로 영향을 줄 수 있는 상호의존적 관계에 있다는 것이다(Greenberg & Verfaellie, 2010). 사건의 특성을 알아보고 부호화 하는 데 도움을 줄 수 있는 풍부한 의미적 배경지식이 있을 때 일화적 기억은 더욱 강력하게 형성되고 더 길게 지속될 것이다. 다른 한편으로는 정보와 마주한 상황에 대한 뚜렷한 일화적 기억이 있는 경우 의미적 기억이 더욱 강력하게 형성되고 더 길게 지속될 것이다(Neath, 2010). 이러한 관점에서는 기억을 일화적 기억이나 의미적 기억으로 분류하는 것보다, 많은 기억들이 일화적 기억과 의미적 기억 모두에 속해 있다는 것을 인정하는 것이 더 유용할 것이다.

인간 이외의 동물들도 일화적 기억을 가질 수 있는가?

인간들이 의미적 기억을 가지고 있는지를 측정하는 가장 쉬운 방법은 문답법이다. 만약 연구자가 당신에게 미국의 첫 번째 대통령 이름을 묻는다면 '조지 워싱턴'이라고 답할 것이고, 연구자는 당신이 그 사실에 대한 의미적 기억을 가지고 있다고 결론 내릴 것이다. 하지만 이를 동물에게 적용하기에는 문제가 있다. 왜냐하면 쥐에게 대통령의 이름을 물을 수는 없기 때문이다. 그러나 우리는 다른 방법으로 동물들의 의미적 기억을 평가할 수 있다. 예를 들어, 그림 7.2는 방사형 미로(radial arm maze)를 보여준다. 방사형 미로는 중심 영역으로부터 바퀴살처럼 뻗어 있는 여러 개의 통로로 이루어져 있다. 미로의 천장은 뚫려 있기 때문에 미로 안에 있는 쥐는 창문이나 포스터의 위치와 같은 방 안에 있는 지형지물들을 보고 이를 길 찾기에 이용할 수 있다.

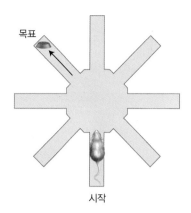

목표

시작

그림 7.2
방사형 미로 쥐가 먹이가 있는 방을 찾을 때까지 미로에 놓아두는 여러 번의 시행을 거치면 결국 먹이가 있는 방으로만 바로 달려갈 것이다. 이는 쥐가 미로에서 먹이가 어디에 있는지에 대한 의미적 기억을 형성했다고 볼 수 있다.

　방사형 미로는 여러 종류의 학습과 기억을 측정하는 데 사용될 수 있다. 하나의 방식으로 연구자들은 한 통로의 끝에 음식을 두고('목표 통로') 다른 통로의 끝에 쥐를 넣어둔다('시작 통로'). 그 후 쥐가 음식을 찾아 먹을 때까지 미로를 배회할 수 있도록 한다. 이런 시행을 여러 번 반복하면 쥐는 음식이 어디 있는지를 학습하게 되고, 시작 통로에 놓아두면 바로 목표 통로로 달려갈 것이다. 만약 충분히 잘 훈련된 쥐를 새로운 시작 통로에 놓으면 한번도 사용해보지 않은 경로를 이용해서 여전히 먹이가 있는 위치로 달려갈 것이다. 이 때 연구자는 쥐가 음식이 어디 있는지 '알고' 있으며, 새로운 경로를 이용하는 것과 같이 유연한 방식으로 이 정보를 사용할 수 있다고 결론 내릴 것이다. 따라서 대부분의 연구자들은 이것이 쥐의 의미적 기억의 예시라는 사실에 동의할 것이다.

　일화적 기억은 동물에게서 측정하기 더 어렵다. 사실 일부 연구자들은 동물이 적어도 사람이 하는 방식처럼 일화적 기억을 유지하지는 못한다고 주장한다(Roberts & Feeney, 2009; Tulving, 2002). 특별히, 엔델 툴빙은 기억 속의 사건을 다시 경험하는 '정신의 시간여행(mental time travel)'이 일화적 기억을 하기 위해 꼭 필요하다고 이야기했다. 정신의 시간여행을 위해서는 자기 스스로에 대한 의식적인 자각뿐만 아니라 시간의 흐름에 대한 주관적인 감각이 필요한데 이는 인간 외의 동물에게서는 입증되지 않았다고 주장했다(Tulving, 2002). 하지만 다른 연구자들은 동물이 공간적·시간적 상황을 포함하는 사건에 대해서 '일화적 기억과 유사한' 형태의 기억을 형성할 수 있다는 증거가 쌓여가고 있다고 주장했다(Clayton, Yu, & Dickinson, 2001; Crystal, 2001).

　예를 들어 고릴라들은 세세한 자서전적인 사건들을 기억하는 것처럼 보이며, 이러한 정보를 인간 연구자들에게 유연하게 전달할 수 있다. '킹'이라는 고릴라 한 마리에게 과일과 사람이 그려져 있는 카드를 사용하여 다양한 과일과 사람들의 이름을 가르쳤다(Schwartz, Colon, Sanchez, Rodriguez, & Evans, 2002). 카드를 사용하는 방법에 대한 일반적인 지식은 의미적 지식이다. 연구자들은 킹이 분명한 자서전적 일화들을 기억하는지 측정을 시도했다. 하루 동안 킹은 여러 명의 사람들에게서 과일 조각들을 받았다. 24시간 후 킹에게 카드를 통해 그에게 과일을 준 사람을 물으니, 그는 과일과 사람의 이름이 적힌 카드를 올바르게 제시하였다. 킹은 여러 가지 과일들을 먹었고 여러 사람들과 상호작용을 하였기 때문

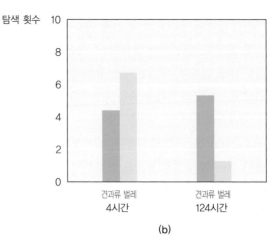

(a)

(b)

그림 7.3
새에게서의 일화적 기억과 유사한 기억 (a) 어치가 모래로 채워둔 얼음 틀에 벌레와 견과류를 숨겨둘 수 있도록 한다. (b) 4시간 뒤 어치는 주로 벌레를 숨겨둔 위치를 파는 경향이 있다(원래 벌레에 대한 선호가 있다). 하지만 벌레가 썩었을 수 있는 124시간 뒤에는 견과류가 있던 위치를 파는 경향이 있다. 이는 어치가 언제 어디에 어떤 먹이를 숨겼는지 일화적 기억과 유사한 기억을 가진다는 것을 보여준다.
(b) Information from Roberts, 2002.

에 그의 수행은 전날의 사건들에 대한 일화적 기억과 유사한 기억을 가지고 있음을 보여준다. 이 기억은 단순히 과일을 먹었다는 사실이 아니라 과일의 특별한 형태와 과일을 준 사람, 대략적으로 사건이 발생한 때에 관한 기억으로 보인다. 그리고 그는 연구자들과 카드 속 상징을 사용하여 의사소통 할 수 있었다. 이러한 행동은 일화적 기억에 대한 분류기준 대부분을 만족시킨다(Schwartz & Evans, 2001).

새 또한 특정한 사건들과 그것이 얼마나 오래 전에 발생했는지를 기억할 수 있을지도 모른다. 예를 들어, 어치들은 나중에 되찾을 수 있도록 남은 먹이를 은닉처에 숨겨두는 습성이 있다. 이 새들은 은닉처의 위치를 정확하게 기억을 해서 찾아올 수 있는데, 실험자가 은닉처의 먹이를 몰래 제거해서 냄새가 나지 않도록 해도 위치를 찾아낼 수 있다. 일화적 기억과 유사한 기억을 가지고 있는지 검사하기 위해서 니콜라 클레이튼(Nicola Clayton)과 동료들은 어치가 두 종류의 식량인 벌레와 견과류를 모래가 덮인 얼음 틀에 숨길 수 있도록 하였다(그림 7.3a). 그리고 새들이 4시간이나 124시간(약 5일) 뒤에 먹이를 다시 찾도록 했다. 보통 어치는 벌레를 견과류보다 더 좋아하기에 4시간 뒤에 먹이를 찾도록 시켰을 때 견과류보다 벌레를 더 많이 더 찾아내었다(그림 7.3b) 그러나 벌레는 124시간이 넘어버리면 썩어버리지만 견과류는 그렇지 않다. 그렇기 때문에 124시간 뒤에 어치에게 먹이를 찾도록 했을 때에는 벌레보다 견과류를 찾아내기를 더 선호하였다(Clayton & Dickinson, 1999). 이러한 결과는 어치가 먹이를 어디에 숨겼는지 뿐만 아니라 어떤 먹이를 언제 숨겼는지 기억한다는 것을 보여준다(Clayton et al., 2001; Griffiths, Dickinson, & Clayton, 1999). 쥐, 돌고래, 비둘기 역시 언제, 어디서 그 사건이 발생했는지와 같이 구체적으로 사건을 기억할 수 있는 비슷한 능력을 가진다(Kart-Teke, De Souza Silva, Huston, & Dere, 2006; Mercado, Nurray, Uyeyama, Pack, & Herman, 1998; Zentall, Singer, & Stagner, 2008; Zhou & Crystal, 2011).

더 나아가 일부 연구자들은 인간 이외의 동물(쥐, 돌고래, 비둘기, 영장류, 새의 일부)들이 자아와 시간에 대한 주관적인 자각을 가지며, 그들의 행동을 보면 동물들이 과거로부터 자서전적인 사건들과 미래를 정신적으로 재창조해낼 수 있다고 주장한다(Dere, Kart-

Tecke, Huston, & De Souza Silva, 2006; Zentall, 2006).

이 장의 남은 부분에서는 동물의 기억이 사건이 일어난 시공간적인 상황에 대해서 무엇이-어디서-언제 정보를 가지고 있는 경우 편의상 '일화적 기억과 유사한(episodic-like)' 기억이라고 부를 것이다(Crystal, 2010; Eacott & Easton, 2010; Wang & Morris, 2010). 일화적 기억이 아니라 일화적 기억과 '유사한' 용어의 사용은 말을 할 수 없는 동물들에게 그들의 자아에 대한 주관적 느낌이나 '정신적 시간여행'을 수행하는 능력에 대해 직접적으로 질문할 수 없음을 말한다. 이러한 점들에 대한 직접적인 증거가 없으므로, 인간 이외의 동물들이 일화적 기억을 형성할 수 있는지, 아니면 이러한 능력이 인간에게만 있는 것인지에 대한 논란은 계속될 것이다.

지식 테스트

일화적 기억 대 의미적 기억

일화적 기억은 특정한 시간과 장소에서 벌어진 자서전적인 사건에 대한 기억이다. 반면 의미적 기억은 세상에 대한 사실이나 일반적인 지식에 대한 기억으로 언제 어떻게 정보를 습득했는지와는 무관하다. 하지만 가끔 이 둘 사이의 경계가 불명확할 때가 있다. 하나의 행동은 의미적 정보와 일화적 정보의 요소를 모두 포함할 때가 있다. 아래의 이야기를 읽고 차이를 제대로 파악하고 있는지 답해보라. (정답은 책의 뒷부분에 있다.)

1. 대학생 한 명이 라틴 단어 시험을 치고 있다. 번역해야 하는 첫 문제는 'carpe diem'이다. 이 문제는 다행히 쉽다. 그는 "오늘을 즐겨라."가 답인 것을 알지만 이 표현을 언제 들었는지는 기억하지 못한다. 이 학생은 일화적 기억을 사용하는가, 의미적 기억을 사용했는가?

2. 번역해야 하는 두 번째 문구는 'ne tentes, aut perfice'이다. 이건 조금 어렵다. 학생은 이 문구에 대해서 분명히 배운 기억이 있고 심지어 교과서의 좌측 아래 부분에 검은 잉크로 나와 있었다는 사실까지 기억하지만 정작 해석은 기억이 나질 않는다. 이 학생은 일화적 기억을 사용하고 있는가, 의미적 기억을 사용하고 있는가?

3. 나중에 이 학생은 다른 학생에게 캠퍼스에 대해서 설명해준다. 투어가 끝나고 신입생이 커피를 어디서 살 수 있는지 물어본다. 학생은 잠시 생각하더니 근처 스타벅스보다 학생회관 커피가 더 맛있다고 대답했다. 어떤 식으로 이 학생은 의미적 기억과 일화적 기억을 동시에 사용하고 있는가?

새로운 기억의 부호화

대부분의 시간 동안 새로운 일화적 기억과 의미적 기억의 형성은 자동적이고 노력이 필요 없어 보인다. 예를 들어, 나중에 회상할 수 있도록 고등학교 졸업식에 대해 기억하려고 의식적으로 노력하지 않았음에도 불구하고 졸업식에 대한 많은 정보를 기억하고 있을 것이다. 반면, 시험공부를 해본 학생들은 어떤 정보들은 다른 정보들에 비해 쉽게 기억된다는 것을 모두 알 것이다. 여기에서 새로운 일화적 기억이나 의미적 기억을 성공적으로 부호화하거나 저장하는 데 중요한 세 가지 원칙을 소개한다.

정보에 단순히 노출되는 것은 기억을 보장해주지 않는다

연습은 완벽을 만든다는 원칙에 따라, 아마도 새로운 정보를 학습하는 최선의 방법은 공

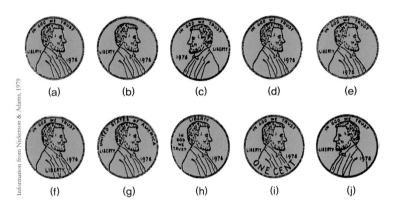

(a) (b) (c) (d) (e)

(f) (g) (h) (i) (j)

올바른 페니를 찾을 수 있겠는가?(한국 동전으로 생각한다면 100원에 그려진 인물이 어느 방향을 보고 있는지 확실하게 답할 수 있겠는가? 500원 동전의 학은 어느 방향으로 날고 있는가?-역자 주) 대부분의 사람들은 매일 사용함에도 불구하고 동전의 세부사항을 잘 인식하지 못한다. 기억의 어떤 원칙이 이를 설명할 수 있는가?

부하고, 공부하고, 또 공부하는 것이라고 생각할지 모른다. 그러나 진실은 조금 더 복잡하다. 정보에 단순히 노출되는 것만으로는 기억을 보장할 수 없다. 하나의 예는 영국의 BBC 라디오 방송이 그들의 방송 주파수를 바꾸려고 했을 때 발생했다. BBC는 새로운 방송국 주파수 번호에 대한 공지로 라디오 프로그램을 꽉꽉 채웠다. 수 주 동안 하루에 적어도 25번 이상의 공지를 들은 청취자들을 대상으로 실시한 설문조사에서 4분의 1 이하의 사람들만이 새로운 주파수 번호를 기억했다(Bekerian & Baddeley, 1980). 단순히 정보를 반복해서 제시하는 것은 청취자들의 기억을 충분히 보장해주지 못했다.

시각적 세부사항에 대한 기억 역시 그만큼 나쁠 수 있다. 여기에 빠른 검사가 있다. 미국의 페니(1센트-역자 주) 동전이 어떻게 생겼는지를 기억하려고 노력해보라. 당신은 아마도 앞면에 나와 있는 링컨의 얼굴을 기억하겠지만, 그의 얼굴이 왼쪽을 향해 있는지 오른쪽을 향해 있는지를 기억할 수 있는가? 당신 혼자만 기억하지 못하는 것은 아니다. 실제로 미국 학생들의 적은 수만이 정확하게 동전을 그릴 수 있었고, 여러 개의 가짜 동전들 사이에서 정확한 동전을 고를 수 있는 사람도 많지 않았다(Nickerson & Adams, 1979). 다른 나라 사람들 역시 자기 나라 화폐의 세부사항에 대해 그만큼 잘 기억하지 못한다(Jones, 1990; Martin & Jones, 1995). 우리들 중 대부분이 매일 돈을 다루며, 동전을 보면 존재를 잘 알아차릴 수 있다. 그럼에도 불구하고 대부분이 이토록 익숙한 물건의 세부사항에 대해 매우 잘 기억하지 못한다.

간단히 말해서, 언어적 정보나 시각적 정보를 단순히 반복하는 것만으로는 확실히 기억하기에 충분치 않다. 그렇다면 무엇이 정보가 부호화되고 습득되도록 결정하는가?

사전 지식과 연관된 정보는 기억이 더 잘된다

이 장의 앞부분에서 라틴어 'arc' 혹은 'arch'가 *fornix*라는 것을 언급했다. 이 정보를 기억하기 쉽도록 로마 매춘부에 관한 토막상식을 제시하였다. 토막상식을 제시한 목적은 *fornix*와 '간음(fornication)' 사이의 관계를 제시하는 것이다. 이런 방식은 의미 없는 라틴 단어를 기억하는 것보다 훨씬 잘 기억하도록 도울 것이다.

기억의 기본적인 원칙은 새로운 정보를 이미 알고 있는 것과 연관시키면 더 쉽게 기억할 수 있다는 것이다. 유명한 한 연구에서 존 브랜스포드(John Bransford)와 마샤 존슨(Marcia Johnson)은 한 그룹의 사람들에게 다음 단락을 읽어주었다.

절차는 사실 생각보다 간단합니다. 먼저 물건들을 서로 다른 그룹으로 묶어서 정리합니다. 물론 해야 할 것이 얼마나 있느냐에 따라서 하나의 그룹도 충분할 수 있습니다. 만약 설비의 부족으로 어딘가로 가야 한다면 그건 다음 절차입니다. 아니라면 이제 충분히 준비가 되었습니다. 중요한 것은 한 번에 너무 많이 하지 않는 것입니다. 그러니까 한 번에 조금씩 하는 것이 많이 하는 것보다는 낫다는 뜻입니다. … 모든 절차가 끝나면 다시 서로 다른 그룹으로 나누어 정리합니다. 그 후에는 그것들을 각각의 적절한 위치에 놓을 수 있습니다. 최종적으로 그것들은 한 번 더 사용되고 다시 한 번 모든 절차를 반복해야 할 것입니다. 그러나 이것은 삶의 일부입니다.

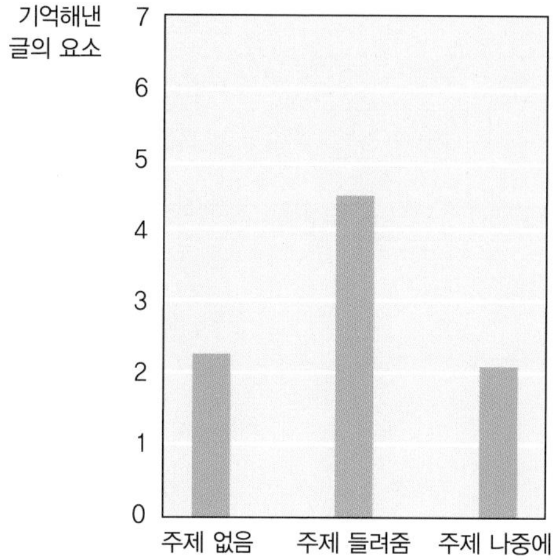

그림 7.4
배경지식이 기억에 미치는 영향 실험자는 짧은 글 하나를 참가자들에게 크게 읽어준다. 단지 이야기만 들려준 '주제 없음' 집단은 읽어준 글에서 아주 적은 부분만 기억했지만, 미리 주제를 알려준 '주제 들려줌' 집단은 많은 부분을 기억할 수 있었다. 하지만 글을 읽어준 뒤 주제를 알려준 '주제 나중에' 집단은 주제를 아예 모르는 집단과 별반 차이가 없었다.

이렇게 제시가 되면 그 의미가 이해되지 않을 것이다. 놀랍지 않게도 대부분의 참가자들은 이 단락의 내용 중 매우 적은 부분만 회상할 수 있었다(Bransford & Johnson, 1972). 그러나 두 번째 그룹 참가자들은 이 단락의 주제가 '빨래하기'라는 사실을 알려주었다. 이러한 배경지식과 함께 이 단락을 다시 읽는다면 훨씬 더 말이 잘 된다는 것을 알 수 있을 것이다. 실제로 단락을 듣기 전에 주제를 알고 있었던 참가자들은 이 단락에 대해서 두 배 더 회상을 잘했다(그림 7.4). 중요한 것은 기억에 대한 배경 정보의 효과는 부호화의 과정에 제한되어 있고, 회상을 돕지는 않는다는 것이다. 따라서 이 단락을 듣고 나서 주제를 알게 된 사람들은 주제를 전혀 알지 못하는 사람과 비슷하게 정보를 회상했다. 오직 배경 정보를 먼저 알았던 사람들만이 이 단락을 잘 기억하였다.

이 원칙은 학습 습관을 최적화하는 데 뚜렷하게 암시하는 바가 있다. 일반적으로 교과서를 읽기 전에 전체 장의 내용을 훑어서 주요 포인트에 대한 감을 잡는다면, 내용을 더 잘 기억할 것이다. 이것은 많은 교수님들이 학생들에게 강의 전에 교과서를 읽어오도록 하는 이유다. 이렇게 준비함으로써 학생들의 마음은 강의에서 제시되는 정보를 더 부호화할 수 있다.

깊은 처리의 부호화는 이후 재인을 향상시킨다

세 번째로 중요한 원칙은 정보를 더 깊게 분석할수록 더 성공적으로 정보를 부호화할 가능성이 있다는 것이다. 부호화 과정에서 더 깊이 정보를 처리할수록 나중에 정보를 더 잘 기억하는 현상을 특별히 **처리의 깊이 효과**(level-of-processing effect)라고 부른다(Craik & Lockhart, 1972; Craik & Tulving, 1975). 만약 *fornix*와 fornication(간음)의 관계에 대하여 생각한다면, '*fornix*=arch'라는 사실을 기억하는 것보다 더 복잡하게 그 단어를 처리하는 것이다. 많은 실험에서 사람들이 단어의 의미적 정보(뜻)에 대해서 생각하도록 강요받았을 때 단어들을 더 잘 기억한다는 것을 보여주었다(Galli, 2014).

한 연구에서 피험자들에게 단어 목록을 한 번에 하나씩 보여주었다. 일부 단어들에 대해서는 해당 단어가 동적인 것을 묘사하는지, 정적인 것을 묘사하는지를 결정하도록 했다.

다른 단어들에 대해서는 첫째 문자와 마지막 문자가 알파벳 순서로 배열되어 있는지 결정하도록 했다. 아마도 '동적임/정적임'을 결정하는 것은 단어의 의미에 대해서 깊게 생각하도록 요구하는 반면, '알파벳 순서임/알파벳 순서가 아님'을 결정하는 것은 문자가 어떻게 배열되어 있는지 표면적인 생각만을 요구했을 것이다. 이후 참가자들에게 다른 단어 목록을 보여주었고 그중 이전에 학습했던 단어들을 선택하도록 요구받았다(그림 7.5). 예상대로, 깊이 처리된 '동적임/정적임' 조건 단어들이 표면적으로 처리된 '알파벳 순서임/알파벳 순서가 아님' 조건 단어들에 비해 더 잘 인식되었다(Otten, Henson & Rugg, 2001).

처리의 깊이에 대한 한 가지 비판은 깊이라는 것이 애매하다는 것이다. 개개인들이 정보를 '깊게' 혹은 '얕게' 처리하는지 어떻게 정확하게 알 수 있는가? 실험자가 철자에 대해서 생각하라고 요구했다고 해서 피험자들이 단어의 의미를 생각하지 않았다고 확신할 수는 없지 않은가? 또한 이 점에 있어서 어떻게 단어의 의미를 생각하는 것이 단어의 첫째와 마지막 문자를 생각하는 것보다 더 깊은 처리를 요구한다고 단정할 수 있는가?

단순히 행동측정을 사용하여 이 질문에 대한 해답을 찾는 것은 어렵다. 그러나 기능적 뇌 영상은 몇 가닥의 실마리를 제공한다. 연구자들은 기능적 자기공명영상(fMRI)을 사용하여, 참가자들이 '깊게' 혹은 '표면적으로' 단어를 부호화할 때의 뇌의 활동을 보았다. 그리고 참가자들의 뇌는 얕은 처리과정에서 보다 깊은 처리과정 동안 더 활발하게 활동한다는 것을 보였다(Otten et al., 2001; Davachi et al., 2003). 이는 뇌가 실제로 정보를 깊게 처리하는 동안 더 열심히 일한다는 것을 보여준다. 이 장의 뒷부분에서 이러한 뇌 부위들이 일화적 기억과 의미적 기억에서 담당하는 역할에 대해 더 많은 이야기를 할 것이다. 하지만 일단은 새로운 정보에 대한 처리의 수준이 깊고 얕은 정도에 대한 심리학적인 의미가 뇌가 얼마나 열심히 일하고 있는지를 나타내는 생리적 지표와 상관관계가 있다고 이해하는 정도면 충분하다.

존재하는 기억을 떠올리기

물론 새로운 기억을 성공적으로 부호화하는 것은 기억과의 싸움의 절반밖에 되지 않는다. 남은 절반은 원하는 기억을 우리가 원할 때에 성공적으로 접근하거나 떠올리는 일이다. 누구나 한 번쯤 자기가 알고 있다는 사실은 알지만 단어나 이름에 대한 기억이 순간적으로 떠올려지지 않는 '혀끝에 맴돌기(tip-of-the-tongue, TOT)' 현상을 경험했을 것이다. 이러한 경우에 정보는 영구히 사라진 것이 아니라 단지 일시적으로 접근할 수 없을 뿐이다. 오히려 관심을 다른 것에 돌렸을 때, 그 정보를 잘 회상할 수 있었던 경험이 있을 것이다. 왜 어떤 때는 저장된 기억을 잘 떠올릴 수 있고, 또 어떤 때는 그럴 수 없는 것일까? 부호화와 마찬가지로, 성공적으로 기억을 회상하는 것에도 몇 가지 기본 원칙들에 영향을 받는다. 다음에 세 가지 핵심 원칙을 제시하였다.

그림 7.5
처리의 깊이 효과 피험자들에게 단어를 보여주면서 한 집단은 (1) 단어가 동적인 것을 표현하는지 정적인 것을 표현하는지 답하라고 했고, 다른 집단은 (2) 첫 철자와 마지막 철자가 알파벳순으로 배열되었는지 답하라고 했다. 나중에 두 번째 목록을 보여주면서 해당 단어가 이전에 보여준 단어 목록에 있었는지 답하라고 했을 때 더 깊게 단어를 처리한 '동적/정적' 집단이 '알파벳순' 집단보다 더 수행이 좋았다.
Data from Otten et al., 2001.

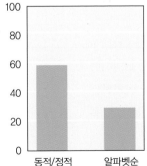

확실히 기억해낸 단어 비율

동적/정적   알파벳순

학습한 조건과 검사하는 조건이 일치하면 인출이 더 잘된다

기억을 인출하는 능력에 영향을 미치는 요소 중 하나는 현재 상황(인출을 하려는 상황)과 처음으로 정보를 습득했던 상황이 얼마나 유사한가이다. **전이-적합성 처리 효과**(transfer-appropriate processing effect)는 만약 인출을 하는 상황에 있는 단서가 부호화할 때 있었던 단서와 유사하다면 인출이 더 잘되는 현상을 말한다[이것은 때때로 부호화 구체성 효과(encoding specificity effect)라고도 불린다]. 예를 들어, 사물들(개, 집 등)의 여러 가지 사진들을 보았다고 하자. 그런 연후에 재인 검사를 받는데 어떤 사물은 사진으로, 다른 사물은 해당하는 단어로 제시가 된다. 어떤 조건에서 더 잘 기억할 것이라고 생각하는가? 대부분의 사람들은 재인할 때, 부호화할 때와 같은 형태로 제시된 자극을 더 잘 지각하였다. 즉, 사물이 단어로 제시되고 단어로 검사받거나 사진으로 제시되고 사진으로 검사받을 때 수행이 좋았다(Köhler, Moscovitch, Winocur, & McIntosh, 2000). 그러나 부호화와 재인의 형태가 다를 때 수행은 저조했다.

일부 연구자들은 깊은 처리과정이 표상적인 처리과정보다 더 좋은 기억을 만든다는 처리의 깊이 효과가 사실 숨겨져 있던 전이-적합성 처리 효과로 인해 나타나는 현상이라고 주장했다. 뜻을 생각하거나 시각적으로 '깊게' 단어를 처리하는 사람들은 일반적인 시각적 재인 검사에서 수행이 좋을 수밖에 없다는 것이다(그림 7.5). 그러나 "리듬이 맞는(rhyme) 단어를 생각해보라."처럼 단어의 뜻에 대한 깊은 처리가 이루어지지 않는 표상적인 처리를 한 집단은 뜻에 대해서 생각하며 깊게 처리한 집단보다 운을 재인하는 검사에서는 훨씬 수행이 좋았다(Morris, Bransford, & Franks, 1977). 짧게 말해서 부호화 동안의 깊게 처리를 하는 것은 검사가 깊은 처리를 요구할 때만 도움이 될 것이다. 만약 검사가 물리적인 특성이나 단어의 소리와 관련 있다면 표상적인 처리과정이 더 도움이 될 것이다!

전이-적합성 처리는 자극의 물리적 형태뿐만 아니라 기억이 저장되고 인출될 때의 물리적 상황과 관련되어 있다. 학교에서 아는 사람을 체육관이나 슈퍼마켓에서 우연히 만났을 때 그 사람을 일시적으로 알아보지 못했던 적이 있는가? 어느 순간에 '갑자기' 그 사람에 대한 기억이 떠오르긴 하지만 웃으면서 아는 척 하면서 대화를 나누느라 힘들었던 경험이 누구나 있을 것이다. 이런 종류의 경험이 있다면 이미 물리적 맥락이 기억 인출에 강력한 영향력을 가짐을 보여주는 대표적인 예이다.

이러한 원리의 유명한 예로, 연구자들은 다이빙 클럽의 회원들에게 기억력 검사를 실시하였다(Godden & Baddeley, 1975). 다이버들 중 일부는 마른 땅 위에서 40개의 단어를 외우게 했다. 그리고 나머진 물속에서 단어를 암기하도록 하였다. 그다음 다이버들은 단어 회상 검사를 받았다. 참가자들 중 단어를 암기한 것과 같은 환경에서 검사받은 다이버들은 (땅 위 혹은 물속) 암기와 회상 검사를 다른 환경에서 받은 다이버들보다 더 많은 단어를 기억할 수 있었다. 이와 유사하게 서 있거나 앉아서 단어를 학습한 학생들이 이후에 검사 동안 같은 자세에서 몇 개 더 많은 단어를 회상할 수 있다(Godden & Baddeley, 1975). 클래식이나 재즈 음악을 들으며 학습한 단어는 이후에 회상하는 동안 같은 음악을 들으면 더 잘

"그래서 보다시피 우리는 이 아이들한테 다지 선다형 문제를 주었어요."

쥐들이 다지선다형 문제를 풀 수 있다고 하더라도 아마 아주 나쁜 수행을 보일 것이다. '강력한 기억 인출을 위한 원리' 중 무엇에 위배되는가?

기억될 수 있다(Smith, 1985). 각각의 경우에서 인출 상황이 부호화 상황과 유사하다면 회상은 더 잘 될 것이다.

그렇다면 검사를 받게 될 같은 공간에서 공부를 하는 것이 수행을 향상시킬 것인가? 반드시 그런 것은 아니다. 5,000명의 대학생들을 대상으로 한 연구에서 수업을 받았던 장소 또는 새로운 장소에서 기말시험을 보았을 때 학생들의 수행에 차이가 없었다(Saufley, Otaka, & Bavaresco, 1985). (이는 아마도 대부분의 교실이 비슷하게 생겼고, 물속에서 시험을 치는 것에 비해 새로운 교실에서 시험을 치는 것이 그렇게까지 방해되는 일은 아니었기 때문일 것이다.) 그러나 당신에게 도움이 되는 전이-적합성 처리 원리를 사용한 예들이 있다. 예를 들어 공부할 때 온라인상으로 다지선다형의 검사에 응시를 하거나 친구들을 불러다가 강의 노트에서 자유롭게 대답이 가능한 질문을 해달라고 요구할 수 있다고 하자. 만약 교수님이 대개 서술형 시험을 친다면, 어떤 공부 방법을 사용하겠는가? 시험을 준비하는 가장 좋은 방법은 검사받을 것이라고 기대하는 방법과 같은 형식으로 공부해서 학습과 회상을 가능한 한 유사한 형태로 하는 것이다(Butler & Roediger, 2007).

더 많은 단서는 회상을 더 잘되게 한다

물론 기억을 검사하는 데에는 여러 가지 방식이 있다. 가장 뻔하고 당연한 것은 **자유 회상** (free recall)이다. 이는 자유롭게 대답이 가능한 질문을 받고 답을 기억해 내는 것이다(예 : "라틴어로 'arch'는 무엇인가?"). 두 번째는 **단서에 의한 회상**(cued recall)이다. 이 경우에서는 일종의 힌트나 단서가 주어진다("라틴어로 'arch'는 F_____). 세 번째는 **재인** (recognition)으로, 이것은 여러 개의 보기 중에서 답을 선택하는 것이다(라틴어의 'arch'에 해당하는 단어는? : A = *fenestra*, B = *fornix*, C = *fundus*).

일반적으로 자유 회상은 단서에 의한 회상보다 어렵고, 단서에 의한 회상은 재인보다 더 어렵다. 이러한 순서는 각 조건의 기억을 살짝 건드려주는 이용 가능한 단서들의 숫자를 반영한다. 자유 회상에서, 실험자들은 명시적인 단서를 아무것도 제공하지 않는다(혹은 최소로 제공한다). 단서에 의한 회상에서는 조금의 단서라도 제공한다. 그리고 재인에서는 모든 항목이 제공된다. 한 연구에서 최근에 졸업한 학생들에게 고등학교 반 친구들의 이름을 회상해보도록 요구했다. 이때 학생들은 평균적으로 50%의 이름을 기억해낼 수 있었다. 하지만 수십 년 전에 졸업한 학생들은 오직 약 20~30%의 이름만을 떠올렸다. 그러나

◄◄ 일상에서의 학습과 기억 ►►

토탈 리콜! 기이한 암기왕에 관한 진실

우리는 비정상적인 기억 능력을 가지고 있는 사람들에 대해서 한 번쯤 들어본 적이 있을 것이다. 아마 가장 유명한 전문적인 암기왕은 S.로 알려진 러시아 기자인 솔로몬 셰레셰브스키(Solomoon Shereshevskii)일 것이다. 러시아 신경심리학자 알렉산드르 루리아(Aleksandr Luria)에 따르면 S.에게 70개의 단어를 읽어주면 전부 기억해낼 수 있었다고 했다. 15년 후 루리아가 기고하기를, "S는 앉아서 눈을 감고 잠시 생각하더니 "맞아, 맞아, 이거 언젠가 당신 아파트에서 준 단어 목록 중 하나야. 그때 당신은 회색 양복을 입고 있었고…" 그리고 그는 방금 전 세션에서 준 것과 같이 15년 전에 주었던 단어 리스트를 그대로 읊기 시작했다."(Luria, 1982 [1968], p. 384) 다른 유명한 암기왕으로는 뉴욕 전화번호부의 일부를 외우는 것으로 동료들을 놀라게 했던 농구선수 제리 루카스(Jerry Lucas)가 있다.

어떻게 이런 재주가 가능한가? S.는 자극을 매우 자세히 시각적으로 상상했고 이 이미지들이 나중에 정보를 회상할 때 도움을 주었다. 제리 루카스는 외워야 하는 정보에 대해 특이한 시각적 이미지를 만들어서 쉽게 외우고 회상할 수 있게 하였다. 이러한 전략은 기억술 혹은 mnemonics(m이 묵음이라 니모닉스라 읽는다)라고 한다. 당신도 '방실방실'(심방과 심실의 위치를 외울 때), '칼카나마알아철니'(금속의 이온화 경향을 외울 때)처럼 간단한 기억술을 사용해본 적이 있을 것이다.

대부분의 세계적인 수준의 암기왕은 다들 어떤 종류의 기억술을 사용한다. 최근 신경영상 연구에 따르면 일반적인 수준의 기억력을 가진 사람과 특출난 기억력을 가진 사람과 해부학적 구조가 전혀 차이가 없었다고 한다(Maguire, Valentine, Wilding, & Kapur, 2003). 이 연구가 가지는 함의는 누구나 다 '세계적 수준의 암기왕'이 될 수 있다는 것이다(Ericsson, 2003). 하지만 이런 암기왕들이 차를 어디 주차했는지 기억하거나 친구의 생일을 기억하는 등 일상생활에서 일반인보다 더 나은 기억력을 보인다는 증거가 없다.

이름의 목록을 보여주며 같은 반이었던 사람들을 찾아보라고 요청하였을 때 최근에 졸업생들은 90%를, 오래 전에 졸업한 학생들은 85% 정도 정확하게 떠올릴 수 있었다(Bahrick, Bahrick, & Wittlinger, 1975).

대부분의 사람들은 본능적으로 자유 회상이 재인보다 어렵다는 것을 이해할 것이다. 이것은 많은 학생들이 에세이(자유 회상 검사)보다 선다형(재인 검사) 시험을 선호하는 이유이다. 물론 교수들도 이를 알고 있다. 그리고 그들은 대부분 학생들이 자세히 공부하지 않았다면 쉽게 실수할 수 있는 대안적인 답들을 포함시켜 선다형 문제를 보충한다(기억을 더 잘하고 싶으면 '일상에서의 학습과 기억'을 읽어보라).

기억해내기 위해 애를 쓰면 (심지어 실패하더라도) 기억이 향상된다

학생들과 선생님들은 시험(인출)은 학습이 성공적이었는가를 '평가'하는 데 쓰이고 공부(부호화)와 다른 것이라고 생각한다. 그러나 사실 단순히 시험을 치는 것 자체가 검사된 정보에 대한 기억을 향상시키는 데 강력한 역할을 한다. '기억에 대한 시험 효과(testing effect)'는 다양한 조건에서 여러 번 관찰되었다(복습을 위해 Roediger & Butler, 2011 참조). 정보를 회상하기 위해 애를 쓰게 만드는 어려운 시험이 가장 도움이 된다. 시험이 기억에 주는 이점은 정보를 기억해내는 데 실패하거나, 심지어 답이 맞는지 틀렸는지에 대해 피드백을 받지 않았을 때에도 일어난다.

한 연구에서, 학생들은 두 가지 짧은 단락에 대해 공부하도록 요구받았다. 이후, 둘 중

한 단락은 다시 읽도록 했고(읽기 조건), 다른 한 단락은 상단에 제목과 함께 빈칸을 주고 기억나는 대로 적어내도록 했다(시험 조건). 일주일 뒤, 학생들은 두 번 읽은 단락에 대해서는 약 40%만 회상했지만, 시험을 본 단락에 대해서는 약 55% 정도를 회상하는 데 성공했다 (Roediger & Karpicke, 2006). 즉, 시험을 치는 도중에 피드백을 주지 않았음에도 불구하고 이전의 시험이 이후의 회상을 향상시킨 것이다.

기억에 대한 시험 효과에는 여러 가지 원리들이 작용될 것이다. 첫째로, 앞서 보았듯이 정보에 단순히 노출되는 것만으로는(읽기 조건) 기억의 부호화를 강력히 향상시키지 않는다는 것이다. 둘째, 이 역시 알다시피 전이-적합성 처리 현상은 이전에 정보에 노출되었을 때와 같은 형태로 이후에 검사를 실시하면 수행이 향상된다고 예측한다(검사를 할 때 읽기 조건과 시험 조건 모두에서 자유 회상 검사를 실시함). 그러나 세 번째로 가능한 원리는 바람직한 난이도 현상(desirable difficulties phenomenon)이다(Soderstrom & Bjork, 2015). 이는 간단히 말해 회상능력에 도전하는 '어려운 난이도'의 학습조건이 회상하려는 정보의 장기 기억 파지를 더 잘 촉진시킨다는 것이다.

따라서 다음번에 시험공부를 해야 할 때, 이러한 원칙들을 기억하라. 단순히 각 단원을 반복해서 읽는 대신, 온라인 퀴즈를 치거나(만약 시험에 객관식 문항이 포함된다면), 암기 카드를 사용하거나(주관식 문항), 빈 종이에 하나의 주제에 관해 기억하는 것을 모두 써보아라(에세이 문항). 모의고사에서 정보를 기억하려고 쏟은 노력은 진짜 시험을 치를 때 보상받게 될 것이다. 실제로 몇몇의 연구에서 강사가 주기적으로 강의를 멈추고 '클리커' 장치(유선 혹은 무선 리모컨 장비로 모든 학생들에게 하나씩 배포가 됨. 이후 강사의 질문에 따라 버튼을 누르면 강사는 학생들의 답을 볼 수 있음. 퀴즈나 간단한 설문조사 등에서 사용-역자 주)를 통해 설문조사 같이 짧은 퀴즈를 낸 경우 이후의 시험을 더 잘 치는 것으로 밝혀졌다. 이 효과는 심지어 시험에 명백하게 퀴즈에서 나온 문제가 포함되지 않았더라도 나타났다(복습을 위해서 Glass & Sinha, 2013 참조).

기억이 실패할 때

일화적 기억과 의미적 기억의 부호화와 인출에 영향을 주는 기본 원칙들을 살펴보았다. 각 단계에서 다양한 조건들(자극의 형식, 맥락 등)은 각각의 과정을 돕거나 방해한다. 기억이 실패할 수 있는 모든 가능성들을 떠올려 본다면 기억이 자주 적절하게 작동하고 있다는 것이 놀라울 따름이다.

그러나 일화적 기억과 사건적 기억이 문제를 일으키는 상황들도 있다. 앞서 보았던 혀끝에 맴돌기 현상은 잠시 기억에 접근이 불가능 하지만 나중에는 기억해낼 수 있는 일시적인 기억 실패의 예이다. 그러나 다른 경우에서는 기억을 완전히 잃어버리거나 기억이 변형될 수도 있다. 많은 기억 실패에서는 단순 망각, 다른 기억에 의한 간섭, 오기억, 그리고 출처 확인 오류의 네 가지 기본 현상 중 하나를 반영한다. 다음에서 우리는 이 주제에 대해 자세히 다루겠다.

망각

오래전에 있었던 일보다 최근에 있었던 일이 더 잘 기억나는 것은 아마 당연한 일일 것이다. 예를 들어 오늘 일어났던 사건들의 대부분은 기억하겠지만, 오래전에, 음. 2013년 7월 16일에 무슨 일을 했는지는 기억할 수 없을 것이다. 그러나 같은 질문을 2013년 7월 17일에 물어봤다면 바로 지난날에 무엇을 했었는지 매우 자세하게 설명할 수 있었을 것이다. 왠지 이 사건에 대한 정보는 달이 지날수록 조금씩 사라지고 있다. 무엇이 망각의 속도를 조절할까?

제1장에서 본 것처럼, 헤르만 에빙하우스(Hermann Ebbinghaus)는 인간의 학습과 망각을 정량화하기 위해 일련의 연구를 진행하였다. 에빙하우스는 무의미한 철자 목록을 외웠고 자신이 기억하는지를 스스로 검사했다. 그는 가장 큰 망각은 학습 후 첫 몇 시간 또는 학습 이후 몇 일간 일어난다고 결론지었다(Ebbinghaus, 1885/1964). 첫 며칠 이후에도 지속되는 정보는 무기한으로 기억 속에 남을 것이라고 결론 내렸다.

에빙하우스의 기본적인 발견은 다양한 연구들에서 재현되었다. 예를 들어, 1980년대 기억 연구가 래리 스콰이어(Larry Squire)는 사람들에게 1년 전부터 15년 전 사이에 한 시즌 동안 방영했던 텔레비전 방송에 관해 질문하는 실험을 하였다(Squire, 1989)(그 당시에는 텔레비전 네트워크가 적은 수만 존재해서 대부분의 사람들이 방영되는 대부분의 프로그램들을 알고 있었다). 사람들은 이 의미적 기억실험에서 평균적으로 꽤 잘 대답했다. 대부분의 사람들이 1년 전에 방영했던 TV쇼의 75% 이상의 제목을 정확하게 재인했는 데 반해 더 이전에 방영했던 프로그램에 대해서는 점차 적은 수의 제목을 기억하고 있었다(그림 7.6a). 대부분의 망각은 첫 10년 동안 일어났고 사람들은 15년 전에 방영했던 TV쇼 제목을 10년 전에 방영했던 TV쇼와 거의 비슷한 수준으로 기억하고 있었다.

우리는 망각이 단순히 오랫동안 접근하지 않았던 오래된 기억이 일반적으로 사라지는 수동적인 과정이라고 생각한다. 그러나 우리는 알고 있는 것보다 기억하거나 망각하는 것에 대해 더 많은 힘을 가지고 있다. **지시된 망각**(directed forgetting)은 필요에 의해 정보를 망각하는 행위를 말한다. 예를 들어, 마이클 앤더슨과 그의 동료들은 피험자들에게 ORDEAL-ROACH, STEAM-TRAIN, JAW-GUM 등의 일련의 단어 짝을 학습시켰다(M. Anderson et al., 2004). 그다음 참가자들에게 짝지어진 첫 단어를 보여주며 어떤 단어(ORDEAL)에는 그 단어의 관련어(ROACH)를 기억하라고, 또 다른 단어(STEAM)에는 관련어(TRAIN)를 잊어버리라고 지시했다. 이후에 앤더슨은 모든 짝들에 대한 기억을 검사하였다(그림 7.6b). 사람들은 그들이 연습했거나(ORDEAL-ROACH) 처음 실험 이후로 보지 않았던 것들(JAW-GUM)보다 잊어버리려고 했던 짝(STEAM-TRAIN)을 덜 기억하였다. 그림 7.6b에 있는 망각조건에서, 사람들이 여전히 평균적으로 단어의 50%는 기억하고 있음에 주목하자. 이를 보면 지시된 망각은 완벽하지 않다는 것을 알 수 있다(완벽한 지시된 망각이 가능했다면 망각 조건에서 피험자는 하나도 기억을 못해야 한다ー역자 주). 그러나 이 결과는 우리가 잊어버릴 것과 잊어버리지 않을 것에 대해 일부는 조절이 가능하다는 점을

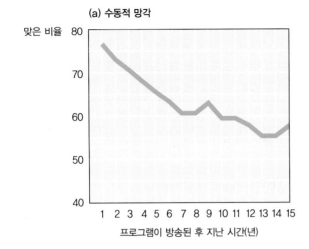

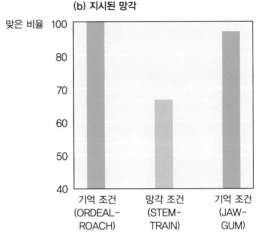

그림 7.6

두 가지 종류의 망각 (a) 수동적 망각은 시간에 대한 함수로 나타난다. 오래된 정보는 최근에 학습한 정보보다 잊히기 쉽다. 1980년대 사람들에게 방영된 TV 프로그램 이름을 알아보라고 했을 때 최근에 방영된 프로그램을 10년 전에 방영되었던 프로그램보다 더 잘 기억해냈다. (b) 지시된 망각은 의도적으로 기억을 억압하려 할 때 발생한다. 피험자들은 외우라고 지시받거나 첫 학습 이후 단어를 보지 않은 통제 조건보다 명시적으로 잊으라고 지시받았을 때 단어 쌍에 대한 기억을 더 많이 잃어버렸다.

(a) Information from Squire, 1989, Figure 1. (b) Information from M. Anderson et al., 2004, Figure 1B.

제안한다. 다른 연구에서는 의도적인 망각이 자서전적 기억으로까지 확장될 수 있음을 보여준다. 이 연구에서는 참가자들에게 매일 일기를 쓰도록 하고 특정 그룹에게만 지난주의 사건들을 잊도록 지시했다. 사건을 잊어버리라고 지시받은 참가자들은 특별한 지시를 받지 않은 참가자들에 비해 더 적은 사건들을 기억해냈다(Joslyn & Oakes, 2005).

명백히, 실험실에서의 지시된 망각은 현실에서의 망각과 다를 수 있다. 그럼에도 불구하고, 원하지 않는 정보에 대해 망각하는 것이 이론적으로 가능하다는 사실은 현실에서 전쟁, 강간이나 자연재해와 같은 개인에게 매우 외상적이고 불쾌한 기억에 대해 억압을 보이는 현상을 설명하는 데 도움이 될 수 있다. 그리고 이러한 능력을 활용해 외상후 스트레스장애나 강박장애와 같이 방해되고 원치 않는 생각으로 고통을 주는 정신질환의 치료로 발전될 수도 있다. 이렇게 망각으로 인한 기억 실패는 몇 가지 심리적인 이점을 가질 수도 있다.

간섭

전날 주차했던 장소가 오늘 주차했던 장소를 기억하는 데 방해를 한다는 주차장의 예시를 기억하는가? 이것은 **간섭**(interference)의 예이다. 한 맥락에서 두 가지 기억이 겹쳐 있을 때, 두 기억 중 하나 혹은 둘 다 쇠퇴할 것이다.

기억력 실험에 참여하고 있다고 가정해보자. 실험자는 그림 7.7 목록 1의 단어들을 외우라고 지시한다. 당신은 리스트를 전부 외울 때까지 큰 소리로 단어 쌍들을 외우면서 연습할 것이다. 시간이 조금 지난 뒤, 실험자는 앞 단어를 제공하면서(예 : DOG-_____), 짝이 되는 단어를 채워 넣으라고 한다(CHAIR).

자, 이제 실험자가 그림 7.7의 두 번째 목록을 외우라고 지시한다. 목록의 어떤 항목들(DOG, SHIRT)은 이전 목록에도 출현했던 단어들임을 확인해라. 그런데 두 번째 목록에 있는 새로운 단어 쌍인 DOG-WINDOW를 학습하려 할수록 그 앞의 단어(DOG)는 예전에 연결되었던 짝 단어(CHAIR)를 회상하게 한다. 이러한 현상은 목록 2의 기억력을 검사할 때 새로운 짝(WINDOW) 대신에 예전 짝(CHAIR)을 응답하는 식으로 목록 2의 학습을

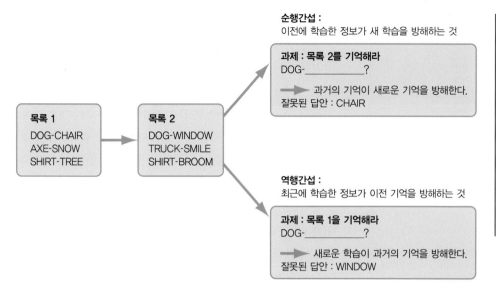

순행간섭 :
이전에 학습한 정보가 새 학습을 방해하는 것

과제 : 목록 2를 기억해라
DOG-_____?
→ 과거의 기억이 새로운 기억을 방해한다.
잘못된 답안 : CHAIR

목록 1
DOG-CHAIR
AXE-SNOW
SHIRT-TREE

목록 2
DOG-WINDOW
TRUCK-SMILE
SHIRT-BROOM

역행간섭 :
최근에 학습한 정보가 이전 기억을 방해하는 것

과제 : 목록 1을 기억해라
DOG-_____?
→ 새로운 학습이 과거의 기억을 방해한다.
잘못된 답안 : WINDOW

그림 7.7
두 종류의 간섭 목록 1에 있는 단어 쌍을 외우도록 지시받고, 이후 목록 2에 있는 단어 쌍을 외우라고 지시받았다고 상상해보라. 다음 세션으로 목록 2에 있는 단어에 대해서 회상해보라고 하는데 목록 1에 있던 쌍들의 기억이 회상을 방해할 수 있다(순행간섭). 반대로 다시 목록 1에 있는 단어를 회상해보라고 요구받으면 이후에 학습한 목록 2의 단어에 의해 회상이 방해받을 수 있다(역행간섭).

간섭할 것이다. 이렇게 이전의 정보가 새로운 학습을 방해하는 현상을 **순행간섭**(proactive interference)이라고 한다(J. Anderson, 1981; Wickelgren, 1996).

반대 과정 또한 발생할 수 있다. 목록 2를 열심히 학습한 후, 반대로 목록 1에 대한 회상을 검사받는다고 생각해보자. 이제 실험자가 DOG-_____를 제시하면, 목록 1의 CHAIR 대신에 목록 2의 WINDOW를 회상할 수도 있을 것이다. 이렇게 새로운 정보가 이전의 학습을 방해하는 현상을 **역행간섭**(retroactive intereference)이라고 한다. 순행간섭과 역행간섭 사이의 차이점을 쉽게 기억하는 방법이 있다. 순행간섭은 순서대로 먼저 배운 정보가 뒤에 있는 정보의 기억을 간섭하고, 역행간섭은 역방향으로 뒤에 있는 정보가 앞서 배운 정보의 기억을 간섭한다(영어 용어의 경우 PROactive → PReviously aquired가, REtroactive → REcently aquired가 방해의 원인이 된다고 기억하면 편리하다 – 역자 주).

순행, 역행간섭은 많은 일상적인 상황에서 일어난다. 예를 들어 만약 오랫동안 사용했던 컴퓨터 비밀번호를 바꾸었다면, 때때로 예전 비밀번호를 실수로 입력하는 시기를 거칠 것이다. 이것은 예전 비밀번호가 새로운 비밀번호를 인출하는 것을 방해하는 순행간섭의 예이다. 반면에 새 비밀번호를 완전히 암기했다면 이전에 자주 사용했던 비밀번호를 기억하는 데 어려움을 겪을 것이다. 이것은 새로 획득된 번호의 기억이 이전 번호의 기억을 방해하는 역행간섭의 예이다(기억하기 쉬우면서 다른 사람이 알아내기 어려운 비밀번호를 만드는 데 도움을 받고 싶으면 뒤에 나오는 '일상에서의 학습과 기억' 부분 참조).

출처 확인 오류

기억 실패의 또 다른 종류는 정보는 기억하고 있으나 정보의 출처가 되는 사건에 대해서는 실수하는 **출처 확인 오류**(source monitoring error) 현상이다. 예를 들어 우리는 싸구려 연예신문에서 소식 하나를 읽고 진지하게 받아드릴 필요가 없다는 것을 알고 있음에도 불구

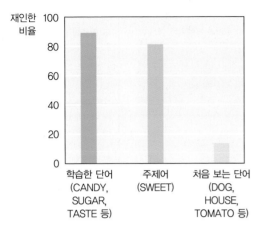

그림 7.8
학습한 단어에 대한 오기억 사람들에게 특정 주제와 관련되어 있지만 주제어 자체는 없는 단어 목록을 주고 외우게 한다. 이후 사람들은 일반적으로 목록에 있던 단어는 있었다고, 없던 단어는 없었다고 잘 기억을 한다. 하지만 사람들은 목록에 없던 주제어도 목록에 있었다고 보고를 하는 경향이 있다.
Data from Cabeza et al., 2001.

하고 나중엔 어디서 읽었는지를 기억하지 못해 원래보다 신빙성 있게 받아들일 수 있다. 이는 기억의 의미적 부분은 유지되고 언제 어디서 정보를 보았는지에 대한 일화적 세부정보가 왜곡되는 것이다.

DRM(Deese-Roediger-McDermott)이라는 널리 알려진 한 연구에서, 연구자들은 사람들에게 단어 목록을 학습하도록 요구한다. 각각의 목록에서 단어들은 내재되어 있는 하나의 주제를 갖는다(Deese, 1959; Roediger & McDermott, 1995). 예를 들어, 'SWEET'라는 주제의 목록에는 'CANDY', 'SUGAR', 'HONEY', 'TASTE'라는 단어가 들어 있으나 주제어 'SWEET'는 들어 있지 않다. 그림 7.8은 이 연구에서의 한 데이터를 보여준다. 피험자들에게 두 번째 리스트를 보여주며 해당 단어가 이전에 보여준 리스트에 있었는지를 물어보았을 때 있었던 단어는 있다고, 없었던 단어들(DOG, HOUSE, TOMATO 등)은 없

◀◀ 일상에서의 학습과 기억 ▶▶

컴퓨터 비밀번호 기억하기

인터넷 접속이 가능한 거의 모든 사람들은 여러 개의 비밀번호들을 외워야 한다. 이메일 계정부터 시작해서 은행, 신용카드, 공유기…목록은 끝도 없이 길어진다. 각각의 온라인 시스템은 최소 혹은 최대 길이, 숫자·대문자·특수문자 포함(혹은 불포함)처럼 적합한 비밀번호에 대해서 고유의 규칙이 있고 어떤 비밀번호는 다른 시스템에서 허락되지 않는 형태일 것이다.

설문조사를 거칠 때마다 사용자가 인터넷을 사용할 때 느끼는 가장 큰 불편함으로 이 여러 개의 계정을 외워야 한다는 것을 꼽는다. 이것에 지친 나머지 사람들은 비밀번호를 적어두기 시작하는데 비밀번호의 본 목적이 보안이라는 것을 생각하면 위험한 일이다. 다른 사람들은 기억하기 쉽지만 해킹당하기 쉬운 비밀번호를 선택한다. 2010년 초 뉴욕타임스에 따르면 가장 인기 있는 비밀번호는 123456인 것으로 나타났고 이 뒤를 'abc123'과 'password'가 이었다(Vance, 2010).

당신은 페이스북 프로필에서 빼올 수 있는 이름, 생일, 좋아하는 밴드, 애완동물의 이름같이 쉽게 추측할 수 있는 개인정보를 포함하는 비밀번호는 피해야 한다는 것을 알고 있지만 복잡한 비밀번호를 선택할수록 너무 외우기가 어려워진다.

꼭 그렇게 할 필요는 없다. 지금까지 기억에 대해서 배운 것으로 도움을 얻을 수 있다. 기억하기 쉽지만 해킹하기 어려운

비밀번호를 만드는 세 가지 팁을 주겠다.

1. 기억은 이미 알고 있는 정보와 연합될 때 가장 강력해진다는 사실을 명심하다. 그러므로 무작위로 기억하기 어려운 비밀번호("6ws@ij444")는 만들면 안 된다. 자신에게 의미가 있는 좋아하는 가사나 영화의 대사를 선택해라. "Toto, I've got a feeling we're not in Kansas anymore!"처럼 의미가 있는 문장이 단순히 무작위로 만든 것보다 훨씬 기억하기 쉽다.

2. 긴 비밀번호를 만들어라. 독특함보다 길이 자체가 비밀번호를 해킹하기 더 어렵게 만들어준다. 긴 비밀번호는 의미적인 정보가 더 많기 때문에 쉽게 기억할 수 있다. 만약 시스템이 짧은 비밀번호를 요구한다면 특수 문자와 대문자를 섞어서 대사의 첫 글자로만 비밀번호를 만들어라. "T,Igafwnika!"

3. 단서에 의한 회상을 사용해라. 비밀번호를 기억하기 쉽도록 메모를 남겨야 한다면 전체 비밀번호를 적지 말고 단서를 사용해라(단서 : '오즈의 마법사'). 단서는 다른 사람들에게는 여전히 비밀번호가 무엇인지 추측하기 어렵게 하지만 당신에게는 기억을 거슬러 비밀번호를 기억할 수 있게 해줄 것이다.

다고 일반적으로 제대로 응답하였다. 그러나 많은 피험자들은 리스트에 없었던 주제어인 'SWEET'도 이전에 보았던 리스트에 나왔었다고 응답했다.

이러한 효과에 대한 한 가지 설명이 출처 확인 오류이다. 특히 목록을 암기하는 동안 사람들은 (아마도 기억하기 쉽게 만들기 위해서 – 역자 주) 단어들에게 '주제'라는 의미적 해석을 부호화하고, 이렇게 '주제어를 생각해냈었다.'는 기억도 함께 갖는다. 그러나 그 후, 자기가 생각해냈던 주제어도 목록에 있었다고 잘못 기억하는 것이다. 이러한 현상의 더 극적인 예는 조현병 환자가 경험하는 환각 현상에 있는데, 그들은 스스로 만들어낸 생각을 신이나 TV 속의 목소리와 같은 외부로부터 기인했다고 잘못 생각하는 것이다(Keefe, Arnold, Bayan & Harvey, 1999).

유명한 현실에서의 출처 확인 오류의 예는 1970년 초에 발생한 일이다. 전 비틀스 멤버인 조지 해리슨은 그의 히트곡 'My Sweet Lord'를 내놓고 판권 위반으로 고소당했다. 그가 만든 새로운 음악이 치폰스의 'He's So Fine'과 유사했기 때문이다. 해리슨은 비록 그가 이전에 치폰스의 곡을 들은 적이 있음은 인정하지만, 'My Sweet Lord'는 자신의 창작곡이고 어떠한 표절도 없었다고 부인했다. 판사는 해리슨의 표절은 비의도적이었다고 인정해줬지만 그의 기억이 이전 곡들에서 영향을 받았을 것이라고 판단했다. 분명히 조지 해리슨은 멜로디를 기억해내고 그 자신이 작곡한 것이라고 잘못 생각하는 출처 확인 오류를 경험한 것으로 보인다.

이와 유사한 출처 확인 오류는 학생들이 교과서에서 읽고 기억해둔 문장이 나중에 기말 보고서를 작성할 때 머릿속에 새로운 아이디어인 것처럼 떠올라 과제에 넣어둘 때 발생한다. 이 학생은 진심으로 이 아이디어가 자신이 생각해낸 것으로 알 것이다. 그러나 강사가 같은 책을 읽어본 적이 있다면 표절 의혹을 받을 수 있을 것이다.

왜 어떤 사람은 유명했던 사건 현장에 자신이 있었다고 착각할 수 있을까?

둔즈베리

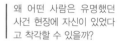

오기억

출처 확인 오류와 관련된 현상인 **오기억**(false memory), 혹은 실제로 발생하지 않았던 사건에 대한 기억이다. 엘리자베스 로프터스(Elizabeth Loftus)와 동료들은 일반 사람들에게 어린 시절 사건에 대한 오기억을 의도적으로 심는 다양한 연구를 진행했다. 예를 들어, 한 연구에서 연구자들은 쇼핑몰에서 길을 잃어버리거나 사나운 동물의 공격에서 살아남는 것과 같은 여러 가지 가상 사건들을 만들어낸 다음 실험 참가자들에게 그들이 어렸을 때 이 사건이 발생했다고 말했다(Loftus & Pickrell, 1995). 사전 협조를 요청받은 가족들 또한 실제로 참가자가 겪은 것처럼 사건을 이야기해주었다. 며칠이 지난 후 참가자의 25% 정도가 사건이 실제 일어났다고 믿는 것처럼 보였고 심지어 처음 이야기에는 포함되지 않았던 세부적인 것까지 '기억'했다.

다른 연구에서, 킴벌리 웨이드(Kimberley Wade)와 동료들은 성인 실험 참가자들의 어릴 적 사진을 열기구를 타는 사진에 합성하여 붙였다. 연구자는 실험 참가자에게 이 합성사진을 보여주면서 이 사건에 대해서 기억하는 것들을 최대한 자세하게 설명해보라고 했다. 이러한 세 번의 세션 후에 절반 정도는 한 번도 열기구를 타본 적이 없었음에도 불구하고 실제로 열기구를 탑승했던 기억이 있다고 보고했다(Wade, Garry, Read, & Lindsay, 2002).

오기억은 사람들이 빠진 세부사항에 대해서 상상해보라고 요구받았을 때 특히 잘 발생한다. 나중에 그들은 상상한 세부사항들이 사실이라고 잘못 기억해버린다. 사건에 대해서 더 많이 상상할수록 그 사건이 실제로 일어났다고 가능성이 점차 더 커진다(Goff & Roediger, 1998; Thomas & Loftus, 2002).

실험실 밖에서도 오기억은 생각보다 흔한 현상이다. 한 온라인 정치 잡지 슬레이트(*Slate*)에서 독자들의 기억을 바꾸는 큰 규모의 실험을 실시했었다. 슬레이트는 많은 논란이 일었던 2000년 미국 대선 재검표에서 플로리다주의 국무장관 캐서린 해리스(Katharine Harris)가 사회를 보는 사진처럼 논란이 많은 정치적인 사건 사진 몇 장을 독자들에게 보여주었다. 이들 중에는 대통령 오바마가 이란 대통령 아흐마디네자드와 악수를 하는 사진이나 허

그림 7.9

실생활에서 오기억을 만들기 온라인 정치 잡지 슬레이트는 논란이 된 유명한 정치 사건에 대한 그림들을 보여주고 독자들에게 각 그림에 해당하는 사건들을 알고 있느냐고 물었다. 하지만 실제로 몇몇 사진들은 오바마 대통령(좌)이 이란 대통령(우)과 악수하는 것처럼 일어난 적이 없는 사건에 대한 합성 사진이었다. 약 절반이 넘는 정치에 관심이 많은 슬레이트 독자들은 이 거짓 사건에 대해서 "기억한다."고 답변했다.

(a)

(b)

리케인 카트리나가 뉴올리언스를 강타했을 때 대통령 부시가 목장에서 쉬고 있는 사진같이 실제로 일어나지 않았던 합성 사진들이 섞여 있었다. 합성 사진들은 실제로 있었던 사진을 조금 바꾸는 형태로 만들어졌는데 그림 7.9는 어떻게 오바마가 있는 사진에 아흐마디네자드를 포함시켰는지 보여준다. 슬레이트는 자신의 사이트를 방문하는 독자들에게 각각의 사진을 본 적이 있느냐고 물어보았고 이에 5,000명이 넘는 독자가 응답을 했다. 대부분의 사람들은 실제로 있었던 사건의 사진을 본 적이 있다고 응답했는데 절반 이상은 합성 사진도 본 적이 있다고 응답했다. 심지어는 사진에 해당하는 뉴스를 어떻게 처음 듣게 되었는지에 대해서 설명하는 댓글도 달아두었다(Frenda, Knowles, Saletan, & Loftus, 2013). 슬레이트의 사이트에 방문하는 사람들은 정치 사건에 관심이 많고 이에 대해 잘 알고 있을 것이라는 점을 생각해보면 이러한 결과는 매우 충격적이다. 관심 많은 독자들도 오기억의 피해자가 되어버렸다.

이렇게 만연하는 오기억은 목격자들의 증언이 가장 큰 증거가 되는 형법 재판에서 더욱 더 대중의 관심을 받아야 한다. 엘리자베스 로프터스와 다른 오기억 연구자들은 연구실에서 오기억을 유도시켰던 방법들이 사법제도에서 철저하게 배제되어야 한다고 입을 모았다(Loftus, 1996, 2003; Radelet, 2002; Wells, Memon, & Penrod, 2006). 예를 들어, 목격자에게 피의자 사진을 보여주면 사진에 대한 기억이 실제 기억을 훼손하며 피의자가 무고함에도 불구하고 피의자를 가해자로 오인할 수 있다. 이러한 재인 오류는 강간 피해자 여성이 심리학자 도널드 톰슨(Donald Thompson)을 가해자로 오인한 사건에서 발생했다(Thompson, 1988). 톰슨에게는 다행하게도 강간 사건이 일어났을 때 실시간 TV 프로그램에 출현했던 철통 같은 알리바이가 있었다. 아마 피해자 여성은 사건이 일어나기 전에 TV에서 본 인물에 대한 기억과 강간범의 얼굴에 대한 기억이 잘못 연합된 것으로 보인다. 이 사건에서는 잘못된 증언으로 무고한 사람이 유죄 선고를 받지 않았지만 이러한 실수가 너무 자주 발생한다는 많은 예시들이 존재한다. 한 연구에서는 처음에는 유죄 판결을 받았지만 DNA 증거로 인해 결백함을 인정받은 62개의 사건들 조사했다(Neufield & Dwyer, 2000). 이 사건들 중 80% 이상은 무고한 사람을 잘못 인식한 증인들의 증언이 가장 중요한 유죄판결 증거로 채택이 되었었다.

심지어 스스로의 자백도 가끔은 신뢰할 수 없다. 실험실에서 실시한 한 연구에 따르면 피험자들에게 적절한 자극으로 실제 하지 않았던 범죄 행위에 대한 기억을 만들 수 있고 그 가짜 사건에 대해서 자세하게 해명할 수도 있었다(Shaw & Porter, 2015). 이러한 보고는 증언을 근거로 하는 실제 법정에서의 유죄판결에 대해 걱정을 불러일으킨다. 특히 이러한 증언이 오기억을 만들 수 있는 심문 방법을 통해서 얻어진 경우에는 더욱 그렇다. 실제로 무죄 프로젝트(Innocence Project 2012)는 이후에 DNA 증거로 무죄로 풀려난 잘못된 유죄판결의 25%가 이러한 잘못된 증언 때문이었다고 주장한다. 이러한 사람들의 일부는 더 가혹한 처벌을 피하려고 죄를 인정했겠지만 다른 일부는 범죄에 참가했었다는 오기억이 오도한 것으로 보인다.

기억의 응고화와 재응고화

수동적 망각 곡선을 보여주는 그림 7.6a는 만약 몇 달 전 발생한 사실이나 사건을 아직까지 기억할 수 있다면 아마도 그 사건은 영원히 (혹은 아주 오랫동안) 기억에 남을 가능성이 높으리라는 것을 보여준다. 이러한 발견들은 일화적 기억과 의미적 기억이 **응고화 기간** (consolidation period), 즉 새로 생겨난 기억들이 사라지기 쉬운 취약한 기간이 있다는 것을 의미한다(Dudai, 2004; McGaugh, 2000; Ribot, 1882).

응고화 기간에 대한 앞선 실증에서, 칼 덩컨(Carl Duncan)은 쥐가 단순한 조건화 반응을 보이도록 훈련시켰다. 그리고 쥐의 머리 양 옆에 설치해둔 전극으로 짧은 전류를 뇌로 흘려보내는 **전기충격**(electroconvulsive shock)을 쥐에게 주었다. 훈련 후 20초 후 전기충격을 준 경우 쥐의 조건화 기억은 심하게 망가졌다. 그러나 전기충격이 훈련 후부터 1시간이나 그 이후에 주어졌다면 조건화 기억은 거의 영향을 받지 않았다. 20초와 1시간 사이에 주는 전기충격의 경우 중간 수준으로 조건화 기억을 망가뜨렸다(Duncan, 1949). 그러므로 쥐에게 이런 종류의 학습에 대한 응고화 기간은 몇 분 정도인 것으로 보인다. 이보다 오래된 기억(몇 시간 전의 기억)은 상대적으로 안정적이며 망가뜨리기 어렵고, 더 최근의 기억(1분 이내의 기억)은 망가지기 쉽다.

전기충격은 심각한 우울증과 같은 몇몇 정신적인 질병을 일시적으로 경감시키기 위해서 사람에게도 가해진다. 환자들은 전신마취제와 근이완제를 먼저 투여받고 요법을 진행한다. 전기충격요법(electroconvulsive therapy, ECT)이 왜 우울증을 경감시키는지는 아무도 모르지만 치료를 받은 환자들은 몇 주에서 몇 달 동안은 증상의 경감을 경험한다(Glass, 2001; National Institutes of Health Consensus Conference, 1985).

ECT를 받는 환자들을 연구하면서 과학자들은 전기충격이 사람 기억에 어떤 영향을 미치는지 연구할 수 있었다. 예를 들어 래리 스콰이어와 그의 동료들은 중증 우울증이 있는 환자들에게 TV 프로그램 검사를 진행했다(Squire, Slater, & Chace, 1975; Squire, Slater, & Miller, 1981). 전기충격요법 치료 전에 환자들은 최근의 프로그램(2~3년 전)은 매우 잘 기억하고 있었고, 옛날 프로그램(8~15년 전)은 잘 기억하지는 못했다(그림 7.10a). 이 수치는 그림 7.6a의 수치처럼 정상적인 성인들의 수행능력과 유사하다. 치료 후 일주일이 경과하고 환자들은 같은 검사를 받았다. 거의 예외 없이 환자들은 이전에 보고했던 정보들을 잊어버렸는데, 특히 최근 몇 년간 방영되었던 프로그램에 대한 기억이 영향을 많이 받았고, 더 오래된 기억(3년 이상)은 일반적으로 영향을 받지 않았다. 비슷한 현상은 자서전적 기억에서도 관찰되었다. 대신 새로 학습한 운동능력의 경우는 ECT의 영향을 거의 받지 않은 것처럼 보였다(Squire, Cohen, & Zousounis, 1984; Vakel et al., 2000). ECT를 경험한 대부분의 환자들에게 한정적인 기억 손실은 심신을 쇠약하게 하는 중증 우울증의 증상에서 해방되는 것에 비하면 아주 작은 비용이다.

새로운 기억이 더 손상되기 쉽다는 응고화 기간에 대한 아이디어는 동물과 사람에게서 얻은 많은 실험 결과들을 설명해준다는 점에서 매우 매력적이다. 하지만 최근 데이터

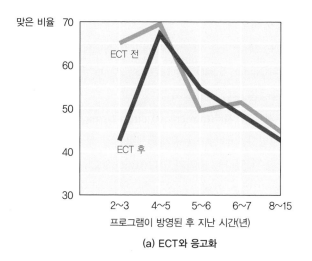

(a) ECT와 응고화

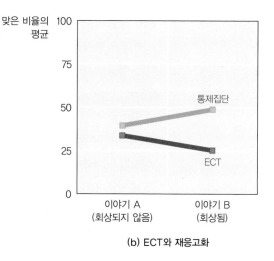

(b) ECT와 재응고화

그림 7.10

ECT가 기억에 주는 효과　(a) 우울증이 있는 환자들은 전기충격요법(ECT) 전에는 정상인과 유사한 망각 곡선(보라색)을 보인다(그림 7.6a와 비교해보라). 환자가 ECT를 받은 후(빨간색)에는 최근 기억에 대한 인출이 많이 낮아졌다. 이것은 새로운 기억이 ECT 등에 의해 손상받기 쉬운 응고화 기간을 가진다는 사실을 의미한다. (b) ECT는 또한 재응고화에 영향을 줄 수 있다. 한 연구에서 통제집단(보라색)은 두 이야기(A, B)를 들었고 일주일 후에 이야기 B에 대한 모의 시험을 봤다. 다음 날 두 이야기에 대한 기억 검사를 했는데, B의 결과가 더 좋았고 이는 B에 대한 기억을 다시 상기시킬 모의 시험이 기억을 강화시켰다는 것을 의미한다. 두 번째 집단(빨간색)은 동일한 처치 후 B에 대한 기억을 다시 상기시킨 직후 ECT를 받았다. 다음 날 이 집단에서 B의 기억은 통제집단보다 훨씬 좋지 않았는데, 이는 ECT 직전에 B에 대한 기억을 활성화시킨 행위가 이 기억을 ECT에 더 취약하게 만들었다고 볼 수 있다. 그러나 다시 활성화되지 않았던 이야기 A의 경우는 ECT를 받아도 별로 영향을 받지 않았다.

(a) Information from Squire et al., 1975. (b) Data from Kroes et al., 2014.

는 매우 오래된 기억이 아닌 이상 그 어떤 기억도 영원하고 불변하지 않다는 오래된 아이디어를 다시 부활시키고 있다(Nadel & Land, 2000; Nader & Hardt, 2009; Nader, Schafe, & LeDoux, 2000a). 예를 들어 전기충격이 가해지기 직전에 기억을 떠올리고 있으면 오래된 기억도 교란시킬 수 있다는 것은 오래전부터 알려진 사실이었다(Misanin, Miller, & Lewis, 1968). 이미 응고화된 오래된 기억이 다시 회상되거나 인출될 때마다 **재응고화**(reconsolidation)라고 불리는 과정을 거치며 다시 불안정해지는 것처럼 보인다.

한 재응고화 연구(Kroes et al., 2014)에서 우울증 치료를 위해서 ECT를 받는 두 환자 집단에게 슬라이드쇼와 함께 두 가지 이야기(A, B)를 들려주었다. 일주일 후 일부 환자들(통제집단)에게 이야기 B에 대한 짧은 사전 시험을 실시했다. 위에서 읽었듯이 단순히 시험을 보는 것만으로도 기억은 증진된다. 때문에 그다음 날 실시한 다지선다형 시험에서 통제집단이 이야기 B를 A보다 잘 기억했다는 사실에는 놀라지 않아야 한다(그림 7.10b, 보라색 선). 시험을 보면서 이야기 B에 대한 기억을 떠올리는 행위는 기억이 수정 가능해지는(이 예에서는 기억이 강화되었다) 재응고화의 한 가지 예이다. 하지만 두 번째 환자 집단(ECT 집단)은 이야기 B에 대한 간단한 사전 시험을 치르게 한 직후 ECT를 받았다. 다음날 다지선다형 시험에서 이야기 A에 대한 기억은 통제집단과 유사했음에 비해서 이야기 B에 대한 기억은 훨씬 좋지 않았다. 다른 말로 ECT를 받기 전에 이야기 B에 대한 기억을 다시 떠올리는 과정이 ECT에 의한 기억교란 효과에 취약하게 만들었다는 것이다. 이에 비해 떠올려지지 않았던 이야기 A는 교란효과를 받지 않았다.

시냅스 연결을 형성하거나 유지시키는 것을 막는 약물을 투여받기 직전에 기억을 떠올리는 행위도 해당 기억을 망가지게 한다(Nader, Schafe, & LeDous, 2000b; Przybyslawsky & Sara, 1997). 또 다른 방법으로 연구자들은 약한 전류를 두피에 흘려서 그 아래의 뉴런들의 활성을 일시적으로 증가시키는 경두개 직류 자극(transcranial direct current stimulation, tDCS)이라는 비침습적인 방법을 쓸 수 있다. 기억을 다시 재활성화시킬 때 tDCS 처치를 받는 경우 나중에 그 기억을 더 잘 회상할 수 있다는 결과가 있다(Javadi & Cheng, 2013).

이 연구 결과들과 다른 연구 결과들은 기억은 인쇄된 기록처럼 고정적이지 않고 유동적이라는 점을 보여준다. 오래된 기억을 다시 떠올릴 때마다 새로운 정보를 통합해서 기억을 수정할 수 있다(Dudai, 2004; sara, 2000; Wang & Morris, 2010). 이것은 잠재적인 기억 교란의 가능성을 만들기도 하지만 새로운 경험을 기반으로 기존 기억을 지속적으로 갱신하거나 개선할 수 있도록 해준다(Tronson & Taylor, 2007; McKenzie & Eichenbaum, 2011).

그리고 이런 사실은 오기억을 만드는 중요한 메커니즘일 수도 있다. 사람이 기억을 떠올리거나 사건에 대해서 다시 상상할 때마다 그 기억은 수정할 수 있게 되고, 일부가 왜곡되어 갈아 먹혀지며, 나중에는 실제 사실과는 구분이 안 될 수 있을 것이다.

메타기억

지금까지 배운 이 장에 대한 내용으로 지금 당신이 깜짝 퀴즈를 봐야 한다고 상상해보자. 얼마나 잘할 것이라고 생각하는가? **메타기억**(metamemory)은 자신의 기억에 대한 정보 혹은 믿음을 이야기하며 이는 일화적 기억과 의미적 기억에 모두 적용될 수 있다.

이미 당신은 메타기억을 설명하는 한 예인 **혀끝에 맴돌기**(TOT) 현상에 대해서 앞에서 이미 읽어봤을 것이다. 영화배우의 이름이나 시험의 답을 생각하려 할 때 자기가 답을 알고 있다고 분명히 아는데 당장에 생각이 안 날 때 "아 그거 생각날 것 같은데!" 하는 현상 말이다. 어느 정도 수준으로 답을 알고 있기 때문에 답을 듣게 되면 대부분 그게 답인지 재인할 수 있다. 어떤 경우는 누군가 질문을 했을 때 답을 모르고 있다고 확실히 알 수 있다. 예를 들어 누군가가 붕소의 원자번호를 물어본다면 얼마나 오래 생각하건 간에 답을 낼 수 없을 것이라고 자동적으로 알 때가 있다.

이러한 현상의 정식 명칭은 **아는 것에 대한 느낌**(feeling of knowing, FOK)으로 누군가 질문한 것에 대해서 답을 아는지 모르는지에 예측할 수 있는 능력을 뜻한다. FOK의 판단은 항상 옳지만은 않다. 대부분 FOK 오류는 답을 모름에도 불구하고 알고 있다고 착각하는 과신을 반영한다(Nelson, Gerler, & Narens, 1984). FOK 오류에 기여하는 한 요소는 단서에 대한 친숙성이다. 답을 알아야 할 것 같다는 느낌은 자신이 알고 있다고 착각을 일으킬 수 있다. 그러므로 최근에 화학 수업을 수료한 학생은 한 번도 화학 수업을 받아본 적이 없어서 답을 알 필요가 없는 사람보다 FOK 오류를 범할 가능성이 더 높다.

이런 메타기억과 관련된 다른 현상은 **학습에 대한 판단**(judgement of learning, JOL)인데 학습과정 중에 특정 정보를 확실히 습득했는지 판단하는 것을 말한다. 예를 들어 시험공부를 하는 학생은 내용이 확실히 기억 속에 있다고 알고 언제 공부를 그만둬야 하는지 결정해야 한다. FOK처럼 JOL은 과신에 의해서 매우 부정확할 수 있다. JOL에 영향을 미치는 한 가지 요소는 사람들이 지금 아는 것처럼 나중에도 정보를 기억해낼 것이라고 가정하는 것이다. 한 놀라운 연구 결과에선, 피험자들에게 단어 쌍을 학습시키고 바로, 하루 뒤, 일주일 뒤 안에 시험을 치르지 않으면 얼마나 기억을 할 수 있을지 예측해보라고 요구하였다(Koriat, Bjork, Sheffer, & Bar, 2004). 대부분의 피험자들은 모든 조건에서 동일하게 기억을 할 수 있을 것이라고 응답하였으나 그림 7.6a에서 봤듯이 사람들의 기억은 학습한 시간과 검사한 시간이 길어질수록 수직 하강하였다.

JOR 오류에 영향을 미치는 원인 중 하나는 사람들이 새로운 정보를 배우는 가장 효과적인 방법이 무엇인지 상대적으로 판단을 잘하지 못하기 때문이다(복습을 위해서 Bjork, Dunlosky & Kornell, 2013 참조). 예를 들어 앞에서 읽었듯이 단순히 다시 읽는 것보다 모의시험을 보는 것이 더 기억을 강화시킨다. 하지만 대학생들을 대상으로 한 한 설문조사에 따르면 단지 11%의 학생들만이 공부를 할 때 모의시험을 본다고 응답했다. 그리고 11%의 학생들 중 단지 18%의 학생들만이 다시 읽는 것보다 시험을 보는 것이 더 도움이 된다고 응답했고, 나머지는 자신이 얼마나 알고 있는지를 확인하기 위해서 모의시험을 봤다고 응답했다(Kornell & Bjork, 2007). JOR 오류는 교재에 대한 친숙도에 과신을 줄 수 있고 이는 학생들이 솔직히 열심히 준비했다고 생각했음에도 불구하고 안 좋게 나온 성적에 대해 놀라는 원인이다.

어떤 종류의 메타기억 오류가 학생들이 시험범위를 충분히 습득하지 않았음에도 불구하고 공부를 멈추게 할까? 단순히 책을 읽고 또 다시 읽는 방법 대신 사용할 수 있는 전략이 뭐가 있을까?

중간 요약

- 일화적 기억은 특정한 공간과 시간에 발생하는 세부적인 자서전적 사건에 대한 우리가 '기억하는(remember)' 정보이다.
- 의미적 기억은 세상에 관한 사실과 일반적인 정보와 우리 자신의 개인적 정보에 관한 기억이며, 이것은 기억이 원래 획득된 때와 장소를 기억할 필요가 없다. 이는 우리가 '알고 있는(know)' 정보이다.
- 일화적 기억과 의미적 기억은 모두 원래 획득했던 것과 다른 방법으로 유동적으로 전달될 수 있으며, 둘 다 의식적인 회상이 가능하다.
- 연구자들은 인간이 아닌 동물들이 일화적 기억을 가질 수 있는지 논쟁 중이다. 일부는 인간만이 가지고 있다고 믿는다.

- 새로운 기억을 부호화할 때 여러 가지 원칙들이 작용한다 : (1) 단순히 정보에 노출되는 것만으로는 기억이 보장받지 못한다. (2) 기존의 지식과 연관시킬 수 있으면 새로운 정보는 더 잘 기억이 된다. (3) 또한 기억은 얼마나 깊게 부호화를 했는지에 영향을 받는다.
- 기억이 성공적으로 인출되려면 (1) 부호화한 조건과 인출하는 조건이 일치하거나(전이-적합성 처리) (2) 인출에 도움을 주는 단서가 많아야 한다.
- 시험을 보는 행위처럼 인출을 하려고 노력하는 행위는 다시 외워야 할 것을 다시 읽는 행위보다 대부분 기억이 오래 남는 데 도움을 준다.
- 기억은 또한 다양한 방식으로 실패할 수 있는데, 이는 단순 망각, 다른 기억에 의한 간섭, 오기억에 의해 발생한다. 출처 확인 오류의 경우 정보는 기억하지만 어디에서 그 정보를 얻었는지는 잊어버리는 경우에 발생한다.
- 의미적 · 일화적 기억에는 손상되거나 잃어버리기 쉬운 응고화 기간이라는 시간이 존재한다. 새로운 연구들에 따르면 기억에 접근을 할 때마다 다시 취약해지며 재응고화를 거쳐야 한다고 설명한다.
- 메타기억은 스스로의 기억에 대한 정보나 믿음을 의미한다. 여기에는 아는 것에 대한 느낌(혀끝에 맴돌기 현상)과 학습에 대한 판단(정보를 다 외웠다고 판단하여 공부를 그만하는 행위)을 포함한다. 사람들은 자신의 기억을 평가하고 예측하는 데 항상 정확하지는 않다.

7.2 뇌 메커니즘

일화적 · 의미적 기억과 같이 복잡한 기능은 뇌의 다양한 여러 영역들의 상호작용에 의존하고 있으며, 과학자들이 그것들을 완전히 이해하기까지는 여전히 시간이 오래 걸릴 것이다. 현재, 많은 연구자들은 의미적 기억이 대뇌피질에 저장된다는 것에 동의한다. 유사하게, 많은 연구자들은 새로운 일화적 기억의 부호화가 측두엽 내측 구조에 의존하고 있다는 사실에 동의하지만, 동일한 구조에서 의미적 · 일화적 기억이 모두 부호화되는지, 구조의 역할이 부호화에만 제한되어 있는지, 그리고 구조가 일화적 기억을 형성하는 데 평생 필요한지에 대해서는 아직 논란이 되고 있다. 마지막으로, 전두엽, 기저전뇌, 간뇌를 포함한 많은 다른 뇌 구조들도 일화적 · 의미적 기억의 저장, 유지, 회상을 조절하는 역할을 하지만, 각 영역들의 역할에 대한 정확한 원리는 아직 연구되고 있다.

의미적 기억을 위한 뉴런들의 연결망

책의 앞부분에서 읽은 바와 같이 대뇌피질은 여러 부위로 나눌 수 있는데, 그중 일부는 특정 종류의 감각 정보를 처리하는 데 특화되어 있다. 여기에는 두정엽의 체감각피질과 후두엽의 시각피질, 그리고 측두엽 상부의 청각피질이 포함된다. 한 종류의 감각 정보 처리에 특화된 피질 부위는 주로 **감각피질**(sensory cortex)이라는 상위 개념으로 묶인다. 일부 연구자들은 시각 정보는 후두엽, 청각 정보는 측두엽 상부처럼 특정 종류의 의미적 지식은 해당 종류의 정보를 처리하는 피질 영역에 저장된다고 주장한다.

다른 피질 영역들(그림 7.11의 희미한 핑크빛 부분)은 **연합피질**(association cortex)이라고 부르며 이는 서로 다른 형태(modality)(감각, 청각 등－역자 주)를 가지는 정보를 통합하는 것과 관련되어 있다. 연합피질 영역은 '개'라는 단어와 개의 시각적 이미지, '개'라는 개념이 것이 무엇인지에 대한 의미적 정보들과 연결시켜준다. 또한 '개'를 어떻게 발음하며 이 단어가 어떻게 들

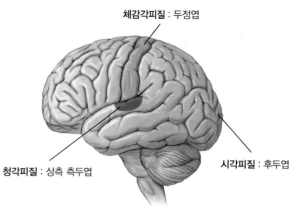

체감각피질 : 두정엽

청각피질 : 상측 측두엽

시각피질 : 후두엽

리는지 등의 언어적 정보와도 연결시켜준다. 몇몇의 연구들은 의미적 정보의 특정 범주들은 특정 뉴런 그룹에 의해 부호화된다고 주장한다. 예를 들어, 한 연구에서 에드먼드 롤스(Edmund Rolls)와 동료들은(Thorpe, Rolls, & Maddison, 1983) 붉은털 원숭이의 안와전두피질의 뉴런들의 활동을 기록하였다(안와전두피질은 전두엽 아래에 위치한 작은 영역이다). 롤스와 그의 동료들은 분석한 494개의 뉴런 중에서 음식을 표상하는 시각 자극에 특징적으로 반응하는 26개의 뉴런을 찾았다. 더 놀라운 것은 이 중 4개의 뉴런은 오렌지에, 4개는 땅콩에, 2개는 바나나에 그리고 하나는 건포도에 가장 강하게 반응하였다.

이러한 특이성은 사람에서도 관찰할 수 있다. 뇌 수술이 필요한 환자들은 때때로 수술을 위해 두개골 내에 전극을 심는데, 일부 환자들은 전극을 심은 채로 기억 검사에 참여하는 것을 허락한다. 어떤 연구에서는 환자들에게 그림을 보여주고 각각의 그림에 대해 각각의 뉴런들의 반응을 측정했다. 어떤 뉴런들은 많은 그림에 반응하고, 다른 뉴런들은 아무 그림에도 반응하지 않았다. 그러나 일부 뉴런들은 동물, 얼굴, 집과 같은 특정한 범주에 해당되는 물체의 사진에 반응하였다(Kriemna, Koch, & Fried, 2000). 일부 뉴런들은 슬픈 얼굴에 반응하는 반면 기쁜 얼굴이나 화난 얼굴, 또는 무표정한 얼굴에는 반응하지 않았다(Fried, MacDonald, & Wilson, 1997). 심지어 어떤 뉴런들은 특정 인물의 얼굴에는 반응하였지만, 다른 사람의 얼굴에는 반응하지 않았다(Quiroga, Reddy, Kreiman, Koch, & Fried, 2005).

예를 들어, 그림 7.12는 환자의 한 뉴런이 보였던 반응의 일부이다. 이 뉴런은 스티브 카렐이라는 배우의 사진에 강하게 반응하였으나, 우피 골드버그나 빌 클린턴과 같은 다른 유명인들의 사진에는 거의 반응하지 않았다. 어떤 환자는 '프렌즈'라는 미국 TV 시리즈에 출연한 여배우 제니퍼 애니스톤과 리사 쿠드로의 사진에 반응하는 뉴런을 가지고 있었다. 같은 환자의 다른 뉴런은 에펠탑과 피사의 사탑 사진에만 반응하였고, 다른 유명한 랜드마크에는 반응하지 않았다(Quiroga et al., 2005).

이러한 결과들만큼 주목해야 하는 것은, 그림 7.12의 뉴런이 실험에서 스티브 카렐에'만' 반응한다고 해서, 한 사람의 이미지를 감지하는 데 특화된 각각의 뉴런을 가지고 있다는 것을 뜻하지는 않는다는 사실이다(한 뉴런은 스티브 카렐을 감지하고, 또 다른 뉴런은 제

그림 7.11
의미적 기억과 대뇌피질
대뇌피질의 일부 영역들은 특정 감각 정보를 처리하는 데 특화되어 있다. 여기에는 두정엽(체감각피질), 후두엽(시각피질), 상측 측두엽(청각피질) 등이 포함된다. 나머지 대뇌피질 영역은 거의 연합피질로 서로 다른 감각 정보를 연합시켜 의미적 기억의 기저를 형성한다.

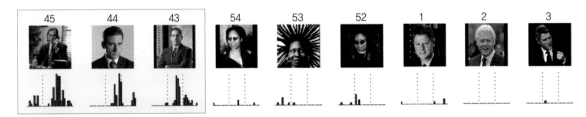

그림 7.12
사람 뇌에서 분류-민감성 뉴런 중앙 측두엽 영역에 전극을 심은 환자들에게 여기 포함된 아홉 장의 사진을 포함해서 유명한 사람이나 랜드마크 사진을 보여주었다(Quiroga et al., 2005). 각 환자들에게서 여러 뉴런들의 활성을 기록했다. 아래 그래프는 한 뉴런이 각각의 사진에서 어떤 반응을 보이는지 기록한 결과이다. 붉은 바의 높이는 뉴런 활성의 정도를 나타내는 것이고 가로축은 시간을 나타내며, 중간에 있는 두 점선 사이 시간 동안 사진을 보여주었다. 이 뉴런은 43~45번의 스티브 카렐의 사진에만 특징적으로 반응을 했고 우피 골드버그(사진 52~54), 빌 클린턴 등의 다른 유명인의 사진에는 반응을 하지 않았다.

니퍼 애니스톤을, 또 다른 뉴런은 할머니를 감지하는 것처럼 말이다). 사실, 실험에서 확실히 검사되지 않은 다른 사람들이나 사물들이 그 뉴런의 반응을 이끌어 낼 수도 있을 것이다. 대부분의 연구자들은 TV 시트콤 배우나 끝이 뾰족한 랜드마크, 바나나와 같이 단순하고 익숙한 범주를 표현하는 정보에 반응하는 뉴런 네트워크를 우리가 가지고 있을 것이라고 믿는다. 이렇게 되면 하나의 뇌 세포가 손상된다고 해도 일부 네트워크가 살아 있는 한, 한 범주에 대한 기억이 모두 지워지지는 않을 것이다.

측두엽 내측 영역과 기억 저장

사람의 측두엽 내부는 **해마**(hippocampus), 편도체 그리고 근처의 피질 영역(내후각피질, 주변후각피질, 해마주변피질)을 포함한다(그림 7.13). 제3장에서 해마가 공간 학습에서 하는 역할을 설명하였고, 제4장에서 해마가 특정한 형태의 고전적 조건화에서 하는 역할을 설명하였다. 그러나 사실 가장 널리 연구된 사람의 해마의 역할은 새로운 일화적 기억과 의미적 기억을 저장하는 것이다. 그리고 측두엽 내측 영역이 손상된 사람에게서 가장 뚜렷하게 보이는 장애는 이 기능의 손상이다. 이 장의 초입에서, 측두엽 내측 영역을 제거하는 양반구 수술 이후 기억 상실을 갖게 된 H.M.에 대해 읽었다(Scoville & Milner, 1957). H.M.에 대한 연구 이전인 1800년대 후반과 1900년대 초반의 다른 신경학자들은 측두엽 내

그림 7.13
사람의 측두엽 내측 영역 측두엽 내측(안쪽) 영역에는 해마, 편도체와 다른 여러 피질 영역들(내후각피질, 주변후각피질, 해마주변피질)이 있다.

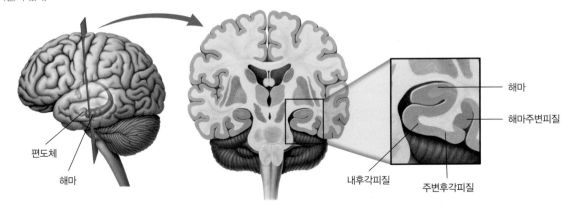

편도체
해마

내후각피질
주변후각피질

해마
해마주변피질

측 영역이 기억과 관련되어 있다는 사실을 이미 알고 있었다. 그러나 H.M.의 사례는 이러한 아이디어를 뒷받침하는 확실한 증거를 제공하였다. 손상이 심각했고 H.M.이 수십 년 동안 모든 종류의 기억 검사에 참여하면서 그가 배우고 기억할 수 있는 것과 할 수 없는 것을 정확하게 서류화한 덕분에 훨씬 강력하고 널리 받아들여지는 증거가 될 수 있었다.

당연하게도 H.M. 이후 사람에게서 측두엽 내측 영역 양쪽 모두를 제거하는 수술은 시행되지 않았다(하지만 기억상실증을 유발하지 않는 한쪽 뇌수술은 심각한 간질치료에 아직까지 사용되고 있다). 불행하게도 다양한 부상과 질병으로 인해 양쪽 뇌 측두엽 내측 영역이 손상된 환자의 경우 H.M.이 보였던 것과 유사한 양상의 기억 손상을 보였다.

이러한 환자들과 측두엽 내측 영역을 손상시킨 동물들을 통해 신경과학자들은 기억에 대한 이 뇌 영역의 역할에 대한 밑그림을 그리고 있다.

해마는 새로운 일화적 기억 형성에 중요하다

H.M.과 같은 환자들에게서 나타나는 가장 대표적인 기억 장애 중 하나는 새로운 일화적·의미적 기억을 형성하지 못하는 **순행성 기억상실증**(anterograde amnesia)이다. 예를 들어 래리 스콰이어와 그의 동료들은 뇌염으로 측두엽 내측 영역이 손상된 환자 E.P.에 대한 연구를 진행했다(Stefanacci, Buffalo, Schnolck, & Squire, 2000). 구조적 MRI에서 보이는 대로 E.P.의 뇌 손상은 H.M.과 유사했고 그 또한 비슷한 형태의 기억 장애를 보였다. E.P.에게 자서전적인 사건에 대해서 물었을 때 그의 어린 시절, 결혼, 2차 세계대전 때의 여행에 대해서는 제대로 대답할 수 있었다. 그러나 어제 무슨 일을 했었는지를 포함해서 1992년에 처음 기억상실증이 발생한 이후의 일들은 전혀 기억하지 못하였다. 1시간의 세션 동안 그는 자신이 이미 말했었다는 사실을 인지하지 못하고 같은 일화를 열 번을 넘게 이야기했었다(Stefanacci et al., 2000).

H.M.처럼 E.P.는 많은 기억검사에 참여했다. 그림 7.14a에는 복잡한 도형을 사용하는 시각 기억 검사가 나와 있다. 피험자는 그림을 보고 한 번 따라 그린 후 10~15분 후에 기억력에 의존해서 그림을 한 번 더 그려보라고 요구받는다. 건강한 성인의 경우 꽤 정확하게 그림을 따라 그릴 수 있고 어느 정도 시간이 지난 후에도 기억에서 도형을 재현

(a) 원본 그림	(b) 정상 집단	(c) E.P.
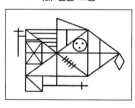	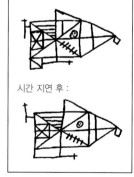	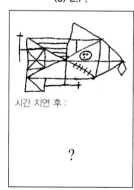

그림 7.14
E.P. 환자들의 순행성 기억상실증 복잡한 그림을 주고 (a), 정상 집단은 보통 유사하게 따라 그릴 수 있었다(b, 위). 15분 뒤에도 기억을 사용해서 여전히 어느 정도의 정확도로 그릴 수 있었다(b, 아래). E.P. 환자들도 정상 집단처럼 따라 그릴 수 있었으나(c, 위), 15분 뒤에 그렸을 때에는 따라 그린 적이 있다는 사실을 잊고 그리기를 거부하였다.

Insausti, R., Annese, J., Amaral, D. G., & Squire, L. G. (2013). Human amnesia and the medial temporal lobe illuminated by neuropsychological and neurohistological findings for patient E. P. (2013). *Proceedings of the National Academy of Sciences USA*, 11, E1953–1962.

하여 어느 정도 똑같이 따라 그릴 수 있다(그림 7.14b). E.P.도 바로 그림을 똑같이 따라 그릴 수 있었지만, 시간이 지난 뒤에는 그림에 대한 기억이 전혀 없었다(그림 7.14c; Insausti et al., 2013). 그의 언어 기억도 비슷한 수준으로 좋지 않았다. 짧은 이야기를 들려준 이후에 회상을 해보라고 요구받았을 때 오직 10%의 단어나 개념을 이야기할 수 있었고 15분이 지난 후에는 아무것도 기억하지 못했다.

H.M.처럼 해마영역이 손상된 동물들은 새로운 정보를 학습하는 데 어려움을 겪었다 (Mishkin, 1978; Squire, 1992). 그들은 특히 특정 맥락에서의 독특한 사건들의 집합에 대한 기억이 관여하는 일화적 기억과 유사한 기억이 손상되었다(Gaffan & Hornak, 1997; Gaffan & Parker, 1996). 예를 들어, 연구자들은 그림 7.2와 같은 방사형 미로의 모든 방에 먹이를 넣어두고 굶주린 쥐를 중앙에 둔다. 쥐는 제한된 시간 동안 먹이를 찾아다닐 수 있다. 이런 점에서 한 번 방문해서 먹이를 먹은 방을 다시 방문하는 것은 시간을 낭비하는 것이다. 그렇기 때문에 쥐는 모든 방을 각각 한 번씩 방문하는 효율적인 방법으로 이 과제를 수행한다. 이 방법을 쓰기 위해서는 쥐가 어느 방을 방문했었는지 기억하고 있어야 한다. 하지만 이 과제가 연속적으로 반복되다 보면 쥐는 오늘 어떤 방문했는지 지난날들과 비교해서 기억하고 있어야 한다. 사람들이 주차장에서 겪는 것처럼 방사형 미로에서 쥐에게 선행 간섭을 유도하는 것이다!

이러한 딜레마에서 벗어나기 위한 유일한 방법은 오늘 방문했던 방을 지난날에 방문했던 날들과 구분하면서 방문했던 시간과 공간적 맥락을 기억하는 것이다. 다시 말하면, 이 과제는 무엇이 일어났는지뿐만 아니라 언제 어디서 사건이 일어났는지 일화적 기억과 유사한 기억을 필요로 한다. 여러 날의 훈련을 거치면 건강한 쥐들은 방문했던 방에 적은 횟수만 방문을 하며 방사형 미로를 효율적으로 탐색하여 8개의 먹이를 다 먹는다. 이와 대조적으로 해마가 손상된 쥐들은 특정 날에 어떤 방을 방문했었는지를 기억하지 못하고 먹이가 있을 것이라는 막연한 생각으로 이미 방문한 방들을 재방문하는 오류를 많이 범했다 (Cassel et al., 1998; Jarrard, Okaichi, Steward, & Goldschmidt, 1984; Olton, 1983).

새들에게서도 해마 영역의 손상은 일화적 학습과 유사한 학습을 방해했다. 은닉처에 먹이를 숨겨두고 나중에 찾으러 오는 어치를 기억하는가? 이 새의 해마 영역이 손상되면 은닉처를 찾아내는 능력을 잃어버린다(Capaldi, Robinson, & Fahrback, 1999). 지속적으로 새로운 먹이를 숨겨두지만 어디에 숨겨졌었는지 빠르게 잊어버리고 해마가 손상된 쥐가 방사형 미로를 헤매는 것처럼 무작위로 먹이를 찾아다닌다.

해마는 새로운 의미적 기억을 형성하는 데 중요한 역할을 하는가?

공간과 시간 정보가 태그된 새로운 일화적 기억의 습득에는 해마가 중요하다는 점에 대해 많은 연구자들이 동의를 하지만 새로운 의미적 기억 학습에도 해마가 관여하는지에 대해서는 많은 논란이 있다. 현재 많은 연구들은 새로운 의미적 기억을 습득하는 데 해마가 주변후각피질과 해마주변피질같이 다른 측두엽 내측 영역보다(그림 7.13) 심지어는 측두엽보다(Eichenbaum et al., 2007; Diana, Yonelinas, and Ranganath, 2007) 덜 관여한다고 주장한다. 그래서 H.M.은 심각한 선행 기억상실증이 있었지만 새로운 의미적 정보를 배울 수 있었다. 예를 들어 H.M.이 기억상실증에 걸린 후에 유명해진 존 F. 케네디와 미하일 고르바초프에 대해서 물었을 때 H.M.은 케네디가 대통령이었고 누군가가 그를 총살했으며, 고르바초프는 러시아의 국회의장이었다고 제대로 답할 수 있었다(O'Kane et al., 2004).

반면 H.M.보다 측두엽 내측 영역의 많은 부분에 손상을 입은 E.P.는 새로운 의미적 정보를 거의 습득할 수 없었다. 그러므로 E.P.의 기억상실증이 발생하고 1년 후인 1993년, 그와 그의 가족은 캘리포니아의 새로운 집으로 이사를 했는데 7년이 지나고서도 집 내부도를 그리거나 식료품점으로 가는 길을 설명하거나 2마일밖에 떨어져 있지 않은 태평양의 위치를 가리키는 것을 할 수 없었다(Stefanacci et al., 2000). 이보다 더한 측두엽 내측 영역에 손상을 입은 환자의 경우 의미적 기억 검사에서 더 나쁜 수행을 보인 반면 해마에 한정되어 손상을 입은 환자들의 경우 의미적 기억 손상이 훨씬 적었다(Insausti et al., 2014).

그러므로 새로운 의미적 기억을 부호화하는 기능은 해마가 아니라 주변후각피질과 해마주변피질과 같은 측두엽 내부 영역에 의존하는 것으로 보이고 있다. 더욱이 해마주변피질은 일화적 학습이 일어날 때 '사건이 어디서 있어났는지'와 같이 배경지식을 제공해줌으로써 일화적 기억을 형성하는 해마를 도와주는 것으로 보인다(Aminoff, Kveraga & Bar, 2013; Eichenbaum, Yonelinas & Ranganath, 2007).

건강한 해마 영역의 기능적 신경영상

새로운 기억 형성에서 해마의 역할은 사람과 동물의 뇌 손상 연구에만 제한되어 있는 것은 아니다. 기능적 신경영상 연구는 뇌가 정상적인 기억 기능을 할 때 해마 역할을 알 수 있게 해준다. 예를 들어, 안토니 와그너(Anthony Wagner)와 그의 동료들이 개발한 연속 기억 패러다임(subsequent memory paradigm)에서는 피험자들에게 단어 목록을 보여주고 각 단어들이 추상적인 단어인지 구체적인 단어인지 분류하는 동안 뇌의 fMRI 이미지를 촬영하였다(Wagner et al., 1998). 이를 '비의도적 부호화 단계(incidental encoding phase)'라고 부르는데 과제를 하면서 일어나는 단어에 대한 학습은 의도적이지 않기 때문이다. 이후 연구자는 새로운 단어 리스트를 보여주면서 각각의 단어가 이전에 제시되었는지 깜짝 재인 검사를 실시한다. 예상하겠지만 피험자들은 어떤 단어는 기억하고 어떤 단어는 기억하지 못했다. 중요한 발견은 비의도적 부호화 단계에서 관찰되는 해마의 fMRI 활성이 이후에 기억하는 단어와 기억하지 못하는 단어에서 차이가 난다는 것이다. 예를 들어, 그림 7.5에서 본 피험자가 단어가 동적인지 정적인지를 판단하는 과제를 기억하는가? 나중에 피험자들은 일부 단어는 정확히 기억하였지만 일부는 잊어버렸다. 그림

그림 7.15
'연 속 기 억' 패 러 다 임
fMRI는 피험자가 단어 목록을 분류할 때 뇌 활동을 기록한다. 나중에 재인 검사를 하는데 대부분 본 단어를 잘 맞추지만 간혹 기억을 못하는 경우가 있다. 처음 단어를 학습할 때 좌측 해마(a)와 좌측 전전두엽피질(b) 영역은 이후 검사에서 제대로 기억할 단어에 대해서 잊어버릴 단어보다 더 높은 활성을 보인다.

(a, b) Research from Otten et al., 2001.

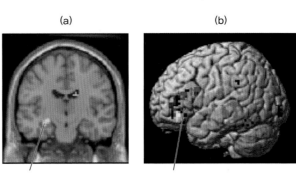

(a) (b)

좌측 해마 좌측 전전두엽피질

7.15a는 왼쪽 해마 영역이 기억해낼 단어를 학습할 때 잊어버릴 단어를 학습할 때보다 더 활성화가 되었다는 것을 보여준다(Otten et al., 2001). (비슷한 효과가 그림 7.15b처럼 좌측 전전두엽피질에서도 관찰되었다. 이 부분은 나중에 다시 확인할 것이다.)

측두엽 내측 영역 또한 잊혀질 사진보다 기억될 사진에서 더욱 활성화되었다. 그러나 단어의 경우 좌측 측두엽 내측 영역만 활성화된 데에 비해 그림의 경우 양쪽 모두 활성화가 되었다(Brewer, Zhao, Desmond, Glover, & Gabrieli, 1998). 이러한 연구들의 핵심은 연구자들이 학습하는 동안 피험자들의 fMRI를 보면 나중에 정보를 기억할 수 있을지 못할지 꽤 정확히 예측할 수 있다는 것이다(Wagner et al., 1998).

이러한 연구들은 측두엽 내측 영역에서 많은 처리 과정을 거치는 사진과 단어들일수록 (fMRI상에서 높은 활동 수준으로 보이는 것처럼) 더 잘 부호화되고 기억된다는 점을 시사한다. 이것은 앞서 언급한 처리의 깊이 효과에 경우에도 적용된다. 예를 들어 그림 7.5는 동적인지 정적인지처럼 단어의 뜻에 대해서 생각하는 행위가(깊은 처리) 단순히 단어의 철자에 대해서 생각하는 행위보다(얕은 처리) 더 회상을 잘하게 해준다는 것을 보여주었다. 두 과제 모두에서 같은 뇌 영역이 활성화되었으나, 깊은 처리를 한 경우 얕은 처리를 했을 때보다 더 높은 활성이 관찰되었고 이는 나중에 회상을 더 잘하는 것으로 이어졌다(Otten et al., 2001).

다른 기능적 신경영상 연구에서는 실제로 일어나지 않은 사건을 기억하는 오기억을 다루었다. 앞서 언급된 주제어가 포함되지 않은 단어 목록을 학습하는 오기억 검사에서(그림 7.8) 재인 단계에서 fMRI 결과는 놀라운 패턴을 보여주었다. 많은 뇌 영역이 학습한 단어에서 학습하지 않은 단어에서보다 더 높은 활성을 보여주었는데, 학습하지 않은 주제어에서도 똑같이 높은 활성이 나타났다(Cabeza & Nyberg, 2000). 이것은 왜 사람들이 주제어를 잘못 재인하는 경향성이 있는지를 설명해줄지도 모른다.

해마는 실제로 학습하지 않은 주제어에 대해서 학습한 단어들과 유사하게 강한 반응을 보인 '속은' 뇌 영역 중 하나이다. 그러나 해마주변피질의 작은 영역은 똑같이 학습한 단어에서 학습하지 않은 단어에 비해 높은 활성을 보이면서도 실제로 학습하지 않은 주제어에 대해서는 반응을 보이지 않았다. 적어도 실험실에서는 이 작은 영역이 실제 일화적 기억을 가짜 기억들 사이에서 확실히 구분할 수 있는 것처럼 보였다(Cabeza et al., 2001; Okado & Stark, 2003). 만약 이 발견이 실험실 밖에서도 적용될 수 있으면 목격자가 세부 사항을 기억한다고 주장하는 반면 반대 측에서 그 기억이 가짜라고 주장하는 법정 상황에서 사용될 수 있을 것이다. 언젠가는 피고측이 증인의 fMRI 결과를 증거로 제시하며 증인이 기억하는 데로 사건을 경험하지 않았을 수 있다고 주장할 수 있을 것이다. 하지만 아직까지 오기억과 진짜 기억을 구분하는 뇌 지도화 절차를 개발하지 못했다.

기억 응고화에서의 해마와 피질의 상호작용

1800년대 후반, 프랑스 철학자 테오도르 리보(Theodore Ribot)는 뇌가 손상된 사람들이 종종 다치기 전에 발생한 사건들을 망각하는 **역행성 기억상실증**(retrograde amnesia)을 나타내는 것을 보았다(Ribot, 1882). 이것은 사건 이후에 새로운 기억 형성에 어려움을 겪는 순행성 기억상실증과는 다르다. 특징적으로 역행성 기억상실증 환자는 오래된 기억보다 사건 직전에 일어났던 사건에 대해 기억을 더 못하는 **리보 구배**(Ribot gradient)라는 패턴을 보였다. 예를 들어 교통사고로 머리를 다친 남자는 사건에 대한 모든 기억을 잃고 사건 수 분에서 수 시간 전

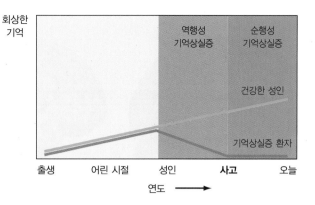

의 기억에 혼란이 왔지만 사건 몇 달 전에서 몇 년 전의 기억은 거의 교란되지 않았다(그림 7.16). 리보 구배는 최근에 형성된 기억에 더 많이 영향을 주는 전기충격의 효과 또한 설명할 수 있다(그림 7.10a 참조).

양반구 해마가 손상된 사람들은 일반적으로 순행성 기억상실과 함께, 역행성 기억상실을 보인다. H.M.이 자신의 이름과 어린 시절을 기억할 수 있었던 것처럼 이 환자들은 본인의 정체성을 잃어버리지는 않았다. 하지만 뇌 손상 사건 며칠 혹은 몇 달 전에 있었던 사건에 대한 기억을 자주 잃어버리는 등, 역행성 기억상실은 수십 년 전에 얻었던 정보에도 영향을 미칠 수 있었다(Manns et al., 2003). 예를 들어, 앞서 읽은 바와 같이 E.P.는 심한 순행성 기억상실증을 남긴 양측 측두엽 내측 손상으로 고통받았다. 이는 기억상실이 발병했던 1992년 이후의 거의 모든 사건들을 기억하지 못했다는 것이다. 더욱이 E.P.는 역행성 기억상실도 보였다. 그의 어린 시절에 대한 기억은 비슷한 나이 또래의 다른 건강한 성인과 동일한 수준으로 좋았다. 그러나 성인이 된 후의 사건은, 심지어 뇌염이 발생하기 10년의 일도 대조군에 비해 훨씬 적게 기억했다(Reed & Squire, 1998; Stefanacci et al., 2000).

앞서 우리는 새로운 기억이 혼란에 취약해지는 응고화 기간에 대한 이야기를 했다. 몇십 년 전의 오래된 기억도 잃어버릴 수 있다는 E.P.의 사례를 볼때 응고화 기간은 수십 년 이상 걸릴 수도 있다는 것을 알 수 있다. 그럼 사람에게는 응고화 기간이 정확하게 얼마 정도일까? 얼마나 지나야 기억이 측두엽 내측 영역으로부터 자유로워지고 감각·연합피질에 '안전하게' 저장이 될까?

초기의 영향력 있었던 관점은 종종 **표준 응고화 이론**(standard consolidation theory)이라고 불리었는데, 이는 해마와 관련 측두엽 내측 영역들이 처음에는 일화적 기억을 저장하고 인출하는 데 필요하지만, 피질이 해마의 도움 없이도 기억을 인출할 수 있게 될 때까지 이 영역들의 공헌은 점차 줄어들어든다고 주장한다(Dudai, 2004; McGaugh, 2000; Squire, 1992).이러한 주장은 일화적 기억을 많은 요소들(시각, 청각, 내용, 상황 등)이 서로 다른 피질 영역에 저장되는 것으로 본다(그림 7.17a). 처음에는 모든 구성요소들이 모두 해마를 통해 연결되어 하나의 통일된 일화적 기억이 된다(그림 7.17b). 시간이 흐르면서 응고화 과정을 거치면서 각각의 구성요소들은 서로 직접적인 연결을 형성할 수 있고, 더 이상 해마

그림 7.16

역행성·순행성 기억상실증 건강한 성인(초록색)은 오늘 무슨 일이 일어났는지 잘 기억하고 몇 주, 몇 달, 몇 년 전에 일어난 일일수록 점진적으로 회상하기 어려워할 것이다. 반면 양측 측두엽에 손상을 입은 사람(빨간색)은 새로운 일화적·의미적 기억 형성에 어려움을 겪는 순행성 기억상실증과 함께 사고 전에 일어났던 기억을 잃는 역행성 기억상실증에 걸릴 것이다. 만약 뇌 손상이 해마보다 더 넓게 근처 피질 영역에까지 영향을 줬다면 역행성 기억상실증은 훨씬 더 심각할 것이고 몇 십년 혹은 더 과거의 기억까지 영향을 줄 것이다.

일화적 기억의 요소들

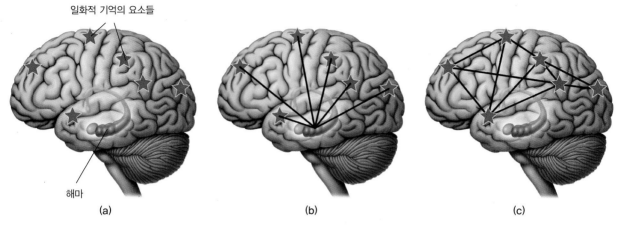

해마

(a)　　　　　　　　(b)　　　　　　　　(c)

그림 7.17

표준 응고화 이론 (a) 일화적 기억은 시각, 청각, 촉각 등 많은 요소들로 구성되어 있고 이는 감각 · 연합 피질에 저장되어 있다. (b) 처음에는 해마 영역이 이러한 요소들의 연결을 도와 하나의 일화적 기억으로 만들어준다. (c) 표준 응고화 이론은 시간이 지나면서 각각의 요소들이 서로 직접적으로 연결되어 더 이상 해마의 개입이 필요 없어진다는 이론이다. 반대로 다중 흔적 이론은 (c)에서 표시된 상태는 절대 일어나지 않고 모든 기억은 해마에 어느 정도 종속적이라고 주장한다.

는 필요하지 않게 된다(그림 7.17c). 만약 해마가 손상된다면, 이러한 연결이 형성되었을 가능성이 높은 오래된 기억이 새로운 기억보다 살아날 가능성이 높게 된다. 이는 H.M.과 E.P.와 같이 측두엽 내측의 손상으로 인한 기억상실 환자들의 시간에 따른 점진적인 역행성 기억상실을 설명해준다.

그러나 몇몇 연구자들은 일부 환자들의 기억상실은 이런 설명이 맞지 않는다고 이야기한다. 예를 들어 일부 환자들은 기억상실이 시간에 점진적이지 않고 어린 시절까지 확장되는 심각한 역행성 기억상실을 가지고 있다(Nadel & Moscovitch, 1997; Cipolotti et al. 2001). 이렇게 확장된 역행성 기억상실을 설명하기 위해 모리스 모스코비치(Morris Moscovitch)와 린 네이덜(Lynn Nadel)은 **다중 흔적 이론**(multiple trace theory)을 발전시켰다. 이 이론에 따르면 사건이 발생했을 때 일화적 기억은 해마와 신피질에 있는 뉴런의 앙상블의 형태로 일화적 기억이 저장된다고 이야기한다. 해당 기억을 다시 떠올릴 때마다 인출 자체가 하나의 새로운 일화적 기억이 된다(이것은 앞서 읽은 재응고화 과정과 유사하다). 그러므로 오래 되고 자주 떠올렸던 기억은 여러 개의 '기억 흔적'이 뇌에 남게 된다. 시간이 흐르면서, 이러한 기억들의 전반적인 내용과 핵심은 의미적 기억이 되고, 해마와는 별개로 피질에 저장된다. 그러나 사건이 발생한 공간적 · 시간적 맥락을 포함한 구체적인 세부사항과 같은 초기의 일화적 기억은 해마에 의존하여 남아 있게 된다(Moscovitch & Nadel, 1998; Nadel & Moscovitch, 2001; Rosenbaum et al., 2014).

이 관점에 따르면, 해마가 손상된 사람들은 일화적 기억을 실질적으로 모두 잃게 된다(Nadel, Samsonovich, Ryan, & Moscovitch, 2000). 하지만 이들은 자서전적 정보의 일부를 수차례 시연할 수 있고 이렇게 그 정보는 의미적 기억이 될 수 있다. 그러나 이것은 사람들이 정상적으로 일화적 기억을 회상하는 것과는 매우 다르다. 이것은 마치 자신이 태어난 날에 대해서 가족들이 이야기하는 것을 여러 번 듣고 태어난 날에 대해 "기억한다."고 하는 것과 유사하다. 사건에 대한 의미적 정보를 가지고 있고, 자신에게 일어났다는 것을 알고 있다고 해도 직접 사건을 기억하고 있다는 것과는 다른 것이다. 짧게 줄여서 다중 흔적 이론에 따르면, 측두엽 내측 영역이 손상된 사람들은 '정신적 시간 여행'의 능력과 함께 진짜 일화적 기억에 대한 능력을 상실한 것이다(Steinvorth, Levine, & Corkin, 2005).

　다양한 연구들에서 표준 응고화 이론의 예측을 다중 흔적 이론의 예측에 대해 시험해보려는 시도가 있었다. 예를 들어 표준 응고화 이론에서는 해마의 활성이 최근에 습득한 일화적 기억을 인출할 때 가장 높고(아직 해마의 영향을 받고 있을 때) 아주 오래된 기억에 대해서 인출할 때 가장 낮아야 한다고(완벽히 응고화 과정이 끝나서 더 이상 해마의 영향을 받지 않아야 할 때) 예측한다. 다중 흔적 이론은 반대로 예측한다. 측두엽 내측 영역은 항상 일화적 기억을 인출할 때 관여하기 때문에 자서전적인 기억을 회상할 때 최근에 일어났든 오래전에 일어났든 똑같이 활성화되어야 한다고 예측한다(Winocur et al., 2010). 실제로 여러 연구들은 최근 기억과 오래된 기억을 회상할 때 해마가 동일하게 활성화된다는 다중 흔적 이론을 지지하는 결과들을 내놓았다(Bernard et al., 2004; Kapur, Friston, Young, Frith, & Frackowiak, 1995; Maguire, 2001). 하지만 다른 연구에서는 의미적 기억을 인출할 때 기억이 오래될수록 해마의 활성이 떨어진다는 결과를 내놓았다. 이 결과는 의미적 기억이(일화적 기억과는 다르게) 자서전적 세부사항들이 점차 사라지고 최종적으로 해마에 독립적이게 된다는 표준 응고화 이론을 지지해준다.

기억의 저장과 인출에서의 전두엽 피질의 역할

전두엽 위에 위치하는 피질 영역인 **전두엽 피질**(frontal cortex)은 무엇을 저장할지(그리고 기억할지), 저장하지 않을지(그리고 곧 망각할지)를 결정하는 데 도움을 주는 것으로 보인다. 나중에 기억할 수 있을 단어를 비의도적으로 부호화할 때 측두엽 내측 영역에서 높은 활성이 보인다는 연구를 기억해라(그림 7.15a). 그림 7.15b가 보여주듯이 이후에 기억할 수 있었던 단어를 부호화할 때 좌측 전전두엽피질도 높은 활성을 보였다(Otten et al., 2001; Wagner et al., 1998). 이것은 전전두엽피질의 일부 영역이 기억 저장을 촉진한다는 것을 의미한다.

　반면에 전전두엽피질의 다른 영역들은 '원치 않는' 기억이 저장되고 인출되는 것을 저해하면서 해마 활동을 억제할 수 있다. 예를 들어 그림 7.6b의 지시된 망각 과제에서 피험자들은 단어를 학습하고 의도적으로 기억하거나 잊어버리라고 지시를 받는다. 나중에 피험자의 기억은 기억하라고 지시받은 단어보다 그리고 첫 학습 이후 다시 보지 못한 단어(아무 지시도 받지 않은 단어 – 역자 주) 잊어버리라고 지시받은 단어에서 수행이 더 나빴다.

　어떠한 것이 이 효과의 기저가 될까? 마이클 앤더슨(Michael Anderson)과 그의 동료들은 피험자들이 단어를 기억하려 할 때와 잊으려 할 때의 뇌 활동을 비교한 fMRI 데이터를 수집하였다. 그림 7.18이

그림 7.18
지시된 망각 사람들이 능동적으로 잊으려고 애쓸 때 기억할 때보다 해마가 덜 활성화(파란색)된다는 사실을 보여주는 fMRI 이미지. 하지만 반대로 전전두엽의 일부 영역들은 잊으려고 애쓸 때 오히려 활성화(노란색)되는 것을 보여준다.

기억하려고 할 때보다 잊으려고 할 때 활성화되는 영역

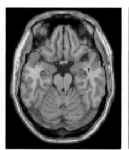
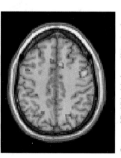

잊으려고 할 때보다 기억하려고 할 때 활성화되는 영역

보여주듯이 잊어버리려고 할 때보다 기억하려고 할 때 해마의 활성이 높았다(M. Anderson et al., 2004). 이는 해마가 기억에서 하는 역할이 무엇인지 생각해보면 그리 놀랄 만한 발견은 아니다. 그러나 전전두엽피질의 일부 영역들에서는 의도적으로 잊으려고 한 조건에서 기억하려고 한 조건보다 더 활성이 높게 나타났다. 한 가지 그럴듯한 설명은 전전두엽피질의 일부 영역은 해마를 억제시키는 역할을 하고 그렇기에 의도적으로 망각을 하려 할 때 해당 영역의 높은 활성이 해마의 기억 부호화를 억제시킨다는 것이다. 곧 참가자에서 높은 전전두엽피질의 활성화가 나오면 최종 검사에서 해당 기억을 잊을 가능성이 높다는 것이다. 의도적으로 망각을 할 때 활성화되는 전전두엽피질의 영역은 의도적으로 기억하려 할 때 활성화되는 영역들과 살짝 다르다(Wylie, Foxe, & Taylor, 2008).

이런 결과들과 이와 유사한 실험결과들은 어떤 정보가 일화적 · 의미적 기억으로 부호화되고 어떤 기억이 잊힐지 결정하는 데 영향을 끼친다고 강력하게 주장한다. 전두엽은 또한 맥락 정보를 사건 기억과 연결시키는 데 도움을 주어서 우리가 무엇이 일어났는지뿐만 아니라 어디에서 언제 사건이 일어났는지를 부호화하는 일화적 기억을 형성할 수 있도록 도울 지도 모른다(Schacter & Curran, 1995).

이 아이디어들을 생각해보면서 어쩌면 전두엽에 손상이 있는 사람들이 언제 어떤 사건이 일어났는지 기억 못하는 출처 확인 오류를 더 쉽게 범할 수 있다고 예상할지 모른다. 그리고 다음은 이에 대한 한 가지 사례가 될 수 있다 — 전두엽에 손상을 입은 사람들은 이야기는 기억할 수 있지만 이 이야기가 자신에게 일어난 사건인지, TV에서 일어났는지, 아니면 상상 속에서 일어났는지를 잘 기억하지 못한다(Kapur & Coughlan, 1980). 일반적으로 이러

지식 테스트

역행

'역행'이라는 어미는 이 장에서 두 가지 방식으로 사용되었다. 먼저, 새로운 정보가 오래된 기억을 방해하는 역행간섭에 대해서 읽었다. 이후, 뇌 손상이 오래된 기억을 손상시키는 역행성 기억상실증에서 읽었다. 이 두 경우 모두 '역행'이라는 말은 시간이 거꾸로 간다는 것을 의미한다('역'류하다를 생각하거나 '역'행렬을 생각하면 쉽다). 반대로 순행간섭과 순행성 기억상실증은 시간적으로 앞으로 간다는 것을 의미한다. 순행간섭은 오래된 기억이 시간을 앞서 와 새로운, 미래의 학습을 방해하는 것이고, 순행성 기억상실증은 뇌 손상 등의 사건으로 시간적으로 앞에 있는 미래의 사건에 대한 기억을 형성하지 못하게 되는 것을 의미한다. 순행간섭과 역행간섭, 그리고 순행성 기억상실증, 역행성 기억상실증을 제대로 구분할 수 있겠는가?

1. 스캇은 대학에서 2년간 라틴어를 배웠고 스페인에서 한 학기를 보내며 스페인어를 조금 공부하였다. 이듬해 다른 라틴어 수업을 수강신청 했는데 첫 시험에서 실수로 스페인어를 대신 적어서 내었다.

2. 마리나는 오랫동안 만났던 남자친구 칼과 최근에 헤어졌다. 능력 좋게도 그녀는 지난 달부터 랜스라는 남자애와 데이트하기 시작했다. 어느 날 밤, 너무 힘들고 정신이 팔린 나머지 랜스를

칼이라고 불렀다!

3. 10년 전, 존은 오토바이 사고를 당해서 해마를 포함하는 측두엽 내측 영역에 손상을 입었다. 병원에서 2주 동안 치료와 회복 기간을 보내고 그의 아내와 집으로 보내졌다. 이제 존은 병원에서 지냈던 일들에 대해 전혀 기억을 하지 못한다.

4. 존은 미네소타에서 보냈던 어린 시절은 기억하지만 사건이 일어나기 몇 달 전에 일어났던 일들은 전혀 기억하지 못했다.

한 출처 확인 오류는 순행적·역행적 기억상실증처럼 모든 기억이 사라지는 것처럼 심각하지는 않지만 허구적인 이야기와 실제 경험을 구분하지 못하면 심각한 문제가 될 수 있다.

전두엽 피질은 우리가 무엇을 알고 무엇을 알지 못하는지 확인하는 메타기억에도 중요한 역할을 한다. 전두엽에 손상이 있는 사람들은 메타기억 검사에서 안 좋은 수행을 보였고(Pannu & Kaszniak, 2005), 건강한 젊은 성인들이 자기가 알고 있어야 한다고 느끼지만 정보 인출에 실패하는 혀끝에 맴돌기 현상을 겪을 때 우측 전두엽 내측 영역이 활성화되었다(Maril, Wagner & Schacter, 2001).

요컨대 해마와 측두엽 내측 영역이 실제로 정보 저장에 중요한 역할을 하지만, 전두엽은 더 상위에서 어떠한 일화적·의미적 기억이 저장되고 어떠한 기억이 잊힐지를 결정하고 메타기억을 통해 이를 파악하고 있는 것으로 보인다.

일화적 기억과 의미적 기억에 관련된 대뇌피질하 구조들

다른 두 뇌 구조는 일화적·의미적 기억과 관련해서 특별히 언급할 가치가 있다. 바로 간뇌와 전뇌 기저부이다(그림 7.19). **전뇌 기저부**(basal forebrain)는 이름이 의미하는 것처럼, 전뇌의 바닥 부분에 누워 있는 구조물의 집합이다. 전뇌 기저부에 포함되는 구조물에는 기저핵(nucleus basalis)와 중격핵(medial septal nuclei)이 포함되는데 이들은 신경조절물질 아세틸콜린(acetylcholine)을 만드는 뉴런들을 포함하고 있어서 뇌 전체에 이를 전달해준다. **간뇌**(diencephalon)는 뇌 중심 근처에 있는 영역으로, 연수(brainstem) 바로 위에 위치하며 여기에는 시상(thalamus), 시상하부(hypothalamus), 그리고 유두체(mammillary bodies)(때때로 시상하부의 일부로 포함되기도 한다)를 포함한다. 시상은 여러 개의 핵으로 구성되어 있는데 이들 중 대부분은 감각 수용기로부터 전달되는 감각 정보를 적절한 감각피질로 전달해주는 역할을 한다. 또한 시상하부는 심장박동, 식욕, 온도 조절, 그리고 수면/각성 주기와 같이 불수의적 기능을 조절하는 데 중요한 역할을 한다(유두체의 기능은 아직 확실하지 않으나 밑에서 기억에 관여를 한다는 사실을 읽게 될 것이다). 전뇌 기저부 일부와 간뇌는 아치 형태의 (앞서 자주 언급한 라틴 단어를 생각해보면 예상대로) **뇌궁**(fornix)이라 불리는 구조물로 해마와 연결되어 있다. 전뇌 기저부나 간뇌, 혹은 뇌궁에 손상을 입으면 기억상실증에 걸릴 수 있다.

전뇌 기저부는 해마가 무엇을 저장할지 결정하도록 돕는 것으로 보인다

전뇌 기저부는 전교통동맥(anterior comm-unicating artery, ACoA)이라 불리는 조그만 동맥으로부터 혈액과 산소를 공급받는다.

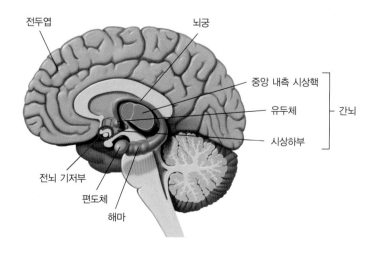

그림 7.19
전뇌 기저부와 간뇌 전뇌 기저부와 간뇌는 해마와 뇌궁이라 불리는 섬유 다발로 연결되어 있다. 간뇌나 전뇌 기저부, 혹은 뇌궁이 손상을 입으면 해마에 직접 손상을 입은 사람들처럼 순행성 기억상실증이 나타난다.

전두엽
뇌궁
중앙 내측 시상핵
유두체
시상하부
간뇌
전뇌 기저부
편도체
해마

ACoA는 동맥류(aneurysm)에 취약한 부분인데, 이는 일종의 뇌졸중으로 동맥벽이 압력을 받아 부풀어 오르고 심지어 파열되기도 하는 증상이다. ACoA에 생긴 동맥류가 파열된다면 전뇌 기저부에 손상을 입을 수 있고 생존자들은 측두엽 내측 영역이 손상된 환자들이 보이는 것과 유사한 순행성 기억장애를 자주 가지게 된다(DeLuca & Diamond, 1995).

전뇌 기저부 손상은 왜 기억상실증을 일으키는가? 제2장에서 본 것과 같이, GABA와 같은 신경전달물질과 아세틸콜린과 같은 신경 조절 물질은 올바른 뇌의 기능에 중요한 역할을 한다. 전뇌 기저부의 일부 세포들로 구성된 내측 중격은 뇌궁을 통해 아세틸콜린과 GABA를 해마로 보낸다. 이러한 연결은 해마 뉴런들의 활동과 시냅스 가소성에 영향을 미치고 언제 해마가 정보를 처리하고 저장할 것인지, 한다면 언제 할 것인지를 결정하는 과정에 관여한다(Buzsaki & Gage, 1989; Damasio, Graff-Radford, Eslinger, Damasio, & Kassell, 1985; Hasselmo, 1999; Myers, Ermita, Hasselmo, & Gluck, 1998). 이는 해마가 손상되지 않았음에도 전뇌 기저부 손상만으로 기억상실증이 유발되는지 설명할 수 있을 것이다. 아마 전뇌 기저부가 손상되어 언제 새로운 정보를 조절해야 하는지 신경 조절이 이뤄지지 않으면 해마가 효과적으로 작동하지 않을 것이다.

전뇌 기저부가 손상된 환자들에게 과거의 사건에 대해서 물어보면 거짓 기억에 대해서 매우 자세하게 이야기하는 **작화증**(confabulation)을 보일 것이다.

예를 들어 환자에게 어제 무슨 일을 했는지 물어본다면 사무실에서 몇 시간 있다가 오랜 친구와 점심식사를 하고 귀가하는 길에 장을 봤다고 이야기할 것이다. 이 이야기는 매우 그럴듯해 보이지만 실제로 이 환자는 지난 2주 동안 병원에만 있었다! 작화를 하는 사람들은 거짓말을 하는 것이 아니다. 오히려 자기가 만들어 낸 이야기를 스스로 믿는 것처럼 보이고 이 이야기가 거짓인 증거를 들이대면 진심으로 혼란스러워한다.

작화증은 동맥류의 파열로 인한 손상이 전뇌 기저부를 넘어 전두엽까지 확장된 경우에 특징적으로 나타난다. 그리고 전두엽이 기억에서 어떤 역할을 하는지 배운 것처럼 일부 작화증의 사례는 출처 확인 오류의 한 종류로밖에 안 보인다. 위에서 언급한 사례에서 환자는 전뇌 기저부의 손상이 일으킨 기억상실증으로 어제 무엇을 했는지 기억할 수 없었다. 하지만 환자는 과거 기억으로부터 질문에 대한 그럴듯한 대답은 할 수 있었다. 단지 환자의 전두엽 피질이 손상되면서 메타기억도 함께 손상되었기 때문에 떠올릴 기억이 예전 것인지 최근 것인지 판단하지 못했을 뿐이다(DeLuca, 2000).

많은 환자에게서 작화증은 동맥류 파열 직후에 가장 심하게 나타나지만 아마도 전전두엽피질의 기능 회복으로 시간이 지날수록 점차 증상이 나아지는 경향을 보인다. 하지만 기억상실증은 일반적으로 영구적이다.

간뇌는 응고화를 돕는 것으로 보인다

한 세기도 더 전에, 의사들은 주로 만성 알코올 남용으로 인한 티아민(비타민 B) 결핍이 일으키는 **코르사코프 증후군**(Korsakoff's disease) 환자에서 기억 문제를 발견했다(Kopelman, et al., 2009). 코르사코프 증후군은 여러 뇌 영역들도 손상시키지만 특히 유두체와 시상 배내측핵(그림 7.19)을 일관적으로 손상시켰다. 코르사코프 증후군이 측두엽 내측영역에 직접적으로 주는 피해가 없었음에도 불구하고, 이 병에 걸린 환자들은 H.M이나 다른 측두엽 내측 영역에 손상을 입은 환자들에서 보이는 것처럼 순행성 기억상실증과 시간에 따라 차이를 보이는 역행성 기억상실증 증상이 나타났다. 다른 이유에 의해 시상이 손상된 환자들도 동일하게 순행성 기억상실증과 시간 차등이 있는 역행성 기억상실증을 보였고(Collinson, Meyyappan, & Rosenfeld, 2009; Hampstead & Koffler, 2009; Kapur, Thompson, Cook, Lang, & Brice, 1996) 유두체와 시상 배내측핵을 손상시킨 쥐에서도 동일한 증상이 보였다(Aggleton & Mishkin, 1983; Mair, Knoth, Rabchenuk, & Langlais, 1991).

아직 간뇌 손상이 왜 기억상실증의 원인이 되는지는 밝혀지지 않았다. 유두체와 시상핵이 대뇌피질 및 측두엽 내측 영역과 해부학적으로 연결되어 있다는 점을 생각해볼 때, 한 가지 가능한 설명이 있다. 간뇌 구조물들이 기억 저장과 견고화 과정에서 전두엽과 해마의 상호작용을 도와주기 때문에 간뇌가 손상되면 이런 상호작용이 망가진다는 것이다 (Collinson et al., 2009). 이 가설과 일치하게 코르사코프 증후군 환자들은 잊어버린 사건에 대해 질문하면 자세하게 이야기를 만들어내는 작화증을 보이는데, 이 역시 오래된 기억과 새로운 기억을 분간하지 못함을 보여준다.

대뇌피질 하부 영역이 기억에서 어떤 역할을 하는지에 대해서는 아직 알려지지 않은 것들이 많다. 하지만 다양한 종류의 뇌 손상이 기억상실증을 일으킨다는 사실은 기억은 모든 뇌 부위가 관여하는 기능이라는 유력한 증거가 된다. 해마, 피질, 간뇌 그리고 전뇌 기저부를 포함하는 많은 뇌 구조물들은 각각, 그리고 함께 제대로 작동해야 일화적·의미적 기억 기능이 제대로 동작할 수 있다. 래슐리는 조금은 자신의 가설을 입증했다고 느낄 것이다 (래슐리는 기억이 뇌에 분산 저장된다고 주장했음-역자 주).

중간 요약

- 의미적 기억들은 피질에 저장되는 것으로 보인다. 특정 종류의 의미적 정보들은 어느 정도는 그 정보(시각, 청각 등)를 처리하는 데 전문화된 피질 영역들에 저장된다.
- 일부 연구들은 특정한 범주의 의미적 정보는 뉴런 집단 혹은 네트워크에 저장된다고 주장한다.
- 사람을 포함하는 영장류에서 측두엽 내측영역에 위치하는 해마 영역은 새로운 일화적 기억을 형성하는 데 매우 중요하다. 양측 해마 영역에 손상을 입은 환자는 순행성 기억상실증(새로운 일화적·의미적 기억을 형성하는 능력을 잃은)을 보였다. 또한 역행성 기억상실증(손상 전에 생긴 기억을 잃어버리는 현상)도 일어날 수 있다.
- 기능적 신경 영상은 건강한 사람들이 이후에 성공적으로 기억할 수 있는 정보를 부호화할 때 해마가 특히 활발히 활성화된다는 것을 보여준다.

- 일부 연구자들은 해마가 새로운 일화적 기억 형성에 필요한 반면, 측두엽 내측 영역만으로 새로운 의미적 기억을 저장할 수 있다고 믿는다. 하지만 다른 연구자들은 해마가 일화적 기억과 의미적 기억 둘 다에 필수적이라고 믿는다.
- 표준 응고화 이론은 오래된 기억은 피질에 저장되어 결국 해마로부터 독립적으로 될 수 있다는 이론이고, 다중 기억 흔적 이론은 일화적 기억이 항상 피질과 해마 모두를 필요로 한다는 이론이다.
- 전두엽 피질은 새로운 어떤 기억이 저장될지 혹은 잊혀질지 결정하는 데 중요할 뿐만 아니라 메타기억과 정보의 출처를 기억하는 데에도 중요하다.
- 일화적 기억과 의미적 기억에 관련된 다른 영역들에는 전뇌 기저부(해마가 새로운 정보를 저장하는 것을 돕는)와 간뇌(해마와 전두엽 피질의 연결을 중재하는)가 포함한다.

7.3 임상적 관점

H.M.과 E.P.와 같은 환자들은 확인 가능한 뇌 손상 때문에 영구적으로 기억을 잃었다. 예를 들어 E.P.의 기억상실은 뇌염과의 싸움으로 인한 측두엽 내측 영역의 손상으로, H.M의 기억상실은 뇌 수술로 그 뿌리를 찾아들어갈 수 있다. 측두엽 내측 영역이 한 번 손상을 입거나 파괴되면 잃어버린 기억은 회복될 수 없다.

하지만 다른 사례에서 기억 기능 장애는 영구적이지 않을 수 있다. 당신은 이미 전기충격 요법을 받은 환자들에게서 나타나는 '일시적 기억상실증'의 한 종류를 배웠다. 이런 환자들은 ECT 세션에 대해서 순행성 기억상실증을 보이고 세션 직후의 사건에 대해서도 역행성 기억상실증을 보인다. 하지만 환자들의 기억 장치는 영구적으로 손상을 입은 것은 아니다. 몇 시간이 지나면 환자들의 뇌는 새로운 정보를 부호화하고 오래된 정보를 다시 인출할 수 있게 된다(다음 페이지의 '일상에서의 학습과 기억'에서 일시적 혹은 조금 오래가는 뇌진탕 후 기억상실증에 대해서 읽어보라). 이후 장들에서 기억을 저장하는 기능이 영구히 손실되지는 않는 두 가지 종류의 기억상실증에 대해서 더 알아볼 것이다. 일시적인 전반적 기억상실증과 기능적 기억상실증이다.

일시적인 전반적 기억상실증

일시적인 전반적 기억상실증(transient global amnesia, TGA)은 이름에서 알 수 있듯이 일시적인 혹은 짧은 순간의 기억의 손상으로 두부 손상이나 간질처럼 알려진 이유에 의해 일어나지는 않는다(Brand & Markowitsch, 2004; Kritchevsky et al., 1998; Shekhar, 2008). 증상의 원인은 베일에 가려 있지만 약 3분의 1의 환자들은 격렬한 운동이나 차가운 물에서 수영하기 혹은 감정 스트레스처럼 증상을 촉발시킨 사건을 가지고 있다(Hodges, 1990). 전형적인 TGA는 갑자기 시작되고 몇 시간 동안 지속되며 하루 정도 지나면 천천히 사라진다. 기억상실증이 발생하는 동안, 사람들은 심각한 순행성 기억상실증을 보인다. 또한 최

◀◀ 일상에서의 학습과 기억 ▶▶

뇌진탕의 대가

뇌진탕으로 더 잘 알려진 가벼운 외상성 뇌 손상(mTBI)은 미국에서 매년 170만 명의 사람들에게 영향을 끼친다 (Cassidy et al., 2004). 일반적으로 mTBI는 낙사, 자동차 혹은 자전거 사고와 운동 중 부상에 의해 발생하며 특히 군 관계자들이 근처 폭발물로 인한 충격파로 인해 높은 위험에 처해 있다(Langlois, Rutland-Brown, & Wald, 2006).

mTBI를 정의하는 한 가지 증상은 기억상실증으로 순행성과 역행성 기억상실증을 모두 포함할 수 있다. 예를 들어 뇌진탕 상태에 있는 럭비 선수는 어떻게 부딪혔는지, 어느 팀에 속해 있는지, 점수가 어떻게 되는지 기억을 하지 못하고 혼란해하며 집중을 못할 수 있다. 운동 중 뇌진탕에 걸린 어린 환자(열 살에서 열여덟 살 사이)들에 대한 연구에 따르면 이 중 4분의 1에서 사건 시간 근처의 사건들에 대해 기억상실증을 보였다 (Register-Mihalik, De Maio, Tibbo-Valeriote, & Wooten, 2014). 생각보다 최근에야 이런 기억 상실은 ECT 이후와 같이 일시적이라는 것이 밝혀졌다. 기억 상실은 며칠 뒤 두통이나 흐릿한 시야와 같이 다른 뇌진탕 증상이 사라질 때 같이 사라지며 단지 사건 이후 몇 시간 안에 일어났던 정보들만 영구히 사라지는 것으로 나타났다.

하지만 더 최근 연구에 따르면 기억에 대한 영향은 조금 더 오래 남는 것으로 확인되었다. 한 연구에서는 30년 이전에 뇌진탕을 경험했던 퇴역한 운동선수들과 비슷한 나이대의 해당 경험이 없는 퇴역한 운동선수들을 조사했다(De Beaumeont et al., 2009). 두 집단 모두에게 그림 7.14a에 나오는 그림 기억 검사를 실시했다. 뇌진탕 경험이 없는 집단은 비슷한 나이 사람들과 유사한 수행(그림 7.14b)을 보였다. 반면 뇌진탕을 경험했던 집단은 따라 그리기는 잘했지만, 기억으로부터 그리는 작업은 제대로 하지 못했다. 이러한 현상은 E.P.가 보였던(그림 7.14c) 것과 유사했지만 수행은 조금 더 나았다.

더 안 좋은 것은 한 번 뇌진탕을 겪은 사람들은 두 번째 뇌진탕을 겪으면 더 나쁜 수행을 보였는데, 특히 첫 뇌진탕 이후 증상이 완화되기 전에 다시 뇌진탕을 겪은 경우 수행이 더 나빴다 (Ling, Hardy & Zetterberg, 2015). 또한 접촉이 있는 운동을 해서 mTBI에 계속 노출이 된 사람들은 인지 기능 감소나 치매의 위험이 이후 삶에서 훨씬 높은 것으로 나타났다(Danshevar et al., 2011). 2014년 10월, 한 주 동안 세 명의 고등학생 선수가 사망하는 사건(Carver, 2014)과 은퇴 선수들이 전미 미식축구 연맹이 적절하게 뇌진탕의 위험을 밝히지 않았다고 고소를 한 사건(Martin, 2013) 이후 럭비는 최근 뇌진탕과 관련해서 정밀 조사가 들어가는 운동 종목 중 하나이다.

그 결과, 학교의 많은 운동 프로그램은 이제 정교한 보호 장비가 필요하게 되었고, 뇌진탕을 겪은 선수를 복귀시키는 데 엄격한 규칙이 적용되었으며, 하키에서 머리로 치거나 축구에서 헤딩, 럭비에서 헤드 다운 태클 등의 기술들을 금지했다(Ling et al., 2015). 한편 2013년에 NFL은 뇌진탕의 장기적인 부작용에 시달리는 은퇴 선수들에게 6억 7,500만 달러의 보상금을 주기로 합의하고 1억 달러를 뇌 손상 연구와 교육 프로그램에 사용하기로 결정하였다(Martin, 2013).

근 10년 정도 내에 발생한 사건에 대해서 어느 정도 역행성 기억상실증을 보이기도 한다 (Kritchevsky & Squire, 1989; Kritchevsky et al., 1988).

일시적인 전반적 기억상실증은 가장 흔한 형태의 기억상실증이다. 미국에서 연간 10만 명 중에 약 5건 정도 발생하는 것으로 추정된다(Miller, Petersen, Metter, Millikan, & Yanagihara, 1987). 높은 유병률에도 불구하고, 일시적인 전반적 기억상실증은 오래 지속되지 않기 때문에 연구하는 데 어려움이 있다. 그러나 잘 보고된 사례들이 몇 개 있다. 한 사례에서 S.G.라는 38세의 한 남성은 뇌수술을 받았다(Kapur, Millar, Abbott, & Carter, 1998). 수술은 원활하게 진행된 듯 했지만 일시적으로 뇌 내 혈류량이 줄어드는 합병증이 생긴 듯 싶었다. S.G가 깨어났을 때, 그는 그의 이름은 알았지만, 직업이나 지금이 무슨 달인지, 병원에 얼마나 오래 있었는지는 기억할 수 없었다.

S.G의 기억상실증은 오후 12시 30분경에 시작됐다. 연락을 받은 기억 연구자들은 일제

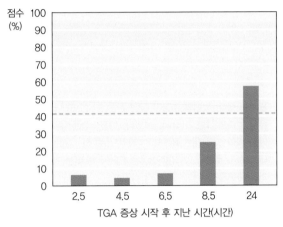

(a) S.G.의 순행성 기억상실증 : 방금 읽은 이야기에 대한 기억 성적

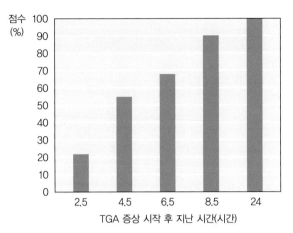

(b) S.G.의 역행성 기억상실증 : 개인적인 의미적 기억에 대한 기억 성적

그림 7.20

일시적인 전반적 기억상실증 (a) 환자 S.G.는 TGA 증상 시작 후 2.5시간이 지났을 때 몇 분 전에 들은 이야기를 거의 기억하지 못했다. 하지만 24시간이 지난 뒤에는 기억 능력이 증가했고 심지어 같은 나이대의 건강한 성인보다(점선) 더 높게 나왔다. (b) 이와 유사하게 기억상실증이 시작된 2.5시간 후 자서전적 기억에 대해서 역행성 기억상실증을 보였다. S.G.의 기억은 24시간이 지난 뒤에 돌아왔는데, 수술 직전에 일어났던 사건에 대해서만 기억이 영구히 손실되는 '블랙아웃'을 겪었다.

Information from Kapur et al., 1998.

히 병원으로 달렸고, S.G는 수많은 검사에 참여하겠다고 동의했다. 오후 3시경에 S.G는 엄청난 순행성 기억상실증을 보였다. 그는 짧은 이야기를 들을 수 있었지만, 수 분 후에 그는 단지 몇 단어만을 기억할 수 있었다(그림 7.20a). S.G.는 역행성 기억상실증도 보였다. 그가 가졌던 직업, 살았던 장소 및 기타 사적인 질문에 대해 몇 가지만 대답할 수 있었다(그림 7.20b). (정답은 S.G의 약혼녀에 의해서 확인되었다.) 또한 수십 년 전의 사건은 잘 기억했지만, 최근의 시사적 사건들에 대해서는 거의 기억할 수 없었다.

연구자들을 오후부터 저녁까지 매 시간 간격으로 S.G를 검사하였고 점진적으로 그의 순행성·역행성 기억상실증은 완화되었다. 기억상실증이 시작되고 24시간이 경과한 다음날 정오쯤에는 수술 직전에 일어났던 사건들에 대한 미미한 역행성 기억상실증을 제외하고는 S.G의 기억은 정상으로 돌아왔다. TGA는 끝났다. S.G.의 뇌는 제대로 작동하는 것 같았다. ECT와 같이 일시적으로 신경활동이 방해받으면 응고화되지 않은 최근 기억들은 전부 사라지고 완전히 응고화된 오래된 기억 외에는 접근이 제한되는 것처럼 보이고 혈류가 정상화되면 뇌 기능도 정상화되는 것 같다.

양전자 방출 단층촬영(PET)이나 자기공명영상(MRI)과 같은 신경영상 방법을 사용한 연구들은 TGA를 경험한 일부 환자들이 해마에 작은 결함을 보였다고 주장한다(Gonzalez-Martinez, Comte, de Vervizier, & Carlander, 2010; Yang, Kim, Kim, Kwak, & Han, 2009). 몇몇 케이스에서는 이러한 결함은 TGA를 경험한 이후 두 달 뒤에는 더 이상 발견되지 않았다고 했다(Alberici et al., 2008; Della Marca et al., 2010). 이것이 TGA의 모든 케이스를 설명해주지는 못하지만, 기억 저장과 회상의 일시적인 손상은 해마의 일시적인 혼란을 반영할지도 모른다.

기능적 기억상실증

2002년도 영화 '본 아이덴티티'에서 제이슨 본(배우 : 맷 데이먼)은 자신의 이름이나 과거,

그리고 왜 두부 총상 속에 스위스 은행 계좌 번호가 들어있는지에 대한 기억을 모두 잃은 채 어선 위에서 의식을 찾는다. 영화 내내, 본은 그를 죽이려는 CIA 요원을 따돌리며 그의 기억을 되찾기 위해 노력한다. 이와 같은 기억상실증은 알프레드 히치콕의 '스펠바운드'에서부터 제임스 대시너의 소설을 원작으로 하는 2014년 영화 '메이즈 러너'(열여섯 살의 영웅이 이전 기억 없이 미로에 갇힌 채로 깨어나는 내용 – 역자 주), 마지(심슨 에피소드에서 엄마 역 – 역자 주)가 기억상실증에 걸려서 가족에 대한 것을 잊어버리는 에피소드까지 수많은 영화나 텔레비전 방송, 소설들의 줄거리로 사용되고 있다.

할리우드에서처럼 자주 일어나지는 않지만 현실에서도 이런 기억상실증은 일어날 수 있다. **기능적 기억상실**(functional amnesia)은 [때로 심인성 기억상실증(psychogenic amnesia)이라고도 함] 심리적 원인에 의해 발생하는 갑작스러운, 심각한 역행성 기억상실증으로 뇌 손상과 같은 명백한 신체적 원인으로 인해 발생하는 기질적 기억상실(organic amnesia)과는 다르다(Kritchevsky, Chang, & Squire, 2004; Schacter & Kihlstrom, 1989). 기능적 기억상실의 한 종류는 해리성 기억상실(dissociative amnesia)인데 환자는 특정한 외상적 사건에 대한 기억을 잃어버리는 것이다. 이 증상의 더 극단적인 종류는 환자들이 자신의 정체성에 관한 모든 기억을 잃어버리는 해리성 둔주(dissociative fugue)이다. 해리성 둔주는 매우 드물다. 게다가 기억을 잊었다고 주장하는 몇몇 사람들이 사실은 범죄나 인간관계 문제를 피하기 위해 기억상실증을 연기했다고 인정하는 경우가 있다(Jenkins, Kapur, & Kopelman, 2009). 하지만 일부 사례에서는 정말로 기억 상실이 일어난 것처럼 보인다.

다니엘 색터(Daniel Schacter)는 허리 통증을 호소하며 병원에 입원한 P.N.이라는 스물한 살 청년의 사례를 기록하였다(Schacter, Wang, Tulving, & Freedman, 1982). 그의 정체성에 관한 질문을 받았을 때, P.N.은 그가 나무꾼이라는 별명을 가졌다는 것 이외에, 이름이나 자신의 과거에 관한 어떠한 것도 기억할 수 없었다. 색터는 이후에 P.N.이 가깝게 여겼던 할아버지의 죽음에 의해 기능적 기억상실증을 겪었다고 결론지었다. P.N.의 극도의 슬픔으로 인한 정신적 충격이 기억상실을 초래한 것이었다.

P.N.의 자서전적 사건들에 대한 심한 역행성 기억상실증과는 대조적으로, P.N.의 의미적 기억은 손상되지 않았다. 그의 언어적 기능과 세상에 대한 지식 또한 정상적이었다. 그러나 P.N은 몇 분 이상 새로운 정보를 기억하는 것을 어려워하는 순행성 기억상실증도 보였다. 기능적 기억상실증은 P.N.이 TV에서 장례식 장면을 볼 때까지 계속 되었다. 마법처럼 잃어버린 기억이 돌아왔고 P.N.은 자신의 정체성과 삶의 기억을 되찾았다. 단지 지난 주 동안 있었던 사건들에 대한 기억을 모두 잃었는데, 아마 순행성 기억상실증이 그 기억들이 제대로 저장되지 않도록 막았기 때문에 일어난 현상이라고 추정한다.

모든 기능적 기억상실증이 이렇게 잘 풀리는 것은 아니다. 마크 크리체브스키(Mark Kritchevsky)와 그의 동료들은 10개의 기능적 기억상실증을 연구했는데, 전부 자신의 이름과 과거를 보고하지 못했다(Kritchevsky et al., 2004). 이들 중 한 환자는 나중에 기억상실증을 연기한 것이라고 인정했는데 크리체브스키와 동료들은 다른 한 명도 똑같이 연기하고 있을 것이라고 의심하기 시작했다. 하지만 나머지 여덟 명의 환자들은 진짜 기억상실증을 겪는 것 같았고 그중 한 명만 모든 기억을 되찾고 나머지는 기억상실증이 발생한 뒤 2년 이상이 지나서도 아무 기억도 회복하지 못하였다. 다른 사례에서 한 여성의 경우를 자신의 정체성과 함께 지난 33년의 삶을 모두 잃어버렸으나 11년이 지나도 기억이 돌아오지 않았다(Helmes, Brown & Elliott, 2015). 현재까지 언제 어떻게 각각의 환자들이 기억을 되찾을지 예측할 수 없다.

기능적 기억상실증 환자들이 뇌 손상이 없다는 사실을 생각할 때 무엇이 이 증상을 일으켰을까? 기능적 신경영상은 단서를 제공해줄지 모른다. PET를 사용한 한 연구에서 기능적 기억상실증을 겪은 사람들은 측두엽 내측 영역과 간뇌에서 비정상적인 활동 패턴이 나타났고 이 패턴은 기억이 회복되었을 때 사라졌다(Markowitsch et al., 1998). 이것은 기능적 기억상실증이 일화적 기억의 저장과 인출에 관여하는 뇌 영역의 (아마도 일시적인) 오작동에 기인한다는 점을 시사한다. fMRI를 사용한 다른 연구에서는 기능적 기억상실증 환자 두 명에서 아는 사람을 '인식하지 못했을 때' 전전두엽에서는 높은 활동이, 해마에서는 감소된 활동이 나타났다(Kikuchi et al., 2010). 이러한 패턴은 건강한 성인이 의도적 망각을 할 때와 동일한 패턴이고(그림 7.18 참조) 의식적으로든 무의식적으로든 회상을 억제하고 있을 수 있다는 뜻이다. 신기하게도 환자의 기억상실증이 사라지면 전전두엽의 비정상적인 패턴도 함께 사라졌다.

요약하자면 이러한 뇌 영상 결과들은 기능적 기억상실증이 기질적 기억상실증에서 손상된 뇌 부위와 동일한 부위의 오기능으로 인한 것일 수 있음을 보여준다(Oullet, Fouleau, Labrecque, Bernier, & Scherzer, 2008). 주요한 차이점은 기질적 기억상실은 생리적 손상에 의해 발생하는 반면, 기능적 기억상실은 심리적 충격에 의해 일어난다는 것이다. 뇌에 영구적인 손상이 일어나지 않기 때문에 H.M.이나 E.P. 같은 환자들과 달리, 기능적 기억상실을 앓는 환자들은 뇌 기능과 기억을 모두 회복할 수 있는 것이다.

지식 테스트

기억상실증을 잊지 말라

'기억상실증'은 기억 손상에 관한 일반적인 용어이다. 아래 각각의 기억상실증은 어떠한 종류의 정보가 상실되거나 방해되는 증상을 보이는지 기억하는가? 어느 뇌 영역이 손상되었는지도? (정답은 책의 뒷부분에 있다.)

1. 순행성 기억상실증
2. 기능적 기억상실증
3. 역행성 기억상실증
4. 출처 확인 오류
5. 일시적인 전반적 기억상실

중간 요약

- 일시적인 전반적 기억상실(TGA)은 뇌 손상이나 간질 같은 증상 없이 발생하는 일시적인 기억의 손상이다. 그러나 격렬한 운동이나 스트레스와 같은 촉발 사건이 있을 수 있다.
- 일시적인 전반적 기억상실(TGA)이 일어나는 동안, 전형적으로 환자들은 심각한 순행성 기억상실증을 보이며, 종종 미약한 수준의 역행성 기억상실증을 보이기도 한다.
- 일시적인 전반적 기억상실(TGA)은 뇌로 가는 혈류(그리고 영양분)가 방해를 받음으로써 발생하는 일시적인 뇌 기능 손상이다. 일반적으로 뇌가 회복되면 기억도 정상으로 회복된다.
- 기능적 기억상실은 매우 드문 형태의 기억 상실로, 환자들이 삶에서 특정한 사건에 대한 기억을 잃거나 자신의 정체성에 대한 모든 기억을 잃는다.
- 기능적 기억상실은 물리적 원인보다 심리적인 외상 때문에 발생하는 것으로 보인다.

종합

이 장의 임상적 관점 부분에서 몇몇 영화나 TV 프로그램에서 기억상실을 겪는 주인공들에 대해 언급하였다. 지금까지 기억과 기억상실에 관하여 배운 내용을 바탕으로 여기에 등장하는 캐릭터들과 그들이 보여주는 기억상실증이 얼마나 그럴듯한지 평가할 수 있어야 한다.

'본 아이덴티디'의 제이슨 본과 같이 이러한 기억상실증의 대부분은 물리적인 뇌 손상 때문이 아닌 심리적인 외상으로 인해 자신의 정체성을 완전히 잃어버리는 기능적 기억상실로 고통받는다. 이런 등장인물들은 전문적인 기술뿐 아니라, 세상에 관한 의미적 기억을 가지고 있었다. 이런 증상은 세상에 대한 지식은 멀쩡해 보이지만 기능적 기억상실증이 과거를 빼앗아 버린 듯 보이는 P.N.과 같은 환자들과 유사하다. 제이슨 본은(많은 기억상실증 이야기에서 주인공들이 늘 그러듯이) 무엇이 기억상실증을 유도했는지 미스테리를 풀면서 자신의 정체성을 찾으려고 노력한다. 이런 면에서 '본 아이덴티디'와 다른 '정체성을 잃는' 이야기는 현실의 기능적 기억상실증 사례들과 많은 특징들을 공유한다. 그러나 많은 TV 드라마에서 머리를 다쳐 기억을 잃은 여자 주인공이 다시 머리를 다쳐 기억을 되찾는 것처럼 어떻게 기억을 되찾는지에 대한 부분은 현실과 동떨어져 있다. 현실에서는 두부 손상이 기능적 기억상실증을 해결해주지 않는다. 일부 환자들은 자연스럽게 회복하지만 일부는 느리게 회복하거나 아예 회복하지 못한다.

기질적 기억상실증은 기능적 기억상실증보다 줄거리에서 자주 등장하지 않는다. 하지만 순행성 기억상실증을 가진 주인공이 등장하는 심리 스릴러인 2000년 영화 '메멘토', 동일한 증상을 가지는 물고기 도리(성우 : 엘렌 드 제너러스)가 나오는 픽사의 2003년 '니모를 찾아서'라는 예외가 있다. 두 경우 모두 등장 인물들은 똑똑하고 강한 동기를 가진 성격이지만, 새로운 일화적 혹은 의미적 기억을 만들지 못해서 무엇을 배우든 수 분 내로 잊어버린다. '니모를 찾아서'에서는 비록 기억상실증의 의학적 원인에 대해서는 이야기하지 않지만, '메멘토'의 주인공은 해마의 손상을 일으킨 두부 손상에 의해 기억상실증이 나타났다고 설명한다. 이런 가상의 인물들은 H.M.이나 E.P. 같이 측두엽 내측 영역의 손상으로 순행성 기억상실증을 얻은 실제 환자들과 많은 특징을 공유한다. 하지만 실제 H.M.이나 E.P.같은 실제 환자들은 보통 뇌 손상 전의 일부 (혹은 일반적으로 많은) 기억에 대해 역행성 기억상실증도 같이 가지고 있다.

그렇지만 다른 기억 관련 줄거리는 오기억을 중심으로 다룬다. 예를 들어 1990년 고전 공상 과학 영화인 '토탈 리콜'에서 건설 노동자 역의 아널드 슈워제네거는 화성에 가는 비싼 여행 대신 훨씬 적은 돈을 지불하고 그에 대한 기억만을 심는다. 영화 '맨츄리안 켄디데이트'(1962년, 제작 : MGM, 주연 : 프랭크 시나트라; 2004년, 제작 : 유니버설 스튜디오, 주연 : 덴젤 워싱턴)에서는 악덕한 기업이 세뇌와 최면을 통해서 오기억을 심는다. 이런 이야기는 당연히 공상과학 내용이지만 오기억의 증상은 과학적인 사실이다. 연구자들은 피험자들에게 풍부하고 진짜 같은 기억을 심는데 너무 진짜 같아서 연구자들이 어떻게 했는지 설명하려 할 때 피험자들과 종종 논쟁을 벌여야 한다. 오기억은 영화에서 흥미로운 모험을 이끌어주지만, 목격자가 밤에 방영된 뉴스에 나온 사람과 범죄 현장에 대한 기억을 혼동할 때처럼 현실에선 심각한 문제를 초래할 수 있다.

이런 모든 이야기들은 우리가 알고 있는 것과 경험한 것에 대한 일화적 · 의미적 기억이 우리 존재 자체를 정의한다는 공통적인 사실에서 출발한다. 우리는 기억이 뜯겨나가는 것이 얼마나 충격적인 일인지 상상할 수 있기에 등장인물들에게 쉽게 공감하게 된다.

좀 더 일상적인 이야기로 돌아가자면, 누구나 일화적 · 의미적 기억의 실패를 때때로 경험한다. 차를 어디다 주차했는지나 체육관에서 만난 아는 사람의 이름이 잠시 생각이 나지 않는 것 같은 실패들은 정상적인 삶의 일부이다. 우리 중 일부는 운동 중 사고로 TGA의 경험을 가지고 있을 수도 있고, 기말 보고서를 쓰다가 출처 확인 오류의 희생양이 될 수도 있으며, 시험공부를 하면서 JOL 오류를 범할 수도 있다. 대부분의 경우 일화적 · 의미적 기억에 접근하는 데 노력을 필요로 하지는 않고 우리의 기억은 오래 지속되고 생각보다 정확하다. 하지만 그런 만큼 기억은 우리가 원하는 것보다 더 자주 실패한다. 이런 기억의 과정을 이해함으로써 제이슨 본과 그의 동료들처럼 일화적 · 의미적 기억에 대해 감사하며 이들의 기능을 증진시키는 데 도움을 줄 수 있을 것이다.

중요 용어

간뇌(diencephalon)

간섭(interference)

감각피질(sensory cortex)

기능적 기억상실증(functional amnesia)

기억상실증(amnesia)

내현 기억(implicit memory)

뇌궁(fornix)

다중 흔적 이론(multiple trace theory)

단서에 의한 회상(cued recall)

리보 구배(Ribot gradient)

메타기억(metamemory)

비서술적 기억(nondeclarative

memory)

서술 기억(declarative memory)

순행간섭(proactive interference)

순행성 기억상실증(anterograde
amnesia)

역행간섭(retroactive interference)

역행성 기억상실증(retrograde
amnesia)

연합피질(association cortex)

오기억(false memory)

외현 기억(explicit memory)

응고화 기간(consolidation period)

의미적 기억(semantic memory)

일시적인 전반적 기억상실증
(transient global amnesia, TGA)

일화적 기억(episodic memory)

자유 회상(free recall)

작화증(confabulation)

재응고화(reconsolidation)

재인(recognition)

전기충격(electroconvulsive shock)

전뇌 기저부(basal forebrain)

전두엽 피질(frontal cortex)

전이–적합성 처리효과(transfer-
appropriate processing effect)

지시된 망각(directed forgetting)

처리의 깊이 효과(levels-of-
processing effect)

출처 확인 오류(source monitoring
error)

측두엽 내측 영역(medial temporal
loves)

코르사코프 증후군(Korsakoff's
disease)

표준 응고화 이론(standard
consolidation theory)

해마(hippocampus)

퀴즈

1. 심각한 기억 상실이 있는 증상은 _____(이)라고 한다. _____은(는) 새로운 일화적 기억과 의미적 기억을 형성할 수 없는 반면 _____은(는) 기존에 얻은 정보를 잊어버리는 증상이다.

2. 기억을 검사하는 방법에는 세 가지가 있다. 이 중 자유회상은 _____ 방법이고, 단서에 의한 회상은 _____ 방법이며, 재인은 _____ 방법이다. 이 중 _____에서 가장 좋은 수행을 보인다.

3. _____ 효과는 깊게 처리할 때 얕게 처리할 때보다 회상을 더 잘한다는 것을 뜻한다. 이와 유사하게 _____은(는) 검사 환경이 부호화했던 환경과 유사하면 기억을 더 잘한다는 것을 의미한다.

4. _____ 패러다임에서는 잊으라고 지시받았던 항목에 대해서 기억이 더 안 좋게 나타난다.

5. 새롭게 형성한 의미적 · 일화적 기억은 _____ 동안 특별히 더 취약하다. 하지만 기억이 재활성화되거나 회상될 때마다 _____(이)라는 현상을 겪는데 이때 다시 변질에 취약하게 된다.

6. _____ 현상은 기억상실증의 일종으로 환자에게 지난 사건들을 물어보았을 때 매우 자세하게 거짓된 기억을 이야기하는 것을 말한다. 이러한 행동은 _____에서 많이 나타나는데 이 증상은 만성 알코올 중독과 함께 나타난다.

7. _____은(는) 사실과 개인정보, 그리고 세상에 대한 기억이다. _____은(는) 특정한 시간과 공간에서 일어난 특정한 사건에 대한 기억이다.

8. _____은(는) 측두엽 내측 영역에 존재하며, 간뇌와 전뇌 기저부와 _____(이)라는 섬유 다발로 연결되어 있다.

9. 오기억은 _____이다.

10. 시각이나 청각 같은 특정한 종류의 정보를 처리하는 피질부위를 _____(이)라고 하며 _____(이)라고 불리는 다른 피질은 서로 다른 혹은 같은 종류의 정보를 처리한다.

11. 리보 구배는 _____ 기억이 _____ 기억보다 더 변조되기 쉽다는 기억의 특성을 나타낸다.

12. _____은(는) 두부 외상과 같은 물리적 원인 없이 생기는 급작스러운 기억상실증이다.

13. 전두엽은 기억에서 _____, _____ 하는 역할을 가지고 있을 것이다.

14. _____을(를) 수반하는 치료법은 심각한 우울증에 대한 처치로 활용되는데 새로 형성된 기억을 심각하게 망가뜨릴 수 있다.

15. _____ 기억은 우리가 알고 있는지에 대한 정보를 포함한다면 _____기억은 학습자의 의식 없어도 존재할 수 있다.

16. 심각하고 영구적인 기억상실증은 _____, _____, _____을(를) 포함하는 뇌 손상으로부터 나타날 수 있다.

17. _____은(는) 다른 기억과 내용이 겹치면서 발생하는 기억 혼란의 일종이다. _____에서는 새로 배운 사실이 오래된 기억을 교란시키고, _____에서는 예전 기억이 새로운 기억 형성을 방해한다.

18. 메타기억은 _____을(를) 수반한다.

19. 일화적 · 의미적 기억은 _____(이)라는 큰 그룹으로 묶이기도 한다. 바로 의식적으로 접근이 불가능하거나 말로 설명하기 어려운 기술에 대한 기억 같은 것은 _____(이)라는 그룹으로 묶인다.

20. _____은(는) 일시적인 혹은 단기적인 기억 혼란으로 순행성과 역행성 기억상실증을 모두 수반한다.

21. 표준 응고화 이론은 _____을(를) 포함하는 뇌 구조들이 _____기억의 저장과 인출을 위해 필요하다고 설명하자면 _____기억에는 필요하지 않다고 이야기한다. 반대로 다중 흔적 이론은 _____(이)라고 주장한다.

22. 영화에서 본 정보를 사실 학교에서 배웠다고 착각하는 현상은 _____의 한 예이다.

정답은 책의 뒷부분에 있다.

개념 확인

1. 멤버가 여섯 명인 어떤 동아리에 가입해서 다음 번 모임까지 여섯 명의 이름을 다 외우려 한다고 하자. 이 장에서 배운 원리들에 의거해서 멤버들의 이름에 대한 기억을 향상시킬 수 있는 방법을 세 가지 이야기해보라.

2. 의미적 기억은 어떤 사실에 대한 기억이 그 사실을 학습한 공간적 · 시간적 맥락과는 무관하게 존재하는 것을 일컫는다. 그렇다면 의미적 기억과 출처 확인 오류는 어떻게 다른가?

3. 일화적 기억과 의미적 기억의 실패는 때로 매우 짜증나는 일일 수 있지만 한편으로는 나름대로 유용할 수도 있다. 유기체가 어떤 정보를 잃어버리는 것이 바람직한 이유를 생각해볼 수 있겠는가?

4. 건강한 성인을 대상으로 한 fMRI 연구에 의하면 해마는 아주 오래된 자서전적 정보의 인출 시에도 활성화된다(Ryan et al., 2001). 이는 자서전적 기억이 적어도 부분적으로는 언제나 해마에 의존한다는 사실을 뒷받침하는 결과라고 생각하는가?

5. 여러분이 응급실에서 일하고 있는데 갑자기 어떤 사람이 실려 들어와서는 자신의 정체에 대한 모든 정보를 잃어버렸다고 주장한다고 하자. 그 환자를 이송해 온 친구에게 어떤 질문을 해보면 환자를 진단하는 데 도움이 되겠는가? 어떤 검사를 실시하겠는가?

정답은 책의 뒷부분에 있다.

숙련기억

행위에 의한 학습

"키스를 할 때, 가장 중요한 법칙은 천천히 시작하는 것이다. 이는 자연스럽게 사람들로 하여금 각각의 키스 상황에 익숙해지도록 만든다. 그리고 종종 키스는 그런 식으로 천천히 진행되어야 한다. 느닷없이 혀를 밀어 넣어 현란하게 움직이는 단계로 갑자기 들어가면 상대방을 기겁하게 만들 수도 있는데, 이렇게 하는 것은 무례하기 짝이 없다. 운동선수들은 항상 심한 운동을 하기 전에 워밍업을 한다. 키스라고 다를 게 있겠는가?"(Hays, Allen, & Hanish, 2015)

첫 키스를 기억하는가? 어떤 이들에게 첫 키스는 환상적인 기억이다. 하지만 다른 이들에게는 계속해서 내가 지금 제대로 하고 있는 걸까라는 생각만이 맴돌았던 난감한 경험이 될 수 있다. 키스는 개념상으로는 단순하다. "당신의 입술을 다른 사람의 입술에 포개어라." 이보다 쉬운 일이 어디 있는가? 하지만 키스에 서툰 이들과의 많은 키스를 경험하고 나면 인간이 이 단순한 능력을 가지고 태어나는 축복은 받지 않았다는 것이 확실해진다. 마찬가지로 키스에 매우 능숙한 사람과 키스를 나누고 나면 당신은 키스는 기술이 좌우한다는 사실에 충분히 공감하게 될 것이다.

첫 키스의 성공은 부분적으로 분위기와 파트너에 의해 좌우되지만, 대부분의 젊은 사람들은 첫 키스를 성공적으로 이끌기 위해서는 연습이 필요하다는 것을 안다. 손이나 팔, 베개 혹은 봉제인형에 키스하면서 훈련을 한다. 이 훈련을 통해 실전에서 파트너를 잘 리드할 수 있게 되기를 바란다. 손이나 팔에 키스 연습을 하는 것은 좋은 전략인데, 그렇게 하면 혀가 어떤 느낌인지 피드백 받을 수 있기 때문이다. '키스학개론' 강좌라도 있다면 도움은 될 테지만, 키스하는 법에 대한 규칙을

행동적 측면

숙련기억의 특성
새로운 기억의 부호화

일상에서의 학습과 기억 :
여성보다 남성에게 더 쉬운 인지기술이 있을까?

과거의 기억 떠올리기
기억에 실패할 때

뇌 메커니즘

기저핵과 기술 학습

일상에서의 학습과 기억 :
비디오 게임이 뇌에 좋은가?

기술의 피질 표상
소뇌와 타이밍

임상적 관점

파킨슨병
인간과 기계의 접점 : 의식적으로 통제 가능한
    인공신체 학습

365

달달 암기하는 것으로 키스의 선수가 되는 것은 아니다. **전문가**(expert)가 되기 위해서는 키스를 해봐야 하며(그것도 많이), 키스에 대한 피드백을 받아야 하고, 가장 중요한 것은 여러분의 뇌가 좋거나 나빴던 키스의 기억을 모두 저장해야만 한다. 키스에 대해 배운 것을 말로 전달할 수 있겠지만, 설명하는 것보다는 직접 시연하는 것이 더 쉬울 것이다. 아무도 '기술을 연마하기 위해' 키스를 한다고 생각하지는 않겠지만, 의식하던 안하던 그 경험들은 당신을 바꿔놓는다. 아무튼 충분히 많이 연습하면, 키스의 선수가 될 수도 있을 것이다.

이 장에서는 반복적인 경험이 점차적으로 기술의 수행을 어떻게 향상시키는지를 설명하고자 한다. 반복함으로써 차츰 기존에 갖고 있던 기억들을 수정하게 되고, 그 결과 가장 나은 수행을 할 수 있게 한다. 반복적인 경험은 키스 같은 특정 기술을 수행하는 방식을 변화시킬 수 있을 뿐만 아니라 그 기술을 수행하는 데 사용되는 뇌 회로의 구조 역시 변화시킬 수 있다. 숙련기억은 기저핵, 대뇌피질 그리고 소뇌를 포함하는 여러 뇌 영역을 통해 형성되고 처리된다. 하나 혹은 그 이상의 뇌 영역에 손상이 있는 사람은 이미 학습된 기술을 수행하는 일뿐만 아니라 새로운 기술의 학습에도 어려움을 겪는다.

8.1 행동적 측면

이전 장에서는 사건과 사실, 바꿔 말해 기억하거나 알고 있는 정보에 대한 기억을 다뤘다. 이와는 반대로 숙련기억은 어떻게 하는지 몸으로 아는 것을 일컫는다.

기술(skill)은 연습을 통해서 꾸준히 향상시킬 수 있는 능력이다. 여러분들이 가장 친숙하게 생각하는 기술이라는 용어의 정의는 아마도 운동선수가 경기를 하거나 음악가들이 연주를 할 때 보이는 기술이라는 의미와 가장 가까울 것이다. 그러나 보다 더 흔하게 보는 예는 자동차를 운전하거나, 춤을 추거나, 음료수 잔을 들어 마시거나, 밴드가 틀린 음을 연주할 때 알아차린다든지 하는 것들이다. 이러한 예들은 모두 **지각-운동기술**(perceptual-motor skill), 즉 학습된 운동 패턴 혹은 지각 능력을 일컫는다.

연습을 통해 증진시킬 수 있는 능력의 종류는 단순히 현란한 팔 움직임이나 미묘한 소리의 차이를 구분하는 경우들을 훨씬 넘어선다. 카드 놀이하기, 예산 세우기, 표준화된 시험 보기, 시간 관리하기는 어떠한가? 이들은 모두 **인지기술**(cognitive skill)의 예인데, 단순히 물리적인 동작을 시연하거나 감각을 날카롭게 다듬는 것이 아니고 문제를 풀거나 혹은 전략을 적용하는 데 활용된다(Ackerman, 2007; Rosenbaum, Carlson, & Gilmore, 2001; van Lehn, 1996). 이 문장을 읽기 위해서는 여러분이 오래전에 배웠던 기술이 사용된다. 읽기는 너무나 자연스럽게 수행되어서 아마도 처음 읽기를 학습할 때 얼마나 어려웠는지 전혀 생각이 나지 않을 것이다. 페이지를 넘길 때, 어떤 문장에 줄을 칠 때, 노트에 글자를 쓸 때 혹은 이 장의 내용을 기억하는 데 필요할 것에 대해 생각할 때, 여러분은 여러 다양한 숙련기억에 접근하고 있는 것이다.

숙련기억의 특성

숙련기억은 사건(일화적 기억이라고도 불리는)이나 사실(의미적 기억)에 대한 기억과 많은 면에서 유사하지만, 숙련기억만의 특성도 지닌다(표 8.1). 사실에 대한 기억처럼 숙련기억은 오래도록 유지되며, 반복적 경험을 통해 향상된다. 그러나 숙련기억은 사건과 사실에 대한 기억과는 달리 언제나 말로 표현될 수 있는 것은 아니다. 제7장을 생각해보면, 심리학자가 종종 숙련기억을 비정의적 기억으로 분류하는데, 그 이유는 이 기억이 쉽게 언어화되지 않기 때문이다. 나아가서, 숙련기억은 의식적인 자각 없이 획득할 수 있고 인출된다. 그래서 그 숙련기억은 종종 암묵적 기억이기도 하다. 이런 현상은 기억상실증 환자인 H.M.이 학습했다는 자각 없이도 새로운 숙련기억을 학습할 수 있었던 것에서 보여졌고, 연구자들은 이 사실을 토대로 기억의 하위 요소인 정의적 기억을 의식적으로 떠올릴 수 있는 기억이라고 분류하였다(표 7.1).

기술은 다양한 방식으로 획득 가능하지만, 가장 흔한 방법은 연습하고, 교육을 받고, 다른 사람이 그 기술을 사용하는 것을 관찰하는 것이다. 제5장에서 동물이 기술을 수행하도록 훈련시킬 때 흔히 사용되는 조작적 조건화에 대해 설명했었다. 레버를 누르거나, 부리로 열쇠를 쪼거나, 지시에 따라 몸을 뒤집는 것 등을 배우는 것은 일견 간단한 능력처럼 보이지만, 그렇다고 해서 이것들이 기술이 아닌 것은 아니다(기술이 꼭 배우기 어렵거나 특별한 것은 아니다). 마찬가지로 자동화된 설비를 사용해서 훈련시켜야만 기술인 것도 아니다. 어떻게 그 기술을 획득했는지, 혹은 그 기술을 배우는 것이 얼마나 어려운 것인지 하는 요소들은 중요하지 않다. 이 장에서는 다양한 종류의 숙련기억에 대해 알아보고, 숙련기억의 인출에 따른 기술의 수행이 어떻게 다르고, 그 기술의 다름을 어떤 요소가 결정하는지를 배울 것이다.

인지기술과 지각-운동기술은 어떻게 다른가?

역사적으로, 철학자와 심리학자는 지각-운동기술과 인지기술을 구분해왔다. 그러나 인간이 어떻게 이 두 가지 기술을 배우고 기억하는지에 대하여 최근 드러나는 증거들은 이전까지의 생각보다는 서로 더 많은 유사성이 있음을 말해준다(Rosenbaum, Carlson, & Gilmore, 2001). 예를 들어, 팀 스포츠에 참여하는 운동선수들은 경기 상황에서 어떤 행동

표 8.1 숙련기억과 사건, 사실에 대한 기억의 비교

숙련기억	사건과 사실에 대한 기억
1. 직접적으로 제시하지 않으면 전달하기 힘들다.	1. 다양한 형식으로 유연하게 의사소통이 가능하다.
2. 자각 없이 습득될 수 있다.	2. 의식적으로 접근 가능한 내용을 지닌다.
3. 반복을 필요로 한다.	3. 한 번만에 습득 가능하다.

을 취할 것인지 순간적으로 빠르게 결정을 내려야 하고, 상대 팀원들 개개인의 고유한 강점과 약점을 파악하고 있어야 한다. 올림픽 체조선수들은 커다란 감정적 압박 속에서도 일련의 연결된 동작들을 수행하기 위해 정신을 집중하고 침착함을 유지해야 한다.

심리학자들은 체조선수들처럼 미리 정해진 일련의 동작을 수행하는 것과 같은 기술을 **폐쇄기술**(closed skill)이라고 한다. 반면에 개인이 유동적인 상황을 예측해가며 반응해야 하는 기술은 **개방기술**(open skill)로 분류된다. 많은 활동들이 지각-운동기술과 인지기술을 모두 필요로 하는 동시에, 개방기술과 폐쇄기술 역시 필요로 한다. 농구공을 패스할 때, 플레이어는 정해진 특정한 동작 패턴으로 움직이는 동시에, 수비수들의 위치와 패스 길이에 따라 팔과 다리를 다르게 움직여야 한다. 패스의 성공은 플레이어가 동료가 취할 다음 움직임을 예측하는(혹은 지시하는) 것에 달려 있다. 대부분의 지각-운동기술은 폐쇄와 개방 기술의 특징을 모두 포함하므로 개방과 폐쇄의 연결선상에 놓아 생각할 수 있다(Magill, 1993).

심리학자들은 보통 인지기술을 문제를 추론하고, 해결하거나 혹은 많은 양의 지식을 필요로 하는 과제(교과서를 집필하는 것과 같은)를 수행하는 것과 관련지어 생각한다. 전통적으로 인지기술은 지적인 기량에 달려 있다고 묘사되는 반면, 지각-운동기술은 신체적인 소질, 속도, 힘에 의존한다고 생각되어 왔다. 수학문제를 푸는 것은 축구를 하는 것과는 확연히 다른 양상을 가지지만, 두 가지 기술을 향상시키게 하는 기억의 메커니즘은 꽤나 비슷하다. 우리는 이 장에서 그 메커니즘에 대해 이야기할 것이다.

대부분의 지각-운동기술 연구자들은 공중제비를 돌거나 농구를 하는 데 필요한 전반적인 기술보다는 훨씬 덜 복잡한 기술에 초점을 맞춘다. 연구실에서 연구되는 기술은 버튼 빠르게 누르기, 움직이는 물체의 위치 추적 등을 포함한다(Doyon, Penhune, & Ungerleider, 2003). 비슷하게, 심리학자들은 종종 참여자가 '하노이의 탑' 같은 간단한 퍼즐을 푸는 데 사용하는 상대적으로 빨리 학습할 수 있는 인지기술에 대한 연구를 실시한다(그림 8.1). 이 퍼즐의 목표는 다양한 크기의 원판들을 차례로 한 말뚝에서 또 다른 말뚝으로 옮기는 것이다(이 과제는 제9장에서 상세하게 이야기하기로 한다). 이 퍼즐은 작은 원판 위에 그보다 큰 원판을 올려놓을 수 없다는 한 가지 규칙을 제외하고는 비교적 쉽게 할 수 있다. 그림 8.1의 순서를 따라하면 퍼즐이 풀린다. 대개 연습을 하면 이 퍼즐을 더 잘할 수 있게 된다. 이것은 원판을 한 말뚝에서 다른 말뚝으로 옮기는 것을 더 잘할 수 있게 되기 때문이 아니라 (지각-운동기술), 원판을 옮기는 전략을 배우게 되어 결국 원하는 위치로 옮길 수 있기 때문이다(J. R. Anderson, 1982). 지각-운동기술과 인지기술 둘 다를 연구하는 연구자들은 가능한 한 실험을 간단하게 유지하고 싶어 하는데, 이는 연구 외 변인을 더욱 정밀하게 조절할 수 있기 때문이다. 이는

어떤 기억의 메커니즘이 존 어쉘이 프로 미식축구 선수이면서 수학자가 되는 것에 도움을 줬을까?

George Gojkovich/Getty Images

개인이 특정 기술을 수행하는 데 있어서 경험이 어떻게 영향을 미치는지 이해할 수 있는 좋은 기회를 준다.

지식 테스트

개방기술과 폐쇄기술

심리학자들은 다양한 방식으로 기술을 분류한다. 지각-운동기술을 분류하는 편리한 방법은 기술을 개방과 폐쇄로 나누는 것이다. 개방기술은 환경적인 요구의 예측에 따라 조절되는 움직임을 포함하는 반면 폐쇄기술은 미리 정해진 움직임을 그대로 수행하는 것을 기반으로 한다. 다음 보기들을 개방기술과 폐쇄기술 중 무엇으로 분류하겠는가? (정답은 책의 뒷부분에 있다.)

1. 공으로 균형을 잡고 있는 바다사자
2. 수영하고 있는 소녀
3. 키스하고 있는 젊은 청년
4. 물고기를 잡고 있는 곰
5. 곤충을 잡고 있는 물고기
6. 피아노를 치고 있는 소년
7. 다트를 던지고 있는 젊은 여성

인지기술과 지각-운동기술 중 무엇이 먼저인가?

새로운 기술을 배우는 것은 일련의 설명들로 시작한다. 대학에 들어가 새로운 룸메이트에게 점심으로 먹을 라면 한 봉지를 건네 주었다고 치자. 만약 룸메이트가 라면을 처음 보았다면, 그녀는 라면 봉지를 보며 무엇을 해야 할지 살펴볼 것이다. 라면을 만든 사람들은 룸메이트가 라면 요리하는 법을 모를 것이라는 것을 예견하고, 라면에 설명서를 적어 놓았을 것이다. 몇 주 뒤, 당신의 룸메이트가 당신에게 점심을 대접해주기로 결정했을 때, 그녀는 이전에 보았던 설명서에 대한 기억에 의존해 라면을 요리하는 방법을 떠올리고 있을 것이다. 다른 말로, 숙련 기억은 사건과 사실에 대한 기억일 수 있다!

음식의 조리법을 읽는 데에는 읽기 능력, 즉 인지능력이 필요하다. 라면 조리법을 올바르게 따라 하기 위해선 봉지를 열고 물을 끓이는 것과 같은 다양한 지각-운동기술이 필요하다. 두 종류의 기억들 모두 새로운 기술의 학습에 기여할 수 있다. 그럼에도 불구하고, 지각-운동기술 기억이 인지기술을 배우는 기반을 제공한다는 몇몇 단서들이 있다.

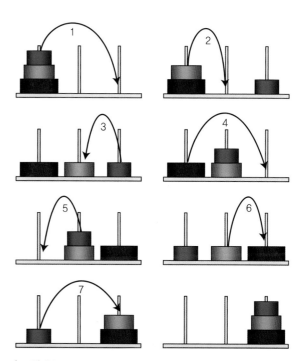

그림 8.1

하노이 타워 퍼즐 이 과제의 목적은 모든 원판을 한 번에 하나씩 큰 원판이 작은 원판 위에 오는 일이 없게 왼쪽 기둥에서 오른쪽 기둥으로 옮기는 것이다. 여기 퍼즐을 푸는 순서를 소개하고 있다. 이러한 퍼즐을 푸는 능력은 인지적 기술에 속하며, 원판을 한 기둥에서 다른 기둥으로 옮기는 능력은 지각-운동기술에 속한다.

첫 번째로, 인간은 인지기술을 배우기 전의 더 어린 나이에 지각-운동기술을 배운다. 생후 다양한 기억능력이 어떻게 발전하는지는 제12장에서 더 자세하게 다루겠다. 두 번째, 읽기와 쓰기를 비롯한 많은 인지기술들은 말하기나 선을 그리는 등의 기본적인 지각-운동기술을 먼저 배우지 않으면 습득하기 어렵거나 불가능하다. 마지막으로, 다른 많은 종들도 다양한 지각-운동기술을 학습하는 것이 가능하지만, 오직 몇 종들만이 인지기술을 학습할 수 있다. 사실상, 많은 연구자들과 철학자들은 오로지 인간만이 인지기술을 학습할 수 있으며, 이것이 인간이 특별한 이유라고 주장한다.

인간이 아닌 종도 인지기술 기억을 가지는가?

데카르트는 추리능력이 인간을 다른 동물과 구별 짓는 것이라고 말한다. 데카르트는 아마도 개가 프리스비를 잡는 법 같은 지각-운동기술 기억을 저장할 수 있다는 사실에는 당연히 동의하겠지만, 인지기술을 배우는 것은 개나 인간이 아닌 다른 어떤 존재에서는 가능하지 않다고 생각할 것이다. 데카르트의 생각처럼 많은 심리학자들 역시 인간만이 추론을 하고 복잡한 인지과제를 수행할 수 있다고 생각한다. 이것이 바로 현재 인지기술에 대해 알고 있는 것의 대부분이 인간 연구에서 비롯된 이유이다.

그렇지만 인간이 인지기술을 지닌 유일한 동물은 아니다. 예를 들자면, 연구자들은 한때 오직 인간만이 도구를 사용할 줄 알고, 이러한 특별한 문제 해결 능력은 인간 뇌 진화에 있어 핵심적인 역할을 해왔다고 생각했다. 그러나 지난 20년 동안 심리학자와 동물행동 연구자는 코끼리, 유인원, 문어, 새, 수달, 돌고래 등을 포함한 다양한 동물들의 도구 사용을 보고해왔다(Beck, 1980; Hart, 2001; Hunt, Corballis, & Gray, 2001; Krutzen et al., 2005; Whiten et al., 1999). 연구실에서, 실험자는 유인원과 다른 동물들에게 다양한 도구를 사용하는 것을 학습시켰다. 야생에서 동물이 도구 사용법을 스스로 학습할 수 있다는 최근 연구 또한 있다. 예를 들어, 돌고래는 그림 8.2에서 보듯 수렵 생활에서 스펀지 사용법을 배웠다(Whiten & Boesch, 2001). 또한 연구자들은 야생에서 호두를 깨기 위해 돌을 사용하는 법을 학습하는 침팬지를 관찰했다(Whiten & Boesch, 2001). 도구 사용은 전형적으로 지각-운동기술과 인지기술 모두와 관련 있는 능력이다. 도구 사용이 요구되는 동작패턴은 연습을 통해 향상되며, 특정 도구(혹은 전략)가 다양한 문제를 푸는 데 유용할 수 있다는 인식 또한 연습을 통해 개선된다.

실험실에서 진행된 연구들이 인간 외의 다른 많은 종들도 인지적 과제를 명령에 따라 수행할 수 있음을 보여준다. 제7장에서 간략하게 언급된 한 연구에서, 돌고래들은 사육사의 지시에 따라 반복적으로 학습한 행동들을 수행할 수 있었다(Mercado, Murray, Uyeyama, Pack, & Herman, 1998). TV에 나오는 해양 수족관 속 돌고래 쇼

그림 8.2
도구를 사용하는 돌고래
오스트레일리아에 서식하는 어떤 돌고래들은 수렵을 하는 동안 스펀지를 지니고 다닌다. 연구자들은 돌고래가 먹이를 구하기 위해 바다 밑바닥을 둘러볼 때 성게나 다른 가시가 돋은 바다 생물들로부터 스스로를 보호하기 위한 도구로서 스펀지를 사용하는 것이라고 생각한다.

Lars Bejder

들의 기술의 대부분은 지각-운동기술이다. 사육사가 신호를 보내면, 돌고래는 그에 반응하여 특정한 일련의 행동을 수행한다. 그러나 돌고래가 특정 행동을 반복하라고 지시받을 때, 사육사의 신호와 특정 한 가지 행동반응이 잘 연합되지는 않는다. 돌고래가 수행하는 거의 대부분의 행동은 지시를 받기 전에 돌고래가 무엇을 하고 있었는지에 따라 결정된다. 반복하라는 지시를 성공적으로 수행하기 위해서는, 돌고래는 이전의 행동을 능동적으로 떠올려야 한다. 과거 사건에 대한 회상과 재현은 인지기술이며, 연습을 통해 향상될 수 있다(Brehmer, Li, Muller, von Oertzen, & Lindenberger, 2007). 돌고래가 지시에 따라 행동을 반복하는 것을 성공적으로 학습했기에, 그들이 과거의 사건을 회상하는 인지기술을 성공적으로 수행할 수 있다는 것이 증명되었다.

모든 동물이 복잡한 인지적, 지각-운동기술을 동등하게 학습할 수 있는 것은 아니다. 기술을 학습하는 다른 동물들의 능력을 비교해봄으로써 그리고 다른 기능들에 대한 기억을 형성하고 인출할 때 어떤 신경시스템을 이용하는지 알아봄으로써 과학자들은 숙련기억의 바탕이 되는 두뇌 시스템을 좀 더 명확히 이해할 수 있다(Mercado, 2008).

새로운 기억의 부호화

이제 연구자들이 다양한 기술들을 어떻게 분류하는지 알게 되었다. 그렇다면 누군가를 특정 기술에 능숙하게 만드는 것이 무엇인지 생각해보자. 연습이 중요한 요소라는 것을 자연스럽게 받아들일 것이다. 어떻게 연습이 숙련기억의 수행과 보유에 영향을 미치는지 그리고 왜 특정 기술에는 뛰어난 사람이 다른 혹은 유사한 기술에는 반드시 능숙하지 않은지에 대해 살펴볼 것이다.

많은 반복이 기술을 항상 향상시켜주지는 않는다

1980년 클래식 영화 '베스트 키드'에서 한 십 대 소년은 쿵푸 대가에게 무술 훈련을 시켜달라고 부탁한다. 대가는 마지못해 승낙하며, 소년에게 그의 차에 왁스를 칠하고, 나무 마루로 된 작업장에 사포질을 하고, 드높은 담장을 페인트칠하는 과제를 내주었다. 각 과제를 주면서 대가는 그 소년이 어떻게 해야 하는지를 정확한 동작으로 보여주었다. 그 소년은 대가가 말한 대로 했으며, 나중에는 그 반복적으로 했던 동작들이 그를 방어하기 위해 알아야 했던 쿵푸 동작이었음을 깨달았다. 그가 과제를 하는 동안 수백 번씩 그 동작들을 반복했기 때문에 동작을 빠르고 쉽게 재현할 수 있었다. 그는 그것이 쿵푸 동작인 줄도 모른 채 기술을 학습했던 것이다.

영화 속에서 연습과 숙련기억 사이의 관계에 대한 할리우드식 표현은 초기의 몇몇 심리이론과 유사하다. 기본적인 개념은 기술을 많이 써볼수록 나중에 그것을 더 빠르고, 더 잘할 수 있다는 것이다. 그것이 연습이 작용하는 방식인가? 아니면 연습이란 단순한 반복 이상의 것인가? 이 문제에 답하기 위해 에드워드 손다이크(Edward Thorndike)는 눈을 가린 참가자에게 정확히 3인치 길이의 선을 그릴 것을 반복적으로 주문하는 실험을 했다

(Thorndike, 1927). 참가자의 반에게는 목표한 길이 중 1인치의 8분의 1 지점이 되면 알려 줬고, 나머지 반에게는 아무런 피드백도 주지 않았다. 두 그룹은 실험 동안 동일한 수의 줄을 그었지만 피드백을 받은 그룹은 실험이 진행됨에 따라 그 정확성이 향상되었다. 이 단순한 연구는 차에 왁스칠을 하고 마루에 사포질하는 것이 쿵푸 동작을 학습하는 가장 효과적인 방식이 아닐 수도 있음을 말해준다. 그 분야 연구자들이 일반적으로 **결과에 대한 지식**(knowledge of result)이라고 부르는 수행에 대한 피드백이 훈련의 효과 측면에서 중요하다 (Butki & Hoffman, 2003; Ferrari, 1999; Liu & Wrisberg, 1997; A. P. Turner & Martinek, 1999; Weeks & Kordus, 1998). 코치, 교수, 그리고 쿵푸 교육자 모두가 연습의(공부를 포함한) 결과에 대한 지식을 제공함으로써 개인 기술의 향상에 중요한 역할을 한다.

연습이 어떻게 수행에 영향을 미치는지에 대한 가장 초기의 세부적 연구는 표적 추적과 표적에 반응하기와 같은 지각-운동기술의 빠르고, 정확한 수행에 관심이 있던 군 연구자들에 의해 실행되었다(Holding, 1981). 이 초기 연구의 결과 중 하나는 추가적인 연습으로 특정 기술을 수행하는 데 요구되는 시간이 감소한다는 것이다. 예를 들어, 그림 8.3a는 참가자가 읽기 과제를 연습함에 따라, 각 페이지를 읽는 데 걸리는 시간이 줄어들었음을 보여준다(A. Newell & Rosenbaum, 1981). 초기에 한 페이지를 읽는 데 걸리는 시간은 크게 감소했지만 나중에 이 초기의 향상, 즉 읽기 시간의 감소는 점차적으로 작아졌다. 그림 8.3b는 참가자가 회전 추적 과제의 학습에서 보인 유사한 패턴으로 수행 초기의 증진이 가장 크다. 이 수확체감의 법칙 또는 **학습의 멱함수 법칙**(power law of learning)은 인간과 다른 종 모두에서 다양한 인지와 지각-운동기술에 포괄적으로 적용된다.

컴퓨터 키보드를 사용하는 법을 처음 배울 때는 일일이 키를 찾아야 했고 또 분당 타이핑 가능 단어 수는 아마도 얼마 안 되었을 것이다. 키보드를 사용한 지 1년이 지나고 나면, 분당 타이핑 가능 단어 수는 두 배 혹은 세 배로 빨라진다. 타이핑 속도가, 만약 연습한 해

그림 8.3
기술 수행에 미치는 연습과 피드백의 영향 (a) 읽기 과제를 훈련시킴에 따라 읽는 속도의 증가 정도는 감소한다. (b) 차기 과제에서 새로운 형태의 피드백은 갑작스러운 학습 속도의 향상을 가져올 수 있다. 이 경우 첫 단계 학습이 어느 정도 느려지기 시작할 때 참가자에게 최적의 발차기에 관한 영상물을 보여주었다. 비디오는 참가자 자신의 차기 속도를 향상시키는 데 도움을 주었다.

(a) Data from Singley and Anderson, 1989; (b) Data from Hatze, 1976.

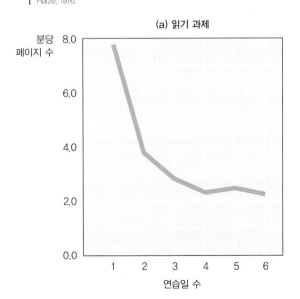

(a) 읽기 과제

분당 페이지 수

연습일 수

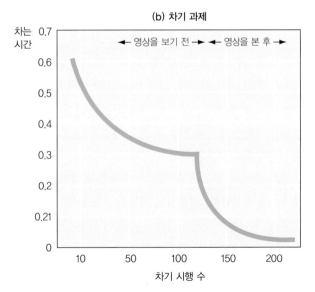

(b) 차기 과제

차는 시간

← 영상을 보기 전 → ← 영상을 본 후 →

차기 시행 수

가 한 번씩 지날 때마다 두 배가 된다고 한다면, 지금쯤이면 아마 빛의 속도로 타이핑을 할 수 있을 것이다. 그러나 학습의 멱함수 법칙은 이런 일이 벌어지지 않음을 예견한다. 멱함수 법칙에 따르면, 처음 한 해가 지나고 그다음 해마다는 타이핑 속도가 좀 더 조금씩 빨라진다. 학습은 처음에는 빠르게 일어나지만 점차로 느려진다. 어떤 기술에 좀 더 능숙하게 될수록 개선될 여지가 줄어든다는 사실은 분명해 보인다. 학습의 멱함수 법칙이 놀라운 것은 연습으로 그 수행을 개선시키는 능력이 줄어드는 비율은 대개 연습될 기술이나 기술을 배우는 동물의 종류와는 무관하게 미리 결정된다는 사실이다. 많은 경우에, 심리학자는 개인이 얼마나 빨리 기술을 습득하는지 알기 위해 간단한 수학함수(멱함수)를 사용할 수 있다. 특정 기술을 개선하는 데 필요한 연습 횟수는 연습 횟수가 증가됨에 따라 놀라우리 만큼 증가되었다.

학습의 멱함수 법칙은 연습이 일반적으로 어떻게 수행에 영향을 주는지에 대한 유용한 설명을 제공한다. 그러나 이 법칙을 극복하는 것도 그리고 연습의 효과를 강화시키는 것도 가능하다. 예를 들면, 어떤 실험에서 연구자는 가능한 한 빠르게 표적을 발로 찰 것을 참가자에게 주문했다. 차는 속도에 대한 피드백이 주어질 때 그가 그 표적을 차는 데 걸리는 시간을 줄일 수 있는 비율이 학습의 멱함수 법칙에 의해 예측되었다(Hatze, 1976). 그 남자의 차는 속도가 더 이상 향상되지 않았을 때 연구자는 그에게 그의 동작과 차는 시간을 최소화시키는 동작을 비교하는 영상을 보여주었다. 그 영상을 본 뒤에 그 남자가 발로 차는 시간은 상당히 개선되었다(그림 8.3b). 이는 관찰학습의 한 예인데 제11장에서 좀 더 자세히 다룰 것이다. 그 영상을 본 참가자는 그가 관찰한 수행 기술에 대한 기억을 형성함으로써, 나중에 그의 수행을 개선시키는 데 사용할 것이다. 이들 기억은 최선의 신체적 동작과 비교하여 그가 어떻게 학습한 기술을 성공적으로 수행할 수 있는지에 대한 강력한 피드백으로 작용한다.

모든 피드백이 동일한 효과를 갖는 것은 아니며 주어진 피드백의 종류는 연습이 어떻게 수행에 영향을 주는지를 결정한다. 증진의 비밀은 어떠한 피드백이 특정 기술의 연습 효과를 최대화시킬 수 있는지를 찾는 것이다. 실험은 단순 지각-운동과제에서 빈번한 피드백이 단기적으로는 좋은 성과를, 그러나 장기적으로는 보통 정도의 성과를 이끈다는 것을 보여준다(Schmidt & Wulf, 1997; Schmidt, Young, Swinnen, & Shapiro, 1989). 대부분의 강사와 코치, 그들의 학생들은 시행과 실패를 통해 어떤 피드백이 각 상황에서 가장 잘 효과를 발휘하는지 찾는다. 예를 들어, 댄스강사는 거울을 통해 제공되는 시각적 피드백으로 댄스 동작의 연습 효과를 향상시키는데, 그래서 대부분의 댄스 스튜디오에는 벽면에 거울이 붙어 있다. 대학 교수가 지난 한 세기 동안 학생들의 인지기술을 개선시키기 위한 피드백으로 제시한 것들에는 무엇이 있을까? 한 예가 즉각적인 피드백을 제공하는 온라인 교육일 수 있다. 어떤 연구자들은 이것들이 오프라인 강좌보다 더 빠른 학습과 더 나은 성과를 가져온다고 제안한다(J. R. Anderson, Corbett, Koedinger, & Pelletier, 1995).

연습의 타이밍과 구성

피드백은 연습하는 동안 기술을 수행하는 방법에 영향을 주기 때문에 숙련기억의 습득에 중요하다. 설명 비디오처럼 훈련에 앞서 보여주는 특정 형태의 정보도 동일한 효과를 갖는다. 숙련기억은 기술을 연습하는 방식에만 의존하는 것은 아니다. 어떻게 노력이 연습하는 동안 배분되는지 역시 중요하다. 집중된, 계속적인 연습 혹은 **한꺼번에 몰아서 하는 연습** (massed practice)은 대개 단기간에 더 나은 실적을 만들지만 **시간을 두고 하는 연습**(spaced practice), 여러 세션으로 나누어서 실시하는 연습은 장기전으로 갈 때 더 오래 남을 수 있다(Arthur et al., 2010).

다음의 고전적인 실험을 생각해보자. 우체국 직원을 네 그룹으로 나누고 편지를 나누는 기계를 제어하는 키보드 사용법을 훈련시켰다. 한 그룹은 3개월 동안 하루에 한 시간을, 다른 세 그룹은 1개월 동안 하루에 2시간 혹은 4시간씩 훈련시켰다(Baddeley & Longman, 1978). 추측할 수 있는 것과는 다르게, 하루에 한 시간 훈련한 그룹(시간을 두고 하는 연습)이 다른 그룹들에 비해 총훈련시간이 적어도 키보드 제어에 더 능숙했다(그림 8.4). 단점은 1개월이 아니라 2개월이라는 긴 기간에 걸쳐 훈련받았어야 했다는 것이다. 이때, 흥미로운 점은 참가자들의 훈련시간에 대한 만족도 조사에서 나타났다. 하루에 1시간 훈련을 받은 참가자들의 만족도가 가장 낮은 반면, 하루에 4시간 훈련을 받은 참가자들의 만족도가 가장 높았다. 이는 훈련시간에 대한 만족도가 학습 성취 정도에 대한 측정치가 되기엔 부적합하다는 것을 알려준다. 연구자들은 어떤 훈련 스케줄이 학습과 수행에 있어서 더 나은 성과를 이끌어내는지를 알아보기 위해 다양한 연구를 실시했지만, 어떤 개인이 주어진 기술을 배우는 데 있어 어떤 스케줄이 적합한지 아직 어떠한 합의도 이끌어내지 못했다.

연구자들은 동일한 훈련시간을 주고 다른 종류의 연습을 했을 때 나타나는 결과의 차이를 관찰했다 (훈련 시간을 다르게 주는 것과 반대로). 이런 경우에, 제한된 재료와 기술을 가지고 연습할 때는 **일관된 연습**(constant practice)이라고 부르고, 다양한 재료와 기술을 가지고 연습할 때는 **다양한 연습**(variable practice)라고 부른다. 일관된 연습은 반복적으로 동일한 기술을 연습하는 것인데, 예를 들어, 일정한 조명 조건에서 과녁에 다트 던지기를 하거나 당구대에서 특정 묘기를 마스터하려는 시도 등이 그것이다. 다양한 연습은 더욱 다양한 조건하에서 특정 기술을 연습하는 것을 의미한다. 조명의 조건을 다양하게 바꿔가며 다트보드 위의 각 숫자를 순차적으로 맞추는 것이나, 다양한 직장에 지원하면서 인터뷰 상황에서의 대처 능력을 향상시키는 것을 예로 들 수 있다. 몇몇 연구 결과, 다양한 연습이 더 나은 수행을 이끌어냄을 보였다. 한 연구에서 참가자는 여러 경로를 따라 움직이는 표적들을 추적했다. 이 과제

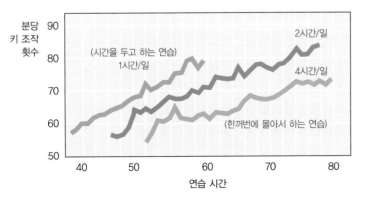

그림 8.4

몰아서 하는 연습에 비해 시간을 두고 하는 연습의 혜택 우체국 직원이 편지 분류를 위해 키보드를 사용하는 능력은 훈련 스케줄에 따라 다르게 향상되었다. 하루에 1시간(1×1)씩 2개월간(시간을 두고 하는 연습) 연습한 직원들은 하루에 2시간씩(2×1) 혹은 하루에 2시간씩 2번(2×2, 몰아서 하는 연습) 한 직원들에 비해 총훈련시간은 더 적게 사용했으나 훈련 기간은 더 길었다.

Data from Baddeley and Longman, 1978.

를 학습하기 위해 다양한 훈련을 받았던 사람들은 훈련 세션과 그 뒤의 테스트 모두에서 일관된 연습을 통해 훈련한 사람들보다 더 나은 수행을 보여주었다(Wulf & Schmidt, 1997). 다양한 연습이 일관된 연습보다 언제나 더 효과적인 것은 아니다(van Rossum, 1990). 하지만 연구자들은 다양한 연습이 더 나은 학습과 수행을 이끌어내는 상황을 확실히 예측하는 방법을 아직 알아내지 못했다.

다양한 연습은 가끔 일관된 연습보다 더 느린 진도를 보이기도 한다. 그러나 심지어 이런 경우에서조차, 후자의 수행이 더 우수하다(Schmidt & Bjork, 1992). 그림 8.4에서 나왔듯이 참가자들이 키보드 기술을 학습하는 과제에서 시간을 두고 하는 연습의 효과가 그리 뚜렷하지 않았던 것처럼, 다양한 연습의 효과도 항상 좋지는 않을 수 있다. 다양한 연습의 유형 중 한 가지가 점차적으로 난이도가 올라가는 과제에서 특히 효과적이었다(Kagerer, Contreras-Vidal, & Stelmach, 1997; Sawers, Kelly, & Hahn, 2013). 보통 어려운 과제에 시간을 더 투자하는 것이 쉬운 과제에 대부분의 시간을 투자한 후 실제 어려운 과제로 넘어가는 것보다 더 효과적일 거라고 생각한다. 그러나 실제 결과는 그 반대이다. 쉬운 과제에서 점차적으로 어려워지는 훈련이 결과적으로 더 적은 노력을 들임에도 불구하고 더 효과적이다. 음악가들은 음악 구절을 느리게 연주하거나 다양한 스케일로 연주해봄으로써 이런 효과의 이점을 본다. 타이밍, 다양성, 그리고 시행의 순서는 피드백의 질과 연습의 양만큼 중요한 변인일 수 있다. 놀랍게도 적은 노력을 들이고(점차적인 과제) 전체적으로 오랜 시간을 갖는 것이(시간을 두고 하는 연습) 휴식 없는 빽빽한 연습보다 더 기술 습득을 강화시킬 수 있다.

숙련기억은 간혹 무의식적으로 형성된다

보통 특정 기술을 습득한다는 것은 그 기술을 학습하는 데 오랫동안 노력을 기울인 결과이다. 만약 그 기술을 익힌 과정을 언어로 표현할 수 있다면, 그 학습을 **외현적 학습**(explicit learning)이라고 할 수 있다(무엇이 외현적 기억을 만드는지는 제7장에서 소개되어 있다). 하지만 어떤 경우에는 개인이 어떠한 학습을 한다는 인식 없이도 특정 기술을 수행하는 것을 배울 수 있다. 자신이 쿵푸 동작을 배우고 있다는 것을 알지 못한 채 쿵푸의 대가가 될 수는 없을지 모르지만, 키스 실력이 늘고 있다는 것을 인식하지 못해도 키스의 선수가 될 수는 있다. 후자의 경우를 **암묵적 학습**(implicit learning)이라고 하며, 이 학습은 당신이 생각했던 것보다 더 자주 일어날 수 있다. 암묵적 학습은 제7장에서 정의된 의식적인 자각 없이 얻는 기억인 암묵기억(implicit memory)을 만들어낸다(그리고 H.M.의 참고문헌에도 언급되었다). 의식적인 자각이 부족한 상태에서 일어나기 때문에, 이런 식으로 익힌 기술이 얼마나 많을지 짐작하기는 힘들다. 당장 지금 이 순간에도 암묵적인 학습이 진행되고 있을 테니까!

암묵적 학습은 순행성 기억상실증에 걸린 환자(H.M. 같은)들과 뇌 손상을 입지 않은 일반인들 역시 대상으로 연구되었다(Knowlton et al., 1996; Pohl, Mcdowd, Filion, Richards,

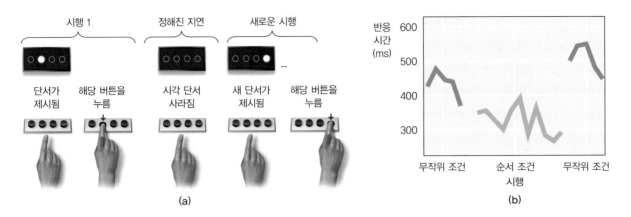

시행 1　　　정해진 지연　　　새로운 시행

단서가　　　해당 버튼을　　　시각 단서　　　새 단서가　　　해당 버튼을
제시됨　　　누름　　　　　사라짐　　　　제시됨　　　　누름

(a)

반응
시간
(ms)

무작위 조건　　　　순서 조건　　　　무작위 조건
시행

(b)

그림 8.5

암묵적 학습과 연속반응시간 과제 (a) 연속반응시간 과제에서 참가자들은 단서가 컴퓨터 화면에 뜨는 즉시 가능한 한 빠르게 어떤 순서대로 키보드를 눌러야 한다. (b) 참가자들의 반응 시간은 눌러야 하는 키보드의 순서가 무작위로 변할 경우 느려졌고, 이미 순서가 정해진 경우에는 빨라졌다. 고정된 순서에 대해 순서가 빠르다는 사실은 비록 참가자들이 자신들이 어떤 특정 순서를 기억한다고 보고하지는 못하지만 어느 키를 다음에 누를 것인가에 대한 암묵적 학습을 하였음을 시사한다.

Research from Robertson, 2007.

& Stiers, 2001; Willingham, 1999; Wulf & Schmidt, 1997). 제7장에서 진행성 기억상실증에 걸린 H.M.과 다른 개인들의 문제는 사건과 사실의 학습과 기억에 있다고 설명했다. 그러나 그런 개인들은 자신들이 과거에 그 기술을 연습했던 혹은 이전에 그 과제를 보았던 적이 있다는 사실에 대한 아무런 인식이 없다고 하더라도 비교적 정상적으로 한 세션에서 그 다음 세션으로 기술을 습득해나갈 수 있다(Cohen, Poldrack, & Eichenbaum, 1997; Seger, 1994; Sun, Slusarz, & Terry, 2005). 참가자는 각 세션에서 기술을 학습하려고 노력할 때마다 항상 처음 시도하고 있다고 생각한다. 과제에 대한 수행이 각 세션이 거듭되면서 향상된다는 사실은 이전 연습 세션을 말로 설명할 수 없다하더라도 숙련기억을 형성하고 있었음을 말해준다. H.M.은 새로운 지각-운동기술을 학습할 수 있었지만, 그것을 학습했다는 사실을 알지는 못했다(Corkin, 2002; Gabrieli, Corkin, Mickel, & Growdon, 1993; Tranel, Damasio, Damasio, & Brandt, 1994).

기억상실증에 걸리지 않아도, 암묵적인 학습이 가능하다. 창문을 닦는 것처럼 개인이 과제를 수행하는 특정 형태에서, 개인은 자신의 수행을 용이하게 하는 기초적인 기술을 우연히 학습하게 된다. 원을 그리며 문지르는 동작이 아무렇게나 문지르는 동작보다 그 창문을 좀 더 깨끗하고 더 빠르게 반짝거리게 할 수 있다는 것을 학습할 수 있다. 이 경우 학습자는 자신이 더 빠르고 더 유리한 실행 방법을 발견했다는 것을 알 수도 있고 혹은 알지 못할 수도 있다.

심리학자들이 일반적으로 이런 종류의 암묵적 기술 학습을 연구하기 위해 사용하는 과제가 **연속반응시간 과제**(serial reaction time task)인데, 컴퓨터가 어떤 키를 눌러야 할지 알려주면 그 즉시 4개의 키 중 1개를 누르는 것을 학습하는 것이다(그림 8.5a). 컴퓨터는 순서를 예측하지 못하도록 열거된 긴 스트림으로 구성되어 있는 명령 신호(랜덤 조건이라고 부르는)를 보여주거나 혹은 대략 12개 신호로 구성된 고정된 스트림(암묵적 학습 조건)을 보여준다. 예를 들어, A에서 D까지 오른쪽에서 왼쪽으로 향하는 4개 키를 이용해서, ABADBCDACBDC라는 고정 스트림을 디자인한다. 랜덤 스트림과 비교해 상대적으로, 참여자는 암묵적으로 학습되는 스트림에 대한 반응 시간이 더욱 빨라지고, 점차 반복되는 패턴에 대한 감을 얻기 시작하며 어떤 키를 다음에 눌러야 하는지 예상하게 된다(그림 8.5b). 훈련을 모두 마치고 참가자를 인터뷰했을 때, 대체로 참가자는 모든 제시된 알파벳의 스트림이 패턴을 반복하고 있었다는 것을 알아채지 못했음을 보여주었다(Exner, Koschack, & Irle, 2002). 다른 말로, 그들은 학습했다는 것을 알지 못한 채 열거된 패턴을 암묵적으로 학습했다.

이 장의 초반부와 제7장에서도 언급했듯이, 사람은 지각-운동기술을 획득한 후에 그들이 배운 것을 말로 표현하는 데 어려움을 겪으며, 이는 지각-운동기술이 인지기술보다 더 암묵적으로 학습됨을 말하는 것으로 보인다. 하지만 사람은 암묵적 학습을 통해 인지기술의 많은 특징들을 획득할 수 있다. 그 누구도 단순히 체스 규칙을 눈으로 읽는 것만으로 혹은 다른 선수들이 왜 이렇게 말을 옮기는지 설명하는 것을 듣는 것만으로 대가가 되지 않는다. 또 수학전문가는 단순히 수학 공식을 듣는 것만으로 전문가가 되지는 않는다(Lewis, 1981). 이 기술들을 향상시키려면 특정 개선들이 암묵적으로 학습되는 동안 훈련을 해야 한다. 인지기술을 획득하는 경우에 어떤 능력이 의식과는 별개로 향상되고 있는가를 알기는 어려운데, 연습이 일으킨 생각의 변화는 관찰하기가 쉽지 않기 때문이다. 더 나아가서, 학습자는 때때로 이 변화를 알아차리지 못하고 그러므로 보고할 수도 없다. 결과적으로 현재로서는 암묵적 학습이 인지기술의 학습보다 지각-운동기술의 학습이 이루어지는 동안 더 잘 일어나는지의 여부를 평가하는 방법은 없다.

암묵적 학습과 외현적 학습의 차이 —무의식적인 것과 의식적 자각을 필요로 하는 것—는 이 두 가지 학습이 숙련기억을 형성하는 서로 다른 방식을 가진다는 것을 시사한다. 그러나 이 차이는 그리 뚜렷해 보이지 않을 수 있다(Robertson, 2007; Song, 2009). 왜냐하면 누군가가 무의식적으로 학습 중이라는 것을 보여주는 결정적인 방법이 없을 뿐더러 (Hannula, Simons, & Cohen, 2005), 무의식에서 의식으로 넘어가는 뚜렷한 경계를 정의하기 어렵기 때문이다. 그러나 아마 학습 과정 동안 개인의 자각은 지속되고 있을 것이다. 예를 들어, 당신이 다르게 행동하고 있다는 것을 외현적으로 깨닫기도 전에 당신의 기술이 향상됨을 암묵적으로 알아차리거나, 기술을 향상시키려 하는 시도(말하기, 데이트 신청에 성공하기)가 소용없다는 것을 외현적으로 인식하기도 전에 암묵적으로 알아차릴 수도 있다. 이런 경우, 암묵적 학습과 외현적 학습이 완전히 다른 두 가지 학습이라기보다는, 둘 모두 자각의 연속선상에 존재하는 개념이라고 볼 수 있다. 이런 구분의 애매함에도 불구하고, 일정 수준의 전문적인 기술을 습득하기 위해서는 의식적인 자각이 전제조건으로 필요하다는 증거가 있다. 예를 들어, 우수한 운동선수들일수록 고되고 힘든 연습기간의 필요성을 잘 받아들이는데, 그건 그들이 원래 그 과정을 즐기거나, 타고난 재능이 있거나, 혹은 특별한 인내심을 가졌기 때문이 아니라 높은 수준의 성취를 이룩하기 위해서는 연습과 식이요법이 필수라는 것을 더 잘 인식하고 있기 때문이다(Yarrow, Brown, & Krakauer, 2009). 그래서 당신이 의식적인 자각 없이 많은 기술들을 익힐 수는 있어도, 우연히 프로 운동선수나 락스타 혹은 쿵푸의 대가가 되기는 힘들다.

전문지식은 집중적인 연습이 필요하다

기술을 연습하는 것은 아마도 그 기술을 더 잘 수행하기를 원하기 때문일 것이다. 대부분의 사람들에게, '더 나아지다'라는 말은 수행이 더 잘 제어되고 쉬워지는 것을 의미한다. 저글링을 연습한다고 상상해보라. 목표는 물체를 손 안에서, 밖에서 그리고 공중에서 계속 움직이게 하는 것이다. 이상적인 단계는 저글링을 하면서 친구와 편하게 대화를 나눌 수 있게 되는 것이다. 이 경우에 친구는 당신이 하고 있는 일에 당신이 주의를 기울일 필요가 없음을 보고 당신이 전문 저글링 선수인 줄 알 것이다. 그 기술의 수행은 무의식적인 것이 된다. 어떤 이는 당신의 저글링 액션이 반사적이라고 말할지도 모른다. 그러나 반사는 자극에 대한 선천적이면서도 무의식적인 반응으로 고도로 학습된 반응과는 다르다. 어떤 조직이 무의식적으로 수행할 수 있는(최소한의 주의를 필요로 하는) 일련의 동작을 **운동 프로그램**(motor program)이라고 하며, 습관이라고도 부른다(James, 1890; Grabiel, 2008). 반사적인 것과 달리 운동 프로그램은 선천적인 것일 수도, 학습된 것일 수도 있다. 활시위를 놓는 것은 선천적인 반사가 아니지만 전문 궁수에게 있어서는 반사 반응만큼 무의식적이고 정확하다. 저글링처럼 좀 더 복잡한 연쇄적 행동 역시 운동 프로그램일 수 있다.

특정 기술이 운동 프로그램인가를 판단하는 한 가지 방법은 그 기술이 진행되는 동안 자극을 제거하고 결과를 관찰하는 것이다. 예를 들어, 저글링을 할 때 누군가가 공중에서 그 공들 중 하나를 잡아챘을 때 당신의 팔이 여전히 존재하지 않는 공을 '잡고 던지고' 있는가? 만약 그렇다면, 저글링 기술은 운동 프로그램이 되었다고 할 수 있다. 제5장에서, 우리는 음식을 받기 위해 통로로 달려 나가는 것을 학습한 쥐를 이야기했다. 이 쥐는 이런 것에 길들여져서 나중엔 통로에 도달하기 위해 중간에 놓여 있는 음식 무더기를 지나쳐 가버리기도 하는데, 이런 경우 통로로 달려 나가는 행동이 운동 프로그램이 되는 것이다.

이 저글링하는 사람은 기술 습득의 어느 단계에 있을까?

Brooke Slezak/Getty Images

고도로 학습된 지각-운동기술을 모터 프로그램으로 분류하는 것은 간단하지만 고도로 학습된 인지기술은 어떠한가? 그것들 역시 추가적인 연습을 통해 모터 프로그램이 될 수 있을까? 대답은 놀랍게도 '그렇다'이다. 구구단을 배울 때를 돌이켜 생각해보라. 약간의 연습이 필요할 테지만 누군가가 2 곱하기 3은? 하고 묻는다면, 6이요.라고 즉시 대답할 것이다. 답을 생각할 시간이 전혀 필요하지 않다. 당신은 들은 단어를 인지하고 당신의 뇌는 자동적으로 적절한 단어를 응답으로 만들기 위한 연속적 운동을 생성해낸다. 이와 마찬가지로 연구실에서 하노이의 탑 문제를 여러 번 풀었다면 특별한 연속적 동작을 통해 문제가 항상 해결이 된다는 것을 배우게 된다. 결국, 연습은 어떤 원판이 어디로 가는지를 생각할 필요 없이 이러한 연속적 움직임의 빠른 수행을 가능하게 한다. 두 가지 경우 모두, 인지기술이 운동 프로그램이 된 것이다.

인간의 움직임에 관심을 가졌던 심리학자 폴 핏츠(Paul Fitts)는 관찰과 교육, 시행과 착오 혹은 이런 과정들의 결합을 통해 획득한 정보를 요구하는 기술의 부호화를 위해 개인이 어떤 노력을 기울여야만 하는 초기 기간이 기술학습에 포함된다고 말했다(Fitts, 1964). 이 기간에 이어 그 기술의 수행이 좀 더 '자동적'이거나 습관화되는 단계가 뒤따른다. 핏츠는 첫 단계를 그 기술을 부호화하는 데 필요한 능동적인 사고를 강조하고자 **인지 단계**(cognitive stage)라고 불렀다. 만약 룸메이트가 이전에 보았던 라면 조리법이나 이전에 성공적으로 만들었던 기억을 통해 라면을 만들었다면, 그녀는 기술 습득의 인지단계에 있는 것이다. 이 단계에서, 그녀는 움직임을 통제하는 능력(라면을 끓이기 위해 수행해야 하는 동작), 목표를 달성하겠다는 생각(라면을 끓이겠다는 의지)만큼, 그녀가 알고 있는 사실(라면 조리법과 이전에 성공적으로 끓였던 기억)을 기반으로 행동한다. 만약 당신이 처음으로 저글링을 배우려 할 때, 당신은 저글링을 하기 위해 필요한 절차가 무엇인지 알고 계속 생각하고 있어야 한다. 이 또한 기술 학습의 인지단계에 해당한다.

핏츠는 기술 획득의 두 번째 단계를 **연합 단계**(associative stage)라고 한다. 이 단계 동안 학습자는 그 기술을 수행할 때 필요한 전형적인 동작을 사용하기 시작하고 능동적으로 회상해야 하는 규칙 기억에 덜 의존한다. 예를 들어 비디오게임을 하는 처음 몇 번은 특정 결과를 만들어내는 데 필요한 조이스틱 움직임과 버튼 누르기의 조합에 대해 계속 상기해야 한다. 그러나 결국 그 조합에 대해 더 이상 생각하지 않게 된다. 특정 동작을 스크린에 나타나게 하고 싶다고 판단하면, 손이 그것이 일어나도록 하는 데 필요한 일을 한다. 어떻게 그렇게 할까? 당신의 뇌는 특별한 조합을 부호화했고 지시대로 그것들을 상기한다. 이해와 언어적인 규칙들을 따르는 것으로 시작했던 과정은 이전에 수행된 동작들을 기억하는 과정이 된다.

물론 비디오게임을 하는 데 필요한 기술을 마스터하기 위해서는 단순히 손동작을 기억하는 것 이상이 필요하다. 특별한 결과를 얻기 위해서 정확한 타이밍으로 조이스틱 버튼의 조합을 연속적으로 누를 수 있어야 한다. 높은 수준의 수행에 도달하기 위해 동작 패턴은 빠르고 쉬워야만 한다. 핏츠의 모델에서 보면, 이 단계는 세 번째 단계로, 그 기술이나 그 기술의 일부가 운동 프로그램이 되는 **자동적인 단계**(autonomous stage)다. 이 단계에서는 수행되는 특별한 동작의 어떤 부분을 말로써 표현하기가 불가능할지 모르며, 수행은 사건과 사실에 대한 말로 표현할 수 있는 기억에 훨씬 덜 의존적으로 된다. 사실 이 단계에서 당신이 기술을 수행하는 것에 대해 너무 많이 생각을 하는 것이 되려 수행에 손상을 줄 수 있다―압박을 받아 숨이 막히는 현상을 이야기한다. 만약 편안하게 대

사이먼은 자는 동안 마우스를 클릭하는 법을 익혔지만, 제대로 된 자세를 취하지 않고 이 기술을 써먹는 것은 쓸모없다는 걸 곧 깨닫게 될 것이다.

표 8.2 핏츠의 기술 학습 모델의 세 단계

단계	특징	예시
1. 인지단계	언어로 표현 가능한 규칙에 기반해 수행한다.	설명서에 따라 텐트를 세움
2. 연상단계	전형적인 동작을 취하게 된다.	설명서 없이 고정적인 순서에 따라 텐트를 세움
3. 자동적인 단계	자동적으로 움직이는 것처럼 보인다.	정치에 대해 토론하면서 텐트를 세움

화를 하는 동안 저글링을 할 수 있다면 자동적인 단계에 도달한 것이다. 당신은 당신이 하고 있는 것에 그다지 주의를 기울이지 않고도 그 기술을 수행할 수 있으며 누군가가 느닷없이 공 하나를 낚아채더라도 당신의 팔은 그 없어진 공이 여전히 거기 있는 것처럼 계속해서 움직일 것이다.

핏츠의 기술 획득모델(표 8.2에 요약되어 있다)은 기술 수행과 연습을 연관시키는 유용한 프레임을 제공한다. 심리학자들이 이 모델을 50년이 넘는 세월 동안 광범위하게 발전시켰지만, 최근 버전들도 대부분 일종의 단계적인 수행 진전을 포함한다(Ackerman, 2007). 물론 '3단계'는 추상적이다. 예를 들어 첫 번째 단계의 마지막 수행으로 정의될 수 있는 수행은 단 하나도 없다. 게다가 기술 학습의 3단계 모델은 주로 서술적이다. 이 모델은 숙련기억을 운동 프로그램으로 바꾸기 위해 얼마나 많은 연습이 필요한지 예측하는 데 도움이 되지 않을 것이며 언제 어떻게 연습해야 하는지에 대한 지침도 주지 않는다. 그러나 이 모델은 학습된 능력이 연습을 거듭할수록 다른 종류의 기억들에 의존할 수 있음을 제안한다.

몇몇 심리학자들은 훈련만이 누가 전문가가 될 것인지를 결정한다고 주장한다(Ericsson, Krampe, & Tesch-Romer, 1993; Ericsson & Lehman, 1996). 특히, 훈련의 양이 기술 수준에 주요 결정요인이며, 개인이 특정 기술에 전문가가 되기 위해선 최소 1만 시간의 훈련이 필요하다고 주장해왔다. 이 관점은 어린 나이에 이미 기술을 통달한(예 : 체스나 악기 연주에서) 사람들이 가장 높은 수준의 수행을 보인다는 연구들에 의해 도전받아 왔는데(Howard, 2009), 이들은 비슷한 양을 훈련한 다른 사람들과 비교해봐서도 높은 수행을 보였다. 훈련이 숙련기억에 어떤 식으로 영향을 주는지에 대해 더 알기 전까지 개인의 기술 수행이 이를 수 있는 최고 수준이나, 수행이 최고조에 이르기까지 필요한 연습량을 확실하게 예측하기는 어려울 것이다. 어쨌든 전문가의 숙련기억을 연구하는 과학자들은 훈련이 개인의 특정 기술 수행 정도를 결정하는 데 있어 매우 중요하다고 말한다.

연구자들은 여러 가지 이유로 운동선수나 체스 마스터 혹은 여러 프로게이머의 숙련기억을 연구한다. 그 이유는 첫째, 실험실 밖에서 게임을 하는 것을 학습하는 사람은 '실세계' 기억의 훌륭한 예를 제공한다. 둘째, 이들 게임에서 전문성의 다양한 수준을 갖는 사람들을 찾기는 어렵지 않다. 각각의 전문성 수준을 경쟁을 통해 양적으로 측정할 수 있기 때문이다. 셋째, 스포츠와 게임은 다양한 심리학적 현상을 조사하기에 유용한 다양한 지각운동과 인지기술을 필요로 한다.

예를 들어, 체스 게이머가 되기 위해서 체스 게임에 필요한 5만 개 이상의 게임 '규칙'을 학습하고 수천 시간을 훈련해야 한다(Simon & Gilmartin, 1973). 전문 체스 게이머를 연구하는 연구자는 전문가들과 숙련되지 않은 게이머는 체스 판을 각각 다른 식으로 살핀다(시각운동기술)는 것을 밝혀냈다(Charness, Reingold, Pomplun, & Stampe, 2001). 체스 마스터가 체스 말을 쳐다볼 때 그들의 눈은 체스판 위의 몇 군데에만 초점을 맞추면서 빠르게 움직이는 반면, 아마추어는 더 넓은 범위를 살피며 그 속도도 좀 더 느리다. 전문가가 눈 움직임을 멈췄을 때, 그들은 아마추어에 비해 비어 있는 공간이나 전략적으로 관련이 있는 체스 말에 더 초점을 맞출 것이다. 체스를 이어 나가기 위해선 전략을 시행하고 위험을 인식하는 등의 인지기술들이 필요하지만, 동시에 암묵적으로 시각적인 패턴을 학습해야 한다.

시각적인 처리의 차이는 프로 운동선수들에게서도 나타난다. 경험이 없는 축구 선수는 공이나 그 공을 패스하고 있는 선수들에 초점을 맞추는 경향이 있는 반면, 프로선수는 공을 점유하고 있지 않은 선수들의 움직임에 더 초점을 맞춘다(Williams, Davids, Burwitz, & Williams, 1992). 최근 농구선수들에 대한 연구는 프로 선수들이 아마추어 선수들이나 전문적인 관중들에 비해, 공을 던지기 전 선수의 움직임을 통해 결과를 더 잘 예측할 수 있다는 것을 발견했다(Aglioti, Cesari, Romani, & Urgesi, 2008). 이 연구는 인지적 학습(제3장에서 다루었던)이 전문가들의 우월한 능력에 기여한다는 것을 제시한다.

재능은 개화하려면 시간이 필요하다

사람마다 처음 시작할 때부터 기술 수준이 다르며, 연습을 통해 향상될 수 있는 수행 수준 역시 사람마다 다르다. 노력 없이 특정 기술을 마스터하는 것처럼 보이는 사람(모차르트는 음악에 관련된 모든 것을 잘 다루었다)은 기술적 소질 혹은 특별한 **재능**(talent)을 받은 것으로 묘사되곤 하며 기술에 더 능숙한 사람은 전문가로 간주된다. 어떤 기술 수행을 잘 시작한 사람이 결국 전문가가 되기도 하지만(Howard, 2009), 애초부터 어떤 기술을 수행하는 능력이 거의 없는 사람도 연습을 통해 스타의 자질을 타고 태어난 사람보다 더 그 기술에 능숙해질 수도 있다. 그러므로 당신이 지금 키스하는 기술이 미흡하더라도 희망을 놓지 마라! 특별한 연습을 통해 무궁무진하게 발전할 수 있다.

인지기술 혹은 지각-운동기술의 전문성을 획득하는 데 있어 재능이 어떤 역할을 할까? 심지어 어린 신동이라도 그들을 유명하게 만든 그 기술을 가지고 태어나지는 않았다. 다른 이들처럼 그들은 이러한 기술의 수행을 학습한다. 모차르트는 어릴 때부터 전문 음악가인 아버지가 그를 훈련시켰다. 그래서 모차르트의 음악적 능력이 유전된 것인지 아니면 그의 아버지의 교육 능력 때문인지 알아내기가 어렵다. 대부분의 현대 연구들은 유전적 소질로 인한 재능이 개인의 능력 취득에 긍정적인 영향을 준다고 말한다.

심리학자는 재능에서 유전자의 역할을 알아보기 위해 다른 가정에서 양육된 쌍생아-일란성(유전자를 100% 공유하는) 혹은 이란성(다른 형제들처럼, 50%의 유전자를 공유하는) 쌍생아를 조사한다. 또한 함께 길러진 쌍생아 사이의 차이를 보는 연구들도 이용된다. 따로 양육된 쌍생아에 대한 한 대규모 연구에서, 미네소타대학교의 연구원들은 참가자들에게 스타일러스라고 불리는 끝이 뾰족한 막대기의 끝을 잡고 있게 훈련시켰다. 그 막대기를 회전하는 원판의 가장자리에 그려진 표적 위에 계속해서 놓여 있도록 해야 했다(그림 8.6a; Fox, Hershberger, & Bouchard, 1996). 연구자들은 지각-운동기술을 학습하는 것을 연구하기 위해 **회전 추적 과제**(rotary pursuit task)라고 하는 이 과제를 종종 이용한다. 이 과제는 도공이 물레 위에서 진흙 항아리의 모양을 만드는 데 필요한 조정처럼 정확한 손과 눈의 조율을 필요로 한다. 참가자가 처음 회전 추적 과제를 할 때, 일반적으로 그 표적 위에 스타일러스를 유지하는 능력을 어느 정도 보이기는 하지만 그렇게 하기 위해서는 팔 움직임의 속도와 궤도를 가끔씩은 조정해주어야 한다. 추가적인 연습을 통해 대부분의 참가자의 정확도가 빠르게 향상되었고 시간이 흐를수록 스타일러스 끝을 그 표적 위에 유지시키기가 쉬

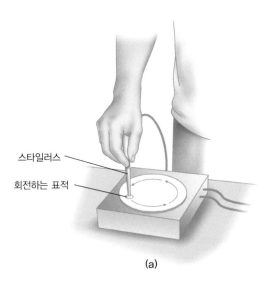

(a)

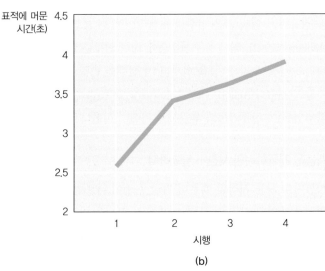

(b)

그림 8.6

회전 추적 과제의 수행에 미치는 연습의 영향 (a) 회전 추적 과제에서 참가자는 스타일러스를 회전하는 원판 위의 어느 한 점에 유지하는 기술을 점진적으로 학습한다. (b) 반복된 시행에 따라 참가자는 점점 더 스타일러스를 움직이는 표적에 잘 유지하게 된다. (c) 쌍둥이 연구에서 일란성 쌍둥이들의 수행 간에 상관은 훈련이 거듭됨에 따라 약간 증가했고 회전하는 표적을 추적하는 정확도는 두 쌍둥이 간에 비슷한 수준을 보였다. 반대로, 이란성 쌍둥이의 수행 간 상관은 오히려 훈련에 의해 감소했다. 이는 과제를 수행하는 능력이 연습에 의해 더욱 차이가 났음을 의미한다. 이러한 발견은 연습이 운동 학습에 미치는 이전 경험의 효과를 감소시키는 반면 유전의 효과를 증가시킨다고 제안한다.

(b, c) Data from Fox et al., 1996.

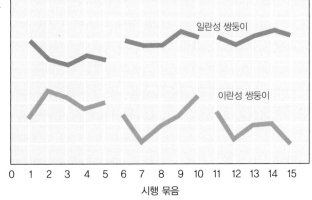

(c)

워졌다(그림 8.6b).

연구자들은 쌍생아에게 회전 추적 과제를 수행하도록 훈련시켰을 때, 일란성 쌍둥이가 표적 위에 스타일러스를 유지시키는 능력은 훈련이 진행될수록 서로 더욱 비슷해졌고, 이란성 쌍둥이는 좀 더 달라졌음을 밝혀냈다. 즉, 쌍둥이가 그들의 유전자를 100% 공유하고 있는 경우에 한하여, 훈련하는 동안 한 쌍둥이의 수행은 두 번째 쌍둥이의 수행과 좀 더 상관성을 보였다(그림 8.6c). 또 다른 결과는 훈련을 시킨 후에 참가자의 손동작을 찍은 비디오를 보면, 그들이 회전하는 표적 위에 스타일러스를 유지하려고 하는 상황에서 일란성 쌍둥이의 손 움직임이 서로 가장 유사했다. 만약 일란성 쌍둥이가 훈련을 마치고 나서 나란히 이 과제를 수행하는 것을 봤다면, 그들의 움직임은 싱크로나이즈드 스위밍을 연상시킬 수도 있다. 이란성 쌍둥이의 경우에는 그들의 동작이 매우 다르게 나타났다. 예를 들면, 한 쌍둥이는 표적 위에 스타일러스를 흐트러짐 없이 올려놓은 채로 유지시킬 수 있었지만, 다른 쌍둥이는 그 표적을 따라잡기 위해서 몇 초마다 속도를 올려야 했다.

이 자료의 한 가지 해석은 실험이 진행되는 동안 훈련은 따라잡기 동작의 정확성에 대한 이전 경험의 효과를 감소시키고 유전적 영향의 효과를 증가시킨다는 것이다. 다른 말로, 사람들이 더 연습할수록, 유전적 차이로 인한 사람들 간의 수행 차이가 더 벌어진다는 것

◀◀ 일상에서의 학습과 기억 ▶▶

여성보다 남성에게 더 쉬운 인지기술이 있을까?

2005년, 하버드대학교의 총장 래리 서머스의 발언이 큰 논란을 일으켰다. 그 내용인즉슨, 세계 정상위권 과학, 엔지니어링 분야에 여성보다 남성의 수가 더 많은 이유는 "고등기술에 있어 타고난 성 차이가 있다."는 것이다. 그는 과학적·기술적으로 더 뛰어난 능력을 가진 사람들 중 남성이 더 많으며, 이런 차이는 타고나는 것이라고 주장하였다. 만약 이것이 운동기술에 관련해 주장한 것이었다면, 파문이 일지는 않았을 것이다. 레코드북(혹은 프로 스포츠 리그 명단)을 보면 가장 단거리 달리기, 점프, 슛에서 가장 높은 기록을 달성한 사람은 모두 남성인 것을 볼 수 있기 때문이다. 이것이 남성이 모든(혹은 대부분) 여성보다 더 높은 지각-운동기술을 수행하는 능력이 있다는 것이 아니다. 다만, 남성이 생물학적으로 운동 수행에 더 유리한 요소(예 : 힘이나 신장)를 가지고 태어난다는 것을 지지할 근거가 될 수는 있다. 그런데 이런 차이가 인지기술에서도 나타날까?

역사적인 과학, 기술에서의 성취 기록을 예로 드는 것은 남성들이 더 조명받고 유리한 위치에 존재했기 때문에 부적합하다. 스포츠에서의 발견과는 다르게, 이런 패턴은 타고난 능력보다는 사회문화적인 제한을 반영한 결과이다. 인지적 수행에서의 성 차이에 대한 강력한 증거는 고등학교에서 시행되는 표준화된 테스트인 대학선수과목이수제(Advanced Placement, AP)에서 제시 가능하다. 이런 테스트들에서, 미적분학, 화학, 물리학에서 남성이 더 높은 점수를 받았다(Ackerman, 2006). 그러나 이 자료가 남성이 과학 주제들을 배우는 것에 있어서 더 적합하다고 말해주는 것은 아니다. 이 자료에 제시된 남성들은 어렸을 때부터 과학적 지식에 대해 떠올리고 응용하는 교육을 더 많이 받아왔다. 이 결과는 과학지식에 대해 좋은 환경을 가진 사람이 대학과정에서 더 쉽게 관련된 인지기술을 배울 수 있다는 것을 시사하며, 보통 이런 환경은 여성보다 남성의 경우가 더 많기 때문에 결국 남학생들이 과학, 기술에 대한 기술을 가지기 더 유리한 위치에 있다고 볼 수 있다. 그러나 현재로서는 이런 수행의 차이가 남녀 간의 순수한 지적 재능의 차이만을 반영하는 것인지, 혹은 과학과 기술을 배우는 것에 대한 남녀 간의 흥미, 동기, 교육, 훈련의 차이에서 오는 것인지를 제대로 평가할 방법이 없다. 학습능력에 대한 신경 메커니즘에 대해 더 많이 밝혀지기 전까진, 여성 혹은 남성의 뇌가 다른 인지기술을 배우는 데에 더 나은(혹은 부족한) 조건을 가지고 있는지 평가하는 것은 불가능할 것이다.

이다. 일란성 쌍둥이가 동일한 유전자를 갖고 있어 훈련을 통해 행동에서의 유전적 역할을 증가시킴으로써 그들의 행동이 점차 동일해진다. 이란성 쌍둥이는 반면 서로 다른 유전자를 갖고 있기 때문에 행동에서 그들의 유전자의 역할을 증가시킬수록 그들의 행동은 더욱 달라진다. 연구자들은 단순히 지각-운동기술의 학습을 필요로 하는 이런 회전 추적 과제를 이용해서 이와 같은 효과를 테스트하였다. 훈련은 좀 더 복잡한 지각운동과 인지기술에도 유사한 영향을 줄 수 있다. 그런 재능을 필요로 하는 기술을 한 번도 연습해본 적이 없었거나 혹은 충분히 연습하지 않았기 때문에 당신은 미처 알지 못했던 숨겨진 재능을 갖고 있을 수도 있다. 미래에는 유전적 해석이 특별한 재능과의 생물학적 상관을 찾아줄 수도 있을 것이며, 이를 통해서 특정 기술을 훌륭하게 수행하는 유전적 성향을 갖는 사람의 식별이 가능해질 것이다(남자와 여자가 선천적으로 학습 가능한 능력을 서로 다르게 타고 났는지 궁금하다면 앞 페이지의 '일상에서의 학습과 기억' 참조).

과거의 기억 떠올리기

기술은 그 적용의 측면에서 보면 상당히 제한적이다(Brady, 2008; Goodwin, Eckerson, & Voll, 2001; Goodwin & Meeuwsen, 1995; Ma, Trombly, & Robinson-Podolski, 1999). 최고급 이탈리아 음식을 만드는 데 필요한 요리 기술에는 정통할 수 있겠지만 그 기술로 초밥왕이 될 수는 없다. 어떤 경우에 숙련기억은 너무 특별해서 추가적인 정보의 제공이 수행을 방해할 수 있다. 예를 들어, 참가자에게 자신들의 팔 동작에 대한 시각적인 피드백을 주지 않고 스타일러스로 표적을 추적하는 훈련을 시킨 뒤에, 자신들의 팔 동작을 촬영한 동영상을 보여주면서 과제를 시킬 경우 수행은 더 악화되었다(Proteau, Marteniuk, & Levesque, 1992). 대부분의 사람들은 표적 추적을 학습할 때 시각적 피드백을 사용하는데, 그렇기 때문에 그런 정보를 제공하는 것이 숙련기억의 상기를 방해할 수 있다는 것은 놀라운 일이다.

다른 경우에, 기술은 새로운 상황으로 쉽게 이전될 수 있어 보인다. 예를 들어, 오른손이나 왼손으로 쓰는 법을 배웠고, 각각의 손으로 연습도 했을 수 있지만, 발가락이나 입으로 써본 적은 있는가? 시도해 보았다면, 발가락이나 입을 이용해서 그리고 다른 신체 부위를 이용해서 어느 정도는 알아볼 수 있을 정도의 문장을 쓸 수 있음을 발견했을 것이다. 그렇게 하기 위해 수행해야만 하는 특별한 움직임들이 매우 다르지만 손으로 쓰도록 배웠던 것을 신체 다른 부위로 전이시킬 수 있다. 스포츠에서 팀들은 많은 시간 연습경기를 하면서 그런 경험이 실전의 유사한 상황에서 긍정적으로 전이되기를 바란다. 만약 연습게임에서 배웠던 기술이 실전에 전이되지 않는다면, 그 많고 다양한 스포츠의 코치들이 그런 식으로 팀을 훈련시키지는 않을 것이다.

특정 상황에서 학습한 기술의 제한된 적용 가능성은 **전이 특이성**(transfer specificity)이다. 이 현상을 토대로 손다이크는 학습된 능력의 새로운 상황으로의 전이가 해당 기술이 부호화되었던 상황과 새로운 상황 간 동일한 요소가 얼마나 있느냐에 따라 좌우된다고 생각했다(Thorndike & Woodworth, 1901). **동일 요소 이론**(identical elements theory)으로 불

리는 손다이크의 주장은 왜 전이 특이성이 발생하는지에 대한
한 가지 설명을 제공한다. 딱딱한 코트에 훈련된 테니스 선수
가 만일 질퍽거리는 경기장에서 게임을 한다면 조금은 고생스
러울 수 있으며, 그 게임이 테니스에서 배드민턴이나 테이블 테
니스로 바뀐다면 점점 더 어려워질 것이다. 개념적으로, 전이
특이성은 제7장에서 설명한 전이 적합성과 밀접하게 관련된다.
이 둘 사이의 주요한 차이점은 상기되는 기억이 숙련기억인지
혹은 사실기억인지에 기인한다.

당신이 과거에 학습했던 기술을 수행할 때, 당신은 과거의
경험을 현재로 일반화한다(일반화는 제6장에서 자세히 다루었
다). 이런 관점에서, 특정 기술의 모든 수행은 훈련의 전이와 관
련이 있다. 예를 들어, 문을 여는 매순간 과거에 문을 여는 것을
통해 습득한 기억을 이용한다. 문을 연다는 것은 열쇠를 쥐고,
넣고, 돌리고, 핸들을 잡고, 밀거나 당기고, 손잡이를 돌리고,
자물쇠를 푸는 등의 복잡한 행동들의 조합을 필요로 한다. 많은
사람들이 일상에서 다양한 종류의 문들을 이런 조합방식을 통
해 문을 여는 경험을 했기 때문에, 마주하는 거의 모든 문들을 쉽게 열 수 있을 것이다.

'기타 히어로'라는 비디오
게임을 연습하는 것이 이
남자의 실제 기타 연주 실
력에 도움이 될까?

새로운 과제를 배우는 것은 **학습세트 형성**(learning set formation)이라는 유사한 과제
에 대한 경험들이나(Harlow, 1949), 학습양식을 기반으로 한다. 학습세트 형성은 유아기
에 기본적인 지각-운동기술을 학습할 때(Adolph & Joh, 2009) 일어나는데, 이는 성인들이
복잡한 운동기술들을 익힐 때도 일어난다(Ranganathan et al., 2014; Braun, Mehiring, &
Wolpert, 2010). 학습세트 형성은 인지기술의 발전과 적용에도 중요한 역할을 할 수 있다.
예를 들어, 수년간의 훈련 후, 전문배우들은 짧은 시간 안에 빠르게 가상의 인물의 성격에
적응하거나 세부적인 대사와 액션 동작들을 외우는 능력을 가지게 된다. 배우들은 무의식
적으로 정교화나(제7장에서 논의되었다) 청킹같이(제9장에서 논의되었다) 기억의 부호화
에 도움이 되는 전략들을 사용한다. 전문배우들은 대본을 빠르게 기억하는 능력이나, 대본
을 회상해내는 능력 둘 중 적어도 하나는 가지고 있으며, 그들의 경력에 유연하게 써먹고
있다(Noice & Noice, 2006).

지식 테스트

숙련기억을 테스트하기 위한 과제들

숙련기억에 관련된 다양한 현상을 조사하기 위해 하노이의 탑이나 연속반응시간 과제, 회전 추적 과제 같은
몇 가지 과제들이 흔히 사용된다. 이 세 가지 과제의 어떤 양상이 숙련기억을 테스트하는 것에 유용한지 서
술하라. (정답은 책의 뒷부분에 있다.)

기억에 실패할 때

사실과 사건들에 대한 기억처럼 특정 기술을 기억하는 능력, 즉 얼마나 그 기술이 나중에 잘 수행되는지는 기술의 복잡성, 그 숙련기억이 처음에 얼마나 잘 부호화되는지, 얼마나 자주 회상되는지 그리고 회상이 되는 조건에 의존한다(Arthur, Bennett, Stanush, & McNelly, 1998). 자전거 타는 법을 한 번 배워두면 다시는 잊어버리지 않는다는 일반적인 생각은 확실하지 않다. 비록 숙련기억이 일생 동안 남을 수 있더라도, 사용하지 않으면 희미해진다. 일반적으로, 지각-운동 숙련기억은 인지 숙련기억보다 오래 가지만, 자전거 타는 기술을 적극적으로 유지하지 않는 한 처음 자전거 타는 법을 배울 때 생성했던 그 숙련기억은 퇴화될 것이다.

연구자들은 사건과 사실에 대한 망각을 기술의 망각보다 훨씬 많이 연구해왔다. 아마도 이것은 누군가가 무엇인가 수행하는 능력을 잃어버렸을 때 그가 그것을 어떻게 하는지를 망각한 것인지, 아니면 그것을 수행하는 법을 알고 있다는 사실을 망각해버린 것인지 혹은 그가 회상하는 데 필요한 신체적 제어나 메커니즘을 잊어버린 것인지 알기가 어렵기 때문이다. 운동제어의 상실이 숙련기억의 망각을 의미하지는 않는다. 그러나 외부의 관찰자 입장에서는 누군가가 특정 기술을 수행하는 법을 알지만 움직이는 능력에 장애를 입은 것인지 혹은 그 기술을 수행하는 것을 배운 적이 없는 것인지의 구별이 불가능할 수 있다.

심리학자들은 비사용성 **기술 퇴화**(skill decay)를 통해 특정 기술의 상실을 확인한다. 지금까지의 연구는 기술의 퇴화가 사건과 사실 기억의 망각에서 보이는 그것과 유사한 패턴을 따르고 있음을 말해준다. 운동결함과 장애는 확실히 기술 퇴화에 영향을 준다. 왜냐하면 학습된 기술을 사용하지 못하게 하기 때문이다.

어떤 면에서, 기술을 망각하는 것은 학습의 반대와 같다. 그 기술을 수행하지 않는 것은 연습의 역이라 할 수 있다. 당신이 그것을 사용하지 않을 경우 그것을 잃게 된다. 대부분의 망각은 그 기술의 마지막 수행 직후에 발생한다. 시간이 흐름에 따라, 더 조금씩 망각이 발생한다. 따라서 망각 곡선은 학습 곡선과 유사하다. 망각은 처음에는 빠르게 일어나다가 점차로 느려진다(그림 1.5에서 보여준 무의미 철자 목록에 대한 기억이나 그림 7.6에서 보여진 텔레비전 쇼에 대한 수동적 망각이 그러하듯이).

시간의 경과는 단순히 특정 기술을 배우지 않은 상태로 되돌리는 것일까? 종종 그렇게 보이기는 하지만, 망각은 새로운 기억이 과거 기억의 회상과 충돌한 결과일 수 있다. 시간이 흐르면서, 좀 더 새로운 기술을 수행하게 되고 그것은 잠재적으로는 더 이전에 학습된 기억의 회상과 충돌할 수 있는 많은 기억들을 생성한다(간섭과 퇴화가 사건과 사실기억의 망각과 관련이 있다고 제7장에서 다루었다). 이러한 간섭의 대부분이 특정 기술을 상기하려고 하는 사람의 의식적 자각 없이 발생할 수 있다. 예를 들어, 당신이 어렸을 때 배웠던 어떤 댄스를 회상하는 것에 어려움이 있을 수 있지만, 최근에 배웠던 댄스 스텝을 회상하는 것은 쉽다. 이때 최근의 학습이 과거에 배웠던 춤을 추는 능력을 방해한다고 생각하기보다 단순히 그것을 해본 지 너무 오래됐기 때문에 더 오래된 춤을 출 수 없는 것이라고 생각할 것이다. 하지만 시간이 지났기 때문에 망각한 것인지 혹은 간섭에 의한 것인지를 본질적으로 구별할 방법은 없다.

숙련기억의 간섭은 심지어는 단 하루만에도 발생할 수 있다. 학생들은 손가락 박자 맞추기(finger tapping) 과제(앞서 얘기했던 연속반응시간 과제와 비슷한 과제이다) 일정 시간 수면을 취한 후에 더 빠르고 정확한 누르기 반응을 보여주었다(Walker, Brakefield, Hobson, & Stickgold, 2003; Walker, Brakefield, Morgan, Hobson, & Stickgold, 2002; Walker, Brakefield, Seidman et al., 2003). 이 간단한 과제는 학생들이 이 과제를 수행하는 능력이 훈련에 의해 나아지기 때문에 지각-운동기술의 과제로서 자격이 충분하다. 학생들이 같은 날, 두 가지의 다른 자극 제시 순서를 학습했을 때, 그들의 과제 수행에 있어서 수면에

엄마가 춤을 추는 것은 재인의 간섭일까, 기술 퇴화일까, 아니면 판단능력이 부족한 것일까?

의존한 강화는 두 번째 순서로 학습된 것에서만 나타났다. 그러나 참여자가 첫 번째 순서를 학습한 이후 다른 날 두 번째 순서를 학습했을 때에는 수면은 두 순서 모두의 수행을 강화시켰다. 흥미롭게도, 학생들이 두 번째 날 새로운 순서를 학습하기에 앞서 첫 번째 날 학습한 순서를 바로 복습하면 셋째 날 수면 이후 두 번째 순서에서만 그 정확성이 강화되었다. 따라서 같은 날 두 가지 기술의 연습이 첫 번째 숙련기억의 보유를 방해할 수 있을 뿐만 아니라, 새로운 기술을 연습하기에 앞서 최근에 학습한 기술을 복습하는 것은 바로 그 복습한 기술의 회상을 방해할 수 있다. 이 연구결과는 기술 습득과 기술 회상 그리고 새로 획득한 기술의 지워지기 쉬운 특성 사이의 깊은 관련성을 강조하는 것이다. 그러나 운동선수와 음악가는 일반적으로 간섭이 일어났다는 아무런 증거 없이 한꺼번에 다양한 기술을 연습하고, 일반적으로 다양한 연습이 일정한 연습보다 더 나은 장기적인 수행을 이끌어내기에, 순서 학습보다 더 복잡한 기술은 간섭효과에 덜 취약할 수 있다.

중간 요약

- 지각-운동기술에 대한 기억은 감각이 안내하는 움직임 패턴에 대한 기억으로, 대부분의 신체적 활동을 유연하게 수행하게 한다.
- 인지기술에 대한 기억은 어떻게 문제를 해결하고, 전략을 적용하고, 정보를 조작하는지에 대한 기억이다. 인지기술에 대한 기억은 우리를 생각하게 만든다.
- 숙련기억은 언어화하기 어렵고 훈련에 의존한다는 점에서 사실이나 사건에 대한 기억과는 다르다.
- 수행이나 지식의 결과에 대한 피드백은 훈련의 효율성에 매우 중요하다.

- 학습의 멱함수 법칙은 다양한 종류의 인지적 기술 및 지각-운동기술들에 적용되며, 연습을 계속함에 따라 수행이 향상되지만 향상의 폭은 점점 줄어듦을 의미한다.
- 몇 가지 원칙이 어떻게 숙련기억이 만들어지고 일반화되는지를 결정한다 : (1) 한꺼번에 몰아서 하는 연습은 단기적으로는 수행을 향상시키지만 장기적으로는 여러 회기에 걸쳐 시간을 두고 하는 연습이 더 좋은 파지 효율을 보인다. (2) 지속적인 연습은 종종 다양한 연습보다 수행을 덜 향상시킬 수 있다. (3) 점진적이 연습이 전체적으로 적은 노력으로 기술학습을 향상시킬 수 있다.
- 훈련은 과거의 학습의 영향을 줄일 수 있고, 유전적 영향의 효과를 증가시킬 수 있다.
- 기술학습의 일반화는 재현 시의 환경과 그 기술을 학습할 때 겪었던 환경 사이의 유사성에 달려 있다.
- 학습세트 형성은 유사한 행동들의 학습이 관련된 행동의 습득을 더 빠르게 이끌 때 일어난다.

8.2 뇌 메커니즘

인간과 동물은 지각-운동과 인지 숙련기억을 획득하기 위해 어떤 신경 시스템이 필요한가? 인간의 뇌에 숙련기억을 좀 더 효과적으로 획득할 수 있게 하는 무엇인가 특별한 것이 있을까? 아니면 인간이 기술을 학습하는 데 동물과 동일한 뇌 시스템을 사용하지만 그 사용 방식이 조금 다른 것인가? 돌고래가 스펀지를 사용하는 능력의 기저에 있는 숙련기억이 저글링을 하는 사람의 그것들과 다른 것인지 아닌지를 어떻게 확인할 것인가?

신경과학자들은 숙련기억의 형성과 회상과 관련된 뇌 시스템을 알아내기 위해 뇌 영상 장치와 신경생리학적 레코딩 기술을 사용해 왔다. 이 기술 덕분에 인간과 동물이 기술을 수행하는 동안의 뇌 활동을 확인할 수 있게 되었다. 연구자들은 개인이 특별한 기술을 배우기 전과 후의 뇌 활동뿐만 아니라 전문가와 아마추어의 뇌 활동 또한 비교하였다. 뇌 손상 환자를 통한 기술학습의 신경생리학적 연구들 역시 중요한 정보들을 제공한다. 이런 연구를 통해 신경과학자들은 기술 획득 단계를 뇌 활동의 변화와 연관시킬 수 있기를 기대한다.

모든 동작과 자세는 통합된 근육활동을 필요로 한다. 제2장에서 보았다시피, 신경 시스템의 주요 기능은 근육활동을 시작하고 조정하는 것이다. 척수와 뇌간은 동작을 통제하고 조정함으로써 기술 수행에 있어서 중요한 역할을 한다. 감각피질을 포함해서 감각과 지각에 관여하는 뇌 영역은 기술 학습에 기여하는 정보 처리와 모두 관련이 있다. 이런 점에서, 체감각과 시작 시스템(제2장에서 설명되었던)은 지각-운동기술의 학습에 부분적으로 중요한 역할을 한다. 이번 장의 앞부분에서 다루었던 참가자가 표적을 가능한 한 빠르게 차도록 지시했던 실험을 기억하는가? 그에게 다리 근육이 어떻게 조정되고 있는지에 대한 시각적 피드백을 제시함으로써 과제 수행을 향상시켰다.

이번 절에서는 어떻게 기술을 연습하는 것이 신경회로를 바꿀 수 있는지 설명한다. 비록 연습 이외의 방식으로 숙련기억을 형성할 수도 있지만(전문 운동선수나 키스를 아주 잘하는 사람의 비디오를 연구하는 것 같은), 신경과학자들은 기술을 학습하는 동안 뇌활동에 있어서 연습의 효과를 이해하는 데 많은 노력을 기울였다.

척수에 있는 회로를 통한 감각 처리와 운동 통제는 기술을 학습하고 수행하기 위해 분명히 필요하다. 그러나 기술 학습의 핵심 요소는 특히 뇌의 세 영역에 의존하는 것처럼 보인다(제2장에서 소개되었고, 제3장에서부터 제7장까지 논의되었다). 기저핵, 대뇌피질 그리고 소뇌가 그것이다(그림 8.7). 이 영역 중 한 가지라도 제대로 기능을 하지 못한다면, 인지기술과 지각-운동기술의 학습과 수행은 심각하게 손상된다.

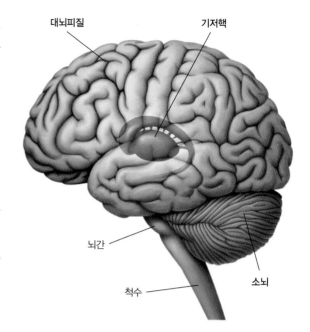

그림 8.7
기술 학습에 기여하는 뇌 영역들 뇌의 기술 학습 영역에는 기저핵, 대뇌피질, 소뇌가 있다. 이들 세 영역은 뇌간이나 척수의 회로에 의해 통제되는 운동을 조절하는 역할을 한다.

기저핵과 기술 학습

기저핵(basal ganglia)은 그들이 속하는 영역을 문자 그대로 설명하고 있는 뇌 구조이다. 제5장에서 보았듯이, 기저핵은 인간 뇌에서 가장 중요한 부분인 전두엽의 바닥에 위치한 핵(뉴런의 집합)이다. 기저핵은 해마 근처에 있다(그림 2.3 참조).

해마처럼 기저핵은 피질의 뉴런으로부터 많은 입력을 받는다. 사실 대부분의 피질 영역은 기저핵으로 입력을 보낸다. 이들 입력은 감각 자극처럼 인간이 경험하는 세상에서 일어나고 있는 일에 대한 정보, 특히 경험하고 있는 감각적 자극에 대한 정보를 기저핵으로 전달한다. 이런 피질의 입력들 중 많은 부분은 처음에 제5장에서 더 자세하게 설명되었던 기저핵의 하위영역인 배후 선조체에서 처리되는데, 배후 선조체는 조작적 조건형성에 중요한 역할을 하는 것으로 알려져 있다. 기저핵은 대부분 시상(시상의 뉴런과 운동피질의 뉴런 간 상호작용에 영향을 주는) 그리고 뇌간(척수로 보내는 신호에 영향을 주는)으로 출력 신호를 보낸다. 이들 운동 제어 회로를 조절함으로써 기저핵은 움직임을 시작하고 유지하는 역할을 한다.

기저핵은 움직이기 위한 준비뿐만 아니라 속도, 방향, 움직임의 크기를 조절하는 데 특히 중요하다(Desmurget, Grafton, Vindras, Grea, & Turner, 2003; Graybiel, 1995; R. S. Turner, Grafton, Votaw, Delong, & Hoffman, 1998). 예를 들어, 회전 추적 과제를 수행하고 있다고 해보자. 회전하는 표적의 속도와 일치하게 팔을 회전시킬 필요가 있다. 이 과제에서 팔 동작의 방향과 속도를 통제하기 위해 기저핵은 팔의 위치에 대한 체감각 시스템으로부터의 정보뿐만 아니라 표적, 스타일러스 그리고 팔의 움직임에 대해 시각 시스템으로부터 받은 정보를 함께 사용할 것이다. 이와 마찬가지로 누군가 동전을 꺼내기 위해 연못 안으로 뛰어든다면, 기저핵은 연못 바닥과 충돌하는 것을 피하도록 도와줄 것이다.

기저핵과 운동시스템 사이에 모든 상호연결을 고려할 때 기저핵 활동의 결함이 기술 학습을 저하시키는 것은 놀라운 사실이 아니다. 그러나 기저핵의 문제가 사건과 사실 기억의 형성과 회상에는 영향을 주지 않는 것처럼 보인다. 무하마드 알리의 경우를 생각해보자. 알리는 그가 살았던 시대에 가장 빠르고 숙련된 복서였지만, 운동 통제와 조정의 점차적인 상실로 인해 링에서 내려와야 했다. 의사들은 이 장애가 기저핵 회로가 손상되는 질병인 파킨슨병 때문인 것으로 확인했다(이 장의 후반부에서 이 질병에 대해 좀 더 이야기하겠다). 시간이 흐르면서, 파킨슨병으로 인한 기저핵 기능의 소실은 걷기 같은 가장 기본적인 기능에도 영향을 주게 되었다. H. M.의 해마 손상(제7장에서 다룬)이 그가 과거 경험을 보고하지 못하게 하는 반면 알리의 기저핵 결함은 숙련기억의 사용과 새로운 기술의 학습을 방해한다. 그러나 이것이 사실과 사건에 대한 기억에 영향을 주지는 않았다.

비록 감각 입력에서 운동 출력으로 이어지는 특별한 과정이 현재는 알려져 있지 않지만 많은 연구자들은 기저핵의 처리과정이 숙련기억을 형성하는 데 있어 핵심적인 단계라고 말한다(Barnes, Kubota, Hu, Jin, & Graybiel, 2005; Graybiel, 2005, 2008). 대부분의 연구자들은 특정 기술의 연습이 그 기술의 수행에서 기저핵 회로가 관여하는 방식을 바꿀 수 있으며 시냅스 가소성이 그런 변화를 가능케하는 기본적인 신경 메커니즘이라는 사실에 동의한다(Conn, Battaglia, Marino, & Nicoletti, 2005; Graybiel, 2008). 다음 절에서 기술의 수행뿐만 아니라 숙련기억의 형성과 접근에서 기저핵의 중요성을 보여주는 실험들을 살펴볼 것이다.

뇌 손상 후의 학습 결함

기술 학습에 있어 기저핵의 역할에 대해 알려진 것들 중 대부분은 그림 7.2처럼 방사형 미로와 같은 쥐의 미로 학습 과제에서 나온 것이다. 표준 방사형 미로 과제에서 쥐는 이미 탐색했던 통로를 다시 탐색하는 일 없이 미로 속에서 음식을 찾는 것을 학습한다. 이 과제는 자연에서의 먹이 탐색의 특징을 모방한 것으로(쥐가 막 먹이를 먹어 없애버린 그 자리에 먹이가 다시 마술 같이 나타나지는 않기 때문이다), 쥐의 사건과 장소에 대한 기억을 테스트하기 위해 종종 사용된다(제7장에서 논의되었다). 그러나 미로에서 각각의 통로 입구는 매우 비슷하게 생겨서 쥐가 어떤 통로에 들어갔었는지 기억하지 않는 한 들어갔던 통로에 또 들어갈 가능성이 크다. 학습의 초기에서 이런 일이 쥐들에게 빈번히 일어난다. 쥐들은 종종 여러 번 같은 통로로 들어가고 결과적으로 음식이 없는 통로를 따라 앞으로 혹은 뒤로 달리다가 시간을 낭비한다. 연습을 통해 쥐는 다녀간 경로에 대한 기억을 유지함으로써 좀 더 많은 음식을 얻을 수 있음을 학습하고, 동일한 통로에 덜 반복적으로 방문하는데, 그들의 수행이 훈련에 의해 개선됐으므로, 미로에서 길을 찾는 그들의 능력은 기술이라고 하기에 충분하다. 방사형 미로 과제에서 음식은 올바른 수행의 결과로 제공됨으로써 일종의 피드백 역할을 한다.

방사형 미로를 효과적으로 항해하는 것을 배우기 위해서 쥐는 과거 사건들의 특정 측면

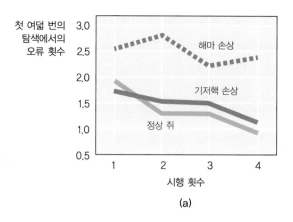

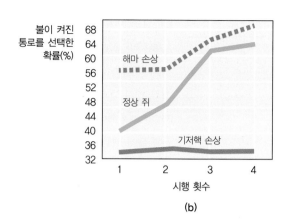

을 기억해야만 한다. 예상하듯이, 해마 손상을 입은 쥐는 이 과제를 수행하는 데 문제가 있다(그림 8.8a). 많은 세션이 지난 이후에도 그들은 그들이 전에 방문했던 통로를 계속해서 방문한다. 반대로, 기저핵 손상을 입은 쥐는 뇌 손상이 없는 쥐들만큼 쉽게 이 과제를 학습한다. 이것은 기저핵 손상이 사건 기억을 방해하지는 않는다는 것과 방사형 미로에서 음식을 찾는 데 필요한 기술의 수행 역시 방해하지 않음을 보여준다.

연구자들은 과거 사건의 기억에 덜 의존하게 하기 위해 방사형 미로 과제를 약간 수정하였다. 모든 통로에 음식을 놓는 대신에 실험자가 빛이 비춰진 통로에만 음식을 놓아둔다면 쥐들은 빛이 없는 통로들을 피하는 것을 빨리 학습한다(그림 8.8b). 해마 손상이 있는 쥐는 이 과제를 학습할 수 있었는데, 왜냐하면 그들은 음식과 불빛을 연관시키기만 하면 되므로 방문했던 통로의 경로를 따라갈 필요는 없었기 때문이다. 놀랍게도 기저핵이 손상된 쥐는 이 '더 단순한' 과제를 학습하는 데 어려움을 겪었다. 이 쥐들은 계속해서 음식이 놓이지 않은, 빛이 없는 통로까지도 탐색한다(Packard, Hirsh, & White, 1989). 즉 기저핵 손상은 쥐가 어두운 통로를 피하고 불빛이 켜진 통로로 들어가는 단순한 지각-운동기술 학습을 방해한다.

쥐는 또 다른 과제에서 유사한 학습 장애를 보일 수 있다. 모리스 수중 미로 과제가 그것이다. 이 미로에서 실험자는 원형 탱크에 분유를 탄 물을 채운다. 그런 후에 그 탱크에 쥐를 놓아두면 수면 바로 아래 숨겨진 플랫폼을 찾을 때까지 수영해야만 한다. 일단 쥐가 플랫폼을 찾으면, 더 이상 수영을 할 필요는 없으며 플랫폼에 안착할 수 있다. 연구자들은 쥐가 그 플랫폼을 찾는 데 걸리는 시간을 측정하여 학습 정도를 측정하는 데 사용한다. 정상인 쥐는 그 탱크에서의 반복적 훈련 뒤에 차츰 숨어 있는 플랫폼의 위치를 학습한다. 이 경우에, 쥐가 학습한 기술은 탱크 주변에 존재하는 시각적 단서들로 수영할 방향을 잡는 것이다. 훈련을 통해 쥐들은 현재 보이는 단서들을 관찰하여 올바른 방향을 더 잘 선택할 수 있다. 해마 손상을 입은 쥐는 이 표준 과제를 학습하는 데 심각한 어려움을 겪지만 그 플랫폼이 수면 위 눈에 보이는 곳에 있을 때는 학습에 아무런 어려움을 겪지 않는다. 기저핵 손상을 입은 쥐는 플랫폼이 눈에 보이는지 여부와 상관없이 그 플랫폼의 위치를 학습할 수 있

그림 8.8
쥐의 미로학습에 미치는 뇌 손상의 영향 (a) 방사형 미로는 쥐를 이용해 지각-운동 학습을 연구하기 위해 사용한다. 정상 쥐는 미로에 넣으면 각 통로 끝에 있는 먹이를 먹기 위해 한 번 방문한 통로는 방문하지 않는 요령을 학습한다. 기저핵 손상이 있는 쥐도 역시 이 과제를 배울 수 있지만 해마가 작동하지 않는 쥐는 배우지 못한다. (b) 정상 쥐는 방사형 미로에서 불빛이 비추는 통로만 방문해서 먹이를 먹는 학습을 할 수 있다. 해마 손상이 있는 쥐도 배운다. 하지만 기저핵 손상 쥐는 배우지 못한다. 이 결과는 기저핵 손상이 지각-운동기술 학습을 방해할 수 있음을 보여준다.

Data from Packard et al., 1989.

다. 이는 기저핵이 이 과제를 학습하는 능력에는 아무런 영향도 미치지 않음을 말한다.

하지만 훈련의 전이 실험은 다른 결과를 보여준다. 실험자가 모리스 수중 미로에 있는 눈에 보이는 플랫폼을 테스트하는 동안 플랫폼을 새로운 장소로 옮긴다면 해마에 손상이 있는 쥐나 혹은 아무런 손상이 없는 쥐는 물속에서 빠져나오기 위해 그 플랫폼으로 헤엄쳐 간다. 기저핵에 손상을 입은 쥐는 그 플랫폼이 원래 있던 곳으로 헤엄쳐 가보고 나서야 그 플랫폼이 새로운 장소에 있다는 사실을 발견한다(McDonald & White, 1994). 이 결과의 한 가지 해석은 기저핵에 손상을 입은 쥐가 물속을 빠져 나오기 위해 플랫폼을 향하여 수영하는 것을 학습하는 데 곤란을 겪고 그 플랫폼이 확실히 보일 때에도 마찬가지라는 것이다. 대신에 빠져나가기 위해 물탱크의 특정 위치로 수영하는 것을 학습한다는 것이다. 이 연구는 두 동물이 동일한 방식으로 특정 기술을 수행하는 것처럼 보이더라도 그들의 숙련기억 그리고 새로운 상황에서 그것을 이용하는 능력은 반드시 동일하지 않을 수 있음을 말해준다.

쥐를 대상으로 한 이러한 연구를 통해 연구자들은 환경적 단서에 기초한 운동 반응을 생성해내는 지각-운동 학습에서 기저핵이 매우 중요하다는 결론을 내린다. 이런 연구의 기저에 있는 기본적인 가정은 쥐의 미로 학습에서 기저핵이 기능하는 방식이 특별할 것이 없다는 사실이며, 따라서 결과적으로 기저핵의 손상은 사람에게서도 비슷한 방식으로 기술 학습을 저하시킬 것이다. 반대로, 기저핵 기능의 향상은 숙련기술을 형성하는 것을 촉진시킨다. 예를 들어, 연구자들은 더 큰 기저핵을 가진 개인이 '우주 요새(Space Fortress)'라는 비디오 게임 실력이 더 빠르게 향상되는 것을 발견했다(Erickson et al., 2010). (반대로 비디오 게임이 어떻게 뇌의 기능에 영향을 줄 수 있는지에 대해 알고 싶다면 다음 페이지의 '일상에서의 학습과 기억' 참조)

지각-운동기술의 학습과 신경활동

학습 시 기저핵에서의 신경활동 측정은 숙련기억의 형성과 관련된 기저핵의 역할에 대하여 한 발 더 나아간 실마리를 제공한다. 실험자는 T자형 미로에서 쥐가 돌아야만 하는 곳의 교차점에 도착하기 바로 전에 쥐에게 소리 단서를 들려주었다. 이 소리 단서를 이용함으로써 오른쪽 혹은 왼쪽으로 쥐가 돌도록 훈련시킬 수 있다(그림 8.9). 예를 들어, 그 미로에서 쥐 한 마리를 풀어놓고 그 쥐가 오른쪽으로 돌도록 컴퓨터가 특별한 소리를 들려준다. 그

그림 8.9
기술 학습 동안 기저핵 뉴런의 발화 패턴 변화 (a) 연구자들은 쥐의 기저핵에 전극을 심은 후 T자형 미로에서 소리에 따라 왼쪽 혹은 오른쪽으로 돌도록 훈련시켰다. 훈련 초기에는 50%의 기저핵 뉴런들이 쥐가 어느 방향으로 돌 것인지를 결정할 때 발화하였다(번갯불 모양이 발화를 상징한다). (b) 훈련이 진행됨에 따라 기저핵 뉴런들은 점차 쥐가 출발할 때와 마지막으로 목표에 도달할 때 발화하기 시작하여 마침내 90% 이상의 뉴런들이 이러한 발화 패턴을 보이게 되었다.
Research from Jog et al., 1999.

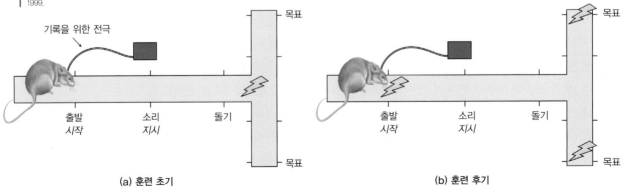

(a) 훈련 초기　　　　　　　　　　(b) 훈련 후기

◀◀ 일상에서의 학습과 기억 ▶▶

비디오 게임이 뇌에 좋은가?

텔레비전이 출현한 이래로 많은 사람들이 그들의 일상을 더욱 더 사각형 스크린의 빛을 응시하는 데 보내고 있다. 비디오게임은 이런 수동적인 바라보기를 상호작용의 과정으로 바꾸어놓았다. 오늘날의 비디오 게임은 어떠한 스포츠, 카드 게임, 혹은 보드 게임만큼이나 복잡하다. 지금까지 비디오게임 시대 이전에 발명되었던 대부분의 게임이 비디오게임으로 만들어졌고 종종 그 게임은 컴퓨터 프로그램에 의해 인위적으로 만들어진 지적 경쟁자를 끼워 넣는다. 비디오 게임은 다른 오락 활동을 대신해 빠르게 지구상 어린이들에게 사랑받는 오락 도구가 되었다. 많은 부모들은 이 새로운 오락이 어린이들의 뇌를 망쳐놓을 것이라고, 또 그런 게임을 함으로써 얻게 될 기술은 쓸데없는 것이라고 생각한다. 그런데 실제로는 어떻게 돌아가고 있는가? 비디오 게임을 하는 동안 학습되는 기술은 다른 상황에 긍정적으로 전이되는가, 아니면 실세계에서 개인의 뇌가 기능하는 방법을 제한하는가?

비디오 게임은 전통적인 게임보다 많은 이득이 있다. 비디오 게임은 다양한 게임 옵션을 제공한다. 최소한의 공간을 차지하고 반드시 유지 보수할 필요는 없다. 전문가로부터 안내 없이 전문성을 키운다. 또한 사고 위험이 최소이다. 아울러 낮이건 밤이건 언제라도, 어떤 날씨에서도 할 수 있다. 반면, 비디오 게임은 십 대들에게 폭력성을 자극하고 육체적 건강을 소홀히 하게 만들며, 비만을 증가시키고, 교양과 가족 사이에서 그리고 동료들 사이에서 면대면의 상호작용할 기회를 줄어들게 만들고, 어린이들의 생각을 쓸모없는 정보로 채워버린다는 비난을 받는다(C.A. Anderson & Bushman, 2001).

그러나 비디오 게임이 당신의 뇌에 좋은지 혹은 나쁜지에 대한 질문은 과학적으로 거의 언급되지 않았다. 최근 일련의 실험들이 GTA, 크레이지 택시, 카운터 스트라이크, 그리고 스파이더맨 같은 격렬한 액션 비디오 게임을 최소 하루에 한 시간, 일주일에 4일, 6개월간 했던 대학생들이 비디오 게임을 하지 않았던 학생들에 비해 시각적 주의 능력이 향상되었음을 밝혀냈다(Green & Bavelier, 2003). 흥미롭게도 액션이 아닌 비디오 게임(테트리스)으로 동일한 시간 동안 게임을 했던 통제 그룹은 주의능력이 향상되지 않았다. 그러나 비평가들은 이 연구에서 보인 명백한 차이는 비디오 게임의 효과라기보다는 인공적인 통계결과에 불과하다고 지적했다(Unworth et al., 2015).

비디오 게임을 교육 방안으로서 사용하는 것(Howard-Jones et al., 2014)과, 노인의 인지적 퇴화를 늦추는 방안(Mishra & Gazzaley, 2014)으로서 활용하는 기술에 대한 관심이 높아지고 있다. 비디오 게임을 집중적으로 하는 것은 플레이어의 뇌의 구조와 기능을 변화시킨다는 것에는 의심할 여지가 없다. 이런 뇌의 변화가 비디오 게임 실력 외에도 어떤 효과(혹은 부작용)를 가질까? 답은 게임이 아닌 다른 상황에서 사용되는 기술이 게임에서 학습한 기술과 얼마나 겹치는지에 따라 좌우될 것이다.

쥐가 오른쪽으로 돌면, 실험자가 쥐에게 음식을 준다(이것은 이전에 제5장에서 언급했다시피 피드백의 효과적인 형태이다). 연습을 통해 쥐는 이 단순한 지각–운동기술을 정확하게 수행하는 것을 학습한다. 최근 실험에서, 연구자는 쥐를 T자형 미로에서 훈련시키기 전에 쥐의 기저핵에 전극을 심었다. 그런 후에 쥐가 그 과제를 학습할 때 기저핵에서 어떻게 뉴런들이 발화되는지 기록하였다(Jog, Kubota, Connolly, Hillegaart, & Graybiel, 1999).

이 기록은 쥐가 T자형 미로에 있을 때 신경활동의 네 가지 기본 패턴을 밝혔다 : (1) 몇몇 뉴런들은 쥐가 처음 미로에 들어갔을 때 발화했고, (2) 소리 단서가 들렸을 때 발화했으며, (3) 쥐가 오른쪽 혹은 왼쪽으로 돌았을 때 강하게 반응했고, 또 (4) 마지막에 쥐가 먹이를 받았을 때 발화했다. 학습의 초기 단계에서 기록된 기저핵 뉴런들의 대략 절반은 이들 네 가지 활동 패턴 중 하나를 보였다. 이들 뉴런의 대부분은 쥐가 미로에서 우측이나 좌측으로 돌았을 때만 발화했다(그림 8.9a). 나머지 뉴런은 미로에서 쥐의 움직임이나 경험과 분명한 연관 없이 발화하였다. 쥐의 수행은 연습을 통해 향상되었다. 쥐의 수행이 연습을 통해 향상되면서, 과제 관련 활성화 패턴을 보이는 뉴런의 비율은 대부분의 뉴런이 도는 동작을 할 때보다 과제의 시작과 끝에서 강하게 발화하면서 약 90%까지 증가하였다(그림 8.9b). 이러한 측정치는 기저핵의 뉴런 활동이 지각-운동기술을 학습하는 동안 변한다는 사실을 보여주고 있으며, 기저핵에 의한 기술의 부호화나 통제가 학습이 진행됨에 따라 변한다는 것을 말한다.

미로 과제를 하는 동안 시작과 마지막 단계에서 나타나는 증가된 뉴런 활동은 기저핵이 각 시행의 시작 시점에서 운동 계획을 발달시키고 있음을 암시한다. 운동 계획은 그 시행의 마지막까지 쥐의 움직임을 통제한다(Graybiel, 2008). 이러한 가정은 자동적인 운동 프로그램이 점차적으로 움직임의 능동적인 통제를 대신한다는 핏츠(Fitts)의 기술 학습 모델과 맞아떨어진다(Fitts, 1964). 저글링을 학습하는 사람 역시 기저핵 활동에서 유사한 변화를 보여줄 것이다. 즉, 현재는 불가능하지만 우리가 사람의 뉴런 활동을 기록할 수 있다면 초보 저글러의 기저핵에 있는 뉴런들은 공들이 공중에 있을 때 가장 강하게 발화하는 반면(동작이 시각적 정보에 기초하여 선택되어야만 할 때), 전문 저글러의 기저핵 뉴런은 그녀가 공을 잡고 던질 때 가장 강하게 발화할 것이다.

앞서 나타난 자료는 기저핵이 실제로 지각-운동기술의 학습에 기여한다는 것을 보여준다. 기저핵은 인지기술의 학습에도 공헌할까?

인지기술의 학습과 뇌 활동

인간 뇌 영상 연구는 참가자가 인지적 기술을 학습할 때 기저핵이 활성화된다는 것을 밝혔다(Poldrack, Prabhakaran, Seger, & Gabrieli, 1999; Poldrack et al., 2001; Seger & Cincotta, 2006). 이들 실험에서 참가자는 컴퓨터가 보여주는 카드들을 보고 나서 카드에 나타난 패턴에 기초해서 어떤 계절인지 추측해야 한다(그림 8.10a). 각 카드는 색깔을 가진 모양들이 모여 특별한 패턴을 보여준다. 어떤 패턴들은 비가 올 것 같은 날씨에 나타나고 다른 것들은 햇볕이 날 것 같은 날씨일 때 나타났다. 각 카드가 스크린 위에 나타났을 때, 참가자는 두 버튼 중 1개를 누름으로써 좋거나 나쁜 날씨(맑거나 비가 오는)를 예측했다. 정답의 결정은 카드에 나타난 패턴에 기초한 컴퓨터의 판단에 의거했다. 참가자는 어떠한 패턴이 어떠한 종류의 날씨를 예고하는지 시행착오를 거쳐 학습해야 했다(Gluck, Shohamy, & Myers, 2002; Knowlton, Squire, & Gluck, 1994). 이 과제는 '패턴'(즉 구름의 양, 기온, 바람 등)의 조합이 100% 확실하게 따라올 날씨를 예측하지 않는다는 점에서 실제 날씨 예측과 비슷하다. 기상학자들은 정확하게 날씨를 예측하기 위해서 광범위한 인지기술을 개발해야만 한다. 참가자들에게 그 과제는 인지기술을 학습하기보다는 타로카드를 읽는 것처럼 보였겠지만 그들의 예측은 대부분 연습을 통해 향상되었다.

비록 각 카드가 특별한 종류의 날씨가 나타날 가능성과 연관되어 있었지만 참여자가 정확한 예측을 하기 위해 사용할 수 있는 단순한 규칙은 없다. 대신 예측을 잘 하기 위해서 참가자는 어떠한 카드가 어떤 특정한 날씨를 예고하는 경향이 있는지 점진적으로 배워나가야 한

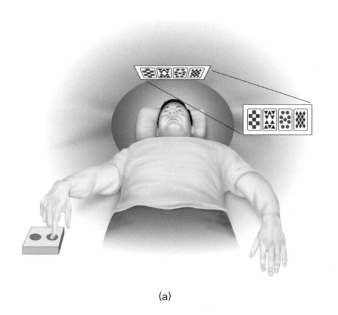

(a)

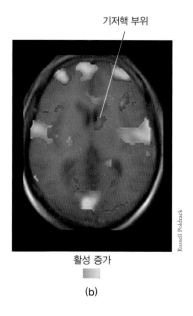

기저핵 부위

활성 증가

(b)

다. 뇌 이미지 데이터들은 이러한 날씨 판단 과제를 배운 사람들의 기저핵의 활동이 증가하였다는 것을 보여주었다(그림 8.10b). 이와 유사한 이미징 연구가 기저핵이 인지와 지각-운동기술 학습 모두에 기여하고 있음을 제안한다. 그러나 어떻게 기여하고 있는 걸까?

기저핵이 기술 학습을 가능하게 한다는 많은 증거에도 불구하고, 이 학습에서 기저핵의 특별한 기능에 대해서는 여전히 논쟁의 여지가 있다. 기저핵이 움직임의 제어와 계획에 관련되어 있기 때문에 기저핵의 손상은 운동의 수행에 변화를 초래하여 다른 뇌 영역의 학습과정을 저해할 수 있다. 예를 들어, 만약 당신이 팔을 어떻게 움직여야 할지 제어할 수 없다면, 저글링하는 방법을 학습하는 데 어려움을 겪을 것이다. 요약하자면, 기저핵의 손상으로 야기된 기술 학습의 변화는 방사형 미로 과제를 학습하는 쥐에서 보듯이 이 영역이 숙련기억을 부호화하거나 인출하는 데 중요하다는 것을 명확하게 증명하지 않는다. 이와 유사하게, T자형 미로에서 단서에 따라 학습하는 쥐의 기저핵 뉴런에서 나타나는 학습 의존적인 활동 수준의 변화는 기저핵에서 생성된 변화라기보다는 감각피질에서 온 정보의 변화를 반영했을 수 있다.

기저핵의 뉴런이 숙련기억 형성의 대부분을 담당하는가, 아니면 피질과 소뇌 같은 다른 뇌 영역들이 대부분의 부호화와 인출을 담당하는가? 기저핵이 숙련기억의 형성에 다른 뇌 영역이 하는 것만큼 많이 공헌하고 있을 수 있지만 기저핵이 학습 절차의 특별한 측면에 특화되었다고 볼 수 있을까? 우리는 이러한 문제를 탐구하기 위해 학습이 이뤄지는 동안과 그 이후의 다른 피질 영역을 유심히 살펴볼 필요가 있다.

기술의 피질 표상

기술의 학습과 수행에 대뇌피질이 얼마나 중요할까? 대부분의 동물이 대뇌피질을 가지고 있지 않다면 그리고 피질을 가지고 태어나는 동물들이 피질 뉴런을 외과적으로 제거한 후

그림 8.10

날씨 예측 과제 학습 동안의 뇌 영상 (a) 날씨 예측 과제에서, 참가자는 MRI 스캐너에 누워서 스크린에 제시된 한 묶음의 카드를 보고 어떤 날씨가 될 것인지를 판단하게 된다. 다른 패턴은 다른 날씨에 해당한다. 예를 들어 가장 왼쪽에 있는 카드에 사각형이 있을 경우 60%의 확률로 비가 온다는 것을 의미한다. 참가자는 구체적인 정보를 받지 못하고 단지 시행착오를 통해 어떤 카드가 비를 예고하는지를 학습해야 한다. fMRI 영상이 참가자가 날씨 예측 과제를 학습하는 동안의 기저핵 활성화를 보여주고 있다. 통제 과제인 지각-운동 조건에서의 활성화 정도가 기저선으로 사용된다. 유의미하게 활성이 증가한 부위는 빨간색에서 노란색으로 표시되고 감소한 부위는 흰색에서 파란색으로 표시된다. (b) 날씨 예측 과제에서 차이 영상은 기저핵 부위의 활성화(오렌지색 부위)와 해마 영역의 비활성화(파란색 부위)를 보여준다.

(b) Information from Poldrack et al., 2001.

Russell Poldrack

에도 많은 동작들을 할 수 있다면, 피질이 기술 학습에 중요하지 않다고 결론 내릴지 모른다. 사실 포유류는 어떤 목적에서든 피질회로의 광범위한 사용을 할 수 있는 유일한 동물이므로, 숙련기억에서 대뇌피질의 역할이 무엇이든지 간에 기술을 학습하는 포유류에게는 대뇌피질이 가장 광범위한 역할을 할지도 모른다. 결과적으로(혹은 아닐지도 모르지만) 포유류는 대부분의 다른 종들과 비교해서 훈련시키기가 쉽다.

달리고 뛰고 혹은 노래할 때 대뇌피질에 있는 신경회로는 보상을 받은 활동만큼이나 가장 자주 수행하는 활동을 강화시키는 방식으로 시간이 흐름에 따라 변한다. 이런 관점에서 숙련기억은 반복된 수행에 대한 신경적 결과물이다. 단순히 말하면 당신의 몸매가 육체미를 위한 식이요법에 반응하여 변화하는 것과 같은 방식이다. 근육이 강화되고 유연성이 증가되는 것이 얼마나 잘 점프할 수 있는가에 영향을 미치는 것처럼 피질 뉴런 네트워크의 변화 역시 당신의 점프 능력에 영향을 줄 수 있다.

피질 확장

피질 네트워크가 뇌의 '근육'과 같다면, 각기 다른 육체적 훈련이 다른 근육에 영향을 주는 것처럼, 각기 다른 기술들의 연습이 대뇌피질의 각각 다른 영역들에 영향을 준다고 생각할 것이다. 이것은 일리가 있어 보인다. 기술과 덜 관련된 영역이 작은 변화를 보이는 반면 특정 기술의 수행과 관련된 대뇌피질은 연습이 진행됨에 따라 그 영역을 확장시킨다. fMRI 같은 뇌 이미지 기술은 특별한 영역으로의 혈액 흐름이 증가됨을 보여줌으로써 이러한 확장을 밝혀낸다. 예를 들면, 전문 바이올린 연주가의 뇌에 대한 이미징 연구는 바이올린의 현을 누르는 데 사용된 손의 체감각피질이 바이올린 연주가가 아닌 사람보다 더 크다는 사실을 보여주었다(Elbert, Pantev, Wienbruch, Rockstroh, & Taub, 1995). 흥미롭게도 반대편 손(활을 잡는 손은 모든 손가락이 같이 움직인다)의 경우, 피질은 그런 정교함을 보이지 않았다. 변화는 손가락이 따로따로 움직이는 손에 국한되었다. 이런 유사한 피질 활동의 차이는 프로 라켓볼 선수들이 경기에 주로 사용하는 손을 움직일 때와 반대쪽 손을 사용할 때 그들의 운동피질에서 관찰된다(Pearce, Thickbroom, Byrnes, & Mastaglia, 2000).

왜 매일같이 연습을 하는 바이올린 연주자가 갑자기 친숙한 부분을 연주할 때 손가락으로 바르게 현을 누르는 능력을 잃어가기 시작할까?

Anatoli Styf/Shutterstock

피질 영역의 확장은 보통 우수한 수행과 관련이 있지만, 피질의 과도한 확장은 문제를 야기할 수 있다는 증거가 있다. 너무 과한 악기 연주 훈련은 운동 제어능력의 감소 혹은 손실을 가져오기도 하는데, 이는 음악가 경련이라고 불린다. 실험실에서의 연구들이 이런 제어의 손실이 운동피질의 과도한 재구성에서 야기한다는 것을 발견했다(Rosenkranz, Butler, Williamon, & Rothwell, 2009).

혈류량 측정은 연습 후에 피질 활성화가 더 넓어지는 영역을 밝히고 이것은 경험이 피질의 회로에 영향을 미친다는 것을 의미한다. 그러나 이들 측정은 어떠한 물리적 변화가 발생하는지는 밝히지 못한다. MRI 기술을 사용한 최근 연구는 연습이 피질의 회백질(뉴런의 세포체가 발견되는)의 양을 변화시킬 수 있음을 보여준다. 예를 들어, 최소 1분 동안 계속해서 공 3개를 가지고 저글링 하는 법을 배운 사람은 훈련을 받은 지 3개월쯤 지난 후에 동작에 반응하는 시각피질 영역에서 회백질의 양이 3% 증가됨을 보였다(Draganski et al., 2004). 사실, 회백질에서의 변화는 훈련 시작 7일 후부터 빠르게 나타났다(Driemeyer, Boyke, Gaser, Buchel, & May, 2008). 운동 피질, 기저핵 혹은 소뇌에서는 눈에 띄는 아무런 구조적 변화도 관찰되지 않았다. 회백질의 확장이 시냅스의 수와 크기, 교세포(뉴런에게 기능적·구조적인 지원을 제공하는 세포) 수의 변화 혹은 피질 뉴런 수의 변화 중 어느 것을 반영하는지는 아직 불확실하다.

인간의 뇌 이미지 연구와 같이, 원숭이에서의 전기생리학 연구는 연습이 피질 표상을 확장할 수 있다는 것도 보여준다. 그런 연구 중 하나로, 연구자들은 촉각 분별 과제를 원숭이에게 훈련시켰다(Recanzone, Merzenich, Jenkins, Grajski, & Dinse, 1992). 이 과제는 원숭이의 손가락 끝에 표준자극과 다른 자극이 주어질 때마다 원숭이가 손잡이를 놓도록 하는 것이다. 각 시행에서 원숭이는 초기 500ms 동안 손가락 중 1개에 일정 속도로 진동하는 표면을 느끼게 된다. 이 초기 촉각 자극은 비교를 위한 표준을 제공한다. 초기 자극 이후에 자극이 주어지지 않는 500ms의 간격이 뒤따르고, 그 뒤에 1~4개까지 일련의 진동 자극—표준과 동일하거나 혹은 더 빠른 각각의 진동—이 이어진다. 그 원숭이는 진동이 표준보다 빨랐을 때 핸들을 놓으면 과일 주스를 받았다. 이 과제는 앞서 연구자들이 쥐가 소리 단서에 반응해서 오른쪽 혹은 왼쪽으로 턴하는 것을 학습함에 따라 기저핵 뉴런의 활동을 기록했던 T자형 미로 과제와 유사하다. T자형 미로와 촉각 구별 과제 모두는 동물이 해당 감각(한 과제에서는 소리, 다른 과제에서는 촉감)의 모듈에 제공된 특별한 단서에 기초해서 두 반응(한 과제에서는 오른쪽으로 돌거나 왼쪽으로 도는 반응, 다른 과제에서는 쥐거나 놓는 반응) 중 하나를 수행할 것을 요구한다. 이 두 과제가 바이올린 연주자의 연주나 운동선수의 운동 솜씨에 비해 많은 기술을 요구하지 않는 것처럼 보일 수 있지만, 이 동물들이 야생에서 이러한 훈련된 행동을 절대 수행하지는 않았을 것이라는 걸 명심해야 한다. 어떤 능력이 기술인지 아닌지를 정하는 기준은 그 행동이 얼마나 어려운 것인가가 아니라 경험을 통해 향상될 수 있는 지의 여부이다.

원숭이가 주스의 제공을 예고하는 진동 자극에 반응하는 것을 학습했을 때, 단서를 처리했던 체감각피질 영역이 증가되었다. 결과적으로 감각 구별 과제를 학습했던 원숭이들이 촉각 자극을 세밀하게 느끼기 위해 사용하였던 손가락에 대한 피질의 표상이 확대되었다. 이런 연구들은 지각-운동기술 학습이 종종 그 기술의 수행과 관련된 감각피질 영역의 확장과 연관됨을 보여준다. 이와 유사하게, 지각-운동기술의 연습이 운동피질 영역의 확장 또한 야기할 수 있다. 예를 들어, 작은 물체를 꺼내도록 훈련된 원숭이의 운동피질에 주어진 전기 자극(제2장에서 소개된 기술)은 손가락의 움직임을 조정했던 피질 영역이 확장되었음을 보여주었다(Nudo, Milliken, Jenkins, & Merzenich, 1996). 또한 앞발로 키를 돌리도록 훈련된 원숭이들에게서, 앞발의 피질표상이 확장되었다. 연구자들은 얼마나 많은 다른 피질 영역이 특별한 기술의 학습이 이루어지는 동안 변화되는지 알지 못하지만 해당 기술의 수행에 쓰이는 어떠한 피질 네트워크라도 훈련이 수행을 개선(혹은 악화)시킴에 따라 변화된다는 것이 현재의 가정이다. 연구자들은 어떻게 피질 확장이 발생하고 무엇이 그것을 구성하는지 판단해야만 하지만, 대부분의 신경과학자들은 그 확장이 시냅스 가소성의 결과인 피질 내에서 연결의 강화와 약화를 반영한다고 믿는다(시냅스 가소성의 기본적인 메커니즘은 제2장에서 설명했다).

숙련기억은 피질에 저장되는가?

많은 실험자들은 피질 네트워크가 연습에 영향을 받지만 이것은 두 현상이 상호 연관되었을 뿐, 대뇌피질의 변화들이 수행을 향상시킨다는 인과 관계를 증명하지 못함을 보여 왔다. 그런 연구들은 숙련기억이 피질 네트워크에 저장되는지 입증하지 않는다. 앞서 보았다시피, 기저핵에서 뉴런 활동의 변화는 기술을 학습하는 동안 발생한다. 대뇌피질은 분명히 기술 학습과 수행에 영향을 주지만, 이러한 사실을 아는 것은 어떤 피질 회로가 기술을 학습하는 동안 활동하는지 아는 것과는 다르다.

피질의 기능을 더 잘 이해하는 한 가지 방법은 훈련하는 동안 피질 활동을 측정하는 것이다. 기술 학습에 대해 알려진 것 중 대부분은 다른 연습요법이 어떻게 기술 향상의 속도와 망각 정도의 차이를 만들어내는지와 관련되어 있다. 만약 피질에서의 변화가 행동의 변화와 병행함을 보이는 것이 가능하다면 혹은 수행의 향상이 피질의 변화로부터 예측될 수 있다면, 기술 수준과 피질 활동이 매우 관련되어 있다고 확신할 수 있을 것이다. 이러한 입장에서 시작한 탐구는 기술 습득의 행동 단계들이 피질 활동의 변화와 병행함을 주장한다.

뇌 이미지 연구 데이터는 사람들이 순차적으로 손가락 움직임을 요구하는 운동기술을 학습하기 시작할 때, 그 과제를 수행하는 동안 활성화된 운동피질의 비중이 첫 번째 훈련 동안에는 빠르게 그리고 나중 세션에서는 좀 더 서서히 증가됨을 보여주었다. 에이비 카르니(Avi Karni)와 그 동료들은 참가자에게 가능한 한 빠르고 정확하게 일관된 순서로 엄지손가락에 그들의 다른 손가락들 각각을 터치하도록 했다(Karni et al., 1998). 운동피질에서 나타난 변화와 병행해서, 과제에 대한 참가자의 수행은 학습의 멱함수 법칙에 일관되게 훈련의 초기 세션에서 빠르게 향상되었고 나중 세션에서 좀 더 서서히 향상되었다(그림 8.11a). 훈련받는 6주 동안 모아진 이미지 자료는 세 번째 주 이후(수행이 안정화 된 후)의 추가적인 훈련이 학습한 움직임을 표상하는 운동피질을 보다 점진적으로 증가시킴을 보여주었다.

결국, 연습한 순서대로 수행을 하는 동안 활성화된 운동피질 영역은 동일한 손가락으로 훈련되지 않은 다른 순서에 따라 움직일 때 활성화되는 영역과 비교해 상대적으로 더 많이 확장되었다(그림 8.11b). 카르니와 동료들은 '빠른 학습' 기간이 특별한 과제를 수행하기 위한 최적의 계획을 선택하고 수립하는 처리와 관련된다고 가정했다. 반면, 여기에 이어지는 더 느린 학습 단계들은 피질의 기본적 운동제어회로의 장기적이고 구조적인 변화를 반영하

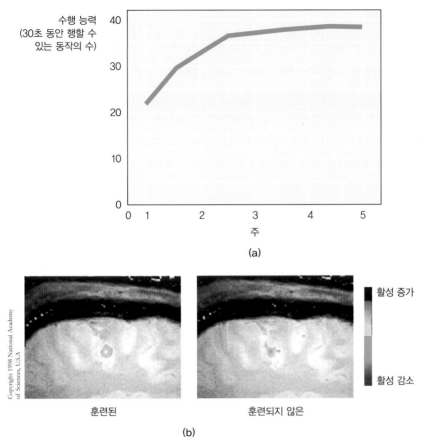

(a)

(b)

훈련된   훈련되지 않은

활성 증가

활성 감소

그림 8.11

기술 학습의 변화와 관련 피질 부위의 변화 (a) 참가자들은 손가락을 이용해 연속된 움직임을 하도록 훈련받는다. 그래프는 참가자들의 평균 수행을 보여준다. (b) 훈련 후에 찍은 fMRI 영상은 훈련에 사용하지 않은 움직임을 할 때(오른쪽 패널)에 비해 훈련된 움직임을 할 때(왼쪽 패널) 운동피질 영역의 활성화가 더 확장된 것을 보여준다.

Information from Karni et al., 1998.

(그래프 축 레이블)
수행 능력
(30초 동안 행할 수 있는 동작의 수)

주

는 것으로 가정했다. 쥐의 지각-운동기술 학습 연구로부터 얻은 최근 자료는 이 해석과 일치한다. 앞발을 뻗어 먹이를 잡는 과제를 훈련한 쥐들은 최소 10일 동안 그 과제를 훈련한 뒤에야 그들의 운동 지도에서 중요한 차이를 보였다(Kleim et al., 2004). 이 연구결과는 피질에서의 구조적 변화가 훈련의 나중 단계들의 숙련기억의 강화를 반영한다고 제안한다.

대뇌피질의 회로들은 많은 감각과 운동 사건에 의해 활성화된다. 그래서 이들 뇌 영역이 기술 학습에 기여한다는 것이 놀라운 것은 아니다. 그러나 연구자들이 개인이 다양한 지각-운동기술 및 인지기술을 학습하는 동안 대뇌피질과 기저핵 사이에서 이루어지는 상호작용을 밝혀낼 때까지 숙련기억을 형성하고 회상하는 피질과 기저핵 각각의 역할을 가늠하는 것은 어려운 과제로 남아 있을 것이다.

지식 테스트

기술을 학습하는 동안 어떤 피질영역이 변화할까?

기술 학습이 진행되는 동안 피질의 영역은 기술 습득의 패턴에 따라 변화한다. 원숭이의 신경심리학적 실험과 인간의 행동실험 결과를 봤을 때, 체스의 대가와 체스 초보자를 비교하면 어떤 피질의 영역이 다른 활동 수준을 가질까? (정답은 책의 뒷부분에 있다.)

소뇌와 타이밍

피질이 많이 없는 새나 물고기 같은 동물들의 기술 학습은 어떠할까? 연구자들은 비둘기에게 다양한 지각-운동기술을 훈련시킬 수 있고, 물고기는 미로를 항해하는 법을 빠르게 학습할 수 있다는 것을 알아냈다. 많은 피질을 갖지 않은 동물은 기술을 학습하기 위해 뇌의 진화적으로 더 오래된 부분에 의존해야만 한다. 이 과정에서 특별히 중요하게 보이는 한 영역은 소뇌이다. 당신은 제4장에서 소뇌가 중요한 사건, 특히 조건화된 반응의 형성, 실행, 타이밍을 예측하는 것을 학습하는 데 핵심적인 역할을 한다는 내용을 떠올릴 것이다. 이런 기능들은 기술 학습에 중요하다.

소뇌는 숙련기억을 부호화하고 인출하는 것과 관련된 가장 기본적인 신경 시스템 중 하나이다. 기술 학습에 대한 잠재성이 거의 없는 것처럼 보일 수 있는 물고기와 개구리처럼 하등한 동물들일지라도 소뇌는 있다. 비록 서커스에서 공연하는 물고기나 개구리를 볼 수 있을 것 같지는 않지만 이것이 이들 동물들이 지각-운동기술을 학습할 수 없다는 것을 의미하지는 않는다. 예를 들어 실제로 물고기는 음식을 받아먹기 위해 작은 레버를 누르는 것을 학습할 수 있다. 당신은 앵무새가 세발자전거를 타거나, 지적인 문장을 말하는 것을 보았을 것이다. 새들도 그런 재주를 학습하는 능력을 촉진할 수 있는 소뇌를 갖고 있다. 사실 척추동물 대부분이 소뇌를 갖고 있다. 하지만 포유류가 아닌 동물들의 소뇌 기능의 연구는 아직 상대적으로 드물다. 결과적으로, 포유류의 경우 소뇌가 피질의 광범위한 사용을 가능하게 한다는 것이 알려졌지만, 피질이 적은 동물의 경우 소뇌가 어떻게 이 동물들의 숙련기억 형성에 기여하는지는 잘 알려지지 않았다.

소뇌로의 입력의 대부분은 척수, 감각시스템 혹은 대뇌피질에서부터 오는 것이며, 소뇌로부터의 출력 신호의 대부분은 척수로 혹은 대뇌피질의 운동 시스템으로 가는 것이다. 1800년대 초기에 실행한 실험은 소뇌 손상이 연속적인 운동의 수행에 장애를 일으킨다는 것을 밝혔다. 예를 들어 소뇌 손상을 입은 사람들은 글을 쓰거나 악기들을 연주하는 데 어려움을 겪는다. 종합해보면, 여러 해부학적 그리고 신경심리학적 자료들은 소뇌가 포유류의 지각-운동기술의 수행에 기여한다는 것을 보여주었다. 소뇌의 구조는 다른 종들에게서도 유사하게 조직화되었기 때문에 포유류와 포유류 아닌 동물 모두에서 유사한 기능을 제공할 것으로 추정된다(Lalonde & Botez, 1990).

다른 증거들은 기술의 수행을 가능하게 하는 것뿐만 아니라 소뇌가 숙련기억을 형성하는 것과도 관련되어 있음을 말해준다. 소뇌는 곡예, 댄스 혹은 경쟁적인 팀 스포츠처럼 정확한 타이밍을 요구하는 연속적인 동작을 학습하는 데 특히 중요하다. 소뇌 손상을 입은 사람은 새로운 댄스 동작을 학습할 수 있을지 모르겠으나 그 동작들과 음악의 리듬을 맞추는 학습에는 어려움을 겪을 것이다. 예를 들어, 운동 학습과 관련된 초기 뇌 이미징 연구는 인간이 손가락의 연속적인 움직임을 학습하기 시작할 때 소뇌활동이 갑자기 증가된다는 것을 보여주었다(Friston, Frith, Passingham, Liddle, & Frackowiak, 1992). 이와 비슷하게, 장애물 코스(예 : 줄이나 시소 위에서 균형 잡기)를 통과해야 하는 복잡한 운동기술을 학습하는 쥐는 소뇌 신경회로의 시냅스 증가처럼 예측 가능한 생리적 변화를 보인다(Kleim et al., 1997). 재주를 부리는 쥐의 소뇌 변화는 활동 수준보다는 기술 학습에 의해 좌우되는 것처럼 보인다. 왜냐하면 동일한 시간 동안 훈련용 바퀴를 달리는 쥐는 그런 변화를 보이지 않기 때문이다. 게다가 단순히 다른 쥐가 과제를 수행하는 것을 보고 과제 수행을 배울 때조차도 쥐는 소뇌의 처리에 의존한다는 것을 발견한 연구가 있다(Leggio et al., 2000). 다른 쥐가 미로에서 길을 찾는 것을 본 후 뇌 손상을 받은 쥐들은 나중에 미로에서 훈련을 받을 때 더 쉽게 배우지만, 반면에 다른 쥐가 미로를 찾는 것을 보기 전에 뇌 손상을 받은 쥐는 다른 쥐의 수행을 관찰한 것이 아무런 효과가 없었다(Torriero et al., 2011). 인간 연구에서도 지각-운동기술을 관찰하여 학습하는 과정과 소뇌가 연관이 있다는 유사한 결과가 나타났는데(Torriero et al., 2011), 이는 수행했거나 관찰했던 기술에 대한 기억이 적어도 소뇌 처리의 한 부분에 의존한다는 것을 알려준다.

소뇌는 목표물을 겨냥하거나 따라가는 것과 관련된 과제에서도 중요하다. 심리학자들이 그런 능력을 평가하는 데 일반적으로 사용하는 과제가 **거울상 따라 그리기**(mirror tracing)이다. 이 과제에서 참가자는 거울에 비춰진 그들의 손을 보고 그림을 따라 그리는 것을 학습한다(그림 8.12a). 그러는 동안에, 손과 그림이 시야에서 가려진다. 이런 조건에서는 잘 그리기가 어렵지만, 소뇌가 원만하게 작동한다면 참가자의 과제 수행은 점차로 개선될 것이다. 반대로, 소뇌 손상을 입은 사람은 이 과제를 학습하기가 어렵다는 것을 알게 될 것이다. 소뇌 손상을 입은 환자는 여러 세션 동안 훈련을 받은 이후에도 손상을 입지 않은 참가자들보다 거울상 따라 그리기 과제 수행이 훨씬 느렸다(Laforce & Doyon, 2001)(그림 8.12b).

소뇌 손상을 입은 환자의 학습 속도가 통제집단에 비해 학습이 진행되는 정도에는 차이가 없음을 보여주는 그림 8.12b는 흥미롭다. 이는 소뇌 손상 환자의 학습 과정이 통제집단

그림 8.12
거울상 따라 그리기 (a) 이 과제에서 참가자들은 오직 거울에 비친 영상을 참조로 해서 어떤 모양을 따라 그리게 된다. (b) 소뇌 손상은 이 과제의 학습 및 수행을 방해한다. 그러나 학습이 향상되는 정도는 소뇌 손상 집단과 정상인 간에 차이가 없었다.
(b) Data from Laforce and Doyon, 2001.

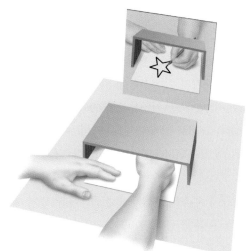

(a)

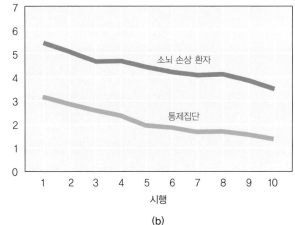

과제 완료에 소요된 시간 (초)

소뇌 손상 환자

통제집단

시행

(b)

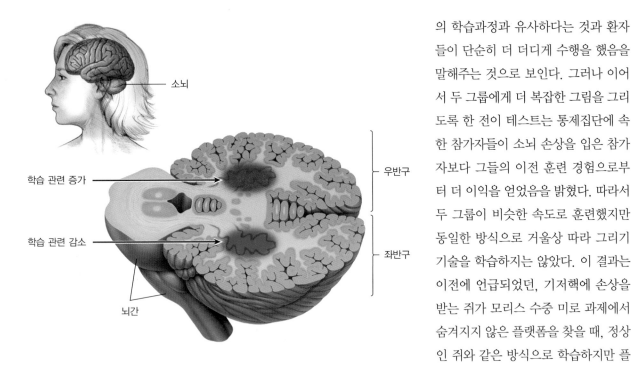

소뇌

학습 관련 증가

학습 관련 감소

우반구

좌반구

뇌간

그림 8.13
인지 기술 학습 동안의 소뇌 활성화 fMRI를 이용한 연구 결과들은 거울 읽기 과제의 학습 후, 우측 소뇌의 활성이 증가하고 좌측 소뇌의 활성은 감소하는 것을 보여준다.

의 학습과정과 유사하다는 것과 환자들이 단순히 더 더디게 수행을 했음을 말해주는 것으로 보인다. 그러나 이어서 두 그룹에게 더 복잡한 그림을 그리도록 한 전이 테스트는 통제집단에 속한 참가자들이 소뇌 손상을 입은 참가자보다 그들의 이전 훈련 경험으로부터 더 이익을 얻었음을 밝혔다. 따라서 두 그룹이 비슷한 속도로 훈련했지만 동일한 방식으로 거울상 따라 그리기 기술을 학습하지는 않았다. 이 결과는 이전에 언급되었던, 기저핵에 손상을 받는 쥐가 모리스 수중 미로 과제에서 숨겨지지 않은 플랫폼을 찾을 때, 정상인 쥐와 같은 방식으로 학습하지만 플랫폼이 다른 장소로 옮겨졌을 때 정상인 쥐와 다르게 행동하는 것과 유사하다.

지금까지 우리는 어떻게 소뇌가 지각-운동기술 학습에 기여하는지에 대해 이야기했다. 최근 뇌 이미지 연구는 소뇌에서의 활동이 거울 보고 읽기 같은 특정 인지기술을 학습할 때 변한다는 것을 보여준다. **거울 보고 읽기 과제**(mirror reading)에서는 좌우가 뒤집힌 글자를 읽는 것을 학습한다. 연구자들은 거울 보고 읽기 과제를 학습하는 동안 발생하는 소뇌의 변화가 편재화—즉, 훈련을 통해 왼쪽 소뇌 활동은 감소하고 오른쪽 소뇌활동은 증가하여 각 뇌 반구가 다르게 변함(그림 8.13)—된다는 것을 발견했다(Poldrack & Gabrieli, 2001). 이 장을 읽는 동안 양쪽 뇌가 동일한 일을 하고 있다고 생각하는가? 그렇지만 어떻게 소뇌 처리에서 그러한 각 반구의 특화된 차이가 기술 학습이나 수행에 기여하는지는 아직 알지 못한다.

거의 모든 인지기술이 눈 움직임같이 지각적으로 유도되는 움직임의 수행을 필요로 한다는 것을 명심하라. 이번 장의 앞부분에서 체스 대가가 아마추어에 비해 더 효과적으로 체스판을 스캔하기 위해 눈을 어떻게 움직였는지 기억하는가? 유사한 지각-운동기술이 거울 보고 읽기 같은 과제에 역시 중요할 수 있다. 그래서 인지기술을 학습하는 동안 일어난 소뇌 활동의 변화가 인지적 활동을 수행하는 데 요구되는 연속적 운동의 학습을 부분적으로 반영할 수도 있다.

정리하면, 소뇌, 대뇌피질, 기저핵은 기술 학습에 각각 다른 방식으로 중요하다. 만약 어떤 기술을 학습하는 데 문제가 있다면 뇌의 어느 부분을 원망해야 하는가? 현재, 이들 세 영역의 기능은 똑 떨어지게 구분되어 있지 않다. 주어진 기술을 부호화하고 수행하는 데 있어 각 영역이 어떻게 중요한지는 아마도 그 특별한 기술과 개인의 전문성 정도에 달려 있을 것이다. 그럼에도 불구하고 소뇌는 타이밍에, 대뇌피질은 복잡한 연속 동작의 통제에 그리고 기저핵은 감각 사건을 반응으로 연결하는 데 가장 중요해 보인다. 그렇다면, 이제 아래층으로 달려 내려가는 상황에서 어떤 뇌 영역이 가장 중요하리라 생각하는가? 아마도 학습과정의 어떤 시점에서는 세 영역 모두 중요할 것이다(Hubert et al., 2007; Steele & Penhune, 2010; Yin et al., 2009). 초기에 소뇌, 시각피질 그리고 운동피질은 다리의 타이밍과 순서를 조정하기 위해 함께 작용할 수 있다. 많은 훈련을 한 후에 기저핵은 다리 움직임에 있어 좀 더 자동적인 연속 동작을 시작하고 통제할 것이다. 어떻게 이들 세 뇌 영역이 숙련기억을 획득하고 보유하는 동안 함께 활동하는가에 대하여 연구자들은 여전히 그 답을 구하고 있다.

세 시스템이 모두 일반적으로 가지고 있는 한 가지 특징은 그 기술을 수행하는 동안 이들 영역에서 뉴런의 발화가 점진적으로 변하는 것과 기술 학습이 서로 관련이 있다는 것이다. 이 연구결과는 훈련이 동작(혹은 인지기술의 경우에는 생각)의 통제와 조정을 좀 더 정확하고 효율적으로 하기 위해 뉴런 회로의 구조를 바꿀 수 있음을 의미한다. 그런 변화에 대한 가장 그럴듯한 메커니즘은 시냅스의 가소성이다. 언제, 어떻게 뇌가 소뇌, 기저핵, 피질 내에서 그리고 그 사이에서 특별한 시냅스들을 조정할 수 있는지 알게 된다면 인간과 동물이 어떻게 기술을 학습하는지 명확히 알 수 있을 것이다.

중간 요약

- 기술 학습은 기저핵, 대뇌피질, 그리고 소뇌, 이 세 가지 뇌 영역에 의존한다.
- 기저핵이 손상된 쥐들이 미로 학습을 어떻게 수행하는지에 관한 연구들은 기저핵이 주변 단서를 이용해서 운동 반응을 학습하는 데 필수적인 역할을 수행함을 보여준다.
- 지각-운동기술 학습을 수행하는 동안의 기저핵의 뉴런들의 신경 반응은 학습이 진전됨에 따라 그 기술에 대한 신경 표상이 역동적으로 변화함을 보여준다. 기저핵은 날씨 예측 과제와 같은 인지기술을 학습할 때도 반응한다.
- 어떤 특정한 기술을 학습할 때 그와 관련된 체감각피질과 운동피질의 영역들이 확장된다. 반면에 관련 없는 영역들은 거의 변화가 없다.
- 소뇌는 특히 춤추기와 같이 정확한 타이밍으로 연속적인 동작을 수행하는 기술을 습득할 때와 표적을 겨냥하거나 따라가야 하는 과제를 수행할 때 중요한 역할을 한다.
- 소뇌가 타이밍에 결정적인 역할을 한다면 대뇌피질은 복잡한 동작을 제어하는 데 주로 관여한다. 기저핵은 감각 신호를 반응으로 연결하는 데 필요하다.

8.3 임상적 관점

제7장에서 어떻게 해마와 주변 뇌 영역의 손상이 사건과 사실 기억을 방해할 수 있는지 배웠다. 뇌 손상이 숙련기억을 형성하는 데 극적인 손상을 일으킨다는 보고는 없지만, 상해

나 질병으로 인한 기저핵의 손상은 숙련기억의 형성과 사용을 방해한다. 추가로, 뇌, 척수, 팔다리의 손상도 기술을 수행하는 개인의 능력을 심각하게 손상시킬 수 있다. 환자들은 종종 손상를 보완하기 위해 새 기술을 배우는 능력의 사용을 해야만 한다. 이번 장에서 우리는 기저핵의 기능적 손상으로 인한 장애들에 대해 알아보고, 환자들이 이러한 부상과 질병으로 인해 갖게 되는 기술 수행의 손상에 대응할 수 있는 새로운 기술들에 대해서도 이야기할 것이다.

파킨슨병

파킨슨병(Parkinson's disease)은 기저핵의 기능 장애와 운동 통제의 진행성 퇴화를 포함하는 또 다른 신경성 질환이다(Delong & Wichmann, 2007; Redgrave et al., 2010). 파킨슨병과 관련한 주요 뇌 손상은 기저핵의 활동을 조절하는 흑색질 치밀부(substantia nigra pars compacta, SNc) 내 도파민 작동성 뉴런 숫자의 감소이다(제5장의 논의되었던 배후 선조체에 대한 내용 참조). 이들 흑색질 치밀부의 뉴런은 보통 기저핵의 도파민 수준을 결정하는데 이들 뉴런이 사망할 경우 도파민 수준은 상당히 감소한다.

파킨슨병 환자는 근육 경직과 근육 떨림을 동반하며 대개는 움직임을 시작하는 데 장애가 있다. 이 병의 증상은 대개 50세 전에는 발현되지 않지만, 훨씬 일찍 나타날 수도 있다. 파킨슨병에 걸린 사람들은 연속적 반응 시간 과제와 추적 과제(회전 추적 과제를 포함해서) 같은 특정 지각-운동 과제의 학습을 어려워한다. 파킨슨병은 폐쇄기술의 학습과 수행, 특히 움직임이 무의식적으로 되는 학습단계에 기여하는 기저핵의 회로를 방해한다(Redgrave et al., 2010).

현재, 파킨슨병의 주요 치료는 줄어든 도파민 수준을 반대로 어느 정도 증가시키는 약물요법과 기저핵에서 이 도파민 부족으로 야기된 장애를 막기 위한 외과적 수술이다. 최근 개발된 외과적 시술인, **뇌심부 자극술**(deep brain stimulation)이 파킨슨병을 치료하는 한 가지 해법처럼 보이지만 과학자들은 이 치료법이 왜 효과가 있는지 정확히 알지 못한다(Benabid, 2003; Maskar, Sood, Goyal, % Dhara, 2010). 이 방법은 환자 뇌에 깊이 삽입된 한 두 개의 전극을 통해 전류를 흘려보내는 것이다. 신경외과 전

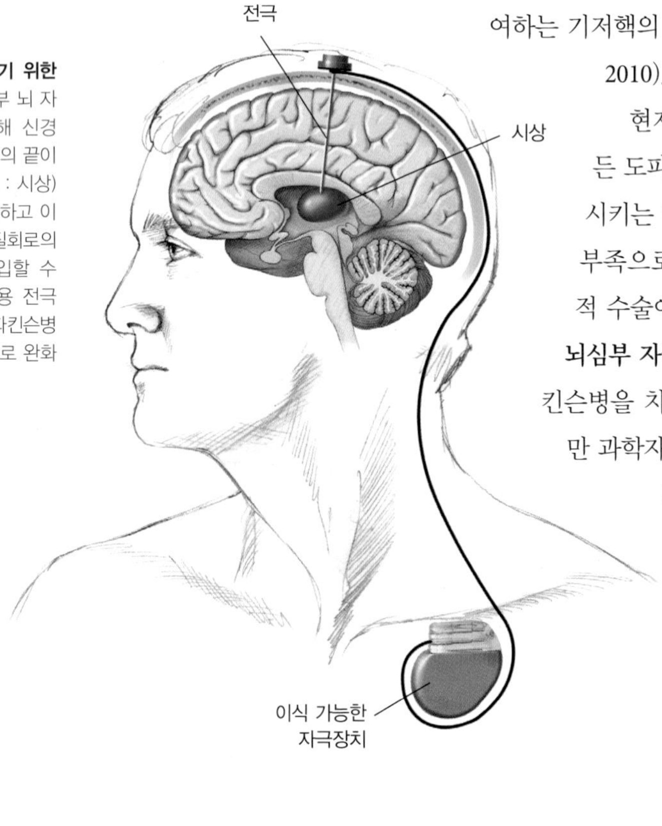

그림 8.14 파킨슨병을 치료하기 위한 뇌심부 자극술 심부 뇌 자극을 수행하기 위해 신경외과 전문의는 전극의 끝이 특정 뇌 부위(예 : 시상)에 위치하도록 삽입하고 이를 통해 기저핵-피질회로의 전기적 전달에 개입할 수 있다. 이식된 자극용 전극은 전기를 흘려서 파킨슨병의 증상을 일시적으로 완화시킨다.

전극 / 시상 / 이식 가능한 자극장치

문의들은 기저핵–피질 루프(예 : 시상이나 기저핵)에 있는 뉴런 가까이에 그림 8.14에 나타난 것처럼 전극의 끝을 위치시킨다. 심어진 자극기로부터 전류가 이들 전극을 통해 흐르면, 떨림 같은 파킨슨병과 관련된 많은 운동장애 증상은 수 초 내로 사라진다. 떨림이 결국 다시 시작되긴 하지만 심부자극은 떨림 증상을 통제하는 효과적인 방법이다. 이 기술이 어떻게 작동하는가에 대한 한 가지 이론은 적절한 도파민 수준이 유지되지 않을 때 대뇌피질과 기저핵 뉴런들 사이의 상호작용이 일정한 패턴으로 고정되어 버린다는 것이다(Dowsey-Limousin & Pollak, 2001). 이것은 어린아이들이 말씨름을 하면서 끊임없이 주거니 받거니 하는(어린이 1 : "안 돼, 조용히 해!", 어린이 2 : "싫어, 네가 조용히 해.", 어린이 1 : "안 돼, 조용히 해."[무한 반복]) 것과 유사한 상황을 만들어 움직임의 통제를 방해한다. 전극으로부터의 자극은 정상적인 뇌 활동을 되찾게 하면서 이 두 영역을 진정시키는 것으로 여겨진다. 다른 가능성은 뇌심부 자극술이 기저핵과 대뇌피질의 비정상적인 활동을 덜 방해할 수 있는 새로운 활동 패턴으로 대체한다는 것이다(Naskar et al., 2010). 파킨슨병을 치료하기 위해 전기 자극을 사용하는 것은 숙련기억에 대한 뇌 시스템에 대한 증가한 지식이 의사가 이런 시스템이 엉망일 때 어떻게 도울 수 있는지를 보여준다.

인간과 기계의 접점 : 의식적으로 통제 가능한 인공신체 학습

새로운 전자 기술은 시각이나 청각에 제한을 가진 사람들이 부분적으로라도 이런 감각 양상들을 다시 얻을 수 있게 한다(제3장에서 논의되었다). 감각 인공기관이 사람들이 지각적 능력의 장애를 극복하도록 도울 수 있는 것처럼, **운동 인공기관**(motor prosthese)이라고 불리는 전자기계 장치는 지각–운동기술을 배우고 수행하는 능력을 손실한 사람들이 회복할 수 있도록 돕는다. 무의식적으로 환경의 입력(빛과 소리)에 반응하는 감각 인공기관과는 다르게, 운동 인공기관은 사용자들이 의식적으로 통제해야만 한다.

뇌심부 자극술처럼, 운동 인공기관을 사용하려면 사람의 신경계에 전극을 삽입하는 외과적 절차가 필요하다. 그러나 전기를 뉴런에 전달하는 대신, 이 전극들은 뉴런에서 나오는 전기신호들을 모아 컴퓨터로 보내 처리하게 한다. 컴퓨터는 이 신호를 바탕으로 로봇 신체를 어떻게 움직일지 결정한다. 보통 인공적으로 대체되는 신체 부위들은 팔이나 손인데, 사실상 이것들은 부속물에 불과하고, 본질적으로 컴퓨터가 실시간으로 뉴런의 신호를 전환해 로봇을 움직인다.

인공 신체기관에 대한 많은 연구는 원숭이와 쥐들을 대상으로 많이 진행되어왔는데(Borton et al., 2013; Koralek et al., 2012; Velliste et al., 2008), 이는 동물들이 그들의 운동능력에 손상이 없더라도 로봇 신체를 제어하는 것을 훈련할 수 있기 때문이다. 연구자들은 처음에 뉴런의 활동을 신호로 전환하여 실제

의식적으로 로봇 손이나 팔을 움직여 그녀 스스로 초콜릿을 먹게 해주기 위해선 어떤 뇌 부위에 전극이 심어져야 할까?

원숭이의 팔이 움직이는 방식으로 작동하는 로봇 팔을 만들었다. 그러고 나서 원숭이의 팔을 움직이지 못하게 속박하고, 이전에 학습했던 과제를 로봇 팔을 이용하여 수행하도록 하였다(Carmena, 2013). 원숭이는 그들의 원래 팔이 더 이상 정상적으로 과제를 수행하지 못하더라도, 이전에 과제를 수행하는데 사용했던 기술에 대한 기억을 재인하여 훈련으로 전이해야 한다. 원숭이가 로봇 팔을 사용해 과제를 수행하게 함으로써, 연구자들은 원숭이가 결국 로봇 팔을 확실히 제어하게 하였다(Lebedev & Nicolelis, 2006).

뇌에 전극을 심는 것이 필요한 몇몇 사람들은 그들의 신체를 움직일 어떠한 능력도 없는 환자들이다. 운동피질에 위치한 다수의 전극들로부터 온 기록이 완전 마비 환자들이 컴퓨터 화면의 마우스 포인터나, 자동 휠체어, 그리고 물건을 집을 수 있는 로봇 팔 등의 움직임을 제어할 수 있게 해준다(Collinger et al., 2013; Hochberg et al., 2012).

운동 신체기관은 현재 팔이나 손을 잃은 사람들의 사용을 위해 테스트되고 있다. 이런 경우, 전극은 보통 뇌보다는 말초 신경계에 부착된다. 어떤 경우는 감각경로의 수신부와 운동경로의 발신부에 각각 삽입된 전극의 연결(다른 경로들이 어떻게 움직임을 제어하는지를 그림 2.8을 보고 떠올려 보라)이 팔 절단 환자들이 인공적인 손의 움직임을 통제하고 그 움직임을 느끼는 것을 가능하게 한다(Talbot, 2014).

기본적인 지각-운동기술을 어떻게 수행하는지에 대한 기억을 가지고 있는 사람은 이런 기억을 사용하여 인공적인 신체를 즉시 이전처럼 잘 움직일 수 있을 거라고 생각할 수 있다. 하지만 다양한 뇌 영역들에서 수백만 개의 뉴런들이 이런 기술들의 수행에 기여한다는 것을 기억해라. 보통 로봇 팔의 움직임을 통제하는 전극이나 인공 팔다리는 신경계의 단일 부위에서 상대적으로 적은 수의 뉴런들에만 연결되어 있다. 환자들은 영화 스타워즈의 제다이가 생각만으로 물체를 움직이는 '포스'를 배우는 것처럼, 컴퓨터가 어떤 행동을 시작할지 결정하도록 뉴런의 활동을 만들어내는 것을 학습해야 한다. 감각 인공기관을 가진 사람들처럼, 운동 인공기관을 가진 사람과 인간 이외의 종들도 연습을 통해 움직임을 제어하는 능력을 점진적으로 향상시킨다(Ganguly & Carmena, 2010; Koralek et al., 2012; Shenoy & Carmena, 2013). 정신적으로 인공 신체나 전자기기를 제어하는 것에 전문가가 되려면 얼마나 걸릴까? 새로운 기술 습득에 대한 메커니즘을 잘 이해한다면, 이런 기술을 유연하게 사용할 수 있는 능력을 극대화시킬 수 있을 것이다.

중간 요약

- 파킨슨병은 기저핵의 정상적 기능이 방해됨에 따라 점진적으로 운동 통제가 망가지는 증상을 동반한다.
- 뇌심부 자극술은 기저핵과 대뇌피질의 활동 변화로 인한 파킨슨병의 증상인 기술 수행의 부정적인 결과를 감소시킬 수 있다.
- 운동 인공기관은 운동기능이나 신체 부위를 잃은 개인이 지각-운동기술을 수행할 수 있는 새로운 방법을 배우는 것을 가능하게 한다.

▌종합

키스는 관찰과 연습을 통해 습득, 향상되는 지각-운동기술과 인지기술을 모두 필요로 한다. 기술의 인지적인 면을 지각-운동적인 면과 구별하는 것은 이 장에서 살펴보았다시피 쉬운 일이 아니다. 인지기술은 지각-운동기술에 자주 의존하며 시간이 흐르면서 지각-운동기술로 전이될 수 있다.

확실히 키스의 한 가지 인지적인 면으로 누군가가 당신과 키스하고 싶게 만들거나 아니면 그가 당신에게 키스를 받고 싶도록 만드는 사회적 기술의 사용을 들 수 있다. 일단 이 문제(경우에 따라서 체스 게임을 하듯 전략적 도전일 수 있는)를 풀면 파트너의 전략을 파악하여 키스 동작을 상대방과 맞춰가야 하는 지각-운동의 도전과 맞닥뜨린다. 이 시점에서 당신의 기술은 과거의 파트너로부터 받았던 피드백은 물론이고 당신이 얼마나 많이, 얼마나 자주 연습했는지에 좌우될 것이다. 아마 당신은 키스를 학습하는 인지적 단계에 있을 것이며, 여전히 당신이 하는 모든 움직임에 대해 신중히 생각할 것이다. 혹은 키스에는 편안함을 느끼지만 개선의 여지가 있다는 것을 인식한 연상 단계에 있을 수 있다. 당신은 전문가가 되는 기술 습득의 자동적 단계에 있을 가능성도 있다. 이때 당신의 키스는 생각할 필요 없이 수행되는 다양한 운동 프로그램에 의존한다. 만약 경험이 많은 사람이라면 의존하는 숙련기억은 기저핵과 대뇌피질 그리고 소뇌를 포함하는 여러 뇌 영역의 조화에 좌우될 것이다.

정리하자면, 키스에는 획일적인 일련의 동작을 회상하고 실행하는 것 이상이 있다. 키스는 방금 했던 동작과 그에 대한 파트너의 반응이 그다음 당신의 동작을 이끌어내는 피드백이 되는 개방기술이다. 가까운 과거에 일어났던 일을 기억하는 것은 따라서 능숙한 키스의 핵심 요소이다. 가까운 과거의 기억을 유지하고 유연하게 적용하는 능력은 지금까지 우리가 기술 학습과 수행에 대한 논의에서 초점을 맞추었던 여러 뇌 영역에 의해 좌우된다. 이런 기억들과 그 기억의 신경적 특성에 대해 다음 장, 작업기억에서 학습하게 될 것이다.

▌중요 용어

개방기술(open skill)
거울 보고 읽기 과제(mirror reading)
거울상 따라 그리기(mirror tracing)
결과에 대한 지식(knowledge of result)
기술(skill)
기술 퇴화(skill decay)
뇌심부 자극술(deep brain stimulation)
다양한 연습(variable practice)
동일 요소 이론(identical elements

theory)
시간을 두고 하는 연습(spaced practice)
암묵적 학습(implicit learning)
연속반응시간 과제(serial reaction time task)
연합 단계(associative stage)
외현적 학습(explicit learning)
운동 인공기관(motor prosthesis)
운동 프로그램(motor program)

인지기술(cognitive skill)
인지 단계(cognitive stage)
일관된 연습(constant practice)
자동적인 단계(autonomous stage)
재능(talent)
전문가(expert)
전이 특이성(transfer specificity)
지각-운동기술(perceptual-motor skill)
파킨슨병(Parkinson's disease)

폐쇄기술(closed skill)　　　　학습의 멱함수 법칙(power law of learning)　　　회전 추적 과제(rotary pursuit task)

학습세트 형성(learning set formation)　　한꺼번에 몰아서 하는 연습(massed practice)

퀴즈

1. 서핑은 파도의 양상에 따라 다양하게 적응해야 하기 때문에 _____기술에 해당한다.

2. 웹사이트를 업데이트 하는 것은 문제를 해결하기 위해 컴퓨터 프로그래밍 지식을 사용해야 하기 때문에 _____기술에 해당한다.

3. 스키를 타는 것은 감각 정보에 기반하여 움직임을 조정하기 때문에 _____기술에 해당한다.

4. 역사적으로, 연구자들은 인간이 아닌 동물들도 _____기술을 학습하는 것이 가능한지의 여부에 대해 질문을 던져왔다.

5. _____에 따르면, 학습하는 동안 수행은 처음에는 빠르게 향상되고, 어느 시점에서부터 느려진다.

6. 연속반응시간 과제에서, 몇몇 순서가 반복적으로 제시된다는 것이나, 그들의 수행이 향상되고 있다는 것을 인식하지 못하는 채로 수행이 향상된다. 따라서 그들의 학습은 _____에 해당한다.

7. 스푼을 사용해서 시리얼을 먹을 수 있는 아기가 만약 끝이 갈라진 포크 겸용의 스푼으로는 시리얼을 먹지 못한다면, 이 경우 _____에 해당한다.

8. 역사적으로, 연구자들은 인간이 아닌 동물들도 _____기술을 학습하는 것이 가능한지의 여부에 대해 질문을 던져왔다.

9. 한 청소년이 마카로니앤치즈를 만드는 법을 배울 때, 첫 시도에서는 기술 습득의 _____단계에 해당한다고 볼 수 있다.

10. 음주는 줄에 맞춰서 걷는 것 같은 _____의 처리에 손상을 줄 것이다.

11. 시험 보기 전에 밤을 새는 것은 _____에 해당한다.

12. 일주일에 한 번씩 몇 달 동안 피아노 연습을 하는 것은 _____에 해당한다.

13. 음악에 맞춰 댄스 패턴을 연습하는 것은 _____연습에 해당한다.

14. 다양한 높이와 속도, 거리에서 던져진 야구공을 잡는 훈련은 _____연습에 해당한다.

15. 프로 운동선수들이 모든 스포츠 분야에서 뛰어난 것은 아니라는 사실은 _____의 사례로 보여진다.

16. 손다이크는 왜 기술이 원래 배웠던 상황과 유사한 상황에서 가장 전이가 잘되는지를 설명하기 위해 _____을(를) 제시했다.

17. 핸드폰을 보지 않고 메시지를 타이핑할 수 있는 것은 기술 습득의 _____단계에 해당한다.

18. _____영역의 뉴런은 지각-운동기술을 수행하는 것을 배울 때 발화 패턴이 바뀐다.

19. 과도한 악기 연주 훈련으로 인한 운동 제어의 손실과 관련된 질환은 _____이다.

20. 기저핵에 영향을 미치는 도파민성 뉴런 숫자의 감소와 관련된 장애는 _____이며, 노화와도 연관되어 있다.

정답은 책의 뒷부분에 있다.

개념 확인

1. 한 소년이 자신의 키스 기술을 향상시키고 싶어 한다. 이 소년이 키스 기술을 학습할 수 있는 다른 전략에는 어떤 것이 있는가?

2. 대학원생이 애완동물로 타란튤라 거미를 기르고 있다. 이 학생은 자신의 거미가 매우 영리하고 따라서 논리적인 사고와 문제해결 능력이 있다고 믿고 있다. 어떻게 하면 다른 이들에게 자신의 생각이 옳다는 것을 증명할 수 있을까?

3. 일부 연구자들은 연습의 종류와 양을 잘 선택하기만 한다면 누구나 어떤 기술의 전문가가 될 수 있다고 믿는다. 이런 연구자들에게 타고난 재능이 필요한 경우도 있다는 사실을 설득시키려면 어떤 종류의 실험적 증거가 필요하겠는가?

4. 기술 학습에 대한 핏츠의 모델에 의하면 동물이나 사람이 어떤 기술을 완벽하게 터득하기 위해서는 초기의 인지 단계를 거쳐야만 한다. 과연 이것이 의미하는 바가 물고기도 레버 누르기를 학습하기 전에 그 과제를 수행하기 위한 요구조건을 먼저 '생각'해 보아야 한다는 뜻인가?

5. 신경과학 연구자들은 지각-운동기술을 학습함에 따라 체감각 및 운동 피질이 함께 확장된다는 것을 보였다. 이 사실은 어떤 기술을 학습하면 그 기술에 관여하지 않는 피질 영역은 줄어든다는 것을 의미하는가?

정답은 책의 뒷부분에 있다.

작업기억과 인지적 조절

화요일 아침 8시 10분, 고등학교 3학년 카밀라는 8시 30분에 있는 1교시, 경영학 수업을 가는 길에 몇 가지 할 일들을 끝내기 위하여 서둘러야 한다. 현금인출기에서 돈을 찾고, 오후에 있는 치어리더 오디션을 신청하고, 아침 10시까지가 마감인 생물학 숙제를 제출하기까지 겨우 20분밖에 남지 않았다. 카밀라는 문 밖으로 나가기 전에 치어리더 폼폼과 (오후에 있을 퀴즈의 마지막 벼락치기를 위한) 아이패드 등 오늘 하루 동안 필요한 여러 가지 물건들을 챙겼다. 치어리더 오디션을 등록하는 곳은 카페테리아에 있는데, 그 건물은 생물학 건물과 경영학 수업이 있는 건물 근처에 있다. 그녀는 교실에서 조금만 돌아가면 있는 현금인출기부터 가장 먼저 들려야겠다고 판단한다. 치어리더 오디션에 등록을 한 후 경영학 수업을 듣기 위해 캠퍼스를 가로질러 가기 시작했을 때, 이런, 한 가지를 깜빡한 것을 깨닫는다. 카밀라는 이전보다 두 배로 빠르게 생물학 부서로 돌아간 다음, 과제를 제출하고, 다시 경영학 수업을 들으러 간다.

교실로 돌아가면서, 카밀라는 오늘 수업이 초청 강연 때문에 평소 수업이 있던 3층 강의실이 아니라 지하에 있는 대강의실로 장소가 옮겨진 것을 떠올린다. 매주 화요일과 목요일마다 계단을 뛰어 올라가는 것에 익숙해져 있었기 때문에, 오늘은 그 계단을 지나 엘리베이터를 타고 지하로 내려가야 한다는 것을 기억해 내기 위해 애써야 한다.

카밀라는 대강의실의 뒤쪽으로 조용히 들어와, 한쪽 귀로 연설자가 하는 말을 듣는다. 연설자가 새롭게 소개하는 내용에서 이전에 알고 있던 내용으로 주제가 넘어가자, 무릎 위에 얌전히 놓여 있던 그녀의 아이폰과 생물학 교과서로 주의를 돌린다(카밀라는 다음 주 퀴즈를 위해 공부해야만 한다). 그녀는 곧이어 그 전날 밤 있었던 멋진 파티에서 찍었던 사진들을 인스타그램에 업로드하며 지난 주 비나이 브리스 임원 수련회에서 찍었던 사진들이 얼마나 '좋아요'를 받았는지 확인한다. 지금이 경영학을 배우거나, 생물학을 공부하거나, 그녀의 바쁜

행동적 측면
일시적 기억
작업기억
인지적 조절

뇌 메커니즘
전두엽과 전두엽 손상에 따른 결과
작업기억 과제 동안의 전뇌 활동
전전두피질의 집행 처리 및 작업기억 지도화
일상에서의 학습과 기억 :
"지친 작업기억에게도 휴식을!"
전전두피질에 의한 서술 기억의 조절

임상적 관점
조현병 환자의 전전두피질
주의력결핍 과잉행동장애

411

Marcio Eugenio/Shutterstock

카밀라가 한번에 몇 가지 과제를 행하려고 하고 있는가? 이러한 멀티 태스킹을 위해 어떤 비용을 치러야 하는가?

SNS 현황을 따라가기에 완벽한 상황은 아니었지만, 카밀라는 이 세 활동을 왔다 갔다 하면서 동시에 모든 일을 할 수 있다.

고등학생의 하루는 정말로 힘들다. 여러 가지 해야 할 일들을 순차적으로 해결하고, 갑작스러운 상황이나, 순식간에 바뀌어 버리는 일들을 효율적으로 다루기 위해서 카밀라의 마음속에는 칠판과 같은 것이 필요하다. 마음속의 칠판은 **작업기억**(working memory)에 대한 매우 적절한 비유이다. 활동적이며 일시적인 정보의 표상은 마음속에서 생각하는 것을 도우며 다음에 어떤 일을 수행할 것인지 결정하기 위해 짧은 시간 동안 유지된다. 하루 종일 다양한 할 일들에 신경 쓰며, 작업기억 안팎으로 움직이는 정보의 흐름을 조절하는 카밀라의 능력은 여러 가지 일을 동시에 하거나 해야 할 일을 계획하는 등, 고등학생으로서 달성해야 하는 것들에 매우 중요하게 작용한다. **인지적 조절**(cognitive control)은 이와 같은 목표 설정, 계획 세우기, 과제 전환, 자극 변별, 반응 억제 등을 위한 작업기억의 조작과 응용이다.

9.1 행동적 측면

대부분의 심리학자들은 뚜렷하게 구분되는 세 가지 종류의 기억이 있다는 것에 동의할 것이다. 정보가 자동적으로 그리고 빠르게 붕괴되는 감각 기억[sensory memory; 암송되거나 의식되는 한, 정보를 유지할 수 있는 **단기기억**(short-term memory, STM), 지속적인 유지 보수나 의식적 관심 없이 기억을 장기간, 심지어 영구적으로도 보관할 수 있는 **장기기억**(long-term memory, LTM)]을 제공한다. 이 관점은 리처드 앳킨슨(Richard Atkinson)과 리처드 쉬프린(Richard Shiffrin)의 영향력 있는 모델의 근간이 되며 그림 9.1(Atkinson & Shiffrin, 1968)에 그려져 있다. 이러한 기억 단계들의 개념화에서 단기기억은 임시 저장 장소 및 작업기억(WM) 장소로 사용되는 기억 체계의 일부이다.

제7장에서 다룬 일화적 기억과 의미론적 기억은 장시간, 수 일, 심지어 수년까지 지속되는 장기기억이다. 이와는 반대로, 이번 장에서 관심 있게 다뤄질 기억은 일시적이다(그것들은 그림 9.1에서 가장 오른쪽에 있는 패널에 표시되어 있다). 숙련기억은 제8장에서 설명했듯이 LTM 중에서도 아주 오래 지속되는 부분이 될 수 있다. 대조적으로, 이 장의 주요 초점인 단기기억은 일시적이며 기껏해야 몇 초 혹은 몇 분간 일시적으로 존재한다. 이 기억은 겨우 몇 초 또는 몇 분 동안 짧게 지속된다. 이러한 일시적인 기억들은 계획하기, 조직화하기 그리고 과제 처리와 같은 여러 고등 수준의 인지기능을 수행하는 데 매우 중요하다.

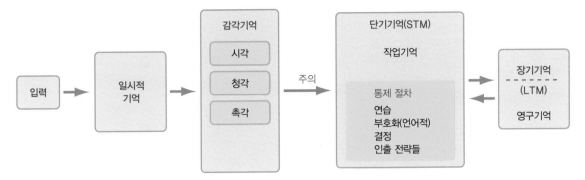

그림 9.1
기억에 대한 앳킨슨-쉬프린 모델 리처드 앳킨슨과 리처드 쉬프린의 기억 모델로 정보가 감각기억에서 단기기억을 거쳐 장기기억으로 흘러가는 과정을 표현하였다(시각적, 청각적, 촉각적인 사용역을 갖는 것으로 나타남). 그런 다음 감각 정보의 요소는 단기기억(STM)으로 전환된다. 거기에서 다양한 제어 과정을 거치며 경우에 따라 장기기억(LTM)으로 전환된다.

일시적 기억

일시적 기억(transient memory)들은 짧게 지속되는 정신적 표상이며 때로는 단 몇 초간만 지속된다. 여기서는 감각기억과 단기기억, 이 두 가지의 일시적 기억에 대해 논의해보려 한다. 이들은 세상으로부터의 정보가 우리의 의식 안으로 들어와, 장차 장기기억의 일부가 되는 과정 중 첫 두 단계이다. 앳킨슨-쉬프린 모델은 두 가지 일시적 기억―감각기억과 단기기억―을 설명하며, 그 둘을 세상의 정보가 우리의 의식에 들어가고 잠재적으로 우리의 장기기억의 일부가 되는 첫 두 단계로 본다.

감각기억

감각기억(sensory memory)은 짧은 기억으로, 무엇인가를 듣거나, 보거나, 맛보았을 때 바로 감지되는 일시적인 느낌이다. 상당수의 연구들은 감각 기억이 이후의 기억 과정에 도달하기 위해 어떻게 마음속에 표상되는지를 이해하기 위해 노력해왔다. 그림 9.2의 문자 표를 잠시 살펴보라. 단 몇 초만 응시해보라. 이제, 이 그림을 다시 보지 말고 가능한 한 많은 문자를 기억해보라. 아마도 4개 혹은 5개, 전체의 약 30~40% 정도를 상기시킬 수 있을 것이다.

이러한 실험을 바탕으로, 아마도 4~5개의 항목들이 **시감각 기억**(visual sensory memory)의 한계라는 것과 시각 시스템에서 전송받은 정보가 순간적으로 저장되었음을 추측할 수 있다. 그러나 사실, 눈으로는 4~5개 이상의 문자를 본 것처럼 느껴졌겠지만, 그 이상의 것들에 대해선 상기시키기 어렵다. 1960년 조지 스펄링(George Sperling)의 논문에서는, 앞서 실시한 실험처럼 매우 짧은 시간 동안 단지 소수의 항목들만을 재인해낼 수 있음을 뒷받침하기 위한 연구를 실시했었다. 스펄링은 사람들에게 그림 9.2와 같은 3×4의 시각적 배열을 제시했다. 그리고 3개의 톤 중 하나를 하나의 열과 짝지어 들려주었다. 고음의 톤은 참여자들에게 첫 번째 열의 문자들을 암시하였고, 중간 톤은 중간 열과 짝지어졌고, 낮은 톤은 가장 아래의 열과 짝지어졌다.

이러한 부분적 보고 절차가 실시되었을 때, 참여자들은 약 75%의 문자를 보고할 수 있었다. 주어졌던 배열이 사라진 뒤 기억할 수 있는 한 많은 문자의 보고를 요청받았던 참여자

그림 9.2
스펄링 과제 그림에 제시된 4개의 문자로 구성된 3개의 열은 스펄링의 시감각 기억 연구에서 사용한 배열과 유사하다(Sperling, 1960). 몇 초 동안만 문자들을 본 후 당신은 몇 개의 문자를 기억할 수 있는가?

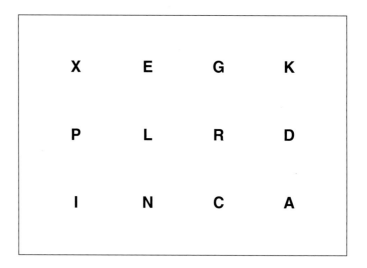

들이 이 실험에서 이전의 실험에 비해 거의 두 배에 달하는 문자를 재인한 것은 놀라운 일이다. 스펄링의 부분 보고 절차에서 이렇게 재인을 두 배 정도 잘하게 된 원인은 무엇일까? 스펄링은 이것이 사람들이 매우 짧지만(1초보다도 더 짧은), 보았던 모든 항목들을 다 포함한 시각 기억을 지니고 있음을 의미한다고 대답했다.

시각 정보에 대한 감각 기억이 급속히 감소하는 경우, 촉각, 냄새 및 청력과 같은 다른 감각 양상에 대한 유사한 감각 기억이 유사하게 상상될 수도 있었다. 실제로, 청각기억과 유사한 현상을 보여주는 연구(Moray, Bates, & Barnett, 1965)가 있었다. 그림 9.1에서 볼 수 있듯이, 각각의 감각(청각, 시각, 촉각 등)별로 고유의 감각 기억 형태가 있다. 이는 매우 짧게 지속되고 본래 형태대로 들어오는 감각 자극을 포착하여 처리하고 단기기억 저장소에 저장되며 추후 장기기억에 저장될 수도 있다.

단기기억

전화기의 숫자버튼을 누르기 위해 전화번호를 계속해서 반복하여 되뇌었던 경험을 다시 잘 생각해보라. 전화번호는 이미 인식되었고 감각 기억에 의해 등록되었으나 능동적 암송을 통해 정보들을 임시적으로 유지하는 것은 단기기억(short-term memory)의 역할이다. 제1장에서 언급된 윌리엄 제임스(William James)는 노력 없이 사용할 수 있는, 제한된 용량의 일시적 단기기억과 노력하면 과거의 기억을 꺼내올 수 있는, 무한한 용량의 영구적 장기기억을 대조하였다(James, 1890). 제임스의 관점에서, 단기기억은 우리의 능동적 의식의 본질이었다. 표 9.1에 요약된 바와 같이 단기기억과 장기기억은 몇 가지 방식으로 구별될 수 있다.

정보를 단기기억에 붙잡아두는 능력에는 한계가 있다. 첫째, 제임스가 말했듯이, 기억의 용량에는 한도가 있다. 열 자리 수의 전화번호는 머릿속에 유지하기에는 너무 많은 양이고, 심지어 네 자리의 구내전화 번호를 외우기도 힘들 때가 있다. 제1장에서 1950년대에 단

표 9.1 단기기억(STM)과 장기기억(LTM)의 차이점

STM	LTM
능동적 의식의 내용물	의식적 자각에서 벗어나 있음
빠른 접근	느린 접근
제한된 용량	무한한 용량
빠른 망각	느린 망각

기기억의 용량은 약 7개의 항목이라고 제시했던 조지 밀러(George Miller)는 이 숫자를 '매직 넘버 세븐(magic number 7)'이라 했다. 왜냐하면 이 숫자는 기억의 용량에 관한 연구들에서 매우 빈번하게 반복되기 때문이다(Miller, 1956). 밀러는 대다수의 사람들의 단기기억의 용량 범위는 5개이지만, 최대 9개까지도 그 용량의 범위 내에 있다고 주장했다.

단기기억은 또한 어디에 주의를 기울이는가에 따라 제한되어 있다. 만약 무언가에 의해

(a)

(b)

(c)

| 이 세 그림으로부터 기억되는 11자리 숫자는(본문 참조)?

"그 약들은 당신의 단기기억에 영향을 줄 겁니다.
지금 치료비를 내주시겠어요?"

주의가 산만해져 버리면 방안을 가로질러 전화기로 가는 사이에 전화번호의 일부분 또는 전체를 잊어버릴 수 있다. 이것이 바로 계속해서 전화번호를 외우고 또 반복해서 외우는 이유이다. 전화번호를 계속해서 암송함에 따라 다른 어떤 일들을 하지 않는 한 그 번호를 계속해서 기억할 수 있다. 물론 주의를 빼앗거나 암송을 방해하는 요소들은 매우 많이 존재한다. 만약 룸메이트가 던지는 "화학 시험 언제더라?"와 같은 질문은 암송을 방해하고 전화번호를 전부 혹은 일부분 잊어버리게 하는 데 충분하다. 만약 이로 인해 전화번호를 잊어버렸다면 다시 인터넷 전화번호부로 돌아가 그 숫자를 다시 찾아봐야 할 것이다.

단기기억의 용량은 우리가 처리하려는 정보를 어떻게 인코딩하는지에 따라 결정된다. 위에서 언급했듯이 대부분의 사람들은 단기기억에서 약 6개 정도의 무작위 숫자들을 붙잡아둘 수 있다. 이와 같은 단기기억의 한정적 용량은 암기 없이 다음의 열한 자리를 기억하는 것은 매우 어려워 보이게 한다. 91117761492. 그러나 이 열한 자리의 숫자들은 세 가지 역사적인 날짜를 기억하기만 하면 돼서 실제로 아주 외우기 쉽다. 세계 무역 센터에 대한 테러(9월 11일), 미국의 독립 선언문 서명일(1776년), 콜럼버스의 아메리카 대륙 발견(1492년). 밀러는 단기기억의 한계는 절대적인 정보량(혹은 숫자들)이 아니라 오히려 활성화될 수 있는 장기기억에 대한 고유의 개념이나 관련성에 따라 그 한계가 달라진다고 주장했다. 밀러는 정보의 재부호화는 단기기억에서 유지될 수 있는 정보의 양을 최적화하는 데 중요하다고 주장했다.

열 자리 미국 전화번호가 세 자리, 세 자리, 네 자리의 세 덩어리로 나누어지는 것은 우연이 아니다. 청킹(chunking)은 단기 메모리를 제어하고 가능한 한 많은 정보를 일시적으로 저장하는 데 필수적인 도구다. 열한 자리로 용량을 늘리기 위해 세 가지 역사적으로 중요한 날짜를 저장하는 경우, 미국 역사에 대한 지식으로부터 날짜를 검색하려면 장기기억을 사용해야 한다. 나중에 자세히 다루겠지만 단기기억과 장기기억 사이의 상호 작용은 매우 중요하다.

작업기억

암송은 단기기억 내에서 정보를 활성화하고 접근하는 과정의 중요한 부분이다. 방을 가로질러 전화번호가 적혀 있는 컴퓨터에서 전화기를 향해 걸어가는 동안 번호를 잊어버리지 않도록 암송한다. (나중에 번호가 다시 필요할 경우에는 유용하겠지만) 필히 장기기억에 전화번호를 저장하는 것이 목표가 아니다. 우리의 목표는 전화기까지 걸어가고 전화를 걸 때까지만 번호를 기억하는 것이다.

이처럼 단기기억은 저장고 및 일시적인 보류지로 작용하여 정보가 행동에 영향을 줄만큼 처리되거나 사용되기 전에 일시적으로 정보를 붙잡아둔다. 단기기억이 이런 방식으로 사용될 때 우리는 그것을 작업기억이라고 부른다. 따라서 작업기억은 방금 경험한 정보 또는 장기기억에서 가져온 정보를 일시적으로 보존하는 작업을 담당한다. 정보가 작업기억에서 머무는 동안, 장기기억에서의 다른 정보 회수 및 의사결정과 같은 목표 지향적인 행동에 알맞게 처리될 수 있다. 이 과정에 대해서는 아래에서 자세히 설명하겠다.

배들리의 작업기억 모델

영국의 심리학자인 앨런 배들리(Alan Baddeley)는 그림 9.3과 같은 영향력 있는 모델을 제시했다(Baddeley & Hitch, 1974). 이 모델은 그림 9.1의 단기기억/작업기억 상자의 더 자세한 대안이라고 볼 수 있다. 배들리의 모델에는 2개의 독립적인 단기기억 저장고인 시공간잡기장과 음운루프가 포함된다. **시공간잡기장**(visuospatial sketchpad)은 여러 시각적이고 공간적 이미지들을 처리하기 위해 잡아두는 역할을 한다. **음운루프**(phonological loop)는 청각적 기억들을 위해 비슷한 일을 하는데, 청각기억을 유지하는 것은 내적인 (목소리를 내지 않는) 말의 (동일한 노래를 반복해서 재생하는 녹음 테이프와 같이) 암송과 같은 것을 의미한다. 배들리 이론의 핵심은 시공간 정보와 음운 정보가 작업기억상에 독립적으로 저장된다는 것이다.

배들리 모델의 세 번째 구성요소는 바로 **중앙집행기**(central executive)이다. 이것은 위에 언급된 작업기억 저장고 두 곳을 모두 처리하고 감시함으로써 작업기억의 인지적 통제를 담당한다. 중앙집행기의 처리기능은 저장고에 있던 항목들을 더하고 지우는 것을 포함하여, 행동을 유도하기 위해 정보를 선별하고, 장기기억으로부터 정보를 찾아오고, 시공간잡기장과 음운루프에서 장기기억으로 정보를 전송시킨다. 이러한 방법으로 중앙집행기는 단기기억에서 일어나는 일들과 단기기억과 장기기억 사이에서 정보의 왕래를 관리한다.

그림 9.3은 배들리 모델의 중요한 특징 두 가지를 나타낸다. 첫 번째로, 작업기억의 두 가지 일반적인 처리과정인 조작과 유지를 구분한다. 조작은 중앙집행기를 통해 이루어지

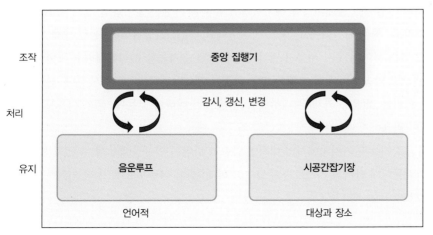

그림 9.3
배들리의 작업기억 모델 이 모델은 작업기억을 중앙집행기에 의해 통제받는 시공간 잡기장과 음운루프로 나타내었다. 배들리의 모델은 두 가지의 중요한 특징을 지닌다. 첫째는 조작과 유지라는 2개의 처리과정을 구분하는 것이다. 두 번째는 하나의 저장고가 언어정보를 저장한다면 다른 저장고는 대상이나 위치 정보를 저장하는 것과 같이 2개의 저장고는 기억되는 정보의 특성에 따라 다르게 작용한다는 것이다. 배들리의 모델은 그림 9.1의 단기기억 상자 내부에서 일어나는 것을 묘사한 것으로 볼 수 있다.

고, 유지는 두 기억 저장고 사이에서 정보가 암송되기만 하면 된다. 두 번째로, 이것은 저장되는 정보에 따라 고유한 기억 저장고의 역할을 한다. 즉, 언어 저장고는 언어정보를 저장한다. 그 외로, 물체정보를 저장하는 저장고, 위치정보를 저장하는 저장고 등이 있다. 다음으로 두 가지의 기억 저장고인 음운루프와 시공간잡기장에 대해서 논의해보자. 추후 뇌 메커니즘 섹션에서 배들리의 작업기억 모델의 정보 혹은 과정에 특화된 이분법이 어떻게 기억과 인지 조절의 두뇌 기제에 관한 연구를 유도했는지 제시하는 신경과학의 최근 데이터에 대해 논의할 것이다.

단기기억에서 정보에 특화된 완충제에 대한 발상은 선택적 간섭에 대한 연구들로부터 지지를 받았다. 이 연구들은 두 과제가 동일한 처리 기제를 사용하며 동시에 수행되는 경우 두 과제 간 상호 방해가 생긴다고 주장한다. 실제로 다양한 연구들이 언어적 과제들이 언어적 단기기억을 방해하지만 시각적 단기기억을 방해하지 않으며 시각적 과제는 시각적 단기기억을 방해하지만 언어적 단기기억을 방해하지 않는다는 것을 보여준다. 이는 작업기억이 언어적 및 시각적 기억을 위한 독립적인 정보에 특화된 시스템을 가지고 있다는 것을 뜻한다. 다음 단락에서는 이 데이터 중 일부를 검토하겠다.

음운루프

7개 숫자를 따라서 읽어보라. 5 6 2 8 1 7 3. 그리고 다른 곳으로 시선을 5초간 돌린 다음, 읽었던 숫자들을 다시 말해보라. 이러한 숫자-폭 검사에서 어떻게 숫자를 기억했는가? 대부분의 사람들은 그 사이의 시간 간격 동안 마음속으로 조용히 숫자를 암송한다. 만약 숫자를 암송하지 않는다면, 아마도 그것을 기억하는 것은 불가능했을 것이다. 암송이 없다면, 사람들은 겨우 2초 정도 정보를 음운적 기억에 잡아둘 수 있다. 이러한 시간적 제약 때문에 보통의 지능을 지녔지만 말하는 속도가 느린 사람들이, 보통의 지능을 지니면서도 말하는 속도가 정상적인 사람들보다 더 단기단어기억 테스트를 못한다(Raine et al., 1991). (사람이 속으로 말하는 과정의 속도는 밖으로 소리 내어 말하는 속도와 비슷하다). 말하지 않고 속으로만 말하는 암송은 음운루프와 언어 작업기억의 핵심이 된다.

만약 내적인 암송이 방해되거나 제거된다면 음운적 저장은 일어날 수 없다. 예를 들면, 만약 큰소리로 "좋은 아침이에요, 좋은 아침이에요."라고 지연된 시간 동안 말을 한다면, 말을 하고 있는 사이에 숫자 외우기 검사에서 보았던 숫자들을 기억해내려고 노력할 테지만 이는 속으로 암송하는 것이 방해를 받아 과제를 제대로 수행할 수 없게 한다. 반면에 손가락을 두드리는 것(운동 과제)은 내부 구두 암송을 방해하지 않는다. 운동은 음성과 다른 처리방식이 필요하기 때문이다.

추가적인 증거는 단기기억에서의 내적인 암송과 관련된 연구들에서 볼 수 있다. 이 연구에서는 사람들에게 단어의 리스트를 주고 기억하게 했다. 어떤 리스트가 더 기억하기 쉬울 것 같은가?

리스트 1 : bat, hit, top, cat, door

리스트 2 : university, expedition, conversation, destination, auditorium

대부분의 사람들은 첫 번째 것이 더 쉽다고 말한다. 단어의 길이가 증가할수록 기억할 수 있는 단어의 숫자는 감소한다. 이러한 현상을 **단어길이 효과**(word-length effect)라고 한다. 한 음절짜리인 'bat' 이나 'hit'과 같은 단어는 여러 음절인 'university'나 'auditorium'보다 작업기억 안에서 더 암송하기 쉽다. 긴 단어들은 암송하는 시간이 더 걸린다(Baddeley, Thomson, & Buchanan, 1975).

시공간잡기장

작업기억에 대한 배들리의 모델(그림 9.3)은 시공간잡기장에 대한 내용을 포함한다. 이것은 정신적인 작업공간으로 시각과 공간정보를 저장하고 처리한다. 다음과 같은 예를 보자. 아무것도 쓰여 있지 않은 4×4의 격자(16개의 사각형)를 마음속에 그린 후 '1'이 두 번째 행과 두 번째 열에 있다고 상상해보라. 그러고 나서 2를 그 오른쪽에 넣어라. 그리고 2 위에 3을 넣고 그 오른쪽에 4를 넣어라. 4 아래엔 5를 그 아래엔 6을 넣은 후 그리고 그 왼쪽엔 7을 넣는다. 현재 7위엔 무엇이 있는가. 이 질문의 정답('2')을 맞추기 위해선 시공간잡기장을 사용해야 한다.

음운루프가 2초의 시간 제한이 있는 것처럼, 시공간잡기장도 용량의 한계가 있다. 서로 독립적인 관계를 지니고 있는 이 2개의 기억 저장고는 하나의 용량이 가득 차도 다른 하나에 큰 영향을 미치지 않는다. 이중과제 실험에서 검사 대상자는 하나의 저장고를 사용하여 수행하는 점화 과제(예 : 시공간잡기장의 정보를 유지하는 것과 같은)를 하도록 요구받으면서 동시에 다른 저장고를 사용하는 부수적인 과제(단어의 음운루프를 이용하여 청각적 리스트를 유지하고 있는 것과 같은)를 수행해야 한다. 이러한 실험은 이 2개의 기억 저장고가 서로 독립적이라는 증거를 제시해준다.

예를 들어 리 브룩스(Lee Brooks)는 이중과제 패러다임을 사용하였다. 사람들에게 블록체의 대문자인 'F'를 보여주고선 기억을 바탕으로 그 문자를 시각화하라고 하였다. 그리고 별표가 F의 주변을 돌아다니는 것을 상상하게 했다(그림 9.4a; Brooks, 1968). 상상 속의 별표가 코너에 도달할 때에, 별표는 F 문자의 윤곽에 따라 왼쪽 또는 오른쪽으로 방향을 꺾었다. 분기점과 같은 지점에서 사람들은 별표가 F 위의 극단 지점(F의 위의 왼쪽에 있는 지점과 같은)에 있는지, 아니면 안쪽의 중간 지점(안쪽 코너들 중 하나와 같은)에 있는지에 대해 질문을 받았다. 결정적인 처치는 참가자들이 세 그룹으로 나누어져 각각의 그룹은 서로 다른 방법으로 신호를 하도록 배정한 것이다. 목소리 **그룹**은 각각의 질문에 대해 "네" 또는 "아니요"로 답하게 했으며, 손가락을 두드리는 **그룹**에서는 한 번의 두드림은 "네" 두 번 두드리는 것은 "아니요"라는 신호를 하도록 하였다. 그리고 대상을 가리키는 **그룹**은 화면상에 나타나 있는 'Y'또는 'N'의 문자를 가리키도록 하였다. 세 그룹 중에서 대상을 가리키는 집단

그림 9.4

이중 과제 실험 (a) 실험 참가자들은 문자 'F'의 주변에 별표가 돌아다니는 것을 상상하면서 별표가 글자의 가장자리에서 꺾을 때 F의 극단 지점에서 꺾는지 안쪽의 중간 지점에서 꺾는지에 대해 신호를 보냈다. (b) 목소리로 대답(가장 빠름), 손가락 두드리기(중간), 손으로 가리키기(가장 느림)에 따른 반응 시간.

Research from Brooks, 1968.

(a)

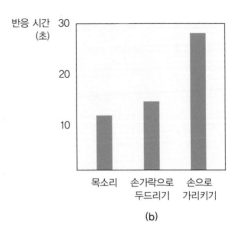

(b)

의 수행이 가장 느렸으며, 이는 가리키는 행동이 시공간을 요구하기에 시공간 기억과제를 방해한 것임을 나타낸다(그림 9.4b).

시각기억은 다양한 종 범위에서 쉽게 배울 있기에, 작업기억과 관련된 연구실 상황의 실험에서 동물을 대상으로 많이 선택된다. 예를 들어, 공간 작업기억에 대한 초기 연구들 중 카릴 제이콥슨(Carlyle Jacobsen)은 지연된 공간 반응 과제에서 원숭이를 훈련시켰다 (Jacobsen. 1936). 이 과제에서 원숭이는 먼저 왼쪽 또는 오른쪽 상자에 든 음식을 보았다. 그다음 불투명한 가리개가 내려와 원숭이가 몇 초 또는 몇 분 동안 상자들을 볼 수 없도록 한다. 가리개가 제거되면 그다음에는 상자들 안에 있는 음식이 덮개에 씌워져 보이지 않는

(a)

(b)

(c)

그림 9.5

지연 후 새로운 샘플 찾기 과제 (a) 원숭이는 샘플로 파란 링을 보고 그 아래에 있는 보상물을 찾아낸다. (b) 지연기간 동안에는 불투명한 검은 천으로 원숭이의 시야를 가린다. (c) 원숭이는 이전에 보았던 파란 링과 새로운 대상인 빨간 링을 보게 된다. 훈련을 통해 원숭이는 보상물이 새롭게 제시된 빨간 링 아래 숨겨져 있으며 색깔에 상관없이 처음 보았던 샘플과 일치하지 않는 색깔의 링 아래에 보상물이 숨겨져 있다는 걸 알게 된다. 원숭이는 계속해서 불일치하는 색깔의 링을 고른다.

Courtesy of David Yu, Mortimer Mishkm, and Janita Turchi, *Laboratory of Neuropsychology*, NIMH/NIH/DHHS.

다. 어느 곳에 음식이 들어있는지를 맞추기 위해서 원숭이는 먼저 어느 상자에 음식물이 담겨 있었는지 기억해야 하며, 보상을 받기 위해 상자에 씌워진 덮개를 제거해야 한다.

지연 후 새로운 샘플 찾기 과제[delayed nonmatch-to-sample(DNMS) task]는 시각 기억을 검사하기 위한 또 다른 과제이다. 각 시행은 새로운 물건을 기억하는 것을 포함한다. 그림 9.5a는 미 국립 보건원의 모티머 미시킨(Mortimer Mishkin) 실험실의 붉은털 원숭이인 피그말리온이 새로운 '샘플' 대상이라 할 수 있는 땅콩 또는 바나나 알갱이가 보상으로 들어 있는 파란 링을 보고 있는 것을 보여주고 있다. 그다음 불투명한 가리개(그림 9.5b)가 피그말리온의 시야를 각 실험 설계에 따라 수 초에서 수 분의 정도의 지연시간 동안 가리게 된다. 이러한 지연기간 동안에, 실험자들은 빨간 원판과 같은 새로운 물체를 놓아둔다. 가리개가 올라간 후, 피그말리온은 하나는 왼쪽에 다른 하나는 오른쪽에 있는 2개의 물체를 모두 보게 된다. 그림 9.5c에서 보이는 것과 같이 피그말리온은 보상물이 빨간 원판 아래 있다는 것을 학습하게 되는데, 이는 빨간 원판이 새로운 물체로 이전에 보았던 샘플 대상과 '일치하지 않기' 때문이다. 이러한 지연 후 새로운 샘플 찾기 과제에서의 훈련은 여러 시행을 통해 이루어지는데 각 시행에서 이전의 실행에서 쓰이지 않았던 새로운 물체가 필요하다. 따라서 다음 시행은 아마도 노란 박스가 샘플로 제시되고 초록 원판이 새로운 물체로서 필요할 것이다. 시행의 수가 늘어나면서 공간적 위치가 유용한 단서가 되지 않도록 하기 위해, 정답이 일부는 왼쪽에, 일부는 오른쪽에 있기도 한다.

각 시행에서는 새로운 세트의 대상들을 사용하기 때문에, 원숭이들은 어떤 것이 이전에 보았던 샘플인가를 기억하는 것을 배워야 하며, 이러한 기억을 새로운 물체와 이전의 샘플 간에 선택을 하는 것이 제시되기 전까지 시공간 기억 저장고에 붙잡아두어야 한다. 짧은 지연시간을 이용한다면 이 작업을 통해 작업기억을 평가할 수 있다. 반면에, 장시간의 지연시간을 이용한다면 장기기억을 평가하는 데에도 동일한 작업이 사용될 수 있다.

작업기억은 장소인가, 상태인가?

작업기억은 종종 마음의 활동적인 작업 공간으로 개념화된다. 마치 책상과 같이 다른 위치에 모아두었던 서류들을 가져 와서 한곳에서 작업할 수 있는 곳이라고 생각하면 된다. 장기기억과 작업기억이 2개의 다른 장소라는 개념은 컴퓨터가 대중화되기 이전의 시대에서 유래되었다. 흔히 장기기억은 정리함에서 꺼내와야만 사용할 수 있는 서류들로 채워진 캐비닛에 비유되곤 한다.

컴퓨터가 대중화되었을 때, 작업기억과 장소에 대한 이 은유는 더 심화되었다. 컴퓨터 하드웨어는 대용량 하드 드라이브와 소형 램 메모리칩을 구별한다. 컴퓨터의 램 칩은 (마치 작업기억의 한계처럼) 한 번에 얼마나 많은 프로그램과 데이터를 사용할 수 있는지를 결정짓는다. 반면에, 램 칩보다 훨씬 더 많은 저장 용량을 가진 하드 드라이브는 모든 파일과 정보의 총용량에 대한 한계를 책임진다. (고등학교 때 사귀었던 전 남자친구에게 보냈던 이메일 및 작년 화학 과제와 같은) 한동안 보지도 생각하지도 않았던 정보조차 하드 드라이브의 책임 아래 있다.

작업기억과 장기기억을 마음속 2개의 구체적이고 물리적인 장소로 생각하는 개념은 작업기억에 대한 연구를 지난 수십 년간 지배했다. 그림 9.1의 앳킨슨-쉬프린 모델은 정보가 단기기억/작업기억에서부터 장기기억까지 혹은 그 반대 방향으로 흘러가는 것을 그림으로써 자연스럽게 기억들이 장소들 간을 왕래한다는 것을 나타낸다. 하지만 최근 몇 년간 해당 연구 분야의 선두 주자로 떠오른 또 다른 발상이 있다. 사실, 작업기억은 기억들을 옮겨놓을 수 있는 독립된 장소가 아닐 수도 있다. 기억이란 의식적으로 회상을 하거나 조작을 하지 않는 이상 접근 불가한, 즉 비활성화 상태인 장기기억이고 활성화된 순간부터는 작업기억 상태로 분류될 수 있다.

한 번에 볼 수 있는 것보다 훨씬 많은 그림이 모인 미술관을 생각해보자. 적은 개수의 그림들만 집중해서 볼 수 있는 방법 중 하나는 몇 점의 그림들을 특수 작업실로 가져 오는 것이다. 이것은 작업기억의 장소 모델과 유사하다. 작업실이 작다면 (박물관보다 훨씬 작다는 전제 아래) 한 번에 몇 점의 그림만 가져올 수 있을 것이다. 또는 박물관의 광대한 복도의 벽에 모든 그림을 남겨두고 몇몇 강렬한 조명을 이용하여 관찰할 몇 점의 그림들에만 빛을 비추어볼 수도 있다. 그림은 항상 있던 곳에 머물러 있지만 조명의 유무에 따라 눈에 보이지 않는 불투명한 상태에서 밝고 잘 보이는 상태로 바뀐다.

작업기억을 마음이나 두뇌의 한 장소로 생각하는 것은 심리학자들에게 매력적이며 유용하게 작용해왔으나 관련 연구가 많아짐에 따라 작업기억을 물리적인 장소보다는 조명이 비춰진 상태와 비슷하다는 생각으로 변해갔다. 그렇다면 배들리 모델이 잘못되었다는 것인가? 꼭 그렇지만은 않다. 그러나 작업기억의 상태 모델은 그림 9.3의 중앙집행기와 음운 및 시공간잡기장을 기억 내의 물리적으로 별개의 장소들로 보는 것보다는 활성화된 상태로 보는 것이 더 좋다고 제안한다. 음운루프와 시공간잡기장은 기억 속 물리적으로 별개의 장소들 혹은 기억의 구성 요소가 아닌 음운 및 시공간 기억의 활성 상태로 재해석될 수 있다.

넬슨 코완(1995)은 장기기억의 정보 덩어리들이 현재 관심의 초점에 따라 활성화되는 단기기억 모델을 제시했다. 장기기억에서 최근에 활성화되었으나 더 이상 관심의 중심에 있지 않은 항목들은 한정된 시간 동안 부분적으로 활성화되어 더 쉽게 주목을 받을 수 있다. 이것은 단기기억이 최소한 두 가지 유형의 활성화 상태를 가질 수 있다는 것을 암시한다. 하나는 관심에 따라 바로 접근 가능한 상태이고 다른 하나는 현재 관심에서 다소 멀어졌지만 쉽게 다시 관심을 끌어 접근 가능한 상태이다. 단기 및 작업기억에 대한 상태 모델들은 지금까지 다양한 변형으로 제안되어왔다(Oberaauer, 2002, 2013; Awh & Jonides, 1998; Luck & Vogel, 2013).

기억의 장소 모델은 기억 장치가 2개 이상의 다른 장소에 존재함을 암시하기 때문에 '다중 저장소' 기억 모델로 알려져 있다. 유사하게 기억의 상태 모델은 기억이 여러 상태일 수 있지만 기억에 대한 단 하나의 위치만 포함하기 때문에 기억의 '단일 저장소' 모델로 언급되었다.

이 주제 분야의 모든 연구자들에게 중요한 질문은 얼마나 많은 정보가 단기기억에 저장될 수 있는가이다(Jonides et al., 2008). 우리가 위에서 살펴본 바와 같이 조지 밀러(George Miller)는 단기기억이 '7±2'(Miller, 1956)의 용량을 가지고 있다고 주장했다. 장소 모델은 이러한 용량 제한이 정보가 암송되고, 잊히고, 한 저장소에서 다른 저장소로 전송되는 정도에 따라 정해지는 것으로 간주한다(Baddeley, 1986). 대조적으로, 단기기억의 상태 모델은 용량 제한이 장기기억의 활성화된 영역에 초점을 맞출 수 있는 관심의 대역폭에서 발생하는 것으로 본다(D'Esposito & Postle, 2015).

전반적으로, 작업기억의 상태 모델들은 동일한 데이터를 두고 작업기억의 공간-기반 모델들과 비슷한 비중의 설명을 할 수 있다. 그럼에도 불구하고 상태 모델들이 최근 몇 년간 두드러진 주목을 받았던 이유는 작업기억의 뇌 메커니즘에 대한 인지신경과학 연구에서 새로운 뇌 영상 데이터를 더 잘 설명할 수 있다는 것이다. 이 연구는 이 장의 '뇌 메커니즘' 절에서 보다 자세히 설명할 것이다.

인지적 조절

대부분의 앞에서 설명한 과제들은 사람이나 동물에서 지연 기간 동안 단어나, 숫자, 물체, 소리 또는 장소를 단순히 유지할 수 있는 능력을 필요로 한다. 그러나 작업기억은 이러한 음운이나 시공간 기억의 단순 유지에 머무르지 않는다. 작업기억을 조작하는 훨씬 더 복잡한 과정이 포함되어 있는 것이다. 이 과정을 바로 **인지적 조절**(cognitive control)이라고 한다[**집행 통제**(executive control) 또는 **집행 기능**(executive function)이라고도 한다]. 추론, 과제 유연성, 문제 해결 및 계획을 비롯한 더 높은 인지 수준의 다양한 측면을 수행할 수 있는 작업기억의 조작을 말한다.

작업기억의 예로서 카밀라가 그날 하루의 여러 목표들을 마음속에 유지하는 것을 들 수 있다. 돈을 찾고, 치어리더를 위한 준비를 하고, 생물학 공부를 하고, 경영학 수업을 듣는 것이다. 이러한 여러 개의 목표의 균형을 맞추는 것은 그녀의 생각이 상황적 요구사항에 따라 앞과 뒤 사이를 왔다 갔다 하는 것을 필요로 한다. 그녀의 작업기억은 끊임없이 갱신되고 재구성되어 다른 경쟁 과제를 수행한다. 지속적으로 새로운 과제들이 추가된다. 이 모든 작업에는 작업기억의 중앙집행기의 인지적 조절 기능이 필요하다.

배들리 모델의 세 가지 구성요소 중 중앙집행기는 가장 중요하고 가장 복잡하며 가장 이해된 부분이 적다. 일반적인 중앙집행기의 기능들은 단기기억 내의 정보에 대한 조작과, 항목들을 더하거나 제거하는 것을 포함하여, 항목들을 재정비하고, 다른 행동들을 안내하기 위해 작업기억을 사용하는 것을 의미한다. 이러한 정보의 조작을 통해 단기기억이 유지되고, 중앙집행기는 단순한 암송을 넘어서 사실상의 작업기억의 구성요소인 작업활동이 된다. 연구자들은 많은 인지 기능들 안에서 (1) 단기기억 저장고의 갱신 통제, (2) 목표의 설정과 계획, (3) 과제 전환, (4) 자극 선정과 반응 억제와 같은 집행통제의 대표적 기능들을 제안한다. 다음 부분에서 이러한 것들에 대해 논의할 것이며 이는 모두 표 9.2에 요약정리

지식 테스트

(a)

Todd Taulman/Shutterstock

(b)

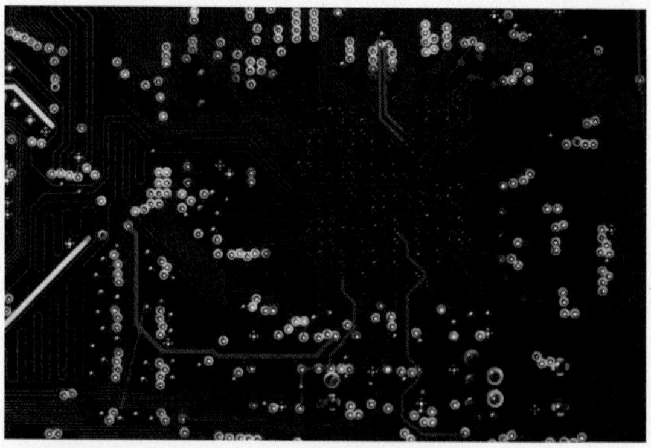

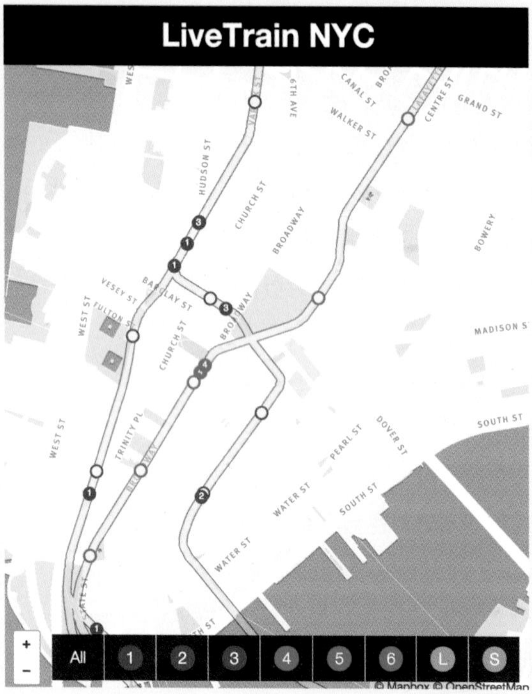

Nivellen77/Shutterstock

(c)

Courtesy of LiveTrain.nyc

(d)

imageBROKER/Alamy Stock Photo

작업기억의 모델들

여기 보여진 이미지들이 나타내는 것이 작업기억의 장소 모델인지 상태에 기반한 모델인지 구분해보라. (정답은 책의 뒷부분에 있다.)

되어 있다. 이 행동들은 언뜻 보기에는 무작위로 선택된 것처럼 보이지만, 모두 작업기억의 제어된 조작에 의존한다. 이 목록이 모든 것을 망라하는 것은 아니며 작업기억 조작을 포함하는 많은 다른 행동들이 있지만 이 네 가지 예는 기억과 인지적 조절을 포함하는 정신활동의 다양성과 넓은 폭을 보여준다.

표 9.2 작업기억의 조작을 통한 인지 통제

행동의 유형들	행동의 유형을 파악하기 위한 검사들
단기기억의 통제된 갱신	N-뒤로 과제, 자기지시 기억과제
목표 정하기와 계획하기	하노이의 탑
과제 전환	위스콘신 카드 분류 검사
과제 선정과 반응 억제	스트룹 과제

단기기억 저장고의 갱신

중앙집행기의 작업기억을 위한 기능들은 큰 회사에서 특정 시간대에 특정 일을 하도록 사람을 배분하는 것을 담당하는 사람과 비슷하다. 그 관리인은 월요일에는 마이크에게 접수처에서 일하게 하고, 스테파니에게는 판매부서에서 일하게 시킬 수 있다. 화요일에는 마이크를 해고하고, 스테파니를 접수처로 승진시킬 수 있으며 크리스티를 고용하여 판매부서에서 일하게 할 수도 있다. 이와 유사하게, 배들리의 모델에서 중앙집행기는 감각 정보를 받아 평가하는 것을 통해 작업기억을 갱신하고, 항목들을 장기기억으로 옮기거나 장기기억으로부터 회수한다. 또한 어떤 기억들이 현재 과제에 필요한 것인가를 결정한다.

작업기억의 갱신 통제에 대한 연구를 위해 연구자들은 종종 2-뒤로(2-back) 과제를 사용한다. 2-뒤로 과제에서 참가자는 대부분 숫자가 사용되는 무작위 목록을 읽는다. 한 항목을 '타깃'이라고 설정한다. 여기서 타깃을 7이라고 가정하자. 타깃 숫자인 7을 읽을 때마다 참가자는 2개의 숫자 전에 읽었던 숫자와 함께 반응해야 한다. 힘들 것 같은가? 시도해 보라. 만약 읽혀진 숫자들이 4 8 3 7 8 2 5 6 7 8 0 2 4 6 7 3 9 …라면 어떤 것이 정답이 되겠는가? 첫 번째 7에서는 8이, 두 번째 7에서는 5가, 세 번째 7에서는 4가 정답이다.

이러한 과제에 성공하기 위해선 참가자들은 계속해서 마지막에 읽었던 2개의 숫자들을 기억 속에 유지해야 한다. 1개 전, 2개 전의 숫자들 이런 식으로 말이다. 새로운 숫자들이 읽혀짐에 따라, 새로운 1개 전의 숫자는 저장되고, 이전의 1개 전의 숫자는 2개 전의 숫자 자리를 차지하게 된다. 이에 더해서 피험자는 매번 숫자를 볼 때마다 타깃 숫자인지를 확인하는 작업을 해야 한다. 만약 타깃 숫자가 나타나면, 참가자는 2개 전의 숫자를 소리내어 말해주어야 한다. 만약 타깃 숫자가 아니라면 참가자는 아무 말도 하지 않는다. 쉬운 과제가 아니다!

2-뒤로 과제 수행에서는 작업기억에서 여러 종류의 항목들을 유지하는 활동을 필요로 한다. 첫 번째로, 타깃 숫자와 과제를 수행하기 위한 규칙들은 실험 전반에 있어서 지속적으로 머물러 있어야 한다. 둘째, 마지막 2개의 숫자들은 다음 숫자가 타깃 숫자일 경우를 대비하여 항상 기억되어야 한다. 이러한 2개 항목은 각기 새로운 숫자가 읽어짐에 따라 내용도 바뀌고 위치도 바뀌면서 정기적으로 작업기억에 갱신된다.

만약 이러한 종류의 과제에서 2개 이전의 숫자를 보고하는 것이 아닌 3개나 혹은 4개 이전의 숫자를 반복하는 것을 요구받는다면 수행상엔 어떤 변화가 생길까? 비록 2-뒤로 과제가 가장 보편적으로 사용되지만, 이러한 과제 형태를 일반적으로 N-뒤로 과제라 부른다. 여기서의 N은 어떤 숫자도 될 수 있다. N이 커질수록 어려운 과제가 된다. N-뒤로 과제는 최근의 정보에 대한 온라인 기억장치와 선택적 주의, 과제에서 요구하는 것을 기억하는 것, 항목에 대한 갱신과 재조직화하여 저장하는 것과 같은 것들을 포함한 작업기억의 중앙집행기 조작의 여러 측면과 관련된다. 이러한 이유 때문에, 이것은 중앙 통제 평가에 있어서 훌륭한 도구로 여겨진다. 우리는 '뇌 메커니즘' 절에서 N-뒤로 과제를 이용한 실험적 연구들에 대해서 살펴볼 것이다.

중앙집행기가 해결해야 하는 좀 더 실질적인 상황은 우리가 활동하기 위해 요구되는 매일같이 다양한 과제들의 궤도를 유지하는 것이다. 무엇을 이미 끝내었는가? 무엇이 달성되기 위해 남아 있는가? 예를 들어, 만약 안경을 집 안의 어딘가에서 잃어버렸다면, 아마도 집안의 모든 방을 찾아볼 것이다. 어떤 방을 가장 먼저 찾는가는 문제가 되지 않지만, 이미 찾아봤던 곳을 다시 찾느라 시간을 낭비하지 않기 위해 방문했던 방들의 목록을 유지하고 싶을 것이다. 이에 착안한 과제는 자기 지시 과제로서 사람들에게 그들이 이전에 자신들이 반응했던 내용들을 계속해서 기억하도록 요구되는 (마치 전에 방문했던 방들에 대한 궤적을 유지하는 것처럼) 과제로서 중앙 통제 집행을 평가하는 데 사용될 수 있는 또 다른 도구이다.

캐나다의 맥길대학교의 마이클 페트리즈와 그의 동료들은 자기 지시 기억 과제를 작업기억의 신경적·행동적 기반을 연구하는 데 사용하였다(Petrides & Milner, 1982; Petrides, 2000). 사람을 대상으로 한 과제에서는 그림 9.6과 같이 6개 항목들의 위치가 서로 다르게 배치되어 있는 카드 더미들을 보여주었다. 카드 1에서는 오른쪽 아래 모서리에 장미 그림(손가락이 가리키는 그림)이 나타나고, 카드 2에서는 장미가 오른쪽 위 모서리에 나타나고 카드 3에서는 오른쪽 위 모서리에 있다.

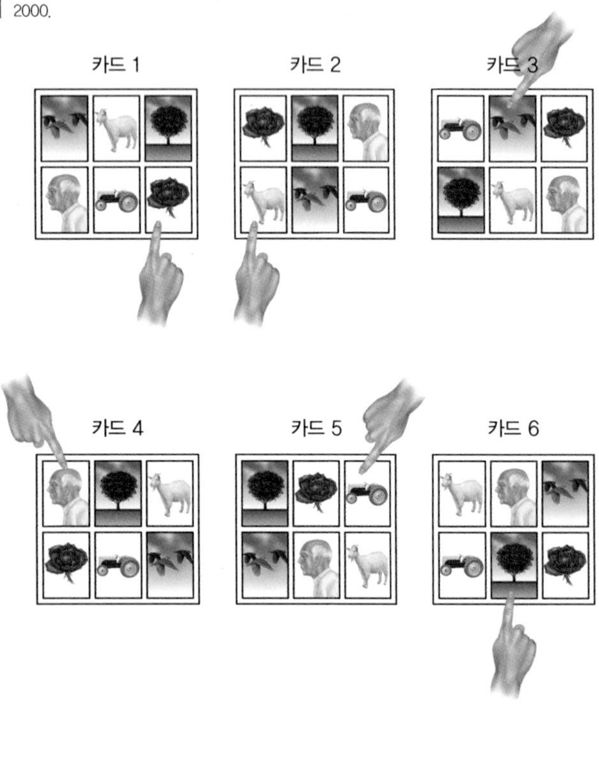

첫 번째 시행에서, 참가자는 첫 번째 카드를 보게 되고 6개의 항목들 중에서 하나를 고른다. 그림 9.6에서의 참가자는 장미를 골랐다. 이 카드는 이제 뒤집힌다. 다음으로, 두 번째 시행에서 참가자는 (이전과 같은 6개의 항목이 다른 순서로 제시된) 두 번째 카드를 보게 되고, 아직 선택하지 않았던 5개의 항목들 중 하나를 고르게 된다. 그림 9.6에서 참가자는 염소를 골랐다. 이 두 번째 카드도 역시 뒤집어지게 된다. 그리고 나서 참가자는 세 번째 카드를 보고서 앞서 선택되었던 2개의 항목인 장미와 염소가 아닌

그림 9.6

페트리즈의 자기 지시 기억 과제 사람에게 사용되는 자기 지시 기억 과제의 카드 견본 예시(Petrides & Milner, 1982). 실험 참가자들에게 주어진 카드 더미에는 타깃 세트에 있는 모든 물체들이 다만 순서만 무작위로 뒤바뀐 채 들어 있다. 이 과제에서 참가자들은 각 카드마다 이전에 선택하지 않았던 물체를 가리켜야 한다.

Information from Petrides, 2000.

카드 1 카드 2 카드 3

카드 4 카드 5 카드 6

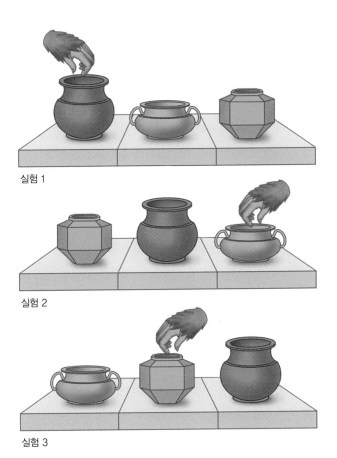

그림 9.7
페트리즈의 원숭이에게 사용되는 자기 지시 기억 과제 원숭이는 서로 다른 3개의 그릇을 제시받고, 셋 중 하나의 그릇을 선택해서 보상물을 얻는다. 그릇들의 순서는 매 시행마다 섞이며, 원숭이는 이전에 선택했던 그릇(현재는 비어 있는)을 선택하지 않기 위해 이전에 보상물을 받았던 그릇을 기억하고 있어야 한다.

실험 1

실험 2

실험 3

4개의 항목들 중 하나를 고르게 된다. 이러한 자기 지시 과제는 참가자가 6개의 항목을 중복 없이 골라낼 때까지 지속된다. 이 과제는 참가자로 하여금 단기기억에 남아 있는 정보를 관찰하고 (추적하고) 당장 주어진 과제가 어떤 정보를 필요로 하는지 결정하도록 한다.

이러한 과제는 그림 9.7에서처럼 원숭이를 대상으로도 실시되었다(Petrides & Milner, 1982). 첫 시행에서 원숭이는 각각 보상물을 담고 있는 3개의 서로 다른 그릇을 보게 되고, 그들 중 하나로부터 보상을 선택하게 된다. 이어서 불투명한 가리개가 원숭이와 그릇들 사이에 10초 동안 놓이게 되고, 그릇들은 같지만 순서가 다른 두 번째 시행을 위해 그릇들이 섞이게 된다. 이제 원숭이는 보상을 얻기 위해선 다른 그릇을 선택해야만 한다. 사람의 자기 지시 과제에서 기술되었던 것처럼, 이 과제는 원숭이가 이전에 선택했던 항목들을 기억하는 것을 필요로 한다. 세 번째 시행에서, 원숭이는 또 선택을 하게 되고, 오직 하나의 그릇만이 보상물을 담고 있다. 이러한 종류의 작업기억 과제는 사람과 인간 모두에게 적용될 수 있기 때문에, 작업기억의 신경 메커니즘을 찾기 위한 비교연구에 유용하게 사용된다. 이러한 내용은 다음에 소개될 '뇌 메커니즘' 절에서 다룰 것이다.

목표의 설정과 계획

카밀라가 그날 하루에 있을 일에 대한 준비를 하고자 한다면, 아침에 경영학 수업을 제시간에 듣는 것과 같은 즉각적인 목표와 오후에 있는 치어리더 오디션을 신청하는 것과 같은 이후의 목표들에 대해 기억하고 있어야 한다. 오후에 있을 오디션에 대해 철저하게 준비하기 위해 카밀라는 (1) 치어리더 폼폼을 옷장에서 찾아야 하고 (2) 카페테리아에 들려 오디션을 신청해야 한다. 그리고 나서야 경영학 수업을 들으러 갈 수 있다. 카밀라의 바쁜 일정은 여러 목표들을 동시에 고려하고 하루의 시간이 흘러감에 따라 그러한 일정들을 이리저리 조정해 가며, 목표들 중 어떤 것을 달성했고 어떤 것이 미완성이며 달성하지 못한 목표들 중 어느 것을 먼저 해야 하는지를 결정하는 능력을 필요로 한다. 목표들의 명단을 계속 유지하고 그들을 어떻게 성취할 것인가에 대해 계획을 세우고 순위를 결정하는 일 모두가 작업기억의 중앙집행기가 책임져야 하는 일들이다.

프랑스 수학자인 에두아르 뤼카(Edouard Lucas)는 1883년에 계획과 목표설정 능력이 매우 요구되는 게임을 발명했다. 그 게임은 매우 복잡하며, 사제들의 정신적 수양을 위한 장소인 인도의 어느 신전에 대한 고대 전설을 바탕으로 이루어져있다. 64개의 금으로 된 원판 더미들은 위로 갈수록 아래쪽 원판보다 작은 크기로 이루어져 있으며 이것들은 하나의 큰 기둥에 꽂아져 있다. 젊은 사제들에게 할당된 과제는 바로 64개의 원판들을 첫 번째 기둥에서 두 번째로 그리고 나서 다시 세 번째 기둥으로 옮기는 것으로서, 한 번에 원판 하나만을 움직일 수 있으며 작은 원판이 큰 원판보다 더 위에 위치해 있어야 한다. 전설에 의하면, 만약 어떤 사제가 이 문제를 풀어 버리면 그 신전은 먼지 속으로 무너져 버리고 세상이 멸망해 버릴 것이라고 하였다. 수천 년이 지난 지금 세상이 아직 존재하는 이유는 아마도 매우 영리하고 빠른 사제가 초당 하나의 원판을 옮긴다 하더라도 64개의 원판들로 문제를 풀기 위해선 5,800억 년의 시간이 걸리기 때문일지도 모른다.

뤼카는 3개의 원판 형태로 축소한 이 버전을 '하노이의 탑'이라 명명하였고 이는 나중에 보드게임으로서 시장에 팔리게 되었다. 이미 제8장에서 짧게 소개된 대로, 게임이 시작되면 3개의 원판들은 3개의 기둥 중 가장 왼쪽에 위치해 있으며, 그림 8.1과 같이 바닥에서 위로 갈수록 원판의 크기는 커진다. 가장 작은 파란 원판이 가장 위에 있으며, 중간에는 노란 원판이 그리고 바닥에는 가장 큰 빨간 원판이 놓이게 된다(p. 369 참조). 원판을 알맞게 옮기고 문제를 풀기 위해서는 가장 큰 빨간 원판을 네 차례의 이동을 통해 가장 오른쪽의 기둥으로 옮기는 것과 같은 중간 목표를 설정하는 것이 도움이 된다.

하노이의 탑을 풀기 위해선 적어도 세 가지의 요소들을 한 번에 기억해야 하기 때문에 작업기억의 많은 조작이 필요하다 : (1) 어떤 중간 목표가 성취되었는가, (2) 어떤 중간목표가 남아 있는가, (3) 무엇이 다음 중간 목표가 될 것인가. 어떤 것을 움직이고 나면, 다른 것들은 그대로 유지되어 있는 상태에서 움직인 것에 대한 내용이 새롭게 갱신되고 변화된다. 이렇듯 목표 지향적으로 통제되는 단기기억 갱신이야말로 중앙집행기에 큰 짐을 지우는 과제의 한 종류이다. 실제로 원판과 기둥을 만지면서 해도 힘든 이런 과제를 머릿속으로 하면 얼마나 힘들겠는가?

과제 전환

경영학 수업에서 카밀라는 한쪽 귀로 초청 강사의 말을 들었다. 강연의 내용이 친숙한 것일 때에는, 카밀라는 강의에서 생물학 책으로 주의를 돌렸다. 이러한 종류의 과제 전환은 작업기억의 조작을 필요로 한다. 왜냐하면 카밀라는 현재 주어진 상황에서 하고 있는 과제에 주의를 기울여야 하며, 동시에 다른 과제로 전환이 필요하다는 신호정보를 제공해주는 외부적 단서를 감시해야 하기 때문이다.

많은 실험실에서 과제 전환 연구를 위해 사용하는 절차는 위스콘신 카드분류 검사로, 참가자들에게 각기 다른 특징이 있는 그림이 그려지거나 색, 모양, 숫자와 같은 여러 차원이 다른 카드를 보여준다. 하나의 샘플 카드가 3개의 빨간 원을 지닌 카드가 될 수 있고, 또 다른 카드는 노란 삼각형이 그려진 카드일 수도 있다. 각 시행에서 참가자들은 특정 카드가 4개의 더미 중 어느 것에 속하는지를 추측하고 그다음에 선택이 맞았는지에 대한 여부를 듣게 된다. 이런 방식으로 참가자들은 카드를 올바르게 분류하기 위해 주의를 기울여야 하는 특징이 무엇인지 배운다. 그림 9.8a에 나와 있듯이 참가자는 모든 파란 카드가 하나의 더미 위에 올라가고 모든 노란 카드는 다른 한 더미 위에 올라가는 것이 옳다는 것을 배울 수 있다. 그러나 이러한 분류의 규칙을 배운 다음, 아무런 예고 없이 그 기준이 바뀔 수 있다. 참가자는 다른 특징들 중 하나를 바탕으로 새로운 분류 규칙을 배워야만 한다. 예를 들어, 이전의 규칙인 색깔을 기준으로 분류하는 기준에서 모양을 기준으로 한 분류 규칙으로 바뀐다면, 어떤 카드 더미는 원들로, 어떤 카드 더미는 사각형들로 분류되는, 즉 그림 9.8b의 모습을 나타낼 것이다. 이러한 과제는 사람의 작업기억과 집행 통제기를 자극하기 때문에 마음속으로 이들을 분류하면서 규칙을 배우는 것뿐만 아니라 새로운 규칙을 이전의 것과 혼동하지 않기 위해 규칙이 변화되는 추이를 계속 생각하고 있어야 한다.

자극 선정과 반응 억제

고향인 영국으로부터, 로스앤젤레스를 방문하는 동안 트레버는 사거리로 걸어가서 길을 건널 준비를 했다. 그는 자동적으로 차가 오는지를 살펴보기 위해 오른쪽으로 고개를 돌렸으나 자신이 지금 미국에 와 있고 이곳에서는 차가 오른쪽이 아닌 왼쪽으로 온다는 것을 깨달았다. 이러한 상황에서 현재 맥락 정보는 트레버의 몸에 밴 습관과 반사적 반응을 억제하고 그가 주의를 기울이는 방향을 바꾸었다. 트레버의 중앙집행기는 제대로 작동되어 그가 몇 년간 발달시켜온 습관적인 반응을 억제하고, 대안적인 규칙으로 주의를 기울이게끔 하였다. 이런 맥락 특이적 규칙(미국에선 길을 건널 때 왼쪽을 봐야 한다)은 그가 미국에 머물러 있는 한 아마도 로스앤젤레스 거리를 걸을 때마다 반복해서 암송하는 것을 통해서 계속 기억해야만 한다. 이렇게 익숙한 반사적 반응을 억제하는 것이 얼마나 어려운지를 감안했을 때 많은 런던 교차로가 길을 건너기 전에 실수로 왼쪽을 쳐다보는 미국 및 유럽 방문자의 수를 줄이기 위해 "오른쪽을 보세요." 기호를 그려 냈다는 것은 놀라운 일이 아니다.

돈 노먼과 팀 샬리스(Don Norman & Tim Shallice, 1980/1986)는 이와 같은 상황이 병렬

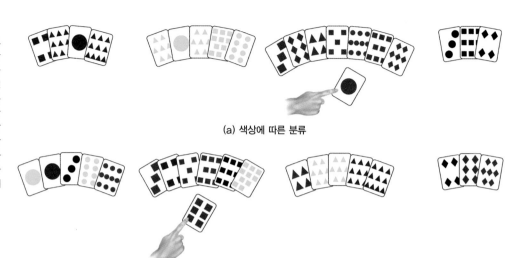

그림 9.8
위스콘신 카드분류 검사 (a) 실험 참가자들은 처음에 파랑, 노랑, 빨강, 검정 색상에 따라 카드를 분류하도록 요청받는다. (b) 이후에 참가자들은 원, 사각형, 삼각형, 다이아몬드 형태에 따라 카드를 분류할 때 보상을 받는다.

(a) 색상에 따른 분류

(b) 모양에 따른 분류

적으로 일어나는 자동적 측면과 통제된 측면 간의 차이를 강조시키는 것이라고 제시하였다. 이 두 측면은 우리의 행동에 영향을 주기 위해 경쟁한다는 점을 강조했다. 자동적 처리는 건널목을 향해 접근하는 것과 같은 상황적 단서에 의해 촉발된다. 자동적 처리는 트레버와 같은 영국인이, 달려오는 자동차가 없는지 보기 위해 과학습된 즉각적인 반응을 하게끔 만든다. 이러한 자동적 처리는 깊이 뿌리 박혀 있고, 반사적이며, 보통 의식적 개입이 거의 없이 발생한다. 우리가 친구와 걸으며 이야기하는 것처럼 반사적 반응은 동시에 일어나는 다른 활동들을 방해하지 않는다. 대조적으로, 통제된 행동은 반사적 반응이 부적절할 때 행동을 수정하고, 보다 적절한 행동을 위해 반사적 반응을 억제하며, 주목할 단서들의 우선순위를 정해주는 노먼과 샬리스가 명명한 주의 감시 시스템(supervisory attentional system)에 의해 조정된다. 이들 모두는 배들리 모델의 용어로, 중앙집행기의 기능으로 볼 수 있다.

스트룹 과제는 트레버가 미국에서 낯선 교통 패턴에 적응하는 것과 유사한 자극 선택 및 반응 억제를 평가하기 위해 고안되었다. 사람의 통제된 측면이 자극에 주의를 기울이고 부적절한 반사적 응답을 얼마나 잘 억제할 수 있는지에 대한 잘 알려진 테스트가 바로 스트룹 과제이다(Stroop, 1935). 스트룹 과제는 여러 개의 색깔 이름으로 구성되어 있는데, 이때의 글자의 색은 글자가 의미하는 색깔의 색과는 다르다. '초록'이라는 단어는 빨간색 잉크로 적혀 있을 수 있고, '파랑'이라는 단어는 초록색 잉크로, '빨강'이라는 단어는 검은색 잉크로 적혀 있을 수 있다. 과제는 각 단어를 본 후 단어가 말하는 의미를 무시한 채로, 어떤 색깔이 인쇄되어 있는가를 보고하는 것이다.

사람들은 보통 자동적으로 쓰여진 단어를 읽는 반응을 보이기 때문에 스트룹 과제는 매끄럽게 수행하기 매우 어렵다. 자신이 읽고 있는 단어와 다른 단어를 말하는 것이 얼마나 어려운지 한번 시도해보라. 과제 수행을 빠르게 하기 위해 단어를 읽고자 하는 자동적 충

Green
Blue
Black
Red
Orange
Purple
White
Yellow

그림 9.9
스트룹 과제 색깔에 대한 명칭이 단어가 의미하는 것과는 다른 색으로 적혀 있다. 이 과제에서 실험 참가자는 단어가 지닌 의미에 의해 방해를 받지 않고 단어가 칠해진 색깔의 이름을 이야기해야 한다.

동을 억제하고, 대신에 과제와 관련된 맥락 특정적 목표를 작업기억 속에 유지해야 한다. 트레버가 미국에서 길을 건널 때 '찻길을 건널 때는 왼쪽을 볼 것'이라고 규칙을 명심했던 것처럼 잉크의 색깔에만 주의를 기울여야 한다. 따라서 스트룹 과제는 현재의 부적절한 반사적인 반응을 억제함과 동시에 작업기억 내의 과제 목표를 바탕으로 하여 과제 특정적인 자극에만 주의를 기울여야 한다. 이 모든 것이 앞서 이야기한 집행 기능의 핵심적 측면과 관련되어 있다. 스트룹 과제는 행동과 생각의 통제권을 차지하기 위한 두뇌 내의 근본적인 경쟁을 보여준다. 주의를 놓고 경쟁하는 다양한 정보들은 두 가지 방법 중 하나에 따라 처리되는데, 하나는 자극 중심의 상향식 과정(자동적 반사 및 과학습된 반응을 일으킬 가능성이 높은)이며 다른 하나는 (주변 환경의 세세한 면들에 선택적 주의를 요하는) 목표 지향의 하향식 방법이다. 단순하게 내장된 반사적 반응은 최소한의 의식적 노력과 신속한 반응을 요하는 다양한 상황들에 유용하지만 장기 계획, 목표 및 미래를 예측할 수 있는 능력이 필수적인 이 역동적인 세상의 복잡한 측면들을 처리하기에는 부족하다(Miller & Wallis, 2008).

지식 테스트

작업기억 및 인지적 조절의 다양한 사례들

각각의 다음 시나리오(1~4까지)에 대해, 작업기억의 어떤 면(아래의 A~D까지)이 두드러지는지 골라라. (정답은 책의 뒷부분에 있다.)

1. 운전하며 문자 보내기
2. 새 여자친구와 자고 있는 동안 한밤중에 일어나서 옛 여자친구의 이름을 부르지 않을 것을 기억하기
3. 편의점에 있는 동안 도넛, 화장지, 탄산수를 사는 것을 기억하기
4. 주요리, 샐러드 및 두 가지 반찬으로 친구들을

위한 저녁 식사 준비 및 모든 음식을 동시에 내놓을 준비하기

보기 :
A. 단기기억 저장고의 제어된 갱신
B. 목표 설정 및 계획
C. 작업 전환
D. 자극 선정 및 반응 억제

작업기억과 인지적 조절이 지능의 핵심인 것일까?

학습과 추리, 이해능력의 수용력이라고 정의 내려진 지능은 단어는 매우 익숙하나 그에 대한 개념은 종종 잘못 이해되곤 한다. 머리가 좋은 사람들은 빈번하게 "빠르다."고 기술된다. 그러나 이러한 지능이 정신적인 처리 속도와 같다고 할 수 있을까? 다른 사람에 비해 더 지능적인 사람들이 다른 사람들보다 문제 푸는 속도가 더 빠른가? 성장기의 연구에 의하면 지능은 뇌의 처리 속도와는 덜 관련이 있고 오히려 작업기억의 집행 통제 기능과 더 관련이 있다고 한다.

학생의 지연된 회상 과제를 사용해서 학생의 작업기억을 평가한 머레이스 데인맨(Meredyty Daneman)과 패트리샤 카펜터(Patiricia Carpenter)는 작업기억 점수와 일반적으로 사람들이 지능의 대략적인 지표로 간주하는 SAT 언어 독해 점수 사이에 강한 상관이 있

그림 9.10

레이븐 누진 행렬의 비언어 지능 검사 이 예시에서는 8개의 기하학적인 그림이 3×3 배열로 표시되고 오른쪽 아래 모서리에는 아홉 번째 그림이 속하는 공백이 표시된다. 실험 참가자들은 아래쪽에 표시된 여섯 가지 대안 중에서 패턴에 가장 잘 맞는 것을 선택해야 한다(정답은 5번이다).

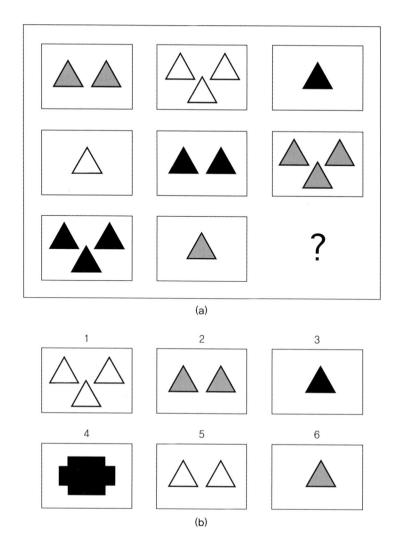

다는 것을 발견하였다(Daneman & Carpenter, 1980). 반면, 몇몇 사람들은 SAT가 단순히 대학에서 기대되는 성과의 지표일 뿐이라고 간주한다.

그러나 작업기억과 지능 간의 관계는 언어 지능에만 근거한 것은 아니다. 카펜터와 동료들은 표준화된 비언어적 지능 테스트를 바탕으로 한 퍼즐, 레이븐 누진 행렬(Raven Progressive Matrices)을 이용하였다. 이것은 2차원 시각 유추 검사로, 참가자들은 패턴을 완성시키는 그림을 골라야 한다. 그림 9.10의 예시에서 보이듯이 3×3 배열의 기하학 그림들이 맨 아래 오른쪽의 구석을 제외하고 나열되어 있다. 참가자들은 빈 공간에 가장 잘 어울릴 만한 패턴을 6개 중에서 골라야 한다. 어떤 패턴이겠는가? 각각의 그림들은 두 가지 차원의 특징을 지니고 있다. 색깔(검정색, 회색, 흰색)과 삼각형의 수(1, 2, 3)이다. 게다가 하나의 열이나 행에 같은 수나 색을 지닌 삼각형은 존재하지 않는다. 이러한 패턴을 완성시키기 위해선 빈 공간의 그림은 흰색이어야 하며(3행 혹은 3열에는 흰색 그림이 없다) 2개의 삼각형을 지니고 있어야 한다(3행 또는 3열에는 2개의 삼각형이 있는 그림이 없다). 따라서 정답은 5번의 2개의 하얀 삼각형이다.

이러한 종류의 과제는 패턴이 복잡해지거나 구성요소가 증가하게 되는 것을 통해 난이도를 변화시킬 수 있다. 카펜터와 동료들은 머릿속에서 많은 규칙을 종합할 수 있는 능력이 비언어적 지능 과제에서의 높은 점수와 상관을 지닌다는 것을 보여줬다. 이러한 증거들은 지능검사에 의해 측정될 수 있는 일반적인 지능이 단순히 빠르게 생각하거나 반응하는 것이 아님을 제시한다. 오히려 일반지능은 강력한 작업기억, 특히 많은 수의 규칙, 개념, 목표 및 개념의 통제 및 조작과 관련이 있는 것처럼 보인다.

중간 요약

- 일시적 기억은 정보를 순간적으로 재현해낸다. 이 과정은 앳킨슨-쉬프린 모델의 기억 저장 단계 중 첫 두 단계인 감각기억과 단기 혹은 작업기억을 통해 이뤄진다. 단기기억은 적극적인 암송으로 유지될 수 있지만 새로운 정보나 방해요소들로 쉽게 대체된다.
- 앨런 배들리는 작업기억이 각기 독립적인 2개의 단기기억 저장고를 지닌다고 보았다. 먼저 시공간잡기장은 시각적 그리고 공간적 이미지들을 붙잡아 두고 있으며, 그리고 음운 루프는 내적 암송을 사용하는 청각적 기억을 유지한다. 그리고 중앙집행기가 있다.
- 중앙집행기는 이 2개의 저장고에 있는 기억을 조작하는 역할을 한다. 예를 들어, 항목을 더하거나 빼는 것, 행동을 인도하기 위해 항목을 선택하거나, 장기기억으로부터 정보를 회수하는 것 등이 있다.
- 인지적 조절을 위한 작업기억의 조작 및 활용은 단기기억의 제어된 갱신, 목표 및 계획 설정, 과제 전환 및 자극 선택 및 반응 억제와 같은 기능을 평가하는 신경 심리학 검사를 통해 측정할 수 있다.
- 작업기억(그리고 단기기억)을 장기기억과는 다른 곳으로 보던 초기 개념은 기억을 다른 장소보다는 다른 상태로 보는 '단일 통합기억' 관점으로 진화했다.

9.2 뇌 메커니즘

전두엽이 기억력, 추리력 및 기타 인지기능을 담당하는 뇌의 최고경영자 역할을 하는 것인가? 전두엽 피질이 두뇌의 후방 영역에 광범위하게 연결되어 있어 집행 기능과 인지적 조절을 시작하는 데 중요하며 복잡한 행동 유도에 필요한 외부 및 내부 정보를 통합하는 역할을 한다는 여론이 커지고 있다(Miller & Wallis, 2008). 이 경우 전두엽이 작업기억과 인지적 조절 사이에서 중재하는 방법은 무엇인가? 작업기억은 뇌에서 어떻게 작용하는 것인가? 위의 질문들은 오늘날의 연구를 이끌어간다. 과학자들은 배들리의 모델과 같은 심리학적 이론들이 작업기억이 뇌에서 실제로 어떻게 조직되어 있는지를 어느 정도까지 설명할 수 있는지를 이해하려 노력한다. 두뇌는 명확하고 식별 가능한 작업기억 체계를 가지고 있는 것인가? 아니면 작업기억은 그저 두뇌 기억 체계의 일시적인 최근 활동을 기억하고 있는 것인가? 해마와 내측 측두엽은 어떤가? 작업기억과 관련이 있는가? 아니면 제7장에서 설명한 것처럼 오직 새로운 사실과 사건을 장기기억에 저장하는 것과 관련이 있는가?

전두엽과 전두엽 손상에 따른 결과

동물과 사람을 대상으로 한 연구들을 통해 전두엽 중에서도 특히 가장 앞쪽에 위치해 있는 **전전두피질**(prefrontal cortex, **PFC**)이 작업기업과 집행 통제에 중요한 역할을 하는 것을 알 수 있다. 1800년대 중반에 현대적인 뇌 연구가 시작된 이래로 계획, 예측, 의사 결정 및 관련 행동의 지적 기능은 이 뇌 영역과 관련되어 있다(Markowitsch, 1992).

사람의 전두엽은 대뇌피질의 3분의 1 정도를 차지하고 있으며(Goldman-Rakic, 1987), 고양이와 다른 포유동물들의 경우에는 대뇌피질의 4%보다 더 적은 양을 차지한다. 그림 9.11은 여러 포유동물들의 전전두피질의 상대적 크기를 비교하여 나타낸 것이다. 많은 사람들은 고양이, 붉은털원숭이, 침팬지 등의 다른 포유동물보다 사람이 더 많은 비중의 전전두피질을 지니고 있다는 것이 바로 사람을 사람으로 만드는 요소라고 주장해 왔다. 그러나 최근의 연구에 따르면 인간의 전두엽은 고릴라와 오랑우탄과 같은 큰 유인원에서 볼 수 있는 것보다 비중 면에서 큰 것이 아니라는 사실이 밝혀졌다. 이것은 큰 전두엽에 기인한 인간만의 특별한 인지능력은 인간의 전두엽 피질의 크기뿐만 아니라 복잡한 상호 연결성

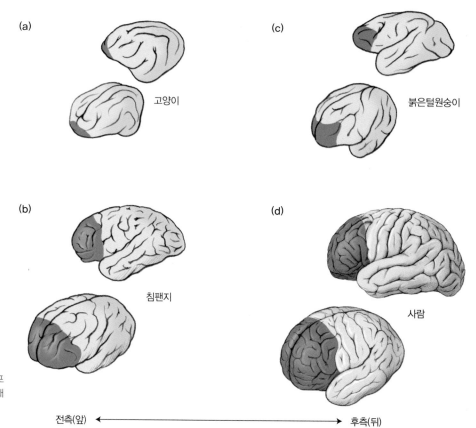

(a) 고양이

(c) 붉은털원숭이

(b) 침팬지

(d) 사람

그림 9.11
전두엽의 비교해부학 여러 포유동물들의 전전두피질의 상대적 크기를 보여준다.
Information from Fuster, 1995.

전측(앞) ⟵ ⟶ 후측(뒤)

및 전문화된 소영역들과 같은 다른 특징들을 반영할 수 있음을 시사한다(Semendeferi, Lu, Schenker, & Damasio, 2002).

전두엽 손상의 행동적 결과

전두엽 피질의 역할에 대한 다른 관점은 전두엽 손상 환자의 행동 관찰에서 비롯되었다. 예를 들어, 1차 세계대전 중 머리 부상으로 전투에서 돌아온 많은 병사들은 전두엽과 지능 사이의 연결 고리를 보여주었다. 머리 부상으로 1차 세계대전에서 돌아온 300명의 참전 용사에 대한 연구에 따르면 전두엽 손상을 입은 퇴역 군인들이 지적 능력에 가장 큰 피해를 입은 사람들이었다(Pfeifer, 1922).

전두엽 손상의 특징 중 하나는 계획과 조직화 능력의 상실이다. 20세기 중반의 유명한 신경외과 의사인 와일더 펜필드(Wilder Penfield)는 뇌지도화 영역에 있어서 선구적인 인물이었다. 펜필드가 기술한 바에 따르면 그의 누이는 전두엽 영역에 있던 큰 종양을 제거했다. 그녀는 성공한 요리사였지만, 수술 이후 요리를 하기 위한 조직화 능력을 모두 잃었다. 그녀는 이 요리를 하다가도 저 요리로 내키는 대로 옮겨 갔고, 어떤 것은 날것으로 남겨두는 반면에, 또 다른 것들은 심하게 태워버리기도 했다(Miller & Wallis, 2003).

성공적이고 행복한 결혼 생활을 하고 있는 엘리엇은 사람들에게 언제나 신뢰를 주며, 책임감 있는 사람으로 보였다. 그러나 30대 후반 그의 전두엽에는 커다란 종양이 자라나고 있었다. 의사들은 그 종양을 제거하여 그의 생명을 살릴 수 있었으나 전두엽은 수술로 인해 심한 손상을 입었다(Eslinger & Damasio, 1985; Damasio, 1994; Miller & Wallis, 2008). 수술 이후의 신경심리학 검사 결과 그의 모든 기본적인 정신 기능은 손상되지 않았다. 정상적인 언어와 기억능력 그리고 일반적인 지능 검사 점수를 나타내었으나, 엘리엇의 행동과 성격은 급격하게 바뀌었다. 수술 이후로 그는 아내와 이혼을 하였으며, 재혼을 하고 또 이혼하는 것을 반복하였다. 또한 주변의 친구와 가족들 간의 연락이 두절되고, 부패한 회사 경영으로 인해 파산하기까지 이르렀다. 책임감 있고 조심스러웠던 엘리엇은 이제 충동적이고 일시적인 생각에 의해 쉽게 동요되는 사람이 되었으며, 조직화와 계획을 세우는 것과 같은 그가 이전에 지녔던 능력의 일부분만을 활용할 수 있었다.

엘리엇은 집행통제 시스템이 존재하지 않는 것마냥 행동했다. 그는 더 이상 장기적인 목표나 과제 특정적인 억압에 영향을 받지 않았다. 엘리엇과 같이 생각과 계획을 세우는 능력을 방해받고 있는 환자들을 **중앙집행기 이상 증후군**(dysexecutive syndrome)이라 한다 (Duncan et al., 1996). 아래에서 읽을 수 있는 것과 같이 엘리엇과 같은 전두엽 손상환자들은 정상적인 장기기억과 기술학습능력을 지니고 있음에도 불구하고 집행기능과 작업기억 상의 결함을 나타낸다.

종양 및 수술 외에도 전두엽은 뇌졸중이나 머리 앞부분의 둔탁한 외상으로 손상될 수 있다. 또는 자동차 사고와 같이 급하게 감속하는 상황에서 발생하는 머리 앞쪽 뼈가 부딪혀 눌리는 사고에 의해 전두엽이 손상될 수 있다. 늘 머리로 상대 선수와 부딪히고 달리다가 급격하게 멈추는 동작을 경험하는 프로 축구 선수들도 (심지어는 고등학교 선수들도) 전두엽 손상 및 이와 관련된 전형적인 인지적 결함을 보여준다(Amen et al., 2011).

전두엽 손상에 따른 작업기억 결핍

전두엽에 손상을 받은 사람들은 9.1절에서 제시되었던 작업기억과 인지조절 과제에서 어려움을 보인다. 예를 들어 전두엽 손상 환자들은 N-뒤로 과제에서 작업기억을 갱신하거나, 이전에 선택했던 물체에 대한 정보를 빈번하게 갱신해야 하는 자기 지시 과제를 수행하는 데 큰 어려움을 지닌다(Petrides, 2000). 이 환자들은 또한 단기기억 범위와 관련된 과제에서 장애를 나타낸다는 점에서 짧은 숫자의 연속에 대한 재인에도 실패하는 것으로 보인다(Janowsky, Shimamura, Kritchevsky, & Squire, 1989). 전두엽 손상 환자들과 관련된 다른 연구들에서는 이들이 색깔이나 형태, 물체의 장소에 대한 단기기억 장애가 있음을 나타냈다(Baldo & Shimamura, 2000; Ptito, Crane, Leonard, Amsel, & Caramanos, 1995). 또한, 전두엽에 손상을 입은 환자들은 계획 설정 능력과 최종 목표를 위해 중간목표들 사이를 연결하고 유지하는 능력을 평가하는 하노이의 탑 과제와 같은 신경심리학적 검사에서 장애를 나타내었다. 이러한 검사에서 엘리엇이나 펜필드의 누이와 같은 환자들은 원판을 첫 번째 기둥에서 마지막 기둥까지 어떻게 옮길 것인가에 대한 명확한 계획 없이 원판을 옮긴다.

하나의 과제에서 다른 과제로 적절히 전환하는 능력은 중앙통제가 지닌 핵심적인 특징이다. 따라서 9.1절에서 제시되었던 것과 같은 과제 전환 검사 절차는 전두엽 기능을 평가하게 해준다. 한 연구에서, 참가자들은 왼쪽에서는 일련의 문자가 오른쪽에서는 일련의 숫자가 제시되는 실험에 참여했다(Duncan et al., 1996). 실험이 시작되었을 때, 참가자는 왼쪽에 제시되는 문자를 큰 소리로 읽으며, 이후 신호단서가 들릴 때에 다른 쪽의 자극 흐름으로 전환하여 숫자들을 보고해야 한다. 또 다시 참가자에게 신호가 제시되면, 그 신호는 참가자가 주의를 문자들 쪽으로 다시 전환을 해야 한다는 것을 의미한다. 비록 전두엽 손상 환자들이 실험의 첫 부분을 수행하는 데 어려움을 보이지 않더라도, 그들은 왼쪽과 오른쪽에 흘러나오는 단서들 사이의 전환에 큰 어려움을 지닌다.

위스콘신 카드분류 검사(그림 9.8 참조)는 전두엽 기능을 평가하기 위해 자주 사용된다. 전두엽 환자들은 검사 초기 색깔을 카드분류 기준으로 삼는 학습에는 문제가 없다. 그러나 이후, 새로운 분류 규칙을 배워야 할 때, 예를 들어 형태에 따라 카드를 분류하는 것과 같은 새로운 규칙일 때, 전두엽 환자들은 규칙을 전환하는 데 있어서 심각한 장애를 보인다. 그들은 **반응고집**(perseveration)을 보이는데, 이는 이전의 규칙이 더 이상 맞지 않는다는 피드백을 반복해서 받음에도 불구하고 이전의 규칙을 지속적으로 사용하며, 새로운 규칙의 학습에 실패하는 것을 의미한다. 의도적인 과제 전환이 전두엽에 의해 중재되는 집행통제 과정을 특히나 요구하기에 전두엽 손상 환자들은 과제 전환에 있어 심각한 결함을 보인다(Delis, Squire, Bihrle, & Massman, 1992; Owen et al., 1993).

1930년대 초 카릴 제이콥슨(Carlyle Jacobsen)의 동물 실험은 작업기억이 전두 피질과 관련성이 있음을 나타냈다(Jacobsen, 1936). 그는 원숭이를 이용하여 전두엽의 손상 부위를 각기 다르게 한 후 지연된 공간 반응 학습을 통해 전두엽 손상의 영향을 살펴보았다. 이 연구에서 원숭이는 우리 밖의 왼쪽과 오른쪽에 음식물이 있는 것을 볼 수 있었다. 지연시간 동안 원숭이는 음식물이 어느 곳에 있었는지 볼 수 없었으며, 지연시간이 끝난 후 음식물이 있는 쪽을 지목해야 했다. 제이콥슨은 전두엽 손상을 받은 원숭이만 정확한 반응을 하지 못하였음을 밝혀냈는데, 이 원숭이들은 지연된 공간 반응 과제에서 선택적이고 지연 의존적인 장애를 보였다. 이러한 결과를 바탕으로, 그는 동물들의 전두엽이 지연기간 동안 작업기억에서 정보의 내적인 표상을 유지하는 데 중요하다고 주장했다.

이러한 연구에서 나타나는 한계점으로는 제이콥슨의 시술 기술이 현대의 기준에 비해 정교하지 않다는 것이다. 그는 전전두피질의 상당히 넓은 영역을 제거함으로써 일정 부분의 특화된 소구역들도 함께 제거했다. 보다 최근의 연구는 서로 다른 전전두피질 영역이 각기 다른 작업기억의 기능을 지니고 있음을 나타냈다.

전두엽 피질의 구분

영장류의 전전두피질은 크게 세 가지 영역으로 나눠질 수 있다. 안와 전전두피질(orbital prefrontal cortex), 내측 전전두피질(medial prefrontal cortex), 외측 전전두피질(lateral prefrontal cortex)이 그것이다. 그림 9.12는 이 장에서 중요하게 다뤄질 2개의 외측 전전두피질의 위치를 포함하고 있는 사람과 원숭이의 뇌를 밖에서 바라볼 때의 모양을 보여주고 있다. 분홍색이 **등외측 전전두피질**(dorsolateral prefrontal cortex, DLPFC)이며, 그 아래 녹색으로 나타나 있는 것이 **배외측 전전두피질**(ventrolateral prefrontal cortex, VLPFC)이다. 이러한 그림에서는 안와전두피질은 아래쪽 영역에 위치하기 때문에 보이지 않으며, 내측 전전두피질 역시 안와 영역의 뒤쪽과 위쪽인 안쪽 영역에 있어 볼 수 없다(그러나 제5장의 그림 5.8 참조). 안와 전전두피질과 내측 전전두피질은 여러 기억 및 인지적 조절, 특히 목

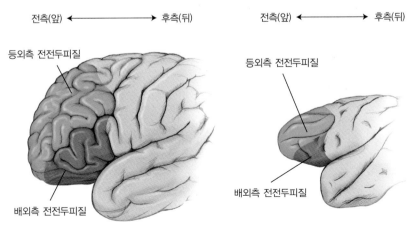

전측(앞) ◄──────► 후측(뒤)   전측(앞) ◄──────► 후측(뒤)

등외측 전전두피질

배외측 전전두피질

(a) 사람

등외측 전전두피질

배외측 전전두피질

(b) 원숭이

그림 9.12
영장류의 전두엽 이 그림은 (a) 사람과 (b) 원숭이 전두엽의 일부분을 나타내고 있다. 연두색 부분은 등외측 전전두피질(DLPFC)이며 분홍색 부분은 배외측 전전두피질(VLPFC)을 나타낸다. 등외측 전전두피질의 가장 끝부분은 때로 전두극피질(frontal polar cortex)이라고도 한다.

표 지향적 행동 및 계획 능력과 관련된 기능을 지니고 있으나, 전두엽의 외측 영역보다는 작업기억과 더 적게 관련되어 있으므로 이 장에서는 더 이상 다루지 않겠다. 사람과 원숭이의 뇌 활동 기록은 작업기억에서 등외측과 배외측 전전두피질의 역할에 대한 흥미로운 내용들을 포함하는데 이는 바로 아래에서 살펴볼 것이다.

작업기억 과제 동안의 전뇌 활동

손상 연구에 따르면 전전두피질은 작업기억과 관련된 역할을 한다고 한다. 1970년대 초 호아킨 퓨스터(Joaquin Fuster)와 동료들은 작업기억 과제 동안에 처음으로 전전두피질 뉴런의 활동을 기록하였다(Fuster & Alexander, 1971; Kubota & Niki, 1971). 위에서 기술한 제이콥슨의 연구에서 사용한 것과 비슷한 지연된 반응과제에서 붉은털원숭이는 어느 곳에서 목표 물체를 보았었으며 이전에 보았던 물체가 무엇이었는지 기억해야 한다. 퓨스터는 여러 전전두피질 뉴런이 동물이 물체의 공간상 위치 정보를 유지하는 지연기간 동안에만 발화한다는 것을 발견했다. 이것은 전전두피질이 이후의 반응에 필요한 정보를 "마음속에 넣어둔다."는 것을 나타낸다. 퓨스터는 전전두피질의 활동은 자극 단서와 그에 대한 반응 사이의 시간을 연결해주는 일시적 다리와 같은 역할을 할 것이라는 가설을 세웠다. 이러한 가설은 전전두피질 뉴런의 활동이 지연 기간 내내 유지되는 감각-운동 반응의 핵심 요소가 될 것이라고 제안한다(Fuster, 2001, 2003). (외부 자극이 없을 때 지연되는) 빈 간격 동안 등외측 전전두피질에서 이러한 유형의 지속적인 활동은 등외측 전전두피질이 작업기억에 있는 항목들의 유지 관리를 지원하는 중요한 뇌 영역임을 시사하는 강력한 증거이다(Curtis & D'Esposito, 2006).

동물이 물체에 손을 뻗어 그것을 집어 들거나, 장소를 가리키거나, 스피커를 향해 수영하도록 가르치는 대신, 어떤 실험들은 간단하게 동물의 시선이 향하는 궤적을 좇았다. 이러한 안구 추적 기술은 동물에서 공간과 대상에 대한 작업기억을 검사하기 위해 잘 통제된 방법이라 할 수 있다. 작업기억 연구의 선구자 중의 하나인 예일대학교 의대의 퍼트리샤 골드먼-라키쉬(Patricia Goldman-Rakic)는 이러한 실험 방법을 영장류를 대상으로 한 일련의 작업기억 연구에서 사용하였다.

골드먼-라키쉬는 원숭이가 그림 9.13a(첫 행)에서 보이는 것과 같은 가운데의 점에 시선을 고정하도록 훈련시켰다. 원숭이는 화면의 8개의 가장자리 중 하나의 장소에 사각형 단서가 제시되는 동안 가운데의 점에 시선을 고정해야 한다(그림 9.13a 참조, 오른쪽 상단의 모서리). 단서가 사라지고 난 후, 원숭이는 몇 초의 지연 기간 동안 기다렸다가(그림 9.13b) 단서가 제시되었던 장소로 시선을 움직인다(그림 9.13c). 원숭이는 시선을 정확한 장소로 움직일 때에 보상을 받는다.

이러한 과제에 대한 전기생리학적 기록에서 골드먼-라키쉬와 동료들은 동물이 자극 장소를 기억하는 동안에만 발화하는 등외측 전전두피질 뉴런들을 찾아내었다(Funahashi, Bruce, & Goldman-Rakic, 1989). 그림 9.13 가운데 행에서 보이는 전기적 기록을 보면, 전

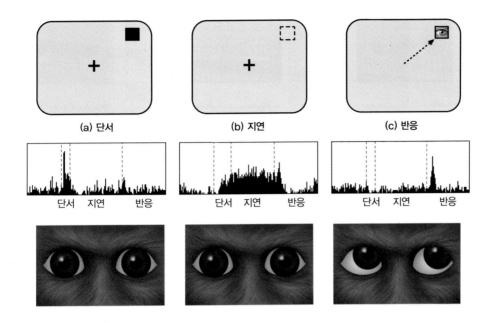

그림 9.13
시선 추적을 이용한 공간적 지연 반응 과제 (a) 원숭이는 오른쪽 위에 자극이 깜빡거리는 동안 계속해서 시선을 화면의 가운데 점에 고정하고 있어야 한다. (b) 지연 기간 동안 자극은 사라지고 원숭이는 가운데 점에 시선을 고정한 채로 있어야 한다. (c) 가운데 점마저 사라지고 원숭이는 전에 자극이 있던 쪽으로 시선을 옮긴다(그림에서 원숭이 눈이 움직이는 방향이 바로 위의 자극 방향과 일치하도록 원숭이의 시선을 거울 이미지로 나타내었다).

Data from Funahashi, Bruce, & Goldman-Rakic, 1989.

전두피질에서의 어떤 뉴런은 자극이 제시될 때에만 발화하며(그림 9.13a; 왼쪽의 2개의 빨간색 선 사이 영역에서 신호를 표시하는 동안 발화가 증가하는 것에 주목하라), 다른 뉴런은 보상을 얻기 위한 반응을 할 때에만 발화하고(그림 9.13b; 지연 기간 동안 발화가 증가하는 것에 주목하라), 또 다른 뉴런들은 지연 기간 동안에만 발화하기도 한다(그림 9.13c; 가장 오른쪽의 빨간색 선 오른쪽에서 발화가 증가하는 것에 주목하라). 그림 9.13의 세 가지 기록은 각각 다른 뉴런을 보여준다.

가장 흥미로운 것은 이러한 '지연' 뉴런들이 각기 다른 방향의 움직임에 대해 반응하도록 맞추어져 있었다는 사실이다. 이러한 예로, 한 뉴런이 아래쪽으로 움직이도록 부호화되어 있는 동안 또 다른 뉴런은 오른쪽으로의 움직임에 부호화되어 있는 것을 들 수 있다. 그림 9.14에서 단서의 위치가 화면의 아래쪽에 위치했을 때(하단 중앙의 그래프)에만 보이는 뉴런의 강한 반응은, 단서가 반대 위치(상단 중앙의 그래프)에 있을 때 보이던 억제된 반응과 단서가 다른 위치에 있었을 때에 보이던 보통의 반응과 대조된다.

그림 9.14의 지연 시행 동안 나타나는 강한 발화는 다음 두 가지 중 하나를 의미한다. 단서가 나타났던 위치에 대한 기억이거나 또는 이후에 그 위치로 가기 위한 움직임에 대한 예측을 부호화하고 있는 것일 수 있다. 이 둘을 구분하기 위하여 연구자들은 원숭이들이 눈을 단서의 반대 방향으로 움직이도록 훈련시켰다. 이러한 실험에서 약 80%의 지연 세포들이 (시선의 움직임과는 무관하게) 목표가 있었던 위치를 부호화하고 있는 것으로 보인 반면, 다른 20%는 의도한 움직임을 부호화하고 있는 것으로 나타났다. 이러한 결과는 등외측 전전두피질의 지연시간 동안의 뉴런 발화가 감각과 움직임 반응 정보를 혼합적으로 부호화하는 것임을 제시한다.

원숭이들은 지연된 반응 과제를 실제로 잘했지만, 100% 정확하게 수행하지는 못했다.

그림 9.14
시선 추적 지연 반응 과제에 대한 전전두엽 뉴런의 반응 여러 위치에 제시된 자극에 대한 한 뉴런의 반응. 자극의 제시, 지연, 반응 기간 동안 전기생리학적 활동을 보여준다. 자극 신호가 위 또는 가운데 제시되었을 경우와 비교해 보았을 때 자극 신호가 아래에 제시된 경우(파란 테두리), 뉴런의 반응이 가장 강력하다(그림에서 원숭이 눈이 움직이는 방향이 자극 제시 방향과 일치하도록 원숭이의 시선을 거울 이미지로 나타내었다).

Data from Funahashi, Bruce, & Goldman-Rakic, 1989.

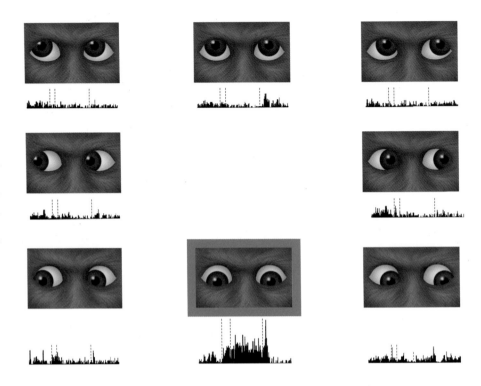

때때로 오답에 반응하거나, 눈을 다른 위치로 움직이기도 했다. 이것은 단순히 자극 탐지에 대한 실수인가, 혹은 전전두피질이 정답을 찾는 데 혼란스러워했기 때문일까? 연구자들은 이후에 그 진실을 찾아내었다. 전기생리학적 기록은 언제 원숭이가 실수를 하는가를 예측한다. 이와 같은 것이 가능한 이유는 '틀린' 뉴런이 등외측 전전두피질에서 발화하기 때문이다.

지연 기간 동안의 뉴런 활동이 등외측 전전두피질에만 국한된 것은 아니다. 이와 유사한 뉴런의 지속적인 활동은 측두엽과 두정엽 피질에 있는 일차 및 이차 감각영역과 운동 영역에서도 찾아볼 수 있다. 이들 영역은 전전두피질과 양방향으로 연결되어 있다.

만일 감각과 운동 피질이 작업기억의 부호화 활동을 맡을 수 있다면, 왜 전전두피질이 작업기억의 기능에 필수적인 것일까? 얼 밀러(Earl Miller)는 전전두피질의 작업기억에 대한 핵심적인 '인지적' 기여는 여러 가지 산만한 방해에도 불구하고 뉴런의 활동을 유지하는 능력이라고 주장하였다(Miller, 2000). 이러한 가설을 검증하기 위하여 밀러와 동료들은 원숭이가 시각적인 방해 자극들로 구성된 지연 시간을 넘어서서 단서물체에 대한 시각적 기억을 유지하도록 훈련시켰다(Miller, Erikson, & Desimone, 1996). 그들은 후측 시각피질 영역의 활동이 쉽게 방해물들에 의해 혼란에 빠짐을 발견했다. 이와는 반대로 등외측 전전두피질의 활동은 방해자극들에도 불구하고 꾸준하게 유지되었다. 작업기억의 조절에 관련된 전전두피질의 능력은 사람과 원숭이에서 나타난 전전두피질 손상 연구의 결과가 의미하는 것과 일치하였다. 인간 연구도 지연 반응 과제의 파지 간격 동안 등외측 전전두피질에서 지속적인 활동을 보였다. 인간 대상 사건 관련 fMRI 연구는 지연 반응 과제의 파지 간

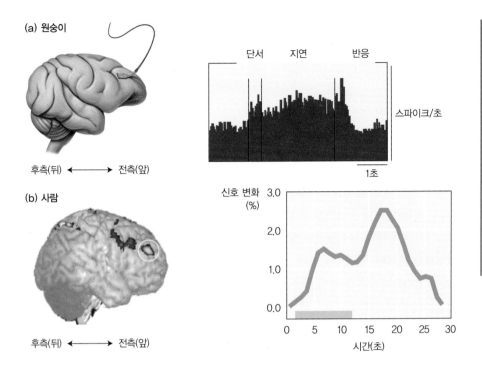

(a) 원숭이

후측(뒤) ◄──► 전측(앞)

(b) 사람

후측(뒤) ◄──► 전측(앞)

단서　지연　반응

스파이크/초

1초

신호 변화
(%)

시간(초)

그림 9.15
지연 반응 과제의 파지 간격 동안 원숭이와 사람의 등외측 전전두피질 활동 (a) 원숭이 등외측 전전두피질로부터의 지연 기간 활동을 갖는 뉴런의 단일 단위 기록의 평균, (b) 지연 과제를 수행하는 사람의 오른쪽 등외측 전전두피질에서 유지 관리 관련 활동(왼쪽)과 평균 fMRI 신호(오른쪽). 녹색 막대는 지연 간격의 길이를 나타낸다. 두 예시에서 등외측 전전두피질 활동의 수준은 자극 단서가 사라진 지 몇 초 후 지연 시간 내내 지속된다.

(a) Data from Funahashi et al., 1989.
(b) Research from C. E. Curtis & M. D'Esposito, 2003 with permission from Elsevier.

격 동안 등외측 전전두피질에서 지속적인 활동을 기록했다. 이것은 그림 9.15에 묘사되어 있는데, 위에서 언급한 골드먼-라키쉬 및 다른 연구들에서와 같이, 단서에 대한 반응을 억제하는 과제의 지연시간 동안 원숭이와 인간 모두의 등외측 전전두피질로부터 유사한 패턴의 활동을 보여주고 있다.

등외측 전전두피질의 이러한 지속적인 활동이 집행 통제 프로세스에 중요한 이유는 무엇인가? 하나의 견해는 등외측 전전두피질의 하향식 신호는 어떤 두뇌 영역이 신호의 수신지인지에 따라 행동을 조절하는 데 있어 다양한 역할을 한다는 것이다(Curtis & D'Esposito, 2003). 한마디로, 등외측 전전두피질은 항상 동일한 일반적인 기능, 즉 조절을 수행한다. 그러나 등외측 전전두피질의 조절기능이 다른 뇌 영역에 가해질 때, 행동에 대한 영향은 매우 다양할 수 있다. 따라서 등외측 전전두피질의 하향식 신호는, 후속 행동과 의사 결정을 위해 내적 표상들이 필요할 때까지 다양한 시감각 및 운동 관련 영역들에 감각 자극의 내부 표상을 향상시키고 유지할 수 있다.

전전두피질의 집행 처리 및 작업기억 지도화

전두엽이 작업기억에 핵심적 역할을 한다는 것을 시사한 손상, 전기생리학 및 기록 연구는 2개의 아직 풀리지 않은 질문을 남겼다 : (1) 전두엽은 어떻게 조직화되는가, (2) 어떻게 작업기억이 실제로 작동되는가? 좀 더 구체적으로, 배들리 모델에서 제시한 것처럼 집행 과정(기억 조작)과 암송 과정(기억 유지)이 관여하는 뇌 영역이 다른가? 배들리에 의해 제안된 조작과 암송 과정의 기능적인 구분에 상응하는 각기 다른 해부학적 뇌 영역들이 존재하는가? 또한 시공간잡기장과 음운 루프와 같은 2개의 대상 의존적 암송 저장소들 간에 해부학적 구분이 존재하는 것일까? 이러한 질문들은 조직화 및 기능과 관련되며 작업기억과 관련된 신경생물학 연구의 큰 부분을 차지하고 있다. 다음 절에서 이러한 질문에 대한 답들을 살펴보자.

유지(암송) 대 조작(인지적 조절)

배들리 모델에서 제시되었던 조작과 유지의 차이점은 마이클 페트리즈와 동료들에 의해 광범위하게 연구되었으며, 이는 등외측과 배외측의 전전두피질이 질적으로 다른 과정을 통해 수행한다는 내용을 포함하고 있다(Owen, Evans, & Pertrides, 1996; Petrides, 1994, 1996). 그림 9.16에 요약된 것처럼 배외측 전전두피질은 정보의 암호화와 인출을 지지한다고 보며, 이는 배들리가 제시했던 시공간잡기장이나 음운적 암송루프와 같은 역할을 한다(최근에 2개의 분리된 루프로 설명되었는데 '뇌 메커니즘' 절의 끝에서 보겠다). 이와 반대로, 등외측 전전두피질은 저장된 정보의 감시 및 조작과 같은 고차원의 집행 통제 기능을 하며 배들리의 중앙 집행기와 비슷한 역할을 한다.

그림 9.16에 제시된 처리 과정들에 상응하는 뇌 영역을 찾기 위해 페트리즈와 동료들은 9.1절에서 살펴보았던 자기 지시 지연 반응 과제를 개발했다. 아마도 그림 9.7에서 본 이 검사의 원숭이 버전을 기억할 것이다. 원숭이는 3개의 상자 중 자신이 이미 선택했던 상자를 기억함으로써 보상을 얻을 수 있다. 상자가 감춰지는 10초의 지연시간 후에 원숭이는 선택을 하게 된다. 등외측 전전두피질 손상을 지닌 원숭이는 이러한 과제에 심한 장애를 나타내며, 공간적 요소가 필요하지 않은 경우에도(지연시간 동안 상자를 임의로 옮긴 경우) 어

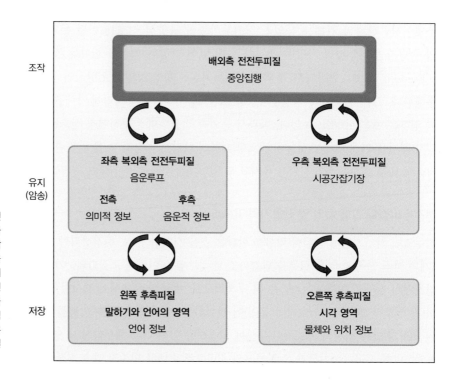

그림 9.16
작업기억의 뇌 메커니즘 등외측 전전두피질은 배들리의 중앙 집행기와 비슷하게 저장된 정보의 감시와 조작과 같은 고차원의 집행 통제 기능을 한다. 배외측 전전두피질은 배들리의 시공간잡기장(오른쪽)과 음운루프(왼쪽)처럼 정보의 암호화와 인출 기능을 한다. 아래쪽에 제시된 다른 뇌 영역들은 언어와 대상 및 위치 정보의 유지를 위해 배외측 전전두피질과 연결되어 있다.

느 상자가 이미 비어 있고, 어떤 상자가 보상물을 지니고 있는지 결정하지 못했다. 하지만 똑같은 등외측 전전두피질 손상을 입은 원숭이는 다양한 지연시간 동안 대상 기억을 유지 하는 데는 문제가 없었으며, 기본적인 지연 후 재인 과제를 문제없이 수행했다(Petrides & Milner, 1982). 페트리즈가 보여줬던 또 다른 연구로(1995), 항목의 수가 증가하는 것을 감 시해야 하는 과제에서는 등외측 전전두피질 중간 영역(mid-dorsolateral prefrontal-cortex) 의 손상에 의한 장애가 나타난 반면, 간단히 지연 시간이 증가하는 과제에서는 이러한 장 애가 나타내지 않았다. 또한 이것은 등외측 전전두피질이 작업기억에서 정보의 유지보다 는 감시와 관련이 있음을 의미한다. 이러한 연구들은 등외측 전전두피질 손상이 전두엽 손 상 환자들에게서 볼 수 있었던 것처럼 작업기억의 적극적인 조작이 필요한 시간적 순서 파 악 능력에 심각한 결함을 가져온다는 것을 시사한다. 이와는 반대로, 최근에 본 대상에 대 한 기본적인 판단을 내리는 과제에서는 지연 기간 동안 정보를 유지하기만 하면 되므로 등 외측 전전두피질 손상의 영향을 받지 않았다. 이러한 유지 기능은 그림 9.16에서 보이는 것 처럼, 배외측 전전두피질과 뇌의 뒤쪽 영역 사이의 루프, 즉 말하기 관련된 후측 대뇌피질 과 언어영역 피질(언어 정보의 경우) 및 후두엽의 시각피질 영역(대상 인식 및 장소 정보의 경우) 같은 곳의 통제를 받는다.

몇몇 최근 연구들은 작업기억에서의 수동적인 정보 암송과 좀 더 적극적인 정보 갱신 을 구분하려는 시도를 하고 있다. 암송은 단기적으로 저장된 표상들을 재활성화시키거 나 환기시킴으로써 작업기억을 지탱한다. 반면 정보 갱신은 작업기억에 정보가 더해지거 나 제거되는 것으로 구성되어 있다. 뇌 영상 연구들은 시공간 정보 암송 동안에 전운동 피 질(premotor cortex)의 활성화가 일어남을 발견했다(Awh & Jonides, 1998). 다른 fMRI 연 구들은 배외측 전전두피질은 단순한 암송, 특히 내적인 암송에 의해 활성화된다고 제안한 다(Awh et al., 1996). 이와는 반대로 후측 두정 영역(posterior parietal regions)과 후두영역 (occipital area)은 암송보다는 공간 작업기억의 일시적인 유지에 요구되는 것 같다. 여러 신 경 영상 연구들은 또한 그림 9.16에 나타나 있는 것과 같이 뇌의 후측 영역에 있는 저장 기 제와 전전두피질을 포함한 전측 영역의 암송 기제 간의 일반적인 차이점을 확인했다(Smith & Jonides, 2004).

지식 테스트

등외측 전전두피질 대 배외측 전전두피질

아래의 과제 중 등외측 전전두피질에 의존할 가능성이 더 큰 과제는 무엇이며 배외측 전전두피질에 더 의존 하는 과제는 무엇인가?

1. 학생 식당에서 사람들을 둘러보며 지난주에 보 았던 귀여운 남자를 찾고 있다.
2. 야구 팀 주장으로서 최고의 선수들이 가장 점수 를 잘 낼 수 있는 순서대로 타석에 설 수 있도록

궁리한다.
3. 올해 학급 회장으로 당선될 때를 대비하여 당선 소감을 연습한다.

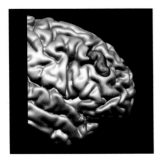

후측(뒤) ◄─────► 전측(앞)
(a)

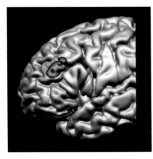

전측(앞) ◄─────► 후측(뒤)
(b)

그림 9.17
자기 지시 과제에서의 뇌 영상 이미지 (a) 실험 참가자가 추상적인 형태들로 이루어진 목록에서 이전에 한 선택을 기억하고 있어야 하는 자기 지시 과제에서 얻은 영상 데이터이다. 압도적으로 우반구 전전두피질의 활동이 나타나고 있다. (b) 기억해야 하는 대상이 언어 자극 세트인 자기 지시 수행과제에서 얻은 영상 데이터이다. 좌-우뇌 모두에서 전전두피질의 활동을 나타낸다(이 그림에서는 좌뇌만 제시되었다).
Data from Petrides, 2000, *Brain Mapping*, with permission from Elsevier.

시공간 및 음운적 언어 작업기억

행동적 과정과 관련된 장에서 배웠듯이, 배들리 모델에서 작업기억은 시공간 기억과 음운 언어 기억의 두 가지 메인 기억 저장고를 가정한다. 원숭이를 대상으로 한 시공간 기억과 관련된 작업기억 연구는 제한적인데, 이는 인간을 제외한 영장류들이 어휘 언어를 사용하지 않기 때문이다. 이와 같은 이유 때문에 음운 그리고 언어적 작업기억에 대한 연구들은 모두 사람 피험자를 대상으로 실시된다. 위와 같은 한계에도 불구하고 두 가지 형태의 작업기억이 뇌의 다른 영역에서 생성된다는 아이디어를 지지하는 증거가 있다. 전두엽의 각기 다른 부위에 선택적으로 뇌 손상이 있는 환자를 대상으로 연구한 결과, 언어적 기억의 신경 메커니즘이 뇌의 왼쪽에 국한되어 있고 공간적 작업기억은 뇌의 오른쪽에 더 많이 의존한다는 것을 알 수 있었다.

페트리즈와 동료들은 건강한 개인을 대상으로 기능적 뇌 영상 장치를 사용한 자기 지시 수행과제 연구를 통해, 환자 대상 연구와 일치하는 결과를 얻었다(Petrides et al., 1993a, 1993b). 이들이 발견한 바에 따르면 기억되어야 할 대상이 추상적인 디자인인 경우, 배외측 전전두피질, 특히 우반구에서 주목할 만한 활성화를 보였다(그림 9.17a). 그러나 항목들이 언어적 내용으로 구성될 경우, 왼쪽과 오른쪽 배외측 전전두피질 모두에서 강한 활동을 나타냈다(그림 9.17b). 이러한 결과를 바탕으로 연구자들은 오른쪽 등외측 전전두피질이 모든 감시활동에서 주도적인 역할을 하는 반면, 왼쪽 등외측 전전두피질은 언어적 대상에 대해 전문화되어 있다는 결론을 내렸다.

이 장의 앞부분에서 다룬 행동실험들은 언어적 작업기억이 단어의 소리를 바탕으로 한 음운 암호화에 의존하며, 속으로 반복해서 말하는 것과 같은 암송 과정을 통해 대상을 기억 속에 유지시킨다는 것을 시사했다(Baddeley, 1986). 언어와 관련된 일반적인 경향은 좌뇌 우세적이며, 왼쪽 전두엽 손상 환자들은 언어적 작업기억에 한정된 결함(시공간 작업기억에서는 별 결함이 없이)을 보인다(Shallice, 1988).

최적의 기능을 하는 작업기억이 일상생활에 얼마나 중요한지 감안하면 많은 사람들이 자신의 작업기억 기능을 더 잘 활용할 수 있기를 원하는 것은 당연하다. 이와 관련 다음 페이지의 '일상에서의 학습과 기억' 글상자 속 조언들을 참조하기 바란다.

작업기억의 상태-기반 해석에 대한 신경학적 바탕

지금까지 퓨스터와 골드먼-라키쉬의 초기 연구를 통해, 작업기억을 위한 전두엽 피질의 중요성을 보여주었다(Funahashi et al., 1989; Fuster, 1973). 작업기억 과제에서 지연 시간 동안 전두엽 피질에서 보이는 지속적인 활동은 원래 이 영역이 작업기억에서 항목이 일시적으로 저장되는 장소임을 시사하는 것, 즉 장소 모델로 해석되었다. 그러나 전두엽 피질 활성화는 작업기억에 정보를 저장하는 것이 아니라 정보가 영구적으로 저장되는 피질의 후부 영역에서 기억 항목의 표상을 유지하는 데 필요한 집행 처리를 반영한다는 것을 시사한다(Postle, 2006). 더 일반적으로 전산 모델링과 손상 데이터는 작업기억과 장기기억 표상 모두 기억의 초기 지각, 인코딩 및 장기 저장을 담당하는 후부 피질 영역에 저장된다는 주장을 뒷받침한다(Jonides et al. 2008). 인간 두뇌 영상 연구의 데이터 또한 후부 뇌 영역에서 있는 작업기억과 장기기억을 위한 공통 저장고를 선호한다고 주장했다(Nee & Jonides, 2013). 예를 들어, 참가자가 장기기억에서 회수된 정보를 판단할 때(예 : 유명인의 호감도 및 유명한 곳을 방문하는 것의 가치) 후부 피질에서 볼 수 있는 활동 양상은 동일한 참가자가 항목 한 쌍의 인식 지연을 수반하는 작업기억 과제에서의 활동 양상과 비슷하다(Lewis-Peacock & Postle, 2008).

후방 피질은 상이한 감각 양상(즉, 시각피질, 청각피질 등)에 특화된 영역으로 잘 알려져 있다. 사실, 한정적 자원을 지닌 각 영역별 특성화는 배들리의 명확한 시공간 및 음운루프 (그림 9.3 참조)를 상태–기반의 통합 기억 모델로 통합하는 방법을 제시한다.

작업기억 이론에 대한 새로운 상태–기반 접근법은 의미론적 및 일화적 기억, 감각 체계 및 운동 조절의 기초가 되는 것을 포함하여 다양한 두뇌 시스템의 특성으로 작업기억을 정

◀◀ 일상에서의 학습과 기억 ▶▶

"지친 작업기억에게도 휴식을!"

작업기억과 집행통제는 고등인지기능의 근본적 능력이기 때문에, "어떻게 하면 나의 이런 것들을 개발할 수 있나요?"와 같은 질문은 자연스러운 것이다. 작업기억 연구로부터 찾아낸 핵심은 바로 시각과 공간 그리고 언어와 관련된 작업기억이 서로 독립적이며, 각각은 수용력의 한계를 지닌다는 것이다. 10개 숫자의 전화번호를 기억하는 것은 조금 어렵지만, 아마도 3~5개의 항목들을 한 번에 저장하는 것은 유지할 수 있을 것이다. 목록이 긴 항목들에 대해 기억해야 할 때 가능한 하나의 해결책은 스스로의 능력의 한계에 맞서는 것보다 시간-공간과 언어적 기억의 저장을 각기 독립적으로 만드는 것이다. 예를 들면, 만약 사람의 이름과 같은 여러 개의 단어를 한 번에 기억해야 할 때, 이와 같은 과제를 2개의 기억 저장고가 서로 나누어 처리하도록 하기 위해 몇 개의 단어들을 그림으로 바꿀 수 있다.

작업기억이 고갈되는 가장 큰 원인은 한 번에 많은 일을 하기(멀티태스킹) 또는 여러 가지 목표를 한 번에 달성하기 위한 시도 때문이라고 할 수 있다. 얼마나 자주 당신은 동시에 전화통화를 하면서 음악을 들으며 인터넷 검색을 하는가? 그럴 때 분명히 당신의 등외측 전전두피질은 초과근무를 하고 있다. 멀티태스킹이 심각한 문제가 되는 것은 길 위에서 운전을 할 때와 같이 위험한 일을 하는 도중이다. 운전을 하면서 신문을 읽거나,

매니큐어를 바르거나 또는 누군가와 통화를 하고 있는 사람을 본 적이 있는가? 불행히도, 사람들이 운전 도중에 멀티태스킹을 시도한 결과로 교통사고가 빈번히 발생한다. 이러한 이유에 입각하여 여러 주에서는 특히 손에 들고 통화하는 것을 포함한 운전 중의 휴대전화 사용을 금지하고 있다.

작업기억의 과부하는 인지기능을 정확히 감시하고 계산하는 '상위인지'를 손상시킨다. 자신의 운전 솜씨가 매우 훌륭하다고 생각하거나, 수업 중 다른 일을 하고 있으면서도 교수님의 핵심적인 생각을 제대로 이해했을 것이라고 생각할 수 있다. 그러나 실제의 연구에서는 당신이 생각하는 높은 수준만큼 운영되지 않는 것으로 나타났다. 한 번에 한 가지씩 집중해서 일할 때 작업기억의 효과를 최대한으로 발휘할 수 있다. 이와는 반대로 높은 수준의 스트레스는 작업기억 역량과 과제에 초점을 맞춰 집행통제를 집중하는 능력을 감소시킨다. 스트레스는 전전두피질 내의 도파민 수치를 증가시켜 효과적인 감시와 정보의 갱신능력에 손상을 가져온다는 연구결과가 있다.

왜 필요하지도 않은 일 때문에 작업기억에 부담을 주는가? 이제 휴대전화의 전원을 끄고, 대신 종이 한 장을 꺼내(이걸 여러분의 제3의 작업기억 저장고라고 생각하고) 무언가를 적기 시작해보라.

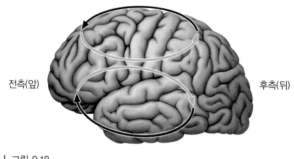

그림 9.18

전측-후측 회로를 통한 작업기억 관리 전측-후측 연결의 도식적 표현은 2개의 표본 회로(등쪽과 배쪽)를 보여준다. 각각의 경우, 정면 활동은 후방 영역들(녹색 화살표)쪽으로 돌아가며, 전두엽(파란색 화살표)쪽으로 다시 투영된다. 최종 결과는 전두 활동이 후부 영역의 지속적인 활성화를 유도한다는 것이다.

전측(앞)　　　　　　　　후측(뒤)

의한다(D'Esposito & Postle, 2015). 뇌에 작업기억이 어떻게 이러한 다양한 시스템의 작동을 통해 생성되는가? 한 가지 방법은 전두엽 피질의 연구에서 이전에 볼 수 있었던 것처럼 지속적인 신경활동을 통해서다. 다른 연구들은 피질 시스템의 시냅스 특성의 변화가 작업기억의 본질인 능동적인 주의를 끌기 위해 상태를 변화시키는 데 기여할 수 있다는 것을 보여주었다(Erickson et al, 2010). 이러한 수단을 통해 뇌의 어느 곳(일차 감각피질에서 복합 신경 피질에 이르기까지)에 위치한 뉴런 네트워크가 일시적으로 저장된 정보를 활성화할 수 있으므로 다양한 목표 지향적 행동을 지원하는 작업기억으로 사용할 수 있다(D'Esposito & Postle, 2015).

전두엽은 어떠한가? 작업기억 저장고가 발견되는 '장소'가 아닌 경우 어떤 역할을 하는가? 작업기억에 대한 상태-기반 접근법은 전두엽 피질이 대뇌피질의 후부 영역(Postle, 2015)에서 표상의 흐름, 활성화 및 고유성을 안내하는 목표 및 계획이 높은 수준의 표상을 유지하길 제안한다.

요약하자면, 작업기억에 대한 이런 관점은 작업기억이 전두엽 피질과 제어 정보를 주고받는 두뇌 영역의 네트워크에서 유래하는 것으로 생각한다. 이 네트워크들은 함께 그림 9.18에서와 같이 목표 지향적 행동(D'Esposito, 2007, Postle, 2006)에 필요한 내부 표상을 적극적으로 유지 관리한다.

목표 추상화와 전두엽 조직화

"너 뭐하고 있니?"라고 룸메이트가 묻는다. "샌드위치 만들어.", "빵에 땅콩버터 퍼 바르고 있어." 또는 "이 칼을 왼쪽에서 오른쪽으로 옮기고 있어."와 같은 몇 가지 답변들은 다 동등하게 타당한 대답이다. 이 세 가지 대답은 모두 현재 당신이 하고 있는 일을 정확하게 묘사하지만 추상화에 있어서는 다 다른 수준이다. "샌드위치 만들어."는 현재 활동에 대한 가장 추상적인 설명이며 궁극적인 목표를 설명한다. 물론 샌드위치를 만들 수 있는 다양한 방법과 다양한 재료도 물론 있다. "빵에 땅콩버터를 퍼 바르고 있어."는 당신이 하고 있는 일에 대한 더욱이 구체적인 설명이며 더 구체적인 목표를 정의한다(당신이 만들고 있는 샌드위치의 유형을 식별하기 시작한다). 그러나 땅콩버터를 빵에 퍼 바르기 위해서는 빵을 가로질러 왼쪽에서 오른쪽으로 (그리고 이후에 오른쪽에서 왼쪽으로) 나이프가 움직이는 특별한 행동이 필요하다.

과제를 진행하며 동시에 작업기억에서 다양한 정도의 추상화 목표를 유지하는 것은 전두엽을 포함하는 것으로 오랫동안 알려져 왔다. 이런 이유로, 펜필드의 여동생(전두엽 손상이 있는 사람)과 같은 사람들은 요리에 많은 어려움을 겪었다(대부분, 땅콩버터 샌드위

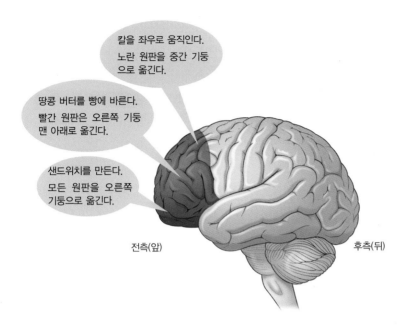

칼을 좌우로 움직인다.
노란 원판을 중간 기둥
으로 옮긴다.

땅콩 버터를 빵에 바른다.
빨간 원판은 오른쪽 기둥
맨 아래로 옮긴다.

샌드위치를 만든다.
모든 원판을 오른쪽
기둥으로 옮긴다.

전측(앞)   후측(뒤)

그림 9.19
전두엽 피질 내 목표 추상화의 전후 변화도 샌드
위치 만들기(각 풍선의 상단 텍스트)와 하노이 타
워 과제(하단 텍스트). 추상화의 각 수준을 제어하
기 위한 전두엽 피질의 대략적인 위치를 나타내는
목표 추상화가 두 예시를 통해 세 가지 수준으로
표시된다.

치를 준비하는 것을 포함하여). 제8장에서 소개된 하노이의 탑(그림 8.1 참조)은 가장 추상
적인 단계("모든 원판을 오른쪽 기둥으로 이동")에서 가장 구체적인 단계("노란 원판을 가운
데 기둥으로 옮기시오.")까지 다양한 목표를 마음속에 세워두어야 한다. 오래전부터, 하노
이의 탑 퍼즐을 푸는 데 문제가 발생하는 것은 전두엽 기능 장애의 징후로 인식되고 있다.

신경과학자들은 복잡한 과제를 하면서 작업기억에 있는 목표들을 유지하는 것이 전
두엽에 크게 의존한다는 사실을 오랫동안 알고 있었지만, 최근의 연구에 따르면 일반적
인 계획과 목표에서부터 구체적인 행동 계획까지 이르는 추상화의 변화도가 전두엽 앞부
분에서 시작해서 뒤로 이동하는 물리적인 위치를 뒤따른다고 한다(Badre, 2008; Badre &
D'Esposito, 2007). 그림 9.19에서 보이는 것처럼 가장 추상적인 계획(예 : 샌드위치 만들
기, 모든 원판을 오른쪽 기둥으로 이동)은 전두엽의 가장 앞쪽 부분에 의존한다. 작업기억
에 유지되어야 할 목표와 계획이 구체적이고 정확할 경우(예 : 샌드위치에 땅콩버터 펴 바
르기)에는, 전두엽의 뒤쪽 부분에 위치할 가능성이 크다.

이러한 추상화의 구배에 대한 증거 중 일부는 뇌졸중으로 인한 뇌 손상 환자들로부터 유
래한다. 전두엽의 앞쪽이 손상된 사람들은 높은 추상화 수준의 인지적 조절이 필요한 과
제에서 수행률이 가장 미흡하다. 원숭이 전두엽 후측 영역 손상과 중간 영역 손상의 효과
사이의 이중 분리를 보여주는 연구도 일관된 결과를 제공한다. 전두엽의 후측 영역에 대
한 손상은 도메인 특정적인 운동 학습 과제에서는 성능을 저하시키지만 도메인 통합적인
모니터링 기능은 유지한다. 반대로, 등외측 전전두피질의 중간 부분에 대한 손상은 도메
인 통합적인 모니터링 기능은 저해하지만 도메인 특정적 작업에서는 그렇지 않다(Fuster,
2004, Petrides, 2006).

인간의 기능적 영상 연구는 이러한 추상화 구배에 부합하는 증거를 제공한다. 보다 추상

적이고 높은 수준의 목표를 유지해야 하는 작업은 뇌의 가장 앞부분을 포함한 전두엽의 넓은 부분을 활성화한다(Koechlin, Ody, Kouneiher, 2003; Badre & D'Esposito, 2007). 영상 연구는 또한 전두엽의 가장 앞쪽 영역(추상적 목표의 최고 수준일 경우)에서 전두엽의 후방을 향하는(보다 구체적인 하위목표의 경우) 조절의 흐름은 바로 우리가 상식적으로 생각하는 바, 즉 샌드위치를 만들고자 하는 욕구에서 출발해서 빵에 버터를 바르도록 하는 행동이 출현하는 것이지 그 반대가 아님을 증명한다(Koechlin et al., 2003).

만약 당신이 하고 있는 일을 물어 본 사람이 당신의 룸메이트가 아니라 당신의 꼬마 남동생이면 어떡할 것인가? 동생이 당신을 돕고 싶어 한다면 어떻게 해야 하는가? 남동생이 열다섯 살이라면 당신은 선반을 가리키고 "샌드위치를 직접 만들어 보라."고 말할 것이다. 하지만 여섯 살이면 땅콩버터 빵 (플라스틱)나이프를 들고 고르게 펴 바르도록 지시한다. 다시 말하면, 아이가 나이가 많을수록 더 높은 수준의 추상적 목표를 부여할 가능성이 높다. 나이가 어린 아이들일수록 구체적이고 정확한 목표와 계획이 필요하다. 아이들의 능력 차이가 전두엽의 앞쪽 부분의 회로의 성숙도 차이 때문인 것인가? 실제로 종단 데이터는 전두엽의 회로 배선의 성숙은 어린 시절부터 구체적인 계획을 뒷받침하는 후측 영역에서부터 추상적인 계획을 뒷받침하는 전방 영역으로 진행되며 전방 영역은 사춘기 전까지는 완전히 성숙하지 않는 것으로 나타났다(Shaw et al., 2008). 뇌 성숙의 중요 시기와 그것이 삶 전반에 거쳐 인식에 미치는 영향에 대한 더 많은 정보는 제12장에서 제공한다.

전전두피질에 의한 서술 기억의 조절

마지막으로 본 영화가 무엇인가? 이러한 질문에 대답하기 위해선 여러 가지의 정신 활동을 수행해야 한다. 예를 들어 최근에 상영 중인 영화의 목록을 기억 속으로 불러내어 검색하는 작업을 통해 그중 어느 것이 가장 최근인지 판단해야 할 것이다. 다른 방법은, 시각적 순서에 따라 최근 기억에서 과거로 거슬러 올라가면서 자신이 한 모든 일들을 검색해 볼 수 있다. 만약 여러분이 주로 주말에만 영화를 보러 가는 사람이라면, 먼저 지난주를 회상해볼 것이다. 영화를 본 적이 있는가? 그렇지 않다면, 그 이전의 주말을 회상해보라. 어떤 방법을 선택하던 간에, 기억을 검색하는 과정은 상당한 수준으로 기억과정을 통제하고 조작하며 유지하는 전략적 과정과, 최종 목표, 즉 마지막으로 보았던 영화 제목에 대한 기억을 유지하는 능력을 필요로 한다. 이것이 바로 전전두피질의 다중 능력을 사용하는 과제의 예가 된다. 전전두피질에 손상을 입은 환자들은 장기기억의 인출에 심각한 결함을 나타낸다(Shimamura et al., 1995; Mangels, Gershberg, Shimamura, & Knight, 1996).

이번 장을 시작하면서, 단기기억을 방금 전에 지각하거나 혹은 장기기억으로부터 복구된 활동적이고 일시적인 정보의 표상이라고 정의 내렸었다. 이 장의 대부분은 전자, 즉 방금 전에 지각한 정보에 초점을 맞추었다. 이제부터는 어떻게 작업기억(따라서 단기기억)이 장기기억과 상호작용 하는지에 대해, 특히 장기기억에 저장된 일화나 사실 기억을 위주로, 간략히 살펴보고자 한다.

신경영상법을 이용하여 이런 종류의 통제된 장기기억의 검색이 정확히 전전두피질의 어느 영역에서 일어나는지 연구되어 왔다. 페트리즈와 동료들은 배외측 전전두피질이 수동적 암송 및 유지 기능을 담당하고, 반면에 등외측 전전두피질은 저장되어 있는 정보의 조작과 감시와 같은 고차집행통제기능을 지지한다고 주장한다. 따라서 마지막으로 본 영화가 무엇인지 생각해 내려는 것과 같이 특정한 일화기억들을 회상하는 데 필요한 집행통제와 기억에 대한 조작은 등외측 전전두피질이 담당해야 한다. 실제 기능적 신경영상이 보여주는 것은 정확하게 이 가설을 지지하며 지난 사건들을 기억하려 할 때 등외측 전전두피질이 활성화되었다(Nyberg, Kabeza, & Tulving, 1996; Wagner, Desmond, Glover, & Gabrieli, 1998).

어떤 파티에서 낯이 익긴 한데 누구인지는 잘 기억나지 않았던 사람을 만난 적이 있지 않은가? 그 사람이 초등학교 동창이거나 그 해에 이스라엘로 갔던 여름여행에서 만났던 사람이지는 않은가? 그 사람과 얽힌 기억을 회상할 수는 없지만 이전에 만났던 사람인지는 알 수 있을 것이다. 반대로, 자주 보는 사람의 경우 그녀가 친숙하다는 것도 알고, 어떻게, 어디서 그녀를 만났는지도 바로 기억할 수 있다. 앤소니 와그너(Anthony Wagner)와 다니엘 색터(Daniel Schacter)의 연구에 따르면, 이전 기억의 원천들을 회상한 후자의 경우 아마도 등외측 전전두피질을 사용한 것 같다. 이는 그 사람이 친숙하다는 것은 알지만 왜 그렇게 되었는지 기억하지 못하는 전자의 경우와 구분된다(Dobbins, Foley, Schacter, & Wagner, 2002). 그들의 연구에서 피험자들은 다양한 단어를 본 뒤 2개 중 하나의 질문을 받았다. "이것은 추상적인가, 구체적인가?" 또는 "이것은 긍정적인가 부정적인가?" 두 번째 단계에서 한 단어가 제시되고 피험자들은 그 단어를 실험의 첫 번째 단계에서 보았는지(그 단어가 한 번이라도 제시된 적이 있는지) 혹은 단어가 어떤 과제하에서 제시되었는지(추상/구체 판단 과제였는지 긍정/부정 판단 과제였는지)를 판단하도록 요구되었다. 그림 9.20에서 보이듯이 등외측 전전두피질은 사람들이 단순히 단어를 이전에 보았던 적이 있었던가(과제와 무관하게)라는 질문을 받았던 때보다 단어의 원천(어느 과제에서 쓰였는가)을

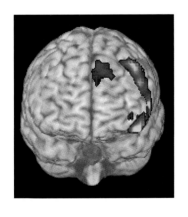

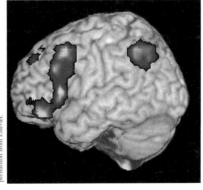

전측(앞) ← → 후측(뒤)

(a)   (b)

그림 9.20
원천의 회상과정 중 나타나는 등외측 전전두 활동 피험자들이 단어의 원천을 회상하는 동안과 단어를 본 적이 있는지 없는지만 판단하면 되는 경우를 비교한 fMRI 연구는 좌반구 전전두피질의 여러 영역과 외측 및 내측 두정엽이 단순한 친숙도 판단일 때보다 출처를 회상하는 경우 더 활성화됨을 보여준다. (a) 뇌의 앞쪽에서 본 이미지, (b) 뇌의 옆쪽에서 본 이미지

재인할 것을 요청받았을 때 더 활성화된다.

만약 페트리즈가 주장했던 것처럼 배외측 전전두피질이 수동적인 암송과 유지 기능을 담당한다면, 아마도 의도적인 암호화 작업 중에는 배외측 전전두피질의 활동을 기대해볼 수 있을 것이며, 또한 이와는 반대로 정보를 인출하는 과정에서는 등외측 전전두피질의 활동을 볼 수 있을 것이다(Petrides, 2002). 예상대로 fMRI나 PET 연구는 새로운 기억에 대한 의도적인 암호화 과정에서 배외측 전전두피질이 활성화된다는 것을 확실하게 보여준다. 대부분의 이러한 연구에서는 우리가 실생활에서 이름을 알고 있는 대상들의 이미지처럼 유의미한 자극들을 사용하기에, 좌측 배외측 전전두피질에 주된 활성화가 보이며 이는 언어 처리에 특수화된 좌측 전전두피질의 일반적 경향과 일치한다(Nyberg et al., 1996).

새로운 의미적 정보의 암호화 과정에서 좌측 배외측 전전두피질의 기능적인 역할은 그림 9.16에서 제시된 것과 같이 기여도에 따라 전측과 후측 영역으로 세분화될 수 있다. 전측 영역은 과제가 의미적 처리를 필요로 하는 경우 활성화되며(Thompson-Schill et al., 1997), 반면에 후측 영역은 음운 처리과정 동안에 활성화된다(Buckner, Rachle, Miezin, & Petersen, 1996). 따라서 '억만'이라는 부유한 새 친구 이름은 그가 억만장자일지도 모른다는 연상을 통해 기억할 수 있으며, 이러한 기억과정은 전측 배외측 전전두피질에 의한 절차가 필요하다. 이와는 반대로, 복잡하고 낯선 음의 이름(예 : 외국인 친구 '억만'의 성이 '알리 자르다리'이라면)을 계속해서 암송하는 것은 후측 배외측 전전두피질에서의 의미적 처리를 필요로 한다.

전측-후측의 특수화를 지지하는 더 많은 증거가 러셀 폴드랙(Russell Poldrack)과 앤소니 와그너에 의해 제공되었다. 이들은 피험자가 단어를 의미적으로 분석할 때("이 단어가 추상적인가 구체적인가?")와 음운으로 분석할 때("이 단어는 몇 음절로 이루어졌는가?")의 뇌활동을 비교하였다. 비록 좌측 배외측 전전두피질의 후측 영역은 두 과제 모두에서 활성화되지만 오직 의미적 분석 과제에서만 전측 영역이 활성화되었다(Poldrack et al., 1999). 이와는 반대로, 와그너의 다른 연구들에서는 연속적으로 오직 음운 처리만을 필요로 하는 비의미적 과제를 사용했고 전측의 활성화 없이 오직 좌측 배외측 전전두피질의 후측만이 활성화됨을 발견했다(Wagner, Koutstaal, Maril, Schachter, & Buckner, 2000). 그림 9.16에서 어떤 종류의 작업기억 과제가 어떤 뇌 영역을 필요로 하는가를 도식적인 지도로 나타낸 것을 참조하라.

전반적으로, 작업기억에서의 전전두피질의 역할과 일화기억에서의 역할(및 활성화되는 영역들)은 매우 유사하다. 작업기억의 통제 과정과 암송 기제는 일화적 및 의미적 정보의 장기기억을 형성하고 인출하는 데에도 필수적인 역할을 하는 것으로 보인다(Wagner, 2002).

지식 테스트

전두엽 피질의 기능적 신경 해부학

아래에 나열된 활동들에 대해 가장 중요한 전두엽 피질의 영역을 확인하라. (정답은 책의 뒷부분에 있다.)

1. 앙숙이 되어 이혼한 배우자들과 이미 갈라선 동업자들 8명을 초대해서 적절히 저녁식사 테이블에 자리를 배치하기
2. 동생의 결혼식을 위한 건배 제의 연습하기
3. 차량 수리 설명서를 읽음으로써 '배전기', '점화코일' 및 '기화기'의 뜻 익히기
4. 방금 만난 프랑스 교환 학생의 이름을 발음하는 방법 기억하기
5. 주차해둔 곳을 기억하고, 백화점 볼일을 마치고 나오면서 차까지 걸어갈 방법 정하기

중간 요약

- 동물과 사람을 대상으로 한 연구들에서는 뇌의 전두엽 중 특히 뇌의 앞부분에 있는 전전두피질이 작업기억과 집행통제에 있어 매우 중요하다는 것을 나타낸다.

- 배외측 전전두피질은 정보의 암호화와 인출에 관여하며(유지를 위한 암송을 포함한) 배들리의 모델에서 제안된 시공간잡기장과 음운 암송 루프를 구현하는 뇌 구조물인 것으로 보인다. 이와는 반대로 등외측 전전두피질은 배들리의 중앙집행기 역할인 저장된 정보의 감시와 유지 같은 고차원적인 집행 통제 기능을 하는 것으로 보인다.

- 작업기억은 전두엽 피질과 나머지 뇌 영역들 사이의 기능적 상호 작용에 기인한다고 믿어진다.

- 작업기억에서 유지되어야 하는 목표 및 계획이 구체적일수록, 전두엽 내의 기능은 후방에 위치한다. 추상적인 목표에서 구체적 계획으로 전두엽 내의 기능에 따라 전후 변화도를 형성한다.

- 새로운 언어적 정보를 암호화하는 과정에서 의미론적 처리가 필요하면 전전두피질의 전측이, 음운 처리가 필요하면 후측이 활성화된다.

9.3 임상적 관점

전전두피질의 작업기억과 집행통제 기능에 기반을 둔 연구들은 여러 신경학적 및 정신병리학적 질병에 대한 진단과 치료를 위한 해결의 실마리들을 제시했다. 전두엽 회로의 기능적 이상으로 인한 두 가지 가장 보편적인 질병은 바로 조현병과 주의력결핍 과잉행동장애(ADHD)이다.

조현병 환자의 전전두피질

제6장은 조현병에서의 해마 기능장애와 관련된 기억상실을 설명했다. 이 장에서, 정신 분열병에 대한 논의는 전두엽의 기능 장애가 해당 증상에 어떻게 기여하는지에 초점을 맞추

고 있다. 조현병 환자들은 또한 인지 및 기억 능력에서도 혼란을 나타내는데, 특히 작업기억과 집행통제에서 심각한 결함을 보인다(Forbes, Carrick, McIntosh, & Lawrie, 2009). 조현병 환자가 지닌 작업기억의 손상은 환자가 지연시간 동안 마음속에 다수의 항목들을 유지해야 할 때 더 뚜렷해지며, 이러한 기능은 등외측 전전두피질과 관련되어 있다. 이러한 사실은 조현병 환자에게 등외측 전전두피질 손상을 발견한 다른 많은 연구들과 일치한다. 이와는 반대로, 배외측 전전두피질에 의한 기능은 조현병 환자들에서 상대적으로 손상되지 않은 것으로 보인다. 예를 들어, 조현병 환자들은 음운 혹은 시공간 기억 과제들을 수행할 때에는 거의 정상의 수행을 보이고(Barch, Csernansky, Conturo, Snyder, & Ollinger, 2002), 지연시간이 최소일 때와 소수의 항목에 대한 기억과제일 때도 거의 정상적으로 수행을 한다(Park & Holzman, 1992). 그러나 환자들은 시공간 작업기억 과제에서 정보를 조작하거나 갱신하는 요구가 더해질 때에는 장애를 나타냈다(Park & Holzman, 1992). 비슷한 집행통제의 결핍 또한 조현병 환자들에서 나타났다(Park, Holzman, & Goldman-Rakic, 1992).

신경영상은 조현병에서 나타나는 전전두피질의 기능 장애에 대한 좀 더 심층적인 통찰을 제공한다. 다니엘 웨인버그(Daniel Weinberger)와 동료들은 서로 다른 대뇌 영역의 혈류 흐름 측정을 통해 조현병 환자의 등외측 전전두피질의 기능 장애에 대한 첫 신경영상적 증거를 제시했다(Weinberger, Berman, & Zec, 1986). 그들은 조현병 환자들에게 위스콘신 카드분류 검사를 이용, 작업기억과 집행통제와 관련된 과제를 시켰는데, 환자들의 경우 등외측 전전두피질에서 혈류 흐름의 증가에 대한 증거를 얻지 못했다. 그림 9.8에서처럼 조현병이 아닌 건강한 통제집단은 단순히 숫자 세기를 했던 통제과제('Number'라고 표시된)와 비교해서, 카드 분류를 하는 동안('WCS'라고 표시된)의 전두엽의 활동이 더 활발했지만 조현병 환자들의 경우 그렇지 못했다. 추가적으로 조현병 환자들에서도 등외측 전전두피질 영역에서의 혈류량과 수행력 간에 높은 상관이 발견되었다. 즉, 위스콘신 카드분류 검사에서 더 나은 수행력을 보일수록 등외측 전전두피질에서 더 많은 혈류의 흐름이 관찰되었다.

좀 더 최근의 연구들은 조현병에서의 집행통제의 결핍과 등외측 전전두피질의 세부 영역과의 관련성을 보이는 증거들을 제시한다. 예를 들면, 연구자들은 9.1절에서 배웠던 작업기억에 대한 일반적인 검사인 N-뒤로 검사 동안 등외측 전전두피질의 활동이 억제되어 있는 것과 조현병이 상관이 있음을 찾아내었다. 그러나 배측과 후측의 전전두피질 활동은 정상적이었다. 즉 이 영역들과 연합되어 있는 수동적 암송 기제는 조현병에 의한 영향을 받지 않았음을 시사한다(Barch et al., 2002). 신경영상 연구의 결과는 사후에 조현병 환자들의 뇌를 관찰하여 등외측 전전두피질에서 병리학적 결함을 발견한 연구 결과들과 일치한다.

조현병의 비효율적 전전두피질 체계

조현병 환자들에 대한 최근의 기능적 뇌 영상 연구는 작업기억의 집행능력 감소가 다른 피질 영역들 간의 더 큰 연결망 활성화로 이어짐을 시사한다. 이는 환자들이 비교적 덜 손상된 다른 뇌 영역들을 활용하는 보충 연결망을 채택하리라는 예상과 일맥상통한다(Tan et al., 2007). 환자들이 인지적 조절이 필요한 과제를 성공적으로 처리하며 정상적인 작업기억 행동을 보일지라도 뇌 영상은 광범위한 후대뇌 대사 활동을 통해 이러한 환자가 비효율적으로 과제를 처리하고 있음을 보여준다. 이 장의 앞부분에서 높은 수준의 처리를 담당하는 등외측 전전두피질이 다소 덜 복잡한 과정을 담당하는 배외측 전전두피질을 통제할 가능성이 거론됐다(D'Esposito et al., 1995; Koechlin et al., 2003). 반대로, 조현병 환자들의 뇌 영상은 거의 정상적인 작업기억 능력을 보이는 과제에서도 배외측 전전두피질에서 증가된 활동 패턴을 보여준다(Tan, Choo, Fones, & Chee, 2005, 2006). 대조군이 작업기억 과제에서 등외측 전전두피질을 사용하는 반면, 조현병 환자들은 대부분 그렇게 할 수 없다. 오히려, 환자들에서는 제대로 기능하지 않는 등외측 전전두피질에 대한 일종의 보상으로 더 큰 배외측 전전두피질 개입이 일어난다.

도파민과 조현병의 유전학

조현병 환자들의 등외측 전전두피질에는 어떤 문제가 있는 것일까? 하나의 견해는 조현병에서 나타나는 작업기억과 집행통제의 결핍이 아마도 피질의 도파민계 처리 이상과 연관되리라는 것이다. 대부분의 약리학적 치료에서는 조현병을 치료하기 위해 신경과 신경 사이의 의사소통을 중계하는 물질인 **도파민**(dopamine)의 전달을 변화시키는 방법을 사용한다.

조현병의 원인에 대한 유전적 연구는 질병에 감염되기 쉽도록 만드는 유전자를 찾는 노력으로 나타나고 있다. 예를 들어, 다니엘 와인버거(Daniel Weinberger)와 동료들은 COMT 유전자의 돌연변이가 전두엽의 도파민 대사에 영향을 준다는 사실을 보인 바 있다(Egan et al., 2001). COMT는 도파민(및 기타 관련 신경 조절 물질)을 분해하는 데 중요한 몇 가지 효소 중 하나다. 몇몇 약리학적 치료는 COMT 효소를 표적으로 삼아 효소 활동을 바꾸고 그 결과로, 도파민 및 관련 신경 조절기의 가용성에 영향을 준다. 예를 들어, COMT 억제제는 도파민의 분해를 막고 뇌의 도파민 수치를 증가시키기 위해 파킨슨병 치료제로 사용된다.

건강하고 정상적인 사람들에서는, COMT 유전자의 상태가 위스콘신 카드 분류 검사의 수행 변산을 4% 수준까지 예측할 수 있다. 그림 9.21에서 볼 수 있듯이 0, 1 혹은 2벌의 나쁜 COMT 유전자를 지니는 것은 위스콘신 카드분류 검사를 수행하는 사람의 오답을 예측할 수 있는 것으로 보인다. 주목할 것은 단 두 벌의 잘못된 유전자를 가진 건강한 사람도 아무런 돌연변이도 없는 사람들에 비하면 이 과제에서 수행이 떨어진다는 사실이다. 이것은 정신분열 환자의 형제와 자매(잘못된 돌연변이를 가질 확률이 높은)뿐 아

그림 9.21
전두엽 기능에 미치는 유전자 돌연변이의 효과 잘못된 COMT 유전자의 개수와 위스콘신 카드 분류 검사 과제에서 반응 고집에 의한 오류의 숫자가 비례한다는 것을, 조현병 환자, 환자의 형제자매들 및 건강한 정상인들을 대상으로 보여주고 있다.

Data from Egan et al., 2001.

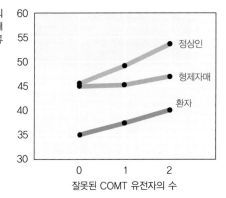

니라 일반적인 사람들로부터 추출된 건강한 통제집단들 모두에게 적용된다. 이러한 발견은 어떤 한 유전자에서의 돌연변이는 인지적 수행의 작은 변화를 가져오지만 여러 유전자들의 복합적인 돌연변이는 정상적으로 분류될 수 있는 정도를 넘어 조현병의 고위험군으로 사람을 밀어 넣을 수도 있다는 것을 제시한다.

와인버거와 동료들은 또한 작업기억과 집행통제에 매우 의존적인 과제인 2-뒤로 과제를 사용해서 COMT 유전자의 영향을 보는 뇌 영상 연구를 수행하였다. 0, 1, 2개의 나쁜 COMT 유전자 복제를 지니고 있는 뇌에서의 어떤 영역이 2-뒤로 과제를 할 때 활성화되는지 알아보고자 했다. 연구에서 이러한 유전자와 가장 높은 상관을 나타내는 영역은 바로 전전두피질이었다. 도파민 기능이 악화되는 결과를 낳는 나쁜 COMT 유전자의 복제가 증가할수록, 2-뒤로 과제 중의 전전두피질의 활성화는 감소하였다. 이는 한두 개의 복제된 나쁜 COMT 유전자를 지니고 있는 것이 작업기억 및 집행기능 과제 수행 시 전전두피질의 활동을 손상시킨다고 제안한다. 이러한 연구는 전전두피질에서의 도파민 활동에 영향을 미치는 유전적 돌연변이가 조현병에서 나타나는 증세인 인지적 결함의 발생과 관계가 있다는 증거를 제시한다.

이전에 언급했듯이 전전두피질 활동의 증가는 주어진 수준의 수행을 해내기 위해 필요하기 때문에 전두엽의 활성화는 해당 영역의 비효율적 기능을 반영하는 것으로 보인다. 현재 일부 연구에 따르면, 이러한 전두엽의 비효율성은 조현병 환자들의 친형제자매들에게도 보인다. 환자들의 친형제자매들은 과제 수행력이 대조군과 별 다르지 않지만 대조군보다 더 큰 활성화를 보여준다(그림 9.22). 이 결과는 신경 영상으로부터 얻은 생리학적 지

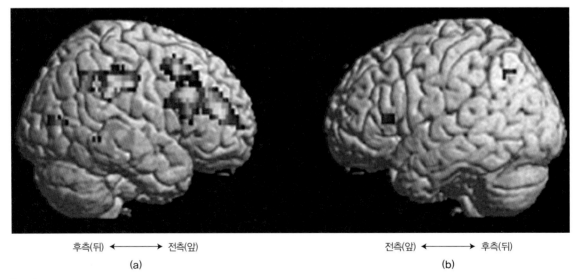

후측(뒤) ←——→ 전측(앞)　　　　　　전측(앞) ←——→ 후측(뒤)
　　　　(a)　　　　　　　　　　　　　　　　(b)

그림 9.22

작업 기억 수행 동안 조현병 환자의 정상 형제자매가 정상적인 일반인 참가자들에 비해 비효율적인, 즉 증가된 활동 수준을 보이는 뇌 영역들 이 뇌 영상은 두 집단 간의 차이를 보여주는 영역들을 나타내고 있는데, 조현병 환자의 정상 형제 자매는 우측 등외측 및 배외측 전전두피질에서 더 많은 활성화를 보인다. 두 집단 간에 과제 수행 수준에서의 차이는 없었다.

Adapted from Figure 2 of Callicott et al., "Abnormal fMRI Response of the Dorsolateral Prefrontal Cortex in Cognitively Intact Siblings of Patients With Schizophrenia," *Am J Psychiatry* 160 (2003): 709–719. Reprinted with permission from the American Journal of Psychiatry, (Copyright ©2003), American Psychiatric Association.

표가 행동 변화보다는 유전자의 효과(예 : 도파민 대사 수준)를 더 직접적으로 반영할 수 있음을 시사한다.

주의력결핍 과잉행동장애

주의력결핍 과잉행동장애(Attention-Deficit/Hyperacivity Disorder, ADHD)는 대략 5%의 어린이들에게서 진단되는 정신병리학적 문제들 중 하나이다. 그러나 ADHD의 진단 기준이 꾸준히 개선되고 있다는 점을 감안하면 실제 유병률은 예측하기 어렵다. 이러한 장애를 지닌 아이와 어른들은 계획, 시간 조직화, 하나의 과제에 대한 주의 유지, 방해자극에 대한 반응 억제와 같은 집행통제 과정에 많은 어려움을 보인다. ADHD 증상은 특히 자제력을 행사해야 하는 환경에서 특히 두드러진다. 예를 들어, ADHD로 진단받은 어린이는 쌍방향 비디오 게임을 적극적으로 할 때도 몇 시간 동안 앉아 있을 수 있지만, 오랜 시간 앉아서 훨씬 덜 매력적인 정보에 주의를 기울여야 하는 학교에서는 다소 어려움이 있다. 이러한 문제를 고려할 때 ADHD 학생들은 학업 부진의 위험이 높다(Martinussen & Major, 2011).

대부분의 연구자들과 임상의학자들은 ADHD가 전전두피질의 결함이나 소뇌나 기저핵을 포함하는 피질하 구조물 및 피질 영역들과 전전두피질 간의 연결에 이상이 생겨서 발생한다고 믿고 있다(Solanto, Arnsten, & Castellanos, 2000). ADHD 환자가 지연시간 동안 행동이나 생각을 유지하는 데 어려움이 있다는 사실은 전전두피질의 세포들이 지연시간 내내 지속적인 발화를 통해 외부 자극 없이도 생각과 행동 산출을 조절하는 데 결정적인 역할을 한다는 이전의 연구들과 일치한다. 구조적 뇌 영상 연구는, ADHD를 가진 아이들에서 공간적 주의 및 작업기억과 관련된 영역인 우측 전전두피질 영역이 정상인들보다 더 작음을 보여준다. 기능성 뇌 영상 검사는 ADHD에서 전두엽 활동이 감소한 증거를 보였으나 확산 텐서 영상은 전두엽의 백질 연결이 약한 것으로 나타났다(Arnsten, 2006; Castellanos & Tannock, 2002).

행동 연구는 ADHD 환자가 작업기억의 일부분에 장애를 지니고 있음을 제시한다. 최근한 연구는, ADHD를 지니고 있는 성인은 작업기억의 사용이 필요한 정신적인 연산의 결함을 보여준다(Schweitzer et al., 2000). 조현병과 마찬가지로 ADHD를 치료하기 위한 현재의 약물은 피질상에서의 도파민 기능을 변화시키는데, 가장 보편적인 ADHD 치료약인 리탈린(Ritalin; methylphenidate으로도 알려짐)은 도파민 방출의 증가 또는 시냅스에서의 재흡수 봉쇄와 같은 활동을 촉진한다. 불행하게도, 이러한 약물의 효과는 일시적이기에 행동적 문제들이 3~4시간 이후 다시 나타난다.

ADHD의 전두엽 기능 장애에 대한 강력한 증거가 있긴 하지만, 과연 전두엽 피질이 ADHD의 주의력 및 인지적 조절 문제의 원인인 것인가? 일부 연구자들은 전두엽 피질의 기능 장애 및 그와 관련된 작업기억과 주의력 문제가 실제로 다른 피질 하부 구조, 특히 기저핵의 결손의 결과라고 제안했다(Volkow, Wang, Fowler, & Ding, 2005, 2007). 제5장과 제8장에서 설명한 바와 같이 기저핵은 기술 습득과 행동 선택에 결정적인 역할을 한다. ADHD의 기원이 전두엽이 아닌 기저핵에 있다면, 어떻게 각성제가 작업기억을 개선하고 ADHD의 증상을 감소시키는가? 하나의 관점은 ADHD를 가진 사람들이 '잡음'으로 가득찬 기저핵을 가지고 있어서 때로는 전두엽 피질에 부적절한 신호를 보내어 신경질적인 행동을 일으키는가 하면, 때로는 전두엽 피질에 아예 신호를 보내지 않아서 반응 고집이나 산만함을 초래한다는 것이다(Volkow et al., 2005).

어떻게 그리고 왜 자극제가 ADHD 환자의 주의력 문제를 개선하는 것인가? 한 가지 가능성은 각성 자극제가 기저핵의 선조체 영역에서 세포외 도파민을 증가시킴으로써 전두엽 피질에 대한 기저핵 신호를 부각시킨다는 것이다(Volkow et al., 2004, 2005). 이 가설(제5장 참조)은 기저핵(및 전두엽)에서 도파민의 주요 역할을 설명하는 연구와 일치한다. 최근의 뇌 영상 연구는 ADHD를 가진 아동의 특정 과제 환경에서 발견되는 전두엽 피질의 활성화 증가(부족하긴 하지만)가 기저핵으로부터의 잡음 섞인 신호를 보상하려는 기능의 일부일 수 있다고 주장했다(Sheridan, Hinshaw, & D'Esposito, 2010).

약물 치료가 ADHD의 유일한 치료법은 아니다. 행동 훈련 방법 또한 도움이 될 수 있다. 일부 연구 결과에 따르면 ADHD가 있는 어린이를 교육하여 인지적 조절 능력을 향상시키고 작업기억을 보다 효과적으로 사용하는 방법을 배우면 몇 주 동안 특정 작업에 대한 작업기억이 향상될 뿐 아니라 부주의와 과잉 행동의 핵심 증상들이 감소한다고 한다(Klingberg et al., 2005; Beck, Hanson, Puffenberger, Benninger, & Benninger, 2010). 따라서 작업기억 훈련은 인지 기능과 ADHD 증상을 개선하기 위한 개입으로서 유망한 것으로 보인다.

조현병과 마찬가지로 ADHD는 유전적 정신질환(가족에서 돌발하는 경향이 있음)이며, 과학자들은 이 유전성에 대한 유전적 기반의 흔적을 찾는 데 머지않았다. 최근 연구에 따르면 ADHD와 관련이 있다고 여겨지는 일부 유전자가 밝혀졌다. 조현병과 관련된 일부 유전자와 마찬가지로 이 ADHD 유전자는 뇌에서 도파민의 기능을 조절한다(Durston, 2010). 앞으로의 연구를 통해 유전자를 보다 명확하게 밝혀내고 ADHD의 행동 장애와 어떻게 관련되는지 알아내고 더 효과적인 치료법을 개발할 수 있는 단서가 제공될 것이다. 진보적인 진단 기준 또한 절실히 필요하다. 명확한 질병 마커가 없고, 일관된 진단 기준이 없으며, 이러한 질환들이 매우 이질적이어서 같은 진단 범주 안에 있더라도 환자들은 각자 그중 일부 증상만을 서로 공유한다는 사실 때문에 조현병 및 ADHD와 같은 정신 질환을 연구하는 것은 어렵다.

중간 요약

■ 작업기억 손상은 조현병이 있는 사람들이 짧은 지연에 따라 마음속에 많은 수의 항목을 유지하려고 하는 시도 중에 명백하게 드러난다. 이러한 과제는 등외측 전전두피질과 관련된 기능들을 필요로 한다. 대조적으로, 배외측 전전두피질에 기인한 기능은 상대적으로 손상되지 않은 것처럼 보이므로 음운론적 또는 시공간적 기억 과제와 최소한의 지연이나 몇 가지 항목만을 포함하는 기억 과제에 대한 수행은 정상적인 것처럼 보인다.

- ADHD를 가진 사람들은 작업기억을 사용해야 하는 암산에서 결함을 보인다.
- ADHD를 가진 사람의 신경 영상은 그들이 작은 전두엽 피질뿐만 아니라 기저핵으로부터의 시끄러운 입력 신호가 있음을 보여준다. 이 시끄러운 신호는 기저핵으로 하여금 무엇이 중요하거나 중요하지 않은지 정확하게 표시하지 못하게 한다.

▌종합

하루 동안 우리가 사용하는 인지 기능 및 뇌에서의 처리 과정에 대한 통찰력을 얻기 위해, 카밀라의 이야기로 돌아가보자. 이른 화요일 아침, 카밀라는 수업 시간표를 떠올려 생각해 본다. 이때 등외측 전전두피질은 과목 목록을 정리해 나가면서 그날 들어야 하는 과목에 선택적인 주의를 기울인다. 이러한 주의는 카밀라가 가져가야 할 준비물의 목록에 대한 기억을 회상하도록 하여 화요일의 일정을 계획하고 조직화하는 일을 돕는다. 준비물들을 고려하는 동안, 배외측 전전두피질에서는 다양한 물건들이 잠깐씩 떠올라 표상된다. 가방에 그 준비물들을 가지런히 정리하는 동안에는, 각각의 순서와 위치가 등외측 전전두피질의 공간 작업기억 역량을 활성화시킨다.

현금을 찾기 위해 은행에 멈춰 섰을 때, 카밀라는 장기기억으로부터 비밀번호를 기억해 내기 위해 등외측 전전두피질을 사용하였으며, 배외측 전전두피질을 활성화시키는 음운루프를 통해 비밀번호를 암송하였다. 현금을 손에 든 그녀는 생물학과에 들러 숙제를 제출했다. 등외측 전전두피질이 숙제를 제출해야 한다는 사실을 계속해서 유지하고 상기시키지 않았다면 평상시대로 곧장 경영학 수업으로 달려갔을 것이다.

마침내 경영학 수업에 도착한 후, 수업을 듣는 도중에 생물학 책을 조금씩 읽어 내렸다. 복외측 전전두피질은 교수님이 특별히 중요히 여기거나 새로운 것에 대해 이야기할 때 수업으로 다시 전환되어 수업내용에 더 주의를 두었다. 그러나 정말로 주의를 사로잡는 사건이 발생했는데 바로 교수님께서 깜짝 단어퀴즈를 보겠다고 한 것이다. 카밀라가 새벽 2시까지 치어리더 모금 행사에서 피아노를 치고 직접 작곡한 노래를 하며 공연하지 않았더라면, 지난밤 경영학을 공부할 시간이 있었을 것이다. 불행히도 카밀라는 관련된 공부를 전혀 하지 않았다(배외측 전전두피질은 어젯밤 노래 가사를 회상할 때 적극적으로 사용되긴 했다). 깜짝 퀴즈를 푸는 동안, 카밀라는 가용한 장기기억 내의 지식들이 그녀가 필요로 하는 것보다 매우 부족함을 깨달았다. 그녀의 등외측 전전두피질은 장기기억으로부터 필사적으로 퀴즈의 답을 찾아내기 위해 애썼으나 어쩌겠는가? 그녀가 처음부터 아예 수업 내용을 공부하지 않은 것을.

모든 것을 고려해볼 때, 뇌 후측에 있는 장기기억 저장고와 긴밀히 일하며 기억, 마음, 삶을 제어할 수 있도록 도와주는 그녀의 전전두피질과 카밀라, 둘 모두에게 매우 바쁜 아침이었다.

중요 용어

감각기억(sensory memory)
단기기억(short-term memory, STM)
단어길이 효과(word-length effect)
도파민(dopamine)
등외측 전전두피질(dorsolateral prefrontal cortex, DLPFC)
반응고집(perseveration)
배외측 전전두피질(ventrolateral

prefrontal cortex, VLPFC)
시감각 기억(visual sensory memory)
시공간잡기장(visuospatial sketchpad)
음운루프(phonological loop)
인지적 조절(cognitive control)
일시적 기억(transient memory)
작업기억(working memory)
장기기억(long-term memory, LTM)

전전두피질(prefrontal cortex, PFC)
중앙집행기(central executive)
중앙집행기 이상 증후군(dysexecutive syndrome)
지연 후 새로운 샘플 찾기 과제[delayed nonmatch-to-sample(DNMS) task]
집행 통제(executive control)

퀴즈

1. 하노이의 탑 과제에서 원판들을 모두 오른쪽으로 이동시키는 것은 전두엽의 _____ 영역에 따른 추상적 계획이다. 반면에, 노란색 원판을 중간 기둥으로 이동시키는 것과 같이 과제를 끝내기 위한 작은 단계들의 세세한 계획은 전두엽의 _____ 영역에 더 의존한다.

2. 임상적으로 자주 사용되는 위스콘신 카드분류 검사에서 전두엽 병변 환자들은 _____을(를) 보인다. 다시 말하자면, 환자들은 이전의 규칙이 잘못되었다는 피드백에도 불구하고 새로운 규칙을 배우는 데 어려움을 겪는다.

3. ADHD는 _____ 영역에 위치한 _____ 관련 뉴런들에서 전두엽으로 오는 신호가 저조해짐으로써 생긴다는 가설이 있다.

4. 캐롤은 작년에 교통사고를 당한 후 전두엽 손상을 입었다. 그 이후로, 캐롤은 시간을 전혀 지키지 못하기 때문에 직업을 가질 수 없었다. 전두엽 손상과 그 이후의 행동을 고려했을 때, 캐롤은 _____ 증후군이 있는 듯하다.

5. 제이미는 캐리와 인사를 한 뒤, 뒤돌아서자마자 캐리가 입은 티셔츠의 색깔을 까먹는다. 우리는 제이미가 색깔을 잊기 전에 느꼈던 그 순간적인 시각적

감각을 _____(이)라고 부른다.

6. 짐은 7~8개의 많은 색깔을 별다른 노력 없이 기억해낼 수 있다. 그러나 긴 목록의 사람 이름을 기억해내라고 한다면 짐은 그저 4~5개만을 기억할 수 있을 것이다. 단기기억 저장소에 대해서 우리가 아는 것을 떠올려보자면 아마도 이러한 현상은 _____ 때문일 것이다.

7. COMT 유전자는 _____ 신진대사에 기여한다. COMT 유전자에서 두 대립 유전자의 기능이 유난히 저조한 조현병 환자들은 대립 유전자가 아예 없거나 하나밖에 없는 환자들에 비해 위스콘신 카드분류 과제에서 _____할 가능성이 더 크다.

8. _____은(는) 단기적으로 머릿속에 남아 있는 정보의 일시적이며 활성화된 표상이다. 이는 다음에 무엇을 할지 생각하고 결정하는 데 도움이 된다.

9. 배들리의 모델에서 _____은(는) 두 가지의 작업기억 저장고를 모두 감시하고 조작하며 작업기억의 인지적 조절을 돕는다.

10. 많은 연구들은 조현병 환자들이 _____ 기능 장애를 가지고 있음을 제시한다.

11. 조현병을 위한 대부분의 약리학적 치료법은 뉴런 간의 소통을 변경시키는 신경조절물질, _____의

전달을 조작하는 것이다.

12. 작업기억을 평가하기 위한 목적의 _____ 과제에서는 짧은 지연들이 사용된다. 반면에, 동일한 과제에서 장기기억을 연구하기를 원한다면 긴 지연들이 사용된다.

13. 기억의 장소-기반 모델은 2개 이상의 다른 장소들에 기억이 저장된다고 주장하기 때문에 기억의 _____ 모델이라고도 알려져 있다. 이와 비슷하게, 기억의 상태-기반 모델은 기억이 모두 한곳에 저장되며 다양한 상태로 존재한다고 주장하기 때문에 기억의 _____ 모델이라고도 불린다.

14. 쓰여 있는 색깔 이름과 그 문자의 색깔이 일치하지 않는 문자들을 이용하는 과제를 _____ 과제라고 부른다.

15. 일반 _____은(는) 학습하고 추론하고 이해하는 능력을 일컫는다. 이는 _____ 기억과 연관되어 있으며 특히 많은 규칙, 개념, 목표, 아이디어 등을 조직하는 데 필수적이다.

16. 사람들은 대뇌피질 중 약 _____이(가) 전전두피질로 이루어져 있다.

17. 얼 밀러는 전전두피질이 작업기억에 미치는 주요 기여는 바로 _____에도 불구하고 활동을 유지하는 능력이라고 주장하였다.

18. _____쪽 전두엽 손상 환자들은 (시공간적이 아닌) 언어적 작업기억에 특히나 장애를 보일 가능성이 크다.

19. _____은(는) 도파민을 분해하는 데 크게 작용하는 효소들 중 하나이다.

정답은 책의 뒷부분에 있다.

개념 확인

1. 후안은 파티에서 예쁜 소녀를 만난다. 소녀는 전화번호가 (617) 555-1812, 내선번호는 2001이지만 후안에게 적어줄 방법이 없다고 말한다. 연필과 종이를 찾을 때까지 후안은 전화번호 열네 자리를 어떻게 기억할 수 있을 것인가?

2. 차를 운전하거나 통화할 때 모두 사용되는 집행통제의 두 가지 측면을 설명하라.

3. 단어 목록을 암송하는 동안의 전두엽 영상을 볼 수 있다면 왼쪽 혹은 오른쪽 중 어느 쪽에서 더 많은 활동을 볼 수 있을 것인가? 단어 목록이 아닌 사진 및 그림 목록을 암송한다면?

4. 타냐는 의과대학에 진학하길 원하기 때문에 신경외과학 강의에서 집중하려고 노력하고 있다. 하지만 피터의 사랑스러운 보조개가 자꾸 시야에 들어온다. 타냐의 두뇌 중 어느 부분이 신경 해부학 이미지에 지속적으로 관심을 보이고 있으며, 어느 부분이 피터의 보조개에 주의를 돌리고 있는가?

5. 제리는 전에 만났던 여성의 이름을 기억하려고 노력하고 있지만, 유일하게 기억나는 것은 그 분의 이름이 여성의 신체 일부와 비슷한 단어라는 것이다. 제리가 이름을 기억하려고 애쓰고 있는 동안 전방 배외측 전전두피질과 후방 왼쪽 배외측 전전두피질 중 어떤 영역을 활성화할 가능성이 더 높은가?

6. ADHD를 가진 사람이 축구와 오리 사냥 둘 중 어느 것을 할 가능성이 더 큰가?

정답은 책의 뒷부분에 있다.

학습과 기억에 대한 정서의 영향

2001년 9월 11일 아침, 테러리스트들은 상업용 항공기 네 대를 납치하였고 그것들을 뉴욕의 쌍둥이빌딩, 워싱턴의 펜타곤 그리고 펜실베이니아 지역에 충돌시켰다. 그것은 2,000명 이상의 사상자를 발생시킨 미국 역사상 최악의 테러 공격이었다. 그날 아침을 기억할 만큼 충분히 나이 든 대부분의 미국인들은 아직도 그들이 그 뉴스를 언제, 어디서 들었는지를 정확하게 회상할 수 있다고 보고한다. 그들이 그 장소로부터 멀리 떨어진 곳에 살거나 심지어 그 공격의 사망자들 중 개인적으로 아는 사람이 없었다고 하더라도 9/11의 사건은 지금까지도 그들의 머릿속에 생생하게 각인되어 있다. 어떤 사람들은 뉴스를 TV 혹은 라디오 혹은 친구들로부터 들었는지를 기억하고, 어떤 사람들은 그들이 그 순간에 무엇을 하고 있었는지를 혹은 그들이 어떠한 감정을 느꼈는지 그리고 그날을 어떻게 보냈었는지를 기억하곤 했다.

그러나 2001년 9월 10일 아침에 그들이 어디 있었고 무슨 말을 했었는지에 대해 기억하는 미국인들은 거의 없다. 이러한 차이는 정서에서 비롯되는데 9월 11일의 사건은 강렬한 정서를 야기했던 반면에 대부분의 미국인들에게 9월 10일은 수많은 일상 중 하루였을 뿐이다. 강렬한 정서를 경험하고 있을 때 형성된 기억들은 그렇지 않은 기억들보다 더 오래 기억되거나 더 자세히 기억되는 경향이 있다.

Source line for facing image.

9/11 테러와 같이 강렬한 정서적 사건은 예외적으로 생생하고 오래 지속되는 기억을 만들 수 있다.

이 장에서는 기억과 정서의 관계에 대해 탐구를 할 예정이다. 많은 경우 기억과 정서는 정적인 관계를 지닌다. 즉 정서가 학습을 촉진하고 기억을 더 오래 보존하게 만드는 역할을 한다. 하지만 반대되는 측면도 있는데 너무 지나친 정서는 기억을 방해할 수도 있으며 때로는 임상적 장애를 유발한다. 우울증, 스트레스 장애, 공포증 등이 그 예이다. 정서를 연구하는 중요한 이유 중 하나는 정서의 영향을 이해하고 정서 이상으로 인해 고통받는 이들에게 도움을 주는 것이다.

10.1 행동적 측면

'새미'라는 한 젊은 남자가 밤에 집으로 걸어가고 있다. 그는 빨리 가려고 위험한 동네를 통과하는 지름길을 택했다. 새미는 잔뜩 긴장한 채로 어두운 골목을 걸어간다. 갑자기 그의 뒤에서 불순한 의도를 가지고 있을지도 모르는 수상한 소리가 들렸고 그는 소스라치게 놀랐다. 그의 심장은 쿵쾅거리는 것을 멈추지 않았고, 손은 축축하게 젖고, 얼굴은 창백해진다. 숨을 몰아쉬면서 그는 뒤에서 누가 나타났는지 보려고 고개를 돌린다. 이런 모든 반응들은 공포와 관련된 정서 반응의 일부이다. 어두운 골목에서 큰 소리가 날 때의 반응과 같은 정서 반응들은 선천적인 정서 반응이다. 반면 새미가 위험한 사람들이 사는 동네를 걷고 있었기 때문에 느꼈던 불안과 같은 정서들은 경험이나 문화를 통해 학습된 것이다.

정서란 무엇인가

누구나 정서가 무엇인지 안다고 생각한다. 하지만 정서를 정의해보라고 하면, 주의나 의식과 같은 다른 심리학적 개념들과 마찬가지로 아무도 정확하게 정의하지 못한다. 과학적인 의미에서 **정서**(emotion)는 세 가지의 분명히 구분되면서도 한편으로는 밀접하게 연결된 반응들로 구성되어 있다고 본다. 생리적 반응, 뚜렷한 행동 그리고 의식적인 느낌이 그것이다. 생리적인 반응은 심장박동, 발한 수준, 호흡 등의 변화를 포함한다. 뚜렷한(관찰 가능한) 행동 변화로는 표정, 목소리, 자세 변화 등을 들 수 있다. 정서와 관련된 의식적인 느낌은 슬픔, 행복감과 같은 주관적인 경험을 일컫는다.

새미가 어두운 골목을 걸어가고 있을 때 보이는 생리적인 반응은 심장박동의 증가, 손을 축축하게 만들 정도의 땀, 얼굴에 분포한 모세혈관들로부터 혈액을 다른 부위로 이동시키는 과정(그래서 얼굴이 창백해 보이게 된다) 등을 포함한다. 그의 뚜렷한 행동은 펄쩍 뛰어오르기와 주변 돌아보기를 포함한다. 의식적인 느낌은 자신이 처한 위험한 상황에 대한 이해에 동반되는 공포이다. 이러한 생리적 · 운동적 · 의식적인 반응으로 이루어진 복합적인 변화가 **공포 반응**(fear response)을 구성하는 것이다. 다른 종류의 정서들은 다른 생리적 · 행동적 · 의식적 느낌의 조합으로 이루어진다. 예를 들어, 여섯 살짜리 여자아이에게 싫어하는 브로콜리를 먹으라고 시킨다면, 그녀는 역겨움이라는 의식적인 느낌을 경험할 것이고, 혀를 내민다거나 브로콜리를 손가락으로 쿡쿡 찌르는 행동을 할 것이며, 생리적인 변화로는 심장박동이 감소할 수도 있을 것이다.

정서 연구자인 폴 에크만(Paul Ekman)은 인간에게는 태어날 때부터 가지고 있는 몇 가지의 보편적인 기본 정서가 있다고 주장한다(그림 10.1; Ekman & Friesen, 1984; McNally, Bryant, & Ehlers, 2003). (다른 연구자들은 이러한 기본 정서의 종류를 호기심, 수치와 같은 다른 정서에까지 확장하기도 한다.) 모든 인간들은 문화적 차이를 막론하고 이러한 정서를 경험하며 타인이 보이는 기본 정서의 특징들을 알아차릴 수 있다. 예를 들어, 에크만과 동료 연구자 월리스 프리즌(Wallace Friesen)은 그림 10.1에 있는 그림들을 뉴기니의 고립된 장소에서 살아온 부족민들에게 보여주었다. 이들 뉴기니 사람들은 산업화된 북미의 시민들과는 매우 다른 문화적 환경에서 살아왔음에도 불구하고 미국의 대학생들이 짓는 표정들이 나타내는 정서를 인식하는 데 별 어려움을 겪지 않았다. 마찬가지로 북미

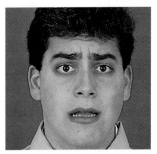

사람들 역시 뉴기니 사람들이 짓는 표정을 같은 정도로 정확히 인식할 수 있었다(Ekman & Friesen, 1971).

그림 10.1
보편적인 인간의 감정을 보여주는 표정들 인간은 인종과 문화에 상관없이 행복, 놀람, 공포, 슬픔, 분노, 역겨움을 경험하고 다른 사람의 정서적 표현을 인식할 수 있다.

이러한 결과는 모든 문화에서 정서가 똑같이 나타난다는 것을 의미하지는 않는다. 서로 다른 문화들은 그들의 구성원들에게 다양한 사회적 맥락 속에서 정서를 표현하는 적절한 방식에 대해 다른 규칙들을 가르칠지도 모른다. 예를 들어, 타인에게 존경을 표시하고 질서 있게 행동하는 것을 중요시하는 전통적인 일본 문화에서는 사회적 질서보다는 개인의 자유에 더 가치를 두는 미국 문화에 비해 정서의 표현이 훨씬 더 억제될 수 있다. 따라서 불쾌한 장면이 포함된 영화를 보여줄 경우 미국 학생과 일본 학생 모두 같은 정도의 정서적인 행동을 표현하지만(역겨운 장면에서 얼굴을 찌푸린다든지 해서), 만약 실험자와 같이 권위적인 존재가 함께 하는 경우 일본 학생들이 미국 학생에 비해 부적인 정서 표현을 훨씬 더 감춘다는 것이 보고되었다(Ekman, 1992). 이와 비슷하게, 전 세계의 다양한 문화들에서 공통적으로 관찰된 바에 의하면 남자와 여자는 생리적인 측면에서 거의 비슷한 정도로 정서를 표현한다. 그러나 여자들이 행복과 슬픔의 정서를 외적으로 표현할 확률이 더 높은데, 이는 아마도 "사나이라면 눈물을 보여선 안 된다."는 문화적 규범 때문일 것이다(Eisenberg

& Lennon, 1983; Kring & Gordon, 1998). 요약하면 정서는 선천적이고 다양한 문화에 걸쳐 전형적인 것으로 보이나, 정서의 외적 표출은 문화적 학습에 의해 변형되는 것으로 보인다.

자동적 각성과 도전-혹은-도피 반응

여러분이 숲을 통과해서 걸어가다가 큰 곰과 맞닥뜨리는 장면을 상상해보라. 어떤 일들이 일어날 것인가? 아마도 그 자리에 얼어붙어버리는 반응을 보일 것이다(뚜렷한 행동). 이런 외현적인 반응뿐 아니라 생리적인 변화도 일어날 것이다. 심장박동이 빨라지고, 호흡이 가빠질 것이다. 팔과 목의 털들이 곤두서고 손에서 땀이 나기 시작할 것이다. 호르몬들이 온몸을 돌면서 에너지와 흥분이 몰려들어오는 것을 느낄 수 있을 것이다. 그 외에도 쉽게 의식적으로 알아차리지 못하는 여러 가지 신체 변화들도 있는데, 소화 작용이 정지되고 동공이 확대되며 추가적인 혈액이 다리로 공급되어서 도망가야 할 상황에 대비한다.

이러한 일련의 신체적인 반응들은 **각성**(arousal) 혹은 좀 더 화려한 용어로 **도전-혹은-도피 반응**(fight-or-flight response)이라고 불리는데, 이는 도전이나 위험에 처했을 때 맞서 싸우거나(도전) 도망치도록(도피)하기 위해 신체가 자신을 준비시키는 방식이다. 혈압과 심장박동이 증가하고, 에너지의 주공급원인 글루코스(glucose)를 실어 나르는 혈류는 이러한 도전-혹은-도피 반응에 가장 필요한 신체기관들, 즉 뇌, 폐 그리고 다리의 근육들로 향한다(표 10.1). 소화계라든지 면역계 같은 다른 신체 기관들로의 에너지 공급은 잠시 보류된다. 이러한 신체 기관들도 정상적인 상황에서 장기적으로 유기체의 생존에 중요한 역할을 하지만 만약 지금 당장 직면한 위협을 처리하지 못한다면 아무 소용이 없다. 바로 눈앞에 적이 있는데 조금 전에 먹은 음식을 소화시키거나 감기에 맞서 싸우는 것이 무슨 의미가 있겠는가?

이러한 신체변화들은 신체 내부의 기관들과 각종 분비샘을 관장하는 **자율신경계**(autonomic nervous system, ANS)에 의해 통제된다. 자율이란 말은 자동성과 관계가 있으며 이는 자율신경계가 의식적인 통제를 받지 않고 스스로 작동함을 의미한다. 뇌가 도전이나 위

표 10.1 도전-혹은-도피 반응의 요소들	
증가	감소
혈압, 심박	소화
호흡	면역 기능
혈중 포도당 수준	성적 흥분
고통 억제	촉각 민감성
지각 및 인식 민감도	주변시야
다리나 팔의 큰 근육으로의 혈류 이동	성장

협을 감지하면 ANS는 부신샘(adrenal glands)으로 신호를 보내고, 그로부터 스트레스 호르몬이 분비된다. **스트레스 호르몬**(stress hormone)은 신체가 도전-혹은-도피 반응을 촉발시키거나 종료시키는 데 중요한 역할을 한다. **스트레스**(stress)에 대한 공식적인 정의 중 한 가지는 신체적 각성을 유발하거나 스트레스 호르몬의 분비를 야기하는 사건이나 자극이다. 아드레날린(adrenaline)이라고 불리기도 하는 **에피네프린**(epinephrine) 및 사람에게서는 **코르티솔**(cortisol)이라고 불리는 **글루코코르티코이드**(glucocorticoid)가 대표적인 스트레스 호르몬이다. 단기적으로, 각성이나 스트레스 호르몬의 분비와 같은 스트레스에 대한 반응은 우리가 직면한 도전에 대처할 수 있도록 우리를 준비시킨다. 도전이 지나가면 ANS는 도전-혹은-도피 반응을 종료시키고, 스트레스 호르몬 수준은 보통의 수준으로 내려간다.

강하고 즐거운 기억들, 예를 들어 행복감이나 놀람 같은 정서 역시 도전-혹은-도피 반응과 유사한 생리적인 각성을 일으킬 수 있다. 따라서 성적인 각성을 경험하고 있는 젊은 남자의 신체 반응 역시 유사한 양상을 보이며(동공 확대, 심박수, 혈압, 발한의 증가 등) 이는 갑자기 마스크를 쓴 무장 강도에게 공격당한 사람이 보이는 반응과 별반 다르지 않다. 다른 정서들에서도 그것들이 각각 다른 정서임에도 불구하고 많은 동일한 각성적 특징들이 발생한다. 예를 들어, 혐오를 제외한 많은 정서들에서 심장박동이 증가한다(Levenson, 1992). 그렇다면 우리는 왜 심장박동과 혈압의 증가를 어떤 상황에서는 긍정적인 정서의 요소로 느끼는 반면에 다른 상황에서는 부정적 정서의 일부로서 경험할까? 이에 대해 몇몇 이론들이 제시되어 왔다.

정서에 대한 이론들

정서에 대한 가장 초기의 이론이자 가장 영향력 있는 이론은 윌리엄 제임스(William James)와 덴마크의 심리학자인 칼 랑게(Carl Lange)에 의해 각각 독립적으로 제안되었기 때문에 주로 **제임스-랑게 정서이론**(James-Lange theory of emotion)이라고 불린다(Labar & LeDoux, 2003). 제임스-랑게 이론에서는 정서의 의식적인 느낌이 공포 혹은 다른 종류의 각성과 연관된 생리적 반응을 마음이 감지할 때 비로소 발생한다고 말한다. 그림 10.2a는 이러한 생각을 묘사한다. 먼저, 우리의 신체가 정서적 상황에 대해 생리적 변화로서 반응하고, 의식적 느낌들은 우리의 마음이 이러한 생리적 반응을 해석함으로써 뒤따른다. 현대의 몇몇 학자들은 **정서의 신체적 이론**(somatic theories of emotion)이라고 불리곤 하는 관련된 이론들을 개발했는데, 이러한 이론들은 자극에 대한 생리적 반응이 선행하고 그것들이 정서를 야기하거나 결정한다는 초기의 이론에 기반을 둔 이론들이다(Damasio, 1996, 1999; Zajonc, 1980, 1984).

정서의 신체적 이론은 연구자들이 사람에게 관련된 신체 반응을 유도함으로써 특정 정서를 불러일으킬 수 있다고 주장한다. 예를 들어, 실험자들은 어떠한 기분을 의도했는지를 알려주지 않은 채로 지원자들의 다양한 얼굴 근육을 움직이라고 지시함으로써 기분을 발생시킬 수 있다. 한 지시는 다음과 같다. "두 눈썹을 내리고 모아라, 위쪽 눈꺼풀을 올리고

그림 10.2
정서이론들 (a) 제임스-랑게 이론은 생리적 반응이 먼저 오고 이것이 정서의 의식적 느낌을 야기한다고 주장한다. 이는 정서의 신체적 이론의 한 예이기도 하다. (b) 캐넌-바드 이론은 자극이 정서와 생리적 반응을 동시에 자극한다고 주장한다. (c) 정서의 2요인 이론은 정서가 상황에 대한 인지적 평가와 생리적 반응 간의 상호작용에 의해 만들어진다고 주장한다.

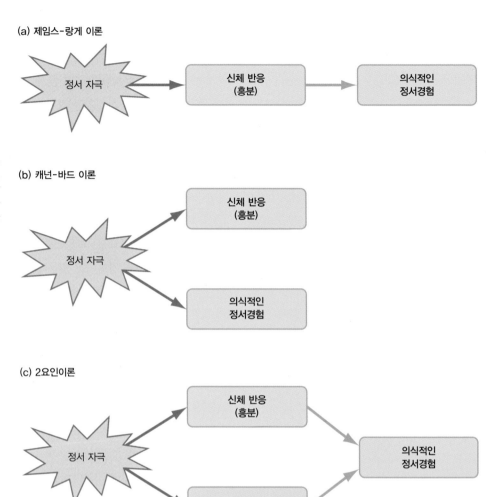

아래쪽 눈꺼풀을 조여라, 두 입술을 모으고 서로 눌러라." 당신이 이와 같은 표정을 만들고 그것을 몇 초 동안 유지하면 어떻게 느껴지는가? 이러한 얼굴의 일그러짐은 분노를 자극하는 것으로 여겨진다. 이러한 얼굴을 했던 지원자들은 대체로 심장박동과 혈압의 증가와 같은 분노라는 정서와 연관되는 생리적 반응을 나타냈다. 또한 그들 중 대부분은 약한 분노나 짜증을 보고했다(Ekman, 1992).

이러한 과정은 긍정적인 정서에 있어서도 적용된다. 지원자들이 입 꼬리를 올리고 눈을 살짝 찡그리라고 지시받았을 때 그들은 행복한 느낌이 전반적으로 약간 증가함을 보고했다(Ekman, 1992). 행복감을 유도하는 또 다른 방법은 입술이 젓가락에 닿지 않는 채로 젓가락을 물고 있는 것인데, 그러한 과정에서 사용되는 근육들은 자연스러운 미소를 짓는 동안에 사용되는 것과 같다. 그러한 미소를 유도하는 지시를 수행하면서 피험자들은 만화를 더 재미있는 것으로 평가하였고(Strack, Martin, & Stepper, 1988), 스트레스로부터 심리적으로 더 빠른 회복을 보였다(Kraft & Pressman, 2012).

요약하면, 웃는 얼굴을 유지하는 것이 실제로 너를 행복하게 할 것이라는 옛 말이 어느 정도 진실을 포함하고 있는 것으로 보인다. 더 일반적으로는, 이러한 결과들은 생리적 반응이 먼저 오고 의식적 느낌이 다음으로 온다는 것, 다시 말해 정서에서 우리의 의식적 느낌이 신체가 우리에게 말해주는 것에 달려 있다는 정서의 신체적 이론을 지지한다.

그러나 윌리엄 제임스의 학생이었던 월터 캐넌(Walter Cannon)은 신체적 이론들과 다른 의견을 가지고 있었다. 그는 사람들이 정서를 경험하지 않고도 각성을 경험할 수 있다고 주장했다. 예를 들어, 누군가가 달리기를 한 후에 그는 심장이 쿵쾅거리는 것을 경험할 것이다. 하지만 그것이 그가 두려움을 느끼게 될 것이라는 것을 의미하지는 않는다. 게다가 위의 내용들에서 알 수 있듯이 정서를 불러일으키는 많은 자극들이 비슷한 생리적 반응들을 야기하는데, 싸움(분노), 도망(공포) 그리고 성적 흥분과 같은 반응들은 모두 심장박동, 발한, 호르몬 분비의 증가를 포함한다. 그렇다면 증가된 심장박동을 비롯한 다른 생리적 반응들이 어떤 정서를 나타내는지를 의식적 마음이 어떻게 결정하겠는가?

후에 필립 바드(Philip Bard)에 의해 확장되고 **캐넌-바드 정서이론**(Cannon-Bard theory of emotion)으로 알려지게 된 캐넌의 주장은 정서와 각성 각각이 서로를 유발하지 않고 자극들이 정서와 각성을 동시에 야기한다는 것이다(Cannon, 1927). 그림 10.2b가 이러한 생각을 나타내고 있다.

몇 십 년이 지난 후에, 스탠리 색터(Stanley Schachter)와 제롬 싱어(Jerome Singer)가 제임스-랑게와 캐넌-바드 이론들의 몇몇 측면들을 포함시킨 또 다른 정서이론을 내놓았다. 색터와 싱어는 각성이 정서의 중요한 결정요인이라는 제임스의 의견은 일부 옳았고, 각성만으로는 우리가 무엇을 느끼는지에 대해 결정하기가 충분하지 않다는 캐넌과 바드의 의견 또한 부분적으로 옳았다고 주장한다.

유명한 실험에서 색터와 싱어는 지원자들에게 생리적 각성(심장박동, 혈압 등의 증가)을 유발하도록 돕는 스트레스 호르몬들 중에 하나인 에피네프린을 주사하였다. 이후에 그들은 각각의 지원자들을 지원자들이 모르게 사전에 특정한 방식으로 연기를 하도록 지시받은 연기자들과 같은 방에 들어가 있도록 하였다. 지원자들은 그들과 같은 방에 있는 동료인 척하는 연기자들의 기분을 따라가기 시작했다. 유쾌함을 연기하는 연기자와 짝이 지어진 지원자들은 유쾌하게 행동하기 시작했고, 반면에 분노함을 연기하는 연기자와 짝이 지어진 지원자들은 그들 스스로도 짜증을 내기 시작했다. 말하자면, 에피네프린 주입이 신체적 각성을 유발하는데, 각각의 지원자들의 뇌가 그 각성을 개인이 마주한 상황에 따라 해석했다는 것이다(Schachter & Singer, 1962). 이것은 서로 같은 2개의 모호한 신체적 반응이 서로 다른 정서를 야기할 수 있으며, '기쁨' 혹은 '분노'와 같은 이름표가 처한 상황에 따라 다르게 붙여질 수 있다는 것이다.

이러한 결과는 색터와 싱어가 **정서의 2요인이론**(two-factor theory of emotion)을 주장하도록 만들었는데, 정서의 2요인이론은 인지적 평가와 생리적 변화에 대한 지각이 함께 우리의 정서경험을 결정한다는 이론이다(그림 10.2c). 즉, 만일 우리가 나무들 사이에 혼자 있

영화를 보고 있는 왼쪽 그림의 사람들은 일반적으로 공포나 흥분과 연관된 생리적 반응을 즐기고 있는 것으로 보이는 반면에, 오른쪽에 국제무역센터가 공격당하는 상황에서 사람들은 공포나 흥분을 즐기는 것처럼 보이지 않는다. 정서의 2요인이론이 이러한 차이를 어떻게 설명할 수 있을까?

을 때 곰을 본다면, 인지적 평가가 우리에게 위험에 대해 경고를 하고, 이러한 평가가 도전 –혹은– 도피 반응이라는 생리적 변화와 상호작용하여 공포라는 정서적 경험을 만들어낸다는 것이다. 이와는 반대로, 그의 여자 친구를 오랜만에 만난 젊은 남자는 비슷한 패턴의 생리적 각성을 경험할지도 모르지만, 상황에 대한 그의 인지적 평가는 굉장히 다른 정서적 경험을 이끌어낼 것이다. 한편으로는, 제임스가 말한 것과 같이 특정한 생리적 반응패턴이 정서에 대한 우리의 의식적 느낌에 기여하고, 다른 한편으로는, 우리의 인지적 인식이 우리가 그러한 각성을 현재의 맥락에 맞추어 해석하도록 돕는다. 요약하자면, 정서는 의식적 느낌, 인지적 평가, 그리고 신체적 반응의 상호작용에 의해 발생하는 복잡한 현상이다.

정서의 2요인이론을 지지하는 유명한 실험은 '출렁다리' 연구이다(Dutton & Aron, 1974). 이 연구에서 징검다리 위에서 매력적인 여성 연구자가 다리를 건너는 남성에게 간단한 설문조사를 요구한다. 어떤 경우에 징검다리는 낮고, 안전하게 보이는 구조를 가지고 있는 반면 다른 경우에는 깊은 협곡 사이에 케이블로 연결되어 있는 흔들다리이다. 각각의 참가자들이 설문조사를 마친 후에, 연구자는 참가자에게 그녀의 전화번호를 알려주며 "혹시 더 궁금한 사항이 있으면 연락을 달라."고 한다. 연구자들은 위험해 보이는 다리 위에 있는 남자들이 더 많이 각성될 것이며, 그러한 느낌을 성적인 각성으로 잘못 해석할 가능성이 높으므로 안전한 다리 위에서 설문조사를 한 남자들보다 여자 연구원에게 데이트를 기대하고 더 많이 연락을 할 것이라고 예상했다. 결과는? 낮은 다리 위에서 실험을 진행했던 남자들은 연구자에게 연락의 거의 하지 않은 반면에 높은 다리 위에서 실험을 진행했던 남자들의 거의 50%가 연락을 했다. 대조적으로, 연구가 남자 조사원에 의해서 진행되었을 때 두 다리에서 실험을 받았던 남자들 모두에게서 거의 후속전화가 오지 않았다. 이는 연구자들에게 높은 다리에서 실험을 진행했던 참가자들이 단순히 실험의 과학적 세부사항에 대해 더 관심이 있었을지도 모른다는 가능성을 배제할 수 있도록 하였다.

2요인이론은 또한 관람객들이 두려움에 떨며 비명을 지르도록 하는 공포영화의 대중성에 대한 설명에 도움을 줄 수도 있다. 공포가 '부정적인' 정서임을 고려했을 때 왜 다른 경우에는 합리적인 사람들이 그것을 경험하기 위해 줄을 서서 돈을 지불할까? 부분적인 이유는 무서운 영화로 인해 야기되는 강한 생리학적 반응들이 큰 기쁨이나 성적인 즐거움으로 인해 야기되는 강한 생리학적 반응들과 크게 다르지 않기 때문이다. 관람객들은 영화관의 상황이 상대적으로 안전하다는 것을 알고 있고, 이러한 인지적 평가가 그들이 이러한 강한 각성을 위협적인 것보다는 즐거운 것으로 해석하는 것을 가능하게 한다.

지식 테스트

정서이론들

재닛은 그녀가 가장 좋아하는 밴드의 음악 콘서트에 있다. 불이 꺼지고 밴드가 무대로 나오면서, 그녀는 발을 구르고 군중들과 함께 열광했다. 그녀의 심장박동은 흥분으로 빨라졌다. 아래의 각각의 정서이론들로 이와 같은 상황을 설명해보라. (정답은 책의 뒷부분에 있다.)

1. 제임스-랑게 이론
2. 캐넌-바드 이론
3. 정서의 2요인이론(인지적 평가)

인간이 아닌 동물의 정서 파악

지금까지 우리는 인간에 관해 정의된 정서들에 대해서 이야기를 해왔다. 다른 동물들은 어떠한가? 인간이 아닌 동물들도 정서를 경험할 수 있을까? 많은 연구자들이 동물들도 그럴 수 있다고 믿는다.

동물의 행동에 관한 문헌들을 보면 동물의 정서에 대한 묘사를 하는 것으로 보이는 사례들이 가득하다. 밀렵꾼에 의해 티나라고 불리던 코끼리가 살해된다. 같은 무리에 속한 나머지 코끼리들이 티나를 일으켜 세우려고 안간힘을 쓰고 입에 풀을 가져다 먹이려고 한다. 티나가 마침내 죽고 나자 그녀의 몸에 흙과 나뭇가지를 뿌려준다. 티나의 딸은 그 이후로 티나가 묻힌 장소를 찾아 몸통으로 엄마 코끼리의 뼈를 쓰다듬곤 했다(Moss, 1988). 암컷 침팬지가 새끼를 낳는다. 새끼가 태어나는 순간에 어미와 가장 가깝던 침팬지 한 마리는 기뻐서 날뛰며 근처에 있던 다른 침팬지를 끌어안기까지 한다. 그로부터 며칠 동안 어미와 새끼를 돌보며 주변을 떠나지 않는 것이 관찰되었다(de Waal, 1996). 범고래 한 마리가 병을 앓는다. 형제들이 그를 따라다니면서 보호해주고 숨을 쉴 수 있도록 수면 가까이 떠 있게 도와준다. 심지어는 자신들이 해변으로 밀려날 위험을 감수하면서까지 얕은 물에 있도록 인도해주고 마침내 그 고래가 죽을 때까지 곁을 떠나지 않는다(Porter, 1977).

코끼리가 슬픔을 느끼고 원숭이가 감정의 공감을 느끼고 범고래가 동정심을 느낄 수 있을까? 앞에서 언급한 동물들의 행동은 사람만이 가지고 있다고 생각되는 어떠한 정서적인 의식 없이 단지 숨겨진 본능에 의해서 움직인 것일까? 이러한 동물들은 마치 그들이 정서를 느끼고 행동하는 것처럼 보인다. 하지만 동물들이 인간이 하는 방식대로 주관적인 느낌을 경험하고 있는지는 절대로 알 수 없다. 그러나 명심해야 할 것은 이러한 주관적인 느낌은 정서의 구성요소 중의 하나에 불과하다는 것이다. 다른 두 가지 요소는 생리적인 반응과 뚜렷한 행동 반응이다. 이러한 요소들은 동물들에게 있다는 것이 알려져 있고 또한 연구되고 있다.

모든 종에 걸친 공포 반응

19세기 초반 찰스 다윈(Charles Darwin)은 많은 동물이 놀라운 자극에 비슷하게 반응한다는 것을 관찰했다(Darwin, 1872). 예를 들어 고릴라가 무서운 자극과 마주쳤을 때 보이는 첫 번째 반응은 갑작스러운 점프('깜짝 놀람')와 뒤따르는 놀라서 얼어붙는 것이다. 고릴라는 몸을 평상시보다 더 크고, 위협적으로 보이기 위해 몸에 있는 털을 세우는 **털 세움**(piloerection) 반응을 보인다. 무서운 상황이 더 심해졌을 때, 고릴라는 배변을 하게 된다. 이러한 반응은 어두운 골목길에서의 새미의 반응과 놀랄 정도로 비슷하다. 새미 역시 수상한 소리를 들었을 때 피부가 곤두서고 이러한 상황을 파악할 순간에는 얼어 있었을 것이다. 새미의 목과 손등에 있는 솜털들은 곤두서고 그다음에는 소름이 돋았을 것이다. 다윈은 이러한 반응들을 원숭이 조상들의 잔여물이라고 생각했다. 더 극도의 상황에서는 새미의 무서움은 방광과 괄약근의 조절능력을 상실하게 만들 것이다. 이러한 인간의 무서움 반응들은 다른 영장류들과 직접적인 유사성이 있다.

어느 정도까지는, 포유류에서도 같은 반응들을 찾을 수 있다. 놀란 쥐에게서 혈류와 심장박동에서의 변화뿐만 아니라 인간, 원숭이, 토끼, 고양이에게서 발견되는 호르몬에서의 변화 역시 관찰할 수 있다. 심지어 포유류가 아닌 물고기나 파충류, 새들도 이러한 반응을 보인다. 예를 들어 놀랐다는 신호를 보낼 때 새들은 깃털을 부풀리고 물고기들은 더 커 보이기 위해 지느러미를 피거나 몸을 부풀린다. 그들을 커보이게 하는 이런 반응들은 포유류들에서 보이는 방어적 적응반응인 모근의 기립과 유사하다. 그러한 반응들이 나타날 때, 연구자들은 비록 동물이 실제로 정서를 느끼는지 여부를 알 수 없더라도 동물들이 공포 반응의 생리적 · 행동적 요소들을 표현한다고 보고한다.

생리적 반응들이 자동적으로 인간의 정서와 동일시되는 것은 아니라는 것을 염두에 두는 것은 중요하다. 달리기를 한 후에 심장이 쿵쾅거렸지만 공포를 느끼지는 않았던 여성의 예시를 기억해라. 또 다른 예시는 인간의 학습에 대해 참가자들이 전기충격과 같은 불쾌한 사건들을 예측하거나 피하도록 훈련하는 방식을 통해 실험하는 연구에서 비롯되었다. 여기서, 윤리적인 문제는 참가자들에게 스스로 충격의 강도를 '불쾌하나 고통스럽지는 않은' 정도로 선택하도록 함으로써 준수되었다. 이러한 조건에서, 사람들은 충격에 대해 생리적 반응들을 나타내었으나 대체로 다가오는 충격을 예상하면서 공포에 대한 의식적 느낌을 보고하지는 않았다(LaBar, 2009). 그러므로 사람 연구에서 쥐들을 비롯한 다른 동물들에서와 마찬가지로, 정서 반응을 야기하고 연구하는 연구자들은 생리적 반응들이 정서와 일치하지만 생리적 반응의 존재가 해당하는 정서를 확증하는 것은 아니라는 것을 확실하게 해야 한다.

공포를 넘어서

공포 반응들이 유발하고, 변별하고, 기록하기가 상대적으로 쉽기 때문에 정서와 그것이 학습과 기억에 미치는 영향에 관한 동물연구들의 거의 대부분은 공포 반응의 학습에 초점을 맞추어왔다. 그러나 최근 들어, 다른 정서들에 관한 관심 또한 증가해왔다. 제5장에서 우리는 '냠냠'과 '웩' 반응에 대해 읽었다(Berridge & Robinson, 1998). 특히, 단맛을 받은 쥐들은 마치 사람들이 맛있는 것을 맛볼 때와 같은 경쾌한 입의 움직임과 혀 내밈을 보였다. 쓴맛을 받은 쥐들은 역겨운 맛을 느낀 사람의 반응과 같은 떡 벌어진 입, 머리 흔듦, 앞발로 얼굴 문지르기를 보였다. 다시, 우리는 쥐가 즐거움이나 역겨움의 의식적 느낌을 경험하는지 확신할 수 없지만, 이러한 생리적 반응들은 포유류 전반에 걸쳐 일관되게 나타난다.

사람들이 특히 사회적 맥락에서 기쁨의 정서를 표현하는 방법 중에 하나는 웃는 것이다. 현재 다른 포유류들에서도 웃음과 비슷해 보이는 반응들이 있다는 증거들이 누적되고 있다. 예를 들어, 간지럼은 어린 쥐들에게 보상적인데, 이는 쥐들이 간지럼이라는 강화를 얻기 위해 미로를 달리거나 레버를 누르는 것과 같은 행동을 할 것이라는 점에서 그렇

동물들에게서 나타나는 정서는 사람의 정서와 놀라울 만큼 유사하다. 예를 들어 놀랄 때 물고기, 새 그리고 다른 포유류를 포함하는 많은 동물들은 그들을 부풀려서 더 커보이게 만든다. 다윈은 인간이 보이는 소름 반응이 조상들의 털 세움 반응으로부터 온 것이라고 말한다. 사람의 정서들은 세 가지 요소들을 가지고 있다. 이러한 세 가지 요소들 중 다른 동물들에서도 확인할 수 있는 것은 어떤 것들이 있을까?

다(Burgdorf & Pankskepp, 2001). 간지럼을 받는 동안 쥐들은 인간의 웃음과 많은 음향적 특징을 공유하는 초음파 발성을 하곤 한다(Panksepp & Burgdorf, 2003). 간지럼으로 야기된 발성들은 침팬지나 고릴라들에게서도 나타난다(Davila-Ross, Owren, & Zimmerman, 2009). 심지어 개들도 놀이를 하는 동안에 특징적인 '웃음' 발성을 한다. 한 연구는 개 웃음 발성 녹음을 들은 개들이 스트레스가 감소한다고 주장한다(Simonet, Versteeg, & Storie, 2005).

쥐들, 개들 그리고 영장류들이 웃음과 비슷한 발성을 보인다는 것이 반드시 이러한 동물들이 유머감각을 가지고 있다는 것은 아니다. 더 정확히 말하면, 이것은 기쁨의 사회적 표현으로 보인다. 그러므로 어린 쥐들은 놀이행동 동안에 웃음과 비슷한 발성을 보이고, 또한 성장한 쥐들 중에서 자주 '웃는' 쥐들과 시간 보내는 것을 선호한다(Panksepp & Burgdorf, 2003). 비록 사람이 아닌 대상의 웃음에 관한 연구가 상대적으로 늦게 시작되었지만, 이미 사람이 사회적 웃음을 보이는 동안 활성화되는 뇌의 부분이 다른 동물들이 웃음과 비슷한 반응을 보일 때도 활성화된다는 증거들이 있다(Meyer, Baumann, Wildgruber, & Alter, 2007). 그러므로 웃음과 비슷한 발성을 기록하는 것이 연구자들이 인간이 아닌 동물들의 기쁨 반응을 측정하는 한 가지 방법일 수 있다. 다시 한 번, 우리는 '웃는' 동물들이 기쁨의 정서를 경험하는지 확신할 수는 없고, 단지 그들의 생리적 그리고 행동적 반응들이 행복한 사람들에서 나타나는 것들과 유사하다는 것만을 알 수 있다.

학습된 정서 반응 : 공포를 중심으로

기쁨 반응들에 관한 추가적인 동물연구가 인간이 아닌 동물들이 어떻게 기쁨 반응을 학습하는지 그리고 그것이 공포 반응에 대한 학습과 다른지 등에 관한 통찰력을 제공할 수도 있을 것이다. 그러나 위에서 언급했던 것과 같이 지금까지는 인간이 아닌 동물들의 정서학습에 관한 대다수의 연구들은 부정적인 정서들, 그중에서도 공포에 초점을 맞추어 왔다. 이것은 공포가 다른 정서들보다 선천적으로 더 중요하거나 흥미롭기 때문이 아니라, 단순히 인간이 아닌 동물들의 공포 반응들을 어떻게 야기하고 어떻게 인식할 것인가에 관한 오랜 전통이 있어왔기 때문이다. 뚜렷한 행동과 생리적 변화들을 포함하는 공포의 정서 반응들에 관한 학습은 특히 빠르고, 강하며, 오래 지속된다.

공포 조건화 : 위험을 예측하는 학습

쥐들은 전기충격처럼 불쾌하고 놀라는 자극을 받을 경우에 일반적으로 짧은 순간에 움직임을 멈추고 있는 동결 반응을 보인다. 잠재적 위협에 대해 가만히 있음으로써 대처하는 것은 작은 동물들이 대체로 움직임을 포착하는 것에 맞추어져 있는 시각시스템을 가진 포식자들을 피하는 데 도움을 준다. 동결 반응은 또한 동물의 크기에 관계없이 위협이 무엇이고 어디에 있는지를 파악하기 위한 감각 입력에 최대의 주의를 할당할 수 있게 해준다. 그 후에, 만일 더 이상 아무것도 일어나지 않으면 쥐들은 다시 예전에 하던 행동으로

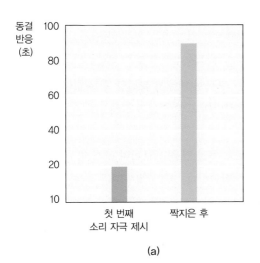

(a)

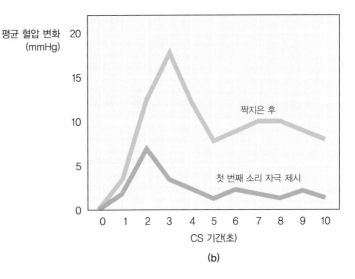

(b)

돌아간다.

동결 반응은 학습된 것이 아니다. 그것은 쥐가 위협적인 상황에 대해 보이는 선천적인 공포 반응이다. 이 예에서, 동결행동은 공포 US에 의해 유발된 UR이다(고전적 조건화와 CS, US, CR, UR에 대해서 다시 볼 필요가 있다면 제4장 참조). 동결 반응에 더해 공포US 는 또한 혈압과 심장박동의 증가와 같은 자동적 무조건 반응들(URs)도 유발한다. 그러나 만약 공포 US가 소리나 빛 자극과 같은 중성적인 자극(CS)과 반복적으로 같이 제시된다면 그 동물은 CS-US 간의 연합을 학습할 것이고 그렇게 되면 CS에 대해서 CRs들이 나타나게 된다. 그러한 CRs들은 제4장에서 나왔던 조건화된 정서 반응들이다. 그림 10.3은 쥐들에게 서 조건화된 정서 반응에 대한 예를 보여준다. 이 예에서, 연구자들은 10초의 소리 CS를 들 려주고, 쥐들은 짧은 동결 반응으로 반응한다(그림 10.3a). 그다음, 소리는 발바닥 충격 US 와 짝지어 제시된다. 이후에는, 소리만 제시된다. 이제 쥐는 발바닥 충격을 예상하고 학습 된 내용을 임박한 충격에 대한 기대로 인한 동결 반응의 증가라는 행동 CR을 통해 나타낸 다(그림 10.3a).

동물이 동결 반응 CR을 학습과 동시에, 다른 공포 반응들 또한 조건화된다. 그러므로 소리가 처음으로 제시되었을 때, 그것은 약하고 일시적인 혈압의 증가를 유발한다(그림 10.3b). 그러나 소리-충격이 짝지어진 후에, 소리는 혈압의 급격한 증가를 야기하는데, 그 러한 상태는 소리가 지속되는 동안 유지된다. 만일 실험자들이 심장박동, 스트레스 호르몬 분비의 증가, 혹은 배변과 같은 도전-혹은-도피 반응을 나타내는 다른 지표들을 측정했 더라도, 그들은 소리가 이러한 지표들 또한 야기했음을 확인할 수 있었을 것이다. 이러한 사실은 조건화된 정서 반응에 대한 추가적인 증거이다. 이러한 학습된 공포 반응들은 쥐가 고양이와 같은 자연의 공포 유발 자극에 직면했을 때 보이는 행동들과 유사하다(Fendt & Fanselow, 1999).

이러한 조건화된 공포 반응에 대한 기본적인 규칙들은 다른 종에도 적용된다. 예를 들어

그림 10.3
쥐에게서 보이는 조건화된 정서 반응 (a) 첫 번째 시행에서 소리 CS는 짤막한 동결 반응을 보이지만, CS와 전기충격 US가 짝지어져 제시된 후에는 강력한 동결 반응(공포 CR)을 일으킨다. (b) 이와 유사하게, 첫 번째 CS 제시는 약한, 일시적인 혈압 상승을 일으키지만 CS-US 짝짓기 후에는 강한 혈압 상승이 CS 기간 내내 지속된다. 혈압 변화와 동결 반응은 조건화된 정서 반응이며, 쥐가 CS-US 연합을 학습했다는 증거이다.
Research from LeDoux, 1993.

제4장에서 바다달팽이 군소가 약한 터치와 같은 공포를 유발하는 CS[이는 꼬리충격(US)을 예언한다]에 대한 반응으로 아가미 철수(CR)를 학습할 수 있다는 것을 기억해보라. 그렇다면 바다달팽이가 쥐들이 케이지 구석에서 몸을 웅크리는 것처럼 혹은 사람들이 9/11 테러 장면을 피하는 것처럼 공포를 '느낄' 수 있을까? 그것에 대해서 확신할 수는 없다. 분명한 것은 군소의 뚜렷한 행동이 쥐의 동결 반응이나 사람의 도망 행동과 크게 다르지 않은 조건 정서 반응이라는 점이다.

쥐는 심지어 단지 한 번의 CS-US 연합만으로도 동결 반응을 보이며 군소 역시 단 네 번의 시행만으로도 조건화된 아가미 철수 반응을 학습한다. 제4장에서 배운 눈꺼풀 조건화(eyeblink conditioning)와 비교해보라. 쥐와 토끼에서 그 반응을 학습하기 위해서는 수백 번의 시행이 필요하고 사람의 경우에도 몇 십 번의 시행이 필요하다. 따라서 정서 학습이 빠르다는 결론을 내릴 수 있다.

정서 학습이 빠르고 아주 효율이 좋은 것은 무엇 때문일까? 아마도 야생에서 동물들이 포식자를 피할 때 시행 오류 학습을 할 기회가 많지 않기 때문일 것이다. 왜냐하면 그들에게는 한 번의 실수가 치명적이기 때문이다.

정서적인 학습의 다른 특징은 그것이 굉장히 오랫동안 지속되며 소거가 잘 되지 않는다는 점이다. 동물들의 정서 반응을 없애기 위해서는 US 없이 CS만 제시되는 소거 학습이 많이 필요하다. 그 후에도 소거 학습이 학습된 반응을 지울 수 있는 것은 아니다. 그것은 단지 CS가 정서 반응을 유발할 확률을 줄일 뿐이다. 이러한 이유로 정서 반응은 소거 학습 이후에도 쉽게 다시 되돌아온다. 때로는, 단순히 동물을 그것이 US를 경험했던 실험 상자로 되돌려놓는 것만으로도 조건화된 정서 반응을 회복시키기에 충분하다(Bouton & Peck, 1989).

조건화된 탈출 : 위험으로부터 도망치는 것을 학습하기

어떤 자극이 다가오는 위험을 알린다는 것을 알아차리는 학습을 하는 것은 좋은 것이지만, 그 위험으로부터 도망쳐버리는 것이 더 낫다. **조건화된 탈출**(conditioned escape)에서 그 생명체는 위험한 상황에서 도망치는 행동을 학습하게 된다. 예를 들면 일련의 발바닥 충격을 받는 쥐가 그것을 제거하기 위해 레버 누르는 것을 학습하거나, 물에 빠트린 쥐가 물에서 벗어나기 위해 플랫폼의 위치를 찾아내고 올라가는 것을 학습하는 것과 같다(쥐들은 수영을 잘하지만 해변에 있는 사람들과 같이 물이 차가우면 그것으로부터 벗어나고 싶어 한다).

탈출학습은 조작적 조건화의 형태를 하고 있다. 제5장을 떠올려보면 조작적 조건화에서, 변별자극 S^D가 행동적 반응 R을 야기하고 이것이 결과 O를 불러온다.

$$변별자극\ S^D \rightarrow 반응\ R \rightarrow 결과\ O$$

충격 예시에서, 변별자극 S^D는 충격의 개시이고, 반응 R은 레버를 누르는 것, 그리고 결과 O는 충격으로부터의 탈출이다. 충격이 부정적이기 때문에, 이것은 부적강화의 예시라고 할 수 있다 — 반응이 부정적인 어떤 것(충격)을 환경으로부터 제거되도록 만들고 그렇기 때문에 반응의 빈도가 증가한다. 비슷하게, 쥐를 물에 빠트리는 예시에서, S^D는 물이고, R은 플랫폼을 찾는 것과 올라가는 것이며, O는 물로부터 벗어나는 것이다.

조건화된 탈출학습은 굉장히 빠르게 일어날 수 있다. 처음 쥐를 물에 빠트렸을 때, 쥐는 플랫폼을 찾기 전까지 무작위적인 방향으로 헤엄을 치지만, 일단 플랫폼의 위치를 학습하면, 다시 물에 빠졌을 때 일반적으로 플랫폼을 향해 똑바로 헤엄쳐 가서 물을 피한다.

조건화된 회피 : 위험을 완전히 피하는 것 학습하기

위험으로부터 도망치는 것보다 더 나은 방법은 그것을 완전히 피하는 법을 학습하는 것이다. **조건화된 회피**(conditioned avoidance)에서, 동물들은 부정적인 자극을 피하거나 그것이 도달하는 것을 예방하는 특정한 반응들을 학습한다. 예를 들어, 쥐는 반응레버가 있는 우리에 놓일 수 있다. 이따금씩 일련의 발바닥 충격이 전달되는데, 만약 쥐가 충격이 전달되는 중간에 레버를 누르면 충격이 제거된다. 더 나아가 소리와 같은 경고신호가 발바닥 충격이 시작되기 직전에 나오는 조건에서, 만약 쥐가 소리가 끝나기 전에 레버를 누른다면 발바닥 충격은 완전하게 회피될 수 있다. 일반적으로, 쥐는 먼저 충격에서 도망치는 것을 학습하고, 결국에는 경고신호가 나올 때 레버를 누름으로써 충격을 완전히 회피하는 것을 학습한다.

얼핏 보았을 때, 회피학습 또한 단순한 조작적 조건화인 것처럼 보일 수 있다. 경고신호(S^D)가 반응(R)을 유발하고, 그러한 반응(R)은 충격을 피하게 한다(O). 충격이 부정적이기 때문에, 충격을 회피하는 것은 반응을 강화시키고, 유기체가 미래에 반응을 반복할 가능성을 높인다.

그러나 이러한 단순한 설명이 그리 명쾌하지만은 않다. 동물이 회피반응을 학습함에 따라, 충격은 더 이상 발생하지 않는다. 그러므로 회피반응을 만드는 명백한 강화가 없어진다. 이는 애초에 충격이 발생하지 않는다면 그것이 사라지게 할 수도 없기 때문이다. 그러므로 반응은 소거되어야 하지만 실제로는 그렇지 않다. 사실 회피행동은 놀랄 만큼 지속적이다. 동물들은 US가 더 이상 제시되지 않게 된 후에도 회피행동을 지속한다. 이것은 추가적인 설명을 필요로 하는 역설이다.

몇몇 학자들은 **회피학습에 대한 2요인이론**을 제안하는데, 그것은 회피학습이 고전적 조건형성과 조작적 조건형성의 상호작용을 포함하는 주장이다(Dinsmoor, 1954; Mowrer, 1960). 이 관점에 따르면, 회피학습의 첫 번째 단계는 사실 고전적 조건형성이다. 소리가 충격과 짝지어짐에 따라 경고신호로 기능하고, 다가오는 충격(US)에 대한 기대로 나타나는 조건화된 정서 반응(공포 CR)을 야기하는 조건 자극(CS)이 된다. 그리고는 조작적 조건형성이 발생한다. 회피 반응(레버를 누르는)이 경고신호를 중단하게 만들고 공포를 감소시킴으로써 강화된다(그림 10.4a). 사실상 동물들은 충격을 회피하기 위해 레버 누르는 것을 학습하기보다 경고신호(혹은 좀 더 구체적으로, 그것이 발생시키는 공포 반응으로부터)로

그림 10.4

회피학습 이론들 (a) 회피학습에 대한 2요인이론에서, (1) 쥐들은 경고신호(CS)에 대해 충격(US)과 고전적 조건화된 공포 반응을 보인다. (2) 그 후에 쥐들은 경고신호와 그것이 유발하는 자극을 제거하기 위해 조작적 조건화를 학습한다. (b) 회피학습에 대한 인지적 기대이론에서, 쥐들은 다른 반응들이 다른 결과들을 가져온다는 것을 학습하고 이러한 인지적 기대에 근거하여 반응을 선택한다.

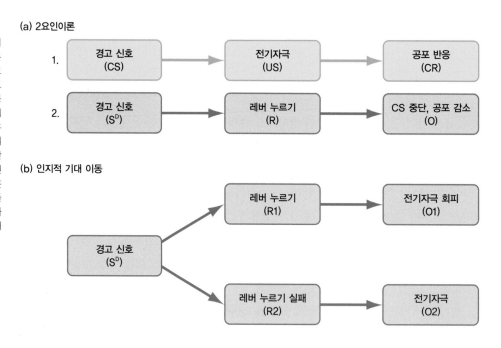

(a) 2요인이론

1. 경고 신호 (CS) → 전기자극 (US) → 공포 반응 (CR)

2. 경고 신호 (S^D) → 레버 누르기 (R) → CS 중단, 공포 감소 (O)

(b) 인지적 기대 이동

경고 신호 (S^D) → 레버 누르기 (R1) → 전기자극 회피 (O1)

경고 신호 (S^D) → 레버 누르기 실패 (R2) → 전기자극 (O2)

부터 도망치기 위해 레버 누르는 것을 학습한다.

그러나 회피학습에 대한 2요인이론들에는 몇 가지 문제점들이 있다(Dymond & Roche, 2009). 한 가지 주요한 문제점은 이러한 이론들이 회피학습을 경고신호에 대한 조건화된 공포에 기반한다고 가정한다는 것이다. 그러나 사실 회피반응이 학습됨에 따라 경고 신호에 대한 유기체의 공포 반응은 감소한다. 이러한 경우에, 결과가 더 이상 나타나지 않을 때 다른 모든 조작적 반응들이 그러는 것과 같이 회피반응은 사라져야 한다. 그러나 대개 회피학습은 잘 소거되지 않는다.

다양한 학자들은 이러한 문제점을 비롯한 다른 한계점들을 극복하기 위해 기본적인 2요인이론에 수정을 제안한다(B. A. Williams, 2001). 예를 들어 인지이론가들은 동물들이 인지적 기대들(cognitive expectancies)을 형성하고, 이러한 기대들에 근거해서 경합하는 가능한 행동들 중에 결정을 내린다고 주장한다. 이러한 관점에 따르면, 동물들은 반응했을 때와 반응하지 않았을 때의 기대되는 결과에 대해 학습하고, 이러한 기대되는 결과들을 비교하여 반응할지 말지를 결정한다(그림 10.4b; Dickinson & Balleine, 2000; Seligman & Johnston, 1973).

더 최근에 어떤 사람들은 2요인이론과 인지적 기대이론의 두 가지 측면들을 결합시킨 통합적 이론을 주장하기도 했다(Lovibond, Saunders, Weidemann, & Mitchell, 2008). 회피학습은 잠재적으로 복잡한 고전적 조건형성, 조작적 조건형성 그리고 인지적 과정 간의 상호작용을 연구하기에 유용한 시험대가 될 수 있다. 또한 회피학습은 보기에 '단순하게' 보이는 많은 행동들이 사실은 한 가지 유형 이상의 학습들을 반영하는 것일 수도 있다는 것을 일깨워준다.

학습된 무기력

1960년대로 거슬러 올라가서, 마틴 셀리그먼(Martin Seligman)과 그의 동료들은 작은 벽을 통해 2개의 방으로 나뉘어 있는 상자를 가지고 회피 반응 과제를 연구하고 있었다 (Overmier & Seligman, 1967; Seligman & Maier, 1967). 그들은 개를 두 방 중 '회피' 방이라고 불리는 곳에 놓고 주기적으로 전기충격을 받게 했다. 처음에 개는 충격에 대한 반응으로 방 안을 여기저기 뛰어다녔고, 결국에는 그들이 벽을 넘어 충격을 피할 수 있는 '안전' 상자로 도망갈 수 있다는 것을 학습하게 되었다. 충격이 항상 소리와 같은 위험 신호 후에 제시된 경우에 그 개들은 소리가 들리자마자 벽을 넘어 충격을 완전하게 회피할 수 있다는 것을 학습하였다.

셀리그먼과 그의 동료들은 만약에 개에게서 고전적 조건화 패러다임에 의해 소리와 충격의 연합이 형성된 후에 회피 방에 놓이면 무슨 일이 일어날지 궁금했다.

$$CS(소리) \rightarrow US(충격)$$

만약 개가 이미 CS-US의 연합을 학습하고 그 소리가 충격을 신호한다는 것을 안다면 그 개는 이러한 학습을 회피학습 패러다임으로 전환시킬 수 있을까? 개가 회피 방에서 소리를 처음으로 듣자마자 충격을 회피하기 위해 벽을 뛰어넘을까?

그 개가 실제로 한 행동은 모든 사람을 놀라게 했다. 처음 개가 회피 방에서 그 소리를 들었을 때 개는 몇 초 동안 주위를 뛰어다니다가 한쪽 구석에 앉아서 낑낑거리는 소리만 내고 있었다. 그 상자에서 몇 번의 시행이 반복된 후에도 그 개들은 전기충격에서 탈출하기 위해 벽을 뛰어 넘는 행동을 학습하지 못했다. 호기심이 생긴 연구자들은 동물들의 탈출 반응을 유도하기 위한 시도들을 하였다. 연구자들은 벽을 제거하거나, 안전한 방에 먹을 것을 놓아 유인하거나, 심지어 직접 안전 상자로 직접 들어가서 개를 불러보기도 했다. 그러나 개들은 여전히 구석에 누워서 비참하게 충격을 견디고 있었다.

셀리그먼은 고전적 조건과의 단계에서 피할 수 없는 충격에 먼저 노출시키는 것은 그 개들에게 어떠한 충격도 피할 수 없다는, 심지어 도구적 학습 단계에서도 피할 수 없다는 것을 학습시켰다고 보았다. 셀리그먼은 이러한 현상을 **학습된 무기력**(learned helplessness)이라고 불렀다. 통제할 수 없는 처벌은 그들의 반응이 효과가 없다는 것을 가르치고 이것은 새로운 회피 반응을 시도하려고 하는 동기를 줄인다. 학습된 무기력은 이후에 악어(G. Brown & Stroup, 1988), 쥐(Besson, Privat, Eschalier, & Fialip, 1999), 사람(Hiroto, 1974; Hiroto & Seligman, 1974)과 같은 다양한 종에게서도 발견되었다.

이러한 현상을 이해하는 것은 슬픔과 일반화된 활동성의 상실을 특징으로 하는 **우울증**(depression)과 같은 부정적 정서들에 관한 정신질환 상태에 대한 저항력 혹은 회복탄력성을 어떻게 증진시킬 수 있을 것인가에 대한 단서를 제공해줄지도 모른다(다음 페이지의 '일상에서의 학습과 기억' 참조). 셀리그먼은 스스로 그가 '긍정심리학'이라고 부르는 연구를

◀◀ 일 상 에 서 의 학 습 과 기 억 ▶▶

학습된 무기력으로부터 '면역 키우기'

비록 학습된 무기력이 통제된 실험실에서 처음 발견되었으나, 그것이 자연 상태에서도 발생하며 부적응적인 결과를 가져온다는 증거들이 있다. 예를 들어 마틴 셀리그먼은 학습된 무기력이 인간의 우울증에 중요한 요소라고 주장했다(Seligman, 1975). 우울증으로 고통받는 사람들은 집에서 가만히 있거나 자는 데 많은 시간을 쓰며, 집을 나갈 기운이 없어서 일이나 등교를 안 하기도 한다. 어떤 우울증들은 외부적 문제들에 의해 야기되기도 하나, 그들은 그들을 우울하게 만드는 조건들을 변화시킬 수 없다고 느낀다. 셀리그먼의 개들처럼 그들은 적극적으로 탈출하거나 피하기보다는 앉아서 고통을 견디는 것으로 보인다. 학습된 무기력이 사람의 우울증과 관련이 있다는 생각은 우울증치료제가 쥐들의 학습된 무기력을 경감시키는 데 효과가 있다는 발견에 의해 지지된다(Besson, Private, Eschalier, & Fialip, 1999).

만일 학습된 무기력이 우울증과 관련이 있다면 동물들의 학습된 무기력을 경감시키는 행동적 기술들이 우울증 환자들에게 도움이 될 수도 있다. 예를 들어 셀리그먼은 일단 동물들을 충격에서 탈출하도록 훈련시키면 그다음 피할 수 없는 충격에 노출되어도 동물들이 탈출 반응을 시도한다는 것을 발견했다(Seligman Rosellini, & Kozak, 1975). 명백하게 충격을 탈출할 수 있다는 이전의 학습이 이후의 피할 수 없는 충격에 대해 학습된 무기력이 형성되는 것을 '면역'시킨 것이다. 아마 사람도 우울증에 대해 같은 방식으로 '면역'될 수 있을 것이다. 만일 사람들이 어린 시절에 역경을 극복할 수 있다는 것을 학습한다면 이는 이후에 그들이 역경으로부터 학습된 무기력에 빠져드는 것을 보호할 수 있을 것이다.

같은 통찰은 교육방법들에도 적용될 수 있다. 어떤 아이들은 그들의 학업적 실패를 "나는 수학을 못해." 혹은 "나는 다른 아이들처럼 똑똑하지 않아."와 같은 방식으로 피할 수 없었던 것으로 귀인한다. 새로운 수학문제에 직면했을 때 그러한 아이들은 셀리그먼의 무기력한 개들과 같이 문제를 풀려고 시도하지도 않는다. 이러한 귀인은 어려운 문제와 풀 수 있는 쉬운 문제들을 섞어서 제시함으로써 아이들이 실패의 악순환으로부터 '탈출'할 수 있다는 것을 점진적으로 제시함으로써 완화시킬 수 있을 것이다(Dweck, 1975).

시작했다. 그는 공포와 불행과 같은 부정적 정서적 반응들이 학습될 수 있는 것처럼, 행복과 미래에 대한 희망과 같은 긍정적 정서들도 그럴 수 있을 것이라고 주장한다(Seligman, 1991; Seligman, Steen, Park, & Peterson, 2005).

정서가 기억의 저장과 인출에 미치는 영향

지금까지 임박한 정서 유발 사건을 예언하는 자극에 대한 정서적 반응의 학습을 배웠다. 또한 동물들이 어떻게 그러한 사건들에서 도망치거나 피하는 것을 학습할 수 있는지를 배웠다. 그러나 정서는 학습과 기억과 또 다른 중요한 방식으로 상호작용한다. 강한 정서들은 일화적 기억들의 저장과 인출에 영향을 미칠 수 있다.

예를 들어, 다시 2001년 9월 11일 아침으로 되돌아가 보자. 그날 대부분의 미국인들은 죽음에 대한 슬픔을 느끼는 것부터 테러리스트에 대한 분노, 더 공격이 계속될 수도 있다는 공포와 같은 강한 정서 반응들을 느끼고 있었다. 그리고 그들 중 대부분은 아직도 그날을 생생하고 자세하게 기억하고 있다고 보고한다. 이러한 현상은 부정적인 정서들에 국한되지 않는다. 인생에서 가장 행복했던 순간을 떠올려보면, 아마 우리는 그날에 대해 앞의 사례와 비슷한 정도로 생생한 기억을 가지고 있을 것이다.

대개 강렬한 정서를 가지는 일화에 대해 강한 기억을 가지고 있는 한 가지 이유는 그러한 기억이 자주 반복되기 때문인데, 우리는 그러한 기억을 마음속으로 혹은 다른 사람과 그 사건에 대해서 계속적으로 이야기하면서 자주 되돌아본다(Heuer & Reisberg, 1992). 그 예로 9/11 테러 이후에 사람들은 다른 사람들과 그 사건에 대해서 토론하고 TV에서 나오는 집중적인 보도를 보면서 원래의 기억을 계속적으로 회상하고 반복하고 강화했을 것이다. 그리고 제7장에서 읽은 바와 같이 반복은 기억을 증진시킨다. 하지만 정서적인 사건의 기억에는 반복 이상의 무엇인가가 있다. 강력한 정서는 사실 초기 단계에서 기억이 부호화될 가능성에 영향을 미친다.

정서와 기억의 부호화

연구자들은 정서적인 내용이 기억에 미치는 영향을 연구실에서 정서적인 경험을 '창조'해내고 그런 경험에 대한 기억을 테스트하는 방식으로 연구할 수 있다. 고전적인 실험에서 참가자들 한 집단은 매우 정서적인 슬라이드를 보게 된다. 슬라이드는 엄마와 마실을 나간 아이의 이야기로 시작한다. 중간 부분에서 아이는 끔찍한 사고를 당해 수술실로 실려간다. 마지막 부분에서 엄마는 아이를 집으로 데려오게 된다(Cahill, Babinsky, Markowitsch, & McGaugh, 1995; Cahill & McGaugh, 1995; Heuer & Reisberg, 1990). 또 다른 집단은 똑같은 슬라이드를 보게 되는데 특히 앞부분(아이가 엄마를 따라 나간다)과 뒷부분(엄마가 아이를 집으로 데려온다)은 완전히 똑같고 중간 부분은 같은 슬라이드지만 이야기를 약간 바꾼다. 병원에서 대피 훈련이 있어서 사고를 당한 것처럼 분장한 환자 자원자들이 등장하는 이야기를 들려준다.

2주 후에 참가자들은 다시 그림을 보고 그것에 대한 줄거리가 기억나는지에 대해서 물었다. 정서적으로 강렬한 부분을 포함했던 슬라이드를 본 참가자들은 정서적으로 강렬했던 중간 부분의 사건을 아주 잘 기억하고 있었다. 하지만 상대적으로 덜 정서적인 시작과 끝부분에 대한 기억은 잘 기억하지 못했다(그림 10.5). 반대로 정서적으로 강렬한 슬라이드를 보지 않은 첫 번째 참가자들은 사건들을 덜 기억했고, 특히 중간 부분이 그러했다(Cahill, Uncapher, Kilpatrick, Alkire, & Turner, 2004). 분명히 두 그룹의 참가자들이 같은 그림을 보았음에도 불구하고 정서적으로 각성되는 이야기를 들은 참가자들이 중성적인 이야기를 들은 사람보다 세세한 부분들을 잘 부호화했고, 이후에 잘 기억했다(Cahill, Babinsky, Markowitsch, & McGaugh, 1995).

정서적으로 각성된 기억들이 더 강한 부호화와 지속성을 보인다는 것은 광고주가 왜 그들의

그림 10.5
정서적으로 각성시키는 대상에 대한 기억 정서를 유발하는 이야기를 제시받은 참가자들은 정서적으로 중립적인 이야기를 제시받은 참가자들보다 후에 중간 부분을 더 자세하게 회상했다. 이야기의 처음 부분과 끝부분은 두 집단의 참가자들에게서 차이가 없었다.
Research from Cahill et al., 1995.

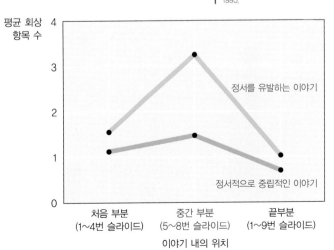

평균 회상 항목 수

정서를 유발하는 이야기

정서적으로 중립적인 이야기

처음 부분
(1~4번 슬라이드)

중간 부분
(5~8번 슬라이드)

끝부분
(1~9번 슬라이드)

이야기 내의 위치

광고에 각성되는 이미지를 사용하려고 하는지를 말해준다. 만약 그들이 흥분이나 성적 관심, 혹은 유머와 같은 정서를 일으키면 아마도 그 광고를 더 잘 기억할 것이며 나중에 그 물건을 사게 될 가능성이 증가할 것이다. 어떤 광고자들은 더 나아가 상대적으로 덜 에로틱한 데오도란트 혹은 햄버거와 같은 상품들에도 명백하게 성적이거나 도발적인 이미지들을 활용하려고 한다. 그들이 바라는 것은 '출렁다리' 실험에서의 참가자들이 그랬던 것처럼 시청자들이 광고를 보는 동안에 이러한 각성을 상품에 대한 매력으로 잘못 해석하는 것이다.

정서와 기억의 인출

정서는 기억이 저장될 때뿐만 아니라 그것이 인출될 때에도 영향을 준다. 제7장에서 배운 기억의 가능성이 회상할 당시의 단서가 테스트에서의 단서와 비슷하면 높아진다는 전이적합성 처리(transfer-appropriate processing)를 기억해보라. 이와 비슷하게 현재의 기분 상태나 정서 상태와 일치하는 기억들은 회상되기 쉽다. 이러한 효과를 **기분 일치 기억**(mood congruency memory)이라고 부른다. 예를 들어 한 연구에서는 학생들이 처음 듣는 음악을 듣고 그것이 기분을 기쁘게 하는지 슬프게 하는지에 대해서 이야기하게 했다. 그들은 또한 일련의 단어(거리, 배 등)들을 보고 각각의 단어와 연관되는 자전적 기억을 회상하도록 요청받았다. 그림 10.6에서 보이는 바와 같이, 행복한 기분을 느낀다고 이야기한 사람은 긍정적인 기억을 중성적이고 부정적인 기억보다 더 많이 기억했다(Eich, Macaulay, & Ryan, 1994). 그와는 반대로 슬픈 기분을 느낀다고 보고한 학생은 부정적인 기억들을 더 많이 보고하였다. 이러한 정서를 느끼는 사람들 중 극소수의 학생들만이 중립적인 사건을 기억하였다. 이는 더 강력한 기억은 그것이 긍정적이든 부정적이든 강력한 정서에 연관되어 있다는 일반적인 원리와 일치한다.

기분 일치 기억 효과는 실제 생활 장면에서도 일어난다. 예를 들어 우울증으로 진단받은 환자들은 즐거운 기억보다는 슬프고 기쁘지 않은 기억들을 더 잘 떠올리는 경향이 있다(Clark & Teasdale, 1982; Fogarty & Hemsley, 1983). 이러한 부정적인 기억은 다시 환자를 더 우울하고 희망이 없다는 느낌을 받게 하는 악순환을 일으킨다.

왜 기분은 인출에 영향을 미치는 걸까? 강력한 정서 혹은 기분은 생리적인 반응뿐만 아니라 주관적인 느낌을 불러일으키고 그것들은 다른 맥락 단서들과 같은 방식으로 기억에 동반된다. 제7장에서도 배웠듯이 기억에 영향을 미치는 요소 중 하나는 그 기억이 나게 하는 단서들이 몇 개가 존재하는가이다. 이러한 측면에서 강력한 정서나 기분은 단순히 기억의 단서들 중 하나이며, 기억할 당시에 이용 가능한 단서가 증가하면 기억이 증진된다.

그림 10.6
기분과 일치하는 기억 행복한 기분을 느끼는 사람은 부정적이거나 중립적인 사건보다 행복한 사건을 더 많이 회상하는 경향을 보인 반면 슬픈 기분을 느끼는 사람들은 좋은 기억은 적게 회상하고 부정적인 기억은 많이 회상하였다.
Data from Eich & Macaulay, 2002.

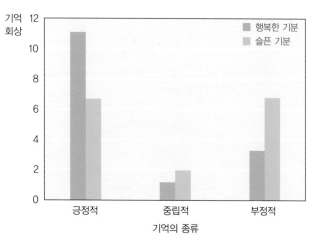

섬광기억 일상생활에서 정서들이 어떻게 기억을 증진시킬 수 있는지에 대해서 배웠다. 강렬한 정서는 아주 강력하고 오래가는 기억을 만들어낸다. 그러한 기억을 **섬광기억**(flashbulb memory)이라고 부른다. 이러한 기억은 마치 뇌가 '플래쉬 사진'을 찍는 것처럼 빠르게 저장되며 그 순간을 생생하고 세부적으로 보존한다. 반면에 덜 각성적인 기억들은 시간이 흐르면서 사라진다(R. Brown & Kulik, 1977). 우리 중의 일부는 개인적으로 아주 중요한 기억들, 예를 들어 부모의 죽음, 차 사고, 첫키스 같은 섬광기억을 가지고 있다. 우리는 이러한 사건에 대해서 첫키스를 했던 시간과 장소뿐만 아니라 방에서 나던 냄새, 시계가 똑딱거리던 소리, 입고 있던 옷의 색깔이나 감촉과 같은 자세한 것까지 놀라울 정도로 기억할 수 있다.

종종 어떤 사건들은 사회 전체가 섬광기억을 가지게 만든다. 9월 11일이 이러한 예이다. 다른 예로서 케네디와 마틴 루터 킹의 암살사건, 허리케인이나 지진, 홍수, 우주선 폭발 같은 사건도 포함된다. 케네디의 암살사건은 아주 잘 연구되어 있다. 거의 50년이 지난 후에도 대부분의 미국인들은 대통령이 총에 맞았다는 것을 들을 때의 기억을 아주 생생히 유지하고 있었다. 10년이 지난 후에 한 남자는 그 사건을 이렇게 기억하고 있었다.

> 나는 6학년 음악교실에 앉아 있었고 교내방송으로 대통령이 암살당했다는 소식을 들었다. 처음에 모든 사람은 서로를 단지 쳐다볼 뿐이었다. 그때 수업이 시작되었고 음악 선생님은 모두를 조용히 시키려 애썼다. 10분 후 나는 교내방송에서 대통령이 죽었고 모두 자기 교실로 돌아가라고 하는 것을 들었다. 나는 내가 교실에 들어왔을 때 담임 선생님이 울고 있었고 모든 사람은 쇼크 상태로 단지 서 있었다는 것을 기억할 수 있다. 그들은 우리에게 집으로 가라고 했다(R. Brown & Kulik, 1977).

다른 미국인들도 세부적으로 그 순간을 회상할 수 있었다.

> "…내가 프랑스 레스토랑에서 밥을 먹고 있을 때…"
> "여자 친구랑 통화하고 있을 때…"
> "날씨가 흐리고 구름이 가득 있었다…"
> "나는 담뱃갑을 들고 있다가 떨어뜨렸어. 바이스로이 담배였지…"
> (R. Brown & Kulik, 1977)

9월 11일 사건 역시 똑같이 생생하고 오래 지속되는 섬광기억을 만들어냈다. 사건이 있은 후 몇 년이 지난 후에, 많은 사람들이 여전히 그들이 어디에 있었고, 그들이 무엇을 하고 있었고, 그들이 뉴스를 들었을 때 누구와 있었는지를 기억할 수 있었다. 대조적으로, 9월 10일과 같은 일상에 대한 기억들은 일반적으로 훨씬 덜 자세했다(Paradis, Solomon, Florer, & Thompson, 2004).

"물론 난 우리의 스무 번째 결혼기념일을 기억하지. 그해는 슈퍼볼에서 덴버가 애틀랜타를 31대19로 이긴 해인걸!"

섬광기억은 믿을 수 있을까? 사람들은 일반적으로 그들의 섬광기억의 정확성에 대해 높은 자신감을 보인다. 그러나 사실 섬광기억들을 다른 일화적 기억들과 구분해주는 것은 섬광기억의 객관적 정확성이라기보다는 사람들이 그것을 정확하다고 강하게 '느낀다는' 사실이다(Phelps & Sharot, 2008). 이러한 관점에서 보면, 섬광기억들은 단순히 생생하고 확신할 수 있다고 느껴지는 일화적 기억들이다(Sharot, Martorella, Delgado, & Phelps, 2007). 20세기 가장 유명한 기억 연구자 중 한 명인 울릭 나이저(Urich Neisser)는 그의 어릴 때 기억을 자세히 이야기했다.

어떤 특성들을 가진 사건이 섬광기억을 만드는 경향이 있을까?

몇 년 전에 나는 내 열세 살 생일 하루 전에 일어난 진주만 습격 사건에 대한 뉴스를 들었을 때를 기억해보았다. 나는 거실에 앉아서 생각해보았는데… 라디오에서 나오는 야구중계를 듣고 있었다. 그 방송은 갑자기 긴급방송에 의해서 중단되었으며 어머니께 말하기 위해 2층으로 올라갔다. 이 기억은 아주 오랫동안 선명하게 남아 있어서 나는 작년까지 결코 그것의 모순점을 받아들일 수 없었다. 12월에는 어디에서도 야구 경기를 방송하지 않는다는 것을!(Neisser, 1982, p. 45)

나이저의 섬광기억 중 일부분은 확실히 상식과 일치하지 않는다. 그래서 그의 기억이 세부적인 것들에 대해서 확실히 잘못되었다는 것을 알 수 있다. 그러나 비록 야구 경기가 12월에는 하지 않더라도 미식축구는 정확히 1941년 12월 7일에 열리고 있었고 그 라디오 방송은 진주만 폭발 사건에 의해서 중단되었다. 나이저의 섬광기억은 그가 라디오에서 듣고 있었던 게임의 종류에 대한 세부적인 기억을 제외하고는 아주 정확하였다(Thomson & Cowan, 1986).

불행히도 섬광기억이 정확한지 그렇지 않은지에 대해서 정확하게 말하기는 쉽지 않다. 예를 들어 케네디의 암살 사건을 듣고 바이스로이 담배 상자를 떨어뜨렸다고 기억했을 때 그 세부적인 내용이 정확한지에 대해서 어떻게 알 수 있을까? 보통은 그 세부적인 내용이 알려진 사실과 명백하게 불일치할 때를 제외하고는 그것의 정확성에 대해서 확신할 수는 없다.

몇몇의 연구는 각성을 일으킨 사건 직후와 시간이 지난 이후에 섬광기억을 평가함으로써 섬광기억의 정확성을 평가하려했다. 예를 들어, 제니퍼 탈라리코(Jennifer Talarico)와 데이비드 루빈(David Rubin)은 9월 12일에 듀크대학교의 학생들을 만나서 그 테러 공격을 어떻게 기억하고 있는지에 대해서 질문을 했다(Talarico & Rubin, 2003). 평균적으로 그들은 장소, 그들이 누구와 같이 있었는지와 같은 열두 가지 정도의 정보에 대해서 기억하고 있었다. 연구자들은 어느 정도 시간이 지난 후 같은 학생들에게 다시 물어보았다. 그들은 시간이 지날수록 기억이 퇴화되고 있음을 발견했다. 일주일이 지나고, 한 달이 지난 다음에 훨씬 더 적은 것들을 기억하고 있는 것을 발견했다. 일주일이 지난 후에는 이전에 기억했던 것 중에 열 가지 정도를 기억하고 있었으며 8개월 후에는 단지 일곱 가지 정도를 기억하고 있었다. 동시에 일치하지 않는 세부사항들이 나타나기 시작했다. 예를 들어 9월 12일에는 친구에게 그 소식을 들었다고 보고했던 한 학생은 2002년 5월경에 텔레비전 뉴스에서 그 소식을 들었다고 '기억'하였다.

유사한 패턴의 시간에 따른 기억 왜곡이 다른 유명한 사건에 대한 기억에서도 증명되었다(Neigger & Harsch, 1992; Schmolck et al., 2000). 기본적으로 섬광기억은 생생하고 오래 지속되고 꽤 정확하다. 하지만 그것들은 사진처럼 완벽한 기억은 아니다. 그것들은 불완전하고 부정확한 세부사항들을 포함하고 있을 수 있다.

왜 그런 오류가 기억 속으로 들어가는 것일까? 원인들 중에 한 가지는 제7장에 나왔던 출처 확인 오류인데, 그것은 친구를 통해 이야기를 들었다는 사실을 잊고 TV나 라디오에서 들은 것으로 잘못 기억하는 것과 같은 오류이다(Greenberg, 2004). 이러한 오류는 국가적 재난이 발생했을 경우에 텔레비전에서 그 소식을 주로 듣는다는 것을 고려하면 이해할 수 있는 것이다. 텔레비전에서 보여주는 계속된 사고 장면에 대한 반복적인 시각적 정보는 처음 형성한 기억에 스며들 수 있다. 다른 가능성은 특별히 중요한 사건들에 대한 기억은 계속적으로 회상되고 반복되며 이야기된다는 점이다. 매번 이야기할 때마다 기억에 남아 있는 약간의 빈틈을 무의식적으로 그럴듯해 보이는 세부사항들로 채우게 된다. 그 후에 그러한 맥락에 맞는 그럴듯한 세부적인 이야기들이 첨가된 기억을 하게 된다. 제7장에서 배웠듯이 이것은 거짓기억이 만들어지는 하나의 방법이다. 결과적으로 비록 기억의 많은 세부사항들이 정확할지 몰라도, 몇몇 부분들은 전혀 그렇지 않을 수 있다.

사실, 이제는 수많은 연구들이 비록 정서가 중요한 사건들에 대한 기억을 증진시키지만, 그러한 증진이 세부사항들에까지 미치지는 못할 수도 있다는 것을 명시한다(예 : Kensinger, Piguet, Krendl & Corkin, 2005; Kim, Vossel & Gamer, 2013; Waring & Kensinger, 2011). 한 연구에서 피험자들은 강기슭과 같은 정서적으로 중립적 배경의 맥락에서 뱀과 같은 정서를 유발하는 자극과 다람쥐와 같은 정서적으로 중립적인 사진을 보았다. 후에, 참가자들은 자극과 배경이 따로 제시되는 재인과제를 수행했다. 일반적으로 정서를 유발하는 자극이 중립적인 자극보다 잘 기억되었다는 사실은 놀랍지 않으나, 배경의 경우에는 정서를 유발하는 자극과 같이 제시된 경우가 중립적인 자극과 같이 제시된 경우보다 덜 기억되었다(Waring & Kensinger, 2009). 사실, 정서를 유발하는 중심적인 요소에 대한 강한 기억은 주변의 세부사항에 대한 약한 기억을 그 대가로 한다.

여러분은 언제, 어디에서 9/11 사건을 들었는지 기억하는가? 누구와 같이 있었는가? 사람들에게 그 사건을 어떻게 기억하고 있고 또 그것이 여러분의 기억과 얼마나 일치하는지에 대해서 생각해보아라. 아마도 아주 중심적인 사건들이 틀리지 않다는 것을 알게 될 것이다. 결국 강한 정서는 강력한 기억을 만든다. 하지만 기억의 몇몇 세부사항은 아주 생생하게 느껴짐에도 불구하고 사실과 철저하게 비교한다면 아마도 거짓기억인 것으로 판명될지도 모른다(아래 '일상에서의 학습과 기억' 참조).

중간 요약

- 정서는 생리적 반응, 뚜렷한 행동 반응, 의식적인 느낌의 세 가지 요소로 구성되어 있다. 각각의 요소는 서로에게 영향을 준다.
- 행복, 공포, 분노 같은 주요 정서들은 비록 뚜렷한 행동의 표출이 문화에 의해서 영향을 받을 수는 있지만 전 세계에서 공통적으로 관찰된다.
- 도전-혹은-도피 반응이라고도 불리우는 각성은 신체가 위협에 대한 대처를 준비하는 방식이다. 이때 에너지는 소화나 면역체계와 같은 곳으로부터 뇌, 폐, 다리와 같은 부위들로 이동한다.
- 제임스-랑게 정서이론은 생리적 반응이 정서에서 의식적 느낌을 유발한다고 주장한

◄◄ 일상에서의 학습과 기억 ►►

진실 혹은 결과에 대한 책임

2015년 2월에 NBC 야간뉴스의 앵커인 브라이언 윌리엄스는 그의 묘사 때문에 논란의 중심이 되었다. 2003년에 그는 이라크 적군의 발포로 격추당한 헬리콥터에 타고 있는 상황을 방송했었는데, 실제 일어난 일은 헬리콥터가 그의 앞에서 격추당하고 비상착륙을 했던 것이다. 윌리엄스 그 자신은 격추된 헬리콥터와 거리를 두고 따라가는 헬리콥터 안에 있었다(Somaiya, 2015). 논란에 뒤이어 NBC는 사건에 대한 잘못된 기억으로 공공적인 사죄를 한 윌리엄스를 정직시켰다.

어떻게 그렇게 중요한 사건을 잘못 기억할 수 있을까? 2003년의 사건에 대한 첫 번째 방송에서 윌리엄스는 그가 타고 있던 헬리콥터가 빨리 착륙하라고 지시받았고 그의 앞에 있던 헬리콥터는 "거의 하늘로 날아가 버렸다."고 말했다. 2007년에 윌리엄스는 같은 이야기에 대해 그의 헬리콥터가 불길에 휩싸였다고 말했고, 2013년에 인터뷰에서 윌리엄스는 그의 헬리콥터가 어떻게 격추되었는지를 묘사했다.

어떤 이들은 윌리엄스가 자신의 대중적 이미지를 포장하기 위해 사건을 과장했다고 비난한다. 기억을 연구하는 사람들은 이야기를 한 후에 몇 년 뒤에 그것을 다시 하는 것이 세부사항들에 대한 내용들을 헷갈리게 만들 수 있다고 말한다(Bello, 2015). 이 경우에, 앞선 헬리콥터가 격추되고 예정에 없던 위험

한 영역에 하강을 한 경험이 그 공포로 인해 점차 윌리엄의 기억에서 자신이 타고 있던 헬리콥터가 격추되었던 것으로 기억을 왜곡시켰을 수 있다. 윌리엄이 그것에 대해 TV나 개인적 삶에서 더 자주 이야기할수록 거짓기억이 더 강해졌을 것이다.

2008년에 힐러리 클린턴이 1996년 보스니아로 여행을 가던 중 비행기에서 저격을 당했던 것에 대한 반복된 묘사에서 비슷한 현상이 발견되었다. 사실 뉴스장면에 나타난 것은 클린턴과 승객들이 웃으며 비행기에서 나오는 장면이었고, 저격을 당했던 흔적은 찾을 수 없었다(Harnden, 2008). 윌리엄의 경우와 마찬가지로 클린턴의 일화적 기억 또한 그 당시 그녀가 걱정하던 저격에 관한 다른 사건에 대한 기억과 혼선이 있었을 수 있다. 이야기에 대한 반복적인 떠올림과 말함은 그녀가 실제로 그러한 기억을 믿는 한 왜곡과 혼선을 불러온다.

정치인에게 잘못된 발언을 하는 것은 반대 세력에게 공격당할 수 있는 기회를 제공한다. 언론인에게, 그러한 발언에 대한 대가는 치우치지 않는 언론인으로서의 모습에 신뢰를 잃는 것일 수 있다. 나머지 사람들에게 이러한 일화들은 기억이 완전한 것이 아니며, 목격자의 진술이 진실을 확인하는 확실한 방법이 아닐 수 있음을 알려준다.

다. 캐넌-바드 이론은 자극이 정서의 생리적 반응들과 의식적인 부분을 동시에 유발한다고 말한다. 정서의 2요인이론에서는 정서가 생리적 반응과 상황에 대한 인지적 평가 간의 상호작용에 의해 만들어진다고 상정한다.

- 인간이 아닌 동물들이 정서의 의식적인 느낌을 가지는지에 대해서는 확신할 수 없지만, 정서유발 자극에 대한 그들의 생리적이고 행동적인 반응은 인간과 비슷하다.
- 조건화된 정서학습은 소리와 같은 CS와 전기충격과 같은 정서유발 US가 짝지어져 동결 반응과 같은 CR을 야기하는 고전적 조건형성의 형태를 가진다. 조건화된 탈출 학습은 전기충격과 같은 S^D가 운동 반응 R을 야기하고, 그 결과로 충격으로부터 탈출하는 결과 O를 발생시키는 조작적 조건화를 포함한다.
- 회피학습에서 특정한 반응이 부정적 사건을 회피하는 결과를 가져온다는 것에 대한 학습은 고전적 조건화와 조작적 조건화의 과정을 포함한다.
- 학습된 무기력은 피할 수 없는 처벌에 대한 노출이 미래의 처벌에 대한 탈출 혹은 회피 학습을 저해할 때 발생한다.
- 정서는 기억 저장의 강도와 지속기간을 증가시킬 수 있다. 정서는 또한 회상에도 영향을 줄 수 있는데, 우리는 현재의 기분과 합치되는 기억을 회상하는 경향이 있다.
- 섬광기억은 생생하고 오래 지속되나, 그것이 언제나 정확한 것은 아니다.

10.2 뇌 메커니즘

뇌 과학 초창기부터 과학자들은 뇌가 어떻게 정서를 발생시키는지 이해하려고 노력해 왔다. 정서의 뇌 구조물을 발견하는 데 가장 큰 영향을 미친 연구는 1937년 제임스 파페즈(James Papez)에 의해서 이루어졌다. 파페즈는 환자들을 통해 다양한 부위의 뇌의 손상이 각기 다른 종류의 정서적인 손상을 야기한다는 것을 알았다. 이러한 방식으로 그는 감각 정보들이 뇌로 가기 전에 거쳐 가는 시상(thalamus), 정서에 대한 신체의 반응을 조절하는 시상하부(hypothalamus)와 더불어 해마와 대상피질(cingulate cortex)이 정서에 핵심적인 역할을 할 것이라고 결론 내렸다. 그는 후에 **파페즈 회로**(Papez circuit)라고 불리는 이러한 뇌의 영역들이 하나의 루프로 작용하며, 정서처리를 하는 데 중심적인 회로라고 제안했다.

파페즈 회로는 역사적으로 중요한 의미를 가지고 있는데, 그 이유는 그것이 손상 연구와 해부학적 연구를 결합시켜 정서의 뇌 메커니즘을 체계적으로 밝히고자 한 최초의 시도이기 때문이다. 놀랍게도 파페즈 회로의 많은 가정적인 회로들이 실제 존재한다고 발견되기 전에, 그는 그것들이 거기에 있을 것이라고 추론했었다. 그것들 중 대부분이 현재 뇌에서 발견되고 있다.

그러나 현재 '정서 회로'라고 하는 특별한 것이 따로 존재하지는 않는다는 것이 알려져 있다. 각각의 정서들이 뇌의 많은 다른 부위들을 활성화시킨다. 한 연구에서 행복, 슬픔, 역겨움, 공포 그리고 분노와 같은 정서들에 대해 어떠한 뇌 영역들이 활성화되는지를 알아보기 위해 fMRTI와 PET을 이용한 55개 연구들의 데이터를 분석했다(Phan, Wagner, Taylor, & Liberzon, 2002). 연구는 각각의 정서가 많은 다른 뇌 영역들을 활성화시키며, 모든 다른 정서들에 대해 활성화되는 단일 뇌 영역은 없다고 결론 내렸다. 따라서 정서는 단지 개별 정서를 담당하는 특별한 회로에 의해서라기보다는 뇌 전반에 걸친 기능처럼 보인다. 그럼에도 뇌의 어떤 영역들은 정서에 있어 특별히 중요한 것으로 보인다. 그러한 영역들 중 가장 대표적인 것은 편도체이다

편도체 : 정서들의 중심적인 처리 장소

그림 10.7에서 보이는 것처럼 **편도체**(amygdala)는 해마의 앞쪽에 놓여 있는 아몬드 모양의 작은 구조물이다. *amygdala*라는 말은 라틴어의 'almond'에서 유래했다. 해마가 각각의 반구에 하나씩 있는 것처럼 편도체도 해마의 앞부분에 각각 하나씩 있다. 그러나 대부분의 학자들은 명칭에 있어서 단수형 'amygdala'를 그대로 쓴다('hippocampus'도 마찬가지다).

편도체는 10개 이상의 구분된 영역들 혹은 핵(nucleus)으로 나누어진다. 그리고 이들은 각기 다른 부분에서 신호를 받아들이고 다른 곳으로 신호를 내보낸다. 더 많은 다른 핵들과 경로들이 존재하지만 단순화를 위해 그림 10.8에는 표시하지 않았다. 편도체의 측핵(lateral nucleus)은 편도체로 오는 감각 정보를 받아들이는 영역 중 가장 주요한 지점이다. 이 감각 신호들은 시상에서 직접적으로 오거나 피질을 거쳐서 온다. 편도체의 중심핵(central nucleus)은 다른 편도체 핵들로부터 입력을 받고 자율신경계로 신호를 내보낸다. 이러한 신호는 스트레스 호르몬을 분비하거나 각성을 하는 것과 같은 생리적인 반응을 야기할 뿐만 아니라 운동 신경에도 신호를 보내서 동결 반응과 놀람 반응 등을 유발한다. 편도체의 기저핵(basolateral nucleus)은 측핵으로부터 입력을 받고 대뇌피질, 기저핵, 해마에 투사하여 편도체가 기억의 저장과 회상을 조절하는 역할을 하도록 한다. 다시 말해, 편도체는 학습된 정서 반응과 정서의 기억저장과 회상 조절에 둘 다 중요한 역할을 한다.

중심핵 : 정서 반응의 표현

한 실험실에서는 편도체의 전기 자극이 확실한 정서 반응을 유발함을 관찰했다. 예를 들어 고양이와 같은 포식 동물의 편도체 자극은 머리를 낮춤, 귀 세움, 으르렁거리기와 같은 종 특유의 방어 반응을 야기했다(Roldan, Alvarez-Pelaez, & Fernandez de Molina, 1974). 그리고 토끼와 같은 피식 동물의 편도체 자극은 동결 반응과 낮은 심장 박동과 같은 또 다른 종 특유의 방어 행동을 유발했다(Kapp, Gallagher, Underwood, McNall, & Whitehorn, 1981). 하지만 인간의 편도체 자극은 눈에 띄는 결과를 야기하지는 못했다. 인간에게 편도체 자극은 아마도 주관적으로는 약간의 부정적이거나 긍정적인 감정을 보고했을지라도, 그것이 고양이나 토끼에서 일어나는 것과 같

그림 10.7

정서 처리와 관련된 핵심 뇌 부위들 변연계 구조물들인 해마, 시상하부, 대상회, 그리고 편도체는 정서 학습에서 특별한 역할을 한다. 전두엽 또한 정서 표현을 감시하고 환경에 따라 해석하는 데 중요한 역할을 한다.

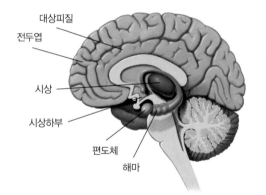

대상피질
전두엽
시상
시상하부
편도체
해마

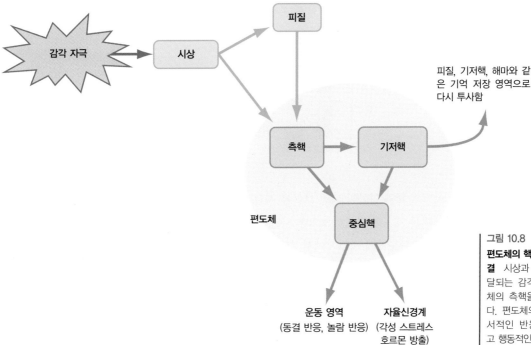

그림 10.8
편도체의 핵심 구조물과 연결 시상과 피질로부터 전달되는 감각 정보는 편도체의 측핵을 통해 들어온다. 편도체의 중심핵은 정서적인 반응의 생리적이고 행동적인 구성요소를 만들어내는 자율신경계와 운동 영역으로 신호를 보낸다. 편도체의 기저핵은 피질과 해마같이 기억을 저장하는 곳으로 투사하여 정서적인 정보가 기억의 저장과 회상에 영향을 미치게 한다(LeDoux, 1998, 2000; McGaugh, 2002).

은 정서 반응을 야기하는 것 같지는 않다(Bancaud, Brunet-Bourgin, Chauvel, & Halgren, 1994; Halgren, 1982).

왜 편도체의 자극이 몇몇의 동물에게서는 확실한 공포 반응을 야기함에도 불구하고 인간에게는 단지 약간의 정서 반응만 야기하는 것일까? 정서의 2요인이론에 따르면(그림 10.2c 참조), 인간의 의식적인 정서에 대한 느낌은 생물학적인 반응뿐만 아니라 상황을 어떻게 해석하느냐에 따라 달라지기 때문이다. 상대적으로 '안전한' 환경인 실험실에서 편도체의 전기 자극을 받은 인간은 그들이 그 상황을 통제할 수 있다는 것을 알고 있기 때문에 완연한 공포 반응이 나타나지 않는다. 반면에 실제로 어두운 거리를 혼자 걸어가는 것과 같은 위협적인 상황에서 편도체의 신호는 심장 박동을 증가시키고 손에 땀이 나고 다른 도전-혹은-도피 반응의 요소와 같은 생물학적인 공포 반응을 야기한다.

편도체가 우리의 정서 반응을 야기하는 데 도움을 준다는 것을 알고 있다면 편도체의 중심핵 손상이 정서 반응을 표출하거나 학습하는 능력을 손상시킨다는 사실은 놀랄 만한 사실이 아니다. 인간에게서 양쪽 반구의 편도체만 손상되는 경우는 드물기는 하지만 보고된 바 있다(Markowitsch et al., 1994). 이러한 환자들은 공포를 야기하는 자극에 대해서 학습하는 데 어려움을 보인다. 제3장에서 사람이 각성되었을 때에는 피부의 전도도가 변한다는 것을 이용한 피부 전도 반응(skin conductance response, SCR) 실험을 예로 들어보자. 사람이 각성을 느낄 때 사람의 피부에서 작지만 측정 가능한 전기 전도도의 변화가 일어난다. 건강한 사람이 100데시벨의 소리(US)를 들었을 때 그들의 피부 전도 반응(UR)은 급격히 증가한 다음 몇 분 후에 다시 원래의 상태로 되돌아온다. 만약 이러한 US가 색깔을 가지고 있

그림 10.9

조건화된 정서 반응들 (a) 사람에게 시끄러운 보트의 경적 소리(US)는 피부 전도 반응(SCR)을 야기한다. 만일 색깔 모양(CS)이 US와 연합된다면, 건강한 사람들(통제집단)은 CS에 대해 강한 SCR 반응을 보인다. 편도체에 선택적인 손상을 입은 환자들(AL)은 이러한 조건화된 정서 반응을 보이지 않는다. 반면에 해마 근처에 손상을 입은(편도체가 아닌) 환자들(HL)은 조건화된 정서 반응을 보인다. (b) 쥐들에서 조건화된 정서 반응(동결 반응)은 사람과 마찬가지로 편도체 손상집단에서만 사라졌다.

(a) Research from Bechara et al., 1995. (b) Research from Phillips & LeDoux, 1992.

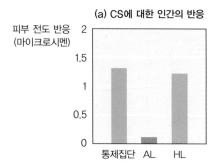

(a) CS에 대한 인간의 반응

피부 전도 반응 (마이크로시멘)

통제집단 AL HL

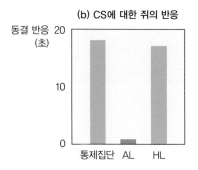

(b) CS에 대한 쥐의 반응

동결 반응 (초)

통제집단 AL HL

는 어떤 물체와 연합이 되면 그들은 시각적인 CS가 US를 예견한다는 것을 학습하게 되고, CS의 단독 제시에 대해서 SCR을 나타낸다(그림 10.9a). 이것은 고전적 조건화의 예이다.

SCR은 편도체의 중심부에서 피부 전도에 영향을 미치는 자율신경계로 가는 신호에 의해 조율된다. 따라서 조건화된 SCR 반응은 편도체의 손상에 의해서 붕괴된다. 그림 10.9a는 양쪽 편도체가 손상된 환자의 반응을 보여준다. 환자에게서 강력한 US가 강력한 SCR을 유발하지만 CS는 그런 반응을 유발하지 못한다. 그 환자는 놀랐을 때 각성 반응은 보여주지만 조건화된 정서 반응은 보여주지 못한다(Bechara et al., 1995). 대조적으로, 편도체가 아닌 해마 근처에 손상을 입은 환자는 통제집단과 마찬가지로 조건화된 정서 반응을 학습할 수 있다. 그러므로 편도체는 조건화된 정서 반응들을 학습하고 표현하는 데 중요하다.

조건화된 공포 반응의 결함은 편도체의 중심핵이 손상된 동물에게서도 유사하게 발견된다. 쥐를 이용한 정서 반응 조건화 절차를 예로 들어보자. 충격을 US로 한 3일 동안의 CS-US 연합을 실시한 후에, 정상적인 쥐는 CS를 들었을 때 혈압의 증가와 같은 생리학적인 변화뿐만 아니라 동결 반응과 같은 뚜렷한 행동을 보이면서 자극에 대해 정서적인 반응을 보인다(그림 10.9b). 하지만 편도체의 중심핵이 손상된 쥐는 CS에 대해서 동결 반응을 보이지 않는 등, 학습된 정서 반응을 보이지 않는다. 편도체를 제외한 해마 근처에 손상을 입은 사람들은 학습된 동결 반응에 영향을 받지 않는다(Phillips & LeDoux, 1992).

이러한 정서 반응의 붕괴는 편도체의 중심핵이 편도체에서 자율신경계와 동결 반응을 유발하는 운동회로로 가는 주요한 신호를 전달하기 때문이다(회로는 그림 10.8에 나타나 있다). 그러므로 중심핵의 손상은 학습된 정서 반응을 표현하는 능력을 손상시킨다. 몇 명의 연구자들은 편도체 중심핵은 공포 반응을 유발하는 중계영역인 반면에 측핵은 조건 자극과 무조건 자극의 연합이 학습되고 저장되는 장소라고 믿는다(Cahill, Weinberger, Roozendaal, & McGaugh, 1999; Fanselow & LeDoux, 1999; Maren, 1999; McGaugh & Cahill, 2003). 따라서 중심핵이 손상된 쥐는 공포를 유발하는 CS를 여전히 학습할 수 있다. 그들은 단지 동결 반응이나 자율신경계에의 활성화에 의해서 나타나는 표현만 못할 뿐이다. 다른 연구자들은 중심핵이 단순히 수동적인 중계지역일 뿐만 아니라 다른 측면의 정서 학습을 부호화한다고 주장하는데, 이는 특히 부정적인 정서보다는 긍정적인 정서의 경우에 해당한다(Balleine & Kilcross, 2006; Everitt, Cardinal, Parkinson, & Robbins, 2003).

편도체에 있는 정서적 학습을 위한 두 가지의 경로

앞에서 본 것처럼 편도체는 두 가지의 분리된 통로를 통해서 감각 정보에 대한 신호를 받는다(그림 10.8). 시상은 뇌에서 대부분의 감각 입력들이 처리되는 첫 번째 영역이다. 이러한 이유로 시상은 때때로 '뇌의 감각 정보 출입구'라고 불린다. 시상에서 감각 정보는 직접적으로 편도체로 이동하거나 피질로 올라간다. 제3장에서 본 것처럼 피질은 감각 정보를 종합하고, 세부적인 것들을 구분한다. 피질로 간 정보 또한 편도체로 투사된다. 정서 연구자 조셉 르두(Joseph LeDoux)는 시상으로부터의 편도체로의 직접적 통로와 시상에서 피질을 거쳐서 편도체로 들어가는 간접적 통로, 이 두 가지의 통로는 공포를 유발하는 자극에 반응할 때 중요한 역할을 한다고 제안했다(LeDoux, 1993, 1994). 직접적 통로는 좀 더 빠르지만(쥐의 경우에 시상에서 편도체까지 정보를 전달하는 데 약 12ms가 걸린다) 자극 정보의 윤곽과 같이 비교적 덜 세부적인 내용을 전달한다. 그리고 간접적인 통로는 느리지만(약 19ms가 소요된다) 자극의 정보를 훨씬 구분할 수 있게끔 자세하게 전달한다. 르두의 용어로 직접적인 통로는 '빠르고 대략적'인 반면에 간접적인 통로는 '느리지만 정확한' 것이다. 그 직접적인 통로를 통해 죽음에 당면한 상황에서 도전-혹은-도피 반응을 활성화시키면서 빠르게 반응하고, 느리지만 정확한 통로를 통해 우리는 여분의 정보를 전달받고 자극이 더 이상 위험하지 않을 때에는 공포 반응을 멈추게 된다.

이 두 가지 통로가 어떻게 일을 처리하는지 예를 들어 살펴보자. 당신이 숲을 통과하면서 살짝 긴장하고 있다고 가정해보자. 크고 어두운 그림자가 초목들 사이로 접근한다. 그 시각적 정보는 시상을 활성화시키고 곧바로 편도체로 전달된다. 그리고 편도체는 이 자극이 위험을 알리는 것으로 해석하고 곧바로 도전-혹은-도피 반응과 같은 즉각적인 공포 반응을 활성화하고 준비한다. 몇 초 후에 시상에서부터의 정보는 시각피질로 전달되며 그곳에서의 정보 처리에 의해 그 시각 정보는 위협적인 것이 아니라고 인식하게 된다. 그 형체는 단지 다가오던 친구였던 것이다. 그 피질은 이 정보를 편도체로 보내게 되고 공포 반응을 멈추게 된다. 불과 몇 초 후에 스트레스 호르몬이 정상으로 돌아오고 심장 박동이 다시 원래대로 되돌아오고 소름은 사라지게 된다.

시상으로부터 편도체로의 빠르고 대략적인 정보 처리는 가끔 아무것도 아닌 것에까지 대처해야 하는 대가를 요구한다. 그러나 해롭지 않은 자극에 대해서 과하게 반응하는 것이 실제로 위험한 자극에 대해 반응을 못하는 것보다 일반적으로 훨씬 이득이다(LeDoux, 1998, 2000). 만약 접근하는 물체가 실제로 위협인 것으로 판명 날 경우 피질이 명확하게 확인할 때까지 기다리는 대가는 공격을 받아 치명적인 손실을 입는 것이다. 진화적인 측면에서 본다면 숲속에서 움직이는 것을 보았을 때 숨거나 동결 반응을 보이는 유전적인 정보를 가진 포유류는 같은 조심스러운 본능을 공유하고 있는 자손들을 충분히 많이 생산할 만큼 오래 살 것이다("숲속에서 움직이는 것이 단순한 바람일까 아니면 맹수가 숨어 있는 것일까? 일단은 피하고 보는 것이 안전할 것 같다.").

숲속의 위험한 상황에서 살아남은 후 다음 도전 과제는 그것으로부터 배우는 것이다. 이

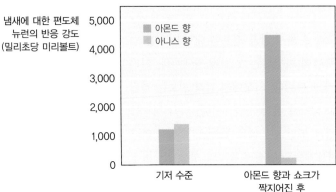

냄새에 대한 편도체
뉴런의 반응 강도
(밀리초당 미리볼트)

그림 10.10

편도체의 측핵과 조건화
쥐들에게 두 냄새에 대한
편도체 측핵의 기저 반응
은 동일하다. 만일 아몬드
향이 꼬리 충격과 연합된다
면, 그 냄새에 대한 반응은
크게 증가한다. 이것은 편
도체의 측핵 신경세포들이
냄새 CS와 충격 US의 연
합을 부호화하고 있다는 것
을 보여준다.
Data from Rosenkranz and
Grace, 2002.

러한 학습 중 몇몇은 편도체의 측핵에서 일어난다. 이러한 변화는 중립적인 CS와 공포를 유발하는 US의 연합에 의해서 나타나는 신경학적인 변화의 결과이다. 예를 들어 한 연구에서 편도체의 측핵에 기록용 전극을 심고 100여 개의 신경 세포의 활동을 계속적으로 관찰하였다(Rosenkranz & Grace, 2002). 이 실험에서 쥐들이 다양한 향—아니스, 아몬드 등—에 노출되었을 때 그 뉴런들은 각각에 대해서 낮은 기저 수준 반응을 보였다(그림 10.10). 그다음 연구자들은 쥐에게 그 아몬드 향과 전기적 충격을 같이 연합하는 훈련을 실시하였다. 예상대로, 쥐들은 아몬드 향에 노출될 때마다 전기적 충격를 예상하면서 동결 반응을 보였지만 한 번도 전기충격과 연합된 적이 없는 아니스 향에 대해서는 동결 반응을 보이지 않았다. 그림 10.10은 훈련 후에 편도체의 측핵에서 나타나는 신경 세포의 활동을 보여주는 것으로 전기충격과 연합된 아몬드 향에 대해서 강력하게 반응하였다.

이 행동 패턴은 측핵에서 장기 상승 작용(long-term potentiation, LTP)이 일어났음을 시사하는 강력한 증거이다(LTP에 대해 궁금하다면 제2장을 찾아보라). 아몬드 향이 쥐의 콧속에 있는 감각뉴런들을 활성화시키고 이는 순차적으로 편도체의 측핵에 있는 신경 세포를 활성화시킨다(직접적이든 감각피질을 거쳐서 가든지). 처음에는 둘 중 어느 향이 제시되든 간에 이러한 신경세포들을 약간 활성화시킬 뿐이다(그림 10.10의 기저선 조건). 하지만 충격자극은 그 신경세포들을 강하게 활성화시킨다. 만약 아몬드 향과 충격이 연합된다면 아몬드 향이 그 신경세포에 막 도착했을 무렵 신경세포는 충격에 의해 반응하는 것처럼 활성화될 것이다. "같이 활성화된 신경세포는 같이 연결된다."는 것 때문에 그들 간의 시냅스는 강하게 될 것이다. 이러한 사건들의 결과 아몬드향이 제시되었을 때 측핵에서 더 많은 활동이 발생한다(그림 10.10의 '이후' 조건). 아니스 향과 다른 냄새들은 충격과 한 번도 연합이 된 적이 없기 때문에 아몬드를 제외한 냄새 통로에는 그러한 강화가 일어나지 않는다.

공포 조건화에 대한 편도체의 역할에 대해 추가적인 증거들은 새로운 기술인 **옵토제네틱스**(optogenetics)로부터 얻어졌다. 옵토제네틱스는 연구자들이 살아있는 동물들에게 특정 세포가 빛에 민감하게 만드는 유전자들을 발현시키는 바이러스를 주입하는 기술이다(Deisseroth, 2010). 감염된 세포가 신경세포일 때, 연구자들은 특정한 빛 자극을 통해 마치 전기기구들과 같이 뇌의 특정한 영역들을 키고 끌 수 있다. 연구자들은 이 기술을 몇몇 신경세포들의 활성화가 뇌의 다른 부분에 변화를 줄 수 있는지를 확인하기 위해 사용할 수 있다. 한 연구에서, 연구자들은 먼저 쥐들에게 발바닥 충격 US를 예언하는 소리 CS를 조건화시켰다. 동물들은 빠르게 CS-US 연합을 학습했고, CS를 들었을 때 동결 반응을 보였다(Nabavi et al., 2014). 그런 후에 연구자들은 소리 CS를 청각피질에서 편도체 측핵으로 향하는 경로를 자극하는 옵토제네틱스 자극으로 대체하였다. 옵토제네틱스 자극이 켜졌을 때, 처음에는 아무런 효과가 없었다. 그러나 옵토제네틱스 자극이 발바닥 충격과 연합되었을 때, 동물들은 소리 CS 때와 마찬가지로 빠르게 동결 반응을 학습하였다. 말하자면, 소리와 같은 '실제' 자극 없이도 US가 도달할 때 편도체 측핵이 활성화하기만 한다면 조건화가 일어난다는 것이다.

편도체의 역할은 CS-US 연합에만 국한되지 않는다. 편도체는 또한 정서적 사건의 일화적 기억과 같은 다른 측면의 경험들에서 기억의 저장을 조율하는 역할을 하기도 한다. 그럼 정서가 일화적 기억의 저장과 회상을 조율하는 방식에 대해 살펴보자.

편도체와 일화적 기억의 저장

정서적으로 각성되는 슬라이드와 그렇지 않은 슬라이드를 보여주는 실험을 기억해보라. 건강한 사람들은 정서적으로 각성되는 이야기에서 더 자세한 기억을 보였는데, 특히 중립적인 부분보다 강렬했던 중간 부분에서 그러했다(그림 10.5). 대조적으로, 편도체 손상을 입은 환자들은 시작과 끝부분에서는 보통 사람과 같은 정도의 기억을 보였으나, 정서적인 측면을 포함하는 중간 부분에서 생리적 각성을 보이지 않았고, 그 부분에서 자세한 기억을 보이지 않았다(Cahill, Babinsky, Markowitch, & McGaugh, 1995). 그것은 환자가 기억을 못한 것이 아니라 정서적인 '촉진'이 일어나지 않은 결과이다. 이러한 발견은 편도체가 서술기억의 정보 저장을 증진시키는 신호를 제공한다는 것을 암시한다.

심지어 온전한 뇌에서도 편도체의 활성화 정도는 정보가 얼마나 효과적으로 처리되고 기억되었는지를 반영하는 것으로 보인다. 건강한 사람들이 PET 촬영을 하면서 정서적으로 각성되는 짧은 영상을 보는 동안 편도체의 활성화 정도가 높은 사람들이 낮은 사람들보다 더 자세한 기억을 보이는 경향이 있었다(Cahill et al., 1996). 다른 연구들은 편도체가 또한 유쾌한 사진을 볼 때 활성화되며, 특정한 사진이 부호화되는 동안 편도체의 반응이 클 수록 후에 사진을 더 잘 재인한다고 명시한다(Canli, Zhao, Brewer, Gabrieli, & Cahill, 2000; Hamann, Ely, Grafton, & Kilts, 1999).

그러므로 편도체의 활성화 정도는 새로운 정보가 일화적 기억으로 저장되었는지 혹은 의미적 기억으로 저장되었는지를 구분하게 해줄지도 모른다. 제7장을 떠올려보면 일화적 기억은 우리가 '기억'하는 정보이고, 의미적 기억은 우리가 '아는' 정보이다. 가장 중요한 차이점은 일화적 기억이 기억을 형성했던 시간, 장소와 같은 맥락적 정보들을 가지고 있다는 것이다. 일련의 정서적 사진들을 보고 난 후에 그것을 재인하도록 한 건강한 성인들은 그들이 이전에 사진들을 보았던 것을 '기억하는지' 혹은 단순히 그러한 그림들이 익숙하다는 것을 '아는지' 질문받았다. 편도체의 반응은 부호화(Dolcos, LaBar, & Cabeza, 2004)와 재인(Sharot, Delgado, & Phelps, 2004)에서 모두 후에 "기억한다."고 평가된 그림에서 더 높았다. 그러므로 정서적 각성과 편도체의 활성화는 맥락적 세부사항들을 부호화하며, 이는 "기억한다."라고 하는 주관적인 감각을 만들어 내고, 정보를 의미적 기억보다는 일화적 기억으로 저장되게 만든다(LaBar, 2007). 이것은 우리가 왜 정서적으로 강렬한 사건들을 생생하게 기억하는지와 연관이 있다. 섬광기억은 일화적 기억이 특히 강한 '기억함'이라는 꼬리표를 달고 있을 때 형성된다.

또한 기억의 형성 동안 편도체의 반응에서 아주 흥미로운 성적 차이가 존재한다. 여성에서 좌측 편도체의 활성화가 이후 더 나은 기억을 예언하는 반면에 남성에서는 우측 편도체의 활성화가 후에 더 나은 기억을 예언한다(Cahill et al., 2001; Cahill et al., 2004; Canli, Desmond, Zhao, & Gabrieli, 2002). 그러나 아직까지 왜 이러한 성별 간 좌우 차이가 발생하고 혹은 어떻게 그것이 기억과 행동에서의 성차와 연관되는지를 아무도 확실하게 알지 못한다(Haman 2005).

스트레스 호르몬의 역할

편도체의 활동과 일화기억의 강도 간의 연합을 이해한 후에, 다음 질문은 정확히 어떻게 편도체가 기억의 저장에 영향을 미치는가에 대한 것이다. 한 가지 가능한 경로는 그림 10.11에 도식화되어 있다. 편도체의 중심핵에서의 신호가 자율신경계에 전달되고 이는 부신에서 스트레스 호르몬인 에피네프린을 방출하게 한다. 다른 스트레스 호르몬처럼 에피네프린은 심장 박동을 증가시키거나 뇌와 근육에 혈류를 원활하게 하기 위한 혈관 확장 등과 같은 도전-혹은-도피 반응의 다양한 요소를 조절하는 데 도움을 준다.

그러나 에피네프린은 직접적으로 뇌에 영향을 미치지는 않는다. 뇌는 혈뇌장벽(blood-brain barrier)이라고 부르는 방어체계를 가지고 있어 혈액으로부터 중추신경계로 들어오는 물질의 흐름을 통제한다. 이는 뇌로 들어왔을 경우에 해로운 영향을 미칠 수 있는 많은 화학적 물질로부터 뇌를 보호하는 역할을 한다. 비록 에피네프린이 혈뇌장벽을 통과할 수는 없지만 그것은 신경전달물질인 노르에피네프린을 만들어내는 뇌간(brainstem)의 핵들을 활성화시킨다. 이러한 노르에피네프린은 그림 10.11에서 보는 것처럼 편도체의 기저핵에 영향을 미친다(McGaugh, 2002, 2003). 편도체의 기저핵의 출력물은 해마와 피질을 포함한 다양한 뇌 영역으로 전달된다. 전기충격과 같이 정서적인 자극은 편도체의 기저핵에 노르에피네프린의 양을 증가시킨다. 따라서 각 쥐의 편도체의 노르에피네프린의 정확한 양은 그 쥐가 학습된 경험을 얼마나 잘 기억하고 있는지에 대한 좋은 예측 자료이다(McIntyre, Hatfield, & McGaugh, 2000).

제7장에서 대뇌피질은 해마와 다른 내-측두엽 구조들의 중재를 받는 일화기억의 주요한 저장소라고 배웠다. 그렇다면 편도체 기저핵으로 방출되는 노르에피네프린은 다른 곳의 일화적 기억 저장에 어떻게 영향을 미칠까? 정서적인 사건을 경험하고 있는 쥐(또는 사람)를 생각해보자. 편도체 기저핵의 신경세포들은 리듬을 가진 파형 형태로 발화하며 피질이나 해마를 비롯한 다른 기억 저장 장소들로 투사하며 그곳에서도 많은 수의 뉴런들에서 리듬을 가진 활동을 야기한다(Paré, 2003). 그런 많은 신경 세포의 규칙적인 활성화는 주변 뉴런들 사이의 장기 상승 작용을 활성화한다(같이 발화하는 뉴런은 함께 연결된다). 이러

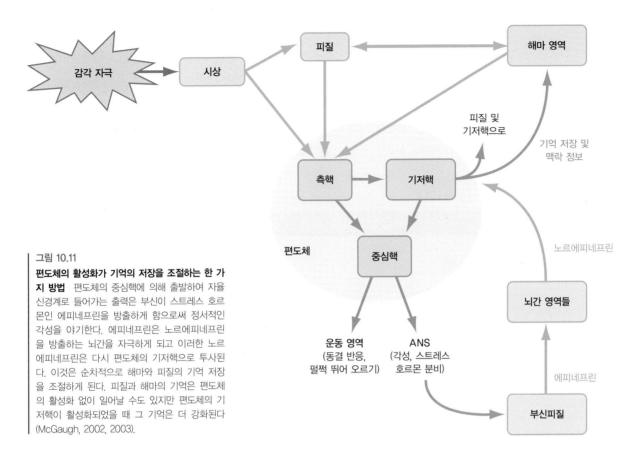

그림 10.11

편도체의 활성화가 기억의 저장을 조절하는 한 가지 방법 편도체의 중심핵에 의해 출발하여 자율신경계로 들어가는 출력은 부신이 스트레스 호르몬인 에피네프린을 방출하게 함으로써 정서적인 각성을 야기한다. 에피네프린은 노르에피네프린을 방출하는 뇌간을 자극하게 되고 이러한 노르에피네프린은 다시 편도체의 기저핵으로 투사된다. 이것은 순차적으로 해마와 피질의 기억 저장을 조절하게 된다. 피질과 해마의 기억은 편도체의 활성화 없이 일어날 수도 있지만 편도체의 기저핵이 활성화되었을 때 그 기억은 더 강화된다(McGaugh, 2002, 2003).

한 방식으로 편도체의 기저핵은 피질이나 해마의 기억을 촉진시킨다.

증가된 편도체 기저핵의 노르에피네프린 수준이 정서 기억을 촉진시키는 것처럼 노르에피네프린 방출의 손상은 정서 기억을 붕괴시킬 수 있다. 다시 한 번 정서적인 이야기를 슬라이드 쇼와 함께 들려주는 래리 카힐(Larry Cahill)의 실험을 생각해보자. 한 가지 다른 점은 그 실험이 시작하기 전에 카힐은 참가자에게 노르에피네프린을 막는 약물인 프로프라놀롤을 주었다는 점이다. 다른 통제집단은 위약을 받았다(Cahill, Prins, Weber, & McGaugh, 1994). 후에 위약을 투여한 집단은 정서적인 부분인 중간 부분을 더 잘 기억하는 정상적인 형태를 보였다(그림 10.5의 참가자들처럼). 하지만 프로프라놀롤을 투여한 집단은 이야기의 극적인 부분을 정서적으로 중성적인 처음과 끝부분의 이야기보다 더 잘 혹은 더 나쁘게 기억하는 모습을 전혀 보여주지 못했다. 더 일반적으로 이야기하면 스트레스 호르몬을 막는 것(에피네프린, 노르에피네프린, 글루코코르티코이드를 방해하는 약물을 주입함으로써)은 기억을 강화시키는 정서의 능력을 감소시킨다. 반대로 스트레스 호르몬을 증가시키는 것(에피네프린, 노르에피네프린, 글루코코르티코이드를 주입하는 것)은 정서적인 내용에 대한 기억을 향상시킬 수 있다.

이러한 결과들은 같은 이야기의 회상 과제임에도 불구하고 편도체의 손상이 있는 환자들이 정서적인 이야기가 있는 부분에 대한 기억이 왜 더 나쁜지에 대해서 설명할 수 있다.

편도체로부터의 입력 신호가 없이는 해마나 다른 기억 저장 영역이 정서적으로 각성된 대상에 대해서 강한 기억을 형성할 수 있는 도움을 받을 수 없다. 그 결과 그 물체에 대한 기억은 다른 정보에 비해서 더 이상 강력하게 저장되지 않는다. 반면에 에피네프린, 노르에피네프린, 혹은 글루코코르티코이드와 같은 약물의 주입을 통해 스트레스 호르몬을 증가시키는 것은 정서적 대상에 대한 기억을 증진시킬 수 있다(Buchanan & Lovallo, 2001; Cahill & Alkire, 2003).

◄◄ 일 상 에 서 의 학 습 과 기 억 ►►

약간의 스트레스는 좋은 것

세 명의 고등학교 학생인 래리, 모에, 컬리는 SAT를 보는 스트레스 경험에 직면했다. 그러나 그들은 다른 방식으로 대응했다. 래리는 일찍이 프린스턴대학교에 합격해서 다소 편안한 마음으로 시험을 보게 되었다. 모에는 훨씬 불안하다. 성적은 괜찮지만 그렇게 훌륭한 편은 아니다. 그리고 좋은 SAT 점수는 원하는 대학에 갈 수 있게 도움을 준다. 컬리는 패닉 상태이다. 그녀의 성적은 나쁘고 그가 좋은 대학에 들어 갈 수 있는 유일한 기회는 그가 시험에서 좋은 성적을 받는 것뿐이다. 이러한 가정하에 세 명의 학생이 동등한 지식을 가지고 시험을 봤을 때 누구 성적이 가장 좋을까?

아마도 컬리가 가장 불리한 상황일 것이다. 그녀는 너무 스트레스를 받아 첫 문제를 보는 순간에 그가 알고 있는 모든 것을 잊어버릴 것이다. 컬리만큼 분명하지는 않아도 래리 역시 불리한 상황에 있다. 너무나 긴장을 하지 않은 것이다. 약간의 스트레스는 기억에 도움을 준다. 이것은 기억을 저장할 때와 마찬가지로 회상할 때도 도움을 준다. 중간 정도의 스트레스는 에피네프린과 글루코코르티코이드와 같은 스트레스 호르몬 분비를 야기한다(McEween & Sapolsky, 1995). 그리고 해마는 특별히 글루코코르티코이드 수용기가 많아서 약간의 스트레스 호르몬은 장기 상승 작용을 촉진하며 수상돌기의 길이를 증가시켜 기억의 형성과 회상을 증진시킨다(McEwen, 1999). 따라서 모에가 시험을 보는 동안에 적절한 불안으로부터 이득을 많이 봤을 것이다.

불행히도 낮은 수준의 스트레스는 기억을 향상시키지만 만성적으로 높은 스트레스 호르몬은 이전에 학습한 기억을 손상시킨다(de Quervain, Rozendaal, & McGaugh, 1998; de Quervain, Roozendaal, Nitsh, McGaugh, & Hock, 2000). 비록 낮은 수준의 호르몬은 해마 의존적인 학습을 촉진시키지만 높은 수준의 스트레스 수준은 해마를 과흥분 상태로 만들어서 학습과 회상을 방해한다(Benjamin, McKeachie, Lin, & Holinger, 1981). 오랫동안 지속된 스트레스 노출은 해마에 있는 신경 세포를 죽게 만든다(McEwen, 1997; Sapolsky, 1996).

향상된 기억과 해마의 손상은 어떻게 변화하는 것일까? 다른 말로 하자면 얼마만큼의 스트레스가 과도한 스트레스인가? 불행히도 스트레스에 의한 파괴 시점은 개인마다 다르다(Kemeny, 2003). 항상 스트레스 상황에서 살아가는 사람들(주식 거래소 직원과 응급실 간호사)이 있는 반면에 약간의 역경이 있어도 모든 것이 산산히 부서지는 사람들도 있다. 각각의 개인들은 얼마만큼의 스트레스가 개인적인 수준에서 너무 많다고 느껴지는지를 배워야 한다. 그리고 이러한 범위를 유지하려 노력해야 한다. 만약 당신이 정기적으로 스트레스를 받는다고 느껴지면 괴롭히는 것들의 목록을 만들고 그들 중의 하나 혹은 두 가지를 변화시키려고 노력해보라. 그리고 다른 방법으로는 명상, 요가, 기도, 혹은 운동 같은 것으로 스트레스를 줄이기 위한 방법을 시도해보라. 이러한 방법들을 매일 수행하는 것은 일상적인 삶으로부터 일시적으로 도망가게끔 도와주고 의학적으로도 도움을 줄 것이다. 스트레스 받는 동안 이러한 행동들은 당신의 해마가 다시 정상적인 작동 범위로 돌아갈 수 있게끔 도와줄 것이다(Davidson et al., 2003).

컬리가 할 수 있는 최선의 방법은 시험 치는 동안 몇 초 동안 깊은 숨을 쉬면서 긍정적인 생각을 가지면서 자기 자신을 차분히 가라앉히는 것이다(Naveh-Benjamin, 1991). 그녀의 스트레스 호르몬 수준이 정상적인 수준으로 되돌아 간다면 해마는 다시 정상적으로 작동할 것이다. 이것이 시험을 치는 동안에는 기억이 나지 않던 것들이 시험이 끝난 후에 기억나는 이유이다. 물론 좋은 계획을 만들고 시행하는 것도 도움이 된다. 만약 처음부터 성적을 그렇게 나쁜 상태로 만들지 않았다면 SAT는 그렇게 중요하지 않았을 것이다. 그런 상황에서는 시험을 보는 동안 훨씬 이완된 상태에 있을 것이다.

회상과 재통합

편도체의 영향력은 초창기 학습경험에만 국한된 것이 아니다. 당신이 제7장에서 보았듯이 기억은 단기적으로 저장되기보다는 견고화 기간(consolidation period) 동안 영향받기 쉬운 상태로 남아 있다. 그 기간 동안에 기억은 전기충격이나 뇌의 손상와 같은 개입에 아주 취약한 상태이다. 재통합(reconsolidation)은 어떤 경우에 오래된 기억의 재활성화는 그것을 취약한 상태로 변화시킨다는 것을 의미한다(Nader, 2003). 정서적 사건에서의 기억의 재활성화는 스트레스 호르몬이 그 기억을 부호화하는 신경회로를 강화할 수 있는 기회를 제공한다. 그렇기 때문에 재통합의 원리가 모든 종류의 기억에 적용될 수 있지만, 정서적 기억이 특히 그러하다. 이것은 섬광기억에 작은 왜곡이 스며들 수 있는 한 가지 방식을 제시한다. 기억이 처음에는 정확했으나 그것이 회상될 때마다 작은 세부사항들이 잊히거나 바뀌고, 시간이 지남에 따라 처음과 완전히 달라지는 것이다.

재통합은 쥐를 이용한 조건화된 회피 절차에서 효과적으로 밝혀져 있다. 통제집단의 쥐들은 어두운 상자에서 충격을 받은 후에는 다시 어두운 상자로 들어갈 때까지 약 50~60초 정도 머뭇거렸다(그림 10.12a). 하지만 전기충격을 받은 직후에 에피네프린을 투여받은 쥐들은 이러한 경향이 아주 뚜렷해져서 다시 어두운 상자로 들어가는 데 200초 이상이나 머뭇거렸다(그림 10.12b). 그림 10.11에서 보는 것처럼 에피네프린은 편도체의 기저핵으로 노르에피네프린의 방출을 촉진하고 이러한 촉진은 순차적으로 피질과 해마의 학습을 촉진한다. 이것은 쥐들이 어두운 상자는 위험한 곳이라는 것을 더욱 강력하게 기억하게 만든다. 에피네프린 효과는 쇼크를 받은 직후에 가장 효과가 컸지만 이러한 기억의 촉진 효과는 훈련이 끝난 후 10~30분 동안 유지되었다(Gold & van Buskirk, 1975). 하지만 120분쯤이 지난 후에는 기억이 안정화되어서 이러한 에피네프린의 효과는 사라졌다.

그림 10.12
스트레스 호르몬은 기억을 강화한다 (a) 통제집단의 쥐들은 어두운 상자에 들어갔을 때 쇼크를 받으면, 그 상자에 다시 들어갈 때까지는 평균 1분 정도가 걸린다. (b) 하지만 훈련을 받은 직후에 에피네프린을 주입한 쥐들은 훨씬 더 오랫동안 주저하게 된다. 이는 훈련 후 에피네프린의 주입은 사건에 대한 그들의 기억을 증가시킨다는 것을 의미한다. 그러한 효과는 시간에 민감하여 훈련 후 시간이 지난 후에 주입하는 것보다 직후에 주입하는 것이 더 효과적이다(Gold & van Buskirk, 1975).
Information from McGaugh, 2003.

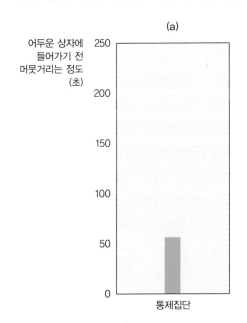

(a)

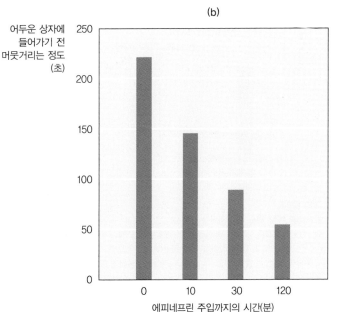

(b)

정서 연구자 제임스 매거(James McGaugh)는 동물이 정서 시스템이 어떤 사실 이후에 그 기억을 조정하도록 진화된 것에는 중요한 이유가 있다고 제안했다. 많은 경우에 특정 사건의 중요성은 당장에 명백히 드러나지 않는다. 만약 비둘기가 구토를 유발하는 물질이 들어있는 색깔 있는 물을 마신다면 그러한 고통은 마시고 난 뒤 얼마 동안은 나타나지 않지만, 일단 배 아픈 증상이 나타나기 시작하면 그 색깔의 물에 대한 강한 기억을 저장하는 것이 매우 중요해진다. 비슷하게 벽에 낙서하는 어린이들은 어머니가 발견할 때까지는 혼나지 않지만, 어머니가 발견한 이후부터는 자기가 낙서한 앞의 행동과 어머니에게 혼이 나는 이후의 결과를 강하게 연합할 수 있어야 한다. 이전에 획득된 기억에 영향을 주는 스트레스 호르몬의 능력은 편도체가 이후의 기억(이후의 결과가 매우 강해졌을 경우)에 대한 강도를 수정할 수 있게 한다(McGaugh, 2003).

해마의 정서적 맥락 부호화

편도체가 어떻게 정서적인 사건에 대한 기억을 조절하는지를 배우는 과정에서 이미 새로운 일화적 기억의 형성에 중요한 해마를 언급했었다. 그러나 해마는 사실과 사건에 대한 기억에만 국한되어 있지 않다. 해마는 서술적 기억이 아닌 기억의 종류에도 중요한 역할을 하는데, 특히 환경과 다른 자극물의 관계에 대한 학습을 요구하는 기억에 중요하다(제6장 참조). 단순한 조건 자극(CS)과 무조건 자극(US)의 학습은 해마에 의존적이지 않다는 것을 기억하라. 예를 들어 소리 CS와 공포를 유발하는 충격인 US가 연합이 되는 쥐에게서의 조건화 실험을 생각해보라. 그림 10.9b는 그런 CS-US 연합은 해마의 손상에 의해서 영향받지 않지만 편도체의 손상에 의해서는 붕괴된다는 것을 보여준다(LeDoux, 1994).

고전적 조건화 과정에서 쥐들은 CS와 US에 대한 것을 학습할 뿐만 아니라 US가 제시되는 맥락에 대해서도 학습한다. 따라서 CS-US 연합 학습이 특정한 상자에서 이루어진 직후에 그 쥐를 동일한 상자에 다시 가져다 놓으면 그 쥐는 어떠한 CS나 US가 제시되기 전에 바로 조건 정서 반응(동결)을 보일 것이다. 사실 건강한 쥐의 환경(조건화를 시켰던 그 상자)에 대한 반응은 CS에 대한 반응만큼 강력하다. 이러한 환경에 대한 동결 반응은 해마가 손상된 쥐에게서는 덜 나타난다(그림 10.13a). 편도체의 손상은 또한 환경적인 공포 반응을 줄어들게 만드는데, 이러한 변화는 아마도 동결 반응을 관장하는 중심핵에서 운동영역으로 가는 출력

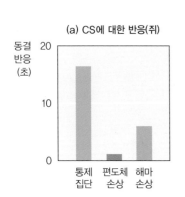
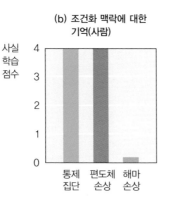

그림 10.13

조건화된 맥락 학습 (a) 충격을 신호하는 CS에 대한 정서 반응의 조건화 동안, 통제집단의 쥐들은 충격을 받았던 맥락에 대한 동결 반응도 학습하였으나 편도체 손상집단과 해마 손상집단은 맥락에 대한 학습을 하지 못했다. (b) 건강한 사람들은 피부 전도 반응 조건화 실험에서 맥락정보를 보고할 수 있었고 편도체 손상집단 또한 그러했으나 해마 손상집단은 맥락기억이 손상되었다. 이러한 데이터는 조건화된 정서 반응이 편도체에 의존하는 반면에 맥락이나 일화적 학습은 해마에 의존한다는 것을 말해준다(두 기능이 구분되어 있다).

(a) Research from Phillips and LeDoux, 1992; (b) Research from Bechara et al., 1995.

경로가 손상되었기 때문일 것이다(Phillips & LeDoux, 1992).

편도체와 해마의 이러한 상호 작용은 인간의 피부 전도 반응에서도 볼 수 있다. 앞서(그림 10.9a) 건강한 사람은 US뿐만 아니라 US와 연합된 CS에 대해서도 피부 전도 반응에서의 변화가 일어남을 살펴보았다. 이 실험에서 양측 해마에 손상이 있는 환자들은 건강한 사람들과 같은 조건 반응을 보였다. 하지만 양측 편도체에 손상이 있는 환자들은 피부 전도 반응상에 아무런 변화가 없었다(Bechara et al., 1995). 피부 전도 반응 실험이 끝난 후에 연구자들은 참여자들에게 조건화된 상황에 대해서 무엇을 기억하고 있는지 물었다. 건강한 개인은 CS가 US를 예상한다고 보고하였다(그림 10.13b). 하지만 해마가 손상된 환자들은 비록 피부 전도 반응은 있었지만 실험 환경에 대한 자세한 내용을 기억하고 있지는 못했다. 이러한 사실은 해마의 손상이 새로운 일화적 기억을 형성하는 능력은 방해해도 일반적인 고전적 조건화는 막지 못한다는 일반적인 기대와 일치하는 것이다. 편도체가 손상된 사람들은 반대의 형태를 보였다. 그녀는 CS가 US를 예측한다는 사실을 비롯하여 실험에 대한 세부적인 사실에 대해서는 보고할 수 있었지만 CS에 대해서 피부 전도 반응을 보이지는 않았다. 따라서 편도체의 손상은 해마 의존적인 환경 학습은 남겨두었지만 정서 반응의 학습과 표현은 붕괴시켰다.

해마가 어떻게 편도체의 공포학습에서 맥락의 영향을 조율할까? 그림 10.11에 묘사된 것처럼. 편도체와 해마는 양방향으로 연결되어 있다. 편도체의 신호는 해마로 들어간다. 그러나 학습 맥락에 대한 정보를 담고 있는 해마로부터의 신호는 진행 중인 정서적인 과정을 통합할 수 있는 편도체의 측핵으로 들어간다. 이것이 정서적인 경험이 일어났던 환경에 다시 되돌아갔을 때 충분한 각성이 일어나는 부분적인 이유이다. 예를 들어 개인이 강하게 슬픔이나 공포를 느꼈던 장소로 되돌아가면 때때로 새로운 우울이나 공포에 빠지게 된다. 비슷하게 긍정적인 정서를 보면, 기념일을 축하하기 위해 커플들은 그들이 처음 데이트 한 식당을 때때로 선택한다. 왜냐하면 그들이 강하게 낭만을 느꼈던 곳으로 되돌아가는 것은 그들에게 같은 감정을 다시 유발해줄 수 있기 때문이다.

느낌과 전두엽

정서적인 학습과 기억이 일어나는 동안 해마와의 상호작용처럼 편도체는 피질과도 상호작용한다. 제9장에서 읽었던 것처럼 피질의 **전두엽**(frontal lobes)은 우리가 세우는 모든 계획과 의사 결정이 일어나는 관리적인 기능을 수행하는 자리이다. 전두엽은 사회적인 행동과 관련이 있고 이러한 적절한 사회적 행동은 정서를 적절히 표현하는 능력뿐 아니라 다른 사람의 정서까지도 읽는 능력을 요구한다.

전두엽의 손상을 입은 환자들은 얼굴에 감정을 표현하는 데 있어서 적게 표현하고(Kolb & Taylor, 1981) 그 강도가 훨씬 작을 뿐 아니라 다른 사람의 부정적 정서, 예를 들어 공포나 역겨운 감정을 읽는 데 손상(Kolb & Taylor, 2000)을 보인다. 이러한 환자들은 정서와 기분의 일반적인 붕괴를 보이며 정상적인 정서적 표현의 상실이나 사회적인 철수를 경험하

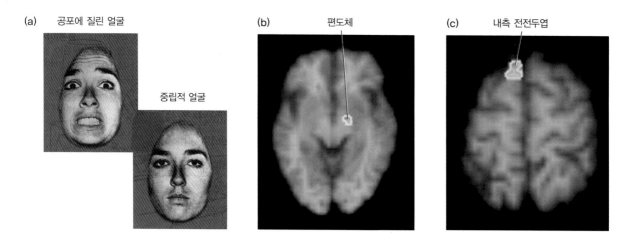

(a) 공포에 질린 얼굴   중립적 얼굴   (b) 편도체   (c) 내측 전전두엽

그림 10.14
전전두피질과 정서적 처리
(a) 공포에 질린 얼굴과 중립적인 얼굴을 보여주면서 fMRI로 뇌의 활동을 측정했다. (b, c) 차이 영상은 공포에 질린 얼굴을 볼 때 중립적인 얼굴을 볼 때보다 편도체와 내측 전전두엽에서 더 많은 활성화를 보여준다. 이는 전전두엽이 정서적인 처리를 할 동안 활성화되며 이를 통해 다른 사람의 얼굴에 나타나는 정서적인 표현을 해석하는 데 도움을 줄 것임을 시사한다.

(a) Reprinted by permission from Macmillan Publishers Ltd: NATURE Phillips, M.L., et al. "A specific neural substrate for perceiving facial expressions of disgust," 89, 495–498. Copyright 1997. (b) and (c) Williams, L., Phillips, M. et al, Arousal dissociates amygdala & hippocampal fear responese: Evidence from silutaneous fMRI and skin conductance recording, *NeuroImage* 14 (2001) 1070-1079. Copyright Elsevier 2001.

게 된다(오래된 전두엽 절단 시술은 전두엽의 일부를 제거함으로써 만성적인 흥분 상태인 사람을 '고요한 사람'으로 만드는 한 가지 방법이다). 전두엽 부분에 손상을 가진 다른 환자들은 극도로 흥분되고 높은 정서적인 상태를 경험하며 부적절한 사회적 행동을 보인다(신을 모욕하거나 공공장소에서 자위행위 등). 뿐만 아니라 그들은 빠른 정서적인 변화, 예를 들어 아무런 적당한 이유 없이 극도로 흥분해 화를 내거나 공격성을 보인다. 명백한 것은 전두엽이 양극단의 정서 상태 사이에서 균형을 잡아주는 역할을 한다는 것이다.

전전두피질(prefrontal cortex)은 또한 사람이 다른 사람의 감정을 '읽을' 수 있도록 도움을 준다. 예를 들어 연구자들은 실험 참가자에게 무서워하는 표정과 중립적인 표정을 보여주면서(그림 10.14a) 피부 전도 반응과 fMRI를 가지고 뇌의 활성화 정도를 측정하였다(L. Williams et al., 2001). 이제는 공포에 질린 얼굴은 피부 전도 반응과 편도체의 활성화를 야기시킨 반면 중립적인 자극은 그렇지 않았다는 사실은 놀라운 일이 아니다(그림 10.14b). 새로운 발견은 무서워하는 표정이 내측 전전두피질(medial prefrontal cortex)에서도 더 많은 활성화를 야기했다는 것이다(그림 10.14c). 이러한 결과들은 내측 전전두피질이 정서적인 처리를 하는 동안 활성화되며 다른 사람의 얼굴에 나타난 정서를 파악하는 것처럼 정서적인 자극의 의미를 해석하는 데 도움을 준다는 연구결과와 일관성을 가진다.

몇몇 연구자들은 내측 전전두피질이 상황에 적절하게 자극을 처리하도록 도와준다고 주장한다(Hornak et al., 2003; Kolb & Taylor, 1990; Rolls, 1999). 예를 들어 동물원에서 곰을 볼 때와 숲속에서 볼 때 정서적 반응은 굉장히 다를 것이다. 전전두엽은 편도체의 활성화 정도를 환경에 맞게 조절함으로써 정서적인 반응을 상황에 맞게 조절한다. 이번 장의 앞부분에서 언급한 일본 학생들이 미국 학생들에 비해서 권위적인 인물이 있을 경우에 그들의 정서적인 반응을 더 많이 숨기는 경향이 있다는 것을 살펴보았다. 일본 학생들도 미국 학생들처럼 똑같은 감정을 느낄지 몰라도 그들의 전두엽은 얼굴에서의 감정 표현을 성공적으로 억압하는 것으로 보인다. 나무들 사이에서 다가오는 크고 어두운 물체를 보았을 때 그것을 동물원에서 보았기 때문에 위험하지 않을 경우에 편도체는 곰을 보면서 정서적인 반응을 신호하려고 할 것이지만 내측 전전두피질은 그 신호를 억제할 것이다. 실제로 내측 전전두피질은 현재의 맥락에서 곰은 위협이 아니기 때문에 괜찮다고 편도체에게 신호한다. 이러한 생각과 일치되게 쥐의 내측 전전두피질을 자극하는 실험에서 그러한 자극은 편도체의 자극으로 인해 유발된 정서적 반응을 억제했다(al Maskati & Zbrozyna, 1989; Quirk, Likhtik, Pelletier, & Paré, 2003).

지식 테스트

정서와 관련된 뇌 메커니즘

정서적 반응들은 편도체, 해마 그리고 전전두피질을 포함하는 많은 뇌 영역들 간의 복잡한 상호작용에 의존한다. 아래의 이야기를 읽고 각각의 괄호 안의 숫자들에 해당하는 상황에서 뇌의 영역들이 어떻게 기여하는지를 설명해보라. (정답은 책의 뒷부분에 있다.)

자레드는 높은 곳을 두려워한다. 그러나 워싱턴 DC를 방문했을 때, 그의 친구들은 그가 도시의 경치를 보기 위해 높은 곳으로 올라가야 한다고 말했다. 엘리베이터가 올라감에 따라 자레드는 긴장되는 느낌을 받기 시작했다(1). 그의 심장박동이 빨라지고, 그의 입속이 말라가고, 그의 위장이 조여 왔다. 그는 학교의 높은 다이빙 보드에서 비슷하게 공포에 질렸던 것을 떠올렸다(2).

그가 관람대에 도착했을 때, 자레드는 겁에 질려서 가장자리로부터 최대한 멀리 떨어져 있으려고 했다. 그러나 조금 떨어진 거리에서, 그는 심호흡을 하고 창문 근처로 걸어가서 도시를 내려다보았다(3). 이러한 모든 것에도 불구하고 그는 아름다운 풍경에 감탄했다(4).

중간 요약

- 정서는 많은 뇌의 영역에 의존하고 각각의 뇌 영역은 하나 이상의 정서들에 관여한다.

- 강한 정서에 대한 몸의 반응 일부분은 편도체를 활성화한다. 편도체의 중심핵에서부터의 신호는 정서 반응의 많은 행동적·생리적 요소들을 일으킨다. 사람을 포함한 편도체에 손상이 있는 동물들은 감소된 정서성과 조건 정서 반응을 학습하는 능력에서의 손상을 보인다.

- 편도체의 기저핵 부분에서 해마와 피질에 신호를 내보냄으로써 편도체는 정서적인 기억이 저장되는 것을 조절하기도 한다. 기억은 편도체의 입력 없이 피질과 해마에 저장될 수 있다. 하지만 정서 시스템이 촉발되면 그 기억 형성은 더욱 강해진다.

- 에피네프린, 노르에피네프린, 혹은 글루코코르티코이드와 같은 스트레스 호르몬들이 학습이 일어나는 동안 막힌다면, 정서적 기억의 강도는 감소한다.

- 해마는 학습이 일어나는 환경에 대한 정보를 제공함으로써 정서 학습에 영향을 미친다. 해마에 손상을 입은 사람과 동물은 자극에 대한 정서 반응을 학습할 수는 있지만, 자극물이 제시되었던 환경에 대해서는 학습하지 못했다.

- 전두엽은 정서를 적절히 표현하고 다른 사람의 정서 표현을 읽는 능력뿐만 아니라 처해 있는 환경에 맞추어 정서 자극을 해석하는 능력에도 중요한 역할을 한다.

10.3 임상적 관점

이 장에 소개된 대부분의 연구는 부정적인 정서, 특히 공포에 초점을 맞추고 있다. 이는 부정적인 정서가 건강과 삶의 질에 큰 영향을 끼칠 수 있기 때문이다. 장기간 계속되는 공포와 분노는 고혈압과 면역 체계 억제 같은 생리적인 문제를 야기할 수 있다. 또한 부정적인 정서는 심리적 문제를 야기할 수 있다. 특히 공포증과 외상후 스트레스장애의 발현과 치료에 학습과 기억 과정이 관련되어 있다.

공포증

공포증(phobia)은 특정한 물체, 장소 혹은 상황에 대해서 과도하게 보이는 비이성적인 공포를 뜻한다. 현재 대부분의 공포증은 **특정 공포증**(specific phobia)과 **광장 공포증**(agoraphobia)으로 분류되고 있다.

특정 공포증은 특정한 사물들 혹은 사회적 상황에 대한 공포를 뜻한다. 닫힌 공간에 대한 공포(폐쇄 공포증), 높이에 대한 공포(고소 공포증), 뱀에 대한 공포(뱀 공포증), 거미에 대한 공포(거미 공포증)가 특정 공포증의 대표적인 예들이다. 언제나 그러한 것은 아니지만, 대부분의 특정 공포증의 경우 두려워할 만한 사물이나 상황이 공포의 대상이다. 예를 들어 독사는 매우 치명적이기 때문에 뱀을 보고 놀라는 것은 적절한 반응이다. 높이에 대한 정상적인 공포는 절벽에서 떨어지는 것을 방지한다. 그러나 그러한 공포가 일상생활을 방해할 정도에 이르면 그것은 공포증으로 분류된다. 예를 들어 만약 어떤 사람이 높은 곳을 무서워하여 엘리베이터를 타지 못하거나 뱀이 너무나도 두려워서 자기 집 뒤뜰에 나가는 것을 피한다면 공포증을 가진 것으로 분류된다.

특정 공포증은 특정한 사물이나 상황에 대한 공포를 의미하는 반면, **광장 공포증**은 집이나 '안전한' 지역으로부터 벗어나는 것에 대한 전반적인 공포를 뜻한다. 이러한 공포는 대부분 공공장소에서 공황 발작을 경험하는 것에 대한 두려움으로부터 비롯된다. 공황 발작 동안 에피네프린이 과도하게 분비되기 때문에 심장이 빠르게 뛰고, 몸이 떨리고, 메스껍고 어지러운 증상들과 함께 도전–혹은–도피 반응을 경험하게 된다. 공황 발작 자체에 대한 두려움, 그리고 공공장소에서 공황 발작을 경험하는 것에 대한 민망함은 광장 공포증을 겪고 있는 사람들로 하여금 공공적이고 개방된 장소들을 피하도록 만들 수 있다. 가장 심각한 경우 광장 공포증 환자들은 완전히 집에서만 생활하며 몇 년간 집을 떠나지 못하기도 한다.

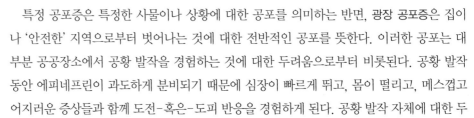

대표적인 특정화된 공포증에는 뱀에 대한 공포, 거미에 대한 공포, 높이에 대한 공포 그리고 막힌 공간에 대한 공포가 있다. 일반적이고 건강한 공포 반응과 공포증을 결정하는 것은 무엇일까?

ChinaFotoPress via Getty Images

공포증의 원인

공포증의 형성에 대한 한 가지 이론은 공포증이 고전적 조건화에 의해서 형성된다는 것이다. 여러분은

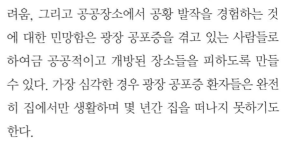

제1장에서 행동주의의 아버지인 존 왓슨(John Watson)에 대해 읽었을 것이다. 일련의 유명한 연구에서 왓슨과 그의 연구 보조자인 로살리 레이너(Rosalie Rayner)는 어린 앨버트(Little Albert)라고 알려진 11개월 된 어린 소년에게 공포를 조건화시켰다. 그들은 연구를 시작하기 두 달 전 앨버트에게 흰쥐, 토끼, 산타클로스 가면, 불타는 신문 등 여러 물건들을 가져다주었다. 앨버트는 그 물건들 중 어느 것에도 공포 반응을 나타내지 않았고, 다만 큰 쨍그랑하는 소리만을 무서워했다. 공포 조건화를 연구하기 위해 왓슨과 레이너는 앨버트 근처에 흰쥐를 놓고 앨버트가 흰쥐에게 다가가면 큰 쨍그랑 소리를 내어 앨버트를 울렸다. 이러한 시행이 몇 번 진행되자 어린 앨버트는 쥐를 피하게 되었고 그의 앞에 쥐를 놓아두면 울면서 기어서 도망가려고 했다. 어린 앨버트는 쥐(CS)와 공포를 유발하는 큰 소리(US)에 조건화가 된 것이다(Watson & Rayner, 2000[1920]). 이러한 학습은 점차 희고 털이 있는 다른 물체에 대해서 일반화되어 갔다. 어린 앨버트는 토끼나 산타의 흰 수염에 대해서도 공포 반응을 보이기 시작했다.

연구가 끝나고 얼마 안 있어 어린 앨버트는 엄마와 함께 이사를 갔다. 그렇기에 쥐에 대한 앨버트의 공포가 얼마나 컸는지, 얼마나 오래 지속되었는지, 혹은 그 공포가 실험실 바깥에서 마주치는 다른 쥐들에게도 일반화되었는지에 대한 기록은 존재하지 않는다(Beck, Levinson, & Irons, 2009; Harris, 1979). 오늘날 윤리적인 규제로 인해 어린 앨버트에게 시행되었던 실험들은 금지되었다. 그러나 이 실험이 고전적 조건화와 공포증에 대해서 여러 흥미로운 의문점을 불러일으킨 것은 사실이다. 어쩌면 많은 공포증들은 고전적 조건화로 인해 형성되었을지도 모른다. 예를 들어, 어떤 사람들은 옷장 속에 갇혔던 것과 같은 트라우마 때문에 폐쇄 공포증을 가지게 되었을 수 있고 또 다른 사람들은 날뛰는 개에 의해서 공격을 받아 개에 대한 공포증을 가지게 되었을 수 있다.

하지만 공포스러운 경험을 한 모든 사람들이 공포증을 형성하지는 않는다. 한 연구에 따르면 개에 대한 공포증을 가지고 있는 사람들 중 3분의 2 정도는 개와 관련된 외상(개에 물

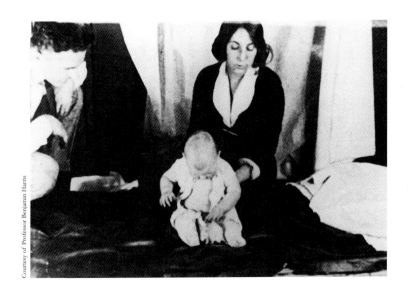

어린 앨버트가 애완용 쥐와 놀고 있을 때, 존 왓슨과 로살리 레이너는 쥐를 시끄럽고 놀래는 소음과 연합시켰다. 앨버트는 쥐에게 조건화된 공포 반응을 형성했다. 왓슨과 레이너는 그들이 앨버트에게 공포증을 유발했고, 실제 공포증 형성의 기저에는 그러한 고전적 조건화가 있다고 주장했다. 앨버트가 공포증을 형성했다고 가정할 때, 왓슨과 레이너가 어떻게 어린 앨버트의 공포증을 치료할 수 있을까?

린 경험)이 있지만 마찬가지로 개에 대한 공포가 전혀 없는 사람들 중 3분의 2도 그와 비슷한 경험이 있었다(DiNardo, Guzy, & Bak, 1988). 역설적으로 몇몇의 사람들은 살아있는 뱀과 한 번도 마주친 적이 없음에도 불구하고 뱀에 대해서 공포를 느끼고, 비행기를 한 번도 타보지 못한 사람들이 비행하는 것에 대해서 극도의 두려움을 갖기도 한다.

한 가지 가능한 설명은 몇몇의 공포증은 사회적인 교류를 통해서 조건화된다는 것이다. 예를 들어, 사람들은 비행기 충돌에 대한 텔레비전 뉴스를 본 후 비행에 대한 공포를 가질 수 있으며 뱀을 보고 기겁하는 사람들을 본 후에 뱀에 대한 공포를 가질 수 있다. 원숭이들 역시 사회적인 교류에 의해서 공포를 가질 수 있음을 보여준다. 실험실에서 길러진 원숭이들은 뱀을 처음 본 순간에는 공포 반응을 보이지 않는다. 하지만 만약에 실험실에서 길러진 원숭이와 뱀에 대해서 공포증을 가진 다른 원숭이를 같이 기른다면 실험실에서 길러진 원숭이 역시 같은 공포 반응을 보이기 시작할 것이다(Mineka & Cook, 1988). 아마도 공포에 질린 동료를 보는 것이 공포를 야기하는 US가 되고 그 후에 공포를 야기하는 물체가 그 관찰 원숭이에게 CS가 된 것이다.

공포증 치료

몇몇의 공포증이 조건화를 통해서 만들어졌다면 공포증도 CS가 US 없이 제시되는 기존의 소거 방식을 통해서 없어질 수 있을까? 많은 경우에 그렇다. 공포증 치료를 위한 체계적 둔감화(systematic desensitization)에서는 환자가 이완된 상태를 유지하는 동안 CS가 점차적으로 제시되고, 결국 조건 자극이 공포 반응을 야기하지 않게 된다(Kazdin & Wilcoxon, 1976; Linden, 1981). 예를 들어 뱀에 대해서 무서움을 느끼는 사람은 처음에는 실제의 뱀과 너무나 달라서 공포를 유발하지 않는 뱀 모양의 물체(호스나 끈)에 노출된다. 그 후에는 순차적으로 장난감 뱀, 실제 뱀 사진, 살아있는 뱀을 쥐고 있는 사람 등에 노출된다. 이러한 과정은 굉장히 서서히 진행되기 때문에 환자들은 공포 반응을 나타내지 않는다. 마지막으로 환자들은 실제 뱀을 만지거나 쥐도록 요구받게 된다. 체계적 둔감화 치료는 시간이 많이 걸리고 힘든 과정이지만 일반적으로 성공적이며 치료 효과가 오래 유지된다.

때때로 환자에게 공포 대상을 노출시키는 것이 위험하고, 불편하고, 비용이 많이 드는 경우가 있다. 예를 들어 환자가 바다를 건너 비행하는 것에 대해서 공포를 느낀다면 체계적 둔감화는 환자가 직접 공항에 가고, 착륙된 비행기에 앉아보고, 짧은 비행을 가고, 결국에는 바다를 건너는 비행을 경험하도록 요구한다. 이것은 대부분의 사람에게 너무 비싸다. 대신 치료자들은 컴퓨터로 만들어진 3차원의 환경을 이용하는 가상현실 치료 방법을 추천한다. 이 경우 돈과 에너지를 사용하여 실제 비행기에 탑승하기 전에 가상현실에서 비행기 자리에 앉아 보고, 비행기가 만들어내는 소리와 비행기에서 보는 장면들에 익숙해지고, 비행을 모의로 경험할 수 있다. 가상현실 치료는, 특히 다른 이완 훈련 혹은 인지 치료와 결합된다면, 공포증을 치료하는 데 효과가 있다(Emmelkamp et al., 2002; Muhlberger, Herrmann, Wiedeman, Ellgring, & Pauli, 2001).

예상했을 수도 있지만, 몇몇 연구들은 공포증 환자들의 편도체가 과도하게 반응한다는 것을 밝혀냈다. 또한 다른 연구들은 공포증 환자들의 전측 대상 피질(anterior cingulate cortex)과 뇌섬엽(insula)이 비정상적인 활동을 나타냄을 보고했다. 제5장에서 언급된 바와 같이 이 영역들은 어떤 것이 혐오스러우며 어떤 것을 피해 다녀야 하는지 판단하도록 돕는다. 공포증 환자들에게서 이 뇌 영역들의 과잉 활동이 나타난다는 것은 놀라운 일이 아니다. 흥미롭게도 여러 연구들은 공포증을 치료하면 이러한 공포와 연관된 뇌 구조들의 활동이 감소함을 나타냈다(Galvao-de Almeida et al., 2013; Lipka, Hoffmann, Miltner & Straube, 2014). 이러한 연구결과들은 공포증을 성공적으로 치료한다면 이전에는 공포를 유발했던 사물이나 상황이 더 이상 위협적으로 느껴지지 않도록 뇌가 재조정된다는 것을 시사한다.

지식 테스트

고전적 조건화와 공포증들

적어도 일부 공포증들은 원래 중립적인 자극이 매우 혐오적이거나 공포를 유발하는 사건과 짝지워질 때 고전적 조건화를 통해 생겨난다. 아래 시나리오를 읽고 CS, US, CR을 구분해보라. (정답은 책의 뒷부분에 있다.)

낸시는 최근에 실직해서 자녀들을 부양하지 못할까 봐 걱정하고 있다. 이러한 걱정은 식료품 가격들이 오른 것을 보면 더 심해진다. 어느날 가계에서 낸시는 공황 발작, 즉 갑작스런 공포감정에 의해 지배되는 듯한 느낌을 경험했다. 주변이 빙빙 도는 듯하고 심장은 망치질하며 숨을 쉴 수가 없었다. 몇 분 후에 발작은 수그러 들었지만 그 경험에 의한 충격은 쉽게 가시지 않았다. 그 뒤로 며칠 동안 낸시는 또다시 공황발작을 겪을까 봐 두려움에 떨어야만 했다. 그녀는 식료품점에 다시 간다는 생각만으로도 겁에 질리게 되는 자신을 발견했고 자신의 십 대 자녀들에게 식료품 쇼핑을 맡겨야만 했다.

외상후 스트레스장애

2001년 9월 11일에 일어난 세계무역센터 테러 공격 후에 수천 명의 상담자들은 생존자와 그의 가족 그리고 구조대원들에게 상담을 제공하기 위해서 뉴욕으로 갔다. 또한 2,300만 달러의 연방 기금이 뉴욕 주민들에게 무료로 상담을 해주는 '프로젝트 리버티'에 투입되었다.

이렇게 정신건강 전문가들과 자금이 투입된 이유는 테러 이후 많은 뉴욕 주민들이 **외상후 스트레스장애**(posttraumatic stress disorder, PTSD)에 시달릴 수도 있다는 우려 때문이었다. PTSD는 끔찍한 사건(전쟁, 강간, 자연재해)을 겪은 후에 발병하는 정신 질환이며, 증상으로는 사건의 재경험(악몽, 과거 장면에 대한 순간적인 회상, 침투적인 기억), 그 사건을 상기시키는 사물이나 상황에 대한 회피, 정서적 무감각 그리고 격양된 불안 등이 있다(McNally, Bryant, & Ehlers, 2003). 이러한 공포 반응은 큰 재난을 겪은 사람들이 정상적으로 보이는 반응이지만 대부분의 사람들의 경우 시간이 지남에 따라 그러한 공포 반응이 감소한다(그림 10.15). 반면 PTSD 환자들은 몇 달 혹은 몇 년 동안 이러한 공포 반응을 유

그림 10.15

끔찍한 사고 이후의 심리적인 회복 배우자의 죽음이라든지 테러리스트의 공격같이 끔찍한 사고 직후에 대부분의 사람들은 공포 반응 때문에 정상적인 기능에 붕괴가 일어난다. 시간이 지난 후에는 대부분의 사람들은 재빨리 다시 정상으로 돌아오거나 시간이 지나면서 초창기 공포 반응은 줄어든다. 그러나 PTSD 환자들은 몇 달 동안 혹은 몇 년 동안 공포 반응을 유지한다.
Hypothetical data; information from Bonanno, 2005.

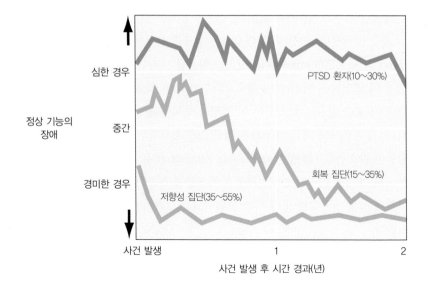

지한다. 한 연구는 이라크와 아프가니스탄에서 싸웠던 500만 명의 참전용사들 중 23%가 PTSD를 진단받았다고 보고했다(Fulton et al., 2015). 또 다른 연구는 9/11 테러 당시 세계무역센터에서 탈출했던 3,271명의 사람들 중 거의 15%가 2~3년 후에 PTSD를 가지고 있었다고 밝혔다(Perlman et al., 2011).

외상후 스트레스장애의 원인과 치료

PTSD는 왜 일어나는 것일까? 유명한 이론에 의하면 고전적인 조건화가 PTSD의 발현에 큰 역할을 한다. PTSD의 정의에서도 볼 수 있듯이, PTSD는 강한 공포 반응을 일으키는 사건과 관련이 있다. 이러한 사건은 US로 기능을 하는데, 이 US가 너무나 강력하고 효과적이어서 그 US와 동시에 제시되었던 다른 모든 자극과 강력하게 연합이 될 수 있다. 따라서 사건 당시의 풍경, 소리, 그리고 냄새 모두 CS가 될 수 있다. 그리고 이러한 CS의 재경험은 US에 대한 기억과 조건화된 공포 반응을 일으킨다. 이것은 PTSD가 특정 공포증과 다른 점이다. 특정 공포증의 공포 반응은 단지 특정한 자극(뱀이나 거미 같은)에 노출되었을 경우에만 일어나지만 PTSD의 공포 반응은 원래의 끔찍한 사고를 떠올리게 하는 다양한 자극에 의해 일어난다. PTSD에 수반되는 공포 반응 자체가 비정상적인 것은 아니다. 그러나 대부분의 일반인들은 끔찍한 무조건 자극의 노출 없이 다양한 자극물을 재경험함으로써 외상 후 몇 달이나 몇 주 안에 공포 반응을 점차적으로 줄일 수 있다. PTSD로 진단받은 환자들은 끔찍한 사고와 연합된 자극물에 대한 공포 반응을 줄이는 것을 실패한다(Rothbaum & Davis, 2003). 실제로 실험실 연구에서 PTSD 환자들은 정상인들에 비해 정서 반응을 더 빠르게 학습하지만 더 느리게 소거시키는 경향성을 보였다(Orr et al., 2000; Peri, Ben-Shakhar, Orr & Shalev, 2000).

왜 PTSD 환자들은 그들이 원치 않는 기억을 잊어버릴 수 없는 것일까? 제7장에서 여러분은 **지시된 망각**(directed forgetting)이라는 현상에 대해 읽었다. 특정 정보를 잊으라는 지시를 받은 사람들은 실제로 나중에 그 정보를 다른 사람들에 비해 잘 기억하지 못한다는 것이다. MRI 연구는 전전두엽피질이 해마를 억제하여 정보의 보관을 손상시킴으로써 지시된 망각을 일으킨다는 것을 보여주었다. 어쩌면 PTSD는 해마를 억제하는 전전두피질의 능력이 감소하여 원치 않는 기억들의 회상을 조절할 수 없어 일어나는 것일 수도 있다(Anderson & Levy, 2009). 실제로 정서적인 그림들을 잊어야 하는 지시된 망각 과제를 받았을 때 PTSD 환자들은 정상인들에 비해 잘 수행하지 못한다(Catarino et al., 2015). 다양한 자극들이 외상 경험에 대한 기억을 불러일으키고 전전두피질이 이를 억제할 수 없기에 PTSD 환자들이 침투적인 기억, 악몽, 그리고 회상을 경험하게 되는 것일 수 있다.

PTSD가 소거학습의 실패를 반영한다는 이론과 일치하게도, 가장 널리 쓰이는 PTSD 치료는 환자에게 위험하지 않은 상황에서 불안을 야기하는 자극을 제시한다. 이 치료의 목적은 비정상적으로 강한 공포 반응을 소거하는 것이다(Rothbaum & Davis, 2003). 소거 치료(extinction therapy)라고 명명된 이러한 치료는 환자가 치료자의 안내하에 공포를 유발하는 자극을 계속적으로 상상하거나 묘사하도록 요구한다. 소거 치료에 가상현실 기술이 활용되기도 한다. 예를 들어, 퇴역한 군인들을 치료하기 위해 그들이 가장 격렬한 전투를 겪었던 지역을 가상현실로 구현하여 그 속에서 돌아다닐 수 있도록 한다. 안전한 상담자의 치료실에서 공포를 불러일으키는 자극에 대한 노출을 반복적으로 경험하는 것이다. 이러한 치료를 통해 많은 환자들은 점차적으로 PTSD 증상을 소거하게 된다.

PTSD에 대한 취약성

그림 10.15에 묘사된 것과 같이, PTSD는 트라우마적인 사건에 노출된 개인에게서 예외적인 경우에 발생한다. 개인에게서 PTSD가 발병하게 될 가능성을 예견하는 몇 가지 취약성 요소들이 있는데, 이는 왜 같은 트라우마적인 사건에 노출된 경우에 어떤 사람은 PTSD를 유발하는 반면에 어떤 사람은 저항성을 보이는지에 대한 설명을 제공한다. 이러한 취약성 요소들을 이해하는 것은 매우 중요한데, 트라우마적 사건에 노출되었던 개인에게서 PTSD 발병을 예방하려고 한 시도들이 오히려 그냥 두었을 경우 발병하지 않았을 PTSD를 발병시키기도 한다는 증거들이 발견되고 있기 때문이다(Bonanno, 2004).

더 나은 접근은 PTSD가 발병할 확률이 가장 높은 개인들에게만 예방치료를 하는 것이다. 그러나 어떻게 그러한 개인들을 미리 발견할 수 있을까? 구조적 MRI는 얼마간의 답변을 제공한다. 같은 사건에 노출된 후에 PTSD가 발병하는 개인들은 발병하지 않는 개인들에 비해 일반적으로 해마의 크기가 작다(Smith, 2005). 그러한 예로, 마크 길버슨(Mark Gilbertson)과 그의 동료들은 베트남 참전용사들의 뇌를 분석했다(Gilbertson et al., 2002). 비록 전쟁이 공

연구들은 이라크에 파병된 병사들의 30% 정도가 PTSD를 발병시킬 수 있다고 주장한다. 이는 사진에 있는 병사들 중 한두 명은 이러한 질병을 일으킬 수 있다는 것이다. 어떠한 요소들이 PTSD에 취약한지 여부를 알려줄 수 있을까?

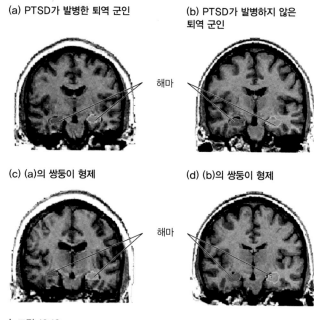

(a) PTSD가 발병한 퇴역 군인

(b) PTSD가 발병하지 않은 퇴역 군인

해마

(c) (a)의 쌍둥이 형제

(d) (b)의 쌍둥이 형제

해마

그림 10.16

해마의 부피와 PTSD 양쪽의 해마를 보여주는 구조적인 fMRI 그림이다. (a) PTSD로 발전한 퇴역 군인들은 전형적으로 평균보다 작은 해마를 가지고 있다. (c) PTSD로 발전하지 않은 퇴역 군인들은 정상적인 해마의 크기를 가지고 있다. 해마의 크기가 PTSD의 원인인지, 아니면 PTSD로 해마의 크기가 작아진 것인지를 확인하기 위해서 연구자들은 전쟁을 경험하지 않은 퇴역 군인의 쌍둥이 형제를 대상으로 실험을 했다. (b) 실제로 PTSD로 발전한 쌍둥이 퇴역 군인의 쌍둥이 형제들은 평균보다 작은 크기의 해마를 가지고 있었다. 이러한 결과는 PTSD를 가진 퇴역 군인들은 전쟁에 참여하기 전부터 작은 해마를 가지고 있었으며 이것이 후에 스트레스 장애에 걸리기 쉽게 만들었다는 것을 제안한다.

Reprinted by permission from Macmillan Publishers, Ltd: *Nature Neuroscience*, Gilbertson, et al. (2002). Smaller hippocampal volume predicts pathologic vulnerability to psychological trauma, 5(11), 1111–1113, copyright 2002.

식적으로 1970년에 종결되었음에도 불구하고, 많은 참전용사들이 전쟁 관련 PTSD 증상으로 문제를 겪고 있다. MRI를 사용하여, 길버슨과 동료들은 PTSD가 발병한 참전용사들의 해마가 발병하지 않은 참전용사들의 해마보다 작다는 것을 확인했다(그림 10.16a, b). 만성적 스트레스에 대한 장기적인 노출이 해마에 손상을 줄 수 있다는 사실에 비추어 보았을 때, 참전용사들의 사례에서 PTSD가 해마를 줄어들게 했을 수 있다(McEwen, 1997; Sapolsky, 1996). 그러나 또 다른 가능성은 PTSD가 발병한 참전용사들이 처음부터 작은 해마를 가지고 있었고, 그것이 PTSD에 대한 취약성을 만들었을 수도 있다.

길버슨과 동료들은 답을 얻기 위한 현명한 방법을 찾았다. 연구에 참여했던 참전용사들 중에는 베트남전에 참전하지 않고 PTSD를 보이지도 않는 쌍둥이 형제를 가진 사람들이 있었다. 만일 PTSD가 발병한 참전용사들이(그림 10.16a) 트라우마의 결과로 해마의 축소를 겪었다면, 참전하지 않은 그들의 쌍둥이형제는 보통 크기의 해마를 가지고 있을 것이다. 그러나 만일 PTSD를 보이는 참전용사들이 처음부터 작은 해마를 가지고 있었

다면, 그들의 쌍둥이 형제들도 보통보다 작은 크기의 해마를 가지고 있을 것이다. 실제로 PTSD를 보이는 참전용사들의 쌍둥이 형제들은 평균보다 작은 해마를 가지고 있었다(그림 10.16c). 이러한 결과는 PTSD가 해마의 축소를 야기하는 것이 아니라, 평균보다 작은 해마는 후에 PTSD가 유발할 가능성이 높다는 것을 제시한다(Gilbertson et al., 2002). 예를 들어, 해마와 전전두피질의 연결이 학습된 연합의 소거에 중요한데, 작은 해마를 가진 개인들은 공포 반응을 소거시키는 능력이 다른 사람들에 비해 부족할 수도 있다. 만일 개인이 트라우마적인 사건을 접하지 않는 경우에 이것은 문제가 되지 않지만, 트라우마적인 사건에 노출된 경우에 이러한 특성은 PTSD가 발병할 위험을 높인다.

편도체가 PTSD와 관련된 또 다른 중요한 뇌 영역이라는 것은 놀라운 사실이 아니다. PTSD를 보이는 개인들이 증가된 편도체 반응을 나타낸다는 사실은 잘 알려져 왔지만, 해마의 경우에서처럼 그것이 PTSD에 대한 취약성을 증가시키는 요소인지 혹은 PTSD로 인한 결과인지는 확신하기 어렵다. 2011~2012년 사이에 보스턴 지역에서 청소년들을 대상으로 fMRI를 이용하여 편도체 반응 연구를 진행하였다. 그리고 2013년 4월 15일에 보스턴

마라톤의 끝 지점 근처로 2개의 폭탄이 터졌다. 3명이 죽고 200명이 다쳤으며, 보스턴 주민 수천 명이 범인을 잡는 며칠 동안 숨어 있어야 했다. 한 달이 지나고 연구자들은 fMRI 연구에 참여했던 청소년들에게 공격과 관련된 PTSD 증상을 조사하기 위해 온라인 설문 조사를 보냈다. 그 결과 fMRI연구에서 부정적 정서자극에 대해 가장 높은 편도체 반응을 보였던 청소년들이 폭탄공격에 의해 PTSD를 나타낼 위험이 더 높다는 것이 드러났다 (McLaughlin, Sheridan, Duys, Busso, Alves, & Green, 2015). 이는 해마와 마찬가지로 편도체의 비정상성이 선행하고 그것이 후에 개인이 트라우마에 노출되었을 때 PTSD 발병 위험을 높인다는 것을 나타낸다.

작은 해마와 편도체의 높은 활동성 외에 개인의 PTSD에 대한 취약성을 만드는 요소들에는 유전적 요소가 포함된다(Norrholm & Ressler, 2009). 이러한 유전적 요소에는 갑작스럽고 큰 소음에 대한 증가된 놀람 반응(Orr et al., 2003; Pitman et al., 2006), 신경증적인 성격 특성, 손해 회피 성향, 새로운 상황을 피하려는 경향과 같은 것들이 포함된다(Aidman & Kollaras-Mitsinikos, 2006; Gil & Caspi, 2006; Hatcher, Whitaker, & Karl, 2009). 반면에 가족이나 친구들로부터 강한 사회적 지지를 받는 개인들은 트라우마적 사건에 대해 PTSD를 덜 나타낸다(Pietrzak, Johnson, Goldstein, Malley, & Southwick, 2009; Polusny et al., 2010). 개인의 PTSD에 대한 취약성과 저항성을 이해하는 것은 트라우마적 상황이 발생할 가능성이 높은 전쟁, 진화, 재난복구, 해외원조와 같은 일에 가는 사람들을 선별하는 데 유용할 수 있다. 모든 트라우마를 피할 수는 없다. 대부분의 사람들은 인생에서 적어도 한 번의 트라우마적 상황을 경험한다. 그러나 만일 PTSD에 취약한 개인들을 파악할 수 있다면, 그들이 트라우마적 사건에 노출되었을 때 적극적인 치료나 상담을 제공할 수 있을 것이다.

중간 요약

- 어떤 심리적 문제들은 공포 반응을 손상시킨다.
- 공포증들은 일상생활에 지장을 주는 과도한 공포들이다. 특정 공포증은 뱀, 거미, 높은 곳, 혹은 갇힌 공간 등 특정 대상들이나 상황들과 관련된 공포증이다. 광장 공포증을 가진 환자들은 집과 같은 '안전한' 환경을 벗어나 공공 장소에서 발작을 일으키는 것에 대해 일반화된 공포를 가진 환자들이다.
- 어떤 공포증들이 고전적 조건형성을 통해 발생한다는 전제하에, 체계적 둔감화 치료는 공포 유발 자극이 공포 반응을 유발하는 능력을 감소시키는 소거의 원리를 사용한다.
- 외상후 스트레스장애(PTSD)에서 자연적 공포 반응은 시간이 지남에 따라 감소하지 않는데, 이는 소거의 실패를 반영한다.
- 몇몇 연구들은 작은 해마 크기나 과도한 편도체 반응과 같은 특정한 개인의 특성들이 트라우마 사건에 노출되었을 때 PTSD가 발병할 위험을 증가시킨다고 제안한다.

종합

만약 당신이 당신과 쥐들 사이의 공통점을 열거한다면 정서가 맨 위를 차지하지는 않을 것이다. 그러나 인간, 침팬지, 고래, 개, 코끼리, 쥐, 심지어 하찮은 바다달팽이까지 모든 동물들은 뚜렷한 행동과 생리적 변화라는 형태로 정서 반응을 나타낸다. 전기충격이 올 것이라는 것을 예상했을 때 쥐는 동결 반응과 배변 활동을 하고, 바다달팽이는 아가미를 수축하고, 개는 울부짖으면서 꼬리를 다리 사이로 넣는다. 각각의 동물들은 학습된 공포 반응을 보여주고 이러한 반응은 연구자들에 의해서 야기되고 측정된다. 심장 박동, 호흡 작용 그리고 다른 도전-혹은-도피의 구성 요소들을 비롯하여 다양한 생리적 지표도 이에 해당하는데, 이것들 역시 많은 부분 여러 종들에게서 공유된다. 더군다나 정서적 학습은 많은 종들, 특히 포유류에서 해마, 편도체, 전두 피질과 같은 유사한 뇌 구조물에 의존한다. 이러한 공통점은 쥐, 심지어는 바다달팽이에서 얻은 정보가 인간의 정서와 관련된 신경의 기저를 밝히는 데 도움을 줄 수 있다는 것을 의미한다.

이 장에서 본 바와 같이 대부분의 정서와 학습 연구는 공포에 초점이 맞추어져 있다. 한 가지 이유는 공포와 관련된 주요한 구조물들이 부분적으로나마 이해되고 있는 데 반해, 행복이나 다른 긍정적인 정서와 관련된 구조들은 이제 밝혀지고 있는 단계이기 때문이다. 그리고 동물의 공포 반응을 측정하고 관찰할 수 있기 때문에 전기적 충격에 대한 예상이 동물에게서 공포를 야기한다는 것을 합리적으로 가정할 수 있다. 반면에 동물이 행복한 감정을 느끼는지 여부와 그것을 유도하거나 측정할 수 있는 방법이 아직 명확하게 밝혀지지 않았다. 그러나 새로운 연구들은 기쁨이나 역겨움과 같은 정서들에 대한 동물모델에 초점을 맞추고 있고, 이는 사람에게서도 이러한 종류의 정서과정을 이해할 수 있는 길을 열어줄 것이다.

공포가 역사적으로 강조된 다른 이유는 그것이 공포증, PTSD, 우울 등의 임상적인 증상과 연관되어 있기 때문이다. 이러한 현실 세계와의 연관성이 많은 연구자들로 하여금 공포를 연구하게 하고 그들의 발견이 환자들에게 도움을 줄 수 있다는 희망을 만들어준다. 실제로 현존하는 체계적 둔감화나 가상현실 치료와 같은 임상적 치료들은 정서기억이 어떻게 획득되고 유지되는지에 대한 이해에서 비롯된 것이다.

에피네프린이 정서기억의 강화를 돕는다는 것과 같은, 정서에 있어 호르몬과 뇌 작용에 대한 이해를 바탕으로 몇몇 연구자들은 심지어 에피네프린을 막는 프로프라놀롤 같은 약물을 사용하여 개인에게 PTSD의 위험을 줄일 수 있을지에 대해 생각을 하기도 한다. 이러한 생각은 트라우마가 일어난 후의 프로프라놀롤 투여가 환자에게 트라우마적 일화를 잊게 해주지는 않지만, 그러한 기억에 대한 정서적 반응으로 인한 충격을 줄여줄 수 있다는 것이다. 지금까지의 연구들에서는 PTSD에 있어서 프로프라놀롤 투여의 이점에 대한 유의미한 결과는 없었다(Argolo, Cavalcanti-Ribeiro, Netto & Quarantini, 2015). 그러나 비록 치료가 유의미하게 작용한다 할지라도, 그것은 심각한 윤리적 질문을 불러일으킨다. 대다수의 사람들이 트라우마적인 사건을 겪은 후에도 PTSD를 발병시키지 않음에도 불구하고 예방을 위해 치료를 받아야 할까?

더 일반화하여, 만일 정서에 영향을 주는 약물이 가용하다면 사람들은 부정적인 일화적 기억에서 정서적 요소를 지우고 싶어 할까? 그러한 결과가 모두에게 행복한 삶을 가져다줄까? 아니면 지속되는 정서적 상처를 야기하지 않기 때문에 어떤 일도 중요하게 여겨지지 않는 상태가 될까? 지속되는 정서적 상처가 없다면 사람들은 실수로부터 학습을 하는 능력을 잃어버리지는 않을까?

중요 용어

각성(arousal)

공포 반응(fear response)

공포증(phobia)

글루코코르티코이드(glucocorticoid)

기분 일치 기억(mood congruency of memory)

도전-혹은-도피 반응(fight-or-flight response)

섬광기억(flashbulb memory)

스트레스(stress)

스트레스 호르몬(stress hormone)

에피네프린(epinephrine)

옵토제네틱스(optogenetics)

외상후 스트레스장애(posttraumatic stress disorder, PTSD)

우울증(depression)

자율신경계(autonomic nervous system, ANS)

정서(emotion)

정서의 2요인이론(two-factor theory of emotion)

정서의 신체적 이론(somatic theories of emotion)

제임스-랑게 정서이론(James-Lange theory of emotion)

조건화된 탈출(conditioned escape)

조건화된 회피(conditioned avoidance)

체계적 둔감화(systematic desensitization)

캐넌-바드 정서이론(Cannon-Bard theory of emotion)

코르티솔(cortisol)

털 세움(piloerection)

편도체(amygdala)

학습된 무기력(learned helplessness)

퀴즈

1. 정서는 3개의 구분되지만 상호 연관된 현상들, 즉 _____, _____, _____(으)로 이루어져 있는데, 그러한 현상들이 감정적 상황에서 발생한다.

2. 정서의 _____이론은 의식적 정서가 적절한 행동들과 생리적 반응들을 자극한다고 주장한다. 정서의 _____이론은 정서의 의식적 느낌은 마음이 각성과 관련된 생리적 반응을 지각할 때 발생한다고 주장한다. 정서의 _____이론은 인지적 평가와 생리적 변화에 대한 지각이 함께 정서경험을 결정한다고 주장한다.

3. _____은(는) 내장기관과 분비선들을 조절하며 정서의 생리적 요소들을 조율하는 신경들의 집합이다.

4. _____은(는) 사물, 공간 혹은 상황에 대한 과도하고 비정상적인 공포이다. 한 가지 치료법은 _____인데, 환자가 안정을 유지한 채로 공포유발 자극을 단계적으로 제시받는 것이다.

5. _____(이)라고도 알려진 _____반응은 근육의 혈류량 증가, 호흡의 증가 그리고 소화와 면역 기능의 감소와 같은 신체 반응의 집합인데, 그것은 신체가 위협에 직면했을 때 그것에 맞서거나 도망칠 준비를 하게 한다.

6. 현재 기분이나 정서 상태와 합치되는 기억들이 떠올려지기가 쉽다는 원리는 _____이다.

7. _____은(는) 각 해마의 전측 끝부분에 위치한 뇌 핵의 집합체인데, 정서 반응의 학습과 표현 그리고 기억 형성의 정서적 조율에 중요한 역할을 한다.

8. _____이(가) 동물들에게 부정적인 자극을 제거하기 위한 특정한 반응을 학습시키기 위한 실험 설계인 반면에 _____은(는) 동물들이 부정적인 자극에 노출되는 것을 피하게 하는 특정한 반응을 학습시키기 위한 실험 설계이다.

9. 공포나 분노와 같은 정서들을 경험할 때, ANS는 _____을(를) 방출하여 도전-혹은-도피반응을 조율한다. _____와(과) _____은(는) 그러한 물질의 예이다.

10. _____은(는) 슬픔의 느낌이나 일반적인 활동성의 상실을 포함하는 정신의학적인 상태이다.

11. 강렬한 정서 조건하에서 형성되고 특히 생생하며 오래 지속되는 기억을 _____(이)라고 한다.

12. 정서의 _____이론들은 자극에 대해 생리적 반응들이 선행하고 그것들이 정서를 유발하거나 결정한다는 이론이다.

13. _____은(는) 공포의 정서에 동반되는 생리적·운동적·의식적 반응들의 집합이다. 생리적 반응의 예는 _____인데, 이때 포유류의 털이 바짝 서고 그것을 원래보다 크고 위협적으로 보이게 만든다.

14. 모든 신체적 각성을 야기하는 자극이나 사건들은 _____을(를) 야기한다.

15. _____은(는) 끔찍한 사건에 노출된 후에 발생하는 정신의학적 질병인데, 그것의 증상은 _____, _____, _____ 그리고 _____을(를) 포함한다.

16. _____은(는) 통제 불가능한 처벌에 노출된 후 유기체가 그들의 반응이 효과가 없다는 것을 학습하고 새로운 회피 시도를 하려는 동기가 줄어든 상태이다.

정답은 책의 뒷부분에 있다.

개념 확인

1. 이전 장에서 습관화(habituation, 반복되는 자극 제시에 대해서 반응이 줄어드는 것)를 배웠다. 당신은 습관화가 정서적인 학습의 한 예라고 생각하는가? 그 이유는 무엇인가?

2. 프로 미식 축구 팀이 큰 점수 차이로 이전 경기에서 패한 후 그다음 경기에서는 통계적으로 보통 때보다도 더 좋지 않은 경기력을 보인다. 특히 상대가 이기기 어려운 상대라고 여겨질 때 이러한 경향이 증가한다(Reisel & Kopelman, 1995). 이러한 현상은 정서학습의 어떤 이론 혹은 용어로 설명할 수 있는 것인가?

3. 피질이 제거된 동물들은 종종 마치 자기들이 심각한 위협에 놓여 있는 것처럼 사소한 자극에 대해서도 심하게 반응하는 '허위 분노'를 보인다. 이러한 현상은 왜 일어나는 것일까?

4. 당신의 룸메이트가 거미가 샤워 부스에 있을 경우에 샤워도 못하는 수준의 거미 공포증을 가지고 있다고 생각해보자. 이 장을 읽은 것을 기반으로 룸메이트는 왜 이러한 공포를 가지게 되었는지 생각해보라.

5. 4.의 경우에 해당하는 친구에게 어떠한 처치를 해야 친구는 그 공포증을 극복할 수 있을까?

정답은 책의 뒷부분에 있다.

사회학습과 기억

관찰, 상호작용 및 재현

돌고래는 지시에 따라 다른 동물의 행동이나 발성을 흉내 낼 수 있는 인간 이외의 유일한 동물이다. 특히 과학자들은 돌고래가 배우의 목소리나 컴퓨터가 만들어내는 소리까지 흉내 낼 수 있게 훈련시켰다. 침팬지나 오랑우탄도 사람이 요구할 경우 다른 동물의 행동을 흉내 낼 수는 있지만, 소리까지는 흉내 내지 못하는 것으로 보인다. 앵무새도 소리를 흉내 내지만, 처음 들은 소리를 따라하려면 그 소리를 많이 들어야만 한다. 즉 인간이나 돌고래와는 다르게, 앵무새에겐 그들이 처음 들은 새로운 소리를 모방하는 융통성은 없다. 대부분의 다른 동물들은 사람이 훈련을 시키더라도 행동이나 소리를 흉내 내지 못한다. 이것은 이 동물들이 흉내 내는 법을 모르거나, 적합한 발성 조절 메커니즘을 가지고 있지 않거나, 제대로 훈련되지 않았거나, 혹은 돌고래나 유인원들처럼 인간의 지시를 이해할 수 있는 능력을 가지지 못했기 때문일 것이다.

그런데 정말로 돌고래나 유인원들이 인간의 지시를 이해할 수 있는가? 과학자들은 돌고래나 영장류와의 의사소통이 가능하다는 것을 최근에 발견했다. 또 그 의사소통 기술들을 통해 돌고래나 영장류들이 뜻밖의 학습능력과 기억능력을 지닌 것을 알아냈다. 한 예로 어케이어카마이(하와이 말로 '지혜를 사랑하는 이'라는 뜻)라는 암컷 돌고래는 다른 돌고래나 조련사의 동작을 따라 하라는 수신호를 읽는 법을 익혔다. 이러한 학습은 조련사와의 일대일 수업을 통해 이루어졌다. 특히 그녀는 자신 앞에 있는 털 없는 영장류가 이상하게 생긴 지느러미(조련사의 손)를 사용해 나타내는 빠른 동작을 예의주시하도록 배웠다. 이런 과정을 통해 어케이어카마이는 어떤 수신호는 방금 전에 본 동작을 따라하라는 의미라는 사실을 배우게 되었다. 즉 인간 조련사가 보여주는 몸을 회전하는 동작이나 다른 돌고래가 농구공을 골대에 던져 넣는 동작을 따라 하라는 지시로 이해했다. 어케이어카마이가 수신호를 올바르게 이해하면 조련사는 소리를 질러서 맞았다는 칭찬을 해주었다. 때로는 조련사의 칭찬이 전염이 되어서 어케이어카마이도 소리를 내어 호응하기도 했다. 어케이어카마이는 상대방의 동작을 관찰한 뒤에 자신이 과거에 받은 훈련, 최근의 경험 그리고 정서적 상태에 기반하여 행동을 결정한다.

관찰과 상호작용은 많은 학습과 기억에 많은 방식으로 기여한다. 이국적인 휴양지에 대해 알아보기 위해 텔레비전을 볼 수 있고, 다가오는 폭풍우에 대해 알아보기 위해 라디오를 들을 수도 있으며, 뇌가 학습과 기억을 어떻게 가능하게 하는지를 알아보기 위해 책을 읽을 수도 있다. 많은 사람들은 인간이 타인과의 **상호작용** 및 세상이 어떻게 돌아가는지에 대한 관찰 그리고 그 관찰한 바를 재현하는 과정을 통해 많은 것들을 알게 된다고 믿는다. 예를 들어 초등학교 선생님들은 수업시간에 어떻게 문제를 푸는지(두 수를 곱하는 방법과 같은 것들)를 설명한 다음 학생들에게 그 방법을 반복하도록 한다. 많은 학자들이 이런 과정들에 필요한 능력이 인간의 학습과 기억을 다른 모든 동물과 다르게 만든다고 믿고 있다. 하지만 이 관점은 실험적인 증거보다는 주로 추정에 근거를 두고 있다. 이 장에서는 인간과 동물들이 사회적 관찰과 상호작용을 통해 어떻게 학습하는지에 관한 심리학자들의 여러 가지 발견들을 살펴볼 것이다.

11.1 행동적 측면

심리학자들은 **사회학습**(social learning)이라는 용어를, 학습자가 사건을 적극적으로 관찰하고 그 관찰에 기초하여 다음 행동을 결정하는 학습 상황에 쓴다. 사회학습이라는 용어는 흔히 관찰학습과 동의어로 쓰이는데, **관찰학습**(observational learning)은 개인이 학습하는 여러 가지 방식들 중 하나를 일컬으며 단순히 사회적 상황에서 어떻게 행동하는지를 학습하는 것보다 더 넓은 의미이다(즉 사회학습이라는 용어를 사회화를 학습한다는 것과 혼동하지 말자). 당신은 현재 학습과 기억에 대해 서술하는 교과서에 적힌 단어들을 관찰하고(읽고) 있는 중이며, 이 과목을 공부하고 시험을 칠 때 지금 관찰한 것을 바탕으로 당신의 행동을 결정할 것이다. 시험에 단답형 문제가 나온다면 당신은 이 장에서 읽었던 것과 매우 유사한 문장들로 그 문제에 답할 것이다. 당신의 교수님이 당신의 답이 맞는지를 평가할 때 당신이 작성한 답안이 책에서 읽은 것과(혹은 수업 시간에 들었던 것과) 더 정확하게 일치할수록 더 정답이라고 평가할 것이다. 시험에서 성공적인 수행은 사회학습에 의해 중요하게 결정된다.

사회학습은 고전적 조건화나 조작적 조건화와는 다르게 실험 대상이 다른 사람들의 행동을 관찰하면서 무엇을 배우게 될지 정확하게 예측하기가 어렵다. 관찰이 미래의 행동에 어떤 영향을 줄지 예측하기가 어려운 이유 중 하나는 한 관찰자(여기서는 연구자)가 다른 관찰자(연구 피험자)가 관찰 중 무엇을 정말 인지하고 있는지를 감지하기가 어렵기 때문이다. 유기체는 그들이 무엇을 관찰하고 있는지를 나타내는 명백한 행동이나 특별한 표시 없이도 많은 사건들을 관찰할 수 있다. 만약 당신의 학생들을 수업 중에 아무리 관찰한들 그들 중 한 명이 해변에 놀러가는 딴 생각을 하고 있는지를 어떻게 알아낼 수 있겠는가?

심리학자들은 종종 이러한 모호성에 직면하게 된다. 예를 들어, 에드워드 손다이크는 고양이가 다른 고양이의 퍼즐 박스에서 탈출하는 행동을 모방하지 못한다고 결론 내렸다(Thorndike, 1898). 그러나 손다이크의 실험에서 관찰자 고양이들이 무엇에 집중했던 것인지 알 길은 없다. 아마도 박스 바깥에 있는 음식이나 박스 안에 갇혀 있는 고양이가 암컷인지 수컷인지 따위의 정보들이 갇힌 고양이가 탈출하기 위해 수행하고 있는 행동보다 더 흥미로웠을 수 있다.

관찰이 미래의 행동에 어떤 영향을 줄지 예측하기가 어려운 또 다른 이유는 관찰자가 주어진 모델을 그대로 모방하도록 하게 만들 방법이 없기 때문이다. 또한 설령 관찰자가 특정한 모델을 모방하게 만들었다 하더라도 모방하는 방식에는 여러 가지가 있을 수 있다. 이러한 모방 방식들을 아래에서 구체적으로 설명하고자 한다.

본 것을 모방하기

관찰한 행동을 재현함으로써 학습을 할 수 있는 능력이 모든 종에서 가능한 것은 아니라는 점에서, 사회학습은 이 책에서 다룬 다른 형태의 학습들과는 다르다. 사실 많은 심리학자들은 인간만이 행동 모방을 통한 광범위한 학습이 가능하다고 생각한다. **모방**(copying)은 어떤 사람이 다른 사람을 관찰하고 그 내용을 행동으로 옮김으로써 일어난다. 아이들은 다른 아이들이나 어른들의 행동과 소리를 따라 함으로써 많은 것을 배운다. 그러나 아이들이 모방을 통해 무엇을 배우는지를 보여주는 실험적 자료는 매우 적다.

우리가 모방학습에 대해 알고 있는 많은 것들은 1960년대 초반에 행해진 앨버트 반두라(Albert Bandura)의 유명한 실험으로부터 얻어졌다. 반두라(1925년 출생)는 아이오와대학원에 가기 전까지 캐나다에서 자랐다. 스탠포드대학교에서 연구 경력을 쌓기 시작한 지 얼마 지나지 않아 그는 부모의 공격적인 행동이 아이들의 행동에 어떻게 영향을 미치는지에 관심을 갖게 되었다. 반두라와 그의 동료들은 미취학 아동들이 어른들의 공격적인 행동을 본 뒤에 더 공격적으로 변하는지를 알아보고 싶었다(Bandura, Ross, & Ross, 1961). 한 집단의 아이들에게는 어른이 보보 인형(광대 모양의 튜브 인형)을 때리는 장면을 보게 했고, 다른 집단(통제집단)에게는 그냥 빈 방에서 장난감과 단순히 놀게 하거나 장난감과 조용히 놀고 있는 어른을 보게 했다. 그 후에 반두라는 일방 거울(한쪽 방향에서만 보이는 거울)을 이용해 아이들이 보보 인형이 있는 방에서 노는 것을 엿보았다(그림 11.1). 어른들이 인형을 주먹으로 때리는 것을 본 아이들은 통제집단에 비하여 인형을 마구 치는 경향이 있었다. 더 중요한 것은 그들의 공격 방법은 어른들이 사용했던 방법과 비슷한 경우가 많았다. 반두라와 그의 동료들은 아이들이 어른들의 행동을 관찰함으로써 새로운 공격적인 행동을 학습했다고 결론지었다.

Courtesy Albert Bandura, Stanford University

그림 11.1

보보 인형 실험 장면 어른이 보보 인형에게 공격적으로 행동하는 것을 본 후에, 아이들은 그들이 본 것을 따라 하였다(Bandura, Ross & Ross, 1961). 이 그림들은 어른과 아이가 비슷한 행동을 보였다는 점을 강조하기 위해 짝을 지어놓았다.

반두라의 보보 인형 실험과 같은 연구들은 아이들이 자신들이 본 공격적인 행동을 따라 하게 될 것이라고 시사하는 듯하다. 그러나 아이들을 테스트한 장소는 공격 행동을 관찰한 장소와 유사한 환경이었고, 테스트는 공격 행동을 관찰한 직후 시행되었다. 이 아이들이 전혀 다른 장소, 예컨대 이웃집에서 보보 인형을 만났을 때도 비슷하게 행동할 것인지는 확실하지 않다. 게다가 반두라의 실험에서 많은 공격 행동을 보였던 아이들은 재미있는 장난감을 실험 바로 전에 빼앗긴 것 때문에 이미 화가 나 있었다(Bandura, Ross, & Ross, 1961). 구체적으로 설명하자면, 실험자들은 공격 행동을 보인 아이들에게 실험 공간에 있는 재미있는 장난감을 가지고 놀아도 된다고 얘기해놓고 아이가 장난감을 가지고 놀자마자 그 장난감은 실험자의 소중한 장난감이며 다른 아이에게 주기로 결정했다고 얘기했다. 실제로 공격적인 모델을 보긴 했지만 실험 전에 미리 화가 나 있지 않았던 아이들은 어떠한 공격적 행동도 관찰하지 않았던 아이들과 비교하여도 오히려 공격적으로 행동할 확률이 적었다. 이와 같은 발견은 공격 행동을 목격한 것이 어떤 경우에 있어서는 공격적인 행동을 증가시키기보다는 오히려 억제할 수도 있다는 것을 말해준다.

보보 인형 실험의 중요한 발견 중 하나는 아이들이 튜브 장난감에게 공격적으로 대하는 어른을 단순히 보았을 뿐 자신들의 행동에 대해 어떠한 강화나 처벌을 받지 않았음에도 불구하고, 나중에 같은 인형이 제시되었을 때 아이들의 행동이 강력하게 영향을 받는다는 점이다. 도구적 조건화에서는 학습자의 행동이 강화되거나 처벌되어야만 한다. 따라서 이러한 실험에서 강화나 처벌이 없다는 사실은 아이들이 도구적 조건화를 통해 학습했을 가능성을 배제시킨다. 반두라는 아이들이 어른의 행동을 관찰하고, 인형을 사용해서 무슨 행동을 할 수 있을지 구상하고, 구상한 생각에 대한 기억을 비슷한 상황이 주어졌을 때 어른의 행동을 재현하기 위해 사용한다고 제안하였다(Bandura, 1969). 이 설명에 따르면, 아이들의 행동을 변화시키는 기억은 아이들이 어른의 '행동을 따라 할 때'가 아니라, '관찰할 때' 형성된다. 다시 말해서, 모방 행동은 단순히 특정 사건을 기억했다가 그 사건에 대한 일화적 기억을 떠올리는 하나의 방식이다. 아이들의 모방 행동 자체는 누군가의 시범적인 행동을 관찰하여 이미 익힌 것을 드러내는 것에 지나지 않는다. 반두라는 이 시범적인 행동을 **모델링**(modeling)이라고 불렀다. 모델링은 모든 모방학습의 전제조건이 된다.

사회학습이론

반두라의 보보 인형 실험에서 나타난 모방적 공격 행동과 같은 사회학습의 사례들을 설명하기 위해 심리학자들은 사람의 행동 발달에 관한 더 넓은 범위의 이론인 **사회학습이론**(social learning theory)을 발전시켰다. 초창기 사회학습이론(그리고 아직도 이를 지지하는 사람들이 있는)의 핵심 개념은 어떤 사람이 주어진 상황에서 어떻게 행동할지는 그 사람이 과거에 관찰하거나 혹은 직접 경험했던 강화들에 의해서 결정된다는 것이다. 초창기 사회학습이론가들은 강화가 성격적인 특성을 결정하며(Rotter, 1954), 사회학습은 모방 행동이 직접 혹은 간접적으로 강화되는 도구적 조건화의 특별한 경우라고 제안했다(Miller & Dollard, 1941).

반두라(Bandura, 1969)에 따르면 관찰자는 특정 행동이 보상 혹은 처벌을 받을 것인지에 대한 정보를 모델이 하는 행동의 결과를 관찰함으로써 얻을 수 있다. 만약 어떤 사람이 긍정적 결과를 가져오는 행동을 하는 것을 보고 따라 한다면, 이 행동은 따라 하는 사람에게 긍정적인 결과를 가져다줄 것이다. 긍정적인 결과로 인해 그 사람이 미래에도 그런 행동을 다시 따라 할 가능성은 더 커진다(손다이크의 효과의 법칙과 일치한다).

현대적인 사회학습이론은 조건화를 강조하기보다는 좀 더 인지적인 과정들, 즉 사고하기, 미래의 결과를 평가하기, 사람들 간의 상호작용에 대해 배우기와 같은 과정들을 강조한다. 현대적인 사회학습이론의 기본 가정은 어떤 행동이든 직접적인 보상이나 처벌 없이도 학습이 가능하다는 것이다(Bandura, 1986; Ladd & Mize, 1983). 보상과 처벌에 대한 기대는 학습된 행동의 수행 가능성에는 영향을 주지만, 학습 그 자체(행동과 그 결과에 대해 알게 된 지식)는 조건화의 결과라기보다는 관찰의 결과로 여겨진다. 다시 말해서, 행동과 결과의 관계는 행동의 수행 없이 관찰만으로도 학습이 가능하다는 뜻이다. 이러한 관점에서 볼 때, 모방 행동은 단지 학습된 내용을 행동으로 표출하는 것에 지나지 않는다.

반두라는 사람이 어떻게 모방을 통해 배우는지 설명하기 위해서 네 가지 절차를 언급하였다. 첫 번째로 모델의 존재는 상황에 대해서 관찰자의 주의를 끌기 쉽게 만든다. 주의를 끄는 자석처럼 다른 이들의 행동은 아주 중요한 시작 신호가 된다(Bandura, 1986). 두 번째로 관찰한 상황이 접근이 용이한 형식의 기억으로 저장되어야만 나중에 행동을 유도할 수 있게

| 순수 모방의 예인가?

JGI/Jamie Grill/Getty Images

된다. 만약 관찰자가 어떤 행동을 어떻게 하는지를 잊어버렸다면 그 행동을 모방하는 것은 어려울 것이다. 세 번째로 관찰자가 그 행동을 따라 할 수 있는 능력이 있어야 한다. 농구선수가 경기에서 덩크슛을 하는 모습을 생생히 기억하고 있을 것이다. 하지만 그 선수만큼 높이 뛰지 못한다면 그 행동을 모방할 수 없다. 마지막으로 관찰자는 관찰한 행동을 재현하기 위한 동기가 부여되어야만 한다. 다른 사람이 돈을 태우는 것을 보았다고 하자. 마음만 먹으면 언제든지 할 수 있는 행동이지만 따라 하고 싶지는 않을 것이다.

몇몇의 경우에는 모델의 지위나 신분이 관찰자에게 행동을 모방하게 하는 동기를 부여한다. 예를 들어 사람들은 그들이 동경하는 사람의 행동을 모방하려 한다. 또 모델과 관찰자가 공통점이 많을수록 가질수록 모방의 가능성을 높이는데, 특히 바람직한 결과가 나올 경우에 더욱 그러하다. 어떤 경우에는 관찰한 행동의 결과물 자체가 얼마나 바람직한가가 모방 행동의 동기를 부여한다. 예를 들어 만약 돈을 태운 사람들이 유명 연예인과 함께 파티에 초대받는 것을 목격했다면 당신 역시 돈을 태울지도 모른다.

모방에는 관찰한 행동을 똑같이 따라 하는 것도 포함되지만 모델의 행동의 결과를 보고 그와 동일한 결과를 낳는 새로운 행동을 하는 것도 포함된다(Morgan, 1896). 예를 들어, 레티는 아직 초등학교에 다닐 때 부모가 산딸기를 주워 바구니에 담는 것을 보게 되었다. 그리고는 산딸기 줍는 동작을 따라 하였다. 하지만 산딸기를 바구니가 아닌 자기 주머니에 넣고 말았다. 레티가 산딸기를 주우면서 일으킨 동작은 부모의 동작을 그대로 재현한 것이다. 운동 행위를 따라 하는 것과 관련된 모방을 **순수 모방**(true imitation)이라고 부른다. 그러나 레티가 주운 산딸기를 주머니에 넣을 때 했던 동작은 부모가 했던 것과는 다르다. 오직 행동의 결과만 비슷하다(산딸기가 어떤 용기 안에 담겨진다). 특정 운동 행위를 똑같이 재현하지는 않으면서 그 결과는 똑같이 모방하는 것을 **에뮬레이션**(emulation)이라고 부른다. 앞으로 두 종류의 모방에 대해서 더 설명하고 예를 제시할 것이다. 또한 순수 모방처럼 보이지만 모방을 포함하지 않는 몇 가지의 다른 사회학습의 원리를 소개할 것이다.

순수 모방에 관한 연구들 : 행동을 모방하다

과학자들은 어떤 행동을 모방으로 간주할 것인지와 어떤 생물이 모방하는 능력을 지녔는지에 대해 의견 일치를 보이지 못하고 있기 때문에(Thorndike, 1989; Thorpe, 1963; Whiten, Horner, Litchfield, & Marshall-Pescini, 2004) '순수 모방'이라는 용어를 사용한다. 모방 능력을 증명하기 위해서 개발되어 온 절차 중 하나는 **2-동작 검사**(two-action test)이다. 이 검사에서 두 동물은 동일한 결과에 이르는 각각 다른 두 가지 동작을 훈련받는다. 예를 들어, 보상을 받기 위해서 한 동물은 물체를 막대기로 쳐서 제거하는 행동을 훈련받고, 다른 동물은 막대기로 물체를 꺼내는 훈련을 받는다. 다음으로 훈련받지 않은 첫 번째 동물 집단에게 훈련된 동물 집단 중 하나를 관찰하도록 한다. 훈련받지 않은 두 번째 집단에게는 관찰되지 않았던 다른 종류의 훈련된 집단을 관찰하도록 한다. 만약 훈련받지 않은 집단이 그들이 관찰한 훈련 집단의 수행 방식을 학습한다면, 이것은 순수 모방의 증거가

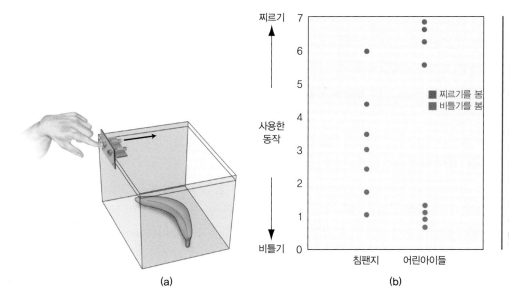

(a)　　　　　(b)

그림 11.2
어린이와 침팬지들의 순수 모방에 관한 2-동작 검사
(a) 어린이와 침팬지는 인간 어른이 보상이 들어 있는 플라스틱 상자를 열기 위해 두 가지 기술(쿡 찌르기 또는 비틀기)을 사용하는 것을 본다. (b) 후에 어린이와 침팬지 모두 다 그들이 관찰했던 상자 여는 방법을 사용할 확률이 높았다. 이것은 침팬지와 어린이가 모두 순수 모방을 할 수 있다는 것을 의미한다.
Research from Whiten et al., 1996.

될 수 있다.

　2-동작 검사는 연구자들이 모방 능력을 종에 따라 비교하는 것을 가능하게 해주었다. 예를 들어, 최근 실험은 청소년기의 침팬지(4~5세)의 모방하는 정도를 어린 아이들(2~4세)과 비교했다(Whiten, Custance, Gomez, Teixidor, & Bard, 1996). 이 연구에서 어린이와 침팬지는 음식을 얻기 위해 플라스틱 상자를 여는 법을 보고 배운다(그림 11.2a). 이들 중 절반은 인간 어른이 핀을 쿡 찔러 걸쇠 밖으로 밀어낸 뒤 상자 뚜껑을 여는 것을 본다. 또 다른 절반의 참가자는 핀을 비틀어 당겨 걸쇠에서 빼낸 뒤 상자를 여는 것을 본다. 저마다의 모델이 하는 행동을 관찰한 뒤 상자를 스스로 열 기회를 갖는다. 동일한 효율로 상자를 열 수 있는 방법은 여러 가지가 있기 때문에 이 과제에서는 정확한 모방이 필요 없다. 그럼에도 불구하고 상자를 열 때 어린이 집단과 침팬지 집단 모두 대체로 그들이 보았던 방법을 따라 했다(그림 11.2b). 아이들은 상자를 여는 데 꼭 필요하지 않은 행동을 비롯하여 관찰한 행동을 세세하게 따라 할 확률이 침팬지보다 더 높았다. 조류(Akins & Zentall, 1996; Dawson & Foss, 1965), 설치류(Heyes & Dawson, 1990), 영장류(Whiten et al., 1996)를 포함한 몇 가지 종들이 이 방법으로 실험되었다. 그리고 대부분의 종들이 행동을 모방한다는 어느 정도의 증거가 발견되었다.

　인간은 새롭고 비기능적인 행동을 포함한 다양한 범위의 행동과 소리를 따라 할 수 있다. 다른 동물에서도 모호한 행동을 모방하는 능력이 있는지를 파악하기 위해서는 2-동작 검사나 반두라와 동료들이 사용했던 방법보다 조금 더 융통성 있는 방법이 필요하다. 한 접근법은 동물을 명령에 따라 모방하도록 가르치는 것이다(이 방법은 흔히 "날 따라 해보세요." 과제로 불린다). 예를 들어, 연구자는 침팬지에게 사람이 "이거 해!"라는 명령을 주었을 때, 그 순간의 행동을 따라 하도록 훈련시킨다(Hayes & Hayes, 1952). 연구자는 "이거 해!" 하고 말하면서 박수를 치는 등의 동작을 한다. 그러고는 침팬지가 같은 동작을 따라 했는지 안 했는지를 기록한다. 처음에는 시범 보인 동작을 한 번 만에 따라 하는 경우는 거의 없었다. 그러나 침팬지들이 약 열두 가지 동작에 대해 "이거 해!"를 익힌 뒤에는 처음 본 새로운 동작도 바로 따라 할 수 있었다. 최근 이 실험을 되풀이한 연구는 두 마리의 침팬지들이 서른 가지 동작을 처음 보자마자 따라 하는 것이 가능하다는 것을 보여주었다 (Custance, Whiten, & Bard, 1995). 이러한 훈련 방식은 돌고래 어케이어카마이가 행동을 모방하는 것을 훈련받을 때 사용한 방식과 동일하고, 유일한 차이는 어케이어카마이는 말보다 행동에 반응을 하게 훈련받았다는 것이다.

심리학자들이 순수 모방의 정의와 모방 능력을 밝히기 위한 실험 절차들을 개발하느라 이와 같이 많은 노력을 기울이고 있는 이유 중 하나는 몇몇 학자들이 모방학습이 인간에게만 있는 높은 수준의 인지 과정을 요한다고 주장하기 때문이다(Bandura, 1986; Piaget, 1962). 예를 들어, 인간의 모방은 흔히 관찰자 자신이 다른 사람의 동작을 자발적으로 따라 한다는 자각을 가지고 있다는 가정을 은연중에 포함하고 있다. **관점 수용하기**(perspective taking)는 다른 사람의 입장에 있는 자신을 상상해보는 것이다. 몇몇 연구자들이 모방학습에 필수적이라고 주장해온 또 다른 인지 능력이다. 이 능력은 아마 인간 이외의 종들에게는 거의 없을 것이다. 관점 수용하기는 사람(혹은 동물)이 스스로의 동작을 지켜보지 않고도 상대를 모방할 수 있게 해주기 때문에 모방을 촉진시킨다. 예를 들어, 당신은 자신이 어떤 얼굴을 하는지 보지 않고도 누군가의 표정을 따라 할 수 있다.

외부의 관찰자의 관점을 상상하는 능력은 모방 행동을 할 때 도움이 되는 피드백을 제공한다. 그러나 이는 모방이 관점 수용하기를 무조건 필요로 한다거나 반대로 관점 수용하기가 무조건 모방이라는 것을 의미하진 않는다. 사실 어떤 행동을 하는 이의 관점을 고려하는 것은 관찰한 그 자체를 모방하는 것보다 더 효과적인, 전혀 다른 전략을 사용하게 하는 것이다.

에뮬레이션에 관한 연구들 : 목표를 모방하기

에뮬레이션은 모델이 했던 행동을 그대로 반복하지는 않되, 관찰된 결과와 동일한 결과를 재현하는 행동이라고 앞에서 정의한 바 있다. 침팬지와 성인은 종종 그들이 관찰한 타인의 세부적인 운동 행위를 모방하기보다는 행동의 결과물만을 모방하는 행동을 보인다. 예를 들어, 우리 밖에서 인간이 갈퀴를 사용해 먹이를 모으는 것을 본 침팬지들은 그렇지 않은 침팬지들보다 먹이를 모을 때 갈퀴를 사용할 가능성이 높았다. 그러나 그들은 그들이 관찰한 세세한 갈퀴질 동작을 언제나 똑같이 따라 하지는 않았다(Nagell, Olguin, & Tomasello, 1993). 침팬지는 갈퀴의 쇠꼬챙이 쪽을 잡고 나무로 된 반대쪽(손잡이)을 이용해 가까운 곳의 먹이를 두드려댈 수도 있다. 세부적인 행위가 재연되지 않는다면 순수 모방으로 분류될 조건을 갖추지 못한다고 주장하는 일부 이론가들이 있었고, 따라서 이러한 종류의 모방은 행동을 똑같이 따라 하는 모방과는 구별되어 왔다(Tomasello, Davis-Dasilva, Carnak, & Bard, 1987; Wood, 1989).

침팬지와 성인에게서 나타나는 에뮬레이션의 증거는 대부분 순수 모방을 보고자 계획된 연구들에서 발견되었다. 예를 들어, 앞에서 설명한 플라스틱 상자 연구에서는 어린아이들이 상자를 여는 행동을 순수 모방할 확률이 더 높았다(예 : 핀을 검지손가락으로 쿡 찌르는 행동). 반면 침팬지들은 상자를 열 때 자신의 고유한 방법을 사용하여 모델의 행동을 에뮬레이션하는 경향을 보였다(예 : 손바닥으로 핀을 민다든지 하는 행동). 침팬지들이 모델의 행동을 보고 과제의 몇 가지 특징을 학습했지만, 과제를 수행하는 데 있어 관찰한 것과는 다른 행동을 하기로 결정하였다고 해석할 수 있다. 이렇듯 관찰한 행동과는 다른 행동을 수행함으로써 결과를 일치시키는 것이 에뮬레이션의 예이다. 흥미롭게도, 성인을 대상으로 이 플라스틱 상자 과제를 시행하자 그들의 행동은 어린이들이 아닌 침팬지들의 행동과 유사했다. 즉 어른들은 모델의 행동을 모방하기보다는 에뮬레이션하였다(Horowitz, 2003).

모방 없이 행동 재현하기

비록 역사적으로 사회학습은 생물체가 다른 생물체의 행동을 보고 모방하는 것에 주목해 왔지만, 인간과 다른 동물들이 관찰로부터 학습하는 방법에는 모방과 에뮬레이션을 제외하고도 여러 가지가 있다. 사회학습이 순수 모방 때문에 일어났는지 확인하려면 반드시 정교한 실험을 해야 한다. 이러한 많은 현상들은 보통 관찰하는 사람에게 모방으로 착각되기 쉽기 때문이다. 모방과 매우 비슷한 세 가지의 현상은 다음과 같다. 정서 반응 전염, 관찰 조건화, 자극 향상이 그것이다. 이 각각의 현상은 사회학습을 일으키지만 순수 모방에 비해 덜 복잡한 과정이다.

웃음소리를 들으면 당신 또한 웃게 된다(대부분 시트콤의 배경에 웃음소리를 넣는 이유가 바로 이 때문이다). 다른 사람이 하품을 하는 것을 보면 당신도 하품을 하게 된다. 비행기에서 한 어린 아이가 울면 다른 아이들도 따라 운다. 같은 종 내 개체의 감정적 반응을 나타내는 시각 자극과 청각 자극에 감정적으로 반응하는 선천적 경향을 **정서 반응 전염**(emotional contagion)이라고 한다 (Byrne, 1994; Kramer, Guillory, & Hancock, 2014). 정서 반응 전염은 상대적으로 자주 관찰되는 현상이며, 상대방의 반응을 관찰하는 것이 관찰자가 비슷한 반응을 보일 가능성을 높인다. 정서 반응 전염을 일으키는 움직임들은 대개 이전에 학습한 동작들이 아니다. 아기는 태내에서도 하품하고 운다. 정서 반응 전염에 의한 행동은 주로 관찰된 행동과 일치하지만, 이 일치된 행동은 모방이 아니라 무조건적 반응(UR) 때문에 일어난 것이다(제4장에서 설명한 것과 같다).

우리는 제10장에서도 비슷한 상황을 살펴보았다.

순수 모방인가? 에뮬레이션인가? 아니면 둘 다인가?

그동안 내 애정 일기를 베끼고 있었던 건가요?

아무것도 모르는 실험실 원숭이가 야생 원숭이들이 뱀을 무서워하는 것을 본 뒤 뱀에 대한 공포를 학습했다(Mineka & Cook, 1988). 이 경우 관찰자 원숭이는 야생 원숭이들의 공포 반응을 볼 때 정서 반응 전염을 경험한 것이다. 그들은 무조건적인 공포 반응(야생 원숭이의 반응으로 인해 유발된)과 뱀(조건 자극)을 연합했다. 제4장에서 다룬 내용을 참고해서 생각해보면 이러한 연합은 고전적 조건화 동안 일어나는 학습과 동일하다. 누군가가 다른 이의 감정적 반응을 관찰한 후 그 반응을 학습하는 이러한 사례는 **관찰 조건화**(observational conditioning)(Heyes, 1994)로 알려져 왔다. 이것은 공포증이 발생하는 원리 중 하나이다. 그렇다고 관찰 조건화가 항상 공포와 관련된 것은 아니다. 위험한 상황에 아무렇지도 않게 대응하는 사람을 관찰하는 것은 이러한 상황에서의 두려움을 극복하는 것을 도와준다. 예를 들어, 성행위를 하는 영상물을 보는 것은 성행위에 대한 두려움을 줄여주고 성기능에 장애가 있는 사람에게는 성행위에 도움을 준다(Nemetz, Craig, & Reith, 1987).

관찰 조건화의 몇몇 사례는 모방에 의한 학습과 거의 구별이 불가능하다. 사실 심리학자들은 한때 이 유사성을 가지고 모든 사회학습 실험은 고전적 또는 도구적 조건화 그 이상이 아니라고 논쟁했다. 다음 예시를 보자. 야생에서 찌르레기는 다른 찌르레기들이 포식자를 공격하는 모습을 관찰한 후 포식자를 공격해야 한다는 사실을 학습하게 된다. 이전에 다른 새로부터 특정 물체는 공격을 해야 한다는 사실을 학습한 찌르레기는 그 물체를 보면 상당 시간 그 물체를 계속 공격할 것이다. 이 현상에 대한 실험실 연구에 의하면 한 찌르레기는 다른 찌르레기에게 플라스틱 병과 같이 전혀 무해한 물체도 공격하도록 '가르칠' 수 있었다(Curio, Ernst, & Vieth, 1978). 먼저 '모델' 찌르레기에게 본래 찌르레기의 공격을 받는 포식자인 부엉이 모양의 인형을 보여준다. 그동안 맞은편에 있는 두 번째 찌르레기가 모델 찌르레기가 부엉이 인형을 공격하는 모습을 관찰한다. 하지만 교묘한 거울장치에 의해 지켜보는 찌르레기는 부엉이가 아닌 병이 공격받고 있다고 착각하게 된다(그림 11.3). 결과적으로 두 번째 찌르레기는 병을 공격하는 것을 학습하게 된다.

한 새가 병을 공격하는 것을 보고 다른 새가 그 행동을 따라 하는 것은 명백한 모방에 의한 학습 사례라고 보일 수 있다. 실제로 이 실험은 앞에서 설명했듯이 아이들에 의한 모방학습의 예로 가장 널리 알려져 있는 보보 인형 실험과 매우 유사하다. 하지만 결정적인 차이점은 찌르레기의 경우, 공격 행동이 전형적인 종 특이 행동(species-specific behavior)이며(무조건적 반응, UR) 포식자나 공격 행동을 보이는 찌르레기를 발견하였을 때 거의 언제나 자동적으로 일어난다는 점이다. 따라서 이 사회학습의 더 간단한 설명은 찌르레기를 관찰하는 것이 고전적 조건화가 이루어지는 과정이라는 것이다. 모델 찌르레기가 무조건적 자극이고, 초기의 공격은 무조건적 반응인 공격 행동을 유발했으며, 병은 조건적 자극에 해당된다. 이 예시가 의미하는 것이 새들이 사회학습이나 모방을 못한다는 것은 아니다. 사실 큰까마귀나 까마귀가 사회학습을 하는 것을 밝힌 많은 연구들이 있다(Bugnyar & Kotraschal, 2002; Holzhaider, Hunt, & Gray, 2010). 이 실험은 자연 상황에서 사회학습과 모방학습에 관여하는 원리를 밝히는 것이 어려움을 단순히 보여준 것이다.

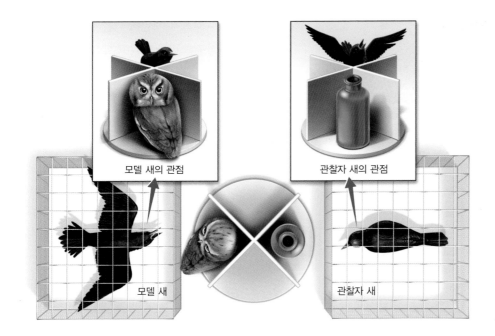

그림 11.3
찌르레기의 관찰적 조건화 찌르레기는 병과 같이 무해한 것일지라도 공격하게끔 학습시킬 수 있다. 즉, 여기 나온 것처럼 찌르레기들은 다른 찌르레기가 공격하는 대상이 자신들이 관찰한 대상이라고 속아서 공격하게 된다.
Information from Shettleworth, 1998.

모델 새의 관점

관찰자 새의 관점

모델 새

관찰자 새

관찰 조건화와 정서 반응 전염은 관찰자가 다른 상대의 행동을 모방하는 것처럼 보이지만 실은 그렇지 않은 현상이다. 이처럼 모방하는 것으로 착각할 수 있지만 사실 모방이 아닌 세 번째 현상은 다른 개체의 행동에 의해 관찰자의 관심이 특정 대상으로 이끌릴 때 나타난다. 주의를 끄는 대상에 대해 사람들은 일관된 동작을 보이기 때문에 마치 모방을 하는 것으로 착각될 수도 있다(Roberts, 1941; Thorpe, 1963). 예를 들어, 한 무리의 사람들(주로 젊은이들)이 다른 사람들을 속여 하늘을 쳐다보게 만들기 위하여 단체로 주의를 한곳에 돌리는 척 하는 장난을 떠올릴 수 있다. 이 속임수가 통하는 과정은 다음과 같다. 한 무리의 사람들이 마치 무언가 재미있는 것(또는 놀라운 것)이 일어나는 것처럼 하늘을 쳐다보면서 손가락으로 가리킬 것이다. 그러면 지나가는 사람들은 그 재미있는 것이 무엇인지 보기 위해서 같은 곳을 주시하게 될 것이다. 물론 하늘에는 아무것도 없다.

지나가는 사람들이 장난치는 젊은이들이 보는 곳을 따라서 쳐다보았기 때문에 이들이 젊은이들의 행동을 모방했다고 생각할지도 모른다. 그러나 이러한 경우에 유사한 행동이 일어나는 이유는 주의 집중이 비슷한 곳을 향했기 때문이다. 단지 영화관에서 영화를 볼 때 사람들이 모두 같은 곳을 보고 있다는 이유로, 그들이 서로를 모방하고 있다고 할 수 없다. 어떤 유기체의 행동에 의하여 다른 유기체가 환경 내 특정 물체나 사건, 위치에 주의를 기울이는 것을 **자극 향상**(stimulus enhancement)이라고 한다(Spence, 1937).

자극 향상은 무엇이 학습되는가를 결정한다(Heyes, 1994). 어떤 환경 내에서 개인의 주의는 다른 특징들보다 유용한 정보를 제공하는 일부 특징들에 집중된다. 일반적으로 자극 향상은 동물이 특정 자극과 자극 간의 연합된 결과에 더욱 더 쉽게 노출되도록 한다. 동물은 다른 동물들에 가까이 있었던 장소나 물체에 관심을 가지며 어떤 것을 학습하기도 하지만 관찰한 행동을 그대로 따라할 필요는 없다.

손가락으로 가르키는 행위는 자극 향상으로서 환경 내의 특정 위치로 주의를 기울이는 것을 포함한다. 그 결과 모방과 유일한 동작이 나올 수 있다. 이 경우 향상되는 자극이 특정 물체라고 생각하는가 아니면 특정 장소라고 생각하는가?

이때까지 개인이 다른 이의 행동이나 목적을 모방하지 않고 학습할 수 있는 많은 방법에 대해 살펴보았다. 당신은 아마 사회학습이 모방이나 에뮬레이션을 얼마나 자주 포함하는지 궁금할 것이다. 개인이 얼마나 자주 에뮬레이션하거나 모방하는지를 측정한 실험은 없다. 하지만 모방이 주된 역할을 하는 학습 중 하나는 아이들의 초기 언어학습이다. 다음 장에서는 발성 모방(vocal imitation)이 시각에 기초한 모방과 어떻게 다른지 알아볼 것이며, 발성 모방이 의사소통 기술의 사회학습에 어떻게 기여하는지 알아볼 것이다. 제12장에서는 초기 언어 학습에 발성 모방이 어떻게 중요하게 사용되는지 다룰 것이다.

지식 테스트

모방이란 무엇인가?

사람들이 일반적으로 말하는 모방의 많은 부분은 과학자들이 순수 모방이라 간주하는 것과는 다르고 사실 모방을 포함하지 않은 경우도 있다. 아래는 모방처럼 보이는, 혹은 실제로 모방일 수도 있는 사례들이 나와 있다. 다음 사례들이 어디에 해당하는지 설명하라. (정답은 책의 뒷부분에 있다.)

1. 당신은 친구의 아기를 보며 웃고 있다. 아기는 그런 당신을 향해 웃어준다. 친구의 아기는 당신을 모방한 것인가?

2. 당신이 무엇을 하든 아기가 웃는다(명백히, 당신은 재능 있는 광대이다). 그러나 당신이 아기를 향해 혀를 내밀었을 때 아기는 당신을 향해 혀를 내밀었다. 아기가 당신을 모방한 것인가?

3. 레티는 그녀의 아빠가 아스파라거스를 먹을 때 얼굴을 찌푸린 것을 보았고, 아빠의 표정이 아스파라거스가 역겨운 것처럼 보였을 것이다. 그 주말에 레티의 할머니가 아스파라거스를 주었을 때 레티는 먹으면서 아빠와 비슷한 표정을 지었다. 레티는 그녀의 아빠를 모방한 것인가?

4. '미국의 가장 재밌는 홈 비디오' 쇼에서 당신은 고양이가 뛰어올라 문의 손잡이를 돌려서 문을 열고 밖으로 나가는 것을 보았다. 그 고양이는 사람을 모방한 것인가?

5. 레티는 아동기의 가장 오래된 수수께끼에 빠져버렸다. 레티가 친구에게 "날 그만 따라해!"라고 말하면 그녀의 친구는 "날 그만 따라해!"라고 말했다. 레티는 또다시 "나 분명히 말했어, 그만 하는 게 좋을 거야!"라고 말했고 그녀의 친구는 "나 분명히 말했어, 그만 하는 게 좋을 거야!"라고 했다. 이를 계속 반복했다. 레티의 친구는 레티를 모방한 것인가?

들은 것을 모방하기

초기 심리학자들은 어떤 새들이 다른 동물의 소리를 따라하는 것처럼 보인다는 사실을 사람이 아닌 동물도 사람과 같은 방식으로 사건을 기억하고 재현하는 능력이 있다는 증거로 생각했다(Morgan, 1896; Romanes, 1898). 그러나 손다이크는 1911년의 연구에서 새들은 소리를 모방한 것이 아니고 시행착오를 거쳐 그들이 들은 것과 비슷한 소리를 내는 것이고, 이는 도구적 조건화의 특별한 경우라고 주장했다. 현대의 연구자들은 대체적으로 손다이크의 의견에 동의하며 발성 모방이 순수 모방이라는 주장에는 반대했다(Byrne & Russon, 1998; Heyes, 1994). 이전 장에서 설명했듯이 동물이 정말로 모방하고 있는지를 구별하기는 까다롭다. 물론 손다이크는 유튜브에서 앵무새가 욕하는 동영상을 보지는 못했다. 만약 당신이 앵무새가 누군가에게 "f*** off"라고 욕하는 것을 본다면 새들이 사람이 말하는 것을 유창하게 잘 따라한다고 생각하게 될 것이다.

발성 모방

영아가 말을 배우기 시작할 때 그들은 때때로 그들 주위에 있는 사람들이 말하는 것을 모방한다(Kuhl & Meltzoff, 1996). 예를 들어, 여러 지방에서 자란 아이들이 말하는 것을 들으면 그들이 자라면서 들은 것과 유사한 반면에 청각장애아들은 그렇지 않다. 12~20주의 유아들은 어른이 모음을 발음하면 그 즉시 비슷한 소리를 낼 수 있다(Kuhl & Meltzoff, 1996). 이는 말하기를 모방하는 능력은 발달 주기의 매우 초기에도 존재한다는 것을 의미한다.

말하기를 모방하는 것은 **발성 모방**(vocal imitation)의 한 종류이며 이는 이전에 경험한 소리의 어떠한 특징을 재현하기 위해 막을 통해 공기를 미는 것을 포함한다. 이러한 행동은 수의적이거나(개그맨들이 성대모사를 하는 것처럼) 불수의적이다(기억하기 쉬운 노래가 머릿속에서 떠나지 않는 것처럼). 이는 당신이 본 적 없는 행동을 모방하는 것과 많은 부분에서 비슷하다. 예를 들어, 누군가의 말을 따라 할 때, 그 말소리를 가능하게 하는 대부분의 운동 행위를 실제로 볼 수는 없다. 그저 행위의 결과물을 들을 뿐이다. 그럼에도 불구하고 관찰한 최종 결과물을 재현하려면 모델이 원래 말소리를 낼 때 사용했던 운동 행위와 같은 운동 행위를 해야 한다.

놀랍게도 인간 외의 어떤 포유류도 새만큼 말소리를 흉내 내지 못한다. 사실 우리에게 가장 가까운 영장류를 포함한 대부분의 포유류는 소리를 따라하는 능력이나 경험을 통해 발성을 배우는 능력이 없다. 돌고래는 소리를 유연하게 따라하는 인간 외의 유일한 포유류로 알려져 있다(Janik & Slater, 1997; Mercado, Mantell, & Pfordresher, 2014). 어케이어카마이와 같은 몇몇 돌고래들은 컴퓨터로 만들어낸 소리를 명령에 따라서 모방하도록 훈련받았고(Richards, Wolz, & Herman, 1984) 자발적으로 소리를 모방하기도 했다(Reiss & McCowan, 1993; Hooper et al., 2006). 어케이어카마이는 가끔 자신이 쉽게 따라 할 수 없는 소리를 들었을 때, 마치 가수가 쉽게 부르기 위해서 노래를 조금 높거나 낮게 바꾸는 것처럼(다음 페이지의 '일상에서의 학습과 기억'에서 사람들이

"내 정치적 의견이 아니야. 그냥 라디오에서 들은 것이지."

노래방에서 그들의 노래 실력을 뽐낼 때 발성 모방 능력이 얼마나 중요한지에 관한 글을 보라) 소리를 조금 바꾸어 따라 해내곤 했다(Richards et al., 1984). 바다에 사는 포유류 중 혹등고래나 벨루가를 포함한 몇몇 큰 고래 또한 발성 모방 능력을 보였다(Ridgway, Carder, Jeffries, & Todd, 2012). 포유류와는 다르게 조류 내 많은 종은 발성 모방 능력을 가지고 있다. 금조 등의 종은 다양한 인위적인 소리(차 경적소리나 전기톱 소리 같은)를 믿기 힘들만큼 정확히 따라할 수 있다.

성인이 내는 발성을 모방하는 능력은 유아나 어린 새들이 새로운 의사소통 기술을 습득할 때 도움이 된다. 그러나 모방하는 능력과 학습이 별개인 부분이 어느 정도 있다. 예를 들어 장난감 앵무새가 소리를 모방하거나 움직임을 모방하는 로봇을 만드는 것은 상대적으로 쉽지만(Breazeal & Scassellati, 2002) 그러한 모방하는 능력을 가진 기계들이 의사소통 능력을 습득한 것은 아니다. 모방이 의사소통 기술의 학습에 도움이 되는 상황에만 모방 능력이 가진 장점이 드러난다.

자연적으로 발성을 모방하지 않는 동물들은 이런 기술을 배우는 능력이 없는 것처럼 보인다. 20세기 초반, 연구자들은 침팬지에게 말하는 것을 열심히 훈련시켰지만 큰 성과는 없었다. 캐서린 해이즈는 비키라는 이름을 가진 침팬지에게 '컵', '엄마', '아빠'를 구별하도록 훈련시킨 것이 가장 성공적인 사례라고 소개했다(Hayes, 1951). 하지만 비키가 조작적 조건화와 실험자가 입술의 모양을 물리적으로 만들어주는 것을 통해 외현적으로 훈련되었기 때문에 이를 발성 모방 능력의 증거라고 보기는 어렵다. 당신은 아마 강아지나 고양이가 "사랑해"라던가 "엄마"라고 말하는 동영상을 본 적이 있을 것이다. 동물이 말하는 것 같

◄◄ 일상에서의 학습과 기억 ►►

노래방

노래방은 상대적으로 최근에 생긴 음악을 즐기는 수단으로서 노래방에서는 아마추어들도 반주에 맞춰 유행가를 부를 수 있다. 그런 행동 자체는 샤워하면서 노래를 부르는 것과 다를 바 없다고 생각될진 몰라도 노래방에는 청중이 있고, 비누거품은 없다. 적어도 중간 정도의 음악적 재능이 있는 사람들이 일반적으로 참여하는 노래 모임과는 다르게 노래방은 모두에게 열려 있고 노래 실력은 선택사항이다. 어떤 사람들은 노래방에서 그게 노래라고 믿기 힘들 정도로 듣기 힘든 소리를 내기도 하고 음정을 틀리기도 한다.

놀랍게도 노래방에서 어떻게 노래를 잘 부르는가에 대해서는 거의 알려지지 않았다. 확실히, 부르려는 곡이 익숙해야 하고, 음정을 잘 기억하거나 음표에 따라 가사를 잘 붙여 부르는 것은 중요한 요소이다. 하지만 이것만으로는 충분하지 않은데, 이는 "생일 축하합니다."처럼 많은 사람들에게 친숙한 곡도 누군가가

부를 땐 여전히 고장 난 로봇 소리 같기 때문이다. 최근 연구들은 가수처럼 노래를 부르기 위해서는 좋은 발성 모방 능력이 필요하다는 사실을 밝혔다(Pfordersher & Brown, 2007). 원곡이 어떻게 들렸는지를 거의 완벽하게 기억하고 있는 사람이라도 그 기억을 소리로 재생산하지 못한다면 이 기억은 도움이 되지 않을 것이다.

좋은 소식은 사람들이 자신의 음성 모방능력을 과소평가하는 경향이 있다는 것이다. 비록 많은 대학생들이(약 60%) 자신에게 친숙한 노래도 잘 못 부른다고 했지만 사실상 정말 노래방에서 노래 부르는 것을 포기해야 할 수준은 약 15% 정도였다(Pfordersher & Brown, 2007). 아마 발성 모방이 어떻게 작동하는지를 더 많이 배운다면 소가 죽어가는 소리를 내던 사람도 꾀꼬리 같은 소리를 내게 될 수 있을 것이다.

은 소리를 내게 할 수는 있지만 이 역시 조작적 조건화의 예일 뿐 발성 모방은 아니다. 이후 다룰 내용에서 발성 모방처럼 보이지만 실제로 모방이 필요 없는(앞에서 설명한 정서 반응 전염, 관찰 조건화, 그리고 자극 향상의 예로 더 적절한) 방법으로 의사소통을 배우는 예를 다룰 것이다.

모방 없이 발성 학습하기

앞에서 설명한대로 손다이크는 1911년의 연구에서 새들의 발성 모방이 순수 모방(이전에 관찰한 행동의 재현)이 아니라 도구적 조건화의 특별한 경우라고 주장했다. 새들은 이전에 들었던 소리와 지금 자신이 내고 있는 소리가 얼마나 다른지에 기초해서 소리를 점차적으로 조정해간다. 자신이 만든 소리와 기억하고 있는 소리 간의 차이는 새가 점차적으로 자신이 내는 소리를 그들이 들은 것과 비슷한 방향으로 만들어 가는 데 필요한 피드백을 제공한다. 자신이 들었던 소리에 기초해서 발성을 조정해가는 것을 **발성 학습**(vocal learning)이라고 부른다. 어떤 연구자들은 발성 모방을 발성 학습의 한 종류라고 주장한다. 하지만 성인은 새로운 것을 배우는 상황이 아니더라도 소리를 모방하기도 한다. 그 예로 신부와 신랑이 혼인서약을 따라한다거나 피로연에서 공연을 하는 사람이 비트박스를 하면서 드럼 소리를 따라하는 것을 들 수 있다. 발성 모방은 어린 아이가 언어를 배울 때처럼 발성 학습에 쓰일 수 있지만 이 두 현상이 동일하진 않다. 모든 동물은 소리를 내며 어느 정도 발성 학습을 할 수 있지만, 그중 매우 일부만 발성 모방을 통해 학습한다.

　모든 종을 통틀어(사람을 포함해) 가장 많이 연구된 발성 학습의 형태는 새들의 노래 학습이다. 새들의 노래는 1~10초까지 이어지며 일정한 간격의 침묵으로 나눠진다. 새는 노래에서 각 소리의 타이밍과 순서 그리고 질을 조절함으로써 다양한 노래를 만들어 낸다. 노래를 학습하는 새는 다른 새들의 소리를 듣고 부분적으로 따라한다. 야생의 어린 명금은 성숙한 새들이 낸 노래에 대한 기억을 토대로 그들 각자의 노래를 만들어낸다. 어린 새들은 어른 새들이 부른 노래에 대한 기억을 형성할 수 있고, 그 기억은 평생 동안 지속된다. 과학자들은 매우 어린 나이에(출생 전이 될 수도 있다) 사회적으로 고립되어서 다른 새들의 노래 소리를 들은 적이 없는 명금이 노래를 배울 수 있을지도 모른다고 생각했다. 노래하는 곤충, 개구리, 그리고 원숭이들은 어릴 때 격리되어 동종의 구성원과 접촉한 경험이 없을지라도 상대적으로 정상적인 노래 행동을 보였다(Bradbury & Vehrencamp, 1998). 반면 명금은 어린 시절 격리된 경우 정상적으로 노래를 부르지 못했다(Hinde, 1969). 몇몇 행동 실험은 새들이 어른이 되어 정상적으로 노래를 부르려면 그들이 어릴 때 반드시 그들 자신이 노래 부르는 것을 들을 수 있어야 한다는 결과를 보였다.

　인간의 말소리와 마찬가지로, 새의 노래 역시 사투리, 즉 지역 고유의 표현법을 보여주기도 한다(Baptista & King, 1980; Marler, 1970; Thorpe, 1958). 누군가의 억양이 그가 어디에서 자랐고 말하는 것을 배웠는지를 보여주듯이, 새의 '억양'도 그 새가 어디서 자랐고 노래를 배웠는지를 드러낸다. 심지어 때로는 다른 종의 새가 기른 아기 새들이 다른 종의 노래를 학습할 수 있다(Immelman, 1969). 이는 침팬지가 기른 아이가 침팬지의 발성을 보였다는 것과 동일하다('타잔' 영화를 기억하는가?). 흥미롭게도 다른 종의 노래를 배우는 것에는 길러준 어른 새와 아기 새 간에 상호작용이 필요한 것처럼 보인다. 어린 새가다른 종의 노래를 녹음한 소리를 듣고 자란 경우에는 다른 종의 노래를 학습하지 못했다 (Pepperberg, 1994). 동일하게, 당신이 이웃으로부터 외국어를 배울 때 단순히 그들이 말하는 것을 멀리서 듣는 것보다 정기적으로 그들과 상호작용할 때 외국어를 더 잘 배울 수 있을 것이다.

노래 학습은 3개의 기본 단계를 거치는 것으로 보인다. 우선 대부분의 명금은 유전적으로 물려받은 엉성한 '형판(template)'을 가지고 태어나는데, 이 형판은 뇌가 해당 형판에 알맞은 소리를 저장하게끔 한다. 노래 학습의 첫 단계에서 어린 새는 형판에 가장 알맞은 노래를 기억하고, 이 노래는 차후에 수행 평가의 기반이 되는 모델을 제공한다. 두 번째 단계는 어린 새가 노래를 시도하기 시작할 때 일어난다. 새는 노래하면서 자신의 노래를 듣고이를 자신이 과거에 들었던 노래에 대한 기억과 비교할 수 있다. 연습을 거듭하면 어린 새는 자신의 노래와 들었던 노래 간의 일치 정도를 높일 수 있다. 노래 학습의 세 번째 단계에서 새는 언제 노래하는 것이 적절한지를 배운다. 예를 들어, 텃세를 주장하는 명금은 주로 전에 들은 적이 없는 노래를 듣거나 낯선 새가 익숙한 노래를 부르는 것을 들었을 때 노래를 시작함으로써 자신의 영역을 알리려 할 것이다. 근처의 암컷이 노래를 부름으로써 수컷의 노래에 영향을 줄 수도 있다. 노래 학습의 세 단계를 통틀어 **노래 학습의 형판 모델** (template model of song learning)이라고 부른다(그림 11.4). 노래 학습의 과정은 잠재적으로 발성 모방을 포함할 수 있지만, 손다이크가 말한 대로 점차적으로 발성을 변화시켜가는 것은 이전에 경험했던 사건을 재현하는 것을 필요로 하지 않는다. 어른 새들의 노래가 그들이 어렸을 때 들은 것과 비슷하다는 사실이 학습에 모방이 관여했다는 강한 증거가 될 수는 없다.

새들이 부르는 노래의 종 특이적 특징은 유전적으로 통제되는데, 즉 학습하는 새가 무엇을 모방할지를 제약한다. 예를 들어, 동종과 이종, 양쪽의 노래에 모두 노출된 어린 새들은 보통 자신의 종과 관련된 노래를 학습할 것이다 (Marler, 1997). 유사한 제약은 인간 아기에게서도 작용하는 것처럼 보인다. 아기는 새, 개, 음악소리를 포함한 폭넓은 종류의 소리에 노출되지만, 스스로 내도록 학습하는 소리는 늘 동종

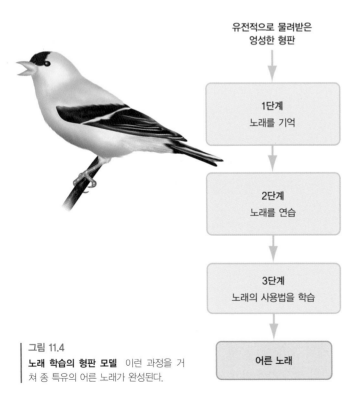

그림 11.4
노래 학습의 형판 모델 이런 과정을 거쳐 종 특유의 어른 노래가 완성된다.

유전적으로 물려받은
엉성한 형판

↓

1단계
노래를 기억

↓

2단계
노래를 연습

↓

3단계
노래의 사용법을 학습

↓

어른 노래

의 구성원이 내는 것과 같은 소리이다. 즉, 말소리이다. 이는 아마 동종의 구성원이 내는 소리가 생득적으로 가장 따라 하기 쉽기 때문이거나(같은 기관을 사용해 내는 것이므로) 유전적으로 종 특유의 소리를 인지하도록 설계되어 있기 때문일 것이다.

앞서 설명한대로, 대부분의 포유류는 발성을 모방하지 못하고 매우 일부의 종들만 모방을 통해 노래 부르는 것을 학습할 수 있다. 사실 포유류 중에 인간을 제외하고 모방을 통한 노래 학습이 가능한 종은 큰 고래밖에 없다. 예를 들어, 혹등고래는 평생 동안 다른 고래의 노래를 듣는 것을 통해 새로운 노래를 배운다(Guinee, Chu, & Dorsey, 1983). 흥미롭게도 이들은 계속해서 노래의 스타일을 바꾸기 때문에(Payne & Payne, 1985) 해마다 이전에 다른 혹등고래에 의해 불러지지 않은 노래를 부르고 있다(혹등고래의 세계에서는 '불후의 명곡'이란 없다). 어떤 고래가 새로운 노래를 특정 지역에 소개하면, 많은 다른 고래들이 그 노래를 따라 부르기 시작하기 때문에, 고래가 노래를 배우고 있다는 것을 알 수 있다(Noad, Cato, Bryden, Jenner, & Jenner, 2000). 사람과 혹등고래가 가진 이러한 유연한 발성 학습 능력의 메커니즘을 밝히기는 어렵다. 11.2절에서 설명한 것처럼 다른 종(특히 새)의 발성 학습에 관한 연구가 지금으로서는 발성 학습과 발성 모방, 그리고 더 일반적인 모방 간의 관계를 밝힐 수 있는 최적의 연구이다.

부모님이나 동료들처럼 말하고 노래하는 것을 학습하면 그들과 의사소통하는 것이 더 쉬워질 뿐 아니라 사람들과 시간을 보내고, 사회적 활동에 참여하는 능력도 향상된다. 이를 통해 다른 이로부터 새로운 것들을 학습할 수 있는 기회를 더 많이 가질 수 있게 된다. 다음 장에서는 이러한 상호작용이 어떻게 사회학습에 기여하는지를 다룰 것이다.

정보의 사회적 전달

자판기에서 음료수를 사려고 기다리는데 앞 사람이 돈을 넣고도 음료수를 받지 못하는 것을 보았다고 상상해보자. 당신은 앞 사람의 불행을 보고 그 기계에 돈을 넣지 않기로 결정할 것이다. 이것은 **정보의 사회적 전달**(social transmission of information)이라는, 관찰자가 다른 사람의 경험을 보고 새로운 것을 배우는 과정의 예시 중 하나이다. 사회적 정보 전달은 모든 인간 문화에서 관찰된다. 말하고 쓰는 언어의 진화가 그 강력한 증거이며, 도서관, 텔레비전, 전화, 인터넷의 발전 등은 최근에 발달된 방법들이다. 정보는 이런 다양한 채널을 통해 수많은 사람들에게 빠르게 전달되고 있다.

다양한 방법으로 정보를 전달할 수 있는 인간의 능력은 그들이 어느 동물보다도 빠르게, 거의 모든 상황에서 학습이 가능하게끔 해준다. 불행히도 이 현상은 숙련 학습과 관련된 것 이외에는 실험실에서 거의 연구되지 않았다. 제8장에서 어떤 이에게 목표물을 가능한 한 빨리 차도록 한 실험을 기억할 것이다. 그의 성적은 학습의 멱함수 법칙에 따라 처음엔 빠르게 그리고 점차적으로 느리게 향상되었다. 그러나 다른 사람이 더욱 효율적인 방법으로 목표물을 차는 동영상을 본 후에는 그의 성적이 월등하게 향상되었다. 이 예의 경우, 더욱 효과적으로 차는 법은 영상이라는 매개체를 통해 사회적으로 전달되었다(이 실험에 참

혹등고래는 다른 개체의 노래를 들음으로써 노래를 배울 수 있는 인간 이외의 유일한 동물이다. 이는 발성 학습의 독특한 예이다. 아니면 발성 모방의 한 종류라고도 볼 수 있을까?

가한 사람은 아마 시각적으로 관찰한 모델의 행동을 따라 함으로써 실력을 향상시킬 수 있었을 것이다. 하지만 이 실험은 모방보다는 숙련학습에 중점을 두었으므로 정확한 학습의 메커니즘은 자세히 평가되지 않았다).

사람들 사이의 너무나 많은 정보 전달들이 고도로 정교화된 방식으로 이루어지기 때문에 다른 종들에서 관찰되는 사회적 정보 전달의 예시들은 간과하기 쉽다. 하지만 사람 간의 사회적 정보 전달은 매우 복잡해서 연구자들은 관련된 기본 메커니즘을 분리해내는 데 어려움을 겪고 있다. 따라서 다른 종에서 관찰되는, 보다 단순한 형태의 정보 전달을 연구하는 것은 바로 이 능력에 내재된 과정을 이해하는 데 중요하다.

사회적 순응에 의한 학습

여러분이 부모님 혹은 조부모님의 사진첩을 보면, 어쩌면 그렇게 멋없고 불편한 옷을 입을 수 있었는지 궁금해지는 사진을 하나 이상 찾을 수 있을 것이다. 또한 지금이라면 창피할 정도의 머리 스타일과 옷으로 치장한 자신의 예전 모습이 담긴 사진을 보았을 수도 있다. 반면 1920년대에 찍은 호랑이의 사진을 보았다면, 어제 찍은 호랑이 사진과 구분하는 데 매우 어려움을 느꼈을 것이다. 사람들은 왜 시대에 따라 집단으로 외모를 바꾸려고 하는 것일까? 왜 머리카락을 자르거나 면도를 하는가? 이런 행동을 하는 가장 큰 이유는 우리는 이렇게 하도록 배워왔기 때문이다.

이제 여러분의 행동과 선택을 좌우하는 것은 다른 어떤 자연의 힘도 아닌 학습이라는 것을 살펴보도록 하자. 여러분이 살던 곳과 날씨가 비슷한 중국이나 아프리카의 한 도시에 가서 자신의 머리카락과 옷, 언어를 그곳 원주민들과 비교해 본다면, 원주민들끼리는 서로 비슷한 옷을 입고 비슷한 말을 하지만 여러분과는 다르다는 것을 알 수 있다. 하지만 만약 여러분이 그 도시에서 태어나 쭉 자랐더라면 이야기는 달라졌을 것이다. 만약 여러분이 한 외국 도시에서 자랐더라면 그곳 사람들처럼 옷을 입고 말을 하였을 것이다. 옷과 언어에 관한 문화적 차이는 쉽게 드러난다. 하지만 여러분이 왜 킬트보다 청바지를 선호하게 되는지는 명확하지 않다.

쥐들 사이의 먹이 선호에 관한 사회적 전달 연구가 이러한 문제에 대한 해답을 찾는 데 도움을 줄 수도 있다(Galef & Wigmore, 1983). 갓 태어난 쥐들은 처음에는 그들의 어미가 먹던 먹이를 선호하는데, 그 이유는 어미의 젖에서 그 먹이의 맛을 느낄 수 있기 때문이다. 그러나 쥐들은 자연스럽게 다른 쥐들의 먹이에 관심을 가지며, 다른 쥐가 새로운 먹이를 먹는 것을 보면 새로운 먹이를 먹는 법을 학습할 수 있게 된다. 이런 현상에 관한 연구에서 쥐들은 며칠간 한 우리에 두 마리씩 짝지어져 생활하게 되며, 이 기간에는 통상적인 쥐 사료를 먹는다(그림 11.5a). 둘 중 '시범쥐(demonstrator rat)'로 선택된 쥐는 다른 우리로 옮겨진다. 두 쥐에게서 하루 동안 먹이를 박탈한 후, '시범쥐'에게만 계피맛 혹은 코코아맛의 먹이를 먹인다(시범쥐들 중 반은 코코아맛, 나머지 반은 계피맛을 받는다). 그 후 시범쥐들은 원래의 우리로 돌아가 '관찰쥐(observer)'와 15분간 같이 지낸다. 다음날, 관찰쥐에게는 두 가지의 먹이 그릇이 주어지는 데 하나에는 코코아맛 먹이가, 다른 하나에는 계피맛 먹이가 담겨 있다. 관찰쥐들은 대체적으로 전날 시범쥐의 호흡에서 맡았던 맛이 나는 먹이를 더 많이 먹는다(그림 11.5b). 이는 관찰쥐가 시범쥐로부터 먹이에 대한 정보를 얻었으며, 후에 먹이를 고르는 데 이 정보를 사용했다는 것을 보여준다.

관찰쥐가 새로운 먹이의 선호도를 학습하기 위해서는 다른 쥐의 호흡에서 먹이 냄새를 맡아야 한다(Galef, 1996). 한번 어떤 먹이를 선호하게 되면, 그 정보는 다음 세대까지 전달이 된다. 먹이에 대한 선호 또는 혐오가 얼마나 빠르게 다른 쥐에게 전달되는지에 영향을 미치는 요소는 몇 가지가 있다(Galef & Whiskin, 1997). 예를 들어, 시범 횟수를 늘리고 시

그림 11.5
먹이 선호에 대한 쥐의 사회적 전달 관찰쥐는 두 가지의 새로운 먹이를 접하게 되는데, 관찰쥐는 시범쥐의 호흡에서 맡았던 냄새의 음식을 더 많이 먹는다. 이는 먹이에 대한 정보가 쥐들 사이에서 전달되었다는 것을 보여준다.
Information from Shettleworth, 1998.

(a)

1. 한 쌍의 쥐들이 쥐 사료를 함께 먹는다.

2. 관찰쥐는 다른 우리로 옮겨진다. 두 쥐 모두 먹이를 박탈당한다.

3. 시범쥐는 새로운 먹이를 얻는다 (계피맛).

(b)

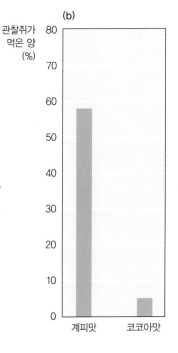

관찰쥐가 먹은 양 (%)

4. 두 쥐는 잠깐 동안 다시 만난다. 관찰쥐는 시범쥐의 호흡에서 새로운 먹이의 냄새를 맡는다.

5. 후에 관찰쥐는 시범쥐가 먹었던 먹이를 고른다.

범쥐의 숫자를 늘릴수록 정보전달의 가능성은 높아진다. 한 번의 관찰은 단기적인 효과만 있지만, 반복적인 학습은 장기기억을 생성한다.

쥐들은 다수의 행동을 따라가는 경향이 있다. 이렇게 단체 생활에 적응하고자 하는 경향을 **사회적 순응**(social conformity)이라고 한다. 사회적 순응은 여러 보호적 기능이 있다. 하지만 이것은 이득이 될 수 있는 새로운 행동 패턴을 발달시키는 데 걸림돌이 된다. 한 실험에서 구피(관상용 열대어)에게 인공 포식자로부터 탈출할 때 특정 경로를 따라가도록 훈련을 시켰다(Brown & Laland, 2002). 인공 포식자는 구피를 잡기 위해 어항을 가로질러서 움직이는 그물이며, 이 그물의 각각 다른 위치에 탈출구를 뚫어 놓았다(그림 11.6). 훈련을 할 때는 이 두 탈출구 중 하나를 막아놓았다. 시범 구피는 탈출구가 그물의 어디에 있는지를 빠르게 익혔다. 훈련이 이루어진 후에 시범 구피는 두 번째 탈출구를 열어놓더라도 학습한 탈출구로만 다녔다. 2개의 탈출구가 모두 열려 있는 어항에 훈련받지 않은 구피들을 넣자 이들 역시 관찰한대로 훈련받은 구피들이 사용하는 통로로만 다녔다. 시범 구피를 어항에서 빼내어도, 관찰 구피들은 훨씬 가까운 탈출구를 놔두고 시범 구피가 사용하던 탈출구만 이용하였다. 쥐와 구피를 이용한 실험들을 통해 사회적 순응은 일정 부분 자극 향상으로 인해 일어난다는 것을 알 수 있다. 즉 한 개체와 관련 있는 냄새나 장소 혹은 행동이 다른 개체에게 더욱 두드러져 보인다는 것이다.

사회적 순응은 정보의 빠른 습득을 통해 특정 상황에 적응할 수 있도록 하지만, 더 이상

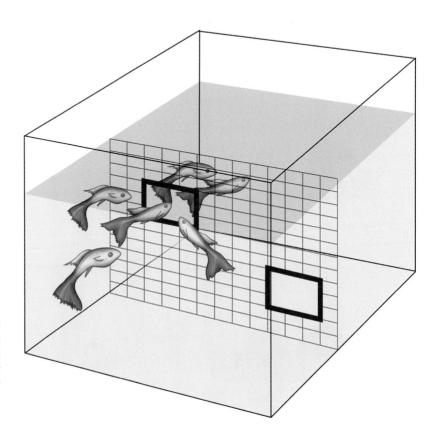

그림 11.6
구피의 탈출 통로와 사회적 전달 시범 구피에게 (두 번째 탈출구는 막아둔 채) 특정 탈출구를 통해서만 탈출하도록 훈련시킨 후에는, 관찰 구피들은 2개의 탈출구가 모두 열려 있음에도 시범 구피가 사용하는 탈출구만 이용하는 경향이 있다.
Research from Brown & Laland, 2002.

별 이점이 없음에도 불구하고 오래된 행동양식에 얽매이게 할 수도 있다. 흥미롭게도 훈련된 구피의 숫자를 줄이면(시범 구피 수의 감소), 새로운 탈출구를 찾을 확률이 높아진다(Brown & Laland, 2002). 어쨌든 구피처럼 단순한 동물조차도 동료집단 압력에 영향을 받을 수 있다.

매체가 행동에 미치는 영향

레티가 초등학교에 입학하자 부모는(대부분의 다른 부모들처럼) 레티가 너무 텔레비전을 오랫동안 보는 게 아닌지, 또 그녀가 부적절한 프로그램을 보고 배우는 것은 아닌지 걱정하기 시작했다. 레티는 평균적으로 다른 아이들만큼만 텔레비전을 시청하였지만(일주일에 약 24시간) 레티의 부모에게는 그것도 너무 많다고 느껴졌다. 특히 그들은 TV 광고가 그들의 딸을 과도하게 물질만능주의적인 사람으로 만들지는 않을지, 액션 영화의 예고편들이 폭력 행동을 미화하지는 않는지 걱정했다. 부모의 걱정은 레티가 청소년기에 접어들고 유튜브에 나오는 아이돌들이 보여주는, 부모가 보기에는 '기이한' 행동들(성적으로 자극적인 춤을 추는 등)을 따라 하기 시작한 후로 더욱 심각해졌다. 대부분의 부모들처럼 레티의 부모도 레티가 대중매체를 통해 다른 사람을 관찰하고, 그들을 따라 하면서 배우게 될 것에 대해 걱정하였다.

미국에서 일어나는 대부분의 대중적 정보 전달은 텔레비전, 영화, 인터넷, 음반 등의 형태로 영상이나 음향 신호의 대량 분포를 통해 이루어진다. 이런 다양한 매개체를 통해 전송된 내용의 대부분은 구매자들의 즐거움을 위해 기획된 것이다. 심지어는 뉴스 프로그램조차 시청자들의 흥미를 끌 만한 뉴스거리에 집중한다. 하지만 지난 몇십 년간 이렇게 오락성이 짙은 영상과 언어들이 매체를 통해 방송되는 것이 사람들에게 부정적인 영향을 주는 것은 아닌지에 대한 우려가 점차적으로 증가했다. 특히 많은 단체들은 대중매체의 지나친 폭력 묘사가 폭력적인 행동을 고무시키기 때문에 대중의 건강에 위협적인 요소가 된다고 단정 지었다(Anderson et al., 2003). 이러한 염려를 일으킨 기본적인 가정은 "애들 앞에서는 냉수도 못 마신다."이다. 즉 사람들은 그들이 본 것을 따라 한다는 것이다.

연구자들은 그동안 폭력적 매체에 노출되는 것과 폭력 행동 사이에는 보편적인 연관성이 있다는 강력한 증거들을 많이 수집해 왔다(Anderson et al., 2003). 예를 들어, 초등학교 때 폭력적인 텔레비전 프로그램을 시청한 시간의 양은 추후 그들이 십 대가 되었을 때의 폭력성 그리고 훗날 어른이 되었을 때의 범죄행동과 상관을 가진다(Anderson et al., 2003). 또한 통계적으로 살인 범죄 비율은 미국에 텔레비전이 처음 도입된 후로 급격히 증가하였다. 반면 같은 시기에 텔레비전이 금지되었던 다른 지역에서는 이와 같은 증가가 관찰되지 않았다(Centerwall, 1992; 그림 11.7 참조). 이러한 상관이 존재한다고 가정할 때, 이와 관련된 핵심 질문들은 다음과 같다 : (1) 폭력적인 매체가 폭력적인 행동을 증가시키는가, 아니면 폭력적인 사람들이 폭력적인 매체를 더욱 즐겨 찾는가? (2) 폭력적인 매체에 노출되는 것은 사회학습과 모방 행동으로 이어지는가?

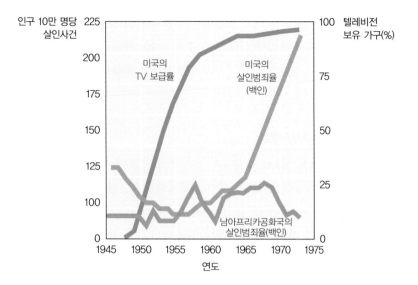

그림 11.7
미국 내 텔레비전과 살인 범죄와의 상관 미국 내 백인의 살인 범죄 비율은 텔레비전이 도입된 후 얼마 지나지 않아 급격하게 증가하였다. 하지만 같은 시기에 텔레비전이 금지되었던 남아프리카공화국 내의 백인들에게서는 이 같은 증가가 관찰되지 않았다.
Data from Centerwall, 1992.

이 문제와 관련된 대부분의 연구는 폭력적인 영상 시청이 주는 영향에 중점을 두고 있다. 일반적인 실험에서, 연구자들은 어린 참가자들에게 짧은 폭력적인 영상이나 비폭력적 영상을 무작위로 보여준다. 그리고는 연구자들은 피험자들의 행동을 관찰한다. 대개 이런 관찰은 영상을 시청한 지 몇 분 또는 며칠 후, 폭력적인 행동이 일어날 만한 상황에서 이루어진다. 이러한 실험은 폭력적인 영상에 노출되었던 아이들이 영상을 본 직후의 놀이 시간 동안 폭력적으로 행동할 가능성이 높다는 것을 보여준다(Cornstock, 1980; Geen, 1990). 예를 들어, 폭력성 측정에서 높은 점수를 받은 7~9세의 남자아이들이 폭력적인 비디오를 시청하면, 그 뒤 하키 시합에서 다른 아이를 물리적으로 공격할 확률이 더 높다(Josephson, 1987). 보보 인형 실험에서 보았듯이, 흥분한 피험자들은 그렇지 않은 피험자들에 비해 폭력적인 장면을 본 뒤 공격적으로 행동하기 쉽다. 연구자들은 피험자를 도발해 흥분하도록 만들었다. 그 결과 폭력적이면서 성적인 영화를 본 남자 대학생들은 단순 폭력 영화를 본 학생들에 비해 그들을 도발했던 여성에게 전기충격을 가하고자 하는 경향이 더 컸다(Donnerstein & Berkowitz, 1981).

이러한 단기 실험은 보통 아이들이 폭력적인 행동을 보고 공격성을 학습한다는 것을 증명하지 못한다. 왜냐하면 아이들의 공격성을 증가시키는 것은 아이들이 비디오에서 보고 배운 특별한 무엇이라기보다는 일반적인 각성 수준의 증가(폭력적인 행동의 관찰을 통한)일 수 있기 때문이다(Anderson et al., 2003). 또한 이러한 연구는 영화 및 노래에 담긴 폭력성에 노출되는 것이 책, 연극, 인형극 등에 묘사된 폭력성에 노출되는 것보다 공격적인 행동을 증가시키는 데 더 큰 영향을 준다는 증거를 제공하지 않는다. 끝으로, 연구자들은 폭력적인 텔레비전 쇼에 노출될 가능성과 그 사람이 미래에 전문 의료진, 소방관, 군인이나 경찰관이 되고자 할 가능성이 증가하는 것과 같은 긍정적인 영향 사이의 상관을 거의 연구하지 않았다. 많은 폭력적인 프로그램들은 영웅과 악당을 둘 다 묘사하고 있으며, 그러한 프로그램 중 어떤 부분도 아이들이 악당을 모델로 삼도록 유도하지 않는다.

최근에는 비디오 게임, 인터넷 등과 같은 쌍방향 소통적인 것들이 연구 대상이 되고 있다. 이러한 관심은 최근 교내 총기 사건에서 다른 학생을 총으로 쏜 학생들이 비디오 게임에 아주 열광했다는 사실에서 일부 비롯되었다(Anderson, 2004). 폭력적인 비디오 게임의 부정적인 영향을 보여주기 위해 설계된 실험들에서는 최근 폭력적인 비디오 게임을 한 아이들과 비폭력적인 비디오 게임을 한 아이들의 공격적인 행동을 비교했다. 더 수동적인 매체에 관한 연구에서처럼, 폭력적인 비디오 게임을 즐긴 아이들이 대체로 폭력적으로 행동할 확률이 높았다(Anderson et al., 2010; Irwin & Gross, 1995).

이러한 상관관계가 폭력을 관찰하는 것이 폭력적인 행동을 증가시킨다는 것을 입증하지는 않기 때문에 매체가 공격성에 미치는 영향은 아직 활발히 논의되고 있다(Ferguson & Kilburn, 2010). 또 다른 설명으로, 위에서 언급했듯이 폭력적인 성향의 아이들이 텔레비전의 폭력 장면을 시청하는 것을 즐길 확률이 더욱 높을 수 있다. 이것은 폭력적인 프로그램을 시청하는 것은 폭력성을 야기하지 않으며, 단지 그 사람의 성향을 보여주는 것 중 하나일 뿐이라는 것을 의미한다. 그럼에도 불구하고 국립정신보건연구소가 1980년대에 발표한 논문은 폭력적인 텔레비전 프로그램에 반복적으로 노출된 아이들은 타인의 고통에 무신경해지고, 자신의 주변 세계를 더 두려워하며, 타인에 대해 공격적인 방향으로 행동할 가능성이 높다는 결론을 내렸다(APA Online, 2004). 결과적으로 정부 기관은 대중 매체가 어린이에게 끼치는 부정적인 영향을 줄이기 위해 CD에 경고 문구 표시, 영화 시청과 비디오 게임에 대한 등급 및 나이 제한 설정, 부모가 자녀의 텔레비전 시청을 통제할 수 있는 V-칩[V는 폭력(violence)을 의미한다] 의무화 등의 규정 방안을 제안하였다.

비록 연구자들은 모방을 포함한 사회학습이 폭력적인 매체에 대한 노출과 폭력적인 행동 간의 연관성을 많은 부분 설명할 수 있다고 제안하지만(Anderson et al., 2003), 폭력적인 매체에 대한 노출과 관련된 연구의 대부분은 노출 이후 보이는 에뮬레이션이나 순수 모방 사례를 보고하지 않는다. 개인이 영화를 보거나 노래를 들으면서 무엇을 배우게 되는지는 대체로 불분명하게 남아 있다.

연구자들과 공무원들은 대중매체 내 폭력성의 단순한 존재 유무를 넘어서, 폭력 장면이 묘사되는 전체적인 양에 대한 걱정을 표출하였다. 그들의 걱정은 폭력적인 장면에 많이 노출될수록 폭력적인 행동의 발생 빈도를 높인다는 점이다. 이는 사실일 수도 있으나, 동일한 폭력적인 영화에 반복적으로 노출되거나 여러 편의 폭력적인 영화에 반복적으로 노출된 아이들이 그런 영화를 한 번 시청한 아이들에 비해 더 공격적으로 행동할 확률이 높다는 것을 보여주는 연구는 없다. 하나의 오락적 사건이 미래의 행동에 미치는 영향을 파악하는 것이 어렵듯이, 폭력 묘사에 여러 번 노출되는 것이 어떤 영향을 미치는지 예상하는 것 역시 어렵다. 어쨌든 폭력물의 지나친 시청과 청취는 관찰학습과 관계없이 득보다 해가 될 확률이 높다는 것이 일반적인 의견이다(텔레비전 시청이 행동에 미치는 영향의 다른 측면은 다음 페이지에 있는 '일상에서의 학습과 기억' 참조).

최근 사회학습 과정을 모델링하는 것에 폭발적인 관심이 쏟아지고 있다(Galef & Laland,

◀◀ 일 상 에 서 의 학 습 과 기 억 ▶▶

미국의 수퍼볼 광고를 통한 선호의 학습

맥주 회사들은 소비자들이 여러 가지 주류 음료 중 그들의 상품을 선택하는 확률을 증가시키기 위해 매년 수억 달러를 들여 광고나 마케팅 자료들을 만들고 배포한다. 이 광고들의 많은 부분은 제품에 대해 정보를 주기(사회적 전달)보다는 그 제품과 매력적인 상황과 보상을 연합시키게 디자인된다. 특히 광고에서는 시청자로 하여금 모방이나 에뮬레이션을 유도하기 위해 마시는 행동이 등장한다(Anderson et al., 2009). 아마도 맥주 회사에서 그 광고가 효과적이지 않다고 생각하면 그렇게 많은 돈을 들이지 않을 것이다. 광고는 다양한 학습 메커니즘을 사용해 소비자들에게 특정 브랜드에 편향된 소비를 하게 만들고, 그중 일부는 무의식 중에 시청자의 선호를 바꾸기도 한다.

윤리적 문제 때문에 맥주 광고에 장기적으로 노출시키는 것이 소비에 영향을 미치는지에 대한 통제된 실험 결과는 아직 없다. 상관 연구들은 일반적으로 광고 내용에 대한 친숙한 정도와 마시는 행동 간의 연합을 보는데, 브랜드 선호도를 자세하게 다루지는 않는다. 그러한 연구들은 젊은 성인들이 주류 광고에 더

많이 노출될수록 폭음하는 행동을 할 확률이 높다는 상관을 보고했다(Hanewinkel & Sargent, 2008).

매력적인 사람들이 술을 마시면서 즐기는 모습을 묘사하는 것을 통해 광고들은 소비자들에게 사회적 순응을 조장하는 것뿐 아니라 특정 브랜드에 대해 긍정적인 정서 반응을 연합시킨다. 특정 회사의 이미지와 이름을 사람들이 즐겁게 술을 마시는 모습과 반복적으로 연합하는 것은 일종의 관찰 조건화이다. 마찬가지로 어떤 브랜드와 재미있는 상황을 반복적으로 연합시키는 것은 정서 반응의 고전적 조건화를 일으킨다.

수퍼볼 광고는 회사들이 시청자의 선호를 대규모로 변화시킬 수 있는 기회로 유명해지고 있다. 그러한 연중행사와 큰 스포츠 행사와 연합된 정서적 즐거움은 광고에 노출되는 동안 형성되는 기억들을 더욱 증폭할 수 있다(제10장에서 논의된 바처럼). 특히 풋볼 팬들의 주류 선호도는 오락거리로 위장한 광고 내의 조건화에 의한 것일 가능성이 높다.

2005; Kendal, Galef & von Schaik, 2010). 이러한 작업의 일부는 아이들의 사회적 발달에 초점을 맞춰 계속되고 있지만(Crick & Dodge, 1994; Dodge, 2011) 대다수의 연구는 동물의 사회학습을 이해하는 데 관련되어 있다(Laland & Galef, 2009; Margoliash, 2002). 또한 연구의 강조점도 개인들 사이에서 사회학습이 일어나는 메커니즘에서 개인이 다른 이들을 모방할 때 일어나는 사회 역동성을 탐구하는 것으로 변화하고 있다(Jones et al., 2007; Laland, 2004; Rendell et al., 2010). 다음 장에서는 모방이나 정보의 사회적 전달의 신경학적 메커니즘을 밝히는 데 새로운 가능성을 열어준 동물의 사회학습에 관한 연구들을 소개할 것이다.

중간 요약

- 심리학자들의 정의에 의하면 사회학습은 학습자가 사건을 적극적으로 관찰하고 나중에 이러한 관찰에 의거해서 행동을 선택하는 상황을 의미한다.
- 사회학습이론에서는 모방학습을 도구적 조건화의 특별한 케이스로 설명한다. 즉 모방하는 행위가 직접 혹은 간접적으로 강화되기 때문에 일어난다고 본다.
- 동작을 그대로 재현하는 것을 포함한 모방을 순수 모방이라고 한다. 특정한 운동 동작을 재현하지는 않으나 같은 결과를 가져오는 모방은 에뮬레이션이라 일컫는다.
- 정서 반응 전염의 경우 어떤 동작을 관찰하기만 해도 반사적으로 똑같은 반응을 일으킨

다. 자극 향상의 경우, 특정 자극과 그로 인한 결과에 동물이 반복적으로 노출될 가능성을 높인다.

■ 순수 모방 및 에뮬레이션은 사실이나 사건을 기억할 수 있는 능력을 필요로 한다.

■ 새들 중 많은 종이 노래를 학습할 수 있지만 포유류 중에서는 인간과 몇몇 고래와 돌고래 종들만이 발성을 모방하는 능력을 지닌다.

■ 정보의 사회적 전달은 개인이 다른 이들로부터 배운 것을 이용하는 하나의 방식이다.

■ 다른 이의 특정한 행동을 관찰하는 것은 그와 비슷한 방식으로 행동할 가능성에 영향을 미친다.

11.2 뇌 메커니즘

앞선 11.1절에서는 사회학습에서 사실이나 사건에 관한 기억(예 : 예전에 한 번 했던 동작이나 이전에 경험한 행동의 결과)과 숙련기억(다른 사람이 예전에 했던 동작을 보고 학습하는 것)이 얼마나 중요한지를 다뤘다. 그렇기 때문에 사회학습을 담당하는 신경메커니즘이 전 장에서 배웠던 사실이나 사건에 관한 기억이나 숙련기억에 관련된 신경메커니즘과 비슷할 것이라고 기대할지도 모른다. 그러나 매우 적은 수의 종들만 사회학습을 할 수 있다는 사실은, 사회학습에는 신경계의 기초적인 요소들을 넘어선 무언가가 필요할지도 모른다는 것을 의미한다. 이 장에서는 포유류와 조류를 대상으로 한 몇 가지 사회학습 사례를 통해 모방이나 정보의 사회적 전달을 가능하게 하는 신경 회로에 관한 실마리를 찾아보려 한다.

동물이 모방하는 행동을 할 때 뇌가 다뤄야 할 기본적인 과제는 관찰한 사건을 그것과 똑같은 사건으로 만들어내게끔 어떻게 운동 피질에 표상하느냐 하는 것이다. 시각에 기초한 행동 모방을 할 때는 관찰한 모델의 행동을 똑같이 복제해야 한다. 발성을 모방할 때는 모델이 한 행동의 결과(생성된 소리)를 복제해야 한다.

피질 네트워크에 행동에 대한 기억이 저장되는 방식에 대한 가설 중 하나는 **직접-일치 가설**(direct-matching hypothesis)이다. 직접-일치 가설은 행동에 대한 기억은 특정한 피질 영역에 저장되며, 그 영역에서는 관찰한 행동이 운동 표상으로서 저장된다고 주장한다 (Buccino, Binkofski, & Riggio, 2004). 다시 말하면, 시각적으로 행동을 관찰하는 것은 자동적으로 그 관찰한 행동을 할 때 활성화되는 부위와 동일한 부위를 활성화시키고, 그 행동을 하는 데 필요한 기억은 이 과정을 통해서 저장된다. 그러므로 다음으로는 시각 입력과 운동 출력을 연결하는, 최근에 밝혀진 피질회로에 관해 설명할 것이다.

거울 뉴런

인간이 행동을 따라 할 수 있다는 것은 사람의 뇌가 시각적 정보를 그에 해당하는 동작 패턴으로 전환할 수 있다는 것을 암시한다. 특정 동작을 할 경우와 그 특정 동작을 관찰하는 두 상황 모두에서 발화하는 뉴런들은 원숭이의 피질에서 처음 발견되었다(di Pellegrino, Fadiga, Fogassi, Gallese, & Rizzolatti, 1992; Gallese, Fadiga, Fogassi, & Rizzolatti, 1996). 그러한 뉴런들은 원숭이들이 특정 동작을 실제로 할 때와 다른 원숭이들이나 사람이 하는 특정 동작을 볼 때 동일한 방식으로 발화하기 때문에 **거울 뉴런**(mirror neuron)이라고 불린다(Rizzolatti & Craighero, 2004). 손과 입의 움직임에 반응하는 거울 뉴런이 가장 흔하다(Ferrari, Gallese, Rizzolatti, & Fogassi, 2003). 예를 들면 어떤 거울 뉴런은 원숭이가 물체를 잡거나 혹은 그러한 행동을 하는 다른 원숭이를 볼 때 가장 강하게 발화한다. 그러므로 거울 뉴런은 행동을 보는 것과 행동을 하는 것 사이의 신경적 연결고리이다. 원숭이가 관찰한 행동을 모방할 때 이 연결을 잠재적으로 사용할 수 있다. 즉, 원숭이는 최근 활성화된 이 신경회로를 다시 한 번 활성화하기만 하면 되는 것이다. 그러나 거울 뉴런이 모방 능력에 필수적이라는 직접적 증거는 없으며, 더욱이 원숭이들은 일반적으로 관찰한 행동을 모방하는 능력이 없다고 알려져 있다.

또 다른 종류의 거울 뉴런은 행동 그 자체를 관찰할 때보다는 행동의 결과를 관찰할 때 가장 강하게 발화하는 것처럼 보인다(Gallese et al., 1996). 이는 뉴런들이 원숭이가 특정 결과물(다른 여러 행동으로부터 비롯될 수 있는)을 볼 때와 그 원숭이가 그 결과물을 얻을 때, 동일한 방식으로 발화한다는 것을 의미한다. 따라서 거울 뉴런은 모방(행동을 따라하는 것)뿐 아니라 에뮬레이션(행동의 목적을 따라하는 것)에도 신경적 연결고리를 제공한다.

뇌 과학자들은 아직 사람의 거울 뉴런을 직접적으로 관찰한 바가 없다. 개개의 뉴런의 발화를 기록하기 위해서는 전극을 뇌 안에 넣는 수술 말고는 방법이 없기 때문이다. 그러나 뇌파 전위 기록 장치(electroencephalographs, EEG)(Raymaekers, Wiersema, & Roeyers, 2009), 경두개 자기 자극(transcranial magnetic stimulation, TMS)(Gangitano, Mottaghy, & Pascual-Leone, 2001) 그리고 대뇌피질의 혈류(Martineau et al., 2010)와 같은 뇌 피질의 간접적인 활성화 정보를 보면 사람의 대뇌가 거울 뉴런을 갖고 있는 것처럼 보인다. 이러한 사람의 뇌에 대한 연구의 기본적인 설계는 보통 '관찰만 하는' 집단, '모방'하는 집단 그리고 '특정 동작을 하도록 지시를 받은' 집단으로 이루어진다. 예를 들면 연구자들은 실험 참가자들에게 (1) 어떤 사람이 특정 손가락을 움직이는 그림을 봐주세요, (2) 어떤 사람이 특정 손가락을 움직이는 것을 따라 해보세요, 혹은 (3) 지시하는 대로 특정 손가락을 움직여보세요, 라고 요구하게 된다(그림 11.8). 이와 같은 뇌 영상 연구에서 어떤 행동을 할 때 활성화되는 뇌의 피질 부위와 어떤 행동을 관찰할 때 활성화되는 피질 부위가 겹치는 것이 보고되었다(Iacoboni et al., 1999; Rizzolatti & Craighero, 2004). 이렇게 행동을 관찰할 때나 따라 할 때 모두 활성화되는 대뇌피질 영역은 사람의 뇌에서 관찰

그림 11.8

사람의 피질 내 거울 뉴런
빨간색 부분은 참가자들이 손가락 움직임을 보여주는 비디오를 시청하거나 비디오를 따라서 혹은 지시를 받아 손가락을 움직일 때 사람의 피질 내에서 활성화된 부분을 의미한다. 아래쪽에 있는 선 그래프는 참가자들이 동작을 실행하거나 관찰할 때 시간의 경과에 따라 피질의 활성화가 변화하는 양상을 나타낸다.
Data from Iacoboni et al., 1999.

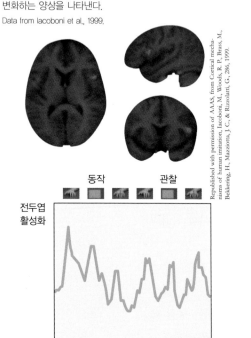

동작   관찰

전두엽
활성화

Republished with permission of AAAS, from Cortical mechanisms of human imitation, Iacoboni, M., Woods, R. P., Brass, M., Bekkering, H., Mazziotta, J. C., & Rizzolatti, G., 286, 1999.

된 영역이 원숭이에서 관찰된 바와 유사했다. 이는 원숭이와 사람이 관찰과 행동을 일치시키는 데 사용하는 신경 회로가 유사할 수 있다는 것을 제안한다.

연구자들은 거울 뉴런 시스템이 단순한 모방을 위한 기본적 체계를 제공한다고 가정한다(Rizzolatti & Sinigaglia, 2010). 사실 몇몇 연구자들은 거울 뉴런의 손상이 발달 장애를 유발할 수 있다고 주장 한다(이 내용은 11.3절에서 더 자세하게 다룬다). 이러한 발상은 중요하다. 왜냐하면 과거의 연구자들은 모방이 동물은 물론 인간에서도 어떤 특정 부위의 뇌 활동과 연결 짓기에는 너무나 고차원적인 인지 과정을 포함한다고 보았기 때문이다. 거울 뉴런이 모방에 관여한다면 동물이 보이는 모방 행동의 메커니즘에 대해서도 직접적으로 연구할 수 있는 가능성이 열릴 것이다.

지식 테스트

누가 거울 뉴런을 가지고 있고, 거울 뉴런이 하는 역할은 무엇인가?

원숭이의 거울 뉴런은 관찰한 행동과 실제 수행된 행동에 동일하게 반응한다. 앞선 논의에 기초해서 다음의 거울 뉴런에 대한 설명 중 옳은 것은 무엇인가? (정답은 책의 뒷부분에 있다.)

1. 거울 뉴런은 모방 능력에 중요하다.
2. 사람의 거울 뉴런은 원숭이와 동일하게 반응한다.
3. 오직 영장류만이 거울 뉴런을 가지고 있다.
4. 원숭이의 거울 뉴런 중 다수는 손이나 입의 움직임에 반응한다.

새의 뇌와 노래 학습

당신은 아마 자신이 모방 행동에 사용하는 신경학적 메커니즘이 어린 새가 노래를 배우는 데 사용하는 뇌 신경망과 다를 것이라 생각하겠지만, 사실 그 둘은 꽤 유사하다.

새들이 노래를 학습하고 부르는 데 사용하는 신경망은 복잡하다(그림 11.9). 새들은 특정한 뇌의 부위에 노래에 대한 기억을 저장하고 그와는 다른 뇌의 부위를 활용해 노래하는 데 필요한 감각-운동기술을 학습한다. 손상 연구 및 전기 생리학적 활동을 측정한 연구들은 새들이 노래를 할 때 사용하는 2개의 주요 신경 회로를 밝혀냈다. 이는 고차 발성 영역(high vocal center, HVC)과 고선조체 강건핵(robust nucleus of the archistriatum, RA)이다. HVC는 노래를 만드는 타이밍을 조절한다. 예를 들어 새가 노래를 시작하고 멈출 때나 노래의 음을 만들어내는 속도를 조절할 때 HVC가 관여한다. RA는 노래 내 개별 소리들의 더욱 자세한 특징들을 조절한다(Mooney, 2009). 노래를 들을 때 강하게 발화하는 RA의 뉴런들은 새가 노래를 시작하기 바로 직전에 더 활동적이게 된다. 이는 RA에 있는 뉴런들이 새들이 어떤 노래를 듣거나 부를 때 비슷하게 발화한다는 것을 의미한다. 이 내용이 익숙하게 느껴지는가? 그렇다. 이는 앞서 설명한 거울 뉴런의 활동과 매우 유사하다. HVC의 뉴런들 역시 새가 노래 부를 때와 그들 자신의 노래를 들을 때 둘 다 반응한다(Prather et al., 2008). 이러한 발견은 새의 뇌에 있는 뉴런이 발성 행동을 관찰하고 표상하는 방식이 영장

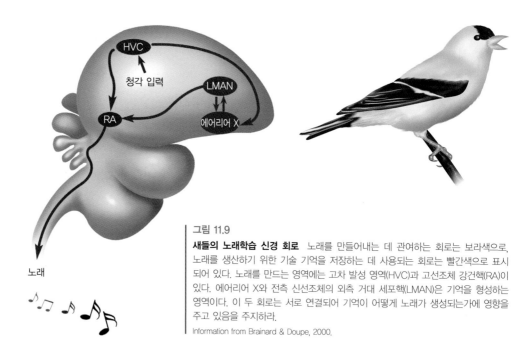

그림 11.9
새들의 노래학습 신경 회로 노래를 만들어내는 데 관여하는 회로는 보라색으로, 노래를 생산하기 위한 기술 기억을 저장하는 데 사용되는 회로는 빨간색으로 표시되어 있다. 노래를 만드는 영역에는 고차 발성 영역(HVC)과 고선조체 강건핵(RA)이 있다. 에어리어 X와 전측 신선조체의 외측 거대 세포핵(LMAN)은 기억을 형성하는 영역이다. 이 두 회로는 서로 연결되어 기억이 어떻게 노래가 생성되는가에 영향을 주고 있음을 주지하라.
Information from Brainard & Doupe, 2000.

류의 거울 뉴런과 비슷하다고 제안한다.

새들에게는 포유류의 기저핵(basal ganglia)과 유사하다고 여겨지는 '에어리어 X(Area X)'라고 불리는 부위가 있다. 이 부위에 손상을 입히면 포유류의 기저핵이 손상되어 감각-운동 학습능력을 잃게 되는 것처럼 노래를 배우는 데 지장이 생긴다(제8장에서 다룬 숙련 기억에 대한 내용을 떠올려보라). 에어리어 X와 전측 신선조체의 외측 거대세포핵(lateral magnocellular nucleus of the anterior neostriatum, LMAN)이라는 부위에서 정보를 받는다. LMAN은 포유류의 전두엽과 같은 기능을 한다고 여겨진다. 다른 새의 노래를 처음 들을 때 LMAN 내 뉴런의 활동을 제한하면 노래를 학습하는 것이 어려워지긴 해도 아예 불가능하진 않다(Basham, Nordeen, & Nordeen, 1996). 이와 유사하게 사람의 전두엽이 손상되면 그가 사회적 상호작용을 통해 학습하는 능력이 저해될 수 있는데, 이 주제 역시 11.3절에서 더욱 자세히 다루도록 하겠다.

모방은 어느 종의 경우건 예외 없이 감각적 표상을 운동 신경에 연결시킬 회로를 필요로 한다. 따라서 이 기능을 담당하는 유사한 신경 회로는 여러 종에서 관찰될 수 있다. 새들의 발성 학습을 담당하는 신경 처리 과정을 분명히 알게 되면 여러 종들의 뇌에서 소리와 시각을 이용한 사회학습이 처리되는 메커니즘을 더 잘 비교할 수 있게 될 것이다.

맛 선호의 사회적 전달에서 해마의 역할

쥐가 다른 쥐의 호흡에서 먹이 냄새를 맡으며 새로운 먹이에 대한 선호를 학습하는 동안 기억이 형성되고, 이 기억은 쥐의 행동에 평생 영향을 미칠 수 있다. 실제로 다른 쥐의 입 냄새를 통해 단 10분 정도만 새로운 먹이 냄새에 노출이 되면, 더 이상의 반복경험 없이도 최소한 석 달까지 섭식 행동이 영향을 받는다(Clark, Broadbent, Zola, & Squire, 2002).

제7장에서 다룬 일화적 기억을 떠올려보라. 일화적 기억은 사람이 어떤 특이한 어떤 사건을 경험할 때 그에 관한 사실이나 사건에 관해 형성하는 기억이며 몇 달 후에도 지속 가능하다. 쥐가 다른 쥐의 입에서 맡았던 특이한 냄새에 대한 일화적 기억을 형성할 수 있을까? 제7장에서 설명한 사람 대상의 일화기억 연구를 참조해서 생각해보자. 만약 쥐가 그러한 사건에 대한 기억을 형성했다면, 쥐의 해마에 손상을 입힐 경우 쥐가 다른 쥐와의 상호작용을 통해서 특정 먹이에 대한 선호를 학습하는 능력이 떨어질 것이라고 예상된다. 구체적으로, 해마의 손상이 쥐의 과거에 있었던 상호작용에 대한 기억을 손상시키거나(즉 역행성 기억상실증) 아니면 새로운 기억을 만드는 기능을 방해할 것이라고(즉 순행성 기억상실증) 생각할 수도 있겠다.

이러한 예측은 몇 가지 실험을 통해 확인되었다. 먼저 관찰자 쥐들은 통제집단 쥐의 입에서 나는 먹이 냄새에 노출되었다. 그리고 1일, 10일 혹은 30일이 지난 뒤에 해마를 손상시키는 수술을 받았다. 모든 집단에서 해마의 손상이 실험쥐들의 먹이 선호를 감소시켰지만 관찰 직후 해마 손상을 받은 집단이 가장 많은 선호의 감소를 보였다(Bunsey & Eichenbaum, 1995; Clark et al., 2002). 다시 말하자면 쥐들은 해마 손상 후에 역행성 기억상실증을 보였으며, 이 '기억상실증'은 먼 과거의 기억보다 최근 생긴 기억을 더 못하게 만들었다. 이와 비슷하게, 사람에서도 해마 손상이 오래된 과거 기억보다 최근에 생긴 일화기억에 더 영향을 미친다는 것이 관찰되었다. 즉 해마 손상으로 인해 동물이 가진 사회적 상호작용을 통해서 학습하는 능력이 감소하는 것과 기억상실증 환자들의 일화적 기억상실 간에는 일맥상통하는 면이 있다.

제7장에서 전뇌 기저부가 손상된 환자는 해마가 손상된 환자와 비슷한 형태의 기억상실증을 가지고 있었다고 언급했다. 또한 이러한 증상이 해마의 활동을 조절하는 전뇌 기저부 뉴런들의 상실로 인해서 생겼다는 설명을 생각해보자. 쥐 해마의 행동을 조절하는 전뇌 기저부의 뉴런들은 사회적 전달을 통한 먹이 선호 학습에 결정적인 역할을 한다고 밝혀졌다. 쥐들의 전뇌 기저부가 손상된 경우, 이전에 학습했던 먹이에 대한 선호는 현저하게 사라진다. 그러나 그 쥐들이 미래에 다른 쥐들을 통해서 새로운 먹이 선호를 학습하는 능력은 영향을 받지 않을 것이다. 이 경우는 순행성 기억상실증을 동반하지 않는 역행성 기억상실증이다(Berger-Sweeney, Stearns, Frick, Beard, & Baxter, 2000; Vale-Martinez, Baxter, & Eichenbaum, 2002). 사람에게 관찰된 기억상실증과 유사하게, 쥐의 전뇌 기저부 손상은 사회적으로 전달된 정보의 기억상실을 유발한다. 이는 해마의 손상으로 인한 결과와 유사하지만 구별 가능한 특징을 지닌다.

지금까지의 결과를 보면 쥐가 사회적 정보 전달을 통해 형성한 기억이 해마와 전뇌 기저부에 저장되는 것처럼 보인다. 이것이 꼭 먹이 선호가 일화적 기억을 바탕으로 형성된다는 의미는 아니다. 하지만 쥐와 사람에게서 관찰된 사회적 정보 전달을 통한 학습의 메커니즘에 해마의 활동이 관련 있다는 사실은 분명하다. 심리학자들에 따르면, 사실이나 사건에 관한 기억들이 사회학습의 결과라고 설명하는 경우는 거의 없다. 그보다는 그러한 일화적 기억들이 '저장'이나 '부호화'와 같은 아직까지 명확하게 밝혀지지 않은 과정을 통해서 생성된다는 설명이 더 보편적이다. 그러나 사람이 보이는 기억상실증과 쥐가 보이는 사회적 정보 전달의 손상 간의 유사점들로 보건대, 연구자들이 서로 다른 용어를 사용하여 유사한 현상들을 설명하고 있는지도 모른다.

중간 요약

- 시각에 기초한 행동 모방이나 발성 모방을 할 때, 관찰한 사건을 재현하기 위해 감각적 표상을 운동 동작으로 전환하는 것이 필요하다.
- 어떤 동작이 모방되기 위해서는 그 동작에 대한 인식이 선행되어야 한다. 원숭이에서 발견된 거울 뉴런들은 다른 원숭이가 특정 동작을 행하는 것을 관찰할 때와 직접 그 동작을 수행할 때 같은 방식으로 발화한다.
- 사람을 대상으로 한 뇌 영상 연구를 통해 거울 뉴런이 위치한 뇌의 피질 부위가 어떤 행동을 수행하거나 관찰하는 것과 상관 있게 활성화된다는 사실이 보고되었다.
- 새들의 노래 학습 회로는 포유류의 지각-운동기술 학습에 관여하는 회로와 공통적인 특징을 많이 보인다.
- 음식에 대한 정보를 사회적으로 전달받아 형성된 기억은 쥐의 해마와 전뇌 기저부에 저장된다.

11.3 임상적 관점

사회학습에 영향을 미친다고 알려진 대부분의 질환들은 모방 능력에도 영향을 미친다. 이는 서로 역설적으로 보이는 두 현상으로 드러난다. 모방 능력을 상실한 환자들은 상대방의 행동을 무의식적으로 따라하는 것을 멈출 수 없어 보인다. 그런데 또 그들은 특정한 행동을 모방하도록 요청받았을 때 모방하는 것에 어려움을 겪는다. 이 패턴은 자폐스펙트럼장애를 가진 환자와 뇌졸중 환자들에서 공통적으로 관찰되며 모방에 관여하는 피질 영역에 관한 현재의 이론과 일치한다.

자폐스펙트럼장애

다른 사람과 사회적인 상호작용을 갖는 것을 매우 힘들어하고, 지극히 정형화된 일련의 순서를 고수하며, 감각 과부하에 취약하고, 다른 사람과 소통할 때 비정상적인 방식으로 언어를 사용하며, 똑같은 운동 패턴을 반복적으로 수행하는 사람들을 임상적으로 **자폐스펙트럼장애**(autism spectrum disorder)라 진단한다(통상 **자폐증**이라고 더 많이 부른다). 오늘날 자폐스펙트럼장애로 진단되는 많은 어린 아이들은 여러 세기 동안 미쳤거나 정신지체가 있는 것으로 분류되어 왔다. 자폐증 어린이들은 말을 배우지 못하므로 과거에는 귀머거리로 오진하는 경우도 있었다! 이런 어린이들이 독특한 증상 패턴을 갖는 자폐증으로 분류되기 시작한 것은 불과 1세기도 채 되지 않았다(Kanner, 1943). 자폐스펙트럼장애의 연구는 인간이 생애 전반에 걸쳐 학습하는 것 중 사회학습이 얼마나 많이 부분을 차지하는지, 또 사회학습을 가능하게 하는 신경 네트워크가 무엇인지에 관한 통찰을 제공한다.

시범을 통해 가르치기 자폐스펙트럼장애 환자들은 종종 비정형적인 모방 능력을 보인다. 어른들이 아이들에게 어떤 과제 수행에 대해 가르칠 때 주로 시범을 보인다는 사실을 고려할 때, 이러한 능력이 환자들이 어릴 때 배우는 내용에 어떻게 영향을 미칠 것인가?

자폐 환자는 정형화되고 반복적인 동작에 몰두하는 것뿐 아니라 단어나 구절을 듣자마자 그대로 반복하는 경향을 보인다. **반향어**(echolalia)라고 하는 이 현상은 발성을 모방하는 능력을 필요로 하므로 얼핏 자폐아들이 모방에 능하다는 인상을 줄지도 모르겠다. 그러나 실제로는 자폐아들이 정상아에 비해 모방 능력이 결여되어 있음이 밝혀졌다.

자폐스펙트럼장애를 가진 아동들의 모방 능력 결함에 대한 가장 초기의 증거는 많은 부분 그들의 엄마들이 보고한 내용이다. 예를 들어, 한 엄마는 자폐증을 가진 자신의 아이에게 '마주보고 상대방과 손뼉 맞추기 놀이(patty-cake game)'를 가르칠 수 없었음을 보고했다. 이 놀이를 하려면 아이의 손을 잡아서 특정한 패턴으로 움직이게 하는 수밖에 없었다(Ritvo & Provence, 1953). 오랜 시간이 소요된 후에 결국에는 아이가 이 놀이를 익힐 수 있었던 걸로 보아, 초반에 학습이 어려웠던 것이 시각-운동 협응 능력의 결함 때문은 아니었다. 이 자폐아의 경우 아마도 모방 능력이 결여되어서 엄마가 하는 행동을 제대로 따라하지 못했을 것이다. 또 다른 설명은 이 자폐아에겐 어른의 행동을 모방하는 것이 그다지 매력적인 강화로 작용하지 못하며, 따라서 모방 능력의 문제를 떠나 우선 모방하려는 동기가 결여되어 있다고 해석하는 것이다. **심맹**(mind-blindness)이라 불리는 자폐스펙트럼장애의 유명한 이론은 자폐 아동들이 다른 사람의 입장이 되어 생각하는 관점 수용하기(perspective-taking)에 문제가 있다고 말한다(Baron-Cohen, 2009). 이 이론은 소년이 그의 엄마가 의도하는 바를 이해하지 못하는, 보다 일반적인 결함을 가지고 있기 때문에 엄마의 행동을 모방하지 못했다고 설명한다.

자폐아들이 아주 어릴 때부터 모방 능력에 문제를 보인다면 아마도 이 모방 능력의 결함이 자폐아들이 보이는 행동적 · 사회적 장애의 원인이라 할 수 있다(Rogers & Pennington, 1991). 하지만 자폐아들이 보이는 모방 능력의 결함이 어느 정도인가에 대해서는 연구에 따라 조금씩 차이가 나게 보고하는 것으로 보아 자폐증과 모방 능력의 관계에 관해서는 아직 더 밝혀져야 하는 부분이 많을 것으로 보인다(Beadle-Brown & Whiten, 2004; Hamilton, 2008). 자폐증 환자들은 누군가 자신을 모방한다는 사실은 알아차릴 수 있지만, 그들 스스로가 다른 사람의 행동을 모방하는 일에는 어려움을 겪는다(Smith & Bryson, 1994; Leighton et al., 2008; Vanvuchelen et al., 2013). 자폐아동들의 경우 "날 따라 해보세요." 과제에서 무언가를 마시는 것과 같은 쉬운 행동은 문제없이 모방할 수 있었지만 여러 개의 연결된 동작을 따라 하는 데는 어려움을 보였다(Beadle-Brown & Whiten, 2004). 그림 11.2에서 기술한 바와 같은 2-동작 과제(음식이 들어 있는 플라스틱 상자를 열기 위해 손동작을 모방하는 과제)가 주어졌을 때 나이가 많은 자폐아동의 경우는 모델의 행동을 정상적으로 모방할 수 있었지만 나이가 어린 자폐아동은 그러지 못했다(Smith & Bryson, 1998; Whiten & Brown, 1999). 흥미롭게도, 의미 있는 동작들보다도 아무 의미 없는 동작(마주보고 손뼉치기 게임처럼)이나 주변의 흔한 물건을 이용해서 만들어낸 무의미한 동작들을 모방하는 데 훨씬 더 어려움을 겪는다(DeMeyer et al., 1972; Smith & Bryson, 1994; Williams, Whiten, & Singh, 2004). 이러한 연구들은 자폐아들의 중요한 모방 능력이 일부 망가져서 모방을 필요로 하는 특정 과제를 수행하는 데 어려움을 겪는다는 것을 보였다.

앞에서 언급했듯이, 관찰한 말소리나 동작을 부적절한 상황에서 저절로 따라하는 행동은 사실 자폐증의 전형적인 증상 중의 하나이다. 그렇다면 도대체 왜 자폐아들은 막상 다른 사람의 무의미한 동작들을 모방하라고 지시받았을 때는 오히려 그 동작을 따라하지 못하는 어려움을 겪는 것인가? 자폐증과 관련되어 있다고 밝혀진 신경계 이상을 살펴봄으로써 단서를 얻을 수 있을 것 같다. 자폐 환자의 몇몇 뇌 영역은 해부학적으로 비정상적이다. 대뇌피질의 감각 영역, 전전두피질, 해마, 소뇌, 편도체 및 기저핵이 그런 영역들에 속한다(Brambilla et al., 2003; Minshew & Williams, 2007; Waterhouse et al., 1996). 구조적 MRI를 사용한 연구들은 자폐 환자의 소뇌, 측두엽(해마를 포함한), 편도체 그리고 뇌량의 크기가 비정상적임을 밝혀내었다. 또한 기능적 MRI를 사용한 실험들은 측두엽의 신경활동과 관련된 혈류량의 변화가 전반적으로 억제되어 있음을 보였고 피질의 활동 패턴도 비정상적임을 밝혀냈다. 이러한 뇌의 구조 및 기능 이상은 생애 초기의 비정상적인 발달에서 비롯되는 것으로 보인다. 하나 혹은 그 이상의 뇌 영역들에서 발달상 지체가 일어나면 이로 인해 자폐증과 관련된 모방 능력의 이상으로 이어질 수 있을 것이다.

연구자들은 피질의 거울 뉴런 시스템이 자폐스펙트럼장애 환자의 모방 능력 이상을 설명할 수 있을지 연구 중이다(Ramachandran & Oberman, 2006; Rizzolatti & Fabbri-Destro, 2010; Southgate & Hamilton, 2008; Williams, Whiten, Suddendorf, & Perrett, 2001). 뇌 영상 기법을 이용한 연구에서 얻어진 결과들은 이러한 환자들의 거울 뉴런이 위치한 구조 내 혹은 그 주변의 뇌회로 및 뇌회로의 활성화 패턴이 정상적인 사람들과 체계적으로 다를 수 있음을 시사하고 있다(Martineau et al., 2010; Nishitani, Avikainen, & Hari, 2004; Waiter et al., 2004). 예를 들어, 자폐스펙트럼장애 환자의 경우 표정을 모방하는 과제를 수행할 때 피질 영역의 활성화가 더 느리게 일어난다. 이 연구들에서는 뇌자도(magnetoencephalography, MEG)를 이용해 피험자들이 표정을 모방하는 동안 피질 활동을 측정하였다. 뇌자도는 뇌전도(EEG)와 비슷하지만 뇌전도가 시간에 따른 전기적 활동의 변화를 측정한다면 뇌자도는 뇌에서 발생하는 자기장의 변화를 매우 민감한 자기 탐지기를 이용해 측정한다. 통제집단에 비해 자폐스펙트럼장애 환자들의 모방 동작은 느리게 시작되고 완성하는 데 더 오랜 시간이 걸렸다. MEG 측정 결과는 참가자들이 표정을 모방하려 하는 동안 다음 영역에서 순차적으로 활동이 일어남을 보여주었다 : (1) 시각피질, (2) 청각피질, (3) 두정피질, (4) 전두피질, (5) 운동피질. 자폐스펙트럼장애 환자들의 경우 각각의 영역이 더 느리게 활성화되었고 이는 자폐스펙트럼장애 환자들의 경우 모방 동작을 담당하는 피질의 신경 처리과정에 결함이 있음을 시사한다.

원숭이에서 거울 뉴런들이 특정 동작을 관찰하거나 실제로 행할 때 활성화되는 정도는 다양하다(Rizzolatti & Sinigaglia, 2010). 어떤 거울 뉴런들은 동작을 관찰할 때만 발화하고 또 다른 뉴런들은 훨씬 다양한 종류의 자극들에 반응한다. 어떤 사람의 뇌에서 거울 뉴런들로 구성된 회로가 고장 난다면, 아마도 그 사람은 특정 형태의 모방 능력, 예를 들면 무의미한 동작의 모방과 같은 능력에 결함을 보일 것으로 추측된다(Williams et al., 2001; Ramachandran & Oberman, 2006). 자폐 환자들이 오직 몇몇 특정 동작을 모방하는 데에만 결함을 보이는 것으로 보아 이러한 결함은 모방에 관여하는 피질 신경망 전체가 잘못된 것이라기보다는 거울 뉴런들 중 일부만이 오작동하는 데서 비롯하는 것으로 추측된다. 혹은 모방 능력의 결함은 신경망 내 상호작용이 약해져서 거울 뉴런이 제대로 역할하지 못한 결과일 수 있다(Leighton et al., 2008; Southgate & Hamilton, 2008).

현재로서는 자폐 환자들의 이상행동이 정말로 모방 능력의 결여에서 오는 것인지 아니면 자극 향상, 에뮬레이션, 강화 메커니즘, 정서 처리, 과거 경험을 통한 일반화 등에 관여하는 메커니즘에 이상이 생겨서 나타난 이차적인 결과인지는 분명치 않다. 많은 비모방적 행동들이 모방학습처럼 보이듯이 모방 능력의 이상처럼 보이는 결함 역시 실제로는 모방에 직접적으로 관여하지 않는 다른 메커니즘의 이상에서 비롯되었을 수 있다. 사회학습에 대한 우리의 이해가 깊어지면서 각각의 뇌 영역과 학습 메커니즘이 자폐스펙트럼장애에 어떤 식으로 기여하는지에 대한 이해도 깊어질 것으로 기대된다.

지식 테스트

자폐스펙트럼장애 환자의 모방 능력 결함

자폐스펙트럼장애를 가진 사람은 행동을 모방하는 능력에 몇 가지 이상을 보인다. 다음 보기 중 자폐 환자들에게서 관찰되는 모방 능력 결함을 바르게 설명한 것은 무엇인가? (정답은 책의 뒷부분에 있다.)

1. 큰 소리에 패닉 반응을 일으킨다.
2. 하나의 특정한 만화영화를 반복적으로 시청한다.
3. 운동 비디오를 보고 따라하는 것을 어려워한다.
4. 전화를 할 때 상대방의 마지막 말을 종종 따른다.

뇌졸중으로 인한 모방 능력 결함

자폐스펙트럼장애를 가진 사람들은 뇌의 발달이 정상적으로 이루어지지 않아서 모방 능력의 이상을 보인다. 이와 비슷한 모방 능력의 결함은 뇌 손상을 당한 환자에서도 관찰된다.

제8장에서 다룬 것처럼, 뇌 손상의 일반적인 원인은 뇌졸중이다. 뇌졸중으로 인해 해당 영역의 뉴런들이 죽고 이는 뇌 손상으로 이어진다. 뇌졸중으로 인한 몇몇 뇌 영역의 손상은 모방 능력의 결함을 일으킨다.

전두엽 손상은 특히 모방 능력에 영향을 미친다. 알렉산더 루리아(Alexander Luria)는 전두엽 손상환자들이 의도하지 않은 모방 행동을 보인다는 사실을 발견하게 되었다(Luria, 1966). 이러한 증상 중 하나가 반향어의 사용이다. 앞서 자폐스펙트럼장애 환자들의 흔한 증상 중 하나 역시 반향어라고 한 것을 기억할 것이다. 루리아는 환자들로 하여금 어떤 동작을 시키고 동시에 눈앞에서 그 동작과 공존할 수 없는, 그러나 관련을 가지는 다른 동작을 보게 만들었다. 예를 들어, 환자에게 손바닥을 위로 향해서 펴라고 지시하고는 즉시 주먹 쥔 자신의 손을 보여주었다. 전두엽 손상 환자 중 몇몇은 루리아의 주먹 쥔 손을 보자 지시받은 대로 손바닥을 펴 보이는 것을 어려워했고, 대신 루리아를 자기도 모르게 따라했다. 환자들의 전두엽의 활동이 약화(주요 우울증의 발병과 같은 경우)된 기간에도 마찬가지로 그들은 이러한 비자발적인 모방 행동을 하는 경향을 보였다(Archibald, Mateer, & Kerns, 2001). 루리아의 발견은 전두엽의 신경회로가 정상적으로 작동할 때는 비자발적 모방을 억제함을 보여준다.

이러한 가설을 검증하고자 최근 브라스 등은 뇌 손상 환자들이 지시사항대로 손가락을 움직이려고 할 때 다른 사람의 손가락 움직임에 의해 얼마나 방해받는지를 측정하였다(Brass, Derrfuss, Matthes-von Cramon, & von Cramon, 2003). 환자들은 '1'이라는 숫자를 보면 검지를 들어올리고 '2'라는 숫자를 보면 중지를 들어올리라는 지시를 받았다. 동시에 비디오를 시청하도록 했는데 비디오에는 움직이지 않는 손, 실험자의 지시와 똑같은 순서대로 손가락을 움직이는 손(일치 조건) 혹은 지시와는 무관하게 움직이는 손(불일치 조건) 등

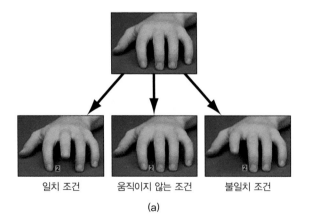

일치 조건   움직이지 않는 조건   불일치 조건

(a)

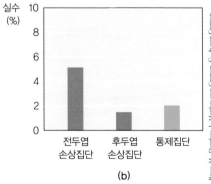

(b)

Brass, M., Derrfuss, J., Matthes-von Cramon, G., & von Cramon, D. Y. (2003). Imitative response tendencies in patients with frontal brain lesions. *Neuropsychology*, 17(2), 265–271. Reprinted with permission from the American Psychological Assocation.

그림 11.10

전두엽 손상으로 인한 자동적 모방 전두엽 손상 환자, 후두엽 손상 환자 및 통제집단 참가자들이 화면에 표시된 숫자에 따라 손가락을 특정 패턴으로 움직이는 훈련을 받는다. 이때 화면에 손가락 움직임 영상이 나오는데 이것을 무시해야 한다. (a) 화면에 나오는 손가락 움직임은 참가자가 행해야 하는 움직임과 일치하거나 혹은 불일치한다. (b) 전두엽 손상 환자들은 보여준 영상과 자신이 지시받은 손가락 움직임이 불일치하는 조건에서 실수할 확률이 더 높았다(5% 대 2%).

Research from Brass, Derrfuss, Matthes-von Cramon, & von Cramon, 2003.

세 가지 종류의 동영상을 보여주었다(그림 11.10a). 전두엽 손상 환자들은 불일치 조건 동영상을 보여줄 때 정상인보다 더 많은 실수를 하였다(그림 11.10b). 이 결과는 전두엽 손상 환자들이 관찰한 동작을 그대로 따라 하려는 행동을 억제하는 능력이 부족함을 의미한다.

자폐스펙트럼장애와 같이 뇌졸중으로 인한 자동적 모방 행동의 증가는 의식적으로 행동을 모방하는 능력의 결함과 종종 상관관계를 보인다. 두 경우 모두 뇌 구조물의 결손이 있고, 특히 관찰한 행동의 모방을 결정하거나 조절하는 능력을 상실했다는 점을 고려하면 전두엽과 두정엽의 피질 신경망은 관찰(혹은 관찰한 기억)을 통해 행동을 조절하는 것에 관여한다고 볼 수 있다.

중간 요약

- 자폐 환자들은 자신들이 방금 전에 들은 단어나 구절을 즉시 반복하는 경향을 보이기도 한다. 이 현상은 반향어라고 불리며 음성 모방 능력을 필요로 한다. 하지만 실제로는 자폐증을 가진 어린이들의 경우 모방에 의해 학습하는 능력이 정상 어린이들보다 더 떨어진다.
- 자폐아들과 마찬가지로 전두엽 손상 환자들은 관찰한 동작을 자동적으로 모방하는 경향을 보이며 반대로 어떤 동작을 모방하라는 지시를 수행하는 데는 어려움을 보인다.

▌종합

다른 이에게 싫어한다는 표시로 혀를 내미는 행동이 생득적일 가능성은 거의 없다(비록 정서 학습과 기억을 다룬 제10장에서는 혀를 내미는 행동이 이상한 맛에 대한 무조건적 반응이라고 했지만 말이다). 레티가 친구에게 혀를 내미는 행동을 하는 것을 보았을 때 레티의 엄마는 아마도 레티가 친구로부터 그런 행동을 배웠다고 생각할 것이다. 아마도 레티는 엄마의 추측대로 친구의 행동을 모방하고 있는 것일지도 모른다. 하지만 모방을 포함하지 않는 다른 많은 메커니즘으로도 설명할 수 있다. 사회학습은 다른 이를 관찰하는 것을 통해 하는 학습이다. 사회학습을 사람과 몇몇 동물들에서 가능하게 하는 메커니즘에는 모방, 관찰 조건화, 자극 향상, 그리고 정보의 사회적 전달 등이 있다. 어떠한 사회학습 메커니즘이 개인의 행동에 특정한 변화를 일으키는지를 분별하는 것은 심리학자들이 아직 고심하고 있는 문제이다.

아마 레티의 언니가 레티에게 이웃을 만나면 혀를 내밀라고 시켰을지도 모른다. 이런 적극적 지시에 의한 사회적 정보 전달은 언어를 사용하는 인간에게만 한정되어 있는 것으로 보인다. 책을 읽는 이 순간에도 여러분은 사회적으로 전달된 정보를 흡수하고 있다. 책이나 강연을 통한 적극적 지시는 대학에서 가르치는 거의 모든 수업에서 이루어지는 학습에 해당한다.

학습 이론가들은 전통적으로 학습이 수동적인 반사작용의 조건화(고전적 조건화)나 자

moodboard/Corbis

강사들은 사회학습에 의존한다. 강의는 어떤 종류의 사회학습을 촉진하는가?

발적 반응에 대한 강화(조작적 조건화)로 이루어진다고 보았다. 과연 사회학습은 고전적 조건화와 조작적 조건화의 조합 그 이상의 것일까? 사회학습에 관여하는 대뇌피질 혹은 피질하 구조물들을 규명해 나가는 가운데 이러한 질문들에 대한 해답이 조금씩 실마리를 찾아가고 있다. 당신이 예상할 수 있듯이 관찰 조건화 같은 몇몇 사회학습 과정들은 고전적 조건화의 특별한 경우로 해석이 가능하다. 하지만 인간, 영장류, 돌고래들이 지시에 의해 모방 행동을 할 때 사용하는 것으로 보이는 능력에는 도구적 조건화로만 설명하기가 어려운 무언가가 있는 것 같다. 아마도 독특한 피질 수준에서의 처리가 동원되는 것 같다.

사회학습 메커니즘에 이상이 생길 때 어떤 일이 일어날 것인지 이해함으로써 신경회로들이 사회학습에 관여하는 방식에 대한 새로운 이해가 가능하다. 자폐스펙트럼장애 환자들과 뇌졸중 환자들이 보이는 모방 능력의 결함을 비교하는 것이 자동적 모방과 자발적 모방 간의 관계를 이해하는 단서를 제공할 수 있을 것이다. 자폐스펙트럼장애 환자와 뇌졸중 환자는 둘 다 반향어 증상을 보이고, 이와 함께 비자발적인 행동 모방 그리고 지시에 따른 행동 모방에도 결함을 보인다. 이는 발성 및 행동 모방이 공통된 신경계 회로에 의존할 가능성을 시사한다. 한편 현대의 많은 심리학적 모델들은 행동과 관련된 모방학습이 발성 모방과는 근본적으로 다른 처리과정을 필요로 한다고 가정한다.

앨버트 반두라는 사회학습이 인지적 기술 혹은 지각-운동기술을 빠르게 그리고 오류 없이 학습하는 데 도움을 준다고 제안했다. 즉 인간만이 소유한 이 능력은 '학습하는 방법을 학습하는' 과정이라는 것이다. 이 관점에서 본다면 사회학습은 그 자체가 제8장에서 설명한(학습-세트 형성을 포함한) 종류의 인지적 기술이다. 다른 이를 통해 '학습하는 방법을 학습하는 것'을 이해하는 것은 유기체가 인지적 기술을 습득할 때 어떻게 학습 세트를 형성하는지를 이해하는 것의 단순한 확장이다. 운이 좋다면 미래에 사회학습에 대한 행동 및 생리학적 연구를 통해 과연 우리의 뇌가 어떻게 이 고등한 학습기술을 수행하는지 알게 될 날이 올 것이다.

중요 용어

거울 뉴런(mirror neuron)

관점 수용하기(perspective taking)

관찰 조건화(observational conditioning)

관찰학습(observational learning)

노래 학습의 형판 모델(template model of song learning)

모델링(modeling)

모방(copying)

반향어(echolalia)

발성 모방(vocal imitation)

발성 학습(vocal learning)

사회적 순응(social conformity)

사회학습(social learning)

사회학습이론(social learning theory)

순수 모방(true imitation)

에뮬레이션(emulation)

자극 향상(stimulus enhancement)

자폐스펙트럼장애(autism spectrum disorder)

정보의 사회적 전달(social transmission of information)

정서 반응 전염(emotional contagion)

직접-일치 가설(direct-matching hypothesis)

2-동작 검사(two-action test)

퀴즈

1. 미친 듯이 풍선 인형을 때리는 어른을 모방하는 어린이가 있다면 이는 _____ 학습의 예다. 이는 관찰이 행동의 변화를 야기했기 때문이다.

2. 누이가 인형에게 말하는 것을 보고 인형에게 말하는 유아는 누이를 _____ 하고 있는 것이다.

3. 인간이 손으로 쳐서 문을 여는 것을 본 후에 발로 쳐서 문 열기를 배운 침팬지가 있다면 이는 _____ 의 증거이다.

4. 2-동작 검사는 먼저 _____을(를) 훈련해서 특정 과제를 수행하는 모델로 활용하는 것이 필요하다.

5. 2-동작 검사는 동물들이 _____을(를) 할 수 있는지를 검사한다.

6. 광고모델이 된다는 것은 어떨지 상상하는 능력은 _____을(를) 필요로 한다.

7. 코미디 프로에서 웃음소리가 섞여 나오는 것은 웃음소리가 _____을(를) 일으키기 때문이다.

8. 까마귀가 다른 까마귀가 광대인형을 공격하는 것을 보고 광대 인형을 공격하는 것을 배운다면 이것은 _____의 예이다.

9. 관찰 조건화에서 다른 모델을 관찰하는 것은 _____을(를) 일으킨다.

10. 비행기에서 한 아기가 울기 시작하면 다른 아기들도 울기 시작한다. 이것은 _____의 예이다.

11. 게임쇼에서 모델이 우승 가능성이 높은 후보자의 앞에서 손을 흔들면 이는 관중들에게 _____을

(를) 일으킬 수 있다.

12. 순수 모방은 모델의 동작을 그대로 따라하는 것을 요구하므로 _____와(과)는 구분된다.

13. 자극 향상과 _____은(는) 일견 유사하게 보일 수 있는데 관찰자와 모델의 행동이 일치하기 때문이다.

14. 새들의 행동 중 _____은(는) 사회학습의 행동적·신경적 연구에 중요하다.

15. 포유동물에서 희귀하게 나타나는 모방 중 하나는 _____이다.

16. 소리와 동작 모두를 모방할 수 있는 동물은 _____이다.

17. 인간의 언어모방은 _____ 의 예이다.

18. 홀로 키워진 명금들이 정상적인 노래를 영원히 학습하지 못한다는 사실은 _____이(가) 노래 발달에 필수적이라는 증거이다.

19. _____이(가) 제안하는 바는 명금들이 노래 부르기를 학습하기 이전에 어른 명금들의 노래를 기억한다는 것이다.

20. 관찰 쥐들이 다른 쥐에게 노출됨으로써 어떤 음식들을 선호하게 된다면 이것은 _____의 예이다.

21. 다른 학생들처럼 수업시간에 노트를 적되 나중에 그 노트를 활용하지 않는다면 이는 _____의 예이다.

22. _____에 의하면 관찰한 내용이 직접적으로 운동 표상에 반영된다.

23. 원숭이가 막대기를 잡거나 혹은 다른 원숭이가 막대기 잡는 것만 보아도 반응하는 세포들을 _____이라 한다.

24. 사람이 자신의 손가락을 움직이거나 혹은 다른 사람이 손가락 움직이는 것을 볼 때 반응하는 뇌 영역은 _____에 있다.

25. 새의 노래학습에 관여하는 뇌 영역은 _____이다.

26. 음식 선호의 사회적 전달이 가능하기 위해서는 쥐들의 _____ 영역이 온전해야 한다.

27. 자폐스펙트럼장애를 가진 어린이들은 종종 자신들이 방금 들은 소리나 문장을 그대로 반복하는데 이현상을 _____(이)라 한다.

28. 자폐를 가진 사람들이 특정한 모방 과제 수행에 어려움을 보이기 때문에 이들의 _____이(가) 오작동하고 있다고 추정할 수 있다.

29. _____ 환자들은 수동적으로 동작을 모방한다.

30. 반두라의 _____ 연구는 폭력을 보고 자란 어린이가 폭력적으로 행동할 가능성이 높다고 주장한다.

정답은 책의 뒷부분에 있다.

개념 확인

1. 연구자들 중 일부는 관찰에 의한 모방은 그 모방된 동작이나 소리가 매우 희귀해서 도저히 다른 설명으로는 불가능한 경우에만 증명이 가능하다고 주장한다(Thorpe, 1963). 이 외에도 동물이 정말로 순수 모방을 하고 있는지 알 수 있는 방도가 있을까?

2. 에드워드 손다이크(1898)는 모방을 어떤 동작이 수행되는 것을 본 후에 학습하는 것으로 정의했지만, 시각적 관찰이 모방 혹은 에뮬레이션을 위한 정보를 얻는 유일한 방법은 아니다. 이 장에서 기술한 모방 행동 중에 손다이크가 정의한 모방에 해당하지 않는 예들은 어떤 것들이 있는가?

3. 야생에서 동물들은 다른 동료들이 있었던 장소를 탐색하거나 물체를 접촉하는 것으로부터 이득을 얻을 수도 있다. 그렇게 하면 음식, 성적 파트너 혹은 안전한 장소를 찾을 확률이 높아진다. 이러한 이점을 가져오는 관찰학습의 종류는 어떤 것들이 있는가?

4. 아이들은 (a) 시지각적 정보를 운동 반응에 일치시키는 특별한 메커니즘에 의해 모사하는 능력을 타고날 수도 있고(Meltzoff, 1996; Piaget, 1955), (b) 경험을 통해 다른 사람의 행동을 모사하는 것을 배울 수도 있으며 (c) 모방학습 시 타인의 관점이나 사회적 지위를 의식적으로 고려하기도 한다(Guillaume, 1971). 이러한 학습능력들 중 신경 메커니즘이 밝혀진 것에는 어떤 것들이 있는가?

5. 앨버트 반두라는 모방을 동반하지 않는 도구적 조건화는 새로운 동작을 학습하는 매우 비효율적인 방법이라고 지적하면서 오직 인간만이 모방에 의해 학습이 가능한데 그 이유는 모델로부터 배우기 위해서는 언어적인 기호와 상상에 의해 추상적인 규칙을 학습하고 기억을 형성하는 능력이 있어야 하기 때문이라고 주장했다(Bandura, 1986). 이 장에서 다룬 이러한 주장을 지지하거나 혹은 반박하는 증거들을 나열하라.

정답은 책의 뒷부분에 있다.

발달과 노화

생애주기별 학습과 기억

스무 살이 된 드니즈는 인생의 전성기에 접어들었다. 농구코트의 챔피언으로서, 그녀는 자신의 힘과 체력이 정점에 올랐음을 알고 있다. 대학생으로서, 그녀는 매일 새로운 기술을 학습하고, 시험을 치루면서 학습된 정보를 조직하고 인출하기 위해 힘써 두뇌 활동을 한다. 또한 이 학습과 기억 강의에서 배운 것을 포함해 새로운 지식들을 성인 세계에 대한 폭넓은 이해로 통합하기 위해 애쓰고 있다.

추수감사절이 되면 드니즈는 가족들을 만나러 집으로 가고 어린 조카들과 함께 놀면서 시간을 보낸다. 그녀의 가장 어린 조카인 켈리는 이제 막 10개월이 되었는데, 바쁘게 세상에 대한 정보를 받아들이고 있다. 서거나 걸으려고 하고 말에 대해 인식하고 반응하며 옹알이도 시작했다.

드니즈의 조부모는 가족들 중 가장 연세가 많으신데, 할머니는 지혜롭고 재미있는 여성이며 집안의 역사와 요리 레시피에 있어서는 걸어다니는 도서관이라 할 만큼 기억력이 좋다. 하지만 안타깝게도 드니즈의 할아버지는 지난 해부터 건강이 악화되셨다. 같은 이야기를 반복하기도 하시고, 때로는 켈리의 이름도 잘 기억하지 못하신다. 가족들은 할아버지의 이러한 모습이 정상적인 노화가 아니라 알츠하이머병과 같은 좀 더 심각한 문제가 아닐지 걱정하고 있다. 추수감사절 내내 이 걱정은 사라지지 않았다.

이 장에서 우리는 켈리와 같은 신생아부터 드니즈의 할아버지 같은 노년기까지 생애발달 전반에 걸친 학습과 기억능력의 발달과정을 살펴볼 것이다. 아마도 이전 장에서 소개되었던 기억의 많은 유형들을 다시 떠올릴 수 있을 것인데, 이 장에서는 사람의 기억이 일생 동안 어떻게 바뀌는지, 그리고 이 과정이 노화로 인한 근본적인 뇌의 변화를

행동적 측면

기억의 발달 : 유아부터 아동까지
생애초기 학습의 민감기

일상에서의 학습과 기억 :
발화 이전에 아기에게 수화 가르치기

청소년기 : 아이에서 어른으로

기억의 노화 : 성인기에서 노년기까지

뇌 메커니즘

학습과 기억의 유전적 근거

일상에서의 학습과 기억 :
클래식 음악에 대한 노출이 아이를 똑똑하게 만들 수 있을까?

발달하는 뇌에서의 뉴런과 시냅스
청소년기의 뇌 변화
성인기부터 노년기까지의 뇌

임상적 관점

다운증후군
알츠하이머병

일상에서의 학습과 기억 :
정신적 두뇌 활동이 알츠하이머를 막을 수 있을까?

다운증후군과 알츠하이머의 관계

어떻게 반영하는지 등을 이야기해볼 것이다. 더불어 성인 뇌에서 새로운 신경세포를 형성하는 모습과, 성호르몬이 기억의 발달과 성숙에 미치는 영향, 특정한 종류의 학습에 있어서는 매우 쉽고 효율적으로 학습이 일어나는, 일종의 '기회의 시기'와 같은 민감기에 대한 개념 등에 이르기까지 새로운 주제들에 대해 이야기해보자.

12.1 행동적 측면

생애주기 학습과 기억의 특징에 대해 연구하는 이유는, 아이들과 청년, 그리고 청년과 노년의 차이점을 비교하고 이해하기 위해서이다. 나이대별로 상대적으로 괜찮은 수행을 보이거나, 반대로 수행이 떨어지는 학습과 기억의 종류에 대해 잘 이해할 수 있다면 인간이 삶의 각 단계에서 최고의 잠재력을 발휘할 수 있도록 도울 수 있을 것이다. 또한 교육자의 입장에서는 각기 다른 연령대의 대상들에게 맞춤형 교육을 제공할 수도 있을 것이다.

하지만 앞에서 읽었던 내용처럼, 이 책에서는 다양한 연령 집단의 가장 일반적이고 평균적인 학습 및 기억 능력에 대해 말하고 있다는 점을 명심할 필요가 있다. 다양한 연령 집단에서 개인의 능력 간에는 큰 편차가 있을 수 있는데, 어떤 종류의 기억은 그 발달 속도가 개인마다 다를 수 있고, 이 때문에 언제나 또래보다 새로운 능력을 빠르게 혹은 반대로 느리게 습득하며 다양한 발달 패턴을 보이는 청소년들이 생기게 된다. 생애주기의 막바지인 노년기에도 특정 유형의 학습과 기억은 일반적으로 감소하는 경향이 있지만 다른 유형의 학습과 기억은 계속 잘 수행될 수도 있다. 반면에 안타깝게도 어떤 사람들은 뇌 손상이나 알츠하이머 같은 질병 때문에 인지 능력 감소가 가속화되기도 한다.

위와 같은 사실을 염두에 두면서, 생애 초기의 학습과 기억부터 이야기를 시작해보자.

기억의 발달 : 유아부터 아동까지

어린 아이와 지내다 보면 생애초기 몇 년간 엄청난 양의 학습을 목격하게 된다. 주먹 쥐기나 걷기에 필요한 운동기술부터 언어를 산출하고 이해하는 능력까지, 그리고 세상에 대한 많은 의미 지식까지 생애초기 단계에서 습득되기 시작한다. 물론 학습은 평생 동안 지속되지만 특히나 극적인 진전은 바로 이 시기에 나타나게 된다. 최근 연구에 따르면, 어떤 학습은 심지어 태어나기 전부터 나타날 수 있다.

출생 이전 태아기의 학습

사실 인간의 자궁은 놀라울 정도로 매우 시끄러운 공간이다. 태아는 바깥세상의 소음뿐 아니라 엄마의 목소리나 심장박동 소리에도 노출되는데, **재태 연령**(gestational age) 기준 임신 25주 정도까지 태아의 뇌와 감각기관은 이런 소리들에 대해 인지하고 학습하기에 충분할 정도로 발달하게 된다.

이 책의 제3장에서 언급했던 습관화(반복적인 자극에 대한 감소된 반응)에 대해 떠올려보자. 이 습관화 현상은 소리에 대한 태아의 학습패턴을 검사하는 데 이용될 수 있다. 엄마의 복부에 스피커를 올려 놓고 태아가 들을 수 있는 세기의 소리를 들려주면, 재태 연령 34~36주 사이의 태아는 소리를 처음 들었을 때 대부분 움직임 반응을 보인다(그림 12.1). 하지만 같은 소리를 반복적으로 들려주면 태아는 점차 반응을 그만두게 되다가(Hepper & Shahidullah, 1992), 다른 종류의 새로운 소리를 들려주면 반응은 다시 나타나게 된다. 처음 자극에 대한 반응의 감소가 단순히 피로 때문이 아니라 습관화되었기 때문임을 보여주는 결과이다. 물론 새로운 자극에 대한 반응 역시 점차 습관화가 나타난다. 중간에 다시 첫 번째 소리를 들려주면 태아는 다시 반응(자발적 회복)을 보이지만 이 역시 곧바로 습관화된다. 이는 그들이 이전에 들었던 소리에 대해서 '기억'하고 있음을 알려주는 현상이다. 태아의 습관화는 사람뿐만 아니라 쥐를 포함한 다른 종에서도 관찰된다(Smotherman & Robinson, 1992).

이러한 태아기 학습은 태어난 후에도 유지되는 경우가 있다. 앤소니 드캐스퍼(Anthony DeCasper)와 멜라니 스텐스(Melanie Spence)는 닥터 수스의 모자 속 고양이(*The Cat in the Hat*)'와 같은 동화에서 단순하면서도 인상적인 음운 패턴을 발췌하여 짧은 이야기 세트를 구성했다. 이 연구자들은 출산이 6주 정도 남은 임산부들을 대상으로 하여 태아에게 이야기들 중 하나를 하루에 두 번씩 읽어주도록 하였다. 태어난 지 2, 3일이 지난 후에, 신생아들을 침대에 눕히고 노리개젖꼭지를 주었는데, 이런 상태에서 아기들은 빠르게 젖꼭지를

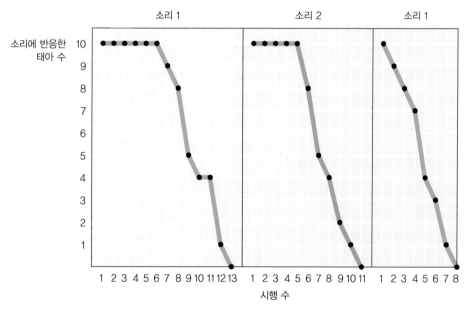

그림 12.1
10명의 인간 태아가 보인 소리에 대한 습관화   소리 1이 주어졌을 때, 모든 10명의 태아가 움직임을 보이며 반응했다. 이후 소리가 반복되면, 반응하는 태아의 수는 줄어든다. 13번째 시행에 이르면 모든 태아는 소리에 적응하여 반응을 보이지 않는다. 새로운 자극(소리 2)이 주어질 때, 모든 태아는 다시 반응하는데, 이 반응 또한 12번 정도의 시행을 거치며 습관화된다. 마지막으로, 원래의 자극(소리 1)이 다시 주어지면 태아는 자발적인 회복 반응을 보이고 이 반응은 빠르게(8번째 시행만에) 습관화된다.
Information from Hepper & Shahidullah, 1992.

빨다가 몇 초 정도 쉬었다가 다시 열심히 노리개젖꼭지를 빠는 행동(sucking burst)을 보인다. 연구자들이 수행한 실험에서, 노리개젖꼭지에는 기계장치가 연결되어서 아기가 노리개젖꼭지를 빠는 행동을 보이면 녹화가 시작되고 엄마의 목소리로 녹음된 이야기가 오디오를 통해 재생되었다. 이 장치를 통해, 한 그룹의 아기들에게는 평균보다 더 긴 휴지기 후에 노리개젖꼭지를 빠는 행동이 나타난다면 익숙한 이야기를 들려주었고, 평균보다 짧은 휴지기 후에 빠는 행동이 나타나면 익숙하지 않은 새로운 이야기가 재생되도록 하였다.

$$S^D(노리개젖꼭지) \rightarrow R(젖꼭지 빨기 이전의 긴 멈춤) \rightarrow O(익숙한 이야기)$$
$$S^D(노리개젖꼭지) \rightarrow R(젖꼭지 빨기 이전의 짧은 멈춤) \rightarrow O(익숙하지 않은 이야기)$$

다른 그룹의 아기들에게는 이 연관성을 반대로 조작해서, 짧은 멈춤이 익숙한 이야기를 유발시키고 긴 멈춤이 새로운 이야기를 유발하도록 하였다. 20분 정도의 시간이 지나면, 신생아는 곧 익숙한 이야기를 더 자주 실행시킬 수 있도록 빨기 행동 패턴을 바꾸었다. 이 과정에서 익숙한 이야기는 빨기 행동의 특정 패턴을 강화시켰고, 이 학습 행동은 제5장에서 다루었던 조작적 조건형성의 한 예로 볼 수 있다. 당연히 아이들은 두 이야기 속 단어나 문장의 의미 자체를 이해하지는 못하였기에, 그들이 보인 반응 행동의 차이는 아마도 두 이야기의 억양과 리듬을 구별하는 능력을 보여주는 것일 것이다. 이 연구는 출산 전 태아도 학습이 가능하고, 그 학습된 정보가 유지되며, 태어난 이후의 행동에도 영향을 미칠 수 있다는 사실을 보여준다. 드캐스퍼와 연구자들은 엄마의 언어 패턴에 노출되는 것이 태아의 뇌가 언어와 관련된 소리를 부호화하는 데 도움을 주고, 아기가 태어난 이후 언어를 습득하는 것을 시작하는 데에도 도움을 준다고 설명한다(DeCasper, Lecanuet, Busnel, Granier-Deferre, & Maugeais, 1994). 이와 같은 연구들은 신생아가 백지 상태가 아니라 이미 자극을 경험하고 그것들에 대한 학습을 시작하고서 세상에 나온다는 것을 보여준다.

어린 아이의 조건형성과 기술 학습

태아 또한 학습하지만, 신생아의 학습이야말로 매우 인상적이다. 인간이나 다른 종에서도 삶의 첫 몇 년 동안, 즉 신생아 시기에 폭발적인 학습이 나타난다. 성인 시기에 나타나는 거의 모든 학습이 신생아 시기에 최소한 가장 기초적인 형태로 나타난다고 해도 과언이 아니다. 물론 신생아의 지각 및 움직임은 불완전하기 때문에 더 완전하게 발달될 때까지 특정 자극에 대해 배우는 것이 어려울 수도 있고, 운동 반응을 사용해서 학습능력을 표현하지 못할 수도 있다(Gerhardstein & West, 2003). 예를 들어, 고양이는 눈을 뜨지 못하는 상태로 태어나는데, 이 때문에 태어난 이후 처음 몇 시간 동안은 당연히도 시각 정보들을 학습할 수 없다.

인간에게 있어서 복잡한 동작 능력의 학습은 근육이 강해지고 시각–운동체계 간 협동과 같은 신체 발달이 일어나면서 점진적으로 이루어진다. 신생아는 도움 없이는 고개도 고정하고 있을 수 없지만, 대부분 5.5개월 정도 후에는 몸 뒤집기도 할 수 있게 되고, 약 7개월쯤에는 대부분 앉을 수 있게 된다. 1년 정도가 지나면 대부분의 아기들은 홀로 서거나 걷는 법을 배울 수 있게 된다. 신체 기관들의 협응력이 발달하면서, 정확한 눈 추적, 옹알이, 물체를 집기 위해 손을 뻗는 데 필요한 동작 기술 등이 더 원활해진다. 기술 습득은 동작기술에만 국한되지 않는데, 태어난 지 1~2년 사이의 아이들은 언어의 기초를 완전히 익히기 시작하고, 4~5년 사이에는 대개 복잡한 문법과 글을 읽는 것이 가능해진다.

위에서 유아가 특정한 빨기 반응을 학습하는 조작적 조건형성을 보일 수 있음을 이야기하였는데, 또 다른 조작적 조건형성 실험에서는 신생아의 침대 위 천장에 모빌을 매달고 끈으로 아기의 다리와 모빌을 연결하여 아기가 발을 차면 모빌이 움직이도록 하였다.

$$S^D(모빌이\ 있는\ 침대) \rightarrow O(발\ 차기) \rightarrow C(모빌의\ 움직임)$$

스키너 상자 안의 쥐처럼, 아기들은 처음에는 우연히 차기 반응을 하게 된다. 아기가 재미를 느끼는 모빌의 움직임은 점차 아기의 발 차기 반응을 강화한다. 2개월 정도 된 아기들은 모빌을 움직이게 하려고 점점 더 힘차게 빠르게 차는 법을 습득할 수 있다(Rovee-Collier, 1993, 1997, 1999). 아기에게 이 학습과 관련된 기억을 상기시키지 않더라도 며칠 간 학습행동을 유지할 수 있는데, 만약 때때로 모빌의 움직임을 상기시킨다면 (가령, 보이지 않는 실험자가 리본을 당겨 모빌이 움직이게 하기) 무려 21주까지도 학습된 행동이 유지되기도 한다(Hayne, 1996).

아이들의 조작적 학습에서 나타나는 흥미로운 특징 중 하나는 이 학습이 제6장에서 읽었던 어른들의 학습처럼 맥락에 의존적이라는 것이다. 예를 들어, 좀 더 변형된 한 모빌 실험에서, 학습은 줄무늬 문양의 시트가 있는 유아용 침대에만 국한되어 나타났다. 침대 시트를 줄무늬가 아닌 다른 패턴으로 교체한 경우, 아기들은 모빌을 수동적으로 보기만 하고 발 차기는 하지 않았다(Borovsky & Rovee-Collier, 1990). 즉, 침대시트 문양의 변화는 이전의 규칙이 계속 지속되지 않을 것이라는 새로운 맥락을 의미한다고 볼 수 있다. 아기들은 어른들에게서 보여지는 바와 유사하게, 학습을 위해 맥락의 세부사항을 활용한다.

고전적 조건형성 또한 아기들에게서 나타난다. 앞서 제4장에서 소리나 빛(조건 자극, 또는 CS)으로 사람이나 토끼가 공기 분사(airpuff)(무조건 자극, 또는 US)를 예측하게 하는 눈 깜빡임 조건형성에 관해 언급한 적이 있다. 지연-조건형성 패러다임에서, 조건 자극과 무조건 자극의 출현은 시간적으로 겹치거나 함께 종료된다. 조건 자극-무조건 자극 연합에 반복적으로 노출되면서 눈 깜빡임과 연합된 조건 자극에 대한 반응을 학습했고, 그 결과로 눈을 외부 자극(예 : 무조건 자극)으로부터 보호할 수 있게 된다(그림 4.8).

신생아의 조작적 조건형성 모빌의 움직임은 발 차기를 강화시킨다. 신생아가 이 연합관계를 학습한 후, 만약 신생아의 발목과 모빌이 연결된 리본을 제거하면 어떤 일이 일어날까?

인간의 아기들이나 쥐의 새끼들은 비록 성년체의 학습보다는 느리긴 하지만, 지연조건형성 패러다임을 통해 눈 깜빡임 조건반응을 학습할 수 있다(Ivkovich, Collins, Eckerman, Krasnegor, & Stanton, 1999; Ivkovich, Paczkowski, & Stanton, 2000; Little, Lipsett, & Rovee0Collier, 1984). 그에 반해, 조건 자극의 끝과 무조건 자극의 제시 사이에 간격이 있고 좀 더 어려운 흔적-조건형성 패러다임을 사용했을 때 태어난 지 2개월 지난 아기는 눈 깜빡임 조건반응을 학습하지 못했다. 태어난 지 4년이 지난 아이들은 조건반응을 학습할 수 있었지만 지연-조건형성 패러다임보다는 느린 학습을 보였다. 반면에 청년기에는 두 가지 패러다임에서 똑같이 빠른 학습 행동을 보였다(Herbert, Eckerman, & Stanton). 결론적으로, 고전적 조건형성의 기본 기제는 매우 어린 아이에게도 적용될 수 있는데, 이 학습 능력은 개체가 더욱 성숙해감에 따라서 유기체가 점점 더 어렵고 복잡한 환경에서도 능률적으로 학습할 수 있도록 계속적으로 발달한다.

이 책의 제6장에서는 과거 학습한 내용을 새로운 상황으로 전이시킬 수 있는 능력인 일반화에 대해서 다루었는데, 일반화를 평가할 수 있는 방법으로는 습득된 등가성(acquired equivalence)이 있다. 이는 한 자극을 과거 경험에서 동등했던 다른 자극으로 일반화하는 것을 의미한다. 예를 들어, 2개 국어를 사용하는 집안에서 길러진 아이들은 영어를 사용하는 조부모가 물체('cat', 'bottle')를 나타내는 데 사용하는 명칭과, 스페인어를 사용하는 조부모가 그 물체('gato', 'botella')에 대해 사용하는 명칭이 다르다는 것을 경험하게 된다. 이후 만약 어떤 새로운 물체에 대해 스페인어를 사용하는 할머니가 'perro'라고 말하는 것을 듣는다면, 영어를 사용하는 친척들이 아니라 스페인어를 사용하는 친척들이 같은 단어를 사용할 것이라고 추론해야 한다. 실험실 상황에서, 8개월 된 아기 또한 이러한 규칙성이 훼손되었을 때 놀라는 반응을 보이는데, 이는 일반화라는 기제가 아주 어린 나이에도 존재함을 보여준다(Werchan, Collins, Frank, & Amso, 2015). 실제로, 수많은 연구들이 보여주기를 겉보기에는 매우 수동적으로 보이는 아기조차도 적극적이고 능동적으로 학습을 해나가고, 어떻게 환경이 움직이는지에 대해 스스로 꽤 자세한 가설들을 형성할 수 있으며, 이 가설들을 기반으로 예측을 위해 일반화 기제를 이용할 수 있고, 그들의 예상이 빗겨갔을 때에는 이를 표현할 수 있다(예 : 놀라는 행동으로 표시)(Xu & Kusknir, 2013).

일화기억과 의미기억의 발달

제7장의 내용으로 돌아가보면, 일화기억은 사건이 일어난 시공간적인 맥락을 포함하는 특정 자서전적 사건에 대한 기억이고, 의미기억은 사실적인 지식을 포함한다. 일화기억과 의미기억 모두 종종 회상검사와 재인검사를 통해 확인하기 때문에 아직 말을 하지 못하는 아이들에게서는 불가능한 검사방법이다. 하지만 최근 연구자들은 아직 말을 할 수 없는 아기들도 지식을 표현할 수 있도록 창의적인 방법을 고안해냈다.

말을 할 수 없는 아기의 기억을 평가하기 위한 한 가지 방법은, 아기에게 어떤 행동을 보여준 후에 이를 따라하는지를 확인하는 **모방 유발**(elicited imitation) 검사이다(Bauer, 1996).

예를 들어, 10개월 된 아이들에게 어떻게 장난감 인형을 작동시키는지 보여주고, 4개월 후에 동일한 장난감 인형을 아이들에게 제공하였다. 이 아이들은 같은 나이 대의 아이들이지만 인형이 작동되는 모습을 본 적이 없는 통제집단의 아이들에 비해 큰 관심을 보이며 인형도 더 잘 작동시키는 경향을 보였다(N. Myers, Perris, & Speaker, 1994). 이러한 결과는 비록 아주 어린 아이가 말로 표현할 수 없다 할지라도 인형에 대해 최소한 어떤 기억을 가지고 있음을 보여준다(Rovee-Collier, 1999).

아이가 조금 더 성장해서 언어를 습득하기 시작하면, 이들에게서 의미기억을 살펴보는 것이 보다 수월해진다. 생애 초기 몇 개월 동안에 아기들은 주변에서 들려오는 음운을 모방하기 시작하고 이후 1~2년 사이 즈음에는 개별적인 단어를 배우고 이용하면서, 점증적으로 몇 백 개 정도의 단어들(대개 명사와 동사들)을 습득해나간다. 몇 년이 더 지나고, 어휘도 계속 발달해가면서, 아이들은 문법, 즉 단어를 문장 속에 어떻게 배열해야 하는지와 관련된 규칙들에 대한 지식을 습득하기 시작한다. 더불어, 아이들은 물리적인 대상들과 사건에 대해서도 학습한다. 걸음마를 배우는 아기가 끊임없이 "왜?"라고 묻는 모습은 아기가 세상에 대한 의미 정보들을 끊임없이 받아들이고 있음을 보여준다. 이렇게 어린 시절 습득한 많은 정보들은 평생 동안 남아 있게 된다.

일화기억은 의미기억보다 상대적으로 느리게 발달한다. 일화기억을 부호화하고 회상하는 데 있어서 중요한 역할을 하는 해마나 전전두엽피질과 같은 뇌 영역들은 태어난 이후 생애 첫 몇 년 동안 발달하게 되는데, 이것이 일화기억이 느리게 성숙하는 한 가지 이유가 될 수 있다(Durston et al., 2001; Serres 2001). 매우 어린 아이들은 '인지적 자아(cognitive self)'의 증거가 보이지 않는다는 것 역시 또 다른 이유가 될 수 있다. 아이가 거울 속 자신을 인식할 수 있는지를 보는 것은 아이가 자아에 대한 인식이 있는지를 검사하는 데 널리 이용되어온 방법이다. 연구자가 몰래 아이의 얼굴에 루즈로 작은 점을 표시하고 아이가 거울에 비친 자신을 보고 얼굴에 표시된 점을 건드린다면, 우리는 아이가 자신에 대한 이미지를 인식하고 있다고 결론 내릴 수 있다("이것 봐, 나잖아. 내 코 위에 있는 이 빨간 점은 뭐지?"). 16개월이 되지 않은 아기는 거울 인식 행동을 보이지 않지만 24개월 이상 된 아이들은 대부분 거울 인식 행동을 보인다(Lewis & Brooksgunn, 1979). 이것은 나이가 1년 정도 된 아이는 불가능하지만 2년 정도 된 아이는 자아상을 갖게 된다는 것을 암시한다. 이는 인지적으로 매우 중요한 발달단계를 보여주는 것으로, 아마도 자서전적 기억을 형성하기 위한 전제 조건이 될 수 있다(Howe & Courage, 1993). 우리가 만일 나 자신에 대한 지각이나 내 자신이 시간 속에서 어떻게 존재하고 있는지에 대한 감각이 없다면 우리에게 일어난 특정한 사건을 기억조차 할 수 없을 것이다(Fivush & Nelson, 2004).

반면에 몇 명의 유아발달 연구자들, 특히 캐럴린 로비-콜리어(Carolyn Rovee-Collier)와 동료들은 아주 어린 아이들도 기억을 형성하는 것이 가능하고 일화기억들을 형성할 수 있으며, 단지 좀 더 큰 아이들이 하는 것처럼 언어로 표현하는 것이 어려울 뿐이라고 주장했다. 이런 의미에서, 어린 아이들이 일화기억을 보여주는 데 '실패'하는 것은 실제로는 연구

자아인식검사 어린아이의 얼굴에 빨간 점을 그리고, 아이 앞에 거울을 놓는다. 만약 아이가 자신의 얼굴의 점을 닦으려고 한다면, 연구자들은 아이가 자기 자신에 대한 표상을 인식하고 있으며, 자아에 대해 지각하고 있다고 결론 내릴 수 있다. 왜 자아에 대한 인식은 일화기억의 전제조건으로 여겨지는 것일까?

자가 실험설계를 잘못해서라고 주장한다.

제7장에서 어치가 얼음덩이 쟁반 위에서 벌레와 견과류를 찾기 위해 얼음을 파내는, '일화기억스러운' 기억을 평가했던 실험을 기억하고 있을 것이다(그림 7.3). 이 새들은 언제, 어디서, 어떤 아이템을 숨겼는지 기억하고 있음을 보여주었는데, 많은 연구자들이 새들이 먹이를 파묻는 일이 일어난 시공간적 맥락을 포함한 특정 일화기억을 갖고 있다고 결론내렸다. 할린 하이네(Harlene Hayne)와 가나 이무타(Kana Imuta)는 숨바꼭질 게임을 활용하여 어린아이를 대상으로 한 일화기억 과제를 개발했다(Hayne & Imuta, 2011). 아이들은 지렁이와 땅콩을 얻기 위해 땅을 파지는 않겠지만, 장난감을 찾는 것에는 매우 동기부여가 잘될 것이다. 이 과제에서 아이들은 자신들의 아지트 주변 세 군데에 3개의 장난감을 숨긴다. 이후 실험자는 아이들에게 무엇이(예 : '당나귀 인형'), 어디에('침실'), 언제('우리가 마지막 방에 들어왔을 때') 숨겨졌는지를 말로 회상하도록 하였다. 당연하게도 만 4세의 아이들은 만 3세 아이들보다 더 많은 정보를 언어로 회

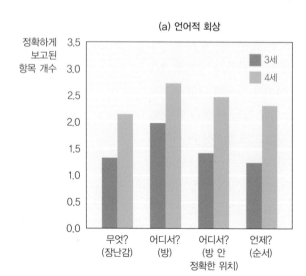

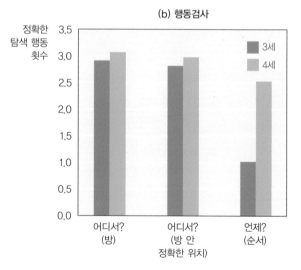

그림 12.2
아이들의 일화기억스러운 기억 말을 하지 못하는 동물처럼, 매우 어린 아이는 무엇이, 어디서, 언제 일어났는지에 대한 기억을 아직 잘 말하지 못함에도 불구하고, 그 기억들에 대해 표현할 수 있다. (a) 만 3, 4세의 아이들에게 3개의 물건을 그들의 장난감 집 주위에 숨기라고 시켰다. 이후, 만 3세의 아이는 4세 아이들에 비해 무엇을, 어디에, 언제 숨겼는지에 대해 말로 잘 보고하지 못했다. (b) 하지만 행동으로 그들이 아는 바를 설명하도록 했을 때 ("우리가 처음에 숨긴 장난감을 보여줄 수 있겠니?") 만 3세의 아이들은 물건이 숨겨진 시간적인 순서('언제')를 기억하는 것은 힘들어하지만, 무엇을, 어디에(어느 방인지, 방에서도 어떤 특정한 위치인지)에 숨겼는지는 만 4세의 아이들만큼 잘 기억했다.
Information from Hayne & Imuta, 2011.

상했다(그림 12.2). 하지만 실험자가 아이들에게 "우리가 처음 들어갔던 방을 보여줄 수 있니? 그리고 저기 누가 숨어 있는지 찾을 수 있니?"와 같이 물어보는 행동검사를 시행한 결과는 만 3세의 아이들 또한 만 4세의 아이들만큼 무엇이 어디에 숨겨져 있는지를 잘 기억해 내었다 (사건의 시간적 순서에 대한 기억은 3세 아이들이 여전히 떨어짐). 이 연구는 두 가지 중요한 시사점을 말해준다. 첫 번째로, 3세 아이들은 기억을 항상 언어로 표현하지 못할 수는 있다 하더라도 일화기억스러운 기억을 표현할 수 있다. 두 번째로, 4세의 아이들은 보다 나은 기억 수행을 보였는데, 최소한 이 시기에 시간적인 맥락의 기억과 언어로 정보를 표현하는 능력이 함께 발달하고 있음을 확인할 수 있었다.

생애초기 학습의 민감기

앞서 살펴본 것처럼, 대부분의 학습은 생애 초기에 일어나지만 신체기관이 성숙하면서 더 효율적이게 된다. 반면, 때로는 그 반대의 현상도 나타나는데, 몇몇 동물에게서 나타나는 특정 종류의 학습은 **민감기**(sensitive period)라고 알려져 있는 특정한 시기 동안, 특히 생애 초기에만, 가장 효율적으로 일어나기도 한다.

각인

민감기의 대표적인 한 예로 **각인**(imprinting)을 들 수 있는데, 각인이란 새를 포함한 많은 종의 동물이 태어난 후 가장 처음 접한 개인에게 애착을 형성하는 것을 의미한다(Insel & Fernald, 2004; Lorenz, 1935). 보통 새끼 새가 가장 처음 만나는 개체는 둥지 안의 어미 새 또는 형제이고, 새끼 새들은 적절하게 자기 종의 구성원을 각인할 수 있다. 하지만 고전적인 일련의 실험에서 연구자 콘라트 로렌츠(Konrad Lorenz)는 부화하는 새끼 거위를 인큐베이터로부터 꺼내어 자신에게 각인시키면, 새끼들이 자신을 마치 어미인 것처럼 따른다는 사실을 발견하였다. 만약 이 새끼 거위를 엄마 거위를 따르는 무리들 사이에 다시 가져다 놓아도 여전히 인간 '부모'를 따르고 오히려 같은 종의 그룹을 무시하기도 한다. 연구자는 다른 종의 개체들뿐 아니라 심지어 회전하는 원기둥이나 박제된 닭 모형을 가지고도 각인이 유도될 수 있음을 확인하였다(Johnson, 1992). 로렌츠 이후로 각인은 칠면조, 양, 사슴, 물소 등 다양한 다른 종들에 대해서도 연구되어왔다(Michel & Tyler, 2005).

초기에는 각인이 민감기뿐만 아니라, **결정적 시기**(critical period; 제한된 시간대에만 가능하고 그 시간대가 지나버리면 더 이상 불가능해지는 학습의 종류)의 예시라고 생각되어왔다. 지금은 더 이상 그렇게 알려져 있지 않은데, 어떤 환경에서는, 각인이 가능한 시기가 늘어날 수 있고, 심지어 배우지 않고도 각인이 가능하다는

연구자 콘라트 로렌츠가 알에서 부화한 후 가장 처음 본 움직이는 물체였기 때문에, 각인된 새끼 거위들이 그를 따르고 있다. 이후에 줄곧 새끼 거위들은 그가 어미인 것처럼 반응했다. 어떻게 각인은 어린 거위들에게 유용한 도움을 줄 수 있을까?

Thomas D. McAvoy/*Time Magazine*

사실을 발견하였기 때문이다(Thomas & Johnson, 2008). 이러한 이유로 대부분의 연구자들은 다른 시간대에는 학습이 완전히 불가능할 것임을 주장하기보다는 학습이 특히 빠르게 혹은 효율적으로 일어나는 시간대를 강조하기 위해 민감기라는 용어를 자주 사용한다.

시각과 노래 학습을 위한 민감기

많은 종류의 학습에서 민감기의 존재를 확인할 수 있다. 앞서 제3장에서 시각피질 뉴런의 조율에 대한 사례를 살펴보았다. 데이비드 허블(David Hubel)과 토르스텐 비셀(Torsten Wiesel)은 새로 태어난 고양이와 원숭이의 한쪽 눈을 꿰매어 못 뜨게 하고 몇 주 뒤에 다시 눈을 열어주는 실험을 진행하였다(Hubel & Wiesel, 1977, 1998). 이 동물들은 시각 시스템에 물리적인 손상을 입지 않았음에도 앞을 볼 수 없게 되었다. 고양이의 경우 생후 3주부터 60일까지가 시각 체계 발달의 민감기이고, 원숭이는 생애초기 6개월 동안이 민감기인 것으로 보여진다. 비슷한 현상은 한 눈의 시야를 흐리게 하는 백내장을 갖고 태어난 신생아에게서도 나타난다. 만약 교정 수술이 태어난 지 몇 달 이내로 이뤄진다면 시각은 정상적으로 발달할 수 있다(Maurer & Lewis, 1999). 하지만 만약 수술이 몇 년 동안 지연된다면 시각은 평생 정상적으로 발달할 수 없다(Vaegan, 1979).

민감기의 다른 예시로는 새의 노래, 지저귐 학습을 들 수 있다. 제11장에서 몇 가지 종의 새들이 어른 새의 노래를 듣고 모방함으로써 어떻게 학습하는지에 대해서 살펴보았다. 흰관멧참새는 다양한 기능을 하는 일곱 가지 다른 소리의 레퍼토리를 갖고 있다(예 : 영역 방어, 구애). 이 중 여섯 가지의 소리는 모든 흰관멧참새에게서 대개 비슷하지만, 수컷의 노래소리 하나는 지리적 위치에 따라서 다른 특징을 보인다. 마치 다른 지역에 사는 사람들이 같은 언어는 사용하지만 다른 악센트를 갖고 있는 것 같이, 다른 지역에 사는 수컷 참새는 서로 다른 '방언'을 갖고 있다. 보통, 수컷 흰관멧참새는 생애 첫 열흘쯤을 둥지 안에서 보내고 나서 부모와 가깝긴 하지만 독립된 장소로 이동한다. 이후 몇 달 동안 이 새는 그의 아비 새나 다른 이웃 수컷들의 노래를 듣게 되고, 결국 같은 '방언'을 이용한 노래를 부르기 시작한다.

다른 어른의 노래를 들을 기회 없이 고립되어 자란 수컷 흰관멧참새는 노래를 부르긴 하지만 그 노래가 정상적일 수는 없다(Marler, 1970). 반면 고립되어 자랐지만 생후 30일부터 100일 사이에 수컷의 노래를 녹음한 테이프를 들으며 자란 수컷은 정상적으로 노래를 학습할 수 있었다(Marler, 1970). 이 시기보다 이르거나 느린 노출은 학습에 아무런 소용이 없었다. 민감기가 한 번 지나면 수컷은 정상적인 노래를 학습할 수 없게 되는 것이다.

언어학습

어떤 연구자들은 사람의 언어학습 또한 열두 살 정도에(혹은 이보다 좀 더 일찍) 끝나는 민감기가 있다고 주장한다. 유명하지만 비극적인 '지니' 사례가 이 주장의 증거인데, 정신질환을 앓던 지니의 아버지는 그녀를 유아용 변기 의자에 묶어 고립된 방에 가둬두었고, 그녀가 어떤 소리라도 내면 마구 때리기까지 했다(Curtiss, 1977). 캘리포니아 당국은 지니가 만 열세 살이 되던 1970년에 그의 부모로부터 구해냈는데, 그때 지니는 59파운드밖에 나가지 않았고, 팔과 다리를 똑바로 펼 수 없었으며 방광과 장과 같은 신체기관을 통제할 수 있는 능력이 없었다. 또한 그녀는 말도 전혀 하지 못했다.

이 후 몇 년에 걸쳐, 의사, 심리학자, 사회복지사들이 그녀가 입은 손상을 치유하기 위해 노력한 결과 그녀의 건강은 훌륭하게 회복되었고, 지능은 다소 낮긴 해도 정상 범위를 나타내었다. 하지만 그녀의 언어 수준은 만 3, 4세 수준에서 전혀 발전되지 못했는데 단순한 문장("음식을 원한다.")은 말할 수 있었지만 그 이상의 복잡한 문장은 말할 수 없었다. 생애 초기 10년간 문장에 노출되지 못했던 것이 보통 성인들의 언어 사용을 특징짓는 복잡한 문법과 단어를 습득하는 것을 불가능하게 만들었던 것으로 보인다(Curtiss, 1977; Rymer, 1994). 또한 발달기간 동안 사회적 의사소통이 부족하여 다른 사람들이 언어를 어떻게 사용하는지를 관찰하고 모방할 기회가 매우 부족하기도 하였다. 2008년에 51살이 된 지니는 여전히 캘리포니아주의 보호 아래 살고 있으며, 익명의 보고에 따르면 지니는 다시 말이 없는 상태로 되돌아갔다고 한다.

사람의 언어학습에 민감기가 있는지에 대한 증거를 찾기 위해 지니와 같이 극단적인 사례를 봐야만 할 필요는 없다. 보통, 아이들은 어른보다 두 번째 언어를 더욱 쉽게 배우고, 그 지역의 억양을 더 비슷하게 따라할 수 있다(Newport, 1990). 이것은 음운의 식별을 가능하게 하는 지각적인 학습의 민감기 때문이다.

사람의 언어에는 음소라 불리는 약 25~40개의 소리가 있다. 하지만 모든 언어가 같은 소리를 갖고 있는 것은 아니다. 한 가지 언어를 사용할 수 있는 어른은 자신들의 언어에서 사용하는 소리는 구분할 수 있지만 종종 그들이 사용하지 않는 소리들에 대해서는 구분하지 못한다. 예를 들어, /l/과 /r/은 영어에서 구분이 되는 음소이지만(그래서 'ray'와 'lay'는 다른 단어이다), 일본어에서는 그렇지 않기 때문에 일본어만을 사용하는 성인은 종종 이 두 가지 음소를 구분하지 못한다. 반면에 영어만 사용하는 발화자는 태국어에서는 유효하게 구분되는 부드러운 'p'와 날카로운 'p'의 차이를 듣지 못한다. 사실상, /r/과 /l/음소는 일본어 사용자에게는 같은 소리 카테고리에 속해 있고, 영어 사용자에게 부드러운 'p'와 날카로운 'p'는 같은 소리 카테고리에 속해 있는 것이다.

6~8개월 사이의 유아는 이 모든 소리를 잘 구별하고 심지어 그들의 모국어에서는 구별되지 않는 소리조차 구분할 수 있다. 유아는 강화가 된 소리를 향해 머리를 돌림으로써 이 학습을 표현할 수 있다. 점차 나이를 먹으면 그들의 언어에서 사용하는 음성은 더 잘 구분하게 되고, 그렇지 않은 언어의 소리를 구별해내는 것은 점점 어려워한다(Kuhl, 2000). 따라서 6개월 된 '일본어 사용' 아기는 'lay'와 'ray'를 구분하는 것이 가능하지만, 11개월이 된 아기는 불가능하다. 이와 유사하게, 6개월이 된 '영어 사용' 유아는 영어를 사용하는 성인에게는 구별이 안 되는 힌디어의 음운을 구별하는 것이 가능할 수 있지만(그림 12.3), 10~12개월이 된 아기들은 이런 능력을 잃게 된다(Werker & Tees, 1999). 분명, 사람의 언

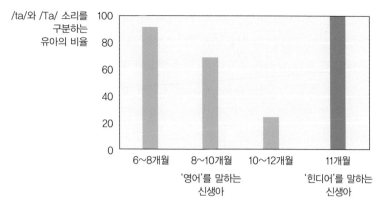

그림 12.3
모국어가 아닌 소리를 구분하는 능력의 감소 생후 6개월이 된 '영어를 말하는' 신생아는, 영어 하나만을 사용하는 성인이 구분하지 못하는 힌두어의 /ta/와 /Ta/소리를 쉽게 구분할 수 있다. 생후 11개월의 '힌디어를 말하는' 아이들은 여전히 쉽게 두 가지 소리를 구분할 수 있는 반면, 생후 10~12개월의 '영어를 말하는' 아이들에게서는 이 능력이 사라진다.
Information from Werker & Tees, 1999.

어 습득에는 새가 지저귐을 습득하는 것처럼 음성을 구별하는 것을 배울 수 있는 특정 시기가 존재하는 것 같다. 물론 이 시점을 넘어서도 학습은 가능하지만 더 비효율적으로 학습이 일어나게 된다. 민감기 동안에 2개의 언어를 사용하는 집에서 살거나 다양한 언어에 노출이 된 아이들은 나중에 소리를 배우려고 노력해야 하는 아이들보다 더 유창한 발화자로

◄◄ 일상에서의 학습과 기억 ►►

발화 이전에 아기에게 수화 가르치기

2004년 영화 '미트 페어런츠'에서 걸음마를 배우는 어린 잭은 기저귀를 갈고 난 후, 그의 할아버지에게 그가 과자와 낮잠을 원한다는 것을 알리기 위해 수화(sign language)를 사용한다. 단지 욕심이 과한 양육에 대한 할리우드식 농담일까? 글쎄, 아마도 농담만은 아닐 것이다. 부모들의 보고에 따르면, 아직 발화 언어를 완전히 익히지 못한 6~9개월 정도 된 어린 아이들은 더 많은 음식이나 우유에 대한 바람을 표현하기 위해 제스처를 이용할 수 있다. 약 10~12개월쯤에는, 아이들은 어떤 물건을 원한다는 것을 나타내기 위해 그 물체에 다가갈 수 있고 어른들의 관심을 끌기 위해 위해 물건을 높이 들수도 있다(Goodwyn, Arcedolo, & Brown, 2000). 몇 개월이 더 지나면, 아이들은 '새'나 '비행기'를 표현하기 위해 그들의 팔을 퍼덕거리거나 '가위'나 '자르기'를 함축하기 위해 검지와 중지를 펼쳤다가 모으는 것과 같은 몸짓을 완전히 익히게 된다. 많은 연구들이 행동과 언어 발달의 정적인 상관을 보여준다. 만 1~2세 사이에 더 많은 몸짓을 학습한 아이들은, 만 2~3세 사이에 더 많은 단어를 학습한다(Capone & McGregor, 2004; Goodwyn et al., 2000).

왜 제스처로 의사소통하는 것이 언어 발달을 용이하게 할까? 만약 유아가 그들의 부모로부터 더 많은 발성에 노출되면 언어를 더 빠르게 학습한다. 아이는 제스처(예 : 나무 위의 새를 가리키기)를 통해 부모의 반응("그래! 저건 새야!")을 끌어낼 수 있다. 스무 가지의 제스처를 이용하는 아이는 오직 두 가지의 제스처를 이용하는 아이보다 열 배나 많이 부모의 반응을 이끌어낼 수 있다. 두 번째로 가능한 설명은, 아이들은 그들이 관심이 있는 것을 더 잘 학습한다는 것이다. 제스처를 이용한 의사소통은 아이들이 부모에게 자신이 관심 있는 것을 보여주도록 한다. 그리고 이는 부모에게 그 관심과 관련된 언어를 알려주도록 신호를 준다. 세 번째 가능한 설명은, 제스처를 이용한 의사소통은 언어 발달을 위한 '발판'을 제공한다는 것이다. 아이는 결국 어떻게 유용한 의사소통이 가능한지에 대한 통찰력을 제공하는 '쉬운' 제스처를 학습하고, 이는 아이에게 발화 언어를 포함하여 의사소통을 하기 위한 다른 방법을 탐험할 동기를 부여한다.

그동안, 보디랭귀지는 걸음마를 하는 아이가 그들이 필요한 것을 말로 표현할 능력이 없을 때 의사소통하는 방법이었다. 굿윈과 그녀의 동료들은 14개월 된 소년이 '뜨거움' 제스처(열심히 불기)를 이용해 엄마에게 목욕물이 너무 뜨겁다는 것을 전달할 수 있었음을 보고하였고, 또 다른 아이는 부모님이 기저귀를 갈아주는 동안 다리를 너무 꽉 잡고 있는 것에 불평하기 위해 '부드럽게' 신호(손등을 쓰다듬기)를 보냈다는 사례를 보고하였다(Goodwyn, Acredolo & Brown, 2000).

자라게 될 가능성이 높다. 미국식 수화(ASL)와 같은 수화에도 발화 언어에서와 마찬가지로 이른 시기에 수화에 노출되는 것이 유창함을 도울 수 있다(발화언어와 수화 학습의 관계를 더 알고 싶다면 앞 페이지의 '일상에서의 학습과 기억' 참조).

반면에, 모든 사람이 언어학습의 민감기와 관련한 의견에 찬성하는 것은 아니다. 성인은 명백히 두 번째 언어를 완전히 마스터할 수 있으며, 종종 아이들보다 더 빠르게 마스터할 수 있다(Thomas & Johnson, 2008). 아이일 때 새로운 언어를 학습하는 것과 성인이 되어 새로운 언어를 학습하는 것은 달라 보인다. 아이들에게 가장 중요한 과정은 사회적인 모방인데, 주위에서 말하는 것을 모방함으로써 언어를 학습한다. 반면에, 어른들은 의미기억을 주로 사용하고, 새로운 어휘를 암기하는 등의 외현적인 전략을 사용한다. 물론 어른들도 새로운 문장을 산출하고 이해하는 데 있어서 지각–운동 체계나 인지적인 기술을 이용하기도 한다(Hudsom kam & Newport, 2005). 그 결과로, 제2외국어를 배우기 위해 동일한 양의 시간이 주어진다면 어른과 큰 아이들이 종종 어린 아이들보다 더 빠른 진전을 보인다(Snow & Hoefnagel-Hohle, 1978).

청소년기 : 아이에서 어른으로

성적인 성숙에 도달하기 위한 신체의 변화를 겪게 되는 과정인 **사춘기**(puberty)는 동물의 종마다 다른 시기에 나타난다. 미국에서, 대부분 소녀들의 사춘기는 약 열 살쯤에 시작되고, 첫 월경(이 시작을 초경이라 함)은 2년쯤 후에 일어나고 임신이 가능해지는 시기인 첫 배란은 대략 그로부터 1, 2년 후에 시작된다. 남자아이들은 사춘기를 열두 살 전후에 시작하고, 생식능력을 지닐 만큼 성숙되는 것은 그로부터 몇 년 후의 일이다. 반면, 코끼리는 생후 약 9~12년 사이에 성적으로 성숙해지며, 쥐는 14개월 이내에 성적으로 성숙해지고 생식능력을 갖추게 된다. 몇 가지 동물에서는 사춘기가 예정된 시기에 발생하지 않기도 한다. 예를 들어, 프레리 들쥐 암컷은 완전히 자라더라도 혈연집단 밖 수컷의 신호에 노출되기 이전까지는 성적으로 미성숙한 단계로 남아 있다. 노출된 이후에는 24시간 이내에 성적으로 수용적으로 변화하고, 짝짓기를 하게 되며, 암컷이 정한 파트너와 함께 지속적인 한 쌍의 관계를 형성하게 된다.

청소년기(adolescence)는 사춘기 시작과 성인기 도입 사이의 변화 단계라고 정의할 수 있다. 비록 육체적 · 사회적인 발달에는 개인마다 커다란 차이가 있긴 하지만, 사람의 청소년기는 거의 십 대(만 13~19세)에 나타난다. 문화적 규범 또한 청소년기를 규정하는데 영향을 주고, 문화에 따라서 성인기로 향하는 사회적인 의식 또는 종교적인 의식들이 존재하기도 한다. 예를 들어 서구 사회에서는, 성인은 운전을 할 수 있는 권리, 술을 구매할 수 있는 권리, 그리고 투표와 같은 새로운 특권과, 학교를 떠나 일자리를 구해야 하는 것 같은 책임, 결혼이나 부모가 되어야 한다는 새로운 사회적 역할의 출현 등이 이 시기와 관련되어 있다.

그러므로, 엄격히 말해 사춘기가 신체적인 과정이라면, 청소년기는 심리적이고 사회적인 변화의 시기를 나타낸다. 청소년기와 사춘기는 겹칠 수 있지만, 사춘기는 끝나는 지점(성적인 성숙)을 정의하고 있고, 청소년의 경계는 그에 비해 덜 뚜렷하게 정의가 되는 편이다.

작업기억의 성숙

청소년기 동안의 가장 심오한 변화들 중 몇 가지는 학습과 기억 능력에 관한 것이다. 특히 학습과 기억능력 중 가장 마지막에 성숙하는 작업기억과 집행 기능은 청소년기와 성인 초기에 이르기까지 지속적으로 발달한다.

이 책의 제9장에서 작업기억은 정보를 능동적으로 처리하기 위한 단기 저장 시스템이라고 설명하였다. 인간을 대상으로는 한번에 기억할 수 있는 숫자의 개수인 숫자 폭(digit span)을 측정하여 작업기억 용량을 평가한다. 그림 12.4a는 어린 아이들이 상대적으로 짧은 숫자폭을 갖고 있음을 보여준다. 아이들은 평균적으로 한번에 서너 개의 숫자까지 기억하고 반복할 수 있는데, 이 숫자 폭은 청소년기 동안 점차 증가한다. 그래서 만 14, 15세 즈음의 청소년은 어른과 유사하게 거의 7개의 숫자를 기억할 수 있게 된다(Engle & Marshall, 1983). 시각적인 패턴을 기억해야 할 때에도 이와 비슷한 결과가 발견되었다(Gathercole, 1998).

아주 어린 아이가 어른보다 숫자나 그림을 훨씬 적게 기억하게 되는 한 가지 이유는 그들이 이런 자극들을 접한 경험이 훨씬 더 적기 때문일 수도 있다. 청소년기에 이르기까지 사람들은 숫자, 단어, 패턴 등의 자극에 노출되는 많은 경험을 하게 되고, 이 지식은 작업기억에 여러 기억 항목들을 부호화하는 것을 더 수월하게 한다. 만약 아이가 익숙한 물건을 이용한 기억과제를 수행하면 수행 수준이 향상된다는 연구결과도 있다. 어른과 아이에게 체스 말들의 위치를 기억하도록 했을때, 열 살 된 체스 숙련가는 체스를 하지 않는 어른보다 더 많은 체스 말들을 기억해냈다(Chi, 1978). 이 사실은 나이와 상관을 보이는 작업기억 용량의 증가 양상은 어느 정도는 기억해야 할 대상에 대한 노출 정도와 친숙도를 반영한다는 점을 보여준다.

보다 복잡한 작업기억 능력은 더 나이가 들어서도 발달할 수 있다. 예를 들어, 제9장에서 '2-뒤로(2-back)' 과제에 대해서 살펴본 바가 있는데, 이 과제에서는 일련의 자극들이 제시되는 동안 현재 제시된 자극이 제시 순서상 두 번째 앞서 나타났던 대상과 같은지를 판단해야 한다. 이 과제는 공간 작업기억을 평가하도록 변형할 수 있는데, 각각의 시행에서 참가자는 컴퓨터 화면 여러 위치 중 한 군데에 나타나는 자극(예 : 'O' 모양)을 보게 되고 현재

그림 12.4
청소년기의 작업기억 (a) 사람이 듣고 기억으로부터 반복할 수 있는 숫자의 개수인 숫자 폭은 어린 시절을 지나며 증가하고, 후기 청소년기에 정상 성인 수준(약 7개)에 도달한다. (b) 공간 기억 정보를 사용한 '2-뒤로' 검사 수행. 점은 참가자의 성과를 나타내고, 초록색 선은 작업기억 과제에서의 정확성이 청소년기를 거쳐 청년까지 계속해서 증가하는 추세를 보여준다.

(a) Data from Gardner, 1981; (b) Information from Kwon et al., 2002.

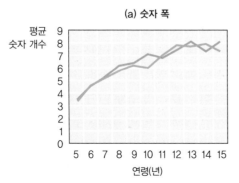

(a) 숫자 폭

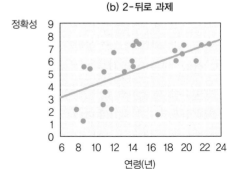

(b) 2-뒤로 과제

자극의 위치가 두 단계 전에 나타났던 자극의 제시 위치와 같다면 버튼을 누르도록 지시받았다. 2-뒤로 과제는 뛰어난 집중력을 요구하고 성인이라고 해도 대개 100% 정확률을 보이지는 못한다. 한 연구에서, 7세와 10세 사이의 아이, 13세와 17세 사이의 청소년, 18세와 22세 사이의 젊은 성인을 대상으로 이 과제를 실시하였다. 그림 12.4b는 청소년과 성인이 되어가는 동안 수행 수준이 점차 향상되는 것을 보여준다(Kwon, Reiss, & Menon, 2002). 다른 복잡한 작업기억 과제들도 이와 유사하게 청소년기동안의 수행 향상을 보여주고, 청소년기 후기에 이르러서는 어른과 비슷한 수준이 되는 모습을 발견하였다.

학습과 기억의 성차

청소년기 동안 급격한 신체 변화가 나타나고 이러한 변화 대부분은 성적인 성숙과 관련이 있다는 사실을 고려할 때, 이 시기 동안 일어나는 학습과 기억에서 남녀 간에 많은 차이가 생겨난다는 점은 그다지 놀라운 사실이 아니다. 예를 들어, 젊은 성인 여성은 단어 목록이나 이야기 회상과 같은 언어 관련 기억 검사에서, 그리고 물체의 위치를 기억해야 하는 공간 학습 과제 일부에서 종종 같은 나이대의 남성보다 뛰어난 수행을 보인다(Barnfield, 1999). 반면에, 남성은 주로 미로 찾기와 같은 공간학습에서 여성보다 뛰어난 수행을 보인다(Astur, Ortiz, & Sutherland, 1998). 한 연구에서, 남성과 여성 참가자들에게 가상의 마을 지도를 학습하도록 하였는데, 평균적으로 여성은 마을의 랜드마크를 더 잘 기억한 반면, 남성은 마을 안의 길을 더 빠르게 학습했다. 하지만 이런 차이가 사춘기까지는 나타나지 않았다. 가상의 마을에서 성인 여성이 성인 남성보다 랜드마크를 더 잘 기억했지만, 여덟 살부터 열세 살까지의 소녀는 같은 나이의 소년들보다 더 나은 수행을 보이지 않았다(Silverman & Eals, 1992).

무엇이 여자아이와 남자아이의 차이를 만들어내는 걸까? 문화적 영향이 하나의 원인이 될 수 있는데, 어떤 특정 학습에서는 남자 아이들이 뛰어나고 다른 학습에서는 여자 아이들이 뛰어날 것이라고 기대하는 일종의 문화적 고정관념이 영향을 줄 수 있다. 하지만 이러한 요인이 모든 것을 설명해줄 수는 없다. 성차는 사람이 아닌 다른 종에서도 발견되는데, 이들의 성차가 문화적 고정관념에 기인했다고 볼 수는 없다. 예를 들어, 미로에서 성인 수컷 쥐는 암컷 쥐보다 먹이가 없는 장소에 대한 기억을 더 잘한다. 암컷 쥐는 수컷 쥐보다 최근 방문했던 위치에 대해 더 잘 기억하는 모습을 보였다(Bimonte, Hyde, Hoplight, & Denenberg, 2000; Hyde, Sherman, & Denenberg, 2000). 사람에게서 나타난 특징과 비슷하게 학습에 대한 성차는 성적으로 성숙한 쥐에게서 나타나기도 한다(Kanit et al., 2000).

문화적 차이에 의한 결과가 아니라면, 아마도 학습과 기억에서 나타날 수 있는 성차는 남성과 여성의 성호르몬 수준의 차이를 반영한 것으로 볼 수 있다. 사춘기를 시작하면서, 여성에게는 주로 **에스트로겐**(estrogen), 남성에게는 **안드로겐**(androgen)과 **테스토스테론**(testosterone)과 같은 성호르몬 분비가 급격하게 증가한다. 성호르몬의 증가와 학습과 기억에서 나타나는 남녀 성차의 발현이 거의 비슷한 시기에 발생함을 고려하면, 성호르몬의 증가가 많은 행동 특성을 설명할 수 있다고 보인다. 뇌의 기질 부분을 다루고 있는 아래 내용에서, 당신은 성호르몬이 남성과 여성의 뇌에 영향을 미치는 구체적인 방법에 대해 읽게 될 것이다.

기억의 노화 : 성인기에서 노년기까지

이 장의 앞부분에서 다루었던 대부분의 학습과 기억 실험은 그 대상이 인간이었든, 쥐였든, 침팬지 또는 바다 민달팽이가 되었든 간에 건강하고 젊은 성년체를 대상으로 모은 자료에 기반한 것이었다. 연구에 있어서 이러한 관습은 젊은 성인은 뇌가 성숙하여 생애 초기에 보여지는 개인차보다 적은 변산성을 가지고 있을 것이라는 전제에 기반한다(나이로 인한 수행의 차이는 생후 6~18개월 사이에 크게 나타나지만, 20세와 21세 사이에서는 그 차이가 미미함). 실제 다쳤거나 질병이 있는 사람을 제외한 대부분의 정상인은 성인기 동안 안정된 학습과 기억, 인지 기능을 보인다. 예를 들어, 시애틀 종단연구(Seattle Longitudinal Study) 프로젝트는 각기 다른 나이대의 6,000명의 개인들을 조사하였다(Schaie, 2005). 참가자들은 인지능력을 평가하는 여러 검사들을 받았고 7년 간격으로 재평가를 받았다. 그림 12.5에 보이는 것처럼, 연구는 20~50세 사이에는 언어 기억을 포함한 대부분의 인지능력에서 차이가 매우 미미하다는 것을 보여주었다.

불행히도, 그림 12.5는 많은 인지능력이 60세 이후에 저하되기 시작함을 보여주고 있다. 이 결과뿐 아니라 노화에 따른 인지기능 감소와 관련된 논의들에서, 변화 정도에 있어서 큰 개인차가 있다는 것을 기억하는 것은 중요하다. 이 말은 곧 '건강하게 노화하는(age well)' 사람들이 있는 반면, 심각한 감퇴를 보이는 사람들도 있다는 것을 의미한다(Wilson et al., 2002). 큰 개인차에도 불구하고, 몇 가지 일반적인 패턴은 존재한다. 작업기억처럼 어떤 기억들은 30대 중반부터 쇠퇴하기 시작하고, 의미 지식과 언어 능력과 같은 것들은 노년기에도 변함없이 유지되는 경향이 있다.

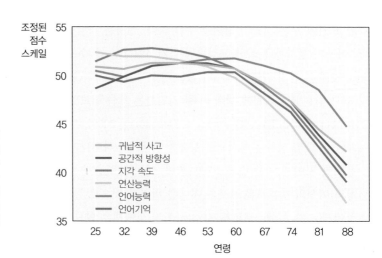

그림 12.5

일생 동안의 사람의 인지적 변화 시애틀 종단연구에서, 각기 다른 나이의 사람들은 7년의 간격을 두고 몇 가지 종류의 인지능력을 검사받았다. 이 연구에서 점수 스케일은 50점이 53세 그룹에서 관찰된 중간값을 나타내도록 조정되었다. 이는 다른 종류의 인지 검사로부터 수집된 자료들의 비교를 가능하게 했는데, 언어기억을 포함한 대부분의 인지능력은 25~60세 사이에 거의 변하지 않았지만 그 이후에는 감소하기 시작했다.

Information from Schaie, 2005, Figure 4.

노년기의 작업기억

사람이나 다른 동물에서도 가장 마지막에 이르러 완전히 발달하는 기억 체계 중 하나인 작업기억은, 건강한 노화 과정 중에는 가장 빠르게 쇠퇴하기 시작하는 기억이기도 하다. 예를 들어, 위에서 언급했던 것처럼, 건강한 젊은 성인은 평균적으로 7개 정도의 숫자를 기억할 수 있지만 장노년의 성인은 평균적으로 6개 혹은 6.5개 정도의 숫자를 기억한다. 비록 그 차이가 크진 않지만, 이는 7개의 전화번호를 기억하는 것과 잊는 것의 차이를 의미할 수 있다. 만약 각기 다른 숫자들을 양쪽 귀에 동시에 들려주는 방법처럼 과제를 좀 더 복잡하게 만든다면, 숫자 폭의 감소는 30, 40대에서도 발견될 것이다(Barr, 1980). 왜 이런 현상이 나타나는지 아직은 완전히 알 수 없지만 한 이론에 따르면 나이 든 성인은 순행간섭에 민감할 것이라고 추측한다. 우리가 제7장에서 읽었던 것처럼, 순행간섭은 이전의 저장된 정보(이전 주소 혹은 컴퓨터 비밀번호 같은)가 새로운 정보를 기억하는 능력을 방해할 때 발생한다(그림 7.7). 나이 든 성인은 작업기억에 입력된 오래된 정보나 상관 없는 정보를 잘 억제하지 못하고 작업기억은 더 이상 공간이 없어져서 현재 필요한 정보를 밀어낼 수 있다(Bowles & Salthouse, 2003).

노년기의 조건학습과 기술학습

보통, 조건형성학습은 나이와 함께 감소한다. 노년은 청년에 비해 강화물에 반응하여 행동을 조절하는 능력이 떨어진다. 예를 들어, 사람의 경우 눈 깜빡임 반응의 고전적 조건형성은 40~50대 즈음에 감소하기 시작한다. 장노년의 사람은 눈 깜빡임을 학습하는 데 젊은 사람에 비해 두 배 이상의 시간이 걸린다(Solomon, Pomerleau, Bennett, James, & Morse, 1989; Woodruff-Pak & Thompson, 1988). 나이에 따른 눈 깜빡임 조건형성능력의 감소는 토끼나 고양이에게서도 비슷하게 나타난다. 노화가 이런 학습 자체를 막지는 않지만 학습을 느리게 만든다.

기술 학습 또한 노화가 진행되면서 감소한다. 제8장에서 빠르게 회전하고 있는 디스크에 있는 점 위에 배치된 바늘을 일정하게 유지하도록 하는 **회전판 추적 과제**에 대해 살펴본 적이 있는데(그림 8.6), 중년의 성인은 이 과제를 청년만큼 잘 학습할 수 있지만 60세를 넘은 노년은 급격한 수행 감소를 보인다(Ruch, 1934). 실생활에서의 기술 학습도 똑같이 나이에 따른 감소를 보인다. 예를 들어, 한 실험은 노인이 정신적·신체적 기술에 숙달할 수 있었지만, 청년에 비해 학습률이 낮았고, 학습 동안 더 많은 오류가 발생하였다(Cazaja, Hammond, Blascovich, & Swede, 1993). 요약하면, 당신은 늙은 개에게 새로운 훈련을 시킬 수 있지만, 그 개는 기술을 습득하는 데 시간이 조금 더 걸릴 것이다.

건강한 노화에서 새로운 연합과 기술의 학습이 느려지긴 하지만, 한편으로는 매우 숙련된 기술은 잘 유지되는 경향도 있다. 90세에도 계속해서 음악을 작곡하고 오케스트라를 지휘한 스페인 첼리스트 파블로 카잘스는 유명한 예이다. 잭 니클라우스는 40~50대에 메이저 골프 토너먼트 대회에서 수많은 젊은 선수들보다 좋은 수행을 보이면서 여러 차례 우승

했다. 60~70대의 숙련된 타이피스트는 종종 20~30대의 타이피스트만큼 빠르고 정확하게 그들의 기술을 수행해낼 수 있다(Salthouse, 1984). 많은 체스 숙련가와 브릿지 선수들은 나이가 들면서도 실력이 감소하기보다는 향상되었고, 40~60세 사이의 비행기 조종사는 나이와 경험이 종종 젊음과 스피드를 이긴다는 속담처럼 젊은 조종사보다 더 적은 사고를 낸다(Birren, 1964).

일화기억과 의미기억 : 오래된 기억은 새로운 학습보다 더 낫다

오래전 학습된 일화기억과 의미기억은 아주 늙는다고 해도 굉장히 잘 기억에 남아 있는 경향이 있다. 의미기억이 일반적으로 반복적인 노출에 의해 강해진다는 제7장의 내용을 상기해보자. 한 사람의 일생에서, 단어와 세상에 대한 일반지식과 같은 의미 정보는 여러번 부호화되고 인출되고 재부호화된다. 건강한 노년의 인간은 일반적으로 의미기억을 유지하고 인출하는 능력이 감소하지 않거나 아주 조금만 감소하게 된다(Light, 1991). 노인은 오래된 과거의 일화기억을 회상하는 능력에서도 그다지 큰 저하를 보이지 않는다(Piolino, Desgranges, Benali, & Eustache, 2002).

비록 잘 구조화된 기억은 살아남지만, 노인들은 대개 새로운 일화기억과 의미기억을 형성하는 데 있어서 효율적이지는 못한 양상을 보인다. 그림 12.5는 짧은 이야기와 단어 목록에 대한 자유회상 검사를 통해 측정된 참가자들의 '언어적 기억' 감소 패턴을 보여준다. 노인은 젊은 사람에 비해 단어 쌍의 목록을 학습하고 각 쌍의 첫 단어를 받고서 두 번째 단어를 회상하기를 요구하는 짝 연합 학습(paired associate learning) 과제를 잘 수행하지 못한다(Canestrari, 1963). 노인들의 저조한 수행은 인출의 어려움보다는 부호화의 어려움 때문인 것으로 보인다. 만약 실험이 진행되는 동안 단어가 더 느린 속도로 주어진다면 향상될 수 있는데, 노인은 정보를 부호화하는 데 더 많은 시간이 걸리기 때문이다(Canestrari, 1963). 또한 만약 실험 자극들이 어떤 특정 의미를 갖고 있다면 수행은 향상될 것이다(Graf, 1990). 예를 들어 한 실험에서 대학생이 노인보다 최근의 락스타의 이름 목록을 암기하는 데 더욱 뛰어난 성과를 보인다면, 노인은 그 이전 세대에 유명했던 음악가의 목록을 암기하는 데 대학생보다 더 뛰어난 성과를 보였다(Hanley-Dunn & McIntosh, 1984).

또한 노화는 지시된 망각에도 영향을 미친다. 제7장에서 살펴본 것처럼, 지시 망각 과제는 참가자에게 기억 항목들을 학습하도록 하고나서 의도적으로 어떤 항목을 잊으라고 요구한다(그림 7.6b). 이후 참가자에게 미리 설명하지 않은 갑작스러운 기억 검사를 시행하면, 참가자들은 망각하라고 지시를 받았던 항목들을 기억하고자 했던 항목이나 특별히 잊으라고 지시받은 적이 없던 항목들에 비해 더 적게 회상하는 경향을 보였다. 이런 과제에서 청년들이 노인들에 비해 더 많은 항목을 의도적으로 망각할 수 있었다(Titz & Verhaeghen, 2010). 요컨대, 노화가 되면 우리는 부호화를 하는 데 있어서 우리가 유지하고 싶어 하는 항목을 저장하기 어려워지고 동시에 망각하고 싶어 하는 항목을 망각하는 것이 어려워지면서 통제력이 떨어지게 되는 것으로 보인다. 노화가 기억 인출을 조절하는 데 부정적 영향을 미친다는 의견과 연결하여, 최근의 연구는 노인들이 원하지 않는 인출을 적절하게 억제할 수 있는 방법에 대해 구체적인 지시를 받는 경우에는 유도된 망각 과제를 성공적으로 수행할 수 있음을 발견하였다(Murray, Anderson, & Kensinger, 2015).

정서 또한 나이에 따라서 기억에 다르게 영향을 미치는 듯하다. 제10장에서, 정보의 정서가 부호화에 얼마나 큰 영향을 미치는지에 대해 살펴보았다. 노인이 청년에 비해 긍정적인 정보를 더 기억하는 경향이 있음을 보여주는 연구가 있다. 한 실험에서, 참가자는 웃는 아이나 꽃과 같은 16개의 긍정적인 이미지들과, 뱀, 상처난 몸 같은 16개의 부정적인 이미지를 보았다(Charles, Mather, & Carstensen, 2003). 자유회상 검사에서 젊은 사람은 노인에 비해서 상당히 많은 이미지를 회상했다. 하지만 회상하는 이미지의 성격은 달랐는데 젊은 사람은 비슷한 수의 긍정적인 이미지와 부정적인 이미지를 기억한 반면, 노인은 부정적인 이미지보다 긍정적인 이미지를 더 많이 기억했다. 한 가지 가능한 설명은, 의식적인 선택 때문이든 또는 정서적인 처리를 조절하는 뇌 구조(예 : 편도체)가 노화에 의해 변화되었기 때문이든, 혹은 두 요인 모두의 영향 때문이든 간에 젊은 참가자는 늙은 참가자보다 부정적인 이미지를 더 깊은 수준으로 처리한다는 것이다. 이는 앞서 제7장의 처리수준이론에서 살펴본 바와 같이 학습 동안의 깊은 부호화가 회상을 하는 데 있어서 기억을 향상시킬 수 있다는 전제를 바탕으로 한다.

메타기억과 노화

위와 같은 발견들을 종합해보면, 놀랍게도 노인들이 대부분 기억에 관해 불평하는 것이 새로운 정보를 학습하는 데 실패했기 때문이 아니라, 이미 있는 기억을 필요에 따라 인출하는 것에 실패했기 때문이라는 사실을 알 수 있다. 제7장으로 돌아가서, 당신은 어떤 정보에 대해 분명히 알고 있다는 것을 확신할 수 있으나 바로 그 순간에는 인출해내기 힘들 때 발생하는 '설단현상' 경험에 대해 읽었을 것이다. 설단현상은 만 64~75세의 건강한 성인에게서 가장 빈번하게 보고되는 당황스러운 문제 중 하나이다(Sunderland, Watts, Baddeley, & Harris, 1986).

설단현상의 가장 큰 특징은, 기억 그 자체에 대한 우리의 지식과 믿음인 메타기억과 관련된 안다는 느낌이 강하게 드는 것이라고 볼 수 있다. 몇몇 연구들은 나이가 들어감에 따라 메타기억은 감소하고, 노화에 따른 설단현상은 증가하는 것이 꼭 기억 인출 자체의 실패를 나타내기보다는, 어떤 정보가 가용한지를 정확히 평가하는 데 어려움을 겪는 문제라고 주장하기도 한다(Salthouse & Mandell, 2013).

이 주장과 일치하게, 한 연구는 노인과 젊은이에게 뒤에서 진행될 검사에서 정보를 얼마나 잘 기억할 수 있을지 예측해보도록 요구하였다. 젊은이들은 자신이 어떤 수행을 보일지 예상하는 데 있어 꽤나 정확했던 반면, 노인은 실제 수행보다 자신이 더욱 많이 기억할 수 있을 것이라고 과도한 자신감을 보였다(Soderstrom, McCabe, & Rhodes, 2012). 결론적으로, 새로운 일화기억과 의미기억의 습득에 있어서 노화에 따른 쇠퇴는, 자신이 무엇을 이미 알고 있는지 정확하게 평가하는 능력이 나이에 따라 감소함에 따라 나타나는 것으로 보여진다.

지식 테스트

노년기의 학습과 기억

학습과 기억 능력은 일반적으로 청년기에 가장 높으며 그 이후 감소하기 시작한다. 어떤 기억은 건강한 노년 동안 견고하게 남아 있는 반면 몇 가지 종류의 학습과 기억은 중년이 되면 감소하기 시작한다. 당신이 아래에 기술된 각 과제와 관련된 학습과 기억과정을 잘 알고 있는지 확인해보고 건강한 노년의 성인들도 이 과제들을 그들이 젊었을 때만큼 (혹은 최소한 유사한 수준으로) 잘 수행할 수 있을지를 생각해보라. (정답은 책의 뒷부분에 있다.)

1. 누군가의 결혼식 회상하기
2. 주말 쇼핑 목록 항목을 (적지 않고) 기억하기
3. 커피 만드는 방법 기억하기
4. 새로운 친구의 이름을 학습하기
5. 새로운 핸드폰으로 사진 찍는 방법 학습하기

중간 요약

- 개인의 학습과 기억 능력은 일생에 걸쳐 변화한다.
- 습관화와 재인 같은 몇몇의 간단한 학습 유형은 태어나기 전부터 나타날 수도 있다.
- 대부분의 학습과 기억 능력은 성인이 되어가면서 더욱 효율적으로 변하긴 하지만, 매우 어린 나이부터도 최소한의 기본적인 형태를 띄며 존재한다.
- 사람이 아닌 동물에게서도 나타날 수 있는 무엇-어디-언제에 대한 기억과 비슷하게, 아이는 일화기억을 말로 표현할 수 있게 되기 전에 일화기억스러운 기억(episodic-like memory)의 증거를 나타낸다.
- 민감기는 몇 가지 종류의 학습이 가장 쉽고 효율적으로 일어나는, 주로 생애 초기의 시간대이다. 사람에게는 시각과 같은 감각 체계나 언어 학습체계에 민감기가 존재한다.
- 사춘기는 성적인 성숙을 향한 신체의 변화 과정이다. 청소년기는 사춘기와 성인 사이의 과도기이다.
- 사춘기 동안, 성호르몬(주로 여성에게는 에스트로겐, 남성에게는 안드로겐, 특히 테스토스테론) 분비의 급격한 증가가 나타난다. 이는 아마도 학습과 기억 능력에서 나타나는 성차에 기여할 수 있다.
- 작업기억은 사람에게 있어서 가장 늦게 성숙하는 시스템 중 하나이다. 그리고 성인 초기까지도 완전히 발달하지 않는다.
- 학습과 기억능력은 청년기에 정점을 찍고, 일반적으로는 노년기에 감소한다. 대개 노년기 성인에게 오래된 기억은 온전히 남아 있지만 새로운 학습은 더디게 된다.
- 메타기억에 있어서도 또한 노화와 관련한 둔화가 나타나는데, 이는 빈번하게 나타나는 설단현상의 원인이 된다.

12.2 뇌 메커니즘

나이와 관련되어 학습과 기억 능력이 발달하거나 쇠퇴하는 과정이 인생 주기에 걸친 뇌의 변화를 반영한다는 것은 당연한 일일 것이다. 이 절에서는 뇌 메커니즘의 변화에 대해서 살펴볼 텐데, 출생 이전부터 정해져 있는 유전적 차이부터 유아와 아이의 뇌 발달 과정, 청소년기와 사춘기에 연관되는 급격한 뇌 변화를 살피고, 마지막으로 성인과 노년이 되어가면서 발생하는 변화를 순서대로 살펴보도록 하겠다.

학습과 기억의 유전적 근거

수정의 순간부터 유기체의 학습과 기억 능력과 관련된 양상은 유기체의 유전적 구조에 입력되고, 유기체의 향후 발달을 이끌기 시작한다. 뇌 기능에 대한 유전자의 영향은 매우 새로운 연구 분야이지만, 유전자가 학습과 기억에 영향을 미치는 여러 방식을 이해하기 위해 이미 많은 연구들이 시작되고 있다.

유전자 변이와 학습 능력에 있어서 개인차

사람의 11번 염색체에 있는 BDNF 유전자는, 뉴런의 건강에 필수 단백질인 뇌 유래 신경영양인자(BDNF)의 생산을 조절하는 데 도움을 준다. 여러 기능들 중에서도, BDNF는 장기강화작용, 즉 LTP를 강화함으로써 학습과 기억에 영향을 미치는 것으로 나타났다(Lu & Gottschalk, 2000; Poo, 2001). 다른 많은 유전자들처럼, BDNF 유전자는 **대립유전자**(alleles)라고 불리는 형태의 유전적 다양성을 지닌다. 가장 일반적인 형태는 Val 대립유전자라고 불린다. 하지만 약 3분의 1의 사람들은 약간 덜 효과적인 BDNF 종류를 산출하는 Met 대립유전자를 최소한 1개 정도 물려받는다. 1개 또는 2개의 Met 대립유전자를 갖고 있는 사람(Val/Met, Met/Met)은 2개의 Val 대립유전자를 갖고 있는 사람(Val/Val)보다 학습과 기억 과제에 약간 뒤떨어진다. 그림 12.6은 참가자에게 짧은 단락을 들려주고 20분 후에 회상하여 따라 말해보라고 요구하는 형태의 과제 수행 능력을 보여준다. 2개의 Val 대립유전자를 갖고 있는 사람들은 2개의 Met 대립유전자를 갖고 있는 사람보다 더 나은 수행을 보였다. 각각의 대립유전자를 1개씩 갖고 있는 사람들은 중간 수준의 수행을 보였다(Egan et al., 2003).

물론 BDNF 유전자는 학습과 기억 행동에 영향을 미치는 것으로 나타난 많은 유전자들 중 하나일 뿐이다. 이 외에도 5-HT2AR 유전자는 신경전달물질 세로토닌의 특정한 수용기를 만들어내는 지시를 부호화하고 있으며, 신경 전달의 효율성을 결정하는 데 도움을 주는 것으로 보인다(de Quervain et al., 2003). WWC1(또는 'KIBRA') 유전자는 시냅스 가소성을 변형시키는 것을 돕고, 우리가 새로운 정보를 망각하는 정도와 관련이 있는 것으로 나타났다(Schneider et al., 2010). 그리고 SNC1A 유전자는 메시지가 다음 뉴

그림 12.6
사람의 학습과 기억에 있어서 유전적 영향 BDNF(뇌 유래 신경영양인자)는 뉴런의 건강함과 기능을 위해 필요한 단백질이다. BDNF 유전자에 2개의 Met 대립유전자를 갖고 있는 사람들은 기억 회상 검사에서 2개의 Val 대립유전자를 갖고 있는 사람보다 낮은 성과를 보인다. 각각의 대립형질 유전자를 갖고 있는 사람(Val/Met)은 중간 정도의 성과를 보인다.
Information from Egan et al., 2003.

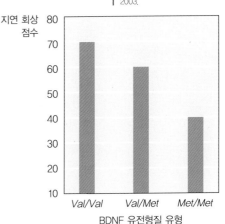

런으로 전달될지 아닐지를 결정함으로써 어떻게 활동전위가 수초로 전파될지를 관장하는 것으로 나타났다(Papassotiropoulos et al., 2009). BDNF 유전자처럼, 이들 유전자들은 각각 유전적 다양성을 지니고 있고, 이러한 대립유전자를 가지고 있는 사람들은 새로운 정보를 학습하고 회상하는 능력에 있어서 미세하지만 중요한 차이를 보인다.

지금까지 과학자들은 기억에 영향을 미치는 몇 개의 유전자만을 규명하였다. 틀림없이, 기억에 영향을 미치는 유전자는 더욱 많을 것이고, 아마 각 유전자끼리도 영향을 미칠 것이며, 또한 환경과도 복잡한 방법으로 상호작용할 것이다. 이 내용은 앞으로 다시 다루게 될 것이다.

선택적인 교배와 쌍둥이 연구

모든 유전자의 기능에 대해 이해하고 있지는 않다 해도, 인간은 필요에 따라 농업이나 다른 목적을 위해 선택적인 번식을 통한 유전자 조작을 수행할 수 있다. 고대로부터, 인간은 특별한 특성을 얻기 위해 동물들을 교배시켜왔는데, 가령, 빠른 말을 얻기 위해 승리한 경주마들끼리 교배시켰고, 가장 좋은 품종을 얻기 위해 순수 혈종의 강아지들을 교배시켰다. 더 두껍고 질 높은 양털을 얻기 위해 여러 종류의 양을 교배시키도 하였다. 이러한 예는, 부모의 '바람직한' 유전자가 자손에게 전달될 것이라는 발상을 전제로 하고 있다. 바람직한 특성을 가지고 있는 두 마리의 동물을 교배시킴으로써 그 후대가 그런 특성을 물려받을 가능성을 극대화시키는 것이다.

학습과 기억의 유전학과 관련한 초기 실험들에서는 학습능력을 향상시킬 목적으로도 동물들을 교배할 수 있는가에 관심을 가졌다(Tryon, 1940). 심리학자 로버트 트리온은 많은 쥐들을 복잡한 미로에서 훈련시켰는데, 어떤 생쥐들은 공간정보를 빠르게 학습했고 나머지 생쥐들은 느린 학습능력을 보였다(그림 12.7a). 연구자는 미로찾기를 잘하는 생쥐들끼리 교배시키고, 잘하지 못하는 그룹의 생쥐들끼리 교배시킨 후 이렇게 태어난 쥐들을 미로에서 훈련시켰다. 이후 또 다시, 각 그룹에서 다른 쥐들에 비해 잘 학습한 자손끼리 교배시키고, 평균에 비해 잘 학습하지 못한 쥐들끼리 교배시켰다(그림 12.7b).

연구자는 이렇게 가장 미로에 밝은 자손을 교배시키고 또한 가장 미로 찾기에 둔한 자손을 따로 교배시키는 과정을 계속해서 반복했다. 7번째 세대의 자손이 되었을 때, 뚜렷한 차이가 나타나게 되었는데, '미로 찾기에 밝은' 계보에서 나온 생쥐는 '미로 찾기에 둔한' 그룹에서 태어난 생쥐보다 뛰어난 수행능력을 보였다(그림12.7c). 후속 연구는 쥐, 생쥐, 초파리를 포함한 많은 다른 종에서 다양한 학습 과제의 능력에서 선택적 번식이 위와 비슷하게 일어날 수 있음을 보여주었다(Tully, 1996).

짐작하건대, 이 실험의 쥐들은 그들의 부모 세대로부터 미로에서의 좋고 나쁜 수행에 영향을 야기하는 다양한 특성과 관련된 유전자 꾸러미를 물려받았을 것이다. 이들 유전자는 아마도 학습을 직접적으로 변형시켰기보다는 간접적인 영향을 주었을 것이다. 예를 들어, 미로 찾기를 잘하는 쥐는 아마 덜 감정적이거나 더 모험을 잘할 수 있고, 전반적으로 더 활

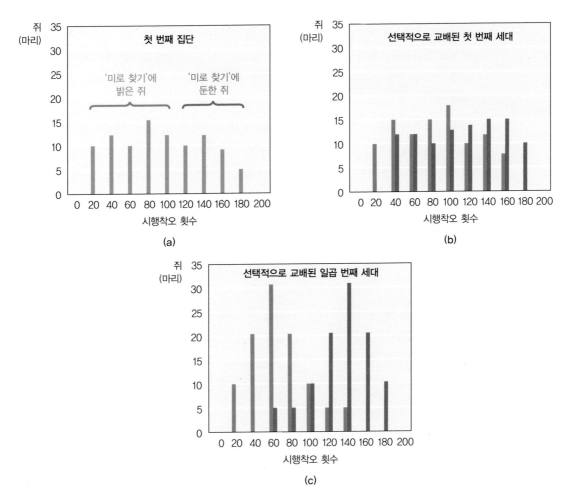

그림 12.7

똑똑한 쥐의 번식 (a) 심리학자 로버트 트리온은 쥐들을 미로에서 훈련시켰다(Tyron, 1940). 어떤 쥐들('미로 찾기에 밝은 쥐')은 다른 쥐('미로 찾기에 둔한 쥐')들에 비해 미로 찾기에서 거의 실수를 하지 않았다. (b) 트리온은 '미로에 밝은' 쥐끼리 교배시켰고, 그리고 그 쥐들의 자식을 미로에서 훈련시켰다(파란 막대). 그는 '미로에 둔한' 쥐(보라색 막대)에게도 똑같이 했다. 이 세대에서 미로에서의 수행성과에는 두 집단 사이에 꽤 겹치는 수행을 보였다. 하지만 '미로에 밝은' 쥐의 자식은 '미로에 둔한' 쥐의 자식보다 적은 오류를 만드는 경향이 있었다. (c) 트리온은 계속해서 최고로 '미로에 밝은' 쥐끼리, 최고로 '미로에 둔한' 쥐끼리 교배시키는 작업을 계속했다. 일곱 번째 세대에서, '미로에 밝은' 가계에서 태어난 쥐는 일반적으로 '미로에 둔한' 가계의 쥐보다 뛰어난 수행성과를 보였다.

Data shown are hypothetical.

동적일 수 있다. 그리고 이런 특성들은 전부 미로 찾기 수행에 도움을 줄 수 있다. 사실, 학습능력이란 지능의 모든 면을 반영하는 것과 같은데, 어떤 한 가지 유전자보다는 여러 유전자의 상호작용에 의해 결정되는 것으로 나타난다.

그렇다면 사람에게 유전되는 학습능력은 어떨까? 인간을 대상으로는 윤리적인 문제로 어떤 종류의 자손이 나올지를 보기 위해 '똑똑한' 혹은 '멍청한' 그룹의 쌍을 번식시키는 실험을 할 수 없다. 하지만 우리는 쌍둥이 연구로부터 중요한 몇 가지 증거를 얻을 수 있는데, 몇몇의 실험에서 연구자들은 일란성 쌍둥이(같은 유전적 구성을 갖고 있는)와 이란성 쌍둥이(형제자매들처럼 평균적으로 50%의 같은 유전자를 공유하는)의 정신 능력을 비교했다. 작업기억 검사(예 : 숫자폭 검사), 언어와 그림 정보에 대한 기억 검사 등을 포함한 기억 측정검사들에서 일란성 쌍둥이는 이란성 쌍둥이보다 서로 더욱 유사한 수행 수준을 보였다 (Finkel, Pedersen, & McGue, 1995; Swan et al., 1999). 이러한 발견은 유전자가 우리의 학습과 기억 능력을 결정짓는 데 큰 역할을 할 수 있음을 보여준다. 어떤 쌍둥이 연구는 기억 수행 검사에서 나타나는 개인차의 절반 이상이 아마도 개인의 유전적 구성에서의 차이에 의해 설명될 수 있다고 주장한다(McClearn et al., 1997; Swan et al., 1999). 하지만 이는 곧 나머지 다양성은 건강, 스트레스, 생활 환경, 사회적 상호작용과 같은 비유전적 요소로 설명됨을 의미하기도 한다. 유전자는 개인의 학습과 기억 능력의 기본적인 청사진만 세울 뿐이고, 최종적 결과는 유전과 환경의 상호작용을 반영한다(인지 능력에 영향을 미칠 수도 있고, 안 미칠 수도 있는 환경 조건에 대해 더 알고 싶으면, 다음 페이지의 '일상에서의 학습과 기억' 참조).

후생유전학

유전자는 오직 유기체를 만들고 유지하기 위한 '레시피' 정도의 기능을 한다는 사실을 기억하는 것은 중요하다. 당신은 아마도 생일 케이크를 만들기 위한 훌륭한 조리법을 갖고 있겠지만, 실제 재료를 구하고, 반죽을 섞고, 케이크를 구웠을 때만 그 결과물을 맛볼 수 있다. 이와 유사하게, 유전자가 영향을 미치기 위해서는 실제로 활성화되거나 '표현'되어야 한다.

비유를 계속하자면, 숙련된 요리사는 오늘 저녁 메뉴로서 고를 요리들에 대한 많은 레시피를 가지고 있을 수 있다. 만약 씽코 데 마요 축제를 계획하고 있다면, 타코와 엔칠라다 요리법을 준비하기를 원할 테지 추수감사절 테마인 칠면조와 으깬 감자 요리법을 선택하지는 않을 것이다. 비슷하게도, 우리가 가지고 있는 유전자는 우리 몸을 위한 전체 레시피에 해당하고 우리 몸에 있는 거의 모든 세포에 들어 있다. 어떤 특정 유전자('레시피')가 특정 세포에서, 특정 시간에 활성화될지를 결정해주는 기제('요리사')가 있어야 하며, 이를 통해 간, 심장, 피부, 뇌, 그리고 다른 곳들 안에 있는 세포들은 각각 적절한 종류의 세포로 발달하고 적절한 기능을 수행하게 된다.

후생유전학(epigenetics)에서 떠오르고 있는 분야는 (유전자 자체에는 변형 없이) 유전자가 활성화되는 양상을 조절할 수 있는 메커니즘을 연구하는 것이다. 관련된 한 가지 메커니즘은 **메틸화**(methylation)과정인데, 이는 원자의 특정 집합(특히, 메틸기)이 유전자에 달라붙어 '꼬리표를 달고(tagging)' 유전자의 활동을 변화(예 : 억제)시킬 때 발생하는 과정이다.

유전자는 수정의 순간에 유전된 후 한 생애 동안 효율적으로 고정되는 반면, 후생적인 메커니즘은 보다 유연한 특징을 보이고, 식이, 환경적 화학물질, 스트레스와 같은 외부의 요소에 반응해 변화될 수 있다. 예를 들어, 많은 종류의 암들은 보통 메틸화에 의해 억압되는 유전자들에 의해 유발된다. 만약 메틸화가 감소되면, 이 유전자는 억압되었던 통제로부터 벗어나 암을 촉발시키게 되는 것이다. 이 때문에, 현대 암 연구의 중요한 분야는 유전자의 억제와 활성화의 적절한 균형을 회복시키기 위해 메틸화처럼 후생적인 과정에 영향을

◀◀ 일상에서의 학습과 기억 ▶▶

클래식 음악에 대한 노출이 아이를 똑똑하게 만들 수 있을까?

어떤 가게든 아이들 가게를 들여다 보면 마치 아이들이 클래식 음악에 노출되는 것이 지능에 좋을 것이라는 전제에 충실하듯이 클래식 음악과 관련된 음반, 책, 동영상 섹션을 쉽게 발견할 수 있을 것이다. 이 모든 것은 물리학자 고든 샤우와 발달심리학자(그리고 첼로 연주자인) 프란시스 라우처가 지능 검사 전 10분짜리 모차르트 소나타를 들은 대학생들이 같은 시간 동안 조용히 앉아 있던 학생들보다 8, 9점 정도 높은 점수가 나왔다고 보고한 1993년부터 시작되었다(Rauscher, Shaw, & Ky, 1993).

미디어는 이 '모차르트 효과' 이야기를 빠르게 포착했다. 사업가들은 아기의 지능을 향상시키는 음악 제품을 생산하는 데 혈안이 되었고 부모들은 그것을 사는 데 혈안이 되었다. 임산부들은 태아에게 소나타를 들려주며 오후를 보냈다. 조지아주의 주지사는 주가 클래식 음악을 녹음해 모든 신생아 부모에게 제공하자고 제안했다. 그리고 플로리다주는 모든 주립 교육 프로그램이 6세 이하의 아이들에게 매일 클래식 음악을 틀어주도록 하는 법을 통과시켰다. 이 모든 노력은 음악이 아이를 똑똑하게 만들 수 있다는 과학적 증거에 대한 대중의 인식으로부터 파생되었다.

하지만 사실, 모차르트 효과의 과학적 증거는 기껏해야 여러 결과들이 혼재된 것 정도라고 할 수 있다. 비록 몇몇의 실험이 처음의 결과를 반복할 수 있었지만(Rideout, Dougherty, & Wernert, 1998; Wilson & Brown, 1997), 여러 다른 실험들은 반복 검증에 실패하였다(Bridgett & Cuevas, 2000; McCutcheon, 2000; McKelvie & Low, 2002; Steele, Bass, & Crook, 1999). 이제 대부분의 연구자들은 단순히 클래식 음악에 노출되면 지능이 향상된다는 주장이 부적절하다고 결론 내리고 있다(Chabris, 1999; Fudin & Lembeissis, 2004; Steele et al., 1999). 라우처와 샤우 그들 스스로는 원래의 논문이 추상적인 사고와 심상과제(가령, 몇 번의 접고 자르는 단계를 거치고 펼쳤을 때 한 장의 종이가 어떻게 보일 것인지 상상하는 것)와 같은 매우 특정적인 과제에만 영향을 미쳤다고 강조하고 있다(Rauscher & Shaw, 1998). 그리고 이 효과가 10~15분 이상 지속된다는 증거는 아직까지 없다.

복잡한 음악을 듣는 것이 추상적인 공간 추론에 이용되는 뇌 영역과 동일한 영역을 활성화시킨다는 것은 사실이다. 음악은 아마도 이 뇌 영역을 '점화'하거나 준비시키고, 그 결과 이후 제시되는 공간추론 과제에 더 능률적이게 될지도 모른다(Rauscher & Shaw, 1999; Rauscher, Shaw, & Ky, 1993). 음악을 듣는 것은 또한 수행에 영향을 줄 수 있는 기분과 각성 상태에 변화를 일으킬 수 있다(Chabris, 1999; Steele, 2003; Thompson, Schellenberg, & Husain, 2001). 그러나 이러한 단기 효과는 지능이나 기억 능력의 장기적인 향상을 야기하지는 않는다.

자신의 아이들을 빨리 똑똑하게 만들 방법을 원하는 부모들은 어떻게 해야 할까? 아기를 위한 모차르트 음악 상품에 막대한 돈을 지불하는 것은 아마 답이 되지 못할 것이다. 기껏해야 이런 노출은 특정 종류의 공간 능력에 있어 작고 일시적인 향상을 가져다준다. 다른 한편으로는, 모차르트 음악을 듣는 것은 아이에게 어떤 손상도 유발하지 않는다. 모차르트 음악에 일찍 노출된다면 일생의 음악에 대한 사랑을 조성하는 것을 도와줄 것이고, 그것은 그 자체만으로도 충분히 가치 있는 혜택일 것이다.

줄 수 있는 약을 개발하는 것이다.

후생유전학적 메커니즘은 학습과 기억에도 핵심적인 역할을 한다(Day & Sweatt, 2010; Lockett, Wilkes& Maleszka, 2010). 앞서 제4장에서 우리는 CREB-1과 CREB-2 같은 유전자의 활성화 혹은 비활성화에 의해 새로운 시냅스가 만들어지는 것이 촉발되고, 이것이 뉴런에서의 장기적인 구조적 변화를 유발해 궁극적으로 기억의 부호화를 이끈다는 사실을 살펴보았다. 이는 바로 후생유전적인 조절의 한 예시이다. 이 절의 앞부분에서 접했던, LTP를 강화하는 것으로 알려진 BDNF 유전자 또한 후생유전학적인 영향을 받는다. 특히, 극심한 스트레스와 만성적인 스트레스는 BDNF 활성화의 저하를 초래할 수 있고, 이는 결국 기억력의 저하로 연결될 수 있다(Mitchelmore & Gede, 2014). 수많은 유전자는 특정 시간과 특정 뉴런에서 후생유전학적 영향을 받을 수 있고, 이는 기억을 안정화시키는 시냅스 변화와 같은 과정을 촉발시킨다(Lockett et al. 2010).

후생유전적인 변화에서 가장 큰 특징 중 하나는, 마치 유전자처럼 부모에게서 자식에게로 전달될 수도 있다는 것이다. 생애 초기 스트레스를 경험한 생쥐는 후생적인 변화를 보일 수 있는데, 이 생쥐의 자손은 같은 후생적인 패턴을 보일 수 있고, 심지어 이 자손이 생물학적인 부모를 만난 적이 없다고 해도 나타날 수 있다(Dias, Maddox, Klengel & Ressler, 2015 참조) 인간에게도 마찬가지로, 때때로 후생적인 변화가 유전될 수 있다. 그래서 후생유전적인 변화를 야기하는 극심한 스트레스를 겪게 된 개인은 (홀로코스트나 르완다 집단학살의 생존자들로서) 그 영향이 자손들에게도 전달되게 된다(보다 자세한 내용을 위해 Dias et al., 2015 참조).

어떤 연구는 심지어 후생유전학이 세대를 걸쳐 특정 학습이 전달되는 메커니즘을 제공한다고 주장한다. 예를 들어 한 연구에서 수컷 생쥐에게 특정 냄새와 전기충격을 연합한 고전적 조건형성을 형성시켰다. 이 생쥐는 그 냄새에 공포 반응을 보였고, 또한 냄새에 반응하는 대뇌피질의 후각 뉴런 수 또한 증가하였는데, 이 생쥐의 자식 또한 같은 피질 영역의 확장이 나타났고 이 특정 냄새를 학습하는 데 특히 강화된 능력을 보였다(Dias & Ressler, 2014). 이러한 연구는 그림 12.7처럼 '똑똑한 쥐'의 '똑똑한 자식'은 아마 유전자를 물려줄 뿐 아니라 그들의 조상이 학습한 미로에서 자손도 똑같이 성공적인 학습을 할 수 있도록 후생유전학적 특징 또한 물려주게 된다는 아주 흥미로운 가능성을 제기하는 것이라 볼 수 있다.

발달하는 뇌에서의 뉴런과 시냅스

당신이 위에서 읽었던 것처럼, 우리가 유전적으로 물려받는 것은 우리가 태어나기 전부터 이미 뇌 기능을 위한 청사진을 제공한다. 이후에는 뇌가 환경과 상호작용하고 경험에 반응하면서 발달해가게 되는데, 이 과정에서 신경세포들과 시냅스를 형성해가고, 소위 말하는 인간 역량과 능력을 형성하게 된다. 이 과정은 출생 전에 이미 시작되고, 유아기와 청소년기를 거치며 계속 발달해나간다.

뉴런의 초기 과생산

출생 이전에 우리의 뇌는 놀라운 속도로 발달한다. 임신 중 어떤 순간에는 매 분마다 새로운 뉴런이 25만 개까지 생겨나기도 한다(Bornstein & Lamb, 1992). 뉴런의 탄생 과정을 **신경발생(neurogenesis)**이라고 한다. 수정 후 약 25주가 지나면, 태아 뉴런의 대다수가 발달해 제자리를 잡는다. 이 때부터 호흡, 소화, 반사행동과 같은 기본 기능을 담당하는 뇌 영역들은 거의 완전한 기능을 발휘하게 된다.

신경발생 과정이 뇌 전반에 걸쳐 일관되게 나타난는 것은 아니다. 예를 들어, 소뇌 안의 퍼킨지(Purkinje) 세포는 임신 초기에 형성되는 뉴런의 하나이다(Sidman & Rakic, 1973). 이 신경세포의 발생은 소뇌에 의존하는 고전적인 눈 깜빡임 조건형성이 매우 어린 유아시기에도 가능한 이유를 설명해준다. 물론 소뇌는 태어난 이후에도 계속 발달하기 때문에 아마도 더 큰 어린이들이나 어른들이 태아보다 더 빨리 조건형성을 학습해낼 수 있고, 더 복잡한 환경에서 조건형성을 할 수 있다(Herbert, Eckerman, & Stanton, 2003).

놀랍게도, 태아기에 엄청난 신경발생이 발생한 이후에, 신생아의 뇌는 뉴런 수가 감소하는 시기를 거친다. 대개 뉴런은 신경영양인자(neurotrophic factors)라고 불리는 화합물을 필요로 한다. 위에서 기술한 BDNF가 신경영양인자의 한 가지 예인데, 뉴런은 신경영양인자를 그 근처 이웃으로부터 얻는다. 한 뉴런이 신경영양인자를 빼앗기면, 유전자들이 뉴런이 죽는 것을 유발하도록 활성화된다. 이런 자연적인 세포의 죽음은 사고나 질병에 의해 세포가 죽는 것과 구분되도록 **세포사멸**(apoptosis)라고 불린다. 세포사멸은 다윈의 자연 선택 이론을 어느 정도 보여주는 것이라고 할 수 있다. 만약 많은 뉴런이 제한된 양의 신경영양인자를 놓고 경쟁한다면, 오직 몇 개의 뉴런만 살아남을 수 있을 것이다. 이웃과 매우 밀집하게 연결되어 있고, 뇌의 기능에서 핵심적인 역할을 하는 뉴런들은 신경영양인자를 얻을 가능성이 높아지고, 경쟁에서 승리하게 된다. 반면 이웃 뉴런과 접촉이 적고 결국 전체적인 뇌 기능에 적은 기여를 하는 뉴런은 아마 세포사멸을 통해 죽을 가능성이 높아질 것이다.

어린 시절 동안, 세포사멸을 통해 출생 전 생성된 뉴런의 약 3분의 1 정도를 도태시킨다. 이렇게 애초에 수십억 개의 뉴런을 만들고 후에 많은 수의 뉴런을 파괴하는 것은 뇌를 만드는 우회적인 방법처럼 보일 수 있다. 하지만 이 과정은 출생 후 발달 과정에서 나타나는 상당히 미세한 조정 과정으로 볼 수도 있다. 뇌는 뉴런을 형성하는 데 있어서 많은 자원을 가지고 시작하고, 경험은 어떤 자원이 중요하고 어떤 것이 필요하지 않은지를 결정하게 된다.

시냅스의 가지 치기

뉴런의 과다한 생성과 함께 뇌의 발생이 시작되듯이, 시냅스 또한 초기에 과다 생성된다. **시냅스 발생**(synaptogenesis)이라 불리는 새로운 시냅스의 생성은 수정 후 5개월인 생애 초기부터 인간의 뇌에서 시작된다. 그러나 본격적인 시냅스 발생은 출생 이후에 시작되는데, 유아기의 마카크 원숭이는 심지어 **초당 4만 개**의 시냅스가 생성되기도 한다. 신경발생(neurogenesis)과 같이, 시냅스 발생은 각각의 뇌 영역에 따라 다른 비율로 나타난다. 예를 들어, 인간의 경우 대부분의 시각피질에서의 시냅스 생성은 생후 약 3~4개월 즈음에 완성되는 반면, 전전두엽피질에서의 시냅스 생성은 생후 약 6세까지 지속된다(Huttenlocher & Dabholkar, 1997).

시냅스 발생이 최절정에 이른 후, 뇌가 불필요하거나 부적절한 연결성을 가지 치기해나감에 따라 전체 시냅스의 수는 줄어든다. 뉴런과 같이 시냅스는 다윈의 자연선택이론에 의해 조정된다. 자주 사용되는(그래서 뉴런의 기능에 중요한) 시냅스들은 강화되고, 거의 사용되지 않는 (그래서 아마도 뉴런의 기능에 덜 중요한) 시냅스들은 약해지고 서서히 사라진다. 인간에게 있어서 피질에 있는 전체 시냅스의 42%는 아동기와 청소년기에 가지 치기된다(Bourgeois, 2001). 가지 치기가 일어나지만 여전히 사용할 수 있는 수많은 시냅스들이

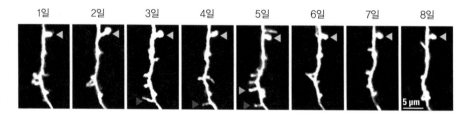

그림 12.8
대부분의 시냅스들은 수상돌기 가시로부터 발생한다 이 그림은 수상돌기의 한 부분을 며칠간 촬영한 것이다. 연속된 8일간 돌출부는 나타났다 사라졌다. 이 수상돌기의 특정 부분은 전체 실험 기간 동안 살아남았다(노란색 화살표), 며칠 간 지속되다가 사라진 가시돌기들(빨간색 화살표)과, 하루도 지속되지 못한 돌기들(파란색 화살표)도 볼 수 있다.

Reprinted by permission from Macmillan Publishers Ltd: NATURE Trachtenberg, H, et al. "Long-term in vivo imaging of experience dependent synaptic plasticity in adult cortex." 420, 788-794, Copyright 2002.

존재한다. 예를 들어, 성인 뇌에는 무려 10^{14}개의 시냅스가 존재한다. 이는 우리 은하계에 있는 별의 약 1,000배에 해당하는 개수이다.

영아기의 엄청난 속도와 같은 속도는 아니지만, 시냅스 발생은 삶의 전반에 걸쳐 이어진다. 대뇌피질 신경세포에 있는 대부분의 시냅스들은 수상돌기의 작은 돌출부인 **가시**(spine)에서 나타난다(그림 12.8; Ottersen & Helm, 2002). 각 뉴런당 약 10만 개의 가시돌기가 존재한다. 일생 동안 새로운 돌기들이 주기적으로 수상돌기의 다양한 영역에서 나타난다. 만약 이 돌기들이 또 다른 뉴런과 만나면 시냅스가 형성되고 강화된다. 반면, 불필요한 돌기들은 사라지고 보다 필요할 것으로 보여지는 돌기들이 생겨난다(Trachtenberg et al., 2002). 개별 돌기들은 불규칙하게 나타났다가 사라지지만, 그림 12.8에서 보여지듯이 수상돌기에 있는 돌기의 전체 개수는 대략 일정하게 유지되고 경험과 학습을 통해 어떤 돌기들이 생존하게 될지 결정된다.

뉴런 간 연결의 민감기

앞선 내용을 통해 특정한 종류의 학습이 특별히 효율적이거나 효과적으로 이루어지는 기간인 결정적 시기, 즉 민감기의 개념에 대해 알 수 있었다. 학습에 있어서의 민감기는 뉴런 발생의 민감기를 반영한다고도 보여지는데, 이는 (시각 자극과 같은) 환경적 입력이 특정 영역의 피질 간 연결성을 변화시킴으로써 뇌의 조직을 쉽게 변화시키는 민감한 시기를 의미한다.

예를 들어, 앞선 내용에서 민감기 동안 한쪽 눈이 꿰매어진 영아기의 고양이와 원숭이들이 이후에 그 눈을 사용할 수 있게 되더라도 기능적으로는 눈이 멀게 된다는 것을 살펴보았다(Hubel & Wiesel, 1977). 일반적으로 시각 자극은 (다양한 정거장을 통해) 주요 시각피질(V1)의 뉴런에 투사하는 눈의 망막에 있는 감각뉴런을 활성화시킨다. 생애 초기 몇 주 동안에 이러한 시각 경로는 매우 활발하게 작동하고, "뉴런들이 함께 발화하면 연결된다."는 원리에 따라, 이 경로 안에서의 뉴런 간 연결성이 강화된다. 하지만 만약 한쪽 눈을 볼 수 없도록 시야를 가린다면, 눈으로부터 V1에 이르는 경로에 어떠한 활동도 일어나지 않게 되고 활동하지 않는 시냅스는 약화되거나 사라진다. 동시에, 사용할 수 있는 눈의 활동 중인 경로에 있는 시냅스들은 강화된다. 가려진 눈이 떠지면, 해당 눈에서의 시각적 활동은 더 이상 V1 영역에서의 활성화를 이끌어내지 못하고, 이러한 약한 활동성은 가려지지 않았던 눈과 연결된 경로에 있는 시냅스들과 경쟁할 수 없게 된다(Majewska & Sur, 2003).

민감기가 향후의 학습을 제한하는 것은 사실이지만, 사실 이 과정은 뇌 발달에 이롭게 작용한다. 생애 초기에 뇌는 새로운 경험들에 최대로 개방되어야만 하고 경험에 맞춰 변화할 수 있어야 한다. 그러나 한번 기초적인 체계가 수립되고 나면, 뇌는 개별적인 새로운 경험에 따라 극적으로 변화해서는 안 되는데, 자칫 중요한 이전 정보들을 재구성해버리는 위험이 발생할 수 있기 때문이다. 물론 뇌는 일생 동안 가소성이 있는 상태로 남아 있고, 재구조화가 일어날 수 있지만 (새로운 운동 기능의 집중적인 연습과 함께 일어나는 피질 지도에서의 점진적인 변화와 같은 것으로, 제8장에서 확인할 수 있음) 기본적인 구조는 안정적으로 남아 있어야 한다. 뇌를 캔버스라고 생각해보면 예술가가 초기에 그린 큰 획이 전체 그림을 규정한다. 이후에는 작은 세부사항들이 더해지거나 변화되기도 하지만 전반적인 그림의 배치는 처음의 큰 선들에 의해 고정되어 있다고 볼 수 있다.

청소년기의 뇌 변화

행동적 관점을 다룬 부분에서 살펴보았듯이, 청소년기는 아동으로부터 성인으로 변화하는 시기로, 엄청난 신체적 · 심리적 변화가 이루어지는 시간이다. 심리적 변화, 특히 학습과 기억 능력의 변화는 청소년기 뇌에서의 변화를 반영한다.

전전두피질에서의 큰 변화

청소년기는 뇌 전체의 변화를 유발하지만, 가장 분명하고 큰 변화는 전전두피질에서 나타나고 이 영역은 성년이 될 때까지 완전히 성숙하지 않는 것으로 보인다. 제9장에서 살펴보았듯이, 전전두피질은 작업기억과 판단, 계획을 포함하는 다양한 종류의 인지 기능을 수행하는 핵심 뇌 영역이다. 아동기에 전전두피질은 활발한 시냅스 생성기를 보인다. 그러나 청소년기 동안에 이 시냅스의 다수는 성인 수준의 안정적인 시냅스 수가 되도록 가지 치기를 거치게 된다(Glantz, Gilmore, Hamer, Lieberman, & Jarskog, 2007). 동시에 전전두피질의 뉴런들은 더욱 복잡한 패턴의 정보 흐름을 가능하게 하는 정교한 연결성 패턴을 보이게 된다(Lambe, Krimer, & Goldman-Rakie, 2000).

발달상의 또 다른 중요한 변화는 뉴런의 축색돌기들이 수초(myelin sheaths)를 발달시킨다는 것인데, 수초는 축색돌기를 따라 이동하는 전기 신호를 절연시켜 뉴런 신호의 전달을 빠르게 만들어준다. 수초는 신경

젊은이, 네 대뇌피질이 성숙할 때까지는 네 방에 가 있어.

| 만약 이 젊은이의 대뇌피질이 아직 충분히 발달하지 않았다면, 어떠한 학습과 기억의 능력이 발달하지 않을까?

아교세포(glia)에 의해 생성되는데, 이는 뉴런을 돕는 다양한 기능을 하는 뇌 세포이고 뉴런만큼이나 뇌가 적절한 기능을 하는 데 있어서 중요한 역할을 한다. 인간 피질에서 뉴런의 수초 형성은 출생 이후부터 시작되고, 생후 18년간 지속된다. 운동피질이나 감각피질과 같은 뇌 영역들은 초기에 완전히 수초가 형성되는 반면, 전두엽 피질은 후기 청소년기 혹은 초기 성인기까지 수초가 완전히 형성되지 않는다. 수초 형성이 완전히 이루어지기 전에도 뉴런은 기능할 수 있지만 뉴런 간 전달이 느리거나 약하다. 이는 작업기억이 학습과 기억의 유형 중 가장 마지막에 성숙하는 이유 중 하나로 볼 수도 있다.

청소년기 전전두피질에서의 또 다른 변화는 신경전달물질 도파민(dopamine)의 급격한 증가에서 나타난다(Lambe, Krimer, & Goldman-Rakic, 2000). 제5장에서 살펴보았듯이, 도파민은 보상에 대한 학습, 특히 미래에 발생하게 될 보상의 학습에 중요하다. 이는 십 대들이 충동적이고 위험을 감수하는 성향이 높은 이유 중 하나이고, 청소년기 인간(그리고 청소년기 쥐와 원숭이들)이 약물에 쉽게 이끌리는 이유이기도 하다(Galvan, 2013). 보상 민감도는 약 18세, 19세 이후에 줄어들기 시작하여 성인이 되어감에 따라 점차 충동을 더 잘 조절하고 행동의 장기적인 결과를 판단한 후 행동하게 된다(Galvan, 2013).

뇌 조직에서 성호르몬의 영향

앞서 행동학적 관점을 다룬 단락에서, 남성과 여성의 학습과 기억에서 일반적으로 나타나는 다양한 차이점에 대해 살펴보았다. 학습과 기억에서의 이러한 차이점들이 사춘기 이전에는 나타나지 않는 점으로 미루어볼 때, 학습과 기억은 성적으로 성숙한 성인들이 가지고 있는 에스트로겐과 테스토스테론에 의해 강하게 영향을 받는다고 설명할 수 있다.

그러나 모든 성호르몬의 영향력이 사춘기에 나타나는 것은 아니다. 포유류와 조류들은 출생에 가까웠을 때 테스토스테론이 급증한다. 이는 양성에게서 모두 나타나며, 수컷이 더 강하게 나타난다. 테스토스테론 수준은 수컷과 암컷 모두 생후 1년간 감소하며, 사춘기까지 낮은 수준으로 유지된다(Overman, Bachevalier, Schuhmann, & Ryan, 1996). 그러나 생후 1년간의 결정적 시기 동안에 테스토스테론은 뇌 발달에 강력한 영향을 미친다. 놀랍게도 뇌에서 테스토스테론과 같은 '남성' 호르몬은 에스트라디올(estradiol, '여성' 호르몬 에스트로겐의 한 형태)로 전환되는데, 어린 남성의 뇌를 여성의 뇌와 다르게 발달하게 만드는 것이 실제로는 이러한 높은 수준의 에스트라디올일 수 있다(Cohen-Bendahan, van de Beck, & Berenbaum, 2005).

뇌의 발달과정도 남성과 여성에서 다르게 나타난다. 성인기 즈음, 남성의 뇌는 여성의 뇌보다 약 100g 정도 더 무겁고 약 40억 개 더 많은 뉴런을 갖는다(Pakkenberg & Gundersen, 1997). 이러한 전체적인 크기 외에, 뇌의 특정 부분들은 한 성이 다른 성에 비례하여 더 크다(Goldstein et al., 2001, 2002; Jacobs, Schall, & Schiebel, 1993). 그림 12.9는 이 특정한 부분들을 보여준다. 하나는 측전두피질인데, 이 영역은 작업기억에서 중요하다. 이 영역은 보통 남성보다 여성이 더 큰데, 작업기억 수행에서 여성이 남성보다 뛰어난 이유를 설명한다. 여성의 뇌에서 남성보다 더 큰 또 다른 영역은 해마와 언어 영역들이다[그림 12.9의 연상회(supramarginal gyrus)]. 이는 해마 의존적인 일화기억과 언어적 기술이 필요한 목록 학습에서 여성이 더 높은 수행을 보이는 이유를 설명한다. 반대로, 남성은 주로 공간을 이동하는 데 여성보다 더 능숙하다 (Astur, Ortiz, & Sutherl and, 1998). 그러한 공간지각능력은 아마도 시공간 정보를 처리하는 뇌의 부위에서 나오는 것으로 보이고, 이러한 부위는 남성의 뇌에서 더 큰 경향이 있는데 그림 12.9에서의 각회(angular gyrus)와 시각피질(visual cortex)이 그 예이다. 종합하자면, 학습과 기억에서의 여러 차이점들은 남성과 여성의 뇌가 다르게 조직되어 있다는 것을 보여준다.

개인이 성적으로 성숙해갈 때까지, 학습과 기억 능력은 근본적인 뇌의 구조와 순회하는 성호르몬의 영향력을 반영한다. 하지만 이러한 영향력을 직접적으로 분석하는 것은 쉽지 않다. 예를 들어, 에스트로겐은 분명히 쥐의 뉴런 발달과 시냅스 가소성(LTP)을 자극한다(Foy et al., 1999; Woolley, Weiland, McEwen, & Schwartzkroin, 1997). 그 결과, 에스트로겐 수준이 가장 높은 월경 주기 때, 에스트로겐 수준이 낮은 다른 시기보다 여성의 학습이 더 잘 일어날 것이라고 예상해볼 수 있다. 그러나 이러한 명확한 패턴이 항상 나타나는 것은 아니다. 예를 들어서, 여성이 단어 쌍을 학습하는 경우에는 주로 남성보다 높은 수행을 보이지만, 에스트로겐 수준이 높은 생리 주기의 여성은 에스트로겐 수준이 낮은 때보다 높은 수행을 보이지 않는다(Phillips & Sherwin, 1992). 이러한 혼란스러운 결과가 나타나는 이유 중 하나는 여성 생리 주기의 각 시점에서 에스트로겐 수준의 변동이 여성과 남성 간 에스트로겐 수준 차이에 비해 매우 작기 때문이다. 한편, 경구 피임약(대부분 에스트로겐과 프로게스테론의 수준을 높이는 방식으로 작용하는)을 복용한 여성들은 이를 복용하지 않은 여성들에 비해 고전적 조건화가 더 빠르게 일어난다(그림 12.10; Beck et al., 2008). 그리고 두 집단 모두 남성보다 더 빠르게 학습한다(Holloway, Beck, & Servatius, 2011). 에

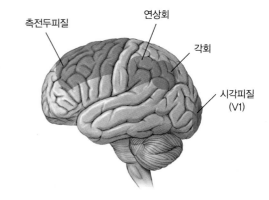

그림 12.9
남성과 여성의 뇌 부피 차이 몇몇 뇌 영역(빨간색)은 남성보다 여성이 더 큰 편인데, 이 영역들은 작업기억과 언어 처리와 관련된 부분이고 주로 여성이 더 높은 성취를 보인다. 파란색으로 표시된 영역은 상대적으로 남성이 여성보다 크고 시공간 처리에서 중요한 피질 영역으로, 이 작업에서 남성이 여성보다 높은 수행을 보인다.

Information from Goldstein et al., 2002.

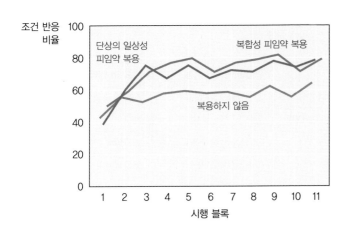

그림 12.10
고전적 조건형성에 성호르몬이 미치는 영향 경구 피임약을 복용하는 여성들은 이를 복용하지 않는 여성들에 비해 조건화된 눈 깜빡임 반응의 습득 속도가 더 빠르다. 이는 매일 같은 양의 에스트로겐과 프로게스테론을 제공하는 단상의 일상성 피임약과 한달 주기로 복용량을 달리하는 복합성 피임약 모두에 적용된다.

Information from Beck et al., 2008.

스트로겐은 또한 정서적 기억에도 영향을 미친다. 자연스러운 주기를 따르는 여성들은 호르몬 피임약을 사용하는 여성들에 비해 정서적인 이야기의 세부 내용들을 더 잘 기억하는 경향이 있다(Nielsen, Ertman, Lakhani & Cahill, 2011). 이 연구들에 참가한 여성들은 약물 집단과 위약 집단으로 무선 할당된 것이 아니기 때문에, 연구는 집단 간의 수행 수준을 설명할 수 있는 다른 차이점들이 존재할 가능성을 배제하지는 못한다. 그러나 연구 결과는 여전히 에스트로겐(그리고 프로게스테론)이 학습에 영향을 미친다는 전제와 일치한다.

학습과 기억에 미치는 에스트로겐의 영향력을 측정하기 위한 또 다른 방법은 성전환자의 호르몬 치료 전후 학습을 비교해보는 것이다. 한 연구에서 에스트로겐 치료를 통해 남성에서 여성으로 성전환한 집단은 자극연합 과제(paired associate task)에서 아직 에스트로겐 치료를 받지 않은 유사한 집단보다 더 높은 수행을 보였다(Miles, Green, Sanders, & Hines, 1998). 이와 유사하게, 목록학습 과제(list-learning task)에서, 대조집단 여성들은 대부분의 단어를 회상했고 대조집단 남성들은 가장 적게 회상하였으며, 에스트로겐을 통해 남성에서 여성으로 성 전환한 집단은 중간 수준의 수행을 보였다. 통제된 남성들보다는 높고, 통제된 여성들만큼 잘하지는 않았다(Cohen-Kettenis, van Goozen, Doorn, & Gooren, 1998).

에스트로겐이 언어 학습을 향상시키는 반면, 테스토스테론이 공간 학습을 향상시킨다는 증거들도 있다. 예를 들어, 성인 수컷 쥐들은 불투명한 물로 채워진 수조의 표면 아래에 숨겨진 탈출구로 수영해가는 방법을 학습하는 과제에서 암컷보다 더 높은 수행을 보인다. 한 연구에서, 추가적인 테스토스테론을 주입받은 수컷은 일반 수컷들보다 더 나은 수행을 보였다(Naghdi, Majlessi, & Bozorgmehr, 2005). 그러나 다른 연구들은 테스토스테론이 공간

지식 테스트

모든 것은 함께 성장한다… 서로 다른 속도로

성인이 사용할 수 있는 모든 형태의 학습과 기억은 가장 기초적인 형태로 유아들에게서도 나타나는 경향이 있는데, 어떤 아동들은 남들보다 빠르게 성숙하고, 학습과 기억에 관련된 유형의 뇌 기질의 남다른 성장 속도를 보인다. 성숙에 도달하는 더 정확한 시간표를 그리기 위해 아래 표의 중간 열에 있는 학습과 기억의 유형을 재배치해보자. 그리고 셋째 열을 재배치하여 각 학습과 기억 유형에 상응하는 뇌 영역을 짝지어보자. 이 시간표는 개인차와 개체가 성인이 되어감에 따라 지속적으로 능력의 미세한 조정을 필요로 하고, 대부분의 학습과 기억이 뇌의 한 영역 이상에 관련될 수 있다는 여지를 남겨둔 조악한 시간표라는 것을 유념하라. (정답은 책의 뒷부분에 있다.)

(조악한) 발달 시간표	학습과 기억의 유형	주요 뇌 영역
출생 이전에 나타남(최소한의 형태로)	조건화와 기술 학습	전두엽 피질
유아기부터 초기 아동기(최소한의 형태로)	일화 및 의미 기억	해마
아동기	감각 처리 및 습관화	감각피질
후기 아동기부터 초기 청소년기	사회학습과 모방	운동피질의 거울 뉴런
후기 청소년기부터 초기 성인기	작업기억과 집행기능	소뇌와 기저핵

기억을 향상시키지 않거나 심지어 손상시킨다는 결과를 발견하기도 하였다(Goudsmit, Van de Poll, & Swaab, 1990). 이러한 결과들은 테스토스테론이 에스트로겐 수준에 영향을 미치는 방식으로 뇌에 영향력을 가한다는 사실 때문에 나타나는 것이다. 한편으로는 테스토스테론이 에스트로겐의 기능을 억제하고, 또 다른 한편으로는 테스토스테론 수준이 높을 때, 어느 정도의 테스토스테론이 에스트로겐으로 변환되고, 사실상 뇌에서의 에스트로겐 수준을 높이게 된다. 에스트로겐과 학습 간의 복잡한 관계에 대해 연구자들이 이해하게 되면서, 테스토스테론과 학습 간의 관계에 대해서도 실마리를 제공할 수 있게 되었다.

성인기부터 노년기까지의 뇌

생애 발달을 거치며 뇌의 크기는 늘어나지만, 노년기에 접어들면 뇌의 부피는 줄어든다. 이러한 감소는 청소년기부터 시작되는데, 80세까지 인간의 뇌는 평균적으로 5%의 무게를 손실한다. 이러한 손실의 일부는 알츠하이머병과 같은 퇴행성 질환의 초기 단계와 연관이 있을 수 있다. 어떤 경우는 뇌 손상을 반영하기도 하는데 3,600명의 소위 '건강한' 65~97세 성인을 대상으로 이루어진 대규모 MRI 연구는 3분의 1 이상이 경미한 뇌졸중에 상응할 정도의 뇌 손상을 가지고 있었고, 개인이 알아차리지 못하고 지나가는 경우가 많았다(Bryan et al., 1997). 그러나 질병이나 손상이 없는 건강한 노화과정 속에서도 뇌의 감소는 나타나는 것으로 보인다.

국부적인 뉴런과 시냅스의 손실

노화에 따라 뇌가 축소되는 것은 무엇 때문인가? 포유류 뇌의 몇몇 영역들에서 뉴런들은 정상적인 노화과정 중에 소멸한다. 예를 들어, 당신은 전전두피질이 작업기억에 있어서 중요하다는 것을 알 것이다. 초기 성인기의 원숭이(11세)의 전전두피질은 빽빽하게 들어찬 수많은 뉴런들을 포함하고 있다(Smith, Rapp, McKay, Roberts, & Tuszynski, 2004). 더 나이가 많은 원숭이(25세)의 같은 전전두피질 영역은 3분의 1 정도 적은 뉴런을 가지고 있다. 유사한 변화가 인간에게서도 나타난다. 그림 12.11a는 더 나이 든 성인의 전전두피질 영역 부피가 더 작은 경향이 있음을 보여준다. 이는 모든 피질 영역에 적용되는 것은 아니다. 예를 들어서, 일차시각피질은 노화에 따라서 거의 축소되지 않는다(Raz et al., 2004). 연령에 따라 전전두피질이 감소하는 것은 연령에 따라 작업기억이 감소한다는 사실과 일치한다. 확실히 노화된 원숭이의 작업기억 과제에서의 손상 정도는 전전두피질에서의 뉴런 손실 정도와 관련이 있다(Smith et al., 2004). 나이가 듦에 따라 뉴런이 사라지는 또 다른 뇌 영역은 소뇌이다(Hall, Miller, & Corsellia, 1975; Woodruff-Pak & Sheffield, 1987). 이러한 세포의 손실은 소뇌에 의해 이루어지는 고전적 눈 깜빡임 조건화가 연령에 따라 감소한다는 발견과도 일치한다(Woodruff-Pak, Logan, & Thompson, 1990).

나이가 들면 이미 존재하는 뉴런들 간의 연결성의 감소도 존재한다. 예를 들어, 노화된 원숭이들의 뇌 피질에 있는 뉴런들은 어린 원숭이들의 뉴런에 비해 더 적은 수상돌기를 가

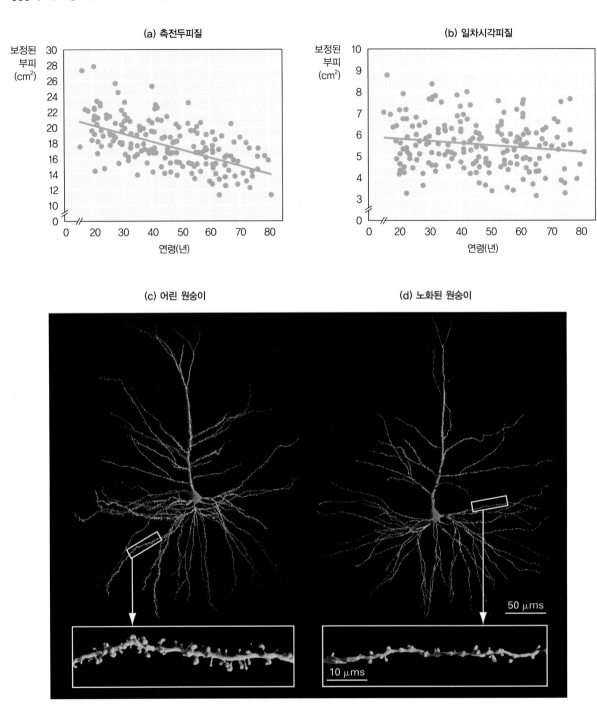

그림 12.11
전전두피질에서의 노화 (a) 측전두피질을 포함하는 여러 전전두피질의 부피는 일반적으로 노화에 따라 감소하는데, 20~80세까지의 연령 범위를 볼 수 있다. (b) 일차시각피질을 포함하는 그림에서 나타나는 다른 피질 영역들은 건강한 노화 과정에 따라 부피 감소가 나타나지 않음을 보여준다. (c) 어린 원숭이의 대표적인 전전두 뉴런이다. 그림은 시냅스가 형성될 수 있는 곳인 작은 돌출부로 덮여 있는 뉴런의 수상돌기의 한 부분을 확대한 것이다. (d) 노화된 뇌에서 가시돌기 수는 급격히 감소한다.

(a, b) Research from Raz et al., 2004. (c, d) Research from Morrison & Baxter, 2012. Image credit: John H. Morrison, Ph.D.

지고 있고, 덜 복잡한 연결성을 보인다(Hof & Morrison, 2004). 이러한 수상돌기의 연결성 감소는 다른 뉴런들로부터 신호를 수용하는 능력의 감소를 의미한다(Gallagher & Rapp, 1997). 적은 수상돌기를 가진 뉴런들은 더 적은 공간을 차지해, 몇몇 피질 영역들이 연령에 따라 감소하는 또 다른 이유를 보여준다.

전전두피질은 노화에 따라 시냅스 손실이 특별하게 나타나는 영역이다. 그림 12.8은 대부분의 시냅스들이 생겨나는 수상돌기의 작은 돌기들을 보여주었다. 전전두엽 뉴런에서의 돌기들의 수는 노화된 원숭이에게서 전반적으로 약 33% 감소한다(그림 12.11c, d; Dumitriu et al., 2010; Morrison & Baxter, 2012.). 그러나 이러한 손실이 일반적인 것은 아니다. 돌기는 두 종류로 나뉘어지는데, 대부분(약 60~75%)은 작고 가는 돌기들이고, 성장하거나 수축될 수 있고 새로운 정보를 부호화하는 역할을 한다고 알려져 있다. 다른 소수의 돌기들은 크고 버섯 모양을 띄고 있는데, 제자리에 머물러 있고 장기기억의 중심지로 알려져 있다. 노화된 원숭이들은 어린 원숭이들보다 얇은 돌기들이 약 45% 적고, 버섯 모양의 돌기들의 수는 거의 일정하게 유지된다(Dumitriu et al., 2010). 얇은 돌기들이 연령에 따라 감소하는 것은 노화된 개인이 종종 새로운 정보를 학습하는 능력은 저하되지만 오래되고 잘 정립되어 있는 기억은 거의 잃지 않는 모습을 설명해준다.

그러나 몇몇 뇌 영역들은 고령에도 주목할 만한 뉴런 혹은 시냅스의 손실이 일어나지 않는다. 그중 한 영역은 일차시각피질 영역이다(그림 12.11b). 또 다른 영역은 해마로, 전반적인 부피는 축소하지만 연령에 따라 인간과(West, 1993) 원숭이(Peters et al., 1996; Small, Chawla, Buonocore, Rapp, & Barnes, 2004), 쥐(Rapp & Gallagher, 1996; Rasmussen, Schilemann, Sorensen, Zimmer, & West, 1996)에서의 뉴런의 손실이 일어나지 않는다(West, 1993). 사실상 많은 연구자들이 해마 뉴런 수의 감소는 초기 알츠하이머와 같은 노화 관련 질병의 위험 징후라고 여긴다(Gallagher & Rapp, 1997). 노화된 해마라 할지라도 일반적으로는 시냅스 수의 감소를 보이지 않기 때문이다(Rosenweig & Barnes, 2003). 그러나 행동학적 관점을 다룬 단락에서 보았듯이, 연령은 해마와 관련된 일화기억과 의미기억 형성의 감소를 유발한다. 그렇다면 해마 뉴런의 손실이 원인이 아니라면, 무엇이 이러한 감소를 유발하는 것일까?

시냅스 안정성의 손실

캐럴 반스(Carol Barnes)와 동료들은 해마의 뉴런과 시냅스의 전체적인 수는 노화에 따라 눈에 띄게 감소하지는 않는다고 주장한다. 변화하는 것은 **시냅스 강도의 변화를 유지하는 능력**이라고 본다(Barnes, Suster, Shen, & McNaughton, 1997; Rosenzweig & Barnes, 2003). 시냅스 강도는 장기상승작용(LTP)에 의해 강화되는데, 이는 두 뉴런이 함께 활동하므로써 두 뉴런간의 시냅스 연결성을 강화하는 과정이며 뉴런이 새로운 학습을 부호화하는 하나의 방식이다. 만약 LTP가 발생했다가 사라지면 새로운 학습 또한 사라지게 된다.

이를 살펴보기 위하여, 반스와 동료들은, 여덟 갈래의 길을 가지고 있는 미로에 쥐를 집

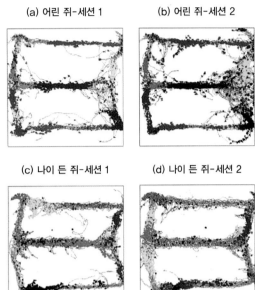

(a) 어린 쥐-세션 1   (b) 어린 쥐-세션 2

(c) 나이 든 쥐-세션 1   (d) 나이 든 쥐-세션 2

그림 12.12

나이 든 쥐와 어린 쥐 해마의 장소 부호화 뉴런 (a) 어린 쥐가 그림 8과 같은 모양의 미로를 탐색할 때, 연구자들은 여러 해마 뉴런들(서로 다른 색으로 표시된)이 각각 발화할 때 쥐가 어디에 있었는지를 확인하였다. (b) 같은 쥐가 다음 날 미로로 돌아왔을 때, 장소와 관련된 뉴런의 발화 패턴이 유사하게 나타났다. (c) 나이 든 쥐가 미로에 놓여졌을 때, 쥐가 특정한 공간적 장소에 가면 해마 뉴런들이 발화하였다. (d) 그러나 다음날, 나이 든 쥐의 발화 패턴은 극적으로 변하였는데, 이는 첫날의 공간학습이 나이 든 쥐에게서는 유지되지 않았음을 보여준다.

어넣었다. 제3장에서 살펴보았듯이, 해마는 쥐가 미로에서 특정한 장소를 찾아 다닐 때 발화되는 장소 세포(place cells)를 가지고 있다. 그림 12.12a는 미로 실험의 첫 번째 세션 동안 어린 쥐의 해마 속 여러 장소 세포들에서 나타나는 활동을 촬영한 것이다(Barnes, 1979). 그림에서 각각의 뉴런은 서로 다른 색깔로 입력되었고, 각 점들은 뉴런이 발화된 지점을 보여준다. 한 뉴런(그림 12.12a에서 파란색으로 표시된)은 쥐가 중앙 줄기의 왼쪽 끝 근처에 갈 때 발화된다. 쥐가 오른쪽 코너를 돌면, 이 뉴런은 발화를 멈추고 다른 뉴런(그림 12.12a에서 초록색으로 표시된)이 발화하기 시작한다. 특정 순간에 어떠한 뉴런이 발화하는지를 확인하는 방식을 통해, 연구자들(과 아마 쥐들도)은 미로 속에서 쥐의 위치를 유추해낼 수 있다.

두 번째 세션에서 이 어린 쥐가 미로에 다시 놓여졌을 때, 이전과 같은 공간적 장소에서 같은 해마의 뉴런이 발화되는 경향을 보인다(그림 12.12b). 예를 들어, 세션 1에서 중앙 줄기의 왼쪽 끝에 있을 때 발화되었던 뉴런(파란색 표시)은 세션 2에서 쥐가 그 위치에 있을 때 동일하게 발화된다. 이러한 세션 간 공간적 부호화의 일치는 쥐가 그 환경에 대한 신뢰할 만한 머릿속 지도를 형성할 수 있도록 돕는다. 분명, 환경을 학습하고 재인할 수 있는 능력은 그 환경에서 길을 찾는 방법을 학습하고 기억하는 데 중요한 역할을 한다.

그림 12.12c는 나이 든 쥐를 대상으로 미로 실험의 첫 번째 세션에서 확인한 해마 뉴런의 머릿속 지도를 보여준다. 이는 어린 쥐의 세션 1에서의 지도와는 조금 다르게 보이는데, 이는 각각의 쥐들이 자신만의 입력 공간을 가지고 있기 때문이다. 그러나 나이 든 쥐가 세션 2에서 미로로 돌아왔을 때(그림 12.12d), 뉴런들은 같은 장소에서 항상 이전처럼 발화하지는 않았다. 예를 들어, 원래 나이 든 쥐가 미로의 중앙에 있을 때 발화했던 뉴런(파란색으로 표시된)은 이제 쥐가 왼쪽 줄기의 상위 부분에 있을 때 발화된다. 이는 두 세션에서 같은 장소에 대해 뉴런이 발화한 어린 쥐와는 다른 결과이다. 어린 쥐와 나이 든 쥐 모두 세션 1 동안에 환경에 대해 학습했지만, 나이 든 쥐는 어린 쥐보다 더 빠르게 이러한 정보를 잃게 된 것이다. 이에 대한 한 가지 이유는 나이 든 쥐의 해마 뉴런에서의 LTP가 불안정하여 세션 1과 세션 2 사이에서 안정적으로 유지되지 못한 것이다. 이러한 해마에서의 LTP의 불안정성은 연령과 관련한 공간학습의 결함뿐 아니라, 사건이 발생한 맥락을 기억해야 하는 일화기억과 같이 해마에 의존하는 다양한 학습과 기억에 영향을 미친다.

LTP는 왜 노화에 따라 불안정해질까? 가능한 하나의 요인은 후생유전학과 관련된다. 앞 장에서 살펴보았듯이, 후생유전학적 과정은 새로운 기억을 안정화시키는 시냅스 변화나 기타 다양한 과정들을 유발하는 유전자를 활성화하거나 비활성화한다. 메틸화(methylation)와 같은 후생적 통제의 주요 기제들은 아직 그 원인은 분명하지 않지만 연령에 따라 변화한다(Apuza & Eaton, 2015). 이는 건강한 노화에서 나타나는 광범위한 개인차를 설명할 수 있는데, 전혀 다른 두 사람이 정확하게 동일한 삶의 경험들을 할 수는 없기 때문에, 후생적 과정은 광범위하게 달라진다. 그 결과로 인지적 감퇴의 속도가 다르게 나타난다.

노화된 인간에게서도 해마 LTP의 불안정성이 동일하게 나타나는지에 대해서는 밝혀진 바가 없다. 그러나 노화와 관련된 일화기억과 의미기억 감퇴의 원인이 해마가 새로운 정보를 입력하는 능력이 감소해서라는 몇몇 증거가 존재한다. 예를 들어, 제7장에서 살펴보았듯이, 후속 기억 패러다임(subsequent memory paradigm)에서 연구자들은 참가자들이 단어 혹은 그림과 같은 새로운 정보를 학습하는 동안의 fMRI 활동을 촬영하였다. 이후에 참가자들은 두 번째 자극 세트로 검사를 받았는데, 제시되는 각 자극이 새로운가 익숙한가를 물어보았다. 일반적으로 젊은 성인들은 이후에 잊어버리는 자극들을 학습단계에서 볼 때보다 이후 성공적으로 회상해내는 자극들을 학습할 때 중앙 측두엽(medial temporal lobe)과 전두엽에서 더 큰 활성화를 보였다(그림 7.15). 나이 든 성인들은 기본적으로 동일한 패턴을 보였지만, 추후에 기억한 자극과 잊은 자극들에서의 해마와 전두엽 활성화의 차이의 정도가 훨씬 줄어들었다(Daselaar, Fleck, Dobbins, Madden, & Cabeza, 2006; Dennis & Cabeza, 2011; Dennis et al., 2008).

종합하면, 동물과 인간들로부터 얻은 결과들은 노화에 따른 새로운 학습의 감퇴가 해마와 전두엽 피질에서 새로운 정보를 부호화하는 능력의 일반적인 감소 때문이라는 설명과 일치한다고 볼 수 있다.

성인기의 신경발생 : 오래된 뇌를 위한 새로운 신경세포?

새로운 것이 모두 나쁜 것은 아니다. 노화 중인 뇌는 뉴런과 시냅스를 잃고, LTP는 불안정해질지 모르지만 뇌 그 자체는 이러한 변화에 대항하기 위해 새로운 뉴런을 성장시키는 등 일련의 메커니즘을 가지고 있다. 이전 연구들에서는 동물들, 특히 인간이 태어날 때 그들이 평생 지닐 수 있는 모든 뉴런을 가지고 태어난다고 여겨졌었다. 그러나 이제는 뉴런의 생성이 생애 동안 계속해서 일어난다는 것이 밝혀졌다. 성장하는 뇌에 비해 성인의 뇌에서는 훨씬 덜 활발하긴 하지만 말이다.

성인의 뉴런 생성은 새에게서 꽤 일관되게 관찰된다. 이 장의 초반부에서 흰관 멧참새가 생애 초기의 결정적 시기에 그들의 노래를 어떻게 학습하는가에 대해 살펴보았다. 대조적으로 카나리아들은 '평생' 학습자로서, 매년 그들의 노랫소리를 바꿀 수 있다. 카나리아의 노래는 특히 봄에 중요한데, 이 시기 동안 수컷들은 그들의 영역을 보호하고 짝짓기 상대를 유혹하기 위해 노래한다. 이러한 노래에

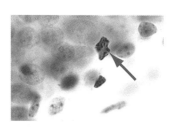

성인 원숭이 뇌에서의 뉴런 생성 위 방사능 사진은 해마의 하위 부분인 해마 치상회(dentate gyrus)에 위치해 있는 BrdU(화살표)로 표식이 된 세포이다. 세포는 세포의 핵이 분리되기 시작했지만 세포체는 아직 둘로 나누어지지 않은 상태인 세포 분열의 후기 단계에 있는 것으로 보인다(Gould & Gross, 2000).

From Nowakowski, R.S. and Hayes, N. L. (2000). New neurons: Extraordinary evidence or extraordinary conclusion?—Authors' response. Science, 288, 771a. Reprinted with permission from AAAS.

서의 계절적 변화는 카나리아의 뇌에 반영된다. 예를 들어, 제11장에서 노래의 산출에 중요한 뇌 영역인 HVC(high vocal center, 고도음통제영역)에 대해 살펴보았다(그림 11.9). 카나리아의 HVC는 가을에 비해 봄에 그 부피가 두 배로 커진다(Ball & Hulse, 1998).

이러한 계절적 변화를 살펴보기 위해, 페르난도 노트봄(Fernando Nottebohm)과 그의 동료들은 성인 카나리아들에게 방사성의 티미딘(thymidine)을 주입하였다. 티미딘은 유사분열을 거치는 세포들에 흡수되는 복합물로서 새롭게 생성된 세포의 지표로 활용될 수 있다. 연구자들은 새들의 HVC와 전뇌에 있는 티미딘의 흔적을 발견하였는데(Goldman & Nottebohm, 1983), 이는 성인 새의 이 뇌 영역들에서 새로운 뉴런들이 생성되거나 새로운 뉴런들이 생성된 직후에 이동함을 보여준다. 노트봄과 그의 동료들은 이렇게 새롭게 생성된 세포들이 기능적 뉴런으로 발달하여 기존의 뉴런들 사이의 연결성을 생성하고, 오래된 세포들과 해부학적이고 생리학적으로 동화되어 보이게 한다고 설명하였다(Burd & Nottebohm, 1985; Paton & Nottebohm, 1984). 어류와 양서류, 파충류에게서도 유사한 성인의 신경발생과정이 확인되었다(Zupanc, 2001).

그렇지만 포유류에서는 어떨까? 1990년대에, 엘리자베스 굴드(Elizabeth Gould)와 그의 동료들은 성인 원숭이들에게 BrdU('bromodeoxyuridine'의 줄임말)라 불리는 인공 티미딘을 주입하였다. 1~3주 후, 연구자들은 전두엽, 하측두엽, 두정엽 피질에서 BrdU의 흔적을 발견하였고, 이러한 영역들이 지난 몇 주 동안 새롭게 생겨난 뉴런들을 포함하고 있다고 설명하였다(Gould, Reeves, Graziano, & Gross, 1999). 유사한 시기에, 스웨덴의 신경과학자 피터 에릭슨(Peter Eriksson)은 인간 암 질환자의 확산하는 암 세포에 표식을 붙여 질병의 진행 상황을 수량화하기 위해 BrdU를 주입하였다(Eriksson et al, 1998). 예상치 못하게도, BrdU는 암세포뿐 아니라 기저핵과 해마에 있는 뉴런들에도 표식되었다. 뉴런의 생성은 성인 쥐(Kuhn, Dickinson-Anson, & Gage, 1996)와 원숭이들(Kornak & Rakic, 1999)의 해마에서도 발견되었다. 신경발생 비율에 대한 추정값은 편차가 크긴 한데, 한 측정치는 다 자란 마카크 원숭이는 해마에서만 매일 수천 개의 새로운 뉴런이 생성된다고 주장한다(Gould & Gross, 2000). 해마의 새로운 뉴런들의 중 일부는 다른 뉴런들과의 활용 가능한 연결성을 형성한다는 점에서 기능적인 역할을 하게 된다(Toni et al, 2008; Vivar et al., 2012).

성인의 뇌에서 새롭게 생성되는 뉴런들이 어떠한 역할을 하는지에 대해 확실하게 밝혀진 바는 없지만, 한 가지 가능한 설명은 새로운 정보를 부호화하기 위해서 지속적으로 '신선한' 뉴런들을 생성한다는 것이다(Becker, 2005; Kempermann, Wiskott, & Gage, 2004; Wiskott, Rasch, & Kepermann, 2006). 이것이 사실이라면, 최소한 학습과 기억의 몇 종류들은 뉴런 생성 속도의 증가 혹은 감소에 비례하여 향상되거나 손상되어야 한다. 그러나 지금까지는 이러한 가설에 대해 간접적인 몇몇의 증거들만 존재할 뿐이다(Aimone, Deng, & Gage, 2010; Shetty, 2010). 예를 들어, 해마에서의 뉴런 생성을 방해하는 저선량 방사선 처치를 받은 쥐는 새로운 해마 기반 학습이 손상되었다(Winocur, Wojtowicz, Sekers, Snyder, & Wang, 2006). 반면, 새로운 해마 기반 학습을 경험한 쥐들은 높은 속도의 뉴런 생성을 보여주었다. 이는 새로운 뉴런들이 새로운 정보를 부호화하기 위해 생성되는 것임을 보여준다(Epp, Spritzer, & Galea, 2007). 또한 신체 운동과 좋은 주변 환경은 뉴런의 생성을 증가시킬 수 있는데, 이는 앞서 제2장에서 살펴보았듯이, 이것이 학습과 기억을 향상시켜주는 원인이 될 수 있다.

일반적인 학습과 기억에서의 역할도 중요하지만, 성인기 생성된 뉴런들이 노화나 뇌 손상의 결과로 사멸하는 뉴런들을 대체하기 위해 생겨난다고 생각해보는 것도 일리가 있을 것이다. 그러나 현재의 증거들로 이러한 결론을 내리는 것은 물론 매우 비약적이다. 현재까지 성인 영장류 뇌에서의 뉴런 생성은 해마와 기저핵을 포함한 몇몇 뇌 영역에서만 분명하게 보고되어 왔다(Eriksson, 2003; Lie, Song, Colamarino, Ming, & Gage, 2004). 몇몇 연구들은 성인 원숭이(Gloud et al., 1999), 인간 어린이(Shankle et al., 1998)의 뇌 피질에서의 광범위한 뉴런 생성의 증거를 보고하기도 하였지만, 다른 연구자들은 이러한 연구들의 방법론에 의문을 제기해왔다(Korr & Schmitz, 1999; Nowakowski & Hayes, 2000; Rakic, 2002).

불행히도, 새롭게 생성된 뉴런들의 대부분은 생성 후 몇 주 안에 사라지는 것으로 보여진다(Gloud & Gross, 2000). 한 연구에서, 연구자들은 쥐의 기저핵에 손상을 입히고 신경 발생을 탐색하였다. 새롭게 생성된 뉴런 중 2주 이상 유지된 것은 죽은 뉴런 수의 1%에도 미치지 못했다. 즉, 이미 손상된 뉴런들을 보충할 만큼 충분한 수의 새로운 세포들이 존재하지 않았음을 보여준다(Lie et al., 2004).

요약하자면, 지금까지 포유류 성년기 신경 발생이 충분하다거나 새로운 뉴런이 충분히 오래 유지되어서 뇌를 보완해준다는 증거는 거의 없다고 볼 수 있다. 성년 포유류의 뇌 손상 이후 피질 조직의 '재성장'이 일반적으로 불가능하다는 사실은 죽은 뉴런들의 광범위한 대체가 포유류의 뇌에서는 거의 일어나지 않음을 의미한다(Eriksson, 2003). 성년기 포유류의 신경 발생은 일부 뇌 영역의 몇몇 세포에 한정되는 것이다(Kempermann et al., 2004). 인간 뇌의 대부분의 영역들에서 새로운 뉴런이 주는 이득은 새로운 뉴런이 기존의 기억들을 방해하지 않고 기존 네트워크에 통합되기는 어렵다는 사실 때문에 그 중요성이 간과되고 있는 것으로 보인다.

중간 요약

- 유전자는 학습과 기억 능력에 강한 영향을 미친다. 후생유전적 과정은 특정한 유전자가 언제 활성화될지 여부를 결정하고, 기억의 부호화와 공고화 과정에서 뉴런과 시냅스의 변화를 야기하는 유전자를 활성화 혹은 비활성화시키는 중요한 역할을 한다.
- 발달 과정에 있는 뇌에서, 뉴런과 시냅스는 먼저 과잉 생성되고, 이후에 다윈의 자연 선택설과 유사한 과정을 통해 가지 치기된다. 기능적인 연결성을 만드는(그리고 중요한 정보를 부호화하는) 뉴런과 시냅스들은 살아남고, 그렇지 않은 것은 사라진다. 성장과 가지 치기는 다양한 뇌의 영역에 따라 서로 다른 속도로 일어나고, 이는 어떤 이들의 학습과 기억 능력의 성숙이 다른 이들보다 더 빠른 이유를 설명한다.

- 학습에 있어서 민감기는 특정한 종류의 환경적 입력이 뇌 조직을 빠르고 쉽게 변화시킬 수 있는 신경 발달의 민감한 시기를 반영한다.
- 학습과 기억에서 남성과 여성의 차이점은 발달하는 뇌와 성인기 뇌 활동에 미치는 성 호르몬의 효과를 반영하기도 한다.
- 노화하는 뇌에서 몇몇 뇌 영역들은 주목할 만한 수의 뉴런과 시냅스를 손실한다. 이는 신경가소성(LTP)이 불안정해지기 때문일 수 있고, 이로 인해 새로운 학습이 오래 유지되지 못하게 된다.
- 성인의 뇌는 새로운 뉴런을 생성할 수 있지만, 다수의 새로운 뉴런들은 기능적으로 성장하기 전에 사라진다.

12.3 임상적 관점

마지막으로, 생애주기에서 학습과 기억이 손상될 수 있는 형태 중 두 가지를 살펴보자. 다운증후군은 인생의 초기에 우리를 위협하며 평생 학습능력과 지적기능의 장애를 일으킨다. 인생의 또 다른 극단에서는 알츠하이머가 기억력 감퇴와 지적 손상을 일으키며 주로 노령층을 괴롭게 한다. 이 두 가지 증후군은 서로 달라 보이지만 최근 두 질병 간에 흥미로운 연관성이 있다는 것이 밝혀졌다.

다운증후군

다운증후군(Down syndrome)은 경도에서 중등도 사이의 지적장애를 일으키는 선천성 질병이다['다운증후군'이라는 용어가 현재 미국과 캐나다의 의과교수들 사이에서 선호되기는 하지만 구(舊)어인 다운의 증후군(Down's syndrome)이 여전히 영국과 몇몇 나라에서 흔히 사용되고 있다]. 다운증후군은 약 700명의 출생아 중 1명 정도 발생한다(National Down Syndrome Society, 2015). 다운증후군은 남녀 동일하게 영향을 주며 모든 민족에서 발생한다. 또한 유사한 증상이 인간과 가까운 영장류, 침팬지 무리에서도 관찰되었다(McClure, Belden, Pieper, & Jacobson, 1969).

다운증후군을 보이는 아이들은 말하기와 언어 발달상의 둔화를 보이고, 비록 몇몇은 IQ테스트에서 80~120의 정상 범주에 들기도 하지만 대부분 어른이 된 후에도 25~55점대의 낮은 점수를 보인다(Pennington, Moon, Edgin, Stedron, & Nadel, 2003). 다운증후군을 앓는 사람들은 신체 성장이 지체되고 납작코, 눈구석 쪽 피부 주름을 포함한 일관된 특징적 얼굴 윤곽을 보인다. 때로는, 심각한 합병증도 있다. 예를 들어, 다운증후군에 걸려 태어난 아이들 중 거의 절반은 선천적인 심장의 결함을 가진다. 1980년까지만해도 다운증후군 환자의 평균기

다운증후군을 앓는 사람들은 신체 성장이 지체되고 경도에서 중등도의 지적장애를 보일 뿐만 아니라 특징적인 얼굴 윤곽을 보인다. 다운증후군 환자들의 기대수명은 한때 25세였는데 최근 몇십 년 만에 급격히 상승하였다

대수명은 약 25세였다. 하지만 의료와 치료 기술의 발달로 평균기대수명이 이제는 약 60세까지 올라갔다(National Down Syndrome Society, 2015). 이것은 다운증후군 환자들에게 결혼과 직업을 포함한 성인으로서의 독립 욕구와 가족, 사회로부터 여전히 지지와 돌봄을 받아야 하는 상황사이에서 균형을 잡아가기 위한 도전과제를 제시한다.

다운증후군은 잉글랜드 의사 존 랭턴 다운(John Langton Down)에 의해 1800년대 중반 처음 묘사되었지만(Down, 1866), 그 유전적 기초는 한 세기가 지나도 밝혀지지 않았다(LeJeune, Gautier, & Turpin, 1959). 건강한 인간은 거의 모든 세포마다 부모님으로부터 한쪽씩 물려받아 이루어진 유전자 23쌍을 지닌다. 다운증후군은 보통 21번 염색체에 3개의 유전자 복사본을 가질 때 발생한다. 보통, 이는 배아가 **21번 삼염색체**(trisomy 21)를 추가로 물려받는 경우 발생하며, 이를 21번 삼염색체증이라고 한다. 대개의 경우 여분의 복사본은 5~10% 확률로 아버지로부터 유전되고 나머지는 어머니로부터 오는데 어머니의 나이에 따라 위험은 급격히 증가한다. 다운증후군을 지닌 아이를 낳을 가능성은 20살 어머니에게는 1/2000이지만, 30살 어머니에게는 1/1000, 49살 어머니에게는 1/10이다.

다운증후군의 두뇌 이상과 기억 손실

21번 삼염색체은 수백 개의 유전자를 갖는다(Wiseman, Alford, Tybulewicz, & Fisher, 2009). 아직까지, 연구자들은 이들 중 어느 유전자가 다운증후군 지적장애의 정확한 원인인지 알지 못한다. 현재 6개 정도 후보 유전자가 확인되긴 하였지만, 이들 중 특정 유전자 또는 6개 모두가 영향을 미칠 수 있다(Crnic & Pennington, 2000). 우리는 다운증후군 환자의 두뇌가 태어날 때 정상이라는 것을 알지만 생후 6개월 정도가 되면 또래 아이들보다 두뇌가 눈에 띄게 작아진다(Nadel, 2003).

청소년기에 이르기까지 다운증후군의 여러 주요 뇌 영역들은 매우 작은 상태에 있는데, 특히 해마, 전두피질, 소뇌가 그러하다(Wiseman et al., 2009). 결과적으로, 이러한 두뇌 부위에 의존하는 작업 수행에서 특별한 결함을 예상할 수 있다. 예를 들면, 한 연구에서 다운증후군을 앓는 젊은 성인 집단을 다루었다(평균 21세). 일반적인 지능 검사에서, 이 집단은 정상적인 정신 능력을 지닌 5세 아이들의 지능 수준보다 약간 높게 나왔지만(그림 12.13a;

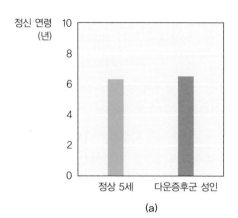

(a)

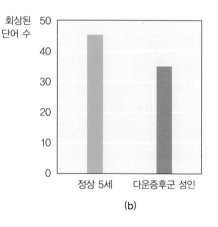

(b)

그림 12.13
다운증후군의 결함은 특히 해마 의존적인 학습에서 심각할 수 있다 (a) 젊은 성인들의 A집단 환자들은(평균 21세) 정상적인 정신능력을 가진 5세와 비슷한 지적 수준을 보인다. (b) 하지만 공부한 목록에서 단어를 기억하는 것 같은 해마 의존적인 평가에서는 다운증후군 환자들이 5세 아이들보다 훨씬 낮은 수행을 보였다.

Data from Vicari et al., 2000.

Vicari, Bellucci, & Carlisimo, 2000), 해마 의존적인 작업(단어 회상하기 등)에서는 5세 아이들보다 훨씬 낮은 수행능력을 보였다(그림 12.13b). 마찬가지로 다운증후군을 지닌 아동들은 아침에 무엇을 먹었는지, 어젯밤 언제 잠을 잤는지와 같은 최근의 일화 사건을 회상하는 데 크게 결함이 있었다(Pennington et al., 2003). 즉, 다운증후군은 일반적인 지적장애를 수반하는데, 특히 해마와 관련된 기억 능력의 손상이 나타난다(Nadel, 1999, 2003).

다운증후군의 동물 모델

21번 삼염색체증이 인간에게 다운증후군을 유발한다는 것을 알았기 때문에, 연구자들은 똑같은 유전 이상이 있는 동물 모델을 개발하기 위해 힘썼다. 예를 들어 쥐 16번 염색체의 많은 부분이 인간 21번 염색체 부분과 같은 기능을 하는 것으로 보인다. 16번 삼염색체(쥐의 16번째 염색체의 3번째 복사본)를 지니고 태어나는 쥐는 일반적으로 태어나자마자 죽는다(다운증후군은 또한 인간 유산의 흔한 원인이다). 그래서 연구자들은 16번 염색체의 한 부분에만 삼염색체성(segmental trisomy)을 지닌 쥐를 배양하였다. 이 쥐는 매우 폭넓게 연구되었고 이러한 쥐를 Ts65Dn 쥐라고 부른다(Davisson et al., 1993).

Ts65Dn 쥐는 대부분의 유전자와 환경은 같지만 그 삼염색체성을 지니지는 않는 다른 한 배 새끼들과 대조되어 연구되는데, 이들 Ts65Dn 쥐는 다운증후군을 앓는 인간과 같이 해마와 피질에 이상을 보였다(Belichenko et al., 2004). Ts65Dn 쥐는 또한 인간 다운증후군 환자를 연상시키는 기억력 결함도 보였다. 예를 들어, Ts65Dn 쥐는 미로에서 목표 지점을 기억하는 것 같은 해마 의존적인 작업에서 결함을 보였다(Escorihuela et al., 1995).

Ts65Dn 쥐는 또한 해마와 피질에서 과도한 억제 현상을 보였고, 이는 학습과 기억 결함에 영향을 주는 것으로 보인다. 두뇌에서 자극과 억제 사이의 균형을 잡는 두 유전자는 21번 염색체의 Olig 1과 Olig 2이다. 이런 유전자가 다운증후군 환자들과 Ts65Dn 쥐에게는 3개 존재하는데, 아마도 해마의 과도한 억제에 영향을 주는 것 같다. 뉴런 억제를 줄이는 약(억제 신경전달물질인 GABA를 방해함으로써)이 주어졌을 때, Ts65Dn 쥐는 해마 의존적인 학습과 기억에 상당한 향상을 보였다(Fernandezet al., 2007). 유전자 복사본의 수가 다시 정규화되었을 때(오직 하나의 Olig 1과 Olig 2를 지닌 수컷과 함께 Ts65Dn 암컷을 교배), 자손들의 해마 억제 수준은 정상으로 회복되었다(Chakrabarti etal., 2010). 따라서 쥐 모델 연구를 통해 이 두 유전자가 다운증후군을 앓는 인간들의 학습과 기억 결함에 주요한 역할을 할 수 있음을 발견하였다.

쥐 모델연구는 행동요법이 다운증후군의 인지 기능을 어떻게 향상시킬 수 있는지 연구하는 데에도 사용되어 왔다. 한 가지 매우 흥미로운 연구는 풍족한 환경에 놓인 Ts65Dn 암컷 쥐의 공간기억능력이 향상되었다는 것이다(비록 통제집단에 비해 완전한 수준은 아니지만). 하지만 환경적인 풍요가 수컷 쥐들에게는 사실상 공간기억 결함을 악화시킨다(Martinez-Cue et aL, 2002). 이러한 차이는 특이하지만, 전체적인 결과는 고무적인데, 이는 적절히 풍요로운 출생 후 경험이 다운증후군을 앓는 인간의 기억력 결함을 해결할 수도 있기 때문이다.

알츠하이머병

1901년, 독일 신경병리학자 알로이스 알츠하이머(Alois Alzheimer)는 더 이상 자신의 성과 남편의 이름을 기억하지 못하는 아우구스테 데테르(Auguste Deter)라는 51세 여성을 검사했다. 아우구스테는 두뇌 병리의 축적으로 생기는 점진적인 인지 결함, 즉 **치매**(dementia)를 겪고 있었다. 아우구스테가 5년 후 사망하였을 때 알츠하이머는 그녀의 두뇌를 검사하고 여러 이상 현상을 발견하였는데, 마치 묶은 밧줄처럼 뭉쳐 있는 뉴런을 발견하기도 하였다. 아우구스테가 특별한 사례라고 생각한 알츠하이머는 그의 연구를 보고서로 발행했다(Alzheimer, 1987[1907]). 이러한 상태는 이후 두뇌의 '플라그(plagues)'와 '신경엉킴(tangles)'(나중에 더 자세히 살펴보겠다)으로 알려진 비정상적 물질의 축적이 특징인 치매의 한 형태, **알츠하이머병**(Alzheimer's disease; 아래에서는 줄여서 '알츠하이머'라고 한다)이라고 알려지게 되었다. 초기, 알츠하이머의 보고서는 거의 관심을 끌지 못했다. 당시만 해도 기대수명이 약 50세이던 때였고, 나이 든 사람들 중 몇몇에게 드물게 발생하던 현상이었기 때문이다. 하지만 이제는 우리 모두가 알츠하이머가 전혀 드물지 않다는 것을 안다.

2015년까지, 추정하기를 530만 명의 미국인이 이 병을 앓았고, 85세 이상의 약 3분의 1이 포함될 것으로 본다(Alzheimer's Association, 2015). 이 질병은 남성보다 여성에게 더 영향을 많이 주는 것 같기는 하지만, 전 세계적으로 유사한 양상과 발병 빈도를 보인다(Alzheimer's Association, 2015). 스타 영화배우 찰턴 헤스턴, 시민운동가 로자 파크스, 컨트리 음악의 전설 글렌 캠벨이 이 병을 앓았고, 로널드 레이건은 그의 나이 89세에 더 이상 자신이 미국의 대통령이었다는 사실을 기억하지 못했다.

점진적인 기억 감퇴와 인지 왜곡

많은 환자의 경우 알츠하이머의 초기 증상은 최근 대화와 방문자를 기억하지 못하는 것과 같은 일화기억의 감퇴이다(Collie & Maruff, 2000). 병이 진행됨에 따라, 환자는 의미기억에서 현저한 감퇴를 보이고, 알던 사람의 이름과 지역 슈퍼마켓 같은 친숙한 지역의 구획을 기억하지 못한다. 환자들은 똑같은 질문을 계속해서 물어보고, 답을 잊을 뿐 아니라 이전에 질문을 했었다는 사실도 기억하지 못한다.

알츠하이머 환자에게서 가장 오래 남은 기억과정은 연합기억과 숙련된 기술에 대한 기억이었다. 예를 들면, 많은 환자들은 차를 만드는 것과 같은 잘 배운 기술을 수행했고(Rusted, Ramer, & Sheppard, 1995), 몇 분도 구두 정보를 기억하지 못하는 와중에도 거울 상 따라 그리기와 같은 새로운 동작 기술을 습득할 수 있었으며(Gabrieli, Corkin , Mickel, & Crowden, 1993), 회전 추적을 할 수 있었다(Heindel, Salmon, Shults, Walicke, & Butters, 1980). 하지만 말기 단계에서는, 기억력을 완전히 상실했고, 다른 인지시스템 또한 망가지기 시작했다. 말기 환자들은 성격 변화, 방향감각 상실, 판단력 상실, 혼란, 말하기 능력 상실, 그리고 결국에는 목욕, 옷 입기, 먹기와 같은 일상 생활조차 수행할 수 없게 되었다. 이 상태에서는 24시간 내내 감독과 전문적인 관리를 요한다.

두뇌의 플라그와 신경섬유다발

엄밀히 따지면, 알츠하이머는 기억력 감퇴와 같은 행동적인 증상이 아니라 두 종류의 두뇌 병리가 존재하는지에 따라 정의된다. 아밀로이드 플라그와 신경섬유다발. 아밀로이드 플라그는 베타-아밀로이드의 침전물인데, 이것은 아밀로이드 전구체 또는 APP라고 불리는 단백질의 비정상적인 부산물이다(그림 12.14a). **아밀로이드 플라그**(amyloid plaque)는 알츠하이머를 앓는 환자들의 뇌에 축적되고 일부 연구가들은 그것이 주변 뉴런에 유독하다고 생각한다. 2000년에 인간의 뇌에서 아밀로이드 플라그를 제거할 수 있는 실험백신이 개발되었는데 알츠하이머 환자의 인지적 증상에 의미있는 영향을 주지 못했고 치료제로서의 사용을 승인받지 못했다(Holmes et al., 2008). 더 최근에는 일부 연구가들이 아밀로이드 플라그가 알츠하이머 환자의 진짜 주범이 아니고 오히려 무해한 부산물이거나 또는 베타-아밀로이드의 피해를 막고 억제하기 위한 두뇌 노력의 증거라고까지 주장하였다(Gandy et al., 2010; ikolaev, McLaughlin, O'Leary, & Tessier-Lavigne, 2009).

두뇌에서 알츠하이머의 두 번째 특징은 알로이스 알츠하어머가 최초 보고서에서 '뭉친 밧줄'로 묘사한, 신경섬유다발 혹은 신경섬유엉킴이다. **신경섬유다발**(neurofibrillary tangle)은 타우단백질의 비정상적인 형태가 붕괴되어 나타난 잔해물인데, 원래 타우단백질의 정상적인 기능은 뉴런을 제자리에 잡아주는 지지대로서 세포 주변의 영양소를 운반하는 것을 돕는다(그림 12.14b). 알츠하이머 환자의 두뇌에서 타우 분자가 변화를 거치고, 함께 모이기 시작하며 다발을 형성하고 뉴런이 분해되도록 한다. 일부 연구가들은 아밀로이드보다 오히려 타우가 알츠하이머를 이해하는 열쇠를 쥐고 있다고 생각한다(Johnson & Bailey, 2002).

플라그와 엉킴이 뇌에 쌓임에 따라 대규모로 시냅스가 감소하고 뉴런이 죽기 시작한다. 아밀로이드 플라그는 해마에서는 비교적 적으며 뇌의 피질 도처에 분산되어 있는 경향이 있다. 반대로 신경섬유다발은 해마와 그 주변에서 먼저 축적된다. 초기 알츠하이머를 앓는 사람들의 해마와 그 주변부 뇌는 구조적인 MRI에서 볼 수 있는 것처럼 정상인보다 작다

그림 12.14
두뇌에서 알츠하이머의 특징 (a) 아밀로이드 플라그(이미지 중앙의 검은 부분), 퇴보한 세포의 찌꺼기가 둘러싸고 있다. (b) 뉴런 내의 신경섬유다발(진한 갈색으로 보이는 부분)

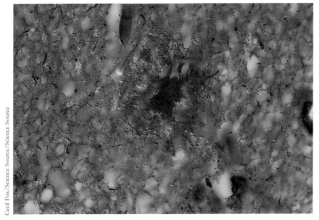

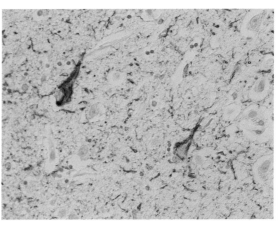

(a)   (b)

Cecil Fox /Science Source / Science Source

Dennis Dickson

(그림 12.15a; de Leon, George, Stylopoulos, Smith, & Miller, 1989; Risacher et al., 2009).
전두엽에는 비교적 나타나지 않는 초기 알츠하이머의 해마 손상 패턴은 '건강한' 노화와
상반된 모습을 보이는데, 앞에서 밝혔듯이 건강한 노화과정에서는 해마의 뉴런과 시냅스
손상은 상대적으로 거의 없이 대뇌피질의 수축이 나타난다(Braak & Braak, 1997; Price &
Morris, 1999).

현재 아밀라이드 플라그와 신경섬유다발의 축적, 해마를 포함한 일부 뇌 부위의 수축
과 같은 뇌의 변화는 알츠하이머의 초기 단계인 '증상 발현 전(presymptomatic)' 단계에서
시작될 것으로 생각된다(Jack, Knopman et al., 2010). 기저 병리현상이 수십 년에 걸쳐 발

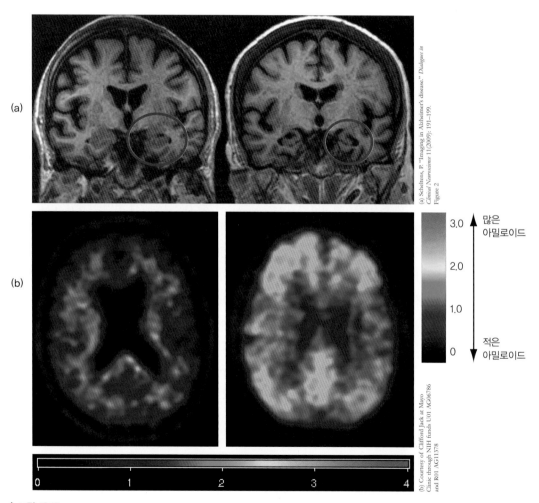

그림 12.15
초기 알츠하이머의 두뇌 변화 (a) 75세인 두 사람의 두뇌 자기공명영상(MRIs). 건강한 뇌(왼쪽)와 알츠하이머 환자의
뇌(오른쪽). 영상은 관상면 슬라이스를 보여주고 있음(환자가 반듯이 서서 카메라를 보는 자세. 원은 해마 영역을 표시
함). 각각의 이미지에서 해마 영역이 원으로 표시되어 있는데 알츠하이머 환자의 해마 영역이 현저하게 작다. (b) 인지
적으로 건강한 두 노인에게 베타-아밀라이드 조영제를 주사하고 찍은 두 PET 이미지. 수평적인 슬라이스를 보여주고
있음(환자가 등을 대고 코를 위로하고 누운 방향). 높은 수치의 아밀라이드가 있는 부위는 노란색과 주황색으로 보이고,
낮은 수치는 초록색과 파란색으로 보인다. 왼쪽 사람은 거의 아밀라이드를 보이지 않는 반면, 오른쪽은 증상 발현 전 알
츠하이머병의 지표가 될 수 있는 아밀로이드 증거를 보인다.

생하는 느린 과정이어서 병리현상이 변곡점까지 축적되고서야 인지적이고 임상적인 증상이 나타난다는 것이다. 증상발현 전 단계 다음에는 두 번째 단계, 종종 경도인지장애(mild cognitive impairment, MCI)라고 불리는 단계가 온다. 이 구간에서 일반적으로 일화기억 결함을 보이는 등 가벼운 인지 증상이 나타나는데, 아직 치매의 기준에 이르는 수준은 아니다. 내내 병리적 문제는 표면 아래에서 계속해서 쌓이게 된다. 일부 사람들은 이 과정을 전혀 겪지 않는다(또는 정점에 이르기 전에 죽는다). 하지만 원칙적으로는 환자가 충분히 오래 산다면, 이 병리가 결국 매우 심각해서 치매로 식별되기에 충분히 심각한 인지 손상이 나타나게 된다.

이는 알츠하이머에 대한 꽤 새로운 시각이고, 심각한 임상적인 증상이 나타나기 전에 증상 발현 전 단계를 통해 이론적으로는 병을 탐지하고 치료할 수 있다는 생각에서 중요하게 인식되고 있다. 이와 관련한 중요한 연구 분야 중 하나는 주요 뇌 변화를 감지할 수 있는 신뢰롭고, 비용이 저렴하며, 안전한 기술을 개발하려는 시도이다. 일부 접근법은 베타-아밀로이드의 수준을 측정하는 데 초점을 맞춘다. 예를 들어, 아밀로이드 플라그에 달라붙는 방사성 혼합물을 주사하여 PET 스캔 시 플라그를 시각화하는 것이 한 방법이다. 그림 12.15b는 인지적으로 정상으로 보이는 두 노인의 뇌를 PET 스캔한 예를 보여준다. 행동적인 겉모습과는 달리 한 뇌는 높은 수준의 베타-플라그를 보이고, 이는 알츠하이머 병리현상이 시작되었거나 수년 내로 인지적 손상을 보일 것이라는 점을 암시한다(Jack et al., 2010). 유사한 방법들을 비정상적인 타우단백질의 증거를 감지하기 위해 사용할 수 있다.

아밀로이드와 타우의 비정상적인 수치를 감지하려는 방법들은 알츠하이머 증상 정도와 상관 정도가 높은 측정치들을 제공하며, 아직 증상을 보이지는 않은 나이 든 사람들이 앞으로 얼마나 인지적인 저하를 보이게 될지에 대한 위험성을 예측하게 해준다. 이런 방법들의 한 가지 한계점은 현재 가능한 방식은 조영제를 투여하는 등 침습적이고 비싸다는 것이다. 방사능 물질을 투여하는 PET 스캔이나 뇌척수액을 추출하는 척추천자와 같은 방법을 필요로 하고 각각은 나름의 위험성을 가지고 있다.

또 다른 접근법은 보편적인 MRI를 사용해 구조적인 변화의 증거를 찾는 것이다. 실제로 인지적으로 정상적인 노인들 중, 해마와 주변의 내측두엽의 부피 감소는 인지적 감소와 알츠하이머가 향후 몇 년 안에 발병할 것이라는 점을 예측해준다(Apostolova et al., 2010; Duara et al., 2008; Risacher et al., 2009).

이 발견은 초기 알츠하이머를 감지할 수 있는 저렴하고 행동학적 방법에 대한 가능성으로 이어졌다. 제6장에서 해마와 주변 영역의 역할에 대해 살펴보았고 친숙한 정보가 새로운 방식으로 주어졌을 때 일반화할 수 있는 능력을 요구하는 과제에 대해 살펴보았다. 해마의 위축증을 지닌 사람들은 그러한 일반화에서 선별적으로 손상된 모습을 보일 수도 있을 것이라 추측할 수 있고, 이는 알츠하이머의 임상적 증상이 나타나기 전 쉽게 간과할 수 있었던 미묘한 결함을 느끼게 해줄 수 있다. 몇몇의 연구들이 이와 관련된 증거들을 언급하고 있는데, 캐서린 마이어스(Catllerine Myers)와 그 동료들은 해마의 크기를 진단하기 위해 MRI를 받은 노인 집단에게 위와 같은 일반화 과제를 수행하게 하였다. 평범한 해마 크기를 지닌 사람들은 좋은 수행 수준을 보인 반면 경도에서 중등도 사이의 해마 수축증을 지닌 사람들은 일반화에서 심각한 수행 저하를 보였다(Myers, Kluger, Golomb, Gluck, & Ferris, 2008). 실제, 이 일반화 과제를 잘 수행하지 못했던 참가자들은 2년 후 인지능력 감소의 증상을 보이는 경향이 있었다. 이런 데이터는 일반화 과제나 이와 유사한 해마 의존적인 과제에서 나타나는 수행 저하가 매우 민감하게 초기 경고 신호를 주어 누가 수년 내에 알츠하이머를 앓을 위험이 높은지 진단하도록 도울 수 있다는 사실을 보여준다.

알츠하이머의 진단과 치료

현재, 알츠하이머의 진단은 부검 시 뇌의 일부를 제거하여 조사했을 때 플라그와 신경섬유 다발이 환자의 뇌에서 발견되었을 때에만 확진된다. 이러한 이유로, 알츠하이머 증상을 가진 환자들은 정확하게는 '잠재적 알츠하이머'를 가진 것으로 진단될 뿐이다. 이러한 진단을 내리면서, 임상가들은 뇌 구조에 대한 MRI 영상, 베타 아밀로이드 침전물의 PET 영상, 순환하는 베타 아밀로이드와 이상 물질의 비정상적인 수준을 확인하기 위한 뇌척수액 검사를 활용한다. 최근에는 알츠하이머의 진단이 이러한 검사들의 결합, 개인적 증상과 유전적 전력 등을 모두 고려해 이루어지고 있고, 약 90%의 정확도를 보인다. 나머지 10%의 경우에 대해서는, 환자들이 알츠하이머와 유사한 증상을 나타내는 치매의 다른 유형을 보여준다.

2015년, 알츠하이머 환자 치료를 위한 약물 다섯 가지가 미국에서 승인되었다. 이 중 네 가지인 도네페질(donepezil), 갈란타민(galantamine), 리바스티그민(rivastigmine), 타크린(tacrine)은 콜린에스테라아제 억제제(cholinesterase inhibitors)로, 뉴런 간 시냅스에 있는 사용되지 않은 아세틸콜린의 분해를 줄이는 방식으로 작동한다. 다섯 번째 약물인 메만틴(memantine)은 알츠하이머 환자의 뇌에서 과잉 생성되는 흥분성 신경전달물질 글루타메이트의 특정 수용기를 차단한다. 이 다섯 가지 약물들은 모든 환자들에게 유용한 것은 아니며, 근본적인 뇌 손상을 멈추거나 되돌리는 것이 아니라 일시적으로 증상을 약화시킬 뿐이다. 분명히 더욱 효과적인 치료법들이 필요하다. 이 책이 쓰여지는 현재 기준으로, 500개가 넘는 후보 약물들이 검사되었고, 최소 100개 이상의 약물들이 현재 다양한 단계의 임상연구를 거치고 있다. 그러나 2003년 이래로, 알츠하이머 질병의 인지적 증상을 치료할 정도로 충분히 효과적이고 안전하다고 승인된 추가적인 약물은 나타나지 않았다.

알츠하이머의 유전적 기초

현재까지 알츠하이머의 다양한 유전자들이 언급되어왔다. 대부분의 발견은 이른 연령에 발생하는 매우 드문 형태의 조기 알츠하이머 집단의 유전적 특징을 바탕으로 밝혀져왔다. 조기 알츠하이머는 모든 사례 중 1% 미만의 확률로 나타나지만, 35~50세의 젊은 사람에게 발생할 수 있기 때문에 충격적이다. 세 가지 유전자 돌연변이[21번 염색체의 APP 유전자, 14번 염색체의 프레세닐린-1(PS1), 1번 염색체의 프레세닐린-2(PS2)]가 조기 알츠하이머와 연관되어 있다. 한 부모에게서 이 셋 중 하나의 돌연변이 유전자를 물려받은 아이는 다른 이유로 더 빨리 사망하지 않는 이상 반드시 알츠하이머를 겪게 된다.

또 다른 유전자인 19번 염색체의 APOE는 60세 이상에게서 나타나는 더 일반적이고, 늦게 발생하는 알츠하이머 형태와 밀접한 관련이 있다. APOE는 여러 대립형질 유전자가 존재하며, 이들 중 E2, E3, E4로 불리는 세 가지 대립형질이 일반적으로 나타난다. E3 유전자는 가장 일반적이고 '정상적인' 유전자로 여겨진다. 많은 사람들이 각 부모로부터 하나씩 유전되어 E3의 두 가지 복사본을 가지고 있다. E4 유전자의 하나의 복사본을 가진 사람들은 알츠하이머가 발생할 위험이 일반인의 약 세 배가량 높고, E4 유전자의 2개의 복사본을 가진 사람들은 15배 높은 위험 확률을 갖는다(Blennow, de Leon, & Zetterberg, 2006). 반면, E2 유전자의 하나 혹은 두 개의 복사본을 가진 이들은 알츠하이머가 발생할 위험이 낮아진다.

현재는 이러한 유전자들이 왜 이러한 영향을 갖는지 그 이유가 명확하지 않다. 몇몇 연구들은 E4 소지자가 E3 집단보다 해마 내에 더 적은 수상돌기를 가지고 있기 때문이라고 설명하지만, 이것이 원인인지, 혹은 알츠하이머 발병의 결과물인지 분명치 않다(Teter, Finch, 2004). 또 다른 가능한 설명은 APOE 유전자가 뇌가 베타-아밀로이드를 청소하는 방식을 통제한다는 것이다. 이 설명에 따르면 몇몇 대립형질 유전자들은(E2와 같은) 이러한 역할을 잘 수행하지만, 다른 유전자들(E4와 같은)은 덜 효과적이어서 뇌 속에 플라그가 쌓이도록 방치하여 알츠하이머 환자의 뇌 병리를 유발한다고 본다.

또 다른 많은 유전자들이 후기 알츠하이머 발병의 위험에 일조하는 것으로 밝혀졌는데, TREM2, CLU, PICALM, CR1 유전자가 이에 속한다(Jonsson et al., 2013; Jun et al., 2010; Seshadri et al., 2010). 그러나 유전자 하나만으로는 전체를 설명할 수 없다. 예를 들어, APOE E2 유전자의 '좋은' 2개의 복사본을 가진 사람들도 여전히 후기 알츠하이머를 발병시킬 수 있고, APOE E4의 '나쁜' 복사본을 지닌 사람들 중 일부는 알츠하이머가 발병하지 않을 수 있다. 마치 이 유전자들이 사람들을 알츠하이머에 걸리기 취약하게 하는 것처럼 보이는데, 추가적인 환경적인 요소(독소에의 노출, 취약한 혈관상의 건강 상태, 두뇌 염증 등)가 이 병을 유발하는 직접적인 원인이 될 수 있을것으로 보인다.

만약 환경적인 요소가 이 병을 유발한다면, 희망적인 소식은 이 요소를 바꾸어주는 것이 병이 발병하는 것을 막을 수 있다는 점이다(또는 늦춰서 환자의 일생 동안 임상적인 증상이 나타나지 않도록 할 수 있다). 최근 연구에 따르면 주 1~2회 가벼운 신체 활동도 심혈관 건강을 향상시킬 수 있다는 증거가 있다. 그리고 이것은 몸과 뇌 전체에 피의 흐름을 원활하게 하여 산소와 영양분을 공급하고, 그 결과 인지적 저하를 막는 데 도움을 주게 된다(Radak, Hart, Sarga, Koltai, Atalay, Ohno & Boldogh, 2010; Schlosser Covell et al., 2015). 신체 활동은 아마도 알츠하이머라고 진단받은 사람들의 기능을 향상시킬 수 있을 것이다(Rao, Chou, Bursley, Smulofsky & Jezequel, 2014). 비록 많은 연구가 두뇌 활동을 통해서 신체 활동과 유사한 긍정적 운동 효과를 볼 수 있는지 탐색해왔지만, 지금까지 발견된 증

◀◀ 일상에서의 학습과 기억 ▶▶

정신적 두뇌 활동이 알츠하이머를 막을 수 있을까?

많은 연구는 높은 수준의 인지 활동(정신운동)이 알츠하이머를 막을 수 있다고 주장한다. 정신적으로 도전적인 취미(예 : 독서, 체스, 십자말풀이)에 참여한 노인들은 텔레비전을 보는 것과 같은 수동적인 취미를 추구한 집단보다 인지적 감퇴를 경험할 확률이 낮았다(Bennett et al., 2003; Wilson & Bennett, 2003). 높은 교육 수준이나 넓은 사회 지지망을 보유한 사람들도 알츠하이머를 앓을 확률이 낮았고 그런 사람들이 알츠하이머에 걸렸을 경우 임상적인 증상을 보이기 전까지, 뇌내 병리에 견딜 수 있는 수준이 높았다(Scarmeas & Stern, 2004). 모든 사례에서 공통의 주제는 정신 활동이 알츠하이머를 막는다는 것이다. 이는 "사용하십시오. 그렇지 않으면 잃을 것입니다(Use it or lose it)."라는 간곡한 권고로 이어진다.

이러한 발견들의 한 가지 가능성은 인지보유(cognitive reserve)에 대한 생각이다. 일반적으로, 일상생활에서 인지적으로 많은 활동을 해온 사람은 높은 수준의 인지적 기능을 가지고 노년기에 접어든다. 알츠하이머에 걸리더라도 이런 사람들은 많은 손실과 저하가 진행되고 나서야 일상생활에 지장을 느끼게 된다(Scarmeas & Stern, 2004; Stern, Albert, Tang, & Tsai, 1999).

완전히 다른 것은 아니지만 두 번째 가능성은 인지활동이 실제로 알츠하이머를 방지한다는 것이다. 우리는 제2장에서 환경적인 풍요가 장성한 수컷의 뇌에 새로운 뉴런과 연결성을 형성하는 변화를 유발한다는 것을 살펴보았다. 신체적·인지적으로 활동적인 사람들의 뇌 변화도 초기 알츠하이머의 뉴런과 연결성을 보완하는 데 도움을 주는 것 같다(Nithianantharajah & Hannan, 2009; Wilson & Bennett, 2003).

지금까지, 인지 활동과 알츠하이머 위험성 감소를 연관짓는 연구들은 오직 인과관계를 증명할 수 없는 관찰상의 상관결과들이다. 반면 정신 활동은 분명히 알츠하이머를 막는 데 도움이 될 가능성이 있고 십자말풀이처럼 정신적으로 어렵고 도전적인 활동에 시간을 쓰는 사람들은 실제로 알츠하이머로부터 자신을 보호하고 있을 수 있다. 하지만 (만성적인 관절염이 있는 사람들이 격한 스포츠를 하지 않았을 것처럼) 초기(증상을 보이기 전)에 의식적으로 이러한 두뇌활동을 하기란 낯설고 자연스러운 행동이 아니어서 많이 하지 않게 된다. 이런 관점에서 볼 때, 인지적인 비활동성은 알츠하이머의 원인이 아니라 증상이라고 볼 수 있다. 2010년, 한 전문가 집단은 정신적인 활동이 실제로 알츠하이머를 막는다는 증거는 충분하지 않다고 결론지었다(Daviglus et al., 2010).

이렇게 실망스러운 결과의 한 가지 이유는 아마도 결코 개인이 선택한 한 가지 생활상이 단순하게 알츠하이머에 걸릴지 그렇지 않을지를 결정하는 것은 아니기 때문일 것이다. 오히려 수많은 사소한 삶의 방식들, 예를 들어, 건강한 식단, 규칙적인 저강도 운동, 정신적이고 사회적인 자극 등이 함께 작용해서 알츠하이머를 앓는 환자의 인지적 결함을 막거나 적어도 미룰 수 있을 것 같다.

거들은 그다지 신뢰롭지는 않은 것으로 보인다(상단의 '일상에서의 학습과 기억' 참조).

다운증후군과 알츠하이머의 관계

다운증후군과 알츠하이머에 관여하는 유전자 사이에 관련성을 발견하였는가? 다운증후군에서는 3개로 이루어져 있고, 알츠하이머에서는 APP 유전자를 지니고 있는, 21번 염색체가 두 질환에 공통으로 관여한다. 이 아주 흥미로운 사실 때문에 많은 연구자들은 다운증후군과 알츠하이머 사이의 연관성을 찾기 시작했다. 실제로 다운증후군을 앓는 사람 중에서 40세 이상을 산 사람들은 마치 알츠하이머 환자들에서 나타난 것처럼 그들의 뇌 속에 플라그와 신경섬유다발이 생성되었다(Moncaster et al., 2010). 그리고 다운증후군 환자의 약 50%의 성인 환자는 알츠하이머에서의 인지적 손상과 비슷한 기억력 감퇴와 기타 증상을 나타냈다(Brugge et al.,1994; Cutler, Hesten, Davi es, Haxby, & Schapiro, 1985). 앞서 다운증후군의 동물 모형으로서 Ts65Dn 쥐를 살펴보았다. Ts65Dn 쥐에서 학습과 기억 능력이 베타-아밀로이드를 줄이는 약을 복용시켰을 때 뿐만 아니라 알츠하이머 약인 메만틴을 복용시켰을 때도 향상되었다(Netzer et al., 2010) 그래서 이러한 약이 다운증후군 환자들의 인지능력 또한 향상시킬 것이라는 희망을 갖게 되었다.

하지만 나머지 50%의 다운증후군 성인 환자는 비록 똑같은 두뇌 병리를 지니고 있다고 하더라도 나이와 연관된 인지적 결함을 보이지 않았다. 아직 왜 이런 차이가 나타나는지 확실하지 않다. 하지만 앞으로 알츠하이머와 다운증후군에 대한 우리들의 이해를 도울 수 있는 정보를 제공할 수 있을 것이고, 관련된 두뇌 병리가 기억 손실을 일으키지 않도록 하는 치료법 개발에도 도움을 줄 수 있을 것이다.

지식 테스트

알츠하이머 팩트 시트

알츠하이머의 주요한 사실들을 얼마나 기억하는지 확인해보자. 아래 진술된 내용이 참인지 거짓인지 확인해 보라. (정답은 책의 뒷부분에 있다.)

1. 치매는 미국에서 가장 흔한 알츠하이머의 한 형태이다.
2. 65세 이상의 50% 이상이 알츠하이머를 앓는다.
3. 알츠하이머는 보통 사후 부검으로만 공식적으로 진단된다.
4. 현재 알츠하이머 약은 플라그와 신경섬유다발을 줄이는 것이 아니라 뉴런의 활동을 수정함으로써 작용한다.
5. 신경섬유다발은 베타-아밀로이드라는 독성 단백질에 의해 형성된다.
6. 알츠하이머 질병에서 타우 분자는 함께 엉키기 시작하고, 뉴런을 파괴시킨다

7. 플라그는 대뇌피질에 축적되는 경향이 있는 반면, 신경섬유다발은 먼저 해마와 그 주변 부위부터 나타난다.
8. 최근에는 알츠하이머의 행동적인 증상이 나타나기 훨씬 전에 병리현상이 뇌 속에 축적된다고 인식되고 있다.
9. 조기 알츠하이머 발병에 영향을 주는 유전자들은 밝혀진 게 있지만, 일반적인 흔한 형태의 후기 알츠하이머 발병과 연관성이 있는 유전자는 밝혀진 것이 없다.
10. 현재의 발견들은 규칙적인 신체 활동이 알츠하이머를 막는 최고의 방법이라고 제안한다.

중간 요약

- 다운증후군은 아기가 여분의 21번 염색체의 복사본을 갖고 태어나는 상태이다.
- 다운증후군을 앓는 아이들은 기억력 저하와 같은 인지적 결함을 보이고, 해마, 전두엽, 소뇌와 같은 특정한 뇌 부위가 비정상적으로 작은 경향이 있다.
- 알츠하이머는 치매의 한 형태로서 아밀로이드 플라그와 신경원섬유다발이 뇌에 축적된다. 병리가 수십 년에 걸쳐 축적된 후 인지적·임상적 증상이 나타난다고 여겨지고 있다.
- 알츠하이머 초기의 눈에 띄는 기억력 손상은 이 질환을 갖고 있는 집단이 해마와 내측 두엽 영역 쪽에서 병리를 겪는다는 발견과 연관이 크다.
- 드물게 나타나는 조기 알츠하이머의 원인이 되는 유전자가 확인되었다. 다른 확인된 유

전자는 흔하고 일반적인 후기 알츠하이머의 위험에 기여할 것이다

■ 다운증후군과 알츠하이머 사이에 연관성이 있는 것으로 보인다. 다운증후군에게서 3개가 나타나는 21번 염색체가 조기 알츠하이머 발병과 연관이 있는 유전자도 지니고 있기 때문이다. 또한 다운증후군을 앓는 거의 모든 사람들이 나이가 들었을 경우 알츠하이머와 비슷한 플라그와 신경섬유다발을 뇌에 형성하게 된다.

▌종합

이 장의 첫머리에서 우리는 신체능력과 기억능력의 정점인 '건강한 젊은 성인'의 전형적인 모습인 드니즈에 대해 살펴보았다. 그녀의 기억능력에 감사하는 것은 별개로, 드니즈는 이 장에서 배운 내용을 다음 번 추수감사절 휴일에 어떻게 적용할 수 있을까?

먼저, 드니즈의 어린 조카 켈리를 생각해보자. 10개월이 된 켈리의 뇌는, 많은 부분에서 집중적인 신경 발생과 시냅스 생성, 수초 형성 과정이 진행되고 있다. 켈리는 벌써 습관화, 조건형성, 기능학습, 관찰학습을 할 수 있고, 이 학습을 행동과 모방으로 표현할 수 있다. 반면, 그녀의 일화기억은 시공간의 맥락에 대한 정보를 성인의 기억만큼이나 많이 포함하고 있지는 못하는 것 같다. 게다가 켈리의 전두엽이 아직 완전하게 작동하지는 않는데, 이는 기억 속 정보 조각들을 동시에 자유자재로 사용하기 어려울 것이라는 점을 의미한다. 이는 켈리가 심하게 울 때 가족들에게 도움이 될 수 있는데, 빛나고 밝은색의 장난감을 흔들어서 그녀를 짜증나게 하고 있는 물체로부터 주의를 쉽게 분산시킬 수 있다.

드니즈는 또한 학습과 기억의 원칙을 조부모와의 상호작용에도 적용할 수 있다. 비록 할머니는 많은 연세를 잘 관리하고 있는 것 같지만, 나이 든 여성의 작업기억 저하나 새로운 일화기억을 형성하는 능력의 감퇴를 예상할 수 있고, 이를 통해 할머니가 물건을 제자리에 두지 않는다든지 가장 좋아하는 이야기를 열 번이나 반복하더라도 이해하고 도와줄수 있다. 하지만 드니즈는 할머니의 많은 의미기억과 일화기억이 온전한 동안 활용해야 하는데, 가족 요리책을 만드시도록 한다든지 미래 후손들을 위해 서면 역사를 기록하시게 할수 있다.

드니즈의 할아버지는 좀 어려운 사례다. 가족들을 독려해서 철저한 신경심리검사를 받게 하고 그의 기억력 감퇴가 초기 알츠하이머를 반영하는지 아니면 치료 가능한 다른 종류의 치매에서 기인한 것인지 결정해야 한다. 만약 진단 결과가 알츠하이머라면 슬프게도 드니즈의 가족은 할아버지가 점차 인지적 저하를 보이고 간병인의 도움에 의존하게 되는 모습을 보며 힘들어 하게 될 수 있다. 비록 현재는 알츠하이머의 인지적 감소를 되돌리거나 막을 수 있는 방법이 없지만, 젊은 가족 구성원이 조부모가 될 때 즈음에는 더 나은 치료법이 가능해져서 더 좋은 뇌와 온전한 기억을 지닌 노후를 맞을 수 있도록 희망을 가져볼 수 있다.

중요 용어

21번 삼염색체(trisomy 21)

가시(spine)

각인(imprinting)

다운증후군(Down syndrome)

대립유전자(alleles)

모방 유발(elicited imitation)

민감기(sensitive period)

사춘기(puberty)

세포사멸(apoptosis)

시냅스 발생(synaptogenesis)

신경발생(neurogenesis)

신경섬유다발(neurofibrillary tangle)

아밀로이드 플라그(amyloid plaque)

안드로겐(androgen)

알츠하이머병(Alzheimer's disease)

에스트로겐(estrogen)

재태 연령(gestational age)

청소년기(adolescence)

치매(dementia)

테스토스테론(testosterone)

후생유전학(epigenetics)

퀴즈

1. _____은(는) 성적 성숙으로의 신체의 과도기로서 육체적 변화 시기이다.

2. 가시돌기는 _____에 있는 돌출부로서 그곳에서 _____을(를) 형성한다.

3. 다운증후군은 _____의 한 형태로서, _____라고 불리는 유전적 형질에 의해 발병하고, 거기서 배아는 (2개가 아닌) 3개의 특별한 염색체 복사본을 물려받는다.

4. _____은(는) 성인 여성에게 존재하는 주요한 성호르몬이다. _____은(는) 성인 남성에게 존재하는 주요한 성호르몬이고 이 중 가장 중요한 것은 _____이다.

5. _____은(는) 유아의 기억을 평가하는 과제로서, 이전에 본 행동을 흉내내는 능력을 관찰한다.

6. _____은(는) 치매의 가장 흔한 형태이다.

7. 자연스럽게 발생하는 유전적 변이를 _____라고 부른다.

8. 배아와 태아의 _____ 나이는 수정 이후의 시간이라는 관점에서의 나이다.

9. _____은(는) 기관을 구성하고 유지하는 지침을 암호화하는 반면, _____매커니즘은 유전 활동을 작동시키고 멈추며 어떻게, 언제 그 지침이 실행

될지 결정한다.

10. 알츠하이머 환자의 뇌는 베타-아밀로이드 단백질의 침전물인 _____형태의 두뇌 병리와 뉴런을 제 위치에 자리하게 하는 단백질의 붕괴된 잔여물인 _____을(를) 축적한다.

11. _____은(는) 사춘기와 성인기의 과도기로, 대체로 인간의 나이 _____에 상응한다.

12. 사고나 질병이 아닌 자연적인 세포의 죽음을 _____(이)라고 부른다.

13. 일부 종에서 새끼들이 태어난 후 본 첫 존재와 애착을 형성하려는 경향을 _____(이)라고 부른다.

14. _____은(는) 두뇌의 새로운 세포 형성을 일컫는다. _____은(는) 뉴런에서 새로운 시냅스의 형성을 일컫는다.

15. 보통 삶의 초기 시간으로서 특정한 학습에 매우 효과적인 때가 그 학습의 _____(이)라고 알려져 있다.

16. _____은(는) 점진적인 인지적 쇠퇴로서, 보통 두뇌 병리의 축적으로 생긴다.

정답은 책의 뒷부분에 있다.

개념 확인

1. 켈리의 오빠, 카일은 거의 20개월까지 말을 하지 못했다. 어떤 요소가 아이들 간의 차이에 원인이 되어 정상과 장애를 추정하게 할까?

2. 80세의 기업가는 그의 기억력이 예전보다 감퇴했다는 점을 인정하지만 계속해서 일하고 싶어한다. 그의 기억력 하락의 최소화할 수 있는 습관은 무엇이 있을까?

3. 트리 도마뱀 중 일부 수컷은 강하고 영역을 지키려는 성향이 큰 반면 다른 일부는 떠돌아다니는 성격을 지닌다. 생후 첫 30일 동안 테스토스테론 주사를 맞은 도마뱀은 강하고 영역을 지키려는 성향을 보이기 쉬운 반면 유사한 주사를 다 큰 비우세(non-dominant) 수컷에게 놓았을 때는 아무런 효과가 없

었다. 왜 그럴까?

4. '길항적 다면 발현'이라는 용어는 한 유전자가 삶의 초기(유기체가 여전히 번식할 수 있을 때)에는 이로울 것 같았지만 나중에는 반대의 결과를 낳는다는 이론의 공식적인 명칭이다. 유전자를 옮기는 유기체가 자손을 생산할 만큼 오래 사는 한, 그 유전자는 구성원에 전파될 수 있다. 한 예로, 알츠하이머를 가지고 이 일반적인 생각을 재진술해보라. 이 강에서 삶의 초기에는 이로워보이지만 나중에는 부적응적이 되는 구체적인 예를 생각해볼 수 있는가?

정답은 책의 뒷부분에 있다.

테스트 정답

제 1 장
학습과 기억 연구의 역사에서 주요 인물 맞히기
1. 아리스토텔레스, 데카르트
2. 로크
3. 제임스
4. 에빙하우스, 파블로프, 손다이크

물질과학과 자연과학을 차용하여 마음을 설명하기
1. 몸이 어떻게 입력과 출력으로 이루어진 기계처럼 작동하는가.
2. 어떻게 간단하고 단편적인 요소들로부터 복잡한 개념이 조합될 수 있는가.
3. 어떻게 기억의 심리학이 정밀한 수학적 법칙으로 정의되고 엄격한 자연과학의 한 분야가 될 수 있는가.
4. 전화교환기의 작동방식처럼 직접적이고 고정된 연결과 간접적이고 변화 가능한 연결 사이의 구분을 제시한다.
5. 모든 가능한 행동 반응 중에서 더 성공적이고 적응적인 반응이 살아남는다(즉 학습된다).
6. 많은 개별 관찰들을 통합해서 설명할 수 있는 간단하면서 강력한 공식을 추구한다.
7. 내용과 무관하게 메시지나 저장된 기억에 감긴 정보의 양을 측정할 수 있는 방법

퀴즈
1. 이성적 사고, 논리적 언쟁, 과학적 실험
2. 빈도
3. 생득론, 경험론
4. 이원론, 데카르트, 반사궁
5. 생존과 번식에 도움을 주는, 자연선택
6. 실험심리학
7. 헤르만 에빙하우스
8. 망각, 파지 곡선
9. 도구적 조건화, 조작적 조건화
10. 조건자극, CS; 무조건 자극, US; 조건반응, CR
11. 행동주의
12. 클라크 헐
13. 손다이크, 효과, 발생할 가능성이 증가
14. 인지도
15. 잠재학습
16. 인지적, 행동주의적
17. 에스테스, 자극 표집 이론
18. 조지 밀러
19. 고든 바우어, 통찰 학습
20. 연결주의, 분산된

개념 확인
1. 생득론 : 플라톤, 데카르트, 라이프니츠, 다윈, 경험론 : 아리스토텔레스, 로크, 제임스, 파블로프, 손다이크. 역사적 흐름을 알고자 하면 표 1.1 참조.
2. 본성과 양육을 구분해서 보고자 한다면 어린이를 부모로부터 때어놓고 키워야 한다. 기억력이 좋은 부모는 자기 자식들 역시도 복잡하고 풍부한 문장들을 사용해서 기억력이 증대될 수 있는 환경에서 키울 것이기 때문이다.
3. 톨만의 연구에서 쥐들은 잠재 기간, 즉 강화가 주어지지 않는 기간 동안에도 학습을 했다. 이는 엄격한 강화/처벌의 효과를 믿는 이론들로는 설명이 불가능하다. 행동주의적 입장을 변형해서 실험자가 관찰할 수도 없고 조작할 수도 없는 어떤 내재적인 강화물이 단순히 미로를 탐색하는 것만으로도 생성된다고 보아야 할 것이다.
4. 어떤 사람을 체격이 큰 백인 남자(우리가 사람들을 단순히 크다/작다, 백인/백인 아닌 인종, 남자/여자로 분류한다고 가정하면)로 기술하는 것. 가장 단순한 형태의 정보는 101과 같은 세 자리의 이진법 숫자를 들 수 있다.

제 2 장
시냅스 전달
전부 맞다.

동등잠재성 이론과 골상학
같은 어떤 정신적 역량이 피질의 특정 영역과 연관되어 있다고 제안했다. 래슐리는 정신적 역량이 특정 영역과 연관되어 있는 것이 아니고 충분한 영역이 확보된다면 피질의 어느 영역이라도 기능을 수행할 수 있다고 보았다. 같은 두개골의 특성과 개인차 간의 상관을 통해 자신의 이론을 증명하고자 했다. 래슐리는 피질을 손상한 쥐들이 미로를 학습하는 능력에서 보이는 차이를 통해 자신의 이론을 증명했다.

시냅스 가소성

1. 옳음. 바로 이것이 최초의 LTP 연구에서 나타난 결과이다. 실험자들이 한 뉴런을 자극했고 시냅스 간 연결이 증가되었다는 증거로, 시냅스후 뉴런에서 LTP를 관찰하였다.
2. 틀림. 시냅스에서 변화가 일어났든 아니든 간에 뉴런은 입력이 변화함에 따라 발화 패턴을 변화시킨다.
3. 옳음.
4. 틀림. fMRI는 신경활동을 측정하지 않으며 시냅스 수준의 변화를 감지하지 못한다. 다만 혈류량의 변화를 측정하여 신경활동의 변화를 간접적으로 측정한다.
5. 틀림. LTP가 학습하는 동물에서 직접적으로 관찰된 실험은 드물다. 대부분의 실험은 행동 관찰을 병행하지 않고 LTP를 측정한다.

퀴즈

1. 중추신경계
2. 말초신경계
3. 대뇌피질/대뇌반구
4. 소뇌
5. 수용기/수상돌기/시냅스 후 뉴런/시냅스 전 뉴런
6. 교세포/혈액세포
7. MRI/핵자기공명영상
8. 반사/다이빙 반사
9. M1/1차 운동피질/소뇌/기저핵
10. 축색/수상돌기
11. 엔그램/기억 흔적
12. 차이 영상
13. EEG/뇌전도
14. 경두개자기자극/머리에 가해진 충격
15. 향정신성 약물
16. 시냅스 가소성/헵의 학습/장기강화작용

개념 확인

1. 시각피질의 뉴런들과 음식에 대해 반응하는(침을 흘리게 만드는) 뉴런들이 같이 활성화되었을 가능성이 크다. 시각피질의 뉴런들이 파블로프 박사의 모습에 의해 활성화되고 반복적으로 음식과 짝지워지면 헵의 학습이 예측하는 대로 이 두 집단의 뉴런들이 '함께 연결'될 것이고 궁극적으로는 파블로프 박사의 모습만 보아도 침이 흘러나오게 될 것이다. 이러한 설명이 의미하는 바는 개의 시각피질에 있는 뉴런들이 음식을 감지하는(아마도 일차체감각피질에 있는) 뉴런들과의 연결을 강화하게 되리라는 것이다.
2. 개인마다 활성화 정도가 다르다는 것은 뇌가 기능하는 방식이 개인마다 다르다는 것을 의미한다. 그러나 동등 잠재성 이론에 의하면 피질의 어느 영역이든지 같은 방식으로 기능할 수 있다. 따라서 이 이론이 맞다면 개인마다 다른 영역이 활성화되지만 같은 기능을 수행할 수 있을 것이다.
3. LTP와 학습의 유무 사이에 일대일 대응함수는 존재하지 않는다. 즉, LTP와 학습은 등가물이 아니다.
4. 한 예는 감각별로 결함이 있는지 검사하는 것이다. 어느 특정 감각의 손실은 그 감각에 해당하는 일차감각피질의 손상을 의미할 것이다.
5. 대뇌피질이 학습이 일어나는 유일한 장소는 아니라는 것을 의미한다.

제 3 장

습관화의 극대화

1. 자극이 작을수록 습관화가 빨리 일어난다. 따라서 한 가지 해볼 수 있는 전략은 셔츠의 따가움을 최소화하기 위해 로션을 바르거나 섬유 유연제를 넣어서 세탁해 보는 것이다.
2. 민감화는 각성 수준과 관련이 있다. 셔츠를 입고 있는 동안 각성 수준을 낮춘다면—예를 들어 잠을 잔다든지 해서—민감화가 줄어들 것이다. 잠, 명상 등은 자극 자체를 줄이는 효과도 있으므로 습관화를 촉진할 것이다.
3. 로션을 발라서 따가움을 좀 줄였다면 이번에는 셔츠를 계속 입고 다녀보라. 많이 입으면 입을수록 습관화가 더 많이 진행될 것이다.

지각학습 대 습관화

1. 반려견 대회의 심판은 건강한 이빨이나 그 외 입과 관련된 특징들에 근거해서 우수한 개를 구분하는 지각학습을 하였을 것이다. 또한 심판은 얼굴 근처에 날카로운 이빨이 잔뜩 솟아 있는 개의 입을 가져다 대는 것에 습관화되었을 것이다. 개의 반응 역시도 낯선 사람이 손과 얼굴을 입 근처에 가져다 대거나 입을 벌리는 행위에 대해 습관화되었을 것이다.
2. 이 남성은 냄새에 근거해서 와인의 종류를 판별하는 방법을 학습했을 것이고 이는 지각학습의 일종이다. 정장을 입고 넥타이 매는 것에 습관화되었을 것이다.
3. 노숙자들은 사람들에게 반복적으로 무시당하는 것에 습

관화되었을 것이고 행인들은 불행한 사람들을 보는 것에 습관화되었을 것이다.

군소 학습의 시냅스 메커니즘

1. 시냅스 연결의 감소는 습관화를 시사한다. 자극-반응 경로에서 글루타메이트 방출이 감소한다.
2. 글루타메이트 방출 증가는 민감화를 시사한다. 자극-반응 경로가 더 쉽게 활성화될 가능성이 증가했다.
3. 증가된 연결은 민감화를 시사한다. 증가된 연결은 자극-반응 경로에서 글루타메이트 방출 양을 증가시킨다.
4. 활동 전위의 숫자는 글루타메이트 방출을 반영한다. 만약 활동 전위 숫자가 줄어 들었다면, 글루타메이트 방출도 줄어들었을 가능성이 많고 이는 습관화를 시사한다.

퀴즈

1. 민감화
2. 습관화
3. 탈습관화
4. 정향
5. 약한
6. 집중적, 분산적
7. 피부전도반응/SCR
8. 이중과정이론
9. 잠재학습
10. 새로운 대상 재인
11. 중간뉴런, 세로토닌
12. 피질 가소성
13. 다중감각/체감각/청각
14. 장소 세포
15. 민감화
16. 감각 인공 보철물, 지각 학습

개념 확인

1. 주어진 상황만으로는 습관화인지 아닌지 판단하기 어렵다. 겉으로 보이는 것은 오직 반응이 느려졌다는 것뿐이다. 혹은 피로에 의한 반응이라고 볼 수도 있지만 둘 중 어느 설명이 옳은지를 판단하자면 어쨌든 추가적인 증거가 필요하다.
2. 놀이공원에 있는 귀신의 집은 여러가지 소리나 불빛을 이용해서 으스스한 복도를 걸어가는 방문객을 민감화시킨다. 운동 경기는 시작하기 전부터 화려한 전광판이나 요란한 음악으로 관중을 흥분시킨다.

3. 그렇다. 이 장에 기술된 거의 모든 학습 과정이 포함된다고 볼 수 있다. 본문이나 그림 설명에 사용된 문장의 스타일에 습관화될 것이고, 익숙한 단어에 의해 점화될 것이며, 책 읽을 시간에 훨씬 더 재미있는 일을 할 수 있었다고 생각하기 시작한 순간부터 지나가는 시간의 흐름에 대해 민감화될 것이다. 꼬불꼬불한 그림(그림 3.7)에 대한 지각 학습을 하게 될 것이고, 새로운 뇌의 구조에 대한 그림, 방법론, 데이터에 대해 익숙해질 것이고 개념 확인 문제에 대한 해답들이 어디쯤 있는지 공간 학습을 하게 될 것이다.
4. 택시 운전은 공간 학습에 의존하는 공간 기억 능력을 사용한다.해마의 장소 세포들이 공간 학습에 중요하다는 것이 알려져 있으므로, 장소 세포의 과도한 사용이 경력이 많은 택시 운전사들의 해마 크기에 어떤 식으로든 기여했을 가능성이 있다.

제 4 장

파블로프의 실험

CS = 개가 침을 흘림
CR = 메모

일상에서의 고전적 조건화

1. US : 여성 모델, UR : 성적 흥분(주로 남자에게서, 자동차의 주고객이 남자라는 가정하에), CS : 자동차, CR : 스포츠카를 보거나 떠올리기만 해도 기분 좋은 흥분이 느껴진다.
2. US : 뜨거운 피자, UR : 먹을 것에 대한 기대감과 타액 분비, CS : 상자 타는 냄새, CR : 배가 고파지고 침이 고임.

레스콜라-와그너 모델과 맥킨토시 모델을 대조하기

1. US, CS
2. (a) 맥킨토시, (b) 레스콜라-와그너

운동반사 조건화에 있어서 소뇌

1. 퍼킨지 세포는 동작의 타이밍에 관여한다. 증거로는 소뇌 피질을 손상하면 CR의 크기가 작아지고 타이밍이 엉망이 된다는 사실과 퍼킨지 세포가 퇴행되도록 유전자가 조작된 쥐들에서 눈 깜빡임 조건화가 느리게 일어난다는 사실을 들 수 있다.
2. 퍼킨지 세포들이 있는 소뇌피질과 심부핵이다. CS 입력 경로와 US 입력 경로이다. 두 경로는 소뇌의 퍼킨지 세

포와 중간핵에서 수렴한다.

3. 조건화에 노출되지 않은 토끼들에게 CS만 제시하거나 US만 제시하고 신경활동을 기록하면, CS에 대해서 CR이 나타나지 않은 시행에서 중간핵의 신경활동이 보이지 않는다. 반면에 US만 제시해서 강력한 눈 깜빡임 UR이 나타난 시행들에서도 역시 중간핵의 신경활동이 보이지 않는다.

퀴즈

1. 포함하지 않는다.
2. 준비적
3. CR/UR, 타이밍
4. 빠르다.
5. 보상적, 항상성
6. 맥락 혹은 타이밍
7. 먼저 학습
8. 더해짐
9. 맥락/배경자극
10. 예측 오차
11. 퍼킨지 , 중간핵
12. 태상 섬유
13. 하올리브
14. 억제
15. 타이밍
16. 해마
17. 글루타메이트
18. 시냅스 가소성
19. 개시, 촉진
20. 조건화된 내성
21. 레스콜라-와그너
22. 혐오 조건화
23. 소리 없이 제시되는 US/US 단독 제시, 수반성

개념 확인

1. 이 상황을 도표화하기 위해 도리스와 허먼은 CS, 주식시장 예측을 US 로 놓으면,

도리스 → 옳은 예측 (1)

도리스+허먼 → 틀린 예측 (0)

도리스에 대한 연합 가중치는 도리스 혼자 제시되는 시행에서는 증가한다. 그러나 허먼과 같이 제시되는 시행에서는 도리스의 가중치뿐 아니라 허먼의 가중치도 감소해서 궁극적으로는 $W_{도리스} = +1$이고 $W_{허먼} = -1$에 접

근하게 될 것이다. 즉 허먼은 조건화된 억제자가 된다.

2. 소거는 맥락 의존적이므로 소거에 기반한 노출 치료 역시 맥락 의존적일 수 있고 따라서 센터에서는 효과가 있어도 집에서는 그렇지 않을 수 있다.

제 5 장

고전적인가? 아니면 조작적인가?

1. 휘파람은 변별자극이고 새들이 날아오는 것(R)은 학습된 반응이며 빵 조각(O)은 결과이다. 새들은 날아오지 않으면 빵 조각을 받지 못한다. 따라서 조작적 조건화이다.

2. 번개 다음에는 언제나 천둥이 따라온다. 스누피의 반응과는 상관없이 일어난다. 따라서 고전적 조건화이다.

3. 구름은 변별 자극, 우산을 가지고 가는 것은 학습된 반응(R), 그리고 비 맞지 않는 것은 결과(O)이다. 따라서 조작적 조건화이다.

4. 화장실 물을 내릴 때면 언제나 끓는 물이 나온다. 카를로스가 움찔하든 안하든 상관이 없다. 따라서 고전적 조건화이다.

강화 vs 처벌

1. (a) 루시, (b) R은 떼쓰기, (c) O는 사탕, (d) S^D는 가게에서 사탕을 보는 일. 왜냐하면 다른 데서는 떼를 써도 사탕이 돌아오지 않으므로, (e) 사탕이 더해지는 것이므로 정적, (f) 반응이 증가, 즉 강화 패러다임. **결론** : 정적 강화

2. (a) 수잔, (b) R은 사탕 주기, (c) O는 떼쓰기가 멈춤, (d) S^D는 그녀의 아이가 떼를 쓰는 것. 왜냐하면 떼를 써야만 사탕의 효과가 나타날 것이므로, (e) 떼쓰기가 사라지는 것이므로 부적, (f) 반응이 증가, 즉 강화 패러다임. **결론** : 부적 강화

3. (a) 스누피, (b) R은 경계를 넘어서기, (c) O는 소음, (d) S^D는 목에 목걸이를 착용하는 것. 왜냐하면 다른 경우라면 돌아다녀도 소음이 울리지 않을 것이므로, (e) 소음이 더해지는 것이므로 정적, (f) 반응이 감소, 즉 처벌 패러다임. **결론** : 정적 처벌

4. (a) 미구엘, (b) R은 음주, (c) O는 출전 자격 정지, (d) S^D는 축구 시즌. 왜냐하면 다른 기간에는 술을 마셔도 처벌받지 않을 것이므로, (e) 출전 자격이 사라지는 것이므로 부적, (f) 반응이 감소 따라서 처벌 패러다임. **결론** : 부적 처벌

5. (a) 레이첼, (b) R은 복통 일으키기(그리고 선생님께 말하기), (c) O는 체육시간 피하기, (d) S^D는 학교 혹은 체육시간이 있는 날 학교에 가는 것. 왜냐하면 다른 날에 아픈

것은 체육시간에 영향을 주지 못할 것이므로, (e) 체육시간이 사라지는 것이므로 부적, (f) 반응이 증가, 즉 강화 패러다임. **결론 : 부적 강화**

강화 계획

1. FR(숙제 5＝장난감 1)
2. VR(전화 20＝평균 판매 2)
3. VI
4. FI
5. VI
6. FR(껌을 씹을 때마다 구취가 제거됨), 따라서 연속강화 (CR)의 예도 될 수 있음
7. FI
8. VR(카드 100＝평균 1승)

퀴즈

1. 변별자극
2. 프리맥 법칙, 반응 박탈
3. 도/도피질, 등쪽 전대상피질/dACC
4. 병적 중독, 행동 중독
5. 흑질, 등측 선조체, 기저핵, 배측 피개야
6. 추동 감소
7. 강화, 처벌
8. 행동경제학
9. 조형, 반응연쇄
10. 일차 강화자, 이차 강화자
11. 연속 강화, 부분 강화
12. 안와전두피질
13. 부적 대비
14. 내인성 아편제
15. 동시, 일치 법칙
16. 조작적 조건화
17. 부적 처벌, 정적 처벌
18. 강화 후 휴지
19. 쾌락적 가치, 동기적 가치
20. 부적 강화, 정적 강화

개념 확인

1. 아이들에게 청소를 도와주면 금색 스티커를 준다. 즉 정적인 강화를 줌으로써 올바른 행동을 강화할 수 있다. 스티커만으로는 강화가 부족하다고 생각되면 일종의 토큰경제 즉 스티커를 10개 모을 때마다 장난감으로 교환할

수 있게 해주면 된다. 정적 처벌을 사용할 수도 있다. 즉 청소를 돕지 않는 아이를 야단치는 것이다. 부적인 강화를 사용하는 경우는 청소를 돕지 않는 경우 좋아하는 활동(놀이시간)을 뺏는 타임아웃을 주는 것이다. 프리맥 법칙을 활용할 수도 있다. 즉 아이들이 좋아하는 활동을 하기 전에 일정한 양의 청소 활동을 먼저 해야만 하도록 하는 것이다.

2. 조건화 법칙에 의하면 가장 좋은 계획은 가변 간격 계획이다. 직원들은 언제 검사가 주어질지 모른다. 검사한 다음 날 또 검사가 주어질 수도 있다. 이렇게 하면 직원들에게는 '안전한' 날이 하루도 없는 셈이 되고 언제나 마약으로부터 깨끗한 상태를 유지해야 한다.

3. 이 약물은 쾌락적 효과가 있는 것이 분명하다. 맛없는 음식도 맛있게, 재미 없는 농담도 웃기게 만든다. 아편계일 가능성이 있다.

4. 처음 훈련 기간 동안 탐지견은 사람의 냄새를 정확히 찾아낼 때마다 음식과 같은 일차 강화물을 받았을 것이다. 나중에는 훈련사의 칭찬과 같은 이차 강화물에 대해서도 같은 행동을 하도록 훈련받았을 것이다. 9/11 사태 이후에 탐지 활동 중에 강화물이 주어지지 않을 수 있었고 (생존자가 없었기에) 이는 소거로 이어져 탐지견이 탐지 활동에 덜 열성적이게 만들었을 수 있다. 부분적인 강화(하루 한 번과 같은 VI 계획이 유리하다)로 훈련한다면 학습된 행동을 유지하는 데 도움이 될 것이다.

제 6 장

개별 혹은 분산된 표상?

1. 개별-요소 모델. 소리 두 가지가 다 전기 자극을 예언하므로.
2. 분산 표상 모델. 녹색이 청색이나 적색 사이 어디쯤 위치하는지를 표상해야 할 필요가 있으므로.

여러 종류의 일반화 관련 패러다임들 구분하기

1. d(부적 형태화). 사탕과 꽃 단독은 좋지만 2개가 합쳐지면 싫다.
2. b(감각 사전 조건화). 1단계 : 굵은 목소리＋수염. 2단계 : 수염 → 강한 남자. 3단계 : 굵은 목소리가 강한 남자일 거라고 추측
3. a(변별 학습). 음악 1 → 브람스, 음악 2 → 슈베르트
4. c(습득된 등가성). 마크 → 음식 1, 카오리 → 음식 1, 마크 → 음악 1, 카오리도 음악 1을 좋아할 거라고 추측

단서들의 형태적 표상

이 예에서는 6개의 단서 요소들이 있다: 작은/큰, 검은/흰, 원형/사각형. 6개의 단서들이 15개의 도합 쌍을 만든다. 그 중 같은 차원끼리의 결합인 (예를 들어 작으면서 클 수는 없다) 3개는 불가능한 조합이다. 남은 12개는 다음과 같다. 작고 검은, 작고 흰, 작고 원형, 작고 사각형, 크고 검은, 크고 흰, 크고 원형, 크고 사각형, 검은 원형, 검은 사각형, 흰 원형, 흰 사각형.

콜린성 뉴런과 학습

기저부 핵이 피질의 감각 지도를 변화시켜서 변별 학습을 촉진하는 역할을 하므로 손상 이전에 형성된 변별 기억은 영향을 받지 않을 것이다. 그러나 수술 후에 행하는 변별 학습은, 피질 가소성이 손상되었으므로 효과가 없을 것이다.

퀴즈

1. 일반화 구배
2. 뚜렷이 차이나는, 유사성이 큰, 비슷한
3. 자극 표집, 연결주의자
4. 변별 학습/변별 훈련
5. 무오류 변별 학습
6. 감각 사전 조건화
7. 단층 네트워크
8. 개념, 범주
9. 지형학
10. 기저부 핵 또는 편도체
11. 잠재 억제, 감각 사전 조건화
12. 해마 영역
13. 사회적 의사소통
14. 귀납적
15. 학습/활성화, 활용
16. 잠재적 억제
17. 아세틸콜린
18. 과일반화
19. 원형

개념 확인

Yx = 노란색 불빛
Ox = 주황색 불빛

1단계 : 두 집단 모두
Yx-US 반복 제시 후

공통 요소(x)가 순수 요소(Y)보다는 현출성(saliency)이 약간 떨어진다고 가정하면 R-W 모델이 예상하는 가중치는

W(Y)=0.75
W(x)=0.25

정도 될 것이다.

2단계 : 실험집단만
Ox-US 반복 제시 후

처음 시작할 때부터 W(O)+W(x)=0.25이므로 두 자극은 총 에러 양 0.75를 나눠 가지게 된다. X의 현출성이 떨어지므로 최종적으로는 두 요소가 0.5 정도의 가중치를 가지게 될 것이다.

통제집단은 가중치의 변화가 없다.

3단계 :
Yx-US
통제집단은 이미 가중치 합이 1에 가까우므로 더 이상의 변화가 없다.

즉
W(Y)=0.75
W(x)=0.25이므로 노란색 불빛에 대한 반응은 W(Y)+W(x)=1이다

실험집단은 W(O)+W(x)=0.75+0.5=1.25로 통제집단보다 반응이 더 크다.

실험집단이 노란색 불빛에 대해 더 높은 반응 수준을 보일 것이다. 즉 같은 자극에 대한 훈련을 계속하는 것보다 유사한 자극을 도입해서 '교차 훈련'하는 것이 더 유리할 수 있음을 시사한다. 따라서 테니스 토너먼트를 준비하고 있다면 테니스와 유사하지만 다른 공이나 다른 코트를 사용하는 유사한 스포츠를 함께 연습하는 것을 고려해봐야 할 것이다.

제 7 장

일화적 기억 대 의미적 기억

1. 의미적 기억은 있지만 일화적 기억이 없다.
2. 일화적 기억은 있지만 의미적 기억이 없다.
3. 스타벅스 커피가 더 맛있다는 사실에 대한 기억은 의미

적 기억이다. 언젠가 학생회관 커피를 마셨는데 끔찍하게 맛이 없었던 경험을 기억한다면 일화적 기억이다.

역행

1. 역행적 간섭
2. 순행적 간섭
3. 순행적 기억상실
4. 역행적 기억상실

기억상실증을 잊지 말라

1. 손상된 기능 : 새로운 일화적 혹은 의미적 기억을 만드는 능력. 주요 원인 : 내측 측두엽 손상(혹은 간뇌나 전두엽 손상)
2. 손상된 기능 : 개인에 관련된 일화적 및 의미적 기억들. 주요 원인 : 생리적인 부상을 동반하지 않는 심각한 심리적 트라우마
3. 손상된 기능 : 이미 가지고 있는 일화적(아마도 의미적 기억까지도) 기억을 인출하는 능력. 주요 원인 : 내측 전두엽 손상 및 주변 조직의 광범위한 손상
4. 손상된 기능 : 일화적 기억이 언제, 어디서 생성되었는지에 관한 기억. 주요 원인 : 전두엽. 때로는 건강한 사람들에게도 나타남
5. 손상된 기능 : 순행적(아마도 역행적 기억까지도) 기억. 하루 혹은 그 이하로만 지속됨. 주요 원인 : 일시적인 혈류 장애

퀴즈

1. 기억 상실증, 순행성 기억 상실증, 역행성 기억 상실증
2. 기억으로부터 필요한 정보를 뽑아내는, 프롬프트나 단서를 활용하는, 정답을 보고 알아차리는 방식, 재인
3. 처리의 수준, 전이 적합성 처리 효과
4. 지시된 망각
5. 응고화 기간, 재응고화
6. 작화증, 코르사코프 증후군
7. 의미적 기억, 일화적 기억
8. 해마, 뇌궁
9. 실제로 일어나지 않았던 사건에 대한 기억
10. 감각피질, 연합피질
11. 최근에 형성된, 오래된
12. 기능적 기억 상실
13. 어떤 기억이 저장될 것인지 결정하는 것을 돕고, 메타 기억을 형성
14. 전기충격
15. 외현적, 암묵적
16. 내측 측두엽, 간뇌, 기저핵
17. 간섭, 역행 간섭, 순행 간섭
18. 우리 자신의 기억에 관해 생각하는 능력 및 그에 관련된 지식
19. 정의적 기억, 비정의적 기억
20. 일시적인 전반적 기억 상실증(TGA)
21. 해마/내측 측두엽, 새로운 일화적, 오래된 일화적, 이 구조물들이 오래되거나 새로운 기억들을 저장할 때도 필요하고 인출할 때도 필요하다.
22. 출처 확인 오류

개념 확인

1. 의미적 기억을 강화하는 한 방법은 반복이다. 또 다른 방식은 이미 알고 있는 단어와 새로운 정보를 연관짓는 것이다. 즉 새로운 친구들과 이미 알고 있는 친구들 중 이름이 비슷한 친구와 연관을 지어볼 수 이다. 또한 각 친구들의 이름이 지닌 의미를 '깊이' 생각하고 처리하는 방법이 있다. 이름을 외우기 어려울 것 같으면 6명의 이름을 종이에 써서 다음 번 미팅에 커닝 페이퍼로 사용하라. 자유 회상에 의한 인출보다는 재인이 훨씬 쉽다.
2. 의미적 기억은 맥락에 관한 정보가 포함되어 있지 않다. 출처 기억 상실증에서는 맥락에 대한 정보를 '기억'하기는 한다. 다만 그 정보가 틀렸을 뿐이다.
3. 망각은 순행 간섭을 줄여줄 수 있다: 과거에 차를 주차한 장소를 모두 기억하고 있다면 오늘 주차한 장소를 기억하는 게 얼마나 어렵겠는가?
4. 아니다. 해마가 오래된 자서전적 기억의 인출 시에 활성화되는 현상을 설명할 수 있는 또 다른 가설은 해마가 언제나 관여는 하지만 필요하지는 않다고 보는 (따라서 없어도 인출에 지장이 없는) 것이다. 그게 아니라면 해마가 활성화되는 이유가 오래된 기억을 회상하는 데 관여하기 때문이 아니라 검사를 시행하는 현 상황에 대한 새 일화기억을 만들기 때문일 수도 있다. 단순히 해마의 활동만 살펴보는 걸로 이러한 가능성들을 배제할 수는 없다.
5. 친구에게 상황을 물어봄으로써 기억 상실이 무엇 때문에 일어났는지 짐작할 수 있다. 환자가 스포츠 경기나 교통사고로 머리에 외상을 입었는가? 음주나 약물로 인해 '필름이 끊긴' 것인가? 이런 경우들이라면 환자는 TGA를 경험하고 있는 것이다. 한편, 환자가 기억상실증을 발전시키기 전에 트라우마를 경험했다면, 기능적 기억상

실증일 가능성이 있다. 만약 친구가 환자의 과거에 대해 잘 알고 있다면, 일화적 기억에 대해 검사해볼 수 있다 (마치 P.N.의 약혼자가 일화적 질문에 대한 정답을 알고 있었던 경우처럼). 구조적 MRI 영상을 통해 뇌에 손상이 있는지 알 수 있을 것이고 특히 해마, 전두엽, 간뇌나 기저핵의 손상에 주목해야 할 것이다. 기능적 영상(fMRI나 PET)을 사용할 수 있다면 비정상적인 뇌활성화가 보이는지를 살펴볼 수 있을 것이다.

제 8 장

개방기술과 폐쇄기술

1. 개방기술 : 코 위에 공을 세우는 기술은 계속적인 피드백을 필요로 한다.
2. 폐쇄기술 : 수영 동작은 특정한 방식으로 사전에 정해져 있고 입력 정보는 일정하다.
3. 개방기술 : 키스는 계속적인 피드백을 필요로 한다.
4. 개방기술 : 낚시는 변화하는 입력에 대한 정확한 예측을 필요로 한다.
5. 어떤 물고기 혹은 곤충이냐에 따라 다르다. 물에 떨어진 곤충을 먹는다면 폐쇄기술, 물속에서 자유로이 돌아다니는 곤충을 사냥한다면 개방기술.
6. 음악의 종류에 따라 다르다. 고전음악이면 폐쇄기술, 재즈라면 개방기술
7. 폐쇄기술 : 다트를 던지는 동작은 정해져 있고 입력 정보는 일정하다.

숙련기억을 테스트하기 위한 과제들

1. 하노이 타워는 인지 기술을 학습하는 대표적인 과제이다. 모든 원판을 하나의 기둥에서 다른 기둥으로 옮기는 특정한 움직임 방식을 포함한다.
2. 연속 반응 시간 과제는 피험자가 불빛에 반응해서 가능한 한 빠르게 키를 누르도록 요구하는 지각-운동 기술이다. 무의식적인(암묵적) 기술 학습을 검사하는 과제이다.
3. 회전 추적 과제는 돌아가는 원판 위에서 정확하게 움직임을 조절하는 것을 배우는 지각-운동 기술 학습이다. 쌍둥이들의 학습 수행이 얼마나 서로 비슷한지를 보기 위해 사용되기도 한다.

기술을 학습하는 동안 어떤 피질영역이 변화할까?

행동적 측면 부분에서 기술한 바와 같이 행동 연구들은 체스 고수들이 아마추어와는 다른 방식으로 체스판을 시각적으로 훑어본다고 보고하였다. 원숭이들을 대상으로 한 연구들은 체감각 자극을 구분하도록 훈련할 경우 체감각 자극을 처리하는 피질 영역에 변화가 생긴다고 보고하였다. 이를 종합한다면 시각피질이 체스 말의 움직임을 결정하는 데 필요한 주요 정보를 처리하는 곳인만큼, 체스 고수들의 뇌에서 변화를 일으킨 피질 영역은 시각피질일 가능성이 크다.

퀴즈

1. 개방
2. 인지
3. 지각-운동
4. 인지
5. 멱함수 법칙
6. 암묵적
7. 전이 특이성
8. 인지
9. 인지
10. 소뇌
11. 몰아서 하는 연습
12. 시간을 두고 하는 연습
13. 일관된
14. 다양한
15. 전이 특이성
16. 동일 요소 이론
17. 자동적
18. 기저핵, 소뇌, 운동피질
19. 음악가의 경련
20. 파킨슨병

개념 확인

1. 몇 주간 자원자들을 대상으로 다양한 기법을 연습하고 그들로부터 효과가 좋았던 부분이 어떤 것이었는지에 대한 피드백을 얻는다. 반복 훈련과 피드백의 조합이 수행의 성공으로 이어질 것이다. 또한 여러 명의 파트너와의 연습은 다양한 연습의 효과도 줄 수 있을 것이다. 다양한 맥락(영화관, 자동차 뒷자리, 벽장 안)에서의 연습은 미래에 이렇게 익힌 키스 기술이 다양한 상황으로 전이될 확률을 높일 것이다.
2. 그 애완용 거미가 인지 기술을 배웠음을 증명할 수 있는 검사 방법을 고안해내는 것이 필요하다. 예를 들어 하노이 타워 검사를 디지털화해서 터치 스크린을 이용해 거미가 원판을 움직일 수 있게 한다든지 거미로 하여금 두 가지 도형이 같은 모양인지 다른 모양인지 판별하게 한

다든지 하는 방법을 생각해볼 수 있을 것이다.

3. 태어나면서부터 따로 양육된 일란성 쌍둥이들이 서로 수준의 훈련을 받았음에도 불구하고 체스의 최고수가 되었다는 사실은 체스 경기 능력이 유전적 소질을 포함한다는 주장을 지지한다. 이와 유사하게, 두 체스 고수들이 아이를 낳아서 입양을 보낸 후에 아이들이 성장해서 체스의 최고수가 된다면 이 또한 소질의 유전에 대한 증거가 될 것이다. 그러나 이러한 종류의 실험들은 유전자를 조작하거나 인생 경험을 인위적으로 변화시켜야 하기에 모두 도덕적으로 허락될 수 없을 것이다. 동물을 대상으로는 유전자를 조작하거나 특정 방식으로 교배하는 것이 가능하므로 특정 기술을 수행하는 능력이 유전적으로 결정될 수 있는지를 검증하는 실험이 가능하다.

4. 피츠의 모델은 성인의 기술 학습 과정을 설명하기 위해 고안되었다. 이를 물고기에 적용하려면 물고기가 레버를 누르는 행위가 무엇인지를 알고 있다는 전제가 필요하다. 그러나 암묵 기억에 관한 연구들은 심지어 인간들도 자신들이 학습하고 있다는 사실을 자각하기 전에 암묵적으로 기술을 학습한다는 사실을 보여주고 있다. 따라서 물고기들이 레버 누르기를 암묵적으로 배웠을 가능성이 크다. 이런 예들은 피츠의 모델이 설명하는 단계들이 일부의 기술 학습들에는 적용 가능하지만 모든 기술 학습에 적용할 수 있는 것은 아니라는 사실을 보여준다.

5. 기술 학습에 따른 피질 확장에 관한 보고들은 상관관계를 시사하는 증거들이다. 즉 활성화 수준의 변화와 수행 수준의 변화가 관련되어 있다는 의미이다. 이러한 발견들은 피질의 다른 영역에서 일어나는 변화는 설명하지 못한다. 기술 학습이 그 기술의 수행과는 아무 관련이 없는 피질 영역에 변화를 일으키리라고 가정하는 것은 무리가 있을 것이다. 뭐 그럴 가능성이 없는 것은 아니지만, 기술 수행에 기여하는 영역이 확장하는 동안 나머지 영역이 쪼그라들 것으로 추정하기는 어렵다.

제 9 장
작업기억의 모델들
1과 4 : 장소 모델
2와 3 : 상태 모델

작업기억 및 인지적 조절의 다양한 사례들
1. C   2. D   3. A   4. B

등외측 전전두피질 대 배외측 전전두피질
1. VLPFC
2. DLPFC
3. VLPFC

전두엽 피질의 기능적 신경 해부학
1. 정보의 감시와 조작은 DLPFC를 필요로 한다.
2. 언어적 암송은 좌측 VLPFC를 필요로 한다.
3. 의미적 부호화는 좌측 전측 VLPFC를 필요로 한다.
4. 음운적 부호화는 좌측 후측 VLPFC를 필요로 한다.
5. 시공간 암송은 우측 VLPFC를 필요로 한다.

퀴즈
1. 전측, 후측
2. 반응 고집성
3. 기저핵, 도파민
4. 수행 불능
5. 시감각 기억
6. 단어-길이 효과
7. 도파민, 더 저조
8. 작업 기억
9. 중앙 집행기
10. 등외측 전전두 피질
11. 도파민
12. 지연후 새로운 샘플 찾기(DNMS)
13. 다중 저장소, 단일 저장소
14. 스트룹
15. 지능, 작업
16. 3분의 1
17. 방해 자극들
18. 원
19. COMT

개념 확인
1. 1950년대 초반에 인간의 단기기억 용량이 7개 항목이라고 제안되었다. 조지 밀러는 나중에 이를 수정하여 대부분의 사람에서는 5~9개에 이른다고 주장하였다. 후안이 14자리의 숫자를 기억하고자 한다면 방해받지 않는 암송, 청킹, 그리고 암기하고자 하는 숫자를 독특한 개념에 연합하는 전략을 구사해야 한다. 이렇게 해서 후안의 장기기억으로 번호가 들어갈 수 있을 것이다. 예를 들어 후안이 기억하고자 하는 번호의 마지막 4자리가 1812라

면, 미국과 영국 사이에 전쟁이 일어난 해 1812년을 연상하면 될 것이다. 2001이라면 2001년에 일어난 세계 무역센터 테러 사건을 기억하면 될 것이다.

2. 작업기억에는 음운 기억이나 시공간 기억을 유지하는 이상의 기능이 있다. 과제 유연성, 계획, 문제해결을 포함한 복잡한 인지 통제 과정(집행 기능)을 통해 고등 인지 기능이 가능해진다. 과제 유연성과 계획을 예로 들어 비교해보자. 어떤 사람이 핸드폰으로 통화하면서 일을 하거나 불러주는 번호를 종이에 적어야 한다면 청각 자극과 시각 자극 사이에 '과제 전환'이 필요하다. 또한 그 사람이 통화하는 동안 자신이 할 말을 준비하고 있다면 '계획'이 필요하다. 운전하는 동안 운전자는 분명히 '과제 전환'을 하고 있다. 즉 자동차의 속도, 방향, 경로를 조종하기 위해, 무수히 많은 자극들을 종합하면서 시각 정보의 분석에서 운동 기술의 실행에 이르는 여러 과제 사이에 전환을 하고 있다. '계획'도 필요한데, 예를 들어 목적지에 이르는 경로를 계획하기 위해 환경 자극들을 받아들이고 해석해야 한다.

3. 뇌는 단어 목록을 언어 정보로 간주하기에 좌측 반구에 더 많은 활동을 볼 수 있을 것이다(좌측 배외측 전전두 피질). 그러나 시각적 이미지를 암송하는 동안은 시공간 잡기장을 담당하는 우측 반구(우측 배외측 전전두 피질)가 활성화될 것이다.

4. 얼 밀러는 인지기능과 작업기억에 있어 전전두 피질의 주된 역할이 방해 자극이 있음에도 불구하고 활성화를 유지하는 것이라고 주장했다. 이 주장이 옳다면 타니아가 신경해부학 교과서의 그림들을 머릿속에 간직하려는 노력을 반영한 활동이 등외측 전전두 피질에서 관찰될 것이고 후측 시각피질에서는 피터의 보조개에 신경쓰고 있음을 반영하는 활동이 관찰될 것이다.

5. 제리는 그 여인의 이름을 기억하기 위해 연상 기법과 의미적 상세화 기법을 사용하고 있다. 그동안 배외측 전전두 피질이 활성화될 것이다.

6. ADHD는 전전두 피질 회로의 오작동을 포함하는 질환이다. 계획, 과제에 대한 주의 집중, 방해자극의 억제 등에 필요한 인지 통제 처리과정이 망가진다는 사실을 감안한다면, ADHD 환자가 오리 사냥보다는 축구를 하는 편이 나을 것이다.

제 10 장
정서이론들

1. 제임스-랑게 : 재닛은 밴드의 연주를 보고 듣는다. 신체가 심박 증가와 동공 확대와 같은 각성 상태를 경험한다. 그 결과 기쁨과 열광을 경험한다.

2. 캐넌-바드 : 재닛은 밴드의 연주를 보고 듣는다. 이러한 자극에 대한 반응으로 기쁨과 열광을 경험하고 동시에 그녀의 신체도 각성을 경험한다.

3. 2요인 이론 : 재닛이 밴드의 연주를 보고 듣는 행위가 각성을 유발한다. 공연장이라는 맥락을 고려해서 재닛은 이 흥분이 기쁨과 열광을 의미하는 것으로 해석한다.

정서와 관련된 뇌 메커니즘

1. 엘리베이터에 타는 행위가 CS로 작용하여 편도체를 활성화한다. 중심핵의 출력이 ANS를 활성화하여 도전-혹은-도망 반응을 개시시킨다.

2. 자레드의 공포 반응이 맥락 자극으로 작용하여 해마와 피질이 각각 혹은 함께, 과거 공포를 유발했던 사건에 대한 기억을 떠올리게 한다. 다이빙 경험이 심한 트라우마였다면, 그 기억이 섬광기억처럼 뚜렷하게 떠오를 수도 있다.

3. 자레드는 이성적으로는 워싱턴 기념탑에서 떨어지지 않으리라는 것을 알고 있다. 고등한 의사결정이 이루어지는 전전두엽이 그 자리에서 도망가고 싶은 충동을 억제한다.

4. 아름다운 풍경을 감상하는 것 자체가 정서적 반응이다. 자레드가 운이 좋다면 그의 편도체는 이러한 반응을 처리하는 데 도움이 되고 전전두엽 및 다른 영역으로 신호를 보낼 것이다. 다음 번에 고층 건물 꼭대기에서는 기회가 오면 워싱턴 기념탑 꼭대기에 있던 기억을 되살리는 것은 공포를 억제하는 데 도움을 줄 것이다.

고전적 조건화와 공포증들

이 예들에서 US는 공황 발작이다. 낸시가 이전에 식료품점에서 공황 발작을 경험했었기에 식료품점이 CS가 되어서 CR, 즉 공황 발작에 대한 공포반응을 촉발할 수 있다.

퀴즈

1. 생리적 반응, 뚜렷한 행동, 의식적 정서경험
2. 캐넌-바드, 제임스-랑게, 2요인
3. 자율신경계(ANS)
4. 공포증, 체계적 둔감화
5. 도전-혹은-도망, 각성
6. 기분일치기억 효과
7. 편도체

8. 조건화된 탈출, 조건화된 회피
9. 스트레스 호르몬, 에피네프린, 글루코코르티코이드/코르티솔
10. 우울증
11. 섬광 기억
12. 신체적
13. 공포 반응, 털 세움 반응
14. 스트레스
15. 외상후 스트레스장애(PTSD), 사건의 재경험, 회피, 정서적 무감각, 격앙된 불안
16. 학습된 무기력

개념 확인

1. 습관화는 반응을 일으키는 자극(큰소리와 같은)부터 시작된다. 종종 타고난 공포 반응이 대상이 된다. 예를 들어, 쥐가 큰 소리를 들으면 펄쩍 뛰어 오르기, 동결 반응, 그리고 심박과 호흡의 변화를 보일 것이다. 큰소리를 여러번 반복해서 들으면 공포 반응은 점점 사라진다. 이 경우 습관화는 정서 반응의 소거와 같은 효과를 나타내며 동물이 큰소리를 두려워하지 않는 것을 배우는 정서 학습의 일종이라고 볼 수 있다. 그러나 한편으로 중요한 것은 모든 종류의 습관화가 정서를 포함하지는 않는다는 사실이다. 예를 들어, 영아가 녹음된 어른의 목소리를 들으면 그쪽으로 고개를 돌리는 반응을 보이는데, 만약 녹음된 목소리를 계속 듣고 또 들으면 고개 돌리는 반응은 습관화된다. 이 경우 영아가 그 소리를 두려워하지 않기를 배웠다고 하기는 어렵다. 그저 반응을 중단하는 것을 배웠다고 할 수 있을 뿐이다.

2. 학습된 무기력이 이 패턴을 설명할 수 있다. 참패를 당한 후에 선수들은 자신들이 원하는 결과(승리)를 얻으려는 노력이 실패한 것에 대해 무기력감을 경험할 것이다. 이로 인해 앞으로 닥쳐올 시합에서도 도저히 이길 수 없을 것처럼 느낄 수 있다. 어려운 상대에 대해서라면 더욱 그럴 것이다.

3. 피질(특히 전두엽)은 맥락에 따른 정서 조절과 다른 맥락에서 정서 반응을 완화시키는 데 중요한 역할을 한다. 예를 들어 여러분이 동물원이라는 맥락에서 뱀을 보면 강한 정서반응을 일으키는 것이 적절하지 않다고 생각될 것이다. 피질이 손상된 동물들은 부적절한 정서 반응을 통제하는 데 어려움을 보인다.

4. 그 룸메이트는 아마도 독을 지닌 거미에게 물리거나 (다른 사람이 물리는 광경을 보는 것과 같은) 충격적인 사건이나 거미가 사람들을 공격하는 공포 영화 같은 것을 본 후로 거미 공포증을 발전시켰을 수 있다. 또 어떤 사람은 다른 사람이 거미에 대해 보이는 반응을 관찰한 후에 공포를 학습하기도 한다. 자기 엄마가 거미를 볼 때마다 비명을 지르는 경우를 예로 들 수 있다. 즉 거미가 있을 때마다 심하게 무서운 상황에 놓이게 되면 관찰 조건화가 일어날 수 있다(이 경우 CS는 거미, 공포를 유발하는 엄마의 비명소리는 US가 될 것이다).

5. 체계적 둔감화를 권해볼 수 있다. 처음에는 더 이상 공포 반응을 일으키지 않을 때까지 거미의 사진을 들여다보고 점차적으로 진짜 거미에 가까운 자극을 제시한다. 만약 공포증이라고 판단될만큼 심각한 공포를 경험한다면(예를 들어 며칠 동안 샤워도 하지 못할 만큼), 정식 치료법이나 스트레스 호르몬을 줄일 수 있는 약을 고려해본다.

제 11 장

모방이란 무엇인가?

1. 아기가 당신을 모방하고 있을지 모른다. 그러나 또 다른 가능성은 웃는 얼굴이 아기에게 강화자극으로 쓰이는 경우이다. 강화를 받은 아기들은 웃는 행동을 더 자주 할 것이고 따라서 이는 아기가 웃을 때마다 쿠키를 주는 것과 같은 결과이다. 따라서 모방이 필요하지 않다.

2. 반응 전염의 한 예일 수 있다. 무리 중의 비둘기 몇 마리가 날아오르기 시작하면, 나머지 비둘기들도 날아오르기 시작할 가능성이 높다. 이는 비둘기가 다른 개체를 모방하기 때문이 아니라 동작을 맞춰 함께 이동하는 물고기들처럼 반사적인 행동이다. 이 가능성에 대한 증거는 아기가 혀를 내미는 행동을 좀 더 연구해야 알 수 있을 것이다.

3. 관찰 조건화의 한 예일 수 있다, 레티는 아마도 아빠가 아스파라거스를 먹는 것을 여러 번 보았을 것이다. 이때 아빠가 구역질나는 표정을 짓는 것을 보았다면 레티도 비슷한 감정을 느꼈을 수 있다. 아스파라거스는 조건 자극이고 역겨움은 조건 반응이 된다. 또 다른 가능성은 레티가 처음으로 아스파라거스를 먹어보는 것이고 단순히 그 맛을 싫어하는 경우다.

4. 다윈은 그렇게 생각했을 것이다. 그러나 그 고양이는 조형(shaping)을 통해 그런 동작들을 학습했을 수 있다(제 5장, 조작적 조건화에서 배운 내용을 상기하라). 또 다른 가능성은 자극 향상의 한 예일 수 있다. 문 손잡이에 접근하는 인간은 언제나 손잡이에 행동을 집중하게 되고

이를 본 고양이의 주의도 손잡이로 향했을 수 있다. 고양이는 주의가 가해진 물체를 앞발로 치는 경향이 있다. 우연히 문이 열리는 경우가 몇 번 생기면 나중에 같은 동작으로 손잡이를 칠 가능성이 증가할 것이다.

5. 그렇다. 레티의 친구가 하는 행동은 모방 말고는 설명이 불가능하다(둘 다 정해진 각본대로 연극을 하는 것이 아니라면).

누가 거울 뉴런을 가지고 있고 거울 뉴런이 하는 역할은 무엇인가?

1. 원숭이나 인간에서 모방능력을 위해 거울 뉴런이 필요하다는 증거는 없다. 따라서 거울 뉴런이 얼마나 중요한지는 아직 알려진 바가 없다.

2. 인간의 거울 뉴런에 대한 직접적인 기록 연구는 행해진 바가 없으므로 이 역시도 알려지지 않았다.

3. 아직까지는 시각적 관찰과 관련된 거울 뉴런이 영장류에서만 발견되었지만 그렇다고 해서 다른 종들이 거울 뉴런을 가지지 못했다는 증거가 되지는 않는다.

4. 사실이다.

자폐스펙트럼장애 환자의 모방 능력 결함

1. 일부 ASD 환자들에서 보여지는 증상이지만 모방이나 사회 학습과는 관련이 없다.

2. 좁은 관심사는 ASD 환자들의 증상이지만 모방 능력에 의존하지는 않는다.

3. 운동 비디오들은 종종 임의의 동작을 따라하도록 요구하기에 이걸 어려워한다면 모방 능력의 결함이 의심된다.

4. 반향어의 예이며 ASD 환자들이 보이는 모방능력 결함의 일부이다.

퀴즈

1. 사회/관찰
2. 모방
3. 에뮬레이션
4. 두 개체들/두 모델들
5. 순수 모방
6. 관점 수용하기
7. 정서 반응 전염
8. 관찰 조건화
9. 무조건적 정서 반응
10. 정서 반응 전염
11. 자극 향상
12. 에뮬레이션
13. 순수 모방
14. 발성 학습/노래 학습
15. 발성 모방
16. 인간/돌고래
17. 발성 모방
18. 발성 학습/사회 학습
19. 노래 학습의 형판 모델
20. 정보의 사회적 전달
21. 사회적 순응
22. 직접 일치 가설
23. 거울 뉴런
24. 전두엽
25. 영역 X, LMAN, HVC, RA
26. 해마/기저핵
27. 반향어
28. 거울 뉴런
29. 전두엽 손상
30. 보보 인형

개념 확인

1. 순수 모방을 검사하기 위한 방법으로 개발된 것이 2-동작 검사이다. 또 다른 검사로 '날 따라해보세요' 과제가 있다.

2. 발성 모방의 예들(노래방에서 노래 흉내내기)은 손다이크의 정의에 의하면 모방이라고 할 수 없다.

3. 자극 향상은 동물들이 자신의 노력을 종 내의 다른 개체들이 자주 방문하는 곳으로 향할 수 있게 해주는 메커니즘 중 하나이다. 모방과 사회적 순응 또한 다른 동물들의 관심사에 집중할 수 있게 해준다. 인간에서는 정보의 사회적 전달이 이를 가능하게 해준다(예를 들어 가장 멋진 해변이 어디냐고 물어본다든지).

4. (a) 거울 뉴런은 시각적 지각정보와 운동 반응을 일치시키는 메커니즘이 존재한다는 증거를 제시한다. (b) 어린이들에게 날 따라해보세요 과제를 수행하게 한 연구들은 그들이 연습에 의해 모방을 배울 수 있다는 증거를 제시하지만 그 메커니즘은 알려지지 않았다. (c) 의식의 신경 메커니즘은 아직 논란의 대상이다.

5. 동물들이 순수하게 동작을 모방할 수 있다는 실험적 증거들은 언어적 기호가 모방 학습에 필수적이라는 주장을 부정한다. 또한 조작적 조건화도 새로운 행동을 학습하는 데 효과적인 메커니즘이다.

제 12 장

노년기의 학습과 기억

1. 오래된 일화기억의 인출과 연관됨 : 오래되었고 잘 형성된 일화기억은 건강한 노년층에게서 잘 저하되지 않는 특징을 보임
2. 작업기억과 연관됨 : 노화에 따라 저하되는 경향을 보임
3. 기술 학습과 연관됨 : 노화에 따라 저하되지 않음
4. 새로운 의미정보의 습득과 연관됨 : 노화에 따라 저하되는 경향을 보임
5. 새로운 기술 습득과 연관됨 : 노화에 따라 저하되는 경향을 보임

모든 것은 함께 성장한다…. 서로 다른 속도로

발달 시간표	학습과 기억의 유형	주요 뇌 영역
출생 이전에 나타남(최소한의 형태로)	감각 처리 및 습관화	감각피질
유아기부터 초기 아동기 (최소한의 형태로)	조건화와 기술 학습	소뇌와 기저핵
아동기	사회학습과 모방	운동피질의 거울 뉴런
후기 아동기부터 초기 청소년기	일화 및 의미 기억	해마
후기 청소년기부터 초기 성인기	작업기억과 집행기능	전두엽 피질

알츠하이머 팩트 시트

1. 거짓 : 알츠하이머병이 치매의 가장 일반적 한 형태임.
2. 거짓 : 오직 85세 이상의 3분의 1만이 알츠하이머를 가진 것으로 판단됨.
3. 참
4. 참
5. 거짓 : 아밀로이드 플라그가 베타-아밀로이드로부터 형성되며, 신경섬유다발은 타우단백질로부터 형성됨.
6. 참
7. 참
8. 참
9. 거짓: 비록 알츠하이머병의 후기 발병에 관여하는 유전자들이 밝혀지지는 않았지만, 여러 유전자들이 위험을 증가시키는 것으로 밝혀짐.
10. 참

퀴즈

1. 사춘기
2. 수상돌기, 시냅스
3. 지적장애, 21번 삼염색체성
4. 에스트로겐, 안드로겐, 테스토스테론
5. 유발된 모방
6. 알츠하이머병
7. 대립유전자
8. 재태 연령
9. 유전자, 후생유전학
10. 아밀로이드 플라그, 신경원섬유 엉킴
11. 청소년기, 십 대(연령 13~19세)
12. 세포자살
13. 각인
14. 신경발생, 시냅스 생성
15. 민감기
16. 치매

개념 확인

1. 아이들은 각기 다른 유전적 특질(nature)뿐아니라 각기 다른 환경(nuture)을 갖는다. 부모가 자녀들에게 풍요로운 환경을 제공한다고 하여도 첫째 아이는 몇 년간 혼자 지내는 반면, 막내 자녀는 형제자매들과 같이 생활하는 환경 속에서 지내게 되고, 이는 학습에 영향을 미치는 환경으로서 작용할 수 있다(가령, 동생들은 부모의 관심을 받기 위해 더욱 경쟁적으로 노력해야 할 수도 있고, 형이나 누나들을 보고 모방할 수도 있음). 또한, 남자아이와 여자아이들의 여러 능력들은 다른 속도로 발달할 수도 있다. 카일은 동생보다 언어에서는 뒤쳐질 수도 있지만, 움직임 협응과 같은 영역에서는 더 뛰어난 모습을 보일 수도 있을 것이다.
2. 보통 노년기에는 작업기억이나 새로운 일화 및 의미기억의 학습에 어려움을 겪게 된다. 이 기업가는 이렇게 저하되는 인지능력에 대한 의존도를 줄이는 게 도움이 될 수 있다. 가령, 작업기억에 저장하려 애쓰기보다는 노트나 스케줄러에 정보들을 적어두는 것이 도움이 된다. 또한 새로운 정보들이 서술기억으로 부호화될 수 있는 기억술들(제7장 참조)을 사용할 수도 있다.
3. 성호르몬은 초기 두뇌 발달에 영향을 끼친다. 트리도마 뱀들은 생의 첫 달에 민감기를 갖는 것으로 보인다. 이 시기에 성호르몬(테스토스테론)은 공격성의 발달에 영향을 끼치는데, 이는 동물이 영역을 지키기 위해 싸울 수

있는 역량이나 성질과 매우 밀접한 관련이 있는 것이다. 이 민감기 이후, 학습된 행동은 굳어져서, 테스토스테론을 얌전한 수컷(혹은 암컷)에게 투여하더라도 기본적인 성향을 변화시키지는 못하게 된다 (Hews et al., 1994; Hews & Moore, 1996).

4. 알츠하이머 질환과 연관된 유전자는 비록 생의 후반(후손을 번식할 수 있는 시기 이후)으로 가면서는 쇠퇴할 수 있지만, 아마도 생의 초기에는 진화적인 이로움을 유발해서 후대로 전파될 수 있다. 이 장에서 보여준 생의 초기에는 적응적이나 후반기에는 부적응적인 사례들은 신경 발생(노년기의 뇌에서 나타나는 신경망의 급격한 변화가 생을 통해 학습된 내용들을 대체해버릴 수 있음)과 각인(어린 개체가 매우 빨리 어미를 인식하는 학습능력을 통해 보호를 받을 수 있지만 그 이후에는 각인 기능은 큰 의미가 없음)을 들 수 있다.

참고문헌

Abi-Dargham, A, Mawlawi, O., Lombardo, I., Gil, R., Martinez, D., Huang, U., Hwang, Dr, Keiop, J., Kochan, L., VanHeertum, R., Gorman, J., & Laruelle, M. (2002). Prefrontal dopamine D1 receptors and working memory in schizophrenia. *Journal of Neuroscience, 22*(9), 3708–3719.

Ackerman, P. L. (2006). Cognitive sex differences and mathematics and science achievement. *American Psychologist, 61*, 722–723.

Ackerman, P. L. (2007). New developments in understanding skilled performance. *Current Directions in Psychological Science, 16*, 235–239.

Acredolo, L., & Goodwyn, S. (2002). *Baby signs.* Chicago: Contemporary Books.

Addis, D. R., Moscovitch, M., Crawley, A. P., & McAndrews, M. P. (2004). Recollective qualities modulate hippocampal activation during autobiographical memory retrieval. *Hippocampus, 14*, 752–762.

Adolph, K. E., & Joh, A. S. (2009). Multiple learning mechanisms in the development of action. In A. Woodward & A. Needham (Eds.), *Learning and the infant mind* (pp. 172–207). New York, NY: Oxford University Press.

Aggleton, J., & Mishkin, M. (1983). Visual recognition impairment following medial thalamic lesion in monkeys. *Neuropsychologia, 21*, 189–197.

Aglioti, S. M., Cesari, P., Romani, M., & Urgesi, C. (2008). Action anticipation and motor resonance in elite basketball players. *Nature Neuroscience, 11*, 1109–1116.

Aidman, E. V., & Kollaras-Mitsinikos, L. (2006). Personality dispositions in the prediction of posttraumatic stress reactions. *Psychological Reports, 99*(2), 569–580.

Aimone, J. B., Deng, W., & Gage, F. H. (2010). Adult neurogenesis: integrating theories and separating functions. *Trends in Cognitive Science, 14*(7), 325–337.

Akins, C. K., & Zentall, T. R. (1996). Imitative learning in male Japanese quail (*Coturnix japonica*) using the two-action method. *Journal of Comparative Psychology, 110*(3), 316–320.

al Maskati, H., & Zbrozyna, A. (1989). Cardiovascular and motor components of the defence reaction elicited in rats by electrical and chemical stimulation in amygdala. *Journal of the Autonomic Nervous System, 28*(2), 127–131.

Alberici, E., Pichiecchio, A., Caverzasi, E., Farina, L. M., Persico, A., Cavallini, A., et al. (2008). Transient global amnesia: hippocampal magnetic resonance imaging abnormalities. *Functional Neurology, 23*(3), 149–152.

Allen, M. T., Chelius, L., & Gluck, M. A. (2002). Selective entorhinal lesions and non-selective cortical-hippocampal region lesions, but not selective hippocampal lesions, disrupt learned irrelevance in rabbit eyeblink conditioning. *Cognitive Affective and Behavioral Neuroscience, 2*, 214–226.

Allen, M. T., Chelius, L., & Gluck, M. A. (2002). Selective entorhinal lesions and non-selective cortical-hippocampal region lesions, but not selective hippocampal lesions, disrupt learned irrelevance in rabbit eyeblink conditioning. *Cognitive Affective and Behavioral Neuroscience, 2*, 214–226.

Allen, M. T., Padilla, Y., Myers, C. E., & Gluck, M. A. (2002). Blocking in rabbit eyeblink conditioning is not due to learned inattention. *Integrative Physiological and Behavioral Science, 37*(4), 254–264.

Allison, J. (1993). Response deprivation, reinforcement, and economics. *Journal of the Experimental Analysis of Behavior, 60*, 129–140.

Allport, G. and Postman, L. (1947). *The psychology of rumor.* New York: Henry Holt and Co

Allport, G. W. (1954). *The nature of prejudice.* Reading: MA: Addison-Wesley.

Alzheimer, A. (1987 [1907]). Über eine eigenartige Erkrankung der Hirnrinde [About a peculiar disease of the cerebral cortex]. Translated by L. Jarvik and H. Greenson. *Alzheimer's Disease and Associated Disorders, 1*, 3–8.

Alzheimer's Association (2015). 2015 Alzheimer's disease facts and figures. Downloaded from www.alz.org, 25 May 2015.

Amen, D. G., Newberg, W., Thatcher, R., Jin, Y., Wu, J., Keater, D., & Willeumier, K. (2011). Impact of playing American professional football on long-term brain function. *The Journal of Neuropsychiatry and Clinical Neurosciences, 23*, 98–106.

Aminoff, E. M., Kveraga, K., & Bar, M. (2013). The role of the parahippocampal cortex in cognition. *Trends in Cognitive Science, 17*, 379–390.

Anderson, C. A. (2004). An update on the effects of playing violent video games. *Journal of Adolescence, 27*(1), 113–122.

Anderson, C. A., & Bushman, B. J. (2001). Effects of violent video games on aggressive behavior, aggressive cognition, aggressive affect, physiological arousal, and prosocial behavior: a meta-analytic review of the scientific literature. *Psychological Science, 12*, 353–359.

Anderson, C. A., Berkowitz, L., Donnerstein, E., Huesmann, L. R., Johnson, J. D., Linz, D., et al. (2003). The influence of media violence on youth. *Psychological Science in the Public Interest, 4*, 82–110.

Anderson, C. A., Shibuya, A., Ihori, N., Swing, E. L., Bushman, E. J., Sakamoto, A., et al. (2010). Violent video game effects on aggression, empathy, and prosocial behavior in eastern and western countries: a metanalytic review. *Psychological Bulletin, 136*(2), 151–173.

Anderson, J. (1976). *Language, memory, and thought.* Hillsdale, NJ: Erlbaum.

Anderson, J. (1981). Interference: the relationship between response latency and response accuracy. *Journal of Experimental Psychology: Human Learning and Memory, 7*, 311–325.

Anderson, J. R. (1982). Acquisition of cognitive skill. *Psychological Review, 89,* 369–406.

Anderson, J. R., Corbett, A. T., Koedinger, K. R., & Pelletier, R. (1995). Cognitive tutors: lessons learned. *Journal of the Learning Sciences, 4,* 167–207.

Anderson, M. C. & Levy, B. J. (2009). Suppressing unwanted memories. *Current Directions in Psychological Science, 18,* 189–194.

Anderson, M., Ochsner, K., Kuhl, B., Cooper, J., Robertson, E., Gabrieli, S., et al. (2004). Neural systems underlying the suppression of unwanted memories. *Science, 303*(5655), 232–235.

Anderson, P., de Bruijn, A., Angus, K., Gordon, R., & Hastings, G. (2009). Impact of alcohol advertising and media exposure on adolescent alcohol use: a systematic review of longitudinal studies. *Alcohol & Alcoholism, 44,* 229–243.

Annese, J., Schenker-Ahmed, N., Bartsch, H., Maechler, P., Sheh, C. et al. (2014). Postmortem examination of patient H.M.'s brain based on histological sectioning and digital 3D reconstruction. *Nature Communications, 5,* 3122.

APA Online. (2004). Violence in the media—psychologists help protect children from harmful effects. Retrieved from http://www.psychologymatters.org/mediaviolence.html

Apostolova, L. G., Mosconi, L., Thompson, P. M., Green, A. E., Hwang, K. S., Ramirez, A., Mistur, R., Tsui, W. H. & de Leon, M. J. (2010). Subregional hippocampal atrophy predicts Alzheimer's dementia in the cognitively normal. *Neurobiology of Aging, 31,* 1077–1088.

Apostolova, L., Dutton, R., Dinov, I., Hayashi, K., Toga, A., Cummings, J., & Thompson, P. (2006). Conversion of mild cognitive impairment to Alzheimer disease predicted by hippocampal atrophy maps. *Archives of Neurology, 63,* 693–699.

Archibald, S. J., Mateer, C. A., & Kerns, K. A. (2001). Utilization behavior: clinical manifestations and neurological mechanisms. *Neuropsychology Review, 11*(3), 117–130.

Argolo, F. C., Cavalcanti-Ribeiro, P., Netto, L. R., & Quarantini, L. C. (2015). Prevention of posttraumatic stress disorder with propranolol: A meta-analytic review. *Journal of Psychosomatic Research, 79*(2), 89–93.

Arkes, H. R, & Tetlock, P. E. (2004). Attributions of implicit prejudice, or "Would Jesse Jackson 'fail' the implicit association test?". *Psychological Inquiry, 15*(4), 257–278.

Arnsten, A.F. (2006). Fundamentals of attention-deficit/hyperactivity disorder: Circuits and pathways. *Journal of Clinical Psychiatry, 67*(suppl 8), 7–12.

Aron, A., Fisher, H., Mashek, D., Strong, G., Li, H., & Brown, L. L. (2005). Reward, motivation, and emotion systems associated with early-stage intense romantic love. *Journal of Neurophysiology, 94,* 327–337.

Arthur, W., Bennett, W., Stanush, P. L., & McNelly, T. L. (1998). Factors that influence skill decay and retention: a quantitative review and analysis. *Human Performance, 11*(1), 57–101.

Arthur, W., Day, E. A., Villado, A. J., Boatman, P. R., Kowollik, V., Bennett, W., & Bhupatkar, A. (2010). The effect of distributed practice on immediate posttraining and long-term performance on a complex command-and-control simulation task. *Human Performance, 23,* 428–445.

Ashby, F. G., & Waldron, E. (2000). The neuropsychological bases of category learning. *Current Directions in Psychological Science, 9*(1), 10–14.

Ashmore, R. D., & Del Boca, F. K. (1981). Conceptual approaches to stereotypes and stereotyping. In D. L. Hamilton (Ed.), *Cognitive processes in stereotyping and intergroup behavior* (pp.1–35). Hillsdale, NJ: Erlbaum.

Astur, R., Ortiz, M., & Sutherland, R. (1998). A characterization of performance by men and women in a virtual Morris water task: a large and reliable sex difference. *Behavioural Brain Research, 93,* 185–190.

Awh, E., & Jonides J. (2001). Overlapping mechanisms of attention and spatial working memory. *Trends in Cognitive Science, 5,* 119–26.

Awh, E., and Jonides, J. Spatial selective attention and spatial working memory. (1998). In R. Parasuraman (Ed.), The attentive brain. Cambridge, MA: MIT Press,.

Awh, E., Jonides, J., Smith, E.E., Schumacher, E.H., Koeppe, R.A., & Katz, S. (1996). Dissociation of storage and rehearsal in verbal working memory: Evidence from PET. *Psychological Science, 7,* 25–31.

Azpurua, J. & Eaton, B. A. (2015). Neuronal epigenetics and the aging synapse. *Frontiers in Cellular Neuroscience, 9,* 208.

Baddeley, A. D. (1986). Working memory. Oxford: Oxford University Press, New York.

Baddeley, A. D., & Longman, D. (1978). The influence of length and frequency of training session on the rate of learning to type. *Ergonomics, 21,* 627–635.

Baddeley, A., & Hitch, G. (1974). Working memory. In G. H. Bower (Ed.), The psychology of learning and motivation (pp. 47–89). New York: Academic Press.

Baddeley, A.D., & Logie, R.H. (1992). Auditory imagery and working memory. In D. Reisberg (Ed.), Auditory imagery (pp. 179–197). Hillsdale, NJ: Erlbaum.

Baddeley, A.D., Thomson, N., & Buchanan, M. (1975). Word length and the structure of short-term memory. *Journal of Verbal Learning and Verbal Behavior, 14,* 375–589.

Badre, D. (2008). Cognitive control, hierarchy, and the rostro-caudal organization of the frontal lobes. *Trends in Cognitive Sciences, 12,*193–200.

Badre, D. and D'Esposito, M. (2007) Functional magnetic resonance imaging evidence for a hierarchical organization of the prefrontal cortex. *Journal of Cognitive Neuroscience, 19,* 2082–2099

Badre, D., & D'Esposito, M. (2009). Is the rostro-caudal axis of the frontal lobe hierarchical? *Nature Reviews Neuroscience, 10*(9), 659–69.

Badre, D., Hoffman, J., Cooney, J. W. & D'Esposito, M. (2009). Hierarchical cognitive control deficits following damage to the human frontal lobe. Nature Neuroscience,

12, 515–522 (2009).

Bahrick, H., Bahrick, P., & Wittlinger, R. (1975). Fifty years of memory for names and faces: a cross-sectional approach. *Journal of Experimental Psychology: General, 104,* 54–75.

Bakin, J. S., & Weinberger, N. M. (1990). Classical conditioning induces CS-specific receptive field plasticity in the auditory cortex of the guinea pig. *Brain Research, 536,* 271–286.

Bakin, J., & Weinberger, N. (1996). Induction of a physiological memory in the cerebral cortex by stimulation of the nucleus basalis. *Proceedings of the National Academy of Sciences, 93,* 11219–11224.

Baldo, J.V., & Shimamura, A.P. (2000).Spatial and color working memory in patients with lateral prefrontal cortex lesions. *Psychobiology, 28,* 156–167.

Ball, G., & Hulse, S. (1998). Birdsong. *American Psychologist, 53,* 37–58.

Balleine, B. W., & Kilcross, S. (2006). Parallel incentive processing: an integrated view of amygdala function. *Trends in Neuroscience, 29*(5), 272–279.

Balleine, B., Daw, N., & O'Doherty, J. (2008). Multiple forms of value learning and the function of dopamine. In P. W. Glimcher, C. Camerer, E. Fehr & R. A. Poldrack (Eds.), *Neuroeconomics: Decision Making and the Brain* (pp. 367–387). London: Academic Press.

Bancaud, J., Brunet-Bourgin, F., Chauvel, P., & Halgren, E. (1994). Anatomical origin of déjà vu and vivid "memories" in human temporal lobe epilepsy. *Brain, 117* (Pt. 1), 71–90.

Bandura, A. (1969). *Principles of behavior modification.* New York: Holt, Reinhart, & Winston.

Bandura, A. (1986). *Social foundations of thought and action: a social cognitive theory.* Englewood Cliffs, NJ: Prentice-Hall.

Bandura, A., Ross, D., & Ross, S. A. (1961). Transmission of aggression through imitation of aggressive models. *Journal of Abnormal and Social Psychology, 63,* 575–582.

Bao, J. X., Kandel, E. R., & Hawkins, R. D. (1998). Involvement of presynaptic and postsynaptic mechanisms in a cellular analog of classical conditioning at *Aplysia* sensory-motor neuron synapses in isolated cell culture. *Journal of Neuroscience 18*(1), 458–466.

Bao, J. X., Kandel, E. R., & Hawkins, R. D. (1998). Involvement of presynaptic and postsynaptic mechanisms in a cellular analog of classical conditioning at *Aplysia* sensory-motor neuron synapses in isolated cell culture. *Journal of Neuroscience 18*(1), 458–466.

Baptista, L. F., & King, J. R. (1980). Geographical variation in song and song dialects of montane white-crowned sparrows. *Condor, 82,* 267–281.

Bar-Hillel. (1984). Representativeness and the fallacies of probability. *Acta Psychologica, 55,* 91–107.

Barch, D.M. (2003). Cognition in schizophrenia: Does working memory work? *Current Directions in Psychological Science, 12*(4) 146–150.

Barch, D.M., Carter, C. S., Braver, T.S., McDonald, A, Sabb, F.W., Noll, D.C., & Cohen, J.D. (2001). Selective deficits in prefrontal cortex regions in medication naïve schizophrenia patients. *Archives of General Psychiatry, 50,* 280–288.

Barch, D.M., Csernansky, J., Conturo, T., Snyder, A. Z., & Ollinger, J. (2002). Working and long-term memory deficits in schizophrenia: Is there a common underlying prefrontal mechanism? *Journal of Abnormal Psychology, 111,* 4778–494.

Barnes, C. A. (1979). Memory deficits associated with senescence: a neurophysiological and behavioral study in the rat. *Journal of Comparative and Physiological Psychology, 93*(1), 74–104.

Barnes, C., Suster, M., Shen, J., & McNaughton, B. (1997). Multistability of cognitive maps in the hippocampus of old rats. *Nature, 388,* 272–275.

Barnes, T. D., Kubota, Y., Hu, D., Jin, D. Z., & Graybiel, A. M. (2005). Activity of striatal neurons reflects dynamic encoding and recoding of procedural memories. *Nature, 437,* 1158–1161.

Barnfield, A. (1999). Development of sex differences in spatial memory. *Perceptual and Motor Skills, 89*(1), 339–350.

Baron-Cohen, S. (2009). Autism: the Empathizing-Synthesizing (E-S) theory. *Annals of the New York Academy of Sciences, 1156,* 68–80.

Barr, R. (1980). Some remarks on the time-course of aging. In L. Poon, J. Fozard, L. Cermak, D. Arenberg & L. Thompson (Eds.), *New directions in memory and aging* (pp. 143–149). Hillsdale, NJ: Erlbaum.

Bartolomei, F., Barbeau, E. J., Nguyen, T., McGonigal, A., Regis, J., Chauvel, & Wendling, F. (2012). Rhinal-hippocampal interactions during *déjà vu. Clinical Neurophysiology, 123,* 489–495.

Bartsch, D., Ghirardi, M., Skehel, P. A., Karl, K. A., Herder, S. P., Chen, M., Bailey, C. H., & Kandel, E. R. (1995). *Aplysia* CREB2 represses long-term facilitation: Relief of repression converts transient facilitation into long-term functional and structural change. *Cell, 83,* 979–992.

Bartsch, D., Ghirardi, M., Skehel, P. A., Karl, K. A., Herder, S. P., Chen, M., Bailey, C. H., & Kandel, E. R. (1995). *Aplysia* CREB2 represses long-term facilitation: Relief of repression converts transient facilitation into long-term functional and structural change. *Cell, 83,* 979–992.

Basham, M. E., Nordeen, E. J., & Nordeen, K. W. (1996). Blockade of NMDA receptors in the anterior forebrain impairs sensory acquisition in the zebra finch. *Neurobiology of Learning and Memory, 66,* 295–304.

Bauer, P. (1996). What do infants recall of their lives? Memory for specific events by one- to two-year-olds. *American Psychologist, 51,* 29–41.

Bauer, R.H. & Fuster, J. M. (1976). Delayedmatching and delayedresponse deficit from cooling dorsolateral prefrontal cortex in monkeys. *Journal of Comparative and Physiological Psychology, 90,* 293–302.

Baum, W. M. (2002). From molecular to molar: A paradigm shift in behavior analysis. *Journal of the Experimental Analysis of Behavior, 78,* 95–116.

Baum, W. M. (2004). Molar and molecular views of choice.

Behavioural Processes, 66, 349–359.

Baumrind, D. (2002). **Ordinary physical punishment: Is it harmful? Comment on Gershoff** (2002). *Psychological Bulletin, 128,* 580–589.

Beadle-Brown, J. D., & Whiten, A. (2004). Elicited imitation in children and adults with autism: Is there a deficit? *Journal of Intellectual & Developmental Disability, 292,* 147–163.

Bechara, A., Tranel, D., Damasio, H., Adolphs, R., Rockland, C., & Damasio, A. (1995). Double dissociation of conditioning and declarative knowledge relative to the amygdala and hippocampus in humans. *Science, 269,* 1115–1118.

Beck, B. (1980). *Animal tool behavior: the use and manufacture of tools by animals.* New York: Garland STPM Press.

Beck, H. P., Levinson, S., & Irons, G. (2009). Finding Little Albert: a journey to John B. Watson's infant laboratory. *American Psychologist, 64*(7), 605–614.

Beck, K. D., McLaughlin, J., Bergen, M. T., Cominski, T. P., Moldow, R. L., & Servatius, R. J. (2008). Facilitated acquisition of the classically conditioned eyeblink response in women taking oral contraceptives. *Behavioural Pharmacology, 19*(8), 821–828.

Beck, S. J., Hanson, C. A., Puffenberger, S. s., Benninger, K. L., & Benninger, W. B. (2010). A controlled trial of working memory training for children and adolescents with ADHD. *Journal of Clinical Child & Adolescent Psychology, 39*(6). 825–836.

Becker, S. (2005). A computational principle for hippocampal learning and neurogenesis. *Hippocampus, 15*(6), 722–738.

Bee, M. A. (2001). Habituation and sensitization of aggression in bullfrogs (*Rana catesbeiana*): testing the dual-process theory of habituation. *Journal of Comparative Psychology, 115,* 307–316.

Beglinger, L. J., Gaydos, B. L., Kareken, D. A., Tangphao-Daniels, O., Siemers, E. R., & Mohs, R. C. (2004). Neuropsychological test performance in healthy volunteers before and after donepezil administration. *Journal of Psychopharmacology, 18,* 102–108.

Bekerian, D., & Baddeley, A. (1980). Saturation advertising and the repetition effect. *Journal of Verbal Learning and Verbal Behavior, 19*(1), 17–25.

Belichenko, P. V., Masliah, E., Kleschevnikov, A. M., Villar, A., Epstein, C. J., Salehi, A., et al. (2004). Synaptic structural abnormalities in the Ts65Dn mouse model of Down Syndrome. *Journal of Comparative Neurology, 480*(3), 281–298.

Bell, C. (1811). *An idea of a new anatomy of the brain.* London: Strahan and Preston.

Bello, M. (2015 February 6) Brian Williams not alone in having false memories. *USA Today* online. Retrieved May 5, 2015, from www.usatoday.com.

Benabid, A. L. (2003). Deep brain stimulation for Parkinson's disease. *Current Opinion in Neurobiology, 13,* 696–706.

Benjamin, M. McKeachie, W., Lin, Y.-G., & Holinger, D. (1981). Test anxiety: deficits in information processing. *Journal of Educational Psychology, 73,* 816–824.

Bennett, D., Wilson, R., Schneider, J., Evans, D., Mendes

de Leon, C., Arnold, S., et al. (2003). Education modifies the relation of AD pathology to level of cognitive function in older persons. *Neurology, 60*(12), 1909–1915.

Berger-Sweeney, J., Stearns, N. A., Frick, K. M., Beard, B., & Baxter, M. G. (2000). Cholinergic basal forebrain is critical for social transmission of food preferences. *Hippocampus, 10*(6), 729–738.

Bergvall, U. A., Rautio, P., Luotola, T., & Leimar, O. (2007). A test of simultaneous and successive negative contrast in fallow deer foraging behaviour. *Animal Behaviour, 74,* 395–402.

Berke, J. (2003). Learning and memory mechanisms involved in compulsive drug use and relapse. In J. Wang (Ed.), *Methods in Molecular Medicine, vol. 79: Drugs of Abuse: Neurological Reviews and Protocols* (pp. 75–101). Totowa, NJ: Humana Press.

Bernard, F. A., Bullmore, E. T., Graham, K. S., Thompson, S. A., Hodges, J. R., & Fletcher, P. C. (2004). The hippocampal region is involved in successful recognition of both remote and recent famous faces. *Neuroimage, 22,* 1704–1714.

Berridge, K. (1996). Food reward: Brain substrates of wanting and liking. *Neuroscience and Biobehavioral Reviews, 20*(1), 1–25.

Berridge, K. C. (2007). The debate over dopamine's role in reward: The case for incentive salience. *Psychopharmacology, 191*(3), 391–431.

Berridge, K. C. (2012). From prediction error to incentive salience: mesolimbic computation of reward motivation. *European Journal of Neuroscience, 35,* 1124–1143.

Berridge, K. C., & Robinson, T. (1998). What is the role of dopamine in reward: Hedonic impact, reward learning, or incentive salience? *Brain Research Reviews, 28,* 309–369.

Berry, C. J., Shanks, D. R., Speekenbrink, M., & Henson, R. N. A. (2011). Models of recognition, repetition priming, and fluency: exploring a new framework. *Psychological Review, 119,* 40–79.

Berry, S. D., & Thompson, R. F. (1978). Neuronal plasticity in the limbic system during classical conditioning of the rabbit nictitating membrane response. I. The hippocampus. *Brain Research, 145,* 323–346.

Besson, A., Privat, A., Eschalier, A., & Fialip, J. (1999). Dopaminergic and opioidergic mediations of tricyclic antidepressants in the learned helplessness paradigm. *Pharmacology, Biochemistry and Behavior, 64,* 541–548.

Biederman, I., & Shiffrar, M. (1987). Sexing day-old chicks: a case study and expert systems analysis of a difficult perceptual learning task. *Journal of Experimental Psychology: Learning, Memory, and Cognition, 13,* 640–645.

Bimonte, H., Hyde, L., Hoplight, B., & Denenberg, V. (2000). In two species, females exhibit superior working memory and inferior reference memory on the water radial-arm maze. *Physiology and Behavior, 70*(3–4), 311–317.

Birren, J. (1964). *The psychology of aging.* Englewood Cliffs, NJ: Prentice Hall.

Bjork, R. A., Dunlosky, J., & Kornell, N. (2013). Self-regulated learning: beliefs, techniques, and illusions. *Annual*

Review of Psychology, 64, 417–444.

Blennow, K., de Leon, M. J., & Zetterberg, H. (2006). Alzheimer's disease. *Lancet, 368*(9533), 387–403.

Bliss, T. V., & Gardner-Medwin, A. (1973). Long-lasting potentiation of synaptic transmission in the dentate area of the unanaesthetized rabbit following stimulation of the perforant path. *Journal of Physiology (London), 232,* 357–371.

Bliss, T. V., & Lømo, T. (1973). Long-lasting potentiation of synaptic transmission in the dentate area of the anaesthetized rabbit following stimulation of the perforant path. *Journal of Physiology, 232,* 331–356.

Blough, D. S. (1975). Steady-state data and a quantitative model of operant generalization and discrimination. *Journal of Experimental Psychology: Animal Behavior Processes, 104,* 3–21.

Blough, D. S. (1975). Steady state data and a quantitative model of operant generalization and discrimination. *Journal of Experimental Psychology: Animal Behavior Processes, 1,* 3–21.

Boedeker, E., Friedel, G., & Walles, T. (2012). Sniffer dogs as part of a bimodal bionic research approach to develop a lung cancer screening. *Interactive Cardiovascular and Thoracic Surgery, 1,* 511–515.

Bonanno, G. A. (2004). Loss, trauma, and human resilience: have we underestimated the human capacity to thrive after extremely aversive events? *American Psychologist, 59*(1), 20–28.

Bonanno, G. A. (2005). Resilience in the face of potential trauma. *Current Directions in Psychological Science, 14*(3), 135–138.

Bonardi, C., Rey, V., Richmond, M., & Hall, G. (1993). Acquired equivalence of cues in pigeon autoshaping: Effects of training with common consequences and common antecedents. *Animal Learning and Behavior, 21*(4), 369–376.

Bond, A. B., & Kamil, A. C. (1999). Searching image in blue jays: facilitation and interference in sequential priming. *Animal Learning and Behavior, 27,* 461–471.

Bornstein, M., & Lamb, M. (1992). Development in infancy (3rd ed.). New York: McGraw-Hill.

Borovsky, D., & Rovee-Collier, C. (1990). Contextual constraints on memory retrieval at six months. *Child Development, 61,* 1569–1583.

Borszcz, G., Cranney, J., & Leaton, R. (1989). Influence of long-term sensitization of the acoustic startle response in rats: central gray lesions, preexposure, and extinction. *Journal of Experimental Psychology: Animal Behavior Processes, 15,* 54–64.

Borton, D., Micera, S., Millan, J. R., & Courtine, G. (2013). Personalized neuroprosthetics. *Science Translational Medicine, 5,* 1–12.

Bourgeois, J.-P. (2001). Synaptogenesis in the neocortex of the newborn: the ultimate frontier for individuation? In C. Nelson & M. Luciana (Eds.), *Handbook of developmental cognitive neuroscience.* Cambridge, MA: MIT Press.

Bourtchuladze, R., Frenguelli, B., Blendy, J., Cioffi, D., Schutz, G., & Silva, A. J. (1994). Deficient long-term memory in mice with a targeted mutation of the CAMP-responsive element-binding protein. *Cell, 79,* 59–68.

Bouton, M & King, D (1983). Contextual control of the extinction of conditioned fear: Tests for the associative value of the context. *Journal of Experimental Psychology: Animal Behavior Processes, 9*(3), 248–265

Bouton, M. (1991). Context and retrieval in extinction and in other examples of interference in simple associative learning. In L. Dachowski & C. F. Flaherty (Eds). *Current Topics in Animal Learning: Brain, Emotion, and Cognition* (pp. 25–53). Hillsdale. NJ: Lawrence Erlbaum Associates.

Bouton, M. E. (2000). A learning theory perspective on lapse, relapse, and the maintenance of behavioral change. *Health Psychology, 19*(1), 57–63.

Bouton, M., & Peck, C. (1989). Context effects on conditioning, extinction and reinstatement in an appetitive conditioning paradigm. *Animal Learning and Behavior, 17,* 188–198.

Bower, G. H. (1961). Application of a model to paired-associate learning. *Psychometrika, 26,* 255–280.

Bower, G. H., & Trabasso, T. R. (1964). Concept identification. In R. C. Atkinson (Ed.), *Studies in Mathematical Psychology* (pp. 32–93). Stanford, CA: Stanford University Press.

Bower, G., & Trabasso, T. (1968). *Attention in learning: theory and research.* New York: Wiley.

Bowles, R. P., & Salthouse, T. A. (2003). Assessing the age-related effects of proactive interference on working memory tasks using the Rasch model. *Psychology and Aging, 18*(3), 608–615.

Braak, H., & Braak, E. (1997). Frequency of stages of Alzheimer-related lesions in different age categories. *Neurobiology of Aging, 18,* 351–357.

Bradbury, J. W., & Vehrencamp, S. L. (1998). *Principles of animal communication.* Sunderland, MA: Sinauer.

Brady, F. (2008). The contextual interference effect and sport skills. *Perceptual and Motor Skills, 106,* 461–472.

Braff, D. L., Geyer, M. A., & Swerdlow, N. R. (2001). Human studies of prepulse inhibition of startle: normal subjects, patient groups, and pharmacological studies. *Psychopharmacology, 156,* 234–258.

Brainard, M. S., & Doupe, A. J. (2000). Auditory feedback in learning and maintenance of vocal behavior. *Nature Reviews Neuroscience, 1,* 31–40.

Brambilla, P., Hardan, A., di Nemi, S. U., Perez, J., Soares, J. C., & Barale, F. (2003). Brain anatomy and development in autism: review of structural MRI studies. *Brain Research Bulletin, 61*(6), 557–569.

Brand, M., & Markowitsch, H. (2004). Amnesia: neuroanatomic and clinical issues. In T. Feinberg & M. Farah (Eds.), Behavioral neurology and neuropsychology (2nd ed., pp. 431–443). New York: McGraw-Hill.

Bransford, J., & Johnson, M. (1972). Contextual prerequisites for understanding: some investigations of comprehension and recall. *Journal of Verbal Learning and Verbal Behavior, 11*, 717–727.

Brass, M., Derrfuss, J., Matthes-von Cramon, G., & von Cramon, D. Y. (2003). Imitative response tendencies in patients with frontal brain lesions. *Neuropsychology, 17*(2), 265–271.

Brauer, L., & de Wit, H. (1996). Subjective responses to D-amphetamine alone and after pimozide pretreatment in normal, healthy volunteers. *Biological Psychiatry, 39*, 26–32.

Brauer, L., & de Wit, H. (1997). High dose pimozide does not block amphetamine-induced euphoria in normal volunteers. *Pharmacology, Biochemistry and Behavior, 56*, 265–272.

Braun, D. A., Mehring, C., & Wolpert, D. W. (2010). Structure learning in action. *Behavioural Brain Research, 206*, 157–165.

Breazeal, C., & Scassellati, B. (2002). Robots that imitate humans. *Trends in Cognitive Sciences, 6*(11), 481–487.

Brehmer, Y., Li, S. C., Muller, V., von Oertzen, T., & Lindenberger, U. (2007). Memory plasticity across the life span: uncovering children's latent potential. *Developmental Psychology, 43*, 465–478.

Breiter, H., Aharon, I., Kahneman, D., Dale, A., & Shizgal, P. (2001). Functional imaging of neural responses to expectancy and experience of monetary gains and losses. *Neuron, 30*, 619–639.

Breland, K., & Breland, M. (1951). A field of applied animal psychology. *American Psychologist, 6*, 202–204.

Brembs, B. (2003). Operant reward learning in *Aplysia*. *Current Directions in Psychological Science, 12*(6), 218–221.

Brewer, J., Zhao, Z., Desmond, J., Glover, G., & Gabrieli, J. (1998). Making memories: brain activity that predicts whether visual experiences will be remembered or forgotten. *Science, 281*, 1185–1187.

Brewer, J.B., Zhao, Z., Desmond, J.E., Glover, G.H., & Gabrieli, J.D.E. (1998). Making memories: Brain activity that predicts how well visual experience will be remembered. *Science, 281*, 1185–1187.

Bridgett, D., & Cuevas, J. (2000). Effects of listening to Mozart and Bach on the performance of a mathematical test. *Perceptual and Motor Skills, 90*, 1171–1175.

Bristol, A. S., Sutton, M. A., & Carew, T. J. (2004). Neural circuit of tail-elicited siphon withdrawal in *Aplysia*. I. Differential lateralization of sensitization and dishabituation. *Journal of Neurophysiology, 91*, 666–677.

Brooks, L. (1968). Spatial and verbal components of the act of recall. *Canadian Journal of Psychology, 22*, 349–368.

Brown, C., & Laland, K. N. (2002). Social learning of a novel avoidance task in the guppy: conformity and social release. *Animal Behaviour, 64*, 41–47.

Brown, G., & Stroup, K. (1988). Learned helplessness in the cockroach (Periplaneta Americana). *Behavioral and Neural Biology, 50*, 246–250.

Brown, J. (1969). Factors affecting self-punitive locomotive behaviors. In B. Campbell & R. Church (Eds.), *Punishment and Aversive Behavior* (pp. 467–514). New York: Appleton, Century, Crofts.

Brown, R., & Kulik, J. (1977). Flashbulb memories. *Cognition, 5*, 73–99.

Brozoski, T.J., Brown, R.M., Rosvold, H.E., & Goldman P.S. (1979). Cognitive deficit caused by regional depletion of dopamine in prefrontal cortex of rhesus monkey. *Science, 205*, 929–932.

Brugge, K., Nichols, S., Salmon, D., Hill, L., Delis, D., Aaron, L., et al. (1994). Cognitive impairments in adults with Down's syndrome: similarities to early cognitive changes in Alzheimer's disease. *Neurology, 44*(2), 232–238.

Brunelli, M., Castellucci, V., & Kandel, E. R. (1976). Synaptic facilitation and behavioral sensitization in *Aplysia*: possible role of serotonin and cyclic AMP. *Science, 194*, 1178–1181.

Bryan, R., Wells, S., Miller, T., Elster, A., Jungreis, C., Poirier, V., et al. (1997). Infarctlike lesions in the brain: prevalence and anatomic characteristics at MR imaging of the elderly—data from the Cardiovascular Health Study. *Radiology, 202*, 47–54.

Buccino, G., Binkofski, F., & Riggio, L. (2004). The mirror neuron system and action recognition. *Brain and Language, 89*(2), 370–376.

Buchanan, T., & Lovallo, W. (2001). Enhanced memory for emotional material following stress-level cortisol treatment in humans. *Psychoneuroendocrinology, 26*, 307–317.

Buckner, R.L., Koutstaal, W., Schacter, D. L., Wagner, A.D., & Rosen, B.R. (1998). Functional-anatomic study of episodic retrieval using fMRI: I. Retrieval effort versus retrieval success. *NeuroImage, 7*, 151–162.

Buckner, R.L., Raichle, M.E., Miezin, F.M., & Petersen, S.E. (1996). Functional anatomic studies of memory retrieval for auditory words and visual pictures. *The Journal of Neuroscience. 16*(19), 6219–6235.

Bugnyar, T., & Kotrschal, K. (2002). Observational learning and the raiding of food caches in ravens, *Corvus corax*: Is it "tactical" deception? *Animal Behaviour, 64*, 185–195.

Bunsey, M., & Eichenbaum, H. (1995). Selective damage to the hippocampal region blocks long-term retention of a natural and nonspatial stimulus-stimulus association. *Hippocampus, 5*(6), 546–556.

Burd, G., & Nottebohm, F. (1985). Ultrastructural characterization of synaptic terminals formed on newly generated neurons in a song control nucleus of the adult canary forebrain. *Journal of Comparative Neurology, 240*, 143–152.

Burgdorf, J., & Panksepp, J. (2001). Tickling induces reward in adolescent rats. *Physiology and Behavior, 72*, 167–173.

Bush, G., Vogt, B. A., Holmes, J., Dale, A. M., Greve, D., Jenike, M. A., & Rosen, B. R. (2002). Dorsal anterior cingulate cortex: a role in reward-based decision making. *Proceedings of the National Academy of Sciences, 99*, 523–528.

Bushman, B. J., & Bonacci, A. M. (2002). Violence and sex impair memory for television ads. *Journal of Applied*

Psychology, 87, 557–564.

Butki, B. D., & Hoffman, S. J. (2003). Effects of reducing frequency of intrinsic knowledge of results on the learning of a motor skill. *Perceptual and Motor Skills, 97,* 569–580.

Butler, A. C., & Roediger, H. L. (2007). Testing improves long-term retention in a simulated classroom setting. *European Journal of Cognitive Psychology, 19*(4/5), 514–527.

Buzsáki, G. (1989). Two-stage model of memory trace formation: A role for "noisy" brain states. *Neuroscience, 31,* 551–557.

Buzsáki, G. (2002). Theta oscillations in the hippocampus. *Neuron, 33,* 324–340.

Buzsaki, G., & Gage, F. (1989). Absence of long-term potentiation in the subcortically deafferented dentate gyrus. *Brain Research, 484,* 94–101.

Byrne, R. W. (1994). The evolution of intelligence. In P. Slater & T. R. Halliday (Eds.), *Behavior and evolution* (pp. 223–264). London: Cambridge University Press.

Byrne, R. W., & Russon, A. E. (1998). Learning by imitation: a hierarchical approach. *Behavioral and Brain Sciences, 21,* 667–721.

Cabeza, R., & Nyberg, L. (2000). Imaging cognition II: an empirical review of 275 PET and fMRI studies. *Journal of Cognitive Neurology, 12,* 1–47.

Cabeza, R., Rao, S., Wagner, A., Mayer, A., & Schacter, D. (2001). Can medial temporal lobe regions distinguish true from false? An event-related functional MRI study of veridical and illusory recognition memory. *Proceedings of the National Academy of Sciences USA, 98*(8), 4805–4810.

Cahill, L. R., & Alkire, M. (2003). Epinephrine enhancement of human memory consolidation: interaction with arousal at encoding. *Neurobiology of Learning and Memory, 79,* 194–198.

Cahill, L. R., & McGaugh, J. (1995). A novel demonstration of enhanced memory associated with emotional arousal. *Consciousness and Cognition, 4*(4), 410–421.

Cahill, L. R., Babinsky, R., Markowitsch, H., & McGaugh, J. (1995). The amygdala and emotional memory. *Nature, 377,* 295–296.

Cahill, L. R., Haier, R., Fallon, J., Alkire, M., Tang, C., Keator, D., et al. (1996). Amygdala activity at encoding correlated with long-term, free recall of emotional information. *Proceedings of the National Academy of Sciences USA, 93*(15), 8016–8021.

Cahill, L. R., Haier, R., White, N., Fallon, J., Kilpatrick, L., Lawrence, C., et al. (2001). Sex-related difference in amygdala activity during emotionally influenced memory storage. *Neurobiology of Learning and Memory, 75,* 1–9.

Cahill, L. R., Prins, B., Weber, M., & McGaugh, J. (1994). Beta-adrenergic activation and memory for emotional events. *Nature, 371*(6499), 702–704.

Cahill, L. R., Uncapher, M., Kilpatrick, L., Alkire, M. T., & Turner, J. (2004). Sex-related hemispheric lateralization of amygdala function in emotionally-influenced memory: an FMRI investigation. *Learning & Memory, 11,* 261–266.

Cahill, L. R., Weinberger, N., Roozendaal, B., & McGaugh, J. (1999). Is the amygdala a locus of "conditioned fear"?: some questions and caveats. *Neuron, 23,* 227–228.

Callicott JH, Egan MF, Mattay VS, Bertolini, A, Bone, AD, Verchinski, B, & Weinbergers DR (2003). Abnormal fMRI response of the dorsolateral prefrontal cortex in cognitively intact siblings of patients with schizophrenia. *American Journal of Psychiatry, 160,* 709–719.

Canestrari, R., Jr. (1963). Paced and self-paced learning in young and elderly adults. *Journal of Gerontology, 18,* 165–168.

Canli, T., Desmond, J. E., Zhao, Z., & Gabrieli, J. D. E. (2002). Sex differences in the neural basis of emotional memories. *Proceedings of the National Academy of Science USA, 99,* 10789–10794.

Canli, T., Zhao, Z., Brewer, J., Gabrieli, J., & Cahill, L. (2000). Event-related activation in the human amygdala associates with later memory for individual emotional experience. *Journal of Neuroscience, 20,* RC99.

Cannon, W. B. (1927). The James-Lange theory of emotion: a critical examination and an alternative theory. *American Journal of Psychology, 39,* 10–124.

Capaldi, E., Robinson, G., & Fahrback, S. (1999). Neuroethology of spatial learning: the birds and the bees. *Annual Review of Psychology, 50,* 651–682.

Capone, N. C., & McGregor, K. K. (2004). Gesture development: a review for clinical and research practices. *Journal of Speech, Language, and Hearing Research, 47,* 173–186.

Carew, T. J., Hawkins, R. D., & Kandel, E. R. (1983). Differential classical conditioning of a defensive gill-withdrawal reflex in *Aplysia californica. Science, 219,* 397–400.

Carmena, J. M. (2013). Advances in neuroprosthetic learning and control. *PLoS Biology, 11,* e1001561.

Carmena, J. M., Lebedev, M. A., Crist, R., O'Doherty, J. E., Santucci, D. M. et al. (2003). Learning to control a brain-machine interface for reaching and grasping by primates. *PLoS Biology, 1,* e42.

Carpenter, P. A., Just, M.A., and Shell, P. (1990). What one intelligence test measures: A theoretical account of the processing in the Raven Progressive Matrices Test. *Psychological Review, 97,* 404–431.

Carroll, K. M. (1999). Behavioral and cognitive behavioral treatments. In B. McCrady & E. S. Epstein (Eds.), *Addictions: a comprehensive guidebook* (pp. 250–267). New York: Oxford University Press.

Carver, Marina (2014). Third high school football player dies in a week. CNN.com. Posted October 6, 2014; retrieved May 31, 2015.

Cassel, J., Cassel, S., Galani, R., Kelche, C., Will, B., & Jarrard, L. (1998). Fimbria-fornix vs. selective hippocampal lesions in rats: effects on locomotor activity and spatial learning and memory. *Neurobiology of Learning and Memory, 69*(1), 22–45.

Cassidy, J. D., Carroll, L. J., Peloso, P. M., Borg, J., von Holst, H., Holm, L., Kraus, J. & Coronado, V. G. (2004).

Incidence, risk factors and prevention of mild traumatic brain injury: Results of the WHO Collaborating Centre Task Force on Mild Traumatic Brain Injury. *Journal of Rehabilitation Medicine, 36 (Supplement 43)*, 28–60.

Castellanos, F.X., & Tannock, R. (2002). Neuroscience of attention-deficit/hyperactivity disorder: the search for endophenotypes. *Nature Reviews Neuroscience, 3*, 617–628.

Castellucci, V. F., & Kandel, E. R. (1974). A quantal analysis of the synaptic depression underlying habituation of the gill-withdrawal reflex in *Aplysia*. *Proceedings of the National Academy of Sciences USA, 71*, 5004–5008.

Castellucci, V. F., & Kandel, E. R. (1976). Presynaptic facilitation as a mechanism for behavioral sensitization in *Aplysia*. *Science, 194*, 1176–1178.

Catarino, A., Küpper, C. S., Werner-Seidler, A., Dalgleish, T., & Anderson, M. C. (2015). Failing to forget: Inhibitory-control deficits compromise memory suppression in posttraumatic stress disorder. *Psychological Science, 26*(5), 604–616.

Centerwall, B. S. (1992). Television and violence: the scale of the problem and where to go from here. *Journal of the American Medical Association, 22*, 3059–3063.

Chabris, C. (1999). Prelude or requiem for the Mozart effect? *Nature, 400*, 826–827.

Chakrabarti, L., Best, T. K., Cramer, N. P., Carney, R. S., Isaac, J. T., Galdzicki, Z., et al. (2010). Olig1 and Olig2 triplication causes developmental brain defects in Down syndrome. *Nature Neuroscience, 13*(8), 927–934.

Chang, L. J., Yarkoni, T., Khaw, M. W., & Sanfey, A. G. (2013). Decoding the role of the insula in human cognition: Functional parcellation and large-scale reverse inference. *Cerebral Cortex, 23*, 739–749.

Charles, S., Mather, M., & Carstensen, L. (2003). Aging and emotional memory: the forgettable nature of negative images for older adults. *Journal of Experimental Psychology: General, 132*(2), 310–324.

Charness, N., Reingold, E. M., Pomplun, M., & Stampe, D. M. (2001). The perceptual aspect of skilled performance in chess: evidence from eye movements. *Memory and Cognition, 29*, 1146–1152.

Chen, L. Y., Rex, C. S., Casale, M. S., Gall, C. M., & Lynch, G. (2007). Changes in synaptic morphology accompany actin signaling during LTP. *Journal of Neuroscience, 27*, 5363–5372.

Chen, L., Bao, S., Lockard, J. M., Kim, J. K., & Thompson, R. F. (1996). Impaired classical eyeblink conditioning in cerebellar-lesioned and Purkinje cell degeneration (pcd) mutant mice. *Journal of Neuroscience, 16*, 2829–2838.

Chi, M. (1978). Knowledge structures and memory development. In R. Siegler (Ed.), *Children's thinking: what develops?* Hillsdale, NJ: Erlbaum.

Chomsky, N. (1959). A review of B. F. Skinner's verbal behavior. *Language, 35*(1), 26–58.

Cipolotti, L., Shallice, T., Chan, D., Fox, N., Scahill, R., Harrison, G., Stevens, J., & Rudge, P. (2001). Long-term retrograde amnesia...the crucial role of the hippocampus.

Neuropsychologia, 39, 151–172.

Clare, L., Wilson, B. A., Carter, G., Roth, I., & Hodges, J. R. (2002). Relearning face-name associations in early Alzheimer's disease. *Neuropsychology, 16*, 538–547.

Clark, D., & Teasdale, J. (1982). Diurnal variation in clinical depression and accessibility of positive and negative experiences. *Journal of Abnormal Psychology, 91*, 87–95.

Clark, R. E., Broadbent, N. J., Zola, S. M., & Squire, L. R. (2002). Anterograde amnesia and temporally graded retrograde amnesia for a nonspatial memory task after lesions of hippocampus and subiculum. *Journal of Neuroscience, 22*(11), 4663–4669.

Clark, S., Allard, T., Jenkins, W., & Merzenich, M. (1986). Cortical map reorganization following neurovascular island skin transfers on the hands of adult owl monkeys. *Society for Neuroscience Abstracts, 12*, 391.

Clarke, G. (2002). Learning to understand speech with the cochlear implant. In M. Fahle & T. Poggio (Eds.), *Perceptual learning* (pp. 147–160). Cambridge, MA: MIT Press.

Clayton, N., & Dickinson, A. (1999). Scrub jays (*Aphelocoma coerulescens*) remember the relative time of caching as well as the location and content of their caches. *Journal of Comparative Psychology, 113*, 403–417.

Clayton, N., Yu, K., & Dickinson, A. (2001). Scrub jays (*Aphelocoma coerulescens*) form integrated memories of the multiple features of caching episodes. *Journal of Experimental Psychology: Animal Behavior Processes, 27*, 17–29.

Cohen-Bendahan, C., van de Beck, C., & Berenbaum, S. (2005). Prenatal sex hormone effects on child and adult sex-typed behavior. *Neuroscience and Biobehavioral Reviews, 29*(2), 353–384.

Cohen-Kettenis, P., van Goozen, S., Doorn, C., & Gooren, L. (1998). Cognitive ability and cerebral lateralisation in transsexuals. *Psychoneuroendocrinology, 23*(6), 631–641.

Cohen, J.D., Forman, S.D., Braver, T.S., Casey, B. J., Servan-Schreiber, D., & Noll, D.C. (1994).Activation of prefrontal cortex in a non-spatial working memory task with fMRI. *Human Brain Mapping, 1*, 293–304.

Cohen, N. J., Poldrack, R. A., & Eichenbaum, H. (1997). Memory for items and memory for relations in the procedural/ declarative memory framework. *Memory, 5*, 131–178.

Cohen, N., & Squire, L. (1980). Preserved learning and retention of pattern-analyzing skill in amnesia: dissociation of knowing how and knowing that. *Science, 210*, 207–210.

Cohen, T. E., Kaplan, S. W., Kandel, E. R., & Hawkins, R. D. (1997). A simplified preparation for relating cellular events to behavior: mechanisms contributing to habituation, dishabituation, and sensitization of the *Aplysia* gill-withdrawal reflex. *Journal of Neuroscience, 17*, 2886–2899.

Colle, H.A. and Welsh, A. (1976). Acoustic masking in primary memory. *Journal of Verbal Learning and Verbal Behavior, 15*, 17–32.

Collie, A., & Maruff, P. (2000). The neuropsychology of preclinical Alzheimer's disease and mild cognitive impairment. *Neuroscience and Biobehavioral Reviews, 24*, 365–374.

Collinger, J. L., Wodlinger, B., Downey, J. E., Wang, W., Tyler-Kabara, E. C., Weber, D. J. et al. (2013). High-performance neuroprosthetic control by an individual with tetraplegia. *Lancet, 381*, 16–22.

Collinson, S. L., Meyyappan, A., & Rosenfeld, J. V. (2009). Injury and recovery: severe amnestic syndrome following traumatic brain injury. *Brain Injury, 23*(1), 71–77.

Condon, C. D., & Weinberger, N. M. (1991). Habituation produces frequency-specific plasticity of receptive fields in the auditory cortex. *Behavioral Neuroscience, 105*(3), 416–430.

Conn, P., Battaglia, G., Marino, M., & Nicoletti, F. (2005). Metabotropic glutamate receptors in the basal ganglia motor circuit. *Nature Reviews Neuroscience, 6*, 787–798.

Contreras, M., Ceric, F. & Torrealba, F. (2007). Inactivation of the interoceptive insula disrupts drug craving and malaise induced by lithium. *Science, 318*, 655–658.

Convit, A., de Asis, J., de Leon, M., Tarshish, C., De Santi, S., & Rusinek, H. (2000). Atrophy of the medial occipitotemporal, inferior, and middle temporal gyri in non-demented elderly predict decline to Alzheimer's Disease. *Neurobiology of Aging, 21*, 19–26.

Conway, M. A. (2009). Episodic memories. *Neuropsychologia, 47*(11), 2305–2313.

Cooke, S. F., Komorowski, R. W., Kaplan, E. S., Gavornik, J. P., & Bear, M. F. (2015). Visual recognition memory, manifested as long-term habituation, requires synaptic plasticity in V1. *Nature Neuroscience, 18*, 262–271.

Cooper, B. G., & Mizumori, S. J. (2001). Temporary inactivation of the retrosplenial cortex causes a transient reorganization of spatial coding in the hippocampus. *Journal of Neuroscience, 21*, 3986–4001.

Corkin, S. (2002). What's new with the amnesic patient H.M.? *Nature Reviews Neuroscience, 3*, 153–160.

Corkin, S., Amaral, D., Gonzalez, A., Johnson, K., & Hyman, B. (1997). H. M.'s medial temporal lobe lesion: findings from magnetic resonance imaging. *Journal of Neuroscience, 17*, 3964–3979.

Cornstock, G. (1980). New emphases in research on the effects of television and film violence. In E. L. Palmer & A. Dorr (Eds.), *Children and the faces of television: teaching, violence, selling* (pp. 129–148). New York: Academic Press.

Cornu, J.-N., Cancel-Tassin, G., Ondet, V., Girardet, C., & Cussenot, O. (2011). Olfactory detection of prostate cancer by dogs sniffing urine: A step forward in early diagnosis. *European Urology, 59*, 197–201.

Corter, J. E., & Gluck, M. A. (1992). Explaining basic categories: Feature predictability and information. *Psychological Bulletin, 111*(2), 291–303.

Courtney, S.M., Ungerleider, L. G., Keil, K., & Haxby, J.V. (1997). Transient and sustained activity in a distributed neural system for human working memory. *Nature, 386*, 608–611.

Coutureau E, Killcross A. S., Good M, Marshall V. J.,

Ward-Robinson J, Honey R. C. (2002). Acquired equivalence and distinctiveness of cues: II. Neural manipulations and their implications. *Journal of Experimental Psychology: Animal Behavior Process, 28*(4), 388–96.

Cowan, N. (1995). Attention and memory: An integrated framework. New York: Oxford University Press.

Craig, A. D. (2003). Pain mechanisms: labeled lines versus convergence in central processing. *Annual Review of Neuroscience, 26*, 1–30.

Craik, F., & Lockhart, R. (1972). Levels of processing: a framework for memory research. *Journal of Verbal Learning and Verbal Behavior, 11*, 671–684.

Craik, F., & Tulving, E. (1975). Depth of processing and the retention of words in episodic memory. *Journal of Experimental Psychology: General, 104*(3), 268–294.

Crick, N. R., & Dodge, K. A. (1994). A review and reformulation of social information processing mechanisms in children's social adjustment. *Psychological Bulletin, 115*, 74–101.

Crnic, L., & Pennington, B. (2000). Down syndrome: neuropsychology and animal models. In C. Rovee-Collier, L. Lipsitt & H. Hayne (Eds.), *Progress in infancy research, Volume I* (pp. 69–111). Mahwah, NJ: Erlbaum.

Crystal, J. D. (2010). Episodic-like memory in animals. *Behavioural Brain Research, 215*(2), 235–243.

Curio, E., Ernst, U., & Vieth, W. (1978). The adaptive significance of avian mobbing. *Zeitschrift für Tierpsychologie, 48*, 184–202.

Curtis, C. E. & D'Esposito, M. (2004). The effects of prefrontal lesions on working memory performance and theory. *Cognitive, Affective, and Behavioral Neuroscience, 4*(4), 528–539.

Curtis, C. E. & D'Esposito, M. (2006). Working memory: Handbook of functional neuroimaging of Cognition, 2nd ed. R. Cabezza & A. Kingstone. MIT Press, Cambridge, Mass

Curtis, C.E., and D'Esposito M. (2003). Persistent activity in the prefrontal cortex during working memory. *Trends in Cognitive Science, 7*, 415–423.

Curtiss, S. (1977). *Genie: a psycholinguistic study of a modern-day "wild child."* New York: Academic Press.

Cusato, B., & Domjan, M. (1998). Special efficacy of sexual conditioned stimuli that include species typical cues: test with a CS pre-exposure design. *Learning and Motivation, 29*, 152–167.

Custance, D. M., Whiten, A., & Bard, K. A. (1995). Can young chimpanzees imitate arbitrary actions? Hayes and Hayes revisited. *Behaviour, 132*, 839–858.

Cutler, N., Hesten, L., Davies, P., Haxby, J., & Schapiro, M. (1985). Alzheimer's disease and Down's syndrome: new insights. *Annals of Internal Medicine, 103*, 566–578.

Czaja, S., Hammond, K., Blascovich, J., & Swede, H. (1993). Age-related differences in learning to use a text editing system. *Behavior and Information Technology, 8*, 309–319.

D'Esposito, M. & Postle B.R. (2015). The cognitive neuroscience of working memory. *Annual Review of Psychology, 66*, 115–142. doi:10.1146/annurev-psych-010814–015031.

D'Esposito, M. and Postle, B.R. (1999). The dependence of span and delayed-response performance on prefrontal cortex. *Neuropsychologia, 37*, 1303–1315.

D'Esposito, M., Detre, J.A., Alsop, D.C., Shin, R.K., Atlas, S., & Grossman, M. (1995). The neural basis of the central executive system of working memory. *Nature, 378*, 279–281.

Damasio, A. (1996). The somatic marker hypothesis and the possible functions of the prefrontal cortex. *Philosophical Transactions of the Royal Society of London, Series B, 351*, 1413–1420.

Damasio, A. (1999). *The feeling of what happens: body and emotion in the making of consciousness.* New York: Harcourt Brace.

Damasio, A. R. (1994). Descartes' error: emotion, reason, and the human brain. New York, Putman.

Damasio, A., Graff-Radford, N., Eslinger, P., Damasio, H., & Kassell, N. (1985). Amnesia following basal forebrain lesions. *Archives of Neurology, 42*, 263–271.

Daneman, M., and Carpenter, P.A. (1980). Individual differences in working memory and reading. *Journal of Verbal Learning and Verbal Behavior, 12*, 450–466.

Danshevar, D. H., Riley, D. O., Nowinski, C. J., McKee, A. C., Stern, R. A. & Cantu, R. C. (2011) Long-term consequences: Effects on normal development profile after concussion. *Physical Medicine and Rehabilitation Clinics of North America, 22*, 683–700

Darwin, C. (1845). *Journal of researches into the natural history and geology of the countries visited during the voyage of H.M.S. Beagle round the world: under the command of Capt. Fitz Roy.* London: John Murray.

Darwin, C. (1859). *On the origin of species by means of natural selection: or the preservation of favoured races in the struggle for life.* London: John Murray.

Darwin, C. (1872). The expression of emotions in man and animals. Chicago: Chicago University Press (1965).

Darwin, C. (1872). *The expression of the emotions in man and animals.* London: John Murray.

Darwin, C. (1883). *The descent of man and selection in relation to sex.* New York: Appleton-Century-Crofts.

Darwin, E. (1794). *Zoönomia, vol. I; or, the organic laws of life.* London.

Daselaar, S. M., Fleck, M. S., Dobbins, I. G., Madden, D. J., & Cabeza, R. (2006). Effects of healthy aging on hippocampal and rhinal memory functions: an event-related fMRI study. *Cerebral Cortex, 16*(12), 1771–1782.

Dash, P. K., Hochner, B., & Kandel, E. R. (1990). Injection of cAMP-responsive element into the nucleus of *Aplysia* sensory neuron blocks long-term facilitation. *Nature, 345*, 718–721.

Daum, I., Schugens, M. M., Ackermann, H., Lutzenberger, W., Dichgans, J., & Birbaumer, N. (1993). *Behavioral*

Neuroscience, 107(5), 748–756.

Davachi, L., Mitchell, J., & Wagner, A. (2003). Multiple routes to memory: distinct medial temporal lobe processes build item and source memories. *Proceedings of the National Academy of Sciences USA, 100*(4), 2157–2162.

Davidson, R., Kabat-Zinn, J., Schumacher, J., Rosenkranz, M., Muller, D., Santorelli, S., et al. (2003). Alterations in brain and immune function produced by mindfulness meditation. *Psychosomatic Medicine, 65*, 564–570.

Daviglus, M. L., Bell, C. C., Berrettini, W., Bowen, P. E., Connolly, E. S., Jr., Cox, N. J., et al. (2010). National Institutes of Health State-of-the-Science Conference statement: preventing Alzheimer disease and cognitive decline. *Annals of Internal Medicine, 153*(3), 176–181.

Davila-Ross, M., Owren, M. J., & Zimmerman, E. (2009). Reconstructing the evolution of laughter in great apes and humans. *Current Biology, 19*, 1106–1111.

Davis, H. (1989). Theoretical note on the moral development of rats *(Rattus norvegicus). Journal of Comparative Psychology, 103*, 88–90.

Davis, M. (1972). Differential retention of sensitization and habituation of the startle response in the rat. *Journal of Comparative and Physiological Psychology, 78*, 260–267.

Davis, M. (1980). Habituation and sensitization of a startle-like response elicited by electrical stimulation at different points in the acoustic startle circuit. In E. Grastyan & P. Molnar (Eds.), *Advances in physiological science: Vol. 16. Sensory functions* (pp. 67–78). Elmsford, NY: Pergamon Press.

Davis, M. (1989). Sensitization of the acoustic startle reflex by footshock. *Behavioral Neuroscience, 103*, 495–503.

Davisson, M., Schmidt, C., Reeves, R., Irving, N., Akeson, E., Harris, B., et al. (1993). Segmental trisomy as a model for Down syndrome. In C. Epstein (Ed.), *Phenotypic mapping of Down syndrome and other aneuploid conditions* (pp. 117–133). New York: Wiley-Liss.

Dawson, B. V., & Foss, B. M. (1965). Observational learning in budgerigars. *Animal Behaviour, 13*, 470–474.

Day, J. J. & Sweatt, J. D. (2010). DNA methylation and memory formation. *Nature Neuroscience, 13*, 1319–1323.

De Beaumont, L., Theoret, H., Mongeon, D., Messier, J., Leclerc, S., Tremblay, S. et al. (2009). Brain function decline in healthy retired athletes who sustained their last sports concussion in early adulthood. *Brain, 132*, 695–708.

de Leon, M., George, A., Golomb, J., Tarshish, C., Convit, A., Kluger, A., de Santi, S., McRae, T., Ferris, S., Reisberg, B., Ince, C., Rusinek, H., Bobinski, M., Quinn, B., Miller, D., & Wisniewski, H. (1997). Frequency of hippocampal formation atrophy in normal aging and Alzheimer's disease. *Neurobiology of Aging, 18*(1), 1–11.

de Leon, M., George, A., Stylopoulos, L., Smith, G., & Miller, D. (1989). Early marker for Alzheimer's disease: the atrophic hippocampus. *The Lancet, 2*(8664), 672–673.

de Leon, M., Golomb, J., George, A., Convit, A., Tarshish, C., McRae, T., De Santi, S., Smith, G., Ferris, S., Noz, M., & Rusinek, H. (1993a). The radiologic prediction of Alzheimer

Disease: The atrophic hippocampal formation. *American Journal of Neuroradiology, 14,* 897–906.

de Quervain, D., Henke, K., Aerni, A., Coluccia, D., Wollmer, M., Hock, C., et al. (2003). A functional genetic variation of the 5–HT2a receptor affects human memory. *Nature Neuroscience, 6*(11), 1141–1142.

de Quervain, D., Roozendaal, B., & McGaugh, J. (1998). Stress and glucocorticoids impair retrieval of long-term spatial memory. *Nature, 394,* 787–790.

de Quervain, D., Roozendaal, B., Nitsch, R., McGaugh, J., & Hock, C. (2000). Acute cortisone administration impairs retrieval of long-term declarative memory in humans. *Nature Neuroscience, 3,* 313–314.

de Waal, F. (1996). *Good natured: the origins of right and wrong in humans and other animals.* Cambridge, MA: Harvard University Press.

DeCasper, A., & Spence, M. (1986). Prenatal maternal speech influences newborns' perception of speech sounds. *Infant Behavior and Development, 9*(2), 133–150.

DeCasper, A., Lecanuet, J.-P., Busnel, M.-C., Granier-Deferre, C., & Maugeais, R. (1994). Fetal reactions to recurrent maternal speech. *Infant Behavior and Development, 17*(2), 159–164.

Deese, J. (1959). On the prediction of occurrence of particular verbal intrusions in immediate recall. *Journal of Experimental Psychology, 58,* 17–22.

Deisseroth, K. (2010). Controlling the brain with light. *Scientific American, 303*(5), 48–55.

Delis, D.C., Squire, L.R., Bihrle, A., & Massman, P. (1992). Componential analysis of problem-solving ability: Performance of patients with frontal lobe damage and amnesic patients with frontal lob damage and amnesic patients on a new sorting test. *Neuropsychologia, 30*(8), 683–697.

Della Marca, G., Broccolini, A., Vollono, C., Dittoni, S., Frisullo, G., Pilato, F., et al. (2010). The stolen memory: a case of transient global amnesia. *Biological Psychiatry, 67*(6), e31–e32.

Delong, M. R., & Wichmann, T. (2007). Circuits and circuit disorders of the basal ganglia. *Archives of Neurology, 64,* 20–24.

DeLuca, J. (2000). A cognitive neuroscience perspective on confabulation. *Neuro-Psychoanalysis, 2,* 119–132.

DeLuca, J., & Diamond, B. (1995). Aneurysm of the anterior communicating artery: a review of neuroanatomical and neurophysiological sequelae. *Journal of Clinical and Experimental Neuropsychology, 17*(1), 100–121.

DeMeyer, M. K., Alpern, G. D., Barton, S., DeMyer, W. E., Churchill, D. W., Hingtgen, J. N., et al. (1972). Imitation in autistic, early schizophrenic, and non-psychotic subnormal children. *Journal of Autism and Childhood Schizophrenia, 2*(3), 264–287.

Dennis, N. A., & Cabeza, R. (2011). Age-related dedifferentiation of learning systems: An fMRI study of implicit and explicit learning. *Neurobiol Aging, 32*(12), 2318.e2317–2318.e2330.

Dennis, N. A., Hayes, S. M., Prince, S. E., Madden, D. J., Huettel, S. A., & Cabeza, R. (2008). Effects of aging on the neural correlates of successful item and source memory encoding. *Journal of Experimental Psychology: Learning, Memory and Cognition, 34*(4), 791–808.

Dere, E., Kart-Tecke, E., Huston, J. P., & De Souza Silva, M. A. (2006). The case for episodic memory in animals. *Neuroscience and Biobehavioral Reviews, 30*(8), 1206–1224.

Descartes, R. (1662). *De homine.* Leyden (in Latin.)

Desmurget, M., Grafton, S. T., Vindras, P., Grea, H., & Turner, R. S. (2003). Basal ganglia network mediates the control of movement amplitude. *Experimental Brain Research, 153,* 197–209.

Dewsbury, D. A. (1981). Effects of novelty on copulatory behavior: the Coolidge effect and related phenomena. *Psychological Bulletin, 89,* 464–482.

Dewsbury, D. A. (1990). Early interactions between animal psychologists and animal activists and the founding of the APA committee on precautions in animal experimentation. *American Psychologist, 45,* 315–327.

di Pellegrino, G., Fadiga, L., Fogassi, L., Gallese, V., & Rizzolatti, G. (1992). Understanding motor events: a neurophysiological study. *Experimental Brain Research, 91*(1), 176–180.

Diana, R. A., Yonelinas, A. P., & Ranganath, C. (2007). Imaging recollection and familiarity in the medial temporal lobe; A three-component model. Trends in *Cognitive Science, 11,* 379–386.

Dias, B. G. & Ressler, K. J. (2010). Parental olfactory experience influences behavior and neural structure in subsequent generations. *Nature Neuroscience, 17,* 89–96.

Dias, B. G., Maddox, S. A., Klengel, T. & Ressler, K. J. (2015). Epigenetic mechanisms underlying learning and the inheritance of learned behaviors. *Trends in Neurosciences, 38,* 96–107.

Dias, R., Robbins, T.W., & Roberts, A.C. (1996). Dissociation in prefrontal cortex of affective and attentional shifts. *Nature, 380*(6559): 69–72.

Dickinson, A. (1980). *Contemporary Animal Learning Theory.* Cambridge, England: Cambridge University Press.

Dickinson, A., & Balleine, B. W. (2000). Causal cognition and goal-directed action. In C. Heyes & L. Huber (Eds.), *The evolution of cognition* (pp. 185–204). Cambridge, MA: MIT Press.

DiNardo, P., Guzy, L., & Bak, R. (1988). Anxiety response patterns and etiological factors in dog-fearful and non-fearful subjects. *Behaviour Research and Therapy, 26,* 245–252.

Dinse, H. R., & Merzenich, M. M. (2002). Adaptation of inputs in the somatosensory system. In M. Fahle & T. Poggio (Eds.), *Perceptual learning* (pp. 19–42). Cambridge, MA: MIT Press.

Dinse, H. R., Ragert, P., Pleger, B., Schwenkreis, P., & Tegenthoff, M. (2003). Pharmacological modulation of perceptual learning and associated cortical reorganization. *Science, 301,* 91–94.

Dinsmoor, J. A. (1954). Punishment. I. The avoidance hypothesis. *Psychological Review, 61*(1), 34–46.

Dodge, K. A. (2011). Social information processing models of aggressive behavior. In M. Mikulncer & P. R. Shaver (Eds.), *Understanding and reducing aggression, violence, and their consequences* (pp. 165–186). Washington, DC: American Psychological Association.

Dolcos, F., LaBar, K. S., & Cabeza, R. (2004). Interaction between the amygdala and the medial temporal lobe memory system predicts better memory for emotional events. *Neuron, 42*, 855–863.

Domjan, M. (1977). Selective suppression of drinking during a limited period following aversive drug treatment in rats. *Journal of Experimental Psychology: Animal Behavior Processes, 8*, 204–210.

Domjan, M., Lyons, R., North, N. C., & Bruell, J. (1986). Sexual Pavlovian conditioned approach behavior in male Japanese quail (*Coturnix coturnix japonica*). *Journal of Comparative Psychology, 100*, 413–421.

Donnerstein, E., & Berkowitz, L. (1981). Victim reactions in aggressive erotic films as a factor in violence against women. *Journal of Personality and Social Psychology, 41*(4), 710–724.

Dougherty, D. M., & Lewis, P. (1991). Stimulus generalization, discrimination learning, and peak shift in horses. *Journal of the Experimental Analysis of Behavior, 56*, 97–104.

Down, J. (1866). Observations on ethnic classification of idiots. *Mental Science, 13*, 121–128.

Dowsey-Limousin, P., & Pollak, P. (2001). Deep brain stimulation in the treatment of Parkinson's disease: a review and update. *Clinical Neuroscience Research, 1*, 521–526.

Doyon, J., Penhune, V., & Ungerleider, L. G. (2003). Distinct contribution of the cortico-striatal and cortico-cerebellar systems to motor skill learning. *Neuropsychologia, 41*, 252–262.

Draganski, B., Gaser, C., Busch, V., Schuierer, G., Bogdahn, U., & May, A. (2004). Neuroplasticity: changes in grey matter induced by training. *Nature, 427*, 311–312.

Driemeyer, J., Boyke, J., Gaser, C., Buchel, C., & May, A. (2008). Changes in gray matter induced by learning—revisited. *PLOS One, 3*, e2669.

Duara, R., Loewenstein, D. A., Potter, E., Appel, J., Greig, M. T., Urs, R. et al. (2008). Medial temporal lobe atrophy on MRI scans and the diagnosis of Alzheimer disease. *Neurology, 71*, 1986–1992.

Dudai, Y. (2004). The neurobiology of consolidations, or, How stable is the engram? *Annual Review of Psychology, 55*, 51–87.

Dudai, Y., Jan, Y. N., Byers, D., Quinn, W. G., & Benzer, S. (1976). Dunce, a mutant of *Drosophila* deficient in learning. *Proceedings of the National Academy of Science USA, 73*(5), 1684–1688.

Duffy, L., & Wishart, J. G. (1987). A comparison of two procedures for teaching discrimination skills to Down's syndrome and non-handicapped children. *British Journal of Educational Psychology, 57*, 265–278.

Dumitriu, D., Hao, J., Hara, Y., Kaufmann, J., Janssen, W. G. M., Lou, W., et al. (2010). Selective changes in thin spine density and morphology in monkey prefrontal cortex correlate with aging-related cognitive impairment. *Journal of Neuroscience, 30*(22), 7507–7515.

Duncan J, Emslie H, Williams P, Johnson R, & Freer C. (1996). Intelligence and the frontal lobe: the organization of goal-directed behavior. *Cognitive Psychology, 30*, 257–303.

Duncan, C. (1949). The retroactive effect of electroshock on learning. *Journal of Comparative and Physiological Psychology, 42*, 32–44.

Dunwiddie, T., & Lynch, G. (1978). Long-term potentiation and depression of synaptic responses in the rat hippocampus: localization and frequency dependency. *Journal of Physiology, 276*, 353–367.

Durston, S. (2010). Imaging genetics in ADHD. *Neuroimage, 53*, 832–838.

Durston, S., Hulshoff, E., Hilleke, E., Casey, B., Giedd, J., Buitelaar, J., et al. (2001). Anatomical MRI of the developing human brain: what have we learned? *Journal of the American Academy of Child and Adolescent Psychiatry, 40*, 1012–1020.

Dutton, D. G., & Aron, A. P. (1974). Some evidence for heightened sexual attraction under conditions of high anxiety. *Journal of Personality and Social Psychology, 30*(4), 510–517.

Dweck, C. (1975). The role of expectations and attributions in the alleviation of learned helplessness. *Journal of Personality and Social Psychology, 31*, 674–685.

Dymond, S., & Roche, B. (2009). A contemporary behavioral analysis of anxiety and avoidance. *The Behavior Analyst, 32*, 7–28.

Eacott, M. J., & Easton, A. (2010). Episodic memory in animals: remembering which occasion. *Neuropsychologia, 48*(8), 2273–2280.

Ebbinghaus, H. (1885/1964). *Memory: a contribution to experimental psychology* (H. Ruger & C. Bussenius, Trans., 1964). New York: Dover.

Ebbinghaus, H. (1964). *Memory: a contribution to experimental psychology* (H. Ruger & C. Bussenius, Trans.). New York: Dover. (Original work published 1885.)

Eddy (1982). Probabilistic reasoning in clinical medicine: Problems and opportunities. In D. Kahneman, P. Slovic, & A. Tversky (Eds.). *Judgment under uncertainty: Heuristics and biases* (pp. 249–267). Cambridge, UK: Cambridge University Press.

Eddy, D. M. (1982) Clinical policies and the quality of clinical practice. *New England Journal of Medicine. 307*(6). 343–347.

Egan, M., Kojima, M., Callicott, J., Goldberg, T., Kolachana, B., Bertolino, A., et al. (2003). The BDNF val-66met polymorphism affects activity-dependent secretion of BDNF and human memory and hippocampal function. *Cell, 112*, 257–269.

Egan, M.F., Goldberg, T.E., Kolachana, B.S., Callicot, J.H., Mazzanti, C.M., Straub, R.E., Goldman, D., & Weinberger,

D. (2001). Effect of COMT Val 108/158 Met genotype on frontal lobe function and risk for schizophrenia. *Proceedings of the National Academy of Sciences, 98,* 6917–6922.

Eich, E., Macaulay, D., & Ryan, L. (1994). Mood dependent memory for events of the personal past. *Journal of Experimental Psychology: General, 123,* 201–215.

Eichenbaum, H. (2000). A cortical-hippocampal system for declarative memory. *Nature Reviews Neuroscience, 1,* 41–50.

Eichenbaum, H., Yonelinas, A. P., & Ranganath, C. (2007). The medial temporal lobe and recognition memory. *Annual Review of Neuroscience, 30,* 123–152.

Eisenberg, N., & Lennon, R. (1983). Sex differences in empathy and related capacities. *Psychological Bulletin, 94,* 100–131.

Eisenberger, N. I., Lieberman, M. D. & Williams, K. D. (2003). Does rejection hurt? *Science, 302,* 290–292.

Eisenstein, E. M., Eisenstein, D., & Bonheim, P. (1991). Initial habituation or sensitization of the GSR depends on magnitude of first response. *Physiology and Behavior, 49,* 211–215.

Ekman, P. (1992). Facial expressions of emotion: new findings, new questions. *Psychological Science, 3,* 34–38.

Ekman, P., & Friesen, W. (1971). Constants across cultures in the face and emotion. *Journal of Personality and Social Psychology, 17,* 124–129.

Ekman, P., & Friesen, W. (1984). *Unmasking the face.* Palo Alto, CA: Consulting Psychology Press.

Elbert, T., Pantev, C., Wienbruch, C., Rockstroh, B., & Taub, E. (1995). Increased cortical representation of the fingers of the left hand in string players. *Science, 270,* 305–307.

Elliot, M. H. (1928). The effect of change of reward on the maze performance of rats. *University of California Publications in Psychology, 4,* 19–30.

Emmelkamp, P., Krijn, M., Hulsbosch, A., de Vries, S., Schuemie, M., & van der Mast, C. (2002). Virtual reality treatment versus exposure in vivo: a comparative evaluation in acrophobia. *Behavior Research and Therapy, 40*(5), 509–516.

Engle, R., & Marshall, K. (1983). Do developmental changes in digit span result from acquisition strategies? *Journal of Experimental Child Psychology, 36,* 429–436.

Epp, J. R., Spritzer, M. D., & Galea, L. A. (2007). Hippocampus-dependent learning promotes survival of new neurons in the dentate gyrus at a specific time during cell maturation. *Neuroscience, 149*(2), 273–285.

Erickson, M.A., Maramara, L.A., Lisman, J. (2010). A single brief burst induces GluR1–dependent associative short-term potentiation: a potential mechanism for short-term memory. *Journal of Cognitive Neuroscience, 22,* 2530–40.

Ericsson, K. (2003). Exceptional memorizers: made, not born. *Trends in Cognitive Sciences, 7*(6), 233–235.

Ericsson, K. A., & Lehman, A. (1996). Expert and exceptional performance: evidence of maximal adaptation to task constraints. *Annual Review of Psychology, 47,* 273–305.

Ericsson, K. A., Krampe, R., & Tesch-Romer, C. (1993). The role of deliberate practice in the acquisition of expert performance. *Psychological Review, 100,* 363–406.

Eriksson, P. (2003). Neurogenesis and its implications for regeneration in the adult brain. *Journal of Rehabilitation Medicine, 41*(Supplement*),* 17–19.

Eriksson, P., Perfilieva, E., Björk-Eriksson, T., Alborn, A., Nordberg, C., Peterson, D., et al. (1998). Neurogenesis in the adult human hippocampus. *Nature Medicine, 4,* 1313–1317.

Escorihuela, R., Fernandez-Teruel, A., Vallina, I., Baamonde, C., Lumbreras, M., Dierssen, M., et al. (1995). A behavioral assessment of Ts65Dn mice: a putative Down syndrome model. *Neuroscience Letters, 199*(2), 143–146.

Eslinger, P.J. & Damasio, A.R. (1985). Severe disturbance of higher cognition after bilateral frontal lobe ablation: patient EVR. *Neurology, 35*(12): 1731–41.

Estes, W. K. (1950). Toward a statistical theory of learning. *Psychological Review, 57,* 94–107.

Estes, W. K., & Skinner, B. F. (1941). Some quantitative properties of anxiety. *Journal of Experimental Psychology, 29,* 390–400.

Estes, W. K., & Skinner, B. F. (1941). Some quantitative properties of anxiety. *Journal of Experimental Psychology, 29,* 390–400.

Evans, A. H., & Lees, A. J. (2004). Dopamine dysregulation syndrome in Parkinson's disease. *Current Opinion in Neurology, 17,* 393–398.

Everitt, B. J., Cardinal, R. N., Parkinson, J. A., & Robbins, T. W. (2003). Appetitive behavior: impact of amygdala-dependent mechanisms of emotional learning. *Annals of the New York Academy of Sciences, 985,* 233–250.

Exner, C., Koschack, J., & Irle, E. (2002). The differential role of premotor frontal cortex and basal ganglia in motor sequence learning: evidence from focal basal ganglia lesions. *Learning and Memory, 9,* 376–386.

Fanselow, M., & LeDoux, J. (1999). Why we think plasticity underlying Pavlovian fear conditioning occurs in the basolateral amygdala. *Neuron, 23,* 229–232.

Farkas, M., Polgar, P., Kelemen, O., Rethelyi, J., Bitter, I., Myers, C. E., Gluck, M. A., & Kéri, S. (2008). Associative learning in deficit and non-deficit schizophrenia. *Neuroreport, 19*(1), 55–58

Farmer, A., & Terrell, D. (2001). Crime versus justice: Is there a trade-off? Journal of Law and Economics. 44. 345–366.

Featherstone, R., & McDonald, R. (2004). Dorsal striatum and stimulus–response learning: lesions of the dorsolateral, but not dorsomedial, striatum impair acquisition of a simple discrimination task. *Behavioural Brain Research, 150,* 15–23.

Ferguson, C. J., & Kilburn, J. (2010). Much ado about nothing: the misestimation and overinterpretation of violent video game effects in eastern and western nations: comment on Anderson et al. (2010). *Psychological Bulletin, 136*(2), 174–178.

Fernandez, F., Morishita, W., Zuniga, E., Nguyen, J., Blank, M., Malenka, R. C., et al. (2007). Pharmacotherapy for cognitive impairment in a mouse model of Down syndrome. *Nature Neuroscience, 10*(4), 411–413.

Ferrari, M. (1999). Influence of expertise on the intentional transfer of motor skill. *Journal of Motor Behavior, 31,* 79–85.

Ferrari, P. F., Gallese, V., Rizzolatti, G., & Fogassi, L. (2003). Mirror neurons responding to the observation of ingestive and communicative mouth actions in the monkey ventral premotor cortex. *European Journal of Neuroscience, 17*(8), 1703–1714.

Ferrier, D. (1886). **The functions of the brain** (2nd. ed.). London: Smith, Elder, & Co.

Finkel, D., Pedersen, N., & McGue, M. (1995). Genetic influences on memory performance in adulthood: comparison of Minnesota and Swedish twin data. *Psychology and Aging, 10*(3), 437–446.

Fiorito, G., Agnisola, C., d'Addio, M., Valanzano, A., & Calamandrei, G. (1998). Scopolamine impairs memory recall in *Octopus vulgaris. Neuroscience Letters, 253,* 87–90.

Fisher, A. E. (1962). Effects of stimulus variation on sexual satiation in the male rat. *Journal of Comparative and Physiological Psychology, 55,* 614–620.

Fisher, H., Aron, A., & Brown, L. L. (2005). Romantic love: An fMRI study of a neural mechanism for mate choice. *Journal of Comparative Neurology, 493,* 58–62.

Fitts, P. (1964). Perceptual-motor skill learning. In A. Melton (Ed.), *Categories of human learning* (pp. 243–285). New York: Academic Press.

Fivush, R., & Nelson, K. (2004). Culture and language in the emergence of autobiographical memory. *Psychological Science, 15*(9), 573–577.

Flaherty, C. F. (1982). Incentive contrast: A review of behavioral changes following shifts in reward. *Animal Learning and Behavior, 10*(4), 409–440.

Floel, A. (2014). tDCS-enhanced motor and cognitive function in neurological diseases. *Neuroimage, 85,* 934–947.

Flourens, P. (1824). Investigations of the properties and the functions of the various parts which compose the cerebral mass. In *Some papers on the cerebral cortex* (G. von Bonin, Trans., pp. 3–21). Springfield, IL: Charles C Thomas.

Flynn, J. (1972). Patterning mechanisms, patterned reflexes, and attack behaviour in cats. In J. Cole & D. Jensen (Eds.), *Nebraska Symposium on Motivation* (pp. 125–153). Lincoln, Nebraska: University of Nebraska Press.

Fogarty, S., & Hemsley, D. (1983). Depression and the accessibility of memories—a longitudinal study. *British Journal of Psychiatry, 142,* 232–237.

Forbes, N. F., Carrick, L. A., McIntosh, A. M., & Lawrie, S. M. (2009). Working memory in schizophrenia: a meta-analysis. *Psychological Medicine, 39,* 889–905.

Fox, P. W., Hershberger, S. L., & Bouchard, T. J., Jr. (1996). Genetic and environmental contributions to the acquisition of a motor skill. *Nature, 384,* 356–358.

Foy, M., Xu, J., Xie, X., Brinton, R., Thompson, R., & Berger, T. (1999). 17ß-estradiol enhances NMDA recep-

tor-mediated EPSPs and long-term potentiation. *Journal of Neurophysiology, 81,* 925–929.

Francis, P., Palmer, A., Snape, M., & Wilcock, G. (1999). The cholinergic hypothesis of Alzheimer's disease: a review of progress. *Journal of Neurology, Neurosurgery, and Psychiatry, 66,* 137–147.

Frascella, J., Potenza, M. N., Brown, L. L., & Childress, A. R. (2010). Shared brain vulnerabilities open the way for non-substance addictions: Carving addiction a new joint? *Annals of the New York Academy of Sciences, 1187,* 294–315.

Freeman, J., & Nicholson, D. (2001). Ontogenetic changes in the neural mechanisms of eyeblink conditioning. *Integrative Physiological and Behavioral Science, 36*(1), 15–25.

Frenda, S. J., Knowles, E. D., Saletan, W., & Loftus, E. F. (2013). False memories of fabricated political events. *Journal of Experimental Social Psychology, 49,* 280–286.

Fried, L., MacDonald, K., & Wilson, C. (1997). Single neuron activity in human hippocampus and amygdala during recognition of faces and objects. *Neuron, 18,* 753–765.

Friston, K. J., Frith, C. D., Passingham, R. E., Liddle, P. F., & Frackowiak, R. S. J. (1992). Motor practice and neurophysiological adaptation in the cerebellum: a positron emission tomography study. *Proceedings of the Royal Society London, 244,* 241–246.

Fudin, R., & Lembeissis, E. (2004). The Mozart effect: questions about the seminal findings of Rauscher, Shaw & colleagues. *Perceptual and Motor Skills, 98*(2), 389–405.

Fulton, J. J., Calhoun, P. S., Wagner, H. R., Schry, A. R., Hair, L. P., Feeling, N., Elbogen, E., & Beckham, J. C. (2015 9). The prevalence of posttraumatic stress disorder in Operation Enduring Freedom/Operation Iraqi Freedom (OEF/OIF) veterans: A meta-analysis. *Journal of Anxiety Disorders, 31,* 98–107.

Funahashi, S. et al. (1989) Mnemonic coding of visual space in the monkey's dorsolateral prefrontal cortex. *Journal of Neurophysiology, 61,* 331–349

Funahashi, S., Chafee M.V., & Goldman-Rakic, P.S. (1993). Prefrontal neuronal activity in rhesus monkeys performing a delayed anti-saccade task. *Nature, 365*(6448), 753–6.

Fuster, J. M. (1973). Unit activity in the prefrontal cortex during delayed response performance: neuronal correlates of transient memory. *Journal of Neurophysiology, 36,* 61–78.

Fuster, J. M. (1995). Memory in the cerebral cortex. Cambridge, MA: MIT Press.

Fuster, J. M. (2001). The prefrontal cortex—an update: time is of the essence. *Neuron, 30,* 319–333.

Fuster, J. M. (2003). Functional neuroanatomy of executive process. In P. Holligar (Ed.), *Oxford handbook of clinical neuropsychology* (pp. 753–765),. Oxford: Oxford University Press.

Fuster, J. M., & G. E. Alexander (1971). Neuron activity related to short-term memory. *Science, 173*(997), 652–4.

Gabrieli et al (2004) Neural deficits in children with dyslexia ameliorated by behavioral remediation: Evidence from functional MRI. *Proceedings of the National Academy of Sciences.* 5, 61.

Gabrieli, J. D., Corkin, S., Mickel, S. F., & Growdon, J. H. (1993). Intact acquisition and long-term retention of mirror-tracing skill in Alzheimer's disease and in global amnesia. *Behavioral Neuroscience, 107,* 899–910.

Gabrieli, J., Corkin, S., Mickel, S., & Crowden, J. (1993). Intact acquisition and long-term retention of mirror-tracing skill in Alzheimer's disease and in global amnesia. *Behavioral Neuroscience, 107*(6), 899–910.

Gadian, D. G., Aicardi, J., Watkins, K. E., Porter, D. A., Mishkin, M., & Vargha-Khadem, F. (2000). Developmental amnesia associated with early hypoxic-ischaemic injury. *Brain, 123*(Pt 3), 499–507.

Gaffan, D., & Hornak, J. (1997). Amnesia and neglect: beyond the Delay-Brion system and the Hebb synapse. *Philosophical Transactions of the Royal Society of London— Series B, 352*(1360), 1481–1488.

Gaffan, D., & Parker, A. (1996). Interaction of perirhinal cortex with the fornix-fimbria: memory for objects and "object-in-place" memory. *Journal of Neuroscience, 16*(18), 5864–5869.

Galbicka, G. (1994). Shaping in the 21st century: Moving percentile schedules into applied settings. *Journal of Applied Behavior Analysis, 27*(4), 739–760.

Galea, A., & Kimura, D. (1993). Sex differences in route-learning. *Personality and Individual Differences, 14,* 53–65.

Galef, B. G., Jr. (1996). Social enhancement of food preferences in Norway rats: a brief review. In C. M. Heyes & B. G. Galef, Jr. (Eds.), *Social learning in animals: the roots of culture* (pp. 49–64). New York: Academic Press.

Galef, B. G., Jr., & Laland, K. N. (2005). Social learning in animals: empirical studies and theoretical models. *Bioscience, 55*(6), 489–499.

Galef, B. G., Jr., & Whiskin, E. E. (1997). Effects of social and asocial learning on longevity of food-preference traditions. *Animal Behaviour, 53*(6), 1313–1322.

Galef, B. G., Jr., & Wigmore, S. W. (1983). Transfer of information concerning distant foods: a laboratory investigation of the "Information-centre" hypothesis. *Animal Behaviour, 31,* 748–758.

Gall, F., & Spurzheim, J. (1810). *Anatomie et physiologie du système nerveux en général, et du cerveau en particulier, avec des observations sur la possibilité de reconnaître plusieurs dispositions intellectuelles et morales de l'homme et des animaux, par la configuration de leur têtes.* Paris: F. Schoell.

Gallagher, M., & Rapp, P. (1997). The use of animal models to study the effects of aging on cognition. *Annual Review of Psychology, 48,* 339–370.

Gallese, V., Fadiga, L., Fogassi, L., & Rizzolatti, G. (1996). Action recognition in the premotor cortex. *Brain, 119*(Pt 2), 593–609.

Galli, G. (2014). What makes deeply encoded items memorable? Insights into the levels of processing framework from neuroimaging and neuromodulation. *Frontiers in Psychiatry,*

Gallistel, C. R., & Gibbon, J. (2000). Time, rate, and conditioning. *Psychological Review 107*(2), 289–344.

Gallistel, C. R., & Gibbon, J. (2000). Time, rate, and conditioning. *Psychological Review 107*(2), 289–344.

Galván, A. (2013). The teenage brain: sensitivity to rewards. *Current Directions in Psychological Science, 22,* 88–93.

Galvao-de Almeida, A., Araujo Filho, G. M., Berberian Ade, A., Trezniak, C., Nerv-Fernandes, F., Araujo Nego, C. A., Jackowski, A. P., Miranda-Scippa, A., & Oliveira, I. R. (2013). The impacts of cognitive-behavioral therapy on the treatment of phobic disorders measured by functional neuroimaging techniques: a systematic review. *Revista brasileira de psiquiatria, 35,* 279–283.

Gandy, S., Simon, A. J., Steele, J. W., Lublin, A. L., Lah, J. J., Walker, L. C., et al. (2010). Days to criterion as an indicator of toxicity associated with human Alzheimer amyloid-beta oligomers. *Annals of Neurology, 68*(2), 220–230.

Gangitano, M., Mottaghy, F. M., & Pascual-Leone, A. (2001). Phase-specific modulation of cortical motor output during movement observation. *Neuroreport, 12*(7), 1489–1492.

Ganguly, K. & Carmena, J. M. (2010). Neural correlates of skill acquisition with a cortical brain-machine interface. *Journal of Motor Behavior, 42,* 355–360.

Garcia, J., & Koelling, R. A. (1966). Relation of cue to consequence in avoidance learning. *Psychonomic Science, 4,* 123–124.

Gardner, R. (1981). Digits forward and digits backward as two separate tests: Normative data on 1567 school children. *Journal of Clinical Child Psychology, Summer 1981,* 131–135.

Garner, W. R. (1970). The stimulus in information processing. *American Psychologist. 25,* 350–358.

Gatchel, R. (1975). Effect of interstimulus interval length on short- and long-term habituation of autonomic components of the orienting response. *Physiological Psychology, 3,* 133–136.

Gathercole, S. (1998). The development of memory. *Journal of Child Psychology and Psychiatry, 39*(1), 3–27.

Gauthier, L. V., Taub, E., Perkins, C., Ortmann, M., Mark, V. W., & Uswatte, G. (2008). Remodeling the brain: plastic structural brain changes produced by different motor therapies after stroke. *Stroke, 39,* 1520–1525.

Gaznick, N., Tranel, D., McNutt, A. & Bechara, A. (2014). Basal ganglia plus insula damage yields stronger disruption of smoking addiction than basal ganglia damage alone. *Nicotine & Tobacco Research, 16,* 445–453.

Geen, R. G. (1990). *Human aggression.* Pacific Grove, CA: Brooks/Cole.

Georgopoulos, A. P., Taira, M., & Lukashin, A. (1993). Cognitive neurophysiology of the motor cortex. *Science, 260,* 47–52.

Gerhardstein, P., & West, R. (2003). The relation between perceptual input and infant memory. In H. Hayne & J. Fagen (Eds.), *Progress in infancy research Volume 3* (pp. 121–158).

Mahwah, NJ: Erlbaum.

Gershoff, E. (2002). Child abuse and neglect and the brain: A review. *Journal of Child Psychiatry and Allied Disciplines, 41,* 97–116.

Giang DW, Goodman AD, Schiffer RB, Mattson DH, Petrie M, Cohen N, Ader R. J. (1996). Conditioning of cyclophosphamide-induced leukopenia in humans. *The Journal of Neuropsychiatry & Clinical Neurosciences, 8*(2), 194–201.

Gibson, E., & Walk, R. (1956). The effect of prolonged exposure to visual patterns on learning to discriminate them. *Journal of Comparative and Physiological Psychology, 49,* 239–242.

Gibson, J. J., & Gibson, E. J. (1955). Perceptual learning: differentiation or enrichment. *Psychological Review, 62,* 32–41.

Gil, S., & Caspi, Y. (2006). Personality traits, coping style, and perceived threat as predictors of posttraumatic stress disorder after exposure to a terrorist attack: a prospective study. *Psychosomatic Medicine, 68*(6), 904–909.

Gilbertson, M., Shenton, M., Ciszewski, A., Kasai, K., Lasko, N., Orr, S., et al. (2002). Smaller hippocampal volume predicts pathologic vulnerability to psychological trauma. *Nature Neuroscience, 5*(11), 1111–1113.

Glantz, L. A., Gilmore, J. H., Hamer, R. M., Lieberman, J. A., & Jarskog, L. F. (2007). Synaptophysin and PSD-95 in the human prefrontal cortex from mid-gestation into early adulthood. *Neuroscience, 149*(3), 582–591.

Glass, A. L. & Sinha, N. (2013) Multiple-choice questioning is an efficient instructional methodology that may be widely implemented in academic courses to improve exam performance. *Current Directions in Psychological Science, 22,* 471–477.

Glass, R. (2001). Electroconvulsive therapy: time to bring it out of the shadows. *Journal of the American Medical Association, 285,* 1346–1348.

Globus, A., Rosenzweig, R., Bennet, E., & Diamond, M. (1973). Effects of differential experience on dendritic spine counts in rat cerebral cortex. *Journal of Comparative and Physiological Psychology, 82,* 175–181.

Gluck, M. , Bower, G. , & Hee, M. (1989). A configural-cue network model of animal and human associative learning. In 11th Annual Conference of Cognitive Science Society (pp. 323–332). Ann Arbor, MI.

Gluck, M. A. & Bower, G. H. (1988). From conditioning to category learning: An adaptive network model. *Journal of Experimental Psychology: General, 117*(3), 227–247.

Gluck, M. A. & Myers, C. E. (2001). *Gateway to memory: An introduction to neural network models of the hippocampus and learning.* Cambridge, MA: MIT Press.

Gluck, M. A., & Bower, G. H. (1988). From conditioning to category learning: an adaptive network model. *Journal of Experimental Psychology: General, 117*(3), 227–247.

Gluck, M. A., Allen, M. T., Myers, C. E., & Thompson, R. F. (2001). Cerebellar substrates for error-correction in motor conditioning. *Neurobiology of Learning and Memory, 76,* 314–341.

Gluck, M. A., Reifsnider, E. S., & Thompson, R. F. (1990).

Adaptive signal processing and the cerebellum: models of classical conditioning and VOR adaptation. In M. A. Gluck and D. E. Rumelhart (Eds.), *Neuroscience and Connectionist Theory* (pp. 131–185). Hillsdale, NJ: Lawrence Erlbaum.

Gluck, M. A., Shohamy, D., & Myers, C. (2002). How do people solve the "Weather Prediction" task? Individual variability in strategies for probabilistic category learning. *Learning & Memory, 9,* 408–418.

Gluck, M., & Bower, G. (1988a). From conditioning to category learning: An adaptive network model. *Journal of Experimental Psychology: General, 117*(3), 225–244.

Gluck, M., & Bower, G. (1988b). Evaluating an adaptive network model of human learning. *Journal of Memory and Language, 27,* 166–195.

Gluck, M., & Myers, C. (1993). Hippocampal mediation of stimulus representation: A computational theory. *Hippocampus, 3,* 491–516.

Godde, B., Ehrhardt, J., & Braun, C. (2003). Behavioral significance of input-dependent plasticity of human somatosensory cortex. *Neuroreport, 14,* 543–546.

Godden, D., & Baddely, A. (1975). Context-dependent memory in two natural environments: on land and under water. *British Journal of Psychology, 66,* 325–331.

Goff, L., & Roediger, H. (1998). Imagination inflation for action events: repeated imaginings lead to illusory recollections. *Memory and Cognition, 26,* 20–33.

Gold, P., & van Buskirk, R. (1975). Facilitation of time-dependent memory processes with posttrial epinephrine injections. *Behavioral Biology, 13,* 145–153.

Goldman-Rakic, P. S. (1987). Circuitry of primate prefrontal cortex and regulation of behavior by representational memory. In F Plum (Ed.), Handbook of physiology: The nervous system (pp. 373–417). Bethesda, MD: American Physiological Society.

Goldman-Rakic, P. S. (1996). Architecture of the prefrontal cortex and the central executive. *Annals of the New York Academy of Sciences, 769,* 71–83.

Goldman, P. S., and Rosvold, H.E. (1970). Localization of function within the dorsolateral prefrontal cortex of the rhesus monkey. *Experimental Neurology, 27,* 291–304.

Goldman, S., & Nottebohm, F. (1983). Neuronal production, migration, and differentiation in a vocal control nucleus of the adult female canary brain. *Proceedings of the National Academy of Sciences USA, 80,* 2390–2394.

Goldstein, J., Seidman, L., Horton, N., Makris, N., Kennedy, D., Caviness, V., et al. (2001). Normal sexual dimorphism of the adult human brain assessed by in vivo magnetic resonance imaging. *Cerebral Cortex, 11,* 490–497.

Goldstein, J., Seidman, L., O'Brien, L., Horton, N., Kennedy, D., Makris, N., et al. (2002). Impact of normal sexual dimorphisms on sex differences in structural brain abnormalities in schizophrenia assessed by magnetic resonance imaging. *Archives of General Psychiatry, 59*(2), 154–164.

Goldstone, R. L. (1994). Influences of categorization on perceptual discrimination. *Journal of Experimental Psychology:*

General, 123, 178–200.

Goldstone, R. L., Kersten, A., & Cavalho, P. F. (2012). Concepts and Categorization. In A. F. Healy & R. W. Proctor (Eds.) *Comprehensive handbook of psychology, Volume 4: Experimental psychology.* (pp. 607–630). New Jersey: Wiley.

Goldstone, R. L., Steyvers, M., & Rogosky, B. J. (2003). Conceptual Interrelatedness and Caricatures. *Memory & Cognition, 31*, 169–180.

Golomb, J., de Leon, M., Kluger, A., George, A., Tarshish, C., & Ferris, S. (1993). Hippocampal atrophy in normal aging: An association with recent memory impairment. *Archives of Neurology, 50*(9), 967–973.

Gonzalez-Martinez, V., Comte, F., de Verbizier, D., & Carlander, B. (2010). Transient global amnesia: concordant hippocampal abnormalities on positron emission tomography and magnetic resonance imaging. *Archives of Neurology, 67*(4), 510.

Goodwin, J. E., & Meeuwsen, H. J. (1995). Using bandwidth knowledge of results to alter relative frequencies during motor skill acquisition. *Research Quarterly for Exercise and Sports, 66*, 99–104.

Goodwin, J. E., Eckerson, J. M., & Voll, C. A., Jr. (2001). Testing specificity and guidance hypotheses by manipulating relative frequency of KR scheduling in motor skill acquisition. *Perceptual and Motor Skills, 93*, 819–824.

Goodwyn, S. W., Acredolo, L. P., & Brown, C. A. (2000). Impact of symbolic gesturing on early language development. *Journal of Nonverbal Behavior, 24*, 81–103.

Gormezano, I., Kehoe, E. J., & Marshall, B. S. (1983). Twenty years of classical conditioning research with the rabbit. *Progress in Psychobiology and Physiological Psychology, 10*, 197–275.

Goudsmit, E., Van de Poll, N., & Swaab, D. (1990). Testosterone fails to reverse spatial memory decline in aged rats and impairs retention in young and middle-aged animals. *Behavioral and Neural Biology, 53*, 6–20.

Gould, E., & Gross, C. (2000). New neurons: extraordinary evidence or extraordinary conclusion?—authors' response. *Science, 288*, 771a.

Gould, E., Reeves, A., Graziano, M., & Gross, C. (1999). Neurogenesis in the neocortex of adult primates. *Science, 286*, 548–552.

Graf, P. (1990). Life-span changes in implicit and explicit memory. *Bulletin of the Psychonomic Society, 28*, 353–358.

Graf, P., & Schacter, D. (1985). Implicit and explicit memory for new associations in normal and amnesic subjects. *Journal of Experimental Psychology: Learning, Memory, and Cognition, 11*(3), 501–518.

Graf, P., Squire, L. R., & Mandler, G. (1984). The information that amnesic patients do not forget. *Journal of Experimental Psychology: Learning, Memory, and Cognition, 10*, 164–178.

Grant, J. E., Kim, S. W., & Hartman, B. K. (2008). A double-blind, placebo-controlled study of the opiate antagonist naltrexone in the treatment of pathological gambling urges.

Journal of Clinical Psychiatry, 69(5), 783–389.

Grant, J. E., Potenza, M. N., Weinstein, A., Gorelick, D. A. (2010). Introduction to behavioral addictions. *American Journal of Drug and Alcohol Abuse, 36*, 233–241.

Graybiel, A. M. (1995). Building action repertoires: memory and learning functions of the basal ganglia. *Current Opinion in Neurobiology, 5*, 733–741.

Graybiel, A. M. (2005). The basal ganglia: learning new tricks and loving it. *Current Opinion in Neurobiology, 15*, 638–644.

Graybiel, A. M. (2008). Habits, rituals, and the evaluative brain. *Annual Review of Neuroscience, 31*, 359–387.

Green, C. S., & Bavelier, D. (2003). Action video game modifies visual selective attention. *Nature, 423*, 534–537.

Green, L., Fischer, E., Perlow, S., & Sherman, L. (1981). Preference reversal and self control: Choice as a function of reward amount and delay. *Behavior Analysis Letters, 1*, 43–51.

Green, L., Fry, A., & Myerson, J. (1994). Discounting of delayed rewards: A life-span comparison. *Psychological Science, 5*, 33–36.

Greenberg, D. (2004). President Bush's false "flashbulb" memory of 9/11/01. *Applied Cognitive Psychology, 18*, 363–370.

Greenberg, D. L. & Verfaellie, M. (2010). Interdependence of episodic and semantic memory: Evidence from neuropsychology. *Journal of the International Neuropsychological Society, 16*(5), 748–753.

Greenough, W., West, R., & DeVoogd, T. (1978). Subsynaptic plate perforations: changes with age and experience in the rat. *Science, 202*, 1096–1098.

Greenwald, A. G., McGhee, D. E., & Schwartz, J. L. K. (1998). Measuring individual differences in implicit cognition: the implicit association test. *Journal of Personality and Social Psychology, 74*, 1464–1480.

Griffiths, D., Dickinson, A., & Clayton, N. (1999). Episodic memory: what can animals remember about their past? *Trends in Cognitive Sciences, 3*, 74–80.

Groves, P. M., & Thompson, R. F. (1970). Habituation: a dual-process theory. *Psychological Review, 77*, 419–450.

Guillaume, P. (1971). *Imitation in children.* Chicago: University of Chicago Press.

Guinee, L. N., Chu, K., & Dorsey, E. M. (1983). Changes over time in the songs of known individual humpback whales (*Megaptera novaeangliae*). In R. Payne (Ed.), *Communication and behavior of whales.* Boulder, CO: Westview Press.

Gupta, K., Beer, N. J., Keller, L. A., & Hasselmo, M. E. (2014). Medial entorhinal grid cells and head direction cells rotate with a T-maze more often during less recently experienced rotations. *Cerebral Cortex, 24*, 1630–1644.

Guttman, N., & Kalish, H. (1956). Discriminability and stimulus generalization. *Journal of Experimental Psychology, 51*, 79–88.

Hackenberg, T. D. (2009). Token reinforcement: A review and analysis. *Journal of the Experimental Analysis of Behavior, 91*(2), 257–286.

Haglund, K., & Collett, C. (1996). Landmarks Interviews. *Journal of NIH Research, 8,* 42–51.

Haist, F., Bowden Gore, J. B. & Mao, H. (2001). Consolidation of human memory over decades revealed by functional magnetic resonance imaging. Nature Neuroscience, 4, 1139–1145.

Halgren, E. (1982). Mental phenomena induced by stimulation in the limbic system. *Human Neurobiology, 1*(4), 251–260.

Hall, G. (2009). Perceptual learning in human and nonhuman animals: A search for common ground. *Learning & Behavior, 37,* 133–140.

Hall, G., & Honey, R. (1989). Contextual effects in conditioning, latent inhibition, and habituation: Associative and retrieval functions of contextual cues. *Journal of Experimental Psychology: Animal Behavior Processes, 15*(3), 232–241.

Hall, G., Ray, E., & Bonardi, C. (1993). Acquired equivalence between cues trained with a common antecedent. *Journal of Experimental Psychology: Animal Behavior Processes, 19,* 391–399.

Hall, T., Miller, K., & Corsellia, J. (1975). Variations in the human Purkinje cell population according to age and sex. *Neuropathology and Applied Neurobiology, 1,* 267–292.

Hamann, S. (2005). Sex differences in the responses of the human amygdala. *Neuroscientist, 11*(4), 288–293.

Hamann, S., Ely, T., Grafton, S., & Kilts, C. (1999). Amygdala activity related to enhanced memory for pleasant and aversive stimuli. *Nature Neuroscience, 2*(3), 289–293.

Hamilton, A. F. D. C. (2008). Emulation and mimicry for social interaction: a theoretical approach to imitation in autism. *Quarterly Journal of Experimental Psychology, 61*(1), 101–115.

Hampstead, B. M., & Koffler, S. P. (2009). Thalamic contributions to anterograde, retrograde, and implicit memory: a case study. *Clinical Neuropsychology, 23*(7), 1232–1249.

Hanewinkel, R., & Sargent, J. D. (2009). Longitudinal study of exposure to entertainment media and alcohol use among German adolescents. *Pediatrics, 123,* 989–995.

Haney, M., Foltin, R., & Fischman, M. (1998). Effects of pergolide on intravenous cocaine self-administration in men and women. *Psychopharmacology, 137,* 15–24.

Hanley-Dunn, P., & McIntosh, J. (1984). Meaningfulness and recall of names by young and old adults. *Journal of Gerontology, 39,* 583–585.

Hannula, D. E., Simons, D. J., & Cohen, N. J. (2005). Imaging implicit perception: promise and pitfalls. *Nature Reviews Neuroscience, 6,* 247–255.

Hanson, H., M. (1959). Effects of discrimination training on stimulus generalization. *Journal of Experimental Psychology, 58,* 321–333

Hardt, O., Einarsson, E. O., & Nader, K. (2010). A bridge over troubled water: reconsolidation as a link between cognitive and neuroscientific memory traditions. *Annual Review of Psychology, 61,* 141–167.

Hardy, J., & Gwinn-Hardy, K. (1998). Classification of primary degenerative disease. *Science, 282,* 1075–1079.

Harkness, K. L., Hayden, E. P., & Lopez-Duran, N. L. (2015). Stress sensitivity and stress sensitization in psychopathology: An introduction to the special section. *Journal of Abnormal Psychology, 124,* 1–3.

Harlow, H. F. (1949). The formation of learning sets. *Psychological Review, 56,* 51–65.

Harnden, T. (2008 March 25) Hillary Clinton's Bosnia sniper story exposed. *The Daily Telegraph* online. Retrieved May 2, 2015, from www.telegraph.co.uk.

Harris, B. (1979). Whatever happened to Little Albert? *American Psychologist, 34*(2), 151–160.

Harrison, J., & Buchwald, J. (1983). Eyeblink conditioning deficits in the old cat. *Neurobiology of Aging, 4,* 45–51.

Hart, B. (2001). Cognitive behaviour in Asian elephants: use and modification of branches for fly switching. *Animal Behaviour, 62,* 839–847.

Hasselmo, M. (1999). Neuromodulation: acetylcholine and memory consolidation. *Trends in Cognitive Sciences, 3*(9), 351–359.

Hatcher, M. B., Whitaker, C., & Karl, A. (2009). What predicts post-traumatic stress following spinal cord injury? *British Journal of Health Psychology, 14,* 541–561.

Hatze, H. (1976). Biomechanical aspects of a successful motion optimization. In P. V. Komi (Ed.), *Biomechanics V-B* (pp. 5–12). Baltimore: University Park Press.

Hawkins, R. D., Abrams, T. W., Carew, T. J., & Kandel, E. R. (1983). A cellular mechanism of classical conditioning in *Aplysia*: activity-dependent amplification of presynaptic facilitation. *Science, 219,* 400–405.

Hayes, C. (1951). *The ape in our house.* New York: Harper & Bros.

Hayes, K. J., & Hayes, C. (1952). Imitation in a home-reared chimpanzee. *Journal of Comparative and Physiological Psychology, 45,* 450–459.

Hayne, H. (1996). Categorization in infancy. In C. Rovee-Collier & L. Lipsitt (Eds.), *Advances in infancy research, Volume 10* (pp. 79–120). Norwood, NJ: Ablex Publishing Corporation.

Hayne, H. & Imuta, K. (2011). Episodic memory in 3- and 4-year-old children. *Developmental Psychobiology, 53,* 317–322.

Hays, M., Allen, C., & Hanish, J. (2015). Kiss Tempo. Retrieved March 2015 from http://virtualkiss.com /kissingschool/101-tempo.php.

Hayward, M. D., Schaich-Borg, A., Pintar, J. E., & Low, M. J. (2006). Differential involvement of endogenous opioids in sucrose consumption and food reinforcement. *Pharmacology, Biochemistry, & Behavior, 85*(3), 601–611.

Hebb, D. (1949). *The organization of behavior.* New York: Wiley.

Heckers, S. (2002). Neuroimaging studies of the hippocampus in schizophrenia. *Hippocampus, 11*, 520–528.

Heckers, S., Rauch, S.L., Goff, D., et al. (1998). Impaired recruitment of the hippocampus during conscious recollection in schizophrenia. *Nat. Neurosci, 1*, 318–323.

Heindel, W., Salmon, D., Shults, C., Walicke, P., & Butters, N. (1989). Neuropsychological evidence for multiple implicit memory systems: a comparison of Alzheimer's, Huntington's and Parkinson's disease patients. *Journal of Neuroscience, 9*(2), 582–587.

Heinrichs, R. W., Zakzanis, K. K. (1998). Neurocognitive deficit in schizophrenia: a quantitative review of the evidence. *Neuropsychology, 12*, 426–445.

Helmes, E., Brown, J. M. & Elliott, L. (2015). A case of dissociative fugue and general amnesia with an 11-year follow-up. *Journal of Trauma and Dissociation, 16*, 100–113.

Hepper, P., & Shahidullah, S. (1992). Habituation in normal and Down's syndrome fetuses. *Quarterly Journal of Experimental Psychology B, 44B*(3–4), 305–317.

Herbert, J., Eckerman, C., & Stanton, M. (2003). The ontogeny of human learning in delay, long-delay, and trace eyeblink conditioning. *Behavioral Neuroscience, 117*(6), 1196–1210.

Herrnstein, R. (1961). Relative and absolute strength of a response as a function of frequency of reinforcement. *Journal of the Experimental Analysis of Behavior, 4*, 267–272.

Hester, R., Murphy, K., Brown, F. L., Skilleter, A. J. (2010). Punishing an error improves learning: The influence of punishment magnitude on error-related neural activity and subsequent learning. *Journal of Neuroscience, 30*, 15600–15607.

Heuer, F., & Reisberg, D. (1990). Vivid memories of emotional events: the accuracy of remembered minutiae. *Memory and Cognition, 18*, 496–506.

Heuer, F., & Reisberg, D. (1992). Emotion, arousal, and memory for detail. In S.-A. Christianson (Ed.), *The handbook of emotion and memory* (pp. 151–180). Hillsdale, NJ: Erlbaum.

Hews, D., & Moore, M. (1996). A critical period for the organization of alternative male phenotypes of tree lizards by exogenous testosterone? *Physiology and Behavior, 60*(2), 425–529.

Hews, D., Knapp, R., & Moore, M. (1994). Early exposure to androgens affects adult expression of alternative male types in tree lizards. *Hormones & Behavior, 28*, 96–115.

Heyes, C. M. (1994). Social learning in animals: categories and mechanisms. *Biological Reviews of the Cambridge Philosophical Society, 69*(2), 207–231.

Heyes, C. M., & Dawson, G. R. (1990). A demonstration of observational learning in rats using a bidirectional control. *Quarterly Journal of Experimental Psychology B, 42*(1), 59–71.

Hinde, R. A. (1969). *Bird vocalizations.* Cambridge, England: Cambridge University Press.

Hinkel, D. & Mahr, J. (6 January 2011). Tribune analysis: Drug-sniffing dogs in traffic stops often wrong. *Chicago Tribune Online.* Retrieved 5 July 2014.

Hiroto, D. (1974). Locus of control and learned helplessness.

Journal of Experimental Psychology, 102, 187–193.

Hiroto, D., & Seligman, M. (1974). Generality of learned helplessness in man. *Journal of Personality and Social Psychology, 31*, 311–327.

Hitzig, E. (1874). Untersuchungen ¨uber das Gehirn [Investigations of the brain]. Berlin: A. Hirschwald.

Hochberg, L. R., Bacher, D., Jarosiewicz, B., Masse, N. Y., Simeral, J.D. et al. (2012). Reach and grasp by people with tetraplegia using a neutrally controlled robotic arm. *Nature, 485*, 372–375.

Hodges, J. R. & Warlow, C. P. (1990). Syndromes of transient amnesia: towards a classification. A study of 153 cases. *Journal of Neurology, Neurosurgery, and Psychiatry, 53*, 834–843.

Hodzic, A., Veit, R., Karim, A. A., Erb, M., & Godde, B. (2004). Improvement and decline in tactile discrimination behavior after cortical plasticity induced by passive tactile coactivation. *Journal of Neuroscience, 24*, 442–446.

Hof, P., & Morrison, J. (2004). The aging brain: morphomolecular senescence of cortical circuits. *Trends in Neurosciences, 27*(19), 607–613.

Hoffman, K. L., & Logothetis, N. K. (2009). Cortical mechanisms of sensory learning and object recognition. *Philosophical Transactions of the Royal Society B: Biological Sciences, 364*, 321–329.

Holding, D. H. (Ed.). (1981). *Human skills.* Chichester: John Wiley.

Holloway, J. L., Beck, K. D., & Servatius, R. J. (2011). Facilitated acquisition of the classically conditioned eyeblink response in females is augmented in those taking oral contraceptives. *Behavioural Brain Research, 216*(1), 302–407.

Holmes, C., Boche, D., Wilkinson, D., Yadegarfar, G., Hopkins, V., Bayer, A., et al. (2008). Long-term effects of Abeta42 immunisation in Alzheimer's disease: follow-up of a randomised, placebo-controlled phase I trial. *Lancet, 372*(9634), 216–223.

Holzhaider, J. C., Hunt, G. R., & Gray, R. D. (2010). Social learning in New Caledonian crows. *Learning & Behavior, 38*, 206–219.

Honey, R., & Hall, G. (1991). Acquired equivalence and distinctiveness of cues using a sensory-preconditioning procedure. *Quarterly Journal of Experimental Psychology, 43B*, 121–135.

Honey, R., Watt, A., & Good, M. (1998). Hippocampal lesions disrupt an associative mismatch process. *Journal of Neuroscience, 18*(6), 2226–2230.

Hooper, S., Reiss, D., Carter, M., & McCowan, B. (2006). Importance of contextual saliency on vocal imitation by bottlenose dolphins. *International Journal of Comparative Psychology, 19*, 116–128.

Hornak, J., Bramham, J., Rolls, E., Morris, R., O'Doherty, J., Bullock, P., et al. (2003). Changes in emotion after circumscribed surgical lesions of the orbitofrontal and cingulate cortices. *Brain, 126* (Pt. 7), 1691–1712.

Horowitz, A. C. (2003). Do humans ape? Or do apes human? Imitation and intention in humans (*Homo sapiens*) and other animals. *Journal of Comparative Psychology, 117*(3), 325–336.

Howard-Jones, P., Holmes, W., Demetriou, S., Jones, C., Tanimoto, E., Morgan, O., et al. (2014). Neuroeducational research in the design and use of a learning technology. *Learning, Media and Technology, 40*, 227–246.

Howard, R. W. (2009). Individual differences in expertise development over decades in a complex intellectual domain. *Memory & Cognition, 37*, 194–209.

Howe, M., & Courage, M. (1993). On resolving the enigma of childhood amnesia. *Psychological Bulletin, 113*, 305–326.

Hubel, D., & Wiesel, T. (1977). The Ferrier Lecture: functional architecture of macaque monkey visual cortex. *Proceedings of the Royal Academy of London: B198*, 1–59.

Hubel, D., & Wiesel, T. (1998). Early exploration of the visual cortex. *Neuron, 20*(3), 401–412.

Hubert, V., Beaunieux, H., Chetelat, G., Platel, H., Landeau, B. Danion, J. M., et al. (2007). The dynamic network subserving the three phases of cognitive procedural learning. *Human Brain Mapping, 28*, 1415–1429.

Hudson Kam, C. L., & Newport, E. L. (2005). Regularizing unpredictable variation: the roles of adult and child learners in language formation and change. *Language Learning and Development, 1*, 151–195.

Hull, C. (1943). *Principles of Behavior.* New York: Appleton-Century-Crofts.

Hull, C. (1952). *A Behavior System: An Introduction to Behavior Theory Concerning the Individual Organism.* New Haven: Yale University Press.

Hull, C. L. (1943). *Principles of behavior.* New York: Appleton-Century-Crofts.

Hulme. C., and Bradley. L. (1984). An experimental study of, sensory teaching with normal and retarded readers. In R. Malatesha and H. Whitaker (Eds), Dyslexia: A global issue (pp. 431–443). The Hague, The Netherlands: Martinus Nijhoff.

Hunt, G. R., Corballis, M. C., & Gray, R. D. (2001). Animal behaviour: laterality in tool manufacture by crows. *Nature, 414*, 707.

Huttenlocher, P., & Dabholkar, A. (1997). Regional differences in synaptogenesis in human cerebral cortex. *Journal of Comparative Neurology, 387*, 167–178.

Hyde, L., Sherman, G., & Denenberg, V. (2000). Non-spatial water radial-arm maze learning in mice. *Brain Research, 863*(1–2), 151–159.

Iacoboni, M., Woods, R. P., Brass, M., Bekkering, H., Mazziotta, J. C., & Rizzolatti, G. (1999). Cortical mechanisms of human imitation. *Science, 286*(5449), 2526–2528.

Immelman, K. (1969). Song development in the zebra finch and other estrildid finches. In R. A. Hinde (Ed.), *Bird vocalizations* (pp. 61–74). Cambridge: Cambridge University Press.

Innocence Project (2012) *False confessions.* Retrieved from www .innocenceproject.org/understand/False-Confessions.php

Insausti, R., Annese, J., Amaral, D. G., & Squire, L. G. (2013). **Human amnesia and the medial temporal lobe** illuminated by neuropsychological and neurohistological findings for patient E. P. (2013). *Proceedings of the National Academy of Sciences USA, 11*, E1953–1962.

Insel, T., & Fernald, R. (2004). How the brain processes social information: searching for the social brain. *Annual Review of Neuroscience, 27*, 697–722.

Irwin, A. R., & Gross, A. M. (1995). Cognitive tempo, violent video games, and aggressive behavior in young boys. *Journal of Family Violence, 10*, 337–350.

Ivkovich, D., Collins, K., Eckerman, C., Krasnegor, N., & Stanton, M. (1999). Classical delay eyeblink conditioning in 4- and 5-month-old human infants. *Psychological Science, 10*(1), 4–8.

Ivkovich, D., Paczkowski, C., & Stanton, M. (2000). Ontogeny of delay versus trace conditioning in the rat. *Developmental Psychobiology, 36*(2), 148–160.

Jack, C., Knopman, D. S., Jagust, W. J. Shaw, L. M., Aisen, P. S., et al. (2010). Hypothetical model of dynamic biomarkers of the Alzheimer's pathological cascade. *Lancet, 9*, 119–128,

Jack, C., Petersen, R., Xu, Y., O'Brien, P., Smith, G., Ivnik, R., et al. (1999). Prediction of AD with MRI-based hippocampal volume in mild cognitive impairment. *Neurology, 52*, 1397–1403.

Jack, C., Petersen, R., Xu, Y., O'Brien, P., Smith, G., Ivnik, R., et al. (1998). Rate of medial temporal atrophy in typical aging and Alzheimer's disease. *Neurology, 51*, 993–999.

Jacobs, B., Schall, M., & Schiebel, A. (1993). A quantitative dendritic analysis of Wernicke's area. II. Gender, hemispheric, and environmental factors. *Journal of Comparative Neurology, 237*, 97–111.

Jacobsen, C.F. (1936). Studies of cerebral function in primates. I. The functions of the frontal association areas in monkeys. *Comparative Psychololy Monographs, 13*, 1–60.

Jacobsen, C.F., Wolfe J.B., Jackson T.A. (1935): An experimental analysis of the functions of the frontal associations areas in primates. *The Journal of Nervous and Mental Disease, 82*, 1–14.

Jaeggi, S. M., Buschkuehl, M., Jonides, J., Perrig, W. J. (2008). Improving fluid intelligence with training on working memory. *Proceedings of the National Academy of Sciences, 105*(19).

Jaeggi, Susanne M.; Studer-Luethi, Barbara; Buschkuehl, Martin; Su, Yi-Fen; Jonides, John; Perrig, Walter J. (2010). The relationship between n-back performance and matrix reasoning—implications for training and transfer. *Intelligence, 38*(6), 625–635. doi:10.1016/j.intell.2010.09.001. ISSN 0160-2896.

James, W. (1890). *The principles of psychology.* Dover: New York.

James, W. (1890). *The principles of psychology.* New York: Henry Holt and Co, Inc.

James, W. (1890). *The principles of psychology.* New York: Henry Holt.

Janik, V., & Slater, P. (1997). Vocal learning in mammals. *Advances in the Study of Behavior, 26,* 59–99.

Janowsky, J.S., Shimamura, A.P., Kritchevsky, M., Squire, L.R., (1989). Cognitive impairment following frontal lobe damage and its relevance to human amnesia. *Behavioral Neuroscience, 103,* 548–60.

Jarrard, L., & Davidson, T. (1991). On the hippocampus and learned conditional responding: Effects of aspiration versus ibotenate lesions. *Hippocampus, 1,* 107–117.

Jarrard, L., Okaichi, H., Steward, O., & Goldschmidt, R. (1984). On the role of hippocampal connections in the performance of place and cue tasks: comparisons with damage to hippocampus. *Behavioral Neuroscience, 98*(6), 946–954.

Javadi, A. H. & Cheng, P. (2013). Transcranial direct current stimulation (tDCS) enhances reconsolidation of long-term memory. *Brain Stimulation, 6,* 668–674.

Jay, T. M. (2003). Dopamine: A potential substrate for synaptic plasticity and memory mechanisms. *Progress in Neurobiology, 69,* 375–390.

Jenkins, H. M. & Harrison, R. H. (1962). Generalization gradients of inhibition following auditory discrimination training. *Journal of the Experimental Analysis of Behavior, 5,* 435–441

Jenkins, K. G., Kapur, N., & Kopelman, M.D. (2009). Retrograde amnesia and malingering. *Current Opinion in Neurology, 22*(6), 601–605.

Jog, M. S., Kubota, Y., Connolly, C. I., Hillegaart, V., & Graybiel, A. M. (1999). Building neural representations of habits. *Science, 286,* 1745–1749.

Johnson, G., & Bailey, C. (2002). Tau, where are we now? *Journal of Alzheimer's Disease, 4,* 375–398.

Johnson, M. (1992). Imprinting and the development of face recognition: From chick to man. *Current Directions in Psychological Science, 1,* 52–55.

Johnston, R. B., Stark, R., Mellits, D. and Tallal, P. (1981). Neurological status of language impaired and normal children. *Annals of Neurology, 10,* 159–163.

Jones, B. C., DeBruine, L. M., Little, A. C., Burris, R. P., & Feinberg, D. R. (2007). Social transmission of face preferences among humans. *Proceedings of the Royal Society London: B, 274,* 899–903.

Jones, G. V. (1990). Misremembering a common object: when left is not right. *Memory and Cognition, 18*(2), 174–182.

Jones, R. S., & Eayrs, C. B. (1992). The use of errorless learning procedures in teaching people with a learning disability: A critical review. *Mental Handicap Research, 5,* 204–214.

Jonides et al., (2008). The mind and brain of short-term memory. *Annual Review of Psychology, 59,* 193–224. 10.1146/annurev.psych.59.103006.093615.

Jonsson, T., Stefanson, H., Steinberg, S., Jonsdottir, I., Jonsson, P. V., Snaedal, J. et al. (2013). Variant of TREM2 associated with the risk of Alzheimer's disease. *New England Journal of Medicine, 368,* 107–116.

Josephson, W. L. (1987). Television violence and children's aggression: testing the priming, social script, and disinhibition predictions. *Journal of Personality and Social Psychology, 53*(5), 882–890.

Joslyn, S. L., & Oakes, M. A. (2005). Directed forgetting of autobiographical events. *Memory and Cognition, 33*(4), 577–587.

Jun, G., Naj, A. C., Beecham, G. W., Wang, L. S., Buros, J., Gallins, P. J., et al. (2010). Meta-analysis confirms CR1, CLU, and PICALM as Alzheimer disease risk loci and reveals interactions with APOE genotypes. *Archives of Neurology.*

Jung, R. E., & Haier, R. J. (2007). The parieto-frontal integration theory of intelligence: converging neuroimaging evidence. *Behavioral and Brain Sciences, 30,* 135–154.

Jussim, L. (2012). *Social perception and social reality: Why accuracy dominates bias and self-fulfilling prophecy.* 2012 New York: Oxford University Press.

Jussim, L. (2005). Accuracy in social perception: criticisms, controversies, criteria, components, and cognitive processes. *Advances in Experimental Social Psychology, 37,* 1–93.

Jussim, L., Cain, T., Crawford, J., Harber, K., & Cohen, F. (2009). The unbearable accuracy of stereotypes. In T. Nelson (Ed.), *Handbook of prejudice, stereotyping, and discrimination* (pp. 199–227). Hillsdale, NJ: Erlbaum.

Kagerer, F. A., Contreras-Vidal, J. L., & Stelmach, G. E. (1997). Adaptation to gradual as compared with sudden visuo-motor distortions. *Experimental Brain Research, 115,* 557–561.

Kahn, D. M., & Krubitzer, L. (2002). Massive cross-modal cortical plasticity and the emergence of a new cortical area in developmentally blind mammals. *Proceedings of the National Academy of Sciences USA, 99,* 11429–11434.

Kamin, L. (1969). Predictability, surprise, attention and conditioning. In B. Campbell and R. Church (Eds.), *Punishment and aversive behavior* (pp. 279–296). New York: Appleton-Century-Crofts.

Kanit, L., Taskiran, D., Yilmaz, O., Balkan, B., Demiroeren, S., Furedy, J., et al. (2000). Sexually dimorphic cognitive style in rats emerges after puberty. *Brain Research Bulletin, 52*(4), 243–248.

Kanner, L. (1943). Autistic disturbances of affective contact. *Nervous Child, 2,* 217–250.

Kapp, B., Gallagher, M., Underwood, M., McNall, C., & Whitehorn, D. (1981). Cardiovascular responses elicited by electrical stimulation of the amygdala central nucleus in the rabbit. *Brain Research, 234,* 251–262.

Kapur, N., & Coughlan, A. (1980). Confabulation and frontal lobe dysfunction. *Journal of Neurology, Neurosurgery and Psychiatry, 43,* 461–463.

Kapur, N., Friston, K. J., Young, A., Frith, C. D., & Frackowiak, R. S. (1995). Activation of human hippocampal formation during memory for faces: a PET study. *Cortex, 31,* 99–108.

Kapur, N., Millar, J., Abbott, P., & Carter, M. (1998). Recovery of function processes in human amnesia: evidence from transient global amnesia. *Neuropsychologia, 36*(1), 99–107.

Kapur, N., Thompson, S., Cook, P., Lang, D., & Brice, J. (1996). Anterograde but not retrograde memory loss following combined mammillary body and medial thalamic lesions. *Neuropsychologia, 34*(1), 1–8.

Karlen, S. J., Kahn, D. M., & Krubitzer, L. (2006). Early blindness results in abnormal corticocortical and thalamocortical connections. *Neuroscience, 142,* 843–858.

Karni, A., Meyer, G., Rey-Hipolito, C., Jezzard, P., Adams, M. M., Turner, R., & Ungerleider, L. G. (1998). The acquisition of skilled motor performance: fast and slow experience-driven changes in primary motor cortex. *Proceedings of the National Academy of Sciences USA, 95,* 861–868.

Kart-Teke, E., De Souza Silva, M. A., Huston, J., & Dere, E. (2006). Wistar rats show episodic-like memory for unique experiences. *Neurobiology of Learning and Memory, 85*(2), 173–182.

Kazdin, A., & Benjet, C. (2003). Spanking children: Evidence and issues. *Current Directions in Psychological Science, 12*(3), 99–103.

Kazdin, A., & Wilcoxon, L. (1976). Systematic desensitization and nonspecific treatment effects: a methodological evaluation. *Psychological Bulletin, 83,* 729–758.

Keefe, R. S., Arnold, M. C., Bayen, U. J., & Harvey, P. D. (1999). Source monitoring deficits in patients with schizophrenia; a multinomial modelling analysis. *Psychological Medicine, 29,* 903–914.

Kehoe, E. J. (1988). A layered network model of associative learning. *Psychological Review, 95*(4), 411–433.

Kemeny, M. (2003). The psychobiology of stress. *Current Directions in Psychological Science, 12*(4), 124–129.

Kemler, D. G. & Smith, L. B. (1978). Is there a developmental trend from integrality to separability in perception? *Journal of Experimental Child Psychology. 26.* 498–507.

Kempermann, G., Wiskott, L., & Gage, F. (2004). Functional significance of adult neurogenesis. *Current Opinion in Neurobiology, 14*(2), 186–191.

Kendal, R. L., Galef, B. G., & van Schaik, C. P. (2010). Social learning research outside the laboratory: How and why? *Learning and Behavior, 38,* 187–194.

Kensinger, E. A., Piguet, O., Krendl, A. C., & Corkin, S. (2005). Memory for contextual details: effects of emotion and aging. *Psychology and Aging, 20,* 241–250.

Kikuchi, H., Fujii, T., Abe, N., Suzuki, M., Takagi, M., Mugikura, S., et al. (2010). Memory repression: brain mechanisms underlying dissociative amnesia. *Journal of Cognitive Neuroscience, 22*(3), 602–613.

Kilgard, M., & Merzenich, M. (1998). Cortical map reorganization enabled by nucleus basalis activity. *Science, 279,* 1714–1718.

Killiany, R., Hyman, B., Gomez-Isla, T., Moss, M., Kikinis, R., Jolesz, F., Tanzi, R., Jones, K. & Albert, M. (2002). MRI measures of entorhinal cortex vs. hippocampus in preclinical AD. *Neurology, 58,* 1188–1196.

Kim, J. S., Vossel, G. & Gamer, M. (2013). Effects of emotional context on memory for details: the role of attention. *PLOS ONE, 8,* e77405.

Kim, J., Krupa, D., & Thompson, R. F. (1998). Inhibitory cerebello-olivary projections and blocking effect in classical conditioning. *Science, 279,* 570–573.

Kirchmayer, U., Davoli, M., Verster, A., Amato, L., Ferri, A., & Perucci, C. (2002). A systematic review on the efficacy of naltrexone maintenance treatment in preventing relapse in opioid addicts after detoxification. *Addiction, 97*(10), 1241–1249.

Kleim, J. A., Hogg, T. M., VandenBerg, P. M., Cooper, N. R., Bruneau, R., & Remple, M. (2004). Cortical synaptogenesis and motor map reorganization occur during late, but not early, phase of motor skill learning. *Journal of Neuroscience, 24,* 628–633.

Kleim, J. A., Swain, R. A., Czerlanis, C. M., Kelly, J. L., Pipitone, M. A., & Greenough, W. T. (1997). -Learning-dependent dendritic hypertrophy of cerebellar stellate cells: plasticity of local circuit neurons. *Neurobiology of Learning and Memory, 67,* 29–33.

Klingberg, T. , Fernell, E., Oleson, P. J., Johnson, M., Gustafsson, P., Dahlstrom, K., Gilberg, C. G., Forssberg, H., & Westerberg, H. (2005). Computerized training of working memory in children with ADHAD: A randomized, controlled trial. *Journal of the American Academy of Child & Adolescent Psychiatry. 44.*(2. 177–186.

Klinke, R., Kral, A., Heid, S., Tillein, J., & Hartmann, R. (1999). Recruitment of the auditory cortex in congenitally deaf cats by long-term cochlear electrostimulation. *Science, 285,* 1729–1733.

Knapp, H. D., Taub, E., & Berman, A. J. (1963). Movements in monkeys with deafferented forelimbs. *Experimental Neurology, 7,* 305–315.

Knowlton, B. J., Squire, L. R., & Gluck, M. A. (1994). Probabilistic classification learning in amnesia. *Learning & Memory, 1,* 106–120.

Knowlton, B. J., Squire, L. R., Paulsen, J. S., Swerdlow, N. R., Swenson, M., & Butters, N. (1996). Dissociations within nondeclarative memory in Huntington's disease. *Neuropsychology, 10,* 538–548.

Knutson, B., Fong, G., Adams, C., Varner, J., & Hommer, D. (2001). Dissociation of reward anticipation and outcome with event-related fMRI. *Neuroreport, 21,* 3683–3687.

Kobre, K., & Lipsitt, L. (1972). A negative contrast effect in newborns. *Journal of Experimental Child Psychology, 14,* 81–91.

Koechlin, E. Ody, C.& Kouneiher, F. (2003). The architecture of cognitive control in the human prefrontal cortex. *Science, 302,* 1181–1185

Köhler, S., Moscovitch, M., Winocur, G., & McIntosh, A. (2000). Episodic encoding and recognition of pictures and words: role of the human medial temporal lobes. *Acta Psychologica, 105,* 159–179.

Kolb, B., & Taylor, L. (1981). Affective behavior in patients with localized cortical excisions: role of lesion site and side.

Science, 214, 89–91.

Kolb, B., & Taylor, L. (1990). Neocortical substrates of emotional behavior. In N. Stein, B. Leventhal & T. Trabasso (Eds.), *Psychological and biological approaches to emotion* (pp. 115–144). Hillsdale, NJ: Erlbaum.

Kolb, B., & Taylor, L. (2000). Facial expression, emotion, and hemispheric organization. In R. Lane & L. Nadel (Eds.), *Cognitive neuroscience of emotion* (pp. 62–83). New York: Oxford University Press.

Kolb, B., and Wishaw, I. (1996). Fundamentals of Human Neuropsychology (4th ed). New York: Freeman & Co.

Kopelman, M. D., Thomson, A. D., Guerrini, I., & Marshall, E. J. (2009). The Korsakoff syndrome: clinical aspects, psychology and treatment. *Alcohol, 44*(2), 148–154.

Koralek, A. C., Jin, X., Long, J. D., II, Costa, R. M., & Carmena, J. M. (2012). Cortiocstriatal plasticity is necessary for learning intentional neuroprosthetic skills. *Nature, 483,* 331–335.

Koriat, A., Bjork, R., Sheffer, L., & Bar, S. K. (2004). Predicting one's own forgetting: the role of experience-based and theory-based processes. *Journal of Experimental Psychology: General, 133,* 643–656.

Kornak, D., & Rakic, P. (1999). Continuation of neurogenesis in the hippocampus of the adult macaque monkey. *Proceedings of the National Academy of Sciences USA, 96,* 5768–5773.

Kornell, N. & Bjork, R. A. (2009). A stability bias in human memory: Overestimating remembering and underestimating learning. *Journal of Experimental Psychology: General, 138,* 449–468.

Korr, H., & Schmitz, C. (1999). Facts and fictions regarding post-natal neurogenesis in the developing human cerebral cortex. *Journal of Theoretical Biology, 200,* 291–297.

Kosslyn, S.M. and Shwartz, S.P. (1977). A simulation of visual imagery. *Cognitive Science, 1,* 265–295.

Koukounas, E., & Over, R. (2001). Habituation of male sexual arousal: effects of attentional focus. *Biological Psychology, 58,* 49–64.

Kraft, T. L. & Pressman, S. D. (2012). Grin and bear it: The influence of manipulated facial expression on the stress response. *Psychological Science, 23,* 1372–1378.

Kramer, A. D. I., Guillory, J. E., & Hancock, J. T. (2014). Experimental evidence of massive-scale emotional contagion through social networks. *Proceedings of the National Academy of Sciences, U.S.A., 111,* 8788–8790.

Krank, M. D., & Wall, A. M. (1990). Cue exposure during a period of abstinence reduces the resumption of operant behavior for oral ethanol reinforcement. *Behavioral Neuroscience, 104,* 725–733.

Krank, M. D., & Wall, A. M. (1990). Cue exposure during a period of abstinence reduces the resumption of operant behavior for oral ethanol reinforcement. *Behavioral Neuroscience, 104,* 725–733.

Krieman, G., Koch, C., & Fried, I. (2000). Category-specific visual responses of single neurons in the human medial temporal lobe. *Nature Neuroscience, 3*(9), 946–953.

Kring, A., & Gordon, A. (1998). Sex differences in emotion: expression, experience, and physiology. *Journal of Personality and Social Psychology, 74,* 686–803.

Kritchevsky, M., & Squire, L. (1989). Transient global amnesia: evidence for extensive, temporally graded retrograde amnesia. *Neurology, 39,* 213–218.

Kritchevsky, M., Chang, J., & Squire, L. (2004). Functional amnesia: clinical description and neuropsychological profile of 10 cases. *Learning and Memory, 11*(2), 213–227.

Kritchevsky, M., Squire, L., & Zouzounis, J. (1988). Transient global amnesia: characterization of anterograde and retrograde amnesia. *Neurology, 38,* 213–219.

Kroes, M. C., Tendolkar, I., van Wingen, G. A., van Waarde, J. A., Strange, B. A. & Fernández, G. (2014). An electroconvulsive therapy procedure impairs reconsolidation of episodic memories in humans. *Nature Neuroscience, 17,* 204–206.

Kross, E., Berman, M. G., Mischel, W., Smith, E. E. & Wager, T. D. (2011). Social rejection shares somatosensory representations with physical pain. *Proceedings of the National Academy of Sciences, 108,* 6270–6275.

Kruschke, J. K., Kappenman, E. S., & Hetrick, W. P. (2005). Eye gaze and individual differences consistent with learned attention in associative blocking and highlighting. *Journal of Experimental Psychology: Learning, Memory, & Cognition, 31*(5), 830–845.

Krutzen, M., Mann, J., Heithaus, M. R., Connor, R. C., Bejder, L., & Sherwin, W. B. (2005). Cultural transmission of tool use in bottlenose dolphins. *Proceedings of the National Academy of Sciences USA, 102,* 8939–8943.

Kubota, K. and Nikin H. (1971). Prefrontal cortical unit activity and delayed alternation performance in monkeys. *Journal of Neurophysiology, 34*(3), 337–47.

Kuhl, P. K. (2000). A new view of language acquisition. *Proccedings of the National Academy of Sciences USA, 97*(22), 11850–11857.

Kuhl, P. K., & Meltzoff, A. N. (1996). Infant vocalizations in response to speech: vocal imitation and developmental change. *Journal of the Acoustical Society of America, 100,* 2425–2438.

Kuhn, H., Dickinson-Anson, H., & Gage, F. (1996). Neurogenesis in the dentate gyrus of the adult rat: age-related decrease of neurongal progenitor proliferation. *Journal of Neuroscience, 16,* 2027–2033.

Kujala, Y., & Naatanen, R. (2010). The adaptive brain: a neurophysiological perspective. *Progress in Neurobiology, 91,* 55–67.

Kwon, H., Reiss, A., & Menon, V. (2002). Neural basis of protracted developmental changes in visuo-spatial working memory. *Proceedings of the National Academy of Sciences USA, 99*(20), 13336–13341.

Laan, E., & Everaerd, W. (1995). Habituation of female sexual arousal to slides and film. *Archives of Sexual Behavior, 24,*

517–541.

LaBar, K. S. (2007). Beyond fear: emotional memory mechanisms in the human brain. *Current Directions in Psychological Science, 16*(4), 173–177.

LaBar, K. S. (2009). Imaging emotional influences on learning and memory. In F. Roesler, C. Ranganath, B. Roeder & R. H. Kluwe (Eds.), *Neuroimaging and psychological theories of human memory* (pp. 331–348). New York: Oxford University Press.

LaBar, K. S., & LeDoux, J. (2003). Emotion and the brain: an overview. In T. Feinberg & M. Farah (Eds.), *Behavioral Neurology and Neuropsychology* (2nd ed., pp. 711–724). New York: McGraw-Hill.

Ladd, G. W., & Mize, J. (1983). A cognitive social learning model of social skill training. *Psychological Review, 90,* 127–157.

Laforce, R., Jr., & Doyon, J. (2001). Distinct contribution of the striatum and cerebellum to motor learning. *Brain and Cognition, 45,* 189–211.

Laland, K. N. (2004). Social learning strategies. *Learning & Behavior, 32,* 4–14.

Laland, K. N., & Galef, B. G. (2009). *The question of animal culture.* Cambridge, MA: Harvard University Press.

Lalonde, R., & Botez, M. (1990). The cerebellum and learning processes in animals. *Brain Research Reviews, 15,* 325–332.

Lambe, E. K., Krimer, L. S., & Goldman-Rakic, P. (2000). Differential postnatal development of catecholamine and serotonin inputs to identified neurons in the prefrontal cortex of rhesus monkey. *Journal of Neuroscience, 20*(23), 8760–8787.

Lang, P. J., Davis, M., & Ohman, A. (2000). Fear and anxiety: animal models and human cognitive psychophysiology. *Journal of Affective Disorders, 61,* 137–159.

Langlois, J. A., Rutland-Brown, W., & Wald, M. M. (2006). The epidemiology and impact of traumatic brain injury: A brief overview. *Journal of Head Trauma Rehabilitation, 21,* 375–378.

Langston, R. F., & Wood, E. R. (2010). Associative recognition and the hippocampus: differential effects of hippocampal lesions on object-place, object-context, and object-place-context memory. *Hippocampus, 20,* 1139–1153.

Larzelere, R. (2000). Child outcomes of nonabusive and customary physical punishment by parents: An updated literature review. *Clinical Child and Family Psychology Review, 3,* 199–221.

Lashley, K. (1924). Studies of the cerebral function in learning: V. The retention of motor habits after destruction of the so-called motor areas in primates. *Archives of Neurology and Psychiatry, 12,* 249–276.

Lashley, K. S. (1929). *Brain mechanisms and intelligence: a quantitative study of injuries to the brain.* Chicago: University of Chicago Press.

Lashley, K. S., & Wade, M. (1946). The Pavlovian theory of generalization. *Psychological Review, 53,* 72–87.

Laurent, H. K., Gilliam, K. S., Wright, D. B., Fisher, P. A. (2015). Child anxiety symptoms related to longitudinal cortisol trajectories and acute stress responses: evidence of developmental stress sensitization. *Journal of Abnormal Psychology, 124,* 68–79.

Le Merrer, J., Becker, J. A. J., Befort, K., & Kieffer, B. L. (2009). Reward processing by the opioid system in the brain. *Physiological Reviews, 89,* 1379–1412.

Lebedev, M. A. & Nicolelis, M. A. L. (2006). Brain-machine interfaces: past, present and future. *Trends in Neurosciences, 29,* 536–545.

Lebrecht, S., Pierce, L. J., Tarr, M. J., Tanaka, J. W. (2009). Perceptual other-race training reduces implicit racial bias. *PLOS One, 4,* e4215.

LeDoux, J. (1993). Emotional memory systems in the brain. *Behavioural Brain Research, 58,* 69–79.

LeDoux, J. (1994). Emotion, memory and the brain. *Scientific American, 270*(6), 50–57.

LeDoux, J. (1998). *The emotional brain: the mysterious underpinnings of emotional life.* New York: Touchstone.

LeDoux, J. (2000). Emotion circuits in the brain. *Annual Review of Neuroscience, 23,* 155–184.

LeDoux, J., Iwata, J., Cicchetti, P., & Reis, D. (1988). Different projections of the central amygdaloid nucleus mediate autonomic and behavioral correlates of conditioned fear. *Journal of Neuroscience, 8*(7), 2517–2529.

Lee, Y. T., Jussim, L., & McCauley, C. R. (2013). Stereotypes as categories of knowledge: Complexity, validity, usefulness, and essence in perceptions of group differences. *Advances in Psychological Science, 21,* 1–21.

Leggio, M. G., Molinari, M., Neri, P., Graziano, A., Mandolesi, L., & Petrosini, L. (2000). Representation of actions in rats: the role of cerebellum in learning spatial performances by observation. *Proceedings of the National Academy of Sciences, 97*(5), 2320–2325.

Leibniz, G. W. (1704). *Nouveaux essais sur l'entendement humain* [New essays on human understanding].

Leighton, J., Bird, G., Charman, T., & Heyes, C. (2008). Weak imitative performance is not due to a functional "mirroring" deficit in adults with autism spectrum disorders. *Neuropsychologica, 46,* 1041–1049.

LeJeune, J., Gautier, M., & Turpin, R. (1959). Etudes des chromosomes somatiques de neuf enfants mongoliens. *Comptes Renus de l'Academic les Sciences, 48,* 1721.

Lenck-Santini, P. P., Save, E., & Poucet, B. (2001). Evidence for a relationship between place-cell spatial firing and spatial memory performance. *Hippocampus, 11,* 377–390.

Leshner, A. (1999). Science-based views of drug addiction and its treatment. *Journal of the American Medical Association, 282,* 1314–1316.

Levenson, R. (1992). Autonomic nervous system differences among emotions. *Psychological Science, 3*(1), 23–27.

Lever, C., Wills, T., Cacucci, F., Burgess, N., & O'Keefe, J.

(2002). Long-term plasticity in hippocampal place-cell representation of environmental geometry. *Nature, 416,* 90–94.

Levy, R. and Goldman-Rakic, P.S. (2000). Segregation of working memory functions within the dorsolateral prefrontal cortex. *Experimental Brain Research, 133,* 23–32.

Lewis-Peacock, J.A., & Postle B.R. (2008). Temporary activation of long-term memory supports working memory. *Journal of Neuroscience, 28,* 8765–71.

Lewis, C. (1981). Skill in algebra. In J. R. Anderson (Ed.), *Cognitive skill learning* (pp. 85–110). Hillsdale, NJ: Lawrence Erlbaum.

Lewis, L. B., Saenz, M., & Fine, I. (2010). Mechanisms of cross-modal plasticity in early-blind subjects. *Journal of Neurophysiology, 104,* 2995–3008.

Lewis, M. C., & Brooks-Gunn, J. (1979). *Social cognition and the acquisition of self.* New York: Plenum.

Lie, C., Song, H., Colamarino, S., Ming, G.-l., & Gage, F. (2004). Neurogenesis in the adult brain: new strategies for central nervous system diseases. *Annual Review of Pharmacology and Toxicology, 44,* 399–421.

Light, L. (1991). Memory and aging: four hypotheses in search of data. *Annual Review of Psychology, 42,* 333–376.

Linden, W. (1981). Exposure treatments for focal phobias. *Archives of General Psychiatry, 38,* 769–775.

Ling, H., Hardy, J., & Zetterberg, H. (2015). Neurological consequences of traumatic brain injuries in sports. *Molecular and Cellular Neuroscience* 66(Part B), 114–122.

Linton, M. (1982). Transformations of memory in everyday life. In U. Neisser (Ed.), *Memory observed: remembering in natural contexts* (pp. 77–91). San Francisco: Freeman.

Lipka, J., Hoffmann, M., Miltner, W. H., & Straube, T. (2014). Effects of cognitive-behavioral therapy on brain responses to subliminal and supraliminal threat and their functional significance in specific phobia. *Biological Psychiatry, 76,* 869–877.

Lit, L., Schweitzer, J. B., & Oberbauer, A. M. (2011). Handler beliefs affect scent detection dog outcomes. *Animal Cognition, 14,* 387–394

Little, A., Lipsett, L., & Rovee-Collier, C. (1984). Classical conditioning and retention of the infant's eyelid response: effects of age and interstimulus interval. *Journal of Experimental Child Psychology, 37,* 512–524.

Liu, J., & Wrisberg, C. A. (1997). The effect of knowledge of results delay and the subjective estimation of movement form on the acquisition and retention of a motor skill. *Research Quarterly for Exercise and Sports, 68,* 145–151.

Liu, R. T. (2015). A developmentally informed perspective on the relation between stress and psychopathology: When the problem with stress is that there is not enough. *Journal of Abnormal Psychology, 124,* 80–92.

Locke, J. (1690). *An essay concerning human understanding.* London: T. Basset.

Locke, J. (1693). *Some thoughts concerning education.* London: Churchill.

Lockett, G. A., Wilkes, F. & Maleszka, R. (2010). Brain plasticity, memory and neurological disorders: An epigenetic perspective. *NeuroReport, 21*(14), 909–913.

Loftus, E. (1996). *Eyewitness testimony.* Cambridge, MA: Harvard University Press.

Loftus, E. (2003). Our changeable memories: legal and practical implications. *Nature Reviews Neuroscience, 4,* 231–234.

Loftus, E., & Pickrell, J. (1995). The formation of false memories. *Psychiatric Annals, 25*(12), 720–725.

Lømo, T. (1966). Frequency potentiation of excitatory synaptic activity in the dentate area of the hippocampal formation [abstract]. *Acta Physiologica Scandinavica, 68,* 128.

Lorenz, K. (1935). Der Kumpan in der Umwelt des Vogels [Companions as factors in the bird's environment]. *Journal of Ornithology, 83,* 137–215.

Lovaas, O. (1987). Behavioral treatment and normal educational and intellectual functioning in young autistic children. *Journal of Consulting and Clinical Psychology, 55*(3–9).

Lovibond, P. F., Saunders, J. C., Weidemann, G., & Mitchell, C. J. (2008). Evidence for expectancy as a mediator of avoidance and anxiety in a laboratory model of human avoidance learning. *Quarterly Journal of Experimental Psychology, 61*(8), 1199–1216.

Lu, B., & Gottschalk, W. (2000). Modulation of hippocampal synaptic transmission and plasticity by neurotrophins. *Progress in Brain Research, 128,* 231–241.

Lubow, R. (1989). *Latent inhibition and conditioned attention theory.* Cambridge, UK: Cambridge University Press.

Lubow, R. E. (1973). Latent inhibition. *Psychological Bulletin, 79,* 398–407.

Lubow, R. E., & Moore, A. U. (1959). Latent inhibition: the effect of nonreinforced preexposure to the conditioned stimulus. *Journal of Comparative and Physiological Psychology, 52,* 415–419.

Luck, S.J., & Vogel, E.K. (2013). Visual working memory capacity: From psychophysics and neurobiology to of STM capacity limits. *Trends in Cognitive Science, 17,* 391–400.

Luria, A. (1982 [1968]). *The Mind of a Mnemonist* (Lynn Solotaroff, Trans.)., New York, Basic Books. In U. Neisser (Ed.), *Memory observed: remembering in natural contexts* (pp. 382–389). New York: Freeman.

Luria, A. R. (1966). *Higher cortical functions in man.* New York: Basic Books.

Lynch, G., Palmer, L. C., & Gall, C. M. (2011). The likelihood of cognitive enhancement. *Pharmacology, Biochemistry, and Behavior, 99,* 116–129.

Lynn, S. K., Cnaani, J., & Papaj, D. R. (2005). Peak shift discrimination learning as a mechanism of signal evolution. *Evolution, 59,* 1300–1305.

Ma, H. I., Trombly, C. A., & Robinson-Podolski, C. (1999). The effect of context on skill acquisition and transfer. *American Journal of Occupational Therapy, 53,* 138–144.

Mackintosh, N. J. (1975). A theory of attention: variations in the associability of stimuli with reinforcement. *Psychological Review, 82*(4), 276–298.

Magendie, F. (1822). Expériences sur les fonctions des racines des nerfs rachidiens. *Journal de physiologie expérimentale et de pathologie, 2,* 366–371.

Magill, R. (1993). *Motor learning: concepts and applications.* Dubuque, IA: William C. Brown.

Maguire, E. A. (2001). Neuroimaging studies of autobiographical event memory. *Philosophical Transactions of the Royal Society B: Biological Sciences, 356,* 1441–1451.

Maguire, E. A., Gadian, D. G., Johnsrude, I. S., Good, C. D., Ashburner, J., Frackowiak, R. S., & Frith, C. D. (2000). Navigation-related structural change in the hippocampi of taxi drivers. *Proceedings of the National Academy of Science, USA, 97,* 4398–4403.

Maguire, E., Valentine, E., Wilding, J., & Kapur, N. (2003). Routes to remembering: the brains behind superior memory. *Nature Neuroscience, 6,* 90–94.

Mair, R., Knoth, R., Rabchenuk, S., & Langlais, P. (1991). Impairment of olfactory, auditory, and spatial serial reversal learning in rats recovered from pyrithiamine-induced thiamine deficiency. *Behavioral Neuroscience, 105*(3), 360–374.

Majewska, A., & Sur, M. (2003). Motility of dendritic spines in visual cortex *in vivo*: changes during the critical period and effects of visual deprivation. *Proceedings of the National Academy of Sciences USA, 100*(26), 16024–16029.

Malcuit, G., Bastien, C., & Pomerleau, A. (1996). Habituation of the orienting response to stimuli of different functional values in 4-month-old infants. *Journal of Experimental Child Psychology, 62,* 272–291.

Malpass, R. S., & Kravitz, L. (1969). Recognition for faces of own and other race. *Journal of Personality and Social Psychology, 13,* 330–334.

Manns, J., Hopkins, R., & Squire, L. (2003). Semantic memory and the human hippocampus. *Neuron, 38,* 127–133.

Marcus, E. A., Nolen, T. G., Rankin, C. H., & Carew, T. J. (1988). Behavioral dissociation of dishabituation, sensitization, and inhibition in *Aplysia. Science, 241,* 210–213.

Maren, S. (1999). Long-term potentiation in the amygdala: a mechanism for emotional learning and memory. *Trends in Neurosciences, 22,* 561–567.

Margoliash, D. (2002). Evaluating theories of bird song learning: implications for future directions. *Journal of Comparative Physiology A—Neuroethology, Sensory, Neural and Behavioral Physiology, 188,* 851–866.

Maril, A., Wagner, A. & Schacter, D. L. (2001). On the tip of the tongue: An event-related fMRI study of semantic retrieval failure and cognitive conflict. *Neuron, 31,* 653–660.

Markowitsch, H. (1992). Intellectual functions and the brain—An historical perspective. Kirkland, WA: Hogrefe and Huber.

Markowitsch, H., Calabrese, P., Wurker, M., Durwen, H., Kessler, J., Babinsky, R., et al. (1994). The amygdala's contribution to memory—A study on two patients with Urbach-Wiethe disease. *Neuroreport, 5*(11), 1349–1352.

Markowitsch, H., Kessler, J., Van der Ven, C., Weber-Luxenburger, G., Albers, M., & Heiss, W. (1998). Psychic trauma causing grossly reduced brain metabolism and cognitive deterioration. *Neuropsychologia, 36,* 77–82.

Marler, P. (1970). A comparative approach to vocal song learning: song development in white-crowned sparrows. *Journal of Comparative and Physiological Psychology, 71,* 1–25.

Marler, P. (1997). Three models of song learning: evidence from behavior. *Journal of Neurobiology, 33*(5), 501–516.

Marsh, R., & Bower, G. (1993). Eliciting cryptomnesia: unconscious plagiarism in a puzzle task. *Journal of Experimental Psychology: Learning, 19*(3), 673–688.

Martin, J. P. (2013). NFL, ex-players reach $765 million deal in concussion case. Philly.com. Posted August 31, 2013; retrieved May 30, 2015.

Martin, M., & Jones, G. V. (1995). Danegeld remembered: taxing further the coin head illusion. *Memory 3*(1), 97–104.

Martineau, J., Andersson, F., Barthelemy, C., Cottier, J. P., & Destrieux, C. (2010). Atypical activation of the mirror neuron system during perception of hand motion in autism. *Brain Research, 1320,* 168–175.

Martínez-Cué, C., Baamonde, C., Lumbreras, M., Paz, J., Davisson, M., Schmidt, C., et al. (2002). Differential effects of environmental enrichment on behavior and learning of male and female Ts65Dn mice, a model for Down syndrome. *Behavioural Brain Research, 134,* 185–200.

Martinussen, R. & Major, A. (2011). Working memory weaknesses in students with ADHD: Implications for instruction. *Theory into Practice, 50*(1), 68–75.

Mathes, W. F., Nehrenberg, D. L., Gordon, R., Hua, K., Garland, T., & Pomp, D. (2010). Dopaminergic dysregulation in mice selectively bred for excessive exercise or obesity. *Behav Brain Res, 210*(2), 155–163.

Matson, J. L., & Boisjoli, J. A. (2009). The token economy for children with intellectual disability and/or autism: A review. *Research in Developmental Disabilities, 30*(2), 240–248.

Matsumoto, D., & Ekman, P. (1989). American-Japanese cultural differences in intensity ratings of facial expressions of emotion. *Motivation and Emotion, 13,* 143–157.

Matsumoto, M., & Hikosaka, O. (2009). Two types of dopamine neuron distinctly convey positive and negative motivational signals. *Nature, 459*(7248), 837–841.

Maurer, D., & Lewis, T. (1999). Rapid improvement in the acuity of infants after visual input. *Science, 286,* 108–110.

McAllister, W. R. (1953). Eyelid conditioning as a function of the CS-US interval. *Journal of Experimental Psychology, 45*(6), 417–422.

McBride, W. J., Murphy, J. M., & Ikemoto, S. (1999). Localization of brain reinforcement mechanisms: Intracranial self-administration and intracranial place-conditioning studies. *Behav Brain Res, 101*(2), 129–152.

McClearn, G., Johansson, B., Berg, S., Pedersen, N., Ahern,

F., Petrill, S., et al. (1997). Substantial genetic influence on cognitive abilities in twins 80 or more years old. *Science, 276*(5318), 1560–1563.

McClure, H. M., Belden, K. H., Pieper, W. A., & Jacobson, C. B. (1969). Autosomal trisomy in a chimpanzee: resemblance to Down's syndrome. *Science, 165*(897), 1010–1012.

McCormick, D. A., & Thompson, R. F. (1984). Neuronal responses of the rabbit cerebellum during acquisition and performance of a classically conditioned nictitating membrane-eyelid response. *Journal of Neuroscience, 4*(11), 2811–2822.

McCutcheon, L. (2000). Another failure to generalize the Mozart effect. *Psychological Reports, 87*(1), 325–330.

McDonald, R., & White, N. (1994). Parallel information processing in the water maze: evidence for independent memory systems involving dorsal striatum and hippocampus. *Behavioral and Neural Biology, 61*(3), 260–270.

McEwen, B. (1997). Possible mechanism for atrophy of the human hippocampus. *Molecular Psychiatry, 2*, 255–262.

McEwen, B. (1999). Stress and hippocampal plasticity. *Annual Review of Neuroscience, 22*, 105–122.

McEwen, B., & Sapolsky, R. (1995). Stress and cognitive function. *Current Opinion in Neurobiology, 5*, 205–216.

McGaugh, J. (2000). Memory—a century of consolidation. *Science, 287*(5451), 248–251.

McGaugh, J. L. (2002). Memory consolidation and the amygdala: a systems perspective. *Trends in Neurosciences, 25*(9), 456–460.

McGaugh, J. L. (2003). *Memory and emotion: the making of lasting memories.* New York: Columbia University Press.

McGaugh, J. L., & Cahill, L. (2003). Emotion and memory: central and peripheral contributions. In R. Davidson, K. Scherer & H. Goldsmith (Eds.), *Handbook of affective sciences* (pp. 93–116). New York: Oxford University Press.

McIntyre, C., Hatfield, T., & McGaugh, J. (2000). Amygdala norepinephrine levels after training predict inhibitory avoidance retention performance in rats. *European Journal of Neuroscience, 16*, 1223–1226.

McKelvie, P., & Low, J. (2002). Listening to Mozart does not improve children's spatial ability: final curtains for the Mozart effect. *British Journal of Developmental Psychology, 20*, 241–258.

McKenzie, S., and Eichenbaum, H. (2011). Consolidation and reconsolidation: two lives of memories? *Neuron 71*, 224–233.

McLaren, I. P. L., & Mackintosh, N. J. (2002). Associative learning and elemental representation: II. Generalization and discrimination. *Animal Learning & Behavior, 30*, 177–200.

McLaughlin, K. A., Busso, D. S., Duys, A., Green, J. G., Alves, S., Way, M., & Sheridan, M. A. (2014). Amygdala response to negative stimuli predicts PTSD symptom onset following a terrorist attack. *Depression and Anxiety, 31*, 834–842.

Mclaughlin, K. A., Conron, K. J., Koenen, K. C., & Gilman, S. E. (2010). Childhood adversity, adult stressful life events, and risk of past-year psychiatric disorder: a test of the stress sensitization hypothesis in a population-based sample of adults. *Psychological Medicine, 40*, 1647–1658.

McLellan, A., Lewis, D., O'Brien, C., & Kleber, H. (2000). Drug dependence, a chronic medical illness: implications for treatment, insurance, and outcomes evaluation. *Journal of the American Medical Association, 284*, 1689–1695.

McNally, R., Bryant, R., & Ehlers, A. (2003). Does early psychological intervention promote recovery from posttraumatic stress? *Psychological Science in the Public Interest, 4*(2), 45–79.

Mehta, M. A., Owen, A. M., Sahakian, B. J., Mavaddat, N., Pickard, J. D., & Robbins, T. W. (2000). Methylphenidate enhances working memory by modulating discrete frontal and parietal lobe regions in the human brain. *Journal of Neuroscience, 20*, RC65.

Mehta, M., Goodyer, I., and Sahakian, B. (2004). Methylphenidate improves working memory and set-shifting in AD/HD: relationships to baseline memory capacity. *Journal of Child Psychology and Psychiatry, 45*(2), 293.

Meissner, C. A., & Brigham, J. C. (2001). Thirty years of investigating the own-race bias in memory for faces—a meta-analytic review. *Psychology Public Policy and Law, 7*, 3–35.

Mengles, J.A., Gershberg, F.B., Shimanura, A.P., and Knight, R.T. (1996). Impaired retrieval from remote memory in patients with frontal lobe lesions, *Neuropsychology, 10*, 32–41.

Mercado, E., III (2008). Neural and cognitive plasticity: from maps to minds. *Psychological Bulletin, 134*, 109–137.

Mercado, E., III, Mantell, J. T., Pfordresher, P. Q. (2014). Imitating sounds: a cognitive approach to understanding vocal imitation. *Comparative Cognition & Behavior Reviews, 9*, 1–57.

Mercado, E., III, Murray, S., Uyeyama, R., Pack, A., & Herman, L. (1998). Memory for recent actions in the bottlenosed dolphin (*Tursiops truncates*): repetition of arbitrary behaviors using an abstract rule. *Animal Learning and Behavior, 26*(2), 210–218.

Merzenich, M. Jenkins, W., Johnston, P., S., Schreiner, C., Miller, S. L. & Tallal, P. (1996). Temporal Processing Deficits of Language-Learning Impaired Children Ameliorated by Training, *Science, 271*, 77–81.

Meyer, M., Baumann, S., Wildgruber, D., & Alter, K. (2007). How the brain laughs. comparative evidence from behavioral, electrophysiological and neuroimaging studies in human and monkey. *Behavioural Brain Research, 182*(2), 245–260.

Michel, G. F., & Tyler, A. N. (2005). Critical period: a history of the transition from questions of when, to what, to how. *Developmental Psychobiology, 46*, 209–221.

Michelmore, C. & Gede, L. (2014). Brain derived neurotrophic factor: Epigenetic regulation in psychiatric disorders. *Brain Research, 1586*, 162–172.

Miles, C., Green, R., Sanders, G., & Hines, M. (1998).

Estrogen and memory in a transsexual population. *Hormones and Behavior, 34*(2), 199–208.

Miller, E.K. (2000). The prefrontal cortex and cognitive control. *Nature Reviews Neuroscience, 1,* 59–65.

Miller, E.K. and Cohen, J.D. (2001). An integrative theory of prefrontal cortex function. *Annual Review of Neuroscience, 24,* 167–202.

Miller, E.K. and Wallis, J.D. (2003). The prefrontal cortex and executive brain functions. In Squire, L.R., Bloom, F.E., Roberts, J.L., Zigmond, M.J., McConnell, S.K., Spitzer, N.C. (eds.), Fundamental Neuroscience (2nd ed., pp. 1353–1376). New York: Academic Press,.

Miller, E.K., Erickson, C.A., and Desimone, R. (1996). Neural mechanisms of visual working memory in prefrontal cortex of the macaque. Journal of Neuroscience 16, 5154–5167.

Miller, G. (1956). The magic number seven plus or minus two: some limits on our capacity for processing information. *Psychological Review, 63,* 81–97.

Miller, J. W., Petersen, R. C., Metter, E. J., Millikan, C. H., & Yanagihara, T. (1987). Transient global amnesia: clinical characteristics and prognosis. *Neurology, 37*(5), 733–737.

Miller, M.H. and Orbach J. (1972). Retention of spatial alternation following frontal lobe resections in stump-tailed macaques. *Neuropsychologia, 10,* 291–298.

Miller, N. E., & Dollard, J. (1941). *Social learning and imitation.* New Haven, CT: Yale University Press.

Milner, B. (1966). Amnesia following operation on the temporal lobes. In C. Whitty & O. Zangwill (Eds.), *Amnesia* (pp. 109–133). New York: Appleton-Century-Crofts.

Milner, B., Corkin, S., & Teuber, J. (1968). Further analysis of the hippocampal amnesic syndrome: a 14-year follow-up study of HM. *Neuropsychologia, 6,* 215–234.

Mineka, S., & Cook, M. (1988). Social learning and the acquisition of snake fear in monkeys. In T. Zentall & B. Galef (Eds.), *Social learning* (pp. 51–73). Hillsdale, NJ: Erlbaum.

Mineka, S., & Cook, M. (1988). Social learning and the acquisition of snake fear in monkeys. In T. R. Zentall & B. G. Galef (Eds.), *Social learning: psychological and biological perspectives* (pp. 51–73). Hillsdale, NJ: Erlbaum.

Minozzi S, Amato L, Vecchi S, Davoli M, Kirchmayer U, Verster A (2011). Oral naltrexone maintenance treatment for opioid dependence. *Cochrane Database of Systematic Reviews, 4,* CD001333 [online resource].

Minshew, N. J., & Williams, D. L. (2007). The new neurobiology of autism—cortex, connectivity, and neuronal organization. *Archives of Neurology, 64,* 945–950.

Misanin, J. R., Miller, R. R., & Lewis, D. J. (1968). Retrograde amnesia produced by electroconvulsive shock after reactivation of a memory trace. *Science, 160,* 554–555.

Mishkin, M. (1957). Effects of small frontal lesions on delayed alternation in monkeys. *Journal of Neurophysiology, 20,* 615–622.

Mishkin, M. (1964). Perseveration of central sets after frontal lesions in monkeys. In J. M. Warren, Akert, K.(Eds.), The frontal granular cortex and behavior (pp. 219–241). New York, McGraw-Hill.

Mishkin, M. (1978). Memory in monkeys severely disrupted by combined but not by separate removal of amygdala and hippocampus. *Nature, 273,* 297–299.

Mishkin, M. and Manning, F.J. (1978). Non-spatial memory after selective prefrontal lesions in monkeys. Brain Res 143:313–323.

Mishra, J, & Gazzaley, A. (2014). Harnessing the neuroplastic potential of the human brain & the future of cognitive rehabilitation. *Frontiers in Human Neuroscience, 8,* 218.

Mizumori, S. J., Miya, D. Y., & Ward, K. E. (1994). Reversible inactivation of the lateral dorsal thalamus disrupts hippocampal place representation and impairs spatial learning. *Brain Research, 644,* 168–174.

Mobbs, D., Greicius, M., Abdel-Azim, E., Menon, V., & Reiss, A. (2003). Humor modulates the mesolimbic reward centers. *Neuron, 40*(5), 1041–1048.

Moncaster, J. A., Pineda, R., Moir, R. D., Lu, S., Burton, M. A., Ghosh, J. G., et al. (2010). Alzheimer's disease amyloid-beta links lens and brain pathology in Down syndrome. *PLoS One, 5*(5), e10659.

Monti, B., & Contestabile, A. (2009). Memory-enhancing drugs: A molecular perspective. *Mini-Reviews in Medicinal Chemistry, 9,* 769–781.

Mooney, R. (2009). Neurobiology of song learning. *Current Opinion in Neurobiology, 19,* 654–660.

Moore, J. W., & Gormezano, I. (1961). Yoked comparisons of instrumental and classical eyelid conditioning. *Journal of Experimental Psychology, 62,* 552–559.

Morgan, C. L. (1896). *Habit and instinct.* London: Edward Arnold.

Morishita, H., & Hensch, T. K. (2008). Critical period revisited: impact on vision. *Current Opinion in Neurobiology, 18,* 101–107.

Morris, C., Bransford, J., & Franks, J. (1977). Levels of processing versus transfer appropriate processing. *Journal of Verbal Learning and Verbal Behavior, 16*(5), 519–533.

Morrison, J. H. & Baxter, M. G. (2012). The ageing cortical synapse: hallmarks and implications for cognitive decline. *Nature Reviews Neuroscience, 13,* 240–250.

Moscovitch, M., & Nadel, L. (1998). Consolidation and the hippocampal complex revisited: in defense of the multiple-trace model. *Current Opinion in Neurobiology, 8,* 297–300.

Moss, C. (1988). *Elephant memories: thirteen years in the life of an elephant family.* New York: Fawcett Columbine.

Mowrer, O. H. (1960). *Learning theory and behavior.* New York: Wiley.

Muhlberger, A., Herrmann, M., Wiedeman, G., Ellgring, H., & Pauli, P. (2001). Repeated exposure of flight phobics to flights in virtual reality. *Behavioral Research Therapy, 39*(9), 1033–1050.

Murray, B. D., Anderson, M. C., & Kensinger, E. A. (2015). Older adults can suppress unwanted memories when given an appropriate strategy. *Psychology and Aging, 30*, 9–25.

Myers, C., Ermita, B., Hasselmo, M., & Gluck, M. (1998). Further implications of a computational model of septohippocampal cholinergic modulation in eyeblink conditioning. *Psychobiology, 26*(1), 1–20.

Myers, C., Gluck, M., & Granger, R. (1995). Dissociation of hippocampal and entorhinal function in associative learning: A computational approach. *Psychobiology, 23*(2), 116–138.

Myers, C., Kluger, A., Golomb, J., Gluck, M., & Ferris, S. (2008). Learning and generalization tasks predict short-term outcome in non-demented elderly. *Journal of Geriatric Psychiatry and Neurology, 21*, 93–103.

Myers, C., Shohamy, D., Gluck, M., Grossman, S., Kluger, A., Ferris, S., Golomb, J., Schnirman, G., & Schwartz, R. (2003). Dissociating hippocampal versus basal ganglia contributions to learning and transfer. *Journal of Cognitive Neuroscience. 15*(2), 185–193.

Myers, N., Perris, E., & Speaker, C. (1994). Fifty months of memory: a longitudinal study in early childhood. *Memory, 2*, 383–415.

Nabavi, S., Fox, R., Proulx, C. D., Lin, J. Y., Tsien, R. Y., & Malinow, R. (2014). Engineering a memory with LTD and LTP. *Nature, 511*, 348–352.

Nadel, L. (1999). Down syndrome in cognitive neuroscience perspective. In H. Tager-Flusberg (Ed.), *Neurodevelopmental disorders* (pp. 197–221). Cambridge, MA: MIT Press.

Nadel, L. (2003). Down syndrome: a genetic disorder in biobehavioral perspective. *Genes, Brain, and Behavior, 2*(3), 156–166.

Nadel, L., & Land, D. (2000). Memory traces revisited. *Nature Reviews Neuroscience, 1*(3), 209–212.

Nadel, L., & Moscovitch, M. (1997). Memory consolidation, retrograde amnesia and the hippocampal complex. *Current Opinion in Neurobiology, 7*(2), 217–227.

Nadel, L., & Moscovitch, M. (2001). The hippocampal complex and long-term memory revisited. *Trends in Cognitive Science, 5*, 228–230.

Nadel, L., Samsonovich, A., Ryan, L., & Moscovitch, M. (2000). Multiple trace theory of human memory: computational, neuroimaging and neuropsychological results. *Hippocampus, 10*, 352–368.

Nader, K. (2003). Memory traces unbound. *Trends in Neurosciences, 26*(2), 65–72.

Nader, K., & Hardt, O. (2009). A single standard for memory: the case for reconsolidation. *Nature Reviews Neuroscience, 10*(3), 224–234.

Nader, K., Schafe, G. E., & LeDoux, J. E. (2000a). The labile nature of consolidation theory. *Nature Reviews Neuroscience, 1*(3), 216–219.

Nader, K., Schafe, G. E., & LeDoux, J. E. (2000b). Fear memories require protein synthesis in the amygdala for reconsolidation after retrieval. *Nature, 406*, 722–727.

Nagell, K., Olguin, R. S., & Tomasello, M. (1993). Processes of social learning in the tool use of chimpanzees (*Pan troglodytes*) and human children (*Homo sapiens*). *Journal of Comparative Psychology, 107*(2), 174–186.

Naghdi, N., Majlessi, N., & Bozorgmehr, T. (2005). The effect of intrahippocampal injection of testosterone enanthate (an androgen receptor agonist) and anisomycin (protein synthesis inhibitor) on spatial learning and memory in adult, male rats. *Behavioural Brain Research, 156*(2), 263–268.

Naqvi, N. H. & Bechara, A. (2009). The hidden island of addiction: the insula. *Trends in Neurosciences, 32*, 56–67.

Naqvi, N. H., Rudrauf, D., Damasio, H. & Bechara, A. (2007). Damage to the insula disrupts addiction to cigarette smoking. *Science 315*, 531–534.

Nargeot, R., Baxter, D., Patterson, G., & Byrne, J. (1999). Dopaminergic synapses mediate neuronal changes in an analogue of operant conditioning. *Journal of Neurophysiology, 81*, 1983–1987.

Naskar, S., Sood, S. K., Goyal, V., & Dhara, M. (2010). Mechanism(s) of deep brain stimulation and insights into cognitive outcomes of Parkinson's disease. *Brain Research Reviews, 65*, 1–13.

National Down Syndrome Society (2015). *Down syndrome fact sheet.* Retrieved from www.ndss.org , 25 May 2015.

National Institutes of Health Consensus Conference. (1985). Electroconvulsive therapy. *Journal of the American Medical Association, 254*, 2103–2108.

Naveh-Benjamin, M. (1991). A comparison of training programs intended for different types of test-anxious students: further support for an information processing model. *Journal of Educational Psychology, 83*, 134–139.

Neath, I. (2010). Evidence for similar principles in episodic and semantic memory: the presidential serial position function. *Memory and Cognition, 38*(5), 659–667.

Nee, D.E., & Jonides, J, (2013). Neural evidence for a 3-state model of visual short-term memory. *Neuroimage, 74*, 1–11.

Neisser, U. (1982). Snapshots or benchmarks? In U. Neisser (Ed.), *Memory observed: remembering in natural contexts* (pp. 43–49). San Francisco: Freeman.

Neisser, U., & Harsch, N. (1992). Phantom flashbulbs: false recollections of hearing the news about Challenger. In E. Winograd & U. Neisser (Eds.), *Affect and accuracy in recall: studies of "flashbulb" memories* (pp. 9–31). New York: Cambridge University Press.

Nelson, T. O., Gerler, D., & Narens, L. (1984). Accuracy of feeling-of-knowing judgments for predicting perceptual identification and relearning. *Journal of Experimental Psychology: General, 113*, 282–300.

Nemetz, G. H., Craig, K. D., & Reith, G. (1978). Treatment of sexual dysfunction through symbolic modeling. *Journal for Consulting and Clinical Psychology, 46*, 62–73.

Netzer, W. J., Powell, C., Nong, Y., Blundel, J., Wong, L., Duff, K., et al. (2010). Lowering ß-amyloid levels rescues learning and memory in a Down syndrome mouse model. *PLoS One5, 6*(e10943).

Neufield, P., & Dwyer, J. (2000). *Actual innocence: five days to execution and other dispatches from the wrongly convicted.* New York: Doubleday.

Newell, A., & Rosenbaum, P. S. (1981). Mechanism of skill acquisition and the law of practice. In J. R. Anderson (Ed.), *Cognitive skill acquisition* (pp. 1–56). Hillsdale, NJ: Lawrence Erlbaum.

Newport, E. (1990). Maturational constraints on language learning. *Cognitive Science, 14*, 11–28.

Nickerson, R. S., & Adams, M. J. (1979). Long-term memory for a common object. *Cognitive Psychology, 11*(3), 287–307.

Nielsen, S. E., Ertman, N., Lakhani, Y. S. & Cahill, L. (2011). Hormonal contraception usage is associated with altered memory for an emotional story. *Neurobiology of Learning and Memory, 96*, 378–384.

Nikolaev, A., McLaughlin, T., O'Leary, D. D., & Tessier-Lavigne, M. (2009). APP binds DR6 to trigger axon pruning and neuron death via distinct caspases. *Nature, 457*(7232), 981–989.

Nishitani, N., Avikainen, S., & Hari, R. (2004). Abnormal imitation-related cortical activation sequences in Asperger's syndrome. *Annals of Neurology, 55*(4), 558–562.

Nithianantharajah, J., & Hannan, A. J. (2009). The neurobiology of brain and cognitive reserve: mental and physical activity as modulators of brain disorders. *Progress in Neurobiology, 89*(4), 369–382.

Noad, M. J., Cato, D. H., Bryden, M. M., Jenner, M. N., & Jenner, K. C. S. (2000). Cultural revolution in whale songs. *Nature, 408*, 537.

Noice, H., & Noice, T. (2006). What studies of actors and acting tell us about memory and cognitive functioning. *Current Directions in Psychological Science, 15*, 14–18.

Norman, D. A., & Shallice, T. (1986). Attention to action. Willed and automatic control of behavior. In R.J. Davidoson, G.E. Schwartz, & D. Shapiro (Eds.), Consciousness and self regulation (pp. 1–17). New York: Plenum.

Norrholm, S. D., & Ressler, K. J. (2009). Genetics of anxiety and trauma-related disorders. *Neuroscience, 164*(1), 272–287.

Nowakowski, R., & Hayes, N. (2000). New neurons: extraordinary evidence or extraordinary conclusion? *Science, 288*, 771a.

Nudo, R. J., Milliken, G. W., Jenkins, W. M., & Merzenich, M. M. (1996). Use-dependent alterations of movement representations in primary motor cortex of adult squirrel monkeys. *Journal of Neuroscience, 16*, 785–807.

Nyberg, L., R. Cabeza, and E. Tulving. (1996). PET studies of encoding and retrieval: The HERA model. *Psychology Bulletin and Review, 3*, 135–148.

O'Doherty, J., Dayan, P., Schultz, J., Deichmann, R., Fristen, K., & Dolan, R. (2004). Dissociable roles of ventral and dorsal striatum in instrumental conditioning. *Science,*

304(5669), 452–455.

O'Kane, G., Kensinger, E. A., & Corkin, S. (2004). Evidence for semantic leanring in profound amnesia: An investigation with patient H.M. *Hippocampus, 14*, 417–425.

O'Keefe, J., & Dostrovsky, J. (1971). The hippocampus as a spatial map: preliminary evidence from unit activity in the freely-moving rat. *Brain Research, 34*, 171–175.

O'Scalaidhe, S. P., Wilson, F. A., Goldman-Rakic, P. S. (1997). Areal segregation of face-processing neurons in prefrontal cortex. *Science, 278*, 1135–38.

Oberauer, K. (2002). Access to information in working memory: Exploring the focus of attention. *Journal of Experimental Psychology: Learning, Memory and Cognition, 28*, 411–21.

Oberauer, K. (2013). The focus of attention in working memory—from metaphors to mechanisms. *Frontiers in Human Neuroscience, 7*, 673.

Okado, Y., & Stark, C. (2003). Neural processing associated with true and false memory retrieval. *Cognitive, Affective and Behavioral Neuroscience, 3*, 323–334.

Olds, J. (1955). "Reward" from brain stimulation in the rat. *Science, 122*, 878.

Olds, J. (1958). Self-stimulation of the brain. *Science, 127*, 315–323.

Olness, K., & Ader, R. (1992). Conditioning as an adjunct in the pharmacotheraphy of lupus erythematosus. *Journal of Developmental & Behavioral Pediatrics, 13*(2), 124–5.

Olton, D. (1983). Memory functions and the hippocampus. In W. Seifert (Ed.), *Neurobiology of the hippocampus* (pp. 335–373). London: Academic Press.

Orr, S. P., Metzger, L. J., Lasko, N. B., Macklin, M. L., Hu, F. B., Shalev, A. Y., et al. (2003). Physiologic responses to sudden, loud tones in monozygotic twins discordant for combat exposure. *Archives of General Psychiatry, 60*, 283–288.

Orr, S. P., Metzger, L. J., Lasko, N. B., Macklin, M. L., Peri, T., & Pitman, R. K. (2000). De novo conditioning in trauma-exposed individuals with and without posttraumatic stress disorder. *Journal of Abnormal Psychology, 109*(2), 290–298.

Otten, L. J., Henson, R. N. & Rugg, M. D. (2001). Depth of processing effects on neural correlates of memory encoding: Relationship between findings from across- and within-task comparisons. *Brain, 124*, 399–412.

Ottersen, O., & Helm, P. (2002). Neurobiology: how hard-wired is the brain? *Nature, 420*, 751–752.

Otto, T. and Eichenbaum, H. (1992). Complementary roles of the orbitoal prefrontal cortex and the peririhanl-entorhinal cortices in an odor-guided delayed-nonmatching-to-sample task. Behavioral Neuroscience. 106. 762–775.

Ouellet, J., Rouleau, I., Labrecque, R., Bernier, G., & Scherzer, P. B. (2008). Two routes to losing one's past life: a brain trauma, an emotional trauma. *Behavioral Neurology, 20*(1–2), 27–38.

Overman, W., Bachevalier, J., Schuhmann, E., & Ryan, P. (1996). Cognitive gender differences in very young children parallel biologically based cognitive gender differences in monkeys. *Behavioral Neuroscience, 110,* 673–684.

Overmier, J., & Seligman, M. (1967). Effects of inescapable shock upon subsequent escape and avoidance learning. *Journal of Comparative and Physiological Psychology, 63,* 23–33.

Owen, A.M., Evans, A.C., & Petrides, M. (1996). Evidence for a two-stage model of spatial working memory processing within the lateral frontal cortex: a positron emission tomography study. *Cerebral Cortex, 6*(1), 31–8.

Packard, M. G., Hirsh, R., & White, N. M. (1989). Differential effects of fornix and caudate nucleus lesions on two radial maze tasks: evidence for multiple memory systems. *Journal of Neuroscience, 9,* 1465–1472.

Padoa-Schioppa, C., & Assad, J. A. (2006). Neurons in the orbitofrontal cortex encode economic value. *Nature, 441*(7090), 223–226.

Pakkenberg, B., & Gundersen, H. (1997). Neocortical neuron number in humans: effect of sex and age. *Journal of Comparative Neurology, 384,* 312–320.

Palminteri, S., Justo, D., Jauffret, C., Pavlicek, B., Dauta, A., Delmaire, C., Czernecki, V., Karachi, C., Capelle, L., & Pessiglione, M. (2012). Critical roles for anterior insula and dorsal striatum in punishment-based avoidance learning. *Neuron, 76,* 998–1009.

Palmiter, R. D. (2008). Dopamine signaling in the dorsal striatum is essential for motivated behaviors: Lessons from dopamine-deficient mice. *Annals of the New York Academy of Sciences, 1129,* 35–46.

Panksepp, J., & Burgdorf, J. (2003). "Laughing" rats and the evolutionary antecedents of human joy? *Physiology and Behavior, 79*(3), 533–547.

Pannu, J. K. & Kaszniak, A. W. (2005). Metamemory experiments in neurological populations: A review. *Neuropsychology Review, 15,* 105–130.

Papassotiropoulos, A., Henke, K., Stefanova, E., Aerni, A., Muller, A., Demougin, P., et al. (2009). A genome-wide survey of human short-term memory. *Molecular Psychiatry.*

Paradis, C. M., Solomon, L. Z., Florer, F., & Thompson, T. (2004). Flashbulb memories of personal events of 9/11 and the day after for a sample of New York City residents. *Psychological Reports, 95*(1), 304–310.

Paré, D. (2002). Mechanisms of Pavlovian fear conditioning: has the engram been located? *Trends in Neurosciences, 25*(9), 436–437.

Paré, D. (2003). Role of the basolateral amygdala in memory consolidation. *Progress in Neurobiology, 70,* 409–420.

Park, S. and Holzman, P.S. (1992). Schizophrenics show spatial working memory deficits. *Archives of General Psychiatry, 49,* 975–982.

Park, S., Holzman, P.S., and Goldman-Rakic, P.S. (1992). Spatial working memory deficits in the relatives of schizophrenia patients. *Archives of General Psychiatry, 52,* 821–828.

Passingham, R. (1975). Delayed matching after selective prefrontal lesions in monkeys (Macaca mulatta). *Brain Research, 92,* 89–102.

Passingham, R. (1993). The Frontal lobes and voluntary action. Oxford, UK: Oxford University Press.

Paton, J., & Nottebohm, F. (1984). Neurons generated in the adult brain are recruited into functional circuits. *Science, 225,* 1046–1048.

Pavlov, I. (1927). *Conditioned reflexes.* London: Clarendon Press.

Pavlov, I. P. (1927). *Conditioned reflexes: an investigation of the physiological activity of the cerebral cortex.* London: Oxford University Press.

Pavlov, I. P. (1927). *Conditioned reflexes.* Oxford, England: Oxford University Press.

Payne, K., & Payne, R. (1985). Large scale changes over 19 years in songs of humpback whales in Bermuda. *Zeitschrift für Tierpsychologie, 68,* 89–114.

Pearce, A. J., Thickbroom, G. W., Byrnes, M. L., & Mastaglia, F. L. (2000). Functional reorganization of the corticomotor projection to the hand in skilled racquetball players. *Experimental Brain Research, 130,* 238–243.

Pearce, J., & Hall, G. (1980). A model for Pavlovian learning: variations in the effectiveness of conditioned but not of unconditioned stimuli. *Psychological Review, 87,* 532–552.

Pedreira, M., Romano, A., Tomsic, D., Lozada, M., & Maldonado, H. (1998). Massed and spaced training build up different components of long-term habituation in the crab *Chasmagnathus. Animal Learning and Behavior, 26,* 34–45.

Peisner-Feinberg, E., Burchinal, M., & Clifford, R. (2001). The relation of preschool child-care quality to children's cognitive and social developmental trajectories through second grade. *Child Development, 72,* 1534–1553.

Penfield, W., & Boldrey, E. (1937). Somatic motor and sensory representations in cerebral cortex of man as studied by electrical stimulation. *Brain, 60,* 389–443.

Penfield, W., & Rasmussen, T. (1950). *The cerebral cortex of man: a clinical study of the localization of function.* New York: Macmillan.

Penick, S., & Solomon, R. (1991). Hippocampus, context and conditioning. *Behavioral Neuroscience, 105*(5), 611–617.

Pennington, B., Moon, J., Edgin, J., Stedron, J., & Nadel, L. (2003). The neuropsychology of Down syndrome: evidence for hippocampal dysfunction. *Child Development, 74*(1), 75–93.

Pepperberg, I. M. (1994). Vocal learning in gray parrots (*Psittacus erithacus*)—effects of social interaction, reference, and context. *Auk, 111,* 300–313.

Peri, T., Ben-Shakhar, G., Orr, S. P., & Shalev, A. Y. (2000). Psychophysiologic assessment of aversive conditioning in posttraumatic disorder. *Biological Psychiatry, 47*(6), 512–519.

Perlman, S. E., Friedman, S., Galea, S., Nair, H. P., Eros-Samyai, M., Stellman, S. D., Hon, J. & Greene, C. M. (2011). Short-term and medium-term health effects of 9/11. *The Lancet, 378,* 925–934.

Perret, E. (1974). The left frontal lobe of man and the suppression of habitual responses in verbal categorical behaviour. *Neuropsychologia, 12*, 323–30.

Perret, S. P., Ruiz, B. P., & Mauk, M. D. (1993). Cerebellar cortex lesions disrupt learning-dependent timing of conditioned eyelid responses. *Journal of Neuroscience, 13*, 1708–1718.

Perret, S. P., Ruiz, B. P., & Mauk, M. D. (1993). Cerebellar cortex lesions disrupt learning-dependent timing of conditioned eyelid responses. *Journal of Neuroscience, 13*, 1708–1718.

Perry, L. K., Samuelson, L. K., Malloy, L. M., & Schiffer, R. N. (2010). Learn locally, think globally: Exemplar variability supports higher-order generalization and word learning. *Psychological Science, 12*, 1894–902.

Peters, A., Rosene, D., Moss, M., Kemper, T., Abraham, C., Tigges, J., et al. (1996). Neurobiological bases of age-related cognitive decline in the rhesus monkey. *Journal of Neuropathology and Experimental Neurology, 55*, 861–874.

Petrides, M. (1991). Monitoring of selections of visual stimuli and the primate frontal cortex. *Proceedings of the Royal Society of London B, 246*, 293–298.

Petrides, M. (1994). Frontal lobes and working memory: evidence from investigations of the effects of cortical excisions in nonhuman primates. In F.Boller & J. Grafman (Eds.), Handbook of neuropsychology (Vol. 9, pp. 59–82). Amsterdam: Elsevier.

Petrides, M. (1995). Impairments on nonspatial self-ordered and externally ordered working memory tasks after lesions of the mid-dorsal part of the lateral frontal cortex in the monkey. *Journal of Neuroscience, 15*, 359–375.

Petrides, M. (1996). Specialized systems for the processing of mnemonic information within the primate frontal cortex. *Philosophical Transactions of the Royal Society of London, B, 351*, 1455–1462.

Petrides, M. (2000). Frontal lobes and memory. In F. Boller & J. Grafman (Eds.), Handbook of neuropsychology (2nd Ed., Vol. 2, pp. 67–84). Amsterdam: Elsevier.

Petrides, M. (2002). The mid-ventrolateral prefrontal cortex and active mnemonic retrieval. *Neurobiology of Learning and Memory, 78*, 528–538.

Petrides, M. (2006). The rostro–caudal axis of cognitive control processing within lateral frontal cortex. In Dehaene, S. (Ed.) Monkey brain to human brain: A Fyssen Foundation Symposium (pp. 293–314). Cambridge, MA: MIT Press.

Petrides, M., & Milner, B. (1982). Deficits on subject-ordered tasks after frontal- and temporal-lobe lesions in man. *Neuropsychologia, 20*, 249–262.

Petrides, M., Alivisatos, B., Evans, A.C., Meyer, E. (1993). Dissociation of human mid- dorsolateral from posterior dorsolateral frontal cortex in memory processing. *Proceedings of the National Academy of Sciences U.S.A., 90*(3), 873–877.

Petscher E. S., Rey, C., & Bailey, J. S. (2009). A review of empirical support for differential reinforcement of alternative behavior. *Research in Developmental Disabilities, 30*, 409–425.

Pettigrew, T. (1979). The ultimate attribution error:

Extending Allport's cognitive analysis of prejudice. *Personality & Social Psychology Bulletin, 5*(4), 461–476

Pfeifer, B. (1922). Die Bedeutung psychologischer Leistungs- und Arbeitsprüfungen für die Topik der Grosshirnrinde [On the role of psychological tests of performance and work for the topical arrangement of the cerebral cortex]. *Zeitschrift für die gesamte Neurologie und Psychiatrie, 30*, 139–142.

Pfordersher, P. Q., & Brown, S. (2007). Poor-pitch singing in the absence of "tone deafness." *Music Perception, 25*, 95–115.

Phan, K., Wagner, T., Taylor, S., & Liberzon, I. (2002). Functional neuroanatomy of emotion: a meta-analysis of emotion activation studies in PET and fMRI. *NeuroImage, 16*, 331–348.

Phelps, E. A., & Sharot, T. (2008). How (and why) emotion enhances the subjective sense of recollection. *Current Directions in Psychological Science, 17*(2), 147–152.

Phillips, R., & LeDoux, J. (1992). Differential contribution of amygdala and hippocampus to cued and contextual fear conditioning. *Behavioral Neuroscience, 106*(2), 274–285.

Phillips, S., & Sherwin, B. (1992). Variations in memory function and sex steroid hormone across the menstrual cycle. *Psychoneuroendocrinology, 17*(5), 497–506.

Piaget, J. (1962). *Play, dreams, and imitation in childhood.* New York: Norton.

Pietrzak, R. H., Johnson, D. C., Goldstein, M. B., Malley, J. C., & Southwick, S. M. (2009). Psychological resilience and postdeployment social support protect against traumatic stress and depressive symptoms in soldiers returning from Operations Enduring Freedom and Iraqi Freedom. *Journal of Special Operations Medicine, 9*(3), 67–73.

Pilz, K., Veit, R., Braun, C., & Godde, B. (2004). Effects of co-activation on cortical organization and discrimination performance. *Neuroreport, 15*, 2669–2672.

Pinker, S. (2002). *The blank slate: The modern denial of human nature.* New York: Viking Press.

Pinsker, H., Kupfermann, I., Castellucci, V., & Kandel, E. (1970). Habituation and dishabituation of the gill-withdrawal reflex in *Aplysia. Science, 167*, 1740–1742.

Piolino, P., Desgranges, B., Benali, K., & Eustache, F. (2002). Episodic and semantic remote autobiographical memory in ageing. *Memory, 10*(4), 239–257.

Pitman, R. K., Gilbertson, M. W., Gurvits, T. V., May, F. S., Lasko, N. B., Metzger, L. J., et al. (2006). Clarifying the origin of biological abnormalities in PTSD through the study of identical twins discordant for combat exposure. *Annals of the New York Academy of Sciences, 1071*, 242–254.

Plaud, J., Gaither, G., Henderson, S., & Devitt, M. (1997). The long-term habituation of sexual arousal in human males: a crossover design. *Psychological Record, 47*, 385–398.

Poh, M. Z., Swenson, N. C., & Picard, R. W. (2010). A wearable sensor for unobtrusive, long-term assessment of electrodermal activity. *IEEE Transactions on Biomedical Engineering, 57*, 1243–1252.

Pohl, P. S., McDowd, J. M., Filion, D. L., Richards, L. G.,

& Stiers, W. (2001). Implicit learning of a perceptual-motor skill after stroke. *Physical Therapy, 81,* 1780–1789.

Poldrack, R. A., & Gabrieli, J. D. E. (2001). Characterizing the neural mechanisms of skill learning and repetition priming: evidence from mirror reading. *Brain, 124*(Pt. 1), 67–82.

Poldrack, R. A., Clark, J., Pare-Blagoev, E. J., Shohamy, D., Creso-Moyano, J., Myers, C. E. & Gluck, M. A. (2001). Interactive memory systems in the brain. *Nature, 414,* 546–550.

Poldrack, R. A., Clark, J., Pare-Blagoev, E. J., Shohamy, D., Creso-Moyano, J., Myers, C. E., & Gluck, M. A. (2001). Interactive memory systems in the brain. *Nature, 414,* 546–550.

Poldrack, R. A., Prabhakaran, V., Seger, C. A., & Gabrieli, J. D. E. (1999). Striatal activation during acquisition of a cognitive skill. *Neuropsychology, 13,* 564–574.

Polgar, P. Farkas, M, Nagy, O., Kelemen, O. Rethelyi, J. Bitter, I., Myers, C. E., Gluck, M. A., & Kéri, S. (2009). How to find the way out from four rooms? The learning of "chaining" associations may shed light on the neuropsychology of the deficit syndrome in schizophrenia. *Schizophrenia Research, 99*(1–3), 200–207.

Polusny, M. A., Erbes, C. R., Murdoch, M., Arbisi, P. A., Thuras, P., & Rath, M. B. (2010). Prospective risk factors for new-onset post-traumatic stress disorder in National Guard soldiers deployed to Iraq. *Psychological Medicine, 10,* 1–12.

Poo, M. (2001). Neurotrophins as synaptic modulators. *Nature Reviews Neuroscience, 2,* 24–32.

Poon, C-S., & Schmid, S. (2012). Nonassociative learning. In Seel, N. M. (ed.) *Encyclopedia of the Sciences of Learning* (pp. 2475–2477). New York: Springer.

Poon, C-S., & Young, D. L. (2006). Nonassociative learning as gated neural integrator and differentiator in stimulus-response pathways. *Behavioral and Brain Functions, 2,* 29.

Port, R., & Patterson, M. (1984). Fimbrial lesions and sensory preconditioning. *Behavioral Neuroscience, 98,* 584–589.

Porter, D., & Neuringer, A. (1984). Music discrimination by pigeons. *Journal of Experimental Psychology: Animal Behavior Processes, 10,* 138–148.

Porter, J. (1977). Pseudorca stranding. *Oceans, 4,* 8–14.

Post, R. M. (1992). Transduction of psychosocial stress into the neurobiology of recurrent affective disorder. *The American Journal of Psychiatry, 149,* 999–1010.

Postle, B.R. (2006).Working memory as an emergent property of the mind and brain. *Neuroscience, 139,* 23–38.

Postle, B.R. (2015). The cognitive neuroscience of visual short-term memory. *Current Opinion in Behavioral Sciences,1,* 40–46.

Postman, L. (1962). Rewards and punishments in human learning. In L. Postman (ed.) *Psychology in the making: Histories of selected research problems* (pp. 331–401) New York: Knopf.

Potenza, M., Kosten, T., & Rounsaville, B. (2001). Pathological gambling. *JAMA: Journal of the American Medical Association, 286*(2), 141–144.

Prather, J. F., Peters, S., Nowicki, S., & Mooney, R. (2008). Precise auditory-vocal mirroring in neurons for learned vocal communication. *Nature, 451,* 305–310.

Premack, D. (1959). Toward empirical behavior laws I: Positive reinforcement. *Psychological Review, 66,* 219–233.

Premack, D. (1961). Predicting instrumental performance from the independent rate of contingent response. *Journal of Experimental Psychology, 61,* 163–171.

Premack, D. (1962). Reversibility of the reinforcement relation. *Science, 136,* 255–257.

Preston, K., Umbricht, A., & Epstein, D. (2000). Methadone dose increase and abstinence reinforcement for treatment of continued heroin use during methadone maintenance. *Archives of General Psychiatry, 57*(4), 395–404.

Price, J., & Morris, J. (1999). Tangles and plaques in nondemented aging and "preclinical" Alzheimer's disease. *Annals of Neurology, 45,* 358–368.

Proteau, L., Marteniuk, R. G., & Levesque, L. (1992). A sensorimotor basis for motor learning: evidence indicating specificity of practice. *Quarterly Journal of Experimental Psychology, 44A,* 557–575.

Pryor, K., Haag, R., & O'Reilly, J. (1969). The creative porpoise: Training for novel behavior. *Journal of the Experimental Analysis of Behavior, 12*(653–661).

Przybyslawsky, J., & Sara, S. J. (1997). Reconsolidation of memory after its reactivation. *Behavioural Brain Research, 84,* 24–27.

Ptito, A., Crane, J., Leonard, G., Amsel, R. and Caramanos, Z. (1995). Visual-spatial localization by patients with frontal lobe lesions invading. *NeuroReport.* 6(13). 1781–1784.

Purtle, R. B. (1973). Peak shift: A review. *Psychological Bulletin, 80,* 408–421.

Quirk, G., Likhtik, E., Pelletier, J., & Paré, D. (2003). Stimulation of medial prefrontal cortex decreases the responsiveness of central amygdala output neurons. *Journal of Neuroscience, 23*(25), 8800–8807.

Quiroga, R., Krieman, G., Koch, C., & Fried, I, 2008. Sparse but not "grandmother-cell" coding in the medial temporal lobe. *Trends in Cognitive Sciences 12*(3), 87–91.

Quiroga, R., Reddy, L., Kreiman, G., Koch, C., & Fried, I. (2005). Invariant visual representations by single neurons in the human brain. *Nature, 435,* 1102–1107.

Radak, Z., Hart, N., Sarga, L., Koltai, E., Atalay, M., Ohno, H., & Boldogh, I. (2010). Exercise plays a preventative role against Alzheimer's disease. *Journal of Alzheimer's Disease, 20,* 777–783.

Radelet, M. (2002). Wrongful convictions of the innocent. *Judicature, 86,* 67–68.

Raichle, M. E. (1994) Visualizing the mind. *Scientific American,* April, 58–64.

Raine, A., Hulme, C., Chadderton, H., & Bailey, P. (1991).

Verbal short-term memory span in speech-disordered children: Implications for articulatory coding in short-term memory. *Child Development, 62,* 415–423.

Rakic, P. (2002). Neurogenesis in adult primate neocortex: an evaluation of the evidence. *Nature Reviews Neuroscience, 3,* 65–71.

Ramachandran, V. S., & Oberman, L. M. (2006). Broken mirrors—a theory of autism. *Scientific American, 295,* 62–69.

Ramón y Cajal, S. (1990). *New ideas on the structure of the nervous system in man and vertebrates* (L. Swanson & L. Swanson, Trans.). Cambridge, MA: MIT Press. (Original work, *Les nouvelles idées sur la structure du système nerveux chez l'homme et chez les vertébrés,* published 1894).

Ranganathan, R., Wieser, J., Mosier, K. M., Mussa-Ivaldi, F. A., & Scheidt, R. A. (2014). Learning redundant motor tasks with and without overlapping dimensions: facilitation and interference effects. *Journal of Neuroscience, 34,* 8289–8299.

Rankin, C. H. (2004). Invertebrate learning: what can't a worm learn? *Current Biology, 14,* R617–R618.

Rankin, C. H., & Broster, B. S. (1992). Factors affecting habituation and recovery from habituation in the nematode *Caenorhabditis elegans. Behavioral Neuroscience, 106,* 239–249.

Rankin, C. H., Abrams, T., Barry, R. J., Bhatnagar, D. C., Colobo, J., Coppola, G., Geyer, M. A., Glanzman, D. L., Marsland, S., McSweeney, F., Wilson, D. A., Wu, C-F., & Thompson, R. F. (2009). Habituation revisited: An updated and revised description of the behavioral characteristics of habituation. *Neurobiology of Learning and Memory, 92,* 135–138.

Rao, A. K., Chou, A., Bursley, B., Smulofsky, J., & Jezequel, J. (2014). Systematic review of the effects of exercise on activities of daily living in people with Alzheimer's disease. *American Journal of Occupational Therapy, 68,* 50–56.

Rao, S. C., Rainer, G. and Miller, E.K. (1997). Integration of what and where in the primate prefrontal cortex. *Science, 276*(5313), 821–4.

Rapp, P., & Gallagher, M. (1996). Preserved neuron number in the hippocampus of aged rats with spatial learning deficits. *Proceedings of the National Academy of Sciences USA, 93,* 9926–9930.

Rasmussen, T., Schliemann, T., Sorensen, J., Zimmer, J., & West, M. (1996). Memory impaired aged rats: no loss of principal hippocampal and subicular neurons. *Neurobiology of Aging, 17*(1), 143–147.

Rauscher, F., & Shaw, G. (1998). Key components of the Mozart effect. *Perceptual and Motor Skills, 86,* 835–841.

Rauscher, F., Shaw, G., & Ky, K. (1993). Music and spatial task performance. *Nature, 365,* 611.

Rawson, R., & Tennant, F. (1984). Five-year follow-up of opiate addicts with naltrexone and behavior therapy. *NIDA Research Monographs, 49,* 289–295.

Raymaekers, R., Wiersema, J. R., & Roeyers, H. (2009). EEG study of the mirror neuron system in children with high functioning autism. *Brain Research, 1304,* 113–121.

Raz, N., Gunning-Dixon, F., Head, D., Rodrigue, K. M.,

Williamson, A. & Acker, J. D. (2004). Aging, sexual dimorphism, and hemispheric asymmetry of the cerebral cortex: Replicability of regional differences in volume. *Neurobiology of Aging, 25,* 377–396.

Recanzone, G. H., Merzenich, M. M., Jenkins, W. M., Grajski, K. A., & Dinse, H. R. (1992). Topographic reorganization of the hand representation in cortical area 3b of owl monkeys trained in a frequency-discrimination task. *Journal of Neurophysiology, 67,* 1031–1056.

Redgrave, P., Rodriguez, M., Smith, Y., Rodriguez-Oroz, M. C., Lehericy, S., Bergman, H., et al. (2010). Goal-directed and habitual control in the basal ganglia: implications for Parkinson's disease. *Nature Reviews Neuroscience, 11,* 760–772.

Reed, J., & Squire, L. (1998). Retrograde amnesia for facts and events: findings from four new cases. *Journal of Neuroscience, 18*(10), 3943–3954.

Register-Mihalik, J. K., De Maio, V. J., Tibbo-Valeriote, H. L., Wooten, J. D. (2014 Nov 8 [epub ahead of print]). Characteristics of pediatric and adolescent concussion clinic patients with postconcussion amnesia. *Clinical Journal of Sport Medicine.*

Reis, J., Robertson, E. M., Krakauer, J. W., Rothwell, J., Marshall, L., Gerloff, C. et al., (2008) Consensus: Can transcranial direct current stimulation and transcranial magnetic stimulation enhance motor learning and memory formation? *Brain Stimulation, 1,* 363–369.

Reiss, D., & McCowan, B. (1993). Spontaneous vocal mimicry and production by bottlenose dolphins (*Tursiops truncatus*): evidence for vocal learning. *Journal of Comparative Psychology, 107*(3), 301–312.

Remington, B., Roberts, P., & Glauthier, S. (1977). The effect of drink familiarity on tolerance to alcohol. *Addictive Behaviors, 22,* 45–53.

Rendell, L., Boyd, R., Cownden, D., Enquist, M., Eriksson, K., Feldman, M. W., et al. (2010). Why copy others? Insights from the social learning tournament. *Science, 328,* 208–213.

Renner, M., & Rosenzweig, M. (1987). *Enriched and impoverished environments: effects on brain and behavior.* New York: Springer-Verlag.

Rescorla, R. (1976). Stimulus generalization: some predictions from a model of Pavlovian conditioning. *Journal of Experimental Psychology: Animal Behavior Processes, 2*(1), 88–96.

Rescorla, R. A. (1968). Probability of shock in the presence and absence of CS in fear conditioning. *Journal of Comparative Physiological Psychology, 66*(1), 1–5.

Rescorla, R. A. (1968). Probability of shock in the presence and absence of CS in fear conditioning. *Journal of Comparative Physiological Psychology, 66*(1), 1–5.

Rescorla, R. A. (1976). Stimulus generalization: some predictions from a model of Pavlovian conditioning. *Journal of Experimental Psychology: Animal Behavior Processes, 2*(1), 88–96.

Rescorla, R., & Wagner, A. (1972). A theory of Pavlovian conditioning: variations in the effectiveness of reinforcement and non-reinforcement. In A. Black & W. Prokasy, *Classical conditioning II: current research and theory* (pp. 64–99). New York: Appleton-Century-Crofts.

Reuter-Lorenz, P.A., Jonides, J., Smith, E., Hartley, A., Miller, A., Marshuetz, C., & Koeppe, R. (2000). Age differences in the frontal lateralization of verbal and spatial working memory revealed by PET. *Journal of Cognitive Neuroscience 12*, 174–187.

Reynaud, M., Karila, L., Blecha, L., & Benyamina, A. (2010). Is love passion an addictive disorder? *Am J Drug Alcohol Abuse, 36*(5), 261–167.

Ribot, T. (1882). *The diseases of memory.* New York: Appleton.

Richards, D. G., Wolz, J. P., & Herman, L. M. (1984). Vocal mimicry of computer-generated sounds and vocal labeling of objects by a bottlenosed dolphin, *Tursiops truncatus. Journal of Comparative Psychology, 98*(1), 10–28.

Rideout, B., Dougherty, S., & Wernert, L. (1998). Effect of music on spatial performance: a test of generality. *Perceptual and Motor Skills, 86,* 512–514.

Rideout, H., & Parker, L. (1996). Morphine enhancement of sucrose palatability: Analysis by the taste reactivity test. *Pharmacology, Biochemistry and Behavior, 53,* 731–734.

Ridgway, S., Carder, D., Jeffries, M., & Todd, M. (2012). Spontaneous human speech mimicry by a cetacean. *Current Biology, 22,* R860–R861.

Risacher, S. L., Saykin, A. J., West, J. D., Shen, L., Firpi, H. A., McDonald, B. C., and the Alzheimer's Disease Neuroimaging Initiative (ADNI). Baseline predictors of conversion from MCI to probable AD in the ADNI cohort. *Current Alzheimer Research, 6,* 347–361.

Ritvo, E. R., & Provence, S. (1953). Form perception and imitation in some autistic children: diagnostic findings and their contextual interpretation. *Psychoanalytic Child Study, 8,* 155–161.

Rizzolatti, G., & Craighero, L. (2004). The mirror-neuron system. *Annual Review of Neuroscience, 27,* 169–192.

Rizzolatti, G., & Fabbri-Destro, M. (2010). Mirror neurons: from discovery to autism. *Experimental Brain Research, 200,* 223–237.

Rizzolatti, G., & Sinigaglia, C. (2010). The functional role of the parieto-frontal mirror circuit: interpretations and misinterpretations. *Nature Reviews Neuroscience, 11,* 264–274.

Robbins, T. (1996). Refining the taxonomy of memory. *Science, 273,* 1353–1354.

Robbins, T.W. (1985) Neuropsychological evaluation of higher cognitive function in animals and man: In S.D. Iversen (Ed.) Can psychopharmacology contribute to neuropsychology? Psychopharmacology: Recent advances and future prospects (pp. 155–169). Oxford: Oxford University Press.

Robbins, T.W. (2000) Chemical neuromodulation of frontal-executive function in humans and other animals. *Experimental Brain Research, 133,* 130–138.

Roberts, A. C. , & J. D. Wallis. (2000). Inhibitory control and affective processing in the prefrontal cortex: neuropsychological studies in the common marmoset. *Cerebral Cortex, 10*(3), 252–62.

Roberts, D. (1941). Imitation and suggestion in animals. *Bulletin of Animal Behaviour, 1,* 11–19.

Roberts, W. (2002). Are animals stuck in time? *Psychological Bulletin, 128*(3), 473–489.

Roberts, W. A., & Feeney, M. C. (2009). The comparative study of mental time travel. *Trends in Cognitive Science, 13*(6), 271–277.

Robertson, E. M. (2007). The serial reaction time task: Implicit motor skill learning? *Journal of Neuroscience, 27,* 10073–10075.

Robinson, T. E. & Berridge, K. C. (2000). The psychology and neurobiology of addiction: an incentive-sensitization view. *Addiction, 95 Suppl 2,* S91–S117.

Robinson, T. E., & Becker, J. B. (1986). Enduring changes in brain and behavior produced by chronic amphetamine administration: A review and evaluation of animal models of amphetamine psychosis. *Brain Research Reviews, 11,* 157–198.

Roediger, H. & Butler, A. (2011). The critical role of retrieval practice in long-term retention. *Trends in Cognitive Sciences, 15,* 20–27.

Roediger, H. & Karpicke, J. (2006). Test-enhanced learning: Taking memory tests improves long-term retention. *Psychological Science, 17,* 249–255.

Roediger, H., & McDermott, K. (1995). Creating false memories: remembering words not presented in lists. *Journal of Experimental Psychology: Learning, Memory and Cognition, 21*(4), 803–814.

Rogers, S. J., & Pennington, B. F. (1991). A theoretical approach to the deficits in infantile autism. *Development and Psychopathology, 3,* 137–162.

Roldan, E., Alvarez-Pelaez, R., & Fernandez de Molina, A. (1974). Electrographic study of the amygdaloid defense response. *Physiology and Behavior, 13,* 779–787.

Rolls, E. (1999). *The brain and emotion.* Oxford, UK: Oxford University Press.

Romanes, G. J. (1898). *Mental evolution in animals.* New York: Appleton-Century-Crofts.

Rosch, E. (1973). On the internal structure of perceptual and semantic categories. In T. E. Moore (Ed.), *Cognitive development and the acquisition of language.* New York: Academic Press.

Rosch, E. (1975). Cognitive representations of semantic categories. *Journal of Experimental Psychology: General, 104,* 192–233.

Rosch, E., Mervis, C.B., Gray, W.D., Johnson, D.M., & Boyes-Braem, P. (1976). Basic objects in natural categories. *Cognitive Psychology, 8,* 382–349.

Rosen, J. B., & Schulkin, J. (1998). From normal fear to pathological anxiety. *Psychological Review, 105,* 325–350.

Rosenbaum, D. A., Carlson, R. A., & Gilmore, R. O. (2001). Acquisition of intellectual and perceptual-motor skills.

Annual Review of Psychology, 52, 453–470.

Rosenkranz, J., & Grace, A. (2002). Dopamine-mediated modulation of odour-evoked amygdala potentials during pavlovian conditioning. *Nature, 417,* 282–287.

Rosenkranz, K., Butler, K., Williamon, A., & Rothwell, J. C. (2009). Regaining motor control in musician's dystonia by restoring sensorimotor organization. *Journal of Neuroscience, 29,* 14627–14636.

Rosenzweig, E. S., Redish, A. D., McNaughton, B. L., & Barnes, C. A. (2003). Hippocampal map realignment and spatial learning. *Nature Neuroscience, 6,* 609–615.

Rosenzweig, E., & Barnes, C. (2003). Impact of aging on hippocampal function: plasticity, network dynamics, and cognition. *Progress in Neurobiology, 69*(3), 143–179.

Rosenzweig, M. (1984). Experience, memory and the brain. *American Psychologist, 39,* 365–376.

Rotenberg, A., Abel, T., Hawkins, R. D., Kandel, E. R., & Muller, R. U. (2000). Parallel instabilities of long-term potentiation, place cells, and learning caused by decreased protein kinase A activity. *Journal of Neuroscience, 20,* 8096–8102.

Rothbaum, B. O., & Davis, M. (2003). Applying learning principles to the treatment of post-trauma reactions. *Annals of the New York Academy of Sciences, 1008,* 112–121.

Rotter, J. B. (1954). *Social learning and clinical psychology.* Englewood Cliffs, NJ: Prentice-Hall.

Routtenberg, A., & Lindy, J. (1965). Effects of the availability of rewarding septal and hypothalamic stimulation on barpressing for food under conditions of deprivation. *Journal of Comparative and Physiological Psychology, 60,* 158–161.

Rovee-Collier, C. (1993). The capacity for long-term memory in infancy. *Current Directions in Psychological Science, 2,* 130–135.

Rovee-Collier, C. (1997). Dissociations in infant memory: rethinking the development of implicit and explicit memory. *Psychological Review, 107*(3), 467–498.

Rovee-Collier, C. (1999). The development of infant memory. *Current Directions in Psychological Science, 8*(3), 80–85.

Rovee-Collier, C., & Cuevas, K. (2009). Multiple memory systems are unnecessary to account for infant memory development: an ecological model. *Developmental Psychology, 45*(1), 160–174.

Ruch, F. (1934). The differentiative effects of age upon human learning. *Journal of General Psychology, 11,* 261–286.

Rueda, N., Llorens-Martín, M., Flórez, J., Valdizán, E., Banerjee, P., Trejo, J. L., et al. (2010). Memantine normalizes several phenotypic features in the Ts65Dn mouse model of Down syndrome. *Journal of Alzheimer's Disease, 21*(1), 277–290.

Rumelhart, D. & J. McClelland (Eds.), (1986). *Parallel distributed processing: Explorations in the microstructure of cognition.* Cambridge, MA: MIT Press.

Rumelhart, D., McClelland, J., & The PDP Research Group. (1986). Parallel distributed processing: explorations in the microstructure of cognition (2 vols.).

Cambridge, Mass: MIT Press.

Ruscio, A. M., Gentes, E. L., Jones, J. D., Hallion, L. S., Coleman, E. S., & Swendsen, J. (2015). Rumination predicts heightened responding to stressful life events in major depressive disorder and generalized anxiety disorder. *Journal of Abnormal Psychology, 124,* 17–26.

Rusted, J., Ratner, H., & Sheppard, L. (1995). When all else fails, we can still make tea: a longitudinal look at activities of daily living in an Alzheimer patient. In R. Campbell & M. Conway (Eds.), *Broken memories: case studies in memory impairment* (pp. 396–410). Cambridge, MA: Blackwell.

Ryan, L., Nadel, L., Keil, K., Putnam, K., Schnyer, D., Trouard, T., et al. (2001). Hippocampal complex and retrieval of recent and very remote autobiographical memories: evidence from functional magnetic resonance imaging in neurologically intact people. *Hippocampus, 11,* 707–714.

Rymer, R. (1994). *Genie: a scientific tragedy.* New York: Harper Perennial.

Sadato, N., Pascual-Leone, A., Grafman, J., Deiber, M. P., Ibanez, V., & Hallett, M. (1998). Neural networks for Braille reading by the blind. *Brain, 121*(Pt. 7), 1213–1229.

Salamone, J., Arizzi, M., Sandoval, M., Cervone, K., & Aberman, J. (2002). Dopamine antagonists alter response allocation but do not suppress appetite for food: Contrasts between the effects of SKF 83566, raclopride, and fenfleuramine on a concurrent choice task. *Psychopharmacology, 160,* 371–380.

Salthouse, T. (1984). Effects of age and skill in typing. *Journal of Experimental Psychology: General, 113,* 345–371.

Salthouse, T. A. & Mandell, A. R. (2013). Do age-related increases in tip-of-the-tongue experiences signify episodic memory impairments? *Psychological Science, 24,* 2489–2497.

Santangelo, G., Barone, P., Trojano, L., & Vitale, C. (2013). Pathological gambling in Parkinson's disease. A comprehensive review. *Parkinsonism and Related Disorders, 19,* 645–653.

Sapolsky, R. (1996). Why stress is bad for your brain. *Science, 273,* 749–750.

Sara, S. J. (2000). Strengthening the shaky trace through retrieval. *Nature Reviews Neuroscience, 1*(3), 212–213.

Saufley, W., Otaka, S., & Bavaresco, J. (1985). Context effects: classroom tests and context independence. *Memory and Cognition, 13,* 522–528.

Sawers, A., Kelly, V. E., & Hahn, M. E. (2013). Gradual training reduces the challenge to lateral balance control during practice and subsequent performance of a novel locomotor task. *Gait & Posture, 38,* 907–911.

Scarmeas, N., & Stern, Y. (2004). Cognitive reserve: implications for diagnosis and prevention of Alzheimer's disease. *Current Neurology and Neuroscience Reports, 4*(5), 374–380.

Schachter, S., & Singer, J. (1962). Cognitive, social, and physiological determinants of emotional state. *Psychological Review, 69*(5), 379–399.

Schacter, D. (1987). Implicit memory: history and current status. *Journal of Experimental Psychology: Learning, Memory & Cognition, 13,* 501–518.

Schacter, D., & Curran, T. (1995). The cognitive neuroscience of false memories. *Psychiatric Annals, 25,* 726–730.

Schacter, D., & Kihlstrom, J. (1989). Functional amnesia. In F. Boller & J. Grafman (Eds.), *Handbook of neuropsychology, vol. 1* (pp. 209–231). Amsterdam, Netherlands: Elsevier Science.

Schacter, D., Wang, P., Tulving, E., & Freedman, M. (1982). Functional retrograde amnesia: A quantitative case study. *Neuropsychologia, 20,* 523–532.

Schaie, K. W. (2005). What can we learn from longitudinal studies of adult development? *Research in Human Development, 2*(3), 133–158.

Schauer, F. (2003). *Profiles, probabilities, and stereotypes.* Cambridge, MA: Belknap Press.

Scheltens, P. (2009). Imaging in Alzheimer's disease. *Dialogues in Clinical Neuroscience, 11,* 191–199.

Schlinger, H., & Blakely, E. (1994). The effects of delayed reinforcement and a response-produced auditory stimulus on the acquisition of operant behavior in rats. *The Psychological Record, 44,* 391–410.

Schlosser Covell, G. E., Hoffman-Snyder, C. R., Wellik, K. E., Woodruff, B. K., Geda, Y. E., Caselli, R. J. et al. (2015). Physical activity level and future risk of mild cognitive impairment or dementia: A critically appraised topic. *Neurologist, 19,* 89–91.

Schmidt, R. A., & Bjork, R. A. (1992). New conceptualizations of practice: common principles in three paradigms suggest new concepts for training. *Psychological Science, 3,* 207–217.

Schmidt, R. A., & Lee, T. D. (2005). *Motor control and learning: a behavioral emphasis.* Human Kinetics: Champaign, IL.

Schmidt, R. A., & Wulf, G. (1997). Continuous concurrent feedback degrades skill learning: implications for training and simulation. *Human Factors, 39,* 509–525.

Schmidt, R. A., Young, D. E., Swinnen, S., & Shapiro, D. C. (1989). Summary knowledge of results for skill acquisition: support for the guidance hypothesis. *Journal of Experimental Psychology: Learning, Memory and Cognition, 15,* 352–359.

Schmolck, H., Buffalo, E., & Squire, L. (2000). Memory distortions develop over time: recollections of the O. J. Simpson trial verdict after 15 and 32 months. *Psychological Science, 11*(1), 39–45.

Schneider, A., Huentelman, M. J., Kremerskothen, J., Duning, K., Spoelgen, R., & Nikolich, K. (2010). KIBRA: a new gateway to learning and memory? *Frontiers in Aging Neuroscience, 2,* 4.1–4.9.

Schneider, D. J. (2004). *The psychology of stereotyping.* New York: Guilford Press.

Schoenbaum, G., Chiba, A. A., & Gallagher, M. (1998). Orbitofrontal cortex and basolateral amygdala encode expected outcomes during learning. *Nature Neuroscience, 1,* 155–159.

Schoenbaum, G., Roesch, M. R., Stalnaker, T. A., &

Takahashi, Y. K. (2009). A new perspective on the role of the orbitofrontal cortex in adaptive behaviour. *Nature Reviews Neuroscience, 10*(12), 885–892.

Schultz W. (1998). Predictive reward signal of dopamine neurons. *Journal of Neurophysiology, 80,* 1–27.

Schwartz, B., & Evans, S. (2001). Episodic memory in primates. *American Journal of Primatology, 55,* 71–85.

Schwartz, B., Colon, M., Sanchez, I., Rodriguez, I., & Evans, S. (2002). Single-trial learning of "what" and "who" information in a gorilla (*Gorilla gorilla*): implications for episodic memory. *Animal Cognition, 5*(2), 85–90.

Schweitzer, J. B., Faber, T. L., Grafton, S. T., Tune, L. E., Hoffman, J. M., & Kilts, C. D. (2000). Alterations in the functional anatomy of working memory in adult attention deficit hyperactivity disorder. *American Journal of Psychiatry, 157*(2), 278–280.

Scott, J. (1962). Critical periods in behavioral development. *Science, 138,* 949–958.

Scoville, W., & Milner, B. (1957). Loss of recent memory after bilateral hippocampal lesions. *Journal of Neurology, Neurosurgery and Psychiatry, 20,* 11–21.

Seager, M. A., Johnson, L. D., Chabot, E. S, Asaka, Y., & Berry, S. D. (2002). Oscillatory brain states and learning: impact of hippocampal theta-contingent training. *Proceedings of the National Academy of Sciences USA, 99*(3), 1616–1620.

Sears, L. L., & Steinmetz, J. E. (1991). Dorsal accessory inferior olive activity diminishes during acquisition of the rabbit classically conditioned eyelid response. *Brain Research, 545,* 114–122.

Seger, C. A. (1994). Implicit learning. *Psychological Bulletin, 115,* 163–196.

Seger, C. A., & Cincotta, C. M. (2006). Dynamics of frontal, striatal, and hippocampal systems during rule learning. *Cerebral Cortex, 16,* 1546–1555.

Seligman, M. E. (1975). *Helplessness: on depression, development, and death.* San Francisco: Freeman.

Seligman, M. E. (1991). *Learned optimism.* New York: Knopf.

Seligman, M. E., & Johnston, J. (1973). A cognitive theory of avoidance learning. In F. McGuigan & D. Lumsden (Eds.), *Contemporary approaches to conditioning and learning* (pp. 69–110). Washington, DC: Winston-Wiley.

Seligman, M. E., & Maier, S. (1967). Failure to escape traumatic shock. Journal of *Experimental Psychology, 74,* 1–9.

Seligman, M. E., Rosellini, R. A., & Kozak, M. J. (1975). Learned helplessness in the rat: time course, immunization, and reversibility. *Journal of Comparative and Physiological Physiology, 88*(2), 542–547.

Seligman, M. E., Steen, T. A., Park, N., & Peterson, C. (2005). Positive psychology progress: empirical validation of interventions. *American Psychologist, 60,* 410–421.

Semendeferi, K., Lu, A, Schenker, N, & Damasio, H. Humans and great apes share a large frontal cortex. *Nature Neuroscience 5,* 272–276

Serres, L. (2001). Morphological changes of the human hippocampal formation from midgestation to early childhood. In C. Nelson & M. Luciana (Eds.), *Handbook of developmental cognitive neuroscience* (pp. 45–58). Cambridge, MA: MIT Press.

Seshadri, S., Fitzpatrick, A. L., Ikram, M. A., DeStefano, A. L., Gudnason, V., Boada, M., et al. (2010). Genome-wide analysis of genetic loci associated with Alzheimer disease. *Journal of the American Medical Association, 303*(18), 1832–1840.

Shahan, T. A. (2010). Conditioned reinforcement and response strength. *Journal of the Experimental Analysis of Behavior, 93*, 269–289.

Shallice, T. (1988). From neuropsychology to mental structure. Cambridge: Cambridge University Press.

Shankle, W., Landing, B., Rafii, M., Schiano, A., Chen, J., & Hara, J. (1998). Evidence for a postnatal doubling of neuron number in the developing human cerebral cortex between 15 months and 6 years. *Journal of Theoretical Biology, 191*, 115–140.

Shanks, D. R. (2010). Learning: from association to cognition. *Annual Review of Psychology, 61*, 273–301.

Shannon, C. E. (1948). A mathematical theory of communication. *Bell System Technical Journal, 27*, 379–423, 623–656.

Sharot, T., Delgado, M. R., & Phelps, E. A. (2004). How emotion enhances the feeling of remembering. *Nature Neuroscience, 7*(12), 1376–1380.

Sharot, T., Martorella, E. A., Delgado, M. R., & Phelps, E. A. (2007). How personal experience modulates the neural circuitry of memories of September 11. *Proceedings of the National Academy of Sciences USA, 104*(1), 389–394.

Shaw, J. & Porter, S. (2015) Constructing rich false memories of committing crime. *Psychological Science, 26*(3), 291–301.

Shaw, P. et al. (2008). Neurodevelopmental trajectories of the human cerebral cortex. *Journal of Neuroscience, 28*, 3586–3594.

Shekhar, R. (2008). Transient global amnesia—a review. *International Journal of Clinical Practice, 62*(6), 939–942.

Shenoy, K. V., & Carmena, J. M. (2013). Combining decoder design and neural adaptation in brain-machine interfaces. *Neuron, 84*, 665–680.

Shepard, R. (1987). Towards a universal law of generalization for psychological science. *Science, 237*, 1317–1323.

Shepard, R. N. (1964). Attention and the metric structure of the stimulus space. *Journal of Mathematical Psychology. 1*, 54–87.

Sheridan, M. A., Hinshaw, S., & D'Esposito, M. (2010). The effect of stimulant medication on prefrontal functional connectivity during working memory in attention-deficit/hyperactivity disorder. *Journal of Attention Disorders, 14*, 69–78.

Sherrington, C. (1906). *The integrative action of the nervous system.* Cambridge, England: Cambridge University Press.

Sherry, D. F., & Hoshooley, J. S. (2010). Seasonal hippocampal plasticity in food-storing birds. *Philosophical Transactions of the Royal Society B—Biological Sciences, 365*, 933–943.

Shettleworth, S. J. (1998). *Cognition, evolution, and behavior.* New York: Oxford University Press.

Shetty, A. K. (2010). Issues to ponder when correlating hippocampal neurogenesis to a hippocampal-dependent memory function. *Neurobiol Aging, 31*(12), 406–413.

Shimamura, A.P., Jurica, P.J., Mangels, J.A., Gershberg, F.B., & Knight, R.T. (1995). Susceptibility to memory interference effects following frontal lobe damage: Findings from tests of paired-associate learning. *Journal of Cognitive Neuroscience, 7*, 144–152.

Shohamy, D. & Wagner, A. D. 2008. Integrating memories in the human brain: hippocampal-midbrain encoding of overlapping events. *Neuron, 60*(2): 378–89.

Shohamy, D., Allen, M. T., & Gluck, M. A. (2000). Dissociating entorhinal and hippocampal involvement in latent inhibition. *Behavioral Neuroscience, 114*, 867–874.

Shohamy, D., Allen, M. T., & Gluck, M. A. (2000). Dissociating entorhinal and hippocampal involvement in latent inhibition. *Behavioral Neuroscience, 114*(5), 867–874.

Shohamy, D., Mihalakos, P., Chin, R., Thomas, B., Wagner, A.D., & Tamminga, C. (2010). Learning and generalization in Schizophrenia: Effects of disease and antipsychotic drug treatment. *Biological Psychiatry, 67*(10), 926–932.

Sidman, R., & Rakic, P. (1973). Neuronal migration, with special reference to developing human brain: a review. *Brain Research, 62*, 1–35.

Siegel, S. (1983). Classical conditioning, drug tolerance, and drug dependence. In Y. Israel, F. Glaser, H. Kalant, R. Popham, W. Schmidt, & R. Smart (Eds.), *Research advances in alcohol and drug problems. Vol. 7* (pp. 207–246). New York: Plenum Press.

Siegel, S. (1983). Classical conditioning, drug tolerance, and drug dependence. In Y. Israel, F. Glaser, H. Kalant, R. Popham, W. Schmidt, & R. Smart (Eds.), *Research advances in alcohol and drug problems. Vol. 7* (pp. 207–246). New York: Plenum Press.

Siegel, S. (2001). Pavlovian conditioning and drug overdose: when tolerance fails. *Addiction Research and Theory, 9*(5), 503–513.

Siegel, S., & Ellsworth, D. W. (1986). Pavlovian conditioning and death from apparent overdose of medically prescribed morphine: a case report. *Bulletin of the Psychonomic Society, 24*, 278–280.

Siegel, S., & Ramos, B. M. C. (2002). Applying laboratory research: drug anticipation and the treatment of drug addiction. *Experimental and Clinical Psychopharmacology, 10*(3), 162–183.

Siegel, S., Hinson, R. E., Krank, M. D., & McCully, J. (1982). Heroin "overdose" death: contribution of drug-associated environmental cues. *Science, 216 (4544)*, 436–437.

Silverman, I., & Eals, M. (1992). Sex differences in spatial abilities: evolutionary theory and data. In J. Barkow, L. Cosmides & J. Tooby (Eds.), *The adapted mind: evolutionary psychology and the generation of culture.* New York: Oxford University Press.

Simmons, R. (1924). The relative effectiveness of certain incentives in animal learning. *Comparative Psychology Monographs, No. 7.*

Simões-Franklin, C., Hester, R., Shpaner, M., Foxe, J. J., & Garavan, H. (2010). Executive function and error detection: The effect of motivation on cingulate and ventral striatum activity. *Human Brain Mapping, 31*, 458–469.

Simon, H., & Gilmartin, K. (1973). A simulation of memory for chess positions. *Cognitive Psychology, 5,* 29–46.

Simonet, P., Versteeg, D., & Storie, D. (2005). Dog-laughter: recorded playback reduces stress related behavior in shelter dogs. *Proceedings of the 7th International Conference on Environmental Enrichment,* July 31–August 5, 2005, 170–176.

Singley, M., & Anderson, J. (1989). *The transfer of cognitive skills.* Cambridge, MA: Harvard University Press.

Skinner, B. (1938). *The Behavior of Organisms: An Experimental Analysis.* New York: Appleton-Century-Crofts.

Skinner, B. (1951). How to teach animals. *Scientific American, 185,* 26–29.

Skinner, B. (1953). *Science and Human Behavior.* New York: Free Press.

Skinner, B. F. (1957). *Verbal bahavior.* New York: Appleton-Century-Crofts.

Skinner, B. F. (1958). Teaching machines. *Science, 128,* 969–977.

Skinner, B. F. (1979). *The shaping of a behaviorist: part two of an autobiography.* New York: Knopf.

Small, S., Chawla, M., Buonocore, M., Rapp, P., & Barnes, C. (2004). Imaging correlates of brain function in monkeys and rats isolates a hippocampal subregion differentially vulnerable to aging. *Proceedings of the National Academy of Sciences USA, 101*(18), 7181–7186.

Smith, C. N., & Squire, L. R. (2009). Medial temporal lobe activity during retrieval of semantic memory is related to the age of memory. *Journal of Neuroscience, 29*(4), 930–938.

Smith, D., Rapp, P., McKay, H., Roberts, J., & Tuszynski, M. (2004). Memory impairment in aged primates is associated with focal death of cortical neurons and atrophy of subcortical neurons. *Journal of Neuroscience, 24*(18), 4373–4381.

Smith, E. E. (1989). Concepts and induction. In M. I. Posner (Ed.), *Foundations of cognitive science* (pp. 501–526). Cambridge, MA: MIT Press.

Smith, E. E., & Jonides, J. (2003). Executive control and thought. *Fundamental neuroscience,* 1377–1394.

Smith, E.E. and Jonides, J. (1995). Working memory in humans: Neuropsychological evidence. In M. Gazzaniga (Ed.) The cognitive neurosciences (pp. 1009–1020). Cambridge, MA: MIT Press.

Smith, E.E. and Jonides, J. (1999). Storage and executive processes in the frontal lobes. *Science, 283,* 1657–1661.

Smith, E.E., & Jonides, J. (1997). Working memory: A view from neuroimaging. *Cognitive Psychology*, *33*, 5–42.

Smith, I. M., & Bryson, S. E. (1994). Imitation and action in autism: a critical review. *Psychological Bulletin, 116*(2), 259–273.

Smith, I. M., & Bryson, S. E. (1998). Gesture imitation in autism I: nonsymbolic postures and sequences. *Cognitive Neuropsychology, 15,* 747–770.

Smith, M. (2005). Bilateral hippocampal volume reduction in adults with post-traumatic stress disorder: a meta-analysis of structural MRI studies. *Hippocampus, 15,* 798–807.

Smith, S. (1985). Background music and context-dependent memory. *American Journal of Psychology, 98,* 591–603.

Smotherman, W., & Robinson, S. (1992). Habituation in the rat fetus. *Quarterly Journal of Experimental Psychology B, 44B*(3–4), 215–230.

Snow, C. E., & Hoefnagel-Höhle, M. (1978). The critical period for language acquisition: evidence from second language learning. *Child Development, 49*(4), 1·114–1128.

Soderstrom, N. C. & Bjork, R. A. (2015) Learning vs. performance: an integrative review. *Perspectives on Psychological Science, 10,* 176–199.

Soderstrom, N. C., McCabe, D. P., & Rhodes, M. G. (2012). Older adults predict more recollective experiences than younger adults. *Psychology and Aging, 27,* 1082–1088.

Sokolov, E. N. (1963). *Perception and the conditioned reflex.* Oxford, England: Pergamon Press.

Solanto, M., Arnsten., A, and Castellanos, F. (2000). The neuropharmacology of stimulant drugs: Implications for ADHD. New York: Oxford University Press.

Solomon, P., & Groccia-Ellison, M. (1996). Classic conditioning in aged rabbits: delay, trace and long-delay conditioning. *Behavioral Neuroscience, 110*(3), 427–435.

Solomon, P., & Moore, J. (1975). Latent inhibition and stimulus generalization of the classically conditioned nictitating membrane response in rabbits (Oryctolagus cuniculus) following dorsal hippocampal ablation. *Journal of Comparative and Physiological Psychology, 89,* 1192–1203.

Solomon, P., Pomerleau, D., Bennett, L., James, J., & Morse, D. (1989). Acquisition of the classically conditioned eyeblink response in humans over the life span. *Psychology and Aging, 4*(1), 34–41.

Somaiya, Ravi (2015) "Soldiers in Brian Williams's Group Give Account of 2003 Helicopter Attack." *New York Times,* February 8, 2015, page A17

Song, S. B. (2009). Consciousness and the consolidation of motor learning. *Behavioral Brain Research, 196,* 180–186.

Southgate, V., & Hamilton, A. F. D. (2008). Unbroken mirrors: challenging a theory of autism. *Trends in Cognitive Sciences, 12,* 225–229.

Spence, K. (1952). Clark Leonard Hull: 1884–1952. *American Journal of Psychology, 65,* 639–646.

Spence, K. W. (1937). The differential response in animals to stimuli varying within a single dimension. *Psychological Review, 44,* 430–444.

Spence, K. W. (1937). The differential response in animals to stimuli varying within a single dimension. *Psychological Review, 44,* 430–444.

Spetch, M. L., Cheng, K., & Clifford, C. W. G. (2004). Peak shift but not range effects in recognition of faces. *Learning & Motivation, 35,* 221–241.

Spiker, C. (1956). Experiments with children on the hypothesis of acquired distinctiveness and equivalence of cues. *Child Development, 27,* 253–263.

Squire, L. (1989). On the course of forgetting in very long-term memory. *Journal of Experimental Psychology: Learning, Memory and Cognition, 15*(2), 241–245.

Squire, L. (1992). Memory and the hippocampus: a synthesis from findings with rats, monkeys, and humans. *Psychological Review, 99*(2), 195–231.

Squire, L. & Alvarez, P. (1995). Retrograde amnesia and memory consolidation: An neurobiological perspective. *Current Opinion in Neurobiology, 5,* 169–177.

Squire, L. R., & Kandel, E. R. (2000). *Memory: from mind to molecules.* New York: Scientific American Library.

Squire, L. R., Wixted, J. T., & Clark, R. E. (2007). Recognition memory and the medial temporal lobe: a new perspective. *Nature Reviews Neuroscience, 8,* 872–883.

Squire, L., & Knowlton, B. (1995). Memory, hippocampus, and brain systems. In M. Gazzaniga (Ed.), *The cognitive neurosciences* (pp. 825–837). Cambridge, MA: MIT Press.

Squire, L., Cohen, N. J., & Zouzounis, J. A. (1984). Preserved memory in retrograde amnesia: sparing of a recently acquired skill. *Neuropsychologia, 22*(2), 145–152.

Squire, L., Knowlton, B., & Musen, G. (1993). The structure and organization of memory. *Annual Review of Psychology, 44,* 453–495.

Squire, L., Slater, P., & Chace, P. (1975). Retrograde amnesia: temporal gradient in very long term memory following electroconvulsive therapy. *Science, 1987,* 77–79.

Squire, L., Slater, P., & Miller, P. (1981). Retrograde amnesia and bilateral electroconvulsive therapy. *Archives of General Psychiatry, 38,* 89–95.

Staddon, J. (1995). On responsibility and punishment. *Atlantic Monthly, 275*(2), 88–94.

Stalnaker, T. A., Franz, T. M., Singh, T., & Schoenbaum, G. (2007). Basolateral amygdala lesions abolish orbitofrontal-dependent reversal impairments. *Neuron, 54*(1), 51–58.

Steele, C. & Aronson, J. (1995). Stereotype threat and the intellectual test performance of African Americans. *Journal of Personality and Social Psychology. 69*(5), 797–811

Steele, C. J., & Penhune, V. B. (2010). Specific increases within global decreases: a functional magnetic resonance imaging investigation of five days of motor sequence learning. *Journal of Neuroscience, 30,* 8332–8341.

Steele, K. (2003). Do rats show a Mozart effect? *Music Perception, 21*(2), 251–265.

Steele, K., Bass, K., & Crook, M. (1999). The mystery of the Mozart effect—failure to replicate. *Psychological Science, 10*(4), 366–369.

Stefanacci, L., Buffalo, E., Schmolck, H., & Squire, L. (2000). Profound amnesia after damage to the medial temporal lobe: a neuroanatomical and neuropsychological profile of patient EP.

Journal of Neuroscience, 20(18), 7024–7037.

Steinmetz, J. E., Lavond, D. G., & Thompson, R. F. (1989). Classical conditioning in rabbits using pontine nucleus stimulation as a conditioned stimulus and inferior olive stimulation as an unconditioned stimulus. *Synapse, 3,* 225–233.

Steinvorth, S., Levine, B., & Corkin, S. (2005). Medial temporal lobe structures are needed to re-experience remote autobiographical memories: evidence from H.M. and W.R. *Neuropsychologia, 43,* 479–497.

Stephens, R. M., Metze, L. P., & Craig, J. R. (1975). The Protestant ethic effect in a multichoice environment. *Bulletin of the Psychonomic Society, 6*(2), 137–139.

Stern, S. A., & Alberini, C. M. (2013). Mechanisms of memory enhancement. *Wiley Interdisciplinary Reviews: Systems Biology and Medicine, 5,* 37–53.

Stern, Y., Albert, S., Tang, M., & Tsai, W. (1999). Rate of memory decline in AD is related to education and occupation: Cognitive reserve? *Neurology, 53*(9), 1942–1947.

Stoltz, S., & Lott, D. (1964). Establishment in rats of a persistent response producing a net loss of reinforcement. *Journal of Comparative and Physiological Psychology, 57,* 147–149.

Strack, F., Martin, L., & Stepper, S. (1988). Inhibiting and facilitating conditions of the human smile: a nonobtrusive test of the facial feedback hypothesis. *Journal of Personality and Social Psychology, 54,* 768–777.

Stroop. (1935) Studies of interference in serial verbal reactions. *Journal of Experimental Psychology, 18,* 643–662.

Subkov, A. A., & Zilov, G. N. (1937). The role of conditioned reflex adaptation in the origin of the hyperergic reactions. *Bulletin de Biologie et de Médecine Expérimentale, 4,* 294–296.

Sun, R., Slusarz, P., & Terry, C. (2005). The interaction of the explicit and the implicit in skill learning: a dual-process approach. *Psychological Review, 112,* 159–192.

Sunderland, A., Watts, K., Baddeley, A. D., & Harris, J. E. (1986). Subjective memory assessment and test performance in elderly adults. *Journal of Gerontology, 41,* 376–384.

Suñer-Soler, R., Grau, A., Gras, M. E., Font-Mayolas, S., Silva, Y., Dávalos, A., Cruz, V., Rodrigo, J. & Serena, J. (2012). *Stroke, 43,* 131–136.

Swan, G., Reed, T., Jack, L., Miller, B., Markee, T., Wolf, P., et al. (1999). Differential genetic influence for components of memory in aging adult twins. *Archives of Neurology, 56,* 1127–1132.

Tajudeen, B. A., Waltzman, S. B., Jethanamest, D., & Svirsky, M. A. (2010). Speech perception in congenitally deaf children receiving cochlear implants in the first year of life. *Otology & Neurotology, 31,* 1254–1260.

Takashima, A., Petersson, K. M., Rutters, F., Tendolkar, I., Jensen, O., Zwarts, M. J., et al. (2006). Declarative memory consolidation in humans: a prospective functional magnetic resonance imaging study. *Proceedings of the National Academy of Sciences USA, 103,* 756–761.

Talarico, J., & Rubin, D. (2003). Confidence, not consistency, characterizes flashbulb memories. *Psychological Science, 14*(5), 455–461.

Talbot, D. (2014). An artificial hand with real feeling. *MIT Technology Review, 117*, 49–53.

Tallal, P., Miller, S., Bedi, G., Byma, G., Wang, X., Nagarajan, S., Schreiner, C., Jenkins, W., & Merzenich, M. (1996). Language comprehension in language-learning impaired children improved with acoustically modified speech. *Science, 271*, 81–84.

Tallal, P., Stark, R. and Mellits, D. (1985). Identification of language-impaired children on the basis of rapid perception and production skills. *Brain and Language, 25*, 314–322.

Tamm, L., Menon, V., Reiss, A.L. (2006). Parietal attentional system aberrations during target detection in adolescents with attention deficit hyperactivity disorder: Event-related fMRI evidence. *American Journal of Psychiatry,163*(6), 1033–1043.

Tan, H. Y., Callicott, J. H., & Weinberger, D. R. (2007). Dysfunctional and compensatory prefrontal cortical systems, genes and the pathogenesis of schizophrenia. *Cerebral Cortex, 17*(suppl 1), i171-i181.

Tan, H.Y., Choo, W.C., Fones, C.S.L., & Chee, M.W.L. 2005. fMRI study of maintenance and manipulation processes within working memory in first-episode schizophrenia. *American Journal of Psychiatry, 162*,1849–1858.

Tan, H.Y., Sust, S, Buckholtz, J.W., Mattay, V.S., Meyer-Lindenberg, A.S., Egan, M.F., Weinberger, D.R., & Callicott, J.H. (2006). Dysfunctional prefrontal regional specialization and compensation in schizophrenia. *American Journal of Psychiatry, 163*, 1969–1977.

Tanaka, S. C., Balleine, B. W., & O'Doherty, J. P. (2008). Calculating consequences: Brain systems that encode the causal effects of actions. *Journal of Neuroscience, 28*(26), 6750–6755.

Taub, E., Uswatte, G., & Elbert, T. (2002). New treatments in neurorehabilitation founded on basic research. *Nature Reviews Neuroscience, 3*, 228–236.

Technau, G. (1984). Fiber number in the mushroom bodies of adult *Drosophila melanogaster* depends on age, sex and experience. *Journal of Neurogenetics, 1*, 13–26.

Temple E, Deutsch GK, Poldrack RA, Miller SL, Tallal P, Merzenich MM, Gabrieli JD. (2003). Neural deficits in children with dyslexia ameliorated by behavioral remediation: evidence from functional MRI. *Proceedings of the National Academy of Science, USA. 100*(5), 2860–5.

Terrace, H. S. (1963). Discrimination learning with and without "errors." *Journal of the Experimental Analysis of Behavior, 6*, 1–27.

Teter, B., & Finch, C. (2004). Caliban's heritance and the genetics of neuronal aging. *Trends in Neurosciences, 27*(10), 627–632.

Thomas, A. K., & Loftus, E. F. (2002). Creating bizarre false memories through imagination. *Memory and Cognition, 30*(3), 423–431.

Thomas, M. S. C., & Johnson, M. H. (2008). New advances in understanding sensitive periods in brain development. *Current Directions in Psychological Science, 17*(1), 1–5.

Thomas, R. (2002). *They cleared the lane: The NBA's black pioneers.* Lincoln, NE: University of Nebraska Press.

Thompson-Schill, S.L., D'Esposito, M., Aguirre, G.K., and Farah, M.J. (1997). Role of left inferior prefrontal cortex in retrieval of semantic knowledge: a reevaluation. *Proceedings of the National Academy of Sciences U.S.A., 94*, 14792–14797.

Thompson, C., & Cowan, T. (1986). Flashbulb memories: a nicer interpretation of a Neisser recollection. *Cognition, 22*, 199–200.

Thompson, E. E., Carra, R., & Nicolelis, M. A. L. (2013). Perceiving invisible light through a somatosensory cortical prosthesis. *Nature Communications, 4*, 1482.

Thompson, R. (1972). Sensory preconditioning. In R. Thompson & J. Voss (Eds.), *Topics in learning and performance* (pp. 105–129). New York: Academic Press.

Thompson, R. F. (1962). Role of cerebral cortex in stimulus generalization. *Journal of Comparative and Physiological Psychology. 55*, 279–287

Thompson, R. F. (1986). The neurobiology of learning and memory. *Science, 233*, 941–947.

Thompson, R. F. (1986). The neurobiology of learning and memory. *Science, 233*, 941–947.

Thompson, R. F. (2009). Habituation: a history. *Neurobiology of Learning and Memory, 92*, 127–134.

Thompson, R. F., & Krupa, D. J. (1994). Organization of memory traces in the mammalian brain. *Annual Review of Neuroscience, 17*, 519–549.

Thompson, R. F., & Krupa, D. J. (1994). Organization of memory traces in the mammalian brain. *Annual Review of Neuroscience, 17*, 519–549.

Thompson, R. F., & Spencer, W. A. (1966). Habituation: a model phenomenon for the study of neuronal substrates of behavior. *Psychological Review, 73*, 16–43.

Thompson, R. F., & Steinmetz, J. E. (2009). The role of the cerebellum in classical conditioning of discrete behavioral responses. *Neuroscience, 162*, 732–755. doi:10.1016 /j.neuroscience.2009.01.041

Thompson, R. F., & Steinmetz, J. E. (2009). The role of the cerebellum in classical conditioning of discrete behavioral responses. *Neuroscience, 162*, 732–755. doi:10.1016/j.neuroscience.2009.01.041

Thompson, R.F. (1960). Function of auditory cortex of cat in frequency discrimination. *Journal of Neurophysiology, 23*, 321–334.

Thompson, R.F. (1965). The neural basis of stimulus generalization. In D. Mostofsky (Ed.), *Stimulus generalization* (pp. 154–178). Stanford, CA: Stanford University Press.

Thompson, W. F., Schellenberg, E. G., & Husain, G. (2001). Arousal, mood, and the Mozart effect. *Psychological Science, 12*, 248–251.

Thorndike, E. (1898). Animal intelligence: An experimental study of the associative processes in animals. *Psychological Review, Monograph 2, No. 8.*

Thorndike, E. (1911). *Animal intelligence.* New York:

Macmillan.

Thorndike, E. (1932). *Fundamentals of Learning.* New York: Teachers College, Columbia University.

Thorndike, E. L. (1898). Animal intelligence: an experimental study of the associative processes in animals. *Psychological Review Monograph 2*(4), 1–8.

Thorndike, E. L. (1911). *Animal intelligence.* New York: Macmillan.

Thorndike, E. L. (1911). *Animal intelligence.* New York: Macmillan.

Thorndike, E. L. (1923). The variability of an individual in repetitions of the same task. *Journal of Experimental Psychology, 6,* 161–167.

Thorndike, E. L. (1927). The law of effect. *American Journal of Psychology, 39,* 212–222.

Thorndike, E. L. (1932). *The fundamentals of learning.* New York: Teachers College, Columbia University.

Thorndike, E. L. (1943). *Man and his works.* Cambridge: Harvard University Press.

Thorndike, E. L. (1949). *Selected writings from a connectionist's psychology.* New York: Appleton-Century-Crofts.

Thorndike, E. L., & Woodworth, R. (1901). The influence of improvement in one mental function upon the efficiency of other functions (I). *Psychological Review, 8,* 247–261.

Thorpe, S. J., Rolls, E. T., & Maddison, S. (1983). The orbitofrontal cortex: neuronal activity in the behaving monkey. *Experimental Brain Research, 49*(1), 93–115.

Thorpe, W. H. (1958). The learning of song patterns by birds with especial reference to the song of the chaffinch, *Fringilla coelebs. Ibis, 100,* 535–570.

Thorpe, W. H. (1963). *Learning and instinct in animals.* Cambridge, MA: Harvard University Press.

Tijsseling, A. G. & Gluck, M. A. (2002). A connectionist approach to processing dimensional interaction. *Connection Science, 14,* 1–48.

Timberlake, W. (1980). A molar equilibrium theory of learned performance. In G. Bower (Ed.), *The Psychology of Learning and Motivation* (Vol. 14, pp. 1–58). New York: Academic Press.

Timberlake, W., & Allison, J. (1974). Response deprivation: An empirical approach to instrumental performance. *Psychological Review, 81,* 146–164.

Tinbergen, N. (1951). *The Study of Instinct.* Oxford: Clarendon Press.

Tinbergen, N., & Kruyt, W. (1972). On the orientation of the digger wasp *Philanthus triangulum* Fabr. III. Selective learning of landmarks. In N. Tinbergen (Ed.), *The animal in its world.* Cambridge, MA: Harvard University Press. (Original work published 1938)

Titone D, Ditman T, Holzman, P. S., Eichenbaum H., Levy, D. L. (2004). Transitive inference in schizophrenia: Impairments in relational memory organization. *Schizophrenia Research, 68,* 235–247.

Titz, C., & Verhaeghen, P. (2010). Aging and directed forgetting in episodic memory: a meta-analysis. *Psychology and Aging, 25*(2), 405–411.

Tolman, E. C. (1932). *Purposive behavior in animals and men.* New York: Appleton-Century-Crofts.

Tolman, E. C. (1948). Cognitive maps in rats and men. *Psychological Review, 55,* 189–208.

Tolman, E. C., & Honzik, C. H. (1930). Introduction and removal of reward, and maze performance in rats. *University of California Publications in Psychology, 4,* 257–275.

Tomasello, M., Davis-Dasilva, M., Carnak, L., & Bard, K. A. (1987). Observational learning of tool-use by young chimpanzees. *Human Evolution, 2,* 175–183.

Toni, N., Laplagne, D. A., Zhao, C., Lombardi, G., Ribak, C. E. et al. (2008). Neurons born in the adult dentate gyrus form functional synapses with target cells. *Nature Neuroscience, 11,* 901–907.

Torriero, S., Oliveri, M., Koch, G., Lo Gerfo, E., Salerno, S., Ferlazzo, F., et al. (2011). Changes in cerebello-motor connectivity during procedural learning by actual execution and observation. *Journal of Cognitive Neuroscience, 23,* 338–348.

Trachtenberg, J., Chen, B., Knott, G., Feng, G., Sanes, J., Welker, E., et al. (2002). Long-term in vivo imaging of experience-dependent synaptic plasticity in adult cortex. *Nature, 420*(6917), 788–794.

Tranel, D., Damasio, A. R., Damasio, H., & Brandt, J. P. (1994). Sensorimotor skill learning in amnesia: additional evidence for the neural basis of nondeclarative memory. *Learning and Memory, 1,* 165–179.

Travers, J., Akey, L., Chen, S., Rosen, S., Paulson, G., & Travers, S. (1993). Taste preferences in Parkinson's disease patients. *Chemical Senses, 18,* 47–55.

Treffert, G. (2009). The savant syndrome: an extraordinary condition. A synopsis: past, present, future. *Philosophical Transactions of the Royal Society B: Biological Sciences, 364,* 1351–1357.

Tremblay, L., & Schultz, W. (1999). Relative reward preference in primate orbitofrontal cortex. *Nature, 398,* 704–708.

Tronson, N. C. & Taylor, J. R. (2007). Molecular mechanisms of memory reconsolidation. *Nature Reviews Neuroscience, 8,* 262–275.

Tryon, R. (1940). Genetic differences in maze learning in rats. *Yearbook of the National Society for the Study of Education, 39,* 111–119.

Tully, T. (1996). Discovery of genes involved with learning and memory: an experimental synthesis of Hirschian and Benzerian perspectives. *Proceedings of the National Academy of Sciences USA, 93,* 13460–13467.

Tulving, E. (1972). Episodic and semantic memory. In E. Tulving & W. Donaldson (Eds.), *Organization of memory* (pp. 381–403). New York: Academic Press.

Tulving, E. (1983). *Elements of episodic memory.* Oxford: Clarendon.

Tulving, E. (1985). Memory and consciousness. *Canadian*

Psychology, 26(1), 1–12.

Tulving, E. (2002). Episodic memory: from mind to brain. *Annual Review of Psychology, 53,* 1–25.

Tulving, E., & Markowitsch, H. (1998). Episodic and declarative memory: role of the hippocampus. *Hippocampus, 8*(3), 198–204.

Tulving, E., & Schachter, D. L. (1990). Priming and human memory systems. *Science, 247,* 301–306.

Tulving, E., Schacter, D. L., & Stark, H. A. (1982). Priming effects in word-fragment completion are independent of recognition memory. Journal of Experimental Psychology: Learning, *Memory, and Cognition, 8,* 336–342.

Turner, A. P., & Martinek, T. J. (1999). An investigation into teaching games for understanding: effects on skill, knowledge, and game play. *Research Quarterly of Exercise and Sport, 70,* 286–296.

Turner, D. C., Robbins, T. W., Clark, L., Aron, A. R., Dowson, J., & Sahakian, B. J. (2003). Cognitive enhancing effects of modafinil in healthy volunteers. *Psychopharmocology, 165,* 260–269.

Turner, R. S., Grafton, S. T., Votaw, J. R., Delong, M. R., & Hoffman, J. M. (1998). Motor subcircuits mediating the control of movement velocity: a PET study. *Journal of Neurophysiology, 80,* 2162–2176.

Ungerleider, L.G., Courtney, S.M., & Haxby, J.V. (1998). A neural system for human visual working memory. *Proceedings of the National Academy of Sciences U.S.A., 95,* 883–890.

Unsworth, N., Redick, T. S., McMillan, B. D., Hambrick, D. Z., Kane, M. J., & Engle, R. W. (2015). Is playing video games related to cognitive abilities? *Psychological Science,* OnlineFirst.

Vaegan, T. (1979). Critical period for amblyopia in children. *Transactions of the Ophthalmological Societies of the United Kingdom, 99*(3), 432–439.

Vakil, E., Grunhaus, L., Nagar, I., Ben-Chaim, E., Dolberg, O. T., Dannon, P. N., et al. (2000). The effect of electroconvulsive therapy (ECT) on implicit memory: Skill learning and perceptual priming in patients with major depression. *Neuropsychologia, 38*(10), 1405–1414.

Vale-Martinez, A., Baxter, M. G., & Eichenbaum, H. (2002). Selective lesions of basal forebrain cholinergic neurons produce anterograde and retrograde deficits in a social transmission of food preference task in rats. *European Journal of Neuroscience, 16*(6), 983–998.

van Lehn, K. (1996). Cognitive skill acquisition. *Annual Review of Psychology, 47,* 513–539.

van Rossum, J. H. A. (1990). Schmidt's schema theory: the empirical base of the variability of practice hypothesis. *Human Movement Science, 9,* 387–435.

Vance, A. (2010 January 20). If your password is 123456, just make it HackMe. *New York Times,* p. A1.

Vanvuchelen, M., Schuerbeeck, L. V., Rpeyers, H., & De Weerdt, W. (2013). Understanding the mechanisms behind deficits in imitation: Do individuals with autism know 'what' to imitate and do they know 'how' to imitate? *Research in Developmental Disabilities, 34,* 538–545.

Vargha-Khadem, F., Gadian, D., Watkins, K., Connelly, A., Van Paesschen, W., & Mishkin, M. (1997). Differential effects of early hippocampal pathology on episodic and semantic memory. *Science, 277,* 376–380.

Velliste, M., Perel, S., Spalding, M. C, Whitford, A., & Schwartz, A. B. (2008). Cortical control of a prosthetic arm for self-feeding. Nature, 453, 1098–1101.

Vicari, S., Bellucci, S., & Carlesimo, G. (2000). Implicit and explicit memory: a functional dissociation in persons with Down syndrome. *Neuropsychologia, 38,* 240–251.

Vivar, C., Potter, M. C., Choi, J., Lee, J., Stringer, T. P., Callaway, E. M., et al. (2012). Monosynaptic inputs to new neurons in the dentate gyrus. *Nature Communications, 3,* 1107.

Volkow N, Wang G, Fowler J, Telang F, Maynard L, Logan J, et al. (2004). Evidence that methylphenidate enhances the saliency of a mathematical task by increasing dopamine in the human brain. *American Journal of Psychiatry, 161*(7), 1173–1180.

Volkow, N.D, Wang, G.J, Fowler, J.S., & Ding, Y.S. (2005). Imaging the effects of methylphenidate on brain dopamine: New model on its therapeutic actions for attention-deficit/ hyperactivity disorder. *Biological Psychiatry, 57*(11), 1410–1415.

Wade, K., Garry, M., Read, J., & Lindsay, S. (2002). A picture is worth a thousand words. *Psychonomic Bulletin and Review, 9,* 597–603.

Wagner, A. R. (1969). Stimulus validity and stimulus selection in associative learning. In N. J. Mackintosh & W. K. Honig (Eds.), *Fundamental issues in associative learning* (pp. 90–122). Halifax, Nova Scotia, Canada: Dalhousie University Press.

Wagner, A. R. (1981). SOP: a model of automatic memory processing in animal behavior. In N. Spear & G. Miller (Eds.), *Information processing in animals: memory mechanisms.* Hillsdale, NJ: Lawrence Erlbaum.

Wagner, A., Schacter, D., Rotte, M., Koutstaal, W., Maril, A., Dale, A., et al. (1998). Building memories: remembering and forgetting of verbal experiences as a function of brain activity. *Science, 281,* 1188–1191.

Wagner, A.D, Koutstaal, W. Maril, A., Schacter, D.L., and Buckner, R.L. (2000). Task- specific repetition priming in left inferior prefrontal cortex. *Cebebral Cortex, 10,* 1176–1184.

Wagner, A.D. (2002). Cognitive control and episodic memory. In L.R. Squire & D.L. Schacter (Eds.), Neuropsychology of Memory (third ed., pp. 174–192). New York: The Guilford Press.

Wagner, A.D., Desmond, J.E., Glover, G.H., Gabrieli, J.D. (1998). Prefrontal cortex and recognition memory.

Functional-MRI evidence for context-dependent retrieval processes. *Brain, 121*(Pt 10): 1985–2002.

Wagner, A.D., Schacter, D.L., Rotte, M., Koutstaal, W., Maril, A., Dale, A.M., Rosen, B.R., & Buckner, R.L. (1998). Building memories: Remembering and forgetting of verbal experiences as predicted by brain activity. *Science, 281,* 1188–1191.

Waiter, G. D., Williams, J. H., Murray, A. D., Gilchrist, A., Perrett, D. I., & Whiten, A. (2004). A voxel-based investigation of brain structure in male adolescents with autistic spectrum disorder. *Neuroimage, 22*(2), 619–625.

Walker, M. P., Brakefield, T., Hobson, J. A., & Stickgold, R. (2003). Dissociable stages of human memory consolidation and reconsolidation. *Nature, 425,* 616–620.

Walker, M. P., Brakefield, T., Morgan, A., Hobson, J. A., & Stickgold, R. (2002). Practice with sleep makes perfect: sleep-dependent motor skill learning. *Neuron, 35,* 205–211.

Walker, M. P., Brakefield, T., Seidman, J., Morgan, A., Hobson, J. A., & Stickgold, R. (2003). Sleep and the time course of motor skill learning. *Learning and Memory, 10,* 275–284.

Walls, R., Zane, T., & Ellis, T. (1981). Forward and backward chaining, and whole task methods: Training assembly tasks in vocational rehabilitation. *Behavior Modification, 5*(61–74).

Waltz J. A., & Gold J. M. (2007). Probabilistic reversal learning impairments in schizophrenia: further evidence of orbitofrontal dysfunction. *Schizophrenia Research, 93,* 296–303.

Wang, S.-H., & Morris, R. G. M. (2010). Hippocampal-neocortical interactions in memory formation, consolidation, and reconsolidation. *Annual Review of Psychology, 61,* 49–79.

Waring, J. D. & Kensinger, E. A. (2009). Effects of emotional valence and arousal upon memory trade-offs with aging. *Psychology and Aging, 24,* 412–422.

Waring, J. D. & Kensinger, E. A. (2011). Howe emotion leads to selective memory: neuroimaging evidence. *Neuropsychologia, 49,* 1831–1842.

Warner, E. E. & Hall, D. J. (1974). Optimal foraging and the size selection of prey by the bluegill sunfish (*Lepornis Macrochirus*). *Ecology, 55,* 1042–1052.

Watanabe, S., Sakamoto, J., & Wakita, M. (1995). Pigeons' discrimination of paintings by Monet and Picasso. *Journal of the Experimental Analysis of Behavior, 63,* 165–174.

Waterhouse, L., Fein, D., & Modahl, C. (1996). Neurofunctional mechanisms in autism. *Psychological Review, 103,* 457–489.

Watson, J. B. (1907). Kinaesthetic and organic sensations: their role in the reactions of the white rat to the maze (monograph supplement). *Psychological Review, 4,* 211–212.

Watson, J. B. (1913). Psychology as the behaviorist sees it. *Psychological Review, 23,* 158–177.

Watson, J. B. (1924). *Behaviorism.* New York: Norton.

Watson, J., & Rayner, R. (2000 [1920]). Conditioned emotional reactions. Journal of *Experimental Psychology, 3,* 1–14 (reprinted 2000 in *American Psychologist, 2055*(2003),

2313–2317).

Weatherly, J. N., Plumm, K. M., Smith, J. R., & Roberts, W. A. (2002). On the determinants of induction in responding for sucrose when food pellet reinforcement is upcoming. *Animal Learning and Behavior, 30*(4), 315–329.

Weeks, D. L., & Kordus, R. N. (1998). Relative frequency of knowledge of performance and motor skill learning. *Research Quarterly for Exercise and Sports, 69,* 224–230.

Weiler, J. A., Bellebaum, C., Brune, M., Juckel, G., & Daum, I. (2009). Impairment of probabilistic reward-based learning in schizophrenia. *Neuropsychology, 23*(5), 571–580.

Weinberger, D. R., Berman, K. F., & Zec, R. F. (1986). Physiologic dysfunction of dorsolateral prefrontal cortex in schizophrenia: I. Regional cerebral blood flow evidence. *Archives of general psychiatry, 43*(2), 114–124.

Weinberger, N. (1977). Learning-induced receptive field plasticity in the primary auditory cortex. *Seminars in Neuroscience, 9,* 59–67.

Weinberger, N. (1993). Learning-induced changes of auditory receptive fields. *Current Opinion in Neurobiology, 3,* 570–577.

Weinberger, N. M. (2004). Specific long-term memory traces in primary auditory cortex. *Nature Reviews Neuroscience, 5*(4), 279–90.

Weinberger, N. M. (2003). The nucleus basalis and memory codes: auditory cortical plasticity and the induction of specific, associative behavioral memory. *Neurobiology of Learning and Memory. 80*(3), 268–84.

Weinberger, N. M. (2007). Auditory associative memory and representational plasticity in the primary auditory cortex. *Hearing Research, 229,* 54–68.

Wells, G. L., Memon, A., & Penrod, S. D. (2006). Eyewitness evidence: improving its probative value. *Psychological Science in the Public Interest, 7*(2), 45–75.

Werchan, D. M., Collins, A. G. E., Frank, M. J., & Amso, D. (2015). 8-month-old infants spontaneously learn and generalize hierarchical rules. *Psychological Science 26,* 805–815.

Werker, J. F., & Tees, R. C. (1984). Cross-language speech perception: evidence for perceptual reorganization during the 1st year of life. *Infant Behavior and Development, 7,* 49–63.

Werker, J., & Tees, R. (1999). Influences on infant speech processing: Toward a new synthesis. *Annual Review of Psychology, 50,* 509–535.

West, M. (1993). Regionally specific loss of neurons in the aging human hippocampus. *Neurobiology of Aging, 14*(4), 287–293.

Whitehead, A., Perdomo, C., Pratt, R. D., Birks, J., Wilcock, G. K., & Evans, J. G. (2004). Donepezil for the symptomatic treatment of patients with mild to moderate Alzheimer's disease: a meta-analysis of individual patient data from randomised controlled trials. *International Journal of Geriatric Psychiatry, 19,* 624–633.

Whiten, A., & Boesch, C. (2001). The cultures of chimpanzees. *Scientific American, 284*(1), 60–67.

Whiten, A., & Brown, J. (1999). Imitation and the reading of other minds: perspectives from the study of autism, normal children and non-human primates. In S. Braten (Ed.), *Intersubjective communication and emotion in early ontogeny* (pp. 260–280). Cambridge, England: Cambridge University Press.

Whiten, A., Custance, D. M., Gomez, J. C., Teixidor, P., & Bard, K. A. (1996). Imitative learning of artificial fruit processing in children (*Homo sapiens*) and chimpanzees (*Pan troglodytes*). *Journal of Comparative Psychology, 110*(1), 3–14.

Whiten, A., Goodall, J., McGrew, W. C., Nishida, T., Reynolds, V., Sugiyama, Y., et al. (1999). Cultures in chimpanzees. *Nature, 399*, 682–685.

Whiten, A., Horner, V., Litchfield, C. A., & Marshall-Pescini, S. (2004). How do apes ape? *Learning and Behavior, 32*(1), 36–52.

Wichers, M., Geschwind, N., Jacobs, N., Kenis, G., Peeters, F., Derom, C., Thiery, E., Delespaul, P., & van Os, J. (2009). Transition from stress sensitivity to depressive state: longitudinal twin study. *British Journal of Psychiatry, 195*, 498–503.

Wickelgren, W. (1966). Phonemic similarity and interference in short-term memory for single letters. *Journal of Experimental Psychology, 71*(3), 396–404.

Wickens, J. R. (2009). Synaptic plasticity in the basal ganglia. *Behav Brain Res, 199*(1), 119–128.

Wiesel, T. N. & Hubel, D. H. (1963). Single-cell responses in striate cortex of kittens deprived of vision in one eye. *Journal of Neurophysiology. 26*, 1003–17.

Wightman, D., & Sistrunk, F. (1987). Part-task training strategies in simulated carrier landing final-approach training. *Human Factors, 29*, 245–254.

Williams, A. M., Davids, K., Burwitz, L., & Williams, J. (1992). Perception and action in sport. *Journal of Human Movement Studies, 22*, 147–204.

Williams, B. A. (2001). Two-factor theory has strong empirical evidence of validity. *Journal of the Experimental Analysis of Behavior, 75*(3), 362–365.

Williams, G.V. and Goldman-Rakic, P.S. (1995). Modulation of memory fields by dopamine D1 receptors in prefrontal cortex. *Nature, 376*(6541), 572–5.

Williams, J. H., Whiten, A., & Singh, T. (2004). A systematic review of action imitation in autistic spectrum disorder. *Journal of Autism and Developmental Disorders, 34*(3), 285–299.

Williams, J. H., Whiten, A., Suddendorf, T., & Perrett, D. I. (2001). Imitation, mirror neurons and autism. *Neuroscience and Biobehavioral Review, 25*, 287–295.

Williams, L., Phillips, M., Brammer, M., Skerrett, D., Lagopoulos, J., Rennie, C., et al. (2001). Arousal dissociates amygdala and hippocampal fear responses: evidence from simultaneous fMRI and skin conductance recording. *Neuroimage, 14*(5), 1070–1079.

Williams, Z. M., Bush, G., Rauch, S. L., Cosgrove, G. R., & Eskandar, E. N. (2004). Human anterior cingulate neurons and the integration of monetary reward with motor responses. *Nature Neuroscience, 7*, 1370–1375.

Willingham, D. B. (1999). Implicit motor sequence learning is not purely perceptual. *Memory and Cognition, 27*, 561–572.

Wills, A. J., & McLaren, I. (1997). Generalization in human category learning: A connectionist account of differences in gradient after discriminative and non-discriminative training. *QJEP, 50A*, 607–630.

Wills, S., & Mackintosh, N. J. (1998). Peak shift on an artificial dimension. *Quarterly Journal of Experimental Psychology, 51B*, 1–31.

Wilson F.A., Scalaidhe, S.P., Goldman-Rakic, P.S. (1993). Dissociation of object and spatial processing domains in primate prefrontal cortex. *Science, 260*, 1955–1958.

Wilson, B., & Wearing, D. (1995). Prisoner of consciousness: a state of just awakening following herpes simplex encephalitis. In R. Campbell & M. Conway (Eds.), *Broken memories: case studies in memory impairments* (pp. 14–30). Cambridge, MA: Blackwell.

Wilson, R. S., Beckett, L. A., Barnes, L. L., Schneider, J. A., Bach, J., Evans, D. A. & Bennett, D. A. (2002). Individual differences in rates of change in cognitive abilities of older persons. *Psychology and Aging, 17*, 179–193.

Wilson, R., & Bennett, D. (2003). Cognitive activity and risk of Alzheimer's disease. *Current Directions in Psychological Science, 12*(3), 87–91.

Wilson, T., & Brown, T. (1997). Reexamination of the effect of Mozart's music on spatial-task performance. *Journal of Psychology 131*, 365–370.

Winek, C. L., Wahaba, W. W., & Rozin, L. (1999). Heroin fatality due to penile injection. *American Journal of Forensic Medicine and Pathology, 20*, 90–92.

Winocur, G., Moscovitch, M. & Bontempi, B. (2010). Memory formation and long-term retention in humans and animals: Convergence towards a transformation account of hippocampal-neocortical interactions. *Neuropsychologia, 48*, 2339–2356.

Winocur, G., Wojtowicz, J. M., Sekeres, M., Snyder, J. S., & Wang, S. (2006). Inhibition of neurogenesis interferes with hippocampus-dependent memory function. *Hippocampus, 16*(3), 296–304.

Wise, R. A. (2004). Dopamine, learning and motivation. *Nature Reviews Neuroscience, 5*, 483–494.

Wiseman, F. K., Alford, K. A., Tybulewicz, V. L. J., & Fisher, E. M. C. (2009). Down syndrome—recent progress and future prospects. *Human Molecular Genetics, 18*(Review Issue 1), R75–R83.

Wiskott, L., Rasch, M., & Kempermann, G. (2006). A functional hypothesis for adult hippocampal neurogenesis: avoidance of catastrophic interference in the dentate gyrus. *Hippocampus, 16*(3), 329–343.

Wisniewski, M. G, Church, B. A., & Mercado, Eduardo III. (2009). Learning-related shifts in generalization gradients for complex sounds. Learning & Behavior. 37 (4). 325–335.

Wittenberg, G. F., & Schaechter, J. D. (2009). The neural basis of constraint-induced movement therapy. *Current Opinion in Neurology, 22,* 582–588.

Wolf, S. L., Thompson, P. A., Winstein, C. J., Miller, J. P., Blanton, S. R., Nichols-Larsen, D. S., et al. (2010). The EXCITE stroke trial comparing early and delayed constraint-induced movement therapy. *Stroke, 41,* 2309–2315.

Wood, D. (1989). Social interaction as tutoring. In M. H. Bornstein & J. S. Bruner (Eds.), *Interaction in human development.* Cambridge, MA: Harvard University Press.

Wood, E.R., Dudchenko, P.A., Eichenbaum, H. (1999). The global record of memory in hippocampal neuronal activity. *Nature, 397,* 613–616.

Woodruff-Pak, D. S., & Lemieux, S. K. (2001). The cerebellum and associative learning: parallels and contrasts in rabbits and humans. In J. E. Steinmetz, M. A. Gluck, & P. F. Solomon (Eds.), *Model systems of associative learning: a festschrift for Richard F. Thompson* (pp. 271–294). Mahwah, NJ: Lawrence Erlbaum.

Woodruff-Pak, D. S., & Lemieux, S. K. (2001). The cerebellum and associative learning: parallels and contrasts in rabbits and humans. In J. E. Steinmetz, M. A. Gluck, & P. F. Solomon (Eds.), *Model systems of associative learning: a festschrift for Richard F. Thompson* (pp. 271–294). Mahwah, NJ: Lawrence Erlbaum.

Woodruff-Pak, D., & Sheffield, J. (1987). Age differences in Purkinje cells and rate of classical conditioning in young and older rabbits. *Society for Neuroscience Abstracts, 13,* 41.

Woodruff-Pak, D., & Thompson, R. (1988). Classical conditioning of the eyeblink response in the delay paradigm in adults aged 18–83. *Psychology and Aging, 3,* 219–229.

Woodruff-Pak, D., Logan, C., & Thompson, R. (1990). Neurobiological substrates of classical conditioning across the life span. *Annals of the New York Academy of Sciences, 608,* 150–178.

Woolley, C., Weiland, N., McEwen, B., & Schwartzkroin, P. (1997). Estradiol increases the sensitivity of hippocampal CA1 pyramidal cells to NMDA receptor-mediated synaptic input: correlatin with spine density. *Journal of Neuroscience, 17,* 1848–1859.

Wulf, G., & Schmidt, R. A. (1997). Variability of practice and implicit motor learning. *Journal of Experimental Psychology: Learning, Memory and Cognition, 23,* 987–1006.

Wylie, G. R., Foxe, J. J., & Taylor, T. L. (2008). Forgetting as an active process: an fMRI investigation of item-method-directed forgetting. *Cerebral Cortex, 18*(3), 670–682.

Xiang, J.-Z., & Brown, M. W. (1998). Differential encoding of novelty, familiarity and recency in regions of the anterior temporal lobe. *Neuropharmacology, 37,* 657–676.

Xu, F. & Kushnir, T. (2013). Infants are rational constructivist learners. *Current Directions in Psychological Science, 22,* 28–32.

Xu, X., Aron, A., Brown, L., Cao, G., Feng, T., & Weng, X. (2011). Reward and motivation systems: A brain mapping study of early-stage intense romantic love in Chinese participants. *Human Brain Mapping, 32,* 249–257.

Yang, Y., Kim, J. S., Kim, Y. K., Kwak, Y. T., & Han, I. W. (2009). Cerebellar hypoperfusion during transient global amnesia: an MRI and oculographic study. *Journal of Clinical Neurology, 5*(2), 74–80.

Yarrow, K., Brown, P., & Krakauer, J. W. (2009). Inside the brain of an elite athlete: the neural processes that support high achievement in sports. *Nature Reviews Neuroscience, 10,* 585–596.

Yin, H. H., Mulcare, S. P., Hilario, M. R. F., Clouse, E., Holloway, T., Davis, M. I., et al. (2009). Dynamic reorganization of striatal circuits during the acquisition and consolidation of a skill. *Nature Neuroscience, 12,* 333–341.

Yin, J. C. P., Wallach, J. S., Del Vecchio, M., Wilder, E. L., Zhuo, H., Quinn, W. G., & Tully, T. (1994). Induction of dominant negative CREB transgene specifically blocks long-term memory in *Drosophila. Cell, 79,* 49–58.

Youn, G. (2006). Subjective sexual arousal in response to erotica: effects of gender, guided fantasy, erotic stimulus, and duration of exposure. *Archives of Sexual Behavior, 35,* 87–97.

Younger, J., Aron, A., Parke, S., Chatterjee, N., & Mackey, S. (2010). Viewing pictures of a romantic partner reduces experimental pain: Involvement of neural reward systems. *PLoS ONE, 5*(10), e13309.

Zajonc, R. (1980). Feeling and thinking: preferences need no inferences. *American Psychologist, 35,* 151–175.

Zajonc, R. (1984). On the primacy of affect. *American Psychologist, 39,* 117–123.

Zentall, T. R. (2006). Mental time travel in animals: a challenging question. *Behavioural Processes, 72*(2), 173–183.

Zentall, T. R., Singer, R. A., & Stagner, J. P. (2008). Episodic-like memory: pigeons can report location pecked when unexpectedly asked. *Behavioural Processes, 79*(2), 93–98.

Zhou, W. & Crystal, J. D. (2011) Validation of a rodent model of episodic memory. *Animal Cognition, 14,* 325–340.

Zola-Morgan, S., Squire, L., & Amaral, D. (1986). Human amnesia and the medial temporal region: enduring memory impairments following a bilateral lesion limited to field CA1 of the hippocampus. *Journal of Neuroscience, 6*(10), 2950–2967.

Zupanc, G. (2001). A comparative approach towards the understanding of adult neurogenesis. *Brain, Behavior and Evolution, 58,* 246–249.

찾아보기

저자 소개

 Mark A. Gluck은 러트거스대학교 뉴어크캠퍼스의 심리학과 교수이자 러트거스대학교 기억 질환 프로젝트의 책임자인 동시에 아프리카계 미국인 뇌건강 정책의 공동 책임자이다. Gluck 박사의 연구 분야는 학습과 기억의 인지적, 계산 신경학적 및 신경생물학적 기반을 찾는 것이며 노화, 부상 및 질환에 따른 기억 상실도 연구 분야에 포함된다. *Gateway to Memory: An Introduction to Neural Network Modeling of the Hippocampus* and *Learning*(MIT Press, 2001)이라는 책의 공동저자이며, 그 외 세 권의 다른 책들을 집필했다. 1996년에 클린턴 대통령으로부터 젊은 과학자상을 받은 바 있으며 같은 해 미국심리학회로부터 젊은 우수 과학자상을 수상한 바 있다.

 **Eduardo Mercado**는 뉴욕주립대학교 버펄로캠퍼스의 심리학 및 생태학, 진화 및 행동과학과의 교수이다. 그의 연구 관심사는 뇌의 여러 시스템들이 경험한 사건의 표상을 발전시키고 변화시키는 데 관여하는 방식, 특히 이러한 과정들이 신경학적·인지적 가소성과 어떻게 관련되는지를 규명하는 데 있다. 스탠퍼드대학교의 고등행동 연구원 소속 연구원이며, 여러 연구소의 연합체인 학습의 시간 역동 연구센터의 일원이기도 하다.

 **Catherine E. Myers**는 뉴저지주 의료 시스템의 일부인 재향군인 분과소속의 연구원이면서 러트거스 뉴저지 의과대학 약학, 생리학, 신경과학과의 교수이다. 그녀의 연구는 계산신경과학과 실험심리학 두 분야에 걸쳐 있으며 인간의 학습과 기억, 특히 기억상실증이나 외상후 스트레스장애(PTSD)와 같은 임상적 질환에 중점을 두고 있다. *Gateway to Memory: An Introduction to Neural Network Modeling of the Hippocampus and Learning*(MIT Press, 2001)의 공동 저자이며 *Delay Learning in Artificial Neural Networks*(Chapman and Hall, 1992)의 저자이다.

역자 소개

최준식

서강대학교 생물학 학사
고려대학교 대학원 생리심리학 석사
매사추세츠주립대학교 대학원 행동신경과학 박사
예일대학교 및 뉴욕대학교 박사후연구원
현재 고려대학교 심리학과 교수
50여 편의 국내외 논문 및 『스트레스의 종말』 외 다수 번역 및 집필

신맹식

고려대학교 심리학 학사
고려대학교 대학원 생리심리학 석사
위스콘신주립대학교 대학원 실험심리학 박사
중앙대학교 교양학부 교수/심리학과 협력교원(임시 퇴직)
현재 위스콘신주립대학교(밀워키) 강사 및 연구원
20여 편의 국내외 논문 집필과 심리학 교과서 집필 및 번역

한상훈

연세대학교 심리학 학사
연세대학교 대학원 인지심리학 석사
듀크대학교 대학원 심리뇌과학 박사
듀크대학교 인지신경과학센터 박사후 연구원
현재 연세대학교 인지과학협동과정/심리학과 교수
40여 편의 국내외 심리뇌인지과학 논문 집필

김현택

고려대학교 심리학 학사
고려대학교 대학원 생리심리학 석사
고려대학교 대학원 생리심리학 박사
현재 고려대학교 심리학과 교수
100여 편의 국내외 논문 및 다수의 심리학 교과서 집필